ISABELLA ACKERL
FRIEDRICH WEISSENSTEINER

# Österreichisches PERSONEN LEXIKON

UEBERREUTER

## Bildnachweis

Archiv H. Hass: 165
Bundeskanzleramt: 112, 225, 229
Bundespressedienst: 240
Dokumentationsstelle f. neuere österr. Literatur: 67, 96
Josef Dreissinger: 12, 21, 41, 55, 70, 122, 125, 162, 174, 204, 264, 304, 327, 443, 458, 517
DU: 123
Eastlight: 376
Furche: 110
Johann Gürer: 497
Franz Hubmann: 52, 66, 94, 116, 124, 154, 160, 168, 181, 185, 200, 254, 265, 272, 374, 516, 539
Inst. f. Gesch. der Medizin: 358
Kurier: 44
Siegfried Lauterwasser: 217
Musil Archiv Klagenfurt: 323
ORF: 314
Barbara Pflaum: 27, 39, 49, 50, 72, 78, 82, 87, 100, 114, 132, 148, 173, 189, 194, 232, 234, 243, 249, 269, 300, 316, 319, 331, 365, 388, 402, 469, 486, 490, 507, 524, 525
Gerhard Roth: 61
Didi Sattmann: 172, 192, 299, 306, 333, 345, 371, 401, 462, 466, 494
SOS-Kinderdorf: 134
Techn. Museum Wien: 216
Verein zur Geschichte der Arbeiterbewegung: 31
Votava: 14, 48, 75, 76, 90, 147, 226, 282, 320, 368, 387, 391, 423, 433, 451, 484
Privat: 118, 120, 146, 295, 349, 350, 493, 510, 514
Alle übrigen Bilder: Bildarchiv der Österr. Nationalbibliothek

Die Deutsche Bibliothek – CIP-Einheitsaufnahme

*Ackerl Isabella:*
Österreichisches Personenlexikon der ersten und zweiten Republik/
Isabella Ackerl ; Fritz Weissensteiner.
– Wien : Ueberreuter, 1992
ISBN 3-8000-3464-6
NE: Weissensteiner, Friedrich:; HST

AU 172/1

Umschlag von Beate Dorfinger

Printed in Austria

Redaktionsschluß: 30. September 1992

# VORWORT

Dieses biographische Lexikon gibt Auskunft über das Leben und Wirken von ungefähr 1 600 Persönlichkeiten, die in Österreich zwischen 1918 und heute in Kultur, Politik, Sport, Wirtschaft und Wissenschaft eine Rolle gespielt haben. Es bietet, wie jedes andere Lexikon auch, in erster Linie exakte Sachinformationen. Über dieses primäre lexikalische Gestaltungsprinzip hinaus haben es sich die Autoren zur Aufgabe gemacht, die einzelnen biographischen Artikel nicht nur auf nackte Daten und Fakten zu reduzieren, sondern ihnen durch eine knappe Charakteristik von Persönlichkeit und/oder Werk auch Farbe und Individualität zu geben. Kurz gesagt, dieses Lexikon will nicht staubtrocken informieren, es will auch ein wenig Lesefreude erwecken.

Ausgewählt wurden Personen, die im erwähnten Zeitraum in Österreich auf ihrem Fachgebiet Bedeutendes geleistet haben und die – im positiven wie im negativen Sinn – im Licht der Öffentlichkeit gestanden sind. Für die Aufnahme in dieses Lexikon waren folglich weder der Geburtsort entscheidend noch die österreichische Staatsbürgerschaft oder sonstige Formalkriterien. Der Leser wird zahlreichen ausländischen Künstlern begegnen, die das österreichische Kulturleben zwischen 1918 und heute entscheidend befruchtet haben, andrerseits wird er »Österreicher« vermissen, die den Hauptteil ihres Werkes vor dieser Zeit geschaffen oder den Großteil ihres Lebens im Ausland verbracht und dort die Spuren ihres Wirkens hinterlassen haben (z. B. Carl Auer von Welsbach, Robert Bárány, Paul Celan, Franz Kafka, Lise Meitner, Rainer Maria Rilke, Helene Weigel und andere).

Die Auswahl selbst muß schon wegen der Beschränkung durch den vorgegebenen Editionsrahmen als subjektiv erscheinen. Qualität ist im politischen, künstlerischen und wirtschaftlichen Bereich nicht naturwissenschaftlich exakt meßbar, Vollständigkeit oder gar Vollzähligkeit konnte von vorneherein nicht angestrebt werden. Das Werk dokumentiert aber jedenfalls die kulturelle, künstlerische und auch sportliche Potenz Österreichs in der ersten und zweiten Republik.

Innerhalb der einzelnen Fachgebiete wurde auf eine möglichst breite Streuung geachtet. So umfaßt etwa die Musik Beiträge vom Heurigenlied bis zum Opernkomponisten, Dirigenten, Sänger, Musikschriftsteller usw.

Die einzelnen Biographien wurden nach folgendem Muster erstellt, das jedoch nicht als ein einengendes Korsett zu verstehen ist: Lebensdaten, Abkunft, Ausbildung, beruflicher Werdegang und Wirken; Werke und weiterführende Literatur wurden nur in Auswahl angeführt.

Abschließend sei den Verfassern noch eine Bitte an den Leser gestattet: Die große Anzahl von Daten und Namen hat eine umfangreiche Recherchierarbeit erfordert. Die Angaben in den entsprechenden Quellenwerken und sonstigen Unterlagen sind nicht immer eindeutig. Sollten Sie auf Übertragungs-, Lese- und Druckfehler irgendwelcher Art stoßen, bitten wir Sie, uns das mitzuteilen. Wir sind für jede Korrektur sehr dankbar.

Dr. Friedrich Weissensteiner | Dr. Isabella Ackerl

## Verwendete Abkürzungen

| | |
|---|---|
| AG | Aktiengesellschaft |
| AKH | Allgemeines Krankenhaus |
| ALÖS | Auslandsbüro der österr. Sozialisten |
| a. o. | außerordentlich |
| AOK | Armeeoberkommando |
| B | Burgenland |
| Bd., Bde. | Band, Bände |
| BH | Bezirkshauptmannschaft |
| CA | Creditanstalt |
| ca. | circa |
| CS | Christlichsoziale |
| CV | Cartellverband der katholischen österreichischen Studentenverbindungen |
| eigtl. | eigentlich |
| Fa. | Firma |
| FPÖ | Freiheitliche Partei Österreichs |
| GD | Großdeutsche |
| geb. | geborene |
| Hg. | Herausgeber |
| hgg. | herausgegeben |
| Jh. | Jahrhundert |
| K | Kärnten |
| KPÖ | Kommunistische Partei Österreichs |
| KZ | Konzentrationslager |
| Lit. | weiterführende Literatur |
| NÖ | Niederösterreich |
| nö. | niederösterreichisch |
| NÖB | Neue Österreichische Biographie |
| NS | nationalsozialistisch |
| NSDAP | Nationalsozialistische Deutsche Arbeiterpartei |
| o. | ordentlich |
| Ö | Österreich |
| ÖAAB | Österreichischer Arbeiter- und Angestelltenbund |
| ÖBB | Österreichische Bundesbahn |
| OECD | Organisation für europäische wirtschaftliche Zusammenarbeit |
| ÖGB | Österreichischer Gewerkschaftsbund |
| OÖ | Oberösterreich |
| oö. | oberösterreichisch |
| ORF | Österreichischer Rundfunk |
| österr. | österreichisch |
| ÖVP | Österreichische Volkspartei |
| S | Salzburg |
| SAG | Soziale Arbeitsgemeinschaft |
| SDAP | Sozialdemokratische Arbeiterpartei |
| sogen. | sogenannt |
| SPÖ | Sozialistische Partei Österreichs |
| SS | Schutzstaffel |
| St | Steiermark |
| T | Tirol |
| TH | Technische Hochschule |
| u. a. | unter anderem; und andere |
| UN | United Nations |
| Univ.-Prof. | Universitätsprofessor |
| USA | United States of America |
| V | Vorarlberg |
| v. a. | vor allem |
| VdU | Verband der Unabhängigen |
| verh. | verheiratete |
| VF | Vaterländische Front |
| VOEST | Vereinigte österreichische Edelstahlwerke |

# A

**Abel, Othenio,** * 20. Juni 1875 in Wien, † 4. Juli 1946 in Pichl am Mondsee (OÖ), Paläobiologe.

A. begründete mit der Paläobiologie eine neue paläontologische Disziplin. Der gelernte Jurist und Naturwissenschaftler war ein Schüler des berühmten Geologen Eduard Sueß. Bis 1907 arbeitete er an der Geologischen Reichsanstalt. 1917–1934 war er o. Professor für Paläobiologie an der Wiener Universität. Er erforschte die Drachenhöhle bei Mixnitz (St), worüber er 1931 eine Arbeit veröffentlichte. 1935–1940 lehrte er an der Universität Göttingen, hier widmete er sich ausschließlich der Erforschung der fossilen Tierwelt (Paläozoologie). Der angesehene Wissenschaftler publizierte zahlreiche Werke. So »Grundzüge der Paläobiologie« (1912), »Lehrbuch der Paläozoologie« (1920) und »Die Tiere der Vorzeit in ihrem Lebensraum« (1939).

**Absolon, Kurt,** * 28. Februar 1925 in Wien, † 26. April 1958 (Autounfall) bei Wulkaprodersdorf (B), Maler und Graphiker.

A. studierte 1945–1949 an der Wiener Akademie der Bildenden Künste, wo er von so hervorragenden Lehrern wie H. → Boeckl und A. P. → Gütersloh unterrichtet wurde. Studienreisen nach Südfrankreich fanden in seinem kurzen Schaffen ihren Niederschlag (Stierkampfblätter). A. war Mitglied des Wiener Art Clubs. Der vielversprechende Künstler war ein sensitiver Zeichner von hohen Graden, dessen Strich sich auf das Wesentliche konzentrierte. Er liebte schwarz-weiße Härte, Verknappungen, scharfe Kanten und Konturen. Er schuf Figurales, aquarellierte Tuschfederzeichnungen, Gobelins und Glasfenster, die von Museen und Galerien im In- und Ausland angekauft wurden. Von seinen graphischen Serien seien erwähnt: »Sodom, Angst« (1950), »Don Quichote« (1951), »Schatten« (1953), »Passionszyklus« (1957).

*Lit.:* K. A., Zeichnungen und Aquarelle (Kat. Albertina, 1967). O. Breicha (Hg.), K. A. 1925–1958. »Der Zeichner mit der Grasharfe« (1989).

**Achleitner, Friedrich,** * 23. Mai 1930 in Schalchen (OÖ), Architekt, Schriftsteller und Architekturhistoriker.

Im oö. Innviertel aufgewachsen, besuchte A. die Höhere Bundesgewerbeschule, Abteilung Hochbau, in Salzburg, danach studierte er Architektur an der Akademie der Bildenden Künste in Wien bei Clemens → Holzmeister (Diplom: 1953). 1953–1958 arbeitete er als freischaffender Architekt und studierte nebenbei einige Semester Bühnenbild. 1955 stieß der Literaturinteressierte zur »Wiener Gruppe«, einer avantgardistischen Autorenvereinigung, der auch K. → Bayer, H. C. → Artmann, G. → Rühm und O. → Wiener angehörten. A. widmete sich nun vordringlich der literarischen, sprachexperimentellen Tätigkeit und schrieb Dialektgedichte, Textmontagen u. a. Der Ertrag dieser Arbeit erschien 1970 unter dem Titel »prosa, konstellationen, montage, dialektgedichte, studien«. Nach dem Zerfall der »Wiener Gruppe« wandte er sich der Architekturkritik zu. Er wurde Mitarbeiter bei verschiedenen in- und ausländischen Architekturzeitschriften und war 1962–1972 Architekturkritiker bei der Zeitung »Die Presse«. Er ist Gründungsmitglied der Österr. Gesellschaft für Architektur. Zu seinen Werken zählt die Bestandsaufnahme »Österr. Architektur im 20. Jh. – Ein Führer in 4 Bänden« (1981 ff.). Seit 1983 leitet er die Lehrkanzel für Geschichte und Theorie der Architektur an der Hochschule für Angewandte Kunst in Wien.

**Adamovich, Ludwig sen.,** * 30. April 1890 in Osijek/Esseg (Kroatien), † 23. September 1955 in Wien, Verfassungsjurist.

Der bedeutende Jurist stammte aus einer Familie von Gutsbesitzern und Beamten. Nach dem Besuch des Jesuitengymnasiums in Kalksburg studierte er ab 1908 an der Universität Wien Jus, wo er im Jahre 1913 promovierte. Während des 1. Weltkrieges eingerückt, war A. nach Kriegsende als Konzeptsbeamter bei der BH Gmünd tätig. Bereits 1919 wurde er in das Amt der nö. Landesregierung berufen. Seit 1. Dezember 1920 gehörte er dem Verfassungsdienst des Bundeskanzleramtes an. 1924 habilitierte sich A. an der Universität Wien für Staats- und Verwaltungsrecht. Im Februar 1930 wurde er in den Verfassungsgerichtshof berufen; nach dem Mai 1933, nach Lahmlegung des Verfassungsgerichtshofes durch das Kabinett → Dollfuß, wechselte er in den Verwaltungsgerichtshof. Politisch stand A. der Christlichsozialen Partei nahe, galt aber als Legitimist. 1934 wirkte er maßgeblich an der Kodifizierung der berufsständischen Verfassung mit. Mit 1. Oktober 1934 übernahm er einen Lehrstuhl an der Wiener Universität. Ab November 1934 war er Mitglied des Bundestages, 1936 stellte er seinen juristischen Rat der von Kurt → Schuschnigg eingesetzten Untersuchungskommission, die den Zusammenbruch der Versicherungsgesellschaft »Phönix« und seine Hintergründe durchleuchten sollte, zur Verfügung. Noch am 16. Februar 1938 von Kanzler Schuschnigg zum Justizminister berufen, wurde er nach dem März 1938 aller seiner Ämter enthoben und mit 31. August 1938 in den Ruhestand versetzt.

Nach dem 2. Weltkrieg war A. seit 1. Mai 1945 Rektor der Wiener Universität, gleichzeitig wirkte er als Berater der Staatskanzlei in verfassungsrechtlichen Fragen. Mit 19. Juni 1946 wurde er zum Präsidenten des Verfassungsgerichtshofes ernannt.

*Ludwig Adamovich sen.*

*Werke:* »Grundriß des österreichischen Staatsrechts« (1927), »Die österreichischen Verfassungsgesetze des Bundes samt Ausführungs- und Nebengesetzen« (gemeinsam mit Georg Froehlich, 1930), »Handbuch des österreichischen Verwaltungsrechts« (1953/54).

*Lit.:* Edwin Loebenstein, L. A., in: NÖB 22 (1987).

**Adamovich, Ludwig jun.,** * 24. August 1932 in Innsbruck, Verfassungsjurist.

A. absolvierte sein Jusstudium, das er 1954 abschloß, in Wien. Ab 1956 war er im Verfassungsdienst des Bundeskanzleramtes tätig, zu dessen Leiter er 1976 ernannt wurde. 1974–1977 lehrte er an der Universität Graz, 1977 avancierte er zum Sektionschef. Seit 1984 ist der politisch Ungebundene Präsident des Verfassungsgerichtshofes, wobei seine Ernennung gegen den Protest der ÖVP erfolgte. 1991 war er auch als möglicher Kandidat für das Amt des Bundespräsidenten im Gespräch.

*Werke:* »Handbuch des österreichischen Verfassungsrechtes von 27« (1971), »Österreichisches Verfassungsrecht« (gemeinsam mit Bernd-Christian Funk, 1982).

**Adler, Alfred,** * 7. Februar 1870 in Wien, † 28. Mai 1937 in Aberdeen (Schottland), Psychologe und Neurologe.

Der zweite Sohn eines Getreidehändlers wuchs in einer kinderreichen jüdischen Familie auf. 1888 nahm er in Wien das Medizinstudium auf, das er 1895 als Dr. med. abschloß. Nach verschiedenen Tätigkeiten an Wiener Kliniken ließ er sich 1898 als praktischer Arzt und Neurologe nieder. Ab 1902 verkehrte er bei Sigmund → Freuds Mittwochgesellschaften und publizierte in den folgenden Jahren bereits eine Reihe von wichtigen Schriften. 1910 übernahm er den Vorsitz in der Wiener Psychoanalytischen Vereinigung, doch schon im Jahr darauf kam es zum Bruch mit Freud, dessen Sexualtheorien A. bekämpfte. Er gründete den »Verein für freie Psychoanalyse« und 1914 die »Internationale Zeitschrift für Individualpsychologie«. Während des 1. Weltkrieges war er als Militärarzt tätig. In der 1. Republik arbeitete A. aktiv am Bildungs-, Sozial- und Wohlfahrtsprogramm der Stadt Wien mit. So lehrte er u. a. ab 1920 am Pädagogischen Institut der Stadt Wien. Sein großes Verdienst besteht in der Errichtung von zahlreichen Erziehungsberatungsstellen, in denen die Psychotherapie auch auf Kinder angewandt wurde. 1920 veröffentlichte er sein grundlegendes Werk »Praxis und Theorie der Individualpsychologie«. In den folgenden Jahren absolvierte er zahlreiche Vortragsreisen nach Westeuropa und in die USA. 1929 erhielt er eine Dozentur an der Columbia University und eröffnete in New York eine psychotherapeutische Praxis. 1934 emigrierte A. endgültig nach New York. Der Begründer der Individualpsychologie grenzte sich mit seiner Schule deutlich von Freud ab, er konzentrierte sich auf die Erforschung des Individuums in seinem Verhältnis zur Gemeinschaft und vertrat die These, daß Neurosen verfehlte Anpassungen seien. Er prägte den Begriff des Minderwertigkeitskomplexes. Sein prominentester Schüler und zeitweiliger Mitarbeiter war der Schriftsteller Manès → Sperber, der mehrere Werke über A. veröffentlichte.

*Alfred Adler*

*Werke:* »Studie über die Minderwertigkeit von Organen« (1907), »Praxis und Theorie der Individualpsychologie« (1920), »Menschenkenntnis« (1927), »Technik der Individualpsychologie« (1928/30), »Der Sinn des Lebens« (1932).

*Lit.:* Erwin Ringel, A. A., in: NÖB 19 (1977); Erwin Ringel/Gerhard Brandl, Ein Österreicher namens A. A. (1977).

**Adler, Friedrich,** * 9. Juli 1879 in Wien, † 2. Jänner 1960 in Zürich, Physiker und Politiker.

Der Sohn Victor Adlers, des Führers der österreichischen Sozialdemokratie, wollte zunächst Gesellschaftswissenschaften studieren, doch sein Vater plädierte für einen von der Politik unabhängigen Beruf. So nahm er in Zürich das Studium der Physik und Mathematik auf.

Zwischen 1907 und 1911 war er an der Züricher Universität als Privatdozent tätig. Gleichzeitig war er Redakteur bzw. Chefredakteur der sozialdemokratischen Zeitung »Volksrecht«. In seiner Arbeit suchte er eine Verbindung zwischen den Theorien seines Lehrers Ernst Mach und dem Sozialismus. Sein Buch über Mach führte vor allem bei den russischen Linken zu schweren Auseinandersetzungen. Lenin verfaßte dazu ein Gegenwerk mit dem Titel »Irrlehre des Machismus«.

1911 wurde der kompromißlose Internationalist in das österr. Parteisekretariat nach Wien berufen, wo er bis 8. August 1914 als Parteisekretär tätig war. Aus Protest gegen die Kriegspolitik der Sozialdemokratie trat er von seinen Funktionen zurück, wobei er in einer Denkschrift ausführlich seine Motive darlegte. Die Auseinandersetzung darüber führte er im theoretischen Organ »Der Kampf« fort, dessen Chefredakteur er war. Es war jedoch vergeblich. Am 21. Oktober 1916 erschoß er den kaiserlichen Ministerpräsidenten Karl Graf Stürgkh in einem Wiener Hotelrestaurant, um seinem Protest gegen die ungehemmte Kriegspolitik Ausdruck zu verleihen und die Arbeiterschaft aufzurütteln. In einem spektakulären Prozeß, dessen Protokoll nach dem 1. Weltkrieg veröffentlicht wurde, wurde A. von einem sogen. Ausnahmegericht zum Tode verurteilt, dann aber zu schwerer Kerkerstrafe begnadigt und kurz vor Kriegsende am 1. November 1918 amnestiert.

Schon während des Krieges hatte A. eine kleine linke Gruppe unter dem Namen Verein »Karl Marx« gegründet, der u. a. Max → Adler und Robert → Danneberg angehörten. Nach dem Krieg wurde allseits angenommen, er würde sich der neugegründeten KPÖ anschließen, statt dessen wirkte A. bis 1923 als Vorsitzender der Wiener Arbeiterräte, wo er seine linken Positionen vertrat, aber den Einfluß der Kommunisten bekämpfte und so mithalf, eine Spaltung der österreichischen Sozialdemokratie zu verhindern. Von Februar 1919 bis November 1923 gehörte er der Konstituierenden Nationalversammlung und dem Nationalrat als Abgeordneter an. 1923 wurde er Sekretär der neuen »Internationale der sozialistischen Arbeiterparteien« (II. Internationale), eine Funktion, die er bis zu seiner Emigration nach Amerika im Jahre 1940 ausübte. 1946 kehrte A. nach Europa zurück und ließ sich in der Schweiz nieder. Bis zu seinem Tode blieb er dem großdeutschen Gedankengut der Sozialdemokratie verhaftet.

*Werke:* »Die Erneuerung der Internationale« (1918), »Vor dem Ausnahmegericht« (1923), »Das Stalinsche Experiment und der Sozialismus« (1932).

*Lit.:* Rudolf Ardelt, F. A. (1984)

**Adler, Guido,** * 1. November 1855 in Ivančice/Eibenschitz (Mähren), † 15. Februar 1941 in Wien, Musikwissenschaftler.

A. studierte an der Universität Wien Jus (Promotion 1878) sowie Philosophie (Promotion 1880) und daneben Musik am Wiener Konservatorium, u. a. bei Anton Bruckner. 1885–1898 war er Universitätsprofessor für Musikwissenschaft in Prag, anschließend bis 1927 in Wien. Hier wurde er zum Begründer der »Wiener Schule« der Musikwissenschaft. Seine beiden Werke »Der Stil der Musik« (1911) und »Methode der Musikgeschichte« (1919) sind noch heute grundlegend. 1894–1938 gab er die »Denkmäler der Tonkunst in Österreich« heraus sowie 1924 gemeinsam mit anderen das zweibändige »Handbuch der Musikgeschichte« (Neuauflage 1975).

**Adler, Max,** * 15. Jänner 1873 in Wien, † 28. Juni 1937 in Wien, Soziologe und Parteitheoretiker.

Der Sohn eines Kaufmannes strebte nach dem Jusstudium zunächst die Laufbahn eines Rechtsanwalts an, doch wandte er sich bald der Soziologie zu. Schon als Student war er zu der »Freien Vereinigung sozialistischer Studenten« gestoßen. 1903 gründete er den Verein »Zukunft«, der eine Schule für Wiener Arbeiter sein sollte. Damit begann auch seine rege Vortragstätigkeit. Gleichzeitig führte A. eine lebhafte theoretische Diskussion in der Zeitschrift »Der Kampf«, wobei seine Positionen von Lenin scharf abgelehnt wurden. Als erklärter Kriegsgegner gehörte er während des 1. Weltkrieges zum Kreis der Linken. 1919–1921 war A. im nö. Landtag und bis 1923 im Wiener Gemeinderat. Er gehörte auch dem Arbeiterrat an, wo er unerbittlich gegen die Kommunisten Stellung bezog. Der Professor für Soziologie an der Wiener Universität war einer der wichtigsten Theoretiker des Austromarxismus. In seiner Schule des Neukantianismus strebte er eine Vereinigung der Lehren von Marx und Kant an. Außerdem entwickelte er eine eigenständige sozialistische Kulturinterpretation, wobei er den Begriff vom »Neuen Menschen« prägte.

*Werke:* »Kausalität und Teleologie« (1904), »Marx als Denker« (1908), »Prinzip oder Romantik« (1915), »Der Marxismus als proletarische Lebenslehre« (1922), »Die Staatsauffassung des Marxismus« (1922), »Kant und der Marxismus« (1925).

*Lit.:* Norbert Leser, M. A., in: NÖB 18 (1972).

**Adlmüller, Fred,** * 16. März 1909 in Nürnberg, † 26. September 1989 in Wien, Modeschöpfer.

Als der Nürnberger Hotelierssohn 1929 nach Wien kam, sollte er hier Erfahrungen sammeln, um daheim den väterlichen Betrieb weiterführen zu können. Doch entdeckte er hier seine wahre Berufung. Ladislaus Czettel, Ausstattungschef der Wiener Staatsoper, hatte sein Talent erkannt und dem jungen Mann eine Anstellung beim Modenhaus Zwieback verschafft. Schon bald wechselte er als Verkäufer zum Modenhaus »Stone & Blyth« und begann dort 1934 mit einer Haute-Couture-Kollektion. Schnell errang er große Erfolge, die Stars von Bühne und Oper wurden seine Kundinnen. Zusätzlich arbeitete er auch für den Film und für Operninszenierungen – er stattete Ljuba → Welitsch für Strauss' »Salome« aus und entwarf u. a. zahlreiche Filmkostüme für Willy → Forst. 1938 blieb A. in Wien tätig (aus gesundheitlichen Gründen nicht wehrtauglich) und führte den Modesalon für den Eigentümer Ignaz Sass, der als Jude nach London emigrieren mußte. In der Folge kleidete A. neben der künstlerischen auch die politische und gesellschaftliche Prominenz im Deutschen Reich ein, Emmy Göring ebenso wie Henriette von Schirach. 1945 kehrte Sass zurück, und erst in späteren Jahren erwarb A. das Geschäft. A.s Entwürfe, die immer klassisch feminin und tragbar waren, machten den Salon im Palais Esterházy in der Wiener Kärntnerstraße in den Nachkriegsjahren zu einem Inbegriff eleganter Wiener Mode. Von 1973 bis 1979 lehrte der Wiener Modezar als Ordinarius an der Hochschule für Angewandte Kunst. Anläßlich seines 80. Geburtstags fand eine große Modegala im Spiegelsaal des Schlosses Schönbrunn statt, die die konkurrenzlose Eleganz dieses »letzten Klassikers« seines Genres unter Beweis stellte.

**Afritsch, Josef,** * 13. März 1901 in Graz, † 25. August 1964 in Wien, Stadtgartendirektor in Wien und Politiker.

A. war der Sohn des Begründers der sozialdemokratischen »Kinderfreunde«, Anton Afritsch. Er schlug zunächst die gärtnerische Laufbahn ein und organisierte bis zu seiner Verhaftung durch die Nationalsozialisten 1942 die amtliche Pflanzenschutzstelle in Wien. 1945–1959 gehörte A. dem Wiener Gemeinderat an, gleichzeitig wirkte er als Stadtrat für allgemeine Verwaltung und als Wiener Stadtgartendirektor (1951). Am 16. Juli 1959 wurde er zum Innenminister berufen und bekleidete dieses Amt bis 27. März 1963. Als Abgeordneter vertrat A. die SPÖ vom 9. Juni 1959 bis 25. August 1964 im Parlament. Er war Mitglied des Parteivorstandes und des Wiener Vorstandes der SPÖ. 1963/64 fungierte er als Regierungskommissär für die Wiener Internationale Gartenschau (WIG).

**Ahrer, Jakob,** * 28. November 1888 in St. Stephan ob Leoben (St), † 31. März 1962 in Wien, Rechtsanwalt und Politiker.

Der Sohn eines Försters studierte Jus in Graz und trat dem CV bei. Nach seiner Promotion war er als Konzipient in einer Anwaltskanzlei tätig. Während des Krieges eingerückt und in Gefangenschaft, kehrte er 1918 nach Graz zurück und wurde sofort Mitglied des Wehr- und Sicherheitsausschusses. Seine Partei, die Christlichsozialen, entsandte ihn in den steirischen Landtag und in die Landesregierung. Zwischen 1919 und 1924 übte A. die Funktion eines stellvertretenden Landeshauptmannes aus. Er galt als besonderer Vertrauensmann Anton → Rintelens. Wie dieser vertrat er großdeutsches Gedankengut und befürwortete die Abhaltung einer Anschlußabstimmung. Schon 1920 war er an Verhandlungen der steirischen Christlichsozialen mit dem Heimatschutz beteiligt. 1921 stellte er die Verbindung zwischen Heimatschutz und steirischer Industrie her, die dank dieser Vermittlung den Heimatschutz mit 5 Millionen Schilling förderte. Im November 1924 berief ihn Kanzler → Ramek als Bundesminister für Finanzen in sein Kabinett. Dieses Amt übte A. bis 15. Jänner 1926 aus. Die Zeit seiner Amtsführung war durch eine Reihe von Krisen und Skandalen gekennzeichnet. Neben den Schwierigkeiten der Umstellung von Krone auf Schilling gab es eine Reihe von Bankzusammenbrüchen. Vor allem führten die erheblichen Verluste der Postsparkasse dazu, daß A. zurücktreten mußte. Er flüchtete nach Kuba, wo er sich eine neue Existenz aufbauen wollte, kehrte aber wieder nach Ö zurück und lebte dann eine Zeitlang in der Schweiz. Politisch trat er nicht mehr in Erscheinung.

**Aichern, Maximilian,** * 26. Dezember 1932 in Wien, Bischof von Linz.

Der Sohn eines Fleischhauers aus Wien-Fünfhaus war zunächst im väterlichen Betrieb tätig, bevor er sich der Priesterlaufbahn zuwandte. Am 9. Juli 1959 wurde A. zum Priester geweiht und trat in das Benediktinerstift St. Lambrecht in der Steiermark ein. 1977 wurde er zum Abt gewählt, 1981 übernahm er die Würde eines Abt-Präses aller österr. Benediktinerorden. Am 15. Dezember 1981 wurde er von Papst Johannes Paul II. zum Bischof von Linz ernannt. Seine Bischofsweihe erfolgte am 17. Jänner 1982 im Linzer Dom durch den Wiener Kardinal Franz → König.

*Ilse Aichinger*

**Aichinger, Ilse,** * 1. November 1921 in Wien, Schriftstellerin.

Die mehrfach preisgekrönte Erzählerin wuchs in Wien auf und absolvierte hier das Gymnasium. Während der NS-Zeit wurde sie wegen ihrer jüdischen Herkunft von den Nationalsozialisten verfolgt. Nach dem Krieg studierte sie fünf Semester Medizin, verließ dann Wien und arbeitete 1950 als Lektorin beim S. Fischer Verlag. Ab 1953 lebte A. in Oberbayern, danach in Groß-Gmain bei Salzburg; sie ist mit dem Schriftsteller Günter Eich verheiratet.

Literarisch trat A. 1948 mit dem Roman »Die größere Hoffnung« hervor. Es folgte der Erzählband »Rede unter dem Galgen« (1952) bzw. »Der Gefesselte« (1953), wo parabelhaft verfremdet, sprachlich verknappt und unter Verzicht auf eine zusammenhängende Handlung die Lebenssituation des Menschen in unserer Zeit und die Brüchigkeit seines Daseins dargestellt wird. A. schrieb auch zahlreiche Hörspiele. Zuletzt veröffentlichte sie den Prosaband »Kleist, Moos, Fasane« (1987).

*Lit.:* G. Lindemann, I. A. (1988).

**Albach-Retty, Rosa,** * 26. Dezember 1874 in Hanau (Hessen), † 26. August 1980 in Baden bei Wien, Kammerschauspielerin.

Die große Schauspielerin debütierte 1890 als »Zeit« in Shakespeares »Wintermärchen« im Deutschen Theater in Berlin. 1895–1903 war sie am Deutschen Volkstheater in Wien tätig. 1903 kam sie ans Wiener Burgtheater, dem sie bis zur Spielsaison 1957/58 angehörte; in diesen Jahrzehnten verkörperte sie rund 300 Rollen. Sie war u. a. Kleists Käthchen, Grillparzers Rahel, Strindbergs Fräulein Julie. 1912 wurde sie zur (letzten) Hofschauspielerin ernannt. A.-R. wirkte auch in mehreren Filmen mit. An der »Burg« spielte sie ihre letzte Rolle in der »Sonderbaren Dame«, einem Lustspiel von John Patrick.

A.-R. war eine äußerst populäre Künstlerpersönlichkeit, die bis in ihr hohes Alter Charme und Humor mit Energie und Arbeitsdisziplin zu verbinden wußte. Ihr Sohn war Wolf → A.-R., ihre Enkelin Romy → Schneider.

**Albach-Retty, Wolf (Wolfgang),** * 28. Mai 1906 in Wien, † 21. Februar 1967 in Wien, Schauspieler.

Der Sohn von Rosa → A.-R. und Vater von Romy → Schneider besuchte in Wien die Akademie für Musik und darstellende Kunst. 1926–1932 spielte er am Burgtheater. Danach war er überwiegend beim Film tätig; er und seine erste Ehefrau Magda Schneider galten ab den dreißiger Jahren als das erfolgreiche »Traumpaar« (u. a. »Rendezvous in Wien«, »Die Puppenfee«, beide 1936), nach dem 2. Weltkrieg begnügte er sich beim Film mit Kostümrollen bzw. besseren Chargen in Heimatfilmen wie »Das Mädel aus dem Böhmerwald« (1965). Von 1959 bis zu seinem Tod 1967 war er wieder Ensemblemitglied des Burgtheaters.

**Alexander, Peter (eigtl. P. A. Neumayer),** * 30. Juni 1926 in Wien, Schauspieler und Sänger.

Der Sohn eines Bankbeamten wuchs in gutbürgerlichen Verhältnissen auf. Er sollte auf väterlichen Wunsch Arzt werden, doch war seine Liebe zur Musik, die von der Mutter auf ihn überging, stärker. Nach der Rückkehr aus der englischen Kriegsgefangenschaft besuchte er das Reinhardt-Seminar und war anschließend am Wiener Bürgertheater, am Stadttheater und am Theater in der Josefstadt engagiert. Ab 1954 spielte er in zahlreichen Unterhaltungs- und Operettenfilmen (u. a. in »Die Fledermaus«, »Die lustige Witwe«, im »Weißen Rößl am Wolfgangsee«); für seine Erfolge erhielt er u. a. fünf »Goldene Kameras«. Seine Schlager, Wienerlieder und hervorragenden Parodien berühmter Kollegen (z. B. Hans → Moser) machten den Unterhaltungssänger zudem zu einem der beliebtesten Showmaster im deutschsprachigen Raum. Privat ein begeisterter Angler, ist er mit seinem wienerischen Charme zum singenden Botschafter Österreichs geworden.

**Allmayer-Beck, Johann Christoph,** * 19. August 1918 in Baden bei Wien, Historiker und Museumsdirektor.

Aus einer alten Beamten- und Offiziersfamilie stammend, besuchte A. die Mittelschule der Jesuiten in Kalksburg. Da er die aktive Offizierslaufbahn anstrebte, ging er danach an die Militärakademie in Wiener Neustadt. Während des 2. Weltkrieges leistete er Kriegsdienst als Berufsoffizier. Nach Kriegsende und Entlassung aus einer kurzen Kriegsgefangenschaft nahm er an der Universität Innsbruck das Studium der Geschichte und Kunstgeschichte auf. 1947 übersiedelte er nach Wien, wo er das Institut für österr. Geschichtsforschung absolvierte. In den historischen Hilfswissenschaften als Archivar spezialisiert, trat er 1950 seinen Dienst im österr. Kriegsarchiv an, wo er sich rasch als Militärhistoriker profilierte. 1961 erfolgte seine Überstellung ins Heeresressort, 1964 übernahm er die Leitung des Heeresgeschichtlichen Museums und Militärwissenschaftlichen Instituts. In der Ära seiner Direktorenschaft erfuhr das Museum eine grundsätzliche Neugestaltung, zahlreiche

Ausstellungen präsentierten die Schätze des Hauses der Öffentlichkeit. Auch verfaßte A. eine Reihe bedeutender Werke zur österr. Armee und wirkte an zahlreichen maßgeblichen Publikationen zur Geschichte Ö.s mit. Als A. 1983 in Pension ging, hatte er, dem neben der Wissenschaft immer das Musische am Herzen lag, auch einen Platz in der österr. Literatur: Alexander → Lernet-Holenia wie Ingeborg → Bachmann zeichneten seine unverwechselbare Persönlichkeit in ihren Werken nach.

*Werke:* »Ministerpräsident Baron Beck. Ein Staatsmann des alten Österreich« (1956), »Spectrum Austriae« (Hrsg. 1957), »Imago Austriae« (Hrsg. 1963), »Die k. (u.) k. Armee 1848–1914« (1974), »Die kaiserlichen Kriegsvölker von Maximilian I. bis Prinz Eugen 1479–1718« (1978), »Das Heer unter dem Doppeladler. Habsburgs Armeen 1718–1848« (1982).

*Susanne Almássy*

**Almássy, Susanne,** * 15. Juni 1916 in Wien, Schauspielerin.

Die Offizierstochter wollte eigentlich die Diplomatenlaufbahn einschlagen, begann jedoch nach einem Intermezzo an der Musikakademie mit dem Schauspielunterricht. Nach zwei Jahren schied sie aus der Akademie, um in Gera als »jugendliche Salondame und Liebhaberin« ihr Bühnendebüt zu feiern. Danach kam sie über Chemnitz nach Hamburg, zunächst an das Schauspielhaus, dann an das Thalia-Theater. Sie spielte in Lustspielen und Komödien. Erst nach dem 2. Weltkrieg verlegte sie ihren dauernden Wohnsitz nach Wien, gastierte aber immer wieder auswärts (u. a. in Berlin, Basel, Zürich) und nahm auch Rollen in Film und Fernsehen an. Stets bevorzugte sie das Wanderleben und die Herausforderung, sich immer wieder vor neuem Publikum zu bewähren, gegenüber der Geborgenheit in einem Ensemble. »Ich bin überall ein bißchen ungern«, zitiert sie A. → Polgar. In Wien blieb sie jedoch dem Josefstädter Theater treu (seit 1948), spielte aber auch mehrmals am Burgtheater. Die darstellerische Spannweite der großen Menschengestalterin ist breit. Sie hat 220 Frauenrollen verkörpert, viele davon in Solostücken, aber auch in Stücken von Shakespeare, Strindberg und → Schnitzler ebenso wie moderne Rollen und Partien in Musicals, u. a. »Gigi«. Ihr erster Film war »Der Engel mit dem Saitenspiel«. A. ist mit dem Schauspieler und Regisseur Rolf → Kutschera verheiratet.

**Altenburger, Erwin,** * 3. November 1903 in Mautern (St), † 7. Februar 1984 in Wien, Lederarbeiter und Politiker.

Der gelernte Schuhmacher, der nach Bürger- und Handelsschule auch die Sozialakademie absolvierte, war schon als junger Mann in der christlichen Gewerkschaftsbewegung tätig. 1927–1934 war er Zentralsekretär der christlichen Gewerkschaft der Textilarbeiter. 1938 von den Nationalsozialisten verhaftet, konnte er sich einer Verschickung nach Dachau entziehen und schloß sich der Widerstandsbewegung an. 1945 gehörte er zu den Mitbegründern der Fraktion Christlicher Gewerkschafter im Österr. Gewerkschaftsbund. 1952–1975 war er ihr Vorsitzender, 1948–1975 Vizepräsident des ÖGB, vom

19. Dezember 1945 bis 31. März 1970 Abgeordneter zum Nationalrat (ÖVP). 1947–1949 fungierte er als Bundesminister ohne Portefeuille. A. gehörte dem Präsidium des ÖAAB an und war Mitglied des Vorstandes der Arbeiterkammer Wien. Er galt als unbequemer Mahner auch in der eigenen Partei.

**Amanshauser, Gerhard,** * 2. Jänner 1928 in Salzburg, Lyriker, Erzähler und Essayist.

A. studierte Germanistik und Anglistik in Wien, war kurze Zeit Hauptschullehrer und lebt seit 1953 als freier Schriftsteller in Salzburg. Der literarische Einzelgänger pflegt in seinen Essays die geschliffene Pointe und das Sprachspiel (»Satz und Gegensatz«, 1972), demaskiert in seinen Satiren den heimischen Kulturbetrieb (»Schloß mit späten Gästen«. Satirischer Roman, 1975) und schildert in seinen Erzählungen ironisch und humorvoll-bissig die Verfallserscheinungen unserer Gesellschaft und Kultur (»Der Deserteur«, 1970). Seine zuletzt veröffentlichten »Gedichte« (1986) sind auf einen nachdenklich-schwermütigen Grundton gestimmt.

*Weitere Werke:* »Der Ohne-Namen-See. Chinesische Impressionen« (1988), »Moloch Horridus – Aufzeichnungen« (1989).

**Ambros, Wolfgang,** * 19. März 1952 in Wolfsgraben bei Wien, Sänger und Liedermacher.

Der populäre »Austro-Popper« begann 1971 mit dem Lied »Da Hofa« seine spektakuläre Karriere. Mit der erfolgreichen Verbindung von Dialekt und Rock leitete er eine neue Ära der österreichischen Pop-Musik ein. 1972 erschien seine erste LP »Alles andere zählt net mehr«, der zahlreiche weitere folgten, u. a. »Es lebe der Zentralfriedhof« (1975). Mit Hits wie »Du bist wia de Wintersun« (1972), »Zwickts mi« (1975), »Schifoan« (1976) oder eigenen Versionen von Bob-Dylan-Songs (1978) traf er die Empfindungen und die Lebenseinstellung vieler junger Menschen. Er hat auch Dialektmusicals geschrieben (»Fäustling«, gemeinsam mit Joesi Prokopetz; »Der Watzmann ruft«, 1974 mit Manfred Tauchen) und Hörspielplatten produziert (»Schaffnerlos«, 1979; »Augustin«, 1981).

**Ambrosi, Gustinus,** * 24. Februar 1893 in Eisenstadt, † 1. Juli 1975 (Selbstmord) in Wien, Bildhauer und Lyriker.

Der Sohn eines Kunstmalers erlernte u. a. das Goldschmied- und Steinmetzhandwerk. Seit seinem 7. Lebensjahr taub, besuchte er die Staatsgewerbeschule in Graz und anschließend die Akademie der Bildenden Künste in Wien. Als Bildhauer setzte er sich schon in jungen Jahren durch (1912 erste erfolgreiche Ausstellung in Graz). Seine Arbeiten – vorwiegend in Stein und Bronze – blieben von allen modernistischen Strömungen unbeeinflußt. Der Künstler schuf rund 2 500 Skulpturen, darunter mehr als 600 Porträtbüsten und Monumentalplastiken. Als Dichter verfaßte er tief empfundene Lyrik, wie »Die Sonette an Gott« (1923) und »Das Buch der Einschau« (1960).

*Lit.:* F. Renisch, G. A. (2 Bde., 1991).

**Améry, Jean (eigtl. Hans Mayer),** * 31. Oktober 1912 in Wien, † 17. Oktober 1978 (Selbstmord) in Salzburg, Schriftsteller, Philosoph Essayist.

A. studierte in Wien Literatur und Philosophie. Er floh 1938 vor den Nationalsozialisten nach Belgien, wurde 1943 als Widerstandskämpfer verhaftet und durchlitt bis Kriegsende mehrere Konzentrationslager. Sein Werk reflektiert diese Existenzbedrohungen seines Lebens. A., der nach dem Krieg überwiegend in Brüssel lebte, wendet sich in seinen gesellschaftskritischen Essays gegen Unfreiheit und Ungerechtigkeit und erweist sich darin als ein unbestechlicher Beobachter seiner Zeit. In den Büchern »Über das Altern« (1968) und »Hand an sich legen« (1976), in denen er über den biologischen Verfall und den Suizid als letzte Freiheit des Menschen meditiert, nahm er literarisch seinen eigenen Freitod vorweg.

*Weitere Werke:* »Jenseits von Schuld und Sühne« (1966), »Unmeisterliche Wendejahre« (Essays, 1971).

**Andergast, Maria (eigtl. M. Pitzer),** * 4. Juni 1912 in Brunnthal (Bayern), Schauspielerin.

Seit 1914 in Wien, spielte sie nach Abschluß ihrer Ausbildung zunächst an verschiedenen Bühnen im deutschsprachigen Raum (u. a. Deutsches Theater in Prag, Theater in der Josefstadt in Wien) und wurde früh für den Film entdeckt. In zahlreichen Tonfilmen verkörperte die beliebte Schauspielerin geradlinige Mädchen- und Frauenfiguren, die bereit sind, für ihr Lebensglück zu kämpfen (u. a. »Der verlorene Sohn« mit L. → Trenker, 1934, »Das Glück wohnt nebenan«, 1939). Nach 1945 erzielte sie als Mariandl in »Der Hofrat Geiger« ihren größten Erfolg. Das von Hans Lang (* 5. Juli 1908 in Wien, † 28. Jänner 1992 in Wien) für diesen Film komponierte Lied »Mariandl« verhalf ihr zu einer zweiten Karriere als Sängerin volkstümlicher Lieder.

*Weitere Filme:* »Kaiserball« (1956), »Almenrausch und Edelweiß« (1957), »Der gestohlene Himmel« (1974).

**Anders, Günther (eigtl. G. Stern),** * 12. Juli 1902 in Breslau (Schlesien), Kulturphilosoph und Schriftsteller.

A. studierte bei Heidegger und Husserl Philosophie und promovierte 1923 in Freiburg. 1923–1930 hielt er sich in Berlin und Paris auf. 1933 zur Emigration gezwungen, lebte er bis 1936 in Frankreich (Einfluß auf das Denken Sartres), danach bis 1950 in den USA und seither in Wien. Die bedeutsamste Zäsur in Leben und Werk des engagierten Philosophen war der Abwurf der ersten Atombombe am 6. August 1945 auf Hiroshima. In dem Essayband »Die Antiquiertheit des Menschen« (1956), seinem wichtigsten Werk, zeigt er die Gefahren der Atomkraft auf, 1958 besuchte er Hiroshima, und 1961 veröffentlichte er seinen Briefwechsel mit dem Hiroshima-Piloten Claude Eatherly (»Off Limits für das Gewissen«). A. ist Mitinitiator der internationalen Anti-Atom-Bewegung. Sein Denken stieß allerdings erst in den 80er Jahren auf vermehrtes Gehör.

*Weitere Werke:* »Das G.-Anders-Lesebuch« (1984), »Gewalt – ja oder nein. Eine notwendige Diskussion« (1987), »Ketzereien« (1991).

*Lit.:* J. Langenbach, G. A. Eine Monographie (1988).

**Andics, Hellmut,** * 25. August 1922 in Wien, Journalist und Fernsehautor.

A. begann seine journalistische Laufbahn 1945 beim »Neuen Österreich«, später setzte er seine Tätigkeit bei »Die Presse« fort. Sehr bald spezialisierte er sich auf spannend aufbereitete zeitgeschichtliche Reportagen und Fernsehdokumentationen. Mit seinem Buch über die 1. Republik, das den Titel »Der Staat, den keiner wollte« trug, wirkte er begriffsbildend. Als Autor von historisch exakt recherchierten Fernsehserien, wie »Ringstraßenpalais«, verstand er es, dem Bildungsauftrag des Mediums gerecht zu werden.

Ab 1975 war er Leiter der burgenländischen Kultur- und Bildungszentren, 1980–1986 leitete er als Landesintendant das ORF-Studio Burgenland. Als Autor zahlreicher Bücher zur österr. Geschichte, vorwiegend des 19. und 20. Jahrhunderts, erreichte er einen breiten Bekanntheitsgrad.

*Werke:* »Der Staat, den keiner wollte« (1962), »Der ewige Jude« (1965), »Der Fall Otto Habsburg« (1965), »50 Jahre unseres Lebens« (1968), »Die Frauen der Habsburger« (1969), »Das österreichische Jahrhundert« (1974), »Ende und Anfang 1945« (1975), »Gründerzeit« (1981), »Die Juden in Wien« (1988).

**Andreae, Clemens August,** * 5. März 1929 in Graz, † 26. Mai 1991 bei einem Flugzeugabsturz über Thailand, Nationalökonom.

Der Sohn eines Grazer Universitätsprofessors studierte Jus in Marburg, wo er 1950 promoviert wurde. Zwischen 1951 und 1958 war er Assistent am Institut für Finanzrecht der Universität Köln.

1955 habilitiert, berief man ihn 1958 an die Universität Innsbruck. 1962 erhielt er ein Ordinariat, zwischen 1965 und 1980 wirkte er auch als Vorstand des Instituts für Finanzwissenschaften. 1981–1983 war er Rektor der Universität Innsbruck. Seit 1985 war A. auch Mitglied des ORF-Kuratoriums. Als Wissenschaftler vor allem an Fragen der Geld- und Finanzpolitik interessiert, fand seine Stimme auch in kirchlichen Kreisen beachtliches Gehör. Mehrfach war A. als möglicher Finanzminister im Gespräch. Seine wissenschaftliche Kompetenz brachte er auch als Herausgeber des Magazins »Wochenpresse« ein.

*Werke:* »Finanztheorie« (1969), »Ökonomik der Freizeit« (1970), »Handbuch der österreichischen Finanzwirtschaft« (Hrsg. 1970), »Sündenbock Unternehmer« (1973), »Finanzpolitik« (1975).

**Andri, Ferdinand,** * 1. März 1871 Waidhofen an der Ybbs (NÖ), † 19. Mai 1956 in Wien, Landschafts- und Porträtmaler, Lithograph.

*Ferdinand Andri*

Der Sohn eines Vergolders studierte bis 1891 an der Akademie der Bildenden Künste in Wien, bildete sich bei Kaspar Ritter in Karlsruhe weiter und ließ sich anschließend wieder in Wien nieder. 1899–1909 war er Mitglied der Secession (Präsident 1899/1900 und 1905/06). Seit 1919 Professor an der Kunstakademie, setzte er für die Studenten die freie Professorenwahl durch; er richtete auch eine Freskoschule an der Akademie ein, deren Leitung er selbst 1938–1945 innehatte. In der Notzeit nach dem 1. Weltkrieg hatte A. eine Kinderspiel-Hausindustrie in Waidhofen an der Ybbs aufgebaut. In seinem künstlerischen Schaffen blieb er ebenfalls der Heimat verhaftet, in zahlreichen Studien und Gemälden schilderte er vorwiegend das Leben der nö. Bauern (»Butterbäuerin«, »Wochenmarkt« usw.).

*Lit.:* F. A. (Katalog des Niederösterreichischen Landesmuseums, 1982).

**Androsch, Hannes,** * 18. April 1938 in Wien, Politiker, Steuer- und Unternehmensberater, Bankdirektor.

Nach dem Studium an der Hochschule für Welthandel in Wien trat A. in die väterliche Steuerberatungskanzlei ein. Schon vorher entwickelte er eine lebhafte politische Tätigkeit. Er war Mitglied der Sozialistischen Mittelschüler, dann in führender Funktion der Sozialistischen Studenten. 1963–1966 war A. als Sekretär für Wirtschaftsfragen im Klub der sozialistischen Abgeordneten tätig, ab 1966 war er Konsulent für den Klub. Seit 4. Oktober 1967 gehörte er als Abgeordneter dem Parlament an. Am 21. April 1970 berief ihn Bruno → Kreisky in seine Minderheitsregierung und betraute ihn mit dem Finanzministerium. Von 1. Oktober 1976 an übernahm er auch das Amt eines Vizekanzlers.

Bereits im Jahre 1978 wurde A. vom Abgeordneten Heribert Steinbauer vorgeworfen, er habe seine 1975 in Neustift erworbene Villa mit Schwarzgeldern finanziert. In der Folge war eine Prüfung der Affäre durch Finanzbehörden und Gericht nicht aufzuhalten. Mit 19. Jänner 1981 legte A. alle seine Regierungsfunktionen nieder. Mit 1. Juli 1981 wurde er zum Generaldirektor der Creditanstalt-Bankverein (CA), der größten verstaatlichten Bank, berufen. 1985 traten die gerichtlichen Ermittlungen gegen A. in ein neues Stadium, auch Bruno Kreisky entzog seinem ehemaligen »Kronprinzen« endgültig seine Gunst. Im Jänner 1988 wurde A. in erster Instanz wegen falscher Zeugenaussage vor dem AKH-Untersuchungsausschuß verurteilt. Er legte seine Funktion in der CA nieder, zwei Monate später wurde das Urteil in zweiter Instanz rechtskräftig. Im Finanzstrafverfahren wurde A. im Oktober 1991 in erster Instanz schuldig gesprochen und zur Zahlung von 1,8 Millionen Schilling verurteilt. 1989 startete A. eine neue Karriere als internationaler Unternehmensberater, mit Schwerpunkt im ehemaligen Ostblock.

**Angerer, Paul,** * 16. Mai 1927 in Wien, Komponist und Dirigent.

Der Sohn eines Bankbeamten studierte Klavier, Violine und Komposition am Konservatorium und an der Akademie für Musik in Wien. Er war bereits mit 13 Jahren als Leiter eines Wiener Kirchenchores tätig. Nach Abschluß seiner musikalischen Ausbildung wirkte er in verschiedenen Orchestern mit, war 1952–1956 Solobratschist der Wiener Symphoniker und leitete 1956–1963 das Kammerorchester der Wiener Konzerthausgesellschaft. Er wirkte auch als Kapellmeister am Wiener Burgtheater, 1967–1972 als Opernchef am Salzburger Landestheater und in Ulm und danach bis 1982 als Leiter des Südwestdeutschen Kammerorchesters Pforzheim. Der bekannte und preisgekrönte Komponist (1956 Staatspreis, 1958 Theodor-Körner-Stiftung) zählt zur avantgardistischen Elite, ohne die österr. Musiktradition zu verleugnen. Seit 1982 ist er Professor an der Hochschule für Musik in Wien. – Sein umfangreiches Werkverzeichnis umfaßt konzertante Werke für Cembalo, Viola und Kontrabaß, Bühnen- und Orchesterwerke, Kammermusik, Oratorien sowie die Fernsehoper »Paßkontrolle«, für die er 1959 den »Salzburger Opernpreis« erhielt.

**Antel, Franz (Künstlername: François Legrand),** * 28. Juni 1913 in Wien, Filmregisseur und -produzent.

Nach dem Besuch des Realgymnasiums und des Technologischen Gewerbemuseums besuchte A. 1931/32 die Filmakademie. Anschließend arbeitete er als Kameraassistent bei Hans Theyer, Sascha-Film, und drehte 1936 als Produktionsleiter mit Leo → Slezak seinen ersten Film, »Unsterbliche Melodie«. Danach war er in Berlin bei mehreren Filmgesellschaften (Terra-Film, Tobis-Film) beschäftigt. 1940 zur Wehrmacht eingezogen, war er in einer Propagandakompanie beimRonttheater tätig, bis er 1944 in russische Kriegsgefangenschaft geriet. Bereits 1945 wurde er entlassen. 1946 führte er zum erstenmal Alleinregie (»Das singende Haus« mit Curd → Jürgens und Hans → Moser), war dann u. a. für die Sascha- und die Schönbrunn-Film tätig und machte sich 1960 selbständig (Delta-Film).

A. produzierte unzählige Streifen, die einem breiten Publikumsgeschmack entsprachen: Heimatfilme, Wiener Filme (»Hallo Dienstmann«, »Der alte Sünder«), Alt-Österreichisches (»Kaisermanöver«, »Der Kongreß tanzt«) und Sexkomödien wie »Susanne – Die Wirtin von der Lahn«. Zugleich gelangen ihm auch anspruchsvolle Streifen, wie »Spionage« über Oberst Redl oder »Der Bockerer« nach dem gleichnamigen antifaschistischen Theaterstück von Ulrich Bekker und Peter Preses, der ihm zahlreiche Preise und Ehrungen im In- und Ausland eintrug. A. war jahrzehntelang der kommerziell erfolgreichste österr. Regisseur und Produzent. Dreimal erhielt er die »Goldene Leinwand« für Filme mit über 3 Millionen Besuchern.

**Antoine, Tassilo,** * 25. Oktober 1895 in Wien, † 23. April 1980 in Wien, Gynäkologe.

Der gebürtige Wiener, der im 1. Weltkrieg bei den Tiroler Kaiserschützen diente, war ein Schüler von Kermauner, Weibl, Eiselsberg und Chvostek. Bereits 1937 wurde A. Vorstand der Gynäkologie im Wiener Lainzer Krankenhaus. 1940 erhielt er eine ordentliche Professur in Linz.

*Tassilo Antoine*

1943 wurde er als Nachfolger Amreichs an die Wiener Gynäkologie berufen, an der er bis 1968 wirkte. Als hervorragender Lehrer und international anerkannter Wissenschaftler wurde A. vielfacher Auszeichnungen gewürdigt. Sein Lehrbuch der Frauenheilkunde gehört zu den Standardwerken seines Faches.

**Anzinger, Siegfried,** * 25. Februar 1953 in Weyer/Steyr (OÖ), Maler.

A., einer der kreativsten heimischen jungen Künstler, hat Österreich 1988 auf der Biennale in Venedig vertreten.

1971–1977 studierte A. an der Akademie der Bildenden Künste in Wien, 1976 fand seine erste Einzelausstellung in der Galerie Herzog in Wien statt, und seither war er auf zahlreichen Ausstellungen des In- und Auslandes vertreten. Seine Malerei ist expressiv, starkfarbig und flächig. Sein Engagement für die Kunst ist leidenschaftlich, der Schaffensprozeß vollzieht sich eher in intensiv durchlittenen Malphasen als in kontinuierlicher Arbeitsweise. Seine Themen sind den Schattenseiten des Daseins gewidmet: Angst, Vergänglichkeit, Tod und Gewalt dominieren, kein Trost, keine Erlösung kommen von seiner Bildfläche.

**Apfalter, Herbert,** * 22. September 1925 in Pregarten (OÖ), † 26. August 1987 in Weistrach bei Amstetten, Industriemanager.

Der studierte Diplomkaufmann begann seine Laufbahn 1949 in der Finanzabteilung der VOEST. Bereits 1961 erhielt er die Prokura, 1966 wurde er zum Leiter der Finanzwirtschaft berufen. Nach der Fusion von VOEST und Alpine 1973 war er für das gesamte Finanzwesen verantwortlich. Mit 1. August 1977 wurde er zum Generaldirektor des Konzerns bestellt. Schon seit Beginn der 70er Jahre wirkte A. in zahlreichen Industrieunternehmen als Mitglied des Aufsichtsrates und stellvertretender Aufsichtsratsvorsitzender. Im November 1985, als die fragwürdigen Ölgeschäfte der Intertrading, einer Tochter der VOEST, bekannt wurden, mußte Apfalter resignieren. Obwohl ihm als Unternehmensleiter beachtliche Erfolge geglückt waren, wie der Einstieg in neue Technologien, ein Modernisierungsschub in großen Bereichen oder die Forcierung des Anlagenbaus und des Elektronikzweigs, fielen auch schwere Rückschläge und Skandale in seine Ära. Der weltweiten Stahlkrise konnte im Rahmen des Unternehmens kaum gegengesteuert werden, Neueinstiege wie die Kunststoffflaschenerzeugung oder die Produktion von Chips erwiesen sich als Flops. Noch 1974 vom Wirtschaftsmagazin »Trend« zum »Mann des Jahres« gewählt, war sein Sturz nicht aufzuhalten. Über die umstrittenen Waffengeschäfte des Konzerns hatte er nach seinem Rücktritt strengstes Stillschweigen bewahrt. Sein plötzlicher Herztod – A. hatte einen Herzschrittmacher – bleibt von Gerüchten umrankt.

**Apold, Anton,** * 23. Juni 1877 in Groß-Jedlersdorf (NÖ), † 25. September 1950 in Velden (K), Industriemanager.

Als Dr. iur. in Wien promoviert, übte A. seit 1922 die Funktion eines Generaldirektors der Alpine Montan AG aus, die, ursprünglich in italienischem Besitz, 1921 in den Mehrheitsbesitz des Stinnes-Konzerns übergegangen war. Ein offener Anhänger des steirischen Heimatschutzes, wurden die Werkshallen der Alpine zum Zentrum für die sogen. Gelben Gewerkschaften, das sind von den Unternehmern gesteuerte Gewerkschaften. A. trat auch vehement für den Anschluß Ö.s an das Deutsche Reich ein. Als in Deutschland 1933 die Nationalsozialisten an die Macht kamen, fanden sie in A. einen eifrigen Anhänger. Im Juli 1934, als Nationalsozialisten den Kanzler in Wien ermordeten, waren die Betriebe der Alpine Zentren des NS-Aufstandes. Der Konzern wurde daraufhin einem Regierungskommissär unterstellt, der Generaldirektor mit sofortiger Wirkung in Pension geschickt.

**Apostel, Hans Erich,** * 22. Jänner 1901 in Karlsruhe, † 30. November 1972 in Wien, Komponist.

A. studierte zunächst am Konservatorium seiner Heimatstadt und kam 1921 nach Wien, wo er bis 1925 Schüler von A. → Schönberg war. Er arbeitete dann mit A. → Berg bis zu dessen Tod eng zusammen und wurde zu einem der konsequentesten Vertreter der Zweiten Generation der Neuen Wiener Schule der Musik. Obwohl er an die Tradition der klassischen österr. Musik anzuknüpfen versuchte, behielt er die Form- und Konstruktionsprinzipien Schönbergs bei. Der bedeutende Komponist, der als Privatmusiklehrer, Dirigent und Pianist tätig war, hat ein kleines, aber substantielles Werk hinterlassen: Orchester- und Kammermusik, darunter drei Streichquartette, Vokalmusik nach Mörike, Hölderin, Rilke, Trakl u. a., Klaviervariationen nach einer Kokoschka-Mappe (1928), Chöre und Sonaten; am häufigsten aufgeführt werden das 1958 entstandene Klavierkonzert op. 30, und die »Fischerhaus-Serenade« für 12 Instrumente von 1972. A. wurde 1946 Präsident der Internationalen Gesellschaft für Neue Musik, Sektion Österreich; 1948 erhielt er den Kunstpreis der Stadt Wien und 1952 den Staatspreis.

*Lit.:* H. Kaufmann, H. E. A. (1965).

**Aratym, Hubert (eigtl. H. Pelikan),** * 22. Jänner 1936 in Gutenstein (NÖ), Maler, Graphiker und Bühnenbildner.

Der vielseitige Künstler erhielt seine Ausbildung an der Wiener Akademie für Angewandte Kunst (Meisterklasse für Mode und Textilarbeit), die er 1952 mit dem Diplom abschloß. Er studierte dann Malerei an der Akademie der Bildenden Künste als Gasthörer bei Sergius → Pauser und an der Académie des Beaux Arts in Paris.

Phantasievoll und ungeheuer kreativ (zu seinen Interessen zählen auch Musik, Literatur u. a. m.), ist A. ein Einzelgänger, der in kritischer Distanz zu seiner Heimat seit 1977 neben Wien Manila als zweiten Standort gewählt hat. Sein weitgespanntes Werk umfaßt Aquarelle, Zeichnungen, Gouachen, Ölbilder, Tapisserien, Holzreliefs aus philippinischem Narraholz, die hauptsächlich sakralen Themen gewidmet sind, Bucheinbände, Möbel und Skulpturen. Außerdem hat er für zahlreiche Theater und Stücke hervorragende Bühnenbilder geschaffen (u. a. zu Jean Genets »Der Balkon«, William Shakespeares »Ein Sommernachtstraum« im Wiener Volkstheater und den »Letzten Tagen der Menschheit« von Karl → Kraus im Theater an der Wien). Eine große Schau seiner Werke fand 1980 im Servitenkloster auf dem Mariahilferberg bei Gutenstein unter dem Titel: »Konfigurationen« statt. A. trägt den Professorentitel für Verdienste um Österreich im Ausland.

*Werke:* »Prozessionen der Mitvergangenheit« (1991).

**Arnold, Ernst (eigtl. Ernst Jeschke),** * 12. Februar 1892 in Wien, † 5. Jänner 1962 in Wien, Schauspieler, Komponist und Wienerliedersänger.

Der Bruder von Fritz → Imhoff war nach dem Besuch der Schauspielschule zunächst mit Operettenrollen in Reichenberg, Graz und Wien tätig, ehe er eine Karriere als Chansonnier begann und durch seine häufigen Auftritte im Rundfunk (RAVAG) rasch populär wurde. Er komponierte insgesamt rund 800 Wienerlieder (deren Texte er auch in vielen Fällen selbst verfaßte), darunter so bekannte wie »Wann der Herrgott net will«, »Beim Burgtor am Michaelerplatz«, »I waß an Wein«, »Du nur Du«. A. war langjähriger Präsident der Vereinigung »Das Wienerlied«.

**Artmann, H. C. (Hans Carl),** * 12. Juni 1921 in Wien, Schriftsteller, Lyriker und Übersetzer.

Der Sohn eines Schuhmachermeisters wuchs in Wien-Breitensee auf. Nach Kriegsende arbeitete er bis 1949 als Dolmetscher in der US-Armee und studierte Vergleichende Sprachwissenschaften. Zugleich veröffentlichte er seine ersten Gedichte in der Zeitschrift »Neue Wege«. Der bekannte Bonvivant, Verwandlungskünstler und poetische Avantgardist war einer der Initiatoren der »Wiener Gruppe«; er setzte als Reaktion auf die triste kulturpolitische Situation Wiens eine Reihe von »makabren« Aktionen und erzielte bereits mit seinem ersten, im Vorstadtdialekt geschriebenen Gedichtband »med ana schwoazzn dintn« 1958 einen durchschlagenden Erfolg. 1959 erschien »Von denen Husaren und anderen Seil-Tänzern«, im Stil des Schelmenromans.

*H. C. Artmann*

In den Folgejahren wechselte A. nicht nur häufig das Domizil (Berlin, Schweden, Spanien), sondern auch seine Erzählformen und Themen, wobei er das Fremde – Einflüsse seiner Reisen – sowie das Dunkle, Makabre und Böse in seinen literarischen Kosmos integrierte. Seine Übersetzertätigkeit aus dem Schwedischen, Spanischen, Französischen und Keltischen kam ihm hiebei sehr zustatten. A., der 1974 den Großen Österreichischen Staatspreis erhielt, ist einer der unverwechselbarsten Poeten der heimischen Zwischenkriegsgeneration.

*Weitere Werke:* »Allerleirausch« (1967), »How much, Schatzi« (1970), »Grammatik der Rosen« (Prosa, 1979), »Die Sonne war ein grünes Ei« (1982), »Mit meiner Botanisiertrommel« (1987), »Gedichte von der Wollust des Dichtens« (1989).

*Lit.:* J. Donnenberg (Hrsg.), Pose, Possen und Poesie. Zum Werk H. C. Artmanns (1981).

**Aslan, Raoul,** * 16. Oktober 1886 in Saloniki, † 17. Juni 1958 in Litzlberg am Attersee (OÖ), Kammerschauspieler.

Der Sohn eines Armeniers und einer Italienerin kam 1897 nach Wien. Ab 1906 an mehreren Bühnen engagiert, debütierte er 1920 am Burgtheater als Orest in »Iphigenie auf Tauris«. Er avancierte zum Ersten Schauspieler des Hauses, führte auch Regie und war der erste Burgtheaterdirektor nach 1945 (1945–1948). Zu seinem Repertoire zählten die klassischen Helden- und Charakterrollen wie Hamlet, Mephisto, Coriolan, Richard II., Marquis Posa oder Nathan, aber er spielte auch große komische Rollen wie in »Ein Glas Wasser« oder »Die beiden Klingsberg«.

Der beliebte und vielfach geehrte Schauspieler

*Raoul Aslan*

galt als Meister der Sprechtechnik, wenngleich ihn sein Gedächtnis öfters im Stich ließ; seine »Hänger« wie seine geniale Gabe der Improvisation waren sprichwörtlich. – A. war Ehrenmitglied des Burgtheaters und u. a. Inhaber des Ehrenrings der Stadt Wien. Er gab zahlreiche Gastspiele im Ausland und war auch im Rundfunk und beim Film tätig.

**Assmann, Emmerich,** * 8. Jänner 1926 in Leibnitz (St), Industrieller.

Nach Arbeitsdienst und Militärdienst studierte A. Staatswissenschaften und an der Montanuniversität in Leoben. Bevor er sich der industriellen Laufbahn widmete, war er auch politisch als ÖVP-Landtagsabgeordneter tätig. Bis in die 90er Jahre hat der steirische Unternehmer Österreichs größten Waffenkonzern aufgebaut. Ursprünglich eher in zivilen Bereichen wie Steinaufbereitungstechnik, Ladenbau, Kunststoffteile und Umwelt-Recycling-Anlagen tätig, erwarb er nach und nach die großen Waffenschmieden der Republik, wie die Hirtenberger Patronenfabrik und Dynamit Nobel. In weiteren Betrieben erzeugt er Übungsmunition, Granaten und Zündhütchen. A., dem beste Beziehungen zu den steirischen Landespolitikern nachgesagt werden, übernahm Ende Jänner 1991 von der VOEST-Alpine AG die Maschinenfabrik Liezen; sie erzeugt die Noricum-Kanonen, deren Export in kriegsführende Länder des Nahen Ostens dem österr. Gesetz zuwiderlief. Der Kaufpreis wurde streng geheimgehalten. Auch mußte A. eine Standortgarantie abgeben und für den Verkauf der noch lagernden Kanonen sorgen.

**Attersee, Christian Ludwig (eigtl. Christian Ludwig),** * 28. August 1940 in Preßburg (ČSR), Maler, Aktionist und Komponist.

A. kam 1945 nach Aschach an der Donau (OÖ), besuchte in Linz das Realgymnasium und 1957–1963 die Wiener Akademie für Angewandte Kunst. Er gehört zu den kreativsten Künstlern der Wiener Kunstszene. Für die Umsetzung seiner Ideen verwendet er die verschiedensten Gestaltungsmittel: Film, Literatur, Musik, Photographie, Collage, Objekt- und Aktionskunst. Doch nehmen Malerei und Graphik den Großteil seines Werkes ein.

Stand der Künstler zunächst unter dem Einfluß der Aktionskunst, so beschäftigte er sich seit 1965 mit der Alltags- und Konsumwelt, deren Gedankenlosigkeit er mit grausamer Heiterkeit und fröhlicher Bosheit plakativ und in den grellsten Farben an den Pranger stellt. Ab etwa 1970 trat in seine Zeichnungen ein starkes, gestisch bestimmtes Bewegungselement, das seine Arbeit kennzeichnete. Seit 1980 sind die größerformatigen, üppigen Gemälde durch einen satten Pinselstrich charakterisiert, der seine zahllosen Symbole und Anspielungen deutlich zur Geltung bringt.

*Lit.:* Attersee (Katalog Biennale Venedig, 1984).

**Aubry, Blanche,** * 24. Februar 1921 in Basel, † 9. März 1986 in Wien, Kammerschauspielerin.

A. war nach ihrer Ausbildung beim Schweizer Trudi-Schoop-Ballett beschäftigt, kam dann an das Wiener Volkstheater und wurde 1959 an das Burgtheater engagiert. Ihr Debüt in Fritz → Hochwälders »Donnerstag« war ein großer Erfolg. Sie beherrschte klassische wie moderne Rollen, spielte → Schnitzler, Molière und Ionesco und war eine der originellsten Wiener Schauspielerpersönlichkeiten. Für die Darstellung der Dulcinea im Musical »Der Mann von La Mancha« erhielt sie 1968 die Josef-Kainz-Medaille. A. war Ehrenmitglied des Burgtheaters.

**Auernheimer, Raoul (Pseudonym: R. Heimern),** * 15. April 1876 in Wien, † 6. Oktober 1948 in Oakland (Kalifornien), Schriftsteller, Feuilletonist und Theaterkritiker.

Der Kaufmannssohn entstammte einer deutsch-ungarischen Familie. Er studierte Jus in Wien und arbeitete 1906–1933 als Kritiker bei der »Neuen Freien Presse« (Burgtheaterreferat). Er schrieb biographische Romane, Lustspiele, Feuilletons und amüsante Erzählungen. 1938 in das KZ Dachau deportiert, gelang ihm 1939 die Flucht in die USA. A. war der 1. Präsident des Österr. P.E.N.-Clubs. Zu seinen wichtigsten Werken zählen: »Metternich, Staatsmann und Kavalier« (1947), »Franz Grillparzer, der Dichter Österreichs« (1948) und die Autobiographie »Das Wirtshaus zur verlorenen Zeit«.

*Raoul Auernheimer*

**Auer, Erich,** * 14. April 1923 in Innsbruck, Kammerschauspieler.

A. besuchte das Lehrerseminar und das Konservatorium der Stadt Wien. 1947 wurde er an das Linzer Stadttheater und 1948 an das Wiener Volkstheater engagiert. Seit 1951 ist er Mitglied des Wiener Burgtheaters, wo er als Ruprecht in Kleists »Der zerbrochene Krug« debütierte. In den mehr als vier Jahrzehnten seiner Zugehörigkeit zur Burg hat er unzählige Rollen, klassische wie moderne, verkörpert (u. a. Leopold im »Bruderzwist«, Rustan in »Der Traum ein Leben«, Michel in »Der Pfarrer von Kirchfeld«, Bräutigam in Garcia Lorcas »Bluthochzeit«) und in ihnen seine Verläßlichkeit und Redlichkeit überzeugend eingebracht. Zwielichtige und schillernde Charaktere waren nie seine Sache, das »gute Gewissen des Burgtheaters«, wie ihn einmal ein Kritiker zutreffend genannt hat, stand vielmehr stets für Offenheit und Geradlinigkeit, im Persönlichen wie auf der Bühne. Als Ensemblevertreter genießt er seit vielen Jahren das Vertrauen seiner Kollegen. Seit 1963 Kammerschauspieler, war A. auch bei den Salzburger Festspielen sowie im Rundfunk tätig und hat in zahlreichen Filmen mitgewirkt (u. a. »Das vierte Gebot«, »Wilhelm Tell«).

**Ausch, Karl,** * 8. Februar 1893 in Wien, † 21. Juni 1976 in Wien, Journalist und Ökonom.

Nach der Handelsakademie war A. zunächst im Bankgeschäft tätig, wechselte jedoch zur sozialdemokratischen Zeitung »Das Kleine Blatt«, wo er als Redakteur bis 1934 tätig war. 1937 emigrierte A. nach England. Nach seiner Rückkehr 1945 begann er als Wirtschaftsredakteur in der »Arbeiter-Zeitung« (1946–1959). Als hervorragender Wirtschaftsfachmann seiner Partei (SPÖ) wurde er im Dezember 1952 als Generalrat in die Oesterr. Nationalbank berufen. Er gehörte außerdem in der Ära Reinhard → Kamitz dem Währungspolitischen Ausschuß an. 1960–1963 war er im Vorstand der Girozentrale der österreichischen Sparkassen.

In der eigenen Partei, aber auch beim politischen Gegner galt A. als Mahner und Warner, nicht über die Grenzen der wirtschaftlichen Möglichkeiten hinaus zu leben. 1968 veröffentlichte er sein Standardwerk »Als die Banken fielen«, in dem er sich mit der Bankengeschichte der 1. Republik auseinandersetzte. Sehr kritisch nahm er zu → Seipels Sanierungswerk Stellung und vertrat die Ansicht, daß weder Arbeitslosigkeit noch Inflation schicksalhaft, sondern selbstbestimmt gewesen sind. 1964 erhielt A. den Publizistik-Preis der Stadt Wien.

*Werke:* »Erlebte Wirtschaftsgeschichte« (1963), »Als die Banken fielen« (1968).

**Austerlitz, Friedrich,** * 25. April 1862 in Hochlieben (Böhmen), † 5. Juli 1931 in Wien, Journalist und Politiker.

Der gelernte Kaufmann war journalistischer Autodidakt. Er arbeitete bei der »Arbeiter-Zeitung«, als diese noch ein Wochenblatt war, außerdem schrieb er für die in Deutschland erscheinende »Neue Zeit« und für das theoretische Organ »Der Kampf«. Ab 1. Jänner 1895 leitete er die »Arbeiter-Zeitung« als Chefredakteur, die ab diesem Zeitpunkt als Tageszeitung erschien, und gehörte in dieser Funktion sowie als Mitglied des Parteivorstandes zu den wesentlichen Mitgestaltern sozialdemokratischer Politik. Er galt als glänzender Redner, aber auch als vehementer Kämpfer für eine korrekte Sprache des Journalismus. Bekannt für seine scharfe Schreibweise, verfaßte er anläßlich der Wahlreformen von 1897 und 1907 Kommentare zum allgemeinen und gleichen Wahlrecht, die weite Verbreitung fanden. Während des 1. Weltkrieges führte er einen unermüdlichen Kampf gegen die k. u. k. Militärjustiz, die wegen kleinster Vergehen mit drakonischen Strafen vorging. Von 4. März 1919 bis 1. Oktober 1930 vertrat A. die sozialdemokratische Partei in der Konstituierenden Nationalversammlung und im Nationalrat. Von entscheidender Bedeutung war seine Mitarbeit am Preßgesetz, bei der Ausarbeitung des Journalistengesetzes fungierte A. als Referent. Dank seines großen Wissens auf juristischem Gebiet war A. auch Mitglied des Verfassungsgerichtshofes. Sein flammender Leitartikel in der »Arbeiter-Zeitung« anläßlich des Urteils im Schattendorfer Prozeß vom 15. Juli 1927 löste die Ereignisse dieses Tages mit aus (Justizpalastbrand).

*Werke:* »Preßfreiheit und Preßrecht« (1902), »Das neue Wahlrecht« (1907).

*Lit.:* Alfred Magaziner, Die Wegbereiter (1975).

*Friedrich Austerlitz*

**Avramidis, Joannis,** * 26. September 1922 in Batum (Georgien), Bildhauer und Maler.

Der Künstler griechischer Abstammung kam 1943 nach einem Aufenthalt in Athen, bedingt durch die Kriegswirren, nach Wien und studierte hier 1945–1949 an der Akademie der Bildenden Künste bei Robin Ch. Andersen Malerei. Sein Interesse galt der Aktzeichnung, die er in fortschreitender Abstraktion zu geometrischen Formen hin entwickelte. Seine zunehmende Beschäftigung mit Problemen der Plastizität und der Räumlichkeit ließen in ihm den Entschluß reifen, Bildhauer zu werden. Seine Ausbildung absolvierte er 1953–1956 in der Meisterklasse F. → Wotrubas. Seit 1968 ist er Professor an der Akademie der Bildenden Künste.

A. gilt als einer der wenigen großen Bildhauer unserer Zeit. In seinem Werk strebt er wie sein Lehrer Wotruba nach einer zeitlos gültigen Form des Menschen, wobei bei ihm weniger das Material als die im Schaffensprozeß gewonnene Idee die Hauptrolle spielt. In seiner formelhaft-geometrischen Proportionierung von »Figuren«, »Rümpfen«, »Köpfen« und »Säulen« ist er als Hellene der klassische Stilist in der österr. Bildhauerei geworden. Die Entwicklung des mathematisch-klaren Gerüstes der Plastiken ist logisch nachvollziehbar. In von Kreissegmenten vermittelten Sprüngen entstehen Einzelfiguren und durch deren Vermehrung Gruppen (»Polis«) oder (ab 1963) vertikal orientierte »Säulen«.

*Lit.:* J. A., Köpfe (Katalog Galerie Ulysses, 1982).

# B

**Baar-Baarenfels, Eduard** * 3. November 1885 in Ljubljana/Laibach, † 14. März 1967 in Saalfelden (S), Gutsbesitzer und Heimwehrpolitiker.

Der Sohn des Feldmarschalls Eduard B.-B. absolvierte die Militärakademie in Wiener Neustadt und leistete im 1. Weltkrieg Frontdienst. Nach dem Krieg bewirtschaftete er seinen Gutsbesitz Rohrbach bei Weistrach im Bezirk Amstetten. Neben zahlreichen Funktionen in landwirtschaftlichen Gremien rückte er in der Heimwehr 1929 zum Bezirksführer, 1932 zum Landesstabschef von NÖ und 1933 zum Landeswehrführer auf. Zwischen 22. Februar und 29. Juli 1934 bekleidete er das Amt eines stellvertretenden Landeshauptmannes von NÖ. Danach, bis zu seinem Amtsantritt als Bundesminister für Sicherheitswesen und Innere Verwaltung und Vizekanzler im Kabinett → Schuschnigg am 17. Oktober 1935, war er Landeshauptmann von NÖ, daneben auch Mitglied des Länderrates und des Bundestages. Nach seinem Ausscheiden aus dem Ministeramt im Mai 1936 – das Amt eines Vizekanzlers bekleidete er noch bis November 1936 – war B. Landesführer der nö. Heimwehr. Mit 25. November 1936 trat er den Posten eines österr. Gesandten in Budapest an. Nach dem März 1938 wurde er seiner Funktion enthoben, in Pension geschickt und kurz darauf von der Gestapo verhaftet, ein weiteres Mal im September 1939. Nach Aufenthalten in den KZs Dachau und Flossenbürg wurde B. im Mai 1941 aus der Haft entlassen, aber mit »Gauverbot« belegt und in die Bunawerke der IG Farben nach Auschwitz in führender Stellung dienstverpflichtet. Nach dem 2. Weltkrieg trat B. politisch nicht mehr in Erscheinung.

*Lit.:* W. Wiltschegg, Die Heimwehr (1985).

**Bach, David Josef,** * 13. August 1874 in Wien, † 30. Jänner 1947 in London, Musikschriftsteller.

In Wien aufgewachsen, promovierte B. 1897. Schon früh fand er den Weg zur Sozialdemokratie. Er übernahm 1904 das Musikreferat in der »Arbeiter-Zeitung«. Im Jahr darauf begründete er mit einer ersten Aufführung im Großen Musikvereinssaal die »Arbeiter-Symphonie-Konzerte«. 1918–1922 gab er mit Julius → Bittner den »Merkur« heraus. 1919 zum Leiter der »Sozialdemokratischen Kunststelle« bestellt und von der Idee beseelt, die Kunst zu demokratisieren und der Arbeiterschaft nahezubringen, organisierte er in Absprache mit den Direktionen Theateraufführungen zu verbilligten Preisen. Mit gleichen Intentionen rief er 1926 die Zeitschrift »Kunst und Volk« ins Leben.

1938 mußte B. emigrieren. Er fand in London Asyl, wo er seine Aktivitäten fortsetzte; so hielt er im Klub der österr. sozialdemokratischen Emigranten kleine musikalische Hausveranstaltungen ab.

*Lit.:* H. Kotlan-Werner, Kunst und Volk, D. J. B. 1874–1947 (1977).

**Bacher, Gerd,** * 18. November 1925 in Salzburg, Journalist.

B. wuchs in bescheidenen Verhältnissen auf. 1943 rückte er ein. Im Krieg verwundet, holte er nach seiner Rückkehr die Matura nach. Ab 1946 arbeitete er bei der »Salzburger Volkszeitung«. 1950 wechselte er zu den »Salzburger Nachrichten« über. 1954 ging er nach Wien und wurde Chefredakteur des »Bild-Telegraph« (bis 1958), danach des »Express« (bis 1961); beide

Blätter prägte er mit seiner markanten Persönlichkeit. 1963–1967 war er als Geschäftsführer des Verlages Fritz → Molden tätig. Im März 1967 wurde er Generalintendant des ORF, den er reformierte und ausbaute. 1974 schied er nach einer Novellierung des Rundfunkgesetzes aus, war in der BRD Medienberater von Helmut Kohl sowie Geschäftsführer des Druck- und Verlagshauses Kiesel in Salzburg. 1978 kehrte der »Tiger«, wie ihn die Karikaturisten nannten, erneut in den ORF zurück. In diese zweite Ära seiner Generalintendanz, die 9 Jahre währen sollte, setzte er mit verschiedenen Maßnahmen (Regionalisierung des Fernsehens, Internationalisierung des ORF) seine Reformarbeit fort. 1986 schied er abermals aus und arbeitete in der Folge als Konsulent großer Medienhäuser der BRD und als Herausgeber der Tageszeitung »Die Presse«. Im Oktober 1990 schaffte er es ein drittes Mal, zum Generalintendanten des ORF gewählt zu werden. B. gilt als ebenso umstrittene wie auch als eine der profiliertesten Persönlichkeiten der österr. Medienlandschaft der Nachkriegszeit.

**Bachinger, Franz,** * 31. Oktober 1892 in Gaspoltshofen (OÖ), † 7. Juli 1938 in Gaspoltshofen, Landwirt und Politiker.

B. wuchs als jüngstes Kind einer großen Bauernfamilie auf. Nach dem Besuch der dreiklassigen Volksschule war er in zahlreichen ländlichen Institutionen aktiv. Seine politische Heimat fand er beim liberalen Oö. Bauernverein. 1913 rückte er ein. Nach Kriegsende übernahm er den elterlichen Hof. Zugleich beteiligte er sich an allen bäuerlichen Standesorganisationen, war Obmann des Bauernrates und nach den Wahlen 1919 Gemeinderat in seiner Heimatgemeinde. Besonders engagierte er sich für die »Gemeindekrankenkassen« der Bauern, womit er in vehementem Gegensatz zu den Christlichsozialen, die die zentralen Krankenkassen bevorzugten, geriet. Bei der Gründung des Landbundes wurde er Mitglied dieser Partei, 1924 gründete er die erste Ortsgruppe der Landbundjugend, der zahlreiche weitere Gründungen folgten. B. arbeitete an der »Bauernzeitung« mit, er war führend an der Gründung des eher bedeutungslosen »Reichsverbandes der österr. Bauernwehren« beteiligt. 1931 wurde er zum oö. Landesparteiobmann des Landbundes gewählt. Dreimal brachte er es zu Ministerehren: 4. Februar 1932 bis 20. Mai 1932 Bundesminister für öffentliche Sicherheit, 20. Mai 1932 bis 10. Mai 1933 Bundesminister für Innere Verwaltung und 10. Mai 1933 bis 21. September 1933 Staatssekretär für Forstwesen und Holzbewirtschaftung. Als Sicherheitsminister blieb er allerdings erfolglos, da er keine Entwaffnung der Wehrverbände erreichen konnte. Im Zuge der Selbstauflösung des Landbundes im Mai 1934 mußte B. als Liquidator der Gesamtpartei fungieren. Da es anläßlich des NS-Putsches im Juli 1934 auch in Gaspoltshofen zu Unruhen gekommen war, wurde B. verhaftet, doch nicht vor ein Militärgericht gestellt. Er übte danach keine politischen Funktionen mehr aus.

**Bachmann, Ingeborg,** * 25. Juni 1926 in Klagenfurt, † 17. Oktober 1973 in Rom, Lyrikerin und Schriftstellerin.

B. besuchte das Gymnasium der Ursulinen in Klagenfurt und studierte dann an den Universitäten Innsbruck, Graz und Wien Philosophie, Psychologie und Germanistik (Dr. phil.: 1950).

*Ingeborg Bachmann*

1951–1953 war sie Mitarbeiterin beim Sender Rot-Weiß-Rot in Wien, danach lebte sie als freie Schriftstellerin in Süditalien (bis 1957) und später in Rom. Anschließend arbeitete sie als Dramaturgin beim Bayerischen Fernsehen, 1959/60 war sie die erste Dozentin für Poetik an der Frankfurter Goethe-Universität. Reisen führten sie nach Prag, nach Ägypten und in den Sudan. Ihre letzten Lebensjahre (1965/66–1973) verbrachte sie in Rom, wo sie an den Folgen eines ungeklärten Wohnungsbrandes starb.

B.s literarisches Gesamtwerk ist ebenso umfangreich wie vieldeutig und vielseitig deutbar. Schon in ihren ersten beiden Gedichtbänden »Die gestundete Zeit« (1953) und »Die Anrufung des großen Bären« (1956) schlägt die hochsensible, von ihren Kindheitserlebnissen geprägte Literatin die Themen an, die sie in den folgenden Jahren in verschiedenen literarischen Genres (Hörspiel, Libretto, Erzählung, Essay, Roman) immer wieder aufgreifen sollte: die Kritik an den restaurativen Kräften der Nachkriegszeit, die Existenzbedrohungen des Menschen und die Erfahrungen der jüngsten Vergangenheit, das Ringen um die eigene Selbstfindung und um den Zugang zum Menschen, den Kampf gegen den korrumpierten Zustand der Sprache: ohne neue Sprache, so meinte sie, gibt es keine neue Welt. Ihr Aufbäumen gegen die Machtmechanismen der Männergesellschaft manifestiert sich v. a. im Spätwerk, im Roman »Malina« (1971) und im Erzählband »Simultan« (1972). Die international mehrfach ausgezeichnete Dichterin verfaßte ihre Werke in einer eindrucksvollen Bildsprache, in der sie literarisches Traditionsgut und moderne Sprachartistik mit großer Begabung geschickt miteinander verband und ineinander verwob. Sie übersetzte auch die Werke Sigmund → Freuds in das Italienische und arbeitete über die sprachkritische Philosophie Ludwig → Wittgensteins.

*Weitere Werke:* »Der gute Gott von Manhattan« (Hörspiel, 1958), »Das dreißigste Jahr« (Erzählungen, 1961).

*Lit.:* C. Koschel/I. von Weidenbaum (Hg.), Werke (4 Bde., 1978). P. Beicken, I. B. (1988).

**Badura-Skoda, Paul,** * 6. Oktober 1927 in Wien, Pianist.

Der international anerkannte Künstler erhielt schon mit 6 Jahren seinen ersten Musikunterricht, 1937 wurde er Klavierschüler von Viola Thern, 1945 trat er in das Konservatorium der Stadt Wien ein, wo er Klavier und Dirigieren studierte. Weitere Studien bei Edwin Fischer in Luzern folgten, ebenso siegreiche Wettbewerbe in Budapest (1948) und Paris (1949). Die internationale Karriere begann 1949/50 mit Konzerten unter Wilhelm Furtwängler und Herbert von → Karajan. Es folgten weltweite Konzerttourneen, die seinen Ruf als feinfühligen Interpreten v. a. von Werken der Wiener Klassik begründeten. Neben seiner solistischen Tätigkeit errang er mit Jörg → Demus als Partner auch Weltruhm als Interpret vierhändiger Klaviermusik. Der geschätzte Pianist, der mit der Musikologin Eva B.-S. verheiratet ist, schrieb auch eigene Kompositionen. Er edierte zahlreiche wissenschaftliche Notenausgaben und theoretische Schriften über das Klavierspiel, er verfaßte u. a. »Mozart-Interpretation. Anregung zur Interpretation der Klavierwerke« (1957). 1966–1971 unterrichtete er als »Artist in Residence« an der University of Wisconsin, USA. Seit 1983 ist er Prof. an der Wiener Musikhochschule.

**Bahr, Hermann,** * 19. Juli 1863 in Linz, † 15. Jänner 1934 in München, Essayist, Lustspieldichter und Kritiker.

Nach dem Studium der Nationalökonomie, Altphilologie und Philosophie in Wien, Graz, Czernowitz und Berlin lebte B. ab 1894 als freier Schriftsteller, Kritiker und erfolgreicher Theaterdirektor in Wien. Hier übte er auf die Literaten des »Jungen Wien« (→ Schnitzler, → Hofmannsthal, → Beer-Hofmann u. a.) als deren organisatorischer Mittelpunkt nachhaltigen Einfluß aus und trat auch durch sein Engagement für die zeitgenössische bildende Kunst um 1900 wesentlich hervor. 1912 übersiedelte er nach Salzburg, 1918/19 kehrte er zurück und wirkte als Erster Dramaturg am Wiener Burgtheater, ab

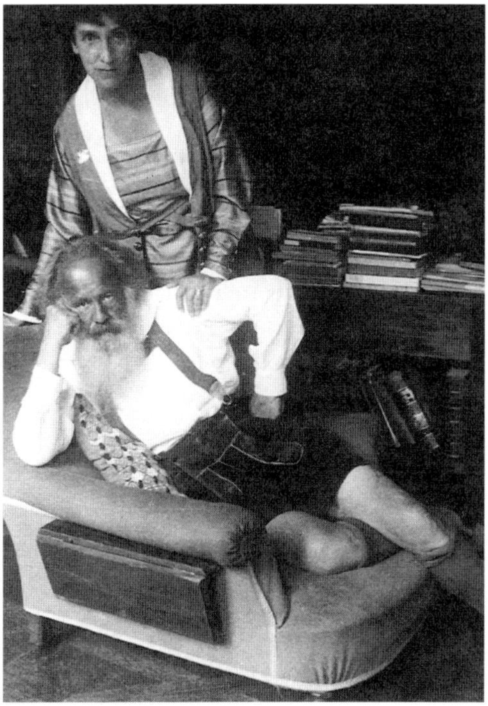

*Hermann Bahr mit seiner Frau Anna von Mildenburg*

1922 hielt er sich in München auf. B. war mit der Hofopernsängerin und Wagner-Interpretin Anna von Mildenburg verheiratet.

In seinem literarischen und essayistischen Schaffen vertrat er fast alle Hauptströmungen seiner Zeit: vom Naturalismus über Décadence und Impressionismus bis hin zum Expressionismus, auch weltanschaulich erwies er sich von erstaunlicher Wandlungsfähigkeit. Vieles von seinem umfangreichen Œuvre – er schrieb mehr als 100 Bücher – ist in seiner Bedeutung zeitgebunden, lediglich sein Lustspiel »Das Konzert« wird fallweise bis heute aufgeführt. Sein bleibendes Verdienst liegt wohl in seiner kulturpolitischen Rolle als Vermittler zwischen Kunst und Publikum und als Mentor der jeweiligen literarischen Avantgarde. Er gilt als einer der großen Anreger der österr. Moderne.

*Lit.:* D. G. Daviau, Der Mann von Übermorgen (1984).

**Balser, Ewald,** * 5. Oktober 1898 in Elberfeld (Wuppertal), † 17. April 1978 in Wien, Kammerschauspieler.

Nach dem Besuch der Kunstgewerbeschule und der Ausbildung zum Schauspieler begann B. seine Laufbahn am Stadttheater von Barmen-Elberfeld. Über Basel, Brüssel und München (Kammerspiele) kam er 1928 an das Wiener Burgtheater, wo er als Faust debütierte. Daß er dem Haus am Ring fortan treu blieb, hat zur Entwicklung seiner großen Kunst entscheidend beigetragen. B. gilt als einer der bedeutendsten Burgschauspieler in der Zwischen- und Nachkriegszeit. Seine eruptive Kraft und Leidenschaftlichkeit, seine Verwandlungsfähigkeit und modulationsfähige Stimme schlugen das Publikum in Bann. B. legte alle Gestalten, die er verkörperte, von der Tat her an; er gab ihnen Kraft, Trotz, Unerbittlichkeit, Empörung. Das Widersprüchliche und Vieldeutige lag ihm fern, er war direkt und geradlinig, der Darsteller des unbeugsamen, entschlossenen Helden. Sein Repertoire umfaßte alle großen klassischen Rollen: Götz von Berlichingen und Philipp II. (seine beiden besten Figuren), Wallenstein, Peer Gynt oder Papst Gregor. Er war ein hervorragender Shakespeare-Darsteller, konnte aber auch kleine Schicksale überzeugend gestalten, etwa den Postbeamten Ossian Balvesen in einer Komödie von Georg Kaiser. B. führte auch Regie und arbeitete beim Film, so spielte er u. a. in »Rembrandt« (1942) und »Eroica« (1950); sein Dr. Sauerbruch (»Sauerbruch – Das war mein Leben«, 1954) ist in die Filmgeschichte eingegangen.

**Balser-Eberle, Vera,** * 21. Oktober 1897 in Augsburg, † 23. März 1982 in Wien, Schauspielerin und Sprechpädagogin.

B.-E. verbrachte ihre Kindheit im schwäbischen Krumbach. Später absolvierte sie die Augsburger Singschule und nahm Schauspielunterricht. Der namhafte Münchner Generalintendant Ernst von Possart fügte dieser Ausbildung den letzten Schliff hinzu. Ihr erstes Engagement erhielt sie am Augsburger Stadttheater. Danach gastierte sie in Dortmund, Basel, Essen und München. An diesen Bühnen spielte sie alle großen Rollen des Tragödinnenfaches. 1928 lernte sie bei einer Tournee ihren Kollegen Ewald → Balser kennen, die beiden heirateten in Düsseldorf. 1931 kam B.-E., die auch als Schriftstellerin erfolgreich war, an das Wiener Burgtheater. Ein überaus verläßliches Ensemblemitglied, stand sie doch im Schatten ihres Mannes, von dem sie sich 1950 scheiden ließ. Bereits seit 1940 unterrichtete sie Sprechtechnik am Reinhardt-Seminar. Ab 1973 war sie auf Einladung von Direktor Klingenberg als Konsulentin am Burgtheater tätig. Ihr »Sprechtechnisches Übungsbuch« diente Generationen von Schauspielern als Ausbildungsgrundlage.

*Werke:* »Hast Du Dir schon überlegt?« (1983).

**Bär, Ernst,** * 6. März 1919 in Meran, † 7. Juni 1985 in Hannover-Herrenhausen, Kulturjournalist und Festspieldirektor.

Der gelernte Diplomingenieur war 1937–1945 Direktor einer Schule für Dolmetscher und übernahm dann die Leitung der Presseabteilung der Bregenzer Festspiele. 1952 wurde er mit der Direktion der Festspiele betraut, die er 30 Jahre lang innehatte. In diesem Zeitraum ist es dem umsichtigen Manager gelungen, durch konsequente Programmideen mit spezifischer Note, die Zusammenarbeit mit den Wiener Symphonikern und dem Wiener Burgtheater das Festival zu einem angesehenen Kulturereignis zu machen. Die Eröffnung des neuen Festspielhauses samt integrierter neuer Seebühne 1980 war ein Ziel, für das B. lange gekämpft hatte. Ein Jahr später zeigte der Rechnungshof finanzielle Unregelmäßigkeiten der Führung auf. B. zog daraus die Konsequenzen: Ende 1982 legte er sein Amt zurück und ging nach Norddeutschland, um in Herrenhausen die Schloßfestspiele zu organisieren. Während der Arbeit ereilte ihn der Herztod. Über seine Tätigkeit als Festspielpräsident hat er in dem Band »Spiel auf dem See. Die Begrenzer Festspiele von der Gründung bis zur Gegenwart« (1982) Rechenschaft abgelegt.

**Barylli, Gabriel,** * 31. Mai 1947 in Wien, Schauspieler und Bühnenautor.

Aus einer musischen Familie stammend – er ist der Sohn eines Konzertmeisters und einer Chorsängerin –, besuchte B. nach der Matura das Reinhardt-Seminar. Noch während des Studiums wurde er von Regisseur Neuenfels für »Franziska«, ein Stück von Gerhart Hauptmann, an das Burgtheater geholt und mußte prompt das Reinhardt-Seminar »wegen wenig Teilnahme am Unterricht und Mangel an künstlerischer Potenz« verlassen. Der brillante junge Schauspieler machte dennoch seinen Weg. Er spielte Wedekind, → Schnitzler und Shakespeare an der »Burg«, wurde von Boy → Gobert an das Hamburger Schillertheater geholt und von Wolfgang → Glück für den Film entdeckt: Als »Schüler Gerber« in der Verfilmung des Romans von Friedrich → Torberg erregte er Aufsehen, als Hauptdarsteller in Axel → Cortis Film »Welcome to Austria« wurde er zum Kinostar. Als Autor hatte B. mit dem Stück »Butterbrot« in der Drachengasse in Wien einen Serienerfolg. Es folgten »What a wonderful world« (1991) und »Honigmond« (1992). Sowohl schauspielerisch als auch literarisch begabt, scheint der Weg zum internationalen Erfolg vorgezeichnet zu sein.

**Basil, Otto (Pseud.: Markus Hörmann),** * 24. Dezember 1901 in Wien, † 19. Februar 1983 in Wien, Lyriker, Erzähler und Theaterkritiker.

B. veröffentlichte neben Gedichtbänden (u. a. »Sternbild der Waage«, 1945) auch Monographien über Georg Trakl und Johann Nestroy, er schrieb Theaterkritiken (»Lob und Tadel«, 1981) und Romane (»Wenn das der Führer wüßte«, 1966). Bleibende Verdienste um die österr. Nachkriegsliteratur erwarb er sich mit der Gründung der avantgardistischen Zeitschrift »Plan« (1937/38 und 1945–1948), in der zahlreiche, später angesehene Dichter wie Ilse → Aichinger, Christine → Busta oder Erich → Fried ihre literarische Talentprobe ablegten. Schon in der Zwischenkriegszeit hatte B. eine Zeitschrift

(»Das Wort«, 1923–1925) herausgegeben sowie eigene Lyrik wie auch Prosa veröffentlicht.

**Bauer, Otto,** * 5. September 1881 in Wien, † 4. Juli 1938 in Paris, Publizist und Politiker.

Der Sohn einer jüdischen Textilfabrikantenfamilie besuchte das Gymnasium in Wien, Meran und Reichenberg. Schon früh galt sein Interesse der Geschichte. Er studierte Jus an der Universität Wien und wurde 1906 zum Dr. iuris promoviert. Seit 1907 war er als Redakteur bei der »Arbeiter-Zeitung« und dem theoretischen Organ »Der Kampf«, das er mitbegründet hatte, tätig. Gleichzeitig hielt er Vorlesungen an der Arbeiter-Hochschule. Er erkannte rasch das Existenzproblem des Staates und damit der Sozialdemokratie, nämlich die Nationalitätenfrage. 1907 legte B. hierzu sein grundlegendes Werk, »Die Nationalitätenfrage und die Sozialdemokratie«, vor. Nach den Wahlen von 1907 wirkte B. als Sekretär des Abgeordnetenklubs im Parlament. 1914 rückte er als Leutnant ein und geriet 1915 in russische Kriegsgefangenschaft. 1917 kehrte er nach Wien zurück.

*Otto Bauer*

1918 Unterstaatssekretär, übernahm er nach dem Tod Victor Adlers im November 1918 als Staatssekretär des Auswärtigen die Führung der Außenpolitik der jungen Republik Ö. Die Ereignisse des Jahres 1918 stellten für ihn eine Revolution dar, jedoch war seiner Ansicht nach ein Gleichgewicht der Klassenkräfte eingetreten, das eine Zusammenarbeit mit den rechten Kräften erforderte. Im Juli 1919 trat er als Leiter der Außenpolitik zurück, als offensichtlich wurde, daß die Siegermächte den von B. geforderten Anschluß an das Deutsche Reich aufgrund des Selbstbestimmungsrechts unter keinen Umständen zulassen wollten.

Von 1919 bis 17. Februar 1934 gehörte B. nur als Mandatar dem Parlament an. Er übte keine innerparteiliche Funktion aus, war aber als hervorragender Redner und glänzender Formulierer eine Persönlichkeit von uneingeschränkter Autorität. Als Theoretiker verfaßte er grundlegende Schriften wie das Agrarprogramm der Sozialdemokraten. Er prägte entscheidend das »Linzer Programm« von 1926, dessen radikale Sprache den humanistischen Grundgehalt überdeckte.

1934 mußte B., der die Februar-Kämpfe mitgeleitet hatte, flüchten. Er ging in die ČSR und baute in Brünn das »Auslandsbüro der österr. Sozialdemokratie« (ALöS) auf. Nach dem deutschen Einmarsch in die ČSR emigrierte er nach Frankreich.

*Werke:* »Die österr. Revolution« (1923), »Der Kampf um Wald und Weide« (1925), »Der Aufstand der österr. Arbeiter« (1934), »Zwischen zwei Weltkriegen?« (1936), »Die illegale Partei« (1939).

**Bauer, Wolfgang,** * 18. März 1941 in Graz, Dramatiker.

Der Sohn eines Lehrerehepaares studierte in Graz und Wien Romanistik, Jus und Theaterwissenschaft. Seit 1961 ist er Mitglied der avantgardistischen Grazer Schriftstellergruppe »Forum Stadtpark«, wo 1962 auch seine ersten, von Ionesco beeinflußten Einakter aufgeführt wurden. »Mikrodramen« folgten. Seine ersten großen Erfolge hatte er mit »Magic Afternoon«, 1968 in Hannover uraufgeführt, in dem vier Jugendliche ihre innere Leere und Langeweile durch Drogen, Sex und Gewalt betäuben, und »Change« (1969), einer bitterbösen Satire auf den Kulturbetrieb. In der Folge stellte er sich wieder deutlicher in die Tradition des avantgardistischen Theaters: »Film und Frau« (1971), »Silvester oder Das Massaker im Hotel Sacher« (1971), »Magnetküsse« (1976). Zu seinen jüngsten Werken zählen »Ach, armer Orpheus« (1991) sowie »Das Lächeln des Brian de Palma« (1991), in dem B. Träume und Halluzinationen mit dem eigentlichen Leben mischt. Die Stücke von B. sind provokant, sie irritieren durch derbe Sprache, grelle Theatereffekte und Phantasie- bzw. Traumgeschehen und haben des öfteren handfeste Theaterskandale ausgelöst.

*Lit.:* G. Melzer, W. B. Eine Einführung in das Gesamtwerk (1981).

**Bauma, Herma,** * 23. Jänner 1915 in Wien, Sportlerin und Beamtin.

B. absolvierte die Handelsschule, wurde aber dann Sport- und Turnlehrerin. Ihre sportliche Laufbahn begann 1931 bei dem Wiener Verein WAF. Bereits drei Jahre später errang sie bei den Frauenweltspielen in London im Speerwurf die Silbermedaille, 1948 gewann sie in London als bisher einzige österr. Leichtathletin mit 45,57 Meter olympisches Gold im Speerwurf. Die Spitzensportlerin, die auch 4mal in der Handball-Nationalmannschaft stand, stellte im Speerwurf zwei Weltrekorde und drei Europarekorde auf und war 17mal österr. Landesmeisterin. 1967–1977 leitete sie das Sportzentrum Südstadt bei Wien.

**Baumgartner, Ulrich,** * 20. März 1918 in Berlin, † 18. August 1984 in Graz, Kulturmanager.

Als Sohn österr. Eltern in Berlin geboren, war B. schon als 17jähriger Werbefilmassistent bei der UFA. Er begann Kunstgeschichte in Graz zu studieren, mußte aber im 2. Weltkrieg einrücken. Nach dem Krieg kehrte er nach Graz zurück, wo er sich aktiv beim Grazer Hochschulstudio betätigte. Nach einer kurzen Zeit als Lektor des Leykam-Verlages und einem Amerika-Aufenthalt schrieb er als Kulturredakteur für die Grazer Tageszeitung »Neue Zeit«. Er inszenierte am Grazer Schauspielhaus und schuf bis 1959 25 Inszenierungen für die Vereinigten Bühnen Graz. Als Angestellter der Böhler-Werke brachte er mit der Organisation der »Kapfenberger Kulturtage« lebendige zeitgenössische Kunst in eine Industrieregion. 1964 wurde er zum Intendanten der Wiener Festwochen bestellt. In den 13 Jahren seiner Tätigkeit holte er Größen wie G. Strehler, M. Bejart, L. Bernstein und J. Savary nach Wien. Es gelang ihm, das Ballett zu einem integrierenden Bestandteil der Festwochen zu machen, aber auch ein Gegenfestival zur Hochkultur, die Arena, zu begründen. Die ab 1975 im ehem. Auslandsschlachthof von St. Marx installierte Spielstätte war zunächst ein »von oben« geplantes Avantgardefestival, dessen Resonanz international sehr groß war. Als 1976 die Arena in einer Basisaktion besetzt und zu einer selbstverwalteten »Arena in Permanenz« erklärt wurde, sorgte B. für den Abtransport teurer Anlagen, zeigte aber ansonsten durchaus Sympathie. Zum Schluß war er beim Avantgardefestival »steirischer herbst« tätig und schrieb auch Hörfunkkritiken für die »Wiener Zeitung«. Anläßlich seines Ablebens wurde er in der Presse als »Unruhestifter im guten Sinn« gewürdigt.

**Bayer, Konrad,** * 17. Dezember 1932 in Wien, † 10. Oktober 1964 (Selbstmord) in Schloß Hagenberg (NÖ), Schriftsteller.

Zunächst Bankangestellter, arbeitete B. später in verschiedenen Berufen. 1951 wurde er Mitglied des Wiener »Art Club«, wo er H. C. → Artmann, Gerhard → Rühm, Oswald → Wiener und Friedrich → Achleitner traf. Die Freunde gründeten 1952 die »Wiener Gruppe«, eine avantgardistische Autorengemeinschaft, die an die von den Nationalsozialisten verfemte

*Konrad Bayer*

Kunst der 20er Jahre anknüpfte (Dadaismus, Expressionismus, strukturelle Kunst) und mit neuen Stil- und Sprachmitteln wie der Montagetechnik experimentierte.

Zu Lebzeiten des Wiener Literaten erschien der Band »stein der weisen« (1963). Die Romane »der sechste sinn« und »der kopf des vitus bering« wurden postum veröffentlicht (1963 bzw. 1965).

*Lit.:* K. Strasser, Experimentelle Literaturansätze im Nachkriegs-Wien: K. B. als Beispiel (1986).

**Bayr, Rudolf,** * 22. Mai 1919 in Linz, † 17. Oktober 1990 in Salzburg, Dramatiker, Lyriker, Erzähler und Übersetzer.

Nach dem Doktoratsstudium der Philosophie, Germanistik und Musikgeschichte in Wien war B. als Theater- und Literaturkritiker sowie als freier Schriftsteller tätig. 1948–1951 gab er die Zeitschrift »Wiener literarisches Echo« heraus. Seit 1955 beim ORF, war er zuletzt als Intendant des Landesstudios Salzburg tätig (1975–1984).

B. übersetzte Sophokles-Tragödien (»Antigone«, 1961, »Elektra«, 1963) und schrieb der griechischen Antike nachempfundene Dramen (»Sappho und Alkaios«, 1952, »Agamemnon muß sterben«, 1955) sowie Prosatexte, wie »Die Schattenuhr« (1976) oder »Ein Loch im Lehm« (1981), und Lyrik; sein letzter Gedichtband »Flugsand und Schlaf« erschien 1988. B. war eine prägende Persönlichkeit des österr. Geisteslebens.

**Becker-Donner, Etta (Violetta),** * 5. November 1911, † 24. September 1975, Ethnologin.

Schon als 17jährige begann B.-D. als a. o. Hörerin an der Wiener Universität Ethnologie und Linguistik zu studieren. Als Studentin unternahm sie bereits ihre erste selbständige Expedition nach Liberia in das Gebiet der Gola. 1936 folgte eine zweite Forschungsreise nach Liberia. 1941 heiratete sie den Amerikanisten Hans Bekker, der schon in den 20er Jahren im paraguayanischen Chaco tätig gewesen war. 1947 wurde er österr. Geschäftsträger in Chile. Von da an wandte sich das Interesse der Ethnologin Lateinamerika zu.

1948, nach dem Tod ihres Mannes, kehrte B.-D. nach Wien zurück. 1954 unternahm sie eine Expedition nach Brasilien, in bisher kaum betretene Indianergebiete. Weitere Expeditionen nach Südamerika folgten. In späteren Jahren begann sie sich zunehmend mit der Volkskunst Lateinamerikas zu befassen. Auf ihre Initiative wurde 1966 in Wien das Lateinamerika-Institut gegründet.

B.-D. war Direktorin des Museums für Völkerkunde. In ihrer 20jährigen Tätigkeit hat sie wichtige Erneuerungen im Museum erreicht. Durch zahlreiche Sonderausstellungen wurde die Ethnologie der Öffentlichkeit präsentiert. Auch die Außenstellen des Museums gehen auf ihre Initiative zurück. B.-D. hinterließ dem Museum etwa 2 000 Sammelstücke von ihren verschiedenen Expeditionen.

**Beer, Otto F. (Fritz), auch Erik Ronnert,** * 8. September 1910 in Wien, Feuilletonist und Schriftsteller.

B. studierte Literatur- und Musikwissenschaft (Dr. phil.: 1932). Danach war er Journalist und Kulturkorrespondent bei verschiedenen österr. und deutschen Zeitungen und beim Rundfunk. Er schrieb Unterhaltungsliteratur (»Hotel Zugvogel«, 1948, »Ich-Rodolfo-Magier«, 1955) und Romane wie die »Zehnte Symphonie«, ein Versuch über das Werk Beethovens (1952). Einige seiner Komödien und Boulevardstücke (»Don Juan ist nicht gestorben«, 1948, »Wiedersehen in Meran«, 1952) dienten als Vorlage für Operetten.

**Beer, Rudolf,** * 22. August 1889 in Graz, † April 1938 (Selbstmord) in Wien, Schauspieler, Regisseur und Theaterdirektor.

B. war in der Zwischenkriegszeit eine der tragenden Säulen des Wiener Theaterlebens. Er leitete 1921–1924 das Raimundtheater, übernahm dann die Direktion des Volkstheaters und der Kammerspiele (1924–1932) und 1933 für kurze Zeit die Leitung der Scala. An all diesen Bühnen brachte er modernes Theater, von Brecht/Weills »Dreigroschenoper« bis zu Pirandellos »Sechs Personen suchen einen Autor«, mit dem er ein vorwiegend junges Publikum anzusprechen versuchte. B. war auch ein hervorragender Regisseur, Lehrer und Talenteförderer. Schauspieler wie Paula → Wessely, Luise → Ullrich, Hans → Jaray, Hans → Holt, Fritz → Eckhart oder Karl → Paryla haben bei ihm ihre Laufbahn am Volkstheater begonnen. 1938 setzte B. seinem Leben ein Ende, nachdem er von Nationalsozialisten mißhandelt worden war. Den Rat zu emigrieren hatte er von sich gewiesen.

**Beer-Hofmann, Richard,** * 11. Juli 1866 in Wien-Rodaun, † 26. September 1945 in New York, Dichter und Schriftsteller.

Der Sohn eines Rechtsanwalts absolvierte das Jusstudium (Promotion: 1890). Ab 1891 lebte er finanziell unabhängig als freier Schriftsteller und inszenierte daneben für Max → Reinhardt in Wien und Berlin. B.-H. trat zum jüdischen Glauben über und ging 1938 über die Schweiz nach New York in die Emigration. Er war mit → Schnitzler, → Hofmannsthal und anderen Literaten des »Jungen Wien« befreundet. In seinem Roman »Der Tod Georgs« (1900) fing er das Lebensgefühl der Jahrhundertwende glänzend ein. Als sein Hauptwerk gilt die unvollendet gebliebene Trilogie in Versen: »Die Historie von König David« (1918–1934). 1941 erschien ein Gedichtband und 1949 Memoiren unter dem Titel »Paula«, dem Vornamen seiner Frau. 1963 wurden seine »Gesammelte Werke« veröffentlicht.

**Beirer, Hans,** * 23. Juni 1911 in Wiener Neustadt (NÖ), Opernsänger.

Der Tenor feierte 1936 sein Debüt in Linz. 1943 an die Städtische Oper Berlin im Theater des Westens engagiert, spezialisierte er sich als Heldentenor vorwiegend auf Wagner. Seit 1960 ist B. Mitglied der Wiener Staatsoper, wo er auch in den Rollen des Don José, Othello, Florestan und Herodes brillierte. Er schätzte aber auch die Operette. Außerdem übernahm er Partien in modernen Opernwerken, wie in → Einems Werk »Der Besuch der alten Dame«. Zahlreiche Gastspiele bei den Festspielen in Salzburg und Bayreuth brachten B. große Popularität. Die Fülle und Kraft seiner Stimme vermochte er bis ins hohe Alter zu bewahren: Seinen 75. Geburtstag feierte der umjubelte Tenor 1986 in Berlin mit einer Salome-Aufführung. Wegen der Unverwüstlichkeit seiner Stimme hat er sich selbst einmal als »letzten Dinosaurier der Opernwelt« bezeichnet.

**Benatzky, Ralph (eigtl. Rudolph, Josef, Franz),** * 5. Juni 1884 in Mährisch-Budwitz, † 17. Oktober 1957 in Zürich, Operettenkomponist.

B. besuchte die Militärakademie in Wien, studierte dann an der Universität Germanistik (Promotion: 1911) sowie gleichzeitig an den Musikakademien in Prag und München. Gemeinsam mit seiner Frau Josma Selim trat er in München, Nürnberg, Berlin und Wien in zahlreichen Kabaretts auf, schrieb Chansons und Wienerlieder, wie »Ich muß wieder einmal in Grinzing sein« und »Ich weiß auf der Wieden ein kleines Hotel«, und wandte sich dann der Operette und dem musikalischen Lustspiel zu. Nach zahlreichen erfolgreichen Revuen landete er mit der Operette »Im weißen Rößl«, die 1930 in Berlin uraufgeführt wurde, einen Weltdauererfolg. Es folgten weitere musikalische Lustspiele wie »Bezauberndes Fräulein« (1933) oder »Axel an der Himmelstür« (1936). Er schrieb insgesamt mehr als 2 000 Lieder und Chansons, etwa 110 Bühnenwerke und Musik zu rund 220 Filmen. 1938 emigrierte er in die USA, kehrte nach dem Krieg nach Europa zurück und lebte bis zu seinem Tod vorwiegend in Zürich. Er wurde in St. Wolfgang am Wolfgangsee (OÖ) bestattet.

**Benedict, Hans,** * 17. Mai 1925 in Orastie, Journalist.

B. begann seine journalistische Laufbahn als Lokalreporter in Tirol. 1953–1968 war er für »Associated Press«, New York, tätig. Dann wechselte er zum ORF, 1989 wurde er Hauptabteilungsleiter für Dokumentation. Als Spezialist für Nahostfragen, der wichtige Persönlichkeiten in dieser Region persönlich kannte und von allen Seiten sehr geschätzt wird, verfaßte er legendäre Reportagen über die Probleme jener Länder. Er war auch für das TV-Magazin »Auslandsreport« zuständig. Nach seiner Pensionierung war er für den ORF – etwa im Golfkrieg – als Nahost-Sonderkorrespondent tätig. 1991 legte B. das Buch »Der Kalif von Baghdad. Saddam Husseins Kriege gegen die Welt und sein Volk« vor.

**Benedikt, Heinrich,** * 30. Dezember 1886 in Wien, † 26. Dezember 1981 in Wien, Historiker.

B., der aus einer jüdischen Familie stammte, war der Sohn eines Univ.-Prof. für Chemie. 1911 wurde er zum Dr. iur. promoviert. Während des 1. Weltkriegs als Offizier eingerückt, leistete er zwei Jahre im politischen Referat der Nachrichtenabteilung des AOK Dienst. Nach dem Krieg betätigte er sich als Landwirt und in der Industrie. Seine große Liebe aber gehörte der Geschichte. Neben seiner Berufstätigkeit nahm er das Geschichtsstudium auf und wurde 1930 zum Dr. phil promoviert. Schon vorher hatte er zwei bahnbrechende historische Werke publiziert: eine Biographie über Franz Anton Graf Sporck und ein Buch über das Königreich Neapel unter Kaiser Karl VI. Zeit seines Lebens widmete er den größten Teil seiner Studien dem Zeitalter des Barock. 1938 wurde seine vielversprechende wissenschaftliche Laufbahn unterbrochen. B. mußte emigrieren und ging nach England, wo er sich mühselig als Buchhandelsgehilfe durchbrachte. Nach dem Krieg wieder nach Wien zurückgekehrt, habilitierte er sich 1947 in Wien, 1950–1959 leitete er die zweite Lehrkanzel für Geschichte der Neuzeit. 1958 übernahm er auch die Leitung des verwaisten Zeitungswissenschaftlichen Instituts. Neben einer großen Anzahl von Arbeiten in seinem angestammten Forschungsgebiet wurde B. auch zum Initiator der zeitgeschichtlichen Wissenschaft durch die Herausgabe des 1954 erschienenen, grundlegenden Werkes zur Geschichte der 1. Republik, in dem Walter → Goldinger, Stephan → Verosta und Adam → Wandruszka mit ihren Beiträgen der Forschung wesentliche neue Impulse gaben.

*Werke:* »Franz Anton Graf von Sporck (1662–1738) – Zur Kultur der Barockzeit in Böhmen« (1923), »Das Königreich Neapel unter Kaiser Karl VI.« (1927), »Monarchie der Gegensätze« (1947), »Kaiseradler über dem Apennin« (1964), »Das Zeitalter der Emanzipationen 1815 bis 1848« (1977), »Damals im alten Ö.« (1979).

**Beneš, Jara,** * 5. Juni 1897 in Prag, † 10. April 1949 in Wien, Schlager- und Operettenkomponist.

Der Schüler des Komponisten Oskar → Nedbal am Prager Konservatorium war zunächst als

Theaterkapellmeister tätig. Daß er bald von seinen Kompositionen leben konnte, ermöglichten so erfolgreiche Schlager wie »Ich möcht von dir ein Photo«. Seine Operetten, die slawische Tanzelemente von quirliger Lebendigkeit enthalten, wurden in Wien uraufgeführt (»Auf der grünen Wiese«, 1936, »Gruß und Kuß aus der Wachau«, 1949). Außerdem komponierte B. die Musik zu mehr als 50 Tonfilmen.

**Benesch, Kurt,** * 17. Mai 1926 in Wien, Schriftsteller.

B., der in Wien Germanistik und Theaterwissenschaft studierte, debütierte als Bühnenautor mit dem zeitkritischen Heimkehrerstück »Im Namen der Menschheit« (1949); in dem Drama »Akt mit Pause« (1961) geißelte er die Auswüchse des modernen Tourismus. Außerdem schrieb er populäre Reisebücher, archäologische Sachbücher und Romane. 1987 erschien »Fabrizius Alberti«, ein christlicher Bildungs- und Unterhaltungsroman, und 1990 »Zwischen damals und Jericho«, in dem er die Eindrücke einer Israelreise verarbeitete.

**Benesch, Otto,** * 29. Juni 1896 in Ebenfurth (NÖ), † 15. November 1964 in Wien, Kunsthistoriker.

B. begann seine Karriere 1920 in der Gemäldegalerie des Kunsthistorischen Museums. Ab 1923 war er in der Graphischen Sammlung Albertina tätig. 1938 emigrierte er zunächst nach England, später in die USA, wo er als Univ.-Prof. wirkte. 1947 kehrte er nach Wien an seinen Arbeitsplatz in der Albertina zurück und übernahm die Leitung des Hauses. Es galt zunächst die schwersten Kriegsschäden zu beseitigen, die Albertina wieder auf- und auch auszubauen, da die riesigen Sammlungen ständig erweitert wurden. In B.s Ära fand eine Reihe wichtiger Ausstellungen statt, wobei das Schwergewicht bei der Präsentation der Werke des 20. Jahrhunderts lag. Die 1960 präsentierte Ausstellung der Linolschnitte von Picasso war ein Publikumshit. B. war auch Prof. an der Wiener Universität. 1961 emeritierte er und beendete auch sein Wirken als Direktor der Albertina.

*Werke:* »Der Maler Albrecht Altdorfer« (1939), »The Art of Renaissance in Northern Europe« (1947), »Venetian Drawings of eighteenth century in America« (1947), »The Drawings of Rembrandt« (1954), »Meisterzeichnungen der Albertina« (1964).

**Benning, Achim,** * 20. Jänner 1935 in Magdeburg (Deutschland), Schauspieler und Theaterdirektor.

B. studierte an der Münchner Universität Philosophie, besuchte das Reinhardt-Seminar in Wien und wurde 1959 Mitglied des Burgtheaters, wo er u. a. den Orest in »Elektra« (Sophokles), Voltaires »Candide«, den Duncan in Ionescos »Macbett«, Molières »Geizigen« und den Erwin in »Die Plebejer proben den Aufstand« (Grass) spielte. Er profilierte sich seit Ende 1971 auch als Regisseur, etwa mit »Mary Stuart« (Hildesheimer), »Der Vater«, »Totentanz« (Strindberg), »Roter Hahn« (Hauptmann), nachdem er schon vorher in Braunschweig und am Salzburger Landestheater inszeniert hatte. 1976–1986 war B. Direktor des Burgtheaters und holte mit Dresen, Neuenfels, Noelte und Palitzsch hervorragende Regisseure nach Wien, denen qualitativ hochstehende Aufführungen gelangen. Es gab aber auch mißglückte Inszenierungen, vor allem von Grillparzer-, Nestroy- und Schnitzlerstücken. Nach seinem Wiener Dezennium übernahm er das Züricher Schauspielhaus, das er bis Ende der Spielzeit 1991/92 leitete.

**Benya, Anton,** * 8. Oktober 1912 in Wien, Elektromechaniker, Gewerkschafter und Politiker.

Nach Absolvierung der Bürgerschule und einer Fachschule war B. als Elektromechaniker tätig. Sehr früh schloß er sich der sozialdemokratischen Gewerkschaftsbewegung an. 1934 und 1937 wurde er aufgrund seiner politischen Tätigkeit inhaftiert. Ab 1945 Vorstandsmitglied der Gewerkschaft der Metall- und Bergarbeiter und Betriebsratsobmann, übte er ab 1948 auch die Funktion eines hauptamtlichen Sekretärs im ÖGB aus. 1956 wurde er als SPÖ-Abgeordneter ins Parlament gewählt. 1959 stieg er zum Vizepräsidenten, 1963 zum Präsidenten des ÖGB auf, daneben war er 1962–1977 Vorsitzender der Gewerkschaft der Metall- und Bergarbeiter. B. war somit eine »Säule der Sozialpartnerschaft«. Er blieb immer ein Mann des Volkes, der mit den Vertretern der Industrie eine gute Gesprächsbasis hatte. 1971–1986 war er Erster Nationalratspräsident. Sein unerschütterliches Eintreten für die Inbetriebnahme des Kernkraftwerkes Zwentendorf brachte sein Bild ins Wanken.

**Berg, Alban,** * 9. Februar 1885 in Wien, † 24. Dezember 1935 in Wien, Komponist.

Aus einer wohlhabenden Familie stammend, machte er bereits mit 15 Jahren seine ersten autodidaktischen Kompositionsversuche. 1904–1910 nahm er, der anfangs als Rechnungsbeamter tätig war, bei Arnold → Schönberg geregelten Musikunterricht. In dieser Zeit entstanden u. a. die »Sonate« opus 1 (1908) und das »Streichquartett« opus 3 (1910). B., der nie eine offizielle Position im Musikleben innehatte, lebte ab 1911 abwechselnd in Wien, wo er sich mit Kompositionsunterricht seinen Unterhalt verdiente, in der Steiermark und in Kärnten. Neben seiner kompositorischen Tätigkeit beschäftigte er sich mit musiktheoretischen Arbeiten (so schrieb er einen Führer zu → Schönbergs »Gurreliedern«) und fertigte Klavierauszüge an. 1914 begann er mit der Arbeit an seiner ersten Oper »Wozzeck« nach Georg Büchners Dramenfragment »Woyzeck«. Die Arbeit an diesem Werk, das Operngeschichte machen sollte, wurde vom 1. Weltkrieg unterbrochen und erst 1921 fertiggestellt. 1925 wurde es unter Erich Kleiber an der Berliner Staatsoper aufgeführt und begründete den Ruhm des Komponisten. Nach kammermusikalischen Werken wandte sich B. 1928 einer zweiten Oper zu, »Lulu« nach Wedekinds »Erdgeist« und »Die Büchse der Pandora«, die jedoch ein Fragment blieb. Der unvollendete dritte Akt wurde gegen den Willen von B.s Witwe von Friedrich → Cerha fertiggestellt und das gesamte Werk 1979 an der Pariser Oper uraufgeführt. B.s letztes vollendetes Werk war sein Violinkonzert.

*Alban Berg*

B. ist einer der Hauptvertreter der modernen Musik. Er gilt als der »Romantiker« des Kreises um Schönberg – ein sensibler Geist, der an den Übeln dieser Welt litt. Seine Kompositionen sind durch eine strikte, aber komplizierte formale Geschlossenheit gekennzeichnet. Traditionelle Kompositionstechniken verband er mit freier Atonalität. Ab 1926 bediente er sich auch der Zwölftontechnik, ohne sie allerdings so streng anzuwenden wie sein Lehrer und Freund Schönberg oder dessen weiterer großer Schüler → Webern.

*Lit.:* V. Scherliess, A. B. in Selbstzeugnissen und Bilddokumenten (1975). E. A. Berg, Der unverbesserliche Romantiker A. B. (1985).

**Berg, Armin,** * 2. Oktober 1884 in Gussowitz/Hussowitz bei Brünn (Mähren), † 23. November 1956 in Wien, Kabarettist.

B. war ein Mitglied jener namhaften Kleinkunstgilde, die in der Zwischenkriegszeit, teils aus Mähren, teils aus Ungarn stammend, dem Wiener Kabarett intellektuelle Würze verlieh. Er war ein Possenreißer von klassischem Gepräge, ein Volkskomiker voll warmherzigem Humor, der, vom Budapester »Orpheum« kommend, auch in Praterbuden auftrat, wenn er in Geldnot war. Er spielte in allen Hochburgen des Wiener Kabaretts, so auch im »Simpl«, wo er mit Conférencen, Couplets und Liedern wie »Ich glaub' ich bin nicht ganz normal« oder »So dreht sich alles auf der Welt« auftrat. Er besaß auch ein eigenes Lokal, die Armin-Berg-Bar, in der Dorotheergasse. 1938 mußte der populäre Künstler jüdischer Herkunft emigrieren und brachte sich in New York durch den Verkauf von Büromaterial durch. 1949 kehrte er nach Wien zurück, brillierte wieder im Kabarett durch seine Pointierungskunst und sang seine alten Lieder, doch die Ära, der sie entstammten, war vorüber.

**Berg, Karl,** * 27. Dezember 1908 in Radstadt (S), Erzbischof von Salzburg.

B. studierte am Borromäum in Salzburg, am Germanicum und an der Gregoriana in Rom, wo er 1933 zum Priester geweiht wurde. Dort war der spätere Kardinal von Wien Franz → König sein Studienkollege. Eine geradezu klassische Karriere führte B. vom Regens des Priesterseminars über Ordinariatskanzler und Generalvikar 1973 zum Erzbischof von Salzburg. Der neue Oberhirte galt als konservativ, doch erwies er sich als ein einfühlsamer und maßvoller Seelsorger in Fragen der »Geschiedenen« und trat für eine behutsame Liturgiereform im Sinne des II. Vatikanums ein. Als Vorsitzender der Bischofskonferenz vertrat er ruhig und bestimmt die Anliegen dieses Gremiums. Gegen die Wiederaufbereitungsanlage im bayerischen Wackersdorf bezog er klar Stellung. 1988 trat er von seinem Amt zurück.

**Berg, Werner,** * 11. April 1904 in Elberfeld (Deutschland), † 7. September 1981 am Rutarhof bei Gallizien (K), Maler und Holzschneider.

Nach Studien an den Universitäten von Köln, Bonn und Wien und an der Wiener Akademie der Bildenden Künste erwarb B. 1929 einen abgelegenen Einschichthof im Kärntner Unterland. Er führte das Leben eines Bauern und wurde zum Chronisten der »Windischen«. Als Künstler stand er unter dem Einfluß von Emil Nolde und Edvard Munch. In nüchternem sachlichem Expressionismus schuf er Ölbilder und Holzschnitte von starker Ausdruckskraft und archaischer Einfachheit, in denen die Anteilnahme an allem Kreatürlichen mitschwingt: Blumenstücke von derber ländlicher Schönheit, Kärntner Landschaften, die bäuerliche Bevölkerung. Die Arbeiten, weltweit auf zahlreichen Ausstellungen gezeigt, waren 1984 in einer großangelegten Gesamtschau im Wiener Künstlerhaus zu sehen.

*Lit.:* W. B. (Kat. einer Retrospektive, 1984). H. Scheicher, W. B. Seine Kunst, sein Leben (3. Aufl. 1988).

**Berger, Raimund,** * 31. März 1917 in Hall (T), † 21. Jänner 1954 in Innsbruck, Dramatiker.

Der Sohn eines Notars fand erst nach dem 2. Weltkrieg zur Literatur. Er schrieb Theaterstücke wie »Ein Papierblumenfrühling« (1949), »Zeitgenossen« (1951) oder »Der Schelm von Limburg« (1952) mit dem Ziel, ein menschliches, ideologiefreies Theater zu realisieren. Der Dramatiker war durch einen Unfall gelähmt. Bis zu seinem frühen Tod arbeitete er als Hörspiellektor für den Sender Tirol.

**Berger, Senta,** * 13. Mai 1941 in Wien, Bühnen- und Filmschauspielerin.

Die Tochter eines Komponisten und Beamten erhielt bereits im Alter von 9 Jahren an der Akademie für Darstellende Kunst in Wien Unterricht in Ballett und Ausdruckstanz. 1957/58 absolvierte sie das Wiener Reinhardt-Seminar, mußte es jedoch vorzeitig verlassen, da sie schon kleinere Filmrollen annahm. 1958 erhielt sie einen Elevenvertrag am Theater in der Josefstadt und debütierte neben Leopold → Rudolf in Pirandellos »Heinrich VI.«. Nach mehreren Filmrollen gelang ihr 1961 in dem Zweiteiler »Es muß nicht immer Kaviar sein« der Durchbruch zum Filmstar. Danach drehte sie v. a. in den USA, in England, Frankreich und Italien. 1966 heiratete sie Michael Verhoeven, mit dem sie die Filmproduktionsfirma »Sentana« gründete. Neben ihrer internationalen Filmkarriere blieb B. stets auch Bühnenschauspielerin. So war sie 1974–1982 die Buhlschaft im »Jedermann« bei den Salzburger Festspielen, 1979–1981 spielte sie am Wiener Burgtheater, u. a. die Titelrolle in Pavel Kohouts »Marie kämpft mit den Engeln«, 1981/82 war sie am Hamburger Thalia-Theater, 1982–1984 am Berliner Schiller-Theater engagiert. Seit 1977 geht sie auch mit literarischen Lesungen auf Tournee.

**Berger, Theodor,** * 18. Mai 1905 in Traismauer (NÖ), † 21. August 1992 in Wien, Komponist.

In ärmlichen Verhältnissen aufgewachsen, absolvierte B. zunächst die Lehrerbildungsanstalt in St. Pölten. Mit 17 Jahren hörte er zum ersten Mal mit großer Faszination ein Konzert der Wiener Symphoniker, und es entstand der Wunsch, Musik zu studieren. Dank finanzieller Hilfe von Freunden konnte B. 1926–1932 an der Musikakademie in Wien bei Franz → Schmidt studieren, er hatte sich für die Kapellmeister- und Komponistenklasse entschieden. Im Anschluß daran ging er nach Berlin, wo er als Komponist sehr bald internationale Beachtung fand. 1939 dirigierte Wilhelm Furtwängler sein »Rondino giocoso«. Auch B.s Orchesterwerke hatten großen Erfolg. V. a. seine »Legende vom Prinzen Eugen« und sein »Rondo ostinato« wurden immer wieder aufgeführt. 1949 erhielt der Tondichter für sein Schaffen den Musikpreis der Stadt Wien, 1951 und 1959 den österr. Staatspreis. 1957 verfaßte er für Herbert von → Karajan die »Sinfonia parabolica« für die Salzburger Festspiele. Nach den 60er Jahren ist es um B. stiller geworden, seine Werke (Orchester- und Kammermusik; Bühnen- und Filmmusik) werden nur mehr selten aufgeführt.

*Theodor Berger*

*Weitere Werke:* »Malinconia« (1933), »Homerische Symphonie« (1946–1948), »Concerto manuale für 2 Klaviere, Marimbaphon, Metallophon, Streicher und Schlagzeug« (1951), »Triglyph« (1959).

**Berger-Waldenegg, Egon,** * 14. Februar 1880 in Wien, † 12. September 1960 in Graz, Politiker und Diplomat.

Der Sohn eines österr. Diplomaten und einer Belgierin besuchte das Schottengymnasium und studierte anschließend Jus an der Universität Wien. Zu dieser Zeit interessierte er sich für die Ideen des christlichsozialen Politikers und Sozialreformers Alois Prinz Liechtenstein. Nach kurzer Tätigkeit bei der nö. Statthalterei absolvierte er sein Einjährig-Freiwilligen-Jahr, danach trat er in den diplomatischen Dienst des Ministeriums des Äußern. Bei Ausbruch des 1. Weltkriegs war er in Durazzo bei Prinz Wilhelm zu Wied akkredidiert. Er rückte ein, bis er 1917 wieder in das Außenministerium berufen wurde. Als Diplomat nahm er an den Friedensverhandlungen in Brest-Litowsk teil. 1918 ließ er sich als Sektionsrat pensionieren.

Nach kurzem Aufenthalt auf dem väterlichen Gutsbesitz in Botinec bei Agram war er in einem

Bankhaus tätig. 1930 erwarb er das Gut Mühlegg in Bezirk Deutschlandsberg (St). Im Jahr zuvor war er dem Steirischen Heimatschutz beigetreten und wurde schließlich zum Kreisleiter des Bezirks Graz-Umgebung bestellt. 1931 in den Putsch von → Pfrimer verwickelt, wurde er dennoch bei der folgenden Gerichtsverhandlung freigesprochen. Er trennte sich von Pfrimer und wandte sich in der Folge mehr der politischen Richtung → Starhembergs zu. Im April 1934 zum stellvertretenden Landeshauptmann bestellt, wurde er schon im Juli 1934 von → Dollfuß zum Justizminister ernannt. Als Bundesführerstellvertreter des Heimatschutzes mobilisierte er anläßlich des NS-Putsches im Juli 1934 die Heimwehren. Ab 3. August 1934 übernahm er im Kabinett → Schuschnigg das Außenministerium, behielt aber auch das Justizministerium, das die gerichtliche Austragung der Ereignisse vom Juli zu verantworten hatte. Als im Mai 1936 Starhemberg stürzte und die Heimwehren ausgeschaltet wurden, mußte B. resignieren. Er wurde mit 16. Mai 1936 zum österr. Botschafter beim Quirinal in Rom ernannt, wo er sich vergeblich um Italiens Unterstützung für Österreich bemühte. 1938 blieb B. in Italien und arbeitete, inzwischen italienischer Staatsbürger, in Triest bei einer Versicherungsgesellschaft. Erst 1948 kehrte er nach Graz zurück, war aber nicht mehr politisch tätig.

*Lit.:* W. Wiltschegg, Die Heimwehr (1985).

**Bernardis, Robert,** * 7. August 1908 in Linz, † 8. August 1944 (hingerichtet) in Berlin, Generalstabsoffizier und Widerstandskämpfer.

Der Sohn eines Schiffstischlers dalmatinischer Herkunft in Pola, der sich zum Militärbauwerkführer hochgearbeitet hatte, besuchte die Militärunterrealschule in Enns. Nach der Matura in Wiener Neustadt absolvierte er die Gewerbeschule für Baufach in Mödling. 1928 trat er in das österr. Bundesheer ein und machte die Offiziersausbildung durch. Obwohl er der deutschnationalen Mittelschülerverbindung »Wiking« angehört hatte, galt er im Kameradenkreis als politisch eher konservativ. Sowohl im Februar als auch im Juli 1934 kam er als Zugsführer bei der Niederschlagung der Kämpfe zum Einsatz. 1936 bewarb er sich um Aufnahme in den Generalstabskurs. Nach Abschluß des Kurses in Berlin-Moabit nahm er am Einmarsch ins Sudetenland teil. In der Folge war er in allen Feldzügen des 2. Weltkrieges eingesetzt. Beim Rußlandfeldzug wurde er mit den Greueltaten von SS und Gestapo gegen die jüdische Bevölkerung konfrontiert. Er erkrankte schwer, was seine Verwendung im Heeresamt zur Folge hatte. Dort hatte er für den Truppennachschub an die Fronten zu sorgen. Als 1943 Stauffenberg, der spätere Hitler-Attentäter, sein Vorgesetzter wurde, dürfte sich seine schon bestehende Gegnerschaft zum Dritten Reich gefestigt haben. B. wurde ein wichtiges Glied in der Planung der Operation »Walküre«, die Hitler und seine Paladine ausschalten sollte. Als das Attentat am 20. Juli 1944 mißlang, wurde B. verhaftet und nach einem farceartigen Verfahren gehenkt.

*Lit.:* J. Toch, R. B., in: NÖB 21.

**Bernaschek, Richard,** * 12. Juni 1888 in Budapest, † 18. 4. 1945 im KZ Mauthausen, Schutzbundführer.

B. wurde in Budapest geboren, da seine Eltern aus politischen Gründen aus ihrem Wohnort Bad Vöslau (NÖ) ausgewiesen worden waren. Erst 1900 konnte die Familie zurückkehren und lebte danach in Linz. Nach der Schule erlernte B. das Schlosserhandwerk. Frühzeitig wurde er Mitglied der SDAP und der Gewerkschaft. Im 1. Weltkrieg eingerückt, geriet er 1918 in italienische Kriegsgefangenschaft, von der er erst 1919 heimkehrte. In den Nachkriegswirren kümmerte er sich um die Organisation der bewaffneten Arbeiterbataillone. 1921–1923 arbeitete er in den Niederlanden. 1923 wurde er zum Aufbau des Republikanischen Schutzbundes in OÖ zurückgerufen, ab 1927 war er bereits Landessekretär. B. hatte 1926 in Wien die Arbeiterhochschule besucht, wo er die großen sozialdemokratischen Führer als Vortragende kennenlernte. Innerhalb seiner Partei gehörte er immer zu den »Linken«. Nach dem Verbot des Schutzbundes am 31. März 1933 leitete er die Rechtsschutz- und Unterstützungsstelle. Als Anfang Februar 1934 eine SP-Delegation vergeblich bei Landeshauptmann Josef → Schlegel gegen die Übergriffe der Heimwehr protestierte, faßte B. mit oö. Schutzbündlern gegen den Willen der Wiener Parteileitung in Linz den Entschluß zum bewaffneten Widerstand und löste somit die Kämpfe vom 12. Februar 1934 aus. Er wurde noch vor Verlängerung des Standrechts verhaftet, am 3. April 1934 in einer spektakulären Aktion von Nationalsozialisten aus dem Gefängnis befreit und nach Deutschland gebracht. Er traf dort führende NS-Parteileute. Nach einem klärenden Gespräch mit Friedrich → Adler begab er sich in die ČSR, wo sich Otto → Bauer aufhielt. Nach Moskau eingeladen, verhandelte B. mit Béla Kun und Exponenten des Sowjetregimes und schlug ihnen eine Vereinbarung zwischen Sozialdemokraten und Kommunisten vor, all dies ohne Einverständnis seiner Partei. Danach kehrte er in die ČSR zurück. Ab 1939 lebte er wieder in Linz, fand Arbeit und wurde vom Wehrdienst freigestellt. 1944 wurde er nach dem Attentat auf Hitler wegen des Verdachts der Mitwisserschaft verhaftet. In Linz, Wien und im KZ Mauthausen inhaftiert, wurde B. wenige Tage vor Kriegsschluß von einem SS-Oberscharführer umgebracht.

*Lit.:* K. Stadler/I. Kykal, R. B., Odyssee eines Rebellen (1976).

**Bernatzik, Hugo Adolf,** * 26. März 1897 in Wien, † 9. März 1953 in Wien, Ethnologe und Reiseschriftsteller.

B. war der Begründer der angewandten Völkerkunde. Der Sohn des Staats- und Völkerrechtlers Edmund B. studierte Medizin, Ethnologie und Anthropologie in Wien und Graz. Danach war er als Prof. tätig. Mit seiner Frau Emmy B. unternahm er zahlreiche Reisen nach Afrika, Indonesien, Australien und Südosteuropa, von denen er etliche völkerkundliche Sammlungen mitbrachte. Über alle seine Expeditionen schrieb er Bücher, u. a. »Südsee« (1934), »Zwischen weißem Nil und Kongo« (1943). B. war auch der Herausgeber fachwissenschaftlicher Werke: »Die große Völkerkunde« (3 Bde., 1939), »Das Afrika-Handbuch« (2 Bde., 1947).

**Bernhard, Thomas,** * 9. Februar 1931 in Heerlen (Niederlande), † 12. Februar 1989 in Gmunden (OÖ), Erzähler und Dramatiker.

B. wuchs als uneheliches Kind bei seinem Großvater, dem Schriftsteller Johannes Freumbichler, auf und kam danach in ein Heim. Das Gymnasium sowie (krankheitshalber) eine kaufmännische Lehre brach er ab. 1949–1951 hielt er sich in einer Lungenheilanstalt auf. 1951–1957 studierte er Schauspiel und Dramaturgie an der Hochschule für Musik und Darstellende Kunst in Wien. Vorübergehend war er auch als Hilfsarbeiter und Gerichtssaalreporter tätig.

Die leidvolle Kindheit hat in B. s Leben und Werk sichtbare Spuren hinterlassen. In »Die Ursache« (1975), »Der Keller«, (1976) »Der Atem«

*Thomas Bernhard*

(1978), »Die Kälte« (1981) und »Ein Kind« (1982) hat er sie literarisch nachgezeichnet. B. trat zunächst mit Gedichtbänden (u. a. »In hora mortis«, 1958) an die Öffentlichkeit, die formal und thematisch an Trakl und Celan erinnern. Der Durchbruch gelang ihm mit dem Roman »Frost« (1963). Von nun an hielt der eigenwillige Außenseiter mit seiner Haßliebe zu Ö., seinen Attacken auf die Kirche, das politische Establishment, den heimischen Kulturbetrieb und mit seinen gezielten Provokationen Leser, Kritik und Öffentlichkeit in Atem. Mit geradezu monomanischer Besessenheit kreist der pessimistische »Geschichtenzerstörer« in seiner Prosa um die Themen Krankheit, Verbrechen, Verfall und Tod: »Verstörung« (1967), »Das Kalkwerk« (1970), »Korrektur« (1975), »Beton« (1982), »Auslöschung« (1986). Virtuos und mit groteskem Humor schildert er die Schicksale seiner Protagonisten, in ihrer großen Mehrzahl an der Absurdität der Welt gescheiterte Einzelgänger aus Kunst und Wissenschaft.

In seinen Dramen variiert B. diese zentralen Motive. Mit wenigen Ausnahmen (»Über allen Gipfeln ist Ruh«, 1982, »Ritter, Dene, Voss«, 1986) wird der Dialog zurückgenommen und durch langatmige Monologe des Hauptdarstellers ersetzt. Provokante Werke wie »Heldenplatz« (1988) haben wütende Proteste ausgelöst und seinen Namen einer breiten Öffentlichkeit bekanntgemacht. Sein Gesamtwerk entzieht sich allen wissenschaftlichen Versuchen einer literarischen und/oder philosophischen Zuordnung; es nimmt in der österr. Nachkriegsliteratur eine Sonderstellung ein.

*Lit.:* N. J. Meyerhofer, T. B. (1985). W. Schmidt-Dengler, M. Huber (Hgg.), Statt Bernhard. Misanthropie im Werk T. B.s (1987).

**Berry, Walter,** * 8. April 1929 in Wien, Kammersänger.

Der Künstler, der ursprünglich Ingenieur werden wollte, sang schon als Kind Soli in Kirchenchören. 1946–1950 studierte er bei Hermann Gallos an der Wiener Musikakademie und gewann mehrere Musikwettbewerbe. 1950 wurde der 31jährige Baßbariton an die Wiener Staatsoper verpflichtet. 1953 debütierte er als Masetto in »Don Giovanni« bei den Salzburger Festspielen und blieb zunächst fast ausschließlich auf Mozart spezialisiert. Bis dem humorvollen Künstler 1955 in der Titelrolle in Alban → Bergs »Wozzeck« anläßlich der Festvorstellungen zur Wiedereröffnung der Staatsoper ein großer international beachteter Erfolg gelang. Er erweiterte nun sein Repertoire bis hin zu Richard → Strauss (u. a. Barak in »Die Frau ohne Schatten«) und Richard Wagner (Wotan in »Die Walküre«). B., der zu den wenigen Spitzeninterpreten gehört, die ihre Stimme über Jahrzehnte auf höchstem Niveau halten können, hat an allen großen Opernhäusern gesungen und als Liedsänger (Franz Schubert, Hugo Wolf) Weltruhm erlangt. Er wirkt auch als Gesangspädagoge.

**Bertoni, Wander,** * 11. Oktober 1925 in Codisotto (Italien), Bildhauer.

B. wurde 1943 als zwangsverpflichteter Fremdarbeiter nach Wien deportiert. Hier studierte er nach dem Krieg bei → Wotruba, ging aber künstlerisch eigene Wege. Sein plastischer Gestaltungswille ist von Phantasie, geistiger Beweglichkeit und spontanem Einfallsreichtum bestimmt. Konsequenz ist für ihn »der Tod der Kunst«. Sein Schaffen war immer wieder Wandlungen unterworfen. Am Beginn stand die Auseinandersetzung mit dem Kubismus, die in abstrakte Formen mündete und in der Plastik »Das doppelte D« (1955) kulminierte; es folgten »Totems« (bis 1964) und ab 1965 die durch einen Griechenlandaufenthalt inspirierten »Säulen-Metamorphosen«; an sie schlossen sich ab 1975 die realistisch umgesetzten Eindrücke des »Indischen Tagebuches« an. Von den vielen Auftragswerken, die der Künstler schuf, seien die Plastiken »Ikarus« am Flughafen Wien-Schwechat und »Bewegung« vor der Wiener Stadthalle erwähnt.

*Lit.:* K. Sotriffer, W. B. Das plastische Werk 1945–1980 (1981).

**Berzeviczy-Pallavicini, Federico,** * 12. April 1909 in Lausanne, † 11. November 1989 in New York, Designer.

Der Sohn einer altösterr. Familie absolvierte in Wien das Theresianum. Mehr als ein Jahrzehnt studierte er an der Akademie für Angewandte Kunst, legte aber nie eine Prüfung ab. Seine Lehrer, darunter Josef → Hoffmann und Eduard → Wimmer, hielten indes viel von ihm; durch ihre Vermittlung begann B.-P. 1932 für die Konditorei Demel zu arbeiten. 1936 heiratete er Klara Demel, die Nichte Anna → Demels. Nach dem Anschluß verließ er Ö. und emigrierte nach Italien, wo er an der graphischen Gestaltung des Luxusmagazins »Aria d'Italia« unter dem Mädchennamen seiner Mutter, Pallavicini, mitwirkte. Nach dem Krieg holte ihn der Besitzer des Magazins »Look« nach Amerika, wo er in Hollywood als Designer große Erfolge errang. Er war als Art Director von Elizabeth Arden tätig und wirkte 1956–1965 als Innenarchitekt und Berater für Helena Rubinstein. Nach dem Tod seiner Frau 1965 übernahm er die Geschäftsführung der Konditorei Demel, für die er die schönsten Auslagengestaltungen schuf. Bis zum Verkauf des Geschäftes 1972 haben seine »Wiener Märchen« alle bezaubert. 1978 betätigte er sich noch einmal in seiner Heimat, als er für die Erstaufführung von H. W. Henzes Oper »Der junge Lord« das märchenhaft farbenfreudige Bühnenbild schuf.

**Bettauer, Hugo,** * 18. August 1872 in Baden bei Wien, † 26. März 1925 (ermordet) in Wien, Journalist und Schriftsteller.

B. stammte aus einer jüdischen Familie. Er besuchte das Gymnasium in Wien gemeinsam mit Karl → Kraus bis 1888. Mit 18 Jahren trat er zum ev. Glauben über. 1890 wanderte er nach Amerika aus. 1899–1904 wieder in Europa, arbeitete er als Journalist in Deutschland, danach erneut in New York, wo er auch sehr erfolgreich Fortsetzungsromane in Zeitungen veröffentlichte. 1910 kehrte er nach Wien zurück und war auch hier als Journalist tätig, so 1914–1918 bei der »Neuen Freien Presse«. 1920–1924 entfaltete er eine rege schriftstellerische Tätigkeit und publizierte erfolgreiche Romane, Detektivgeschichten und Theaterstücke. Die bekanntesten sind »Die Stadt ohne Juden« (Roman und Bühnenstück, 1922) und »Die freudlose Gasse« (Roman, 1923). 1924 wurde er Mitarbeiter bei der »Wochenschrift für Lebenskultur und Erotik – Er und Sie«, deren freimütiger Ton ihn vor Gericht brachte. Der Prozeß wegen Vergehens gegen die öffentliche Sittlichkeit endete mit einem Freispruch, noch im selben Jahr gab er selbst »Bettauers Wochenschrift« heraus. Der Freispruch des populären Volksaufklärers hatte jedoch erneut eine antisemitische Medienkampagne entfacht. Am 10. März 1925 wurde B. von dem Nationalsozialist Otto Rothstock in seinen Redaktionsräumen niedergeschossen und starb 16 Tage später an den Folgen des Mordanschlages. Die Tat blieb ungesühnt.

B.s Romane, die die politischen und gesellschaftlichen Gegensätze im Wien der Inflationszeit in grellen Farben schildern, waren 1921–1928 beliebter Stoff für Filmproduzenten in Deutschland und Österreich. So wurde »Die Stadt ohne Juden« von H. K. Breslauer 1924 u. a. mit Hans → Moser verfilmt (eine verschollen geglaubte Kopie des Filmdokuments wurde erst jüngst entdeckt und in restaurierter Fassung 1991 in Wien wiederaufgeführt); 1925 entstand die Verfilmung »Die freudlose Gasse« unter der Regie von G. W. → Papst, in der Greta Garbo ihre erste größere Rolle spielte.

*Lit.:* L. Spira (Hg.), Attentate, die Österreich erschütterten (1981).

**Bettelheim, Bruno,** * 25. August 1903 in Wien, † 13. März 1990 (Selbstmord) in Silver Spring/USA, Kinderpsychologe.

Ein Schüler Sigmund → Freuds, wuchs B., der einer jüdischen Familie entstammte, in ähnlichem sozialen Umfeld auf wie sein Lehrer. 1938 wurde er von den Nationalsozialisten verhaftet und in die KZs Dachau und Buchenwald deportiert. 1939 gelang es ihm, in die USA zu entkom-

*Bruno Bettelheim*

men; hier widmete er sich seinem Interessengebiet, der Kinderpsychologie. Die »Sonia Shankman Orthogenic School« in Chicago war sein eigentliches Lebenswerk. Seine Arbeiten über den Autismus und die von ihm entwickelte Milieutherapie machten ihn weltberühmt. B. ging von der Annahme aus, daß, wenn die Umwelt einen Menschen zum Schlechten verändern könne, eine vom Guten geprägte Umwelt den gegenteiligen Effekt haben müßte. B. forderte Respekt vor dem Kind und trat dafür ein, daß kindliche Aggression nicht bestraft, sondern in Phantasie und Spiel ausgelebt werden sollte; er zeigte auch die psychologische Bedeutung von Märchen und Mythen auf. Der große Psychoanalytiker nahm sich nach einem Schlaganfall das Leben.

*Werke:* »Die Kinder der Zukunft. Gemeinschaft als Weg einer neuen Pädagogik« (1971), »Freud und die Seele des Menschen« (1984), »Ein Leben für Kinder. Erziehung in unserer Zeit« (1988).

**Bielka, Erich,** * 12. Mai 1908 in Wien, † 1. September 1992 in Bad Aussee, Diplomat.

Der Sohn eines Versicherungsbeamten absolvierte zunächst die Konsularakademie und begann hierauf an der Universität Wien ein Studium der Rechts- und Staatswissenschaften (Dr. iuris: 1931). Am Institut des Hautes Études Internationales in Paris setzte er seine Studien fort. 1935 trat er in den diplomatischen Dienst ein. Beim Anschluß 1938 war er dem Generalkonsulat in München zugeteilt. Er wurde sofort verhaftet und war in der Folge in Dachau und Wien inhaftiert. 1945 kehrte er in den diplomatischen Dienst zurück. 1946–1947 leitete er die österr. politische Vertretung in Bern, 1947–1948 vertrat er Österreich als Geschäftsträger in Kairo, 1952–1958 war er Gesandter, später Botschafter in Ankara und gleichzeitig im Iran und in Afghanistan österr. Missionschef. 1958 wurde er im Außenministerium zum Leiter der wirtschaftspolitischen Sektion bestellt. In dieser Zeit war er maßgeblich an der Ausarbeitung des EFTA-Vertrages beteiligt. 1962 erfolgte seine Bestellung zum Generalsekretär am Ballhausplatz. 1967–1972 wirkte er wieder in Bern, 1972–1974 leitete er die österr. Botschaft in Paris. Als Höhepunkt seiner Laufbahn wurde B. im Juni 1974 zum Außenminister ernannt, er blieb bis 1976 im Amt.

**Bienek, Gustav Karl,** * 14. Dezember 1899 in Groß Siegharts (NÖ), † 30. November 1972 in Wien, Schriftsteller.

B. war 1945–1955 Redakteur der »Arbeiter-Zeitung« und gab die Zeitschrift »Die Zeit« heraus (1948). Als Schriftsteller veröffentlichte er vorwiegend einfühlsame historische Dramen und Romane, u. a. »Die Nacht in Olmütz« (1947), ein Roman, der sich mit der Thronbesteigung Kaiser Franz Josephs I. beschäftigt.

**Bilger-Breustedt, Margret (Margaretha, Katharina),** * 12. August 1904 in Graz, † 24. Juli 1971 in Schärding (OÖ), Holzreißerin, Graphikerin und Malerin.

Die kränkliche Tochter eines Universitätsprofessors konnte erst 1924–1929 ein Studium an der Kunstgewerbeschule in Wien absolvieren. Sie ließ sich nach mehreren Lebenskrisen in der Ortschaft Leoprechting, Gemeinde Taufkirchen an der Pram, nieder, wo sie sich ganz ihrem künstlerischen Schaffen widmete.

Das Werk der Gott suchenden Künstlerin – einem Kunstkritiker galt sie als geistesverwandte Nachfahrin von Hildegard von Bingen – erfuhr durch die nachbarschaftliche Verbindung mit Alfred → Kubin eine schicksalhafte Prägung. Ihre Arbeiten umfassen Druckgraphik, Holzrisse (B. schnitt nicht in ihre Holzstöcke, sondern riß bzw. zeichnete auf und aus ihnen mit Nadel und Stichel) und Glasmalereien. Sie betätigte sich auch als Zeichnerin und Malerin in Aquarell und Öl. Dieses Werk ist völlig eigenständig und auf religiöse Themen, Landschaften und Märchen konzentriert und nimmt in der europäischen Gegenwartskunst einen bedeutenden Rang ein. Durch ihre Glasmalereien (1950–1957) hat B. wesentlich zum internationalen Ruf der Glaswerkstätte des Zisterzienserstiftes Schlierbach (OÖ) beigetragen; künstlerische Höhepunkte: Fenster in Salzburg-Herrnau und in der Bernhardskapelle in Heiligenkreuz.

*Lit.:* M. B. 1904–1971 (Ausstellungskat. des Landes OÖ, 1975).

**Bilgeri, Reinhold Maria,** * 26. März 1950 in Hohenems (V), Lehrer und Popsänger.

B. studierte an der Innsbrucker Universität Philosophie, Psychologie, Deutsch und Geographie (Mag. phil.) und unterrichtete nach der Lehramtsprüfung 8 Jahre am Bundesgymnasium Feldkirch (V). Aus dem Lehrer wurde bald ein »Rock-Professor«, als sich B. entschloß, den erlernten Beruf aufzugeben und als Pop-Interpret Karriere zu machen. Er arbeitete für Rundfunk und Fernsehen, schrieb Hörspiele, Kabarettprogramme (»Aus dem Westen nichts Neues«) und trat mit britischen und amerikanischen Stars auf. Mit den Hits »Video-Life« (1981), »In the Night«, »Nothing but a Heartache«, »Some Girls are Ladies« (1987), »Missing You«, »Sayonara Boy«, »In Love with Two Ladies« (1991) und der LP »Songs of Love« gelang ihm der Sprung als Solosänger in das internationale Musikgeschäft.

**Billinger, Richard,** * 20. Juli 1890 in St. Marienkirchen bei Schärding (OÖ), † 7. Juni 1965 in Linz, Dramatiker und Lyriker.

Der Bauernsohn studierte Latein und Philosophie. In seinen Dramen gestaltete er zum Teil irrational-mystifizierend die bäuerliche Welt seiner Heimat, den Konflikt zwischen Natur und Zivilisation, Christen- und Heidentum (so »Perchtenspiel«, 1928, »Rauhnacht«, 1931). Auch seine bilderreiche Lyrik ist im wesentlichen dieser Thematik verhaftet (»Lob Gottes«, 1922, »Nachtwache«, 1935). B., der mehrfach mit Preisen ausgezeichnet wurde, schrieb auch Erzählungen, Hörspiele und Filmdrehbücher, so zu »Der Berg ruft« mit Luis → Trenker. Das Gesamtwerk (5 Bde. Prosa und 6 Bde. Dramen) wurde 1955–1960 von Dr. Heinz Gerstinger herausgegeben.

**Binder, Franz (»Bimbo«),** * 1. Dezember 1911 in St. Pölten (NÖ), Fußballer.

Der baumlange Mittelstürmer (1,90 Meter) kam von Sturm 19 St. Pölten im Jahr 1930 zu Rapid Wien; er erzielte für seinen Verein als erster Stürmer der Welt im Verlauf seiner Karriere mehr als 1 000 Tore (genau: 1 006). Der »Kanonier aus Hütteldorf«, dessen Schußkraft selbst die Tornetze nicht standhielten, war bei den Torhütern gefürchtet, denn nicht selten landeten seine Freistöße aus 35 bis 40 Metern Entfernung im Netz. Mit zwei solchen Freistößen und einem verwandelten Elfmeter entschied »Bimbo« B. das legendäre Match zwischen Rapid und Schalke 04 am 22. Juni 1941 in Berlin, in dem die Wiener bereits mit 3:0 im Nachteil gegenüber den Gelsenkirchnern lagen und dann doch mit 4:3 die deutsche Meisterschaft gewannen; es war der Höhepunkt seiner Karriere. Der

»Lange« aus Hütteldorf stand 29mal im österr. und 9mal (1938–1943) im deutschen Team. 1949 wurde er Sektionsleiter bei den Grün-Weißen. 1952 ging er als Trainer nach Holland, später war er bei deutschen Vereinen (Nürnberg, München 1860) und 1976 nochmals ein Jahr bei Rapid tätig.

**Birkmeyer, Michael,** * 20. Oktober 1943 in Wien, Tänzer.

B. stammt aus einer Tänzerdynastie. Seine Grundausbildung erhielt er an der Ballettschule der Wiener Staatsoper und bei Victor Gsovsky in Paris. Sein erstes Engagement erfolgte mit 17 Jahren. Bereits mit 23 Jahren war er Solotänzer an der Wiener Staatsoper, 1972 avancierte er zum Ersten Solotänzer. Zu seinen Glanzrollen gehörte der »Tancredi« im Ballett von H. W. Henze, der »Pagodenprinz« in der Vertonung B. Brittens oder der »Romeo« in Prokofiews Werk »Romeo und Julia« in einer Choreographie von John Cranko. Bei Gastspielen trat er gemeinsam mit Rudolf Nurejew, der schon sehr früh B.s großes Talent entdeckt hatte, und mit Margot Fonteyn auf. So tanzte er mit Nurejew in dem Ballett »Lieder eines fahrenden Gesellen«. Seit 1985 ist B. administrativer und künstlerischer Leiter der Ballettschule der österr. Bundestheater.

**Bißmeier, Joachim,** * 22. November 1936 in Bonn, Kammerschauspieler.

Nach Absolvierung der Folkwang-Schule in Essen debütierte er an den Wuppertaler Bühnen als Rodrigo in »Othello«. Über Bonn, Tübingen, das Theater der Courage in Wien und das Bayerische Staatsschauspiel München kam B. 1965 an das Wiener Burgtheater, dem er seither als Ensemblemitglied angehört.

Der vielseitige, wandlungsfähige Schauspieler, der an der »Burg« auch mehrmals Regie führte (u a. Schnitzlers »Die Gefährtin«, Grillparzers »Sappho«), hat in zahlreichen klassischen wie modernen Rollen seine hohe Kunst der Menschengestaltung bewiesen. Er gastierte auch bei den Salzburger Festspielen.

Im deutschen Fernsehen (ZDF, ARD) war B. oftmals in Serien wie »Der Kommissar« oder »Der Alte« und in Fernsehspielen zu sehen (u. a. »Eine Rückkehr«, »Das Ohr«), was zu einer breiten Popularität beitrug.

**Bittner, Julius,** * 9. April 1874 in Wien, † 9. Jänner 1939 in Wien, Komponist.

Wie sein Vater schlug B. die juristische Laufbahn ein, studierte aber gleichzeitig Musik. Bis 1919 war er Richter in Wolkersdorf. Während seiner Amtszeit beim Bezirksgericht Neubau in Wien hieß sein Schriftführer Anton → Wildgans. Zuletzt war er Oberlandesgerichtsrat in Wien. Er galt als Spezialist in Urheberrechtsfragen.

Gustav Mahler, dem er eine Oper zur Begutachtung vorgelegt hatte, empfahl ihn an Bruno → Walter. Zumeist schrieb B. die Texte für seine Opern selbst. Berühmte Interpreten wie Richard → Mayr sangen in seinen Uraufführungen. Oft wählte er Themen aus der österr. Geschichte oder dem Volksleben. Das Werk »Walzer aus Wien«, das 1930 uraufgeführt wurde und den Zwist zwischen Vater und Sohn Johann Strauß behandelt, wurde ein großer Publikumserfolg und befreite B. von finanziellen Sorgen. Der Komponist verfaßte auch Chorwerke und Symphonien. Die letzten Lebensjahre mußte er im Rollstuhl verbringen, arbeitete aber weiter und nahm regen Anteil am Musikleben der Stadt.

*Opernwerke:* »Die rote Gret« (1907); »Der Musikant« (1909); »Das höllische Gold« (1916); »Das Veilchen« (1934).

**Blaha, Paul,** * 17. April 1925 in Maribor/Marburg (Slowenien), Journalist und Theaterdirektor.

B. wurde nach seiner »Kriegsmatura« 1943 zur deutschen Wehrmacht eingezogen. Aus der Gefangenschaft zurückgekehrt, begann er 1946 seine journalistische Tätigkeit in Linz, wo er auch Mitbegründer eines Kellertheaters war. Ab 1954 arbeitete er beim »Bild-Telegraph«, 1961–1979 beim »Kurier« in Wien und wurde hier einer der angesehensten Theaterkritiker.

1979 trat B. die Nachfolge von G. → Manker als Direktor des Wiener Volkstheaters an und blieb in dieser Funktion bis 1987. In seine Zeit fielen die Generalsanierung des Haupthauses, die Einrichtung einer eigenen Schauspielschule und die Gründung des VT-Studios im Konzerthauskeller (1981–1986), eine experimentelle Bühne für brisante Stücke (u. a. Kroetz, Fassbinder, J. Kraemer, A. Brown). Im Haupthaus setzte B. in Spielplangestaltung und Regiearbeit auf progressives, politisches Gesinnungstheater, mit z. T. neuen Schauspielern. Diese Zielsetzung stieß bei Kritikern und bei Teilen des Publikums auf Widerstand. Viele Aufführungen unter seiner Direktion (z. B. von Tschechow und Gorki) waren aber äußerst erfolgreich, andere mißlangen (z. B. »Emilia Galotti«). 1991 veröffentlichte B. den Roman »Schöne freie Welt«.

**Blaukopf, Kurt,** * 15. Februar 1914 in Czernowitz (Ukraine), Musikschriftsteller und Musiksoziologe.

B. studierte sowohl Musik als auch Jus in Wien. Er hörte Vorlesungen bei Moritz → Schlick und Karl → Bühler. Schon früh fand er, auch angeregt durch Begegnungen mit Ernst → Křenek und Arnold Hauser, zur Musiksoziologie. Im September 1938 gelang ihm die Emigration nach Frankreich, 1940 bewahrte ihn ein Stipendium der Universität Jerusalem vor dem französischen Internierungslager. 1940–1947 war er neben seinem Studium Mitarbeiter des Rundfunks in Jerusalem. Nach Wien zurückgekehrt, publizierte er mit Hilfe von Freunden sein grundlegendes Werk »Musiksoziologie«, das jedoch damals nicht die entsprechende Resonanz fand. 1954–1965 war er Redakteur der Musikzeitschriften »Phono« und »HiFi-Stereophonie«. Bis 1984 lehrte er am Institut für Musiksoziologie der Musikakademie. B. leitete auch das musikpädagogische Forschungsinstitut der Musikakademie und gilt international als einer der besten Kenner der Werke Gustav Mahlers.

*Werke:* »Gustav Mahler – der Zeitgenosse der Zukunft« (1969), »Mahler. Sein Leben, sein Werk und seine Welt in zeitgenössischen Bildern und Texten« (1976).

**Blecha, Karl,** * 16. März 1933 in Wien, Politiker und Sozialforscher.

Der Sohn eines Hufschmiedes war schon früh politisch aktiv. Als Mitbegründer des Verbandes sozialistischer Mittelschüler wurde er 1954 zum ersten Obmann gewählt. Während seiner Studienzeit war er Obmann des Verbandes Sozialistischer Studenten Ö.s (VSStÖ) und Mitinitiator der »Sozialwissenschaftlichen Studiengesellschaft«. Zu Beginn der 60er Jahre setzte er sich für den Aufbau des »Instituts für empirische Sozialforschung (IFES)« ein, dessen Direktor er 1963–1975 war. Als Public-Relations-Berater bei Regionalwahlen konnte er sich in der SPÖ vielfach profilieren, wobei er in Bruno → Kreisky einen besonderen Förderer fand. 1970 wurde B. SPÖ-Abgeordneter im Nationalrat, 1976–1981 Zentralsekretär seiner Partei und Mitglied des Präsidiums, ab 1979 stellvertretender Obmann der sozialistischen Parlamentsfraktion, 1981 stellvertretender Parteivorsitzender und ab 1983 Innenminister. Sowohl in der Lucona-Affäre des Udo Proksch als auch im Noricum-Waffenskandal mußte er vor parlamentarischen Untersuchungsausschüssen aussagen. Seine Rolle in beiden Fällen ist noch ungeklärt. 1989 trat B. als Innenminister zurück. Seither ist er im Wege des 1989 gegründeten Wirtschafts- und Sozialforschungsunternehmens Mitropa bemüht, in den Ländern des ehem. Ostblocks Sozialforschung und Demoskopie aufzubauen.

**Bleibtreu, Hedwig,** * 23. Dezember 1868 in Linz, † 24. Jänner 1958 in Wien, Kammerschauspielerin.

B. entstammte einer Schauspielerfamilie. Nach ihrem Schauspiel- und Sprechunterricht war sie zunächst in Augsburg, Berlin, Kassel und München engagiert. 1892 kam sie ans Carltheater in Wien. 1893 wurde sie Mitglied des Burgtheaters,

*Hedwig Bleibtreu*

dem sie bis zu ihrem Tod angehörte. 1930 erhielt sie den Burgtheater-Ring. In den Jahrzehnten ihrer Tätigkeit an der »Burg« verkörperte sie rund 200 Rollen. Der Bogen ihres klassischen wie modernen Repertoires spannte sich von der jugendlichen Heldin, der Sentimentalen und der Salondame bis zur gefeierten Tragödin, die v. a. in Mutterrollen brillierte. Die unverwechselbare Schauspielerin spielte auch bei den Salzburger Festspielen und ab 1923 beim Film. – Sie war in zweiter Ehe mit dem Burgtheaterdirektor Wolfgang Paulsen (Künstlername: Peter Petersen) verheiratet.

**Blöchl, Johann,** * 12. Juli 1895 in Siegelsdorf bei Lasberg (OÖ), † 4. April 1987 in Linz, Bauer und Politiker.

Nach dem Besuch der Pflichtschule war B. in der elterlichen Landwirtschaft tätig. 1915 rückte er ein, 1919 übernahm er daheim den Hof. Er engagierte sich in zahlreichen landwirtschaftlichen Interessengemeinschaften, er gründete die Lasberger Krankenkasse und die Freistädter Molkereigenossenschaft. Als Vertreter des Katholischen Volksvereins, der später in der Christlichsozialen Partei aufging, war B. politisch in seiner Gemeinde tätig. 1931 erreichte er ein Nationalratsmandat, das er bis 1934 ausübte. 1934–1938 vertrat er bäuerliche Interessen im Bundeswirtschaftsrat.

Im März 1938 wurde B. aller seiner Ämter enthoben. Er rückte zur deutschen Wehrmacht ein. 1941–1943 in Haft, wurde er im Zuge der Verfolgungen nach dem fehlgeschlagenen Attentat auf Hitler (20. Juli 1944) erneut verhaftet und im Jänner 1945 wegen Hochverrats angeklagt, kam aber mit 9 Monaten Arrest davon. Nach Kriegsende wurde er im Juli 1945 Staatsbeauftragter für das Mühlviertel, damals sowjetische Besatzungszone, was etwa dem Rang eines Landeshauptmannes entsprach. Diese Funktion übte er mit Geschick und Fingerspitzengefühl gegenüber der Besatzungsmacht aus, was ihm die ehrende Bezeichnung »Vater des Mühlviertels« eintrug. Nach dem Staatsvertrag wirkte er noch bis 1966 als stellvertretender Landeshauptmann von OÖ.

**Bobek, Hans,** * 17. Mai 1903 in Klagenfurt, † 15. Februar 1990 in Wien, Geograph.

B. wuchs in Innsbruck auf, wo er auch die Universität besuchte. 1937 erhielt er eine Dozentur in Berlin. 1949 wurde er als Prof. an die Hochschule für Welthandel nach Wien berufen, 1951–1971 als Prof. für Kulturgeographie an die Universität. Mehrmals wirkte er als Gastprof. in den USA und im Iran. B., der u. a. ab 1962 auch Präsident der Österr. Geographischen Gesellschaft war, hat der wissenschaftlichen Geographie wesentliche neue Impulse gegeben, er führte den Landschaftsbegriff ein und entwickelte Ansätze zu einer modernen Sozialgeographie. In diesem Zusammenhang widmete er sich besonders der Städtegeographie. Sein letztes großes Werk war der »Atlas der Republik Ö.«.

**Bobleter, Carl,** * 5. Juli 1912 in Feldkirch (V), † 24. Oktober 1984 in Feldkirch, Diplomat.

Nach dem Jusstudium war B. zunächst Bankbeamter in der CA, 1938 legte er die Diplomatenprüfung ab. Während des 2. Weltkriegs schloß er sich der Widerstandsbewegung an. Seit 1947 im diplomatischen Dienst, war er zunächst als Konsul in Hamburg und Düsseldorf akkreditiert, ab 1960 vertrat er Ö. bei der OECD in Paris. B. galt als einer der profiliertesten Europa-Politiker der ÖVP. 1964 wurde er als Staatssekretär in das Außenministerium berufen, ein Amt, das er bis 1968 unter den Ministern → Kreisky und → Tončić-Sorinj ausübte. 1978 ging er als Botschafter in Pension.

**Bock, Fritz,** * 26. Februar 1911 in Wien, Politiker, Steuerberater und Wirtschaftstreuhänder.

Nach dem Besuch des Hietzinger Gymnasiums studierte B. in Wien Jus (Promotion: 1935) und wurde Steuerberater und Wirtschaftstreuhänder. Schon als Mittelschüler politisch tätig, trat er 1934 der Vaterländischen Front (VF) bei. In den letzten Wochen vor dem Anschluß gehörte er zu den aktivsten Kämpfern gegen die Nationalsozialisten. Als Mitarbeiter in der Propagandaleitung der VF stand sein Name als verantwortlicher Redakteur in zahlreichen Broschüren, Publikationen und auf Plakaten. Er wurde daher 1938 sofort nach dem Einmarsch der Deutschen verhaftet und mit dem sogen. »Prominententransport« am 1. April 1938 nach Dachau deportiert, wo er bis 1939 in Haft blieb. Danach stand er unter ständiger Polizeiaufsicht.

*Fritz Bock*

1945 gehörte B. zu den Gründungsmitgliedern der ÖVP und war bis 1947 ihr Generalsekretär. 1947–1952 wechselte er als Generalsekretär zum ÖAAB. Bereits seit 1949 als Abgeordneter im Parlament, erfolgte 1952 seine erste Berufung in die Regierung. Er übernahm das Staatssekretariat zunächst im Handelsministerium, dann 1955/56 im Finanzministerium. 1956–1968 gehörte er der Regierung als Bundesminister für Handel und Wiederaufbau an, 1966–1968 auch als Vizekanzler. 1969–1989 stand B. als Präsident an der Spitze des Aufsichtsrates der CA. In seiner Amtszeit kam es zu einem großen Strukturwandel des Bankgeschäfts, v. a. die Industriekonzerne litten zu Beginn der 80er Jahre unter schweren Strukturproblemen. Generaldirektor war Hannes → Androsch, zu dem B. ein gutes Verhältnis hatte. Er wurde allgemein als äußerst integre Persönlichkeit und fachliche Autorität geschätzt.

**Bodmershof, Imma,** * 10. August 1895 in Graz, † 26. August 1982 auf Schloß Rastbach bei Krems (NÖ), Schriftstellerin.

Die Tochter des Philosophen Christian Freiherr von Ehrenfels studierte Philosophie und Kunstgeschichte. In ihren Romanen und Erzählungen aus der bäuerlichen Welt betonte sie Natur, Heimat und Tradition. Die Schriftstellerin erhielt 1958 den Staatspreis.

*Hauptwerke:* »Die Rosse des Urban Roithner« (1950), »Sieben Handvoll Salz« (1958), »Bartabnahme« (1966).

**Boeckl, Herbert,** * 3. Juni 1894 in Klagenfurt, † 20. Jänner 1966 in Wien, Maler.

*Herbert Böckl*

Der Sohn eines Ingenieurs besuchte die Realschule in Klagenfurt und studierte Architektur an der Wiener Technischen Hochschule. Als Maler Autodidakt, erhielt er nach Studienreisen 1935 eine Professur für Malerei an der Wiener Akademie der Bildenden Künste.

B.s eindringlichste Werke stammen aus den 20er und frühen 30er Jahren. Er gilt als Hauptvertreter des österr. malerischen Expressionismus jener Zeit. Später schuf er klar gegliederte, flächige Stilleben, Landschaften, Akte und religiöse Arbeiten. Er hinterließ auch ein umfangreiches graphisches Œuvre, in dem ihm mit den unterschiedlichsten Zeichenmitteln (Bleistifte, Kreide, Tuschfeder und v. a. Kohle) fast »malerische« Effekte gelangen. 1952–1960 entstand der berühmt gewordene Freskenzyklus in der Engelskapelle des Stiftes Seckau (St). B. leitete damit – zusammen mit den »Dominikaner«-Porträts (1947/48) – eine Renaissance religiöser Kunst in Ö. ein. Zu seinen späteren Werken zählen ferner Gobelins für die Stadthalle in Wien und das neue Salzburger Festspielhaus. Der bedeutende Maler zählt zu den wichtigsten Künstlerpersönlichkeiten der österr. Nachkriegszeit. 1964 vertrat er sein Land auf der Biennale in Venedig.

*Lit.:* G. Frodl, H. B. (1976).

**Böhler, Lorenz,** * 15. Jänner 1885 in Wolfurt (V), † 20. Jänner 1973 in Wien, Unfallchirurg.

B., der Begründer der modernen Unfallchirurgie, stammte aus einer bescheidenen Handwerkerfamilie in bäuerlichem Umfeld. Auf Empfehlung des Pfarrers konnte er das Gymnasium in Brixen und in Bregenz besuchen. 1905 begann er in Wien Medizin zu studieren. Nach dem Abschluß unternahm er aus Studiengründen eine Reise als Schiffsarzt. Es folgten Sekundararztstellen in Bozen und Tetschen an der Elbe. Noch vor dem 1. Weltkrieg konnte er einen Chirurgenkongreß in Amerika besuchen. Bei Kriegsausbruch kam B. in eine chirurgische Abteilung und wurde in Galizien erstmals mit den Akutproblemen von Frischverletzten konfrontiert. Er lernte die schnelle Versorgung bis zur Transportfähigkeit als wichtigste Aufgabe der Unfallchirurgie kennen. B., der die Technik der Knochenbruchsbehandlung durch fachgemäße Ruhigstellung entwickelte, stellte bereits in einem Etappenspital in Bozen drei Grundsätze dafür auf: schmerzfreie Einrichtung, Ruhigstellung bis zur Heilung und aktive Bewegung der nicht ruhiggestellten Gelenke. Aus diesem Etappenspital entwickelte sich nach und nach eine Spezialabteilung für die Heilung von Knochenbrüchen, die von zahlreichen Ärzten besucht wurde.

Nach dem Krieg schlug B. dem Vorstand der Arbeiterunfallversicherung vor, die neuen Erkenntnisse der Unfallchirurgie im Bereich der Arbeitsunfälle einzusetzen. Sein Vorschlag fand größte Beachtung, doch erst 1925 entstand das Unfallkrankenhaus in der Webergasse im 20. Wiener Gemeindebezirk, das weltweit zum Vorbild für derartige Einrichtungen werden sollte. Waren vor Errichtung des Unfallkrankenhauses fast 80 Prozent der Patienten mit Spätfolgen eines Unfalls belastet, so konnte nun diese Statistik wesentlich verbessert werden. B. gründete und leitete auch das Rehabilitationszentrum Stollhof in Klosterneuburg. Er hat rund 400 wissenschaftliche Arbeiten verfaßt, darunter sein Hauptwerk »Die Technik der Knochenbruchsbehandlung«.

*Lit.:* J. Böhler/I. Lehne, L. B., in: NÖB 19 (1977).

**Böhm, Alfred,** * 23. März 1920 in Wien, Schauspieler.

Als »Leihopa« sowie als »Herr Ober« der TV-Serie »Seniorenclub« ist B. heute Fernsehliebling und einer der populärsten österr. Schauspieler. Schon im Alter von 4 Jahren stand er erstmals auf der Bühne – in einer Märcheninszenierung des Raimundtheaters. Auf seinen Wunsch, Schauspieler zu werden, nahm der Vater aber wenig Rücksicht: Er ließ ihn zum Feinmechaniker ausbilden. Im 2. Weltkrieg eingerückt, konnte B. erst nach Kriegsende eine Schauspielschule besuchen. Seine künstlerische Laufbahn begann am Tiroler Landestheater in Innsbruck, später wechselte er zum Linzer Landestheater, bis er 1953 ein festes Engagement am Theater in der Josefstadt in Wien erhielt. An diesem Haus sowie auf Gastspielen, bei den Salzburger Festspielen und an der Wiener Volksoper (Frosch in der »Fledermaus«) hat er in Stücken von Horváth, Nestroy, Molnár und Raimund seine große Schauspielkunst als Komiker und Charakterdarsteller unter Beweis gestellt. B. trat auch auf der Wiener Kabarettbühne »Simpl« auf und spielte in zahlreichen Kinofilmen (»Der Bockerer«) und Fernsehspielen (»Familie Leitner«, »Der Leihopa«). Sein Bruder Carlo (* 18. April 1917 in Wien) ist seit vielen Jahren ebenfalls als Schauspieler tätig.

*Lit.:* A. B. Erinnerungen und Anekdoten, aufgezeichnet von Dolf Lindner (1988).

**Böhm, Johann,** * 26. Jänner 1886 in Stögersbach (NÖ), † 13. Mai 1959 in Wien, Maurer und Gewerkschafter.

In einem entlegenen kleinen Ort im Waldviertel wuchs B. unter tristen Umständen auf. Mit seinem Vater verdingte er sich als Hilfsarbeiter in Wien, trat schon 1903 der Maurergewerkschaft bei und bald auch der SDAP. Im 1. Weltkrieg wurde er schwer verwundet. Danach konnte er nicht mehr in seinem Beruf arbeiten, engagierte sich aber in gewerkschaftlichen Gremien. Bereits 1921 leitete er die Wiener Ortsgruppe der Bauarbeitergewerkschaft. 1917 wurde er in den Wiener Gemeinderat gewählt. 1928–1934 wirkte er als Obmann der Gewerkschaft der Bau- und Holzarbeiter. 1930–1934 war er SP-Abgeordneter im Nationalrat. Nach den Februarereignissen 1934 wurde er mehrmals verhaftet und stand unter Polizeiaufsicht. Auch 1944, nach dem Attentat auf Hitler, wurde er kurzfristig verhaftet. Während des Nationalsozialismus gelang es ihm, Kontakt zu Gesinnungsgenossen zu halten, gleich nach dem Krieg machte er sich an den Aufbau einer gewerkschaftlichen Organisation. 1945 war er kurz Staatssekretär für soziale Verwaltung, danach Zweiter Präsident des Nationalrates.

B. war der erste Präsident des ÖGB. Mit der Gründung eines überparteilichen Gewerkschaftsbundes 1945 wurde sein lang erstrebtes Ziel verwirklicht, das er auch gegen Widerstände in den eigenen Reihen zähe durchgefochten hatte. Unter seiner Leitung – er trat für eine Zusammenarbeit zwischen Arbeitgebern und Arbeitnehmern ein – nahm der ÖGB wesentlichen Einfluß auf die wirtschaftspolitische Entwicklung des Landes; die Bildung der Paritätischen Kommission für Lohn- und Preisfragen und in weiterer Folge die Institutionalisierung der Sozialpartnerschaft sind Ergebnisse seines Wirkens. B. war auch Präsident des Hauptverbandes der Sozialversicherungsträger. 1953 veröffentlichte er einen Lebensbericht unter dem Titel »Erinnerungen aus meinem Leben«.

*Lit.:* F. Klenner, J. B., in: NÖB 19 (1977).

**Böhm, Karl,** * 28. August 1894 in Graz, † 14. August 1981 in Salzburg, Dirigent.

B., einer der größten Dirigenten des 20. Jahrhunderts, studierte in Wien Jus (Promotion: 1919) sowie Komposition beim Musikwissenschaftler E. Mandyczewski. Bereits 1917 gab er ein vielbeachtetes Debüt als Dirigent in Graz. 1921 wurde er an die Münchner Staatsoper berufen und war anschließend Generalmusikdirektor in Darmstadt (1927–1931) und Hamburg (1931–1934). 1934 wurde er Direktor an der Staatsoper Dresden. Dort hob er die Opern

*Karl Böhm*

»Die schweigsame Frau« und »Daphne« aus der Taufe, die ihm der Komponist Richard → Strauss 4 Jahre später widmete. 1935 erfolgte die Ernennung zum Prof. 1938 dirigierte B. erstmals bei den Salzburger Festspielen. 1943 übernahm er die Leitung der Wiener Staatsoper, die er auch von 1954–1956 innehatte. In die Zeit seiner zweiten Direktion fiel im Herbst 1955 die glanzvolle Wiedereröffnung des im Krieg zerstörten Hauses. Nach seinem Abgang war B. ab 1957 ausschließlich als Gastdirigent tätig und feierte weltweit in allen großen Opernhäusern und Konzertsälen sowie bei den Festspielen in Bayreuth und Salzburg Triumphe.

B. hatte ein besonders inniges Verhältnis zu Mozart und Richard Strauss, er widmete sich aber auch der Musik von Verdi, Bruckner und Richard Wagner. Der wortkarge Meister ohne Starallüren legte dabei großen Wert auf werkgetreue Interpretation. Für seine Welterfolge erhielt er 1962 den Titel »österr. Generalmusikdirektor« verliehen. – Der große Dirigent entdeckte und förderte auch zahlreiche Sänger und Sängerinnen. Seine Autobiographie »Ich erinnere mich genau« erschien 1968.

**Böhm, Karlheinz,** * 16. März 1928 in Darmstadt, Schauspieler.

Der Sohn des Dirigenten Karl → Böhm studierte an der Grazer Universität Kunstgeschichte und nahm Schauspielunterricht. Nach seiner Ausbildung spielte er am Theater in der Josefstadt und am Wiener Burgtheater. Die »Sissy«-Filme zusammen mit Romy → Schneider (1955–1957) machten ihn weithin populär. Er spielte dann in amerikanischen, französischen und italienischen Streifen (u. a. »Die Wunderwelt der Brüder Grimm«, »Augen der Angst«). In den 70er Jahren bot ihm v. a. R. W. Fassbinder Gelegenheit zu differenzierten Darstellungen (v. a. »Faustrecht der Freiheit«, »Mutter Küsters Fahrt zum Himmel«). 1981 entschloß sich B., seinem Leben einen neuen Inhalt zu geben. Er rief die Aktion »Menschen helfen Menschen« ins Leben, die sich den Kampf gegen den Hungertod in der Dritten Welt zum Ziel setzt. Seither widmet er sich mit hohem persönlichem Einsatz diesem Hilfsprojekt, das Tausende Menschen v. a. in Äthiopien vor dem sicheren Tod bewahrt.

*Werke:* »Mein Weg« (1991).

**Böhm, Max(i),** * 23. August 1916 in Wien, † 26. Dezember 1982 in Wien, Schauspieler.

Vielen Österreichern ist er noch als Radio-Quizmaster, als großartiger Kabarettist, als humorvoller Witzeerzähler und Imitator in Erinnerung. Der große Komödiant und Charakterkomiker war aber auch, was kaum jemand wußte, ein »Zerrissener«, der an Depressionen litt, der den Tod zweier Kinder nicht verkraftete und schwermütige Gedankenlyrik schrieb (»Gib mir deine tausend Fragezeichen«, 1988).

Den Arztsohn hatte schon früh die Theaterleidenschaft gepackt. Sein Handwerk erlernte er in Berlin bei Theodor Loos. 1940–1944 in Eger, Reichenberg, Teplitz-Schönau, Berlin und Bremen tätig, kam er 1945 nach Linz, wo er mit Peter → Hey das Kabarett »Eulenspiegel« gründete, und von dort 1949 an das Wiener Volkstheater. Bald arbeitete er auch für den Sender

»Rot-Weiß-Rot«, später moderierte er im österr. Rundfunk beliebte Sendungen wie »Versuch dein Glück«, »Die große Chance« oder »Böhms Tierleben«, im Fernsehen war er u. a. in »Die Bilanz der Saison« oder »Hallo . . . Hotel Sacher, Portier« zu sehen. 1957–1974 trat er im Kabarett »Simpl« u. a. mit Karl → Farkas auf und avancierte rasch zum Publikumsliebling. Ab 1974 übernahm B. an verschiedenen Wiener Bühnen auch ernste Rollen (Raimundtheater, Kammerspiele) und war ab 1974 Mitglied des Theaters in der Josefstadt. Eine Rolle, an der ihm sehr viel lag und die zugleich seine letzte sein sollte, war jene des Theaterdirektors Striese in »Der Raub der Sabinerinnen«. Er hat sie nur wenige Male in seinem Leben spielen dürfen.

*Lit.:* M. B., Bei uns in Reichenberg. Unvollendete Memoiren. Fertig erzählt von G. Markus (2. Aufl. 1983).

**Boltenstern, Erich,** * 21. Juni 1896 in Wien, † 9. Juni 1991 in Wien, Architekt.

B. studierte an der Technischen Hochschule in Wien, u. a. bei Heinrich Ferstel. Danach praktizierte er in Berlin, Barcelona und Linz. Nach Wien zurückgekehrt, arbeitete er als Assistent bei Clemens → Holzmeister und Oskar → Strnad an der Akademie der Bildenden Künste. 1952 erhielt er eine Professur an der Technischen Hochschule. Er widmete sich vor allem dem Wohnhausbau. Außerdem leitete B. den Wiederaufbau der Wiener Staatsoper, der Wiener Börse und des Innsbrucker Landestheaters; gleichzeitig entstand im Auftrag einer Versicherungsgesellschaft der »Ringturm«, das erste Wiener Hochhaus nach dem 2. Weltkrieg.

**Bosel, Siegmund,** * 10. Jänner 1893 in Wien, † 8. Mai 1945 in Wien, Bankier.

Nach der Handelsschule war B. in Wien als Praktikant in einer Textilwarenfirma tätig. Seinen ersten größeren Auftrag erhielt er mit Lieferungen für nö. Flüchtlingslager. Im Verlaufe des 1. Weltkriegs arbeitete er sich zum größten österr. Heereslieferanten hoch, der auch nach 1918 seine Interessen sichern konnte. Mit der Import-Export-Firma »Omnia« begann B. eine neuerliche Karriere, wobei ihm gewagte Börsenspekulationen in der inflationären Nachkriegszeit Riesengewinne ermöglichten. Bereits 1922 ging er an die Errichtung eines eigenen Bankhauses, 1923 übernahm er die Union-Bank. Er galt als einer der reichsten Männer Ö.s. Als großherziger Gönner und Mäzen allgemein geschätzt, plante er, für die Republik Ö. am Ballhausplatz einen Archivneubau zu errichten. Dazu kam es nicht, denn B. hatte ab 1925 verheerende Verluste hinzunehmen. An seinen Fehlspekulationen, und nicht nur an seinen, war auch die Postsparkasse beteiligt, die ebenfalls große Verluste schrieb. Gegen ihren Schuldner B. eröffnete sie eine sich über Jahre hinziehende Prozeßlawine – doch vergeblich. B. hatte fast alles verloren.

Er mußte sich aus dem Bankengeschäft zurückziehen und seine Firmen abstoßen, lediglich ein Teppichhaus blieb in seinem Besitz.

**Boskovsky, Willi,** * 16. Juni 1909 in Wien, † 21. April 1991 in Vips (Schweiz), Geiger und Dirigent.

B. studierte Geige an der Wiener Musikakademie, daneben wirkte er im Orchester von Johann Strauß' Enkel mit. Nach Beendigung seines Studiums trat er in das Orchester der Wiener Staatsoper und bei den Philharmonikern ein, seit 1933 übte er dort die Funktion eines Konzertmeisters aus. 1937 gründete er das Boskovsky-Trio, 1947 ein Streichquartett sowie das »Wiener Oktett«. Seine große Zeit brach an, als Clemens → Krauss 1954 starb und B. als sein Nachfolger die Leitung der traditionsreichen Neujahrskonzerte der Wiener Philharmoniker übernahm. Dank TV genoß er als geigender Dirigent internationale Popularität, 25 Jahre dirigierte er mit seinem Geigenbogen die weltweit übertragenen Konzerte; als Wahrer der Tradition führte er stets nur Werke der klassischen Wiener Walzerliteratur auf. Sein hoher Bekanntheitsgrad ließ ihn auch zu einem gesuchten Gastdirigenten im Ausland werden.

**Bottoli, Oskar,** * 16. November 1921 in Wien, Bildhauer.

Der Sohn eines Fleischhauermeisters besuchte die Pflicht- und Handelsschule; ab 1936 beschäftigte er sich mit dem Segelflug. Im 2. Weltkrieg verwundet, schnitzte er als Rekonvaleszent in Salzburg seine ersten Figuren. 1945 kehrte er nach Wien zurück und bezog die Akademie der Bildenden Künste, wo er Schüler von Fritz → Wotruba wurde. Seit 1953 ist B. freischaffender Bildhauer. Seine Skulpturen aus Stein und Bronze (der Künstler hat vergessene Bronzetechniken wiederbelebt) haben den Menschen zum Gegenstand, als Torso, Büste, Kopf und in verschiedenen Körperhaltungen. Seine Steinfiguren haben etwas »Archaisches« und wecken in ihrer Ursprünglichkeit Erinnerungen an die altägyptische Bildhauerkunst (»Sitzender Mann« und das Figurenwerk der Schöngrabener-Kirche »Triptychon«), während den Bronzeplastiken, materialbedingt, ein expressiver Ausdruck innewohnt. Zahlreiche Werke des Künstlers verdanken dessen Beschäftigung mit der Literatur ihre Entstehung, so »Dicke Margot« nach François Villon oder »Don Quichotte« nach Cervantes.

*Lit.:* E. Hilger, B. Steine, Bronzen, Zeichnungen (1983).

**Bradl, Sepp (Josef),** * 8. Jänner 1918 in Wasserburg (Bayern), † 3. März 1982 in Mühlbach am Hochkönig (S), Schispringer.

Schon als Volksschüler verschrieb sich »Bubi« Bradl dem Schisport und erreichte bereits mit 12 Jahren im Schisprung 31 Meter. Hartes Training und eine enorme Sprungkraft ließen diese Leistung von Jahr zu Jahr ansteigen, bis er 1936 als erster in Planica die 100-Meter-Marke übersprang. 1939 gewann er in Zakopane für Deutschland die WM. Auch nach 1945 siegte er bei zahlreichen Konkurrenzen: so 1953 bei der Springertournee in Garmisch, Oberstdorf, Innsbruck und Bischofshofen, und im Sprunglauf bei den österr. Schimeisterschaften; 1954 in der österr. Schimeisterschaft in Badgastein-Hofgastein.

B. war Ö.s erster Schispringer der Weltklasse und ein Idol der 30er und 40er Jahre.

Nach Beendigung seiner aktiven Laufbahn wirkte er als Trainer der österr. Nationalmannschaft und betreute den Springernachwuchs. In seinem »Rupertihaus« stand er allen mit Rat und Tat zur Verfügung.

**Bramer, Josef,** * 11. Juli 1948 in Wien, Maler.

B. wuchs in Scheibbs (NÖ) auf und begann als Lehrling in einer Eisenhandlung. Ab 1965 besuchte er die Graphische Lehr- und Versuchsanstalt in Wien und anschließend die Akademie der Bildenden Künste als Schüler von Rudolf → Hausner.

B. zählt zur jüngsten Generation der Wiener Schule des Phantastischen Realismus. Er malt mit höchster Sorgfalt und Genauigkeit in traditioneller Technik Bilder von großer Ruhe; sie sind ins Phantastische gesteigerte Interpretationen der Wirklichkeit, mit Wiesen und Bäumen als kulissenhaftem Hintergrund. Dem Künstler geht es dabei um Schönheit; er erzählt poetische Geschichten, er malt, heiter und ironisch, Frühlings- und Winterlandschaften. Nur in seinen »Kasparbildern« findet sich Bewegung.

**Brandauer, Klaus Maria (eigtl. Klaus Steng),** * 22. Juni 1944 in Altaussee (St), Bühnen- und Filmschauspieler.

Der Sohn eines deutschen Zollbeamten wuchs in Altaussee mit Mutter und Großmutter auf. Als der Vater aus der Kriegsgefangenschaft heimkehrte, zog B. auf dessen Wunsch nach Deutschland. Noch als Schauspielstudent in Stuttgart legte er seinen väterlichen Namen ab und nahm den der Mutter an. Nach dem Ende seiner Ausbildung war B. u. a. in Düsseldorf tätig und kehrte dann nach Ö. zurück, wo er zunächst am Theater in der Josefstadt engagiert war und schließlich 1972 an das Burgtheater kam. Der sprachvirtuose, zu ekstatischen und dramatischen Gefühlsausbrüchen fähige Schauspieler spielte sich dort binnen kurzem in die vorderste Reihe

*Klaus Maria Brandauer*

mit Cocteau, Schiller und Arthur → Schnitzler. Mit »Jedermann« bei den Salzburger Festspielen (1983–1989) und »Hamlet« erreichte der Aufstieg glanzvolle Höhepunkte. Gleichzeitig hatte auch der Film den eindrucksvollen Menschengestalter entdeckt. Heute Weltstar, gelang B. als Hauptdarsteller in »Mephisto« (1982) unter der Regie von Istvan Szabo auf Anhieb eine internationale Karriere. Es folgte 1985 »Oberst Redl«, danach »Hanussen«, »Quo vadis«, »Wolfsblut«, »Colette«, »Jenseits von Afrika« und »Rußland-Haus«. 1991 brachte er sein Buch »Bleiben tu ich mir nicht« heraus.

Der ambitionierte und selbstbewußte Schauspieler heiratete 18jährig seine Jugendliebe Karin Müller. Ihr ist es gelungen, aus dem Schatten ihres berühmten Gatten zu treten. Karin Brandauer ist Regisseurin und hat sich mit Filmen wie »Abschied von Sidonie« (nach einem Buch von Erich → Hackl) einen Namen gemacht.

**Brandstetter, Alois,** * 5. Dezember 1938 in Aichmühl bei Pichl (OÖ), Schriftsteller.

Aus einer kinderreichen Müllerfamilie stammend, studierte B. in Wien Geschichte und Germanistik, habilitierte sich 1970 und ist seit 1974 Ordinarius für Deutsche Philologie an der Universität Klagenfurt. Seit 1969 veröffentlicht er Erzählungen und Romane, so: »Gewissenserforschung«, »Stille Größe«, 1971, »Zu Lasten der Briefträger«, 1974, »Die Mühle«, 1981, »Über den grünen Klee der Kindheit«, 1982, oder »So wahr ich Feuerbach heiße«, 1988. Im Mittelpunkt steht zumeist ein querulanter Kleinbürger, der amüsant und voll grotesker Übertreibungen Zeiterscheinungen beschreibt. Die assoziativen, von Sprachetüden u. -attitüden durchsetzten Texte sind ebenso vergnüglich wie anspruchsvoll und lösen Betroffenheit aus. 1991 veröffentlichte B. den Roman »Vom Manne aus Eicha«.

**Brauer, Arik (Erich),** * 4. Jänner 1929 in Wien, Maler, Graphiker, Bühnenbildner, Komponist und Liedermacher.

Der Sohn eines Handwerkers wurde nach dem Schulbesuch in Wien 1942–1945 zwangsarbeitsverpflichtet und wegen seiner jüdischen Herkunft von den Nationalsozialisten verfolgt. 1945–1951 studierte er an der Wiener Akademie der Bildenden Künste bei → Dobrowsky, → Boeckl und → Gütersloh. Danach ging der Künstler jahrelang auf Reisen und schlug sich als Gitarrespieler und Volksliedsänger durch. 1958–1964 arbeitete er als freischaffender Maler in Paris, seither lebt er in Wien und Israel.

B., ein Vertreter der Wiener Schule des Phantastischen Realismus, ist der wohl farbenfreudigste Maler dieser Gruppe. Abgesehen von frühem Breughel-Einfluß blieb er frei von künstlerischen Vorbildern; seine detailreiche Bilderwelt zeigt paradiesische Landschaften und phantastische Lebewesen, die zumeist dem Themenkreis der Bibel entnommen sind, ins Ungeheure gesteigerte Gewächse und molluskenhaften Farbballen. Das Œuvre umfaßt Bilder in Öl- und Mischtechniken, Eitempera, Radierungen und

Mosaiken. Der vielseitig talentierte Künstler hat auch Bühnenbilder und Theaterkostüme entworfen, TV-Shows gestaltet (»Alles, was Flügel hat, fliegt«, »Sesam öffne dich«) und sich als engagierter Liedermacher betätigt (u. a. »Sein Köpferl in Sand«, »Sie hab'n a Haus baut«). Seine Tochter Timna B. ist ebenfalls auf dem Wege, als Sängerin Karriere zu machen.

*Lit.:* W. Schmied, E. B. (1972).

**Braun, Felix,** * 4. November 1885 in Wien, † 29. November 1973 in Klosterneuburg (NÖ), Lyriker, Erzähler und Dramatiker.

Der aus einer jüdischen Familie stammende Dichter studierte in Wien Germanistik und Kunstgeschichte (Promotion: 1908). 1928 ging er als Dozent für deutsche Literatur nach Palermo und Padua. 1938 emigrierte er nach London. Nach seiner Rückkehr unterrichtete er 1951–1963 am Reinhardt-Seminar.

B., ein Freund von Hugo von → Hofmannsthal und Stefan → Zweig, war der letzte Vertreter des Impressionismus und der Neuromantik in Ö. Er schrieb Gedichte und Versdramen sowie Romane, in denen er ein farbiges Bild der untergehenden Donaumonarchie zeichnete, und war auch ein feinsinniger Essayist, Übersetzer und erfolgreicher Herausgeber von Lyrikanthologien (»Der tausendjährige Rosenstrauch«, 1937, »Die Lyra des Orpheus«, 1951). 1947 erhielt er den Literaturpreis der Stadt Wien, dem weitere Ehrungen folgten.

*Hauptwerke:* »Agnes Altkirchner« (Roman, 1927), die Dramen »Kaiser Karl V.« (1936) und »Orpheus« (1961), »Zeitgefährten« (Essays, 1963), »Anrufe des Geistes« (Essays, 1965), »Das Nelkenbeet« (Gedichte, 1966).

*Felix Braun*

**Brauneis, Viktor,** * 22. September 1876 in Wien, † 2. Juni 1938 in Wien, Finanzexperte.

Der Sohn eines Rechtsanwalts besuchte das Schottengymnasium in Wien. 1899 wurde er zum Dr. iur. promoviert. Er trat in die Finanzprokuratur ein und wechselte 1901 ins Finanzministerium, wo er sich v. a. im Departement für Staatskredit und Währungsangelegenheiten bewährte. 1919 wurde er Ministerialrat und gleichzeitig zum Börsenkommissär der Wiener Effektenbörse ernannt. Als Experte begleitete B. die österr. Delegation zu den Friedensverhandlungen nach St. Germain, aber auch zu anderen entscheidenden Verhandlungen, wie nach Paris oder den Anleiheverhandlungen in Genf. 1920–1922 amtierte er als Direktor des österr. Kreditinstituts für öffentliche Unternehmungen und Arbeiten. Ende 1922 bis 1938 war er Generaldirektor der Oesterr. Nationalbank.

**Braunsteiner, Herbert,** * 10. März 1923 in Wien, Internist.

Als Medizinstudent reiste B. 1945 im Auftrag der eben gegründeten ÖVP in die österr. Bundesländer und nahm Kontakt mit jenen Politikern auf, die die Ideen der Partei auf Landesebene vertreten sollten. Dann wandte er sich der Wissenschaft zu. 1948 zum Dr. med. promoviert, wirkte B. zwei Jahre am Krebsinstitut in Paris, wo er sich der Erforschung der weißen Blutzellen widmete. Weitere Forschungsjahre am Sloan Kettering in New York folgten. B. war der erste Forscher, der Blutzellen unter dem Elektronenmikroskop untersuchte. Seit 1964 wirkt B. als Vorstand der Innsbrucker Klinik für Innere Medizin, wo er ein hämatologisches Forschungszentrum errichtete. Dank seiner Pionierleistungen auf medizinischem Gebiet – bereits 1983 wurden an seiner Klinik Knochenmarkstransplantationen durchgeführt – ist B. Mitglied zahlreicher in- und ausländischer Akademien und medizinischer Gesellschaften.

**Brehm, Bruno (Pseud.: Bruno Clemens),** * 23. Juli 1892 in Ljubljana/Laibach (Slowenien), † 5. Juni 1974 in Altaussee (St), Romanschriftsteller.

Bis 1918 Berufsoffizier, studierte B. nach dem 1. Weltkrieg Kunstgeschichte in Wien. Er war zunächst im Verlagswesen und später als freier Schriftsteller tätig. Nach leichter Unterhaltungsliteratur fand er schließlich zu seinem eigentlichen Genre: dem (zeit)historischen Roman mit ausgeprägt deutschnationaler Tendenz.

Seine Hauptwerke sind die Weltkriegstrilogie »Apis und Este« (1931), »Das war das Ende« (1932), »Weder Kaiser noch König« (1933; unter dem Titel »Die Throne stürzen« 1951 neu aufgelegt) und die Trilogie »Das Zwölfjährige Reich« (»Der Trommler«, »Der böhmische Gefreite«, »Wehe den Besiegten allen«, 1960) – eine keineswegs vorurteilslose »Studie« über das Dritte Reich.

**Breicha, Otto,** * 26. Juli 1932 in Wien, Publizist und Kulturmanager.

B. studierte Theaterwissenschaft, Germanistik und Kunstgeschichte in Wien (Dr. phil.: 1961). 1962–1972 war er stellvertretender Leiter der Österr. Gesellschaft für Literatur, 1969–1974 Herausgeber der Hefte für Kunst und Literatur »ver sacrum«, Direktoriumsmitglied des Avantgardefestivals »steirischer herbst« sowie Kunst- und Literaturkritiker für zahlreiche Zeitungen. Seit 1966 betreut er die Zeitschrift »protokolle« (bis 1969 gemeinsam mit Gerhard → Fritsch), seit 1980 ist er Direktor der Salzburger Landessammlungen Rupertinum. Der vielseitige Initiator und Kommentator des heimischen Kulturgeschehens veröffentlichte u. a. mehrere Kunstmonographien, z. B. über Fritz → Wotruba, Wolfgang → Hutter und Arnulf → Rainer.

**Breisky, Walter,** * 8. Juli 1871 in Bern, † 25. September 1944 (Selbstmord) in Klosterneuburg (NÖ), Ministerialbeamter.

B. stammte aus einer alten tschechischen Protestantenfamilie und war der Sohn eines Univ.-Prof. für Frauenheilkunde. Er studierte Jus und trat 1895 in den Dienst der nö. Statthalterei. 1900 wechselte er in das k. k. Ministerium für Kultus und Unterricht, 1907 wurde er in das Ministerratspräsidium berufen, wo er ein enger Mitarbeiter von Ministerpräsident Baron Wladimir Beck wurde. Den Zusammenbruch der Monarchie 1918 hat der altösterr. Verwaltungsbeamte nur schwer verwunden.

1919 wurde B. zum Sektionschef in der Staatskanzlei ernannt, wo er sich des besonderen Vertrauens von Staatskanzler Karl → Renner erfreute. 1920 übernahm er das Staatssekretariat für Inneres und Unterricht, bis 1922 war er Vizekanzler und Unterrichtsminister. Kurzfristig übernahm B. auch das Heeresressort. Vom 26. auf den 27. Jänner 1922 fungierte er nach einer Regierungskrise für einen Tag als Bundeskanzler. 1923 übernahm er als Präsident das Bundesamt für Statistik (heute Statistisches Zentralamt); er war u. a. an der Gründung des »Österr. Instituts für Konjunkturforschung« beteiligt. 1931 mußte er krankheitshalber in Pension gehen und zog sich völlig aus dem öffentlichen Leben zurück. 1944 wurde er wegen Hörens von »Feindsendern« denunziert und vorübergehend verhaftet, nach seiner Entlassung beging er Selbstmord.

**Breitner, Hugo,** * 9. November 1873 in Wien, † 5. März 1946 in Clairemont (Kalifornien), Finanzpolitiker.

Schon als Prokurist der Länderbank kämpfte B. für die Interessen der kleinen Angestellten. 1922 wurde er amtsführender Stadtrat für Finanzen; er mußte feststellen, daß sich das Finanzwesen der Gemeinde Wien in einer katastrophalen Lage befand. Durch die Zeichnung von inzwischen wertlos gewordenen Kriegsanleihen waren die Kassen der Stadt leer, die Haupteinnahmequelle der Stadt – die Mietzinssteuer – belastete gerade die Ärmsten, ebenso andere Einnahmequellen, wie die Gewinne aus städtischen Betrieben. Um eine soziale Kommunalpolitik finanzieren zu können, ging B. daran, eine totale Änderung des Steuersystems vorzunehmen. So führte er neue Steuern ein, wie die Branntwein- und Automobilsteuer, die Lustbarkeits- und Hausgehilfinnenabgabe. V. a. die Wohnbausteuer stieß unter den neuen »Breitner-Steuern« auf schärfste Kritik des bürgerlichen Lagers, ermöglichte aber den weltweit vorbildlichen sozialen Wohnbau des »Roten Wien«. 1932, nach einem Jahrzehnt der Erfolge, legte B. aus gesundheitlichen Gründen das Amt des Finanzstadtrats zurück. 1920–1927 war er, mit einer kurzen Unterbrechung, Mitglied des Bundesrates. In den Februar-Kämpfen 1934 wurde er verhaftet, nach seiner Freilassung emigrierte er über Florenz in die USA.

**Brendel, Alfred,** * 5. Jänner 1931 in Wiesenberg (Mähren), Pianist.

B. studierte 1943–1947 am Konservatorium in Graz und gab hier 1948 sein Debüt. Bei den Pianisten Eduard Steuermann und Edwin Fischer vervollkommnete er sein Können. Ausgedehnte Konzerttourneen sowie Schallplattenaufnahmen machten ihn in den 50er Jahren zu einem der führenden Pianisten der Nachkriegszeit. Sein Repertoire, das er damals erarbeitete und das seither seine Arbeit prägte, reicht von der Klassik (er spielte 1976/77 in London, München und Stuttgart in einem Gesamtzyklus alle Sonaten Beethovens) über die Hochromantik bis zu → Schönberg und Bartók, v. a. aber Mozart, Liszt und Schubert. 1962 gastierte B. erstmals in London, 1963 in den USA. 1960–1970 gab er laufend Meisterkurse in Wien. Der freischaffende Konzertpianist mit Hauptwohnsitz in London unternimmt jährlich ausgedehnte Vortragsreisen und gastiert regelmäßig in Wien und Salzburg. Seine Platten- und CD-Produktion ist ungewöhnlich umfangreich – er hat vor allem große Zyklen (Mozart, Beethoven und Brahms) eingespielt. B. ist auch Herausgeber von kritischen Gesamtausgaben; als Musikschriftsteller verfaßte er u. a. »Nachdenken über Musik« (1976).

**Bresgen, Cesar,** * 16. Oktober 1913 in Florenz, Komponist.

B. stammt aus einer Künstlerfamilie. Er studierte in Prag und München und arbeitete eine Zeitlang als Pianist und Komponist in einer Ballettschule, was seine Beziehung zum Rhythmus stark beeinflußt hat. 1939 berief ihn Clemens → Krauss an das Salzburger Mozarteum, um Kompositionslehre zu unterrichten, gleichzeitig wurde er mit dem Aufbau einer Jugendmusikschule betraut. Das Schaffen des Komponisten umfaßt Märchen- und Jugendopern (»Der Igel als Bräutigam«, 1950, »Der Mann im Mond«, 1958), musikdramatische Werke, die Kammeroper »Visiones Amantis« und die Oper »Der Engel von Prag« nach Motiven von Leo → Perutz, die 1977 in Salzburg uraufgeführt wurde. Außerdem schuf er Instrumentalkonzerte, große Vokalwerke und Lieder. Der vielseitige Komponist hat sich auch der Volksliedforschung gewidmet und eine Sammlung europäischer Volkslieder veröffentlicht.

*Lit.:* R. Lück, C. B. (1974).

**Broch, Hermann,** * 1. November 1886 in Wien, † 30. Mai 1951 in New Haven (USA), Schriftsteller und Kulturphilosoph.

Der Sohn eines jüdischen Textilfabrikanten war zunächst Textilingenieur und leitete den vä-

*Hermann Broch*

terlichen Betrieb in Teesdorf (NÖ). Erst ab 1927 lebte er als freier Schriftsteller. 1931/32 erschien sein erstes großes Romanwerk, die Trilogie »Die Schlafwandler«, in der er den »Wertzerfall« in der Zeit um die Jahrhundertwende aufzeigte und durch die Einschaltung philosophischer Monologe und wissenschaftlicher Essays in die Handlung die Form des herkömmlichen deutschsprachigen Romans sprengte. Dichterische Gestaltung und philosophische Zeitkritik waren für B., der 1928–1931 Mathematik, Philosophie und Psychologie studiert hatte, untrennbar miteinander verbunden.

1938 von der Gestapo verhaftet, konnte er nach einer Intervention von James Joyce in die USA emigrieren und sich dort eine bescheidene neue Existenz aufbauen. Im Exil entstand u. a. sein Hauptwerk, der Roman »Der Tod des Vergil« (1945), der ihm internationale Anerkennung einbrachte. Der Autor behandelt darin die moralische Verantwortung der Kunst im Zeitalter des Totalitarismus. Auch die folgenden Romane »Die Schuldlosen« (1950) und »Die Verzauberung« (1953) widerspiegeln die Erfahrungen jener Epoche. B. beschäftigte sich auch mit theoretischen Studien über Massenpsychologie und Kunsttheorie, ehe der Tod »dem Dichter wider Willen« die Feder aus der Hand nahm.

*Lit.:* P. M. Lützeler (Hg.), Kommentierte Werkausgabe (12 Bde., 1974–1980), R. Koester, H. B. (1987).

**Broda, Christian,** * 12. März 1916 in Wien, † 1. Februar 1987 in Wien, Rechtsanwalt und Politiker.

B., ein Schüler von Hans → Kelsen, promovierte 1940 zum Dr. phil. und 1947 zum Dr. iur. 1934 und 1943 wurde er politisch verfolgt und verhaftet. Er stand zunächst der KPÖ nahe, wandte sich jedoch später der SPÖ zu. Ab 1948 war er Rechtsanwalt. 1957–1959 gehörte er dem Bundesrat an, 1959 erlangte er ein Nationalratsmandat. 1960–1966 und 1970–1983 war er Justizminister. Während seiner Amtszeit erfolgten wesentliche Gesetzesreformen auf dem Sektor des Familien- und Personalrechts und eine grundlegende Novellierung der Strafprozeßordnung. V. a. aber war B. ein engagierter Kämpfer für die Menschenrechte und erklärter Gegner der Todesstrafe. Auch Fragen des Asylrechts hat er sich intensiv gewidmet. Als der »Streiter für den Rechtsstaat« aus dem Kabinett schied, blieb er noch Mitglied der Grundrechtskommission. 1987 wurde ihm der Menschenrechtspreis des Europarates verliehen.

**Broda, Engelbert,** * 29. August 1910 in Wien, † 26. Oktober 1983 in der Hainburger Au (NÖ), Physiker und Radiochemiker.

Der Anwaltssohn studierte nach Absolvierung des Akademischen Gymnasiums in Wien Chemie. Politisch schloß er sich linken Gruppen an. 1931 setzte er sein Studium bei Max Bodenstein in Berlin fort, wurde jedoch nach 1933 als unerwünschter Ausländer ausgewiesen. 1934 erfolgte seine Promotion zum Dr. phil. Danach arbeitete er als Privatassistent bei Hermann Mark und ab 1937 als Patentanwalt. 1938–1947 lebte er als politischer Emigrant in Großbritannien, wo er in

Cambridge und London unterrichtete und weiterforschen konnte. 1947 kehrte er nach Ö. zurück. 1948 habilitierte er sich, 1955 erhielt er den Lehrstuhl für physikalische Chemie an der Wiener Universität, wo er bis 1980 lehrte. Der international anerkannte Forscher war Pazifist und als solcher Mitglied der Pugwash-Bewegung, einer übernationalen Abrüstungsvereinigung von Wissenschaftlern. Er war der ältere Bruder von Christian → Broda.

*Werke:* »Ludwig Boltzmann – Mensch, Physiker, Philosoph« (1956).

**Bronner, Gerhard,** * 23. Oktober 1922 in Wien, Komponist und Kabarettist.

Der Wiener, der hier auch das Gymnasium besucht hatte, floh 1938 über die ČSR und England nach Palästina. Der musikalische Autodidakt, der schon früh Chansons zu schreiben begann, leitete nach seiner Rückkehr aus der Emigration gemeinsam mit Helmut → Qualtinger, Carl → Merz und Michael → Kehlmann, zu denen sich später noch Georg → Kreisler, Louise → Martini und Peter → Wehle gesellten, eine Renaissance des Wiener Kabaretts ein. Die Gruppe begann 1951 im »Kleinen Theater im Konzerthaus«; 1955–1964 leitete B. die »Marietta-Bar«, 1956–1958 auch das »Intime Theater« in der Liliengasse und ab 1959 das »Theater am Kärntnertor« – Heimstätten legendärer Programme wie »Blattl vor'm Mund«, »Glasl vor'm Aug«, »Dachl über'm Kopf« oder »Hackl im Kreuz«. Viele der zeitkritischen und bissigen Chansons stammten aus B.s Feder, »Der g'schupfte Ferdl« und »Der Wilde mit seiner Maschin« oder »Der Papa wird's schon richten« sind bis heute ein Begriff. Mit Peter Wehle gestaltete B. viele Jahre hindurch auch die Hörfunkreihe »Der Watschenmann« und »Der Guglhupf«, er machte im Fernsehen Kabarett und schrieb zudem die deutsche Fassung zu den Musicals »My Fair Lady« und »Anatevka«. Nach dem Tod Friedrich → Torbergs übersetzte er die Satiren Ephraim Kishons.

**Bruckner, Ferdinand (eigtl. Theodor Tagger),** * 26. August 1891 in Wien, † 5. Dezember 1958 in Berlin, Dramatiker.

Der Sohn eines jüdischen Bankkaufmanns übersiedelte 1911 von Wien nach Berlin. Hier gründete er 1923 das Renaissance-Theater, das er bis 1927 leitete. 1933 kehrte er nach Ö. zurück und emigrierte 1938 über die Schweiz in die USA. Ab 1951 lebte er wieder in Berlin.

Als Bühnenautor schrieb er zunächst expressionistische Dramen (»Krankheit der Jugend«, 1929), später wandte er sich realistischen Stükken zu, die sich die Erkenntnisse der Psychoanalyse zunutze machten. B. griff v. a. historische Themen auf. Das Schauspiel »Die Rassen« (1933) ist eine Zeitskizze über den Beginn der nationalsozialistischen Herrschaft.

*Weitere Werke:* »Elisabeth von England« (1930), »Napoleon I.« (1937), »Simon Bolivar« (1945).

*Lit.:* Ch. Lehfeldt, Der Dramatiker F. B. (1975).

**Brunner, Otto,** * 21. April 1898 in Mödling (NÖ), † 12. Juni 1982 in Hamburg, Historiker.

B. studierte in Wien Geschichte und Geographie (Promotion: 1922). Er absolvierte auch den Kurs am Institut für österr. Geschichtsforschung und war hierauf am Haus-, Hof- und Staatsarchiv tätig. 1929 habilitierte er sich für österr. Geschichte und lehrte bereits 1931 als a. o. Prof. in Wien. 1940–1945 war er Vorstand des Instituts für österr. Geschichtsforschung, 1941 erfolgte unter dem Nationalsozialismus die Ernennung zum o. Prof., 1945 wurde B. daher des Dienstes enthoben. 1949 erfolgte seine Pensionierung. 1954 erhielt er einen Ruf nach Hamburg, wo er bis zu seiner Emeritierung 1966 lehrte. Das Mitglied zahlreicher wissenschaftlicher Gesellschaften war vielfacher Ehrendoktor. Er hinterließ ein umfassendes Lebenswerk, vor allem auf dem Gebiet der Verfassungs- und Sozialgeschichte. Grundlegend ist noch immer sein 1939 erschienenes Werk »Land und Herrschaft«.

*Weitere Werke:* »Die Finanzen der Stadt Wien von den Anfängen bis ins 16. Jahrhundert« (1929), »Adeliges Landleben und europäischer Geist« (1949).

**Brunngraber, Rudolf,** * 20. September 1901 in Wien, † 5. April 1960 in Wien, Schriftsteller.

Zunächst Lehrer und Gebrauchsgraphiker, war B. ab 1931 als freier Schriftsteller tätig. In seinem Erstlingsroman »Karl und das 20. Jahrhundert« (1933, Neuauflage 1988) versuchte er, die Einflüsse der modernen Wirtschaft auf den einzelnen darzustellen. Sach- und Technikromane wie »Radium« (1936), »Opiumkrieg« (1939) und »Zucker aus Kuba« (1941) folgten. B. schrieb auch mehrere Filmdrehbücher, u. a. »Der Prozeß« (1948, preisgekrönt) und »1. April 2000« (1952).

**Brus, Günter,** * 27. September 1938 in Ardning (St), Aktionist, Graphiker und Schriftsteller.

B. besuchte die Kunstgewerbeschule in Graz (1953–1957) und die Hochschule für Angewandte Kunst in Wien (1957–1960), die er aber vorzeitig verließ. Er war u. a. gemeinsam mit → Nitsch Mitbegründer des »Wiener Aktionismus«, einem radikalen Versuch, herkömmliche Ausdrucksformen mittels dieser Kunst zu überwinden. 1964 nahm er die ersten Selbstbemalungen und -verstümmelungen vor; in diesem Sinne ist B. der Begründer der Body Art. Die skandalträchtigen Aktionen des Künstlers führten nicht selten zu Geld- und Haftstrafen, so 1968 nach seiner Beteiligung an der Aktion »Kunst und Revolution« an der Universität Wien, die heftige Reaktionen in der Öffentlichkeit auslöste und B. wegen »Herabwürdigung der Staatssymbole und Verletzung der Sittlichkeit und Schamhaftigkeit« 6 Monate Arrest einbrachte. B. hielt sich dann lange Zeit in Berlin auf. Ab 1965 nahm der Künstler an zahlreichen Ausstellungen teil und schuf Zeichnungen in Verbindung mit Musik und Literatur (Bild-Dichtungen). 1971 erschien sein Roman »Irrwisch«, 1987 »Amor und Amok«.

*Günter Brus*

*Lit.:* G. B. Augensterne (Kat. Van-Abbe-Museum, Eindhoven, 1984).

**Brusatti, Alois,** * 4. März 1919 in Wien, Wirtschaftshistoriker.

Der Sohn eines Hoteliers rückte 1937 ein; erst nach seiner Rückkehr aus der Kriegsgefangenschaft 1947 begann er Geschichte und Nationalökonomie zu studieren und wurde 1950 zum Dr. phil. promoviert. Bis 1955 war B. zunächst als Industriekaufmann tätig, dann schlug er die wissenschaftliche Laufbahn ein. Seit 1965 Vorstand des Instituts für Wirtschafts- und Sozialgeschichte an der Wirtschaftsuniversität, entfaltete er besonders in den Jahren seiner Rektorszeit (1975–1981) ein intensives Engagement für die Hochschule, v. a. zeichnete er für den Neubau verantwortlich; er spielte eine wichtige Rolle bei der Formulierung des UOG hinsichtlich der Wirtschaftsuniversität und wirkte an der Reform der Studienordnung mit. Durch seine Mitgliedschaft in zahlreichen Forschungsförderungsgremien konnte er die Tätigkeit junger begabter Forscher wesentlich erleichtern.

*Werke:* »Die Entwicklung der Reichskreise während der Regierungszeit Maximilians II.« (1950), »Wirtschafts- und Sozialgeschichte des industriellen Zeitalters« (1967), »100 Jahre österr. Fremdenverkehr« (1984), »Julius Raab« (hg. 1986).

**Bubendorfer, Thomas,** * 14. Mai 1962 in Salzburg, Bergsteiger.

Im Juni 1983 machte der Extremkletterer in der Presse Schlagzeilen, als er ohne Seil und Gepäck ganz allein die Eiger-Nordwand durchstieg. Ein sensationelles Bravourstück, das er auch an anderen Wänden erfolgreich wiederholte, bis er 1989 abrutschte und sich schwer verletzte. Dennoch gab der zielstrebige Kletterer nicht auf. Die Bergwelt hat den Sohn eines Holzfabrikanten schon im Schulalter fasziniert; er begann mit weiten Bergwanderungen, mit 14 Jahren schaffte er bereits Extremwände und mit 15 die ersten Alleingänge. »Geht nicht, gibt's nicht« ist der Titel eines seiner Bücher – es könnte B.s Lebensmotto sein.

**Buchbinder, Rudolf,** * 1. Dezember 1946 in Leitmeritz (ČSR), Pianist.

Früh zeigte sich die musikalische Begabung des Meisterpianisten. Mit 5 Jahren besuchte B. die Kinderklasse der Wiener Musikakademie, mit 11 holte ihn Prof. Bruno Seidlhofer in seine Meisterklasse, mit 15 Jahren gewann er erstmals in einem internationalen Musikerwettbewerb und gab sein erstes öffentliches Konzert. Zahlreiche Preise folgten: u. a. 1967 beim Bösendorfer Wettbewerb in Wien, 1971 der Mozart-Interpretationspreis, 1976 der Grand Prix du Disque für seine Einspielung des gesamten Klavierwerks von Joseph Haydn. Heute tritt B. in allen wichtigen Konzertsälen der Welt auf und unterrichtet in Basel. Er gibt jährlich an die 120 Soloabende, zudem Konzerte mit Orchestern von Weltruf und Dirigenten wie Abbado, Maazel, Mehta oder → Harnoncourt. Rund 80 LPs und CDs des Starpianisten sind im Handel. Die stupende Technik und das klare Spiel des Virtuosen, dessen Repertoire von der Klassik bis zur Moderne reicht, haben ihm Weltruhm eingetragen.

**Buchinger, Rudolf,** * 3. März 1879 in Staasdorf (NÖ), † 20. Februar 1950 in Tulln (NÖ), Landwirt und Politiker.

Der Sohn eines Bauern und Gastwirts studierte ab 1893 an der Ackerbauschule Edelhof bei Zwettl. Danach war er im elterlichen Betrieb tätig. 1917 wurde er zum Obmann der Lagerhausgenossenschaft Tulln gewählt, 1919 errang er als Kandidat der Christlichsozialen ein Mandat in der Konstituierenden Nationalversammlung. 1922–1926, in einer schwierigen Phase des Aufbaus der österr. Landwirtschaft, amtierte er als Landwirtschaftsminister. 1931 wurde er zum Generalanwalt des Allgemeinen Verbandes des landwirtschaftlichen Genossenschaftswesens bestellt, 1932 als Generalrat in die Oesterr. Nationalbank nominiert. 1934–1938 war er Mitglied des Bundeswirtschaftsrates, von 1936 an auch Mitglied des Staatsrates. 1938 wurde er kurz inhaftiert, blieb in der Folge aber unbehelligt. Zwischen April und September 1945 war er Staatssekretär für Land- und Forstwirtschaft, weitere Regierungsfunktionen scheiterten an alliierten Vorbehalten. B. gilt als Pionier des landwirtschaftlichen Genossenschaftswesens.

**Buhl, Hermann,** * 21. September 1924 in Innsbruck, † 27. Juni 1957 (abgestürzt) am Chogolisa Peak im Karakorum, Alpinist.

Der Tiroler Bergsteiger, zu seiner Zeit einer der besten der Welt, bestieg 1953 im Alleingang – sein Seilgefährte war ausgefallen – als erster den Nanga Parbat (8 125 Meter), den bis dahin als unbezwingbar geltenden höchsten Gipfel des westlichen Himalaya. Die sensationelle Leistung fand weltweit große Beachtung in den Massenmedien. 4 Jahre später erstieg er mit Kurt Diemberger seinen zweiten Achttausender, den Broad Peak (8 047 Meter). Sein nächstes Ziel im Himalaya, der Chogolisa Peak im Karakorum, wurde ihm zum Verhängnis. 400 Meter vor dem Gipfel wurde B. von einer Lawine erfaßt und in die tödliche Tiefe gerissen.

*Karl und Charlotte Bühler*

**Bühler, Charlotte,** * 20. Dezember 1893 in Berlin, † 3. Februar 1974 in Stuttgart;

**Bühler, Karl,** * 27. Mai 1879 in Meckesheim (Baden), † 24. Oktober 1963 in Los Angeles, beide Psychologen.

Die Tochter eines Berliner Architekten studierte in Berlin, Freiburg, Kiel und München. 1918 wurde sie zum Dr. phil. promoviert. Ihr besonderes Interesse galt der Psychologie. 1920 habilitierte sie sich in Dresden. Hier lernte sie ihren Mann Karl kennen. Er hatte in Freiburg und Berlin sowie in Straßburg und Bonn Medizin und Philosophie studiert. 1907 habilitierte er sich in Würzburg mit einer Arbeit über die Psychologie der Denkvorgänge. 1913 wurde er als a. o. Prof. nach München berufen, 1918 ging er als o. Prof. nach Dresden. 1922 erfolgte ein Ruf nach Wien. Hier konnte sich Charlotte B. 1923 als Privatdozentin etablieren, 1929 erhielt sie eine Professur. Das Ehepaar widmete sich in erster Linie der experimentellen Psychologie und der Kinderpsychologie, am Psychologischen Institut der Universität arbeiteten sie auch eng mit der Pädagogischen Akademie der Stadt Wien zusammen sowie mit Kollegen an der Fakultät. 1938 wurde Karl B. verhaftet, bald danach freigelassen, jedoch in den Ruhestand versetzt. Er emigrierte über Schweden nach Amerika, wo er an verschiedenen Hochschulen lehrte. Seine Bibliothek und einen großen Teil seiner Schriften hatte er in Ö. zurücklassen müssen. Er wirkte als psychologischer Berater am Cedars of Lebanon Hospital in Los Angeles. Charlotte B., die 1939–1945 in London gelehrt hatte, wirkte nun am County General Hospital in Los Angeles. 1945 erhielt sie hier einen Lehrstuhl für Psychiatrie. Nach dem Krieg kehrten beide Forscher nicht wieder nach Ö. zurück.

*Werke:* Charlotte B.: »Das Seelenleben des Jugendalters« (1922), »Kindheit und Jugend« (1928), »Der menschliche Lebenslauf als psychologisches Problem« (1933), »Das Kind und die Familie« (1951), »Psychologie im Leben unserer Zeit« (1962);
Karl B.: »Gestaltwahrnehmungen« (1913), »Die geistige Entwicklung des Kindes« (1918), »Ausdruckstheorie« (1933), »Sprachtheorie« (1934), »Das Gestaltprinzip im Leben der Menschen und der Tiere« (1960).

**Bulla, Max,** * 26. September 1905 in Wien, Radrennfahrer.

B. erlernte das Kürschnerhandwerk, träumte aber schon als Kind von einer großen Radfahrerkarriere. Durch zähes Training erreichte er sein Ziel: Bereits 1925 gewann er in seiner Kategorie das Rennen »Rund um Wien«, wechselte ein Jahr später in das Profi-Lager und fuhr Erfolg um Erfolg ein; 1929 erreichte er den 7. Platz bei der Straßen-WM, 1931 gewann er die Touristenfahrerwertung der »Tour de France« und wurde Vierter bei der WM. Nach einem Sieg bei der »Tour de Suisse« und zahlreichen anderen siegreichen Rennen avancierte B. zu einem der weltbesten Profiradrennfahrer seiner Zeit. Später wurde er ein erfolgreicher Geschäftsmann, blieb, zusammen mit seinem Freund und Geschäftspartner F. → Dusika, ein Förderer des Radsports und wurde zum Idol auch der jüngeren Radrennfahrergenerationen.

**Buresch, Karl,** * 12. Oktober 1878 in Groß-Enzersdorf (NÖ), † 16. September 1936 in Wien, Politiker.

Der Sohn eines Kaufmanns studierte in Wien Jus (Promotion: 1901). Danach ließ er sich als Rechtsanwalt in Groß-Enzersdorf nieder. Bereits 1909 wurde er hier christlichsozialer Gemeinderat, 1916–1919 amtierte er als Bürgermeister. Er war Gründungsmitglied des nö. Bauernbundes. 1922 wurde er Landeshauptmann von NÖ, schon seit 1919 vertrat er seine Wähler als Abgeordneter im Parlament. B. unterstützte die Heimwehrbewegung, erst 1931 nach dem mißglückten Putsch durch → Pfrimer distanzierte er sich von ihr. Im Parlament übte er 1929–1933 die einflußreiche Funktion eines Klubobmannes aus. Im Juni 1931 wurde er mit der Regierungsbildung betraut, nachdem zuvor → Seipel mit dem Projekt einer Konzentrationsregierung gescheitert war. B.s Regierung galt als schwaches Übergangskabinett, die anstehenden wirtschaftlichen und innenpolitischen Schwierigkeiten ließen keinen großen Spielraum. Als bei den Landtagswahlen in NÖ, Wien und Salzburg 1932 die Christlichsozialen zugunsten der Nationalsozialisten verheerende Verluste hinnehmen mußten, trat B. zurück. Er regierte wieder als Landeshauptmann in NÖ. In seinem Hause fand jene Besprechung statt, bei der die Christlichsozialen beschlossen, nach der Krise des Parlaments am 4. März 1933 in Hinkunft autoritär zu regieren. Im Mai 1933 wurde B. Finanzminister. 1935 von → Draxler abgelöst, blieb er zunächst Minister ohne Portefeuille und wurde 1936 Gouverneur der Postsparkasse. In diesem Jahr wuchs sich die Affäre rund um den Schuldenberg des Wiener Bankiers → Bosel und dessen undurchsichtige Geschäfte mit der Postsparkasse zu einem innenpolitischen Skandal aus.

**Burjan, Hildegard,** * 30. Jänner 1883 in Görlitz (Schlesien), † 11. Juni 1933 in Wien, Sozialpolitikerin.

*Hildegard Burjan*

Die Tochter einer konfessionslosen jüdischen Familie besuchte in Berlin eine höhere Schule und studierte an der Universität Zürich Literaturgeschichte und Philosophie. Schon zu dieser Zeit beschäftigte sie sich intensiv mit religiösen Fragen. 1907 heiratete sie den Industriellen Alexander B., ein Jahr später erfolgte ihre Promotion zum Dr. phil. Mit ihrem Mann ging sie nach Berlin, wo sie Nationalökonomie und Sozialpolitik studierte. Ein schweres Nierenleiden wurde zum auslösenden Moment für ihre Konversion zum katholischen Glauben. 1909 übersiedelte das Ehepaar nach Wien und nahm bald die österr. Staatsbürgerschaft an. Trotz ihrer Krankheit und gesellschaftlicher Pflichten entfaltete B. ein reges soziales Engagement. Schon 1911 kümmerte sie sich um die Heimarbeiterinnen, im 1. Weltkrieg baute sie die »Soziale Hilfe« aus, sie engagierte sich für die Gefährdeten-Fürsorge, Mädchenschutzarbeit und den Wiederaufbau der Bahnhofsmission. Nach dem Prinzip »Erziehung zur Selbsthilfe« eröffnete sie Nähstuben und organisierte den Großeinkauf von Lebensmitteln für Bedürftige. 1919 zog sie als erste und einzige weibliche Abgeordnete für die Christlichsozialen in das Parlament ein, wo sie sich erfolgreich für die Verbesserung der Arbeitsbedingungen von Frauen einsetzte. Der Wiener Erzbischof Kardinal → Piffl nannte sie das »Gewissen des Parlaments«. 1920 kandidierte sie nicht mehr, sondern widmete sich gänzlich der von ihr 1919 gegründeten Schwesternschaft »Caritas socialis«. Wenn auch zuweilen von konservativen Kreisen angefeindet, weil sie sich auch der ledigen Mütter annahm, fand sie doch stets genug Unterstützung für ihre Vorhaben. So auch, als sie nach dem Tode von Prälat → Seipel beschloß, zu seinem Gedächtnis eine Kirche zu errichten. Die Fertigstellung des von Clemens → Holzmeister entworfenen Baues hat sie nicht mehr erlebt.

*Lit.:* I. Schödl, Männerwelten – Frauenwerke (1991).

**Buschbeck, Erhard,** * 6. Jänner 1889 in Salzburg, † 2. September 1960 in Wien, Dramaturg und Schriftsteller.

Der Sohn eines Rechtsanwalts, der in Salzburg und Gmunden aufwuchs, studierte Jus an der Wiener Universität. Er war ein Jugendfreund Georg Trakls. 1918 wurde er von seinem Freund Hermann → Bahr an das Burgtheater geholt, wo er bis zu seinem Tod tätig war. In diesen Jahrzehnten wirkte er im Haus am Ring als Artistischer Sekretär, Dramaturg, Chefdramaturg und 1945 gemeinsam mit Raoul → Aslan als interimistischer Direktor. Unauffällig und bescheiden war er hinter den Kulissen zeitlebens der Sachwalter der Dichter, der Freund der Schauspieler und die rechte Hand des jeweiligen Direktors. Der »heimliche Burgherr«, wie ihn Hans → Weigel einmal genannt hat, redigierte die »Blätter des Burgtheaters«, in denen auch viele seiner Essays, Würdigungen und Kurzartikel erschienen. 1929–1933 unterrichtete er am Reinhardt-Seminar. Mit den Veröffentlichungen von »Georg Trakl. Ein Requiem.« (1917), dem Roman »Wolf Dietrich« (1919), »Der Thespiskarren. Theatergeschichten von Zeitgenossen« (1943), »Raoul Aslan und das Burgtheater« (1946) und »Mimus Austriacus« (1962, postum von L. → Tobisch hgg.) sowie mit Erzählungen und Skizzen erwarb sich B. auch einen geachteten Namen als Schriftsteller.

**Busek, Erhard,** 25. März 1941 in Wien, Jurist und Politiker.

Nach der Matura am Döblinger Gymnasium studierte B. Jus in Wien und promovierte 1963 zum Dr. iur. Schon als Student entwickelte der katholisch Progressive eine lebhafte Tätigkeit in der Katholischen Hochschuljugend, wo der unkonventionelle Denker auch mit Monsignore Otto → Mauer in Kontakt trat. Hermann → Withalm holte ihn 1964 in den ÖVP-Klub. 1969 wurde B. von Rudolf → Sallinger zum stellvertretenden Generalsekretär des Wirtschaftsbundes bestellt, 1972–1976 war er Generalsekretär dieser Institution. 1975–1976 wirkte er auch als Generalsekretär der ÖVP in der Parteizentrale. Er war der erste Politiker der ÖVP, der von Umweltschutz sprach. 1976 wurde er zum Obmann der Wiener ÖVP gewählt. Als nichtamtsführender Stadtrat 1976–1989 bzw. als Vizebürgermeister 1978–1987 belebte er als »bunter Vogel« die Wiener Kommunalpolitik. Die Niederlage bei den Wahlen von 1986 ließ seinen Stern vorübergehend verblassen, B. wurde als Wiener Parteiobmann abgewählt. Ab 1989 Bundesminister für Wissenschaft und Forschung, wurde er 1991 ÖVP-Bundesparteiobmann und übernahm auch die Funktion des Vizekanzlers.

**Busta, Christine,** * 23. April 1915 in Wien, † 3. Dezember 1987 in Wien, Lyrikerin.

Aus ärmlichen Verhältnissen stammend, mußte B. das Studium der Anglistik und Germanistik aus finanziellen Gründen abbrechen. Sie war Hauslehrerin, Dolmetscherin und schließlich bis zu ihrer Pensionierung Bibliothekarin. Ab 1950 veröffentlichte sie eine Reihe von wesentlichen Gedichtbänden. B.s Lyrik zeichnet sich durch sprachschöpferische Kraft, Empfindungs- und Gedankenreichtum und eine tiefe Religiosität aus. Die Verse atmen eine innige Verbundenheit mit der Natur. B. war eine Dichterin Gottes und der Nächstenliebe, jedoch nicht ohne kritische Töne. Ihr Werk wurde vielfach ausgezeichnet.

*Werke:* »Der Regenbaum« (1951), »Lampe und Delphin« (1955), »Die Scheune der Vögel« (1958), »Salzgärten« (1975); »Die Sternenmühle« (Kinderbuchverse 1959), »Das andere Schaf« (Erzählungen, 1959).

**Buttinger, Josef,** * 30. April 1906 in Waldzell (OÖ), † 4. März 1992 in New York, Parteisekretär und Publizist.

Schon mit 13 Jahren trat B. in den Dienst bei Bauern. Nach der Übersiedlung seiner Eltern nach Schneegattern wurde er Glasarbeiter. Sehr früh trat er der Gewerkschaft und der SDAP bei und brachte es zum Führer der Arbeiterjugend in Schneegattern und später in Wels. Als sein Betrieb zusperren mußte, widmete er sich seiner Weiterbildung und lernte Sprachen. Nach Absolvierung der Arbeiterhochschule in Wien ging er als Parteisekretär nach St. Veit an der Glan (K). Im Zuge der Februarereignisse 1934 verhaftet, ging B. nach seiner Entlassung in die Illegalität. 1935–1938 wurde er Führer der »Revolutionären Sozialisten«. Die Bekanntschaft und spätere Ehe mit der wohlhabenden Amerikanerin Muriel Gardiner ermöglichte ihm 1938 die Emigration nach Paris und später nach Amerika, nachdem beide zahlreichen Gesinnungsgenossen die Flucht ins rettende Ausland erleichtert hatten. In Paris war B. in österr. Emigrantenorganisationen tätig. 1953 erschien sein Erinnerungswerk

*Christine Busta*

über die Jahre der Illegalität unter seinem seinerzeitigen Pseudonym Gustav Richter, ein Buch, das bei Parteifreunden zum Teil Kritik auslöste. In den 50er Jahren wurde er als Delegierter internationaler Flüchtlingsorganisationen nach dem Genfer Vietnam-Abkommen nach Vietnam entsandt. Ein Kenner des Landes, veröffentlichte er zahlreiche Bücher über Vietnam, in denen er das amerikanische Engagement verteidigte, was zu Unstimmigkeiten mit seinen österr. Freunden führte.

*Werke:* »Am Beispiel Ö.« (1953), »Vietnam: a dragon embattled« (1967), »Vietnam. A political history« (1967), »Rückblick auf Vietnam« (1976), »Die Geschichte meiner Jugend« (1977).

# C

**Canetti, Elias,** * 25. Juli 1905 in Rustschuk (Bulgarien), Schriftsteller.

C., der aus einer wohlhabenden Familie stammt, kam über London 1913 nach Wien und lernte erst hier Deutsch, die Sprache, in der er später seine Werke – auch im Exil – verfaßte. Nach Schulbesuchen in Wien, Zürich und Frankfurt studierte er Chemie in Wien (Promotion: 1929). 1938 emigrierte er nach Paris, später nach London.

Schon während des Studiums begann C. zu schreiben. 1935 erschien »Die Blendung«, sein erster Roman, 1932 war das Theaterstück »Hochzeit« entstanden, das von Karl → Kraus beeinflußt war. Bereits im Exil, begann er mit den Vorarbeiten zu »Masse und Macht«, einer Studie der Massenphänomene unserer Zeit, die 1960 erschien. Nach Aphorismen (»Die Provinz des Menschen«, 1973) und Reiseaufzeichnungen widmete er sich seiner Autobiographie, die in drei Bänden erschien: »Die gerettete Zunge« (1977), »Die Fackel im Ohr« (1980) und »Das Augenspiel« (1985).

C. war lange ein literarischer Außenseiter, sein Werk wurde erst spät anerkannt und gewürdigt. 1981 erhielt er für sein von »Weltblick, Ideenreichtum und künstlerischer Kraft« geprägtes Œuvre den Nobelpreis für Literatur.

*Elias Canetti*

**Carl, Rudolf,** * 19. Juni 1899 in Břeclav/Lundenburg (Mähren), † 15. Jänner 1987 in Graz, Schauspieler.

C. war zunächst in der Eisenbranche tätig, entwickelte sich dann in Amateurtruppen zum Schauspieler ureigenster Prägung und wurde 1918 an das Deutsche Theater in Brünn engagiert. Von dort holte ihn Direktor Rudolf → Beer nach Wien, wo er im Theater an der Wien, an der Volksoper und anderen Bühnen sowie bei den Salzburger Festspielen zahlreiche komische Rollen verkörperte. Schließlich machte der Film – ab 1934 war C. insgesamt in rund 350 Streifen zu sehen – den kauzigen Schauspieler weithin beliebt und populär. Zwar kein Star, war er ein liebenswerter Menschengestalter, der auch den kleinsten Rollen Profil gab und sich neben Größen wie Hans → Moser und Paul → Hörbiger auf der Bühne und im Film zu behaupten wußte. C. zählte zu den letzten Vertretern einer Generation großer Wiener Komiker.

**Castiglioni, Camillo,** * 22. Oktober 1879 in Triest, † 18. Dezember 1957 in Rom, Bankier und Spekulant.

C. war während des 1. Weltkriegs als Direktor der österr.-amerikanischen Gummiwarenfabrik Semperit tätig. Schon vorher ein Spekulant, wurde er nach dem Krieg durch Geldgeschäfte während der Inflation schnell. 1921 erwarb er die Mehrheit der Aktien der Alpine Montan AG, die später unter seiner Mitwirkung an den Stinnes-Konzern verkauft wurden. C. nahm auch regen Anteil am Aufschwung des Automobil- und Luftfahrtwesens, er begründete die österr. Luftfahrzeuggesellschaft und trat als einer der ersten dem Aero-Klub bei. Zugleich war er ein Förderer der Künste, so stellte er Max → Reinhardt 1923 ein Wiener Theater zur Verfügung, das er eigens nach den Wünschen des Regisseurs umbauen ließ. Als das Wirtschaftsimperium des »Königs der Schieber« ins Schwanken geriet, konnte er auf eine riesige Kunstsammlung zurückgreifen, um sie zu veräußern.

**Cebotari, Maria (eigtl. Cebotaru),** * 10. Februar 1910 in Kischinjow (Bessarabien, heute Moldawien), † 9. Juni 1949 in Wien, Kammersängerin.

Die Sopranistin, die zunächst Schauspielerin in Moskau war, gab ihr Gesangsdebüt 1931 an der Dresdner Staatsoper. Bis 1943 blieb sie diesem Haus eng verbunden, gastierte jedoch an allen großen Opernbühnen der Welt. Ab 1931 gehörte sie auch dem Ensemble der Salzburger Festspiele an. 1946–1949 war sie Mitglied der Wiener Staatsoper; in diesen wenigen Jahren hat die gefeierte Mozart- und Richard-Strauss-Interpretin das Wiener Opernpublikum dauerhaft begeistert. Nach C. ist im 19. Wiener Gemeindebezirk eine Gasse benannt.

Die Sängerin zählte zur internationalen Spitzenklasse. Von ihrer Stimme, die von einer dunklen Mittellage bis in die höchsten Höhen

*Maria Cebotari*

des Koloratursoprans reichte, ging eine unverwechselbare Faszination aus, dazu kamen der Zauber des Vortrags und die natürlichen darstellerischen Fähigkeiten der Künstlerin. Ihr Repertoire schloß auch Verdi (Gilda und Traviata), Puccini (Tosca und Butterfly), Massenet (Manon) und zahlreiche moderne Partien ein. C. drehte auch zahlreiche Filme. Ihre steile Karriere wurde durch den frühen Tod jäh beendet.

**Cerha, Friedrich,** * 17. Februar 1926 in Wien, Dirigent und Komponist.

C. studierte in Wien Komposition und Geige. 1958 gründete er gemeinsam mit Kurt → Schwertsik das Ensemble für neue Musik »die reihe«, das im Jahr darauf das erste Konzert im Wiener Konzerthaus gab. Seit 1960 lehrt C. als Prof. an der Wiener Musikakademie. Internationalen Ruhm erwarb er sich mit der Vollendung von Alban → Bergs Oper »Lulu«, die 1979 an der Pariser Oper mit sensationellem Erfolg aufgeführt wurde. Der Komponist, der dem Neoklassizismus zuzurechnen ist, schuf eine Reihe von Orchester- und Bühnenwerken.

*Werke:* »Baal« (Oper, 1962), »Langegger Nachtmusik I–III« (Orchesterwerk, 1969/70), »Der Rattenfänger von Hameln« (Oper, 1987).

**Charmatz, Richard,** * 1. Februar 1879 in Schlaining (B), † 15. Februar 1965 in Wien, Journalist und Schriftsteller.

Nach seinem Studium schrieb C. als Korrespondent verschiedener deutscher Zeitungen, beim »Morgen« und bei der »Neuen Freien Presse« war er als Redakteur tätig. Er gab die Wochenschrift »Der Weg« heraus und wirkte an der Zeitschrift »Die Hilfe« mit, die von dem Exponenten der Mitteleuropa-Idee Friedrich Naumann ediert wurde. Der Autodidakt, der zunächst den Ideen Heinrich Friedjungs und Karl Luegers anhing, wandte sich später Victor Adler zu. Er erwarb sich auch Ansehen als liberaler historischer Schriftsteller.

*Werke:* »Deutsch-österr. Politik« (1907), »Ö.s innere Geschichte 1848–1907« (1909), »Vom Kaiserreich zur Republik« (1947), »Lebensbilder aus der Geschichte Ö.s« (1947).

**Chladek, Rosalia,** * 21. Mai 1905 in Brünn, Tänzerin, Tanzpädagogin und Choreographin.

C. startete ihre Karriere bei Jacques Dalcroze in der Tanzschule Hellerau bei Dresden. Als die Schule nach Laxenburg bei Wien übersiedelte, kam sie mit. C. wurde in Wien eine Pionierin des »freien Tanzes« und schuf einen modernen Stil der Tanzerziehung. 1930–1938 leitete sie die Schule in Laxenburg. 1952–1970 unterrichtete sie an der Wiener Musikakademie und am Konservatorium. Als Choreographin war sie in ganz Europa tätig. Ihr Œuvre umfaßt 70 Tänze, darunter »Jeanne d'Arc«, »Kameliendame« und »Erzengel-Suite«.

**Chorherr, Thomas,** * 27. November 1932 in Wien, Journalist.

Neben seinen juridischen Studien (Dr. iur.: 1957) war C. bereits als Journalist tätig. Er begann 1950 seine Laufbahn als Lokalreporter beim »Neuen Österreich«, absolvierte zwei Studienjahre in Amerika und kam 1953 als außenpolitischer Redakteur zur »Weltpresse«, 1955 trat er in die Redaktion der »Presse« ein. 1957–1973 war er Ressortchef, 1973–1976 stellvertretender Chefredakteur, seit 1976 Chefredakteur. 1973–1988 wirkte er auch als Lektor für Publizistik an der Wiener Universität. C. ist Vizepräsident des Journalistenklubs »Concordia« und Vorsitzender des österr. Presserates.

*Werke:* »Der Freizeitschock« (1980), »Große Österreicher« (1985), »Wien – Eine Geschichte« (1987), »1938 – Anatomie eines Jahres« (1987), »Heiliger Zorn – Der Streit in der Kirche« (1989).

*Rosalia Chladek*

**Conrads, Heinz,** * 21. Dezember 1913 in Wien, † 9. April 1986 in Wien, Entertainer, Bühnen- und Filmschauspieler.

Der gelernte Kunsttischler (er hieß bis zu seinem 7. Lebensjahr Hansal) hatte 4 Klassen Gymnasium absolviert. 1933 meldete er sich zum Dienst im österr. Bundesheer, später diente er in der Deutschen Wehrmacht. 1942 legte er die Schauspielprüfung ab und wirkte bereits als Conférencier und komisches Talent in Uniform. Nach dem Krieg trat er zunächst im Kabarett »Simpl« auf (1945–1948 sowie 1950–1955). 1946 begann er mit der Moderation seiner sonntäglichen Radiosendung »Was gibt es Neues«, die später im TV ihre Fortsetzung fand und nahezu zur Institution wurde. Der für C. typische Humor mit wienerischer Note war sprichwörtlich. Am Wiener Stadttheater, Bürgertheater und Josefstädter Theater spielte er auch anspruchsvolle Rollen, wie Liliom, Schwejk und Nestroy-Rollen, doch stand dem Aufstieg zum Volksschauspieler bei der Theaterkritik sein Image als populärer, aber oberflächlicher Entertainer im Wege. Der sensible und leicht verletzliche Künstler war ein beliebter, einfühlsamer Interpret von Wienerliedern und Dialektgedichten.

*Lit.:* H. C., Meine ersten 60 Jahre (1974). M. Schenz, H. C. Erinnerungen an einen Volksliebling (1987).

**Cornelius, Peter,** * 29. Jänner 1951 in Wien, Liedermacher und Schlagersänger.

Ursprünglich gelernter Bankangestellter, stand der Sänger rund 300mal mit dem Musical »Hair« in Berlin und Hamburg auf der Bühne. Nach Ö. zurückgekehrt, gewann er 1973 beim ORF-Talentwettbewerb »Show-Chance« mit dem Song »Die Wolke« den ersten Platz für Komposition, Arrangement und Interpretation. Seine deutschsprachigen Lieder, oft im Dialekt, textet er meist selbst. Er widmet sich auch dem modernen Wienerlied. Seine bekanntesten Hits sind: »I bin do ka Hampelmann«, »Fleckerlteppich«, »I bin reif für die Insel«, »Die Blume aus dem Gemeindebau«.

**Corti, Axel,** * 7. Mai 1933 in Paris, Schauspieler und (Film-)Regisseur.

Der Kaufmannssohn altösterr.-italienischer Herkunft mußte nach der Ermordung seines Vaters 1943 die Schule abbrechen und wurde mit seinen beiden Brüdern nach Italien abgeschoben. Nach langer Wanderschaft absolvierte er in Innsbruck die Arbeitermittelschule, danach nahm er Schauspielunterricht, arbeitete als Journalist und schließlich für den Rundfunk im Studio Tirol, wo er 4 Jahre die Literatur- und Hörspielabteilung leitete. Er schrieb Hörspiele sowie Kabarettprogramme und synchronisierte Filme. Vorübergehend in Wien, war C. als Regieassistent am Burgtheater und Prof. für Hörspiel am Reinhardt-Seminar tätig. Dann ging er nach Deutschland, bis er 1968 von Gerd → Bacher ein Angebot für die Radiosendung »Schalldämpfer« erhielt. V. a. aber hat sich C. als Regisseur behutsamer zeitkritischer Filme einen Namen gemacht: »Kaiser Josef und die Bahnwärterstochter«, »Der Fall Jägerstätter«, »Ein junger

*Axel Corti*

Mann aus dem Innviertel«, »Welcome to Vienna«, »Die blaßblaue Frauenschrift«, »Die Hure des Königs«. Sein Werk wurde international ausgezeichnet (u. a. zweimal die »Goldene Kamera«, »Großer Österr. Staatspreis für Filmkunst«, »Prix Italia«). C. inszeniert auch am Theater und an der Oper, so 1991 Verdis »La Traviata« an der Frankfurter Oper.

**Corti, Egon Caesar Conte,** * 2. April 1886 in Zagreb/Agram (Kroatien), † 17. September 1953 in Klagenfurt, Schriftsteller.

Der k. u. k. Generalstabsoffizier stammte aus einem lombardischen Adelsgeschlecht. Nach dem 1. Weltkrieg begann er historische Biographien und Romane zu schreiben, die auf eingehendem Quellenstudium beruhten und großen Anklang fanden. Zu seinen Hauptwerken zählen »Maximilian und Charlotte von Mexiko« (2 Bde., 1924), »Elisabeth, die seltsame Frau« (1934), »Ludwig I. von Bayern« (1937) und ein dreibändig konzipiertes Werk über Kaiser Franz Joseph: »Vom Kind zum Kaiser« (1950) und »Mensch und Herrscher« (1952) veröffentlichte C. noch zu Lebzeiten, der dritte Band »Der alte Kaiser« erschien postum.

**Coudenhove-Kalergi, Barbara,** * 15. Jänner 1932 in Prag, Journalistin und ORF-Kommentatorin.

C.-K., die einem gräflichen Geschlecht entstammt, mußte 1945 aus Prag fliehen. Sie maturierte bei den Ursulinerinnen in Tamsweg und studierte in Wien Dolmetsch und Soziologie. Danach war sie bei verschiedenen Zeitungen wie »Neues Österreich«, »Kurier« und »Arbeiter-Zeitung« tätig, wo sie den Journalismus von Grund auf erlernte. 1975 wurde sie Leiterin der außenpolitischen Redaktion im Hörfunk. Seit 1980 ist sie beim Fernsehen für Reportagen über osteuropäische Angelegenheiten verantwortlich. Ihre Kompetenz und Persönlichkeit haben sie zu einer der populärsten TV-Kommentatorinnen gemacht. C.-K. war mit Franz Marek, ehemals Chefideologe der KPÖ, verheiratet. Ihr Vater, Graf Gerold, war Professor für Japanologie, ihr Onkel Richard → C.-K. war der Begründer der Paneuropa-Bewegung.

**Coudenhove-Kalergi, Richard Nikolaus Graf,** * 16. November 1894 in Tokio, † 27. Juli 1972 in Schruns (V), Politiker und Schriftsteller.

Der Sohn eines Österreichers (der Vater war Diplomat) und einer Japanerin studierte in Wien Philosophie und Geschichte. 1923 gründete er die »Paneuropa-Bewegung«, deren Programm und Zielsetzung er in seinem Buch »Paneuropa« formulierte: den Zusammenschluß aller europäischer Staaten zu einem Staatenbund; ab 1924 gab er auch eine gleichnamige Zeitschrift heraus. 1938 emigrierte er über die Schweiz nach New York, wo er eine Professur für Geschichte innehatte. Nach seiner Rückkehr wurde er 1947 Generalsekretär der Europäischen Parlamentarier-Union. Im Einsatz für die Europa-Idee schrieb er u. a. »Der Kampf um Europa« (1949) und »Eine Idee erobert Europa« (1958). Er wandte sich jedoch von dieser Bewegung ab, als sie der Europa-Konzeption Charles de Gaulles', für die C.-K. eintrat, nicht beipflichtete.

**Csokor, Franz Theodor,** * 6. September 1885 in Wien, † 5. Jänner 1969 in Wien, Schriftsteller und Dramatiker.

Der Sohn eines Univ.-Prof.s studierte in Wien Germanistik und Kunstgeschichte. 1912 erschien sein erster Lyrikband »Die Gewalten«. Danach lebte er als freier Schriftsteller, bis er als Offizier im 1. Weltkrieg einrückte. Dem Zerfall der Monarchie widmete er sein bedeutendstes dramatisches Werk »3. November 1918« (1937).

1923–1927 war C. Dramaturg und Regisseur am Wiener Raimundtheater. Sein Bühnen-Drama »Gesellschaft der Menschenrechte« (1929) wurde in München und Weimar aufgeführt. 1938–1946 ging er freiwillig in die Emigration und schloß sich der österr. Befreiungsbewegung an. Der tiefgläubige, unbeirrbare Humanist wurde nach seiner Rückkehr in die Hei-

*Franz Theodor Csokor*

mat Präsident des österr. PEN-Clubs. Er gilt als bedeutendster Verteter des expressionistischen Dramas in Ö. Neben seinen 23 dramatischen Werken verfaßte er aber auch Prosabände, so den Roman »Der Schlüssel zum Abgrund« (1955) und 5 Gedichtsammlungen, darunter seinen letzten Auswahlband »Immer ist Anfang«.

**Czeija, Oskar,** * 5. September 1887 in Wien, † 7. März 1958 in Wien, Radiofachmann.

C. gilt als Pionier und Begründer des österr. Rundfunks. Der Jurist war zunächst in der Industrie und als Beamter in der st. Landesregierung tätig, ehe er sich nach dem 1. Weltkrieg mit der drahtlosen Telegraphie zu beschäftigen begann. 1924 gründete er nach mühevollem Behördenweg und Überwindung der Finanzierungsprobleme die Österr. Radioverkehrs-AG (RAVAG), und erwarb sich um deren Ausbau große Verdienste; C. war bis 1938 Generaldirektor der RAVAG. Er war auch Mitbegründer der Radiostationen von Beograd, Zagreb, Athen und Sofia.

*Lit.:* V. Ergert, 50 Jahre Rundfunk in Ö. (Bd. 1, 1974).

**Czeike, Felix,** * 21. August 1926 in Wien, Historiker und Archivar.

C. studierte an der Wiener Universität Geschichte, Geographie, Kunstgeschichte und Germanistik. Nach seiner Promotion und der Absolvierung des Kurses am Institut für österr. Geschichtsforschung trat er 1954 in den Dienst des Wiener Stadt- und Landesarchivs; 1976 wurde er zum Direktor ernannt. In dieser Funktion hat er eine wesentliche Erweiterung des Aufgabenbereichs dieser Institution durchgesetzt. Für zahlreiche wissenschaftliche Großprojekte zur Geschichte Wiens wurde er zum Anreger und Förderer. Seit 1977 ist C. auch Leiter des Boltzmann-Instituts für Stadtgeschichtsforschung, Wien. Er verfaßte zahlreiche Artikel und Bücher, darunter grundlegende Werke zur Wiener Stadtgeschichte.

*Werke:* »Wirtschafts- und Sozialpolitik der Gemeinde Wien 1919–1934« (1958), »Wien und seine Bürgermeister. Sieben Jahrhunderte Wiener Stadtgeschichte« (1974), »Das große Groner Wien Lexikon« (1974), »Geschichte der Stadt Wien« (1981).

**Czermak, Emmerich,** * 14. März 1885 in Dečice/Daschitz (Mähren), † 18. April 1965 in Wien, Lehrer und Politiker.

Der Gymnasiallehrer und spätere Schuldirektor gehörte in den frühen 20er Jahren wie → Dollfuß der deutschnationalen Geheimgesellschaft »Deutsche Gemeinschaft« an. 1929–1932 verwaltete er in strikt christlichsozialem Sinne das Unterrichtsressort, war aber eher dem demokratischen Flügel seiner Partei zuzurechnen. 1933 wurde er zum Parteiobmann der Christlichsozialen bestellt, der 1934 die Partei auflösen mußte. 1934–1938 amtierte er als Präsident des nö. Landesschulrates. Nach 1945 war er als öffentlicher Verwalter im Versicherungswesen tätig.

**Czernetz, Karl,** * 12. Februar 1910 in Wien, † 3. August 1978 in Wien, Fotograf und Politiker.

Schon mit 14 Jahren gehörte C. der Gewerkschaftsjugend an, dann auch der SDAP. Nach deren Verbot arbeitete er 1934–1938 im Untergrund politisch weiter. Nach dem Einmarsch der Deutschen 1938 emigrierte er zunächst nach Frankreich und dann nach Großbritannien. Nach seiner Rückkehr 1945 wirkte er als Organisator des Bildungswesens, 1949 wurde er in den Nationalrat gewählt. Als unbeirrter Kämpfer für ein vereintes Europa wirkte C. ab 1955 im Europaparlament, 1975–1978 amtierte er als Präsident des Europarates. Er war auch Sekretär der Sozialistischen Internationale. Im Parlament profilierte er sich zum außenpolitischen Sprecher seiner Partei. Chefredakteur des theoretischen Organs »Zukunft«, war der erklärte Antikommunist für seine strengen moralischen Grundsätze bekannt.

**Czerwenka, Oskar,** * 5. Juli 1924 in Linz, Kammersänger.

Der Sohn eines Unternehmers wuchs in Vöcklabruck (OÖ) auf, maturierte am Gymnasium in Gmunden und studierte anschließend in Wien Welthandel. Das eigentliche Interesse des urwüchsigen humorvollen Oberösterreichers galt allerdings dem Gesang und der Malerei. Er nahm Gesangsunterricht bei Prof. Otto Iro und gab 1947 an der Grazer Oper als Eremit im »Freischütz« sein Debüt. 1951 wurde der Bassist an die Wiener Staatsoper verpflichtet, wo er seither in vielen Rollen brillierte. Als Gastsänger war er an den bedeutendsten Opernhäusern der Welt tätig, so 1958 als »Ochs von Lerchenau« erstmals an der Metropolitan Opera in New York, er wirkte bei den Salzburger und Bregenzer Festspielen mit und sang auch Musicalrollen wie den Tewje in »Anatewka«. Der populäre Künstler moderiert auch im Fernsehen. Die Bilder des Hobbymalers wurden bereits in mehreren Ausstellungen gezeigt.

**Czettel, Hans,** * 20. (23.?). April 1923 in Wien, † 27. November 1980 in Neunkirchen (NÖ), Schlosser und Politiker.

Der gelernte Maschinenschlosser war im 2. Weltkrieg eingerückt und entkam dem Inferno der Schlacht von Stalingrad. Nach Kriegsende startete er seine politische Tätigkeit als Betriebsrat im Stahlwerk Schoeller-Bleckmann in Ternitz. 1953 zog der 30jährige Sozialist als jüngster Abgeordneter in den Nationalrat ein, dem er bis 1969 angehörte. 1964–1966 war er nach Franz → Olah Innenminister. 1969 wechselte er als stellvertretender Landeshauptmann von NÖ in die Landespolitik, 1979 konnte er für seine Partei das bisher beste Ergebnis bei Landtagswahlen erzielen. C., ein begabter Volksmusiksänger und Dichter, zählte bis zuletzt zu den politischen Hoffnungsträgern seiner Partei.

# D

**Dallago, Carl,** * 14. Jänner 1869 in Borgo/Suganatal (Südtirol), † 18. Jänner 1949 in Innsbruck, Lyriker und Kulturphilosoph.

D. besuchte die Handelsakademie in Bozen und war seit 1900 als freier Schriftsteller tätig, zuletzt in Arzl bei Innsbruck. Seine literarischen Anfänge standen zunächst im Zeichen der Lyrik. Ursprünglich von Friedrich Nietzsche und Walt Whitman beeinflußt, wurden später Otto Weininger und Karl → Kraus zu seinen wichtigsten Vorbildern (»Karl Kraus, der Mensch«, 1913). Nach und nach widmete sich der kämpferische Philosoph der kulturpolitischen Essayistik, als ihm die Bekanntschaft mit Ludwig von → Ficker dafür in der Zeitschrift »Der Brenner« ein Forum schuf. Die Lebensphilosophie des Einzelgängers war von der chinesischen Weisheitslehre des Laotse beeinflußt. Seine Polemik gegen den politischen Katholizismus (»Das römische Geschwür«, 1929) führte in den 20er Jahren zu einer Trennung vom »Brenner«-Kreis und in die persönliche Isolation.

*Lit.:* H. Haller, Der Südtiroler Denker C. D. (1936).

**Dallinger, Alfred,** * 7. November 1926 in Wien, † 23. Februar 1989 (Flugzeugabsturz) über dem Bodensee bei Rohrschach, Gewerkschafter und Politiker.

Der gelernte Drogist engagierte sich früh in der Gewerkschaftsbewegung. Bereits 1946 Jugendfunktionär im ÖGB und in der SPÖ, wurde er 1948 Jugendsekretär der Gewerkschaft der Privatangestellten, 1966 Zentralsekretär und 1974 Vorsitzender dieser Einzelgewerkschaft sowie 1975 Vizepräsident des ÖGB. 1968 war er zum Obmann der Pensionsversicherungsanstalt der Angestellten bestellt worden. Ab 1974 vertrat er gewerkschaftliche und sozialpolitische Anliegen im Parlament. Der elegante Gewerkschaftsfunktionär übernahm 1980 das Amt des Sozialministers. Er trat für Arbeitszeitverkürzung als Maßnahme gegen Arbeitslosigkeit ein und brachte die Idee der Maschinensteuer in die Diskussion.

**Dalma, Alfons (eigtl. Stefan Tomicic),** * 26. Mai 1919 in Otočar (Kroatien), Journalist.

D. absolvierte das Gymnasium in Zagreb und studierte Politikwissenschaft in Paris. Seine journalistische Laufbahn begann er in der Redaktion des »Paris Soir«. Nach seiner Heimat Dalmatien nannte er sich »Dalma«. Der legendäre Journalist Canaval holte ihn nach dem 2. Weltkrieg zu den »Salzburger Nachrichten«. Hier prägte er gemeinsam mit seinen damaligen Redaktionskollegen Gerd → Bacher, Ilse Leitenberger und Claus → Gatterer einen journalistischen Stil, der ohne Verleugnung des eigenen Standpunkts kritische Hintergrundinformationen brachte. Von Salzburg wechselte D. als Chefredakteur 1953 zum »Münchner Merkur« und Anfang der 60er Jahre zur »Presse« nach Wien, wo er die Umstellung der Zeitung auf das Großformat einleitete. 1967 wurde er in der Ära Gerd Bachers Chefredakteur im ORF. Als Generalintendant Bacher 1974 den ORF verließ, ging D. als ORF-Korrespondent nach Rom, eine Funktion die er bis zu seiner Pensionierung 1986 ausübte.

**Danneberg, Robert,** * 23. Juli 1885 in Wien, † Dezember 1943 im KZ Auschwitz, Politiker.

Der Sohn aus bürgerlichem jüdischem Haus besuchte das Akademische Gymnasium in Wien und studierte Jus. Danach absolvierte er das Gerichtsjahr. 1903–1918 leitete er als SP-Angestellter die Parteizentralstelle für Bildungswesen. Zugleich wirkte er als erster Sekretär der 1907 gegründeten Jugendinternationale, die sich v. a. dem Kampf gegen den Krieg verschrieben hatte. 1920–1934 war er Wiener Gemeinderat und im Nationalrat, davor Mitglied der Konstituierenden Nationalversammlung. 1922 wurde er Landtagspräsident. Bei den Verhandlungen zur Verfassungsreform 1929 erreichte er als Unterhändler seiner Partei, daß wichtige Forderungen der Arbeiterschaft durchgesetzt werden konnten. Er nahm auch wesentlichen Einfluß auf die Kodifizierung der Wiener Gemeindeverfassung von 1931. Als Nachfolger von Hugo → Breitner übernahm er 1932 als amtsführender Stadtrat die Gemeindefinanzen. Im Februar 1934 vorübergehend verhaftet, arbeitete er in der illegalen Bewegung bis 1938 weiter und zögerte die Flucht vor den Nationalsozialisten bis zuletzt hinaus. Am Abend des 11. 3. 1938 wurde er aus dem Zug nach Prag von der Gestapo verhaftet und am 1. 4. mit dem ersten Transport ins KZ Dachau, dann nach Buchenwald und Auschwitz deportiert.

*Lit.:* L. Kane, R. D. (1980).

**Dantine, Wilhelm,** * 6. November 1911, † 21. Mai 1981 in Wien, ev. Theologe.

Der Univ.-Prof. für Systematische Theologie in Wien war ein Schüler von Karl Barth. Er profilierte sich als wissenschaftlicher Vorkämpfer einer Erneuerung der Lutherischen Theologie, was zuweilen in seiner Kirche auf konservative Kritik stieß. Die Ökumene fand in ihm einen der wichtigsten Befürworter. D. hat an die 300 Publikationen verfaßt.

*Werke:* »Die Gerechtmachung des Gottlosen« (1959), »Intellektuelle Redlichkeit und christlicher Glaube« (gemeinsam mit Karl Rahner, 1966), »Der heilige und der unheilige Geist« (1973).

**Danzer, Emmerich,** * 15. März 1944 in Wien, Eiskunstläufer.

*Emmerich Danzer*

Der erfolgreichste österr. Eiskunstläufer nach Karl → Schäfer begann schon als kleines Kind mit dem Eislaufen. Von Herta Waechtler trainiert, zählte er bald durch sein enormes Bewegungstalent, seine Eleganz und Musikalität zu den Besten seines Faches. »Der Pirouettenkönig«, der bestechende Schrittkombinationen lief, wurde 1965 österr. Meister, errang dreimal die Weltmeisterschaft (1966–1968) und wurde viermal Europameister. Bei den Olympischen Spielen 1968 in Grenoble allerdings fiel er hinter seinem heimischen Rivalen Wolfgang Schwarz (* 14. 9. 1947 in Wien), der die Goldmedaille gewann, auf den enttäuschenden 4. Rang zurück. Danach wechselte er in das Profilager über. D. lief zunächst für die »Wiener Eisrevue« und anschließend für »Holiday on Ice«. 1974 beendete er seine Laufbahn. Er ist heute in der Sportversicherungsbranche tätig.

*Lit.:* H. Prüller, Traumnote 6 für E. D. (1986).

**Danzer, Georg,** * 7. Oktober 1946 in Wien, Komponist und Chansonnier.

Der Sänger war in den 70er Jahren neben

Wolfgang → Ambros der populärste Vertreter des Austropop. Der Chansonnier mit raunzend-poetischem Einschlag erhielt 1975 für das Lied »Jö schau« eine Goldene Schallplatte. Seine erfolgreichste LP war »Es lebe der Zentralfriedhof«. Von ihm stammen Hits wie »Du bist wia a Wintersun« (1972), »Zwickts mi« (1975) oder »Schifoan« (1976). Gemeinsam mit Manfred Tauchen schrieb er 1974 das Musical »Der Watzmann ruft«. 1976 gestaltete er die Multimedia-Musical-Show »Karli« für die Wiener Festwochen. Ab 1979 engagierte sich der Liedermacher zunehmend für die Friedensbewegung. Er wurde durch TV-Auftritte und große Tourneen auch in der BRD populär, bis 1986 ein Unfall seine Karriere unterbrach. 1991 knüpfte er mit der LP »Wieder in Wien« erneut an frühere Zeiten an. Er übersetzte den Roman »Mein Name ist Kain« des spanischen Autors Manuel Vicent ins Deutsche und stieg damit erfolgreich in das Buchgeschäft ein.

**David, Johann Nepomuk,** * 30. November 1895 in Eferding (OÖ), † 22. Dezember 1977 in Stuttgart, Komponist.

Zunächst Chorknabe im Stift St. Florian, besuchte D. 1920–1923 die Musikakademie in Wien, wo er bei Joseph → Marx Unterricht erhielt und mit Musikern wie Arnold → Schönberg in Kontakt treten konnte. Seinen Lebensunterhalt bestritt er 1920–1934 als Volksschullehrer und Organist in Wels. Dort gründete er den »Welser Bach-Chor«, mit dem er zahlreiche Kantaten und Motetten Bachs zur Aufführung brachte. D. selbst schuf in dieser Zeit zahlreiche Orchester- und Orgelwerke. Für seine Vokalmusik war die Polyphonie bestimmend, die Orgelwerke folgten konsequent dem Prinzip der Monothematik.

1934 wurde er als Prof. an das Konservatorium in Leipzig berufen, der Stadt, in der einst Bach gewirkt hatte, ab 1939 leitete D. diese Schule. 1945 ging er an das Mozarteum in Salzburg, 1948–1963 lehrte er an der Musikhochschule in Stuttgart.

D. gilt als führender Polyphonist des 20. Jh.s und steht mit seinem Werk in der Tradition von Bach und Bruckner; sein Schaffen begründete eine Schule, der u. a. Anton → Heiller zuzurechnen ist.

**Degischer, Vilma,** * 17. November 1911 in Wien, † 3. Mai 1992 in Baden bei Wien, Kammerschauspielerin.

Die Tochter eines Tirolers und einer Trientinerin wollte ursprünglich Tänzerin werden und nahm 1920–1929 Tanzunterricht. Von dem Schriftsteller und Kritiker Felix → Salten für das Theater entdeckt, absolvierte sie 1929–1931 das Reinhardt-Seminar und debütierte als Hermia in Shakespeares »Ein Sommernachtstraum« unter Max → Reinhardt am Deutschen Theater in Berlin. Seit 1934 wirkt sie – abgesehen von den Jahren 1935–1939 am Volkstheater – am Theater in der Josefstadt, wo sie neben klassischen Dra-

*Vilma Degischer*

men v. a. moderne Stücke spielte, wie die Irene Herms in → Schnitzlers »Der einsame Weg« oder Helene Altenwyl in → Hofmannsthals »Der Schwierige«. Nach unzähligen Rollen in Gesellschaftskomödien galt die beliebte Schauspielerin als »Salondame« schlechthin. Die gefeierte »Grande Dame« der Josefstadt unternahm auch zahlreiche Tourneen und wirkte in etlichen Filmen mit (u. a. »Der veruntreute Himmel«). Sie war mit dem Schauspieler Hermann → Thimig verheiratet. Neben vielen anderen Ehrungen erhielt sie als erste nicht am Burgtheater tätige Schauspielerin den Titel Kammerschauspielerin verliehen.

**Deix, Manfred,** * 22. Februar 1949 in Böheimkirchen (NÖ), Karikaturist.

Seine Ausbildung erhielt D. an der Graphischen Lehr- und Versuchsanstalt und an der Akademie der Bildenden Künste. Anfang der 70er Jahre begann er als Cartoonist zu arbeiten und veröffentlichte seine Karikaturen u. a. regelmäßig im Wiener Wochenmagazin »profil«. Die bitterbösen Zeichnungen des Katzenliebhabers erschienen auch in Sammelbänden. In quälender Direktheit kommentieren sie das Zeitgeschehen und entlarven Schwächen seiner Landsleute. Seit 1991 arbeitet der populäre Künstler auch für das Wiener Massenblatt »Kronen Zeitung«.

**Demel, Anna,** * 4. März 1872 in Wien, † 8. November 1956 in Wien, Besitzerin der gleichnamigen Hofkonditorei.

Anna D. übernahm 1918 die Geschäftsführung der Hofkonditorei, die sich seit 1857 im Besitz der Familie ihres Mannes Christoph D. befand. Das Unternehmen, ein Treff der eleganten Wiener Gesellschaft, besaß damals bereits internationalen Ruf. Anna D. verstand es, den Betrieb auch durch schwere Zeiten zu führen und trotz Not und Krieg »den Demel« zu erhalten. 1952 erhielt sie den an Frauen nur selten verliehenen Titel Kommerzialrat. Um die Berechtigung, die »Original Sachertorte« herzustellen, wurde mit dem Hotel Sacher jahrelang ein Prozeß geführt, der zu Ungunsten der Hofkonditorei ausging.

**Demmer, Fritz,** * 6. April 1884 in Wien, † 17. Juni 1967 in Wien, Chirurg.

Der Sohn eines Hofrats des Vermessungsamtes und Urenkel des berühmten Chirurgen Fritz D. besuchte das Franz-Josephs-Gymnasium in Wien. 1909 schloß er sein Medizinstudium ab. Er begann als Demonstrator bei dem berühmten Anatomen Zuckerkandl und wechselte dann als Assistent zu Hochenegg. Im 1. Weltkrieg schuf er die erste mobile Feldchirurgie. Nach dem Krieg habilitierte er sich für Chirurgie und wurde Primarius im Krankenhaus der Barmherzigen Brüder, 1932 erhielt er eine Professur an der Universität Wien. D. führte die vereinfachte Asepsis der Hände mit desinfizierten Gummihandschuhen ein. Er verfaßte eine große Anzahl wissenschaftlicher Arbeiten.

**Demus, Jörg,** * 2. Dezember 1928 in St. Pölten (NÖ), Pianist.

Der Sohn des bekannten Kunsthistorikers Otto → D. studierte 1940–1945 an der Wiener Kunstakademie und gab bereits als 15jähriger in der Gesellschaft der Musikfreunde in Wien sein erstes öffentliches Konzert. Nach dem Krieg setzte er bei Yves Nat in Paris und bei Walter Gieseking in Saarbrücken seine Ausbildung fort. 1947 absolvierte er die Dirigentenschule, 1956 gewann er in Bozen den internationalen Busoni-Wettbewerb.

D. gehört zu den bedeutendsten Pianisten der österr. Nachkriegsgeneration. Seine eindrucksvolle Karriere führte ihn mit großen Dirigenten (u. a. Karajan) in alle berühmten Konzertsäle der Welt. Er wirkt auch als Kammermusiker und Klavierbegleiter bei Liederabenden von Peter Schreier, Dietrich Fischer-Dieskau u. a. Der Künstler, der an der Wiener Musikakademie eine Meisterklasse leitet, hat zahlreiche Schallplatten aufgenommen, u. a. Gesamteinspielungen der Werke von Schumann und Debussy. Zu seinen wichtigsten Veröffentlichungen zählen der Band »Abenteuer der Interpretation« und (gemeinsam mit Paul → Badura-Skoda) »Die Klaviersonaten von Ludwig van Beethoven« (1970).

**Demus, Otto,** * 4. November 1902 in Harland (NÖ), † 17. November 1990 in Wien, Kunsthistoriker.

Der Sohn eines Arztes studierte unter großen Entbehrungen in Wien als Werkstudent und wurde 1928 zum Dr. phil. promoviert. 1929–1939 wirkte er als Landeskonservator für Kärnten und als Kustos in Wien. 1939 entschloß er sich zur Emigration nach England, wo er am Courtold und am Warburg Institut in London tätig war. Schon sehr früh galt sein Hauptinteresse der byzantinischen Kunst, vor allem den Mosaiken in Venedigs Basilika San Marco. 1945 kehrte er nach Ö. zurück und war 1946–1964 Präsident des Bundesdenkmalamtes. D. trug wesentlich zum Wiederaufbau und zur Konzeption der Denkmalpflege im Ö. der Nachkriegszeit bei. 1963–1973 lehrte er auch an der Wiener Universität. Er war Mitglied zahlreicher wissenschaftlicher Gesellschaften und wiederholt Gastprofessor im Ausland.

*Werke:* »Romanische Wandmalerei« (1968), »The Mosaics of San Marco in Venice« (1984).

**Denk, Wolfgang,** * 21. März 1882 in Linz, † 4. Februar 1970 in Wien, Chirurg.

Nach seinem Medizinstudium war D. zunächst bei dem großen Chirurgen Anton → Eiselsberg tätig. 1924 wurde er Primar im Rudolfspital, 1928 ging er als Prof. nach Graz, 1931 erhielt er den Lehrstuhl für Chirurgie in Wien. D. profilierte sich als namhafter Krebsforscher. In der Bundespräsidentenwahl 1957 unterlag er als gemeinsamer Kandidat von ÖVP und FPÖ mit 48,9 Prozent dem SPÖ-Kandidaten Adolf → Schärf.

**Dermota, Anton,** * 4. Juni 1910 in Kropa (Slowenien), † 22. Juni 1989 in Wien, Kammersänger.

D. studierte zunächst Komposition und Orgelspiel am Konservatorium in Laibach und ab 1934 Gesang in Wien. Seit seinem Debüt 1936 als Ottavio in Mozarts »Don Giovanni« blieb er der Wiener Staatsoper verpflichtet. Ab 1938 war der lyrische Tenor von Weltruf auch ständiges Mitglied der Salzburger Festspiele. D. wurde besonders als Mozart-Interpret international gefeiert; seine in allen Lagen klangschöne Stimme, seine noble Diktion und subtile Phrasierungskunst machten ihn zum idealen Interpreten von Partien wie Belmonte, Ferrando, Don Ottavio oder Tamino. Er hat aber auch als Lenski in Tschaikowskys »Eugen Onegin«, als David in den »Meistersingern«, als Alfred in Verdis »La Traviata« Beifall gefunden. Ebenso war er als Liedinterpret, am Klavier begleitet von seiner Frau Hilde Berger-Weyerwald, auf zahlreichen Tourneen sehr erfolgreich. Ab 1966 wirkte D. als Lehrer an der Wiener Musikakademie.

*Anton Dermota*

**Deutelmoser, Ferdinand,** * 6. März 1875 in Plzeň/Pilsen (Böhmen), † 14. Jänner 1941 in Wien, Flugpionier.

D. absolvierte die Technische Militärakademie und einen Ingenieur-Offizierskurs. Ab 1913 war er Mitglied der k. u. k. Fliegertruppe. Im 1. Weltkrieg Lenkballonführer und einer der besten Feldpiloten, stieg er zum General und Kommandanten der österr. Luftstreitkräfte auf. 1919 übernahm er die Leitung des Luftverkehrsamtes und begründete damit die österr. Zivilluftfahrt. Er war später Generaldirektor der österr. Luftverkehrs AG. 1928 nahm er als Vertreter Ö.s an der Internationalen Luftfahrtkonferenz in Washington teil.

**Deutsch, Ernst,** * 16. September 1890 in Prag, † 22. März 1969 in Berlin, Kammerschauspieler.

Der große Bühnendarsteller stammte aus einer altösterr. jüdischen Familie. Von Berthold → Viertel entdeckt, debütierte er an der »Wiener Schaubühne«, ging dann nach Dresden und kreierte in der Titelrolle von Walter Hasenclevers Stück »Der Sohn« einen expressionistischen Darstellungsstil. 1917 holte ihn Max → Reinhardt nach Berlin. D. spielte dort bis 1933. Sein breites Repertoire reichte von William Shakespeare bis zum zeitgenössischen Drama. Gastspiele führten ihn u. a. nach Wien und Prag. 1938 mußte er emigrieren und war lange in Hollywood als Filmschauspieler tätig. 1947 kehrte er aus dem amerikanischen Exil zurück und ließ sich in Wien nieder, wo er sich am Burgtheater als großer, gereifter Schauspieler etablierte. Sein Nathan, Shylock und Professor Bernhardi wurden zu legendären Meilensteinen des deutschsprachigen Nachkriegstheaters. In einer Tournee, die durch den gesamten deutschen Sprachraum führte, spielte D. den Vater in der dramatisierten Fassung des »Tagebuchs der Anne Frank«.

Mit »Nathan der Weise« trat er kurz vor seinem Tod in Jerusalem auf. Sein Kommentar damals: »Das hier spielen und sprechen zu dürfen, dafür hat sich vieles im Leben gelohnt.«

**Deutsch, Julius,** * 2. Februar 1884 in Lackenbach (B), † 17. Jänner 1968 in Wien, Offizier und Politiker.

Der Sohn kleiner Wirtsleute arbeitete nach der Bürgerschule eine Zeitlang als Buchdruckerlehrling und Fabriksarbeiter, daneben besuchte er Abendkurse. Bereits mit 15 Jahren trat er dem sozialdemokratischen Verein der jugendlichen Arbeiter bei und gehörte zu den Mitbegründern der Zeitschrift »Der jugendliche Arbeiter«. Gefördert von Victor Adler und Ludo Moritz Hartmann, holte er die Mittelschule nach. Ab 1905 studierte er in Zürich Jus und schrieb sozialwissenschaftliche Arbeiten, die große Beachtung fanden, wie 1903 »Die Lehrlingsfrage«. Nach der Promotion 1908 kehrte D. nach Wien zurück und arbeitete im Zentralsekretariat der SDAP und bei der »Arbeiter-Zeitung«. 1917 vertrat er die Gewerkschaften im Kriegsministerium in der Beratungsstelle für Probleme der Kriegsindustrie. Nach Ausrufung der Republik fungierte er als Unterstaatssekretär bzw. Staatssekretär für das Heerwesen. Beim Aufbau der Volkswehr sicherte er den Einfluß der Sozialdemokra-

*Ernst Deutsch*

tie. 1920 trug er wesentlich zum neuen Wehrgesetz bei, das den Soldaten staatsbürgerliche Rechte garantierte. Als Nationalratsabgeordneter 1920–1934 wirkte er bis 1932 auch als Parlamentskommissär für das Heereswesen. 1923 wurde er Obmann des »Republikanischen Schutzbundes«, nach dessen Versagen im Jahre 1927 von ihm eine weitere Militarisierung betrieben wurde, die zum Konflikt mit General Theodor → Körner führte. Trotzdem blieb er verhandlungsbereit, sein Angebot von 1933, gemeinsam mit den Christlichsozialen gegen die Nationalsozialisten zu marschieren, beweist es. Im Februar 1934 flüchtete er in die ČSR, wo er im Auslandsbüro der österr. Sozialisten tätig war. 1936–1939 kämpfte er als General im Spanischen Bürgerkrieg, dann ging er nach Frankreich ins Exil. Von dort emigrierte er in die USA, wo er vergeblich eine österr. Exilregierung zu bilden versuchte. Schon im Exil plädierte er für die Zusammenarbeit der ehem. politischen Gegner. 1946 kehrte er nach Wien zurück, konnte aber wegen politischer Differenzen nicht mehr recht Fuß fassen.

*Werke:* »Die Kinderarbeit und ihre Bekämpfung« (1907), »Die Tarifverträge in Ö.« (1908), »Geschichte der österr. Gewerkschaftsbewegung« (1908), »Ein weiter Weg – Lebenserinnerungen« (1960).

**Deutsch, Otto Erich,** * 5. September 1883 in Wien, † 23. November 1967 in Wien, Musikforscher.

D. nimmt als Schubert-Forscher unter den österr. Musikwissenschaftlern des 20. Jh.s einen besonderen Rang ein. 1951 publizierte er das »Thematische und chronologische Verzeichnis der Werke Franz Schuberts«, kurz »Deutsch-Verzeichnis« genannt, das einen Meilenstein in der musikalischen Dokumentarwissenschaft darstellt. D. edierte auch Schriften und Dokumentarsammlungen über Händel, Beethoven u. v. a. und hat sich als Mitarbeiter der Neuen Mozart-Ausgabe sowie der Originalausgaben der Werke Schuberts unschätzbare Verdienste erworben.

D. studierte in Wien und Graz Kunst- und Literaturgeschichte, 1926–1935 war er Bibliothekar der Sammlung Anthony von Hoboken und lebte, zur Emigration gezwungen, 1939–1953 in Cambridge, danach wieder in Wien. 1962–1965 war er mit Bernhard → Paumgartner und Alfred → Orel Vorsitzender des Zentralinstituts für Musikforschung in Salzburg.

*Werke:* »Franz Schubert. Die Dokumente seines Lebens und Schaffens« (1913/14, 1946 mit Kommentar), »Mozart. Die Dokumente seines Lebens« (1931).

**Dichand, Hans,** * 29. Jänner 1921 in Graz, Journalist.

D., seit 1959 Chefredakteur, dann Miteigentümer und Herausgeber der »Neuen Kronen-Zeitung«, wuchs in einem engen, zerstrittenen Elternhaus auf. Nach der Hauptschule erlernte er den Schriftsetzerberuf, bestand 1939 die Externistenmatura und wurde 1940 zur Deutschen Wehrmacht einberufen. 1945 kehrte aus der Kriegsgefangenschaft zurück und arbeitete beim »Englischen Nachrichtendienst Graz«. Als Chefredakteur war D. 1946–1949 bei der »Murtaler Zeitung« in Judenburg, 1949–1955 bei der »Kleinen Zeitung« in Graz und 1955–1958 beim »Wiener Kurier« tätig. Mit der 1959 gegründeten »Neuen Kronen-Zeitung«, die bald die mit Abstand auflagenstärkste Tageszeitung in Ö. wurde, stieg er zum heimischen Medienzaren auf. Von seinem Teilhaber Kurt → Falk trennte er sich 1987 zugunsten der »Westdeutschen Allgemeinen Zeitung« (WAZ-Gruppe). D. ist auch Buchautor, TV-Filmemacher (u. a. »Die Griechin. Kaiserin Elisabeth und ihr Achilleion auf Korfu«, 1990) und ein bedeutender Kunstsammler.

*Werke:* »Kronen-Zeitung – Geschichte eines Erfolges« (1977), »Jugendstil-Postkarten« (1978), »Begegnung mit Paris« (1981), »Schiele, Klimt und die anderen« (1985), »Die Künstler der klassischen Moderne in Österreich« (Hg., 1990).

**Dinghofer, Franz,** * 6. April 1873 in Ottensheim (OÖ), † 12. Jänner 1956 in Wien, Jurist und Politiker.

Der Jurist, der einem liberalen Elternhaus entstammte, kam an der Universität Graz in Kontakt mit der nationalen Studentenverbindung »Ostmark«. Ab 1897 arbeitete er beim Linzer Landesgericht und später als Bezirksrichter in Urfahr. Er gehörte dem Deutschnationalen Verein an, in Linz gründete er den Deutschen Volksbund. Seit 1901 Mitglied des Linzer Gemeinderats, wurde er 1907 zum Bürgermeister der Stadt gewählt – als jüngster in der gesamten Donaumonarchie. Außerdem war er Mitglied des oö. Landtags und seit 1911 Abgeordneter der Deutschen Volkspartei im Reichsrat, wo er schnell eine große Rolle spielte. Er beschäftigte sich mit der Reform der Beamtendienstpragmatik und Fragen des Wohnbaus. Seit 1917 Obmann der neugegründeten Deutschnationalen Partei, wurde er 1918 zum Präsidenten der Provisorischen Nationalversammlung gewählt. Obwohl Monarchist, war er es, der am 12. November 1918 von der Rampe des Parlaments die Republik Deutschösterreich ausrief. Als Anschlußanhänger gehörte er 1920–1928 als Abgeordneter der Großdeutschen Volkspartei dem Parlament an.

1926/27 fungierte er im Kabinett → Seipel als Vizekanzler, 1927/28 als Justizminister. Sein Hauptaugenmerk galt der Angleichung österr. Rechts an das deutsche. 1928 trat er zurück, da er sich geweigert hatte, den ungarischen Kommunistenführer Béla Kun an Ungarn auszuliefern. In der Folge Präsident des Obersten Gerichtshofes, wurde er 1938 von den Nationalsozialisten zwangspensioniert.

*Lit.:* W. Gredler, F. D., in: NöB 19; F. Mayrhofer, F. D. Leben und Wirken (1873–1956), in: Hist. Jahrbuch der Stadt Linz (1969).

**Dirtl, Willy,** * 4. März 1931 in Wien, Solotänzer.

Seine Tante Risa D., die an der Wiener Staatsoper Solotänzerin war, brachte ihn zur Tanzkunst. 1940 trat D. als Eleve in die Ballettschule der Wiener Staatsoper ein, 1948 wurde er im Corps de ballet fix angestellt und 1950 zum Solisten, 1951 zum Ersten Solotänzer ernannt. Das Repertoire des graziösen Tänzers, das er auch

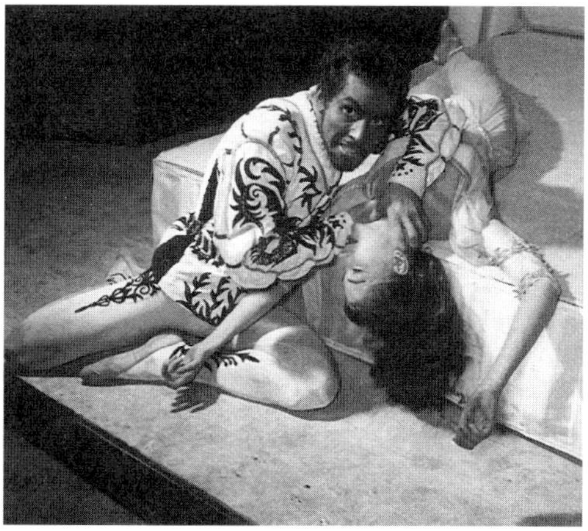

*Willy Dirtl mit Christl Zimmerl in »Der Mohr von Venedig«*

auf zahlreichen Gastspielen im Ausland zeigte, umfaßte sowohl das gesamte klassische wie das Charakterfach, darunter Welturaufführungen wie »Der Mohr von Venedig«. D. wirkte auch bei zahlreichen Filmen und TV-Produktionen als Tänzer, Choreograph und Schauspieler mit. 1970 beendete er seine künstlerische Laufbahn und trat in die Autofirma seines Schwiegervaters ein.

**Dobretsberger, Josef,** * 28. Februar 1903 in Linz, † 23. Mai 1970 in Graz, Jurist, Nationalökonom und Politiker.

Der Sohn einer alteingesessenen Linzer Familie studierte in Wien Staatswissenschaften und war Assistent bei Hans → Kelsen. Nach seiner Habilitation für Volkswirtschaft supplierte er den Lehrstuhl für Nationalökonomie in Graz, bereits 1931 wurde er Univ.-Prof. für politische Ökonomie. 1934/35 gehörte er dem Generalrat der Oesterr. Nationalbank an. Im Oktober 1935 berief ihn → Schuschnigg als Sozialminister in sein Kabinett, obwohl D. zum »Ständemythos« Distanz bewahrte. Als Minister setzte er sich für eine gewisse Liberalisierung der Satzungen des Einheitsgewerkschaftsbunds ein und billigte ausdrücklich die Gründung der Sozialen Arbeitsgemeinschaft (SAG), die für eine Versöhnung mit den Sozialdemokraten eintrat. D. zählte zu den

Vertretern des »christlichen Solidarismus«. Schon im Mai 1936 mußte er resignieren, zu groß war die Anzahl seiner Gegner, zu denen u. a. der Waffenproduzent Fritz → Mandl gehörte. D. kehrte an die Universität nach Graz zurück. 1938 von den Nationalsozialisten entlassen, wählte er den Weg der Emigration und lehrte als Prof. in Istanbul und Kairo. Erst 1946 kehrte er nach Graz zurück. Er wurde Mitbegründer und 1949 Bundesobmann der »Demokratischen Union«, die sich 1953 mit der KPÖ und Linkssozialisten zur Wahlgemeinschaft »Volksopposition« vereinigte. Als Wissenschaftler beschäftigte sich D. mit Wissenschaftstheorie und Wissenssoziologie sowie Wirtschafts- und Sozialpolitik.

*Werke:* »Freie oder gebundene Wirtschaft« (1932), »Vom Sinn und Werden des neuen Staates« (1934), »Katholische Sozialpolitik am Scheideweg« (1947), »Der geistige Arbeiter und die Volksopposition« (1953).

**Dobrowsky, Josef,** * 22. September 1899 in Karlovy Vary/Karlsbad (Böhmen), † 9. Jänner 1964 in Tullnerbach (NÖ), Maler.

D. studierte in Wien an der Kunstgewerbeschule und an der Akademie der Bildenden Künste bei Christian Griepenkerl und Rudolf Bacher. Er war ab 1919 Mitglied, später Ehrenmitglied der Wiener Secession. 1946–1963 wirkte er als Prof. an der Akademie, zu seinen Schülern zählen Josef → Mikl und Wolfgang → Hollegha. Der einflußreiche Künstler, der im Zeichen des Expressionismus malte, schuf vorwiegend Porträts und Landschaften in neusachlicher Manier mit gedämpfter bis greller Farbigkeit. Seine Arbeiten sind in zahlreichen Sammlungen des In- und Auslands vertreten.

*Lit.:* J. D. (Kat. Galerie Würthle, 1979).

**Doderer, Heimito (schrieb unter H. von D.),** * 5. September 1896 in Weidlingau bei Wien, † 23. Dezember 1966 in Wien, Schriftsteller.

*Heimito von Doderer*

D. war ein Urgroßneffe von Nikolaus Lenau und stammte aus einer wohlhabenden Architektenfamilie. Im 1. Weltkrieg Offizier, geriet er in russische Kriegsgefangenschaft und verbrachte vier Jahre (1916–1920) in Sibirien. Danach studierte er Geschichte und Psychologie (Promotion: 1925). 1933–1938 Mitglied der illegalen NSDAP, konvertierte er 1940 zum Katholizismus. Im 2. Weltkrieg war er Luftwaffenoffizier.

D. lebte seit 1923 als freier Schriftsteller. Seine Gedichte, Erzählungen, Romane und Essays sind von großer Gedankenschärfe und sprachlicher Schöpferkraft. Er war eng mit → Gütersloh befreundet, den er als sein literarisches Vorbild bezeichnete und für dessen Werk er sich mit Nachdruck einsetzte (»Der Fall Gütersloh«, 1930). Sein Romanwerk ist von James Joyce, Robert → Musil und Marcel Proust beeinflußt. Der literarische Durchbruch erfolgte 1951 mit »Die Strudelhofstiege«, 1956 folgten »Die Dämonen«. In diesen beiden großen Romanen schildert D. in virtuoser Erzähltechnik und brillanter, metaphorischer Sprache die Wiener Gesellschaft der 20er Jahre. Er gilt als großer Chronist österr. Geschichte.

*Werke:* »Ein Weg im Dunkeln« (Geschichte, 1957), »Die Posaunen von Jericho« (Erzählungen, 1958), »Die Merowinger oder die totale Familie« (Roman, 1962) und der auf 4 Teile konzipierte »Roman No. 7«, von dem nur zwei Teile erschienen sind: »Die Wasserfälle von Slunj« (1963) und »Der Grenzwald« (1967).

*Lit.:* D. Weber, H. v. D. (1983).

**Dohnal, Johanna,** * 14. Februar 1939 in Wien, Industriekauffrau und Politikerin.

Die gelernte kaufmännische Angestellte begann ihre politische Tätigkeit bei den »Wiener Kinderfreunden« der SPÖ. Ab 1969 wirkte sie als Bezirksrat und 1973–1979 im Wiener Gemeinderat und Landtag mit den Arbeitsschwerpunkten Soziales und Konsumentenschutz. 1972–1979 zur Landesfrauensekretärin der SPÖ Wien bestellt, wurde sie 1987 Bundesvorsitzende der SPÖ-Frauen und damit stellvertretende Parteivorsitzende. 1979 wurde die engagierte Kämpferin für Frauenbelange Staatssekretärin im Bundeskanzleramt. Ihrem persönlichen Einsatz ist es zu danken, daß frauenpolitische Fragen in der Öffentlichkeit diskutiert werden. Zahlreiche frauenfördernde Gesetze und Initiativen, wie die Einrichtung eines »Frauenhauses«, sind Ergebnis ihrer Bemühungen. Seit 1990 vertritt sie die Rechte der Frauen als Bundesministerin im Bundeskanzleramt.

**Dollfuß, Engelbert,** * 4. Oktober 1892 in Texing (NÖ), † 25. Juli 1934 (ermordet) in Wien, Agrarfachmann und Politiker.

Der uneheliche Sohn einer Bauerntochter und eines Müllergehilfen besuchte das bischöfliche Knabenseminar in Hollabrunn und nach der Matura kurze Zeit das Priesterseminar. Er begann in Wien Jus zu studieren, rückte im 1. Weltkrieg ein und setzte danach sein Studium fort. Er engagierte sich lebhaft in der Hochschulpolitik und war Mitglied der CV-Verbindung »Franco-Bavaria«. Währenddessen arbeitete er in einer Rechtsanwaltskanzlei und in der deutschnationalen Geheimgesellschaft »Deutsche

*Engelbert Dollfuß*

Gemeinschaft«. 1920 ermöglichte ihm der nö. Bauernbund ein Studienjahr in Berlin. Nach Wien zurückgekehrt, erhielt er eine Anstellung als Sekretär des nö. Bauernbundes, 1923 erfolgte seine Promotion zum Dr. jur. Schon 1922 in der neugegründeten nö. Landwirtschaftskammer angestellt, wurde er 1927 Kammeramtsdirektor. Sein glänzender Ruf als Organisator brachte ihm 1930 die Bestellung zum Präsidenten der Verwaltungskommission der Österr. Bundesbahnen. Als Agrarpolitiker widmete sich der Christlichsoziale dem Ausbau des Genossenschaftswesens und des landwirtschaftlichen Bildungswesens. Durch Einführung der Marktordnungsgesetze setzte er europäische Maßstäbe, seine Ideen gestalteten den modernen Verbände- und Kammernstaat mit.

Zunächst 1931 Landwirtschaftsminister, wurde er 1932 eher als Kompromißkandidat von den Christlichsozialen als Bundeskanzler nominiert. Seine parlamentarische Basis war durch das Ausscheiden der Großdeutschen äußerst schmal. So nützte er im März 1933 eine Geschäftsordnungskrise des Parlaments, um diese Institution auszuschalten und mit Ausnahmegesetzen zu regieren.

Wesentlich vom italienischen Diktator Benito Mussolini beeinflußt, drängte er die Sozialdemokratie systematisch zurück. Anstelle der bisherigen Parteien sollte die neue »Vaterländische Front« treten, wobei auch die Christlichsozialen unter die Räder kamen. Sein Zweifrontenkampf gegen Sozialdemokratie und die vom Dritten Reich unterstützten Nationalsozialisten glich einem »Stolpern in die Radikalität«. Seine starre Haltung gegenüber den Sozialdemokraten führte zu den tragischen Kämpfen des Februar 1934. Die Nationalsozialisten, die er ebenfalls in die Illegalität gedrängt hatte, unternahmen im Juli 1934 einen Putschversuch, in dessen Verlauf D. erschossen wurde.

*Lit.:* G. Jagschitz, E. D., in: Weissensteiner/Weinzierl, Die österr. Bundeskanzler (1983), G. Jagschitz, Der Putsch (1976).

**Domenig, Günther,** * 6. Juli 1934 in Klagenfurt, Architekt.

Nach Absolvierung der Handelsschule in Villach studierte D. 1953–1959 Architektur an der Technischen Hochschule in Graz. Danach war er als freier Architekt in Klagenfurt, Graz und Wien tätig. Seit 1981 wirkt D. als Prof. an der Grazer Technischen Hochschule. Zu seinen wichtigsten Bauten gehören das Pfarrzentrum in Oberwart (1965–1969), die Freibadanlage in Feldbach (St), die Filiale einer Sparkasse in Wien-Favoriten (1974–1979) und ein Schuhgeschäft in der Wiener Alser Straße.

**Domes, Franz,** * 25. Juni 1863 in Wien, † 11. Juli 1930 in Wien, Schlosser und Gewerkschafter.

Nach seiner Schlosserlehre war D. im väterlichen Betrieb tätig bzw. ging noch traditionsgemäß auf die Walz. 1885–1888 diente er bei der Festungsartillerie in Olmütz, danach war er im Artilleriearsenal in Wien beschäftigt. Schon 1879 war er dem Allgemeinen Arbeiterverein beigetreten. D. war Mitbegründer des Metallarbeiterverbandes und ab 1898 dessen Sekretär. Er führte, v. a. während des 1. Weltkrieges, einen zähen Kampf um die Rechte der Arbeiter in den militarisierten Betrieben. 1906–1920 gehörte er dem Wiener Gemeinderat an, ab 1911 dem Reichsrat. 1918 wurde er Obmann des Metallarbeiterverbandes. 1919–1930 war er Abgeordneter im Nationalrat. Ab 1920 amtierte er als Präsident der neu geschaffenen Wiener Kammer für Arbeiter und Angestellte und auch als Präsident des österr. Arbeiterkammertages.

**Dönch, Karl,** * 8. Jänner 1915 in Hagen (Westfalen), Kammersänger.

D. studierte am Dresdner Konservatorium. Er debütierte 1936 in Görlitz als Doktor Bartolo im »Barbier von Sevilla«. Im Jahr darauf sang er dort als 22jähriger den Beckmesser, eine Rolle, die er später immer wieder gesungen hat, an der New Yorker »Met« war er 1959–1972 überhaupt der einzige Vertreter dieser Partie. 1945 erhielt der Baßbariton ein Engagement am Salzburger Stadttheater, 1947 wurde er Mitglied der Wiener Staatsoper. Er sang große Partien wie den Doktor in »Wozzeck«, den Don Pasquale, den Leporello, den Großinquisitor in »Don Carlos«. Auf Gastspielen trat er weltweit an allen großen Opernhäusern auf. Der humorvolle Künstler war auch bei den Salzburger Festspielen tätig.

1973–1987 leitete D. mit Geschick und Erfolg die Wiener Volksoper. Er baute ein junges Ensemble auf, stand selbst in zahlreichen Rollen auf der Bühne, z. B. als Hexe in Humperdincks »Hänsel und Gretel«. Er versuchte eine »Volksoper« im besten Sinne des Wortes zu realisieren. Insgesamt gab es in seiner Ära 39 Opern- und 24 Operettenpremieren, 12 Ballette und 5 Musicals; auch neue Regiekonzepte kamen zum Zug: eine Bilanz, die sich sehen lassen kann.

**Donin, Richard Kurt,** * 4. Juni 1881 in Wien, † 1. Mai 1963 in Wien, Jugendfürsorger und Kunsthistoriker.

Der früh verwaiste Sohn eines Waldviertler Mühlenbesitzers wurde zunächst Jurist (Dr. juris: 1905). Bis 1931 wirkte er in der Jugendfürsorge und war Leiter des von ihm begründeten nö. Landesjugendamtes. Daneben studierte er Kunstgeschichte und klassische Archäologie (Dr. phil.: 1913) und widmete sich schon früh der kunstgeschichtlichen Forschung. Sein Spezialgebiet war die Geschichte der österr. Architektur, um deren Erforschung er sich große Verdienste erwarb. Anfänglich an der romanischen Bauperiode interessiert, befaßte er sich zunehmend mit der gotischen Architektur. Ein weiterer Schwerpunkt seiner Forschung galt den Beziehungen zwischen italienischer und österr. Kunst. Der Gelehrte war auch ein ehrenamtlicher Denkmalpfleger und ein Liebhaber der Exlibris-Gebrauchsgraphik.

*Werke:* »Die romanischen Portale in NÖ« (1915), »Bettelordenskirchen der österr. Gotik« (1935), »Stilgeschichte des Exlibris« (1946), »Vincenzo Scamozzi und der Einfluß Venedigs auf die Salzburger Architektur« (1948).

**Dor, Milo (eigtl. Milutin Doroslovac),** * 7. März 1923 in Budapest, Schriftsteller.

Der Arztsohn wuchs in Belgrad auf. Ab 1941 Mitglied der Widerstandsbewegung, wurde er verhaftet und 1943 nach Wien deportiert. Nach Kriegsende blieb er freiwillig in Wien und studierte Theaterwissenschaften und Romanistik. Ab 1949 lebte er als freier Schriftsteller und publizierte gemeinsam mit Reinhard → Federmann Anthologien und Romane. Mit seinem autobiographischen Roman »Tote auf Urlaub« (1952), den er mit den beiden Bänden »Nichts als Erinnerung« (1959) und »Die weiße Stadt« (1969) zur Trilogie erweiterte, wurde er schlagartig bekannt. D. übersetzte auch u. a. Ivo Andrić und Miroslav Krleža aus dem Serbokroatischen und verfaßte Reisefeuilletons und Drehbücher für Fernsehfilme. Der preisgekrönte Schriftsteller ist Präsident der Interessengemeinschaft Österr. Autoren.

*Werke:* »Meine Reisen nach Wien« (Erzählungen, 1974), »Auf dem falschen Dampfer. Fragmente einer Autobiographie« (1988), »Der Mann, der fliegen konnte« (1990), »Schriftsteller und Potentaten. Schriften aus 5 Jahrzehnten« (1991).

**Dörfel, Franz,** * 5. Juli 1879 in Chomutov/Komotau (Böhmen), † 26. April 1959 in Wien, Betriebswirt und Verkehrsfachmann.

Der Sohn eines Großkaufmanns absolvierte die Handelsakademie in Aussig und die Handelshochschule in Leipzig. Im Anschluß daran studierte er Staatswissenschaften in Tübingen. Nach kurzer Tätigkeit an der Handelsakademie in Aussig unterrichtete er bei den Schulbrüdern in Strebersdorf. Schließlich übernahm er als Leiter die neue Wiener Handelsakademie, ab 1921 war er Prof. an der Hochschule für Welthandel. D. widmete sich v. a. der Betriebswirtschaftslehre, mit Schwerpunkt auf dem Verkehrs- und Versicherungswesen. 1921–1957 stand er dem Institut für Verkehrs- und Versicherungswesen vor, 1946–1951 auch dem Institut für Fremdenverkehrswirtschaft und dem Wirtschaftspädagogischen Institut. Er gab u. a. die »Zeitschrift für Betriebswirtschaft« heraus.

*Werke:* »Lehrbuch der Buchhaltung für höhere kaufmännische Lehranstalten« (1916), »Die Goldbilanz in Österreich« (1925), »Versicherungswirtschaftslehre« (1931).

**Dorsch, Käthe,** * 29. Dezember 1890 in St. Peter bei Nürnberg, † 25. Dezember 1957 in Wien, Kammerschauspielerin.

Schon mit 16 Jahren war D. Choristin am Nürnberger Stadttheater. Später an verschiedenen deutschen Bühnen und am Deutschen Volkstheater in Wien tätig, wurde sie 1939 an das Burgtheater engagiert, wo sie als Maria Stuart debütierte. Bis 1944 und dann wieder ab 1946 spielte die große Schauspielerin an der »Burg« zahlreiche Frauenrollen, wie die Cäcilia in »Stella«, Frau Ahring in »Gespenster«, Orsina in »Emilia Galotti«, Olivia Geis in »Des Teufels General«, und verlieh ihnen eine zutiefst menschliche Dimension. Dank ihrer großen

*Nico Dostal*

persönlichen Ausstrahlung war sie auch beim Film erfolgreich, ob als resolute »Lindenwirtin« (1930), als naives Mädchen vom Lande in »Drei Tage Liebe« (1931) oder im Filmepos »Mutterliebe« (1939). D.s letzte große Theaterrolle war die Elisabeth in »Maria Stuart«, die sie – bereits vom Tod gezeichnet – in Berlin bei einem Gastspiel des Burgtheaters gab.

**Dostal, Nico,** * 27. November 1895 in Korneuburg (NÖ), † 25. Oktober 1981 in Salzburg, Operettenkomponist.

Zwar sollte er auf Wunsch der Eltern Jurist werden, doch zog es D. zur Musik. Schon im Linzer Gymnasium beschäftigte er sich mit Harmonielehre. Er begann zu komponieren und schuf zunächst Kirchenmusik. Als Theaterkapellmeister in Innsbruck, St. Pölten und Salzburg und als freier Arrangeur für Oscar → Straus, Franz → Lehár und Robert → Stolz wandte er sich schließlich der Operette zu. Mit »Clivia«, 1933 in Berlin uraufgeführt, gelang ihm sofort der Durchbruch. Seine größten Erfolge waren danach »Die ungarische Hochzeit« (1939), »Marina« (1942) und »Zirkusblut« (1951). D. gilt als letzter Vertreter der sogen. Silbernen Operettenära. Er schrieb die Musik zu zahlreichen Filmen (u. a. »Kaiserwalzer«, »Geierwally«) und komponierte neben gehobener Unterhaltungsmusik auch Suiten, Ballette und symphonische Intermezzi für große Orchester. Ab 1945 lebte er in Wien und Salzburg.

**Drach, Albert,** * 17. Dezember 1902 in Wien, Schriftsteller und Jurist.

Der Sohn eines Gymnasialprofessors besuchte das Akademische Gymnasium in Wien und eröffnete 1934 nach dem Jusstudium eine Anwaltspraxis in Mödling. Als Jude mußte er 1938 emigrieren und kehrte erst 1948 wieder in die Heimat zurück.

Obwohl bereits 1919 der Lyrikband »Kinder der Träume« und 1929 sein erstes Drama »Marquis de Sade« veröffentlicht wurden, blieb D. als Schriftsteller lange unbekannt. Bis 1964 sein erster Roman »Das große Protokoll gegen Zwetschkenbaum« erschien (Neuaufl. 1989). Das Buch, das die Odyssee eines ostgalizischen Juden im 1. Weltkrieg und danach schildert, war wegen seiner wortgewaltigen Sprache und seiner gekonnten Verfremdungseffekte eine literarische Sensation. Es folgten die autobiographischen Romane »›Z.Z‹ das ist die Zwischenzeit« (1968) und »Unsentimentale Reise« (1968). 1988 erhielt er mit dem Georg-Büchner-Preis eine der höchsten Literaturauszeichnungen des deutschsprachigen Raums. Das Œuvre von D., einem Einzelgänger in der österr. Gegenwartsliteratur, umfaßt Romane, Dramen, Erzählungen, Essays und Gedichte.

**Drapal, Julia,** * 28. Februar 1917 in Wien, † 19. Dezember 1988 in Wien, Tänzerin.

Schon mit 4 Jahren stand D. als Kind der Madame Butterfly auf der Bühne der Wiener Staatsoper. Mit 7 Jahren begann sie mit der Ballettschule, als 12jährige wurde sie in das Staatsopernballett aufgenommen. Bereits 1935 avancierte die »Fanny Elßler des 20. Jh.s« zur Solotänzerin. 1949 erreichte sie den Gipfel ihrer glanzvollen Karriere und wurde Primaballerina.

D. tanzte alle Rollen des klassischen Repertoires sowie den Schusterbuben im »Zigeunerbaron«, der eigens für sie kreiert wurde, oder die Wäschereiinhaberin in dem Ballett »Der liebe Augustin«. Die große Tänzerin begeisterte auch auf zahllosen Gastspielen des Staatsopernballetts das Publikum. Sie zählte zu den bedeutendsten Persönlichkeiten der Wiener Staatsoper und war auch beim Film und als Choreographin tätig. Ihr Name ging zuletzt im Zusammenhang mit der skandalösen Mordserie im Lainzer Krankenhaus mehrmals durch die Presse.

**Draxler, Ludwig,** * 18. Mai 1896 in Wien, † 28. November 1972 in Wien, Jurist.

Der Sohn eines Staatsbeamten besuchte das Humanistische Gymnasium und studierte in Wien und Innsbruck Jus. Im 1. Weltkrieg Frontoffizier, promovierte er 1922 zum Dr. iuris und wurde Strafverteidiger sowie Berater für zahlreiche Unternehmungen. 1928 trat er der Heimwehr bei, wurde 1930 Rechtsanwalt und Rechtskonsulent der Bundesführung der Heimwehr und Anwalt → Starhembergs. Ab 1930 vertrat er auch die Interessen der Familie Habsburg-Lothringen. 1934 wurde er zum Vizepräsidenten des Credit-Instituts nominiert. 1935/36 berief ihn Kurt → Schuschnigg als Finanzminister in sein Kabinett. Im März 1938 von der Gestapo verhaftet, kam er mit dem sogen. »Prominententransport« in das KZ Dachau. Nach seiner Haftentlassung diente er ab September 1939 als Fliegerhauptmann. Außerdem betätigte er sich als Rechtsanwalt und Syndikus der Dresdner Bank. Nach dem Krieg arbeitete er als Wirtschaftsanwalt und als Rechtsvertreter des Hauses Habsburg-Lothringen.

**Dreger, Moritz,** * 3. Juni 1868 in Wien, † 26. April 1939 in Wien, Kunsthistoriker.

Nach dem Studium der Kunstgeschichte und Absolvierung des Instituts für österr. Geschichtsforschung unternahm D. ausgedehnte Reisen durch Europa und in den Orient. Danach arbeitete er 20 Jahre lang am österr. Museum für Kunst und Industrie (heute Museum für Angewandte Kunst) als Kustos und zuletzt als stellvertretender Direktor. Er widmete sich insbesondere der wissenschaftlichen Bearbeitung der Textilsammlung. 1901–1907 lehrte er als Privatdozent in Wien, 1917–1926 als Prof. an der Universität Innsbruck und anschließend bis 1936 an der Technischen Hochschule in Wien.

*Werke:* »Baugeschichte der k. k. Hofburg in Wien bis zum 19. Jh.« (1914).

**Drimmel, Heinrich,** * 16. Jänner 1912 in Wien, † 2. November 1991 in Wien, Beamter der Unterrichtsverwaltung und Politiker.

Der Sohn eines k. k. Sicherheitswachmanns studierte in Wien Jus. 1933 übernahm er den Vorsitz in der Katholischen Hochschülerschaft. Nach seiner Promotion 1936 arbeitete er zunächst in der Finanzlandesdirektion Wien, 1937 wechselte er in das Unterrichtsressort. 1929 war er der Heimwehr beigetreten. Anläßlich der Februarkämpfe 1934 kam er im Schutzkorps zum Einsatz, 1937 übernahm er die Führerschaft des Schutzkorps der Studentenschaft (Stufko). 1938 wurde er in der Finanzverwaltung in Berlin ein-

*Heinrich Drimmel*

gesetzt. 1941 mußte er einrücken und geriet in US-Kriegsgefangenschaft. Nach seiner Rückkehr 1946 war er wieder im Unterrichtsressort tätig, wirkte als Sekretär des Unterrichtsministers → Hurdes und übernahm 1952 die Leitung der Hochschulsektion. 1954–1964 wirkte er als Unterrichtsminister. Er trug wesentlich zu den Schulgesetzen 1962 und zu den vorbereitenden Verhandlungen zum Abschluß des Konkordats bei. Außerdem war er Initiator der Hochschulreform. In seine Amtszeit fiel zudem die Gründung des Museums des 20. Jahrhunderts in Wien und der Akademie für Musik und Darstellende Kunst in Graz. 1963 kandidierte er als Parteiobmann auf dem Klagenfurter Parteitag der ÖVP und unterlag eindeutig gegen Josef → Klaus. Er verlegte dann seinen politischen Schwerpunkt in die Wiener Kommunalpolitik, 1964–1969 amtierte er als Vizebürgermeister in Wien. Nach einem Wahldebakel 1969 kehrte er wieder ins Unterrichtsressort zurück. 1971 zog er sich ganz aus dem politischen Leben zurück. In der Folge trat er als erfolgreicher Autor einer Reihe von Büchern zur Geschichte Ö.s hervor.

*Werke:* »Die Häuser meines Lebens« (1975), »Der konservative Mensch und die Revolution« (1976), »Gott mit uns. Das Ende einer Epoche« (1977), »Gott sei uns gnädig. Die Welt von Josef Stalin bis Jimmy Carter« (1979), »Ö. 1918–1938« (3 Bde., 1985–1987).

**Dubrovic, Milan,** * 26. November 1903 in Wien, Journalist.

Nach dem Studium der Kunstgeschichte und Soziologie begann D. 1927 seine Karriere als Journalist bei der unabhängigen »Wiener Allgemeinen Zeitung«. Als Kulturredakteur lebte er in der Welt der Kaffeehausliteraten rund um das Café Central und das Café Herrenhof. 1930 wechselte er zum »Neuen Wiener Tagblatt«, wo er bis zum Ende des 2. Weltkriegs blieb. 1953–1961 wirkte er als Chefredakteur der »Presse«, an deren Wiederbegründung er maßgeblich beteiligt war, 1961–1970 als Presse- und Kulturrat an der österr. Botschaft in Bonn. Nach Wien zurückgekehrt, übernahm er die Herausgeberschaft des Magazins »Wochenpresse« bis 1977. In seinem 1985 erschienenen Erinnerungsbuch ließ er noch einmal in charmanter Weise die Welt der Literatencafés der Zwischenkriegszeit erstehen. Die Sprachbegabung und umfassende Bildung des Journalisten und Publizisten machten ihn zu einem Großen seines Metiers.

*Werke:* »Veruntreute Geschichte. Die Wiener Salons und Literatencafés« (1985).

**Duhan, Hans,** * 27. Jänner 1890 in Wien, † 6. März 1971 in Wien, Kammersänger.

Nach seiner Ausbildung in Wien begann D. 1910 in Troppau und Teplitz-Schönau. 1914–1940 war er Mitglied der Wiener Oper. Der Bariton war v. a. als Mozart-Sänger in Wien und bei den Salzburger Festspielen sehr beliebt. Er unternahm auch zahlreiche Gastspielreisen. Daneben arbeitete er als Regisseur, Dirigent und Komponist.

D. war bis in sein hohes Alter ein gesuchter Lied- und Oratoriensänger. Hervorzuheben ist auch seine Bedeutung als Gesangspädagoge. Ab 1932 Prof. an der Wiener Musikakademie, hat er Generationen von Schülern sein reiches Wissen vermittelt.

**Düringer, Annemarie,** * 26. November 1925 in Basel (Schweiz), Kammerschauspielerin.

Die behütete Kaufmannstochter wuchs in Bern auf und besuchte die Handelshochschule. Gegen den Willen der Eltern nahm sie am Berner Konservatorium Schauspielunterricht. Nach einem Abstecher als Buchhändlerin in Paris, kam sie 1946 nach Ö. Sie besuchte das Reinhardt-Seminar in Wien und wurde danach sofort an das Burgtheater engagiert, wo sie 1949 in einem Stück von Gorki debütierte. D. spielte in der Folge an der »Burg«, in Berlin und München als jugendliche Liebhaberin bzw. im Charakterfach rund 70 Theaterrollen, darunter die Bertha in Grillparzers »König Ottokars Glück und Ende« und die Frida in Ibsens »John Gabriel Borkmann«. Zu ihren Glanzrollen gehören ferner die

Hermia in Shakespeares »Sommernachtstraum« und die Recha in Lessings »Nathan«. Ab 1953 drehte D. auch zahlreiche Filme, so »Der Lügner«, »Gefangene der Liebe« sowie »Vor Sonnenuntergang« mit Hans Albers, und arbeitete u. a. in Hollywood. Später übernahm sie eine Professur am Wiener Reinhardt-Seminar. 1991 trat sie als Regisseuse hervor; am Theater in der Josefstadt inszenierte sie das Stück »Bessere Zeiten« von J. Saunders.

**Dusika, Ferry (Franz),** * 31. März 1908 in Wien, † 12. Februar 1984 in Wien, Radrennfahrer.

*Ferry Dusika (Mitte)*

Neben Max → Bulla ein Star der 30er Jahre, gewann der Radrennfahrer 1933–1937 10 Meistertitel im Bahnfahren, 1932 errang er bei der Profi-WM in Paris die Bronzemedaille und war Gewinner der Großen Preise von Kopenhagen, Zürich (beide 1933) und Deutschland (1934). Nach Beendigung der aktiven Laufbahn war er ein überaus erfolgreicher Geschäftsmann, förderte nach Kräften seinen geliebten Radsport, organisierte nach ihm benannte Radtouren und radelte selbst noch im Alter von 65 Jahren mit seinem Freund Bulla von Wien nach Marrakesch, eine Strecke von 5 500 Kilometern. In den 70er Jahren trug D. wesentlich zum Wiederaufleben des brachliegendenen Bahn-Radsports bei. Mit dem von ihm initiierten und von der Gemeinde Wien erbauten »Ferry-Dusika-Radstadion« hat sich der Mäzen ein bleibendes Denkmal gesetzt.

# E

**Ebner, Ferdinand,** * 31. Jänner 1882 in Wiener Neustadt (NÖ), † 17. Oktober 1931 in Gablitz (NÖ), Sprach- und Kulturphilosoph.

E. stammte aus einer bäuerlich-katholischen Familie und war von Beruf Volksschullehrer (1902–1923), zuletzt auch Schulleiter. Ab 1907 wandte er sich unter dem Einfluß der Schriften Otto Weiningers, Henri Bergsons und Sören Kierkegaards der Philosophie zu. Er war 1920–1932 Mitarbeiter im »Brenner«-Kreis. Sein Hauptwerk »Das Wort und die geistigen Realitäten« wurde 1921 von Ludwig von → Ficker herausgegeben, ebenso wie 1928 sein zweites grundlegendes Werk »Zum Problem der Sprache und des Wortes«. E. machte das Ich-Du-Verhältnis, das in der Sprache und in der Liebe seine Erfüllung findet, zum Zentrum seiner Philosophie. Ausgehend von der These der Einheit von Ich und Du, die immer an das Wort gebunden ist, entwickelte er eine religiös fundierte Sprachphilosophie. Er gilt als Wegbereiter des katholischen Existentialismus in Österreich. Als dialogischer Sprachdenker wird E., dessen Bedeutung erst spät erkannt wurde, heute in einem Atemzug mit Martin Buber und Gabriel Marcel genannt.

*Lit.:* A. K. Wucherer-Huldenfeld, Personales Sein und Wort. Einführung in den Grundgedanken E.s (1985).

**Ebner, Jeannie,** * 17. November 1918 in Sydney (Australien), Lyrikerin und Erzählerin.

Die Nichte des Philosophen Ferdinand Ebner wuchs in Wiener Neustadt auf. Sie betrieb während des 2. Weltkriegs eine Spedition und studierte daneben Bildhauerei an der Wiener Kunstakademie. Seit 1950 lebt sie als freie Schriftstellerin und Übersetzerin aus dem Englischen in Wien. 1954 erzielte sie mit dem Roman »Sie warten auf Antwort« ihren literarischen Durchbruch. Christliche Symbolik, das Verhältnis zwischen Mann und Frau und autobiographische Bezüge sind kennzeichnend für das inzwischen umfangreiche Werk, zu dem u. a. »Die Wildnis früher Sommer« (1957, Neufassung 1978), »Drei Flötentöne« (1981), »Gesammelte Gedichte« (mit einem Vorwort von Hans → Weigel, 1988) sowie ». . . und hat sein Geheimnis bewahrt« (1991) zählen. Ihre Lyrik zeichnet sich durch große Bildhaftigkeit und ein breites verssprachiges Spektrum aus.

*Lit.:* C. Kleiber, J. E. Eine Einführung (1985).

*Jeannie Ebner*

**Eckhardt, Fritz,** * 30. November 1907 in Linz, Schauspieler, Autor, Regisseur.

E. ist der Sohn eines Schauspielerehepaares. Nach der Scheidung seiner Eltern wuchs er an mehreren Pflegestellen und bei seiner Stiefmutter auf. Er besuchte in Horn (NÖ) das Gymnasium, schied in der 3. Klasse aus und bestand in der Heiderhof-Schule in Stuttgart die mittlere Reife. Danach nahm er Schauspielunterricht. 1924–1926 am Deutschen Volkstheater in Wien und 1930/31 in Hannover engagiert, stieß er 1935 zu Stella → Kadmons Kleinkunstbühne »Der liebe Augustin«. Ab 1936 schrieb er Sketches für das Kabarett »ABC« und 1939–1944 anonym für das »Wiener Werkel«. 1945 übernahm E. die Leitung des wiederentstandenen »Lieben Augustin« sowie 1946–1948 des »Wiener Künstlertheaters«. In den Jahrzehnten danach spielte er in zahlreichen Filmen und Fernsehserien, z. B. als »Oberinspektor Marek«, er schrieb auch oft die Drehbücher und führte Regie (u. a. »Tatort«, »Hotel Sacher«, »Der alte Richter«, »Die liebe Familie«, »Oh, du verflixter Totoschein«). E. hat auch publikumswirksame Theaterstücke verfaßt (z. B. »Minister gesucht«). Als beleibtes »Original« hat er sich mit Fleiß und Disziplin große Popularität verschafft. 1989 veröffentlichte er das Buch »Ich erinnere mich gern«.

**Edelmann, Otto,** * 5. Februar 1917 in Wien, Kammersänger.

Nach dem Gesangsstudium an der Wiener Musikakademie debütierte der Sohn eines Ingenieurs als Figaro in Gera (Thüringen), von wo er an das Nürnberger Stadttheater engagiert wurde. Im 2. Weltkrieg eingerückt und in russischer Gefangenschaft, setzte der Sänger 1947 seine Laufbahn fort. 1949 wurde der Baßbariton Mitglied der Wiener Staatsoper. 1951 sang er bei den Bayreuther Festspielen die Partie des Hans Sachs in den »Meistersingern«, 1952 wurde er in Edinburgh, 1954 an der New Yorker »Met« in der gleichen Partie stürmisch gefeiert. Gastspiele an allen großen Opernhäusern folgten. Ein Wagner-Sänger von Weltruf, war E. aber auch ein vorzüglicher Leporello in Mozarts »Don Giovanni« und ein vital komödiantischer Ochs von Lerchenau im »Rosenkavalier«. Er sang an der Staatsoper bis 1977 nicht weniger als 36 Rollen, darunter auch solche des italienischen Repertoires. Er wirkte auch als Prof. an der Hochschule für Musik in Wien.

*Lit.:* St.-M. Schlinke, O. E. – ein Meistersinger aus Wien (1987).

**Eder, Georg,** * 6. März 1928 in Mattsee (S), Erzbischof von Salzburg.

E. studierte Theologie und wurde 1956 zum Priester geweiht. Er begann als Kaplan in Zell am See, war später Sekretär von Erzbischof → Rohracher und Pfarrer in Lofer. Danach übernahm er das Generalsekretariat für jene Teile Tirols, die zum Erzbistum Salzburg gehören. 1970 wurde er zum Pfarrer in Altenmarkt im Pongau bestellt, 1981 wurde ihm dort das Dekanat übertragen. Über seinen Wirkungskreis hinaus eher unbekannt, wurde er 1989 zum Erzbischof von Salzburg ernannt. Der Konservative, der die Veränderungen in der Kirche durch das II. Vatikanum ablehnte und als Autor für die Zeitschrift »Der 13.« für Diskussion sorgte, entwickelte sich zu einem streitbaren Kämpfer für die reine Lehre. Als er öffentlich Rockmusik als gefährliche Droge für die Jugend bezeichnete und vehement gegen die Verwendung der Pille zu Felde zog, rief er Aufsehen und Entrüstung hervor.

**Eder, Helmut,** * 26. Dezember 1916 in Linz, Komponist.

E. studierte am Bruckner-Konservatorium in Linz sowie bei Carl Orff in München und Johann Nepomuk → David in Stuttgart. Er selbst unterrichtete ab 1950 Tonsatz, Chorwesen und Komposition am Bruckner-Konservatorium und seit 1967 als Prof. für Komposition am Mozarteum in Salzburg. Daneben entfaltete er eine rege Tätigkeit als Dirigent.

Der Stil seiner Kompositionen war zunächst polyphon-linear, später wandte er sich unter dem Einfluß elektronischer Musik mehr dodekaphonisch-seriellen Klängen zu. Der Komponist, der u. a. 1962 den Staatspreis erhielt, schuf in erster Linie Orchesterwerke, Kammermusik und Orgelwerke. Auch Opern zählen zu seinem Œuvre (»Der Kardinal«, 1965, »Oedipus«, 1958, »Die weiße Frau«, 1968).

*Lit.:* G. Gruber/G. Kraus, H. E. (1988).

**Edthofer, Anton,** * 18. September 1883 in Wien, † 25. Februar 1971 in Wien, Kammerschauspieler.

Nach Engagements an mehreren deutschsprachigen Bühnen kam E. 1906 an das Raimundtheater und 1909 an das Deutsche Volkstheater in Wien. Ab 1929 spielte er am Theater in der Josefstadt. Der Schauspieler, der am Beginn seiner Karriere zumeist in komischen Rollen mit Charme und Keckheit auftrat, faszinierte später durch die feine Güte und Menschlichkeit sowie die wienerischen Nuancen, die er seinen Rollen in Komödien, Konversationsstücken und Dramen verlieh – ob als Dauphin in Shaws »Heiliger Johanna« oder als Baron in Gorkis »Nachtasyl«, einer seiner eindrucksvollsten Gestalten. Vom Typ her ein altösterr. Kavalier, wirkte E. ab 1921 auch in zahlreichen Filmen mit. Er erhielt 1949 den Max-Reinhardt-Ring, 1963 wurde ihm der Titel eines Kammerschauspielers verliehen. E. war der zweite Gatte von Helene → Thimig.

**Egger, Rudolf,** * 11. April 1882 in Villach (K), † 7. Mai 1969 in Wien, Historiker und Archäologe.

Nach dem Besuch des Gymnasiums in Villach studierte E. in Wien (Dr. phil.: 1905). Zunächst war er als Gymnasiallehrer tätig, doch bereits 1912 erhielt er eine Anstellung als Sekretär am österr. Archäologischen Institut. 1917 habilitierte er sich an der Wiener Universität und unternahm nach dem 1. Weltkrieg zahlreiche Forschungsreisen. 1929–1945 Univ.-Prof. in Wien, beschäftigte er sich hauptsächlich mit der Geschichte und Kultur der Alpen-, Donau- und Adrialänder in der römischen und frühchristlichen Zeit mit wichtigen Grabungserfolgen in Virunum, Teurnia und Aguntum. E. war Mitinitiator und Leiter der Ausgrabungen auf dem Magdalensberg in Kärnten.

*Werke:* »Teurnia« (1924), »Römische Antike und frühes Christentum« (1962).

**Egger-Lienz, Albin,** * 29. Jänner 1868 in Stribach bei Lienz (Osttirol), † 4. November 1926 in St. Justina bei Bozen (Südtirol), Maler.

Der bedeutende Künstler ist eine herausragende Einzelerscheinung in der österr. Malerei. In München ausgebildet, stand er in jungen Jahren der Historienmalerei Franz Defreggers nahe, später fand er unter dem Einfluß Ferdinand

*Albin Egger-Lienz (Selbstporträt)*

Hodlers zu einer strengen Vereinfachung von Form und Farbgebung. In seiner Thematik war er der bäuerlichen Welt und dem Grauen des Krieges verhaftet. Er schuf monumentale, ausdrucksstarke, brauntönige Gemälde (»Der Totentanz«, »Den Namenlosen«, »Finale«), in denen willenlose, sprachlose Gestalten einem unentrinnbaren Geschick entgegenziehen. Zu seinem Œuvre zählen auch Werke mit religiösem Inhalt (»Mütter«, »Auferstehung«, »Pietà«) und Landschaftsbilder, in denen ihm eine charakteristische Verbindung zwischen Realismus und expressiver Stilisierung gelang. Eine Professur an der Wiener Akademie blieb E. versagt.

*Lit.:* Ch. Sotriffer, Albin E.-L. (1983).

**Ehn, Karl,** * 1. November 1884 in Wien, † 26. Juli 1959 in Wien, Architekt.

Nach Absolvierung der Staatsgewerbeschule studierte er 1904–1907 bei Otto Wagner Architektur, danach erhielt E. eine Anstellung bei der Wiener Stadtverwaltung, wo er in den 20er Jahren zu einem der Hauptplaner des kommunalen Wohnbaus wurde. 9 große Wohnkomplexe entstanden nach seinem planerischen Konzept. Für die gigantische Anlage des Karl-Marx-Hofes (1927–1930), seinem bedeutendsten Bauwerk, zeichnete er hauptverantwortlich, auch die 1923 erbaute Siedlung Hermeswiese nach dem Vorbild englischer Gartenstadtsiedlungen stammt von ihm. Außerdem erbaute E. u. a. 1924 den Lindenhof, 1925 den August-Bebel-Hof sowie nach 1934, als er keine Großaufträge mehr verwirklichen konnte, das Pfarrhaus auf der Wiedner Hauptstraße.

**Eibl-Eibesfeldt, Irenäus,** * 15. Juni 1928 in Wien, Verhaltensforscher.

Der Schüler von Konrad → Lorenz studierte in Wien und engagierte sich früh für die vergleichende Verhaltensforschung. So führte ihn ein Studienaufenthalt auf die Galapagosinseln. 1970 wurde er Leiter der Arbeitsgruppe für Humanethologie am Max-Planck-Institut für Verhaltensphysiologie in Percha am Starnberger See (Bayern), seit 1975 steht er einem ähnlichen Institut in Seewiesen (Bayern) vor. Gleichzeitig wirkt er als Univ.-Prof. in München.

*Werke:* »Grundriß der vergleichenden Verhaltensforschung« (1967), »Liebe und Haß« (1970), »Der vorprogrammierte Mensch« (1973), »Krieg und Frieden aus der Sicht der Verhaltensforschung« (1975), »Die Malediven« (1986).

**Eifler, Alexander,** * 30. Mai 1888 in Klagenfurt, † 1./2. Jänner 1945 im KZ Dachau, Stabschef des Republikanischen Schutzbunds.

Der Berufsoffizier, der aus einer österr. Soldatenfamilie stammte, ging nach dem 1. Weltkrieg zunächst zur Volkswehr und diente im Arsenal in einem Infanteriebataillon bei der Bewachung der dort gelagerten Waffenbestände. Als nach 1920 für Offiziere, die der SDAP zugerechnet wurden, die Lage im Bundesheer schwieriger wurde, erfolgte seine Versetzung zur Abteilung für Zivilberufserfahrung. Nach der Gründung des Republikanischen Schutzbunds 1923 wurde er dessen Stabschef. Durch Jahre hindurch war er für die gesamte Konzeption der Organisation verantwortlich. Als am 31. März 1933 der Schutzbund verboten wurde, ging E. in die Illegalität. Kurz vor den Februarereignissen 1934 wurde er verhaftet und im sogen. »Schutzbundprozeß« zu 15 Jahren Kerker verurteilt, aber aufgrund internationaler Proteste zu Weihnachten 1935 amnestiert. Danach hatte er Mühe, sein Fortkommen zu finden. In den ersten Märztagen 1938 rief er zum Kampf für Ö. auf und knüpfte hiefür als Vertreter der illegalen Sozialisten Verbindungen mit offiziellen Regierungsstellen an. Er wurde verhaftet und in die KZs Flossenbürg und Dachau verschleppt, wo er im Dezember 1944 tödlich erkrankte.

**Einem, Gottfried von,** * 24. Jänner 1918 in Bern (Schweiz), Komponist.

Der Sohn eines k. u. k. Generalmajors und

*Gottfried von Einem*

Militärattachés erhielt schon als Kind Klavierunterricht. Nach der Matura wirkte er ab 1938 als Korrepetitor an der Staatsoper Berlin. Wegen »Verdachts auf Landes- und Hochverrat« kurz in Gestapohaft, studierte er 1941–1943 Komposition bei Boris Blacher. 1944–1945 verbrachte er als Komponist und Berater des Operndirektors in Dresden, wo auch sein erstes Werk, das Ballett »Prinzessin Turandot«, 1944 uraufgeführt wurde. 1946 zog er nach Ö., 1948–1951 gehörte er dem Direktorium der Salzburger Festspiele an (er wurde ausgeschlossen, da er für Bert Brecht eintrat). Danach war er Direktoriumsmitglied der Wiener Konzerthausgesellschaft sowie Mitglied der Akademie der Künste Berlin und des Österr. Kunstsenats Wien. Außerdem lehrte er 1963–1973 als o. Prof. für Komposition an der Hochschule für Musik und darstellende Kunst in Wien.

E.s Musikschaffen ist durch formale Klarheit, farbige Instrumentation und rhythmische Vielfalt charakterisiert und ausschließlich am eigenen künstlerischen Gewissen orientiert. Obwohl sein Werk zunächst kein breites Publikum fand, zählt E. heute zu den bedeutendsten Musikdramatikern. Ersten Ruhm trug ihm die 1947 in Salzburg uraufgeführte Oper »Dantons Tod« (nach Büchner) ein. Es folgten zahlreiche weitere Werke nach bekannten literarischen Vorlagen: »Der Prozeß« (1953, nach Kafka), »Der Zerrissene« (1964, nach Nestroy), »Der Besuch der alten Dame« (1971, nach Dürrenmatt), »Kabale und Liebe« (1976, nach Schiller). Seine Frau, die Schriftstellerin Lotte → Ingrisch, verfaßte die Libretti zur Mysterienoper »Jesu Hochzeit« (1980), deren Wiener Premiere in katholischen Kreisen einen Skandal auslöste, und »Tulifant« (1990), einem kammermusikalischen Märchen.

*Lit.:* D. Hartmann, G. v. E. (1967).

**Einzinger, Erwin,** * 13. Mai 1953 in Kirchdorf (OÖ), Lehrer und Schriftsteller.

Der zeitgenössische Autor trat 1977 mit dem Gedichtband »Lammzungen in Cellophan verpackt« an die Öffentlichkeit. Es folgten u. a. der Roman »Kopfschmuck für Mansfield« (1985) und »Das Ideal und das Leben« (1988). E., der in Salzburg Anglistik und Germanistik studierte, schreibt bildhafte, detailreiche Texte von großer Komplexität.

**Eis, Maria,** * 8. Februar 1896 in Prag, † 18. Dezember 1954 in Wien, Kammerschauspielerin.

E. war als Administrationsbeamtin beim »Prager Tagblatt«, in einer Rechtsanwaltskanzlei und in einer Bank tätig, ehe sie sich für das Theater entschied. Zunächst an kleinen Wiener Bühnen engagiert, ging sie später nach Hamburg und kam 1932, von Anton → Wildgans entdeckt, an das Wiener Burgtheater. Hier spielte sie bis zu ihrem frühen Tod u. a. die Elisabeth in »Maria Stuart« und in F. Bruckners gleichnamigem Schauspiel, sie gab die Medea und die Sappho sowie mehr als 100mal die Frau Peschta in »Ein Kamel geht durch das Nadelöhr« von František Langer. Die humorvolle Schauspielerin war auch in zahlreichen Filmen zu sehen.

**Eiselsberg, Anton,** * 31. Juli 1860 in Schloß Steinhaus (OÖ), † 25. Oktober 1939 (Eisenbahnunglück) bei St. Valentin (NÖ), Chirurg.

E. absolvierte sein Studium in Wien, Würzburg, Zürich und Paris und promovierte 1884 in Wien zum Dr. med. 9 Jahre arbeitete er als Schüler des berühmten Chirurgen Theodor Billroth. 1890 habilitiert, wurde E. 1893 als Prof. nach Utrecht berufen, 1896 nach Königsberg in Preußen und 1901 nach Wien, wo er der 1. Chirurgischen Klinik vorstand. Im 1. Weltkrieg war er als Chirurg an der Front tätig und trug wesentlich zur Weiterentwicklung der Kriegschirurgie bei.

E., Mitbegründer der Neurochirurgie, hat sein Fach zur selbständigen Wissenschaft erhoben. Er war einer der größten Operateure, Lehrer und klinischen Forscher seiner Zeit. Er verbesserte die Methoden der Gehirn- und Rückenmarksoperationen sowie der Magen-Darm-Chirurgie. Weitere Forschungen galten der Tetanie und der damaligen Volkskrankheit Nummer eins, der Tuberkulose, sowie bakteriologischen Problemen. Der bedeutende Arzt schuf 1909 zusammen mit Julius Hochenegg auch die ersten weltweit vorbildlichen Unfallstationen.

*Anton Eiselsberg*

**Eisendle, Helmut,** * 12. Jänner 1939 in Graz (St), Schriftsteller.

E. studierte in Graz Biologie, Zoologie und Psychologie (Dr. phil: 1970) und lebte danach als freier Schriftsteller. Er ist Mitglied des Grazer »Forum Stadtpark«, in dessen Rahmen er eine radikale sprach-, literatur- und wissenschaftskritische Position einnimmt. Sein Schaffen ist bei der Kritik auf geteilte Aufnahme gestoßen.

*Werke:* »Das Verbot ist der Motor der Lust« (Essays, 1980), »Die Frau an der Grenze« (Roman, 1984), »Die Gaunersprache der Intellektuellen. Sechs Dialoge« (Hörspiel, 1986), »Oh, Hannah« (Roman, 1988), »Beiläufige Gedanken über etwas« (Essays, 1989).

**Eisenmenger, Rudolf Hermann,** * 7. August 1902 in Piskitelep/Semeria (Siebenbürgen), Maler.

Nach seiner Ausbildung an der Wiener Akademie der Bildenden Künste bei Hans Tichy und Rudolf Bacher unternahm E. ausgedehnte Reisen. 1931 veranstaltete er die erste Gesamtausstellung seiner Werke. 1943 nahm er an der Ausstellung »Junge Kunst im Dritten Reich« teil, die als Gegenstück zur »entarteten Kunst« in Wien im Künstlerhaus gezeigt wurde. E. war 1939–1945 Präsident des Künstlerhauses. E. schuf monumentale Allegorien und großformatige Bildnisse, nach dem Krieg wandte er sich vermehrt architekturgebundenen Werken zu. Er schuf 13 Gobelins, Mosaike und zahlreiche Wandgemälde (u. a. im Wiener Künstlerhaus und im Welser Bahnhof), ebenso stammt von ihm der eiserne Vorhang in der Wiener Staatsoper (1955).

Ab 1951 lehrte E. als a. o. Prof., 1959–1972 als o. Prof. an der Technischen Hochschule in Wien (Fakultät für Architektur).

**Eisenreich, Herbert,** * 7. Februar 1925 in Linz (OÖ), † 6. Juni 1986 in Wien, Schriftsteller.

Der Sohn eines Bankbeamten wuchs in Linz auf. Noch vor der Matura mußte er im 2. Weltkrieg einrücken und wurde schwer verwundet. 1946 bestand er die Reifeprüfung mit Auszeich-

*Herbert Eisenreich*

nung und studierte dann in Wien Germanistik, Altphilologie und Theaterwissenschaft. 1948 gab er das Studium auf und lebte, oftmals das Domizil wechselnd, als freier Schriftsteller und Journalist, u. a. 1952–1956 in Deutschland. Ab 1967 wohnte er ständig in Wien.

E. hat als österr. zeitgenössischer Erzähler große Bedeutung erlangt und ist durch Übersetzungen seiner Werke weit über den deutschen Sprachraum hinaus bekannt geworden. Sein Schaffen, von → Doderer und → Gütersloh beeinflußt, umfaßt Hörspiele, Erzählungen, z. B. »Böse schöne Welt« (1957) oder »Ein schöner Sarg und andere Mißverständnisse« (1973), den Roman »Auch in ihrer Sünde« (1953), Gedichte sowie Essays, z. B. »Reaktionen« (1964). Er war auch als Sachbuchautor erfolgreich (u. a. »Ich im Auto«, 1966). Gegen Ende seines Lebens arbeitete E. an einem umfangreichen Roman, in dem er den Versuch unternahm, die österr. Gesellschaft mit literarischen Mitteln zu analysieren. Seine Kraft reichte jedoch nur noch zu einem beeindruckenden Torso unter dem Titel »Die abgelegte Zeit« (1985).

**Eisler, Georg,** * 20. April 1928 in Wien, Maler und Graphiker.

Der Sohn des Komponisten und Brecht-Mitarbeiters Hanns Eisler verbrachte seine Kindheit und Jugend in Wien. Seine ersten Kunststudien betrieb er in der englischen Emigration, der wichtigste Malimpuls kam von Oskar → Kokoschka, der E. in London als Schüler annahm. 1946 kehrte E. nach Wien zurück und befreundete sich mit Alfred → Hrdlicka und anderen Künstlern. Studienreisen führten ihn nach Italien, Frankreich und Holland. Bald stellte er seine ersten wichtigen Bilder (»Kriegsbild«, 1950, »Korea«, 1952) der Öffentlichkeit vor. E. ist ein großer Porträtist, sein Bildnis des alten Georg Lukács ein Meisterwerk. Eine Konstante seines Werkes ist auch der Akt. Der »Realist mit expressiven Neigungen« malt auch gesellschaftskritische Bilder, deren Themen er in der U-Bahn, im Bus, im Gedränge bei Haltestellen, in Nachtlokalen und hektischen Straßen findet.

*Lit.:* G. Breicha, G. E. (1970). G. E. (Kat. des Historischen Museums Wien, 1979).

**Eisler, Max,** * 17. März 1881 in Boskowitz (Mähren), † 8. Dezember 1937 in Wien, Kunsthistoriker.

Der Sohn eines Kaufmanns besuchte das Gymnasium in Brünn und studierte dann an den Universitäten Leiden, Utrecht und Wien. 1914 habilitierte er sich in Wien, 1919 erhielt er eine a. o. Professur. Er war ein profunder Kenner der altholländischen Malerei, wie zahlreiche seiner Werke bekunden. Neben seiner Vorlesungstätigkeit an der Universität war er in der Volksbildung aktiv und hielt auch immer wieder Rundfunkvorträge.

*Werke:* »Die Geschichte eines holländischen Stadtbildes« (1914), »Anton Hanak« (1921), »Historischer Atlas der Wiener Ansichten. Das barocke Wien« (1925),

»Dagobert Peche« (1925), »Der alte Rembrandt« (1927), »Historischer Atlas des Wiener Stadtbildes. Das bürgerliche Wien 1770–1860« (1929).

**Eldersch, Matthias,** * 24. Februar 1869 in Brünn (Mähren), † 20. April 1931 in Wien, Politiker und Krankenkassensekretär.

Der Sohn eines Klaviertischlers wollte nach der Bürgerschule Lehrer werden, doch erlaubten dies seine finanziellen Verhältnisse nicht. Bereits als Schuljunge mußte er Gelegenheitsarbeiten annehmen. Das Elend der Arbeiterschaft um ihn führte E. schon in jungen Jahren zur Sozialdemokratie. Er schloß den Staatsverrechnungskurs ab und fand Arbeit als Bibliothekar im Arbeiterbildungsverein. Nach seinem Militärdienst war er in der Verwaltung der Brünner Zeitung »Der Volksfreund« tätig, wurde bald ihr Redakteur und mußte einige Male mit dem Arrest Bekanntschaft machen. Als sich die Brünner Arbeiter die Bezirkskrankenkasse erkämpften, wurde er dort Sekretär und organisierte 1898 den Streik der Jägerndorfer Textilarbeiter. Schon 1901 übte er ein Mandat im Reichsrat aus, seit 1906 gehörte er auch dem Mährischen Landtag an. Victor Adler holte ihn 1911 als Zentralsekretär in die Reichskommission der Krankenkassen. Nach 1918 wurde er in die Konstituierende Nationalversammlung und in den Nationalrat gewählt. In den unruhigen Hungerjahren der Nachkriegszeit verwaltete er 1919/20 das Innenressort. 1930 wurde er zum Präsidenten des Nationalrates gewählt.

**Ellenberger, Hugo,** * 5. Februar 1903 in Wien, † 18. März 1977 in Wien, Volksbildner.

E. war zu seiner Zeit wohl der populärste Wiener Volksbildner. Nach dem Studium der Germanistik und Psychologie in Wien war er bereits in den 30er Jahren in der Volksbildung tätig, vornehmlich als Dozent an der Wiener Urania. 1945 erhielt er den Professorentitel, ab 1959 lehrte er hauptberuflich an der Akademie für Angewandte Kunst die Fächer Deutsch und Staatsbürgerkunde. Daneben gestaltete er beliebte Radiosendungen wie »Zurück zur Schulbank«, er hielt Vorträge und machte in Stadtführungen Interessierte mit der Geschichte und Kultur Wiens vertraut. Umfassend gebildet und ein gründlicher Kenner der Materie, verstand er es meisterhaft, sein Wissen einem breiten Publikum zu vermitteln. Er zählte zu den Säulen des Wiener Kulturlebens.

**Ellenbogen, Wilhelm,** * 9. Juli 1863 in Břeclav/Lundenburg (Mähren), † 24. Februar 1951 in New York, Arzt und Politiker.

Der Sohn eines Volksschullehrers studierte Medizin in Wien (Promotion: 1887) und schloß sich der sozialdemokratischen Arbeiterbewegung an. 1892 wurde er in den Parteivorstand gewählt, dem er bis zu seiner Verhaftung 1934 angehörte. 1896–1918 war er Reichsratsmitglied und 1919–1934 Abgeordneter zum Nationalrat. 1918 wurde er Mitglied des Staatsrates, 1919 Unterstaatssekretär für Handel und Gewerbe sowie Präsident der Sozialisierungskommission. Als jüdischer Bürger und entschiedener Gegner des Faschismus, der schon früh dessen Gefährlichkeit für die Demokratie erkannt hatte, emigrierte er 1938 in die USA. E. war ein undogmatischer, klassisch gebildeter, gemäßigter Sozialdemokrat und innerparteilicher Kritiker Otto → Bauers. E. veröffentlichte zahlreiche Schriften, darunter »Sozialisierung in Österreich« (1921) und »Faschismus! Das faschistische Italien« (1923). Seine Lebenserinnerungen »Menschen und Prinzipien« wurden 1981 von F. Weissensteiner ediert.

**Ellert, Gerhart (eigtl. Gertrud Schmirger),** * 26. Jänner 1900 in Wolfsberg (K), † 8. Mai 1975 in Wolfsberg, Schriftstellerin.

E., die nach ihrem Studium in Wien als Baumschul- und Obstgutbesitzerin in Wolfsberg lebte, schrieb in knapper Sprache und dramatischer Bewegtheit zahlreiche, seinerzeit vielgelesene Romane um historische Persönlichkeiten sowie Jugendbücher. Zu ihren Hauptwerken zählen »Attila« (1934), »Karl V.« (1935), »Wallenstein« (1937), »Richelieu« (1948) und »Gregor der Große« (1963). Die Autorin verfaßte auch dramatische Werke.

**Elmayer-Vestenbrugg, Willy,** * 27. Mai 1885 in Wien, † 7. November 1966 in Wien, Tanzschulbesitzer und Anstandslehrer.

Der Sohn eines Feldmarschalleutnants schlug die Laufbahn eines Berufsoffiziers ein und absolvierte die Militärakademie in Wiener Neustadt. Er galt als einer der erfolgreichsten und kühnsten Reiter der k. u. k. Armee. Nach dem 1. Weltkrieg, in dem er mehrfach verwundet wurde, stand er vor einem Neubeginn. Er eröffnete 1919 in Wien eine Tanzschule und kurz darauf ein Zweiginstitut in Berlin. Ab 1935 arrangierte er den »Ball der Stadt Wien« sowie andere Prominentenbälle, darunter auch den Opernball. Er etablierte sich jedoch nicht nur als renommierter Tanzlehrer, sondern auch als führender Ratgeber in Anstandsfragen. So wußte er mit diffiziler Sorgfalt seine Schüler in die Kunst des »Kartenabwerfens«, einer vergessenen gesellschaftlichen Umgangsform, einzuführen. Er hielt auch viele Vorträge, u. a. im Radio und an Schulen. 1957 veröffentlichte er das Buch »Gutes Benehmen wieder gefragt«, das zu einem Standardwerk wurde.

**Emich, Friedrich,** * 5. September 1860 in Graz, † 22. Jänner 1940 in Graz, Chemiker.

Der Sohn eines Ingenieurs studierte 1878–1884 an der Grazer Technischen Hochschule. Schon als Student war er wissenschaftlicher Mitarbeiter am Chemischen Institut. Danach unterrichtete er Chemie am Mädchenlyzeum in Graz. Bereits 1888 habilitierte er sich, 1889 wurde er a. o. Prof., 1894 o. Prof. für analytische Chemie. Er beschäftigte sich zunächst mit organischer und physiologischer Chemie, dann widmete er sich der anorganischen Chemie, und zwar der Untersuchung der Stickoxyde. E. gilt neben → Pregl als Pionier der Mikrochemie. Auf ihn geht die quantitative mikrochemische Analyse zurück, wobei er für seine Untersuchungen unter dem Mikroskop einen Seidenfaden als Grundlage für Reaktionen verwendete. 1911 veröffentlichte er das »Lehrbuch der Mikrochemie«. Der vielfach geehrte Forscher und brillante Lehrer emeritierte 1931, doch setzte er weiterhin seine Forschungen fort.

**Ender, Otto,** * 24. Dezember 1875 in Altach (V), † 25. Juni 1960 in Bregenz, Rechtsanwalt und Politiker.

E. half zunächst seinem Vater, der eine Bauernwirtschaft, eine Gemischtwarenhandlung und ein kleines Textilunternehmen der Stickereibranche betrieb. Nach dem Besuch des Jesuitengymnasiums »Stella Matutina« in Feldkirch studierte er Jus in Innsbruck und wurde Rechtsanwalt. Schon während des 1. Weltkriegs Obmann der Vorarlberger Christlichsozialen, trat der nüchterne Demokrat 1918–1920 für einen Anschluß Vorarlbergs an die Schweiz ein – v. a. aus wirtschaftlichen Überlegungen. Als Landeshauptmann von Vorarlberg (1918–1930 sowie 1931–1934) engagierte er sich für wirtschaftliche Belange, ihm sind u. a. ausländische Kredite für den Ausbau der Elektrizitätswirtschaft zu danken. 1930/31 war er Bundeskanzler und meinte, mit rigoroser Sparsamkeit und Korrektheit der anstehenden Probleme Herr zu werden. Wegen des Zusammenbruchs der CA mußte er zurücktreten. 1933/34 war er in der Regierung → Dollfuß als Minister für die Ausarbeitung einer neuen ständischen Bundesverfassung zuständig (sogen. Maiverfassung). Er plädierte für einen Ständestaat auf demokratischer Basis, konnte sich aber gegen vorherrschende autoritäre Tendenzen nicht durchsetzen. 1934–1938 war E. Präsident des Rechnungshofes. Infolge seiner Anschlußneigungen erkannte er erst ziemlich spät den wahren Charakter des NS-Regimes. 1938 wurde er zwar nicht verhaftet, mußte aber, mit »Gauverbot« belegt, bis 1945 in Wien leben. Eine neuerliche Kanzlerschaft, die man ihm 1945 anbot, lehnte er ab.

**Engel-Jánosi, Friedrich,** * 18. Februar 1893 in Wien, † 7. März 1978 in Wien, Historiker.

Der Sohn eines ungarischen Industriellen begann zunächst Jus zu studieren und arbeitete als Assistent bei Hans → Kelsen. Im 1. Weltkrieg diente er als Offizier und wurde mehrfach ausgezeichnet. Danach beendete er sein Jusstudium (1919) und ein Geschichtsstudium (1921). Er trat in eine Bank ein, arbeitete daneben aber an historischen Werken. Nach dem Konkurs der Bank 1924 übernahm E. die väterliche Holzfabrik in Wien, die er gemeinsam mit seiner französischen Gattin Carlette führte. 1929 wurde er Dozent an der Wiener Universität, 1935 a. o. Prof. 1936–1938 hielt er sich für Forschungen in Rom auf, wo er zum katholischen Glauben übertrat. Nach dem Einmarsch der Deutschen in Ö. kehrte er zurück und verkaufte das elterliche Unternehmen. 1939 emigrierte er über Frankreich und Großbritannien in die USA, einem Angebot der Johns-Hopkins-Universität folgend. 1942 übernahm er einen Lehrstuhl an der katholischen Universität in Washington. Nach Wien zurückgekehrt, war er 1959–1969 als Honorarprof. an der Universität tätig.

*Werke:* »Soziale Probleme der Renaissance« (1924), »The Growth of German Historicism« (1944), »Four Studies in Historical and Political Sciences« (1955), »Ö. und der Vatikan« (2. Bde., 1958/60), »Geschichte auf dem Ballhausplatz« (1963), »Vom Chaos zur Katastrophe« (1971), ». . . aber ein stolzer Bettler« (1974).

**Engelhart, Josef,** * 19. August 1864 in Wien, † 19. Dezember 1941 in Wien, Maler und Bildhauer.

E. studierte an der Technischen Hochschule in Wien sowie an der Kunstakademie in München, wo er Schüler von Herterich und Löfftz war. Ab 1890 unternahm er Bildungsreisen nach Paris, Spanien und Italien. Er gehörte zu den Mitbegründern der Secession, deren Präsident er zweimal war (1899/1900 und 1910/11). Der Impressionist war ein beliebter Maler des Wiener Volkslebens. Später wandte er sich mehr der Plastik zu. Er entwarf u. a. in Wien den 1909 errichteten Karl-Borromäus-Brunnen, das Waldmüller-Denkmal (1908–1910) und 1937 das erst in jüngster Zeit am Fiakerplatz in Wien-Erdberg aufgestellte Fiaker-Standbild.

*Josef Engelhart*

*Werke:* »Ein Wiener Maler erzählt« (1943).

**Englisch, Lucie,** * 8. Februar 1906 in Baden bei Wien, † 12. Oktober 1965 in Erlangen (Bayern), Schauspielerin.

E. besuchte ein Lyzeum und debütierte nach ihrer Schauspielausbildung am Kurtheater Baden. Als Naive und jugendliche Salondame war sie an mehreren deutschsprachigen Bühnen tätig, darunter am Stadttheater Eger und am Wiener Theater an der Josefstadt. Gegen Ende der Stummfilmzeit nahm sie ihre Filmtätigkeit auf und wurde in der Folge eine der meistbeschäftigten Darstellerinnen des deutschsprachigen Films. Klein und bieder, war sie von komischer wie auch rührender, immer aber ungekünstelter Naivität. Sie spielte in mehr als 100 Filmen, zu ihren bedeutenderen zählen: »Die Gräfin von Monte Christo« (1932), »Der eingebildete Kranke« (1952) und »Familie Schimek« (1957).

**Epp, Elisabeth,** * 26. Jänner 1910 in Köln, Schauspielerin.

Die Schauspielerin lernte am Kölner Schauspielhaus den Wiener Leon → Epp kennen, den sie Jahre später heiratete. Otto → Preminger, der ihr Talent entdeckt hatte, holte sie 1929 nach Wien. Sie spielte u. a. am Neuen Schauspielhaus, der heutigen Volksoper. Ab 1937 trat sie in Leon E.s Wiener Theater »Die Insel« auf, bis das Haus 1938 geschlossen werden mußte, es konnte erst nach dem Krieg den Betrieb wiederaufnehmen. 1952, als ihr Mann die Direktion des Volkstheaters übernahm, wechselte sie an diese Bühne, wo sie durch Jahrzehnte großartige Leistungen erbrachte. 1991 übernahm sie in einer Neuverfilmung von → Werfels »Der veruntreute Himmel« die legendäre Rolle der Köchin Teta Linek.

**Epp, Leon,** * 29. Mai 1905 in Wien, † 21. Dezember 1968 in Wien, Schauspieler, Regisseur und Theaterdirektor.

E. besuchte nach der Realschule die Akademie für Darstellende Kunst in Wien. Er spielte in Teplitz-Schönau und an deutschen Bühnen (München, Köln, Leipzig) als jugendlicher Komiker und kehrte dann nach Wien zurück, entschlossen, ein eigenes Theater zu gründen. So entstand 1937 »Die Insel«, ein Kellertheater am Parkring, das jedoch bereits 1938 aufgrund der politischen Verhältnisse seine Pforten schließen mußte. 1939–1941 leitete E. die »Komödie« und war anschließend bis 1944 Oberspielleiter in Bochum und Graz. 1945 eröffnete er wieder die »Insel«. Das mutige Privattheater mit weltliterarischem Anspruch machte 1951 bankrott. 1949 übernahm E. die Leitung des Wiener Renaissance-Theaters. 1952 wurde der engagierte Theatermann zum Direktor des Volkstheaters bestellt. Seine Ära – die fast 17 Jahre währte – ging in die Wiener Theatergeschichte ein. E. verband künst-

*Leon Epp*

lerische Qualität und Mut zur Gesinnung mit einem anspruchsvollen, quantitativ reichhaltigen Spielplan. Das Programm reichte vom Volksstück (Anzengruber bis → Horváth) über die zeitgenössische Dramatik (Gide, Sartre, Genet, Dürrenmatt, Frisch) bis zu Beiträgen zur Vergangenheitsbewältigung (Rolf Hochhuths »Der Stellvertreter«). Mit der Aufführung von »Mutter Courage« 1963 brach E. den damals in Wien bestehenden Boykott von Bert Brecht. Der engagierte Direktor band mit Fritz → Muliar, Heinz → Petters, Dolores → Schmidinger u. a. neue Schauspieler an das Haus und betraute bildende Künstler wie → Aratym, → Moldovan oder → Hutter mit Bühnenbildentwürfen. Das Volkstheater war unter E.s Leitung wohl eines der interessantesten, sicher aber »das tapferste Theater von Wien« (Ernst Lothar). E. war mit der Schauspielerin Elisabeth → Epp verheiratet.

**Ermacora, Felix,** * 13. Oktober 1923 in Klagenfurt, Verfassungsjurist und Politiker.

Der Sohn eines Kärntner Bundesbahnbeamten diente als Leutnant im 2. Weltkrieg. Danach studierte er in Innsbruck und Paris Jus. Seinen ersten Wirkungsbereich fand er in der Verwaltung der Stadt Villach, habilitierte sich aber schon 1951 für Staats- und Verwaltungsrecht an der Universität Innsbruck. Nach kurzer Tätigkeit beim Verfassungsdienst des Bundeskanzleramtes wurde er 1957 Univ.-Prof. in Innsbruck, 1964 in Wien. Der Schwerpunkt seiner Interessen lag bei Menschenrechts- und Minderheitenfragen. Ab 1958 war er Mitglied der Menschenrechtskommission des Europarates in Straßburg, 1960 – 1963 auch als Experte bei den Vereinten Nationen. Im Auftrag der UNO unternahm er 1979/80 Erhebungen über die Einhaltung der Menschenrechte in Chile, die internationales Aufsehen erregten. Weitere UN-Missionen führten ihn nach Südafrika sowie Afghanistan. 1971–1990 war E. Abgeordneter im Parlament und Wehrsprecher der ÖVP. 1967–1971 gehörte er der Verhandlungsdelegation für Südtirol an. E. ist auch ein profunder Experte in Fragen der österr. Neutralität.

*Werke:* »Der Verfassungsgerichtshof« (1956), »Handbuch der Grundfreiheiten und Menschenrechte« (1963), »Südtirol und das Vaterland Ö.« (1984), »Der unbewältigte Friede – St. Germain und die Folgen« (1990), »Südtirol – Die verhinderte Selbstbestimmung« (1991), »Die sudetendeutschen Fragen« (1992).

**Essl, Karlheinz,** * 16. April 1939 in Hermagor (K), Industrieller.

Der gebürtige Kärntner war zunächst im Lebensmittelgroßhandel tätig. In Deutschland und der Schweiz sammelte er Auslandserfahrungen. 1959 lernte er in Amerika seine spätere Ehefrau Agnes Schömer kennen, die als Galeristin tätig war, und widmete sich dem Ausbau ihres Familienunternehmens. Innerhalb von acht Jahren machte er daraus einen Riesen der Baustoffbranche mit Milliardenumsatz. Der Unternehmer und Hobbymaler ist seit langem, von seiner Gattin beraten, ein Sammler moderner Kunst. In dem 1985 vom Architekten Heinz Tesar errichteten neuen Verwaltungsgebäude seiner Firma hat auch die inzwischen auf etwa 2 000 Originale angewachsene Privatsammlung österr. Gegenwartskunst Platz gefunden. E. ist zudem ein engagierter Mäzen für Behinderte und Lebenshilfeorganisationen.

**Etrich, Igo,** * 25. Dezember 1879 in Oberaltstadt (Böhmen), † 4. Februar 1967 in Salzburg, Flugzeugbauer.

E. war ein Pionier des Flugzeugbaus. Der Sohn eines böhmischen Textilindustriellen beschäftigte sich schon früh mit flugtechnischen Problemen. Um eine optimale Flügelform zu finden, studierte er den Vogelflug und die Flügel von Insekten und Vogelarten. 1907 gelang ihm, nach zahlreichen Versuchen mit Gleitflügeln, die Konstruktion des ersten Motorflugzeugs Ö.s: »Etrich I«, im Volksmund »Praterspatz« genannt, da E. seine Flugversuche v. a. im Wiener Prater vornahm. Flugtüchtiger war die sogen. »Etrich-Taube«, ein Eindecker (»Etrich II«), der

*Igo Etrich*

sehr populär war und mit dem Karl → Illner 1910 in 30 Minuten von Wiener Neustadt nach Wien flog. Entscheidende Verbesserungen gelangen durch die Zusammenarbeit mit Ferdinand → Porsche. 1911 baute E. das erste österr. Militärflugzeug, ein Jahr später wurden in Schlesien die Etrich-Werke gegründet. Weltberühmt wurden E.s Flugzeuge durch die Überquerung des Ärmelkanals. Nach dem 1. Weltkrieg nahm der Flugzeugbauer seine Tätigkeit nicht wieder auf, führende Entwicklungen im Flugwesen fanden nun durch Messerschmitt, Heinkel u. a. in Deutschland statt.

**Ettl, Harald,** * 7. Dezember 1947 in Gleisdorf (St), Gewerkschaftsfunktionär und Politiker.

Nach Absolvierung der Höheren Bundes-Lehr- und Versuchsanstalt für Textilindustrie war E. als Betriebsassistent in einer Teppichfabrik tätig. Seit 1971 engagierte er sich in der Gewerkschaft für Textil, Leder und Bekleidung. 1973 wurde er Zentralsekretär und 1984 Vorsitzender dieser Gewerkschaft. Der »Macher auf leisen Sohlen« hat bei der »Textillösung West«, einem Projekt zur Sanierung maroder Tiroler Textilfirmen, mitgearbeitet. 1989 wurde er im Kabinett → Vranitzky II zum Bundesminister für Gesundheit und öffentlichen Dienst bestellt. 1990–1992 war er Bundesminister für Gesundheit, Konsumentenschutz und Sport.

**Exl, Ferdinand,** * 30. Mai 1875 in Innsbruck, † 28. Oktober 1942 in Innsbruck, Schauspieler und Theaterdirektor.

Von Beruf Buchbindermeister, widmete sich E. bald dem volkstümlichen Laienspiel am Pradler Bauerntheater. 1902 gründete er gemeinsam mit seiner Frau eine eigene Truppe, die »Erste Tiroler Bauernspiel-Gesellschaft« mit Sitz in Wilten bei Innsbruck, später in Innsbruck selbst und schuf mit seinem Familienensemble einen eigenen, anspruchsvollen Stil. Die »Exl-Bühne« spielte u. a. Werke von Landsleuten wie K. → Schönherr und F. → Kranewitter und gab

*Ferdinand Exl*

dabei dem Volksstück, das in bloßer Spaßmacherei und Rührseligkeit zu ersticken drohte, seine Ursprünglichkeit zurück. Das bodenständige Spiel der Truppe erzielte auf vielen Gastspielen in der Schweiz, in Deutschland und in Wien beachtliche Erfolge. E. leitete auch 1919–1922 die ebenfalls von ihm gegründeten Innsbrucker Kammerspiele sowie 1915–1920 das Innsbrucker Stadttheater (heute Landestheater). E. war somit eine prägende Gestalt im Theaterleben der Tiroler Landeshauptstadt. Die Exl-Bühne, die nach seinem Tod unter der Leitung seiner Frau Anna und seiner Tochter Ilse stand, schloß 1955 ihre Pforten.

**Eybner, Richard,** * 17. März 1896 in St. Pölten (NÖ), † 20. Juni 1986 in Wien, Kammerschauspieler.

Das beliebte Schauspieleroriginal kam ziemlich spät zur Bühne. Er war im 1. Weltkrieg Offizier, danach Bankbeamter gewesen, 1929/30 nahm er am Reinhardt-Seminar Schauspielunterricht und debütierte 1930 als Dünner Vetter im »Jedermann« bei den Salzburger Festspielen. Bereits ein Jahr später wurde er an das Wiener Burgtheater engagiert, dem er seither angehörte. Ab 1947 trat er in Sprechrollen auch an der Staats- und an der Volksoper auf, z. B. als Frosch in der »Fledermaus«, als Enterich im »Bettelstudent« oder als Prodekan im »Vogelhändler«. Ein Meister der Nebenrollen, brillierte er im Burgtheater in zahlreichen Nestroy- und Raimund-Stücken, aber auch als Arlecchino in Goldonis »Der Lügner« oder als Schlucker im »Sommernachtstraum«. Sein komödiantisches Talent, seine unverwechselbare Stimme, sein verschmitzter Humor und seine diskrete Mimik machten ihn äußerst populär. Er war auch als Vortragskünstler und mit zahlreichen Lesungen sehr erfolgreich und spielte in vielen heiteren Filmen.

*Lit.:* J. Reitb, R. E. Ich möchte so leben können, wie ich leb' (1986).

*Edmund Eysler*

**Eysler, Edmund (eigtl. Eisler),** * 12. März 1874 in Wien, † 4. Oktober 1949 in Wien, Operettenkomponist.

Der Sohn eines Kaufmanns sollte eigentlich Ingenieur werden. Von Leo → Fall dazu ermuntert, besuchte er jedoch das Wiener Konservatorium, das er mit Auszeichnung absolvierte. E. begann seine künstlerische Laufbahn im Salon Bertha von Suttners, bei deren musikalisch-literarischen Abenden er die Sänger am Klavier begleitete. Seine ersten kompositorischen Versuche schlugen fehl, weder das Ballett »Schlaraffenland« noch die Oper »Der Hexenspiegel« wurden aufgeführt. Daraufhin wandte er sich der Operette zu. Mit »Bruder Straubinger«, 1903 mit Alexander Girardi uraufgeführt, hatte er sofort einen durchschlagenden Erfolg. Er schrieb in der Folge rund 60 Operetten, darunter »Schützenliesl« (1905) und »Hanni geht tanzen« (1915). Sein größter Erfolg war »Die gold'ne Meisterin« (1927). E. leitete das »Silberne Zeitalter« der Wiener Operette ein. Auch seine Wienerlieder sind heute noch populär, etwa »Küssen ist keine Sünd' mit einem schönen Kind«.

# F

**Faistauer, Anton,** * 14. Februar 1887 in St. Martin bei Lofer (S), † 13. Februar 1930 in Wien, Maler.

Ursprünglich für die geistliche Laufbahn bestimmt, wechselte der Bauernsohn aber sehr bald vom Gymnasium zur Akademie der Bildenden Künste in Wien, wo Egon Schiele und Anton → Kolig seine Jahrgangskollegen waren. Mit ihnen verließ er 1909 aus Protest gegen die verknöcherte Tradition die Akademie und gründete die sogen. »Neukunstgruppe«.

In seinen Anfängen vom Stil der Secession beeinflußt, orientierte sich F. zunehmend an der Kunst Cézannes und nützte immer intensiver die Ausdrucksmittel der Farbe. Seine Werke stellte er in Wien, Budapest, München und Köln aus. 1919 kehrte er nach Salzburg zurück und wurde Mitbegründer der Künstlervereinigung »Wassermann«. Ab 1926 lebte er in Wien. Zu seinen bedeutenden Werken zählen die Deckenfresken in der Pfarrkirche Salzburg/Morzg (1922) und die künstlerische Ausgestaltung der Vorhalle des Salzburger Festspielhauses (1926), sein größter Auftrag, den er in geradezu genialer Weise meisterte; durch die Gruppierung von 200 überlebensgroßen Figuren verwandelte er die regellose Anlage in ein einheitliches Ganzes (die Wandbilder wurden später von den Nationalsozialisten entfernt). Neben diesen großen Arbeiten schuf der Künstler Porträts, z. B. »Kammersänger R. Mayr als Ochs von Lerchenau«, Landschaften und Stilleben. 1923 erschien sein Buch »Neue Malerei aus Ö. Betrachtungen eines Malers«.

*Lit.:* F. Fuhrmann, A. F. (1962).

**Fall, Leo,** * 2. Februar 1873 in Olomouc/Olmütz (Mähren), † 16. September 1925 in Wien, Komponist.

Der Sohn eines Militärkapellmeisters nahm schon als Kind Klavierunterricht. Er absolvierte das Konservatorium in Wien und begann zunächst als Kapellmeister in Berlin, Hamburg und Köln und als Sologeiger, ehe er sich 1906 entschloß, als freischaffender Komponist zu leben. Seine Opernschöpfungen blieben jedoch ohne Erfolg, ebenso seine erste Operette »Der Rebell« (1905). Erst zwei Jahre später gelang F. in Mannheim mit »Der fidele Bauer« und in Wien mit »Die Dollarprinzessin« der künstlerische Durchbruch. Die Operetten »Die Rose von Stambul« (1916) und »Madame Pompadour« (1922) eroberten schließlich die Bühnen der Welt. F., dessen Werke von den Nationalsozialisten verboten waren, zählt neben Franz → Lehár und Oscar → Straus zu den bedeutendsten Vertretern der »Silbernen Operettenära«.

Sein 9 Jahre jüngerer Bruder Richard war ebenfalls ein bekannter Komponist. Er schrieb Operetten wie »Wiener Fratz« (1912) und »Großstadtmärchen« (1920) sowie beliebte Schlager (»Was machst du mit dem Knie, lieber Hans?«) und Filmmusik. Er wurde Anfang 1945 in Auschwitz ermordet.

**Farkas, Karl,** * 28. Oktober 1893 in Wien, † 16. Mai 1971 in Wien, Kabarettist, Regisseur und Schriftsteller.

Schlagfertig, witzig, geistreich, wortgewandt und sprachgewaltig, war er zudem ungeheuer fleißig: Unzählige Texte für Revuen, Chansons, Kabarettszenen, Filmdrehbücher, Einakter und Sketches stammen von ihm. Der vielseitige und wandlungsfähige Künstler glänzte als Kabarettist und Conférencier, als Schauspieler und Regisseur. Seine Bonmots waren von hintergründiger Dialektik, seine Pointen sprichwörtlich, sein Wortwitz, seine Komik legendär. Bekannt wurde

*Karl Farkas*

er in der Zwischenkriegszeit durch seine Doppelconférencen mit Fritz → Grünbaum, ebenso erfolgreich waren seine Auftritte mit Ernst → Waldbrunn nach 1945 (heute auf Videokassetten erhältlich).

Der klassische Kabarettist, Sohn eines Schuhwarenfabrikanten, schrieb schon als Gymnasiast humorvolle Einakter, die im »Intimen Theater« gespielt wurden. Nach der Matura besuchte er die Akademie für Musik und Darstellende Kunst. Im 1. Weltkrieg verwundet, durchwanderte er nach 1918 verschiedene Provinztheater (Olmütz, Mährisch-Ostrau). 1920 erhielt er ein Engagement an der »Neuen Wiener Bühne« und wurde dann an das Kabarett »Simpl« verpflichtet, wo er zunächst »Schnelldichter«, dann Autor und Darsteller und schließlich ab 1927 künstlerischer Leiter war. 1926–1931 fungierte er als Direktor des Stadttheaters. 1938 emigrierte er in die USA, wo er u. a. Gedichte schrieb (»F. entdeckt Amerika«, 1940, oder »Zurück ins Morgen«, 1944). Nach seiner Rückkehr 1946 nahm er mit wachsendem Erfolg seine Tätigkeit am »Simpl« wieder auf. Radio- und TV-Sendungen (»Bilanz des Monats« u. a.) verhalfen F. zu breiter Popularität. Seinem Begräbnis auf dem Wiener Zentralfriedhof wohnten 13 000 Wienerinnen und Wiener bei.

*Lit.:* G. Markus, »K. F. Schau'n Sie sich das an.« (3. Aufl., 1983); H. Veigl (Hg.), »Ins eigene Nest. Also sprach K. F.« (1988).

**Fasslabend, Werner,** * 5. März 1944 in Marchegg (NÖ), Verkaufsleiter und Politiker.

Nach seiner Matura am Theresianum in Wien studierte F. in den USA (Wilbraham Academy) und in Wien Rechtswissenschaften. Nach seiner Promotion zum Dr. jur. 1970 absolvierte er die Gerichtspraxis und trat danach in einen großen Industriebetrieb ein. Seit 1972 ist er Gemeinderat der ÖVP in seiner Heimatgemeinde, ab 1984 amtierte er als Bezirksparteiobmann der ÖVP-Gänserndorf. F. ist außerdem führender Funktionär im ÖAAB, 1987–1990 hatte er ein Nationalratsmandat inne. 1990 wurde er Bundesminister für Landesverteidigung.

**Fatty, George, (eigtl. Franz Pressler),** * 24. April 1927 in Wien, † 29. März 1982 in Wien, Jazz-Klarinettist.

Ursprünglich im klassischen Fach ausgebildet, gehörte der Musiker zu den prominentesten Vertretern der österr. Jazzszene. Er trat zunächst im Wien der Nachkriegszeit u. a. in amerikanischen Soldatenklubs auf. 1955 eröffnete er im »Tabarin« in der Wiener Annagasse sein »Jazz-Casino«, wo er sich v. a. und vortrefflich der Interpretation des klassischen (New Orleans, Dixieland) und des modernen Jazz widmete. 1958 übersiedelte er mit seiner Band in »Fatty's Saloon« auf dem Petersplatz, das zum bedeutendsten Wiener Jazzlokal wurde; bis 1964 traten hier auch zahlreiche amerikanische Gaststars wie John Lewis oder Curtis Fuller auf. Nach Erfolgen in Deutschland, besonders in West-Berlin, und einem Rückgang seiner Popularität in den 60er und frühen 70er Jahren gründete F. 1974 seine »Crew«, die Elemente des Jazz und der Popmusik vermischte. Durch seine TV-Wunschsendung »Fatty live« wurde der schwergewichtige Musiker vor seinem frühen Tod noch einmal sehr populär.

**Federmann, Reinhard,** * 12. Februar 1923 in Wien, † 30. Jänner 1976 in Wien, Schriftsteller und Übersetzer.

Der Sohn eines Juristen, dessen Eltern früh starben, brachte sich nach der Matura u. a. als Hilfsarbeiter und Chauffeur durch. Nach dem 2. Weltkrieg begann er zu schreiben. Um seinen Lebensunterhalt zu bestreiten, verfaßte er Romane mit Milo → Dor sowie Kurzgeschichten für Zeitungen und Features und Hörspiele für den Rundfunk. Für literarische Arbeiten von Qualität blieb dem hochbegabten Erzähler kaum Zeit. Immerhin gelangen ihm 6 Romane, von denen »Das Himmelreich der Lügner« (1959) über die Februarereignisse 1934 der bedeutendste ist. 1972–1975 gab F. die Monatsschrift für Literatur und Kunstpolitik »Die Pestsäule« heraus und übersetzte, z. T. mit Milo Dor gemeinsam, Milovan Djilas, Ivo Andrič und Dino Buzzati. Er starb verkannt und unbeachtet.

*Werke:* »Chronik einer Nacht« (Neuaufl. 1988), »Der schielende Engel« (1963), »Es kann nicht gelogen sein« (Erzählungen, 1951).

**Felder, Andreas,** * 6. 3. 1962 in Hall (T), Schispringer.

F. war eines der großen österr. Schispringeridole der 80er Jahre. Zwar blieben ihm persönlich olympische Medaillen versagt, sonst aber gewann er alles, was zu gewinnen war: 1986 wurde er mit der Rekordmarke von 191 Metern Weltmeister im Schifliegen, 1987 Weltmeister auf der Großschanze, 1990/91 errang er den Sieg im Gesamtweltcup. Dazu kamen dreimal WM-Silber, zweimal WM-Bronze und der Sieg in 25 Weltcup-Springen. 1992, zum Abschluß seiner Karriere, konnte er gemeinsam mit seinen Kameraden bei den Olympischen Winterspielen die Mannschaftssilbermedaille erringen und auch den Sieg im Nationen-Weltcup feiern. Mit diesen großartigen Leistungen hat er sich einen Platz in der österr. Schigeschichte gesichert.

**Felgenhauer, Fritz,** * 29. Oktober 1920 in Wien, Urgeschichtler.

Nach Kriegsdienstleistung nahm F. das Studium der Urgeschichte und der Anthropologie an der Universität Wien auf. Er wurde Assistent am Institut für Ur- und Frühgeschichte, wo er sich 1957 habilitierte. Ab 1964 wirkte er als Univ.-Prof. F. gründete die »Österr. Arbeitsgemeinschaft für Ur- und Frühgeschichte«, die sich der praxisorientierten Förderung des Nachwuchses in der Feldforschung widmete. Er leistete grundlegende Forschungsarbeiten zur österr. Frühgeschichte, vor allem im Raum von Stillfried. Mit der Gründung der »Österr. Gesellschaft für Mittelalterarchäologie« wies er der Forschung neue Wege.

**Fellerer, Max,** * 15. Oktober 1889 in Linz, † 27. März 1957 in Wien, Architekt.

F. studierte an der Technischen Hochschule in Wien, verbrachte ein Studienjahr bei Josef → Hoffmann und absolvierte die Wiener Kunstgewerbeschule. 1919–1926 arbeitete er im Büro von Hoffmann. 1926 nahm er eine Assistentenstelle an der Akademie der Bildenden Künste an und wurde Mitarbeiter → Holzmeisters. Ab 1934 leitete er in der Nachfolge von Hoffmann die Fachklasse Architektur an der Akademie und war gleichzeitig Direktor der Kunstgewerbeschule. 1938 wurde er von den Nationalsozialisten außer Dienst gestellt. Erst 1945 kehrte er an die Akademie für Angewandte Kunst zurück, deren Präsident er bis 1955 blieb. Auch in der Zentralvereinigung der Architekten war er an führender Stelle tätig. Vor dem 2. Weltkrieg erbaute F. Wohnhausanlagen für die Gemeinde Wien und in Linz, in der Wiener Werkbundsiedlung errichtete er Doppelhäuser. Nach 1945 erbaute er u. a. gemeinsam mit Carl Appel das

Haas-Haus am Stephansplatz (1986 trotz einer Protestaktion abgerissen). Auch bei der Wiederherstellung des Parlamentsgebäudes wirkte F. mit.

**Fellinger, Karl,** * 19. Juni 1904 in Linz, Internist.

Aufgewachsen als Sohn eines gelernten Schlossers und Drehers, besuchte F. das Akademische Gymnasium in Linz. Er maturierte mit Auszeichnung. Danach studierte er Medizin in Wien bei → Wagner-Jauregg, → Eiselsberg und → Tandler (Promotion: 1929). 1937 habilitierte er sich mit einer Arbeit über die Hormonforschung, ein Jahr später verlor er aus politischen Gründen die Lehrbefugnis. Erst 1946 wurde er Ordinarius und zum Vorstand der 2. Medizinischen Universitätsklinik in Wien ernannt. 1950/51 wurde er Dekan der Medizinischen Fakultät und 1964/65 Rektor der Universität. F. gelang es, seine Klinik innerhalb kurzer Zeit zu modernisieren. 1952 erhielt er das modernste Elektronenmikroskop der Welt; er schuf u. a. ein Dialysezentrum und eine Computerstation.

*Karl Fellinger*

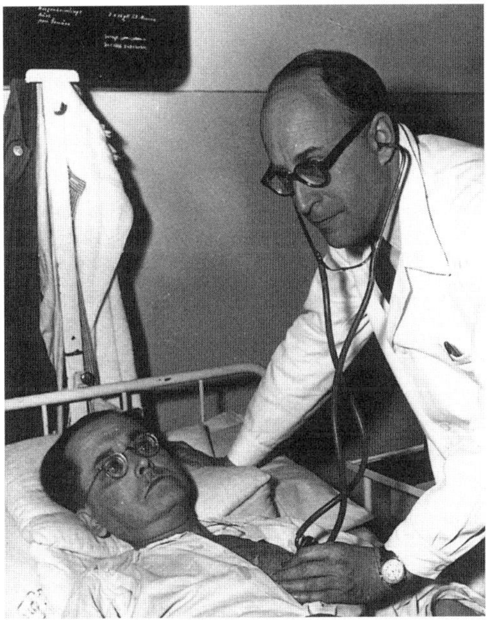

Er war auch wesentlich an der Planung des Allgemeinen Krankenhauses in Wien beteiligt.

Sein wissenschaftliches Werk umfaßt das »Lehrbuch der inneren Medizin« sowie rund 300 Fachveröffentlichungen. Mit seiner Fernsehreihe »Der gläserne Mensch« trat er auch populärwissenschaftlich an die Öffentlichkeit. Zu den Patienten des prominenten Internisten zählten und zählen Staatsoberhäupter aus aller Welt, so Schah Reza Pahlewi oder König Ibn Saud von Saudi-Arabien. Internationale Anerkennung wurde ihm auch u. a. mit Ehrendoktoraten aus Athen, Budapest, Innsbruck, Saloniki und Teheran zuteil.

**Fellner, Fritz,** * 25. Dezember 1922 in Wien, Historiker.

Nach seiner Promotion zum Dr. phil. 1948 habilitierte sich der Schüler von Hugo → Hantsch 1960; 1964 wurde er an die Universität Salzburg berufen, wo er den Lehrstuhl für Neuere Geschichte übernahm. F. verbrachte auch längere Zeit in Amerika, wo er Vorlesungen zur österr. Geschichte hielt. Das Schwergewicht seiner Arbeiten liegt in der franzisko-josephinischen Zeit und in der Erforschung der Pariser Vororteverträge von 1919. Er hat sich auch als hervorragender und überaus sorgfältiger Herausgeber von Erinnerungswerken, wie der Tagebücher Josef → Redlichs sowie von Franz → Klein, erwiesen. F. ist ein unabhängiger, daher unbequemer Geist, der nie mit seinen Forschungen dem Zeitgeist huldigte.

*Werke:* »Josef Redlich. Schicksalsjahre Ö.s. Das polit. Tagebuch« (1953/54), »Der Dreibund. Europäische Diplomatie vor dem 1. Weltkrieg« (1960), »Franz Klein. Saint-Germain im Sommer 1919. Briefe« (1977).

**Fendrich, Rainhard,** * 27. Februar 1955 in Wien, Schauspieler und Liedermacher.

F. studierte zunächst Jus, ehe er 1978 im Theater an der Wien in einer kleinen Rolle sein Debüt als Schauspieler gab. Bald darauf begann er Lieder zu schreiben und produzierte 1980 mit eigener Band seine erste Schallplatte, die ihm auf Anhieb Gold eintrug. 1981 startete er mit dem erfolgreichen Sommerhit »Strada del sole« seine eigentliche Karriere. Gefällig-ironische und z. T. sozialkritische Songs wie »Schickeria«, »Razzia« oder »Es lebe der Sport« folgten und wurden durch Tourneen sowie Auftritte in Fernsehen, Radio und Film rasch populär. Die LPs weisen v. a. kommerzielle Qualitäten auf, wie »Von Zeit zu Zeit« oder »Nix is fix«; manche schlagen auch ernstere Themen (»Kein schöner Land«, 1986) an.

**Fenz, Egon,** * 19. Juni 1907 in Scheibbs (NÖ), † 6. Mai 1972 in Wien, Arzt und Sprachpsychologe.

F. war praktischer Arzt und ein vielseitig begabter Mensch. Als Sprachpsychologe entwikkelte er eine Lautdeutungslehre, er war Rheumaforscher von europäischem Rang, aber auch ein begabter Lyriker und Essayist.

*Werke:* »Laut, Wort, Sprache und ihre Deutung« (1940), »Der Herr Lipaneder und andere Gedichte« (1932), »Kulturstraße im Wienerwald« (1962), »Die Uhr am Schottentor« (1968).

**Feuchtmüller, Rupert,** * 5. August 1920 in Moosbrunn (NÖ), Kunsthistoriker.

Nach dem Besuch des Gymnasiums in Wien und dem Kriegsdienst studierte F. Kunstgeschichte (Dr. phil.: 1946). Danach war er in der Kunstabteilung des Nö. Landesmuseums tätig, deren Leiter er schließlich war (bis 1976). Ab 1959 lehrte er auch an der Wiener Universität. 1973–1984 leitete er das Dom- und Diözesanmuseum, das er völlig neu gestaltete. Auch die Neugestaltung des nö. Landesmuseums ist ihm zu verdanken. F. verband in seiner Arbeit analytische kunsthistorische Forschung mit konzeptiver musealer Präsentation. Mit geistiger Lebendigkeit vermittelte er Information in didaktisch geschickter Weise.

*Werke:* »Das nö. Landhaus« (1949), »Die steinerne Bibel von Schöngrabern« (1962), »Schloß Schallaburg. Ein Denkmal der Renaissance« (1974), »Das Neugebäude in Wien« (1976), »Wotruba: Die Kirche in Mauer« (1977), »Der Stephansdom in Wien« (1978), »Ö.s Aufbruch in die Moderne« (1980).

**Fey, Emil,** * 23. März 1886 in Wien, † 16. März 1938 in Wien (Selbstmord), Offizier und Politiker.

Der streng erzogene Sohn eines Beamten wurde 1908 Berufsoffizier. Im 1. Weltkrieg schwer verwundet, erhielt er 1916 den Maria-Theresien-Orden bzw. die Bestätigung seiner Anspruchsberechtigung. Nach Teilnahme an den Kärntner Abwehrkämpfen war er Herausgeber der »Österr. Wehrzeitung« und Direktor des Militärkasinos. Mit der Gründung der »Wiener Heimwehr« 1927 begann seine eigentliche Karriere. 1931 wurde er Landesführer des nunmehrigen »Wiener Heimatschutzes«. Als → Dollfuß einen »starken« Mann für sein Kabinett suchte, wurde F. 1932 Staatssekretär, 1933 Minister für Sicherheitswesen, dem Polizei und Gendarmerie unterstanden. Durch immer schärfere Maßnahmen trug der erklärte Gegner von Demokratie und Parlament wesentlich zur innenpolitischen Polarisierung bei. Die Beseitigung des Parlaments im März 1933 entsprach seinem Ziel, »den Marxismus restlos niederzuwerfen«. F. war ebenso sehr an der Auslösung wie an der Niederwerfung des Aufstands des »Republikanischen Schutzbundes« im Februar 1934 beteiligt. Danach verlor er an Einfluß. Hitler begann zwar Kontakt zu ihm zu suchen, Dollfuß jedoch entmachtete ihn und übertrug ihm unbedeutende Aufgaben. Seine Rolle beim NS-Putsch vom Juli 1934 ist unklar und umstritten. Man legte ihm zur Last, sein Wissen über den bevorstehenden Überfall zu spät bekanntgegeben zu haben. In der Folge kam es zu einer Verschärfung der schon länger bestehenden Rivalität mit → Starhemberg, Kanzler → Schuschnigg gelang es, sich beider zu entledigen. F. wurde Präsident des Verwaltungsrates der DDSG (Donaudampfschiffahrtsgesellschaft) und spielte ab 1936 keine politische Rolle mehr. Nach einer Einvernahme bei der Gestapo im März 1938 setzte F. gemeinsam mit seiner Frau und seinem Sohn dem Leben ein Ende.

*Lit.:* F. Oswald, Die Stellung von Major a. D. E. F. in der Politik der Ersten Republik und des Ständestaates (1964).

**Fichtenau, Heinrich,** * 10. Dezember 1912 in Linz, Historiker.

Nach dem Studium in Wien promovierte F. 1936 zum Dr. phil. 1950 erhielt er eine a. o. Professur für mittelalterliche Geschichte, 1962 wurde er o. Univ.-Prof. und Vorstand des Instituts für österr. Geschichtsforschung. F., der seit 1937 historische Arbeiten publizierte, setzte mit seiner Habilitationsschrift »Mensch und Schrift« neue Maßstäbe für die Paläographie. Ab 1950 war er auch Mitherausgeber des »Urkundenbuches zur Geschichte der Babenberger«. Als Forscher widmete er sich in erster Linie den historischen Hilfswissenschaften und ihren kulturgeschichtlichen Auswirkungen. Als akademischer Lehrer hat er unter Wahrung strenger traditioneller Normen Generationen von Mediävisten und Archivaren geprägt.

*Werke:* »Grundzüge der Geschichte des Mittelalters« (1947), »Das karolingische Imperium« (1949), »Von der Mark zum Herzogtum« (1958), »Der junge Maximilian« (1959), »Das Urkundenwesen in Ö.« (1971).

**Ficker, Ludwig von,** * 13. April 1880 in München, † 20. März 1967 in Innsbruck, Herausgeber und Essayist.

Der Sohn des deutschen Rechtshistorikers Julius von F. wuchs in München auf. 1896 übersiedelte er nach Innsbruck, wo er später Jus, Kunstgeschichte und Germanistik studierte. 1910 gründete er die Zeitschrift für Kunst und Kultur »Der Brenner«. Das katholische und literarisch-kulturkritische Organ des österr. Frühexpressionismus erschien mit Unterbrechungen – anfangs halbmonatlich, dann als Jahrbuch – bis 1954. Es stellt ein wesentliches Stück Kulturgeschichte

*Ludwig von Ficker*

dar: Im »Brenner« vollzog sich der Aufbruch der österr. Literatur in die Moderne. Er war ein Forum für junge Autoren – mit Beiträgen von Else Lasker-Schüler, Karl → Kraus, Ferdinand → Ebner, Theodor Haecker u. a. F., der in seinen Essays und in seiner Lyrik eine zunehmend radikale christliche Innerlichkeit vertrat, förderte auch Künstler wie → Loos, Rilke und Trakl. Sein Engagement als Herausgeber und Förderer der Literatur wurde erst spät gewürdigt.

Ignaz Zangerle, F.s später Freund, gründete 1964 das »Brenner«-Archiv.

*Lit.:* I. Zangerle, F. Seyr (Hg.), L. von F.: Briefwechsel 1909–1914 (1986); W. Methlagl, A. Unterkircher (Hg.), Briefwechsel 1914–1925 (1989), Bd. 3, 1926–1939 (1991).

**Figl, Leopold,** * 2. Oktober 1902 in Rust im Tullner Feld (NÖ), † 9. Mai 1965 in Wien, Agraringenieur und Politiker.

*Leopold Figl*

Aus einer Bauernfamilie stammend, besuchte F. das Gymnasium in St. Pölten. Gemeinsam mit Julius → Raab gründete er den katholischen Mittelschüler-Kartellverband »Nibelungia«. An der Universität für Bodenkultur in Wien schloß er sich dem CV an. Ab Mai 1927 war er bereits als Sekretär des nö. Bauernbundes tätig. 1931 wurde er zum Direktorstellvertreter des nö. Bauernbundes bestellt, 1932 Führer der »Nö. Sturmscharen«, 1933 schließlich Direktor des nö. Bauernbundes. 1934–1938 vertrat er bäuerliche Interessen im Bundeswirtschaftsrat.

Bereits am 12. März 1938 wurde F. verhaftet und kam mit dem sogen. »Prominententransport« ins KZ Dachau, von dort nach Flossenbürg. Im Mai 1943 wurde er entlassen. Er fand mit Hilfe seines Freundes Raab einen Arbeitsplatz in Marchtrenk. Anläßlich des Attentats auf Hitler im Juli 1944 wurde er neuerlich inhaftiert und konnte erst am 6. April 1945 befreit werden. Er setzte sich sofort mit Gesinnungsgenossen in Verbindung und war Mitbegründer der ÖVP. Zunächst mit der Lebensmittelversorgung der Stadt Wien beauftragt, übernahm er gemeinsam mit Oskar → Helmer die Verwaltung in NÖ, von April bis Oktober 1945 war er auch nö. Landeshauptmann.

Mit 25. November 1945 trat er sein Amt als österr. Bundeskanzler als »rechter Mann zur rechten Zeit« an, der es verstand, in den ärgsten Nöten der Nachkriegszeit der Bevölkerung Mut zu machen. Trotz ständiger Spannungen mit den vier Alliierten gelang es ihm, mit allen eine Gesprächsbasis zu erhalten. 1953 löste ihn Raab als Kanzler ab, und F. übernahm das außenpolitische Ressort. So war es ihm vergönnt, am 15. Mai 1955 namens der österr. Bundesregierung den Staatsvertrag zu unterzeichnen. Nach seinem Ausscheiden aus dem Ressort 1959 wurde er Erster Präsident des Nationalrates, dem er seit 1945 angehörte. 1962 kehrte F. nach NÖ als Landeshauptmann zurück.

*Lit.:* E. Trost, L. F., in: NöB 19; ders., F. von Ö. (1972).

**Finger, Eduard (Edi),** * 29. Jänner 1924 in Klagenfurt, † 12. April 1989 in Brunn am Gebirge (NÖ), Sportreporter.

Der neben Heribert → Meisel populärste Sportreporter der Nachkriegszeit hat unzählige Sportereignisse kommentiert. Sein einziges Requisit war das Mikrofon. Sein Witz, seine Improvisationskunst und Schlagfertigkeit waren die persönlichen Markenzeichen, seine Begeisterungsfähigkeit und sein schauspielerisches Talent das Geheimnis seines Erfolges. Als bei der Fußball-WM 1978 in Cordoba (Ö. schlug die BRD mit 3:2) Hans → Krankl das sensationelle Siegestor gelang, erscholl F.s Aufschrei: »I wer' narrisch!«, der ihn zur Reporterlegende machte.

F. schloß 1943 die Höhere Bundesgewerbeschule in Klagenfurt ab und studierte 4 Semester an der Technischen Hochschule in Wien. Danach war er zunächst als Sportjournalist bei Kärntner Zeitungen tätig. 1946 begann er als Rundfunkreporter. Seit 1951 in Wien, wurde er zuerst Leiter der Sportabteilung im Radio, dann erster TV-Reporter und TV-Sportchef (1954–

1964); er hat die Sportabteilung aufgebaut und die ersten direkten TV-Sportübertragungen moderiert. Ab 1967 war er Leiter der ORF-Hörfunk-Sportredaktion.

**Fink, Humbert,** * 13. August 1933 in Salerno (Italien), Schriftsteller und Kulturhistoriker.

Der Sohn eines Industriellen kam schon als Kind nach Kärnten, wo er auch ins Gymnasium ging. Er schrieb zunächst Gedichte (»Verse aus Aquafredda«, 1953), danach Romane (»Die engen Mauern«, 1958, »Die Absage«, 1960) und wandte sich schließlich der kulturhistorischen Reisebeschreibung zu (u. a. »Anatolische Elegie«, 1977, »Das Heilige Land«, 1981); darin beschreibt er mit Kenntnis und feiner Einfühlungsgabe die politische und soziale Realität des jeweiligen Landes. F. gestaltete auch zahlreiche Sendereihen im ORF. Gemeinsam mit Paul Kruntorad gab er 1957/58 »Die österr. Blätter« und ab 1959 die »Hefte für Literatur und Kritik« heraus. Mit Ernst Willner, dem Intendanten des ORF-Landesstudios Kärnten, entwickelte er 1977 die Idee des Ingeborg-Bachmann-Wettbewerbs. Später schrieb F., der auch als Glossist bei der Wiener »Kronen Zeitung« tätig ist, historische Biographien, so »Martin Luther« (1982), »Macchiavelli« (1988), »Franz Grillparzer« (1990).

**Fink, Jodok,** * 19. Februar 1853 in Andelsbuch (V), † 1. Juli 1929 Andelsbuch, Bauer und Politiker.

Der bescheidende Vorarlberger Bauernsohn besuchte das Gymnasium in Brixen und arbeitete dann am väterlichen Hof. Entsprechend den Traditionen seiner Gegend war er ein überzeugter Demokrat, in religiösen Fragen allerdings sehr rigid. Bereits 1879 wurde er in den Gemeinderat seiner Heimatgemeinde entsandt, 1890 in den Landtag und seit 1897 vertrat er seine Heimat im Reichsrat. Vor allem mit Karl Lueger und Albert Geßmann von den Wiener Christlichsozialen verband ihn ein enges Verhältnis. Der überzeugte Föderalist trat für eine Trennung Vorarlbergs von Tirol ein. 1918 wurde er zu einem der Präsidenten der Provisorischen Nationalversammlung gewählt, 1919–1920 übte er das Amt eines Vizekanzlers aus. Von 1922 bis zu seinem Tod war er Obmann des Klubs der Christlichsozialen im Parlament. In den schweren Nachkriegsjahren profilierte er sich als maßvoller Verhandler, entschieden wandte er sich gegen die Anschlußbestrebungen Vorarlbergs an die Schweiz. Ihm hing der Ruf an, in seiner Partei ein »Ministermacher« zu sein.

**Finsterer, Hans,** * 24. Juni 1877 in Weng bei Altheim (OÖ), † 4. November 1955 in Wien, Chirurg.

Aus ärmlichen Verhältnissen stammend, konnte sich F. nur unter größten finanziellen Mühen ein Studium leisten. Nach Abschluß seines Medizinstudiums in Wien 1902 setzte er seine Ausbildung in Graz und Wien fort. 1913 erfolgte seine Habilitierung in Wien. Am 1. Weltkrieg nahm er als Stabsarzt teil. Bereits 1920 erhielt er eine o. Universitätsprofessur. 1923 erregte er internationales Aufsehen mit seiner Veröffentlichung »Die Methoden der Lokalanästhesie in der Bauch-Chirurgie und ihre Erfolge«. In diesen Jahren unternahm er auch Vortragsreisen in die USA. 300 weitere wissenschaftliche Arbeiten, die sich hauptsächlich mit Magen- und Darmerkrankungen und mit neuen Operationsmethoden beschäftigten, entstammen seiner Feder.

**Firnberg, Hertha,** * 18. September 1909 in Wien, Wirtschaftshistorikerin und Politikerin.

Die Tochter eines Landarztes begann zunächst ein Jusstudium. Schon sehr früh war sie auch politisch tätig; seit 1926 gehörte sie den Sozialistischen Mittelschülern an. Später wechselte sie zur Wirtschafts- und Sozialgeschichte (Dr. phil.: 1936). Während des 2. Weltkriegs arbeitete sie in einem Modeverlag, ab 1946 war sie am Institut für Wirtschafts- und Sozialwissenschaften tätig, 1948 wechselte sie in die nö. Ar-

*Hertha Firnberg*

beiterkammer, wo sie die Abteilung für Statistik leitete. 1963 konnte sie als Abgeordnete der SPÖ in den Nationalrat einziehen, 1966 wurde sie Vorsitzende des SPÖ-Bundesfrauenkomitees (bis 1983).

1970 berief Bruno → Kreisky sie in sein Kabinett und übertrug ihr den Aufbau des neugeschaffenen Bundesministeriums für Wissenschaft und Forschung. Die »Grande Dame der Sozialdemokratie« leitete bis 1983 mit großer Sachkompetenz, verbunden mit Charme und Eleganz, ihr Ressort. Die Forschung in Ö. dankt ihr wesentliche Impulse. Die Schaffung des UOG (Universitäts-Organisationsgesetz), die Institutionalisierung neuer Studienrichtungen, ein modernes Denkmalschutzgesetz, die Einrichtung des Ephesos-Museums und des Museums Moderner Kunst seien als wichtigste ihrer großen Leistungen erwähnt.

**Fischer, Betty,** * 12. Oktober 1887 in Wien, † 12. Jänner 1969 in Wien, Operettensängerin.

Nach der Volks- und Bürgerschule absolvierte F. auf Wunsch der Eltern eine Schneiderinnenlehre, die sie mit der Gesellenprüfung und dem Meisterbrief abschloß. Der jungen Betty, die eigentlich »Wetty« hieß, lag allerdings mehr an der Gesangskunst als an der Schneiderei. Sie nahm Unterricht und beeindruckte durch ihren herrlichen Sopran, der den bemerkenswerten Umfang von dreieinhalb Oktaven hatte. Über das Raimundtheater und das Ronacher kam sie schließlich an das Theater an der Wien, der Hochburg der Wiener Operette, wo sie mit ihrem oftmaligen Partner Hubert → Marischka in den folgenden Jahrzehnten wahre Triumphe feiern sollte; sie debütierte als Valencienne in der »Lustigen Witwe«. Bis 1933 stand sie u. a. in Bruno → Granichstaedtens »Orlow« mehr als 400mal auf der Bühne, als Prinzessin in Leo Aschers »Hoheit tanzt Walzer« eroberte sie mit dem Lied »Das Lercherl von Hernals« das Publikum. Tourneen führten die Operettendiva quer durch Europa. 1933 emigrierte F., die Jüdin war, nach Luxemburg, wo sie weiterhin auftrat. 1947 kehrte sie nach Wien zurück, stand aber in der Nachkriegszeit nur noch gelegentlich auf der Bühne. Sie starb hochbetagt – und vergessen. Auf dem Dachboden ihrer Wohnung fand man 23 große Koffer mit rund 900 exquisiten Toiletten, die sie zur Zeit ihrer großen Erfolge getragen hatte. Das »Lercherl von Hernals« war nämlich nicht nur eine begnadete Sängerin, sie war im Wien der 20er und 30er Jahre auch in der Mode tonangebend gewesen.

**Fischer, Ernst,** * 3. Juli 1899 in Chomutov/Komotau (Böhmen), † 1. August 1972 in Deutschfeistritz (St), Schriftsteller, Journalist und Politiker.

Der Sohn eines Berufsoffiziers rückte zunächst als Kadettaspirant im 1. Weltkrieg ein. Der Zusammenbruch der Donaumonarchie veranlaßte ihn, die tradierten Ideale des Elternhauses in Frage zu stellen. Er wurde zunächst zum Soldatenrat gewählt. 1920 schloß sich der Werkstudent, der in Graz zu studieren begonnen hatte, den Sozialdemokraten an. Er schrieb für steirische Zeitungen, wie den Grazer »Arbeiterwillen«, und errang erste Erfolge als Theaterautor. 1927 ging er als Redakteur der »Arbeiter-Zeitung« nach Wien. Von der Sowjetunion fasziniert und in Ablehnung von Otto → Bauers kompromißbereitem Handeln entfernte sich F. aber von den Grundsätzen der Sozialdemokraten. Er plädierte für den Kampf gegen die autoritären Tendenzen des Dollfuß-Regimes. Nach den Februarereignissen 1934 schloß er sich daher der KPÖ an. Er emigrierte nach Prag und dann nach Moskau. Als führender Intellektueller wurde er zunächst Mitarbeiter Dimitrows in der Kommunistischen Internationale (Komintern). Mit seiner Frau Ruth → Mayenburg im berühmt-berüchtigten Moskauer »Hotel Lux« wohnhaft, arbeitete er während des 2. Weltkriegs als politischer Kommentator in den deutschsprachigen Sendungen des Moskauer Rundfunks. Wie viele seiner Zeitgenossen schwieg er zu den stalinistischen Säuberungsprozessen.

1945 kehrte er mit der KP-Führung nach Ö. zurück. In der provisorischen Regierung übernahm er das »Staatssekretariat für Volksaufklärung, Unterricht, Erziehung und Kultur«. Bis 1959 blieb der brillante Redner Parlamentsabgeordneter seiner Partei. Bis 1969 war er Mitglied des Zentralkomitees der KPÖ. In seiner schriftstellerischen und journalistischen Arbeit erwies er sich als beredter Vertreter der österr. Identität. Seine Unterstützung des Reformkurses in der ČSSR und seine Kritik am Einmarsch der Sowjettruppen in Prag 1968 brachten ihn schließlich in Gegensatz zur Parteiführung. F. wurde 1969 aus der KPÖ ausgeschlossen.

*Werke:* »Der österr. Volkscharakter« (1944), »Franz Grillparzer« (1948), »Von Grillparzer zu Kafka« (1962), »Kunst und Koexistenz. Beitrag zu einer modernen marxistischen Ästhetik« (1966), »Erinnerungen und Reflexionen« (1969), »Das Ende einer Illusion. Erinnerungen 1945–1955« (1973).

**Fischer, Heinz,** * 9. Oktober 1938 in Graz, Jurist und Politiker.

Nach dem Besuch des Hietzinger Gymnasiums studierte F. Jus an der Wiener Universität und promovierte 1961. Seit 1959 im Verband Sozialistischer Studenten tätig, wurde er 1963 Sekretär der SPÖ-Fraktion im Parlament, dem er seit 1971 als Abgeordneter seiner Partei angehört. 1977 habilitierte er sich für Politikwissenschaften an der Universität Innsbruck. Der leidenschaftliche Parlamentarier war ein politischer Schüler Christian → Brodas und gehörte zu der jungen Führungsgarnitur der Ära → Kreisky. 1983–1987 amtierte er als Bundesminister für Wissenschaft und Forschung, kehrte dann aber wieder als Klubobmann seiner Partei ins Parlament zurück. Seit 1990 ist der äußerst integre Politiker Präsident im Hohen Haus. Als begeisterter Bergsteiger trat er im Rahmen der »Österr. Naturfreunde« immer für Anliegen des Naturschutzes ein.

**Fischer, O. W. (Otto Wilhelm),** * 1. April 1915 in Klosterneuburg (NÖ), Bühnen- und Filmschauspieler.

In den 50er und 60er Jahren der unumstrittene Star des deutschsprachigen Films, hat F. ein glanzvolles Kapitel deutsch-österreichischer Filmgeschichte mitgestaltet. Wichtige Filme waren u. a. »Erzherzog Johanns große Liebe«, »Solange du da bist« (mit Maria → Schell), »Ludwig II.«, »Das Riesenrad«, »Hanussen«. Gutaussehend, charmant und von großer persönlicher Ausstrahlung, war er v. a. beim weiblichen Kinopublikum äußerst erfolgreich. Bis der glänzende, aber schrullige und bewußt manirierte Charakterdarsteller plötzlich seine Karriere abbrach und sich für ein Vierteljahrhundert auf seinen Besitz im Tessin zurückzog, um seinen Neigungen als Philosoph und Dichter nachzugehen. Erst nach dem Tod seiner Frau trat der einst weltberühmte Star wieder an die Öffentlichkeit, so mit dem TV-Film »Herbst in Lugano« (1989) und in der ORF-Serie »Ich über mich« (1991).

Der Sohn eines österr. Hofrats wurde am Reinhardt-Seminar ausgebildet und war vor seiner Filmkarriere an kleineren Bühnen in Wien und München tätig, bis er 1936 an das Theater in der Josefstadt engagiert wurde. 1938–1944 spielte er am Deutschen Volkstheater in Wien.

*O. W. Fischer*

1946–1952 war er Mitglied des Burgtheaters, wo er u. a. als »Anatol«, in Ibsens »Gespenster«, in Büchners »Dantons Tod«, als Francis Leroy in Zuckmayers »Gesang im Feuerofen« brillierte. Auf Tourneen spielte er unzählige Male den »Schwierigen« und im Fernsehen Schnitzler-Rollen. 1989 erschien sein Buch »Engelsknabe war ich keiner. Erinnerungen an eine Jugend«.

*Lit.:* D. Popa, O. W. F., Seine Filme, sein Leben (1989).

**Fischer, Wilhelm Robert,** * 19. April 1886 in Wien, † 26. Februar 1962 in Innsbruck, Musikforscher.

Nach dem Studium in Wien (Promotion: 1912) konnte sich F. bereits 1915 habilitieren. 1928 erhielt der Musikwissenschaftler, der sich v. a. verdienstvoll der Erforschung der Wiener Instrumentalmusik des 18. Jh.s widmete, eine Professur in Innsbruck. 1938 wurde er von den Nationalsozialisten entlassen. 1945–1948 wirkte er als Direktor der Musiklehranstalten in Wien. Erst 1948 kehrte er als Prof. nach Innsbruck zurück. 1961 zog er sich vom Lehramt zurück. Er war Herausgeber von »Denkmäler der Tonkunst in Ö.« und Autor u. a. von »Tanzbrevier« (1925) und »Beethoven als Mensch« (1928).

**Fischer-Karwin, Heinz,** * 23. April 1915 in Linz, † 27. Oktober 1987 in Wien, Journalist.

Der Sohn eines Offiziers wandte sich zunächst dem Schauspielberuf zu und erhielt nach seiner Ausbildung erste Anstellungen in Troppau und Bochum. 1942 mußte er zur Wehrmacht einrükken. Nach dem Krieg wechselte er zum Rundfunk und wurde Reporter beim deutschen Dienst des BBC, zwei Jahre später übersiedelte er zu Radiodiffusion française nach Paris. Erst 1955 kehrte er nach Wien zurück, wo er in kürzester Zeit zum Starreporter avancierte. Nach seiner hervorragenden Reportage über den österr. Staatsvertrag gestaltete er eigene Sendereihen, wie »Wir blenden auf« oder »Aus Burg und Oper«, »Bitte, legen Sie ab« und »Ihr Auftritt, bitte«. Seine kultivierte und gut informierte Kulturberichterstattung ließ ihn zu einem Markenzeichen besten Journalismus werden. Später gestaltete er auch für das Fernsehen eine Reihe von Städte- und Landschaftsporträts.

**Flatter, Richard,** * 14. April 1891 in Wien, † 5. November 1960 in Wien, Übersetzer, Lyriker und Dramatiker.

Nach einem Jusstudium und einigen Jahren Tätigkeit als Rechtsanwalt wandte er sich ganz dem Theater zu. Er besuchte das Regieseminar von Max → Reinhardt, wirkte als Regisseur in Prag und Breslau und widmete sich dann seinem Lebenswerk: der Übersetzung der Werke W. Shakespeares, die er vor Verfälschungen und Fehldeutungen schützen und originalgetreu wiedergeben wollte.

1938 mußte er vor dem Nationalsozialismus fliehen und lebte in England, Australien und 1948–1953 in den USA. Die letzten Jahre seines Lebens verbrachte er in Wien. Sein literarisches Werk umfaßt formstrenge Lyrik (u. a. »Weg und

Heimkehr«, 1937) sowie Dramen wie »Elisabeth und Dudley« (1954) und »Oliver Cromwell« (1955), die sich auf der Bühne jedoch nicht durchsetzen konnten.

**Flemming, Marilies,** * 16. Dezember 1933 in Wiener Neustadt, Juristin und Politikerin.

Die Tochter eines Historikers und Dramaturgen studierte in Wien Jus. An das Doktorat schlossen sich Sprachstudien in Paris und Cambridge. Außerdem hatte sie noch mehrere Semester Theaterwissenschaft absolviert. Seit 1972 ist F. im österr. Akademikerbund tätig. 1973 wurde sie in den Wiener Landtag gewählt, wo sie vor allem im Ausschuß für Soziales und Gesundheit eine rege Aktivität entwickelte. 1977–1984 fungierte sie als Generalsekretärin der österr. Frauenbewegung, einer Teilorganisation der ÖVP, 1984–1991 als Bundesleiterin dieser Organisation. Zunächst Vorsitzende der Landessektion der Europäischen Frauenunion, wurde sie 1990 Präsidentin dieser internationalen Vereinigung christlich-demokratischer Frauen. 1987–1991 stand die eloquente Politikerin dem Familien- und Umweltministerium vor. Als streitbare Kämpferin gegen die Wiederaufbereitungsanlage im bayerischen Wackersdorf und Seite an Seite mit den Demonstranten gegen die Zerstörung der Hainburger Au stieß sie auch in der eigenen Partei auf Widerspruch. Verantwortungsbewußt ließ sie sich jedoch in ihrer Umweltpolitik nicht beirren. 1991 war sie als ÖVP-Kandidatin für das Bundespräsidentenamt im Gespräch.

**Flesch-Brunningen, Hans (auch: Vincent Brun),** * 5. Februar 1895 in Brno/Brünn (Mähren), † 1. August 1981 in Bad Ischl (OÖ), Schriftsteller.

F.-B. wuchs in Abbazia und Wien auf. Nach seinem Jusstudium (Promotion: 1919) arbeitete er als Bankangestellter und in einer Wiener Rechtsanwaltskanzlei. Nach Aufenthalten in Italien und Berlin ging er 1933 über Holland nach England in die Emigration. 1958 kehrte er nach Ö. zurück. F.-B. schrieb expressionistische Erzählungen (»Bürger Narr«, 1920) und wandte sich dann historischen Stoffen zu (»Die Herzogin von Ragusa«, 1935, »Alkibiades«, 1936). Die düsteren Exiljahre schilderte er in seinem Roman »Perlen und schwarze Tränen« (1948). Er war auch als Übersetzer tätig, schrieb Hörspiele und gab 1967 den Band »Die letzten Habsburger in Augenzeugenberichten« heraus. Seine Lebenserinnerungen erschienen 1988 unter dem Titel »Die verführte Zeit«. Seit 1972 war er mit der Schriftstellerin Hilde → Spiel verheiratet.

**Flöge, Emilie,** * 1874 in Wien, † 1952 in Wien, Modeschöpferin.

Gemeinsam mit ihren Schwestern Pauline und Helene betrieb F. bis 1938 in Wien einen der be-

*Emilie Flöge, porträtiert von Gustav Klimt*

rühmtesten Modesalons. Sie stattete ihre erlesene Klientel, zu der u. a. Clarissa Rothschild zählte, mit Kleidern aus, deren Entwürfe von Gustav Klimt und Kolo Moser stammten. Sie selbst stand Klimt, den sie 1897 kennengelernt hatte und der sie mehrmals malte, sehr nahe; ihre Schwester Helene war mit seinem Bruder Emil verheiratet. Von Klimt stammten auch die Entwürfe für das Firmensignet und das Geschäftspapier des Hauses. Der 1905 im Gebäude der Casa Piccola in der Mariahilfer Straße eröffnete Salon war mit Möbeln von Josef → Hoffmann und Kolo Moser ausgestattet.

**Flora, Paul,** * 29. Juni 1922 in Glurns (Südtirol), Zeichner, Graphiker und Karikaturist.

F. kam mit seinen Eltern 1927 nach Innsbruck und besuchte dort das Gymnasium mit dem festen Vorsatz, Zeichner zu werden. Er inskribierte nach der Matura an der Kunstakademie in München, ohne jedoch am akademischen Betrieb Anteil zu nehmen. 1944 wurde er zur deutschen Wehrmacht einberufen, geriet in US-Gefangenschaft und entschloß sich nach seiner Entlassung, als freischaffender Künstler zu leben. F. begann seine Karriere, die über die Arbeit für angesehene Zeitungen wie »Die Zeit« und den »Observer« sowie zahlreiche Ausstellungen im In- und Ausland zum Welterfolg führte, in der Nachfolge Alfred → Kubins. Er löste sich bald von seinen Vorbildern, zu denen auch Paul Klee und Lyonel Feininger gehörten, und fand zu seinem persönlichen, unverwechselbaren Zeichenstil, der sich durch einen lockeren Federstrich, aus dem Ironie und feiner Sarkasmus sprießen, auszeichnet. F. übt in seinem Werk mit subtiler Ironie Kritik an der Gesellschaft und an menschlichen Schwächen. Der scharfsichtige, hintergründige Karikaturist hat zahlreiche Bücher illustriert und auch eigene Werke verfaßt (»Floras Fauna«, 1953). Der Künstler schuf auch Bühnenbilder.

**Föderl, Karl,** * 13. März 1885 in Wien, † 10. November 1953 in Wien, Komponist und Cafétier.

*Paul Flora*

Der Sohn eines Schirmmachers entdeckte schon in jungen Jahren die Liebe zur Musik. Er wurde Barpianist. Nach dem 1. Weltkrieg eröffnete er in Wien-Hernals ein Kaffeehaus, in dem er seine Gäste mit z. T. selbst komponierter Musik unterhielt. Er schrieb Wienerlieder und Schlager. Mit über 800 Melodien wurde er zu einem der populärsten Liederkomponisten. Zu den bekanntesten zählen: »Was weiß denn die Welt, was a Weanaherz fühlt«, »Da fangt der alte Stephansturm zum Plaudern an«, »Lieserl, komm her« und die durch Hans → Moser berühmt gewordene »Reblaus«. F. schrieb auch Filmmusik.

**Födermayr, Florian,** * 18. April 1877 in Kronstorf/Enns (OÖ), † 7. März 1960 in Linz, Gutsbesitzer und Politiker.

Aus einer Bauernfamilie stammend, besuchte

F. das Gymnasium in Linz und 1891–1893 die Ackerbauschule in Ritzlhof. 1896–1899 leistete er Militärdienst. Er erwarb den Besitz Sipbachhof in Allhaming, den er zu einer Musterlandwirtschaft ausbaute. Im 1. Weltkrieg wurde F. als Fachmann zum Kommissär der Kriegsgetreideverkehrsanstalt und zum Mitglied der Preisprüfungskommission in Steyr bestellt. 1919–1934 war F. Vertreter der Christlichsozialen im Parlament, gleichzeitig Funktionär in zahlreichen bäuerlichen Gremien. Nach dem Krieg erwarb er ein Gut in Kronstorf, wo er 1928 auch zum Bürgermeister gewählt wurde. 1929–1930 amtierte F. als Land- und Forstwirtschaftsminister, wobei er sich als besonderer Förderer der agrarischen Genossenschaften erwies. 1934–1938 war er sowohl Mitglied des Staatsrates als auch des Bundestages. 1938 wurde er aller Funktionen enthoben und zwei Tage inhaftiert. Während des 2. Weltkriegs widmete er sich der Verwaltung seines Besitzes. 1945 wurde F. wieder Bürgermeister seiner Heimatgemeinde Kronstorf.

**Fontana, Oscar Maurus,** * 13. April 1889 in Wien, † 4. Mai 1969 in Wien, Dramatiker, Essayist und Theaterkritiker.

F. wuchs in Dalmatien auf. In Wien studierte er Kunstgeschichte und Theaterwissenschaften. Im 1. Weltkrieg war er Offizier, danach arbeitete er als Journalist und freier Schriftsteller. Bereits ab 1909 schrieb er Theaterkritiken für verschiedene Zeitungen, darunter für das »Neue Österreich«, das er 1945 mitbegründet hatte. Er übte, insbesondere nach dem 2. Weltkrieg, großen Einfluß auf das österr. Geistesleben aus. F. war 1946–1964 Präsident des Österr. PEN-Clubs.

Als Schriftsteller war F. ein Wegbereiter des Expressionismus. Er veröffentlichte 1915 die Lyrikanthologie »Die Aussaat« und schrieb expressionistische Dramen. Von seinen realistisch geschriebenen Romanen sind »Die große Erwekkung« (1919), »Der Weg durch den Berg« (1936) und »Gefährlicher Sommer« (1961) zu nennen. F. war auch ein geistreicher Essayist (»Wiener Schauspieler«, 1948).

**Foregger, Egmont,** * 21. September 1922 in Salzburg, Jurist und Politiker.

Im 2. Weltkrieg eingerückt und in Gefangenschaft, beendete F. 1947 sein Jusstudium. Er war zunächst als Richter und Staatsanwalt tätig, 1974 übernahm er die Leitung der Sektion II (Strafrecht) im Bundesministerium für Justiz. In dieser Funktion war er ein enger Mitarbeiter Christian → Brodas bei der großen Strafrechtsreform. 1987 wurde der Parteilose Justizminister, wobei es im Zuge seiner Ministerschaft zur Anklageerhebung in einigen politisch belasteten Causen, wie z. B. im Fall Lucona, kam. Nach seinem Ausscheiden aus dem Ressort 1990 wurde F. mehrfach von liberalen Kreisen als Kandidat für das Bundespräsidentenamt ins Gespräch gebracht.

**Forst, Willi (eigtl. Wilhelm Anton Frohs),** * 7. April 1903 in Wien, † 11. August 1980 in Wien, Filmschauspieler und Regisseur.

Sein Name ist untrennbar mit dem Erfolg des Wiener Films in der Zwischenkriegszeit verknüpft. Der berühmte Schauspieler und Regisseur begann seine Laufbahn an Provinzbühnen und am Wiener Carltheater. In Berlin brillierte er als Revuestar und wechselte schließlich zum Stummfilm über, in dem er als jugendlicher Bonvivant mit persönlicher Ausstrahlung eine blendende Figur machte; seinen ersten durchschlagenden Erfolg erzielte er 1927 in dem Film »Die drei Niemandskinder«. Aber erst der Tonfilm, in dem seine weiche, wohlklingende Stimme zum Tragen kam, brachte den Durchbruch. Tonfilmschlager erhöhten seine Popularität und machten ihn zum Star musikalischer Filmkomödien wie »Zwei Herzen im Dreivierteltakt« (1930).

1933 gelang F. mit »Leise flehen meine Lieder«, einem Schubert-Film mit Hans → Jaray, sein Debüt als Regisseur. Schon »Maskerade« (1934) mit Paula → Wessely in der Hauptrolle wurde ein Welterfolg. 1936 gründete er eine eigene Filmgesellschaft, 1939 schuf er seinen persönlichsten Film: »Bel ami«. Zur Zeit der NS-Herrschaft in Ö., drehte er »patriotische«

Unterhaltung (»Operette«, 1940, »Wiener Blut«, 1942, »Frauen sind keine Engel«, 1943) z. T. mit unterschwelliger Regimekritik.

Nach dem 2. Weltkrieg glückte F. mit »Die Sünderin« (1951, mit Hildegard Knef) sein Regie-Comeback, stieß mit dem Thema Sterbehilfe jedoch auf weitgehende Ablehnung. Daraufhin kehrte er in sein bevorzugtes Genre des leichten Unterhaltungsfilms zurück und drehte u. a. »Im Weißen Rößl« (1952) und »Kaiserjäger« (1956). An seine Vorkriegserfolge konnte er jedoch nicht mehr anschließen.

*Lit.:* R. Dachs, W. F. Eine Biographie (1986).

**Forster, Rudolf,** * 30. Oktober 1884 in Gröbming (St), † 26. Oktober 1968 in München, Schauspieler.

F. erhielt seine Ausbildung in Wien. Bis 1914 war der Charakterdarsteller in Wien (u. a. am Theater in der Josefstadt), dann an den Reinhardt-Bühnen in Berlin und Wien engagiert. Er

*Rudolf Forster*

emigrierte 1937 in die USA. Nach dem Krieg nahm er in Deutschland und Ö. seine Karriere wieder auf und gab Gastspiele an den verschiedensten Bühnen, darunter auch 1947–1950 am Burgtheater.

Ab 1920 war F. auch beim Film beschäftigt. Sein hervorragendes pantomimisches Können prädestinierte ihn für den Stummfilm, doch war er auch im Tonfilm erfolgreich. Seine besten Filmrollen gelangen ihm als Mackie Messer in der »Dreigroschenoper« (1931), in »... nur ein Komödiant« (1935) und in »Der Mann, der zweimal leben wollte« (1950), wo er als vereinsamender Professor eine einzigartige Leistung bot. 1967 erschienen seine Lebenserinnerungen unter dem Titel »Das Spiel, mein Leben«.

**Frank, Josef,** * 15. Juli 1885 in Baden bei Wien, † 8. Jänner 1967 in Stockholm, Architekt.

F. studierte an der Wiener Technischen Hochschule Architektur und beendete 1910 seine Studien mit einer Dissertation über den Architekten und Künstler Leon Battista Alberti. 1919–1925 wirkte er als Prof. an der Kunstgewerbeschule. Gemeinsam mit Oskar → Wlach gründete er 1925 das Einrichtungsgeschäft »Haus und Garten«. Mit Wlach und Oskar → Strnad hatte er bereits 1912 den Erweiterungsbau für das Orientalische Museum in Köln geschaffen. In den 20er Jahren errichtete er einige Wohnhausanlagen für die Gemeinde Wien. Er war Präsident des Österr. Werkbundes, 1930–1932 entstand in Wien unter seiner Leitung die Werkbundsiedlung. In seinem Werk »Architektur als Symbol« (1931) wandte er sich gegen die moderne Architektur, gegen die Diktatur des Funktionalismus, wie er von den Bauhaus-Architekten vertreten wurde. Bereits 1934 emigrierte F. nach Schweden, wo er Stoffe und Möbel entwarf. Der prominente Architekt und Designer, der in der Zwischenkriegszeit eine wichtige Rolle in der Architekturdiskussion spielte, verfaßte nach dem 2. Weltkrieg weitere theoretische Schriften gegen das Bauhaus, die noch unveröffentlicht sind.

**Frankl, Viktor Emil,** * 26. März 1905 in Wien, Neurologe und Psychiater.

F. ist der Begründer der Logotherapie und der Existenzanalyse bzw. der »Dritten Richtung der Wiener psychotherapeutischen Schule« nach der Psychoanalyse Sigmund → Freuds und der Individualanalyse Alfred → Adlers.

Der Sohn eines Ministerialbeamten stand als Gymnasiast in Korrespondenz mit Freud und publizierte bereits 1924 auf dessen Veranlassung seinen ersten Artikel in der »Internationalen Zeitschrift für Psychoanalyse«. Er studierte Medizin in Wien (Promotion: 1930) und gründete hier sowie in 6 weiteren Städten Jugendberatungsstellen für junge Menschen in seelischer Not. 1930–1934 arbeitete er in der Psychiatrischen Universitätsklinik, 1937 eröffnete er eine eigene Praxis als Facharzt für Neurologie. Ab 1940 war er Vorstand der Nervenstation des Rothschild-Spitals in Wien. Die Jahre 1942–1945 verbrachte er im KZ. Nach Wien zurückgekehrt, wurde F. 1946 zum Primarius der neurologischen Abteilung der Allgemeinen Poliklinik ernannt und lehrte an der Universität Wien. Im selben Jahr veröffentlichte der begeisterte Bergsteiger die beiden Bücher »Ärztliche Seelsorge, Grundlagen der Logotherapie und Existenzanalyse« und »Ein Psychologe erlebt das KZ«, die ihn schlagartig berühmt machten. F.s Logotherapie ist sinnzentrierte Psychotherapie. Seine positive Einstellung zum Leben, die Sinn-Lehre, die er gegen die Sinn-Leere stellt, fand v. a. in Amerika große Verbreitung. Allein das Buch »A Man's Search for Meaning« (»Ein Mensch auf der Suche nach Sinn«), erschienen 1963, erlebte in den USA zahllose Auflagen. 1970 wurde für F. ein eigener Lehrstuhl an der US International University in Kalifornien geschaffen. Daneben lehrte der Logotherapeut in den USA noch an mehreren anderen Universitäten.

Seine Werke, rund 30 Bücher, wurden in 20 Sprachen übersetzt. Besonders erwähnt seien »Homo patiens« (1950), »Pathologie des Zeitgeistes« (1955), »Theorie und Therapie der Neurosen« (1956) und »Das Menschenbild der Seelenheilkunde« (1971, 1975).

**Fränzl, Willy,** * 5. Juni 1898 in Wien, † 24. Juni 1982 in Wien, Tänzer und Tanzschulbesitzer.

1904 trat F. als Balletteleve in die Wiener Hofoper ein. 1922 wurde er zum Solotänzer ernannt, seit 1937 war er Ballettmeister dieses traditionsreichen Corps de ballet. Später besaß er eine renommierte Tanzschule und war für die Abwicklung zahlreicher Balleröffnungen verantwortlich. So leitete er jahrelang in souveräner Weise die Eröffnung des Wiener Opernballs.

**Frei, Bruno (eigtl. Benedikt Freistadt),** * 11. Juni 1897 in Bratislava/Preßburg (Slowakei), † 21. Mai 1988 in Klosterneuburg (NÖ), Journalist.

Aus einer kleinbürgerlichen jüdischen Familie stammend, wurde F. ein kritischer, linksgerichteter Reporter, Berichterstatter und Redakteur. 1919 arbeitete er bei der Wiener Zeitung »Abend«, für die er nach Abschluß seines Studiums (Dr. phil.: 1922) als Korrespondent nach Berlin ging. Danach bereiste er die Sowjetunion, worüber er in dem Buch »Im Land der roten Macht« (1929) berichtete. Ab 1929 gab er das Blatt »Berlin am Morgen« heraus. 1933 emigrierte er nach Prag und 1936 weiter nach Paris. Bei Kriegsausbruch interniert, erhielt er 1941 ein Visum nach Mexiko. Dort gehörte er zu den Mitbegründern der Zeitschrift »Freies Deutschland«. 1947–1956 war er, nach Wien zurückgekehrt, Chefredakteur der Zeitung »Der Abend« und gab, u. a. mit Ernst → Fischer, die Zeitschrift »Österr. Tagebuch« heraus. 1956–1959 lebte er als Korrespondent der »Volksstimme« in China und schrieb darüber in »Der große Sprung. China heute« (1959). 1972 legte er seine Autobiographie vor: »Der Papiersäbel«. Darin rekapitulierte F. die Stationen seines bewegten Lebens und nahm vorsichtig Abstand von einigen seiner politischen Positionen.

**Freiberg, Siegfried,** * 18. Mai 1901 in Wien, † 5. Juni 1985 in Veghel (Holland), Schriftsteller und Bibliothekar.

F. studierte Germanistik, Geschichte und Kunstgeschichte in Wien. Er arbeitete als Bibliothekar ab 1927 an der Hochschule für Welthandel, ab 1947 an der Akademie der Bildenden Künste (1950–1964 Bibliotheksdirektor).

F. schrieb von Rilke beeinflußte Gedichte (»Elegien und Oden«, 1935), bekannt wurde er mit seinen ersten Romanen »Salz und Brot« (1935) und »Die harte Freude« (1938). Der mehrfach ausgezeichnete Autor verfaßte auch Dramen, Hörspiele, Essays und Reisebücher.

**Fremuth, Walter,** * 13. April 1932 in Wien, Manager.

Nach der Matura in Wien trat F. als Bankangestellter in die CA (Creditanstalt) ein, obwohl er ursprünglich sein Hobby, die Schriftstellerei, zum Beruf machen wollte. Nach Absolvierung einer Abendhandelsschule und der Promotion zum Dr. jur. trat er in den Dienst der Post- und Telegraphenanstalt. 1961 erhielt er von der SPÖ den Auftrag, ein Rundfunk-Rekonstruktionsgesetz zu entwerfen. Der Budgetexperte der Generalpostdirektion mußte 1965 aus politischen Gründen von der Post ins Verkehrsministerium wechseln, wo er Experte für Strompreis- und Tariffragen wurde. 1970 übernahm er das Amt eines Vizegouverneurs der Postsparkasse, 1975 wurde er Generaldirektorstellvertreter der Girozentrale. 1979 übernahm der überzeugte Sozialdemokrat die Generaldirektion der Verbundgesellschaft der Elektrizitätswerke Ö.s, die sich nach dem Aus für das Kernkraftwerk Zwentendorf in einer schwierigen Situation befand. F. mußte sich lebhaften Diskussionen mit den Grünen, die seinen eher autoritären Führungsstil anprangerten, wegen des geplanten Kraftwerkbaus in der Hainburger Au stellen. Als das Problem der veralteten Kraftwerke in den ehemaligen Ostblockländern akut wurde, plädierte F. für den Ausbau der österr. Stromleitungen, um die inländische Energieversorgung sicherzustellen.

**Freud, Sigmund,** * 6. Mai 1856 in Freiberg

*Sigmund Freud*

(Mähren), † 23. September 1939 in London, Begründer der Psychoanalyse.

F. übersiedelte mit den Eltern 1859 nach Wien, wo er nach einer glanzvoll absolvierten Matura Philosophie, Biologie und Medizin studierte (Promotion: 1881). Nach dreijähriger Tätigkeit als Sekundararzt am Allgemeinen Krankenhaus habilitierte er sich 1885 als Privatdozent für Neuropathologie. Seine Studien über die Hysterie führten ihn für ein Jahr nach Paris. Dann ließ er sich als praktischer Arzt in Wien nieder. 1902 a. o. Prof., erhielt F. 1919 eine o. Professur an der Wiener Universität, doch eine erfolgreiche akademische Karriere scheiterte letztlich an seinem Naturell, v. a. aber an den massiven Anfeindungen, denen seine Lehre ausgesetzt war.

F. entwickelte mit der Psychoanalyse ein neues Verständnis des Unbewußten, das zur Grundlage der modernen Tiefenpsychologie und Psychotherapie wurde. Zugleich hat sein revolutionäres Werk das Leben des einzelnen wie auch die Wissenschaft, die Kunst und die Kultur beeinflußt. Seine grundlegenden Einsichten in die Triebstruktur menschlichen Verhaltens, seine Lehre von der Bedeutung psychischer Verdrängungsmechanismen für das Entstehen von Neurosen, seine Betonung der Sexualität im Triebhaushalt des Menschen, die Überzeugung von der elementaren Bedeutung der Kindheit für die Entfaltung der menschlichen Persönlichkeit und die Entwicklung psychoanalytischer Therapieverfahren zur Heilung von Krankheiten lösen bis heute ebenso fruchtbare Denkanstöße wie heftigen Widerstand aus. In seiner berühmten Ordination in der Berggasse 19 (Wien 9) verfeinerte F. seine psychoanalytische Methode und baute die therapeutischen Grundlagen aus. Hier auch versammelten sich seine Schüler, die mit F. zum Ruhm der Wiener Schule der Psychotherapie beigetragen haben. Längst weltweit anerkannt, mußte der Seelenarzt – als Jude vertrieben – 1938 nach London emigrieren, wo er, bereits lange schwer leidend und hochbetagt, starb. Mit ihm ist auch die Wiener Psychoanalyse ins Exil gegangen. Seine Tochter Anna (* 3. Dezember 1895 in Wien, † 8. Oktober 1982 in London) setzte in London das Werk ihres Vaters fort. Sie übertrug die psychoanalytischen Erkenntnisse auf den Bereich der Kindertherapie und beschäftigte sich vorwiegend mit den Neurosen von Kindern und Jugendlichen. Sie betrat erstmals 1971 wieder Wiener Boden.

*Hauptwerke:* »Die Traumdeutung« (1900), »Zur Psychopathologie des Alltagslebens« (1901), »Drei Abhandlungen zur Sexualtheorie« (1905), »Das Ich und das Es« (1923), »Das Unbehagen in der Kultur« (1930). 1942–1948 erschienen die »Gesammelten Werke« (18 Bde.).

*Lit.:* E. Jones, Leben und Werk von S. F. (1960/61), P. Gay, F., Eine Biographie für unsere Zeit (1989).

**Frey, Eric,** * 1. März 1908 in Wien, † 2. September 1988 in Wien, Kammerschauspieler.

F. spielte länger als ein halbes Jahrhundert im Theater in der Josefstadt. Ausgebildet u. a. von Albert → Heine, damals Chef des Burgtheaters, debütierte F. 1927 auf einer Deutschlandtournee des Burgtheaters. Er ging danach an das Deutsche Volkstheater in Wien, erhielt Engagements in Bremen, Hamburg, Berlin und Prag und kam 1935 an das Theater in der Josefstadt, dem er bis zu seinem Tod die Treue hielt. Unzählige Rollen hat F. auf seine kantige Art und mit unverwechselbarer nasal-knarrender Stimme an diesem Haus verkörpert: von Schnitzler-Rollen (»Das weite Land«, »Der einsame Weg«) über Anouilh, den er in Wien heimisch gemacht hat (»General Quichotte«, »Der Walzer der Toreros«), bis zur Avantgarde sowie Dramatiker wie Gorki, Ibsen, Hauptmann oder → Horváth. F. hat ab 1936 auch in zahlreichen Filmen mitgewirkt.

**Frieberger, Kurt (auch: Karl Gustav Ker),** * 4. April 1883 in Wien, † 19. November 1970 in Wien, Schriftsteller.

Nach dem Jusstudium trat F. in den Staatsdienst ein und war 1929–1938 als Presse- und Kulturattaché in Rom tätig. 1907 erschien sein Gedichtband »Barocke Monologe« sowie die Komödie »Das Glück der Vernünftigen«, die im Wiener Vorstadtmilieu spielt. In der NS-Zeit hatte er Schreibverbot. Nach 1945 erzielte F. mit der Kotzebue-Bearbeitung »Die beiden Klingsberg« und dem Papst Pius XII. gewidmeten Roman »Der Fischer Simon Petrus« (1953) beachtliche Erfolge. F. war auch als Übersetzer tätig, u. a. bearbeitete er die Komödien von Goldoni.

**Fried, Erich,** * 6. Mai 1921 in Wien, † 22. November 1988 in Baden-Baden (BRD), Lyriker, Erzähler und Übersetzer.

Der Sohn eines Spediteurs wuchs in Wien auf und besuchte hier das Gymnasium. Im August 1939 floh er mit seiner Mutter vor den Nationalsozialisten über Belgien nach London, wo er seither lebte. Er war u. a. 1952–1968 Redakteur

*Erich Fried*

des deutschen Programms der BBC. Ab 1968 freier Schriftsteller, veröffentlichte er zahlreiche Gedichtbände, den Roman »Ein Soldat und ein Mädchen« (1960), Prosastücke, Hörspiele und Übersetzungen u. a. von Shakespeare, T. S. Eliot und Dylan Thomas.

F.s lyrisches Schaffen umfaßt inhaltlich wie formal ein breites Spektrum dichterischer Thematik und sprachlicher Darstellungsform (Spruch- und Sinngedichte, freie Rhythmen). Im Zentrum steht jedoch sein Engagement gegen individuelle und kollektive Unterdrückung sowie radikale Zeitkritik, die sich gegen jede Form von faschistischer und imperialistischer Herrschaft richtet. Seine Gedichtbände »und Vietnam und« (1966), »Höre, Israel!« (1974) und »So kam ich unter die Deutschen« (1977), in denen er zu aktuellen politischen Themen Stellung nahm, machten F. zu einem der bekanntesten Lyriker deutscher Zunge. Seit den 70er Jahren war der Dichter auch zunehmend wieder in das österr. Literaturgeschehen einbezogen.

*Weitere Gedichtbände:* »Ö.« (1946), »Anfechtungen« (1967), »Liebesgedichte« (1979), »Es ist, was es ist« (1983), Unverwundenes. Liebe, Trauer, Widersprüche« (1988).

*Lit.:* M. Levin (Hg.), E. F. (1987).

**Friedell, Egon (eigtl. Egon Friedmann),** * 21. Jänner 1878 in Wien, † 16. März 1938 (Selbstmord) in Wien, Schriftsteller und Kulturhistoriker.

Der Sohn eines Wiener Tuchfabrikanten trat noch als Schüler vom jüdischen zum evangelischen Glauben über. Er bestand nach mehrmaligen Anläufen 1899 in Bad Hersfeld die Matura, studierte in Frankfurt am Main, in Heidelberg und Wien Germanistik und Philosophie und wurde 1904 zum Dr. phil. promoviert.

F. war ein Wiener Original und ein Universalgenie: Er war Schriftsteller, Kabarettist, Theaterkritiker, Feuilletonist, Kulturhistoriker, Übersetzer aus dem Englischen und Französischen, Schauspieler und Gelehrter. 1908–1910 leitete er das Wiener Kabarett »Fledermaus«. Er schrieb zahlreiche kabarettistische Einakter, so »Goethe im Examen« gemeinsam mit Alfred → Polgar. 1921 veröffentlichte er das »Altenbergbuch«. Seine »Judastragödie« kam 1923 im Burgtheater zur Aufführung. In Wien und Berlin war F. an den von Max → Reinhardt geleiteten Bühnen als Schauspieler tätig, so spielte er den Caesar in Shaws »Androklus und der Löwe«. Schon 1922 begann er die Arbeit an seinem vielschichtigen, subjektiven, brillant geschriebenen Lebenswerk: »Kulturgeschichte der Neuzeit« (3 Bde., 1927–1931). Es folgte die »Kulturgeschichte Ägyptens und des alten Orients« (2 Bde., 1936). Sein letztes Werk, »Die Kulturgeschichte Griechenlands«, konnte erst postum 1949 veröffentlicht werden, da F.s Bücher der NS-Zensur zum Opfer fielen. F., der zum berühmten Kreis der Wiener Kaffeehausliteraten gezählt und das kulturelle Leben in Wien zwischen den Kriegen nachhaltig beeinflußt hatte, wählte 1938 den Freitod.

*Lit.:* R. Wisemann, E. F. (1987); H. Illig (Hg.), Das F.-Lesebuch (1988).

*Egon Friedell*

**Frischenschlager, Friedhelm,** * 6. Oktober 1943 in Salzburg, Jurist und Politiker.

Der Sohn eines Komponisten und Prof.s am Salzburger Mozarteum absolvierte ein rechts- und staatswissenschaftliches Studium in Wien, (Dr. jur.: 1969). Er war zunächst Assistent am Institut für Völkerrecht in Salzburg, dann am Institut für Politikwissenschaft. Als Student beim Ring Freiheitlicher Studenten, gehörte F. später zu den Mitbegründern des »Attersee-Kreises«, eines politisch-wissenschaftlichen Arbeitskreises der FPÖ. 1977 wurde er in den Nationalrat gewählt. 1983–1986 amtierte der Freiheitliche als Verteidigungsminister. Es gelangen ihm einige bemerkenswerte Reformansätze, wie die Angelobung von Jungmännern im ungewohnten Ambiente eines Gemeindebaus, doch war seine Ministerschaft von der Causa Reder überschattet; er hatte den in Italien jahrzehntelang als Kriegsgefangenen inhaftierten ehemaligen SS-Mann, der mit dem Massaker von Marzabotto belastet war, bei seiner Rückkehr nach Ö. im Jänner 1985 mit Handschlag begrüßt.

**Frisch, Karl,** * 20. November 1886 in Wien, † 12. Juni 1982 in München, Zoologe und Verhaltensforscher.

Bereits 1923 veröffentlichte F. seine bahnbrechende Arbeit »Die Sprache der Bienen«, eine Studie über das der Verständigung dienende Tanzverhalten der Bienen, mit der er die wissenschaftliche Disziplin der Verhaltensforschung mitbegründete. Fünf Dezennien später erhielt er – gemeinsam mit Konrad → Lorenz und Nikolaus Tinbergen – den Nobelpreis für Physiologie. Seit 1919 Ordinarius, lehrte F. an den Universitäten Rostock, Breslau, Graz und v. a. München, wo ihm die Rockefeller-Foundation ein großzügiges Institutsgebäude errichtete. Eine Berufung nach Wien war mangels eines Neubaues für ein Institut gescheitert.

*Weitere Werke:* »Du und das Leben« (1936), »Erinnerungen eines Biologen« (1957), »Tanzsprache und Orientierung der Bienen« (1965).

**Frischmuth, Barbara,** * 5. Juli 1941 in Altaussee (St), Schriftstellerin und Übersetzerin.

F. besuchte die Klosterschule in Gmunden und studierte anschließend Türkisch und Ungarisch in Graz und Debrecen sowie Orientalistik in Wien und Erzerum. Sie ist Mitglied des Grazer »Forum Stadtpark«. Seit 1967 freie Schriftstellerin, setzte sich F. zunächst kritisch mit der Funktion der Sprache als ideologisch-gesellschaftlichem Machtmechanismus und mit der Emanzipation der Frau auseinander, so in »Die Klosterschule« (1968), »Amoralische Kinderklapper« (1969) oder »Haschen nach Wind« (1974). In ihrer Romantrilogie »Die Mystifikationen der Sophie Silber« (1976), »Amy oder die Metamorphose« (1978) und »Kai und die Liebe zu den Modellen« (1979) stellt sie der zivilisatorischen und technischen Entwicklung eine mystifizierte Wirklichkeit als positives Modell gegenüber. Die eigene persönliche Situation findet ebenfalls Niederschlag, so in »Die Ferienfamilie«

(1981). F. zählt zu den bedeutendsten zeitgenössischen Autorinnen Ö.s. Sie ist auch als Übersetzerin aus dem Türkischen, Ungarischen und Englischen tätig.

*Weitere Werke:* »Kopftänzer« (1984), »Grizzly Dickbauch und Frau Nuffl« (1985), »Einander Kind« (1990).

**Fritsch, Gerhard,** * 28. März 1924 in Wien, † 22. März 1969 in Wien (Selbstmord), Lyriker und Erzähler.

Der Sohn eines Mathematikprofessors studierte nach dem 2. Weltkrieg Geschichte und Germanistik, war dann als Verlagslektor und 1951–1959 im Bibliotheksdienst tätig. Er galt als eine der großen Begabungen der österr. Nachkriegsliteratur. F. wurde zuerst als Lyriker bekannt; unter dem Eindruck der Kriegserlebnisse entstanden u. a. »Zwischen Kirkenes und Bari« (1952) und »Lehm und Gestalt« (1954). 1956 erschien sein Roman »Moos auf den Steinen«, 1967 »Fasching«, eine wenig erfolgreiche Satire auf den unterschwelligen Antisemitismus und den Faschismus in Ö. Er war Mitherausgeber der Zeitschriften »Wort in der Zeit« (bis 1965), »Literatur und Kritik« und »Protokolle«. Er schrieb auch Hörspiele und übersetzte W. H. Auden und Miroslav Krleža.

*Gerhard Fritsch*

**Fröhlich-Sandner, Gertrude,** * 25. April 1926 in Wien, Lehrerin und Politikerin.

Seit 1948 als Volksschullehrerin und daneben als Horterzieherin bei den Wiener Kinderfreunden der SPÖ tätig, erlangte sie 1959 ein Mandat im Wiener Gemeinderat und Landtag. 1965 wurde sie zum amtsführenden Stadtrat für Kultur, Volksbildung und Schulverwaltung bestellt. 1969 erreichte sie als erste Frau die Position eines Vizebürgermeisters und Landeshauptmann-Stellvertreters in Wien, 1979 wurde sie amtsführender Stadtrat für Bildung, Jugend und Familie. Im Frühjahr 1984 legte sie aus gesundheitlichen Gründen alle Funktionen nieder, übernahm aber noch im selben Jahr das Amt einer Bundesministerin für Familie, Jugend und Konsumentenschutz, das sie mit großem Engagement und Anerkennung bis Jänner 1987 ausfüllte. Im Rahmen ihrer Partei übernahm F. zahlreiche verantwortungsvolle Funktionen und Aufgaben wie u. a. Vorsitzende der Österr. Kinderfreunde, Präsidentin des Wiener Fremdenverkehrsverbands oder des Kuratoriums der Wiener Jugendheime.

**Frohner, Adolf,** * 12. März 1934 in Groß-Inzersdorf (NÖ), Maler.

Der Autodidakt F. kam 1952 nach Wien, wo er an der Fachschule für Wirtschaftswerbung studierte und mit Jobs seinen Lebensunterhalt finanzierte, nebenbei begann er zu malen. Seit 1961 lebt er als freischaffender Künstler mit internationalem Erfolg. Er vertrat Ö. 1969 auf der Biennale in São Paulo und 1970 in Venedig. 1972 erhielt er eine Professur für Aktzeichnung an der Hochschule für Angewandte Kunst in Wien und avancierte in der Folge zu einer bedeutenden Persönlichkeit der österr. Kunstszene.

*Adolf Frohner*

Der vielfach ausgezeichnete Maler begann mit Objektkunst und Collagen. Später weitete er sein Œuvre auf Radierzyklen, Arbeiten auf Papier, großformatige Ölbilder und Zeichnungen aus. Sein bevorzugtes Thema ist der Frauenakt. Seine Frauengestalten sind dickleibig und bewußt häßlich. Es sind festgebundene, eingezwängte und gleichzeitig verletzliche Körper, die er in allen möglichen Posen und in allen möglichen Techniken festhält.

*Lit.:* D. Ronte, A. F. Werkbuch eines unruhigen Werkes (1980).

**Fronius, Hans,** * 19. September 1903 in Sarajevo (Bosnien), † 21. März 1988 in Mödling (NÖ), Graphiker und Buchillustrator.

Der Sohn eines Arztes aus Siebenbürgen und einer feinsinnigen Mutter, die aus einer Wiener Künstlerfamilie stammte, erlebte als Knabe das Drama um die Ermordung des österr. Thronfolgerehepaares. Nach dem 1. Weltkrieg übersiedelte die Familie nach Graz. Von dort ging F. 1922 nach Wien zur Ausbildung an die Akademie der Bildenden Künste. Ab 1930 war er als Kunsterzieher in Graz, später in Fürstenfeld und Mödling tätig. Ab 1964 arbeitete er als freischaffender Maler und Graphiker.

F. begann mit Holzschnitten und Zeichnungen, die ihm bald die Anerkennung Alfred → Kubins, mit dem er sich intuitiv verbunden fühlte, eintrugen. Der belesene und religiöse Künstler illustrierte die Werke Franz Kafkas, E. A. Poes, François Villons. An Rembrandt, Goya, Ensor und Soutine geschult, begründeten diese kongenialen Arbeiten seinen Ruhm als Zeichner und Buchillustrator. F.s Kunst ist dunkel, ernst und tragikumwittert. Auf seiner langen Suche nach Sinn und christlicher Lebensgestaltung hat er sich keinerlei Moden unterworfen. Sein genuines Schaffen präsentierte der Künstler, der auch ein Meister des Pinsels war, auf zahlreichen Ausstellungen in Europa und Übersee.

*Lit.:* W. Hilger, H. F. (1979).

**Fuchs, Ernst,** * 13. Februar 1930 in Wien, Maler und Graphiker.

Der Sohn eines Künstlerehepaares – der Vater war Altwarenhändler, »begeisterter Wagnerianer und lyrischer Tenor«, die Mutter Modezeichnerin – studierte 1946–1950 bei Robin Ch. Andersen und A. P. → Gütersloh an der Akademie der Bildenden Künste in Wien. Er ist ein Hauptvertreter der Wiener Schule des Phantastischen Realismus. Mit Bildern, die Untergangsvisionen und die Grauen des Krieges zeigten, gelang ihm schon früh der Sprung ins Ausland. Bereits 1949 beteiligte er sich an einer Kollektivausstellung in Paris. Bis 1962 malte er, wie er es selbst nannte, einen »verschollenen« Stil und fand dann zur Eindeutigkeit.

Seine detailreiche, surrealistische Bilderwelt ist voll von religiöser Symbolik, die mythologische Einflüsse und apokalyptische Visionen widerspiegelt. F. malt das Versehrte und das Heile, das

Schöne und das Gemeine, das Engelhafte und Dämonische. Neben seiner religiösen Thematik ist in seinem Werk viel beängstigende Diesseitigkeit zu finden. Er hat auch ein beachtliches graphisches Œuvre geschaffen, komponiert und Gedichte geschrieben. Der weltbekannte Künstler lebt abwechselnd in Wien und Monte Carlo, mit Lehrtätigkeit u. a. an den Akademien von Wien und Paris und in den USA.

**Funder, Friedrich,** * 1. November 1872 in Graz, † 19. Mai 1959 in Wien, Journalist.

Der Sohn einer Bäckerfamilie maturierte 1892 am bischöflichen Knabenseminar in Graz. Er begann zunächst Theologie und Kunstgeschichte in Graz zu studieren, widmete sich aber dann in Wien dem Jusstudium, das er 1898 mit dem Doktorat abschloß. In Wien gehörte er der CV-Verbindung »Norica« an. Schon in Graz hatte F. als Journalist für das »Linzer Volksblatt« gearbeitet, in Wien gehörte er ab 1896 zur Redaktion der »Reichspost«, deren Chefredakteur er 1903 und deren Herausgeber er 1905 wurde. Dank dieser Tätigkeit im einflußreichen Organ der Christlichsozialen verfügte er über eine wichtige Machtposition. Zwar hatte er nie ein Mandat dieser Partei inne, als Herausgeber der »Reichspost« war er aber Mitglied des christlichsozialen Parlamentsklubs. Vor dem 1. Weltkrieg gehörte F. zum sogen. »Belvederekreis«, einer Gruppe von Beratern des Erzherzog-Thronfolgers Franz Ferdinand. Später stand er in bestem Kontakt zu Ignaz → Seipel und Engelbert → Dollfuß. Mit letzterem teilte er die Begeisterung für die Idee des Ständestaats. Am 13. März 1938 wurde er verhaftet und in die KZs Dachau und Flossenbürg eingeliefert. Im November 1939 freigelassen, wurde er mit Berufsverbot belegt und mußte seinen Aufenthalt in Baden bei Wien nehmen. 1945 gründete F. die katholische Wochenschrift »Die Furche«, die er bis zu seinem Tod leitete und in der er sich für Toleranz auch dem politischen Gegner gegenüber einsetzte.

*Werke:* »Vom Gestern ins Heute« (1952), »Als Ö. den Sturm bestand« (1957).

**Fuss, Harry,** * 1. August 1913 in Wien, Schauspieler.

Der beliebte Volksschauspieler stammt aus einer Bankdirektorsfamilie. Er besuchte nach der Matura das Schauspielseminar von R. → Beer und wurde an das Theater in Brünn engagiert. 1937–1939 spielte er am Schauspielhaus Zürich, in Aussig und Karlsruhe (1940/41) und ab 1942 an Wiener Bühnen (Raimund- und Bürgertheater). 1948 kam er schließlich an das Wiener Volkstheater, das er seither nur für Gastspiele (u. a. Recklinghausen, Wiener Burgtheater) kurzzeitig verließ.

Der Erzkomödiant mit der schelmischen Mimik und der schrillen Stimme hat an »seinem« Haus zahllosen Rollen in Stücken von Nestroy und Raimund, Anzengruber und → Horváth, Molnár und → Bahr ein unverwechselbares Profil gegeben, ebenso Figuren von Dürrenmatt, Pirandello, Sternheim oder Gogol. Im Theater an der Wien war er im Musical »Cabaret« zu sehen. Doch besonders im Wiener Volksstück konnte er alle seine schauspielerischen Qualitäten ausspielen. Seine Lieblings- und Glanzrolle aber stammt von dem Dramatiker Bernard Shaw: Der unheldische Major Bluntschli in »Helden« war geradezu maßgeschneidert für F.' unpathetische Komödiantik. F. hat auch in zahlreichen Filmen mitgewirkt.

**Fussenegger, Gertrud (eigtl. Gertrud Dietz),** * 8. Mai 1912 in Plzeň/Pilsen (Böhmen), Schriftstellerin.

Die Tochter eines k. u. k. Offiziers wuchs in Böhmen auf und übersiedelte 1921 mit ihrer Familie nach Telfs in Tirol. Nach dem Tod der Mutter kehrte sie nach Pilsen zurück, maturierte dort und studierte ab 1930 in Innsbruck und München Geschichte, Kunstgeschichte und Philosophie (Promotion: 1934). Seit 1961 lebt sie in Leonding (OÖ).

F. trat 1935 mit dem Roman »Geschlecht im Advent« an die Öffentlichkeit, dem die »Mohrenlegende« folgte. Sie schrieb in der Folge eine große Anzahl von Romanen, darunter »Das

Haus der dunklen Krüge« (1951) und »Das verschüttete Antlitz« (1957), in denen sie in realistischer Erzähltradition formstreng menschliche Grundprobleme wie Schicksal, Schuld und Leid vor dem Hintergrund ihrer böhmischen Heimat darstellt. Im Alterswerk griff die katholisch geprägte Autorin religiöse Motive auf. Sie schrieb auch Erzählungen, Novellen, Essays und Lyrik.

*Weitere Werke:* »Die Pulvermühle« (Roman, 1968), »Ein Spiegelbild mit Feuersäule« (Autobiographie, 1979), »Nur ein Regenbogen« (Erzählungen, 1987), »Herrscherinnen« (1991).

# G

**Gabor, Hans,** * 5. Juli 1924 in Budapest, Operndirektor.

Nach einem Studium an der Liszt-Akademie in Budapest, wo Zoltán Kodály, Béla Bártok und János Ferencsik zu seinen Lehrern zählten, übersiedelte G. 1946 nach Wien. Hier gründete der Opernbegeisterte 1953 die Wiener Kammeroper als Forum für junge Talente. Von ihm stammt die Idee des internationalen Belvedere-Gesangswettbewerbs, dem zahlreiche junge Sänger ihre Entdeckung verdanken. G. widmete sich vernachlässigten Bühnenwerken, wie Jacques Offenbachs seltener gespielten Operetten, dem Werk Ermano Wolf-Ferraris oder Joseph Haydns. Einen bleibenden Schwerpunkt in seinem Programm bildeten die Altwiener Singspiele von Wenzel und Adolf Müller. Im Sommer spielt G. mit seinem Ensemble im Schönbrunner Schloßtheater. Internationale Berühmtheit erlangte G. – verbunden mit Einladungen zu Gastspielreisen in alle Welt – mit seinen neuen Mozart-Inszenierungen und den Rock-Fassungen der Opern »Bohème« und »Carmen«.

**Gamsjäger, Rudolf,** * 23. März 1909 in Wien, † 28. Jänner 1985 im Hubschrauber zwischen Burgenland und Wien, Konzertmanager.

Nach dem Studium von Chemie und Mathematik arbeitete G. als Textiltechniker, doch seine Liebe galt der Musik. So absolvierte er 1935–1939 ein Gesangsstudium an der Wiener Musikakademie. 1945–1972 leitete er – künstlerisch wie kommerziell überaus erfolgreich – als Generalsekretär die Gesellschaft der Musikfreunde; er bahnte die Beziehungen der Gesellschaft zu Herbert von → Karajan an. Außerdem war er Präsident der »Musikalischen Jugend«. 1972–1976 bekleidete er den in Wien immer heiß umstrittenen Posten eines Operndirektors. Zu den interessantesten Produktionen seiner Ära zählte Arnold → Schönbergs »Moses und Aaron« und eine Neueinstudierung von »Boris Godunow«. Er selbst empfand seine Tätigkeit an der Oper eher als glücklos und zog sich aus den Intrigen des Kulturlebens früh zurück.

**Gasser, Wolfgang,** * 31. Mai 1927 in Wolfsberg (K), Kammerschauspieler.

Im 2. Weltkrieg als 17jähriger eingerückt, war G. 1945 kurzzeitig als Dolmetsch in einem britischen Militärspital in Klagenfurt tätig. Dann ging er nach Wien, wo er bei Maria Rieder privaten Schauspielunterricht nahm. Er begann in Baden bei Wien, wo er in vielen Operetten spielte, und trat danach in Wien an verschiedenen Kellerbühnen wie »Parkring«, »Courage« und »Tribüne« auf. 1959 holte ihn → Haeusserman ans Burgtheater, wo er in »Wallensteins Lager« debütierte. Seither Mitglied des »Burg«-Ensembles, überzeugte er in den großen Grillparzer-Rollen ebenso wie als Arzt in Tschechows »Möwe«. 1987 ging er in Pension, blieb aber vielbeschäftigt. Er arbeitet für das Fernsehen und wirkt an anspruchsvollen literarischen Rundfunksendungen mit, die seine schöne, sonore Stimme besonders zur Geltung bringen. 1988 übernahm er die Hauptrolle in Thomas → Bernhards »Heldenplatz« und feierte darin den wohl größten persönlichen Erfolg seiner Karriere.

**Gatterer, Claus,** * 27. März 1924 in Sexten (Südtirol), † 28. Juni 1984 in Wien, Journalist und Schriftsteller.

Nach dem Besuch des bischöflichen Internats in Brixen und dem Studium in Padua begann G.

1945 seine Laufbahn als Journalist in Bozen. 1948 ging er nach Ö. und arbeitete für eine Reihe von Tages- und Wochenzeitungen, wie »Tiroler Nachrichten«, »Salzburger Nachrichten«, »Forum«, »Die Presse« und »Profil«. 1972 trat er beim ORF ein und gestaltete in der Folge 150mal die Sendung »teleobjektiv«, für die er den Dr.-Karl-Renner-Preis für Publizistik erhielt. Der »Journalist aus Leidenschaft« schuf auch zeitgeschichtliche Dokumentationen, wobei ihm seine Heimat Südtirol besonders am Herzen lag.

*Werke:* »Unter seinem Galgen stand Ö. – Cesare Battisti. Porträt eines Hochverräters« (1967), »Im Kampf gegen Rom« (1968), »Schöne Welt – böse Leut'. Kindheit in Südtirol« (1969), »Erbfeindschaft Italien – Ö.« (1972).

**Gaudriot, Charly,** * 12. März 1895 in Wien, † 15. April 1978 in Wien, Kapellmeister und Komponist.

G. war zunächst Philharmoniker, ehe er sich der Unterhaltungsmusik zuwandte. Sein 1928 gegründetes Tanzorchester wurde die erste Jazzkapelle in Ö. und zugleich die erste Tanzkapelle bei Radio Wien. Der erfolgreiche Musiker blieb beim Rundfunk fast ein halbes Jahrhundert lang beschäftigt. Er komponierte zahlreiche Schlager und Tanzmusik und brachte eine große Anzahl von Schallplatten heraus. 1931–1933 gewann er dreimal hintereinander das Goldene Band des Jazz.

**Geramb, Viktor,** * 24. März 1884 in Deutschlandsberg (St), † 8. Jänner 1958 in Graz, Volkskundler.

Nach Studienabschluß richtete G. die volkskundliche Abteilung des Landesmuseums Joanneum ein, die er bis 1920 leitete. Bereits seit 1918 war er am steirischen Volksbildungswerk in St. Martin tätig. 1931 schuf er die Lehrkanzel für Volkskunde in Graz und wurde der erste Ordinarius dieses Faches. In den folgenden Jahren widmete er sich dem Ausbau des steirischen Volkskundemuseums. Er gründete das »Steirische Heimatwerk«. Ab 1927 gab er die »Quellen zur deutschen Volkskultur« heraus.

*Werke:* »Das steirische Trachtenbuch« (1932), »Um Ö.s Volkskultur« (1946), »Sitte und Brauch in Ö.« (1948).

**Gerö, Josef,** * 23. September 1896 in Subotica (Wojwodina), † 28. Dezember 1954 in Wien, Jurist und Politiker.

Nach Kriegsdienst als Leutnant im 1. Weltkrieg beendete G. 1920 sein Jusstudium. 1926 wurde er Staatsanwalt, 1934–1938 war er im Justizministerium tätig. Nach 1938 mehrmals verhaftet, wurde er 1945 Staatssekretär für das Justizwesen. G. war 1952–1954 Minister für Justiz. Der Parteilose verdankte seine Nominierung der SPÖ. 1949–1952 stand er als Präsident dem Oberlandesgericht in Wien vor. Der begeisterte Sportfan war 1927–1938 Präsident des Wiener, 1945 des Österr. Fußballbundes sowie ab 1946 Präsident des Österr. Olympischen Komitees.

**Gessner, Adrienne (eigtl. Adrienne Geiringer),** * 23. Juli 1896 in Maria Schutz am Semmering (NÖ), † 23. Juni 1987 in Wien, Kammerschauspielerin.

G. entstammte einer musischen Familie: der Vater war Musikpädagoge, die Mutter Schauspielerin. Sie selbst debütierte schon nach einjähriger Ausbildung an der Wiener Akademie für Bildende Kunst und kam über deutsche Bühnen und Brünn nach Wien. Hier gehörte sie 1924–1937 dem Ensemble des Theaters in der Josefstadt an. 1938 emigrierte sie mit ihrem Mann Ernst → Lothar in die USA und machte in New York am Broadway Karriere. Zurückgekehrt, spielte sie ab 1947 wieder in der Josefstadt und wurde 1955 Mitglied des Burgtheaters.

G. war eine große Frauengestalterin mit einem breitgefächerten Rollenrepertoire. Als junge Schauspielerin war sie das bezaubernde »süße Mädel«, im Alter spielte sie unvergeßliche Rollen

*Adrienne Gessner*

als komische übellaunige Dame mit unverwechselbarem Tonfall. Sie trat bis zu ihrem 85. Lebensjahr auf und war auch bei den Salzburger Festspielen, beim Film und im TV tätig.

**Gessner, Hubert,** * 20. Oktober 1871 in Wallachisch-Klobouk (Mähren), † 24. April 1943 in Wien, Architekt.

Der Schüler Otto Wagners eröffnete gemeinsam mit seinem jüngeren Bruder Franz (1897–1975) in Wien ein Architekturbüro. Schon früh waren beide Brüder in der sozialdemokratischen Bewegung verankert. 1903 erhielt G. den Auftrag, das Favoritner Arbeiterheim zu erbauen, das inzwischen weitgehend verändert wurde. 1910 entstand das »Vorwärts«-Gebäude in der Wienzeile, wo Redaktion und Druckerei der »Arbeiter-Zeitung« untergebracht wurden. Als die SP und Stadtrat → Breitner in den 20er Jahren in Wien ein großzügiges Wohnbauprogramm zu realisieren begannen, gehörte G. zu jenen Architekten, die an dem gigantischen Bauvorhaben mitwirkten. Ihm sind die riesigen Wohnanlagen des Reumannhofs in Wien-Margareten und des Lassallehofs nahe der Reichsbrücke zu danken. 1930 errichtete er für Karl → Renner ein Landhaus in Gloggnitz. Nach der Ausschaltung der SP 1934 erhielt G. kaum noch Aufträge, 1938 wurde er von den Nationalsozialisten mit Berufsverbot belegt.

**Geyling, Remigius,** * 29. Juni 1878 in Wien, † 4. März 1974 in Wien, Maler und Bühnenbildner.

Ausgebildet an der Münchner Akademie, war G. 1911–1913 sowie 1922–1945 Ausstattungschef des Wiener Burgtheaters. Der vielseitige Künstler – er schuf Ölbilder, Buchillustrationen, aber auch Glasfenster – leitete 1913–1922 die Gesellschaft für Bühnen- und Filmkunst. Er erfand für die Bühne die Großwechselbild-Projektion, die 1925 erstmals am Burgtheater in der Inszenierung von »Peer Gynt« erprobt wurde. Für insgesamt 400 Theaterinszenierungen schuf er bis 1946 die Ausstattung, ebenso für Filme. Für die von Otto Wagner erbaute Kirche St. Leopold am Steinhof entwarf er die Altarmosaike.

*Lit.:* G. Szyszkowitz, R. G. (1960).

**Gföllner, Johannes Maria,** * 17. Dezember 1867 in Waizenkirchen (OÖ), † 3. Juni 1941 in Linz, Bischof.

Der früh verwaiste Sohn eines Sattlermeisters und einer Bauerntochter absolvierte das Jesuitengymnasium auf dem Linzer Freinberg. Danach studierte er am Germanicum in Rom, wo er zum Dr. theol. und Dr. phil. promoviert wurde. 1893 erfolgte seine Priesterweihe in Rom. Er kehrte nach Ö. zurück und trat die Stelle eines Kooperators in Mattighofen an. Danach war er Erzieher bei Erzherzog Karl Stephan in Pola, Kooperator in Wels und ab 1897 Religionsprof. am

Kollegium Petrinum in Linz. 1902 wurde G. Mitglied der Vorbereitungskommission der Linzer Diözesansynode, 1909 übernahm er die Lehrkanzel für Pastoraltheologie an der Linzer Theol.-Phil. Diözesanlehranstalt. 1911 wurde er Redakteur der »Theologischen-praktischen Quartalschrift«. 1915 ernannte ihn Kaiser Franz Joseph zum Linzer Bischof, im selben Jahr wurde er von Kardinal → Piffl zum Bischof geweiht. Als überzeugter Monarchist konnte G. sich nur schwer mit der neuen Republik abfinden, mit den Sozialdemokraten kam es immer wieder zu Spannungen. Auch sein Verhältnis zu Landeshauptmann Prälat Arnold → Hauser war gespannt. Ab 1931 hatte er Auseinandersetzungen mit dem Kath. Volksverein, an dessen Spitze Christlichsoziale standen. G. war maßgeblich am Entschluß der österr. Bischofskonferenz, den Klerus von der Politik fernzuhalten, beteiligt. Als einer der ersten Kleriker warnte er 1933 in einem Hirtenbrief vor den Gefahren des Nationalsozialismus; gleichzeitig galt er als Vertreter eines kirchlichen Antisemitismus.

**Gielen, Josef,** * 20. Dezember 1890 in Köln, † 19. Oktober 1968 in Wien, Regisseur und Theaterdirektor.

G. studierte in Bonn und München und wurde 1923 Oberregisseur am Dresdner Schauspielhaus. 1937 übernahm er Regieaufgaben am Wiener Burgtheater. 1939 emigrierte er nach Buenos Aires und war am Teatro Colon tätig. Nach seiner Rückkehr hatte er 1948–1954 die Direktion der »Burg« inne. Er bereicherte den Spielplan mit modernen französischen und amerikanischen Stücken, wie P. Claudels »Der seidene Schuh«, T. S. Eliots »Mord in der Kathedrale« oder A. Millers »Hexenjagd«, die er selbst inszenierte, und führte das traditionelle Klassikerprogramm fort. G. war ein großer Regisseur mit einer sehr persönlichen Handschrift. Seine Inszenierungen von Shakespeares »Was ihr wollt« und Schillers »Don Carlos« mit Werner → Krauß und Oskar → Werner sind legendär geworden.

G. war auch bei den Salzburger Festspielen und 1957–1960 als Oberspielleiter der Wiener Staatsoper tätig.

**Giese, Alexander,** * 21. November 1921 in Wien, Journalist und Schriftsteller.

Der Sohn eines Gewerbetreibenden legte in Wien die Lehramtsprüfung aus Geschichte und Geographie ab, begann aber seine berufliche Tätigkeit im ÖGB-Kulturreferat. 1950 wechselte er zum Rundfunk, wo er als Leiter des UKW-Programms wirkte. 1967 kam er zum Fernsehen. Dynamisch und tolerant, leitete der Journalist im ORF bis zu seiner Pensionierung 1983 die Hauptabteilung Wissenschaft.

Als Autor legte G. 1973 mit seinem ersten, vielbeachteten Roman »Wie ein Fremder im Vaterland« eine Marc-Aurel-Studie vor. Drei weitere Romane folgten: »Wie ein Schnee in der Wüste« über Omar Khajjam, »Geduldet Euch, Brüder« über Severin und »Lerida oder der lange Schatten«. Die Werke haben humanistische Zielsetzungen und treten für die Überwindung von Fremden-, Klassen- und Rassenhaß ein.

G. ist Großmeister der Wiener Freimaurerloge und wurde 1990 als Nachfolger von G. → Sebestyén zum Präsidenten des österr. PEN-Clubs gewählt.

**Giesl-Gieslingen, Adolf,** * 7. September 1903 in Triest, Lokomotivbauer.

Der Offizierssohn begann an der Wiener Technischen Hochschule zu studieren, wobei er sich schon damals für den Bau von Dampflokomotiven interessierte (Dr. techn.: 1929). Nach kurzer Tätigkeit im Konstruktionsbüro der Floridsdorfer Lokomotivfabrik ging er für mehrere Jahre zu Studienzwecken in die USA. Nach seiner Rückkehr wurde er Exportchef der Wiener Lokomotivfabrik. Er entwickelte 1944 den Flachschornstein. 1946 übernahm er eine Dozentur für Lokomotivbau an der Technischen Hochschule. Im Auftrag des Handelsministeriums leitete er bis 1950 das österr. Marshallplanbüro. Mit seinen Erfindungen, v. a. dem »Giesl-Ejektor«, erreichte der Dampflokomotivenbau seinen Höhepunkt.

**Gillesberger, Hans,** * 29. November 1909 in Ebensee (OÖ), † 4. März 1986 in Wien, Kapellmeister und Chordirigent.

Der Kapellknabe am Salzburger Dom studierte später in Innsbruck und Wien Jus sowie Kirchenmusik. 1942–1945 als Kapellmeister der Wiener Sängerknaben tätig, wurde er nach dem 2. Weltkrieg zum Stellvertretenden Chordirektor der Wiener Staatsoper und zum Prof. an der Wiener Musikakademie bestellt. G. hat sich v. a. als Chorleiter (Wiener Kammerchor, Konzerthausgesellschaft, Schubertbund, Sängerknaben) und als Chorerzieher große Verdienste erworben. Durch seine musikalische Schule sind Generationen von jungen Wiener Sängern gegangen. Häufige Gastspiele im Ausland sowie Plattenaufnahmen haben seinen Namen auch international bekannt gemacht.

**Ginzkey, Franz Karl,** * 8. September 1871 in Pola (Istrien), † 11. April 1963 in Wien, Schriftsteller.

Der Sohn eines Beamten der k. u. k. Kriegsmarine besuchte die Marineakademie in Fiume, war 1897–1912 am Militärgeographischen Institut in Wien beschäftigt und ging 1921 als technischer Oberrat in Pension. Er begann früh zu schreiben und lebte als freischaffender Schriftsteller vorwiegend in Wien, Salzburg und Seewalchen am Attersee (OÖ). 1934–1938 war er Mitglied des Staatsrates. Als Mitbegründer der Salzburger Festspiele gehörte er jahrzehntelang dem Kuratorium der Festspiele an.

Der preisgekrönte Schriftsteller war seinem innersten Wesen nach Lyriker. Seine schönsten Gedichte sind in den Auswahlsammlungen »Sternengast« (1934) und »Vom tieferen Leben« (1938) enthalten. Lyrische und romantische Stimmungen charakterisieren auch sein Prosawerk, das Romane (»Der von der Vogelweide«, 1912, »Der Wandervogel«, 1929), Novellen, wie »Der selige Brunnen« (1940), und Erzählungen, z. B. »Der Gott und die Schauspielerin« (1930), umfaßt. Er schrieb auch Bücher über Salzburg und das Salzkammergut. Sehr beliebt wurden seine Kinderbücher »Hatschi Bratschis Luftballon« (1904) und »Florians wundersame Reise über die Tapete« (1928).

**Gironcoli, Bruno,** * 27. September 1936 in Villach (K), Bildhauer und Zeichner.

G. absolvierte eine Goldschmiedlehre in Innsbruck und ging dann an die Akademie für Angewandte Kunst in Wien. Er ist Prof. an der Akademie der Bildenden Künste.

G. begann seine künstlerische Laufbahn mit einer Art anthropomorpher Gerümpelplastik. Aus Holzrahmen, Aluminium, Blei usw. gestaltete er »Oberkörperformen«, aus Stacheldraht und Plexiglas einen »Kopf« (1964). Danach begannen seine Objekte die Form von Installatio-

*Bruno Gironcoli*

nen anzunehmen. Eisen, Gips, Schalen, Glühbirnen und ein Gaskocher etwa erzeugten die Atmosphäre einer Gaskammer. Ab Mitte der 70er Jahre wurde das Material ausfigurert und erhielt sicht- und lesbare Formen, wurde zu Inszenierungen von dem Alltag verhafteten Symbolen und Bildern verwendet. Zeichnungen (in Tempera) und Skizzen dienen dem Avantgardekünstler zuweilen als Vorstudien für seine plastischen Ausführungen. In seinem Werk thematisiert G. die Ausgesetztheit des Menschen gegenüber einer übertechnisierten Welt.

*Lit.:* B. G. (Kat. Museum des 20. Jh.s, 1977).

**Glaise-Horstenau, Edmund,** * 27. Februar 1882 in Braunau (OÖ), † 20. Juli 1946 (Selbstmord) in Lager Langwasser bei Nürnberg, Historiker und Politiker.

Der Sohn eines Offiziers absolvierte die Kriegsschule und leistete Dienst als Truppenoffizier. 1913 kam er ins Kriegsarchiv. Er gehörte dem sogen. Belvedere-Kreis an, einem Beraterstab um Erzherzog-Thronfolger Franz Ferdinand. 1915 schwer verwundet, wurde G. Pressereferent im Armeeoberkommando; als solcher gehörte er auch der Delegation bei den Friedensverhandlungen in Brest-Litowsk an. Nach dem Krieg widmete er sich dem Studium der Geschichte und war ab 1934 als Privatdozent an der Wiener Universität sowie als Militärschriftsteller tätig. 1925–1938 war er Leiter des Kriegsarchivs. Als deutschnationaler Katholik pflegte er vielfältige Beziehungen zum großdeutschen und später nationalsozialistischen Lager. Nach dem Juliabkommen mit Deutschland 1936 berief ihn Kanzler → Schuschnigg als Vertrauensmann der Nationalen in sein Kabinett. Als Minister der kurzlebigen Regierung → Seyss-Inquart gehörte G. zu den Mitunterzeichnern des »Anschlußgesetzes« 1938. Danach erhielt er jedoch nicht die erträumten Funktionen. Er war ab 1941 deutscher General in Kroatien. Zu Kriegsende geriet er in amerikanische Gefangenschaft und sollte als Zeuge im Nürnberger Prozeß aussagen. Dort beging er Selbstmord.

*Werke:* »Die Katastrophe. Die Zertrümmerung Ö.-Ungarns und das Werden der Nachfolgestaaten« (1929), »Franz Josephs Weggefährte. Das Leben des Generalstabschefs Grafen Friedrich Beck« (1930).

*Lit.:* P. Broucek, Ein General im Zwielicht. Die Erinnerungen E. G.s von H. (3 Bde., 1980–1988).

**Gleißner, Heinrich,** * 26. Jänner 1893 in Linz, † 18. Jänner 1984 in Linz, Politiker.

Der Sohn eines Werkmeisters der Linzer Lokomotivfabrik studierte zunächst in Prag Jus. Im 1. Weltkrieg eingerückt, lernte er an der Italienfront Engelbert → Dollfuß kennen. Bis 1919 blieb er in Kriegsgefangenschaft, danach setzte er sein Studium in Innsbruck fort (Promotion: 1920). Er trat in den oö. Landesdienst ein, in der Landwirtschaftskammer brachte er es zum Direktorstellvertreter. 1933 ernannte ihn Dollfuß zum Landesleiter der neugegründeten Vaterländischen Front, im September 1933 zum Staatssekretär im Landwirtschaftsministerium. Nach den Februarereignissen 1934 wurde G. Landeshauptmann von OÖ. Mit Hilfe → Maletas gelang – wenn auch nur in geringem Maße – eine Einbeziehung der Arbeiterschaft, auch die wirtschaftliche Situation des Landes besserte sich zaghaft.

1938 wurde G. verhaftet und in die KZs Dachau und Buchenwald eingeliefert. Nach seiner Entlassung 1939 erhielt er »Gauverbot« und war in Berlin in der Privatwirtschaft tätig. Auf abenteuerlichen Wegen kehrte er 1945 nach OÖ zurück und wurde – von allen politischen Kräften nominiert – zum Landeshauptmann gewählt. 1951 stellte er sich der ÖVP als Präsidentschaftswahlkandidat zur Verfügung, unterlag aber gegen → Körner. Nach dem Staatsvertrag 1955 konnte er sich als Landeshauptmann dem eigentlichen Aufbau OÖ.s widmen, seine wirtschafts- und kulturpolitischen Initiativen fanden allgemein Anerkennung. Der überzeugte Föderalist legte 1971 sein Amt nieder; danach war er nur mehr in wenigen wirtschaftlichen Funktionen tätig.

*Lit.:* Landeshauptmann H. G. Zeitgenossen berichten, in: Oberösterreicher. Lebensbilder zur Geschichte OÖ.s (1985).

**Glöckel, Otto,** * 8. Februar 1874 in Pottendorf (NÖ), † 23. Juli 1935 in Wien, Pädagoge und Politiker.

Der Sohn eines Unterlehrers schloß 1892 das Landeslehrerseminar in Wiener Neustadt ab. Danach ging er als Volksschullehrer nach Wien. Seine pädagogischen wie sozialdemokratischen Überzeugungen führten aber – unter dem christlichsozialen Bürgermeister Karl Lueger – bald zu seiner fristlosen Entlassung. G. arbeitete ab 1897 als Beamter in der Unfallkrankenkasse und engagierte sich politisch. Ab 1907 gehörte er dem Reichsrat, 1918–1934 der Volksvertretung an. 1918 wurde er zum Unterstaatssekretär für Inneres bestellt. 1919 wechselte er in das Staatssekretariat für Unterricht und leitete seine große, später nach ihm benannte Schulreform ein, die eine einheitliche Organisation des gesamten Bildungswesens vorsah. Doch erst als er 1920, nach einem Regierungswechsel, Präsident des neugegründeten Wiener Stadtschulrates wurde, konnte er seine Reform verwirklichen. Zu den Grundpfeilern zählten die Einheits- und Arbeitsschule, die Unentgeltlichkeit der Lehr- und Lernmittel, die Trennung von Kirche und Schule. Für eine bessere Lehrerausbildung veranlaßte G. 1922 die Gründung des Pädagogischen Instituts, das in der Folge eng mit den Psychologen Charlotte und Karl → Bühler zusammenarbeitete. Außerdem baute er die Sonderschulen in Wien aus.

G. wurde am 13. Februar 1934 verhaftet und mehrere Monate im Anhaltelager Wöllersdorf inhaftiert. Seine Reformen wurden zurückgenommen.

*Werke:* »Das Tor der Zukunft« (1917), »Schulreform und Volksbildung in der Republik« (1919), »Die österr. Schulreform« (1922), »Drillschule, Arbeitsschule, Lernschule« (1928).

*Lit.:* O. Achs (Hg.): O. G., Ausgewählte Schriften und Reden (1985).

**Glück, Wolfgang,** * 25. September 1929 in Wien, Theater- und Filmregisseur.

Vom Theater herkommend – er hat u. a. am Wiener Burgtheater, am Schauspielhaus Zürich und in Frankfurt inszeniert – ist G. heute ein namhafter Film- und Fernsehregisseur. Bekannt wurde er mit dem Spielfilm »Der Schüler Gerber« (1981). Sein Film »38 – auch das war Wien«, in dem er die jüngste österr. Vergangenheit aufarbeitete, erregte dann internationales Aufsehen und wurde für den Oscar nominiert.

G., der 1947 am Wiener Akademischen Gymnasium maturierte, studierte Theaterwissenschaft und Germanistik in Wien und Zürich. 1949–1954 war er Regieassistent bei Berthold → Viertel, Fritz → Kortner, Josef → Gielen und O. F. → Schuh. 1953 schuf er im Wiener Parkringtheater mit »Arsenik und alte Spitzen« seine erste eigene Inszenierung, 1957 entstand sein erster Spielfilm. Den Nachwuchs betreut er u. a. am Regieseminar der Wiener Universität und an der Dramatischen Werkstatt Salzburg.

**Gmeiner Hermann,** * 23. Juni 1919 in Alberschwende (V), † 26. April 1986 in Innsbruck, Gründer der SOS-Kinderdörfer.

Der Sohn einer armen Bergbauernfamilie besuchte das Gymnasium in Feldkirch (V). Im 2. Weltkrieg mußte er einrücken. 1948–1950 studierte er Medizin in Innsbruck und war in der Katholischen Jugend tätig. Die karitative Idee, die ihn später weltweit bekannt und berühmt machen sollte, entstand in dieser Zeit: 1949

*Hermann Gmeiner*

gründete G. einen Verein zur Förderung, Pflege und religiösen Erziehung elternloser Kinder in sogen. »SOS-Kinderdörfern«. »Familie statt Waisenhaus« war die pädagogische Devise. Nach Überwindung zahlreicher Hürden und bürokratischer Schwierigkeiten gelang es ihm, 1951 das erste Dorf in Imst (T) zu eröffnen. 1956 entstand das erste Kinderdorf im Ausland, in Diessen am Ammersee, 1963 das erste in Übersee, in Taigu (Korea). Heute bieten zahlreiche Dörfer weltweit Zehntausenden Waisenkindern Familienersatz. Der Vater der Kinderdörfer selbst gründete keine Familie, er blieb unverheiratet. Für seinen hingebungsvollen humanitären Einsatz erhielt er zahlreiche Auszeichnungen, darunter mehrere Ehrendoktorate (u. a. von den Universitäten New York und Philadelphia).

*Lit.:* H. Reinprecht, H. G. Abenteuer Nächstenliebe (1989).

**Gobert, Boy,** * 5. Juni 1925 in Hamburg, † 31. Mai 1986 in Wien, Schauspieler und Theaterdirektor.

G. war bereits als Schauspieler und Filmdarsteller bekannt, als er 1959 an das Burgtheater engagiert wurde. Hier erzielte er seinen Durchbruch zum Ruhm. Sein unverwechselbarer Stil, sein komödiantenhaftes und doch fein nuanciertes Spiel ließen ihn in unzähligen unvergeßlichen Rollen äußerst populär werden. Er führte auch Regie, so im Akademietheater und bei den Salzburger Festspielen. 1969 übernahm er das Thaliatheater in Hamburg, wo er Triumphe feierte. Ab 1980 war er in Berlin erfolgreicher Intendant der Staatlichen Schauspielbühnen. Das Publikum jubelte ihm zu, und seine Häuser spielten große finanzielle Erfolge ein, trotz der Schelte mancher Kritiker. Ab 1986 war er in Wien, seiner »selbstgewählten Heimat«, schon zum Direktor des Theaters in der Josefstadt designiert, wo er mit neuen Ideen zugleich die Tradition des Hauses wahren wollte. »Zum Erfolg entschlossen«, hatte er bereits seinen Spielplan der Presse vorgestellt, als er einem plötzlichen Herztod erlag.

**Gödel, Kurt,** * 28. April 1906 in Brno/Brünn (Mähren), † 14. Jänner 1978 Princeton (USA), Mathematiker.

Bereits 1931 veröffentlichte G. seine bahnbrechende Untersuchung »Über formal unentscheidbare Sätze der Principia Mathematica und verwandte Systeme«. Er lieferte damit den Beweis, daß menschliches Denken nicht mechanisierbar ist und in der Mathematik keine widerspruchsfreien Theorien existieren (»Unvollständigkeitstheorie«). 1933–1938 Dozent an der Wiener Universität und Mitglied des »Wiener Kreises«, mußte er 1938 emigrieren. 1939–1976 arbeitete er in Princeton am Institute for Advanced Studies. G. gilt als Begründer der mathematischen Logik. Er stellte die Grundsätze der Mengenlehre auf.

*Lit.:* D. R. Hofstadter, Gödel, Escher, Bach (1985).

**Gold, Käthe,** * 11. Februar 1907 in Wien, Kammerschauspielerin.

Die Tochter eines Schlossergehilfen spielte schon als Kind kleine Rollen an Wiener Theatern. Sie war nach ihrer Ausbildung an der Akademie für Musik und darstellende Kunst zunächst 1932–1934 am Theater in der Josefstadt engagiert. Ihr Karriereweg führte sie früh in die Schweiz und nach Deutschland (Bern, Breslau, München, Berlin, Zürich), wo sie in klassischen Rollen brillierte. Sie wirkte in zahlreichen Filmen mit, ehe sie 1947 nach Wien zurückkehrte und das Burgtheater trotz mancher Krise zu ihrer künstlerischen Heimstätte machte. Hier feierte die Künstlerin ihre größten Bühnenerfolge: zuerst als Undine von Girodoux, dann als Gretchen, Ophelia und Nora, als Blanche in T. Williams' »Endstation Sehnsucht«, in ihrer Glanzzeit. Ihre klangvolle Stimme vermochte das trivialste Wort zum Erklingen zu bringen. Ihre elementare verinnerlichte Darstellungskraft kam ohne Maniriertheit und Starallüren aus. Die Vielseitige und zuweilen auch Schwierige war eine ideale Darstellerin gebrochener Figuren, in die sie sich bis zur völligen Erschöpfung einfühlte. Im Zauber ihrer Bühnengestalten lebte neben dem Lichten und Strahlenden stets auch das Dunkle, das Drohende und Unheilvolle. 1985 nahm G. im Theater in der Josefstadt Abschied von der Bühne.

**Goldinger, Walter,** * 15. März 1910 in Wien, † 15. Februar 1990 in Wien, Historiker und Archivar.

Der Sohn eines Mittelschullehrers studierte Geschichte, Geographie und Kunstgeschichte in Wien. Nach seiner Promotion absolvierte er den Kurs des Instituts für österr. Geschichtsforschung und trat in den Archivdienst. Zunächst im Archiv des Inneren und der Justiz, leitete er nach dem 2. Weltkrieg bis 1952 das Universitätsarchiv, war aber gleichzeitig Beamter des Allgemeinen Verwaltungsarchivs. Er erwarb sich besonders um die Rückführung und Neuordnung der im Krieg verlagerten Archivbestände große Verdienste. Der international bekannte Archivar war auch wissenschaftlich tätig. Er verfaßte u. a. ein bahnbrechendes Werk zur Geschichte der Ersten Republik, das noch immer Gültigkeit hat. Als Lehrer an der Wiener Universität hat er Generationen von Historikern und Archivaren mit Grundwissen für ihre Disziplin ausgestattet. G. wurde 1973 zum Generaldirektor des Österr. Staatsarchivs ernannt.

*Werke:* »Geschichte des österr. Archivwesens« (1957), »Geschichte der Republik Ö.« (1962), »Kaiserhaus, Staatsmänner und Politiker« (Hg., 1966), »Protokolle des Parteivorstandes der Christlichsozialen 1932–1934« (Hg., 1980).

**Goltz, Christel,** * 8. Juli 1912 in Dortmund, Kammersängerin.

Die gefeierte Sopranistin entstammt einer Künstlerfamilie. Sie studierte Gesang und Tanz in München, debütierte als Tänzerin und Choristin in Fürth und kam als Solistin über Plauen und Dresden an die Wiener Staatsoper. Von ihrem ersten Auftritt an, als sie 1951 die Salome sang, bis 1970, als sie sich von der Bühne zurückzog, gehörte sie zu den prominentesten Sängerinnen des Hauses. G., die ein umfangreiches Repertoire souverän meisterte, erreichte in dramatischen Rollen den Gipfel ihrer Gesangskunst. Sie verfügte über eine äußerst voluminöse Stimme von überzeugender Ausdruckskraft und eine außergewöhnliche sängerische Intelligenz, die stets auf das Wesentliche der Partie zielte. Sie war für eine ganze Generation die »Wozzek«-Marie; ihre Elektra, ihre Leonore und ihre »Jenufa«-Küsterin blieben unvergeßlich. Eine steile internationale Karriere führte die Sängerin an alle großen Opernhäuser der Welt und zu allen renommierten Festspielen. Sie ist Ehrenmitglied der Wiener Staatsoper.

**Gorbach, Alfons,** * 2. September 1898 in Imst (T), † 31. Juli 1972 in Graz, Jurist und Politiker.

Der Sohn eines Stationsvorstehers besuchte das fürsterzbischöfliche Gymnasium in Graz und sollte Priester werden. 1916 rückte er in den Krieg ein und wurde am Isonzo schwer verwundet. Er begann in Graz Jus zu studieren und trat dem CV bei. Ab 1922 war er in der Invalidenentschädigungskommission tätig. Zunächst für die Christlichsozialen in den Grazer Gemeinderat gewählt, ernannte ihn → Dollfuß 1933 zum steirischen Landesführer der Vaterländischen Front. Als entschiedener Gegner der Nationalsozialisten wurde er 1938 sofort verhaftet und verbrachte mehr als 5 Jahre im KZ. Er kehrte als überzeugter Befürworter der Zusammenarbeit aller politischen Lager zurück.

Bereits 1945 war er Listenführer der ÖVP in Graz, zog ins Parlament ein und blieb bis 1961 dessen 3. Präsident. 1960 wurde er auf Veranlassung → Raabs zum Bundesparteiobmann der ÖVP gewählt, wobei mit seinem neuen Generalsekretär Hermann → Withalm, einem Gegner der großen Koalition zwischen ÖVP und SPÖ, sehr bald tiefe Differenzen entstanden. 1961–1964 amtierte G. als Bundeskanzler im Schatten von Raab, der zwar 1961 als Kanzler zurückgetreten war, doch immer noch nachhaltigen Einfluß auf die Politik ausübte – G.s Autorität erlitt wiederholt schwere Einbußen. Eigenständige politische Akzente setzte er mit der Heranziehung von Politikern aus den Bundesländern, wie Josef → Klaus oder Karl → Schleinzer. Es gelang ihm, gegen den allmächtigen Koalitionsausschuß der beiden Parteien eine Aufwertung des Parlaments zu erreichen. Ihm ist die Einführung der Fragestunde im Parlament zu danken.

Gegensätze mit Klaus und Withalm führten – im Verein mit innenpolitischen Krisen (Habsburg-Krise, Olah-Krise) – schließlich dazu, daß G. beim Parteitag 1963 nicht mehr als Parteiobmann kandidierte. 1964 kam es zum berühmten Handschlag zwischen G. und Bruno → Pittermann, als man gemeinsam der Toten des Februar 1934 gedachte. In seiner Partei unter Druck geraten, trat G. daraufhin als Kanzler zurück. 1965 war er ÖVP-Kandidat bei der Bundespräsidentenwahl, unterlag aber knapp gegen Franz → Jonas.

*Lit.:* R. Kriechbaumer, A. G., in: Die österr. Bundeskanzler. Leben und Werk (1983).

**Gottschlich, Hugo,** * 30. Oktober 1905 in Wien, † 22. März 1984 in Wien, Schauspieler.

Er war einer der ganz großen Komiker der Wiener Theaterszene, ein Original vom Schlage Girardis. Ohne sich in den Vordergrund zu drängen, gehörte die Bühne ihm, sobald er sie nur auf seine zögernde, verbogene Art betrat. Als echter Wiener gab er seinen Rollen gemütliche, verraunzte, treuherzige, aber auch humorvoll-bissige und hinterhältige Akzente.

G. begann in den 30er Jahren beim Kabarett (»Wiener Werkel«, »Literatur am Naschmarkt«). Ab 1947 war er in Wien Ensemblemitglied des Volkstheaters, spielte am Theater in der Josefstadt und wurde 1955 Mitglied des Burgtheaters, wo er unzählige Rollen bis kurz vor seinem Tod verkörperte. Er wirkte auch in Filmen und in TV-Serien mit.

**Götz, Alexander,** * 27. Februar 1928 in Graz, Verkehrstechniker und Politiker.

An das Maschinenbaustudium in Graz schloß G. ein Jusstudium und ein staatswissenschaftliches Studium an (Promotion: 1956 bzw. 1958). Als Verkehrstechniker trat er in den Dienst der Grazer Stadtverwaltung. Seit 1953 FPÖ-Mitglied, wurde er 1958 in den Grazer Stadtrat gewählt. 1964 übernahm er das Amt eines Vizebürgermeisters, 1973 das Bürgermeisteramt. 1978 wurde er zum Bundesparteiobmann der FPÖ gewählt. Eher glücklos agierend, übte er diese Funktion nur 15 Monate aus. Nach einer Niederlage bei den Grazer Gemeindewahlen 1983 legte G. seine Ämter nieder.

**Graf, Ferdinand,** * 15. Juni 1907 in Klagenfurt, † 8. September 1969 in Wien, Jurist und Politiker.

Nach seinem Jusstudium war G. 1933–1938 Direktor des Kärntner Bauernbundes. 1938–1940 verbrachte er als politischer Häftling im KZ. 1945 Direktor des Österr. Bauernbundes, übernahm er noch im selben Jahr als Vertreter der ÖVP das Staatssekretariat im Innenministerium. In dieser Position baute er die sogen. B-Gendarmerie auf, als Keimzelle des künftigen Bundesheeres. Er wurde 1956 Bundesminister für Landesverteidigung. Seine Bewährungsprobe bestand das nunmehrige Bundesheer im Oktober desselben Jahres anläßlich der Ungarnkrise. Nach seinem Rücktritt 1961 war G. Aufsichtsratspräsident der CA.

**Graf Max,** * 1. Oktober 1873 in Wien, † 24. Juni 1958 in Wien, Musikkritiker und -schriftsteller.

Der einflußreiche Kritiker, der sich nachdrücklich für neue Strömungen in der Musik einsetzte, hatte 1896 in Wien promoviert. 1900–1938 war er Musikreferent der »Wiener Allgemeinen Zeitung«, ab 1909 auch Prof. für Musikgeschichte an der Wiener Musikakademie. 1938 mußte er in die USA emigrieren. Nach seiner Rückkehr lehrte er ab 1948 am Mozarteum in Salzburg. Er schrieb zahlreiche Werke, darunter »Moderne Musik« (1946), »Die Wiener Oper« (1955).

Sein Sohn Herbert (1903–1973) studierte Gesang und Musikwissenschaft in Wien und trat in der Zwischenkriegszeit als Opernregisseur an deutschen und Schweizer Bühnen hervor. In der Emigration stieg er zu einem der erfolgreichsten Musiktheaterregisseure Amerikas auf. Nach seiner Rückkehr arbeitete er zunächst bei den Salzburger Festspielen eng mit Furtwängler zusammen. Er schuf gemeinsam mit O. F. → Schuh und Günther Rennert legendäre Mozart-, Wagner- und Strauss-Inszenierungen an der Wiener Staatsoper.

**Graf, Robert,** * 17. Juli 1929 in New York, Exportkaufmann und Politiker.

Der Sohn burgenländischer Emigranten kehrte noch vor dem 2. Weltkrieg nach Ö. zurück, absolvierte hier die Handelsschule und betrieb 1950–1972 ein Restaurant. 1973 übernahm er die Geschäftsführung des österr. Wirtschaftsverlages. Seit 1961 war er Abgeordneter der ÖVP zum burgenländischen Landtag, 1966–1986 zum Nationalrat, wo er zuletzt als Wirtschaftssprecher seiner Partei fungierte. Als Präsident der Kammer der gewerblichen Wirtschaft Burgenland, als Obmann des burgenländischen Wirtschaftsbundesn nun seit 1969 als Vizepräsident des österr. Wirtschaftsbundes, galt G. als rechte Hand des mächtigen Wirtschaftsbundpräsidenten Rudolf → Sallinger. 1987 übernahm er das Bundesministerium für Handel, Gewerbe und Industrie, das in der Folge mit der Bezeichnung Bundesministerium für wirtschaftliche Angelegenheiten zu einem riesigen Ressort anwuchs. Er blieb bei deren Verwaltung aber eher glücklos. Der für seine scharfen Formulierungen fast berüchtigte Politiker zog sich 1989 von allen politischen Ämtern zurück.

**Granichstaedten, Bruno,** * 1. September 1879 in Wien, † 30. Mai 1944 in New York, Operettenkomponist.

G. studierte am Konservatorium in Leipzig und begann seine musikalische Laufbahn als Konzertsänger, ehe er als Komponist hervortrat. Er schrieb zunächst für das Kabarett und wandte sich dann der Operette zu. Sein Erstlingswerk »Bub oder Mädel« (1908) erzielte einen Achtungserfolg, die Operette »Auf Befehl der Kaiserin« (1915) brachte ihm den Durchbruch. Sein größter Erfolg gelang ihm mit der Operette »Der Orlow«, die zum Kassenschlager wurde. G. war auch mit Schlagern, Liedern und Filmmusik erfolgreich. Von ihm stammt u. a. »Zuschau'n kann i net«, komponiert als Einlage für »Im Weißen Rößl«. Er verfaßte außerdem Libretti für Oscar → Straus. 1938 mußte er als Jude Wien verlassen. Durch die Hilfe von Betty → Fischer konnte er nach Luxemburg flüchten, mußte weiterfliehen und ging nach Amerika. Dort tingelte er durch Bars und Kabaretts. Der einst beliebte Wiener Komponist starb verarmt und vergessen in New York.

**Graßberger, Roland,** * 12. Mai 1905 in Wien, † 10. August 1991 in Wien, Kriminologe.

Nach dem rechtswissenschaftlichen Studium in Wien (Promotion: 1928) konnte sich G. bereits 1931 habilitieren. Er absolvierte ein einjähriges Polizeipraktikum in den USA (in Washington D. C., New York und Chicago). 1946 wurde er in Wien zum Leiter des Instituts für Kriminologie bestellt, 1948 übernahm er das Ordinariat für Strafrecht, Strafprozeß und Kriminologie. Zweimal war G. Dekan seiner Fakultät, 1962/63 wirkte er als Rektor der Universität. Er gab ab 1946 die »Kriminologischen Abhandlungen« heraus. Neben seiner Tätigkeit an der Universität wirkte er auch als Berater für die Exekutive. Er verband in hervorragender Form theoretisches Wissen mit Praxisorientiertheit.

*Werke:* »Die Brandlegungskriminalität« (1928), »Psychologie des Strafverfahrens« (1950), »Die Unzucht mit Tieren« (1968).

**Gratz, Leopold,** * 4. November 1929 in Wien, Jurist und Politiker.

Wegen seiner Begabung wurde der Sohn eines Bankbeamten in die »Napola« aufgenommen. Er studierte in Wien Jus und begann seine Laufbahn beim Landesarbeitsamt Wien. 1953 wurde er in den SPÖ-Klub ins Parlament geholt, 1957 wurde er Klubsekretär, 1963 avancierte er zum Zentralsekretär seiner Partei. 1966 in den Nationalrat gewählt, bewährte er sich 1969 bei der parlamentarischen Behandlung der Schulreform, so daß ihn Bruno → Kreisky 1970 als Unterrichtsminister ins Kabinett berief. Ein Jahr später kehrte G. ins Parlament zurück, bis ihn seine Partei als Wiener Bürgermeister nominierte. Seine Amtszeit (1973–1983) war von der Bauring-Affäre begleitet, die Reichsbrücke stürzte ein, das neue AKH wurde zum Skandalbau, und das »Rinterzelt« entpuppte sich als Pleite. 1984–1986 amtierte G. als Außenminister. Danach war er – dessen liebste Wirkungsstätte das Parlament blieb – 1. Präsident des Nationalrates. 1989 trat er zurück, als die Causa Proksch und seine Verstrickung darin vor Gericht kam.

**Gratzer, Hans,** * 16. Oktober 1941 in Wiener Neustadt, Schauspieler und Theaterdirektor.

Der Arztsohn leitete schon mit 16 Jahren eine Theatergruppe. Nach der Matura ging er für ein Jahr nach Los Angeles, wo er sich erstmals als Schauspieler erprobte. Danach besuchte er das Reinhardt-Seminar in Wien, das er aber nach 18 Monaten »wegen zu großer Bürgerlichkeit und zu geringer Genialität« verlassen mußte. G. antwortete mit der Gründung einer eigenen Bühne, dem Kammertheater in Wien-Josefstadt, wo er auch erstmals selbst inszenierte. Reisen führten den Schauspieler nach München und Hamburg. Ab 1967 spielte er in Wien am Volkstheater und in der Josefstadt sowie bei den Salzburger Festspielen und schließlich am Burgtheater. Bis der Rebell beschloß, wieder eigenes Theater zu machen, mit dem er erfolgreich auf Tourneen ging. 1978 wurde unter seiner Direktion das Schauspielhaus eröffnet, eine neue Bühne in der Wiener Porzellangasse. G. zeigte dort mit wechselndem Glück zeitkritisches, innovatives Theater (z. B. B. Strauß, G. Tabori, E. → Jelinek). Finanziell wenig erfolgreich, ging G. nach Berlin. 1990 feierte er sein Comeback im Schauspielhaus. Er inszenierte dort 1991 die Uraufführung von Wolfgang → Bauers »Ach, armer Orpheus«. 1991/92 wartete er mit einem interessanten Programm auf, einer Mischung aus Uraufführungen zeitgenössischer österr. Autoren und Klassikern der »Moderne« wie Jean Genet und Bernhard Marie Koltès.

**Gredler, Wilfried,** * 12. Dezember 1916 in Wien, Diplomat und Politiker.

Sein Urgroßvater war Abgeordneter der Frankfurter Paulskirche, sein Vater gehörte der nö. Heimwehr an und verbrachte 4 Jahre im KZ Dachau. G. selbst schied nach Jusstudium und Absolvierung der Konsularakademie 1942 aus gesundheitlichen Gründen aus der Wehrmacht. Er wurde von den NS-Machthabern als junger Diplomat am Balkan eingesetzt, wo er jene Eindrücke über das Regime gewann, die ihn schließlich in Kontakt mit der Widerstandsbewegung brachten. Nach dem Krieg begann er zunächst eine politische Karriere bei der »Jungen Front« der ÖVP, gehörte aber dann zu den Mitbegründern der FPÖ, an deren liberalem Flügel er stand. 1953–1963 Abgeordneter zum Nationalrat, war er einer der brillantesten Redner des Hohen Hauses. 1963 legte er sein Mandat zurück, da er die Politik seiner Partei in der Habsburgfrage und die Kooperation mit der SPÖ nicht guthieß. Er wandte sich dem diplomatischen Dienst zu. Als ein Vorkämpfer für Europa war er österr. Vertreter beim Europarat in Straßburg, 1970–1977 war er Botschafter in Bonn und ging anschließend als erster österr. Diplomat nach Peking, wobei er auch in Nordkorea und Vietnam mitakkredidiert war. 1980 ließ er sich von seiner Partei bereden, als Kandidat bei der Bundespräsidentenwahl aufzutreten; die Niederlage gegen Rudolf → Kirchschläger, die der »Doyen« der FPÖ erlitt, traf ihn schwer.

**Gregor, Joseph,** * 26. Oktober 1888 in Czernowitz (Bukowina), † 12. Oktober 1960 in Wien, Theaterwissenschaftler und Librettist.

G. hat für die österr. Theater- und Filmgeschichte Pionierdienste geleistet. Er studierte in Wien Theaterwissenschaft und Musik; seine Kompositionslehrer waren Guido → Adler und Robert Fuchs. 1918 trat er in den Dienst der Österr. Nationalbibliothek. Er gründete hier 1922 die Theatersammlung sowie 1929 das Archiv für Filmkunde und das Bundestheatermuseum. G. war auch Univ.-Prof. in Wien. Der emsige Forscher verfaßte zahlreiche wichtige theaterwissenschaftliche Arbeiten. Darüber hinaus schrieb er Opernlibretti für Richard → Strauss: »Der Friedenstag« (1938), »Daphne« (1938), »Die Liebe der Danae« (1944).

*Werke:* »Weltgeschichte des Theaters« (2 Bde., 1933, 1949), »Kulturgeschichte der Oper« (1941, 1950), »Kulturgeschichte des Balletts« (1944, 1946), »Der Schauspielführer« (6 Bde., 1953–1957), »Geschichte des österr. Theaters« (1948).

*Lit.:* A. Bleier-Brody, Versuch einer J.-G.-Bibliographie (1958).

**Gregor, Nora,** * 3. Februar 1901 in Gorizia/Görz, † 20. Jänner 1949 in Santiago de Chile, Schauspielerin.

Die Tochter eines Juweliers verbrachte ihre Kindheit in Graz. Sie nahm Schauspielunterricht und stand bereits mit 17 Jahren zum erstenmal auf der Bühne. In Wien kam die äußerst attraktive Schauspielerin über das Renaissance- und das Stadttheater zu Rudolf → Beer an das Raimundtheater, danach wurde sie von Max → Reinhardt engagiert. Ab 1922 übernahm sie auch Filmrollen und ging 1930/31 nach Hollywood. 1933 gelang ihr der Sprung an das Burgtheater, wo sie klassische Rollen spielte: Shakespeares Julia, das Käthchen von Heilbronn oder Agnes Bernauer. Ihre glanzvolle Karriere wurde 1937 durch die Heirat mit dem Heimwehrführer Ernst Rüdiger → Starhemberg beendet (ihre erste Ehe mit dem Pianisten Mitja Nikitsch war gescheitert). Mit ihrem Gatten floh sie 1938 in die Schweiz und dann über Paris und Lissabon nach Südamerika, wo sie wahrscheinlich Selbstmord verübte.

**Grengg, Maria,** * 26. Februar 1889 in Stein an der Donau (NÖ), † 8. Oktober 1963 in Rodaun bei Wien, Erzählerin und Malerin.

Die begabte Tochter eines Ingenieurs besuchte das Lyzeum und eine Meisterklasse in der Kunstgewerbeschule. Sie war schon früh literarisch tätig. Aber erst mit dem Roman »Die Flucht zum grünen Herrgott« (1930) erzielte sie ihren schriftstellerischen Durchbruch. Ihr weiteres Schaffen ist von Erinnerungen an die Kindheit (»Peterl. Roman aus dem österr. Donauland«, 1932) und von einer starken Heimatbezogenheit geprägt, wie etwa »Das Feuermandl« (1935). In ihrer Novellistik bevorzugte sie historische Stoffe, so in der Sammlung »Starke Herzen« (5 Bde., 1937). Nach 1945 betätigte sich G., die mit dem Nationalsozialismus sympathisiert hatte, fast ausschließlich als bildende Künstlerin und als Jugendbuchautorin. (»Die große Begabung«, 1954, »Begegnung im Grünen«, 1947).

**Grimm, Ferdinand,** * 15. Dezember 1869 in Wien, † 8. November 1948 in Bad Kreuzen (OÖ), Finanzfachmann.

Der Jurist trat 1892 in den Staatsdienst ein, wo er schnell avancierte; bereits 1917 erreichte er den Rang eines Sektionschefs. Im November 1918 wurde er in das Staatsamt für Finanzen als Unterstaatssekretär berufen, wo er bis 1919 verblieb. Von November 1920 bis Oktober 1921 amtierte er als Finanzminister. G. war maßgeblich an allen Finanzoperationen der jungen Republik beteiligt, entscheidend war seine Mitwirkung an → Seipels Sanierungswerk, für das der Völkerbund eine Anleihe gewährte. 1921–1938 war G. Präsident des Kreditinstituts für öffentliche Arbeiten und Unternehmungen.

**Grimschitz, Bruno,** * 23. April 1892 in Moosburg (K), † 13. Juni 1964 in Wien, Kunsthistoriker.

Nach einem Studium der Kunstgeschichte habilitierte sich G. an der Wiener Universität.

*Bruno Grimschitz*

1939–1945 leitete er als Direktor die österr. Galerie im Belvedere. 1940/41 unterstand ihm auch die Gemäldegalerie im Kunsthistorischen Museum.

*Werke:* »Die österr. Zeichnung im 19. Jh.« (1928), »J. L. v. Hildebrandt« (1932), »Ferdinand Georg Waldmüller« (1943), »Wiener Barockpaläste« (1944), »Das Belvedere in Wien« (1946), »Barock in Ö.« (1960), »Österr. Maler – vom Biedermeier zur Moderne« (1964).

**Grissemann, Ernst,** * 18. Februar 1935 in Imst (T), Medienfachmann.

Der Sohn eines Textilfachmanns besuchte das Gymnasium in Hall (T) und studierte anschließend kurze Zeit an der Innsbrucker Universität Rechtswissenschaft. Der ideenreiche junge Mann mit der angenehmen Stimme begann seine Medienlaufbahn als Sprecher und Sendungsgestalter bei Radio Tirol, wo er 1963 zum Unterhaltungschef avancierte. 1967 holte ihn der damalige ORF-Generalintendant Gerd → Bacher nach Wien und beauftragte ihn mit dem Aufbau eines neuen Rundfunkprogrammes. Das erfolgreiche Ergebnis war Ö3, dessen Chef G. 1969 wurde. 1979 wechselte er als Intendant in die Chefetage des Hörfunks und blieb bis 1990 Herr über drei ORF-Programme. Danach ging der Radiofan zurück nach Tirol, wo er die Leitung des Landesstudios übernahm.

**Groer, Hans Hermann,** * 13. Oktober 1919 in Wien, Erzbischof von Wien.

Nach dem Besuch des Gymnasiums in Wien und Hollabrunn studierte der Offizierssohn Philosophie und Theologie. In der deutschen Wehrmacht eingerückt, wurde er 1942 von Kardinal → Innitzer zum Priester geweiht, in Petronell und Bad Vöslau war er dann als Kaplan tätig. 1946 ging er als Studienpräfekt und Religionslehrer an das Seminar nach Hollabrunn, 1949 erlangte er sein theol. Doktorat. G. revitalisierte ab 1969 die Wallfahrten nach Maria Roggendorf (NÖ) und wurde dessen Wallfahrtsdirektor sowie geistlicher Leiter der »Legio Mariae«. Inzwischen Direktor des Aufbaugymnasiums Hollabrunn, trat er 1976 im Stift Göttweig in den Benediktinerorden ein, wo er 1980 seine feierliche Profeß ablegte. Als G. 1986 – für viele überraschend – zum Wiener Erzbischof ernannt wurde, behielt er das Ordenskleid bei. Mönchische Askese und nicht der Habitus eines Kirchenfürsten prägen seinen Amtsstil. In der Medienöffentlichkeit gilt er als konservativer Amtsträger, der manche Neuerungen des II. Vaticanums ablehnt.

**Grogger, Paula,** * 12. Juli 1892 in Öblarn (St), † 31. Dezember 1983 in Öblarn, Erzählerin und Lyrikerin.

Die Kaufmannstochter und Lehrerin errang 1926 bereits mit ihrem ersten Roman »Das Grimmingtor«, einem Epos aus dem steirischen Volksleben, internationale Anerkennung. 1929 infolge Krankheit mit einem Ehrensold in den Ruhestand versetzt, widmete sie sich in der Folgezeit ausschließlich ihrer schriftstellerischen Arbeit. Sie schöpfte aus dem Volksgut ihres Landes, schrieb Romane und Erzählungen (»Der Lobenstock«, 1935), Legenden wie »Der Antichrist und unsere liebe Frau« (1949), Laienspiele, die wie »Die Auferstehung« (1947) an das religiöse Brauchtum mit seinen Festen anknüpfen, und fromme, naturinnige Lyrik (»Das Bauernjahr«, 1947). G.s dramatisches Hauptwerk ist das Festspiel »Die Hochzeit« (1937), in dem sie den Lebensweg Erzherzog Johanns schildert.

*Richard Groner*

**Groner, Richard,** * 3. Oktober 1853 in Wien, † 15. Juni 1931 in Wien, Journalist und Lokalhistoriker.

Der Sohn eines Beamten trat 1871 in den Dienst des österr. Staatsbahnen. Seit 1875 war er auch Redakteur des »Familienjournals« und später Mitarbeiter des »Interessanten Blattes«. Mit Ludwig Eisenberg begründete er das biographische Jahrbuch »Das geistige Wien«, das jährlich ab 1889 publiziert wurde. 1919 erschien sein Standardwerk »Wien, wie es war«, das in lexikalischer Form Wiens Geschichte seit dem Wiener Kongreß behandelt. Seither erschienen mehrere vielfach erweiterte Auflagen dieses grundlegenden Werkes zur Wiener Stadtgeschichte.

**Großauer, Johann,** * 15. Mai 1893 in Kindberg (St), † 4. Dezember 1967 in Klagenfurt, Sozialversicherungsangestellter und Politiker.

Der Sohn eines Industriearbeiters absolvierte eine Lehre bei den Böhler-Werken in Kapfenberg. Im 1. Weltkrieg leistete er Kriegsdienst und war bis 1920 in Kriegsgefangenschaft. Infolge einer Kriegsverletzung trat er 1922 in den Dienst der Sozialversicherung. Als Mitglied der katholischen Landarbeiterbewegung kandidierte er für die Christlichsozialen für den Kärntner Landtag, wo er 1923–1934 ein Mandat innehatte. Im August 1934 wurde er zum Staatssekretär für Arbeiterschutz ernannt. 1935 übernahm er die Bundesführung der Sozialen Arbeitsgemeinschaft (SAG), die mit den sozialdemokratischen Arbeitern eine Aussöhnung herbeiführen sollte. Als Arbeitnehmervertreter war G. auch im Führerrat der Vaterländischen Front. 1938 wurde er aller Funktionen enthoben, in der Folge mehrfach verhaftet und ab 1941 als Buchhalter dienstverpflichtet. Nach dem Krieg gehörte er zu den Mitbegründern der Kärntner ÖVP und des ÖAAB im Lande. Bis 1953 war er als Vertreter Kärntens Mitglied des Bundesrates.

**Grossmann, Ferdinand,** * 4. Juli 1887 in Tulln (NÖ), † 5. Dezember 1970 in Wien, Chordirigent und Komponist.

G. war eine der bedeutendsten Persönlichkeiten des Wiener Musiklebens. Er hat das Wiener Chorwesen in der Zwischenkriegszeit entscheidend geprägt und als Prof. an der Wiener Musikakademie zahlreiche junge Sänger herangebildet.

Der Sohn eines Baumeisters entschied sich schon als Schüler für die Musik als Lebensberuf. Er erhielt in Linz und Wien seine Ausbildung und war zunächst als Gesangslehrer an verschiedenen oö. Gymnasien tätig, ehe er sich nach dem 1. Weltkrieg durch die Versetzung in den dauernden Ruhestand ganz seinen künstlerischen Aufgaben widmen konnte.

G. gründete 1921 das Wiener Volkskonservatorium (heute: Konservatorium der Stadt Wien), das er bis 1938 leitete. Er war Konzertdirektor der Wiener Chorvereinigung, Chormeister des Singvereins der Gesellschaft der Musikfreunde und Dirigent des Wiener Männergesangsvereins. 1938–1945 und nochmals 1956–1968 hatte er die künstlerische Leitung der Wiener Sängerknaben inne. 1946 begründete er den Akademiekammerchor, mit dem er weltweit unzählige Konzerte gab.

**Gruber, Heinz Karl,** * 3. Jänner 1943 in Wien, Komponist.

Das »enfant terrible« der Wiener Musikszene erhielt seine erste musikalische Ausbildung bei den Wiener Sängerknaben. Er studierte an der Wiener Musikhochschule vom strengen Tonsatz bis zur Elektronik alle Möglichkeiten des Komponierens und lernte Kontrabaß, das Instrument, das ihm noch heute im ORF-Symphonieorchester als Erwerbsbasis dient.

1968 gründete er gemeinsam mit K. → Schwertsik und O. M. → Zykan das Ensemble »MOB art«, das sich v. a. musikalisch-szenische Aufgaben stellt. Seit dieser Zeit bevorzugt der unkonventionelle Musiker musikalisch-dramatische Mischformen, bei deren Inszenierung er sich als Rezitator, Chansonnier und Darsteller betätigt.

G.s kompositorisches Schaffen umfaßt Werke von der Messe bis zum Melodram, vom Klavierstück bis zum Instrumentalkonzert. Sein bisher größter, auch internationaler Erfolg war die »Frankenstein-Suite« nach Texten von H. C. → Artmann, die 1970 uraufgeführt wurde.

**Gruber, Karl,** * 3. Mai 1909 in Innsbruck, Elektrotechniker, Jurist und Politiker.

*Karl Gruber*

Der Sohn eines Eisenbahners studierte Elektrotechnik in Innsbruck. Bis Februar 1934 gehörte er zu den »Roten Falken«, danach wandte er sich politisch dem christlichsozialen Lager zu. In Wien arbeitete er als Postbeamter und studierte nebenbei Jus (Promotion: 1936). 1938 wurde er entlassen und fand in der Privatwirtschaft Unterschlupf. Nach Tirol zurückgekehrt, war er 1945 führend in der Widerstandsbewegung tätig. Von Mai bis Oktober 1945 wirkte er als Tiroler Landeshauptmann. Er hat die »Demokratische Staatspartei« gegründet, die in die ÖVP aufging. Im September 1945 wurde er Unterstaatssekretär für Äußeres. Bis 1953 war er Außenminister. Er schloß 1946 mit seinem italienischen Amtskollegen Alcide De Gasperi ein Abkommen zum Schutz der Minderheit in Südtirol, das Bruno → Kreisky später als »einmaliges Dokument österr. Schwäche« abqualifizierte. In der Zeit des kalten Krieges bemühte er sich, die Staatsvertragsverhandlungen weiterzuführen. Pro-westlich eingestellt, wurde er 1953 zum Rücktritt veranlaßt, als Julius → Raab sich um ein besseres Verhältnis zur Sowjetunion bemühte. G. trat in den diplomatischen Dienst und war in der Folge als Botschafter in Washington, Madrid, Bonn und Bern tätig. Dazwischen wirkte er 1966–1969 als Staatssekretär für Verwaltungsreform. Seit seiner Pensionierung ist er Präsident des Lateinamerikainstituts.

*Werke:* »Politik der Mitte« (1946), »Befreiung und Freiheit« (1953), »Ein politisches Leben« (1975).

**Gruber, Ludwig,** * 13. Juli 1874 in Wien, † 17. Juli 1964 in Wien, Komponist.

Der bekannte Wienerliedkomponist erhielt bei seinem Onkel J. Uhl den ersten Klavierunterricht. Er besuchte das Konservatorium, studierte Klavier bzw. Harmonielehre und Kontrapunkt und war u. a. als Kapellmeister in Karlsbad und in Ungarn tätig. G. komponierte Filmmusik, Tänze, Märsche, Operetten, komische Opern (»Schmetterlingszauber«, »König Lustick«), die Oper »Aschermittwoch« und das Singspiel »Die Fiakermilli«. Als einer der populärsten Vertreter des Wienerliedes schrieb er mehr als 2 000 Melodien, darunter »Mei Mutterl war a Weanerin« und »Es wird a Wein sein«, die bis heute gesungen werden.

**Grünbaum, Fritz,** * 7. April 1880 in Brno/Brünn (Mähren), † 14. Jänner 1941 im KZ Dachau, Kabarettist und Bühnendichter.

Der Sohn eines Kunsthändlers studierte 1899–1903 Jus in Wien, wandte sich aber bald dem Kabarett zu. In der »Hölle«, einem Lokal im Keller des Theaters an der Wien, trat er 1906 zum erstenmal auf. Er ging dann nach Berlin und kam 1914 an das Wiener Kabarett »Simpl«. Im 1. Weltkrieg diente er als Offizier. Danach kehrte er in den »Simpl« zurück. Gemeinsam mit seinem Freund und Schüler Karl → Farkas – sie gelten als Erfinder der Doppelconférencen – prägte er den Stil dieser Bühne, wie er berühmt geworden ist. Der kleine Mann mit der hilflos scheinenden Gestalt und dem intelligenten Wortwitz zählte zu den Großen der Wiener Kabarettszene. »Halb Clown, halb Weltmeister«, wie Farkas sagte. G. war auch künstlerischer Leiter des »Simpl« und Direktor mehrerer kleiner Wiener Bühnen. Dazwischen arbeitete er in Deutschland, 1930/31 auch beim Film. Er schrieb Gedichte, Feuilletons, Revuen, Conférencen und Sketches, doch ist vieles davon vernichtet. Er verfaßte auch Operettenlibretti, u. a. zu Leo → Falls »Die Dollarprinzessin«. Der jüdische Künstler betrat am 10. März 1938 zum letzten Mal die »Simpl«-Bühne. Nach einem mißglückten Fluchtversuch wurde er verhaftet und am 1. April 1938 mit dem sogen. »Prominententransport« in das KZ Dachau gebracht.

*Fritz Grünbaum*

Von dort kam er nach Buchenwald und 1940 wieder nach Dachau, wo er den Tod fand.

*Werke:* »Die Schöpfung und andere Kabarettstücke« (Auswahl, 1985).

**Grünmandl, Otto,** * 4. Mai 1924 in Hall (T), Kabarettist und Schriftsteller.

Sein Vater war ein jüdischer Schneider aus Böhmen, der zum Protestantismus konvertierte, sich 1907 in Tirol niederließ und hier ein Textilgeschäft aufbaute; 1938 kam er in ein KZ, das er überlebte, der Sohn in ein Arbeitslager. Nach seiner Befreiung studierte G. an der Technischen Hochschule in Graz und war 1948–1965 als Textilkaufmann tätig. Für sein literarisches Werk – Gedichte, Erzählungen, neoexpressionistische Hörspiele, z. B. »Rochade« – erhielt er den Staatspreis. Schließlich entdeckte der Rundfunk sein humoristisches Genie. G.s »Alpenländische Interviews« (ab 1973) wurden besonders populär. 1972–1981 war er Leiter der Abteilung Wort im ORF-Landesstudio Tirol. Seither ist er freischaffender Kabarettist. Bereits 1976 war der schrullige Tiroler beim »steirischen herbst« mit seinem ersten Kabarettprogramm aufgetreten, dem weitere folgten: »Ich heiße nicht Oblomow« (1979), »Ich bin ein wilder Papagei« (1982), »Politisch bin ich vielleicht ein Trottel, aber privat kenn' ich mich aus« (1987), »Ich bin der Kaiser Nero« (1989).

**Grünwald, Alfred,** * 16. Februar 1884 in Wien, † 24. Februar 1951 in New York, Operettenlibrettist.

Der Sohn eines Hutfabrikanten trat nach der Matura in ein Pelzhaus ein. Danach schlug er sich als Chorsänger und Komparse am Theater durch und schrieb gemeinsam mit Julius Brammer Sketches und Einakter für das Kabarett (Intimes Theater, Ronacher, Fledermaus). Bis er mit Brammer zum Librettisten für die Großen der Wiener Operette aufstieg. Er schrieb die Texte zu den beliebtesten Werken jener Ära: »Rose von Stambul« (→ Fall, 1916), »Gräfin Mariza« (→ Kálmán, 1924), »Die Zirkusprinzessin« (Kálmán, 1926), »Die gold'ne Meisterin« (→ Eysler, 1927).

G. arbeitete auch als Kritiker und Feuilletonist und schrieb so bekannte Wienerlieder wie »Das Lercherl von Hernals« oder »A klane Drahrerei ...«. Nach einem Zerwürfnis mit Kálmán und Brammer arbeitete G. zusammen mit Fritz Löhner-Beda. Das Duo textete für Paul Abraham »Viktoria und ihr Husar« (1929) und »Die Blume von Hawaii« (1931). Löhner-Beda (1883–1942) war Literat, Verfasser berühmter Schlagertexte und Starlibrettist von → Lehár (»Das Land des Lächelns«); er kam in Auschwitz um. G. selbst, der ebenfalls Jude war, gelang es, 1938 über Frankreich in die USA zu flüchten, wo der zuvor beliebte Texter als namenloser Emigrant starb.

*Lit.:* H. Grunwald u. a., Ein Walzer muß es sein. A. G. und die Wiener Operette (1991).

**Güden, Hilde, (eigtl. Hulda Geiringer),** * 15. September 1917 in Wien, † 17. September 1988 in Klosterneuburg (NÖ), Kammersängerin.

G. entstammte einer musischen Familie und erhielt schon als Kind Musik- und Gesangsunterricht. Nach der Matura besuchte sie das Reinhardt-Seminar und trat zuerst als Operettensängerin auf. Sie debütierte 1939 als Cherubino in »Figaros Hochzeit« in Zürich. Von dort ging sie an die Bayerische Staatsoper in München und hielt sich dann einige Zeit in Italien auf. Nach dem Krieg kehrte sie nach Ö. zurück und feierte 1946 bei den Salzburger Festspielen als Zerline in »Don Giovanni« einen Triumph. Ab 1947 war die strahlende Sopranistin Mitglied der Wiener Staatsoper. Ihre Weltkarriere führte sie an die Mailänder Scala (1947–1951), an die Metropolitan Opera in New York und andere große Opernhäuser, wo sie in zahlreichen Mozart- und Richard-Strauss-Partien, aber auch als Gilda,

*Hilde Güden*

Mimi, Margarethe oder Violetta überschwenglich gefeiert wurde. 1970 zog sich die beliebte Künstlerin von der Bühne zurück und lebte (ab 1980 nach einem Schlaganfall halbseitig gelähmt) in ihrem Haus in Klosterneuburg.

**Gulda, Friedrich,** * 16. Mai 1930 in Wien, Klaviervirtuose und Komponist.

Der Sohn eines Schuldirektors wurde schon früh als Wunderkind gefeiert. Er erhielt seine musikalische Ausbildung bei Bruno Seidlhofer und Joseph → Marx an der Wiener Musikakademie. Mit 16 Jahren wurde er sensationeller Sieger des Internationalen Musikwettbewerbs in Genf, trat als 20jähriger in der Carnegie Hall auf und führte 1953 als erster Pianist das gesamte Sonatenwerk Beethovens auf. G. war auf dem besten Weg, zu einem der berühmtesten Konzertpianisten der Gegenwart zu werden, dessen überragende Technik und reife Interpretationskunst von den Kritikern hoch gelobt wurden, bis der Weltstar 1967 Frack und steife Hemdbrust ablegte, aus dem konventionellen Musikleben ausstieg und sich dem Jazz zuwandte. Er begann zu komponieren – wobei er seinen eigenen Stil entwickelte, eine Mischung aus konventioneller Harmonik, Jazzelementen und bizarren Tonverfremdungen (»Concerto für Ursula«, »Concerto for Myself«). Er trat nun als sein eigener Veranstalter auf, der mit gewagten Programmzusammenstellungen (als einer der ersten führte er E- und U-Musik gleichberechtigt nebeneinander auf) und Absagen in letzter Minute das konservative Publikum schockierte. Bei seiner gelegentlichen Rückkehr in den klassischen Konzertbetrieb und bei Schallplattenaufnahmen beweist G., der besonders Mozart schätzt, daß er auch in der klassischen Musik noch immer einer der ganz Großen unter den Pianisten unserer Zeit ist.

**Günther, Mizzi,** * 21. März 1879 in Warnsdorf (Nordböhmen), † 18. März 1961 in Wien, Operettendiva.

G. war *der* große Operettenstar in der Vor- und Zwischenkriegszeit. Die zahlreichen ausgedehnten Tourneen der äußerst beliebten Sängerin halfen mit, den Ruhm der Wiener Operette in die Welt hinauszutragen.

*Mizzi Günther*

G. begann ihre Bühnenlaufbahn in Hermannstadt und kam über Teplitz-Schönau nach Wien, wo sie 1901–1904 am Carltheater engagiert war. Ihre große musikalische wie darstellerische Begabung ließen sie aber bald auch auf vielen anderen Wiener Bühnen zum Publikumsliebling werden. Sie war die gefeierte Interpretin der Silbernen Wiener Operettenära (→ Lehár, → Kálmán, Leo → Fall, → Benatzky und → Stolz). Ihren größten Erfolg feierte die Diva als Hanna Glawari in der Operette »Die lustige Witwe«, die sie 1905 bei der Uraufführung und dann über 1 000mal gesungen hat. G. trat auch am Burgtheater und im Volkstheater auf, 1950–1952 war sie als Gast an der Wiener Staatsoper zu hören. Die Künstlerin stand 50 Jahre auf der Bühne. Sie war mit dem Burgschauspieler Fred → Hennings verheiratet.

**Gürtler, Alfred,** * 30. Oktober 1875 in Jablonné Bodještědi/Deutsch-Gabel (Böhmen), † 16. März 1933 in Graz, Jurist und Politiker.

Der Sohn eines Fabrikanten studierte Jus in Prag, Graz und Czernowitz (Promotion: 1900) und habilitierte sich 1907 als Privatdozent in Graz. 1919 wurde er hier o. Univ.-Prof. Der Christlichsoziale gehörte ab 1918 der Konstituierenden Nationalversammlung, dann bis 1930 dem Nationalrat an. Während der Vorbereitungen der Friedensverhandlungen nach dem 1. Weltkrieg war G. Berater der Staatskanzlei. Von Oktober 1921 bis Mai 1922, in einer der schwierigsten Phasen der Republik, amtierte er als Finanzminister. 1926–1927 war er steirischer Landeshauptmann, danach Präsident des Nationalrates.

**Guschlbauer, Theodor,** * 14. April 1939 in Wien, Dirigent.

G. studierte an der Wiener Musikakademie bei H. Swarowsky und begann seine Karriere als Leiter des von ihm gegründeten »Barockensembles«. Sein erstes Engagement hatte der Dirigent an der Wiener Volksoper, danach ging er als Erster Kapellmeister an das Salzburger Landestheater. 1969 wurde er Opernchef in Lyon. 1975–1983 war er Generalmusikdirektor in Linz. Hier baute er das Bruckner-Orchester zu einem großen symphonischen Klangkörper aus und setzte in der oö. Landeshauptstadt nachhaltige musikalische Akzente. Erfolgreiche Konzerte mit den bedeutendsten europäischen Orchestern, bei denen er durch seine präzise Stabführung bestach, sowie Gastspiele an der Wiener Staatsoper erhöhten das internationale Ansehen des Dirigenten. Seit 1983 ist G. Opernchef und Künstlerischer Leiter des Orchestre Philharmonique in Straßburg.

**Gusenbauer, Ilona,** * 16. September 1947 in Gummersbach (Deutschland), Leichtathletin.

Die langbeinige Athletin kam mit ihrem Vater, einem Wiener, 1950 nach Ö. Sie wurde bei einem Schulsportvergleichskampf für die Leichtathletik entdeckt und trainierte beim WAC. Später von ihrem Gatten und Trainer Roland G. im Bundessportzentrum Südstadt betreut, stieß sie innerhalb weniger Jahre zur Weltspitze vor. 1970 wurde die Sportlerin mit der Weltbestleistung von 1,87 Metern Hallen-Europameisterin, 1971 errang sie in Helsinki den Europameistertitel im Freien. Am 4. Dezember desselben Jahres stellte sie im Wiener Praterstadion vor 30 000 begeisterten Zusehern mit 1,92 Metern einen Weltrekord im Hochsprung auf. Bei der Olympiade in München 1972 jedoch mußte sich die Goldmedaillenanwärterin mit dem 3. Platz begnügen. Im selben Jahr sprang sie mit 1,93 Metern österr. Rekord. Die Weltspitzenathletin ist heute als Gebrauchsgraphikerin tätig.

*Ilona Gusenbauer*

**Gusinde, Martin,** * 29. Oktober 1886 in Breslau (Polen), † 18. Oktober 1969 in Mödling (NÖ), Ethnologe.

1911 zum Priester geweiht, widmete sich G. der missionarischen Tätigkeit. 1916–1924 lehrte er an der katholischen Universität von Santiago de Chile, ab 1949 an der kath. Universität Washington. Daneben war er auch immer am Missionshaus St. Gabriel in Mödling tätig. Der Ethnologe widmete sich besonders der Erforschung der heute fast ausgestorbenen Ureinwohner Feuerlands, wohin er 1918–1924 4 Expeditionen unternahm. In den 30er und 50er Jahren reiste er zu den Buschmännern und Pygmäen Afrikas. 1955 entdeckte er einen bis dahin unbekannten Pygmäenstamm auf Neuguinea.

*Werke:* »Die Feuerland-Indianer« (3 Bde., 1931–1939), »Die Kongo-Pygmäen« (1942), »Urmenschen im Feuerland« (1947), »Urwaldmenschen am Ituri« (1948), »Die Twa-Pygmäen in Ruanda« (1949), »Die Twiden« (1956), »Von gelben und schwarzen Buschmännern« (1966).

*Albert Paris Gütersloh*

**Gütersloh, Albert Paris (eigtl. A. Conrad Kiehtreiber),** * 5. Februar 1887 in Wien, † 16. Mai 1973 in Baden bei Wien, Maler und Schriftsteller.

Der äußerst vielseitige Künstler war Schauspieler, Regisseur und Bühnenbildner, er malte und schrieb. Nach dem Gymnasium war G. Malerschüler von Gustav Klimt. Er trat als Schauspieler an mehreren Provinzbühnen auf, bis Max → Reinhardt auf ihn aufmerksam wurde und ihn nach Berlin holte. Als Autor veröffentlichte er 1910 »Die tanzende Törin«, einen der ersten expressionistischen Romane im deutschsprachigen Raum. Seine schriftstellerische Bedeutung wurde allerdings erst nach Erscheinen seines Hauptwerkes »Sonne und Mond« (1962) voll erkannt.

Seine Karriere machte G. als Maler. Er war 1929–1938 Prof. an der Wiener Kunstgewerbeschule, danach erhielt er Berufsverbot. 1950–1954 war er Vizepräsident der Secession. 1945–1962 leitete er eine Meisterschule für Malerei an der Akademie der Bildenden Künste, 1956–1959 amtierte er als Rektor. G. war Präsident des Wiener Art Clubs, in dem sich die Avantgarde der Nachkriegszeit traf, der geistige Vater der »Wiener Schule des Phantastischen Realismus« und ein Mythos zu Lebzeiten. Sein umfangreiches malerisches Œuvre umfaßt Landschaftsbilder, Stilleben, Porträts, Aquarelle, Zeichnungen, Glasfenster und Mosaike in Wiener Kirchen.

*Lit.:* F. Thurner, A. P. G. (1970); J. Adler (Hg.), Allegorie und Eros (1986).

**Guttenbrunner, Michael,** * 7. September 1919 in Althofen (K), Lyriker, Erzähler und Übersetzer.

G. besuchte die Graphische Lehr- und Versuchsanstalt in Wien. Er engagierte sich politisch in der ab 1934 illegalen Sozialdemokratischen Partei, wurde 1938 von den Nazis verhaftet und entging der Hinrichtung nur durch Versetzung an die Front. Nach 1945 veröffentlichte er Gedichtbände, in denen er das Grauen des Krieges aufarbeitete (»Schwarze Ruten«, 1947, »Opferholz«, 1954), später wandte er sich kritisch gegen politische Fehlentwicklungen (»Die lange Zeit«, 1965, »Der Abstieg«, 1975). In seinem Prosaband »Im Machtgehege« (1976) spricht er sich nachdrücklich gegen jede Form von Inhumanität aus. Als Übersetzer aus dem Italienischen (Leopardi, D'Annunzio) und Slowenischen (Ivan Cankar) erwarb er sich große Verdienste. Er gab auch Zeitschriften wie »Der Alleingang« (1964–1966) und »Das Ziegeneuter« (1966–1978) heraus.

# H

**Haas, Christl,** * 19. September 1943 in Kitzbühel (T), Schirennläuferin.

H. war die herausragende Abfahrtsläuferin in den 60er Jahren, ehe sie von Annemarie → Moser-Pröll abgelöst wurde. Sie gewann 1962 den Weltmeistertitel im Abfahrtslauf. 1964, dem Jahr ihrer größten Triumphe, holte sie sich auch die olympische Goldmedaille sowie Silber in der Kombination. H. war 8mal österr. Meisterin. Die Weltklasseläuferin zog sich 1968 nach einem dritten Platz in der Abfahrt bei den Olympischen Spielen in Grenoble vom aktiven Schirennsport zurück.

**Haas, Ernst,** * 2. März 1921 in Wien, † 12. September 1986 in New York, Fotograf.

Nach einer Ausbildung an der Graphischen Lehr- und Versuchsanstalt 1942–1944 machte H. seine ersten Fotodokumentationen über die Zerstörungen in Wien. 1949 erlangte er Weltberühmtheit für seine Fotos von der Ankunft der ersten österr. Heimkehrer aus russischer Kriegsgefangenschaft. Er wurde Mitarbeiter der renommierten Zeitschriften »Magnum« und »Life« und ließ sich 1950 in den USA nieder. Als einer der ersten Fotografen begann er mit Farbfotos zu arbeiten. Seine Bildbände erregten international Aufsehen. H., der es verstand, mit seinen Bildern Bewegung auszudrücken, war 1962 der erste Fotograf, dem eine Personal-Einzelausstellung im Museum of Modern Art in New York gewidmet wurde.

*Werke:* »Die Schöpfung« (1971), »In Amerika« (1975), »Ende und Anfang« (1975), »Deutschland« (1976), »Im Himalaja. Pilgerfahrt zum Dach der Welt« (1978).

**Haas, Waltraut,** * 9. Juni 1927 in Wien, Schauspielerin.

H. wuchs im Schloß Schönbrunn auf, wo ihre Eltern ein Restaurant betrieben. Nach der Modeschule absolvierte sie 1945/46 das Konservatorium für Darstellende Kunst in Wien und nahm bei Julia Janssen privaten Schauspielunterricht. Ihr erstes Engagement erhielt sie 1946 am Linzer Landestheater. Dort empfahlen sie Kollegen dem Regisseur Willi → Forst. Ihr Filmdebüt als Mariandl in Forsts bereits legendärem Nachkriegsfilm »Hofrat Geiger« (1948) machte sie schlagartig bekannt. Es folgten rund 60 deutsch-österr. Produktionen, wie »Traumrevue« oder »Im weißen Rößl«. Daneben stand H. in Wien im Bürgertheater, in den Kammerspielen, im Volkstheater und im Theater in der Josefstadt sowie in deutschen Häusern auf der Bühne. So spielte sie die Raina in Bernard Shaws »Helden«, die Delphine in Hermann → Bahrs »Das Konzert« sowie Shakespeare- und Goethe-Rollen. Die populäre Künstlerin ist auch häufig im TV zu sehen. Sie ist mit dem Schauspieler Erwin Strahl verheiratet.

**Habeck, Fritz (auch: Glenn Gordon),** * 8. September 1916 in Neulengbach (NÖ), Schriftsteller.

H. arbeitete nach dem Abschluß seines Jusstudiums als Journalist und Lektor für den Rundfunk, 1968–1977 war er im ORF Leiter der Literaturabteilung von Studio Wien. Seine Laufbahn als Schriftsteller begann er mit Kriminalromanen und machte dann mit packend geschriebenen historischen wie zeitkritischen Werken auf sich aufmerksam, so »Der Ritt auf dem Tiger« (1958), »Der schwarze Mantel meines Vaters«

(1976) oder »Die drei Kalender« (1986). Er ist Autor spannender Jugendbücher, z. B. »Der Kampf um die Barbacane« (1960) und »Der Aufstand der Salzknechte« (1967), und verfaßte Dramen, Hörspiele und Novellen. H. ist auch als Übersetzer tätig.

**Haberlandt, Arthur,** * 9. März 1889 in Wien, † 28. Mai 1964 in Wien;

**Haberlandt, Michael,** * 29. September 1860 in Mosonmagyaróvár/Ungarisch-Altenburg, † 14. Juni 1940 in Wien, beide Ethnologen.

Michael H., ein Indologe (Promotion: 1882), wurde 1892 der erste Dozent des neuen Faches Völkerkunde an der Wiener Universität. 1894 gehörte er zu den Mitbegründern des Vereins für Österr. Volkskunde. Daraus entstand der Plan für ein Museum, das schließlich 1917 im Palais Schönborn eine Bleibe fand. H. entwickelte eine rege Sammeltätigkeit und veröffentlichte zahlreiche Standardwerke seiner Disziplin. Er war zudem ein Musikliebhaber und ein enger Freund Hugo Wolfs, dem er eigentlich zum Durchbruch verhalf.

*Arthur Haberlandt*

Sein Sohn Arthur studierte ebenfalls in Wien (Promotion: 1912), arbeitete aber bereits während der Studienzeit bei seinem Vater im Volkskundemuseum. Nach Kriegsdienst und ethnologischen Studienreisen im albanischen Kriegsgebiet, die er im Auftrag der Unterrichtsverwaltung unternahm, habilitierte er sich in Wien. 1924–1945 war er als Nachfolger seines Vaters Direktor des Volkskundemuseums. In seinen Forschungen widmete er sich in erster Linie den Zusammenhängen der mittel- und osteuropäischen Volkskunde. Er schrieb zahlreiche Artikel für die »Wiener Zeitschrift für Volkskunde«.

*Werke:* M. H.: »Kultur im Alltag« (1900), »Österr. Volkskunst« (2 Bde., 1910–1914), »Werke der Volkskunst« (3 Bde., 1912–1917), »Einführung in die Volkskunde« (1924), »Die Völker Europas« (1926); A. H.: »Volkskunst der Balkanländer« (1919), »Volkskunde des Burgenlandes« (1953), »Taschenwörterbuch der Volkskunde Ö.s« (2 Bde., 1953–1959).

**Haberler, Gottfried,** * 20. Juli 1900 in Purkersdorf bei Wien, Nationalökonom.

Aus einer altösterr. Beamtenfamilie stammend, studierte H. als Schüler von Friedrich von → Wieser und Ludwig von → Mises in Wien Rechts- und Staatswissenschaften. Er konnte sich schon 1928 in Wien habilitieren und wurde Univ.-Prof. Als Beamter der Wiener Handelskammer widmete er sich v. a. der Erforschung der Konjunktur- und Außenwirtschaftstheorie. Ab 1936 unterrichtete er an der Harvard-Universität (USA) Wirtschaftspolitik und Statistik. Er war nach dem 2. Weltkrieg ein gesuchter Berater für die US-Wirtschaft bei ihrer Umstellung auf Friedensbedingungen. Maßgeblich war er als Verfechter freier Wechselkurse bei der Reform des Bretton-Woods-Abkommens beteiligt. Seit seiner Emeritierung 1971 beschäftigt er sich mit Inflations- und Stagflationsforschung.

*Werke:* »Vom Sinn der Indexzahlen« (1927), »Theorie des internationalen Handels« (1930), »Der internationale Handel« (1933), »Liberale und planwirtschaftliche Handelspolitik« (1934), »Prosperität und Depression« (1937).

**Hacker, Friedrich,** * 19. Jänner 1914 in Wien, † 23. Juni 1989 in Mainz (Deutschland, während einer Fernsehdiskussion), Psychiater und Aggressionsforscher.

H., der einer jüdischen Familie entstammte, mußte 1938 aus Wien flüchten und emigrierte zunächst nach Basel, wo er 1939 sein Medizinstudium beendete. 1940 ging er in die USA, hier lehrte er als Psychiater an der Universität von Südkalifornien. Er war auch Psychoanalytiker und Chef mehrerer Kliniken. H. hat sich besonders als Aggressionsforscher einen Namen gemacht. Er half u. a. 1969 bei der Aufklärung des Mordfalls Sharon Tate und wurde zunehmend von Politikern als Berater konsultiert. 1968 gründete er in Wien die Sigmund-Freud-Gesellschaft. H. war Autor zahlreicher Bücher, von denen einige sehr populär wurden.

*Werke:* »Aggression. Die Brutalisierung der modernen Welt« (1971), »Freiheit, die sie meinen« (1978), »Konflikttheorie und Fernsehen« (1980), »Drogen. Verhüten statt behandeln, behandeln statt strafen« (1981), »Das Faschismus-Syndrom« (1990).

**Hackl, Erich,** * 26. Mai 1954 in Steyr (OÖ), Erzähler und Übersetzer.

H. studierte an der Universität Salzburg Romanistik und Germanistik, war 1977/78 Universitätslektor in Madrid und anschließend kurzzeitig Lehrer in Wien. Seit 1983 lebt er als freier Schriftsteller.

Bereits mit seiner ersten, nüchtern und straff erzählten Geschichte »Auroras Anlaß« (1987) errang H. Anerkennung, er erhielt den »Aspekte«-Literaturpreis des ZDF. Seine zweite Erzählung, »Abschied von Sidonie« (1989), die mit den Mitteln der realistischen Sozialprosa und des dokumentarischen Romans die Deportation eines verwaisten Zigeunerkindes aus Nazi-Österreich in das KZ Birkenau beschreibt, schloß an diesen Erfolg an und wurde von Karin Brandauer verfilmt.

H. betätigt sich auch als Übersetzer und Herausgeber vorwiegend iberischer und iberoamerikanischer Literatur.

**Hackl, Karlheinz,** * 16. April 1949 in Wien, Kammerschauspieler.

H. verbrachte seine Kindheit und Jugend in Wien. Parallel zu seiner Schauspielausbildung an der Schule von Prof. Krauss absolvierte er ein Welthandelsstudium, das er mit dem Magister der Handelswissenschaften abschloß. Er begann seine Laufbahn im Theater der Courage, wechselte dann an das Volkstheater (1974–1976), verdiente sich erste Fernsehsporen und absolvierte zwei »Lehrjahre« bei Boy → Gobert am Thalia-Theater in Hamburg. Von dort kam er 1978 an das Wiener Burgtheater, wo er einen hervorragenden Einstand hatte: zwei sehr geglückte Shakespeare-Rollen (Orlando und Demetrius) und ein hochgelobtes Spiel in Pinters »Betrogen«. Inzwischen umfaßt sein Repertoire längst nicht mehr nur das Liebhaber-, sondern auch das Charakterfach; so brillierte er als Dr. Stockmann in Ibsens »Volksfeind« als Karl Moor in Schillers »Die Räuber« und als »Anatol«. Der Wiener Theaterstar, dem Glaubhaftigkeit, Echtheit und Intensität der Menschendarstellung besondere Anliegen sind, leistet auch erfolgreiche Regiearbeit (»Brooklyn Memoiren«, »Minna von Barnhelm« oder »Nora« am Volkstheater). 1991 glänzte er als Transvestit Zsa Zsa in dem Musical »Ein Käfig voller Narren« an der Wiener Volksoper. H. spielt auch in Filmen (»Ringstraßenpalais«, »Der junge Freud«) und gestaltet Soloabende.

**Hadamovsky, Franz,** * 31. Jänner 1900 in Rappoltenkirchen (NÖ), Theaterwissenschaftler.

H. studierte in Wien Germanistik, Geschichte und Geographie, wandte sich jedoch bald der österr. Theater- und Literaturgeschichte zu. Er war 1922–1933 Bibliothekar im Wiener Volksbildungs-Verein und 1934–1938 dessen Direktor. Daneben wirkte er bereits als wissenschaftlicher Mitarbeiter der Theatersammlung der Nationalbibliothek. 1946 trat er hauptamtlich in die Nationalbibliothek ein; von 1954 bis zu seiner Pensionierung 1966 war er Direktor der Theatersammlung, die H. ausgebaut und zu einem gebrauchsfähigen Instrument der Forschung gemacht hat. Aus seiner Feder stammen zahlreiche Publikationen zur österr. Theatergeschichte.

*Werke:* »Barocktheater am Wiener Kaiserhof« (1955), »Max Reinhardt. Ausgewählte Briefe, Reden, Schriften und Szenen aus Regiebüchern« (1963), »Richard Strauss und Salzburg« (1964), »Bücherkunde deutschsprachiger Theaterliteratur« (1986), »Wien. Theatergeschichte. Von den Anfängen bis zum Ende des Ersten Weltkrieges« (1988).

**Haenel, Guenther,** * 1. Mai 1898 in Dresden, Kammerschauspieler und Theaterdirektor.

H. debütierte 1920 im Frankfurter Künstlertheater für Rhein und Main. 1928–1932 war er Oberspielleiter in Darmstadt, 1932–1939 spielte er am Deutschen Schauspielhaus in Hamburg. 1939 kam er nach Wien an das Theater in der Josefstadt. 1941 wechselte er an das Volkstheater, 1945–1948 war er Direktor dieses Hauses.

H. war ein großartiger Regisseur und Lehrer, der das Volkstheater in Wien mit einer geschickten Programm-Mischung aus russischer Dramatik, österr. Volksstück, Klassikeraufführungen und französischer Moderne durch die Fährnisse der Nachkriegszeit steuerte. 1948 gründete er u. a. mit Karl → Paryla das »Neue Theater in der Scala«, dem er bis 1952 angehörte. Anschließend war er Regisseur am Volkstheater und in der Josefstadt. 1958 kam H. an das Burgtheater, wo er 1974 seine Karriere als Schauspieler beschloß.

**Haerdtl, Oswald,** * 17. Mai 1899 in Wien, † 9. August 1959 in Wien, Architekt.

H. studierte an der Kunstgewerbeschule bei Kolo Moser und erwarb 1921 sein Diplom. Danach arbeitete er als Assistent bei Josef → Hoffmann. Sein erster größerer Bau war das Gebäude der Tabakregie 1929. 1930 beteiligte er sich mit einem Doppelhaus an der Werkbundsiedlung. H., ein Architekt der »Wiener Werkstätte«, war auch ein bedeutender Glaskünstler und Silberschmied. 1935 übernahm er eine Fachklasse für Industrie und gewerbliche Entwürfe an der Akademie für Angewandte Kunst. Nach dem 2. Weltkrieg war er maßgeblich am Wiederaufbau des Bundeskanzleramtes beteiligt. Seine wichtigsten Bauten aus dieser Zeit sind das Druckereigebäude Rosenbaum (1950) und das Historische Museum der Stadt Wien, das 1959 fertiggestellt wurde.

**Haeusserman, Ernst,** * 3. Juni 1916 in Leipzig, † 11. Juni 1984 in Wien, Kammerschauspieler, Regisseur und Theaterdirektor.

Der Sohn des Burgschauspielers Reinhold H. (1884–1947) gehörte bereits ab 1933 dem »Burg«-Ensemble an. 1939 mußte er emigrieren. Im Exil war er Assistent von Max → Reinhardt in Hollywood. Nach seiner Rückkehr 1945 wurde er Programmdirektor des US-Besatzungssenders Rot-Weiß-Rot. 1953–1959 und nochmals 1970–1977 leitete er zunächst mit Franz → Stoß, dann allein das Theater in der Josefstadt, 1959–1968 war H. überaus erfolgreicher Direktor des Burgtheaters, ab 1961 gehörte er dem Direktorium der Salzburger Festspiele an.

Der humanistisch gesinnte, engagierte Theatermann hat 1966 das Studium der Theaterwissenschaft abgeschlossen. Er war Prof. an der Hochschule für Musik und darstellende Kunst und schrieb auch theatergeschichtliche Werke, so »Karajan« (1968), »Das Wiener Burgtheater« (1975) u. a. Er war mit der Kammerschauspielerin Susi → Nicoletti verheiratet.

**Hagen, Ernst,** * 7. Februar 1906 in Prag, † 1. März 1984 in Wien, Schauspieler, Journalist und Schriftsteller.

H. erlangte durch die TV-Sendereihe »Seniorenclub« breite Popularität. Mehr als 500mal hat er diese Sendung, die 1968 zum erstenmal ausgestrahlt wurde und sich großer Beliebtheit erfreut, gestaltet und ist durch sie selbst zum Senior der Nation geworden.

H. kam in seiner frühen Kindheit nach Wien, maturierte hier und nahm Schauspielunterricht. Anschließend war er an verschiedenen österr. und deutschen Bühnen tätig. Seine Liebe gehörte jedoch dem Kabarett. Mit Johann Sklenka gründete er 1931 die Wiener Kleinkunstbühne »ABC«, gestaltete 1946/47 Programme für »Literatur am Naschmarkt« und erzielte mit seinen Stücken »Café Österreich« und »Rhapsodie in Rot-Weiß-Rot« Serienerfolge.

Hauptberuflich war H. Journalist. Er leitete das Kulturressort der »Weltpresse« und des »Bild-Telegraf«. Ab 1959 war er Pressereferent der Wiener Fremdenverkehrsstelle. Als Schriftsteller verfaßte er Romane wie »Die Brüder vom nackten Berg« und »Der kleine Vogel im nackten Käfig«, sehr bekannt wurde sein Buch »Müssen Männer so sein?«. Er schrieb auch feuilletonistische Arbeiten über Wien und gestaltete Hörfunkreihen, z. B. »Das Leben beginnt mit 60«, und beliebte Fernsehserien wie »Deutsch für Inländer«.

**Hahnl, Hans Heinz,** * 29. März 1923 in Oberndorf (NÖ), Kulturjournalist und Schriftsteller.

*Hans Heinz Hahnl*

H. studierte in Wien Literatur- und Theaterwissenschaft (Promotion: 1947) und arbeitete danach bis zu seiner Pensionierung als Kulturredakteur der »Arbeiter-Zeitung«. Seine profunde Kenntnis der österr. Literatur und des Theaters machte ihn auch zu einem begehrten Mitarbeiter weiterer in- und ausländischer Zeitungen.

Seine schriftstellerische Tätigkeit begann H. als Lyriker, doch erschien sein erster Gedichtband »In flagranti erwischt« erst 1976. Als Erzähler war er bereits 1952 mit dem Band »Die verschlossenen Türen« hervorgetreten. Zur vollen Entfaltung kam sein Erzähltalent dann in seinen Romanen »Die Einsiedler des Anninger« (1978), »Die Riesen vom Bisamberg« (1979) u. a.

*Weitere Werke:* »Vergessene Literaten. Fünfzig österr. Lebensschicksale« (1984), »Hofräte, Revoluzzer, Hungerleider« (1990).

**Haid, Hans,** * 26. Februar 1938 in Längenfeld im Ötztal (T), Volkskundler und Dialektdichter.

Der promovierte Volkskundler ist einer der konsequentesten und streitbarsten Kämpfer gegen die Zerstörung des Alpenraumes und der bäuerlichen Strukturen durch Massentourismus und Kapitalismus. Mit umfassendem Wissen, poetischem Feingefühl und journalistischen Mitteln versucht er in seinen Gedichten, Prosatexten, Romanen, Aufsätzen und Hörspielen, seine Landsleute an ihre Identität und ihre Wurzeln zu erinnern und sie gegen die Auswüchse der modernen Industriegesellschaft zu sensibilisieren.

H. war 1964 Mitbegründer des Ötztaler Heimatvereins. 1976 gründete er das Internationale Dialektinstitut (IDI) und schuf 1989 die Vereinigung »Pro Vita Alpina International«.

*Werke:* »Pflüeg und Furcha« (1973), »Vom alten Leben« (1986), »Mythos und Kult in den Alpen« (1991).

*Lit.:* L. Paulmichl, H. Waldner (Hg.), H.-Lesebuch (1984).

**Haiden, Günter,** * 21. Juni 1926 in Wald am Arlberg (V), Gewerkschafter und Politiker.

Nach dem Studium an der Universität für Bodenkultur (Diplom: 1952) arbeitete H. bei der Verwaltung des Forstgutes Aflenz. 1972 wurde er zum Direktor der österr. Bundesforste ernannt. Seine politische Laufbahn begann H. als Gemeinderat in Aflenz. In der Land- und Forstarbeitergewerkschaft aktiv, wurde er 1962 zu deren Zentralsekretär gewählt. 1974 holte ihn → Kreisky als Staatssekretär für Land- und Forstwirtschaft in sein Kabinett, 1976–1986 übernahm er das Ressort als Minister.

**Haider Jörg,** * 26. Jänner 1950 in Goisern (OÖ), Jurist und Politiker.

Der Sohn eines Angestellten besuchte das Gymnasium in Bad Ischl. 1969–1973 absolvierte er ein Jusstudium in Wien, daran schlossen sich Studienaufenthalte in Frankreich und Belgien. 1967 war er Landesobmann der Freiheitlichen Jugend in OÖ und 1971–1975 Bundesobmann. Auch im Ring Freiheitlicher Studenten stieg H. bis zum Bundesobmann auf. 1971 wurde er in die Bundesparteileitung der FPÖ berufen. Mitte der 70er Jahre wollte er eigentlich nach Amerika gehen, doch Friedrich → Peter gewann ihn für das Amt eines Landesparteisekretärs in Kärnten. In der Gesetzgebungsperiode 1979–1983 war er FPÖ-Abgeordneter zum Nationalrat, ab 1983 Landesrat in Kärnten. Am Parteitag 1986 wurde er in einer Kampfabstimmung gegen Norbert → Steger zum Bundesparteiobmann gewählt. Daraufhin löste die SPÖ die kleine Koalition mit der FPÖ, und Kanzler → Sinowatz schrieb Neuwahlen aus. H. kehrte ins Parlament zurück, wurde Klubobmann seiner Fraktion und konnte bei allen weiteren Wahlen für seine Partei beachtliche Erfolge erringen. 1988 wurde er mit den Stimmen der ÖVP zum Landeshauptmann von Kärnten gewählt, nach Äußerungen über die »ordentliche Beschäftigungspolitik im Dritten Reich« 1991 wurde er abgewählt. Nach Norbert Gugerbauers Rückzug aus der Politik übernahm er 1992 das Klubpräsidium der FPÖ im Nationalrat.

*Marianne Hainisch*

**Hainisch, Marianne,** * 25. März 1839 in Baden bei Wien, † 5. Mai 1936 in Wien, Frauenrechtlerin.

Die Tochter eines gutsituierten Kaufmanns und Unternehmers genoß Privatunterricht. Bereits mit 18 Jahren heiratete sie Michael H., den Mitbesitzer einer Spinnerei bei Gloggnitz. Dieser Ehe entstammte der Sohn Michael → H. Als Gattin eines Textilindustriellen erkannte sie schnell die schwierige Lage der Frauen in diesem Industriezweig. Viele von ihnen hatten weder eine gründliche Ausbildung noch besondere Rechte und wurden infolge wirtschaftlicher Rezession arbeitslos. Diese Einsichten machten H. zu einer Kämpferin für die Rechte der Frauen. Sie setzte sich u. a. dafür ein, daß auch Mädchen eine gute Ausbildung erhalten sollten. H. wurde im »Wiener Frauen-Erwerbsverein« aktiv, wo sie die Errichtung eines Realgymnasiums für Mädchen anregte. Dies rief in der Öffentlichkeit lebhafte Reaktionen hervor; bedeutende Wissenschaftler, wie Theodor Billroth etwa, sprachen sich gegen die Notwendigkeit einer höheren Bildung für Frauen aus. Die erste Schule konnte daher erst nach erbitterten Kämpfen eröffnet werden. H. trat auch für den freien Zugang von Frauen zu allen Berufen ein, sofern sie die nötige Qualifikation aufwiesen. Tatsächlich öffnete sich

1897 die philosophische und 1900 schließlich die medizinische Fakultät für Frauen. 1902 gründete H. gemeinsam mit Bertha von Suttner und Marie von Ebner-Eschenbach den Bund österr. Frauenvereine, dem sich 17 Mitgliederorganisationen anschlossen. Der Bund seinerseits schloß sich dem Internationalen Frauenrat an. Einer Anregung von H. ist es zu danken, daß 1924 nach amerikanischem Vorbild in Ö. der Muttertag eingeführt wurde.

**Hainisch, Michael,** * 15. August 1858 in Aue bei Schottwien (NÖ), † 26. Februar 1940 in Wien, Privatgelehrter und Staatsmann.

Der Sohn von Marianne → H. erhielt zunächst Privatunterricht, ehe er das Akademische Gymnasium in Wien bezog. Nach der Matura studierte er in Leipzig und später in Wien Jus (Promotion: 1882). Es folgten Gerichtspraxis und einige Jahre im ungeliebten Staatsdienst.

*Michael Hainisch*

1890 zog sich H. ins Privatleben zurück. An volkswirtschaftlichen, agrar- und sozialpolitischen Fragen interessiert, veröffentlichte er mehrere Bücher, in denen er zu aktuellen Problemen seiner Zeit Stellung bezog. So schrieb er u. a.: »Die Zukunft der Deutschösterreicher« (1892), »Heimarbeit in Ö.« (1906) und »Die Landflucht« (1924). Liberal und großdeutsch gesinnt, aber keiner Partei zugehörig, betätigte er sich als Volksbildner, sprach sich gegen die Monopolstellung des Gymnasiums als Bildungsstätte aus und setzte sich für ein modernes Schulprogramm ein. Er engagierte sich auch auf sozialem Gebiet und stand vorübergehend der Fabier-Bewegung nahe. Auf seinem Landwirtschaft-Musterbetrieb in Jauern bei Spital am Semmering betätigte er sich als Landwirt.

1920 wurde H. von der Bundesversammlung zum ersten Bundespräsidenten der neuen Republik gewählt. In seiner 8jährigen Amtszeit (er wurde 1924 wiedergewählt) errang er sich durch seine Volksverbundenheit und seine korrekte, sparsame Amtsführung allgemein Achtung und Anerkennung. Nach seinem Abschied als Staatsoberhaupt kehrte er 1929 kurzzeitig als Handelsminister im Kabinett → Schober III in die Politik zurück. 1938 sprach er sich für den Anschluß Ö.s an das Deutsche Reich aus.

*Lit.:* F. Weissensteiner (Hg.), Die österr. Bundespräsidenten (1982).

**Haitinger, Max,** * 20. April 1868 in Wien, † 19. Februar 1946 in Klosterneuburg (NÖ), Chemiker.

H. besuchte in Klosterneuburg die Wein- und Obstbauschule. Anschließend studierte er Naturwissenschaften in Wien. 1888 absolvierte er seinen Militärdienst und schlug danach die Offizierslaufbahn ein. Er unterrichtete an der Pionierkadettenschule in Hainburg Mathematik, Physik und Chemie und wurde schließlich Kommandant der Schule. Nach 1918 schied er aus der Armee und war als Privatgelehrter tätig. In den 30er Jahren führte er zahlreiche seiner Forschungsarbeiten am Physikal. Institut der Universität Wien durch. In Zusammenarbeit mit den optischen Werken C. → Reichert entwickelte er ein Fluoreszenzmikroskop. Er gilt als Begründer der modernen Fluoreszenzmikroskopie. 1937 wurde er mit dem Fritz-Pregl-Preis für Mikrochemie ausgezeichnet.

*Werke:* »Die Fluoreszenzanalyse in der Mikrochemie« (1937), »Fluoreszenzmikroskopie« (1938).

**Hakel, Hermann,** * 12. August 1911 in Wien, † 24. Dezember 1987 in Wien, Schriftsteller und Übersetzer.

H. wuchs in ärmlichen Verhältnissen auf. Er studierte Kunstgeschichte, entschloß sich dann aber noch vor dem Studienabschluß, als freier Schriftsteller zu leben. 1935–1937 edierte er als Lektor des Anzengruber-Verlages die Reihe »Neue Dichtung«. Von den Nationalsozialisten als Jude verfolgt, verbrachte er 1940–1944 in italienischen Internierungslagern und emigrierte im März 1945 nach Palästina. 1948 kam er nach Wien zurück. In der Folge widmete er sich besonders der Förderung junger Schriftsteller, die in seiner Zeitschrift »Lynkeus« (1948–1951 und 1979–1986) ein Publikationsorgan fanden. Ingeborg → Bachmann, Gerhard → Fritsch, Marlen → Haushofer, Jeannie → Ebner u. a. veröffentlichten hier ihre ersten Texte. H. selbst trat zuerst mit dem Gedichtband »Ein Kunstkalender in Gedichten« (1936) hervor, später erschienen u. a. »Hier und dort« (1955), »Wirkliches. Geträumtes.« (1986); er gab auch Viennensia heraus, so »Wien von A–Z« (1953) und »Wigl Wogl« (1963).

*Lit.:* G. Amanshauser (Hg.): »H. H.: Dürre Äste – welkes Gras. Begegnungen mit Literaten, Bemerkungen zur Literatur« (1991).

**Halban, Josef,** * 10. Oktober 1870 in Wien, † 23. April 1937 in Wien, Gynäkologe.

Nach seinem Medizinstudium in Wien (Promotion: 1894) arbeitete H. bei den Professoren Albert, Weichselbaum und Schauta. Bei letzterem wurde er Assistent. Nach einem Studienaufenthalt am Pariser Pasteur-Institut, wo er sich der Bakteriologie widmete, habilitierte er sich 1903 in Wien, 1909 erhielt er eine a. o. Professur. 1910 wurde er Vorstand der gynäkologischen Abteilung des Krankenhauses Wieden. H. entfaltete eine umfangreiche wissenschaftliche Tätigkeit. Er wurde bekannt durch seine Lehre von der inneren Sekretion der Eierstöcke und einem nach ihm benannten Schwangerschaftszeichen. Der Primararzt war mit der Opernsängerin Selma → Kurz verheiratet.

*Werke:* »Anatomie und Aetiologie des Genitalprolapses beim Weibe« (1907), »Handbuch der Biologie und Pathologie des Weibes« (1924–1929).

**Hammer, Heinrich,** * 19. März 1873 in Schruns (V), † 8. Jänner 1953 in Innsbruck, Kunsthistoriker.

H. studierte Kunstgeschichte in Innsbruck, wo er später Univ.-Prof. wurde. Seine Forschungen galten der engeren Heimat, er veröffentlichte Monographien über Tiroler Künstler und zur Baugeschichte Innsbrucks. Im Rahmen der Dehio-Handbücher der Kunstdenkmäler Ö.s gab er den Band über Tirol heraus.

*Werke:* »Die Paläste und Bürgerbauten Innsbrucks« (1923), »Albin Egger-Lienz« (1930), »Franz von Defregger« (1940), »Alt-Innsbrucker Studien« (1942).

**Hämmerle, Heinz,** * 31. Dezember 1917 in Dornbirn (V), † 23. Juli 1988 in Dornbirn, Industrieller.

Der Textilindustrielle leitete in 4. Generation den von Franz Martin H. 1836 gegründeten Familienbetrieb. In 33jähriger Tätigkeit konnte er das traditionsreiche Unternehmen zu einem der größten österr. Textilkonzerne ausbauen. 1970 wurde der Konzern in eine AG umgewandelt. H. wirkte u. a. auch im Aufsichtsrat der Vorarlberger Kraftwerke und der Dornbirner Sparkasse, v. a. aber profitierte die Dornbirner Messe von seinem unternehmerischen Know-how.

**Hammerschlag, Peter,** * 27. Juni 1902 in Wien, † 1942 im KZ Auschwitz, Dichter und Kabarettist.

H. schrieb schon sehr früh Einakter, Parodien und skurrile Gedichte. Er trat u. a. in deutschen Kabaretts auf. 1931 gründete er gemeinsam mit Stella → Kadmon die erste zeitkritische Kabarettbühne Wiens, genannt »Der liebe Augustin«. Hier trat er in fast ausschließlich selbst geschriebenen Programmen auf, als Blitzdichter, Parodist und Conférencier; auf Zuruf imitierte und karikierte der Komiker jedweden Dichter. H. schrieb auch Texte für »Literatur am Naschmarkt«. Der jüdische Poet wurde im KZ ermordet. Seinen makabren »Krüppel-Fox« haben Helmut → Qualtinger und André → Heller auf Schallplatte verewigt, seine »Ungarische Schöpfungsgeschichte« ist zum Klassiker geworden.

*Lit.:* F. Torberg (Hg.): »P. H., Der Mond schlug grad halb acht. Groteskgedichte« (1972).

**Hammerstein-Equord, Hans,** * 5. Oktober 1881 auf Schloß Sitzenthal bei Melk (NÖ), † 9. August 1947 auf Gut Pernlehen bei Micheldorf (OÖ), Dichter und Politiker.

H.-E. stammte aus dem Bergischen Uradel – zu seinen Vettern gehörten der deutsche Generaloberst Kurt von H. und der Bischof von Münster, Kardinal Clemens August Graf Galen. Er absolvierte das Jesuitengymnasium in Maria Schein (Böhmen) und das Gymnasium in Brixen (Südtirol). Nach dem Jusstudium in Marburg an der Lahn, Innsbruck und Wien war er bei der oö. Statthalterei tätig. Bis zum Ausbruch des 1. Weltkriegs blieb H. auf verschiedenen Posten der Verwaltung in OÖ, dann leistete er Kriegsdienst. 1923 wurde er Bezirkshauptmann in Braunau, Anfang 1934 Sicherheitsdirektor von OÖ. 1934/35 amtierte er als Staatssekretär für das Sicherheitswesen, von Mai bis November 1936 als Justizminister. Danach wirkte er als Sektionschef im Bundeskanzleramt und im Unterrichtsministerium, wo er für Kulturpropaganda zuständig war.

Darüber hinaus war H. ein bekannter Lyriker und Romancier. Er hat die Innviertler Künstlergilde gegründet. In der Nacht zum 12. März 1938, als Truppen des Dritten Reiches Ö. besetzten, war er es, der → Seyss-Inquart erklärte, daß er sich schäme, ein Deutscher zu sein. Nach dem Anschluß wurde er beurlaubt und bei Kürzung der Bezüge pensioniert. Nach dem Attentat auf Hitler, 1944, wurde er verhaftet und nach Mauthausen deportiert, wo er bis zur Befreiung verblieb.

*Werke:* »Die blauen Blumen« (1911), »Roland und Rotraut« (1913), »Ritter, Tod und Teufel« (1921), »Die Asen« (1928), »Die schöne Akeley« (1933), »Ö.s kulturelles Antlitz« (1935), »Wiedergeburt der Menschlichkeit« (1937).

**Hanak, Anton,** * 22. März 1875 in Brno/Brünn (Mähren), † 7. Jänner 1934 in Wien, Bildhauer.

H. war der hervorragendste Monumentalplastiker der österr. Zwischenkriegszeit. Er stammte aus einer proletarisch-bäuerlichen Familie und wuchs unter harten Bedingungen auf. Als 14jähriger kam er nach Wien und ging hier bei einem Holzbildschnitzer in die Lehre (1889–1893). Nach Wanderjahren, die ihn nach München, Augsburg und Salzburg führten, besuchte er Abendkurse für Bildhauerei, danach bis 1904 die Akademie der Bildenden Künste, wo Edmund → Hellmer sein Lehrer war. 1906 eröffnete er eine eigene Werkstatt in Wien. H., ein Mitglied der Secession, war ab 1913 Lehrer an der Kunstgewerbeschule, ab 1932 Prof. an der Akademie. Er arbeitete häufig mit Josef → Hoffmann zusammen.

Die erste Schaffensperiode des Bildhauers bis zum Ende des 1. Weltkriegs war vom Jugendstil bzw. vom österr. Spätsecessionismus geprägt. Die Plastiken und Skulpturen dieser Zeit tragen symbolischen Charakter (»Gigant«, 1910). Später entwickelte er sich zum Expressionisten, zum Interpreten des von der Sozialdemokratie propagierten »neuen Menschen«. Sein berühmtestes und reifstes Werk ist »Der brennende Mensch«. Im Auftrag der Gemeindeverwaltung schuf der Bildhauer des »Roten Wien« u. a. die Monu-

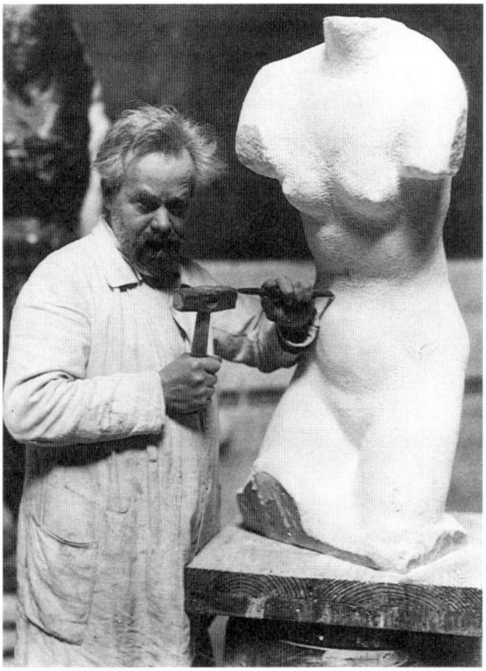

*Anton Hanak*

mentalgruppe »Magna mater« für den Gartenhof der Kinderübernahmsstelle in Wien-Alsergrund, die Porträtbüste von Victor Adler am Denkmal der Republik an der Ringstraße und die Gedenkstätte für die Opfer des 15. Juli 1927 auf dem Zentralfriedhof. In seinen letzten Lebensjahren nahm er neoklassizistische Elemente in seinen Schaffensstil auf, z. B. bei seiner Skulptur »Gefallener« in der Aula der Wiener Universität.

*Lit.:* G. Kapner, A. H., Kunst- und Künstlerkult. Ein Beispiel (1984).

**Hanappi, Gerhard,** * 16. Februar 1929 in Wien, † 23. August 1980 in Wien, Fußballer und Architekt.

Mit 96 Länderspielen war der Fußballer H. österr. Rekordinternationaler. Ein Allroundtalent, das in fast allen Positionen eingesetzt werden konnte, begann er seine Laufbahn beim SC Wacker. Bereits mit 18 Jahren spielte er in der Nationalmannschaft. Den Höhepunkt seiner Karriere erlebte er bei Rapid-Wien. Nach seinem Abgang als aktiver Sportler erbaute der ausgebildete Architekt an der Wiener Westeinfahrt das Rapid-Stadion, das nach ihm benannt wurde.

**Handel-Mazzetti, Enrica,** * 10. Jänner 1871 in Wien, † 8. April 1955 in Linz, Schriftstellerin.

Die Tochter eines Offiziers studierte in Wien Geschichte und Sprachwissenschaften. 1905 bis 1911 lebte sie in Steyr, danach in Linz.

Die Autorin wurde bereits mit ihrem ersten Roman »Meinrad Helmpergers denkwürdiges Jahr« (1900) bekannt, in dem sie die Bekehrung eines lutherischen Knaben zum Katholizismus schildert. Es folgten zahlreiche weitere historische Romane und Novellen, die meist die Religionskriege des 16. und 17. Jh.s aus katholischer Sicht zum Thema haben: »Jesse und Maria« (1906), »Die Waxenbergerin« (1934), »Graf Reichard« (2. Bde., 1938/39).

Ein Vetter der Dichterin, der Botaniker und Forschungsreisende Heinrich H.-M. (1882–1940), verfaßte eine Vielzahl von fachwissenschaftlichen Studien und lieferte wertvolle Erkenntnisse über neue Pflanzenarten im Mittleren Orient und in China.

**Handke, Peter,** * 6. Dezember 1942 in Griffen (K), Erzähler, Dramatiker und Übersetzer.

H. wuchs in materiell bedrängten Verhältnissen auf. Er besuchte ein katholisches Internat in Tanzenberg, das zum Bistum Gurk gehört, maturierte an einem Klagenfurter Gymnasium und studierte anschließend Jus an der Universität Graz. Als 1965 sein erster Roman »Die Hornissen« zur Veröffentlichung angenommen wurde, brach er das Studium ab und lebt seither mit wechselnden Wohnsitzen (Düsseldorf, Paris, Köln, USA, Salzburg) als freier Schriftsteller. Sein Werk umfaßt Romane, erzählende Prosa, Gedichte, Essays, Theaterstücke, Hörspiele und Übersetzungen.

H. begann seine literarische Laufbahn mit

*Peter Handke*

einer Absage an politisch-ideologisches Engagement und herkömmlichen Erzähl- und Theaterstil. In dieser ersten experimentellen, kritisch-analytischen Phase ging es ihm um die Entlarvung der Sprache als Herrschafts- und Machtinstrument und um die (provokante) Widerlegung vorgegebener literarischer Formen. Aus dieser Zeit stammen der Roman »Der Hausierer« (1967) und die Sprechstücke »Publikumsbeschimpfung« (1966) und »Kaspar« (1968). In den 70er Jahren folgte eine Schaffensperiode, in der sich H. mit der literarischen und philosophischen Tradition, mit Stifter, Kafka, Goethe und Nietzsche auseinandersetzte (»Der kurze Brief zum langen Abschied«, 1972), er brachte nun auch lebensgeschichtliche Erfahrung und Selbstfindung in traditionsbewußterer Erzähltechnik in sein Werk ein: »Wunschloses Unglück« (1972), »Die Stunde der wahren Empfindung« (1975), »Langsame Heimkehr« (1979, erster Teil einer Tetralogie gleichen Namens). Seine späteren Arbeiten sind als poetischer Versuch einer grundlegenden Orientierung in und als Rettungsarbeit an der bedrohten Welt gedeutet worden (u. a. »Über die Dörfer«, 1981, »Der Chinese des Schmerzes«, 1983). H., dessen Werk von Anfang an ebenso begeistertes Lob wie heftige Kritik hervorgerufen hat, zählt zu den bedeutendsten Autoren seiner Generation.

*Weitere Werke:* »Die linkshändige Frau« (1976), »Das Spiel vom Fragen« (1989), »Versuch über die Jukebox« (1990).

*Lit.:* R. G. Renner, P. H. (1985).

**Hannak, Jacques,** * 12. März 1892 in Wien, † 14. November 1973 in Wien, Journalist und Schriftsteller.

Der Sozialdemokrat war bis 1934 Chefredakteur der Zeitschrift »Arbeit und Wirtschaft«. Von den Nationalsozialisten verhaftet und bis 1939 in Dachau und Buchenwald inhaftiert, emigrierte er über Belgien und Frankreich (wo er abermals inhaftiert wurde) 1941 in die USA. Dort arbeitete er für deutschsprachige Rundfunksendungen und in der Gewerkschaft. Nach seiner Rückkehr war er 1946–1961 Redakteur der »Arbeiter-Zeitung«. H. schrieb zahlreiche historische Bücher, u. a. »Im Sturm eines Jahrhunderts« (1952), »Karl Renner und seine Zeit« (1964) und »Johannes Schober, Mittelweg in die Katastrophe« (1966). Außerdem gab er die ausgewählten Reden und Schriften von Oskar → Helmer (1963) und Adolf → Schärf (1965) heraus.

**Hantsch, Hugo,** 15. Jänner 1895 in Teplice/Teplitz-Schönau (Böhmen), † 6. August 1972 in Wien, Historiker.

Nach dem Theologiestudium in Innsbruck wurde H. 1918 zum Priester geweiht und trat in den Benediktinerorden ein. Danach studierte er Geschichte (Promotion: 1921). 1922–1924 war er als Archivar im Schönbornschen Archiv in Wiesentheid tätig. 1930 in Wien habilitiert, wirkte er 1935–1938 und 1945/46 als Univ.-Prof. in Graz. Als Historiker übte er mit seiner Definition des Begriffs Deutschtum im CV einen großen Einfluß aus. Als Referent im Generalsekretariat der Vaterländischen Front für volksdeutsche Arbeit und im »Österr. Verband für volksdeutsche Auslandsarbeit« entfaltete er eine rege Tätigkeit in die Nachfolgestaaten der Monarchie. 1938 wurde er verhaftet und blieb bis 1939 im KZ Buchenwald. Bis Kriegsende war er Pfarrer in Ravelsbach (NÖ), danach Ordinarius in Wien. Seit 1953 gab er die »Wiener historischen Studien« heraus.

*Werke:* »Der deutsche Bauernkrieg« (1925), »Die Entwicklung Ö.-Ungarns zur Großmacht« (1933), »Die Geschichte Ö.s« (2 Bde., 1937 und 1950), »Die Nationalitätenfrage im alten Ö.« (1953), »Leopold Graf Berchtold« (1963), »Ö. und Europa« (1965).

**Hanusch, Ferdinand,** * 9. November 1866 in Oberdorf bei Wigstadtl (Österr.-Schlesien), † 28. September 1923 in Wien, Sozialpolitiker.

Der Sohn eines schlesischen Hauswebers wuchs in ärmlichen Verhältnissen heran. Bereits mit 13 Jahren arbeitete er am Bau als Hilfsarbeiter, zwei Jahre später schloß er sich der Arbeiterbewegung an. 1900 wurde H. Sekretär der eben gegründeten Union der Textilarbeiter in Wien, 1903 kam er als profilierter Sozialpolitiker in den Vorstand der Österr. Gewerkschaftskommission. Ab 1907 als Abgeordneter der SDAP im Reichsrat, trat er für den Achtstundentag und Arbeitslosenunterstützung ein. Nach Ausrufung der Republik 1918 übernahm er das Staatssekretariat für soziale Verwaltung (bis 1920) und konnte nun seine Forderungen zum Teil verwirklichen. Ihm ist der Aufbau des Sozialministeriums, die Neugestaltung des Krankenkassenwesens, der Ausbau der Sozialversicherung, das Angestellten- und das Betriebsrätegesetz zu verdanken. Er leistete wichtige Vorarbeiten für eine Alters-, Invaliden- und Hinterbliebenenversicherung für Arbeiter. Damit war H. Mitgestalter des österr. Sozialstaates. 1921 wurde er Direktor der Wiener Arbeiterkammer, deren Sozialwissenschaftliche Bibliothek er begründete. H. schrieb auch Theaterstücke und Erzählungen.

*Werke:* »Parlament und Arbeiterschutz« (1913), »Sozialpolitik im neuen Ö.« (1923).

**Happel, Ernst,** * 29. November 1925 in Wien, Fußballer und Trainer.

H. ist der international bekannteste Fußballer und Trainer Ö.s nach 1945. Schon bei Rapid-Wien, wo er während des Krieges von der Jugend- in die Kampfmannschaft aufrückte, war er ein Star und Publikumsliebling. Der »Weltmeister« beherrschte als »Ausputzer« (Libero) souverän den Strafraum und begeisterte durch sein Ballgefühl, sein Tackling und seine taktische Reife. »Aschyl«, wie ihn seine Freunde auch nannten (von Achillesferse? H.s »Ferschler« waren berühmt-berüchtigt), überraschte mit seinem Trickreichtum nicht selten auch den eigenen Tormann. Der beidbeinige Abwehrrecke wurde mit Rapid 7mal österr. Fußballmeister und stand 1947–1958 51mal im österr. Nationalteam.

Internationale Rekorde erzielte H. ab 1962 als Trainer. Er errang u. a. mit Feyenoord-Rotterdam den Europa- und Weltpokalsieg, wurde mit den Holländern 1978 Vizeweltmeister und mit dem Hamburger SV zweimal deutscher Meister und 1983 Europacupsieger. Von der Saison 1987/88 bis Ende 1991 betreute H. den FC Swarovsky-Tirol, den er 1988/89 und 1989/90 zu Meisterehren geführt hat. Seit 1. Jänner 1992 ist H. Trainer der österr. Nationalmannschaft.

**Harmer, Gustav,** * 29. Oktober 1934 in Wien, Industrieller.

Der Sproß einer Bierdynastie absolvierte das Schottengymnasium in Wien. Danach studierte er Gärungstechnik in Freising und Jus in Wien (Promotion: 1962) und trat in den elterlichen Betrieb ein. Heute ist er Mehrheitseigentümer der großen, traditionsreichen Ottakringer Brauerei, die außerdem alkoholfreie Getränke erzeugt. 1989 konnten Beteiligungen in Ungarn und der Tschechoslowakei erworben werden. In dem Unternehmen setzt H. auch zielbewußt ökologische Prinzipien durch. Der passionierte Jäger ist zudem seit 1985 Präsident des World Wildlife Fund Ö., dem es mit der Kampagne »Kröten für die Au« gelang, in eineinhalb Jahren 86 Millionen Schilling an Spendengeldern für den Erwerb und Erhalt von 411 Hektar Auwald bei Regelsbrunn zu sammeln. Dieser Auwald soll Teil des Naturparks Donau-Marchauen werden; bis zur endgültigen Aufbringung des Betrages haftete H. mit seinem persönlichen Vermögen für die Summe.

**Harell, Marte (eigtl. Martha Schömig),** * 4. Jänner 1907 in Wien, Bühnen- und Filmschauspielerin.

H. war der große Filmstar der 40er und 50er Jahre. Sie besuchte das Lyzeum in Wien und ließ sich zur Schauspielerin ausbilden. Danach spielte sie an zahlreichen österr. und deutschen Bühnen (Theater in der Josefstadt, Landestheater Innsbruck, Kammerspiele München, Deutsches Theater in Berlin) in Stücken wie »Kabale und Liebe«, »Minna von Barnhelm«, »Clavigo«, »Frau Warrens Gewerbe«. Ihre glänzendsten Erfolge errang sie aber im Film. V. a. in österr. gefärbten Produktionen machte sie in zahlreichen Hauptrollen als »Grande Dame« Furore. Sie war mit dem Filmregisseur Karl → Hartl verheiratet.

*Filme:* »Opernball« (1939), »Brüderlein fein« (1942), »Frauen sind keine Engel« (1943), »Erzherzog Johanns große Liebe« (1950), »Du bist die Rose vom Wörther See« (1952), »Der Kongreß tanzt« (1955).

**Harnoncourt, Johann Nikolaus,** * 6. Dezember 1929 in Berlin, Cellist und Dirigent.

Der Ururenkel von Erzherzog Johann wuchs im Kreis einer musikalischen Familie in Graz auf. 1948 ging er nach Wien und studierte an der Wiener Musikhochschule bei Prof. Brabetz. 1952 begann er als Cellist bei den Wiener Symphonikern. Ein Jahr später gründete er u. a. mit seiner Frau, der Geigerin Alice H., den »Concentus musicus«. Das Ensemble setzte sich zum Ziel, alte Musik nur mit historischen Instrumenten und unter möglichst originalen Aufführungsbedingungen zu interpretieren. Es trat 1958 erstmals vor die Öffentlichkeit und machte sich, auch durch Plattenaufnahmen barocker und vor-

*Johann Nikolaus Harnoncourt*

barocker Werke, rasch einen guten Namen. H., der dieses Orchester leitete, wuchs allmählich in die Dirigentenrolle hinein. An der Mailänder Scala feierte er seine Premiere am Pult und entwickelte sich zum »Karajan der alten Musik«. 1971 erregte er mit Monteverdis »Ulysses« im Theater an der Wien Aufsehen und gestaltete in den 70er Jahren gemeinsam mit dem Regisseur Pierre Ponnelle an der Züricher Oper einen Monteverdi- und ab 1980 einen Mozart-Zyklus. Heute ein Stardirigent, ist er in Wien und Salzburg nur selten zu Gast.

H. ist ein Mann des originalen Notenbildes. Seine werkgetreuen Interpretationen der Musik Mozarts, aber auch jener Beethovens und Schuberts haben bahnbrechend gewirkt, obschon sie nicht bei allen Liebhabern klassischer Musik auf Zustimmung gestoßen sind.

**Harrer, Heinrich,** * 6. Juli 1912 in Obergosen am Zirbitzkogel (K), Forschungsreisender und Publizist.

Nach der Volksschule in Bruck/Mur und der Matura in Graz legte H. die Lehramtsprüfung für Geographie und Leibesübungen in Graz ab. 1937 gewann der begeisterte Sportler die akademische Skiweltmeisterschaft in der Abfahrt; 1938 gelang ihm mit drei weiteren Alpinisten die Erstbesteigung der Eiger-Nordwand. 1939 nahm er an der deutschen Nanga-Parbat-Expedition teil. Nach dieser Fahrt wurde er in Indien vom Kriegsausbruch überrascht und von den Briten interniert. Schließlich glückte es ihm, 1944 nach Tibet zu entkommen und Lhasa zu erreichen. Dort war er 1946–1951 Lehrer und Berater des Dalai Lama. Nach der Besetzung des Landes durch die Chinesen kehrte er 1952 nach Europa zurück. Seine zahlreichen weiteren Entdekkungsreisen führten ihn in noch wenig bzw. gar nicht erforschte Gebiete, v. a. in Asien und Afrika, und z. T. zu Stämmen von Ureinwohnern, die bislang kein Weißer gesehen hatte: 1953 Anden, Amazonas, 1955 Alaska, 1957 Kongo, 1961/62 West-Guinea, 1964/65 Nepal, 1970 Grönland, 1972 Borneo, 1977 Tansania, Zaire, Uganda. H. hat diese Reisen in vielen Büchern beschrieben, z. B. »Huka-Huka« (1968), »Unter Papuas und Andamanen« (1977). Weltberühmt wurde sein Bericht »Sieben Jahre Tibet« (1952), den er selbst verfilmt hat. H., der heute in Hüttenberg (K) lebt und das dortige H. H.-Museum betreut, gilt als bedeutendster Tibetkenner der Welt und besitzt eine umfangreiche, wertvolle Tibetsammlung.

**Hartl, Karl,** * 10. Mai 1899 in Wien, † 29. August 1978 in Wien, Filmregisseur.

H. war einer der bedeutendsten österr. Filmemacher. Er begann 1918 als Regieassistent von Alexander Korda bei der Sascha-Film in Wien. Er leitete auch einige Produktionen und war als Darsteller und Drehbuchautor tätig. Über München kam er dann zur Ufa nach Berlin, wo er mit dem Kommerzfilm »Ein Burschenlied aus Heidelberg« (1930) sein Regiedebüt hatte. Es folgten »Berge in Flammen« (1931), »Die Gräfin von Monte Christo« (1932), »Gold« (1934), »Der Mann, der Sherlock Holmes war« (1937). 1938–1948 war H. Produktionschef bei der Wien-Film, dem es gelang, entgegen dem Dirigismus aus Berlin wienerisch akzentuierte Filme durchzusetzen. In »Wen die Götter lieben« (1942) gelang ihm ein perfekter Einklang zwischen der Musik Mozarts und der Bildregie. Sein Film »Der Engel mit der Posaune« wurde 1948 ein Welterfolg. Ab 1957 war er bei der Cosmopol-Film tätig. Aus dieser Zeit stammt u. a. »Wilhelm Tell« (1960). Der erfolgreiche Regisseur war mit der Schauspielerin Marte → Harell verheiratet.

**Hartleb, Karl,** * 23. Oktober 1886 in St. Georgen bei Neumarkt (St), † 29. August 1965 in Neumarkt (St), Landwirt und Politiker.

H. war schon in jungen Jahren im landwirtschaftlichen Genossenschaftswesen tätig. 1918 schloß er sich der Bauernbundbewegung an. Später trat er der neugegründeten Agrarpartei »Landbund« bei. 1919 wurde er in den steirischen Landtag gewählt und hat sich um die Durchsetzung wichtiger agrarischer Gesetze, wie das über die landwirtschaftlichen Servituten und das Dienstbotengesetz, verdient gemacht. In seiner Partei machte er schnell Karriere und wurde 1925 Obmannstellvertreter in der Reichsparteileitung. 1927–1930 wurde er in den Nationalrat gewählt. Als der »Landbund« im Mai 1927 Mitglied der Koalitionsregierung wurde, übernahm H. als Vizekanzler auch das Innenressort; er war daher zuständiger Ressortchef am 15. Juli 1927, dem Tag des Justizpalastbrandes, als Tausende Sozialdemokraten gegen den Ausgang des »Schattendorfer Prozesses« demonstrierten und die Exekutive mit äußerster Härte vorging. Als Kabinettsmitglied kümmerte sich H. auch weiterhin um landwirtschaftliche Belange. Während des NS-Regimes blieb er unbehelligt. Nach dem Krieg trat er dem VdU (später: FPÖ) bei und war 1949–1953 Abgeordneter zum Nationalrat.

**Hartmann, Eduard,** * 3. September 1904 in Laxenburg bei Wien, † 14. Oktober 1966 in Wien, Agrarpolitiker.

Nach dem Studium der Bodenkultur in Wien war H. in der Landwirtschaft tätig. Schon früh wandte er sich der Christlichsozialen Partei und der Agrarpolitik zu. Er wurde Geschäftsführer des österr. Agrarverlages und Direktor des nö. Bauernbundes. 1949–1963 war er ÖVP-Abgeordneter im Parlament, 1959–1964 Landwirtschaftsminister. Von ihm wurde der 1960 vom Nationalrat beschlossene Grüne Plan für die Landwirtschaft ausgearbeitet. 1965 übernahm er nach Leopold → Figl das Amt des nö. Landeshauptmannes, das er bis zu seinem Tod bekleidete.

**Hartmann, Harriett,** * 1908 oder 1906 in Leipzig, Industrielle.

Ihre Kärntner Papier- und Zellstoff-Gruppe ist Ö.s größter privater Industriekonzern. H. heiratete 1936 den Industriellen Fritz Wilhelm H., den die Nationalsozialisten zum Verkauf seines Betriebes zwangen. 1951 mußte er ihn zurückkaufen. Das Unternehmen, das rund 5 000 Beschäftigte zählt, befand sich lange in großen Schwierigkeiten, die jedoch bis 1988 behoben werden konnten. In diesem Jahr erwarb man von Herbert Turnauer die Neusiedler Papierfabrik und beschloß in der Folge einen teilweisen Börsengang. An dem bislang im Alleinbesitz der Industriellen und ihrer Familie stehenden Papierkonzern beteiligte sich 1992 ein südafrikanisches Firmenkonsortium. H. selbst lebt äußerst zurückgezogen auf einem Familienschloß im Ennstal.

**Haschek, Helmut Hans,** * 3. Oktober 1930 in Wien, Jurist und Exportkreditfachmann.

Als Angestellter einer Großhandelsfirma absolvierte H. das Jusstudium (Promotion: 1954) und verbrachte dazwischen ein Studienjahr (Volkswirtschaft) in den USA. Danach trat er in die Österr. Kontrollbank ein, wo er schon 1959 zum Prokuristen, 1962 zum Leiter des Rechtsbüros und 1972 schließlich zum Generaldirektor aufstieg. Ab 1974 wirkte H. auch als Lehrbeauftragter an der Diplomatischen Akademie, ab 1979 als Honorarprof. an der Wirtschaftsuniversität. Der Banker gilt als Vater der österr. Exportfinanzierung und -förderung. Er war mehrmals als möglicher Finanzminister im Gespräch. H. ist ein großer Förderer des Wiener Musik- und Kunstlebens. U. a. begründete er die »Gesellschaft der Freunde der bildenden Künste«, die zahlreiche künstlerische Aktivitäten fördert.

**Haselböck, Hans,** * 26. Juli 1928 in Nesselstauden (NÖ), Komponist und Konzertorganist.

H. studierte nach der Matura in Wien Latein und Deutsch. Gleichzeitig wurde er am Konservatorium der Stadt Wien und danach an der Wiener Musikakademie im Orgelspiel ausgebildet. Er unterrichtete zunächst an einem Wiener Gymnasium und gewann einige internationale Orgelwettbewerbe. Seither ist er als Konzertorganist und Solist in der ganzen Welt tätig. Seit 1960 ist er Prof. für Orgelspiel, seit 1965 an der Wiener Musikhochschule Leiter der Abteilung für Kirchenmusik und seit 1985 Professor.

Als Komponist schuf H. Werke für gemischten Chor und Orgelwerke, so die Salzburger Messe für Vorsänger, Chor, Bläser und Orgel. Er verbindet in seinen Kompositionen und Orgelimprovisationen eine farbenreiche Harmonik mit einer musikalisch aufgelockerten Polyphonie. H. gestaltet auch Sendereihen im ORF. 1972 erschien sein Buch »Barocker Orgelschatz in NÖ.«. Außerdem publizierte er Fachartikel über Orgelbau und Orgelspiel.

**Haslauer, Wilfried,** * 29. November 1926 in Salzburg, Politiker.

Der Sohn eines Oberinspektors der Salzkammergut-Lokalbahn konnte erst nach dem 2. Weltkrieg ein Jusstudium absolvieren. Danach war er zunächst beim Stadtmagistrat Salzburg tätig und arbeitete ab 1951 in der Kammer der gewerblichen Wirtschaft, wo er 1960 Ö.s jüngster Kammeramtsdirektor wurde. 1961 zog er als ÖVP-Mandatar in den Salzburger Landtag ein, bis er 1973 zum stellvertretenden Landeshauptmann bestellt wurde. 1977–1989 amtierte H. als Landeshauptmann von Salzburg. Er hat sehr erfolgreich, wenn auch in eher autoritärem Stil dieses Amt versehen. 1984 erlitt er eine spektakuläre Niederlage vor dem Verfassungsgerichtshof, als er für das Öffenhalten der Salzburger Geschäfte am 8. Dezember eintrat.

**Hass, Hans,** * 23. Jänner 1919 in Wien, Zoologe und Meeresforscher.

Der Sohn eines Fabrikanten wandte sich bereits nach der Matura am Theresianum 1937 der Unterwasserforschung zu. Er unternahm zahlreiche Meeresexpeditionen in Westindien, in der Ägäis, im Roten Meer, in Australien, den Galapagosinseln, im Indischen Ozean und in der Karibik. Besonders befaßte er sich mit den Verhaltensweisen der Haie. Er studierte dann Zoologie und promovierte 1943. H. wurde durch seine Unterwasserdokumentarfilme sowie durch zahlreiche Abenteuer- und Fachbücher besonders populär. In den 60er Jahren wandte er sich in enger Zusammenarbeit mit → Eibl-Eibesfeldt verstärkt der Verhaltensforschung zu. 1970 veröffentlichte der weltberühmte Forscher eine naturphilosophische Evolutionstheorie: »Energon. Das verborgene Gemeinsame«.

*Hans Hass*

*Weitere Werke:* »Jagd unter Wasser« (1939), »Unter Korallen und Haien« (1941), »In unberührte Tiefen« (1971), »Wie der Fisch zum Menschen wurde« (1979), »Vorstoß in unbekannte Meere« (1991).

**Hassinger, Hugo,** * 8. November 1877 in Wien, † 13. März 1952 in Wien, Geograph.

Nach einem Geographiestudium in Wien erregte H. bereits 1905 mit seiner geomorphologischen Arbeit über das Wiener Becken Aufsehen. Er wirkte 1931–1950 als Univ.-Prof. für Geographie in Wien. 1935–1952 war er Mitherausgeber der »Geographischen Jahresberichte aus Ö.« Als Vorkämpfer der Landesplanung gehört er auch zu den Mitbegründern der Akademiekommission für Raumforschung und Wiederaufbau, die 1946 ins Leben gerufen wurde. Um den Wissenschaftlern die Publikationstätigkeit zu erleichtern, gründete er 1949 den »Notring der wissenschaftlichen Verbände Ö.s«.

*Werke:* »Geographische Grundlagen der Geschichte« (1931), »Die Geographie des Menschen« (1937), »Boden und Lage Wiens« (1946), »Ö.s Anteil an der Erforschung der Erde« (1949).

**Hatheyer, Heidemarie,** * 8. April 1919 in Villach, † 11. Mai 1990 in Zolikon bei Zürich, Bühnen- und Filmschauspielerin.

Aufgewachsen in Wien, wollte H. Journalistin werden, was Geldmangel verhinderte. Ohne Schauspielunterricht ging sie zum Theater und hatte mit ihrer herben Ursprünglichkeit und herausfordernden Erotik rasch Erfolg. Nach einem Engagement an der Wiener Kabarettbühne »Literatur am Naschmarkt« spielte sie 1937–1941 an den Münchner Kammerspielen. Dort begründete sie mit Shaws »Heiliger Johanna« und als Luise in »Kabale und Liebe« ihren ersten Bühnenruhm. Fast gleichzeitig machte sie beim Film mit der volkstümlichen »Geierwally« Karriere.

Nach 1945 setzte sie an deutschen und Schweizer Bühnen sowie am Wiener Burgtheater und in Salzburg in großen Rollen wie Medea, Lady Macbeth, Desdemona, Rose Berndt, Mutter Courage oder die Buhlschaft in »Jedermann« ihre Erfolge fort. Auch im Film brachte sie ihre reife Darstellungskunst erneut zur Geltung (»Mein Herz darfst du nicht fragen«, 1952, »Ruf der Wildgänse«, 1961). Zuletzt absolvierte die bereits betagte, aber vitale Schauspielerin noch äußerst erfolgreiche Tourneen.

**Hauer, Joseph Matthias,** * 19. März 1883 in Wiener Neustadt (NÖ), † 22. September 1959 in Wien, Lehrer und Komponist.

H. gilt als der eigentliche Begründer der modernen Zwölftonmusik. Er besuchte zunächst das Landeslehrerseminar in Wiener Neustadt und war anschließend in Krumbach, St. Pölten und Wiener Neustadt als Volksschullehrer tätig. Schon als Knabe hatte er Musikunterricht erhalten (Zither, Violoncello) und begann in jungen Jahren zu komponieren. 1912 entstand nach vielen improvisatorischen Versuchen Opus I, später »Nomos in sieben Teilen für Klavier zu 2 und 4 Händen« genannt, ein Werk mit einfacher Besetzung, das in St. Pölten 1913 uraufgeführt wurde, jedoch bei der Kritik durchfiel. Nach dem 1. Weltkrieg wurde der Lehrer 1919 in den dauernden Ruhestand versetzt.

H. entwickelte in Opus 19 noch vor Arnold → Schönberg eine eigenständige Zwölftontechnik: die »Tropenlehre«. 1920 verfaßte er unter dem Titel »Vom Wesen des Musikalischen« die erste Schrift über die Zwölftonmusik. Der Komponist schuf Kammermusik, Klavierwerke und Lieder sowie Suiten, symphonische Stücke, Kantaten, zwei Oratorien, die Oper »Salambo« und das Singspiel »Die schwarze Spinne«, außerdem ein reiches Repertoire von »Zwölftonmusik für Orchester« (Opus 77–89). In seiner letzten Schaffensperiode beschritt er mit dem »Zwölftonspiel« den Weg zu »ewiger, unveränderlicher, absoluter Musik«, der jedoch bis heute eine breite Publikumswirkung versagt geblieben ist.

*Lit.:* W. Szmolyan, J. M. H. (1965).

**Hauff, Angelika, (eigtl. Alice Suchanek),** * 15. Dezember 1922 in Wien, † 4. Dezember 1983 in Wien, Kammerschauspielerin.

Zunächst als Tänzerin im Ballett der Wiener Staatsoper ausgebildet, nahm H. erst danach Schauspielunterricht. Anmutig, biegsam und gutaussehend, wurde sie in den 40er Jahren zur perfekten Artisten-Interpretin des deutschsprachigen Films: »Musik in Salzburg« (1942), »Zirkus Renz« (1943) und »Königin der Landstraße« (1948). Daß sie neben artistischen Leistungen auch schauspielerisches Können besaß, das sie in langjähriger Theaterarbeit erworben hatte, fand auf der Leinwand erst später seinen Niederschlag: 1949 spielte sie in »Figaros Hochzeit« eine kaprizöse Susanne, 1955 in »Fräulein Scuderi« eine kokette Hofdame.

H. war ab 1955 Mitglied des Burgtheaters, wo sie u. a. als Ottilie in Hauptmanns »Vor Sonnenuntergang«, als Adele in → Schnitzlers »Das weite Land«, als Madame Dupont in Anouilhs »Der Walzer der Toreros« zu sehen war. In ihren letzten Lebensjahren betätigte sich die stets elegante »Burg«-Dame als Animatorin in dem von ihr gegründeten »Verein zur Pflege christlicher Theaterkultur«.

**Haumer, Hans,** * 29. September 1940 in Wien, Bankier.

Nach einem Jusstudium in Wien kam H. 1965 zur Girozentrale, wo er als Assistent von Josef → Taus erste Erfahrungen im Bankgeschäft sammelte. Weitere Praxis erwarb er sich in einer dreijährigen Tätigkeit beim Internationalen Währungsfonds in Washington. Ab 1974 gehörte H. dem Vorstand der Ersten österr. Spar-Casse an, 1977 wurde er Unternehmensleiter. 1989 kehrte er als Generaldirektor zur Girozentrale zurück. Der polyglotte Banker, der auch als Lektor für Sozialwissenschaften tätig ist, hat vielseitige künstlerische Interessen. Er ist leidenschaftlicher Pianist. Außerdem baute der Bankdirektor ein intensives kulturelles Mäzenatentum auf, wobei er sich besonders für Aktivitäten, die sich an ein jugendliches Publikum richten, einsetzt. Er unterstützte die Restaurierung des

Schweizertores der Hofburg, subventionierte Premieren im »Vienna's English Theatre« und initiierte die Aktion »Grün für Wien«, in deren Rahmen absterbende Bäume durch Neupflanzungen ersetzt wurden.

**Hauser, Carry (Carl Maria),** * 16. Februar 1895 in Wien, † 28. Oktober 1985 in Rekawinkel (NÖ), Maler, Graphiker, Bühnenbildner und Schriftsteller.

H. absolvierte 1914 die Wiener Kunstgewerbeschule. Es folgten vier Jahre Kriegsdienst als Offizier im 1. Weltkrieg, doch bereits 1918 zeigte der Künstler in einer Ausstellung seines Regiments in Troppau erstmals seine Bilder. 1919 trat er in Wien der Künstlervereinigung »Hagenbund« bei (1928 auch dessen Präsident). Neben seiner Arbeit als Maler und Graphiker war er auch als Bühnenbildner (u. a. für das Burgtheater) und als Mitarbeiter verschiedener Zeitungen tätig. 1939–1947 verbrachte er im politischen Exil in der Schweiz.

In seiner künstlerischen Entwicklung machte der Maler mehrere Stilwandlungen durch. Zunächst Expressionist, eignete er sich Elemente kubistischer Raumzerlegung an, nahm dann Tendenzen des französischen Orphismus auf, um schließlich zu einer neusachlichen Malerei zu finden. Er war Porträt-, Genre- und Landschaftsmaler, schuf Ölgemälde, Holzschnitte und Bühnenbilder. Als Schriftsteller schrieb er Gedichte, Märchen, Feuilletons u. a. Zu seinen ersten Büchern zählt »Von Kunst und Künstlern in Ö.« (1937). Bis 1972 war H. Generalsekretär und Vizepräsident des österr. PEN-Clubs.

*Lit.:* E. Patka (Hg.), C. H. 1895–1985 (1989).

**Hauser, Johann Nepomuk,** * 24. März 1866 in Kopfing (OÖ), † 8. Februar 1927 in Linz, Priester und Politiker.

Der Gastwirtssohn studierte nach der Matura am Linzer Priesterseminar und wurde 1889 zum Priester geweiht. Er war krankheitshalber nur zwei Jahre in der Seelsorge tätig, danach wirkte er als Sekretär des Oö. Volkskredits. Nach und nach übernahm er Funktionen im konservativen »Volksverein« und im »Preßverein«. In geringem Ausmaß arbeitete er auch als Redakteur katholischer Blätter. Um die Jh.wende übertrug er Karl Luegers Erfolgskonzept der Christlichsozialen Partei auf OÖ, und es gelang ihm eine Vereinigung der konservativen und christlichen Gruppen im Lande. 1917 berief man H., der seit 1909 ein Reichsratsmandat innehatte, nach Wien als Klubobmann, wo er in der Zeit des Übergangs von der Monarchie zur Republik eine wichtige integrative Funktion innerhalb der Christlichsozialen Partei ausübte und als konsensfähiger Politiker, der demokratische Prinzipien und einen gemäßigten Föderalismus vertrat, wesentlichen Anteil daran hatte, daß die Partei nicht auseinanderbrach. Im November 1918 auch zum Parteiobmann gewählt, setzte er sich für die Koalition mit den Sozialdemokraten ein. 1919 trat er aufgrund von Differenzen, u. a. mit → Seipel, als Klubobmann zurück, blieb aber bis 1927 Abgeordneter zum Nationalrat. 1920 übergab er die Funktion des Parteiobmannes an Leopold → Kunschak. In OÖ gehörte er von 1899 bis zu seinem Tod dem Landtag an. 1908–1927 war er auch Landeshauptmann.

**Häuser, Rudolf,** * 19. März 1909 in Wien, Ingenieur und Politiker.

Nach seiner Ausbildung war der gelernte Ingenieur bis 1970 in der Privatwirtschaft tätig. Als aktiver Gewerkschafter brachte er es bis zum Obmann der Gewerkschaft der Privatangestellten, einer der wichtigsten im ÖGB. Als Vertreter der Gewerkschaft gehörte er auch der Paritätischen Kommission an. 1970 berief → Kreisky den versierten Sozialpolitiker als Sozialminister und Vizekanzler in sein Kabinett. H. setzte 1971 die Ruhensbestimmungen wieder in Kraft. Er wurde zu einem wesentlichen Mitgestalter des bestehenden sozialen Netzes. Ab 1962 gehörte er als SPÖ-Abgeordneter dem Nationalrat an. Mit seinem Ausscheiden aus dem Kabinett 1976 zog er sich völlig von der Politik zurück.

**Haushofer, Marlen,** * 11. April 1920 in Frauenstein bei Steyr (OÖ), † 21. März 1970 in Wien, Schriftstellerin.

Nach dem Besuch des Gymnasiums der Linzer Ursulinen nahm die Försterstochter ein Germanistikstudium in Graz und Wien auf, das sie jedoch abbrach. Sie heiratete einen Zahnarzt, dem sie in der Praxis half. Die Mutter zweier Kinder starb 50jährig an Knochenkrebs. Doch sie hat ein Werk hinterlassen, das Bestand hat. In ihren Romanen und Erzählungen thematisierte sie in einfacher, ausdrucksstarker Sprache ihr eigenes Schicksal: die Rolle der Frau in einer patriarchalischen Gesellschaft, die Zwänge des Frauenalltags, die der persönlichen Selbstverwirklichung hemmend im Wege stehen. Als bedeutendstes Werk der Autorin gilt der Roman »Die Wand« (1963). Sie schrieb auch Kinderbücher.

*Werke:* »Das fünfte Jahr« (1951), »Eine Handvoll Leben« (1955), »Die Tapetentür« (1957), »Bertls Abenteuer« (1964), »Brav sein ist schwer« (1965).

*Lit.:* Ch. Schmidjell (Hg.), M. H., Die Überlebenden. Unveröffentlichte Texte aus dem Nachlaß, Aufsätze zum Werk (1991).

**Hausner, Rudolf,** * 4. Dezember 1914 in Wien, Maler.

*Rudolf Hausner*

H. maturierte mit Auszeichnung und besuchte bis 1938 die Akademie der Bildenden Künste in Wien. Danach erhielt er von den Nationalsozialisten Ausstellungsverbot. 1940 wurde er zur deutschen Wehrmacht einberufen. Nach 1945 erzielte er bei Ausstellungen in Pittsbourgh, Kassel, New York, Tokio und São Paulo erste beachtliche Erfolge. 1965 erhielt er eine Professur in Hamburg, ab 1968 lehrte er auch an der Akademie der Bildenden Künste in Wien.

H., ein Mitglied des legendären »Art Club«, gilt als Vertreter der »Wiener Schule des Phantastischen Realismus«, er selbst sieht sich jedoch als »psychischen Realisten«. H. ist kein Phantast, eher ein Analytiker. Sein Blick geht nach innen. Er untersucht in seinen »Adam-Bildern« sein eigenes Ich und deckt dabei schonungslos psychische Strukturen und Abläufe auf. Fast scheint es, als hätte er sein Leben lang an einem einzigen Bild gemalt, am Bild seiner inneren, seelischen Entwicklung. Sein »Adam« hat jedoch Modellcharakter als Bild des Menschen unserer Zeit. H. ist eine große, eigenständige Künstlerpersönlichkeit. An einem seiner Hauptwerke, »Die Arche des Odysseus«, malte er 7 Jahre (1949–1956). 1970 erhielt er den Österr. Staatspreis für Malerei.

*Lit.:* D. Lindner, R. H. Werkverzeichnis (1982).

**Hayek, Friedrich August,** * 8. Mai 1899 in Wien, † 23. März 1992 in Freiburg/Breisgau, Nationalökonom.

Der Sohn einer Gelehrtenfamilie studierte nach zweijährigem Kriegsdienst in Wien Jus

(Promotion: 1921) und Staatswissenschaften (Promotion: 1923). Bis 1926 war er Staatsbeamter, dazwischen absolvierte er 1923/24 einen Studienaufenthalt in New York. 1927 gründete er das Österr. Institut für Konjunkturforschung, dem er bis 1931 als Direktor vorstand. 1929 habilitierte er sich für Nationalökonomie an der Wiener Universität. Er lehrte 1931–1950 an der Londoner School of Economics und nahm 1938 die britische Staatsbürgerschaft an. Danach wirkte er bis 1962 als Prof. für Sozialwissenschaften in Chicago, anschließend bis 1968 in Freiburg im Breisgau. 1970–1974 lehrte er an der juridischen Fakultät in Salzburg, doch war dieser Aufenthalt für ihn enttäuschend, und er kehrte wieder nach Freiburg zurück.

1974 wurde H. mit dem Nobelpreis für Wirtschaftswissenschaften ausgezeichnet, den er gemeinsam mit Gunnar Myrdal für bahnbrechende Arbeiten auf dem Gebiet der Geld- und Konjunkturtheorie erhielt. Als Anti-Keynesianer bestritt er die These, daß Budgetdefizite und Inflation geeignet seien, die Arbeitslosigkeit zu bekämpfen. Vernichtende Kritik übte der Neoliberale an den zentralen Planungsmechanismen in Diktaturen.

*Werke:* »Geldtheorie und Konjunkturtheorie« (1929), »Preise und Produktion« (1931), »Der Weg zur Knechtschaft« (1945), »Individualismus und wirtschaftliche Ordnung« (1952), »Die Verfassung der Freiheit« (1960), »Was der Goldwährung geschehen ist« (1965), »Theorie komplexer Phänomene« (1972).

**Hecht, Robert,** * 9. März 1881 in Wien, † 30. Mai 1938 im KZ Dachau, Jurist und Staatsbeamter.

Nach der Matura konvertierte der Anwaltssohn vom jüdischen zum evangelischen Glauben. Sein Jusstudium an der Wiener Universität schloß er 1905 ab. 1906 startete H. seine Laufbahn als Rechtspraktikant am Bezirksgericht in Wien-Leopoldstadt und wechselte dann als Richter nach Bad Ischl. Der glänzende Jurist wurde im 1. Weltkrieg nach nur kurzem Kriegsdienst zum Militärgericht abkommandiert; zuletzt war er als Hauptmann-Auditor im Kriegsministerium tätig. Nach dem Krieg blieb er im Heeresressort; dort leitete er ab 1923 das Rechtsbüro des Ministeriums, 1925 avancierte er zum Sektionschef. H. war enger Vertrauter und Mitarbeiter des Heeresministers Carl → Vaugoin und juristischer Berater von Kanzler → Dollfuß. Es war H., der empfahl, auf das Kriegswirtschaftliche Ermächtigungsgesetz (KWEG) aus dem Jahr 1917 zurückzugreifen, um die Verantwortlichen am Zusammenbruch der CA anklagen zu können. Dieses Gesetz diente zur Etablierung des autoritären Ständestaats. H. arbeitete auch an der »Verfassung 1934«, am Bundesgesetz über die Vaterländische Front sowie am Bundesdienstpflichtgesetz mit. 1936 wurde er zum Leiter des Postsparkassenamtes bestellt. Im März 1938 wurde er von den Nationalsozialisten verhaftet und mit dem ersten Transport nach Dachau gebracht, wo er nur wenige Wochen später umkam.

*Lit.:* P. Huemer, Sektionschef R. H. und die Zerstörung der Demokratie in Ö. (1975).

**Heer, Friedrich (auch: Hermann Gohde),** * 10. April 1916 in Wien, † 18. September 1983 in Wien, Historiker und Kulturpublizist.

H. maturierte am Akademischen Gymnasium in Wien und studierte Kunstgeschichte und Germanistik (Promotion: 1938). Nach seiner Rückkehr aus dem Krieg profilierte er sich 1949–1961 als Redakteur der Zeitschrift »Die Furche«. Der Linkskatholik war auch Mitherausgeber des »Neuen Forum«. Er habilitierte sich an der Wiener Universität mit der Arbeit »Aufgang Europas«, die er später zu einer dreibändigen »Geistesgeschichte Europas« erweiterte. H. beeindruckte durch seine umfassende Bildung, seine große Denk- und Weltoffenheit, seine literarische Produktivität und die weitreichende geistige Strahlkraft als Kulturkritiker. Die Würde eines Ordinarius blieb ihm allerdings versagt, er lehrte an der Universität als Dozent für Geistesgeschichte. Außerdem war er ab 1961 Chefdramaturg am Burgtheater. Der Grenzgänger zwischen

*Friedrich Heer*

Menschen, Religionen und politischen Lagern schrieb zahlreiche Bücher.

*Werke:* »Die Tragödie des Hl. Reiches« (1953), »Gottes erste Liebe. 2000 Jahre Judentum und Christentum« (1967), »Der Glaube des Adolf Hitler« (1968), »Europa unser« (1977).

*Lit.:* Heer Schau. Briefe an und über F. H. (1985); A. Gaisbauer, Eine Bibliographie (1990).

**Heiller, Anton,** * 15. September 1923 in Wien, † 25. März 1979 in Wien, Organist und Komponist.

H. studierte in Wien Klavier, Orgel und Komposition und machte sich als Organist mit der Interpretation der Werke Bachs früh einen Namen. 1945 übernahm er eine Orgelklasse an der Wiener Musikakademie, 1971 wurde er dort Prof. für Komposition. Danach war er auch als Dirigent tätig.

Eine Persönlichkeit von barocker Breite, hat H. das Wiener Musikleben nach 1945 entscheidend mitgestaltet. Er war ein hervorragender Repräsentant der geistlichen Chormusik der Gegenwart, der kirchliche Traditionen neu belebte (Gregorianik) und sich mit dem Geist der Liturgie schöpferisch auseinandersetzte. Als Komponist verband er die traditionelle tonale Aussage mit einer undogmatischen Zwölftontechnik.

*Werke:* 10 Messen, Oratorien und Kantaten (u. a. »François Villon«, »In principio erat verbum«, »Te Deum«, »Stabat mater« und Psalmenvertonungen), Motetten, Orgelwerke, Lieder und Gesänge, Konzert für Orgel und Orchester.

**Heine, Albert,** * 16. November 1867 in Braunschweig (Deutschland), † 13. April 1949 in Westerland auf Sylt, Schauspieler und Burgtheaterdirektor.

Als Schauspieler erhielt H. seine Ausbildung an mehreren deutschen Bühnen, v. a. in München und Berlin. 1900–1905 und dann ständig ab 1910 war er am Wiener Burgtheater engagiert, dem er auch als Regisseur zur Verfügung stand. 1918–1921 leitete er das Haus als Direktor. In diesen Jahren profilierte er sich mit einigen Musterinszenierungen; so wurde Anton Wildgans' »Dies irae« 1919 uraufgeführt. In H.s Ära debütierte Raoul → Aslan als Hamlet. H. blieb dem Haus nach seiner Direktionszeit als Schauspieler und Regisseur treu, widmete sich aber auch dem Film. Daneben unterrichtete er an der Musikakademie. 1936 wurde er zum Ehrenmitglied des Burgtheaters ernannt.

**Heinl, Eduard,** * 9. April 1880 in Wien, † 10. April 1957 in Wien, Politiker.

Der Sohn eines Hausbesorgers in der Wiener Innenstadt trat nach dem Besuch des Gymnasiums in die Dienste des Wiener Magistrats, 1908 wurde er Landesinspektor für Gewerbeförderung in NÖ. Schon früh kam er zur Christlichsozialen Partei. 1919 wurde er als Abgeordneter in die Konstituierende Nationalversammlung gewählt. Im selben Jahr gründete er die Nö. Gewerbe- und Handelsbank. 1920/21 und wieder 1930–1932 war er Handelsminister. 1925 gehörte er zu den Gründern der Wiener Messe AG. 1926–1938 fungierte er als Präsident der RAVAG. Als anerkannter Wirtschaftsfachmann leitete er auch die österr. Delegation bei der Weltwirtschaftskonferenz 1927. Außerdem wirkte H. als Direktor des Gewerbeförderungsinstituts der Handels- und Gewerbekammer. 1938 wurde der prominente Politiker aus allen offiziellen Funktionen entfernt und war bis 1945 in verschiedenen privaten Stellungen tätig. Mehrmals wurde er aus politischen Gründen verhaftet. Nach dem Krieg wurde er Präsident der Bundeskammer der gewerblichen Wirtschaft, 1946–1948 zum dritten Mal Handelsminister, danach Präsident und Vorsitzender des Aufsichtsrats der Creditanstalt. 1945–1949 war er ÖVP-Abgeordneter zum Nationalrat. Von seinen zahlreichen ehrenamtlichen Funktionen ist besonders seine Präsidentschaft bei der Liga der Vereinten Nationen hervorzuheben.

**Heinrich, Walter,** * 11. Juli 1902 in Haida (Nordböhmen), † 25. Jänner 1984 in Graz, Volkswirtschaftler.

Nach dem Studium der Staatswissenschaften in Wien begann H. seine wissenschaftliche Laufbahn als Assistent bei Othmar → Spann. 1928 konnte er sich habilitieren und erhielt 1933 eine Professur an der Hochschule für Welthandel. Er gehörte immer zum engsten Kreis um Spann. Seit Ende der 20er Jahre hatte er Verbindungen zur Heimwehr. Auf ihn geht die Formulierung des sogen. Korneuburger Eides zurück, eines faschistischen Programmes, das 1930 auf einer Großkundgebung der Heimwehren beschlossen wurde. In diesen Jahren war H. auch beratender Generalsekretär der Bundesführung der Heimwehren und hielt zahlreiche Vorträge über das Ständewesen. 1938 wurde er von den Nationalsozialisten vom Lehramt suspendiert und war eineinhalb Jahre im KZ inhaftiert. Danach war er als Prokurist in einem Industriekonzern tätig. 1949–1972 unterrichtete H. wieder an der Wirtschaftsuniversität, wobei er mehrmals zum Rektor gewählt wurde. Er war Mitbegründer der »Österr. Volkswirtschaftlichen Gesellschaft« und Gründer des Instituts für Gewerbeforschung. Als Herausgeber der Gesamtausgabe der Werke Spanns spielte er auch in der Gesellschaft für Ganzheitsforschung eine wichtige Rolle. Sein wissenschaftliches Hauptgewicht lag in der Weiterarbeit auf der Grundlage der universalistisch-ganzheitlichen Schule Spanns.

*Werke:* »Staat und Wirtschaft« (1929), »Gegen den Parteienstaat, für den Ständestaat« (1929).

**Heintel, Kurt,** * 24. November 1924 in Wien, Kammerschauspieler.

Neben seinem Beruf als Schauspieler war H. ursprünglich auch Zeichner und als Illustrator für verschiedene Zeitungen tätig, bis seine Liebe zum Theater überwog. Er nahm Engagements in Zürich, Düsseldorf, Berlin und München an und kam 1948 an das Theater in der Josefstadt, das sein Stammhaus bleiben sollte. Hier hat der beliebte Charakterdarsteller ungezählte Rollen gespielt, vom Biff in Arthur Millers »Der Tod des Handlungsreisenden« (1950) bis zum Bardolph in »Laura und Lotte« (1989) von Peter Shaffer. Er hat auch in Film- und TV-Produktionen (u. a. »Rebell in der Soutane«, »Eifersucht«), in Musicals (»Maskerade«) und bei den Salzburger Festspielen seine darstellerische Vielseitigkeit und seine hohe Sprechkultur unter Beweis gestellt.

**Heller, André (Franz),** * 22. März 1947 in Wien, Schriftsteller, Liedermacher, Multimediakünstler.

H., der einer jüdischen Fabrikantenfamilie entstammt, wuchs unter der Obhut seiner Großmutter auf. Er brach das Gymnasium ab, im Reinhardt-Seminar wurde er nicht aufgenommen. 1968 startete er als Mitbegründer des Rundfunksenders Ö3 als Diskjockey und erster Moderator der »Musicbox«. Im selben Jahr pro-

*André Heller*

duzierte er seine erste Schallplatte. 1970 hatte sein Stück »King-Kong-King« bei den Wiener Festwochen Premiere, und 1972 machte die TV-Show »Wer war A. H.?« den Künstler mit seinen poetisch-satirischen Liedern (u. a. »Wean, du bist a Taschenfeitl«) auch in Deutschland bekannt. 1976 gründete er mit Bernhard Paul den »Zirkus Roncalli«, 1981 entstand das Varietéstück »Flic Flac«. Es folgten eine Reihe internationaler Großprojekte, so in Lissabon das »Teatro del fuego« (1983), ein nach barocken Vorbildern gestaltetes Feuertheater, das 1984 in Westberlin mit großem Erfolg wiederholt wurde oder »Begnadete Körper« (1985), eine Schau chinesischer Akrobatik. Das Varieté »Wintergarten«, eine Hommage an ehem. Varietégrößen, die ebenfalls in vielen Ländern gezeigt wurde, fand selbst in Ö. Anerkennung. Ansonsten stößt der phantasiebeflügelte Künstler daheim eher auf Unverständnis. In seinem Roman »Der Schattentaucher« (1987) zeigt sich denn H. auch als Kritiker des österr. Kulturbetriebs, dem er geistige Enge, Hinterhältigkeit und intellektuelle Unredlichkeit vorhält.

**Hellmer, Edmund,** * 12. November 1850 in Wien, † 9. März 1935 in Wien, Bildhauer.

Seine ersten Fachkenntnisse erwarb H. als Lehrling seines Onkels, des Bildhauers Josef Schönfeld. Ab 1866 studierte er bei Hans Gasser an der Akademie der Bildenden Künste. Bereits 1869 präsentierte er eigene Arbeiten in München. Er unternahm zahlreiche Kunstreisen nach Deutschland, Italien und Frankreich. 1882–1922 lehrte er als Prof. an der Akademie, 1905 wirkte er auch als ihr Rektor.

H. schuf zahlreiche Denkmäler und Skulpturen, v. a. für die Wiener Ringstraße. 1900 entstand sein Goethedenkmal nahe dem Burggarten, 1923 das weltberühmte Johann-Strauß-Denkmal im Stadtpark. Sein 1894 für den Stephansdom geschaffenes Türkenbefreiungsdenkmal wurde in den letzten Kriegstagen 1945 zerstört. Der Stil seiner Werke ist großteils klassizistisch, in seinen späten Schaffensjahren sind genremäßige Züge feststellbar.

**Helmer, Oskar,** * 16. November 1887 in Gattendorf (B), † 13. Februar 1963 in Oberwaltersdorf (NÖ), Schriftsetzer und Politiker.

Der Sohn eines herrschaftlichen Jagdgehilfen erlernte in Wiener Neustadt das Schriftsetzerhandwerk und trat 1903 der Sozialdemokratischen Partei bei. Nach Abschluß seiner Lehre begab er sich auf die Walz nach Deutschland und in die Schweiz. Bei den Reichsratswahlen 1907 war er als Wahlhelfer Karl → Renners tätig, dem er ein Leben lang verbunden blieb. 1912 konnte er die Parteischule in Klagenfurt besuchen. Im 1. Weltkrieg eingerückt, war er 1918 im Hafen Pola Mitglied des Arbeiter- und Soldatenrates, wo er die Rückkehr der österr. Kameraden organisierte. Danach begann er in NÖ eine politische Karriere, die über den Landesrat bis zum stellvertretenden Landeshauptmann führte. 1934 wurde er verhaftet, schließlich aber wegen seines Lungenleidens entlassen. Während des Ständestaats und in der NS-Zeit war er in der Versicherungsbranche tätig. 1945 machte er sich sofort an den Aufbau der SPÖ in NÖ. Im selben Jahr wurde er zunächst Unterstaatssekretär und dann bis 1959 Innenminister. Seine mutige Haltung gegen Übergriffe der Besatzungsmächte, v. a. in der sowjetischen Zone, führten oft zu Spannungen mit den Sowjets. Um den Einfluß der Kommunisten im Bereich des Wiener Sicherheitsapparates zu eliminieren, berief er Josef → Holaubek zum Wiener Polizeipräsidenten. Bei den Unruhen anläßlich des Streiks 1950 zeigte er eine feste Haltung. Innerhalb seiner eigenen Partei zog er sich wegen seiner toleranten Haltung gegenüber ehemaligen NS-Funktionären schwere Kritik zu. Er zählte zu jenen Politikern, die die Etablierung einer dritten Partei befürworteten, um die absolute Mehrheit der ÖVP zu brechen. 1957 lehnte es die eigene Partei ab, ihn als gemeinsamen Kandidaten der beiden Großparteien für die Bundespräsidentenwahlen zu nominieren.

*Werke:* »Ö.s Kampf um die Freiheit« (1949), »50 Jahre erlebte Geschichte« (1957).

*Lit.:* N. Leser, O. H., in: NÖB 22; ders., O. H., in: Grenzgänger (1982).

**Helnwein, Gottfried,** * 8. Oktober 1948 in Wien, Maler und Graphiker.

H. wuchs in engem, streng katholischem Milieu auf. Das Gymnasium brach er ab, wechselte in die Graphische Lehr- und Versuchsanstalt und war ab 1969 Schüler in der Meisterklasse Rudolf → Hausners. Im selben Jahr malte er sein erstes Bild »Osterwetter«, mit dem er eine Phase der naiven Malerei einleitete. Schon bald folgten jedoch Bilder, die beim Betrachter Verunsicherung und Betroffenheit auslösen sollten. 1973 bis 1979 entstanden subtil empfundene Werke, die v. a. verletzte Kinder darstellen und dem Künstler den Beinamen »Medizinalschokker von Wien« eintrugen. Ab 1975/76, als sein Selbstporträt mit bandagiertem Kopf entstand, perfektionierte er in Zeichnungen, Buchillustrationen und Coverentwürfen für Zeitschriften wie (»Profil« oder »Der Spiegel«) diesen Stil der Provokation, für den er im In- und Ausland berühmt wurde. Die Themen, die er in den letzten Jahren anschlug – Gewalt, Krieg, Folter und Faschismus –, reflektieren die brutale Realität unserer Zeit.

*Lit.:* G. H. Mit Beiträgen von H. C. Artmann, W. Bauer, B. Frischmuth und B. Strauss (1981).

**Heltau, Michael,** * 5. Juli 1933 in Ingolstadt (Bayern), Schauspieler und Sänger.

H. ist einer der profiliertesten und vielseitigsten österr. Schauspieler, ein Theater- und Musicalstar, ein hinreißender Chanson- und Liedersänger und beliebter Entertainer. Der Meister überzeugender Menschengestaltung, der von tiefem Berufsethos beseelt ist und es versteht, seine große Fangemeinde stets aufs neue zu begeistern, hat auf der Bühne von Nestroy bis Shakespeare, von → Schnitzler bis Schiller, von Molière bis Pinter alle großen Rollen gespielt. Anläßlich seines ersten Soloauftritts entstand 1965 die Schallplatte »Werthers Leiden« (nach Goethe), der

*Michael Heltau*

zahlreiche weitere folgten (u. a. »Statt zu singen«, »Heltau singt Brel«, »Heltau live«). 1976–1985 präsentierte er die ZDF-Fernsehreihe »Liedercircus«, neben vielen anderen TV-Auftritten in Ö. und Deutschland.

Aufgewachsen als Sohn eines Bauingenieurs in Ingolstadt und Seewalchen (Salzkammergut) absolvierte H. das Gymnasium in Gmunden und danach 1951 bis 1953 das Reinhardt-Seminar in Wien. Er debütierte 1952 am Schönbrunner Schloßtheater als George in Wilders »Unsere kleine Stadt«. Sein erstes Engagement erhielt er am Stadttheater Würzburg. Über München, Hamburg und Stuttgart kam er 1959 an das Theater in der Josefstadt in Wien. 1967 trat er erstmals am Burgtheater auf, seit 1972 ist er Mitglied dieses Hauses. Neben Gastspielen an vielen Bühnen wirkt H. seit 1964 auch bei den Salzburger Festspielen mit.

**Hemala, Franz,** * 17. November 1877 in Brno/Brünn (Mähren), † 17. Oktober 1943 in Wien, Sozialpolitiker.

Nach seinem Studium in Wien stieß H. zur Christlichsozialen Partei. Er engagierte sich besonders für die Arbeiterjugend. So gründete er den Reichsbund der christlichen Arbeiterjugend Ö.s. Er war Landessekretär der Gewerkschaft und 1920–1934 Mitglied des Bundesrates. H. galt als anerkannter Sozialexperte der Christlichsozialen.

*Werke:* »Die Gewerkschaften« (1921), »Geschichte der Gewerkschaften« (1922), »Die Gewerkschaften im Wandel der Zeit« (1937).

**Henisch, Peter,** * 27. August 1943 in Wien, Schriftsteller.

Der Sohn des Pressefotografen Walter H. studierte in Wien Germanistik und Psychologie und lebte danach als Schriftsteller, Journalist und Liedermacher. Er war Mitbegründer der Literaturzeitschrift »Wespennest«. 1971 veröffentlichte er mit »Hamlet bleibt« seine erste Prosa. Es

*Peter Henisch*

folgten 1972 »Vom Baronkarl«, die dialektgefärbte Geschichte eines Wiener Vagabunden; der Roman »Die kleine Figur meines Vaters« (1975), in dem er sich mit seinem Vater auseinandersetzte, der in der NS-Zeit als Kriegsberichterstatter tätig war; ferner »Der Mai ist vorbei« (1978), über die Ereignisse 1968, und »Pepi Prohaska Prophet« (1986), eine zeitkritische Chronik der Nachkriegszeit. In seinen Werken beschäftigt sich der Autor mit Randfiguren der Gesellschaft und mit Problemen wie Entfremdung, Identitätsverlust und Antisemitismus, sprachlich die Mitte haltend zwischen konventioneller und avantgardistischer Erzählweise.

*Weitere Werke:* »Steins Paranoia« (Roman, 1988), »Hamlet, Hiob, Heine« (Gedichte, 1989), »Morrisons Versteck« (Roman, 1991).

**Hennings, Fred (eigtl. Franz von Papen-Pawlowsky),** * 26. Jänner 1895 in Klagenfurt, † 23. November 1981 in Wien, Kammerschauspieler und Schriftsteller.

H. absolvierte das Gymnasium und war Offizier der k. u. k. Armee. Nach Schauspielausbildung und Engagements an Provinzbühnen und am Theater in der Josefstadt kam er 1923 durch Direktor Franz → Herterich an das Burgtheater. Bis 1967 spielte er hier klassische Rollen, wie Alba in »Don Carlos«, den Herzog im »Tasso«, Matthias in »Ein Bruderzwist im Hause Habsburg«, aber auch in modernen Stücken von Wilde, Molnár oder → Schnitzler. Der gefeierte Schauspieler, ein Mann von Bildung und Charakter, schrieb auch kluge, gut recherchierte Bücher zur Wiener Stadt- und Kulturgeschichte und hielt Vorträge.

*Werke:* »Heimat Burgtheater« (1955), »Und sitzet zur linken Hand« (1962), »Ringstraßen-Symphonie« (3 Bde., 1963/64), »Das josephinische Wien« (1966).

**Henz, Rudolf (auch R. Miles),** * 10. Mai 1897 in Göpfritz (NÖ), † 12. Februar 1987 in Wien, Schriftsteller.

H. studierte nach dem 1. Weltkrieg Germanistik und Kunstgeschichte (Promotion: 1923). Er begründete 1925 eine »Christliche Volkshochschule«. Danach war er in der RAVAG (Radio Verkehrs AG) tätig. Ab 1932 Programmdirektor, führte er den Schulfunk ein, den er im Sinne des Ständestaats lenkte. 1938 außer Dienst gestellt, war er im 2. Weltkrieg als Mitarbeiter des Denkmalamts und als Glasscheibenrestaurator tätig. 1945–1971 wirkte er wieder beim Rundfunk, zunächst als Programmdirektor, dann im Aufsichtsrat und im Programmbeirat. Auch in zahlreichen anderen Funktionen (1947–1958 Präsident der Katholischen Aktion, 1967 Präsident des Österr. Kunstrates u. a.) war er eine einflußreiche Persönlichkeit im Kulturleben.

H. war ein betonter Vertreter des politischen Katholizismus. Als Autor wurde er mit dem Roman »Der Gaukler« (1932) bekannt. Es folgten Gedichtbände (u. a. »Döblinger Hymnen« 1935, »Der geschlossene Kreis«, 1964), mehrere Dramen (u. a. »Kaiser Joseph II.«, 1937, »Die große Entscheidung«, 1954) und weitere Romane wie »Der Kurier des Kaisers« (1941). Ab 1952 gab er die Zeitschrift »Wort in der Zeit« heraus. In seiner Autobiographie »Fügung und Widerstand« (1963, 1981) zog H. als Katholik und Patriot eine Lebensbilanz.

**Herrmann, Julius,** * 13. Dezember 1889 in Wien, † 14. Februar 1977 in Wien, Militärkapellmeister.

H. leitete seit 1918 die traditionsreiche Kapelle der Hoch- und Deutschmeister, die auch nach dem Zusammenbruch der Monarchie in k. u. k. Uniformen beliebte Konzerte gab. Sie spielte v. a. auch bei Ballveranstaltungen auf. Zu den Vorgängern in der Führung des Orchesters zählten keine Geringeren als C. M. Ziehrer und W. Wacek. H., der die Tradition der altösterr. Militärmusik aufrechterhielt, bereiste mit seiner Kapelle die ganze Welt. Allein in den USA gaben die »Deutschmeister« seit 1955 mehr als 2000 Konzerte. H. war ein k. u. k. Original. Stramm und soldatisch dirigierte er seine Kapelle, die kurz vor seinem Tod ihr letztes Konzert gab, und trug stolz den Ehrentitel »Der blecherne Furtwängler«.

**Herterich, Franz,** * 3. Oktober 1877 in München, † 28. Oktober 1966 in Wien, Schauspieler, Regisseur und Burgtheaterdirektor.

Nach einem Studium der Kunstgeschichte in München begann H. seine Laufbahn als Schauspieler. Über Leipzig kam er 1910 an das Neue Schauspielhaus in Berlin. Ab 1912 war er Heldendarsteller am Wiener Burgtheater und 1923–1930 Direktor des Hauses.

H. erbrachte bedeutende Regieleistungen, seine Inszenierungen von »Troerinnen«, »Die Braut von Messina« und »Libussa« gingen in die Theatergeschichte ein. Sein Stil war von einer modernen, straffen Sachlichkeit geprägt. In seine Ära als »Burg«-Direktor fiel die Berufung von Remigius → Geyling als Ausstattungschef sowie die Ergänzung des Ensembles mit Künstlerpersönlichkeiten wie Ewald → Balser und Werner → Krauss. Nach seinem Abgang von dem immer unbedankten Direktionsposten wirkte er ab 1932 als künstlerischer Leiter des »Theaters der Jugend«. 1948 erschien sein Buch »Das Burgtheater und seine Sendung«.

**Hertzka, Emil,** * 3. August 1869 in Pest (Ungarn), † 9. Mai 1932 in Wien, Musikverleger.

Nach einem Studium in Wien übernahm H.

1907 die Leitung des Musikverlags »Universal-Edition«. In dem Verlag (gegründet 1901), der ganz wesentlich das damalige Musikleben prägte, brachte H. die Werke fast aller berühmten zeitgenössischen Komponisten heraus, so von Gustav Mahler, Franz Schreker, Arnold → Schönberg, Anton von → Webern, Joseph → Marx und Charles Weinberger.

**Herz, Peter,** * 18. Jänner 1895 in Wien, † 7. März 1987 in Wien, Librettist und Textdichter.

Der vielseitige Autor arbeitete mit Franz → Lehár, Leo → Fall, Hermann → Leopoldi, Bruno → Granichstaedten und anderen Größen der Wiener Musik zusammen. Er schrieb Libretti für Operetten, Filmdrehbücher sowie zahlreiche populäre Schlagertexte und war Mitschöpfer der ersten Wiener Revuen. So wurde er 1926 durch seine Revue »Rund um die Niese« bekannt, der 1931 die »Böhmischen Musikanten« und 1932 »Prinz Methusalem« folgten. Von seinen Wienerliedern haben »In einem kleinen Café in Hernals« und »Schön ist so ein Ringelspiel«, beide von Hermann Leopoldi vertont, die Zeiten überdauert. 1938–1945 lebte H. als jüdischer Emigrant in London, wo er die Kleinkunstbühne »Blue Danube Club« gründete. Nach seiner Rückkehr verfaßte er neben Liedtexten den Roman »Man hat's nicht leicht« (1962) und seine Lebenserinnerungen »Gestern war ein schöner Tag« (1985).

**Herzmanovsky-Orlando, Fritz von,** * 30. April 1877 in Wien, † 27. Mai 1954 auf Schloß Rametz bei Meran (Südtirol), Schriftsteller und Graphiker.

Der Künstler, der aus altem österr. Offiziers- und Beamtenadel stammte, war eine vielseitige Begabung. Er hatte als Externist das Gymnasium des k. k. Theresianums besucht und an der Technischen Hochschule in Wien Architektur studiert. Danach wirkte er eine Zeitlang als Stadtbaumeister. Schon in den frühen 1890er

*Fritz Herzmanovsky-Orlando*

Jahren schuf der geniale Autodidakt meisterhafte Zeichnungen, Holzschnitte und Radierungen, von denen ein Teil 1927 im Berliner Glaspalast ausgestellt wurde. Er war aber auch ein skurril-phantastischer, der Tradition des österr. Barock verhafteter Fabulierer, der in seinen Romanen und Erzählungen die k. u. k. Monarchie auf seine spitze Feder spießte. Die eigenwilligen, parodistischen Werke blieben allerdings zu seinen Lebzeiten nahezu unbekannt. So war sein Roman »Der Gaulschreck im Rosennetz« (1924) ein kommerzieller Fehlschlag. Diesem ersten Band einer geplanten österr. Trilogie folgten später »Maskenspiel der Genien« und »Scoglio Pomo oder Rout am Fliegenden Holländer«, die unveröffentlicht blieben. Erst die (umstrittene) Bearbeitung seines Nachlasses durch Friedrich → Torberg machte den Schriftsteller populär. Sein Theaterstück »Kaiser Josef und die Bahnwärterstochter« wurde 1957 uraufgeführt. 1957–1963 gab Torberg die »Gesammelten Werke« in 4 Bänden heraus. Eine historisch-kritische Ausgabe des Gesamtwerkes, das sich im Brenner-Archiv in Innsbruck befindet, ist in Bearbeitung. H.-O. war mit Alfred → Kubin befreundet und stand u. a. mit A. J. → Lanz-Liebenfels in Briefwechsel.

*Lit.:* E. Hilger/M. Kopriva (Hg.), H.-O. (1984).

**Hesoun, Josef,** * 12. April 1930 in Vösendorf (NÖ), Automechaniker und Politiker.

Nach dem Besuch der Pflichtschule erlernte H. den Beruf eines Automechanikers und absolvierte die Werkmeisterschule. In seinem Betrieb war er auch jahrelang als Betriebsrat tätig. Seine politische Karriere begann er als Sekretär der Gewerkschaft der Bau- und Holzarbeiter, deren Vorsitzender er 1986 wurde. 1975–1979 gehörte H. dem Bundesrat an, danach dem Nationalrat als Mandatar der SPÖ. Seit 1974 ist er Präsident der Kammer für Arbeiter und Angestellte für NÖ. 1990 erfolgte seine Bestellung zum Bundesminister für Arbeit und Soziales. Mit seinem hohen sozialen Engagement und seiner konsequenten Haltung gegen rechtsextreme Umtriebe erwarb er sich allgemeine Anerkennung.

**Hess, Victor Franz,** * 24. Juni 1883 in Schloß Waldstein bei Deutschfeistritz (St), † 17. Dezember 1964 in Mount Vernon (USA), Physiker.

Der bedeutende Strahlenforscher war der Sohn eines Forstrates und studierte in Graz Physik (Promotion: 1906). 1908–1920 war er in Wien zunächst Dozent an der Veterinäruniversität, dann Privatdozent an der Universität und schließlich am Institut für Radiumforschung tätig, wo er sich mit Luftionisation beschäftigte. Dabei entdeckte er bereits 1912 bei Ballonfahrten die kosmische Strahlung. Später entwickelte er auch ein Gerät zur Messung dieser sogen. Gammastrahlen. Vor seiner Berufung als Ordinarius für Physik nach Graz arbeitete er 1921–1923 in den Labors der US Radium Corporation in Orange (New Jersey); er war auch Konsulent des US Bureaus for Mines im US-Innenministerium. 1931 folgte der Wissenschaftler einem Ruf nach Innsbruck als Ordinarius für Experimentalphysik und Strahlenforschung. Zur Erforschung der kosmischen Höhenstrahlung errichtete er eine Beobachtungsstation auf dem Hafelekar.

Für seine Forschungen erhielt H. 1936 den Nobelpreis. 1938 wurde er von seinem Lehrstuhl entfernt, inhaftiert und wegen seiner jüdischen Ehefrau zur Emigration gezwungen. Das Nobelpreisgeld mußte er den NS-Machthabern überlassen. Er ging in die USA und lehrte an der Fordham University in New York. Mit seinem Werk schuf er die Grundlage für die gesamte spätere Strahlungs- und Kernforschung.

*Werke:* »Die elektrische Leitfähigkeit der Atmosphäre und ihre Ursachen« (1926), »Die Weltraumstrahlung und ihre biologischen Wirkungen« (1940), »Persönliche Erinnerungen« (1950).

**Hetzenauer, Franz,** * 25. Februar 1911 in Kufstein (T), Jurist und Politiker.

Der Sohn eines Eisenbahners erlernte zunächst das Schlosserhandwerk, legte dann die Externistenmatura ab und studierte Jus. Schon früh wandte er sich der Christlichsozialen Partei zu. 1935–1938 war er Sekretär der Christlichen Gewerkschaften in Tirol. Nach dem 2. Weltkrieg stellte er sich sofort der neugegründeten ÖVP zur Verfügung und war besonders im ÖAAB aktiv. 1956 wurde er in den Nationalrat gewählt. Von Beruf Staatsanwalt, wirkte er 1963–1966 als Staatssekretär für Justiz. In der Alleinregierung → Klaus war er von April 1966 bis Jänner 1968 Innenminister. In dieser Zeit wurden die Durchführungsgesetze zur Genfer Flüchtlingskonvention und das Polizeibefugnisgesetz beschlossen. Später war H. als Präsident des Oberlandesgerichts für Tirol und Vorarlberg tätig.

**Hey, Peter,** * 8. November 1914 in Wien, Schauspieler, Conférencier und Kabarettist.

Der Sohn eines Ingenieurs besuchte das Gymnasium. 1933–1936 nahm er Sprech- und dramatischen Unterricht bei Prof. Rudolf → Beer und debütierte am Theater an der Wien. Danach war er in Innsbruck, Graz, Zürich und Bern engagiert. 1939–1945 wirkte er als Operettenbuffo und Regisseur am Linzer Landestheater. Ebenfalls in Linz gründete er nach dem 2. Weltkrieg das Kabarett »Eulenspiegel«. Der schlagfertige, wandlungsfähige Künstler wurde v. a. durch den Rundfunk als Conférencier in kabarettistischen Sendungen und als humoristischer Quizmoderator (u. a. »Freu Dich nicht zu früh im Sender Rot-Weiß-Rot«, 1948, mit Maxi → Böhm) bekannt. Er schrieb Hörspiele, inszenierte Filme (u. a. »Kleiner Schwindel am Wolfgangsee«) und wirkte als Kabarettist.

1972–1983 war H. Mitglied des Wiener Volkstheaters. Dort hat er Schönherr-Rollen (»Weibsteufel«, »Erde«) vollsaftig auf die Bühne gestellt, Nestroy-Rollen urwienerisch interpretiert, etwa Zopak in »Eisenbahnerheiraten«, und in Stücken von Dürrenmatt, Anouilh oder Brecht seine schauspielerischen Qualitäten bewiesen.

**Hiden, Rudolf,** * 19. März 1909 in Graz, † 11. September 1973 in Wien, Fußballer.

H. war der Tormann des legendären »Wunderteams«. Groß, mutig, fangsicher und von unbändiger Sprungkraft, die ihn bei hohen Bällen nahezu unbezwingbar machte, besaß er alle Vorzüge eines Goalkeepers. Dazu beherrschte er meisterhaft das Herauslaufen aus dem Tor. H. war aus Graz (GAK) nach Wien (WAC) gekommen. 1933 ging er zu Racing Club Paris und blieb dort bis zum Ende seiner Karriere. Nach Ausbruch des 2. Weltkriegs nahm er die französische Staatsbürgerschaft an, um nicht interniert zu werden. Dem berühmten Tormann hat Alfred → Polgar 1933 mit dem Essay »Besuch bei H.« im »Prager Tagblatt« ein literarisches Denkmal gesetzt.

**Higatsberger, Michael J.,** * 8. Juni 1924 in Unterbergern (NÖ), Atomwissenschaftler.

Nach der Matura mußte H. einrücken, nahm aber 1944 nach einer schweren Verwundung das Studium der Physik, Mathematik und Chemie in Wien auf (Promotion: 1949). Nach einer Assistentenzeit und Aufenthalten in Amerika konnte sich H. 1959 in Wien habilitieren. 1965 wurde er a. o. Univ.-Prof. in Wien, gleichzeitig war er als Honorarprof. für Reaktorphysik an der Technischen Hochschule in Graz tätig. 1971 wurde er o. Prof. für Experimentalphysik und Vorstand des I. Physikalischen Instituts.

Ab 1956 leitete er die österr. Studiengesellschaft für Atomenergie und das Reaktorzentrum Seibersdorf als Geschäftsführer. Der namhafte Physiker veröffentlichte mehr als 200 wissenschaftliche Arbeiten zur Kernphysik und verfügt über zahlreiche Patente.

*Werke:* »Physik in 700 Experimenten« (1977), »Dem Ingenieur ist nichts zu schwer« (1982), »Physikalische Problemstellungen und Übungsaufgaben mit Lösungen für Pharmazeuten, Chemiker und Biologen« (1983).

**Hilbert, Egon,** * 19. Mai 1899 in Wien, † 18. Jänner 1968 in Wien, Theaterdirektor.

Der gelernte Jurist (Promotion: 1924) arbeitete zunächst als Kulturreferent im Bundespressedienst. Unter dem NS-Regime war er 7 Jahre im KZ Dachau. 1945 wurde er Presseattaché der österr. Gesandtschaft in Prag, danach zunächst provisorischer Direktor des Salzburger Landestheaters und 1946–1953 Leiter der Bundestheaterverwaltung. 1954–1959 leitete er das österr. Kulturinstitut in Rom, 1959–1963 war er Intendant der Wiener Festwochen. 1963/64 übernahm er gemeinsam mit Herbert von → Karajan, danach allein bis 1968 die Direktion der Wiener Staatsoper.

Der engagierte Theatermann holte neue Dirigenten (Bernstein) und Regisseure (Everding) an das Haus, gewann Wieland Wagner für »Lohengrin«, »Salome« und »Elektra« und engagierte Otto → Schenk für die Inszenierung der Oper »Lulu« von Alban → Berg. In anderen Fällen besaß er keine so glückliche Hand und wurde schließlich nach einer Diffamierungskampagne gegen seine Amtsführung vorzeitig verabschiedet. Unmittelbar darauf erlitt er einen Herzschlag.

**Hillegeist, Friedrich,** * 21. Februar 1895 in Wien, † 3. Dezember 1973 in Wien, Gewerkschafter.

Schon in jungen Jahren Sozialdemokrat und in der Gewerkschaft aktiv, leitete H. 1934–1938 die illegale Gewerkschaftsbewegung. In den Märztagen 1938 war er es, der vergeblich Kanzler → Schuschnigg ein gemeinsames Vorgehen gegen die Nationalsozialisten anbot. 1938 wurde H. verhaftet und kam ins KZ. Nach dem Krieg trat er sofort dem neugegründeten Gewerkschaftsbund bei, kam in den Bundesvorstand und war 1959–1962 Vizepräsident des ÖGB. Außerdem war er seit den ersten freien Wahlen 1945 SPÖ-Abgeordneter zum Nationalrat (bis 1962) sowie 1961/62 Zweiter Nationalratspräsident. 1959 wurde H. auch Präsident des Hauptverbandes der Sozialversicherungsträger. 1962 erhielt der prominente Gewerkschafter den Ehrenvorsitz des ÖGB.

**Hindels, Josef,** * 10. Jänner 1916 in Wien, † 10. Februar 1990 in Wien, Gewerkschaftsfunktionär.

Schon mit 14 Jahren war H. bei den sozialistischen Mittelschülern aktiv. Während der Zeit des Ständestaats wurde er mehrmals wegen illegaler Betätigung verhaftet. 1937 flüchtete er nach Mähren und dann nach Schweden. 1946 kehrte er nach Ö. zurück. Bis 1981 wirkte er in verschiedenen Funktionen im ÖGB, u. a. als Zentralsekretär der Gewerkschaft der Privatangestellten. Er war Vizepräsident der Österr. Widerstandskämpfer. Der militante Antifaschist und Antikapitalist galt in seiner Partei als Linker.

*Werke:* »Hitler war kein Zufall« (1962), »Lebt Stalin in Peking?« (1964), »Ö.s Gewerkschaften im Widerstand 1934–1945« (1976).

**Hirsch, Hans,** * 27. Dezember 1878 in Zwettl (NÖ), † 20. August 1940 in Wien, Historiker.

Nach dem Besuch des Gymnasiums in Wiener Neustadt und einem Geschichtsstudium in Wien ging H. nach Rom an das österr. Historische Institut. 1903 begann seine Mitarbeit bei den »Monumenta Germaniae Historica« in Berlin. Er habilitierte sich 1908 in Wien, sein Spezialgebiet wurde die Urkundenforschung. 1913 wurde er in Wien a. o. Prof. für Geschichte des Mittelalters, 1918 in Prag o. Prof. an der Deutschen Universität, 1926 o. Univ.-Prof. in Wien und 1929 Vorstand des Instituts für österr. Geschichtsforschung. 1934 übernahm er die Leitung der Südostdeutschen Forschungsgemeinschaft.

*Werke:* »Die Klosterimmunität seit dem Investiturstreit« (1913), »Die hohe Gerichtsbarkeit im deutschen Mittelalter« (1922).

**Hirsch, Ludwig,** * 28. Februar 1946 in Weinberg (St), Schauspieler und Liedermacher.

Der Sohn eines Arztes wuchs in Wien auf und besuchte nach der Matura die Hochschule für Angewandte Kunst, 1964 gründete er seine erste Rockband, absolvierte die Schauspielschule und gab 1973 am Stadttheater Regensburg sein Debüt. Über die Wuppertaler Bühnen kam er dann an das Theater in der Josefstadt, dem er 1975–1979 als Ensemblemitglied angehörte, und mit Horvath- und Schnitzler-Rollen sehr gute Kritiken erhielt. Bereits 1964 hatte er eine Musikgruppe gegründet. 1978 versuchte er sich erstmals als Liedermacher und machte schließlich mit seinen kritischen, makaber-morbiden Songs Karriere.

Schon die erste LP »Dunkelgraue Lieder« war ein durchschlagender Erfolg. Es folgten u. a. »Komm, großer schwarzer Vogel« (1979), »Zartbitter« (1980), »Biß ins Herz« (1983), »In meiner Sprache« (1991). H., der seine Lieder selbst textet, hat sich mit Tourneen durch Ö. und Deutschland eine große Fangemeinde geschaffen.

**Hlawka, Edmund,** * 5. November 1916 in Bruck an der Mur (St), Mathematiker.

Nach seiner Promotion in Mathematik 1938

habilitierte sich H. 1944 und war danach Univ.-Dozent in Wien. Bereits 1948 wurde er o. Prof. an der Technischen Universität Wien und Vorstand des Instituts für Analysis, Technische Mathematik und Versicherungsmathematik. Als Gastprof. lehrte er in Princeton, Pasadena und an der Sorbonne.

Der international angesehene Mathematiker erhielt für seine Forschungen zahlreiche Preise und ist mehrfaches Mitglied ausländischer Akademien. Er veröffentlichte mehr als 100 wissenschaftliche Arbeiten, darunter wichtige Beiträge zur Zahlentheorie, zur Analysis und zur numerischen Mathematik.

*Werke:* »Topics in the Theory of Numbers« (1967), »Theorie der Gleichverteilung« (1979), »Grundbegriffe der Mathematik« (1979), »Analytische und geometrische Zahlentheorie« (1985).

**Hochwälder, Fritz,** * 28. Mai 1911 in Wien, † 20. Oktober 1986 in Zürich, Dramatiker.

Ein gelernter Tapezierer wie sein Vater, interessierte sich H. schon früh für das Theater. Sein erstes Schauspiel »Jehr« wurde 1932 in den Wiener Kammerspielen aufgeführt, 1936 folgte das Lustspiel »Liebe in Florenz«. 1938 emigrierte H. als Jude und aus politischen Gründen in die Schweiz. Dort entstand 1941 »Das heilige Experiment«, das zum Welterfolg wurde. Weitere Hauptwerke sind u. a. »Der öffentliche Ankläger« (1948), »Donadieu« (1953) und »Die Himbeerpflücker« (1965). Der preisgekrönte Dramatiker hat in seinen nach klassischem Vorbild gebauten Stücken aus dem Geist des Wiener Volkstheaters – sein Vorbild war Raimund – historisch-weltanschauliche Themen aktualisiert und damit große Wirkung erzielt. H. schrieb auch Hörspiele. Er lebte seit seiner Emigration in der Schweiz.

*Lit.:* W. Bortenschlager, Der Dramatiker F. H. (1979).

**Hodina, Karl,** * 7. Juni 1935 in Wien, Komponist von Heurigen- und Wienerliedern, Maler.

Schon als Kind begann H. Klavier zu spielen, 1956–1962 war er Jazzpianist, seit 1970 komponiert er kritische, anspruchsvolle Wienerlieder, die er selbst zum Vortrag bringt (u. a. »Herrgott aus Stan«, »So an Hinterhof«, »Wean«, »'s Vogerl am Bam«). Er schreibt auch Filmmusik und gestaltet Musiksendungen in Radio und TV.

Der gelernte Lithograph begann 1962 zu malen und hatte 1967 mit einer ersten Einzelausstellung großen Erfolg. In der Technik der alten Meister (einer Mischtechnik aus Öl und Tempera), die ein wenig an Brueghel und Bosch erinnert, malt der Autodidakt v. a. Märchen für Erwachsene, seine Figuren agieren jedoch nicht in einer Phantasiewelt, sondern in Landschaften, die uns allen vertraut sind.

**Hoff, Hans,** * 11. Dezember 1897 in Wien, † 23. August 1969 in Wien, Psychiater und Neurologe.

Nach seinem Studium in Wien war H. als Psychiater im Klinikbereich tätig. 1938 mußte er als Jude emigrieren. Bis 1942 lebte er in Bagdad, dann ging er in die USA. Erst 1949 kehrte er zurück und wurde Ordinarius und Vorstand der Neurologischen Klinik in Wien. Seine Behandlungsmethoden waren international anerkannt, Patienten aus aller Welt suchten die Wiener Klinik auf. H. veröffentlichte zahlreiche wissenschaftliche Arbeiten, darunter »Therapeutische Fortschritte in der Neurologie und Psychiatrie« (1960).

**Hoffmann, Josef,** * 15. Dezember 1870 in Brtnice/Pirnitz bei Iglau (Mähren), † 7. Mai 1956 in Wien, Architekt und Designer.

Der spätere Meister des Wiener Jugendstils war Absolvent der Staatsgewerbeschule in Brünn und danach ein Jahr im Militärbauamt tätig. 1892–1895 studierte er an der Akademie der Bildenden Künste bei Carl Hasenauer und Otto Wagner. Anschließend arbeitete er im Büro Wagners. H. war 1897 Mitbegründer der Secession, verließ diese aber 1905 gemeinsam mit der

*Josef Hoffmann*

Gruppe um Gustav Klimt; erst später wurde er wieder Mitglied, 1948–1950 auch Präsident. 1899 übernahm er eine Professur an der Wiener Kunstgewerbeschule. Gemeinsam mit Kolo Moser gründete er 1903 die »Wiener Werkstätte«, die einen wichtigen Einfluß auf das Kunstgewerbe ausübte. 1912 gehörte er zu den Mitbegründern des »Werkbundes«. Als führender Architekt des Wiener Jugendstils schuf H. beispielgebende Bauten, auch beim Wohnbauprogramm der Gemeinde Wien in der Zwischenkriegszeit hat er mitgewirkt. Darüber hinaus war er ein bedeutender Designer, von dem viele Entwürfe von Möbeln und Gebrauchsgegenständen stammen.

*Bauten:* Villenkolonie Hohe Warte (1900–1904), Sanatorium Purkersdorf (1903–1905), Palais Stoclet in Brüssel (1905–1911), Kabarett »Fledermaus« (1907), Österr. Staatsdruckerei (1909), Grabencafé (1912), Villenkolonie Kaasgraben (1912–1914), Häuser in der Werkbundsiedlung (1930).

**Hoffmann, Paul,** * 25. März 1902 in Barmen (Ruhrgebiet), † 2. Dezember 1990 in Wien, Kammerschauspieler und Burgtheaterdirektor.

Der Sohn eines Dramatikers und Theaterkritikers studierte zunächst Germanistik, Kunstgeschichte und Philosophie. Noch vor dem Abschluß ging er zum Theater. Ohne Schauspielausbildung erhielt er am Stadttheater Würzburg 1924 sein erstes Engagement. Ab 1927 spielte er in Dresden, 1945 bestellten ihn dort die Russen gegen seinen Willen zum Generalintendanten. 1950–1957 leitete er das Schauspielhaus in Stuttgart. 1959 kam der kultivierte, noble Schauspieler an das Wiener Burgtheater. 1968–1971 war er dessen Direktor.

H., der auch immer wieder selbst inszenierte, spielte an der »Burg« ein breites klassisches Repertoire, aber auch den Harrach in Carl Zuckmayers »Des Teufels General« und in einer seiner Glanzrollen, den Weimarer Geheimrat in Martin Walsers Stück »In Goethes Hand«. Seine hohe Sprechkultur und seine eindrucksvolle Kunst der Menschendarstellung trugen ihm beim Publikum bald große Verehrung ein. H. wirkte auch in rund 20 Filmen mit, arbeitete für das Fernsehen und war auf Leseveranstaltungen ein großartiger Vermittler der Dichtkunst.

**Hoflehner, Rudolf,** * 8. August 1916 in Linz, Bildhauer, Zeichner und Maler.

Der Sohn eines Bankbeamten besuchte zunächst das humanistische Gymnasium, dann aber die Bürgerschule und anschließend die Staatsgewerbeschule für Maschinenbau. 1936 holte er die Matura nach. Er studierte Architektur in Graz und Bühnenbild an der Akademie der Bildenden Künste in Wien. Im 2. Weltkrieg schwer verwundet, war er 1945–1951 Lehrer an der Kunstgewerbeschule in Linz und absolvierte dann die Bildhauerschule bei Fritz → Wotruba. Die Begegnung mit diesem großen Bildhauer, die Entdeckung des Eisens als Werkmaterial und ein Aufenthalt in Griechenland prägten seine Kunstauffassung. Das umfangreiche bildhauerische, zeichnerische und malerische Werk ist von schonungsloser Aufrichtigkeit. H.s Eisenfiguren von europäischem Rang sind geschundene Geschöpfe, Täter wie Opfer.

In den 60er Jahren wandte sich H. der Malerei und der Zeichnung zu. Wiewohl er seine Ausdrucksmittel änderte, wahrte er doch die thematische Kontinuität. Sein Thema blieb die existentielle Ausgesetztheit des Menschen.

*Lit.:* W. Schmied, H. Wandel und Kontinuität. Eine Monographie (1988).

**Hofmann, Werner,** * 8. August 1928 in Wien, Kunsthistoriker.

Nach dem Studium der Kunstgeschichte in Wien und Paris war H. 1950–1955 als Assistent an der Wiener Albertina tätig. 1957 übernahm er eine Gastdozentur an der Columbia University in New York. Ab 1960 widmete er sich in Wien dem Aufbau der Sammlungen des Museums des 20. Jahrhunderts, das 1962 unter seiner Direktion eröffnet wurde. 1969 wechselte er an die Hamburger Kunsthalle. Er lehrt auch Kunstgeschichte an der University of California in Berkeley. Seit 1991 ist er als künftiger Leiter des Museumsquartiers im Wiener Messepalast im Gespräch. H. verfaßte wichtige Publikationen zur Kunst des 20. Jh.s. Internationale Anerkennung fand er mit der Gestaltung der Manierismusausstellung »Zauber der Medusa« (1987) im Wiener Künstlerhaus. 1991 erhielt er den Großen Österr. Staatspreis für Verdienste um die österr. Kultur im Ausland.

*Werke:* »Grundlagen der modernen Kunst« (1966), »Abschied vom Bürgertum. Essays und Reden« (1970), »Bruchlinien. Aufsätze zur Kunst des 19. Jh.s« (1979).

**Hofmannsthal, Hugo von,** * 1. Februar 1874 in Wien, † 15. Juli 1929 in Rodaun bei Wien, Dichter.

*Hugo von Hofmannsthal*

Der Sohn eines Bankdirektors besuchte das Akademische Gymnasium und schrieb bereits als 16jähriger unter dem Pseudonym Loris formvollendete Gedichte, die ihm seitens der Literaturkritik Lob und Anerkennung eintrugen. Er studierte in Wien Jus und Romanistik, habilitierte sich, widmete sich dann aber ganz dem dichterischen Schaffen. Der kultivierte, der europäischen Kulturtradition verhaftete Dichter war der Prototyp altösterr. Geistes- und Lebenshaltung. Er war ein Magier der Sprache, ein vollendeter Stilist und feinnerviger Ästhetizist voll Musikalität und Empfindung. Das Œuvre, das er in drei Jahrzehnten schuf, ist umfangreich und vielgestaltig. H. schrieb tiefsinnige, kluge Komödien und lyrische Dramen (»Der Schwierige«, »Der Unbestechliche«, »Der Tod des Tizian«, »Die Frau am Fenster«). 1911 entstand »Jedermann«, erstmals aufgeführt 1920 in Salzburg, mit dem er das mittelalterliche Moralitätenspiel erneuerte; er entnahm auch viele seiner Stoffe der antiken Tragödie. Durch seine Nachdichtung der Sophokleischen »Elektra« (1904) wurde Richard → Strauss auf ihn aufmerksam, für den er in der Folge erfolgreiche Libretti schrieb. Damit entstand eine neue, literarisch hochstehende Form des Musiktheaters auf der Opernbühne (»Ariadne auf Naxos«, »Arabella«, »Die Frau ohne Schatten«, »Der Rosenkavalier«). Mit Max → Reinhardt gründete er die Salzburger Festspiele, für die er »Das Salzburger Große Welttheater« verfaßte. Er schuf ferner meisterhafte Essays, Novellen und Gedichte. Der Dichter, der in seinem Barockschlößchen in Rodaun viele seiner Werke schrieb, gehörte zum Literatenkreis, der im Café Griensteidl zusammentraf (→ Schnitzler, → Salten, → Bahr, → Beer-Hofmann). Er ist einer der bedeutendsten österr. Lyriker, Erzähler und Romantiker der Jh.-wende.

*Lit.:* B. Schoeller/R. Hirsch (Hg.), Gesammelte Werke (10 Bde., 1985); W. Volke, H. von H. (1987).

**Hoke, Giselbert,** * 12. September 1927 in Warnsdorf (Nordböhmen), Maler und Graphiker.

H. geriet 17jährig in die Kämpfe des 2. Weltkriegs und verlor seinen rechten Arm. 1946 bezog er nach der Matura die Akademie der Bildenden Künste in Wien. Nach dem Sieg in einem Wettbewerb erhielt er den Auftrag, die Fresken im Klagenfurter Bahnhof zu gestalten, eine Arbeit, die zum Skandal geriet: Von der Öffentlichkeit abgelehnt, konnte die Freigabe erst nach einer Intervention Clemens → Holzmeisters durchgesetzt werden. 1961 erwarb der Künstler Schloß Saager bei Grafenstein (K), wo er ein Atelier, eine Werkstatt für Lithographie und Radierung, eine Emailwerkstätte u. a. einrichtete.

Sein Werk umfaßt große Freskenzyklen (Wohnhausbauten, Wiener Börse, Staatsoper), Glasmalereien (Krematorium in Villach, Universität Wien), Gobelins (Festspielhaus in Salzburg), Holztafelbilder, Graphik, Porträts sowie Frauenakte, die den wohl großartigsten Teil seiner Kunst darstellen, und eine vielseitige Beschäftigung mit dem Thema »Gärten«. 1975 wurde H. als Univ.-Prof. an die Technische Universität Graz berufen, wo er das Institut für künstlerische Gestaltung gründete. Seit 1982 ist er an der Internationalen Sommerschule in Salzburg tätig.

*Lit.:* W. Schmied, G. H. (1983).

**Holaubek, Josef,** * 5. Jänner 1907 in Wien, Feuerwehrmann und Polizeipräsident.

H. wurde in Ottakring geboren und erlernte zunächst wie sein Vater das Tischlerhandwerk, daneben bildete er sich in Abendkursen weiter. 1928 trat er in den Dienst der Städtischen Feuerwehr. Zu dieser Zeit hatte er sich bereits der sozialdemokratischen Bewegung angeschlossen. Sowohl im Ständestaat als auch unter den Nationalsozialisten wurde er politisch verfolgt und war mehrmals in Haft. Nach einem Kriegseinsatz in Polen gelangte er auf abenteuerlichen Wegen wieder nach Wien. Im Mai 1945 wurde er von Bürgermeister Theodor → Körner zum Branddirektor ernannt. Die Wiener Feuerwehr besaß damals kaum Personal, auch hatten die Nationalsozialisten in den letzten Kriegstagen alles Gerät verschleppt. Bravourös gelang H. die Rückführung des in ganz Ö. verstreuten Fuhrparks und der Aufbau eines funktionierenden Brandschutzes. H. blieb der Feuerwehr immer verbunden. 1979 erschien sein Buch »Die österr. Feuerwehr, ihre Geschichte und ihre Helden«.

1947 wurde H. zum Polizeipräsidenten und Sicherheitsdirektor von Wien bestellt, um den kommunistischen Einfluß im Polizeiapparat zurückzudrängen. In einer vierfach geteilten Stadt und oft gegen die Behinderung durch die Alliierten gelang es ihm, die Polizei neu aufzubauen. In seine Amtszeit fiel der Oktoberstreik 1950. Der längstdienende und äußerst populäre »Präsident« ging 1972 in Pension.

**Holczabek, Wilhelm,** * 8. Mai 1918 in Wien, Gerichtsmediziner.

Nach dem Medizinstudium (Promotion: 1942) konnte sich H. 1953 in Wien habilitieren. Seit 1965 war er a. o. Prof. und seit 1973 o. Prof. für Gerichtsmedizin und Leiter des gleichnamigen Instituts. Zahlreiche wissenschaftliche Arbeiten auf dem Gebiet der Verletzungslehre, der Fettembolie und über plötzlichen Tod aus natürlichen Ursachen entstammen seiner Feder. 1981 wurde er Dekan, 1984 und 1986 Rektor der Wiener Universität.

**Holecek, Heinz,** * 13. April 1938 in Wien, Kammersänger.

Der Sohn eines Universitätsprofessors besuchte neben dem Gymnasium eine Gesangsabteilung des Konservatoriums, inskribierte nach der Matura an der Musikakademie und absolvierte bald seine ersten Konzertauftritte. Nach Abschluß seiner Ausbildung wechselte er vom Konzertsaal zur Opernbühne und debütierte mit 22 Jahren 1960 an der Wiener Volksoper als Papageno, seiner späteren Glanzrolle. Zwei Jahre danach trat er bereits erstmals in der Staatsoper auf. Der humorvolle Sänger hat in Wien und bei seinen zahlreichen Gastspielen auf anderen Opernbühnen Partien wie den Figaro, den Bartolo im »Barbier von Sevilla«, den Leporello im »Don Giovanni« oder den Bernard in »La Bohème« gesungen. Später übernahm er Sprechrollen. Der beliebte und vielseitige Künstler ist ein blendender (Stimmen-)Imitator und ein hervorragender Interpret von Kabarett- und Wienerliedern. Viele Fernseher kennen ihn auch als Moderator der Tiersendung »Tele-Vieh-Sion«.

**Holey, Karl,** * 6. November 1879 in Bodenbach (Böhmen), † 6. März 1955 in Wien, Architekt und Dombaumeister.

Nach dem Besuch der Technischen Hochschule, wo er 1904 die Staatsprüfung ablegte und dann das Doktorat erwarb, trat H. in das Denkmalamt ein. Dort war er bis 1939 als Generalkonservator tätig. Zahlreiche Reisen führten ihn durch Europa und Nordafrika, 1925–1927 nahm er an Ausgrabungen in Ägypten teil. Nach seinem Ausscheiden aus dem Denkmalamt wurde er Wiener Dombaumeister. Er war für den Wiederaufbau des Stephansdoms nach dem 2. Weltkrieg verantwortlich. Auch um die Wiederherstellung des Salzburger Doms hat sich H. sehr verdient gemacht. Sein architektonisches Werk umfaßt u. a. Kirchen, Schulen und Wohnhäuser.

**Holgersen, Alma,** * 27. April 1899 in Innsbruck, † 18. Februar 1976 in Innsbruck, Schriftstellerin.

H. entstammte bäuerlichem Milieu. Sie studierte Musik, war Hobbymalerin und begann früh zu schreiben. Sie schuf Romane, Erzählungen und Jugendbücher. Ihr Werk ist ihrer bäuerlichen Herkunft, dem katholischen Glauben und der Tiroler Heimat verpflichtet.

*Werke:* »Kinderkreuzzug« (1940), »O Mensch, wohin?« (1948), »Gesang der Quelle« (1953), »Der Aufstand der Kinder« (1935), »Die goldenen Wiesen« (1942), »Das Mädchen von Lourdes« (1958), »Pietro schreibt dem lieben Gott« (1959).

**Holl, Adolf,** * 13. Mai 1930 in Wien, Theologe und Schriftsteller.

H. studierte in Wien und wurde 1954 zum Priester geweiht. 1953–1959 war er als Diakon und Kaplan in einer Favoritner Pfarre und in Ottakring (Neulerchenfeld) tätig. 1955 zum Dr. theol., 1961 zum Dr. phil. promoviert, wurde er 1963 Univ.-Dozent für Religionswissenschaften. H. wurde durch seine nonkonformistischen Thesen zur katholischen Dogmatik bekannt. Sein Buch »Jesus in schlechter Gesellschaft« (1971) brachte ihm den Entzug der Berechtigung, zu den Gläubigen zu reden, ein (praktisch die Aufgabe der Kaplanstätigkeit). Nach »Tod und Teufel« (1973) schließlich wurde er auch vom katholischen Lehramt enthoben. Seitdem ist H. als freier Publizist tätig.

*Weitere Werke:* »Das Religionsgespräch der Gegenwart« (1965), »Gott im Nachrichtennetz« (1969), »Der letzte Christ – Franz von Assisi« (1979), »Lieber Papst. Schriften aus gegebenem Anlaß« (1979), »Neues vom Tod« (Hg., 1990).

**Hollegha, Wolfgang,** * 4. März 1929 in Klagenfurt, Maler.

H. studierte 1947–1954 bei Josef → Dobrowsky an der Akademie der Bildenden Künste in Wien. Mitte der 50er Jahre fand er sich mit Arnulf → Rainer, Josef → Mikl und Marcus → Prachensky zur Künstlergruppe um die Galerie nächst St. Stephan zusammen, von der starke avantgardistische Impulse ausgegangen sind.

Nach einer kurzen »phantastischen« Phase malte H. abstrakte Natur, Pflanzenmotive, die strengen Konstruktionsgesetzen verpflichtet sind. Später schuf er Arbeiten, in denen die Farbe triumphiert, ein Grün in allen Schattierungen, mit dem er eine reiche Skala von Empfindungen auszudrücken und hervorzurufen vermag. Otto → Mauer, geistiger Mentor der Maler von »St. Stephan«, pries schon 1960 »das Blühende« dieser Farbe, ihren »paradiesischen Charakter der Leichtigkeit, Helligkeit und Heiterkeit«.

H. wurde 1972 Prof. an der Akademie der Bildenden Künste in Wien, 1972–1981 leitete er die Meisterklasse für Malerei.

*Lit.:* W. H. (Katalog Galerie Ulysses, o. J.).

**Hollein, Hans,** * 30. März 1934 in Wien, Architekt.

H. stammt aus einer Familie von Berg- und Hüttenleuten. Er studierte zunächst in Wien an der Akademie der Bildenden Künste, wo er das Staatsexamen ablegte. Er ging in die USA (Universitäten von Illinois und Berkeley) und machte 1960 den Master of Architecture. Nach Wien zurückgekehrt, erregte H. mit seiner Gestaltung des Kerzengeschäfts Retti am Wiener Kohlmarkt weltweit Aufsehen. Es folgten zwei weitere Geschäftsportale in unmittelbarer Nähe, sowie die Gestaltung von Großausstellungen, wie »Traum und Wirklichkeit. Wien 1870–1930« (1985), die äußerst erfolgreich war. Trotzdem blieb zunächst die eigentliche kommerzielle Anerkennung des Architekten und Designers daheim aus. Große Bauaufträge kamen hingegen aus dem Ausland. Sein Bau des Städtischen Museums in Mönchengladbach (1982) machte ihn zum internationalen Toparchitekten. 1990 wurde schließlich in Wien sein luxuriöses Haas-Haus am Stephansplatz eröffnet, das in seinem weitläufigen Postmodernismus für heiße Diskussionen sorgte. In Bregenz begann H. 1987 mit dem Bau einer Versicherungszentrale.

*Hans Hollein*

*Weitere Bauten:* Richard Feigen Gallery in New York (1969), Österr. Verkehrsbüro (1978), Museum Moderner Kunst Frankfurt (1991).

**Hollitzer, Carl Leopold,** * 11. März 1874 in Deutsch-Altenburg (NÖ), † 1. Dezember 1942 in Rekawinkel (NÖ), Maler und Karikaturist.

Der Sohn einer reichen Industriellenfamilie besuchte die Akademie der Bildenden Künste. Erste Erfolge erzielte der Künstler mit Entwürfen für den Kaiser-Huldigungs-Festzug 1908. Während des 1. Weltkriegs betätigte er sich als Kriegsmaler, 1916 entwarf er die neuen Uniformen für die k. u. k. Armee. H. gehörte zum Wiener Künstlerkreis der Jahrhundertwende. Besonders bekannt wurden seine Karikaturen und Porträts der Wiener Gesellschaft. Meist zeichnete er in den Kabarettbühnen »Fledermaus« und »Nachtlicht«, wo er auch als Schauspieler auftrat. Er gestaltete außerdem Kostüme und Inszenierungen. Er wurde als Ausstattungschef sowohl für die Bühne als auch für den Film erfolgreich; legendär war seine Ausstattung für die Aufführung von Franz → Werfels Stück »Juarez und Maximilian«. Der vielseitige Künstler, ein enger Freund Peter Altenbergs, war zudem ein bedeutender Uniformsammler. Im Laufe seines Lebens trug er eine der größten Militariasammlungen Europas zusammen. Die Uniformen kamen nach seinem Tode in das Wiener Heeresgeschichtliche Museum.

**Hollmann, Hans,** * 2. Februar 1933 in Graz, Regisseur.

H. studierte Jus (Promotion: 1956) und nahm danach am Reinhardt-Seminar in Wien Schauspielunterricht. 1975–1978 war er Direktor des Basler Stadttheaters, danach arbeitete er als freier Regisseur und machte sich mit seinen eigenwilligen Inszenierungen einen großen Namen. H., der als »Shakespeare-Zerstörer« und »Skandalregisseur« galt, hat an allen großen Bühnen Regie geführt. Er inszenierte u. a. in Basel → Horváths »Kasimir und Karoline« (1969) und → Handkes »Quodlibet« (1970), im Hamburger Thalia-Theater Shakespeares »Richard III.« (1973) und Goethes »Faust I und II« (1980), am Wiener Burgtheater Raimunds »Der Diamant des Geisterkönigs« (1984), ferner → Kraus, → Schnitzler, → Canetti, Botho Strauß u. a. Daneben führte er auch bei Opern Regie.

**Holm, Renate (eigtl. Franke),** * 10. August 1931 in Berlin, Kammersängerin.

H. war zunächst als Zahnarztassistentin beschäftigt. Sie nahm in Wien Gesangsunterricht u. a. bei M. Ivogün und war nach ihrer Ausbildung im Unterhaltungsfach tätig. Ab 1953 machte sie im Tonfilm Karriere. 1957 trat die Sopranistin als Prinzessin Helene im »Walzertraum« erstmals an der Wiener Volksoper auf. 1960 schließlich kam sie an die Wiener Staatsoper, wo sie zunächst als Gretchen im »Wildschütz« und dann in zahlreichen anderen Rollen (u. a. als Blondchen in »Die Entführung aus dem Serail«, als Papagena in »Die Zauberflöte« und als Musette in »La Bohème«) große Erfolge feierte. Ihr Charme, ihre exzellente Stimmführung und ihre Darstellungskunst fanden auch bei Gastspielen in aller Welt internationale Anerkennung und Beifall. 1991 veröffentlichte die Sängerin ihre Autobiographie »Ein Leben nach Spielplan«.

**Holt, Hans (eigtl. Karl Johannes Hödl),** * 22. November 1909 in Wien, Schauspieler.

Noch vor Abschluß seines Studiums an der Universität (Deutsch, Englisch und Turnen) wechselte H. an die Schauspielakademie und debütierte 1930 am Deutschen Volkstheater in Wien als Essex in Ferdinand → Bruckners »Elisabeth von England«. Nach vorübergehender Tätigkeit an Provinzbühnen (Reichenberg, Mährisch-Ostrau) kam er über die Scala 1940 an das Theater in der Josefstadt, dem er bis 1952 und wieder seit 1954 angehörte. 1952–1954 spielte er am Burgtheater. In seinem Stammhaus, der »Josefstadt«, wurde der Schauspieler mit dem liebenswerten Wiener Charme bald zum Publikumsliebling und schließlich zum Ensemblestar. Überaus erfolgreich verlief auch seine Filmkarriere (u. a. spielte er die Hauptrolle im Mozart-Film »Wen die Götter lieben«). Später trat er auch in TV-Sendungen auf (»Der Leihopa«). Außerdem schrieb er Theaterstücke, von denen einige im Theater in der Josefstadt zur Aufführung kamen; den größten Erfolg hatte »Der Herzspezialist«, der auch an deutschen Bühnen gespielt wurde. 1991 erschien seine Autobiographie »Jeder Tag hat einen Morgen«.

**Holzbauer, Wilhelm,** * 3. September 1930 in Salzburg, Architekt.

H. erlernte zunächst den Beruf eines Bautechnikers und studierte dann an der Akademie der Bildenden Künste als Schüler von Clemens → Holzmeister. Nach seiner Diplomprüfung 1953 leitete er ein gemeinsames Architekturbüro mit Friedrich Kurrent und Johannes → Spalt. Ende der 50er Jahre ging er als Lektor nach Winnipeg (Kanada) und an die Yale-Universität (USA). 1964 eröffnete er ein Büro in Wien, 5 Jahre später auch in Amsterdam. Mit seinen Entwürfen und Bauten errang er internationale Erfolge. Eines seiner großzügigsten und in seiner Kombination wahrscheinlich einmaliges Projekt ist die Errichtung des Amsterdamer Opernhauses in Verbindung mit einem neuen Rathaus (1986). Weitere Bauten sind die Naturwissenschaftliche Fakultät Salzburg, das Landtagsgebäude in Bregenz sowie Stationen der Wiener U-Bahn-Linie 4 (Mitarbeit), das Bildungshaus Salzburg-Aigen, die Villa Dichand Wien und das IBM-Haus Wien.

**Hölzel, Hans (»Falco«),** * 19. Februar 1957 in Wien, Sänger und Liedermacher.

Der Musiker mit dem absoluten Gehör erhielt schon als Kind Klavierunterricht. H., der aus einfachen Verhältnissen stammt, schied mit 15 Jahren aus dem Wiener Piaristengymnasium aus und arbeitete drei Jahre als Manipulant bei der Pensionsversicherung. Während dieser Zeit war er bereits in Musikgruppen tätig. Er besuchte die Musikakademie (Gitarre) und ging danach als Bassist nach West-Berlin. 1979 war er Mitbegründer der Wiener »Hallucination Company«, 1980 kam er zur Wiener Rockgruppe »Dradiwaberl«, dann machte er sich als Popsänger »Falco« selbständig. Schon 1981 gelang ihm mit »Der Kommissar« ein internationaler Hit, der einen Spitzenplatz in der US-Hitparade erklomm. Damit wurde »Falco« nicht nur zum populärsten Austro-Popper, sondern auch zum Weltstar. Sein »Rock me Amadeus« führte 1986 die US-Charts an.

**Holzer, Rudolf,** * 28. Juli 1875 in Wien, † 17. Juli 1965 in Wien, Schriftsteller und Journalist.

H. stammte aus einer nö. Weinhauerfamilie. Er studierte Maschinenbau an der Höheren Gewerbeschule in Wien und dann als a. o. Hörer an der Wiener Universität Germanistik und Kunstgeschichte. Von Hermann → Bahr gefördert, wandte er sich der journalistischen Laufbahn zu. Er war u. a. Theaterkritiker der »Neuen Freien Presse« und 1924–1933 Chefredakteur der »Wiener Zeitung«. Als Schriftsteller war H. vielseitig tätig. Er schrieb eine Reihe von Dramen, die an großen Häusern zur Aufführung kamen, etwa »Hans Kohlhase« (1940 und 1957 als »Justizia« am Wiener Burgtheater), »Gute Mütter« (1914 am Deutschen Volkstheater) und »Der Himmel voller Geigen« (1948 am Burgtheater). Er schrieb Romane (u. a. »Das Feuerchen des häuslichen Herdes«), Novellen und Essays. Außerdem verfaßte er verdienstvolle theater- und kulturgeschichtliche Werke, wie »Wiener Volkshumor« (1947) und »Die Wiener Vorstadtbühnen« (1951). Er war Präsident des österr. Schriftstellerverbandes und der Concordia sowie Vorstandsmitglied des österr. PEN-Clubs und somit eine der führenden Persönlichkeiten des Wiener Literaturlebens.

**Holzhausen, Adolf,** * 8. August 1868 in Wien, † 5. Juni 1931 in Wien, Verleger.

H. stammte aus einer Verlegerfamilie, die seit 1864 Alleineigentümer der Buchdruckerei Manz war. Er erhielt seine Ausbildung im väterlichen Betrieb, den er 1892 übernahm. Später schloß er daran einen Verlag an, der vorwiegend Kunstbücher und Geschichtswerke herausbrachte. Im Druckereibereich spezialisierte er sich auf Werke in den orientalischen Sprachen. Nach dem 1. Weltkrieg war H. auch Leiter des Militärgeographischen Instituts. Zu dieser Zeit setzte er sich sehr für eine Konzentration auf dem Verlagssektor ein. Er übernahm auch wichtige Funktionen in zahlreichen Gremien seines Berufsstandes. Einen großen Teil seines Vermögens stiftete er als Legat der Akademie der Wissenschaften für den Druck orientalischer Werke. Der begeisterte Bergsteiger war auch an der Erschließung der Ostalpen beteiligt.

**Holzknecht, Guido,** * 3. Dezember 1872 in Wien, † 30. Oktober 1931 in Wien, Röntgenologe.

Nach Studien in Straßburg, Königsberg und Wien promovierte H. 1899 in Wien zum Dr. med. Er begann seine ärztliche Tätigkeit als Sekundararzt an der Klinik Nothnagel. 1901 veröffentlichte er seine erste röntgenologische Arbeit. 1905 wurde er Primararzt am neuerrichteten Zentral-Röntgeninstitut im k. k. Wiener

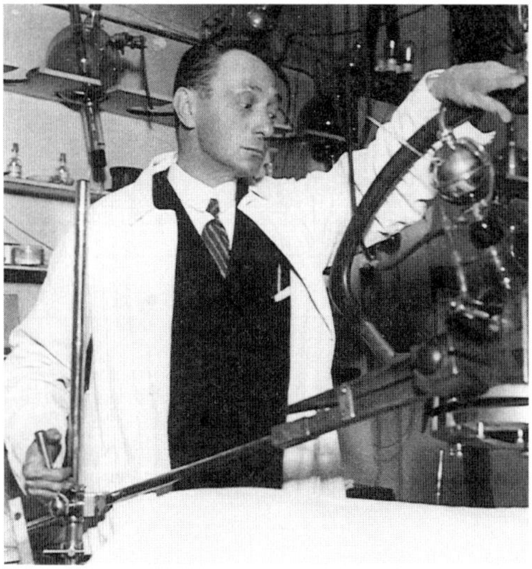

*Guido Holzknecht*

Allgemeinen Krankenhaus. Dort gründete er eine Schule für Röntgenassistenz sowie ein physikalisch-technisches Labor und schuf damit eine Ausbildungsstätte, die Weltruf erlangte. 1916 erhielt er ein Ordinariat für Röntgenologie. Sein Verdienst ist die Entdeckung von Bleigummi als einzig wirksamem Strahlenschutz. Er starb an Schädigungen durch Röntgenstrahlen.

*Werke:* »Röntgenologie« (2 Bde., 1918/1924), »Röntgentherapie« (1922), »Handbuch der theoretischen und klinischen Röntgenkunde« (1929).

**Holzmeister, Clemens,** * 27. März 1886 in Fulpmes (T), † 12. Juni 1983 in Hallein (S), Architekt und Bühnenbildner.

H. maturierte an der Innsbrucker Realschule und ging dann nach Wien, wo er an der Technischen Hochschule Architektur studierte (Promotion: 1919). Er wirkte 1924–1938 als Prof. für Architektur an der Akademie der Bildenden Künste, 1933–1937 auch als Rektor, daneben lehrte er bis 1932 an der Akademie in Düsseldorf. 1936–1938 war er Mitglied des Staatsrates. Der internationale Durchbruch gelang dem Architekten 1923 mit der Errichtung des Krematoriums für den Wiener Zentralfriedhof. Er erbaute in der Folge das alte und das neue Festspielhaus in Salzburg, das Wiener Funkhaus (RAVAG), zahlreiche Kirchen im In- und Ausland (z. B. in Batschuns [V] und Maria Grün in Hamburg-Blankenese) sowie Hotels und Wohnhäuser. 1938 anläßlich der Machtübernahme durch die Nationalsozialisten zwangspensioniert, emigrierte er in die Türkei, wo er bereits seit Jahren an seinem vielbeachteten Bau des Regierungsviertels in Ankara arbeitete. 1938–1948 lehrte er an der Technischen Hochschule in Istanbul. Er kehrte erst 1954 nach Wien zurück, wo er wieder an der Akademie wirkte. Zum Schaffen des großen österr. Architekten und Künstlers zählen auch viele berühmte Bühnenbilder (Salzburger Festspiele, Wiener Staatsoper, Burgtheater), die Gestaltung von internationalen Ausstellungen und zahlreichen Publikationen, darunter »Kirchenbau ewig neu« (1950). Er schuf auch vorzügliche Aquarelle.

**Holzmeister, Judith,** * 14. Februar 1920 in Innsbruck, Kammerschauspielerin.

Die Tochter des bedeutenden Architekten Clemens → H. besuchte das Reinhardt-Seminar. Sie debütierte 1938 am Linzer Landestheater. 1941–1944 war sie am Deutschen Volkstheater engagiert. 1947 kam sie an das Burgtheater, wo sie seither in fast allen großen Frauenrollen aufgetreten ist und zum Inbegriff der Klassikerdarstellerin wurde. Später war sie eine der ersten großen Darstellerinnen in Stücken von Thomas → Bernhard (»Ein Fest für Boris«, »Jagdgesellschaft«). Als Mrs. Peachum in Brechts »Dreigroschenoper« setzte sie auch komische Akzente. Die bedeutende Burgschauspielerin war auch bei den Salzburger Festspielen und bei anderen Gastspielen tätig. Beim Film übernahm sie immer wieder große Rollen, u. a. in Willi → Forsts »Wiener Mädeln«.

**Hömberg, Hans,** * 14. Dezember 1903 in Berlin, † 4. Juli 1982 in Kufstein (T), Schriftsteller und Hörfunkautor.

H. war Redakteur bei Ullstein. Er schrieb

Ufa-Filmdrehbücher, Romane, Erzählungen, Hörspiele und Bühnenstücke (eines seiner Stücke wurde von Gustav Gründgens erfolgreich uraufgeführt, ein anderes von Hitler verboten). 1946 ging er von Berlin nach Kufstein und machte sich von Tirol aus durch seine Hörfunksendung »Hömbergs Kaleidoskop«, gelesen von Axel → Corti, einen guten Namen. Die sonntäglichen klugen und witzigen Feuilletons (ab 1948 mehr als 1 500 Sendungen) waren durch Jahrzehnte ein vielgeschätzter Beitrag im ORF.

*Werke:* »Der alte Hut« (Roman, 1951), »Das Roß der fröhlichen Lerche« (Erzählung, 1962), »Kirschen für Rom« (Schauspiel, 1940), »Der Gaukler unserer lieben Frau« (Hörspiel, 1961).

**Höngen, Elisabeth,** * 7. Dezember 1906 in Gevelsberg (Westfalen), Kammersängerin.

H. studierte Violine, Musikwissenschaft und Germanistik in Berlin. 1933 debütierte sie in Wuppertal und erhielt Engagements in Düsseldorf und Dresden, wo sie sich in zahlreichen Titelrollen profilierte (u. a. als Carmen, Eboli, Amneris, Ortrud, Lady Macbeth). 1943 kam sie an die Wiener Staatsoper, wo sie in ungezählten Partien (u. a. auch die Amme in der »Frau ohne Schatten« und die groteske Türkenbaba in Strawinskys »The Rake's Progress«) als Tragödin Maßstäbe gesetzt hat. Gastspiele führten die berühmte Altistin an die großen Opernhäuser der Welt. Sie gab auch großartige Liederabende. 1957–1960 lehrte sie als Prof. an der Wiener Musikakademie. 1970 wurde sie Ehrenmitglied der Staatsoper.

**Hörbiger, Attila,** * 21. April 1896 in Budapest, † 27. April 1987 in Wien, Kammerschauspieler.

Der Sohn von Hanns → Hörbiger leistete nach der Matura 1915 als Offizier Kriegsdienst. 1919 entschied er sich ohne entsprechende Ausbildung, wie sein Bruder Paul → H. Schauspieler zu werden. Nach Engagements an kleinen Bühnen (Bozen, Reichenberg, Brünn) engagierte ihn Max → Reinhardt 1928 an das Theater in der Josefstadt, H. spielte hier bis 1950. Er hatte auch große Erfolge in Berlin und bei Gastspielen am Wiener Volkstheater. 1950–1975 war er Mitglied des Burgtheaters, wo seine große Schauspielkunst zur vollen Reife kam. Sein Repetoire reichte vom Konversationsstück über Nestroy und Raimund zu Shakespeare und Lessing, Goethe und Schiller. Er war ein unvergleichlicher Darsteller von volkstümlichen Käuzen und weinseligen Räsonierern. Zu seinen Glanzrollen gehörten der Knieriem im »Lumpazivagabundus«, der Petruccio in »Der Widerspenstigen Zähmung«, der Nathan und Cornelius Melody in »Fast ein Poet«. Bei den Salzburger Festspielen spielte er 1935–1938 sowie 1947–1950 den »Jedermann«.

H., einer der beliebtesten Schauspieler im deutschsprachigen Raum, wirkte auch in zahlreichen Filmen mit (u. a. »Das vierte Gebot«, 1950, »Alpenkönig und Menschenfeind«, 1965, »Rückkehr«, 1977). 1985 stand er als Winter in Raimunds »Der Diamant des Geisterkönigs« zum letzten Mal auf der Bühne des Burgtheaters. Aus seiner Ehe mit Paula → Wessely stammen die Schauspielerinnen Elisabeth → Orth, Christiane → H. und Maresa → H.

*Lit.:* E. Führich/G. Prossnitz (Hg.), Paula Wessely, A. H. Ihr Leben, ihr Spiel (1985).

*Attila Hörbiger*

**Hörbiger, Christiane,** * 13. Oktober 1938 in Wien, Schauspielerin.

Die Tochter des großen Schauspielerehepaares Attila → H. und Paula → Wessely absolvierte die Handelsschule. Sie drehte bereits mit 16 Jahren ihren ersten Kinofilm, wurde deshalb vom Reinhardt-Seminar relegiert und nahm dann bei Alma → Seidler privaten Schauspielunterricht. 1957 debütierte sie am Burgtheater als Recha in Lessings »Nathan der Weise«. 1967 ging sie an das Züricher Schauspielhaus, wo sie sich als Elisabeth in »Maria Stuart«, Franziska in »Minna von Barnhelm« und in allen großen Shakespeare-Frauenrollen profilierte. Die angesehene Schauspielerin gastierte auch bei den Salzburger Festspielen als Buhlschaft in »Jedermann«, an den Münchner Kammerspielen, am Theater in der Josefstadt und an der Wiener Volksoper. Außerdem übernahm sie Hauptrollen im Film und im Fernsehen (u. a. »Das Erbe der Guldenburgs«). 1991 kehrte sie nach Wien zurück und spielte mit Michael → Heltau in »Love Letters« von A. R. Gurney am Akademietheater. Ihr Gastspiel »Die Betrogene« an der Freien Bühne Wieden wurde ein triumphaler Erfolg.

**Hörbiger, Hanns,** * 29. November 1860 in Atzgersdorf bei Wien, † 11. Oktober 1931 in Mauer bei Wien, Techniker und Maschinenkonstrukteur.

In Werschitz im Banat, wohin seine Familie übersiedelt war, besuchte H. die Realschule, konnte sie aber aus Geldmangel nicht beenden. Er erlernte das Schmiedehandwerk, zog als Wandersbursche nach Wien und besuchte hier die Maschinenbauschule des Technologischen Gewerbemuseums. Danach war er im Konstruktionsbüro des Erfinders Alfred Collmann tätig. Er arbeitete auch in Brünn, Iglau, Budapest und im lothringischen Bergbaugebiet. Aus diesen Tätigkeiten resultierte seine erfolgreiche Erfindung eines Stahlklappenventils für Gebläsekompressoren, die er 1895 erstmals patentieren ließ: Das »Hörbiger-Ventil« war das erste reibungsfrei geführte Plattenventil für Gebläse, Pumpen und Kompressoren und fand weltweite Verbreitung. 1900 konnte er mit Unterstützung von Siemens & Halske in Budapest ein eigenes Unternehmen gründen, 1903 verlegte er seinen Betrieb nach Wien. Sein Sohn Alfred gründete 1931 eine eigene Fabrik, die Söhne Attila → H. und Paul → H. wurden Schauspieler. Bekannt wurde der Erfinder u. a. durch seine Welteislehre, eine Theorie über die Entstehung der Welt, die jedoch von der Wissenschaft nicht anerkannt wird.

*Lit.:* M. Soeser, H. H. Welteis. Roman um ein Weltbild (1957).

**Hörbiger, Maresa,** * 29. Jänner 1945 in Seefeld (T), Burgschauspielerin.

Die jüngste Tochter von Paula → Wessely und Attila → H. wollte ursprünglich Journalistin werden, schlug aber dann doch die Bühnenlaufbahn ein. Nach ihrer Ausbildung am Reinhardt-Seminar ging sie nach Regensburg, Bern, Berlin und Hamburg, wo sie große Rollen überzeugend spielte. 1972 kam sie an das Burgtheater und brillierte bereits in ihren ersten beiden Spieljahren mit einer famosen Christine in → Schnitzlers »Liebelei«, mit Kleists »Käthchen« und Lessings Recha in »Nathan der Weise«. Es folgten u. a. Ibsen-, Goethe-, Tschechow- und Bernhard-Rollen, die die beseelte Schauspielerin mit ihrer ausgeprägten Persönlichkeit und Menschlichkeit erfüllte.

**Hörbiger, Paul,** * 29. April 1894 in Budapest, † 5. März 1981 in Wien, Schauspieler.

Der ältere Bruder Attila → H. maturierte am Stiftsgymnasium in St. Paul (K). Seine Schauspielerkarriere begann er 1919 in Reichenberg. 1926–1940 gehörte er dem Ensemble von Max → Reinhardt in Berlin an. Danach war er bis 1943 und wieder ab 1965 am Burgtheater tätig, wo er u. a. als Fortunatus Wurzel in »Der Bauer als Millionär«, als Liliom und als Schnoferl in »Das Mädel aus der Vorstadt« große Erfolge feierte. Der urwüchsige, komödiantische Volks-

Volksschauspieler errang jedoch seine größte Popularität in rund 300 Filmen, in denen er ab 1929 – auch als Partner von Hans → Moser – Hauptrollen übernahm (»Der Engel mit der Posaune«, »Der alte Sünder«, »Hallo, Dienstmann«). H. war ab 1943 in der österr. Widerstandsbewegung tätig, er saß 1945, von den Nationalsozialisten zum Tode verurteilt, bis zum Kriegsende im Wiener Landesgericht ein. Nach dem Krieg war der beliebte Volksschauspieler u. a. im Theater in der Josefstadt tätig.

**Hornbostel, Theodor,** * 9. Jänner 1889 in Wien, † 8. Juni 1973 in Gmunden (OÖ), Diplomat.

H. war der Sohn eines Ministerialbeamten und Sproß einer bekannten Wiener Seidenfabrikantendynastie. Er absolvierte das Theresianum und die Konsularakademie. Trotz Neigungen für ein Medizinstudium und musikalischer Begabung wählte er dennoch die diplomatische Laufbahn. Nach Konsulatsdiensten in Konstantinopel, Durazzo und Jaina war er während des 1. Weltkriegs in Skutari eingesetzt. 1919 ging er nach Budapest und danach in die Türkei. Erst 1930 kehrte er nach Wien zurück. Kanzler → Dollfuß, der großes Vertrauen in ihn setzte, ernannte ihn 1933 zum Leiter der Politischen Abteilung im Bundeskanzleramt. H. begleitete den Kanzler bei allen Auslandsreisen. Er war ein glühender Verfechter der österr. Unabhängigkeit. Kanzler → Schuschnigg stand er weniger nahe, so wurde er zu den Verhandlungen des Juliabkommens 1936 mit Deutschland erst verspätet hinzugezogen. H., der dieser Einigung mit dem Dritten Reich mit großer Skepsis gegenüberstand, wurde 1938 verhaftet und nach Dachau gebracht. 5 Jahre blieb er im KZ und erhielt danach »Gauverbot«. 1945 kehrte er nach Ö. zurück, trat aber nicht mehr in den Dienst des Bundeskanzleramtes. 1953 gründete er das Forschungsinstitut für den Donauraum.

**Horváth, Ödön von,** * 9. Dezember 1901 in Sušak bei Rijeka/Fiume (Istrien), † 1. Juni 1938 in Paris, Dramatiker und Erzähler.

*Ödön von Horváth*

Der Sohn eines adeligen österr.-ungarischen Diplomaten kam über Belgrad, Budapest, Preßburg und München nach Wien, wo er 1919 die Matura ablegte. Er begann an der Universität München zu studieren und lebte abwechselnd in Berlin und Bayern. 1933 verließ er Deutschland, zog nach Salzburg und wohnte ab 1936 schließlich in Wien. 1938 ging er abermals ins Exil und fand in Paris durch einen umstürzenden Baum den Tod.

H. begann bereits während seiner Münchner Studienzeit zu schreiben. Er verfaßte kurze Prosatexte (»Rechts und links«, Sportmärchen), wandte sich dann aber der Dramatik zu. In knapp 10 Jahren schuf er 18 Theaterstücke. In den Zeit- und Volksstücken (»Die Bergbahn«, 1928, »Italienische Nacht«, 1931, »Geschichten aus dem Wiener Wald«, 1931, »Kasimir und Karoline«, 1932, »Glaube, Liebe, Hoffnung«, 1932), wird seine gesellschaftspolitische Einstellung sichtbar, scharfsichtig mit zum Teil bitterböser Ironie wendet er sich gegen das Kleinbürgertum und gegen den heraufziehenden Faschismus. Nach 1933 entstand »Himmelwärts«, danach schöpfte H. seine Themen aus Geschichte und Literatur (»Figaro läßt sich scheiden«, 1934, »Don Juan kommt aus dem Krieg«, 1937). Es erschienen die Romane »Jugend ohne Gott«, 1937, und »Ein Kind unserer Zeit«, 1938, die vom Widerstand gegen den Nationalsozialismus geprägt sind.

Der Dichter, dessen Werk nach dem 2. Weltkrieg kaum Beachtung fand, wurde erst seit den 60er Jahren in seiner Bedeutung wiederentdeckt und gilt als einer der wichtigsten österr. Autoren der Zwischenkriegszeit.

*Lit.:* T. Krischke, Ö. von H. (1977); T. Krischke (Hg.), Kommentierte Werkausgabe in Einzelbänden (15. Bde., 1983 ff.).

**Hradetzky, Gregor,** * 31. Jänner 1909 in Krems (NÖ), † 29. Dezember 1984 in Bad Kleinkirchheim (K), Paddler und Orgelbauer.

H. war einer der erfolgreichsten österr. Sportler der Zwischenkriegszeit. Er gewann bei den Olympischen Spielen 1936 in Berlin zwei Goldmedaillen (Kajak-Einer über 1 000 Meter, Faltboot-Einer über 10 000 Meter). Außerdem gewann er 4 Europameisterschaften und 19 Titel bei den österr. Paddelwettbewerben. Von Beruf war H. wie sein Vater gelernter Orgelbauer. Nach Beendigung seiner aktiven Laufbahn übernahm er den väterlichen Betrieb. In seiner Heimatstadt Krems wurde er zum Ehrenbürger ernannt. 1976 leistete er noch einmal einen Beitrag zur olympischen Idee: H. baute für die Winterspiele in Innsbruck die Olympiaorgel.

**Hradil, Rudolf,** * 1. April 1925 in Salzburg, Graphiker und Maler.

H. erhielt seine Ausbildung in Wien an der Akademie der Bildenden Künste bei R. Ch. Andersen und Herbert → Boeckl, in Paris im Studio Fernand Léger und in Kärnten bei Anton → Kolig. Sein Œuvre umfaßt Aquarelle, Rohrfederzeichnungen und Farblithographien die sich durch einen lockeren Stil und eine zarte Farbigkeit auszeichnen. Er gilt als wichtiger österr. Graphiker, dessen Stadtansichten und Landschaften in ihrem graphischen Duktus eine gewisse Verwandtschaft mit den Zeichnungen Kurt → Moldovans aufweisen.

**Hrdlička, Alfred,** * 27. Februar 1928 in Wien, Bildhauer und Graphiker.

Der Sohn eines Hilfsarbeiters ging nach der Pflichtschule in eine Zahntechnikerlehre, entschied sich 1946 jedoch für das Kunststudium. Seine Lehrer waren → Gütersloh, → Dobrowsky und → Wotruba. Er schloß die Ausbildung 1953 als akademischer Maler und 1957 als akademischer Bildhauer ab. Ab 1962 lebte er als freischaffender Künstler. H. vertrat Ö. u. a. 1964 als Bildhauer und Graphiker bei der Biennale in Venedig und nahm an zahlreichen bedeutenden Ausstellungen teil. Er lehrte in Salzburg, Hamburg, Stuttgart und Berlin.

Der Bildhauer hat zahlreiche ausdrucksstarke Plastiken und Monumentalskulpturen geschaffen, die oft heftige Reaktionen der Öffentlichkeit provoziert haben: die »Orpheus«-Statue für das

*Alfred Hrdlička*

kleine Salzburger Festspielhaus (1963), die Renner-Büste in Wien (1967), das »Denkmal für Friedrich Engels« in Wuppertal (1981), der Bronzefries über den Serienmörder Fritz Haarmann in Hannover (1991) sowie die Mahnmäler gegen Faschismus und Krieg in Hamburg und Wien. Daneben hat er Radier- und Zeichenzyklen, Fresken, Bühnenbilder und Gemälde in Öl- und Temperamalerei geschaffen. Thema seiner kontroversiellen Kunst ist der Torso und die Qual wie die Grausamkeit des Menschen. Der engagierte Künstler hat auch kritische Essays und Schriften zu Kunst, Politik und Gesellschaft verfaßt, z. B. »Die Ästhetik des automatischen Faschismus« (1989).

*Lit.:* M. Lewin (Hg.), A. H. Das Gesamtwerk (3 Bde., 1987 bis 1992).

**Hubinek, Marga,** * 20. Mai 1926 in Wien, Politikerin.

Nach dem Studium der Geschichte trat H. in den Dienst der Wiener Kaufmannschaft. Sie hatte sich zuvor politisch in der Hochschülerschaft betätigt, anschließend war sie im Akademikerbund und in der Frauenbewegung der ÖVP aktiv. 1959 wurde sie in den Wiener Gemeinderat gewählt, 1970–1986 war sie Nationalratsmitglied. Zunächst Familiensprecherin ihrer Partei, gehörte sie ab 1985 zu den ersten, die sich voll für Umweltanliegen einsetzten. 1980–1986 bekleidete sie die Funktion eines stellvertretenden Parteiobmannes, im Februar 1986 wurde sie zur Zweiten Nationalratspräsidentin gewählt. H. trat immer energisch für eine Aufhebung der Diskriminierung der Frauen ein, auf legistischem Wege suchte sie die Bedingungen für Frauen, die Beruf und Familie vereinbaren wollen, zu verbessern. Sie ist eine engagierte Kernkraftgegnerin. Unermüdlich setzte sie sich auch für die Realisierung eines Nationalparks in der Hainburger Au ein.

**Hueber, Anton,** * 28. September 1861 in Domažlice/Taus (Böhmen), † 9. Juli 1935 in Wien, Drechsler und Arbeiterführer.

Schon als Schulbub mußte H. durch Ziegeltragen Geld verdienen. In Wien erlernte er das Drechslerhandwerk und versuchte, sich in seiner kargen Freizeit weiterzubilden. Er organisierte zunächst den Fachverein für Holzdrechsler, dem er als Obmann vorstand. 1895 wurde er Schriftführer des Österr. Gewerkschaftskongresses, einer Organisation, die ein Jahrzehnt später mehr als eine halbe Million Mitglieder zählte. Politisch neigte der Sozialdemokrat zu einer gewissen Radikalität; so befürwortete er als Mittel zur Erreichung des allgemeinen Wahlrechts – im Gegensatz zu Victor Adler – den Generalstreik. Bei der Zusammenfassung der vielen kleineren Gewerkschaften zu einer schlagkräftigen Organisation erwarb sich H. große Verdienste, die durch den ansteigenden Nationalismus entstehenden Abspaltungen konnte er jedoch nicht verhindern. Während des 1. Weltkriegs bemühte er sich um die Erhaltung der Organisationen. Seit 1919 Nationalratsmitglied, gingen in der Zwischenkriegszeit zahlreiche soziale Reformen auf seine Anregungen zurück. Bis 1934 blieb er Vorsitzender des Bundes Freier Gewerkschaften und beeinflußte in dieser Funktion wichtige Entscheidungen seiner Partei.

**Hueber, Franz,** * 10. Jänner 1884 in Grünburg (OÖ), † 10. Juli 1981 in Salzburg, Notar und Heimwehrführer.

H. stammte aus einer Juristenfamilie. Auch er studierte Jus, wurde nach dem Krieg Notariatsanwärter und ließ sich 1927 als Notar in Mattsee (S) nieder. Schon in seiner Jugend politisch aktiv, gehörte er zu den Gründern der Heimwehr im Pinzgau. 1925 wurde er Zweiter Landesführer. 1930 trat er als Justizminister ins Kabinett → Vaugoin ein, doch nur für zwei Monate, dann scheiterte die Regierung. H., der auch ein Nationalratsmandat innehatte, wurde Fraktionsobmann. 1933 trat er aus der Heimwehr aus, da er als Nationaler der Politik → Starhembergs nicht folgen konnte. H. war ein Schwager Hermann Görings. 1938 avancierte er im Kabinett → Seyss-Inquarts nochmals zum Justizminister, später wurde er SA-Brigadeführer, Mitglied des Reichstages, Unterstaatssekretär im Reichsjustizministerium und 1942 Präsident des Reichsverwaltungsgerichts. Ab 1945 als Kriegsverbrecher inhaftiert, wurde er 1948 wegen Hochverrats zu 18 Jahren Kerker verurteilt, 1950 aber bedingt entlassen. Er war danach in der Privatwirtschaft tätig.

**Hülgerth, Ludwig,** * 26. Jänner 1875 in Wien, † 13. August 1939 in Schloß Rottenstein am Längsee (K), Offizier und Politiker.

H. war der Sohn eines Offiziers. Nach Rückkehr aus dem 1. Weltkrieg wurde er nach dem Einfall südslawischer Truppen auf Kärntner Gebiet 1918 zum Landesbefehlshaber gewählt. H. sammelte neben den regulären Truppen auch Freiwilligeneinheiten, mit denen er den südslawischen Truppen relativ erfolgreich entgegentrat. Nach der Abstimmung vom 10. Oktober 1920, die zugunsten Kärntens ausging, erhielt er das Kärntner Kreuz in Gold. Danach führte er verschiedene Truppenkörper des Bundesheeres und ging 1927 als General in Pension. 1928 wurde er zum Landesleiter des Kärntner Heimatschutzverbandes gewählt. 1934 erfolgte nach den Februarereignissen seine Bestellung zum Landeshauptmann von Kärnten. 1936 wurde er zum Vizekanzler ernannt. Drei Tage später übernahm er auch das Generalkommando der neugeschaffenen Frontmiliz.

**Hundertwasser, Friedensreich (eigtl. Friedrich Stowasser),** * 15. Dezember 1928 in Wien, Maler und Umweltschützer.

H. verlor früh den Vater, der Techniker war. Er besuchte die Wiener Montessori-Schule, wo seine Begabung bereits auffiel. Unter dem NS-Regime mußte er als Halbjude die Realschule verlassen. Er holte nach dem Krieg die Matura nach und studierte an der Akademie der Bildenden Künste in Wien. Nach ausgedehnten Reisen trat er in Wien dem Art-Club bei, wo er 1952 erstmals ausstellte. Seit 1980 leitet er eine Meisterklasse für Malerei an der Akademie.

*Friedensreich Hundertwasser*

Der Künstler, der sich seit 1949 F. H. nannte, malte zunächst in realistischer Manier Blumen, Landschaften, Häuser und Stilleben, bis er allmählich seinen charakteristischen Stil fand. Grundstruktur seiner Malerei ist die Spirale. Die gerade Linie und den rechten Winkel lehnt H. entschieden ab. Die farbexplosiven Arbeiten wurzeln in österr. Traditionen, im wuchernden Barock, im ornamentalen Reichtum des Jugendstils. Sie spiegeln Vorstellungen von Architektur wider, in denen Natur, der Baum, die Landschaft als Haus aufgefaßt werden, und reflektieren die Zellstrukturen des Wachsens in der Natur. Seine Kunst verbindet er mit einem oft spektakulären Engagement für die Umwelt. Weltweites Aufsehen erregte der Bau einer Wohnhausanlage für die Gemeinde Wien (1988/89), die mittlerweile zu einer Touristenattraktion geworden ist. 1991 eröffnete H. an der Weißgerberlände sein »KunstHaus Wien«.

*Lit.:* H. Rand, F. H. als Maler (1986).

**Hunger, Herbert,** * 9. Dezember 1914 in Wien, Byzantinist.

H. gilt als Begründer einer »Wiener Schule der Byzantinistik«. Nach dem Studium der klassischen Philologie und Germanistik wurde er 1936 zum Dr. phil promoviert. Er arbeitete zunächst als Gymnasiallehrer, mußte aber bald einrücken. 1954 habilitierte er sich für Byzantinistik. 1956 übernahm er die Leitung der Papyrussammlung der Nationalbibliothek. 1962 wurde er zum o. Professor ernannt. Der vielfache Ehrendoktor war ab 1973 Präsident der Akademie der Wissenschaften. Er ist Mitglied zahlreicher ausländischer Akademien. Seit 1976 gibt der bekannte Wissenschaftler das Prosopographische Lexikon der Paläologenzeit heraus, ein wissenschaftliches Großprojekt, das erst mit Einsatz von Computern in Angriff genommen werden konnte.

*Werke:* »Lexikon der griechischen und römischen Mythologie« (1953), »Byzantinische Geisteswelt« (1958), »Reich der Neuen Mitte. Der christliche Geist der byzantinischen Kultur« (1965), »Byzantinistische Grundlagenforschung« (1973), »Das byzantinische Herrscherbild« (1975).

**Hurdes, Felix,** * 9. August 1901 in Bruneck (Südtirol), † 12. Oktober 1974 in Wien, Rechtsanwalt und Politiker.

Der Rechtsanwalt hatte sich schon früh in der Christlichsozialen Partei engagiert. 1936–1938 war er als Landesrat in Kärnten tätig. 1938 wurde er verhaftet und war bis 1939 im KZ. Nach seiner Entlassung knüpfte er Kontakte zu Gesinnungsgenossen wie Lois → Weinberger, die auch im Widerstand tätig waren; ebenso fand er mit ehemaligen politischen Gegnern wie Adolf → Schärf eine Gesprächsbasis. 1944 kam er erneut ins KZ. H. zählte 1945 zu den Mitbegründern der ÖVP. Als deren erster Generalsekretär (bis 1959) gelang ihm ein überaus schneller Aufbau der Parteiorganisation in ganz Ö., was letztlich den Wahlerfolg der ÖVP am 25. November 1945 ermöglichte. 1945–1966 war H. als Abgeordneter im Parlament, 1945–1952 war er Unterrichtsminister; 1953 wurde er Erster Nationalratspräsident, 1959 Obmann des ÖVP-Parlamentsklubs (bis 1966). H. befand sich in einem steten Gegensatz zu Julius → Raab, den er v. a. wegen seiner Heimwehrvergangenheit ablehnte.

*Werke:* »Kulturpolitik« (1948), »Vater unser« (1950).

**Husslein, Hugo,** * 14. August 1908, † 2. Februar 1985 in Wien, Gynäkologe.

H. erhielt seine Ausbildung als Gynäkologe bei Weibel in Wien und Hermann → Knaus in Prag, wo er sich zunächst Forschungen auf dem Gebiete der Endokrinologie widmete. Nach dem Kriegsdienst wirkte er in der II. Universitäts-Frauenklinik. H. habilitierte sich 1948. 1955 zum a. o. Professor ernannt, wurde er 1956 Vorstand der Semmelweis-Frauenklinik. 1964 trat er die Nachfolge → Zacherls als Vorstand der II. Frauenklinik an, die er bis 1979 leitete. Als erklärter Gegner der Fristenlösung war er ein Reformer der Geburtshilfe, er führte Schwangerenberatungsstellen ein und den ersten Schwangerenpaß in Ö. H. gründete die Österr. Gesellschaft für Familienplanung. Sein wissenschaftliches Œuvre umfaßt mehr als 200 Publikationen.

**Hutter, Wolfgang,** * 13. Dezember 1928 in Wien, Maler und Graphiker.

Der Sohn von A. P. → Gütersloh wuchs im Haushalt des Arztes Dr. Karl Hutter und dessen Frau Milena auf. Er wurde 1944 in eine Graphikklasse der Akademie der Bildenden Künste aufgenommen und trat nach Kriegsende 1945 in die Meisterklasse seines Vaters Gütersloh ein. 1950 verließ er die Akademie, ein Diplom erhielt er später ehrenhalber zuerkannt. Der Künstler ist einer der Hauptvertreter der Wiener Schule des Phantastischen Realismus.

Schon 1947 beteiligte sich H. an der großen österr. Kunstausstellung im Wiener Künstlerhaus. 1950 erhielt er den UNESCO-Preis bei der Biennale in Venedig. Mit → Brauer, → Fuchs, → Hausner und → Lehmden zählte er zum Künstlerkreis des Art Club. 1965 gelang ihm bei einer Ausstellung in Hannover der Durchbruch zum Erfolg. H. ist seit 1966 Prof. an der Hochschule für Angewandte Kunst in Wien. Seine in minuziöser Kleinarbeit geschaffenen Bilder, die künstliche Paradiese, phantastische Gärten mit puppenhaften Märchenwesen und einer bunten Pflanzenwelt zeigen, sind beim Publikum sehr begehrt. H. schuf auch Bühnenbilder, Gobelins (Burgtheater in Wien) und Fresken (Neues Festspielhaus in Salzburg).

*Lit.:* O. Breicha, W. H. (1969); W. H. Zum 60. Geburtstag (1988).

# I-J

**Igler, Hans,** * 29. Juli 1920 in Wien, Wirtschaftsfachmann.

I. studierte an der Universität für Welthandel und danach Staatswissenschaften. Nach Kriegsdienst war er 1946–1950 als Berater im Büro der Marshallplan-Hilfe tätig. In der Folge leitete er das ERP-Büro im Bundeskanzleramt und beriet Kanzler → Raab in Wirtschaftsfragen bei der Vorbereitung des österr. Staatsvertrags. 1956 bis 1959 fungierte er als Vorstandsvorsitzender der damaligen »Verstaatlichten«-Holding IBV. Ein Jahr später trat er als Gesellschafter ins Bankhaus Schoeller ein. 1971 wurde er zum Vorsitzenden, 1972 zum Präsidenten des Wirtschaftspolitischen Ausschusses der Industriellenvereinigung gewählt (bis 1980). Er ist Mitglied des Aufsichtsrats zahlreicher Industrieunternehmungen.

*Werke:* »Ausbruch aus Krähwinkel« (1985).

**Ilg, Ulrich,** * 7. April 1905 in Dornbirn (V), † 9. Mai 1986 in Dornbirn, Landwirt und Politiker.

1920–1922 absolvierte der Bauernsohn die landwirtschaftliche Schule in Mehrerau. Er arbeitete im elterlichen Betrieb und war in der katholischen Jugendbewegung und im Bauernbund aktiv. Schon 1927 war er Obmann des Vorarlberger Bauernbundes. 1934 wirkte der Agrarfachmann kurze Zeit als Staatssekretär für Land- und Forstwirtschaft, 1934–1938 als Mitglied des Bundeswirtschaftsrates. 1938 wurde er aller Ämter enthoben, da er nicht an der Volksabstimmung am 10. April teilgenommen hatte. Während des Krieges arbeitete er drei Jahre als Alpmeister. Im Mai 1945 bestellte ihn die französ. Besatzungsmacht zum Präsidenten des Vorarlberger Landesausschusses. 1945 wählte ihn die neugegründete ÖVP zum Landesobmann. I. war nach dem 2. Weltkrieg der erste Landeshauptmann von Vorarlberg (1945–1964) und erwarb sich große Verdienste um den wirtschaftlichen Wiederaufbau des Landes. Er war auch Herausgeber des »Vorarlberger Volksblatts«. Bis 1969 wirkte er als Landesfinanzreferent.

1985 erschien sein Buch »Meine Lebenserinnerungen«.

**Illig, Udo,** * 13. April 1897 in Graz, † 22. Jänner 1989 in Graz, Wirtschaftsexperte und Politiker.

Nach dem Studium von Philosophie, Jus, Staatswissenschaften und Wirtschaftswissenschaften arbeitete I. in der gewerblichen Wirtschaft. 1927–1932 war der Steirer Abgeordneter der Christlichsozialen Partei im Landtag. Nach 1945 baute er gemeinsam mit Hans Taucher die Handelskammer der Steiermark wieder auf, deren Kammeramtsdirektor er wurde. 1945–1953 war er auch Mitglied der Landesregierung. 1953–1956 amtierte er als Bundesminister für Handel und Wiederaufbau. In seine Amtszeit fiel die erste Phase des Ausbaus des österr. Straßennetzes, in Wien kam der Wiederaufbau von Burgtheater und Staatsoper zum Abschluß, Ö. konnte erstmals eine aktive Außenhandelsbilanz erreichen. I. war ein besonderer Förderer des Fremdenverkehrs und des Denkmalschutzes. 1956 erwarb er die Burg Schlaining, die er vorbildlich restaurierte.

**Imhoff, Fritz (eigtl. Friedrich Jeschke),** * 6. Jänner 1891 in Wien, † 24. Februar 1961 in Wien, Schauspieler, Sänger und Komiker.

*Fritz Imhoff*

I. war der Bruder des bekannten Wienerliedkomponisten und Sängers Ernst → Arnold. Nach Abschluß des Gymnasiums absolvierte er eine Gesangsausbildung. Bei seinem Debüt in Troppau 1911 fiel er durch. Seine Karriere begann in Baden bei Wien, danach ging er nach Brünn und kam 1919 an das Theater an der Wien. In der Folge trat der urwüchsige Wiener mit der unverkennbar schnarrenden Stimme mit Ausnahme des Burgtheaters an fast allen Wiener Bühnen auf, er spielte bei den Salzburger Festspielen den »Dicken Vetter« und absolvierte Gastspiele im Ausland. 1945 wurde er von der sowjetischen Besatzungsmacht zum Direktor des Wiener Raimundtheaters bestellt, das er bis 1948 leitete. Dem breiten Publikum wurde der Sänger und Schauspieler durch rund 170 Tonfilme bekannt, in denen er zumeist in komischen Rollen Wiener Typen verkörperte. Er war auch ein populärer Wienerliedinterpret.

**Ingrisch, Lotte,** * 20. Juli 1930 in Wien, Schriftstellerin.

I. verfaßte zunächst Romane. Ihren Durchbruch erzielte sie mit Einaktern (»Damenbekanntschaften«, 1971) sowie als Hörfunk- und Fernsehautorin. Ihre Bühnenstücke sind oft voll Skurrilität und schwarzem Humor (»Die kybernetische Hochzeit«, 1968; »Wiener Totentanz«, 1970; »Lambert Veigerl macht sein Testament«, 1980). Sie verfaßte auch esoterische Texte (»Reiseführer ins Jenseits«, 1980; »Das Donnerstagebuch«, 1988; »Herr Jacobo reitet«, 1990). Die Autorin, in zweiter Ehe mit dem Komponisten Gottfried von → Einem verheiratet, schrieb auch Opernlibretti. Ihr Libretto zu von Einems Mysterienoper »Jesu Hochzeit« rief in katholischen Kreisen heftigen Protest hervor.

**Innauer, Anton (Toni),** * 1. April 1958 in Bezau (V), Skispringer.

Der erfolgreichste Skispringer nach 1945 besuchte das Skigymnasium Stams (T). 1976 gewann er die Silbermedaille bei den Olympischen Spielen in Innsbruck und errang damit seinen ersten großen internationalen Erfolg. Im selben Jahr stellte er bei der Skiflugwoche in Oberstdorf mit 174 Meter und 176 Meter zwei Skiflugweltrekorde auf. 1980 holte sich der »Adler aus Vorarlberg« in Lake Placid (USA) die langverdiente olympische Goldmedaille, mußte dann aber wegen einer Verletzung mit 22 Jahren das Skispringen aufgeben. Zum Abschluß seines Sportstudiums in Innsbruck und Graz schrieb er eine aufsehenerregende Magisterarbeit über Hochleistungssportler. 1989–1992 war er Cheftrainer des österr. Skispringerteams.

**Innerhofer, Franz,** * 2. Mai 1944 in Krimml (S), Erzähler.

Der uneheliche Sohn einer Landarbeiterin kam als Kind auf den Bauernhof seines Vaters, wo er als Hilfsknecht arbeitete. Danach absolvierte er eine Schmiedelehre, anschließend das Gymnasium für Berufstätige und studierte einige Semester Germanistik und Anglistik an der Universität Salzburg. Ab 1973 freier Schriftsteller, wurde I. mit seiner Romantrilogie »Schöne Tage« (1974), »Schattseite« (1975) und »Die großen Wörter« (1977) bekannt. Mit großer Authenzität und Eindringlichkeit beschreibt er seinen Werdegang und übt radikale Kritik an der bäuerlichen Welt und an der katholischen Kirche sowie an der Scheinwelt und Leere der Stadtkultur. 1982 erschien seine Erzählung »Der Emporkömmling«.

**Innitzer, Theodor,** * 25. Dezember 1875 in Vejprty/Weipert (Böhmen), † 9. Oktober 1955 in Wien, Erzbischof von Wien.

Der Sohn eines Fabrikarbeiters war Lehrling in einer Textilfabrik und konnte schließlich das Gymnasium in Kaaden besuchen. 1898 ging er an das Priesterseminar in Wien, 1902 erfolgte seine Priesterweihe. Nach dem Studium der Theologie (Promotion: 1906) wurde er 1908 Privatdozent, 1913 erhielt er einen Lehrstuhl für neutestamentliche Exegese; 1928/29 auch Rektor, konnte er Ausschreitungen nationaler gegen jüdische Studenten unterbinden. I. gab zahlreiche Periodika heraus, wie »Theologische Studien der Leo-Gesellschaft«, »Der Seelsorger« und »Christlich-pädagogische Blätter«. Er war (1929/30) im Kabinett → Schober III Bundesminister für soziale Verwaltung. 1932 ernannte ihn Papst Pius XI. zum Erzbischof von Wien, 1933 wurde er zum Kardinal erhoben. Am Beginn seines Wirkens standen große Erfolge wie die Abhaltung des Katholikentages im September 1933, der Abschluß des Konkordats im Juli 1933 und die Gründung des Dom- und Diözesanmuseums. Der März 1938 und der »Anschluß« brachten jedoch Enttäuschung und Niederlage. Der Kirchenfürst hatte sich in naiver Leichtgläubigkeit in Verhandlungen mit Hitler eingelassen, doch bereits im Oktober 1938, anläßlich des Sturms der HJ auf das Erzbischöfliche Palais am Stephansplatz, mußte er erkennen, daß seine Hoffnung auf eine kirchenfreundliche Politik Hitlers gescheitert war. Noch während des Krieges errichtete er 1940 eine »Hilfsstelle für nichtarische Katholiken«, auch setzte er sich für die leidende Bevölkerung ein. Seine »Heil-Hitler-Unterschrift« in seinem Brief an Bürckel blieb aber Gegenstand harter Kritik.

*Theodor Innitzer*

*Lit.:* V. Reimann, Kardinal zwischen Hitler und Rom (1967); E. Weinzierl, Zu wenig Gerechte (1969); M. Liebmann, T. I. und der Anschluß (1988).

**Jachym, Franz,** * 3. September 1910 in Wien, † 29. November 1984 in Wien, Moraltheologe.

Als Waise wurde J. im Vinzentinum erzogen und legte seine Matura am Knabenseminar in Hollabrunn ab. 1936 erfolgte seine Priesterweihe. 1937 wurde er zum Zeremoniär Kardinal → Innitzers berufen (bis 1945). Beim Sturm der HJ auf das Erzbischöfliche Palais am 8. Oktober 1938 wurde J. verletzt. Nach dem Krieg übernahm er in Wien eine Professur für Moraltheologie. Eine Weihe zum Erzbischofkoadjutor lehnte er zunächst ab, Rom insistierte jedoch, und so erfolgte diese im Mai 1950 in Rom. Kardinal → Innitzer hatte eigentlich keinen Koadjutor gewollt, J.s Bestellung erwuchs einem

Wunsch des Apostolischen Nuntius. Nach dem Tode von Kardinal Innitzer zum Kapitelvikar gewählt, wirkte J. als ein loyaler Mitarbeiter des neuen Wiener Kardinals Franz → König. Er beschäftigte sich auch intensiv mit Kirchenbau.

**Jägerstätter, Franz,** * 20. Mai 1907 in St. Radegund im Innkreis (OÖ), † 9. August 1943 (hingerichtet) in Berlin, Bauer und Wehrdienstverweigerer.

Der Landwirt und Mesner stimmte als einziger in seinem Dorf bei der Volksabstimmung am 10. April 1938 mit Nein. Den Dienst in Hitlers Wehrmacht lehnte er aus religiösen Gründen ab, auch bei der Sanitätstruppe wollte der überzeugte Katholik nicht dienen. Er wurde verhaftet und trotz zahlreicher Interventionen am 6. Juli 1943 wegen Wehrdienstverweigerung zum Tode verurteilt. Das Urteil wurde kurz darauf vollstreckt. J. hinterließ eine Frau und Kinder. In Rom läuft für ihn ein Seligsprechungsprozeß.

*Lit.:* G. Zahn, Er folgte seinem Gewissen (1967); B. Kent, F. J. (1977); E. Putz, F. J. (1985).

**Jaggberg, Kurt (eigtl. Jagersberger),** * 10. November 1922 in Wiener Neustadt (NÖ), Schauspieler.

J. studierte 1945–1949 an der Wiener Universität Philosophie und Theaterwissenschaft (Promotion: 1949) und absolvierte das Reinhardt-Seminar. Seit 1951 freier Schauspieler, war er im Laufe seiner Tätigkeit an zahlreichen Bühnen in Wien, so u. a. am Volkstheater und im Theater in der Josefstadt, sowie in Deutschland, z. B. Hebbeltheater, Theater am Kurfürstendamm in Berlin, zu sehen, in klassischen ebenso wie in modernen Stücken (u. a. als Sebastian in Shakespeares »Sturm«, als Nicola in Shaws »Helden« oder als Zangler in Nestroys »Einen Jux will er sich machen«). Zugleich arbeitete er bei Film, Rundfunk und Fernsehen, so in unzähligen Hörspielen und als Sprecher in Hörfunk und TV. Besonders bekannt wurde er in der Rolle des Bezirksinspektors Wirz in der Krimiserie »Oberinspektor Marek«, die er 1969–1985 verkörperte. Ab 1983 spielte er als Oberinspektor Hirth eine Hauptrolle.

**Jakob, Winnie,** * 17. Mai 1927 in Reichenberg (NÖ), Karikaturistin.

Sie nennt sich »WIN« und ist eine Meisterin der Künstlerkarikatur. Ihre pointierten Zeichnungen, die seit mehr als drei Jahrzehnten auf den Kulturseiten der österr. Zeitungen erscheinen, sind kulturhistorische Kostbarkeiten.

J. studierte an der Kunstgewerbeschule in Linz, an der Universität Graz legte sie das Dolmetschexamen in Englisch ab. Anschließend arbeitete sie am amerkanischen Konsulat in Salzburg als Übersetzerin. Ihre erste Zeichnung, ein Porträt des Komponisten Karl → Böhm, erschien 1959 im »Wiener Kurier«. Seither arbeitet sie als freischaffende Künstlerin. Sie schuf auch Buchillustrationen, Kinderporträts, Landschafts- und Tierzeichnungen sowie Städtebilder. Ihr reichhaltiges Schaffen hat die Künstlerin seit 1961 auf zahlreichen Ausstellungen der Öffentlichkeit präsentiert.

**Jakoncig, Guido,** * 27. September 1895 in Capodistria/Koper (Slowenien), † 21. Dezember 1972 in Innsbruck, Rechtsanwalt und Politiker.

Der Sohn eines Hofrats studierte nach dem 1. Weltkrieg Jus in Innsbruck. Zu dieser Zeit gehörte er gemeinsam mit Ernst Rüdiger → Starhemberg zum Corps »Rhaetia«. Seine Berufslaufbahn begann er als Anwalt in Meran und Innsbruck. 1927 trat er der Heimwehr bei, wo er bald hohe Funktionen erreichte. Als Vertreter der Heimwehr gehörte er 1932–1933 dem Kabinett → Dollfuß als Handelsminister an. Ab 1933 leitete er das Bundes-Wirtschafts- und Ständeamt, das von seiten der Heimwehr den Ständestaat in Ö. vorbereiten sollte. Er wirkte außerdem als Konsulent der Credit-Anstalt und eröffnete 1935 in Wien eine Anwaltskanzlei. Nach 1934 beteiligte er sich an einigen Befriedungsaktionen mit den Nationalsozialisten, u. a. gehörte er zu den Unterzeichnern der Proponentenliste des »Deutsch-Sozialen Volksbundes«. Nach 1938 trat er nicht weiter in Erscheinung, 1945 nahm er seine Anwaltstätigkeit in Innsbruck wieder auf. Er gehörte zu den Initiatoren von handelspolitischen Sonderregelungen für Südtirol. Außerdem war er im Aufsichtsrat von Industrieunternehmungen, u. a. der Brenner-Tunnel- und Alpenstraßen-Verkehrsgesellschaft mbH.

*Werke:* »Grundsätzliche Gedanken zur Wirtschaftskrise und deren Bekämpfung« (1934), »Tiroler Kaiserjäger im Weltkrieg« (1935). »Bolschewismus und Wirtschaft« (1937).

**Janatsch, Helmut,** * 12. Oktober 1918 in Braunau am Inn (OÖ), † 27. November 1985 in Wien, Kammerschauspieler.

J. besuchte ein Humanistisches Gymnasium und danach die Hochschule für Welthandel. 1938–1941 absolvierte er das Reinhardt-Seminar. Er debütierte 1942 als Claudio in »Viel Lärm um nichts« am Theater in der Josefstadt. 1945/46 war er am Salzburger Landestheater und danach an der Wiener Bühne »Die Insel« beschäftigt. Als jugendlicher Charakterdarsteller kam er 1950 an das Burgtheater. Hier hat er sich v. a. in klassischen Rollen, als Hamlet, als Don Carlos, als Buckingham in »Richard III.«, aber auch in modernen Partien, u. a. als Oberstleutnant Ludoltz in Czokors »Dritter November 1918« und als Dr. Stark in Hochwälders »Der Unschuldige«, als verläßliches Ensemblemitglied erwiesen. Der Schauspieler arbeitete auch für Film und Fernsehen. Er hat in zahlreichen Hörfunksendungen Regie geführt und war Autor literarischer Dramatisierungen für den Rundfunk.

**Jandl, Ernst,** * 1. August 1925 in Wien, Lyriker, Hörspiel- und Dramenautor.

Der Sohn eines Bankbeamten studierte Germanistik und Anglistik (Lehramtsprüfung: 1949, Promotion: 1950) und unterrichtete in Wien am Gymnasium. Er schrieb zunächst inhaltlich wie formal von Bert Brecht beeinflußte Lyrik. Be-

*Ernst Jandl*

kannt wurde er mit dem Band »Andere Augen« (1956). Unter dem Einfluß der »Wiener Gruppe« um H. C. → Artmann und gemeinsam mit Friederike → Mayröcker wandte er sich der experimentellen Poesie zu. Seine Sprachexperimente machten ihn zur Leitfigur der innovativen Dichtkunst in Ö. Seine pointierten Sprech- und Lautgedichte bringt J. mit großer Meisterschaft oft selbst zum Vortrag, wobei er die verschlüsselte und nicht selten gesellschaftskritische Aussage verdeutlicht. Von J. stammen auch Hörspiele (u. a. »Fünf Mann Menschen«, gemeinsam mit Mayröcker, 1968) und Dramen wie »Aus der Fremde. Sprechoper in sieben Szenen« (1980).

*Weitere Werke:* »Laut und Luise« (1966), »Sprechblasen« (1968), »Der künstliche Baum« (1970), »dingfest« (1973), »die bearbeitung der mütze« (1978), »idyllen« (1989).

*Lit.:* K. Siblewsky (Hg.), »Gesammelte Werke, Gedichte, Stücke, Prosa« (3 Bde., 1985).

**Janisch, Michael,** * 21. Juli 1927 in Wien, Kammerschauspieler.

Der Absolvent des Reinhardt-Seminars begann seine Laufbahn als jugendlicher Liebhaber am Landestheater Salzburg. Über Linz kam der 24jährige an das Burgtheater nach Wien, wo er sich seither – verläßlich, solide, dem ganzen Ensemble und nicht sich selbst verpflichtet – in ungezählten Rollen einen Namen gemacht hat, als Baumgarten in »Wilhelm Tell«, als La Hire in Anouilhs »Die Lerche«, als Kreon in Grillparzers »Medea« oder Heinrich Bolinbroke in »Richard II.« u. v. a. von Shakespeare bis Schnitzler, von Lope de Vega bis Nestroy, von Grillparzer bis Hochwälder.

**Jankowitsch, Peter,** * 10. Juli 1933 in Wien, Diplomat und Politiker.

Der spätere Außenpolitik-Experte absolvierte ein Jusstudium sowie eine Übersetzer- und Dolmetscherausbildung. 1957 trat er in den Auswärtigen Dienst und arbeitete als Sekretär des damaligen Außenministers Bruno → Kreisky. 1958 wurde er als Mitglied der österr. Delegation zur Ersten Seerechtskonferenz der Vereinten Nationen nach Genf entsandt, 1962 wurde er der österr. Botschaft in London zugeteilt. 1964 betraute man ihn mit der Errichtung der ersten österr. Botschaft in Dakar (Senegal). Kreisky berief ihn dann als seinen Bürochef in die SPÖ. 1970 bis 1972 war J. Kabinettschef bei Kanzler Kreisky. Bis 1977 vertrat er Ö. bei den Vereinten Nationen in New York, 1978–1982 war er Ständiger Vertreter Ö.s bei der OECD in Paris. Später übernahm er die Funktion eines Internationalen Sekretärs der SPÖ, wobei er sich als Spezialist für Entwicklungshilfe besonders den Anliegen der dritten Welt widmete. 1986/87 amtierte er als Außenminister, 1990–1992 als Staatssekretär für Europaangelegenheiten. Danach kehrte er ins Parlament als Abgeordneter zurück.

**Janowitz, Gundula,** * 2. August 1937 in Berlin, Kammersängerin.

Die gefeierte Künstlerin wuchs in Graz auf. Nach dem frühen Tod des Vaters mußte sie das Gymnasium verlassen, besuchte einen Handelskurs und war dann im Büro einer landwirtschaftlichen Zeitung beschäftigt. Daneben ließ sie sich im Landeskonservatorium zur Sängerin ausbilden. 1959 holte sie Herbert von → Karajan, der sie entdeckte, an die Wiener Staatsoper, wo sie als Barbarina in »Figaros Hochzeit« debütierte. 1962 wurde sie Ensemblemitglied. Der Grundstein für eine glanzvolle Karriere war damit gelegt. 1960 sang sie erstmals in Bayreuth, ab 1963 bei den Salzburger Festspielen. Gastspiele an den großen europäischen Bühnen folgten. Nach und nach erarbeitete sich die Sängerin mit dem leuchtend-reinen Sopran ein breites Repertoire. Sie brillierte in ihren Lieblingspartien: als Gräfin in »Figaros Hochzeit«, als Ariadne, Arabella und als überzeugend wienerische Marschallin. Sie hat sich aber auch das italienische Fach erobert, etwa mit ihrer mitreißenden Odabella in Verdis »Attila«, und sie war auch eine ergreifende Sieglinde.

Die Sopranistin von Weltruf hat 1990 ihre Karriere als Sängerin beendet und ist nach Graz zurückgekehrt, um dort das Opernhaus zu leiten. Als erster weiblicher Opernchef hat sie ein Tabu der österr. Musikgeschichte gebrochen. Ihre Direktion stand allerdings unter keinem guten Stern; bereits im Mai 1991 legte sie das Amt zurück.

**Jansa, Alfred,** * 16. Juli 1884 in Stanislaw (Galizien, Polen), † 20. Dezember 1963 in Wien, Berufsoffizier.

Nach der Kadettenschule absolvierte J. 1908–1911 die Kriegsschule und war während des 1. Weltkriegs im Generalstab tätig. Das neue Bundesheer der Republik übernahm ihn als Oberst. 1930 wurde er zum Generalmajor befördert. 1933 fungierte er als Delegierter Ö.s bei der Genfer Abrüstungskonferenz. Anschließend wurde er als Militärattaché nach Berlin entsandt, wo er die Anfänge der Regierungstätigkeit Hitlers aus unmittelbarer Nähe verfolgen konnte. 1935 wurde er Sektionschef im Bundesministerium für Heereswesen, 1936 Chef des Generalstabs und zum Feldmarschalleutnant ernannt. Er trachtete durch einen raschen Aufbau des Bundesheeres in enger Zusammenarbeit mit Italien, einem deutschen Angriff, den er für das Jahr 1939 erwartete, entgegenzuwirken. Seine Konzepte für Landesverteidigung und Landesbefestigung konnten jedoch nur in geringem Umfang verwirklicht werden. Nach dem Berchtesgadener Abkommen, das er ablehnte, suchte er um seine Pensionierung an.

*Lit.:* L. Jedlicka, A. J., in: NÖB 19 (1977).

**Jaray, Hans,** * 24. Juni 1906 in Wien, † 6. Jänner 1990 in Wien, Schauspieler, Regisseur und Schriftsteller.

Nach seiner Ausbildung an der Akademie für Musik und Darstellende Kunst debütierte J. 1923 am Deutschen Volkstheater in Wien. Er spielte zunächst klassische Rollen, so den Hamlet, den jungen Medardus, den Herzog in »Maß für Maß«, und wurde früh für den Film entdeckt. Als Franz Schubert in »Leise flehen meine Lieder« erlangte er 1933 Starruhm.

Bereits 1930 hatte ihn Max → Reinhardt an das Theater in der Josefstadt geholt, wo er bis zu seiner Flucht vor dem Nationalsozialismus engagiert war. Er verfaßte auch erfolgreiche Lustspiele: »Ein feiner Herr« (1932), »Liebesheirat« (1937). Der jüdische Künstler emigrierte 1938 in die USA. Dort arbeitete er in Hollywood und an New Yorker Bühnen, daneben schrieb er den Roman »One Day Missing«, der 1949 unter dem Titel »Es fehlt eine Seite« in deutscher Sprache erschien.

Der noble Grandseigneur war nach seiner Rückkehr 1948 zunächst am Volkstheater und ab 1951 wieder an der Josefstadt tätig. Er inszenierte Stücke wie »Liliom«, »Professor Bernhardi« und »Unsere kleine Stadt«. Als Schauspieler trat er vorwiegend in Boulevardstücken auf und erfreute seine zahlreichen Verehrer mit seiner gepflegten Konversation. Daneben wirkte er als Prof. am Reinhardt-Seminar. Kurz vor seinem Tod schrieb er seinen Lebensbericht »Was ich kaum erträumen konnte . . .«, der im Herbst 1990 postum erschien.

**Jarno, Josef (eigtl. Kohner),** * 24. August 1866 in Pest (Ungarn), † 11. Jänner 1932 in Wien, Schauspieler und Theaterdirektor.

Zunächst Bankangestellter, nahm J. Schauspielunterricht bei Josef Lewinsky. Er debütierte 1885 am Kurtheater in Ischl (OÖ), wo er bis 1899 jeden Sommer als Gast spielte. Es folgten Engagements in Laibach, Budapest und Berlin. 1897 übernahm er die Leitung des Sommertheaters in Bad Aussee. 1899–1923 war er in Wien Direktor des Theaters in der Josefstadt, wo er sich besonders um ein modernes Repertoire, wie Ibsen, Strindberg, → Schnitzler und Shaw, bemühte. 1905 hatte er das Fürst-Theater gekauft, das er nebenbei führte. Weit weniger erfolgreich war seine Leitung der Renaissance-Bühne 1926–1931, die in diesen wirtschaftlich schwachen Zeiten schließlich in Konkurs ging. J. war mit der Volksschauspielerin Hansi → Niese verheiratet.

**Jedlicka, Ludwig,** * 26. Mai 1916 in Wien, † 29. April 1977 in Salzburg, Historiker.

J. studierte in Wien Germanistik und Geschichte, wo v. a. der Historiker Heinrich → Srbik großen Einfluß auf ihn ausübte. Anschließend trat er in den Verwaltungsdienst der Gemeinde Wien. Zuletzt in der Abteilung Kunst, Wissenschaft und Heimatpflege tätig, geriet er in Zwist mit Gauleiter Baldur von Schirach, der ihn einrückend machte. J. konnte aber dank einer Intervention von Edmund → Glaise-Horstenau im Heeresgeschichtlichen Museum Dienst tun. Er knüpfte Kontakte zur Widerstandsbewegung und zu Exponenten der künftigen ÖVP. Nach dem Krieg war er als Verlagslektor und 1954–1961 als Kustos am Heeresgeschichtlichen Museum tätig. 1962 konnte er sich für österr. Geschichte mit besonderer Berücksichtigung der Zeitgeschichte habilitieren. J. wurde 1966 zum o. Prof. und Vorstand des von ihm begründeten Instituts für Zeitgeschichte bestellt. Als Begründer der modernen Zeitgeschichtsforschung in Ö. war er von weitreichendem Einfluß.

*Werke:* »Hoch- und Deutschmeister« (1944), »Maria

Theresia in ihren Briefen und Staatsschriften« (1955), »Ein Heer im Schatten der Parteien« (1955), »Der 20. Juli 1944 in Ö.« (1956), »Ende und Anfang Ö.s 1918/1919« (gemeinsam mit A. Staudinger, 1969), »Vom alten zum neuen Ö.« (1975).

**Jelinek, Elfriede,** * 20. Oktober 1946 in Mürzzuschlag (St), Schriftstellerin.

J. besuchte in Wien eine Klosterschule und studierte dann Theaterwissenschaft, Kunstgeschichte und Musik. Sie fand schon sehr früh zur Literatur und wurde 1970 mit ihrem Roman »wir sind lockvögel baby« bekannt, der unter dem Einfluß der »Wiener Gruppe« stand. Aber schon »Michael. Ein Jugendbuch für die Infantilgesellschaft« (1972) trug realistische Züge. In »Die Liebhaberinnen« (1975, 1989) greift sie jenes Thema auf, das sie immer wieder beschäftigt: die sexuelle Unterdrückung und Ausbeutung der Frau in einer von Männern dominierten Gesellschaft (»Clara S., musikalische Tragödie«, 1982, »Lust«, 1990). Dabei geht es der politisch engagierten Autorin primär darum, mit ihrem satirischen und dialektischen Sprachwitz die herrschaftsstabilisierenden Manipulations- und Marktmechanismen der kapitalistischen Gesellschaft zu demaskieren und bewußtseinsverändernd zu wirken. Sie greift dabei in ihren Romanen, Theaterstücken und Hörspielen auch zum Mittel der Provokation. J. zählt zu den bekanntesten und erfolgreichsten österr. Autorinnen der Gegenwart.

*Elfriede Jelinek*

*Weitere Werke:* »Burgtheater« (Posse mit Gesang, 1980), »Die Ausgesperrten« (Hörspiel, 1980), »Die Klavierspielerin« (Roman, 1986), »Krankheit« (Theaterstück, 1989), »Totenauberg« (Theaterstück, 1991).

**Jelinek, Hanns,** * 5. Dezember 1901 in Wien, † 27. Jänner 1969 in Wien, Komponist.

Der Komponist und Theoretiker der Zwölftonmusik war ein Schüler Alban → Bergs und Arnold → Schönbergs. Nach spätromantischen Anfängen wurde er zu einem der bedeutendsten Vertreter der zweiten Generation der »Wiener Schule der Neuen Musik«. Daneben schuf der vielseitige Künstler auch Tonfilmmusik und Operetten und beschäftigte sich mit Jazz. In seiner Spätzeit bezog er elektronische Mittel in seine Kompositionstechnik mit ein. Ab 1958 lehrte J. als Prof. an der Wiener Musikakademie. Er verfaßte musikdidaktische Werke wie die »Zwölftonfibel für Klavier« (1953) und »Anleitung zur Zwölftonkomposition« (1958).

*Werke:* 6 Symphonien, Kammer- und Orchestermusik, Lieder, Prometheus-Kantate, »Bubi Caligula« (Operette), »The Dances Around the Steel Blue Roses« (Ballett).

**Jelusich, Mirko (eigtl. Vojmir Jelosić),** * 12. Dezember 1886 in Semil (Böhmen), † 22. Juni 1969 in Wien, Schriftsteller und Theaterkritiker.

Seine Herkunft – der Vater war Kroate, die Mutter Sudetendeutsche – empfand er als Makel, den er durch betonte Deutschtümelei wettzumachen suchte. Er studierte ab 1906 in Wien Jus und promovierte 1912. Antisemitisch-rassistisch eingestellt, arbeitete er 1923 bei der rechtsextremen »Deutsch-österreichischen Tageszeitung« als Theaterkritiker. In den 30er Jahren illegal für die NSDAP tätig, war er 1938 als NS-Parteigänger kurze Zeit kommissarischer Leiter des Burgtheaters. 1945 wurde er des Hochverrats angeklagt, jedoch freigesprochen.

Als Autor begann J. mit Lyrik und kurzen Prosaskizzen, dann wandte er sich heroisierend und mit großem Erfolg historisch-biographischen Romanen zu.: »Cäsar« (1929) war vom Vorbild Mussolinis inspiriert, »Cromwell« (1933) geriet zum Hitlerporträt. Auch nach 1945 blieb J. erfolgreich. mit Werken wie »Talleyrand« (1954) oder »Der Stein der Macht« (1958).

*Lit.:* J. Sachslehner, Führerwort und Führerblick. M. J. (1985).

**Jenner, Alexander,** * 4. April 1929 in Wien, Pianist.

J. zählt zu den führenden Pianisten Ö.s. Er nahm am Horak-Konservatorium bei Dora Josefowicz Klavierunterricht und begann 1945/46 seine Ausbildung an der Wiener Musikakademie, die er 1948 abschloß. 1949 wurde ihm beim Bösendorfer-Klavierwettbewerb einstimmig der erste Preis zugesprochen, auch bei internationalen Wettbewerben erzielte J. große Erfolge. 1950 debütierte er im Wiener Brahms-Saal. Gleichwohl setzte er als a. o. Hörer seine Studien 1948–1955 bei Bruno Seidlhofer und Richard Hauser an der Akademie fort. Daneben weitete er seine Konzerttätigkeit aus. Er unternahm zahlreiche Auslandstourneen und erarbeitete sich ein umfassendes Repertoire, das von der Klassik über die Romantik bis zur Moderne reicht. 1969 übernahm der renommierte Pianist einen Lehrstuhl für Klavier an der Wiener Musikhochschule, wo er zu einer der attraktivsten Lehrkräfte wurde.

**Jerger, Alfred,** * 9. Juni 1889 in Brno/Brünn (Mähren), † 18. November 1976 in Wien, Kammersänger.

J. studierte in Wien Musikwissenschaft und wurde zum Dirigenten ausgebildet. Er begann seine Laufbahn als Operettenkapellmeister in Passau (1913–1917), entdeckte dann aber seine großen stimmlichen Qualitäten und debütierte 1917 in Zürich als Sänger. 1919 wurde der Bariton an die Münchner Staatsoper engagiert. 1921–1953 war er Mitglied der Wiener Staatsoper und 1945 für kurze Zeit auch vom gesamten Ensemble bestellter Staatsoperndirektor. Ab 1947 wirkte er als Prof. an der Wiener Musikakademie.

J. war ein erfolgreicher Mozart- und Strauss-Sänger, der an allen großen Opernbühnen der Welt gastierte. Er bestätigte sich auch als Regisseur und veröffentlichte mehrere textliche Neubearbeitungen von Musikwerken, u. a. von »Don Pasquale« und »Die Fledermaus«.

**Jeritza, Maria (eigtl. Maria Marcellina Jedlička),** * 6. Oktober 1887 in Brno/Brünn (Mähren), † 10. Juli 1982 in Orange (USA), Kammersängerin.

J. studierte am Brünner Konservatorium Klavier, Violine und Harfe und später Gesang. Sie begann als Choristin. Ihr Debüt gab sie als Elsa in Olmütz und erhielt in München ein Engagement als Operettensängerin. 1911 kam die Sopranistin nach Wien an die Volksoper, wo sie bei der Uraufführung von Wilhelm → Kienzls »Der Kuhreigen« die Blanchefleur sang; es war der Anfang ihrer Triumphe. Angeblich auf Wunsch Kaiser Franz Josephs wurde sie 1912 an die Staatsoper geholt. Mit ihrer leuchtend-klaren Stimme und ihrem großen schauspielerischen

*Maria Jeritza*

Können stieg J. binnen kurzem zum unbestrittenen Star auf. In Puccinis »Das Mädchen aus dem goldenen Westen« feierte sie einen Sensationserfolg, sie sang die Ariadne bei der Wiener Premiere von Richard → Strauss' »Adriadne auf Naxos« sowie die Kaiserin in »Die Frau ohne Schatten«. Zahlreiche Gastspiele, wie 1921–1931 an der »Met« in New York, machten sie zur internationalen Primadonna. J. brillierte v. a. als Puccini- und Richard-Strauss-Sängerin, doch spannte sich der Bogen ihres Repertoires von Wagner bis Offenbach.

1940 emigrierte die Künstlerin nach New York. Anfang der 50er Jahre kehrte sie an die Wiener Staatsoper zurück und wurde als Tosca und Salome erneut umjubelt. Ihre prachtvolle Stimme blieb bis ins hohe Alter nahezu ungebrochen.

*Lit.:* R. Werba, M. J. Primadonna des Verismo (1981).

**Jeschko, Kurt,** * 19. August 1919 in Linz, † 7. Juni 1973 in Wien, Sportjournalist.

Der Sohn eines Sattlermeisters maturierte 1937 in Wels. Er verlor im Frankreichfeldzug 1940 seinen linken Arm und war in der Folge bereits während des Krieges journalistisch tätig. Danach studierte er in Berlin und Wien Geschichte und Germanistik (Promotion: 1961) und war beim Sender Rot-Weiß-Rot tätig. Eine Zeitlang leitete er die Sportredaktion der Zeitung »Die Presse«. 1958 kam er als Sportkommentator und -präsentator zum ORF. In der Sendung »Telesport«, die er 142mal präsentierte, setzte der versierte und galante Sportjournalist durch sein immenses Fachwissen und seine gekonnte Berichterstattung neue Maßstäbe. J. schrieb auch mehrere Sportbücher.

*Werke:* »Pistenartisten. Eine Kurzgeschichte des alpinen Skisports« (1963), »Weltreise zu Weltrekorden« (1965), »Sport in Wien« (1969).

**Jesserer, Gertraud,** * 13. Dezember 1943 in Wien, Kammerschauspielerin.

Als 14jährige spielte sie 1958 ihre erste Filmrolle in »Die Halbzarte« (mit Romy → Schneider). Zwei Jahre später verließ sie vorzeitig das Reinhardt-Seminar. 1960 debütierte sie in Molnárs »Liliom« am Theater in der Josefstadt, wo sie bis 1969 blieb. Danach wurde sie bis 1973 an das Deutsche Schauspielhaus Hamburg verpflichtet. 1973/74 kam sie an das Wiener Burgtheater, dem sie seither angehört.

Die Schauspielerin war mit ihrem Wiener Flair prädestiniert für Schnitzler-Rollen ebenso wie für Stücke von → Horváth, Nestroy und → Hofmannsthal. Sie hat indes auch Wedekind gespielt, Shakespeare, Hauptmann, Hochhuth oder Wolfgang → Bauer.

J. war in erster Ehe mit André → Heller, in zweiter Ehe mit dem Schauspieler Peter Vogel verheiratet. 1991 verlor sie während der Kämpfe in Jugoslawien ihren Sohn bei dessen waghalsigem Photoeinsatz auf dem Flughafen Laibach.

**Jettmar, Rudolf,** * 10. November 1869 in Zawodzie (Galizien, Polen), † 21. April 1939 in Wien, Maler und Graphiker.

Nach einem Studium an der Akademie der bildenden Künste bei Christian Griepenkerl und August Eisenmenger wanderte J. durch Deutschland, Italien und die Schweiz. Ab 1897 arbeitete er wieder in Wien. 1898 schloß er sich der Secession an. Ab 1910 lehrte er als Prof. an der Akademie. J. schuf zahlreiche Fresken, die Entwürfe für die Glasmosaike »Verkündigung« und »Schutzengel« in der Kirche Am Steinhof, zahlreiche Ölgemälde und Radierungen. Er war ein gesuchter Buchillustrator und arbeitete für die Zeitschriften »Jugend« und »Ver sacrum«.

**Jochmann, Rosa,** * 19. Juli 1901 in Wien, Politikerin.

J. stammt aus einer Arbeiterfamilie, ihr Vater war Eisengießer und überzeugter Sozialdemokrat, die tief religiöse Mutter arbeitete als Wäscherin. Mit 14 Jahren wurde sie Fabriksarbeiterin, zwei Jahre später Aktivistin der Chemiearbeitergewerkschaft. Die Arbeiterin gehörte dem

Betriebsrat an und wurde 22jährig zum Obmann des Betriebsrats gewählt. Von Otto → Bauer nachdrücklich gefördert, besuchte sie 1926 den ersten Jahrgang der Arbeiterhochschule, wo Friedrich → Adler, Karl→ Renner und Bauer unterrichteten. 1931 wurde sie zur SP-Frauenzentralsekretärin bestellt, 1933 gehörte sie als jüngstes Mitglied dem Parteivorstand an. Während der Februarereignisse 1934 war sie als Stenotypistin für Bauer tätig, der sich im Ahornhof versteckte. In der Illegalität war sie eine wichtige Vertreterin der Revolutionären Sozialisten, v. a. mit Bruno→ Kreisky verband sie eine enge Freundschaft. 1939 wurde sie von der Gestapo verhaftet und 1940 in das KZ Ravensbrück deportiert, wo sie bis 1945 inhaftiert war. Sie mußte den tragischen Tod von Käthe → Leichter miterleben, durfte aber auch so großartige und hilfsbereite Menschen wie die KZ-Ärztin Ella Lingens kennenlernen. Diese Jahre haben J. für ihr Leben geprägt, und sie wurde nie müde, als Zeitzeugin und Mahnerin über das Grauen zu berichten. 1945–1966 übte sie ein Mandat im Nationalrat aus. 1959–1967 war sie Frauenvorsitzende der SPÖ, danach lange Jahre noch Vorsitzende des »Bundes Sozialistischer Freiheitskämpfer«.

**Jochum-Beiser, Trude,** * 2. September 1927 in Lech (V), Skirennläuferin.

J.-B. war eine typische Vertreterin der Zwischenkriegsgeneration: bescheiden, diszipliniert, hart gegen sich selbst. Diese Eigenschaften und ihr großes Talent trugen zu ihren überragenden Erfolgen bei. Die aus einer kinderreichen Bauernfamilie stammende Sportlerin gewann – als einzige in der österr. Skirenngeschichte – zweimal olympisches Gold: 1948 in St. Moritz (Kombination) und 1952 in Oslo (Abfahrt). Außerdem wurde sie dreimal (1948, 1950 und 1952) Weltmeisterin und errang zweimal WM-Silber.

**Joham, Josef,** * 21. Februar 1889 in Bad Kleinkirchheim (K), † 7. April 1959 in Wien, Bankexperte.

Der Bauernsohn absolvierte das Gymnasium in Klagenfurt, danach studierte er Jus in Innsbruck und Graz (Promotion: 1913). Nach Abschluß der Handelsakademie und nach dem Gerichtsjahr trat er 1914 bei der Allgemeinen Verkehrsbank ein. Er stieg rasch auf, wurde Prokurist der Bank für Tirol und Vorarlberg. 1918 leitete er die Überleitung des Südtiroler Filialbereichs seiner Bank, 1921 wurde er zum Direktor ernannt, 1931 in einer äußerst krisenhaften Situation Vorstandsmitglied der Credit-Anstalt. Nach dem Zusammenbruch der CA war er führend an deren Rekonstruktion beteiligt. J. galt als Gegner der Freien Gewerkschaften, und es wurde ihm nachgesagt, der Finanzier Ernst Rüdiger→ Starhembergs, der Heimwehren und der Ostmärkischen Sturmscharen, eines von Kurt → Schuschnigg protegierten Wehrverbands, zu sein. 1936 wurde er zum Generaldirektor der CA und Präsident des Verbands der österr. Banken bestellt.

1938 verlor er seinen Direktionsposten, blieb aber dank einer engen Verbindung mit dem Handelsminister des Kabinetts → Seyss-Inquart, Hans Fischböck, im Vorstand der CA. Im Auftrag der Dresdner Bank wirkte er beim Aufbau eines Banken- und Industrieimperiums in Südosteuropa mit. Über Kurt Grimm, ehemals in der CA und nach 1938 in die Schweiz emigriert, hielt er Verbindung zum Ausland, auch mit Widerstandsgruppen trat er in Kontakt. Im Juni 1945 wurde er zum öffentlichen Verwalter der CA und 1948 neuerlich zum Generaldirektor bestellt. Mehrmals war er für den Posten eines Finanzministers im Gespräch. 1952 zog er sich in die Schweiz zurück, da von den Alliierten seine Abberufung verlangt worden war.

**Jonas, Franz,** * 4. Oktober 1899 in Wien, † 24. April 1974 in Wien, Politiker.

Der Sohn eines Hilfsarbeiters erlernte das Buchdruckergewerbe. Im 1. Weltkrieg war er Soldat. 1919 trat er in die Volkswehr ein und nahm für kurze Zeit am Kärntner Abwehrkampf teil. Bereits in jungen Jahren hatte er sich der sozialdemokratischen Bewegung angeschlossen. Er

*Franz Jonas*

besuchte die Arbeiterhochschule, bildete sich aber zeitlebens fort. Im Februar 1934 floh er in die ČSR, wurde nach seiner Rückkehr inhaftiert und arbeitete nach seiner Freilassung illegal bei den Revolutionären Sozialisten. Im 2. Weltkrieg war J. Angestellter in einer Lokomotivfabrik. Nach 1945 begann sein Aufstieg: 1946 Bezirksvorsteher von Floridsdorf, 1948 Amtsführender Stadtrat für das Ernährungswesen, 1949 übernahm er das wichtige Bauressort. 1951 wurde J. Bürgermeister von Wien und erwarb sich große Verdienste um den Wiederaufbau der Stadt und die Hebung ihres internationalen Ansehens (Wiener Festwochen, Internationale Gartenbauausstellung 1964 u. a.). 1965 wurde er zum Bundespräsidenten gewählt, er führte das Amt bis 1974 mit Korrektheit und Würde. In seine Amtszeit fielen die Einparteienregierung der ÖVP (1966–1970), die Minderheitsregierung → Kreisky, an deren Zustandekommen er maßgeblich beteiligt war, und die 1. Alleinregierung der SPÖ. Trotz eines schweren Krebsleidens ging er bis zu seinem Tode den Amtsgeschäften nach.

*Lit.:* F. Czeike, Wien und seine Bürgermeister (1974); F. Weissensteiner (Hg.), Die österr. Bundespräsidenten (1982).

**Jonke, Gert (Friedrich),** * 8. Februar 1946 in Klagenfurt, Schriftsteller.

J. besuchte das humanistische Gymnasium in Klagenfurt und studierte in Wien Musikwissenschaft, Germanistik, Geschichte und Philosophie. Nach Aufenthalten in Berlin und Hamburg zog er als freier Schriftsteller nach Wien. J. schreibt in experimenteller Weise Texte, die Sprache und Inhalt ineinanderfließen lassen, die Handlung wird durch Einschübe (z. B. dokumentarisches Material) unterbrochen, kategoriale Ordnungen wie Zeit, Raum, Logik und Realität sind aufgehoben. In seinem Werk, das Romane, Erzählungen und Hörspiele umfaßt, spielen die Musik als Metapher und Konstruktionschema sowie skurriler Humor eine große Rolle.

*Werke:* »Geometrischer Heimatroman« (1969), »Musikgeschichten« (1970), »Der ferne Klang« (1979), »Der Kopf des Georg Friedrich Händel« (1988), »Die Sanftmut oder der Ohrenmaschinist – eine Theatersonate« (1990).

**Juch, Otto,** * 25. Februar 1876 in Kirchbichl (T), † 19. Februar 1964 in Wien, Finanzexperte.

Nach dem Studium trat J. in das Finanzministerium ein, wo er eine steile Karriere machte: 1921 Ministerialrat, 1926 Sektionschef und Leiter der Kreditsektion, 1929–1931 Finanzminister. In seine Amtszeit fielen Erfolge wie die Aufhebung des Generalpfandrechts anläßlich der 2. Haager Konferenz, aber auch der katastrophale Zusammenbruch der Credit-Anstalt. 1931 kehrte er wieder in die Kreditsektion zurück. 1936 ging er in Pension. Seit 1933 im Verwaltungsrat der Großglockner-Hochalpenstraße AG, widmete er sich der Finanzierung dieses Großprojekts. Auch an der Rekonstruktion der CA nahm er wesentlichen Anteil.

**Jungbluth, Robert,** * 5. Jänner 1928 in Wien, Theatermanager.

Schon als Mittelschüler wollte er unbedingt

Schauspieler werden. Ein eifriger Stehplatzbesucher, wirkte er oft als Statist an den großen Bühnen mit. J.s Leitfiguren waren Fred → Liewehr, Werner → Krauß und Oskar → Werner. Bald erkannte er jedoch, daß seine Begabung für den Schauspielberuf nicht reichte. Er studierte Leibeserziehung und fand eine Anstellung beim Stadtschulrat, wo er Referent für das »Theater der Jugend« wurde. Später wechselte er als Kulturmanager zur Wiener Stadthalle. Er war als Referent bei den Festwochenpräsidenten Egon → Hilbert und Ulrich → Baumgartner tätig, danach als Verwaltungsdirektor des Theaters an der Wien. 1971–1987 leitete er als Generalsekretär die Bundestheaterverwaltung. Als einer der längstdienenden Manager in dieser Funktion verstand er sich immer als ein »Ermöglicher«. Seit 1988 leitet er als Kodirektor mit Otto → Schenk das Theater in der Josefstadt.

**Jungk, Robert (eigtl. Baum),** * 11. Mai 1913 in Berlin, Wissenschaftsjournalist und Futurologe.

Der Sohn eines österr. jüdischen Schauspielerehepaares emigrierte 1933 aus Deutschland. 1936 kehrte er illegal zurück, um im Widerstand zu arbeiten. 1937 mußte er neuerlich flüchten und ging in die Schweiz, wo er Philosophie und Psychologie studierte (Promotion: 1944). Er begann als Journalist bei der Züricher »Weltwoche« zu arbeiten, als Korrespondent schrieb er auch für den »Observer«. 1950 nahm er die amerikanische Staatsbürgerschaft an. Nach einem Besuch von Hiroshima engagierte er sich in der Anti-Atom-Bewegung, weswegen er 1958 bei der »Weltwoche« gefeuert wurde. Mit dem Buch »Die Zukunft hat schon begonnen« schlug J. 1952 sein zentrales Thema an: die Frage, welche Zukunft der Menschheit angesichts ihres atomaren Zerstörungspotentials beschieden sei. 1967 nahm er die österr. Staatsbürgerschaft an und lebt seither in Salzburg. Seit 1968 lehrt der engagierte Zukunftsforscher an der Technischen Universität Berlin, 1986 erhielt er den Alternativ-Nobelpreis. 1991 wurde J. von den Grünen als Präsidentschaftskandidat für die Wahlen 1992 nominiert. Er nützte dies als Plattform, um besondere Anliegen, wie Ökologisierung der Wirtschaft oder Friedenspolitik, zu artikulieren.

*Weitere Werke:* »Heller als tausend Sonnen. Das Schicksal der Atomforscher« (1956), »Strahlen aus der Asche. Geschichte einer Wiedergeburt« (1959), »Der Jahrtausendmensch« (1973), »Der Atomstaat« (1977), »Zukunft zwischen Angst und Hoffnung« (1990).

**Jungnickel, Ludwig Heinrich,** * 22. Juli 1881 in Wunsiedel (Oberfranken), † 14. Februar 1965 in Wien, Maler und Graphiker.

J. besuchte die Kunstgewerbeschule in München und kam 1898 nach Wien, wo er an der Akademie der Bildenden Künste Schüler von August Eisenmenger war. Später übernahm er eine Professur an der Kunstgewerbeschule in Frankfurt am Main. 1911 arbeitete er gemeinsam mit Gustav Klimt an der Ausschmückung des Palais Stoclet in Brüssel mit und nahm dann seinen dauernden Wohnsitz in Wien. Er wurde v. a. wegen seiner hervorragenden Tierdarstellungen bekannt (u. a. der Zyklus: »Pferde aus der Spanischen Hofreitschule in Wien«, 1928). Darüber hinaus schuf er an Schiele angelehnte Akte sowie Landschafts- und Stadtbilder, Plakate, Kunstgläser und Buchillustrationen. Er war Mitglied des österr. »Werkbundes« und des Künstlerhauses.

*Lit.:* Oskar Laske, L. H. J., Franz von Zülow – Drei österr. Künstler der Jh.wende und der Zwischenkriegszeit (Katalog Albertina, 1978).

**Jungwirth, Martha,** * 15. Jänner 1940 in Wien, Malerin.

J. wurde schon früh zum Zeichnen angehalten. Ab 1956 studierte sie an der Hochschule für Angewandte Kunst (Klasse für Stoffdruck) und ist seit dem Abschluß ihres Studiums freischaffende Künstlerin. 1969 heiratete sie den Kunsthistoriker und Kritiker Alfred → Schmeller. Die Künstlerin schuf großformatige Landschaftsaquarelle, Porträts und Bilder von Astronautinnen, Federzeichnungen, weibliche Akte und Ölbilder. Für ihre Malerei sind bunte, saftige Farbflecken charakteristisch, die »untereinander verbunden, das Werk formen«. Ihr Thema ist ihre Gefühlswelt, sie »malt nur sich selbst«.

*Lit.:* O. Breicha (Hg.), Wirklichkeiten. Aspekte einer Gruppierung (1988).

**Jürgens, Curd,** * 13. Dezember 1915 in München, † 18. Juni 1982 in Wien, Schauspieler.

J., ein Liebling der Boulevardpresse, war nicht nur Filmstar und skandalträchtiger Bonvivant, sondern ein großer Schauspieler und Charakterdarsteller, der eine eindrucksvolle Karriere am Wiener Burgtheater absolvierte.

Nach seiner Schauspielausbildung in München und Berlin begann der Sohn einer Französin und eines Hamburgers an Berliner Bühnen (Metropol, Kurfürstendamm, Komödie). 1938–1941 spielte er in Wien am Deutschen Volkstheater. Anschließend kam er an das Burgtheater, wo er bis 1953 und nochmals 1965 klassische wie moderne Rollen spielte, so den Pylades in Goethes »Iphigenie«, den Tom in Williams »Glasmenagerie«, Kowalski in »Endstation Sehnsucht« und die Titelrolle in Brechts »Galilei«. Internationale Berühmtheit erlangte er – von Willi → Forst entdeckt – im Film. 1936–1979 wirkte J. in rund 160 Filmen mit. 1955 wurde er in Venedig für die Hauptrolle in »Des Teufels General« als bester Schauspieler ausgezeichnet, danach ging er nach Hollywood. Es folgten Streifen wie »Der blaue Engel« (1959) und »Schachnovelle« (1960). 1973–1977 trat J. in Salzburg als »Jedermann« auf. 1976 erschienen unter dem Titel ». . . und kein bißchen weise« seine freimütigen Lebenserinnerungen.

*Lit.:* M. Jürgens. C. J. Wie wir ihn sahen (1985).

**Jürgens, Udo (eigtl. Udo Jürgen Bockelmann),** * 30. September 1934 in Klagenfurt, Liederkomponist und Liedersänger.

J. wuchs auf Schloß Ottmanach (K) auf. Das Ende des 2. Weltkriegs erlebte er auf einem Gutsbesitz seines Onkels in Norddeutschland. Ab 1948 besuchte der Gymnasiast das Klagenfurter Konservatorium (Klavier, Gesang und Komposition) und trat nach der Matura zum Gelderwerb in Bars, Hotels und Cafés auf. Danach war er auch im Österr. Rundfunk und in Konzertsälen präsent. 1966 gelang ihm mit dem Lied »Merci chéri« im »Grand Prix d'Eurovision de la Chanson« der Durchbruch. J. stieg zu einem der populärsten deutschsprachigen Interpreten auf. Seine Lieder, zunehmend auch kritischen Inhalts, textet und komponiert J. selbst. Bis Ende 1991 brachte er mehr als 100 LPs heraus. Zu seinen erfolgreichsten Songs zählen »17 Jahr, blondes Haar«, »Wort«, »Griechischer Wein«, »Zeig mir den Platz an der Sonne«. 1972 komponierte er das Musical »Helden, Helden« nach dem Theaterstück von G. B. Shaw.

**Jurinac, Sena (eigtl. Srebrenka, verh. Bruscantini),** * 24. Oktober 1921 in Travnik (Bosnien), Kammersängerin.

Die Tochter eines kroatischen Arztes und einer Wienerin studierte am Konservatorium in Zagreb. Dort debütierte sie 1942 an der Oper als Mimi in »La Bohème«. 1944 wurde sie an die Wiener Staatsoper engagiert, konnte aus kriegsbedingten Gründen jedoch erst 1945 ihre Antrittsvorstellung geben; als Cherubin in »Figaros Hochzeit« eroberte sie das Publikum im Sturm. Ebenso erfolgreich war sie in der Folge in zahlreichen weiteren Rollen (als Octavian im »Rosenkavalier«, Elvira in »Don Giovanni«, Leonore in »Fidelio«, Marie in der »Verkauften Braut«) und in den 50er Jahren auch international im italienischen Fach. Als Elisabeth in »Don Carlos«, Desdemona in »Othello«, in »Madame Butterfly« und »Tosca«, aber auch als Marschallin im »Rosenkavalier« und als Jenufa wurde sie an den großen Opernhäusern der Welt gefeiert. Die Sopranistin mit der ausdrucksstarken Stimme und der subtilen Phrasierungskunst war auch als Oratorien- und Liedsängerin äußerst erfolgreich. 1985 beschloß sie ihre große Bühnenkarriere, um sich ganz der Ausbildung junger Sänger zu widmen.

# K

**Kadmon, Stella,** * 16. Juli 1902 in Wien, † 12. Oktober 1989 in Wien, Schauspielerin und Theaterleiterin.

Die Künstlerin war nach ihrer Schauspielerausbildung in Wien, München und Berlin als Kabarettistin tätig. Sie gründete 1931 mit der Kleinkunstbühne »Der liebe Augustin« die erste politische Kabarettbühne in Wien, die bis 1938 bestand. 1947 aus der Emigration zurückgekehrt, eröffnete sie im Jahr darauf das zeitkritisch engagierte »Theater der Courage«, das sie bis 1981 leitete.

*Lit.:* H. Veigl, Lachen im Keller. Kabarett und Kleinkunst in Wien (1986).

**Kahane, Karl,** * 20. März 1920 in Wien, Industrieller.

K. gehört zu Ö.s reichsten Industriellen. Einer breiten Öffentlichkeit kaum bekannt, ist er Hauptaktionär der Montana AG, zu der die Jungbunzlauer AG, die sich mit Biotechnik beschäftigt, das Bankhaus Gutmann, die Terranova und die Aspanger AG als größte Teilunternehmen gehören. 1990 wurde sein Vermögen auf etwa 10 Milliarden Schilling geschätzt. Politisch trat er nie in Erscheinung, nur in der Ära → Kreiskys beriet er bei wirtschaftspolitischen Entscheidungen den Kanzler, mit dem er befreundet war. Die Wertschätzung fand auch darin ihren Ausdruck, daß er Kreisky, als dieser aus der Politik ausschied, in seiner Verwaltungszentrale ein Büro einrichtete.

**Kaindl, Fritz,** * 24. September 1922 in Stockerau (NÖ), Internist.

Der Mediziner (Promotion: 1946, Habilitierung: 1957) wurde 1964 zum a. o. Professor, 1968 zum Ordinarius für Interne Medizin ernannt. Seine Spezialgebiete blieben die Kardiologie und die Angiologie. Mehr als 200 Veröffentlichungen zeugen von seiner reichen wissenschaftlichen Forschungstätigkeit.

**Kalenberg, Josef,** * 7. Jänner 1886 in Köln, † 8. November 1962 in Wien, Kammersänger.

K. war Elektromechaniker, ehe er mit 20 Jahren am Kölner Konservatorium das Gesangsstudium aufnahm. 1911 debütierte er in Köln als Turiddu in »Cavalleria rusticana«, sang 1912–1916 in Krefeld, 1919–1921 in Barmen und 1921–1925 in Düsseldorf. 1927 kam er an die Wiener Staatsoper, deren Mitglied er bis 1942 blieb. Der sympathische Sänger mit dem kraftvollen, ausdrucksstarken Tenor erzielte bedeutende Erfolge. Er wirkte 1928–1936 ohne Unterbrechung bei den Salzburger Festspielen und sang bei Gastspielen an den führenden Bühnen in Deutschland, Frankreich, Italien und England unzählige Rollen. Besonders erfolgreich war sein Tristan. K. beendete 1949 an der Wiener Volksoper seine Karriere und verbrachte den Lebensabend in Wien.

**Kallinger, Adalbert,** * 1897, † 9. Dezember 1980 in Wien, Bauunternehmer.

K. stieg in der Nachkriegszeit zu einem der größten österr. Bauunternehmer auf, er erhielt v. a. im Wohnbau in der Bundeshauptstadt Wien bedeutende Aufträge. Zum Teil geriet er als Abbruchsspezialist ins Gerede. Daneben zeigte der harte Geschäftsmann beachtliche künstlerische

Neigungen. Dank seines Mäzenatentums konnte die Wiederinstandsetzung der Celsus-Bibliothek in Ephesos in kürzester Zeit bewerkstelligt werden. Auch andere künstlerische und musikalische Initiativen wurden von ihm großzügig gefördert.

**Kálmán, Emmerich,** * 24. Oktober 1882 in Siófok (Ungarn), † 30. Oktober 1953 in Paris, Operettenkomponist.

Das musikalische Wunderkind begann früh Klavier zu spielen. Eine Karriere als Pianist mußte er aber wegen einer Handverletzung abbrechen. K. studierte in Budapest Komposition, arbeitete 1904–1908 bei der Zeitung »Pesti Naplo« als Musikkritiker und übersiedelte dann nach Wien. Hier gelang ihm 1909 mit seiner Operette »Herbstmanöver« der Durchbruch als Komponist. In der Folge eroberte er mit »Die Csárdásfürstin« (1915), »Die Faschingsfee« (1917), »Gräfin Mariza« (1924) und »Die Zirkusprinzessin« (1926), alle in Wien uraufgeführt, die Musikbühnen der Welt. K. war neben → Lehár der König der Silbernen Wiener Operettenära. Er besaß einen ausgeprägten Bühneninstinkt und die Gabe wunderbarer melodischer Einfälle. Der Grundzug seiner Musik in Rhythmus und Kolorit ist von seinem ungarischen Temperament bestimmt (»Joj Mamán«), später traten wienerische Elemente hinzu (»Machen wir's den Schwalben nach«, »Tanzen möcht ich«). 1938 wurde der jüdische Vollblutmusiker aus Wien vertrieben. Über Zürich und Paris emigrierte er in die USA, wo er nur knapp einen Schlaganfall überlebte. Seine letzte Operette »Marinka« hatte 1945 in New York Premiere. 1949 kehrte er aus dem Exil, bis zu seinem Tod an Sprachlähmungen leidend, nach Europa zurück. An seine früheren Erfolge konnte er nicht mehr anschließen.

*Emmerich Kálmán*

*Lit.:* V. Kálmán, Grüß mir die süßen, die reizenden Frauen. Mein Leben mit E. K. (1966); R. Oesterreicher, E. K. Leben eines Operettenfürsten (1988).

**Kalmar, Rudolf,** * 18. September 1900 in Wien, † 18. Jänner 1974 in Wien, Journalist und Schriftsteller.

K. studierte an der Wiener Universität Rechts- und Staatswissenschaften und wandte sich früh dem Journalismus zu. Er war 1922–1938 Redakteur und ab 1934 Chefredakteur der Zeitung »Der Wiener Tag«. 1938 wurde er mit dem ersten Transport nach Dachau deportiert (bis 1944). K. erwarb sich nach 1945 große Verdienste um den Wiederaufbau eines demokratischen Pressewesens in Ö. Er trat in den Redaktionsstab der Tageszeitung »Neues Österreich« ein, deren Chefredaktion er 1947 übernahm. 1957 wechselte er zur »Presse«, 1960 wurde er Pressechef der Bundestheaterverwaltung. K. war auch Präsident des neuentstandenen Österr. Presseklubs »Concordia«. 1946 veröffentlichte er den KZ-Bericht »Zeit ohne Gnade«, 1949 erschien »Land vom Kahlenberg«, eine Sammlung seiner Feuilletons aus verschiedenen Zeitungen.

**Kamitz, Reinhard,** * 18. Juni 1907 in Halbstadt (Böhmen), Wirtschaftspolitiker.

Seit 1910 in Wien ansässig, studierte K. Wirtschaftswissenschaften. Nach Praxisjahren in Frankreich und der ČSR war er 1934–1939 am Institut für Konjunkturforschung tätig, das unter der Leitung von Oskar → Morgenstern stand. 1939–1946 bekleidete er eine Professur an der Wirtschaftsuniversität. Nach dem Krieg arbeitete er in der Bundeskammer der gewerblichen Wirtschaft. Ein Mitglied der ÖVP, wurde er 1952 zum Finanzminister berufen. In seiner Amtszeit widmete er sich besonders der Stabilisierung der Währung und der Sanierung der österr. Wirtschaft. Als Vertreter eines wirtschaftspolitischen Liberalismus orientierte er sich an den Vorbildern Ludwig Erhard und Müller-Armack, von denen er das Modell der Sozialen Marktwirtschaft auf Ö. übertrug. Seine »angebotsorientierte Wirtschaftspolitik« ging von der Maxime der Stabilität aus. Mit dem Grundsatz des Steuerabbaus schuf er die Grundlagen für einen entwickelten Industriestaat in Ö. Nach Rücktritt von seinem Ministeramt 1960 übernahm er die Leitung der Oesterr. Nationalbank. Eine schwere Gehirnblutung zwang ihn 1966, alle seine Funktionen zurückzulegen.

*Reinhard Kamitz*

**Kammerer, Paul,** * 17. August 1880 in Wien, † 23. September 1926 (Selbstmord) in Puchberg am Schneeberg (NÖ), Biologe.

Nach seinem Studium in Wien widmete sich der begabte Biologe einer Experimentreihe, die die Vererbbarkeit einmal erworbener Eigenschaften und Fähigkeiten beweisen sollte. K. folgte dabei der Theorie Jean Baptiste Lamarcks aus dem Jahre 1809. Seine Versuche (zunächst mit Salamandern, dann mit Geburtshelferkröten) und deren Ergebnisse wurden aber von der Fachwelt nicht anerkannt. Wohl aus Enttäuschung beging der Forscher, dessen Werk »Das Gesetz der Serie« (1919) als der beste Beitrag zur Evolutionstheorie seit Charles Darwin galt, Selbstmord. Sein Schicksal nahm Arthur Koestler als Vorlage für eine romanhafte Biographie.

*Weitere Werke:* »Allgemeine Biologie« (1915), »Geschlechtsbestimmung und Geschlechtsverwandlung« (1918).

*Lit.:* A. Koestler, Der Krötenküsser. Der Fall des Biologen P. K. (1972).

**Kandutsch, Jörg,** * 14. Jänner 1920 in Leoben, † 11. November 1990 in Wien, Politiker.

Nach Kriegsdienst als Offizier im 2. Weltkrieg studierte K. Staatswissenschaften. Politisch engagierte sich der Linksliberale im VdU. 1949–1953 war er Abgeordneter im steirischen Landtag, 1953 zog er als jüngster Abgeordneter in den Nationalrat ein. Er wurde Sprecher der FPÖ für Sozialpolitik und europäische Integration, schließlich Klubobmann seiner Partei. Mit Zustimmung der SPÖ übernahm K. 1964 das Amt des Rechnungshofpräsidenten; er übte diese Funktion allseits anerkannt bis 1980 aus. Im Anschluß daran fungierte er bis 1982 als Kontrollchef des skandalträchtigen AKH.

**Kanitz, Otto Felix** * 5. Februar 1894 in Wien, † 29. März 1940 im KZ Buchenwald, Pädagoge.

K. war in der Zwischenkriegszeit eine der führenden Persönlichkeiten der sozialdemokratischen Kulturbewegung. Er wuchs, früh verwaist, in einem katholischen Heim auf, wurde Installateur und legte die Externistenmatura ab. Danach studierte er an der Wiener Universität Philosophie und Psychologie (Promotion: 1922). Der Sozialdemokrat vertrat moderne, der Individualpsychologie und seiner politischen Überzeugung verhaftete pädagogische Ideen. Seine Tätigkeit begann der Pädagoge 1918 bei den »Kinderfreunden«, 1919 errichtete er in Gmünd (NÖ) die erste Kinderrepublik – ein Erholungsheim für sozial gefährdete Kinder, das er in Form der Selbstverwaltung führte. Später wurde er Mandatar der SDAP. Daneben entfaltete er eine reiche publizistische Aktivität. So leitete er 1921–1934 die Monatsschrift »Die sozialistische Erziehung«. Seine Vorstellungen über Pädagogik legte er in dem Buch »Das proletarische Kind in der bürgerlichen Gesellschaft« (1925) nieder.

**Kann, Hans,** * 14. Februar 1927 in Wien, Pianist.

K. erhielt in Wien seine musikalische Ausbildung, er war u. a. Schüler von Ernst Bloch sowie des Schönberg-Anhängers Josef Polnauer, der ihm den Zugang zur zeitgenössischen Musik erschloß. Der Pianist begann 1946 seine erfolgreiche Konzerttätigkeit, die ihn in zahlreiche Länder der Welt führte. Er ist auch ein anerkannter Musikpädagoge. 1950–1952 unterrichtete er an der Wiener Musikakademie und war dann in Tokio und in Darmstadt tätig (1962–1969). Seit 1977 wirkt er wieder in Wien als Klavierprof. an der Hochschule für Musik und darstellende Kunst. Als Pianist hat K. ein erstaunlich weites Repertoire, es reicht von Bach bis zur Gegenwart und umfaßt zahlreiche unbekannte Komponisten aus allen Stilepochen. Sein besonderes Interesse gilt der Wiener Musik des 19. Jh.s, insbesondere der Theatermusik der Zeit Nestroys. Für seine Verdienste auf diesem Gebiet wurde K. 1984 mit dem Nestroy-Ring ausgezeichnet.

**Kann, Robert A.,** * 11. Februar 1906 in Wien, † 30. August 1981 in Wien, Jurist und Historiker.

Der Jurist (Promotion: 1930) war im Wiener und niederösterr. Justizdienst tätig, seine wissenschaftlichen Veröffentlichungen ließen aber schon seine Vorliebe für historische Themen erkennen. 1937 heiratete er Marie Breuer, die Enkelin des berühmten Histologen. 1938 mußte K., der jüdischer Herkunft war, Ö. verlassen und begann in den USA eine neue wissenschaftliche Laufbahn. Zunächst unterrichtete er an der historischen Abteilung des Institute of Advanced Studies in Princeton (New York), ab 1956 lehrte er an der Rutgers University in New Jersey. 1950 kehrte er nach Wien zurück und war in der Folge immer wieder als Gastprofessor an der Universität tätig. Die Akademie der Wissenschaften wählte den sehr produktiven und feinsinnigen Historiker zu ihrem Mitglied.

*Werke:* »Kanzel und Katheder« (1960), »Das Nationalitätenproblem der Habsburgermonarchie« (1964), »Geschichte des Habsburgerreiches 1526–1918« (1977), »Deutschland und Ö.« (gemeinsam mit Friedrich Prinz, 1980).

**Kapellari, Egon,** * 12. Jänner 1936 in Leoben (St), Bischof.

Der Sohn eines Bergarbeiters finanzierte sein Jus- und Theologiestudium als Werkstudent. 1961 wurde er zum Priester geweiht. 1964 übernahm er die Hochschulseelsorge in Graz. Als Bischof Josef Köstner von der Diözese Gurk–Klagenfurt starb, wurde er vom Papst zum Nachfolger ernannt und 1982 zum Bischof geweiht. Im Rahmen der österr. Bischofskonferenz übernahm K., der auch slowenisch spricht, die Referate Jugend und Liturgie. Bei der Verwaltung seiner Diözese hat er sich, ansonsten tief religiös und etwa hinsichtlich des Zölibats zu keinerlei Kompromiß bereit, als moderner Manager erwiesen. So konnte in seinem Amtsbezirk die Anzahl der Kirchenaustritte verringert werden. Das Problem des Priesternachwuchses allerdings konnte auch er nicht lösen.

**Kapfer, Hans,** * 5. September 1903 in Sollenau (NÖ), † 12. September 1992 in Wien, Jurist und Politiker.

K. war zunächst als Richter tätig, bis er in das Justizministerium eintrat und Sektionschef wurde. 1955/56 war er Justizminister. 1958–1962 wirkte er als Präsident des Oberlandesgerichts, ab 1963 als Vizepräsident und ab 1966 als Präsident des Obersten Gerichtshofes. 1968 zog sich K., der sich als Herausgeber von Gesetzeskommentaren einen guten Namen gemacht hat, von seinen offiziellen Funktionen zurück.

*Werke:* »Angestelltengesetz« (1945), »Wechsel- und Scheckgesetz« (1947), »Arbeitsgerichtsgesetz« (1948), »ABGB« (1951), »Handkommentar zum Wechselgesetz« (1969).

**Kaplan, Viktor,** * 27. November 1876 in Mürzzuschlag (St), † 23. August 1934 in Unterach am Attersee (OÖ), Maschinenbauer und Erfinder.

Der Sohn eines Bahnbeamten war schon als Kind außerordentlich an technischen Dingen interessiert. Es war daher naheliegend, daß er nach der Realschule an der Technischen Hochschule in Wien Maschinenbau studierte. 1900 schloß er das Studium mit Auszeichnung ab. Nach einem Einjährig-Freiwilligen-Jahr bei der k. u. k. Kriegsmarine trat er seine erste Anstellung in der Maschinenfabrik Ganz in Leobersdorf an. 1903 ging er als Konstrukteur an die Technische Hochschule in Brünn, wo er sich dem Bau von Wassermaschinen widmete; 1913 erhielt er dort eine Professur. Vom Industriellen Ignaz Storek finanziell unterstützt, konstruierte er in mühsamer Arbeit eine neuartige Turbine, die durch die verstellbaren, stromlinienförmig gebauten Laufradschaufeln wesentlich leistungsfähiger war als alle bisher verwendeten Typen. K. meldete 1912 sein geniales Modell als Patent an. Es folgte ein jahrelanger, aufreibender Kampf gegen neidische Fachkollegen und finanzstarke ausländische Turbinenfirmen, die ihm das Patent streitig machen wollten, bis sich K. zuletzt durchsetzen

*Viktor Kaplan*

konnte. Die erste Kaplan-Turbine war bereits 1919 von einer Firma in Velm bei Gramatneusiedel (NÖ) in Betrieb genommen worden. Die internationale Anerkennung erlebte der gramgebeugte Erfinder aber nicht mehr: Erst 1936 wurde auf der Weltkraftwerkskonferenz in Berlin erklärt, daß die K.-Turbine (die erste moderne Großturbine für Niederdruckkraftwerke) ». . . zu den größten Fortschritten zählt, die auf dem Gebiet des Wasserkraftmaschinenbaus je gemacht worden sind«.

**Karajan, Herbert,** * 5. April 1908 in Salzburg, † 16. Juli 1989 in Anif bei Salzburg, Dirigent.

Der Sohn eines Chirurgen galt als musikalisches Wunderkind und brachte es am Klavier bis zur Konzertreife. Er studierte am Mozarteum in Salzburg, an der Wiener Musikakademie bei Franz → Schalk sowie dreieinhalb Jahre an der Technischen Hochschule. Musik und technische Interessen blieben denn auch die beiden tragenden Säulen seines Lebens.

Die erste Station seiner steilen internationalen Karriere war Ulm (1930–1934), das er als Erster Kapellmeister verließ, um mit 27 Jahren in Aachen Deutschlands jüngster Generalmusikdirektor zu werden. Als solcher dirigierte er am 21. Oktober 1938 an der Berliner Staatsoper jene Aufführung von Wagners »Tristan«, die ihm in der »Berliner Zeitung« die Bezeichnung »Das Wunder Karajan« eintrug. 1941 wurde er Leiter der Berliner Staatskapelle, wirkte bei den Salzburger Festspielen sowie in Bayreuth, inszenierte an der Mailänder Scala und gastierte in aller Welt. Zu dieser Zeit entstanden auch die ersten Schallplattenaufnahmen.

1945 erhielt er Berufsverbot. Ab 1947 war er in Wien tätig und legte den Grundstein zu einer Karriere, die ihn zum Topdirigenten seiner Zeit machte: 1949 wurde er Direktor der Gesellschaft der Wiener Musikfreunde, 1954 als Nachfolger Furtwänglers Chefdirigent der Berliner Philharmoniker, 1956–1964 Direktor der Wiener Staatsoper (die er tief verstimmt verließ), gleichzeitig künstlerischer Leiter der Salzburger Festspiele und 1967 Begründer und Gesamtleiter der Salzburger Osterfestspiele. Kaum ein Orchester von Ruf, das er nicht dirigiert hat, kaum ein führendes Opernhaus, an dem er nicht gefeiert wurde. 1977 kehrte der Meister nochmals ans Pult der Wiener Staatsoper zurück.

An technischen Entwicklungen äußerst interessiert, stellte K. die Medien in den Dienst der klassischen Musik. Ein hervorragender Manager auf diesem Gebiet, schuf er sich ein künstlerisch-organisatorisches Imperium mit eigenen Produktionsfirmen. Weit weniger unumstritten war sein Wirken als Dirigent wie als Festivaldirektor. Der Künstler von Weltruf war eine kompromißlose Persönlichkeit, ein Magier am Dirigentenpult, der als Medienereignis nicht selten das Werk, das er zur Aufführung brachte, in den Hintergrund drängte.

*Lit.:* W. Stresemann: Ein seltsamer Mann. Erinnerungen an H. v. K. (1991).

*Herbert Karajan*

**Karall, Lovro,** * 10. August 1894 in Großwarasdorf (B), † 17. März 1965 in Walbersdorf (B), Politiker.

Der kroatische Bauernsohn besuchte das katholische Gymnasium in Preßburg und studierte anschließend Jus in Budapest. Nach dem Kriegsdienst im 1. Weltkrieg erfolgte 1921 seine Promotion. Als Rechtsanwaltsanwärter ließ er sich in Eisenstadt nieder, daneben war er Redakteur und Herausgeber der kroatischen Wochenschrift »Hrvatske Novine«. Er engagierte sich auch im Bereich des Genossenschaftswesens und der Raiffeisenkasse. 1927 führte er die Kroatische Bauernpartei in die Christlichsoziale Partei über und zog in den burgenländischen Landtag ein. 1929 übernahm er in der Landesregierung das Kultur- und Gewerbereferat. Zwei Jahre später wurde er zum burgenländischen Obmann-Stellvertreter der Christlichsozialen Partei gewählt. 1934 war er kurze Zeit stellvertretender Landeshauptmann, danach während der Ständestaatszeit Mitglied des Bundeswirtschaftsrates und des Bundestages. Im März 1938 ging er aller seiner Ämter verlustig, obwohl er im Namen der Kroaten den Anschluß begrüßt hatte. Schon im April 1945 wirkte er im provisorischen Landeskomitee. 1946–1956 war der ÖVP-Politiker Landeshauptmann und hat sich wesentliche Verdienste um den Aufbau des vom Krieg schwer in Mitleidenschaft gezogenen Burgenlandes erworben. Bis 1960 war K. noch Erster Landtagspräsident.

**Karas, Anton,** * 7. Juli 1906 in Wien, † 10. Jänner 1985 in Wien, Zitherspieler und Heurigenbesitzer.

Ein gelernter Schlosser, unterhielt K. in Wiener Heurigenlokalen viele Jahre die Gäste auf seiner Zither, ohne Noten lesen zu können. Da schlug 1948 seine Sternstunde, als der Brite Carol Reed seinen Film »Der dritte Mann« im Wien der Nachkriegszeit zu drehen begann. Reed wählte als Filmmusik eine einzige Melodie, die auf einer Zither gespielt wurde. K. komponierte das »Harry-Lime-Thema« (benannt nach der Hauptfigur). Der Film, nach einem Drehbuch von Graham Greene, wurde ein Welterfolg, auch für den Sieveringer Zitherspieler, der danach als Besitzer eines Nobelheurigen zu Wohlstand kam.

**Karasek, Franz,** * 22. April 1924 in Wien, † 10. März 1986 in Wien, Diplomat und Politiker.

K. studierte in Wien und Paris Internationales Recht. Nach seiner Promotion 1952 wurde er persönlicher Sekretär der Kanzler → Figl und → Raab. Er wechselte in den diplomatischen Dienst, ging 1956 als Botschaftsrat nach Paris und 1960 nach Moskau. 1966 holte ihn Kanzler Josef → Klaus als Kabinettschef, außerdem leitete er die Sektion für kulturelle Auslandsarbeit im Unterrichtsministerium. K., der sich immer als ein Promotor der Auslandskulturarbeit sah, fand in der Europapolitik jenes Betätigungsfeld, das ihm besonders lag. Ab 1970 Nationalratsabgeordneter, wurde er im selben Jahr in den Europarat gewählt. 1978 war er der zweite Österreicher, der zum Generalsekretär des Europarates bestellt wurde. Er hat diese Funktion mit großem Engagement bis 1984 ausgeübt. Zuletzt begann er noch Theologie zu studieren und widmete sich mit großer Energie den Vorbereitungen der 1987 in Brüssel veranstalteten Europalia.

**Karlik, Berta,** * 24. Jänner 1904 in Wien, † 4. Februar 1990 in Wien, Physikerin.

K. studierte in Wien Physik als Schülerin von Stephan Meyer, der sie für die Radiumforschung gewann. Nach ihrer Promotion 1928 erweiterte sie ihre Kenntnisse in London, Cambridge und in Paris am Institut der Curies. Ab 1933 war sie in Wien am Institut für Radiumforschung tätig, dessen Leiterin sie 1947 wurde. 1950 an der philosophischen Fakultät der Wiener Universität als zweite Frau zur a. o. Prof. bestellt, übernahm sie 1954 das Ordinariat für Physik (bis 1974). 1943 gelang ihr der Nachweis von Astat in der Natur, ein chemisches Element, das zuvor nur auf künstlichem Wege erzeugt worden war. Für diesen Nachweis wurde sie mit dem Haitinger-Preis der Akademie der Wissenschaften ausgezeichnet. Sie forschte auch über die Erscheinungen des Szintillationsvorgangs, der ein wichtiges Hilfsmittel beim Nachweis radioaktiver Strahlen ist.

*Werke:* »Nachweis des Elementes Atom Nr. 85« (1943), »Messungen radioaktiver Strahlen« (1955).

**Karlweis, Oskar,** * 10. Juni 1894 in Hinterbrühl (NÖ), † 24. Jänner 1956 in New York, Schauspieler.

Der Sohn des Bühnenautors Carl K. spielte ab 1919 am Theater in der Josefstadt. Er war bei → Reinhardts »Fledermaus«-Inszenierung der Prinz Orlowsky und der Weinberl in Nestroys »Jux« (mit Hans → Moser als Melchior). Der Schauspieler mit der ausgeprägt kabarettistischen Ader gestaltete seine Figuren mit hintergründiger, aber stets liebenswürdiger Ironie. Seinen listigen Humor sowie seine gesanglichen und tänzerischen Qualitäten stellte er in den 30er Jahren auch im Film mehrmals unter Beweis, berühmt wurde er durch den Streifen »Die drei von der

Tankstelle« mit Heinz Rühmann und Willy Fritsch. 1938 zur Emigration gezwungen, ging er nach New York und trat dort u. a. mit Karl → Farkas auf Exilbühnen auf. Nach dem Krieg war er in Wien und bei den Salzburger Festpielen nur noch in Gastspielrollen zu sehen.

**Kasimir, Luigi,** * 18. April 1881 in Ptuj/Pettau (Slowenien), † 6. August 1962 in Wien, Graphiker, Radierer und Kupferstecher.

Der Sohn eines Malers studierte an der Akademie der Bildenden Künste in Wien, erlernte in Abendkursen an der Grazer Kunstgewerbeschule die Technik der Radierung und unternahm ab 1908 seine ersten graphischen Versuche. Er entwickelte ein eigenes Verfahren der Farbradierung und war einer der ersten Künstler, der die handkolorierte Schwarzweißradierung des 19. Jh.s überwand. K., der als einer der bedeutendsten Schöpfer von Stadtveduten unseres Jh.s gilt, hinterließ ein gewaltiges graphisches Lebenswerk: mehr als 500 Blätter, Mappenwerke (darunter »Wien« mit 12 Radierungen) und zahlreiche Buchillustrationen.

*Lit.:* H. Schüttler, L. K. (1944).

**Kastelic, Jakob,** * 4. Jänner 1897 in Wien, † 2. August 1944 (hingerichtet) in Wien, Widerstandskämpfer.

Nach dem Jusstudium begann K. eine Berufslaufbahn als Anwalt. 1934–1938 arbeitete er auch am Aufbau des österr. Arbeitsdienstes mit. Er gehörte zu den Mitbegründern der Ostmärkischen Sturmscharen, eines katholischen Wehrverbands. Schon im Sommer 1938 begann er eine Widerstandsgruppe unter dem Namen »Großösterr. Freiheitsbewegung« zu organisieren, die sich im April 1940 mit den Gruppen Karl Lederer und Karl Roman → Scholz zusammenschloß und damit mehr als 1 000 Mitglieder umfaßte. Wenig später durch einen Spitzel der Gestapo entdeckt, wurden Hunderte verhaftet. K. kam ebenfalls in Haft und wurde nach Jahren im Gefängnis zum Tode verurteilt. Nach der Befreiung 1945 fand man seinen Leichnam im Gerichtsmedizinischen Institut.

*Lit.:* O. Molden, Der Ruf des Gewissens (1958); R. Luza, Der Widerstand in Ö. 1938–1945 (1983).

**Kastner, Walter,** * 11. Mai 1902 in Gmunden (OÖ), Jurist.

Ursprünglich wollte K. Kunsthistoriker werden, doch wirtschaftliche Not zwang den arbeitslosen Bankbeamten, raschest ein Jusstudium zu absolvieren, um so eine solide berufliche Basis zu haben. Er begann als Beamter der Finanzprokuratur, wechselte ins Finanzministerium, arbeitete in der Industrie und war als Anwalt tätig. Als Ordinarius für Handelsrecht an der Wiener Universität wurde er nicht nur ein großer Lehrer, sondern auch ein gesuchter Berater von Politikern und Wirtschaftsgrößen. Sein Anteil an den Wirtschaftsgesetzen der 2. Republik ist maßgeblich. Daneben blieb ihm seine Liebe zur Kunstgeschichte; im Laufe seines Lebens legte er eine bedeutende Kunstsammlung an, die er 1975 dem Schloßmuseum Linz zum Geschenk machte.

*Werke:* »Die Entwicklung des Gesellschaftsrechts unter dem Gesichtspunkt der europäischen Integration« (1964), »Die europäische Aktiengesellschaft« (1969), »Beteiligungsfondsgesetz« (1982), »Gesammelte Aufsätze 1946–1981« (1982), »Mein Leben – kein Traum« (1982).

**Katschthaler, Hans,** * 13. März 1933 in Embach bei Lend (S), Politiker.

Der Sohn eines Briefträgers beendete 1959 als Dr. phil. das Studium, neben seinem Beruf als Lehrer. Noch während seiner politischen Tätigkeit war er Direktor eines musisch-pädagogischen Gymnasiums. Der konsensbereite, aber konsequente Politiker begann 1973 mit dem Beitritt zur ÖVP seine landespolitische Laufbahn. Bereits 1974 wurde er zum Landesrat gewählt; er kümmerte sich um Mülldeponien im Lande und sagte den Autorasern den Kampf an.

1977 wurde er zum stellvertretenden Landeshauptmann von Salzburg gewählt. 1989 trat er die Nachfolge Wilfried → Haslauers an. 1990 gehörte er zu jenen Politikern, die mit ihrem Protest die Bestellung Otto Oberhammers zum Justizminister verhinderten.

**Kattnigg, Rudolf,** * 9. April 1895 in Treffen bei Villach (K), † 2. September 1955 in Klagenfurt, Komponist und Dirigent.

K. studierte bei Joseph → Marx an der Wiener Musikakademie Komposition und wirkte dort ab 1922 auch als Prof. 1928–1934 leitete er die Musikschule der Stadt Innsbruck. Anschließend ging er nach Berlin, ab 1939 war er Dirigent der Wiener Symphoniker und an der Wiener Oper.

Als Komponist setzte er die Tradition der Wiener Operette fort, v. a. mit den Werken »Prinz von Thule« (1936), »Balkanliebe« (1937) und »Bel ami« (1948), seinem größten Erfolg. Außerdem bearbeitete er die von Karl Zeller nachgelassene Operette »Die Rose vom Wörthersee«. Er schrieb auch Filmmusik. Zu Beginn seiner kompositorischen Laufbahn sowie in seinen späteren Jahren schuf er zahlreiche Symphonien, Orchester- und Chorwerke sowie Ballette. Seine Oper »Donna Miranda« wurde 1953, zwei Jahre vor seinem Tod, in Graz aufgeführt.

**Kaufmann, Dieter,** * 22. April 1941 in Wien, Komponist.

K. ist international einer der führenden österr. Vertreter auf dem Gebiet der elektroakustischen Musik. Der unbequeme Musikpionier studierte in Wien bei Karl → Schiske und Gottfried von → Einem und in Paris u. a. bei Pierre Schaeffer. Danach beschritt der Komponist eigene, neue Wege (freie Anwendung der Zwölftontechnik, serielle Musik). Sein Schaffen reicht vom Tonbandstück bis zum aufwendigen Musiktheater. Seit 1970 ist er Prof. für Elektroakustische Musik an der Wiener Musikhochschule. 1975 gründete K. mit seiner Frau Gunda König das »K. & K. Experimentalstudio«, beide unternehmen Konzert- und Vortragsreisen durch ganz Europa.

*Werke:* »Termiten« (Ballett), »Imago amoris« (Streichquintett/Kammerballett), »Trois poèmes de St-Mallarme«, »Lieder für Sopran und Streichtrio«, »Volksoper«, »Die Reise ins Paradies« (Vokales Theater), »Bruder Boleslaw« (Kirchenoper).

**Kaufmann, Harald,** * 1. Oktober 1927 in Feldbach (St), † 9. Juli 1970 in Graz, Musikwissenschaftler.

K. studierte an der Grazer Universität Jus und Musikwissenschaft. Ab 1947 war er als Musikkritiker und ab 1961 als Kulturredakteur der Tageszeitung »Neue Zeit« tätig. 1967 gründete er an der Grazer Musikakademie das Institut für Wertungsforschung, dem er auch vorstand. Der bekannte einflußreiche Musiktheoretiker initiierte die Schriftenreihe »Studien zur Wertungsforschung«, die ab 1968 in Graz erschien. Er trat mit Veröffentlichungen wie »Neue Musik in Steiermark« (1957), »Spurlinien. Analytische Aufsätze über Sprache und Musik« (1969) und »Fingerübungen. Musikgesellschaft und Wertungsforschung« (1970) hervor.

**Kaut, Josef,** * 16. Februar 1904 in Salzburg, † 8. Juni 1983 in Salzburg, Politiker, Journalist und Festspielpräsident.

1924–1934 war K. als Journalist in Wien tätig. 1934 war der Sozialdemokrat in politischer Haft, danach arbeitete er bis 1945 in der Privatwirtschaft in Prag. 1945 begann er als Redakteur beim »Demokratischen Salzburger Volksblatt«, dann wechselte er in die Landespolitik. 1956 wurde er Landesrat für Kultur und Mitglied des Präsidiums der Salzburger Festspiele. Als Landesrat setzte er sich für eine großzügige Literaturförderung ein. 1971 wurde er als würdiger Nachfolger Bernhard → Paumgartners zum Präsidenten der Salzburger Festspiele bestellt. Als Mann des Ausgleichs suchte er immer die Balance zwischen Tradition und Neuem zu wahren. Er setzte sich für Uraufführungen von Peter → Handke und Thomas → Bernhard ein, wollte aber Salzburg als ein Luxusfestival erhalten. Es gelang ihm, Giorgio Strehler an Salzburg zu binden, v. a. war er ein unbedingter Verfechter Herbert von → Karajans, wofür man ihn oft und gerne anstelle des Meisters, an den man sich nicht heranwagte, in der Presse schwer angriff.

*Werke:* »Festspiele in Salzburg« (1961), »Wegweiser durch die Kulturkrise« (1962).

**Kehlmann, Michael,** * 21. September 1927 in Wien, Theater- und Fernsehregisseur.

K. studierte in Wien Germanistik und Theaterwissenschaft und ließ sich bei Prof. Kestranek zum Schauspieler ausbilden. Er debütierte im Studio der Hochschulen, wo er u. a. Ödön von → Horváth inszenierte und sich einen Ruf als Horváth-Spezialist schuf. Er gründete ein Kabarett, war 1950–1953 Leiter des »Kleinen Theaters im Konzerthaus« und produzierte mit → Qualtinger, → Merz und → Bronner das Kabarettprogramm »Brettl vor'm Kopf«. K. ging dann als Regisseur nach Hamburg. Nach dreijähriger Tätigkeit wurde er Oberspielleiter des Hessischen Rundfunks. Er inszenierte für das Fernsehen u. a. »Radetzkymarsch« von Joseph → Roth sowie sämtliche Horváth-Stücke. Danach führte er in Düsseldorf, München, Frankfurt, Zürich und ab 1964 regelmäßig am Theater in der Josefstadt Regie (»Thomas Morus«, »Das heilige Experiment«), seit 1974 ist er auch am Burgtheater tätig (»Nathan der Weise«, »Die Ratten«). Der gesuchte Regisseur, der den Autor in den Mittelpunkt stellt, ist auch schriftstellerisch tätig und verfaßt zuweilen selbst die Drehbücher für seine Fernsehproduktionen.

**Kehrer, Karl,** * 14. Oktober 1925 in Putzleinsdorf (OÖ), Kammerfunktionär.

Der promovierte Jurist und Philosoph begann seine Berufslaufbahn in der Bundeskammer der gewerblichen Wirtschaft. 1972 wurde er Kammeramtsdirektor der Wiener Kammer, kehrte aber wieder in die Bundeskammer zurück, als engster Mitarbeiter des Präsidenten Rudolf → Sallinger. Ab 1979 war er Generalsekretär der Bundeswirtschaftskammer. Ein Nationalratsmandat zu übernehmen, lehnte er ab. Der loyale, korrekte Kammerfunktionär, der auch Leiter des Forschungsförderungsfonds der Kammer war, ging 1992 in Pension. Sein Aufsichtsratsmandat bei der Creditanstalt behielt er. Als neue Aufgabe kam eine Funktion beim Institut für Energiepolitik und Umweltverbesserung hinzu.

**Keldorfer, Viktor,** * 14. April 1873 in Salzburg, † 28. Jänner 1959 in Wien, Komponist und Chormeister.

K. spielte im Wiener Musikleben der Zwischen- und Nachkriegszeit eine bedeutende Rolle. Er war 1902–1921 Chormeister des Wiener Männergesangsvereins, 1922–1938 und ab 1945 Leiter des Wiener Schubertbunds. 10 Jahre lang leitete er die Autorengemeinschaft AKM. Sein musikalisches Schaffen umfaßt rund 200 Werke, v. a. Chor- und Kirchenmusik sowie Lieder. Außerdem veröffentlichte er Musikbücher wie »Worte ohne Lieder eines alten Musikanten« (1947) und »Klingendes Salzburg« (1949).

Sein Sohn Robert (1901–1980) erwarb sich v. a. als Leiter des Bruckner-Konservatoriums in Linz und des Kärntner Landeskonservatoriums in Klagenfurt große Verdienste. Er war Konzertpianist und Dirigent, als Komponist schuf er Opern, Kirchen- und Orchestermusik sowie Chöre und Lieder.

**Kelsen, Hans,** * 11. Oktober 1881 in Prag, † 19. April 1973 in Berkeley (USA), Jurist und Rechtsgelehrter.

K. wuchs in Wien auf und absolvierte das Akademische Gymnasium. Nach seinem Militärdienst studierte er Jus (Promotion: 1906). 1911 konnte er sich mit dem Werk »Hauptprobleme der Staatsrechtslehre« habilitieren. Seinen Kriegsdienst leistete er größtenteils auf einem

*Hans Kelsen*

Verwaltungsposten im Kriegsministerium. 1917 wurde er a. o. Prof., 1919 o. Prof. an der Wiener Universität. Von Karl → Renner herangezogen, wurde er einer der wesentlichen Mitschöpfer der österr. Bundesverfassung 1920. Danach wirkte K. als Richter im Verfassungsgerichtshof, dessen legistische Basis ausschließlich auf seinen Entwürfen beruhte. 1930 verließ er Wien und folgte einem Ruf nach Köln, da aufgrund der Verfassungsnovelle 1929 alle Richter ihre Funktion verloren. Auch das politische Klima in Wien fand nicht mehr seine Zustimmung. In Deutschland wurde der jüdische Gelehrte nach der Machtergreifung Hitlers 1933 ohne Pension entlassen. Er ging zunächst nach Genf und emigrierte 1940 in die USA, wo er eine dauernde Lehrtätigkeit an der Universität von Berkeley aufnahm. Der international anerkannte Völkerrechtler und Begründer der »Reinen Rechtslehre« hinterließ ein reiches wissenschaftliches Œuvre, das mehr als 600 Publikationen umfaßt.

*Werke:* »Reine Rechtslehre« (1934), »Allgemeine Theorie der Normen« (1979).

*Lit.:* A. Métall, H. K. Leben und Werk (1969); R. Walter, H. K., in: NDB (1977); N. Leser, H. K., in: NÖB Bd. 20 (1979).

**Kerber, Erwin,** * 30. Dezember 1891 in Salzburg, † 24. Februar 1943 in Salzburg, Theaterdirektor.

Der gelernte Jurist besaß großen Kunstverstand und ein besonderes Geschick im Umgang mit Künstlern. Er war Direktor der Salzburger Festspiele und übernahm als Mitarbeiter von Felix → Weingartner nach dessen Rücktritt 1936 die Direktion der Wiener Staatsoper. Mit diplomatischem Feingefühl gelang es ihm, aus Deutschland vertriebene Dirigenten und Sänger an Wien und Salzburg zu binden und in der schweren Zeit nach dem März 1938 den internationalen Ruf des Wiener Opernhauses zu wahren. Im Frühjahr 1940 mußte K. dann allerdings seinen Sessel räumen und verlor auch in Salzburg mehr und mehr an Einfluß. 1942 übernahm er kurz vor seinem Tod die Leitung des Salzburger Landestheaters.

**Kernstock, Ottokar,** * 25. Juli 1848 in Maribor/Marburg (Slowenien), † 5. November 1928 in Festenburg (St), Geistlicher und Lyriker.

Der Katholik trat 1867 nach einem abgebrochenen Jusstudium in Graz in das Chorherrenstift Vorau ein, wurde 1871 zum Priester geweiht und war ab 1889 Pfarrer auf der Festenburg, wo ein Großteil seiner deutschnationalen, spätromantischen Lyrik entstand. Im 1. Weltkrieg verfaßte er martialisch-patriotische Verse. K.s »Sei gesegnet ohne Ende« war 1929–1938 der Text der österr. Bundeshymne, obwohl der Verfasser bereits früh mit dem Nationalsozialismus sympathisierte. Der steirische Geistliche zählte denn auch zu den bevorzugten Poeten des »Dritten Reiches«.

*Werke:* »Die wehrhaft Nachtigall: Alldeutsche Weisen« (1900), »Turmschwalben« (1908), »Steirischer Waffensegen« (gemeinsam mit P. Rosegger, 1916), »Christkindleins Trost. Weihnachtsspiel« (1928).

**Kerschagl, Richard,** * 25. Mai 1896 in Wien, † 30. Dezember 1976 in Hermagor (K), Volkswirtschaftler.

K. studierte Jus und später Staatswissenschaften (Promotion: 1919 und 1922). 1914 freiwillig zum Kriegsdienst eingerückt, nahm er 1918/19 auch am Kärntner Abwehrkampf im Verband der Kärntner Heimwehr teil. Danach war er bei der Österr.-Ungarischen Bank, ab 1923 bei der Oesterr. Nationalbank tätig. 1929 trat er der Heimwehr bei und war 1933/34 Kompaniekommandant. Schon 1921 konnte er sich an der Wirtschaftsuniversität habilitieren, 1930 wurde er a. o. Prof., außerdem lehrte er an der Konsularakademie. 1933 errichtete er an der Wirtschaftsuniversität das Seminar für Währungsforschung. Inzwischen o. Univ.-Prof., war K. 1934–1938 auch Mitglied des Staatsrates und des Bundestages. Im März 1938 wurde er von seinen Funktionen enthoben und kurz inhaftiert. Er erhielt »Gauverbot« und fand Arbeit in Berlin, später in Polen. 1944 konnte er nach Kärnten zurückkehren, wo er sich der Widerstandsbewegung anschloß. Im Mai 1945 wurde K. von der britischen Besatzungsmacht als Berater herangezogen. Anschließend war er für die Kärntner Landesregierung bei der Entnazifizierung tätig. Danach kehrte er als Prof. an die Wirtschaftsuniversität zurück, zweimal wurde er zum Rektor gewählt. 1967 wurde er emeritiert. Sein beruflicher Wunschtraum, Finanzminister zu werden, erfüllte sich nicht. Ihm wurde Reinhard → Kamitz vorgezogen, zu dem er sich in erklärter Gegnerschaft befand.

*Werke:* »Der Anteil Ö.s an den Fortschritten der modernen Nationalökonomie« (1938), »Handelspolitik« (1947), »Abriß der Finanzwissenschaft« (1950), »Das österr. Devisenrecht« (1952), »Die Inflation« (1973).

**Kerschbaumer, Marie-Thérèse,** * 31. August 1936 in Garches bei Paris, Schriftstellerin, Lyrikerin und Übersetzerin.

K. wuchs bei den Großeltern in Tirol auf. Nach einer kaufmännischen Lehre und Aufenthalten in England und Italien zog sie 1957 nach Wien, wo sie Romanistik und Germanistik studierte. Die politisch engagierte Autorin schrieb zunächst Gedichte. 1976 erschien der Roman »Der Schwimmer«. Mit dem Band »Der weibliche Name des Widerstandes« (1980) legte sie eine Dokumentation über Frauen im antifaschistischen Widerstand vor. Im Familienroman »Schwestern« (1982) rekonstruierte sie das Leben der Frau in der österr. bürgerlichen Gesellschaft von der Jh.wende bis zur Gegenwart. 1989 veröffentlichte sie den Gedichtband »Neun Canti auf die irdische Liebe«, in dem die Dichterin, wie in allen ihren Werken, formalästhetische Sprachkunst mit fortschrittlicher Gesinnung verbindet.

**Kery, Theodor,** * 4. Juli 1918 in Mannersdorf an der Rabnitz (B), Lehrer und Politiker.

K. ist zweisprachig aufgewachsen und spricht Deutsch und Ungarisch. Nach der Matura mußte er im 2. Weltkrieg einrücken. Nach Kriegsende war er zunächst Hauptschullehrer in Kobersdorf, 1953 avancierte er zum Bezirksschulinspektor. 1951 zog er als SPÖ-Mandatar in den burgenländischen Landtag ein, 1960 wurde er Zweiter Landtagspräsident, 1962 Landesrat für Soziales, Wohnbau und Fremdenverkehr, 1966 schließlich Landeshauptmann. Im Lande unumstritten, kam Kritik an der Amtsführung des passionierten Waffensammlers eher von außen. Schweren Schaden fügte seiner Karriere die Affäre → Sinowatz – → Waldheim zu. 1988 legte K. seine Funktion als Landeshauptmann nieder.

**Keßler, Herbert,** * 2. Februar 1925 in Bludesch (V), Jurist und Politiker.

Nach dem 2. Weltkrieg studierte K. Jus in Innsbruck (Promotion: 1949). Danach trat er als Beamter in den Landesdienst ein. Ab 1954 war er ÖVP-Mandatar im Vorarlberger Landtag, ab 1957 Bürgermeister von Rankweil. 1964–1987 amtierte er als Vorarlberger Landeshauptmann, zugleich fungierte er als ÖVP-Landesparteiobmann. Der überzeugte Föderalist, der sich stets dem Subsidiaritätsprinzip verpflichtet fühlte, schlug Martin → Purtscher als seinen Nachfolger vor.

**Kienböck, Viktor,** * 18. Jänner 1873 in Wien, † 23. November 1956 in Wien, Finanzfachmann.

Der Sohn eines Rechtsanwalts besuchte das Schottengymnasium und studierte Jus an der Wiener Universität (Promotion: 1896). Nach seinem Einjährig-Freiwilligen-Jahr schloß er sich der katholischen Arbeiterbewegung an, wobei er in engen Kontakt mit Karl Lueger trat. 1908–1914 war er Mitglied des Sozialpolitischen Arbeitsrates. Im 1. Weltkrieg 1917 aus serbischer Gefangenschaft heimgekehrt, war er als Anwalt tätig und schrieb für die »Reichspost«. 1918 wurde er in den Wiener Gemeinderat gewählt und wirkte bis 1922 als Stadtrat ohne Ressort. Wenige Monate gehörte er auch dem Verfassungsgerichtshof an. 1920 blieb er als Präsidentschaftskandidat gegen Michael → Hainisch erfolglos. Der Christlichsoziale übte bis 1923 ein Bundesratsmandat, dann bis 1932 ein Nationalratsmandat aus. Zweimal, 1922–1924 und 1926–1929, war er Finanzminister. In seine Ära fiel die Abwicklung der Genfer Anleihe, die Konsolidierung der Oesterr. Nationalbank und die Einführung der Schillingwährung. 1932 wurde er Präsident der Oesterr. Nationalbank. Seine vordringlichste Aufgabe bestand in der Sanierung der zusammengebrochenen Creditanstalt. Einen rigoros deflationistischen Kurs verfolgend, gelang die Stabilisierung der Währung. 1937/38 war er auch im Finanzausschuß des Völkerbundes tätig. 1938 wurde der international angesehene Finanzexperte aller Funktionen enthoben und zog sich in seine Anwaltskanzlei zurück. Nach dem 2. Weltkrieg als Berater in der Oesterr. Nationalbank tätig, übte er 1952–1956 das Amt des Vizepräsidenten aus.

**Kienzl, Wilhelm,** * 17. Jänner 1857 in Waizenkirchen (OÖ), † 3. Oktober 1941 in Wien, Komponist und Musikschriftsteller.

*Wilhelm Kienzl*

Der Sohn eines Rechtsanwalts studierte in Graz, Prag, Leipzig und Wien Klavier, Komposition, Musikgeschichte und Literatur (Promotion: 1879). Danach arbeitete er in Bayreuth als Assistent Richard Wagners, als Opernkapellmeister und Dirigent in Amsterdam und an Bühnen in Krefeld, Hamburg und München. 1897–1917 war er Dirigent des Steiermärkischen Musikvereins in Graz. Ab 1917 lehrte er in Wien. K. wurde bekannt durch seine volkstümlichen Opern »Der Evangelimann« (1895) und »Der Kuhreigen« (1911), in denen er folkloristische, romantische und veristische Momente miteinander verband. Außerdem komponierte er kammermusikalische Werke, Lieder, Kirchenmusik und Stücke für Klavier. Von K. stammt die Melodie zur Staatshymne der Ersten Republik (Text: Karl → Renner). Er war außerdem als Musikschriftsteller tätig und schrieb für angesehene Fachzeitschriften. Er verfaßte auch selbst die Textbücher zu seinen Opern. Zu seinem Freundeskreis zählte Peter Rosegger, mit dem er eng verbunden war; sein Briefwechsel mit ihm wurde 1953 von H. Sittner ediert.

**Kindermann, Heinz,** * 8. Oktober 1894 in Wien, † 3. Oktober 1985 in Wien, Literatur- und Theaterwissenschaftler.

Der Sohn eines Buchhändlers studierte in Wien und Berlin (Promotion: 1918). Er begann seine Laufbahn 1919 im Unterrichtsministerium, wo er die Abteilung für Volksbildungswesen aufbaute. 1924 habilitierte er sich für Neuere Deutsche Literatur, 1926 erhielt er einen Lehrstuhl an der Technischen Universität Danzig, 1936–1942 war er als Prof. an der Universität Münster. Er wirkte 1942–1945 und ab 1955 als Prof. für Theaterwissenschaft in Wien, wo er das Institut für Theaterwissenschaft begründete. Sein 10bändiges Hauptwerk »Theatergeschichte Europas« (1957–1978) ist zum Standardwerk seines Faches geworden. K. initiierte 1955 die angesehene Zeitschrift »Maske und Kothurn«, er war Mitbegründer der Salzburger Max-Reinhardt-Forschungs- und Gedenkstätte und arbeitete zuletzt an einer »Geschichte des Theaterpublikums« (4 Bde.).

*Weitere Werke:* »Das Burgtheater« (1939), »Lexikon der Weltliteratur« (gemeinsam mit M. Dietrich, 1950), »Das Goethebild des 20. Jh.s« (1953).

**Kinigadner, Heinz,** * 28. Jänner 1960 in Uderns im Zillertal (T), Motocross-Rennfahrer.

Schon sein Vater war ein begeisterter Motorsportfan. Der Sohn gewann bereits 13jährig als »Wilder« in einem Steinbruch sein erstes Rennen, mit 16 Jahren bekam er auf einen anderen Namen die Lizenz, mit 18 gewann er in der 250er-Klasse die Staatsmeisterschaft. 1980 errang der gelernte Konditor und Tiroler »Steilhangartist« die Titel in der 125er- und 500er-Klasse, 1984 – nach einigen verletzungsbedingten Rückschlägen – und nochmals 1985 den heißbegehrten Weltmeistertitel in der 250-ccm-Klasse. K. ist der bisher einzige österr. Weltmeister in dieser Sportart.

**Kirchschläger, Rudolf,** * 20. März 1915 in Niederkappel (OÖ), Jurist und Diplomat.

*Rudolf Kirchschläger*

K. wuchs unter harten Bedingungen auf. 1918 verlor er die Mutter, 1926 den Vater. Durch Gelegenheitsarbeiten finanzierte er sich die Bahnfahrt zur Hauptschule Steyr. Hilfsbereite Menschen ermöglichten es ihm dann, das Aufbaugymnasium in Horn zu besuchen, an dem er 1935 mit Auszeichnung maturierte. Das anschließende Jusstudium bestritt er durch Nachhilfestunden (Promotion: 1940). Im 2. Weltkrieg wurde er schwer verwundet. Seine Karriere begann K. 1947 als Richter am Bezirksgericht Langenlois (NÖ), 1954 wurde er Landesgerichtsrat am Bezirksgericht Innere Stadt in Wien. Im selben Jahr in die Völkerrechtsabteilung des Außenministeriums berufen, war er an den Vorarbeiten zum österr. Staatsvertrag und zum Neutralitätsgesetz beteiligt. 1958 erhielt er den Titel eines a. o. Gesandten und bevollmächtigten Ministers, 1963 wurde er Kabinettschef des Außenministers, 1967 Gesandter in Prag, bis er 1970 in der Regierung → Kreisky die Leitung des Außenministeriums übernahm. 1974 wurde der Parteilose als Kandidat der SPÖ zum Bundespräsidenten gewählt. Seine korrekte, untadelige

Amtsführung und seine Volksnähe brachten ihm 1980 bei seiner Wiederwahl triumphale 79,9% der Stimmen. Allseits geachtet, schied er 1986 aus seinem Amt.

K. veröffentlichte 1980 das Buch »Der Friede beginnt im eigenen Haus«. 1977 gab K. H. Ritschel eine Auswahl seiner Reden heraus.

*Lit.:* M. Schenz, Bundespräsident R. K. (1985).

**Kirnbauer, Susanne,** * in Wien, Tänzerin.

Mit 14 Jahren erhielt die Absolventin einer Tanzschule ihr erstes Engagement an der Staatsoper, mit 25 Jahren tanzte sie bereits als Solistin. Zuvor hatte sie ein Studienjahr in Paris verbracht. Ballettchef Aurel von Milloss bot ihr glänzende Möglichkeiten; unter seinem Nachfolger Waclaw Orlikowski tanzte sie ideale Rollen, wie die Belle Rose in »Dornröschen«, die Swanilde in »Coppelia« oder das Mädchen in »Der wunderbare Mandarin«. Sie tanzte aber auch die Giselle, Schwanensee und Aschenbrödel. Rudolf Nurejew setzte sie fast in jeder Produktion ein. In der Folge veränderte und erweiterte sie ihr Repertoire, interpretierte Jazz- und Rockballette und trat in Musicals auf. Im Fernsehen gestaltete sie Serien über das Ballett. 1985 wurde sie Ballettmeisterin der Wiener Volksoper, ab 1987 übernahm sie alle Choreographien.

**Kirste, Leo,** * 8. März 1892 in Wien, † 22. April 1965 in Wien, Flugzeugtechniker.

Der Sohn eines Ordinarius für Orientalische Philologie an der Universität Graz maturierte mit Auszeichnung. Er begann an der Technischen Hochschule Graz mit dem Maschinenbaustudium, das er in Paris fortsetzte, um das Diplom eines »Ingeniéur Civil de l'Aéronautique« zu erwerben. Nach kurzer Tätigkeit bei Flugzeugwerken in London und Berlin übernahm er zu Beginn des 1. Weltkriegs die Leitung des Konstruktionsbüros der späteren Phoenix-Flugzeugwerke in Wien-Stadlau. 1922–1937 war er Chefkonstrukteur bei Bleriot-Aéronautique in Paris. 1937/38 und wieder ab 1945 leitete er das Institut für Leichtbau und Flugzeugbau an der Technischen Universität Wien, 1938–1945 war er seines Amtes enthoben. 1947/48 war der verdiente und vielfach ausgezeichnete Gelehrte Rektor der Hochschule. Er veröffentlichte u. a. ein dreisprachiges Wörterbuch der flugtechnischen Fachausdrücke.

**Klammer, Franz,** * 3. Dezember 1953 in Mooswald (K), Skirennläufer.

K. war in den 70er Jahren im internationalen Skisport der dominierende Abfahrtsläufer, der mit seinem draufgängerischen Fahrstil neue Maßstäbe setzte. Der populäre Sportler gewann 24 Weltcupabfahrten, war fünffacher Gewinner des Abfahrtsweltcups, errang 1976 bei den Olympischen Spielen in Innsbruck die Goldmedaille und entschied häufig die Rennen am Lauberhorn und am Hahnenkamm für sich. Er betätigte sich auch erfolgreich als Autorennfahrer. Danach stieg K. als Unternehmer in die Sportbekleidungsbranche ein.

*Franz Klammer*

**Klauhs, Hellmuth,** * 27. März 1928 in Wien, † 26. April 1990 in Wien, Bankfachmann.

Der Sohn eines Lehrerehepaars arbeitete nach der Matura im Justizministerium, daneben absolvierte er ein Jusstudium (Promotion: 1952). Er trat in die Bundeswirtschaftskammer, Abteilung Geld-, Kredit- und Versicherungswesen, ein. 1957–1964 war er beim Österr. Raiffeisenverband als Referent tätig, 1961 übernahm er als Geschäftsführer die Raiffeisen-Bausparkasse, 1969 wurde er Generaldirektor der Raiffeisen-Zentralbank AG, die er zu einer modernen Universalbank ausbaute, 1978 wurde er zum Generalanwalt des Österr. Raiffeisenverbandes ernannt. Als 1988 nach dem Tod Stephan → Korens die Funktion des Präsidenten der Nationalbank zu besetzen war, kam es zwischen SPÖ und ÖVP zu einem Tauziehen um dieses Amt. Klauhs wurde schließlich als Kompromißkandidat erwählt, konnte sich aber sehr schnell Achtung verschaffen. Der eher stille Pragmatiker verfolgte beharrlich seine Ziele. Die Liberalisierung der Devisenbestimmungen fiel noch in seine tragisch kurze Amtszeit.

**Klaus, Josef,** * 15. August 1910 in Mauthen (K), Politiker.

Der Sohn eines Bäckers fand schon früh zur katholischen Arbeiterbewegung und zum Mittelschüler-Kartellverband. Nach einem Jusstudium in Wien und Marburg an der Lahn (Promotion: 1934) war er als Sekretär Johann → Stauds und in der Arbeiterkammer tätig. Nach Kriegsdienst und Kriegsgefangenschaft ließ er sich in Salzburg nieder und eröffnete eine Anwaltskanzlei in Hallein. Er trat der ÖVP bei und wurde 1949 zum Landeshauptmann gewählt. In seine Ära fiel die Erbauung des Neuen Festspielhauses. In der Bundespolitik profilierte er sich rasch als entschlossener Reformer und Gegner der Großkoalitionäre. 1961–1963 war er im Kabinett → Gorbach Finanzminister und erwies sich dabei als eiserner Sparmeister, der 1963 lieber auf sein Amt als auf seine Grundsätze verzichtete. Im Kampf um den Bundesparteiobmann der ÖVP siegte er gegen Heinrich → Drimmel und wurde 1964 Kanzler einer Koalitionsregierung, die jedoch zerbrach. Neuwahlen machten ihn 1966 zum Kanzler einer Alleinregierung. Er holte viele junge Politiker, wie Alois → Mock, Heinrich → Neisser oder Josef → Taus, in sein Kabinett. Mit der »Aktion 20«, einem von Fachleuten erarbeiteten Zukunftskonzept, erzielte er große Anerkennung. Weniger populär waren Budgetmaßnahmen wie die Einführung der Autosondersteuer. Nach dem Sieg der SPÖ bei der Nationalratswahl im März 1970 zog sich K., der sich als einen Moralisten in der Politik sah, zurück und übernahm nie wieder ein Amt.

*Werke:* »Macht und Ohnmacht in Ö.« (1971).

*Lit.:* L. Reichhold, Geschichte der ÖVP (1975); W. Huber, Landeshauptmann K. und der Wiederaufbau S.s (1980); E. Weinzierl, J. K., in: Die österr. Bundeskanzler. Leben und Werk (1983).

**Klecatsky, Hans,** * 6. November 1920 in Wien, Jurist und Politiker.

Nach dem Kriegsdienst trat K. 1946 in das Justizministerium ein, 1947 erfolgte seine Promotion zum Dr. juris. 1947–1951 war er als Sekretär am Verwaltungsgerichtshof tätig, in dieser Zeit spezialisierte er sich auf Staats- und Verwaltungsrecht. 1951 wechselte er in das Bundeskanzleramt, 1959 war er wieder beim Verwaltungsgerichtshof tätig. 1965 übernahm er ein Ordinariat für öffentliches Recht in Innsbruck. Im Kabinett → Klaus war der Parteilose 1966–1970 Justizminister. Sein besonderes Verdienst liegt in der rücksichtslosen Bereinigung des Skandals rund um den Bau der Westautobahn, zum Teil auch gegen Stimmen in der Regierungspartei. 1970 kehrte er wieder an die Universität zurück, wo er bis 1991 lehrte. Er widmete sich hauptsächlich den Menschenrechten und den Problemen der Privatwirtschaftsverwaltung des Staates. 1983 gründete er die kurzlebige »Österreichpartei« zusammen mit Franz → Olah und Karl Steinhauser.

*Werke:* »Österr. Staatskirchenrecht« (gemeinsam mit H. Walter, 1958), »Der Rechtsstaat zwischen heute und morgen« (1967).

**Kleiber, Carlos,** * 3. Juli 1930 in Berlin, Dirigent.

Der Sohn des großen österr. Dirigenten Erich K. (1890–1956), der fast ausschließlich im Ausland wirkte, begann zunächst ein Chemiestudium. Danach erlernte er als Autodidakt den Dirigentenberuf. Seine Karriere begann in Südamerika, führte ihn an deutsche Bühnen und 1956–1958 an die Wiener Volksoper. Von dort ging er zurück nach Deutschland, wo er 1958–1964 in Düsseldorf und ab 1966 in Stuttgart wirkte. Danach betätigte er sich nur noch als Gastdirigent. Der schwierige Künstler – 1982 verließ er während einer Schallplatten- und Fernsehproduktion mit den Wiener Philharmonikern ohne Angabe von Gründen den Saal und reiste ab – wurde mit Bizets »Carmen« und Puccinis »La Bohème« in Wien stürmisch gefeiert. 1989 stand er zum ersten Mal und mit großem Erfolg beim Neujahrskonzert der Wiener Philharmoniker im Musikvereinssaal am Dirigentenpult.

**Klein, Franz,** * 24. April 1854 in Wien, † 6. April 1926 in Wien, Jurist und Politiker.

Der Sohn eines Gold- und Silberschmieds studierte in Wien Jus (Promotion: 1878), begann als Rechtsanwalt zu arbeiten und habilitierte sich 1885 für Zivilprozeßrecht. 1886–1891 war er als Kanzleidirektor an der Universität Wien tätig. 1891 wechselte er in das Justizministerium, wo er maßgeblichen Anteil an den Gesetzesentwürfen für die Zivilprozeß- und die Exekutionsordnung hatte. 1906–1908 und noch einmal kurz 1916 war er Justizminister. Er beeinflußte wesentlich die Einführung des allgemeinen Wahlrechts. 1919 war er ursprünglich als Leiter der Delegation für die Verhandlungen in St. Germain vorgesehen, doch scheiterte dies an politischen Querelen. Er reiste aber als Mitglied der Delegation nach St. Germain, von wo er in zahlreichen Briefen über den Verlauf der Verhandlungen berichtete.

*Lit.:* F. Fellner (Hg.), F. K. Briefe. St. Germain im Sommer 1919 (1977); NÖB 4 (1927).

**Klein-Loew, Stella,** * 28. Jänner 1904 in Przemýsl (Ukraine), † 7. Juni 1986 in Wien, Pädagogin und Politikerin.

K.-L. war schon früh in der sozialdemokratischen Jugendbewegung aktiv. Sie studierte in Wien Germanistik, Altphilologie und Psychologie, um Mittelschullehrerin zu werden. Nach dem Betätigungsverbot für die Sozialdemokratische Partei war sie 1934–1938 illegal für die Partei tätig. 1939 mußte sie nach Großbritannien emigrieren, wo sie sich zunächst als Hausgehilfin durchbrachte, bis sie als Lehrerin unterrichten konnte. 1946 kehrte sie nach Ö. zurück, wirkte in der Jugend- und Erwachsenenbildung und als Mittelschulprof. bzw. später als Gymnasialdirektorin. Als Chefredakteurin der Zeitschrift »Sozialistische Erziehung« verhalf sie ihren pädagogischen Vorstellungen zu publizistischem Echo. 1959–1970 war sie Abgeordnete zum Nationalrat und engagierte Bildungspolitikerin.

*Werke:* »Kinder unserer Zeit« (1979), »Erinnerungen. Erlebtes und Gedachtes« (1980), »Menschen um mich« (1982).

**Kleinschuster, Erich,** * 23. Jänner 1930 in Graz, Jazzmusiker und Komponist.

K. studierte in Graz Musik und Rechtswissenschaft und war Mitglied zahlreicher Orchester. 1953 spielte er beim ersten Grazer Jazzkonzert im »Kleinen Tanzorchester« Posaune und Klavier. Er gehörte u. a. den Bands von Johannes Fehring, Friedrich → Gulda und Kenney Clarke an. 1966 gründete er das »Kleinschuster-Sextett«, 1971 übernahm er den Aufbau und die Leitung der ORF-Band. Er lehrt auch an der Musikhochschule in Graz. K. komponierte zahlreiche Werke und Arrangements für verschiedene Besetzungen.

**Klenner, Fritz,** * 13. August 1906 in Wien, Journalist und Gewerkschaftsfunktionär.

Der Sohn eines Postbeamten trat nach der Matura in eine Bank ein. Er war schon früh in der sozialdemokratischen Gewerkschaftsbewegung aktiv und arbeitete auch in der Illegalität im Ständestaat weiter. Nach dem 2. Weltkrieg trat er sofort dem Gewerkschaftsbund bei. 1956–1959 war er stellvertretender Generalsekretär des ÖGB, bis 1959 leitete er auch das Pressereferat des ÖGB. 1958 errang er ein Nationalratsmandat, das er bis 1961 innehatte. 1963–1972 war er Generaldirektor und 1972–1981 Vorsitzender des Aufsichtsrats der BAWAG. Er verfaßte eine Reihe von Werken zur Geschichte der Gewerkschaften.

*Werke:* »Putschversuch – oder nicht?« (1951), »Die österr. Gewerkschaften« (3 Bde., 1953), »Das große Unbehagen« (1960), »Ewige Freiheit« (1963), »Umdenken tut not!« (1966), »Eine Renaissance Mitteleuropas« (1978), »Flucht in die Niederlage« (1984).

**Klestil, Thomas,** * 4. November 1932 in Wien, Diplomat.

K. wuchs in Wien-Erdberg als Sohn eines Straßenbahners auf, die früh verwitwete Mutter betrieb ein Gemüsegeschäft. Er studierte nach der Matura als Werkstudent an der Wirtschaftsuniversität. Nach dem Doktorat war er im Büro für wirtschaftliche Koordination im Bundeskanzleramt tätig, 1959 wurde er zur OECD nach Paris entsandt. 1962 wurde er der österr. Botschaft in Washington zugeteilt, von wo ihn Kanzler Josef → Klaus in sein Büro holte. 1969 ging K. erneut außer Landes, übernahm zunächst das Generalkonsulat in Los Angeles und wurde 1978 zum österr. Botschafter bei den Vereinten Nationen ernannt. 1982–1987 vertrat er Ö. in Washington. Auf den Ballhausplatz zurückgekehrt, übernahm er das Generalsekretariat. Im Herbst 1991 nominierte die ÖVP den »glühenden österr. Patrioten«, der ein Befürworter der österr. Europapolitik ist, zu ihrem Präsidentschaftskandidaten für die Wahlen 1992. Im 2. Wahlgang wurde er mit mehr als 56 Prozent der Stimmen zum österr. Bundespräsidenten gewählt.

*Thomas Klestil*

**Klien, Walter,** * 27. November 1928 in Graz, † 10. Februar 1991 in Wien, Pianist.

K. studierte in Graz und an der Wiener Musikakademie bei Arturo Benedetti und Paul Hindemith. Er begann schon in jungen Jahren eine ausgedehnte internationale Konzerttätigkeit und konzertierte ab 1963 einige Jahre regelmäßig mit dem Geiger Wolfgang → Schneiderhan. Er hat als erster Pianist Mozarts gesamtes vollendetes Soloklavierwerk auf Platte aufgenommen und galt als Mozart-Spezialist. Hatte seine Mozart-Interpretation zunächst einen poetischen Ansatz, so setzte er später auf harte Konturen und eine Hervorhebung der Chromatik. K.s Virtuosität reichte jedoch vom Barock bis zu → Schönberg, als dessen Interpret er weltweit geschätzt wurde. Der gefeierte Pianist, der, jeder Sensation abhold, bewundernswert klar musizierte, war als Solist weltweit tätig.

**Klingenbeck, Fritz,** * 22. April 1904 in Brno/Brünn (Mähren), † 19. Oktober 1990 in Wien, Theaterintendant und Schriftsteller.

K. war zunächst Tänzer und Ballettmeister in Berlin, Prag und Wien und dann an verschiedenen Wiener Theatern (1931–1940) sowie ab 1932 als Lehrer am Reinhardt-Seminar tätig. 1948 übernahm er die Leitung des »Theaters für Vorarlberg«, danach die Direktion der Bregenzer Festspiele und wurde 1962 schließlich Direktor des Theaters an der Wien, bis 1965 leitete er das Haus als einer der letzten »Prinzipale«. Er schrieb auch Bücher und einige Libretti und wirkte als Choreograph.

*Werke:* »Unsterblicher Walzer« (1940), »Max Reinhardts Theater in der Josefstadt« (1972).

**Klingenberg, Gerhard,** * 11. Mai 1929 in Wien, Schauspieler, Regisseur und Theaterdirektor.

Nach Schauspielunterricht in Salzburg und Wien war K. bereits mit 19 Jahren Direktor des Klagenfurter Stadttheaters. 1956–1961 hatte er Engagements in St. Pölten und Innsbruck. Danach war er auch als Regisseur am Deutschen Theater in Ost-Berlin, an den Städtischen Bühnen in Köln, am Schauspielhaus Hamburg und in Düsseldorf beschäftigt. Außerdem inszenierte er für das deutsche und österr. Fernsehen. 1971–1976 war K. Direktor des Wiener Burgtheaters. Er setzte bei der Programmgestaltung die traditionell-klassische Linie fort, bereicherte sie behutsam mit Stücken von → Horváth, → Bernhard, Pinter oder Stoppard und beschäftigte auch Regisseure wie J. L. Barrault und P. Hall. An seinem Bekenntnis zum Theater als moralische Anstalt hielt er fest.

1977–1982 war K. Direktor des Züricher Schauspielhauses, 1985/86 übernahm er die Leitung des Berliner Renaissancetheaters. Dazwischen war er an verschiedenen deutschen und österr. Bühnen als freier Regisseur tätig.

**Klinger, Kurt,** * 11. Juli 1928 in Linz, Lyriker, Dramatiker und Essayist.

K. arbeitete nach der Matura als Handelsangestellter und studierte dann Germanistik und Theaterwissenschaft. Ab 1955 war er in Linz, Wien, Düsseldorf, Zürich und Frankfurt als Dramaturg tätig. Seit 1978 lebt er als freier Schriftsteller und Publizist in Wien. Der Mitherausgeber und Redakteur der Zeitschrift »Literatur und Kritik« wurde mit seinem Schauspiel »Odysseus muß wieder reisen« (1955) bekannt, in dem er die Unbehaustheit des Menschen nach dem 2. Weltkrieg unter Rückgriff auf den antiken Mythos darstellt. Sujets aus der Antike sind auch in seinen formschönen, eleganten Versen zu finden, die auf jedes modische Experiment verzichten, z. B. »Harmonie aus Blut« (1951), »Zeitsprung« (1987).

*Weitere Werke:* »Der goldene Käfig« (Drama, 1959), »Theater und Tabus« (Essays, 1984), »Erinnerung an Gärten. Stationen und Reisen« (1989).

**Kloepfer, Hans,** * 18. August 1867 in Eibiswald (St), † 27. Juni 1944 in Köflach (St), Erzähler und Mundartdichter.

K. studierte in Graz Medizin und war ab 1894 in Köflach Werksarzt. Daneben beschrieb er in Erzählungen das Leben der Bauern und das der Arbeiter in den Braunkohlegruben (»Vom Kainachboden«, 1912, »Aus dem Sulmtale«, 1922, »Bergbauern«, 1937). Seine Sicht des Bauerntums war allerdings nicht frei vom damaligen Blut-und-Boden-Mythos, der, wie bei anderen auch, in nationalsozialistisches Gedankengut und Parteigängertum mündete. So forderte K. die Bauern in Presseaufrufen und Flugblättern zum »Ja« bei der Volksabstimmung vom 10. April 1938 auf. K. erfreute sich v. a. durch seine humoristischen Mundartgedichte, wie »Joahrlauf. Gesammelte Gedichte in steirischer Mundart« (1937), in der Zwischenkriegszeit einer beachtlichen Popularität. 1967 gab W. Danhofer seine Verse in drei Bänden heraus.

**Kmentt, Waldemar,** * 2. Februar 1929 in Wien, Kammersänger.

K. wollte eigentlich Pianist werden, entschied sich dann aber für den Gesang und ließ seine

Stimme an der Wiener Musikakademie ausbilden. Bereits 1951 wurde er an die Wiener Staatsoper berufen, wo er zunächst in Mozart-Rollen große Erfolge feierte. K. sang aber auch den Hans in der »Verkauften Braut«, den Herzog im »Rigoletto« und andere Partien des Zwischenfachs. Seine kultivierte Stimme, seine große Musikalität und seine überzeugende Redlichkeit des Ausdrucks und der Gestaltung eröffneten dem lyrischen Tenor bald eine internationale Karriere. Seine Gastspiele in den Metropolen Europas sowie seine Mitwirkung bei den Festspielen in Salzburg und Bayreuth festigten seinen großen Ruf als Opern- und Konzertsänger. Auch als einfühlsamer Liedinterpret hat sich K. breite Anerkennung verschafft.

**Knall, Dieter,** * 24. August 1930 in Kronstadt (Siebenbürgen), evangelischer Bischof.

Der Sohn eines Tierarzts mußte mit 14 Jahren die Heimat verlassen. Seine Familie ließ sich im Bregenzer Wald nieder. K. studierte in Wien und Heidelberg Theologie und betätigte sich in der Flüchtlingsseelsorge. Ab 1955 wirkte er als Vikar in Stainz und dann als Pfarrer in Bruck an der Mur. Es folgten Jahre der Arbeit für das Gustav-Adolf-Werk in Kassel, wo er für die Gläubigen in Osteuropa zuständig war. Dann kehrte er nach Ö. zurück, wurde 1976 Superintendent für die Steiermark und 1982 zum Bischof gewählt. K. gehört dem Zentralausschuß des Weltkirchenrates und dem Exekutivkomitee des Lutherischen Weltbundes an.

**Knaus, Hermann Hubert,** * 19. Oktober 1892 in St. Veit an der Glan (K), † 22. August 1970 in Wien, Gynäkologe.

Der Sohn einer alteingesessenen Kärntner Familie studierte Medizin und wollte zunächst Chirurg werden. Während des 1. Weltkriegs diente er bei der k. u. k. Fliegertruppe. 1923–1934 an der Grazer Universitätsklinik, wandte er sich dem gynäkologischen Fach zu. 1934 entdeckte er zeitgleich mit dem Japaner Ogino die Frucht-

*Hermann Knaus*

barkeitsperioden der Frau, woraus er eine Methode der Empfängnisverhütung ableitete. Außerdem beschäftigte er sich mit Fragen der Physiologie und Pathologie der Gebärmutter und der Eierstöcke. 1938–1945 war K. Vorstand der Frauenklinik der Deutschen Universität Prag. Ab 1950 leitete er die Gynäkologische Abteilung des Lainzer Spitals in Wien. Bis ins hohe Alter war er ein international gesuchter Gutachter und in seiner Ordination Berater vieler Frauen.

*Werke:* »Die periodische Fruchtbarkeit und Unfruchtbarkeit des Weibes« (1934), »Die Physiologie der Zeugung des Menschen« (1950), »Die wahre Dauer der menschlichen Schwangerschaft« (1970).

**Kniepert, Erni,** * 3. Oktober 1911 in Reichenau an der Rax (NÖ), † 5. März 1990 in Wien, Kostümbildnerin.

K. studierte an der »Wiener Frauenakademie und Schule für Angewandte Kunst« bei Otto

*Erni Kniepert*

Friedrich u. a. Kostümkunde. Den ersten Auftrag, der sofort ein großer Erfolg wurde, vertraute ihr die berühmte Tänzerin und Choreographin Gertraud Kraus an. In der Folge zeichnete K. auch Titelblätter und Skizzen für einschlägige Zeitschriften, u. a. die »Bühne«. Durch die Bekanntschaft mit der Tänzerin Hedy Pfundmayr begann eine lange schöpferische Zusammenarbeit. Sie entwarf zahlreiche Ballett- und Operettenausstattungen. Besonders erfolgreich wurde »Herzen im Schnee« mit der Musik Ralph → Benatzkys. 1931 kreierte sie für Alma → Seidler die Garderobe für das Stück »Geschäft mit Amerika«. Gemeinsam mit dem Bühnenbildner Stefan Hlawa begann sie fürs Burgtheater zu arbeiten; für die Salzburger Festspiele entstanden glanzvolle Inszenierungen. Anläßlich der Eröffnung des Neuen Festspielhauses stattete sie 1960 den »Rosenkavalier« aus, der für Herbert von → Karajan der schönste gewesen sein soll. K. arbeitete auch in Hollywood und stattete dort Filme aus. Legendär wurden ihre Kostümentwürfe für das Musical »The Wizard of Oz«. K. war mit Max → Fellerer, dem Direktor der Wiener Kunstgewerbeschule, verheiratet.

**Knoll, August Maria,** * 5. September 1900 in Wien, † 24. Dezember 1963 in Wien, Soziologe.

K. studierte in Wien Staatswissenschaften. Hier kam er in Kontakt mit Hans → Kelsen, der ihn besonders förderte, sowie mit Othmar → Spann und Ernst Karl → Winter. Für die soziale Frage hatte er sich schon als Mittelschüler interessiert und Antworten bei Karl Marx und August Bebel gesucht, doch das antireligiöse Element dieser Autoren stieß ihn ab. Nach seiner Promotion 1923 war K. als Journalist tätig, als überzeugter Monarchist arbeitete er auch bei der legitimistischen »Österr. Aktion« mit. Er wurde 1932 Privatsekretär Ignaz → Seipels bis zu dessen Tod. Er betonte, bei Seipel gelernt zu haben, wie Kirche nicht sein sollte. 1933 habilitierte er sich bei Spann mit dem Werk »Zins in der Scholastik«. Er war ein Befürworter des Ständestaatsystems und lehnte den Nationalsozialismus ab. Diese politischen Ziele verfolgte er auch als Chefredakteur des »Arbeiter Sonntag«. 1938 wurde er von der Universität entfernt und mußte bis zu seiner Einberufung als Bibliothekar arbeiten. Gegen Kriegsende gelang es ihm, Kontakt zu Widerstandsgruppen zu finden. Nach dem Krieg kehrte er wieder an die Universität zurück. 1950 wurde er Ordinarius. 1953 gründete er das Institut für Sozialpolitik und Sozialreform. In diesen Jahren trug er sich auch mit Plänen für eine Sozial- und Wirtschaftshochschule, die in Linz ihren Standort haben sollte. K. war ein schwieriger, aber origineller Denker, der wegen der sozialen Frage mit den Exponenten der katholischen Kirche in Konflikt geriet. Er lehnte den »Klerikalismus« der Kirche ab, sie böte keine sozialen Lösungen und sei daher mit jedem Gesellschaftssystem vereinbar. Auch gegen die Bevormundung der Laien durch die Amtskirche bezog er Stellung.

*Werke:* »Der soziale Gedanke im modernen Katholizismus« (1932), »Das Kapitalismus-Problem in der modernen Soziologie« (1953), »Katholische Kirche und scholastisches Naturrecht« (1962), »Katholische Gesellschaftslehre. Zwischen Glauben und Wissenschaft« (1966).

*Lit.:* N. Leser, A. M. K., in: Grenzgänger (1981).

**Köck, Eduard,** * 26. Februar 1882 in Innsbruck, † 3. November 1961 in Wien, Volksschauspieler.

K. studierte an der Universität Innsbruck und war Mitbegründer der von → Exl ins Leben gerufenen »Ersten Tiroler Bauernspiel-Gesellschaft«, der bekannten »Exl-Bühne«, deren Oberspielleiter er bis zu ihrer Auflösung 1955 war. Der weit über Tirol hinaus bekannte, hagere Volksschauspieler gestaltete vorwiegend knorrige, erdverbundene bäuerliche Figuren, so den Grutz in »Erde« und den Sandberger in »Glaube und Heimat«, beide von Karl → Schönherr, der Ferner in »Der Meineidbauer« und den Dusterer in »Der G'wissenswurm« von Anzengruber. K. wirkte auch in zahlreichen Heimatfilmen mit, etwa in »Standschütze Bruggler« (1936), »Die Geierwally« (1940), »Der Sonnblick ruft« (1952). Außerdem schrieb er mehrere Filmdrehbücher.

**Koenig, Alma Johanna (eigtl. Johanna Herdan, verh. Ehrenfels),** * 18. August 1887 in Prag, † 1942 im KZ Minsk, Schriftstellerin.

Die Tochter einer wohlhabenden jüdischen Familie kam mit ihren Eltern 1888 nach Wien und erwarb ihre Bildung im Selbststudium. Sie heiratete den Geschäftsmann Bernhard von Ehrenfels, den sie nach Algier begleitete (1925–1930). Nach dem Scheitern der Ehe kehrte sie nach Wien zurück. Vom März 1938 bis zu ihrer Verhaftung und Deportation im Mai 1942 lebte sie im Untergrund.

K. schrieb formstrenge Liebes- und Landschaftslyrik (»Die Lieder der Fausta«, 1922, »Liebesgedichte«, 1930) und debütierte als Erzählerin mit der Novelle »Schibes« (1920, 1991). Bekannt wurde sie durch ihre historisch-psychologischen Romane, so »Der heilige Palast« (1922) über die byzantinische Kaiserin Theodora, »Die Geschichte von Half dem Weibe« (1924), ein Wikinger-Roman, und »Der jugendliche Gott« (1947, zahlreiche Neuauflagen) über Kaiser Nero.

**Kofler, Werner,** * 23. Juli 1947 in Villach (K), Schriftsteller.

K. unterbrach seine Ausbildung zum Lehrer, unternahm zahlreiche Reisen und lebt seit 1968 als freier Schriftsteller in Wien. Er schrieb zunächst Hörspiele, 1975 erschien seine Autobiographie »Guggile: Vom Bravsein und vom Schweinigeln« und 1978 sein erster Roman: »Ida H. Eine Krankengeschichte«, für den er den Förderungspreis zum Österr. Staatspreis erhielt. Es folgten Texte, in denen er die gesellschaftliche Realität und seine eigene Lebenswelt in experimenteller Erzähltechnik darzustellen versucht. In seinen späteren Prosawerken setzt sich der Autor mit den Trivialitäten und Exzentrizitäten des Alltags auseinander, wobei Thomas → Bernhard und wohl auch → Herzmanovsky-Orlando Pate standen. K.s Schaffen stellt einen beachtenswerten Beitrag zur österr. Gegenwartsliteratur dar.

*Weitere Werke:* »Amok und Harmonie« (1985), »Am Schreibtisch« (1988), »Hotel Mordschein« (1989), »Der Hirt auf dem Felsen« (1990).

**Kohlmaier, Herbert,** * 29. Dezember 1934 in Wien, Jurist und Politiker.

Nach Gymnasium und Jusstudium begann K. seine Berufslaufbahn 1957 als Bediensteter der Arbeiterkammer. 1963 trat er als Direktionssekretär in die Pensionsversicherungsanstalt der Angestellten ein. Seine politische Laufbahn begann er 1969 als Abgeordneter der ÖVP. Sie führte ihn über das Generalsekretariat der Partei und den Obmann des ÖAAB schließlich zum Volksanwalt. 1991 verließ er in spektakulärer Form seine Partei, die ihn im Konflikt mit dem ORF-Redakteur Hans Paul Strobl in der TV-Sendung »Ein Fall für den Volksanwalt« nicht gebührend unterstützt hatte, kehrte aber nach wenigen Monaten wieder zurück. Als erklärter Gegner des Parteiobmannes Erhard → Busek veröffentlichte K. Vorschläge zur Parteireform, die eine völlige Zerschlagung der Bünde vorsahen. Bereits im Mai 1981 war K. ins Kreuzfeuer der Kritik geraten, als er sich als Zeuge beim Mord an Stadtrat Heinz → Nittel erst Tage später der Polizei zur Verfügung stellte.

**Kohr, Leopold,** * 5. Oktober 1909 in Oberndorf (S), Philosoph.

Der Arztsohn studierte in Wien, Innsbruck, Paris und London. Für die Agence Viator berichtete er aus dem Spanischen Bürgerkrieg, wo er Ernest Hemingway und George Orwell kennenlernte. 1938 emigrierte er über die USA nach Kanada. Der Universitätslehrer wurde bekannt als Vorkämpfer für kleine, überschaubare Einheiten. Er ist der Vater der Theorie von »small is beautiful«. Bis zum Jahre 1947 unterrichtete er an der Staatsuniversität von Puerto Rico Nationalökonomie und politische Philosophie. Er gilt als »Geburtshelfer« des karibischen Kleinstaates Anguilla. K. lehrte auch in Wales, wo er die walisische Unabhängigkeitsbewegung unterstützte. Seit seiner Emeritierung 1974 lebt K. wieder in Salzburg, wo er sich für den Nationalpark Hohe Tauern einsetzt.

*Werke:* »Die überentwickelten Nationen« (1962), »Weniger Staat« (1965), »Das Ende der Großen« (1986).

**Kokoschka, Oskar,** * 1. März 1886 in Pöchlarn (NÖ), † 22. Februar 1980 Villeneuve (Schweiz), Maler, Graphiker und Schriftsteller.

Der Sohn eines Goldschmieds und einer Försterstochter besuchte die Kunstgewerbeschule in Wien. 1907–1909 war er Mitarbeiter der »Wiener Werkstätte«. 1908 stellte er zum erstenmal aus. Seine Bilder schockierten das Publikum ebenso wie ein Jahr später sein Stück »Mörder, Hoffnung der Frauen«. Sein Frühwerk markierte den Beginn des expressionistischen Jahrzehnts und erntete neben Ablehnung auch erste Erfolge. Leidenschaftlich setzte K. in den folgenden Jahren seinen Weg fort. Er verliebte sich ungestüm in Alma → Mahler (»Die Windsbraut«), und als die Liebe zerbrach, meldete er sich freiwillig zum Militär. Im 1. Weltkrieg wurde er schwer verwundet. 1919–1924 lehrte er als Prof. an der Dresdner Kunstakademie. Sein Werk fand zunehmend Anerkennung. Der Künstler stellte u. a. 1922 auf der Biennale in Venedig aus, Museen und Gönner kauften seine Bilder an. 1931 kehrte er nach ausgedehnten Reisen nach

*Oskar Kokoschka*

Wien zurück, 1934 übersiedelte er nach Prag, 1938 emigrierte er nach London. 1953 ließ er sich in Villeneuve am Genfer See nieder. Im selben Jahr verwirklichte er in Salzburg einen lang gehegten Traum: K. gründete als Sommerakademie die »Schule des Sehens«, die er bis 1962 leitete. Aus dem einst skandalösen Jüngling war ein vielfach geehrter Künstler geworden. Sein bildnerisches Lebenswerk umfaßt visionäre Porträts, Stadtlandschaften, Stilleben, Bleistiftzeichnungen, Radierungen und Lithographien, Plakate (u. a. 1945 für die hungernden Kinder Europas), Kostümentwürfe und Bühnenbilder. Zu seinen literarischen Arbeiten zählen ferner »Die träumenden Knaben« (1908) und das Drama »Orpheus und Eurydike« (1926, von Ernst → Krenek als Oper vertont).

*Lit.:* N. Werner, O. K. Leben und Werk in Daten und Bildern (1986).

**Kolb, Ernst,** * 9. Jänner 1912 in Lauterach (V), † 23. September 1978 in Bregenz, Jurist und Politiker.

K. stammte aus einer Lehrerfamilie und wollte

zunächst selber Lehrer werden. Nach theologischen und philosophischen Studien in Brixen beendete K. 1936 ein Jusstudium in Innsbruck. In der Organisation der gewerblichen Wirtschaft in Bregenz fand er eine Anstellung, wurde jedoch 1938 mit Berufsverbot belegt. Nach dem 2. Weltkrieg wurde er zunächst Stadtsekretär in Bregenz. Nach den Nationalratswahlen im November 1945 zog er als ÖVP-Abgeordneter in das Parlament ein, wo er bis 1959 ein Mandat ausübte. 1948–1952 war er Bundesminister für Handel und Wiederaufbau, dann bis 1954 Unterrichtsminister. 1954–1959 wirkte er als Landesstatthalter von Vorarlberg. 1959 übernahm er an der Universität Innsbruck ein Ordinariat für Staats- und Verwaltungsrecht, 1967/68 war er auch Rektor. 1976 trat K. in den Ruhestand.

*Werke:* »Du Ländle, meine teure Heimat« (1965), »Einführung in das österr. Verfassungsrecht« (1973), »Wirtschafts-Verwaltungsrecht« (1977).

**Kolig, Anton,** * 1. Juli 1886 in Nový Jičín/Neutitschein (Mähren), † 17. Mai 1950 in Nötsch im Gailtal (K), Maler und Graphiker.

K. studierte an der Akademie der Bildenden Künste in Wien, bildete sich dann in Paris weiter und trat bereits 1911 gemeinsam mit → Kokoschka, → Gütersloh und anderen Malern in einer vom Wiener »Hagenbund« veranstalteten Sonderausstellung mit größeren Werken hervor. 1914 ließ er sich in Kärnten nieder und bildete gemeinsam mit seinem Schwager Franz → Wiegele und Anton Mahringer den »Nötscher Kreis«. Er war Prof. in Frankfurt, Prag und Stuttgart (1928–1934). K. ist der prominenteste Vertreter des österr. Farbexpressionismus. Er schuf zahlreiche Porträts und Stilleben mit einer stark betonten, dramatischen Körperlichkeit, die durch die Leidenschaftlichkeit im Einsatz der Farbgebung noch unterstrichen wird. K. war auch auf dem Gebiet der Monumentalmalerei tätig, so schuf er die Fresken für das Wiener Krematorium (1927). Zentrales Thema seiner etwa 3 000 Zeichnungen ist der männliche Akt, mit dessen Anatomie er sich in zahlreichen Bewegungsstudien auseinandersetzte.

*Lit.:* A. K. Das malerische Werk (Katalog Künstlerhaus, 1981); P. Weiermair, A. K. Die Zeichnungen (1984).

**Koller, Hans,** * 12. Februar 1921 in Wien, Jazzmusiker.

Die legendäre Vaterfigur des österr. Jazz gilt als einer der bedeutendsten europäischen Jazzmusiker der 50er und 60er Jahre. Er war der eigenständigste Saxophonstilist der Cool-Ära, dessen elegante, durchgeformte Soli die Fans begeisterten.

Der Sohn eines Bahnbeamten spielte schon als Kind Geige. Mit 14 Jahren erhielt er sein ersehntes Saxophon. 1941 mußte er einrücken. Nach seiner Rückkehr aus der Kriegsgefangenschaft 1947 spielte er zunächst im »Hot Club Vienna«, den er ab 1948 als Bebop-Oktett zur besten Nachkriegsband Ö.s machte. 1950 ging er in die BRD und arbeitete seither mit der bundesdeutschen Jazz-Elite sowie mit Weltstars wie Benny Goodman oder Dizzy Gillespie zusammen. K. komponierte und betätigte sich auch als abstrakter Maler. 1968/69 war er musikalischer Direktor des Deutschen Schauspielhauses in Hamburg. 1970 kehrte er nach Wien zurück und begann eine zweite Karriere, die durch eine freiere Melodik gekennzeichnet ist. Seit 1979 leitet er an der Stuttgarter Hochschule eine Saxophonklasse.

**Kolleritsch, Alfred,** * 16. Februar 1931 in Brunnsee (St), Schriftsteller.

Der Sohn eines Forstverwalters war Internatsschüler in einem Grazer Gymnasium. Er studierte Germanistik, Geschichte und Philosophie (Promotion: 1964) und ist seit 1958 als Gymnasiallehrer in Graz tätig. K. ist einer der Gründerväter (ab 1968 Präsident) des Grazer »Forum Stadtpark«, einer avantgardistischen Künstlervereinigung, die 1958 als Gegenpol zum restaurativen Kulturbetrieb der Nachkriegszeit ins Leben gerufen wurde. Als literarisches Forum der Gruppe gründete K. 1960 die Zeitschrift »manuskripte«, die sich unter seiner Leitung zu einer der angesehensten Literaturzeitschriften im deutschen Sprachraum entwickelt hat.

Der Autor ist mit Romanen wie »Der Pfirsichtöter« (1972), »Die grüne Seite« (1974), »Allemann« (1989) und mit Gedichtbänden hervorgetreten, die reich an behutsamen Bildern und sensibler Melodik sind: »Einübung in das Vermeidbare« (1978), »Augenlust« (1986), »Gegenwege« (1991).

*Lit.:* P. Laemmle, J. Drews (Hg.), Wie die Grazer auszogen, die Literatur zu erobern (2. Aufl., 1979).

**Kollmann, Josef,** * 23. Oktober 1868 in Ljubljana/Laibach (Slowenien), † 16. Juni 1951 in Baden bei Wien, Kaufmann und Politiker.

Seine Familie übersiedelte 1894 nach Baden. Die Volksschule besuchte er in Wien, sein Klassenkamerad war der spätere Bürgermeister von Wien, Karl → Seitz. Nach der gewerblichen Handelsschule war K. als Kaufmann tätig. Schon 1903 wurde er in Baden in den Gemeinderat und 1919–1938 zum Bürgermeister gewählt. 1919–1934 gehörte er als christlichsozialer Abgeordneter dem Parlament an. Im Jänner 1926 löste er den skandalumwitterten Finanzminister Jakob → Ahrer ab, blieb aber nur bis Oktober 1926 im Kabinett. In seine Amtszeit fällt die Aufhebung der Völkerbundkontrolle über Ö. In den Parteigremien, v. a. im Parlamentsklub, hatte er als Experte in Finanzfragen eine dominierende Stellung. Als überzeugter Demokrat hat er vor der Entwicklung zum Ständestaat gewarnt.

Auf K.s Initiative geht die Errichtung der Spielbank und des Städtischen Strandbads in Baden zurück. 1940 machten ihm die Nationalsozialisten einen Prozeß wegen angeblichen Mißbrauchs der Amtsgewalt, K. wurde aber freigesprochen.

*Werke:* »Der Prozeß K.« (1946).

*Lit.:* J. K. – Festschrift zum 80. Geburtstag (1948).

**Kolmann, Ossy,** * 10. Jänner 1928 in Wien, Volksschauspieler und Kabarettist.

Der gelernte Fernmeldetechniker kam über das Frontthеater zum Kabarett. Er trat zunächst im »Wiener Werkel« auf, von wo ihn sein großer Lehrmeister Karl → Farkas in den »Simpl« holte. K. spielte dort 8 Jahre lang, gastierte am Volkstheater, am Theater an der Wien und an der Volksoper (er ist seit 1988 nicht ganz freiwillig Volksopern-Pensionist). Einer breiteren Öffentlichkeit wurde der Komiker durch zahlreiche Auftritte im TV bekannt. So gibt er seit Jahren als Oscar Straub via Fernsehen Lottotips, was seine Popularität noch mehr gesteigert hat.

**Kolowrat, Alexander Josef (Sascha) (bis 1919 Graf K.-Krakowsky),** * 29. Jänner 1886 in Glendale (New York), † 4. Dezember 1927 in Wien, Filmproduzent.

K. stammte aus einer österr. Offiziersfamilie und zählte zu den dominierenden Persönlichkeiten der Wiener Filmindustrie. Eine Begegnung mit dem französischen Filmpionier Charles Pathé begeisterte ihn für das neue Medium. Mit seinem 1910 ererbten Vermögen finanzierte er zuerst in Böhmen und dann in Wien ein Filmunternehmen, mit dem er den ersten abendfüllenden Spielfilm produzierte (»Der Millionenonkel« mit Alexander Girardi). 1914 rückte er als begeisterter Autofahrer zur »Autotruppe« ein, ab 1915 stellte er Kriegswochenschauen her. Bereits 1916 errichtete K. das erste freistehende Filmatelier Ö.s. 1918 gründete er in Wien die Sascha Film AG, die zu einer der wichtigsten Produktionsfirmen des Wiener Films wurde. Seine für die damalige Zeit gigantischen Produktionen (»Die Sklavenkönigin«, »Samson und Delila«, »Sodom und Gomorrha«), besetzt mit hervorragenden Schauspielern – von Marlene Dietrich bis Willi → Forst –, erlangten internationale Beachtung.

*Weitere Filme:* »Die Gewinnung des Eisens am Steirischen Erzberg« (1912), »Im Auto durch die österr. Alpen«, »Der junge Medardus« (1923), »Die Pratermizzi« (1927), »Café Electric« (1927).

*Lit.:* I. M. Hübl, S. K., phil. Diss. (1950); W. Fritz, Kino in Ö. (1981).

*Anny Konetzni*

**Konetzni, Anny,** * 12. Februar 1902 in Wien, † 6. September 1968 in Wien, Kammersängerin.

K. wurde in Wien und Berlin gesanglich ausgebildet. Sie debütierte 1927 in Chemnitz und kam über Augsburg und Elbefeld nach Berlin (1931–1934) und von dort an die Wiener Staatsoper, deren Ensemble sie 1935–1954 angehörte. Sie war die Wagner-Sängerin schlechthin und stach mit ihrem dunklen, ausdrucksstarken Sopran jedes Orchester mühelos aus. Sie war aber auch z. B. als Beethovens Leonore und als Elektra Richard → Strauss' erfolgreich. Die Sängerin gastierte an allen großen Opernhäusern Europas und an der »Met«. Sie wirkte auch bei den Salzburger Festspielen mit. 1954 übernahm sie eine Professur an der Wiener Musikakademie. Eine Lähmung bereitete ihrer großen Karriere 1957 ein vorzeitiges Ende.

**Konetzni, Hilde,** * 21. März 1905 in Wien, † 20. April 1980 in Wien, Kammersängerin.

Die jüngere Schwester von Anny → K. erhielt ihre musikalische Ausbildung an den Konservatorien in Wien und Prag. Sie debütierte 1929 als Sieglinde in Chemnitz und kam nach Engagements in Gablonz und am Deutschen Theater in Prag 1936 an die Wiener Staatsoper, der sie bis zum Ende ihrer aktiven Laufbahn 1955 die Treue hielt. In kleineren Rollen war sie auch nach ihrer Pensionierung in der Staats- und Volksoper noch längere Zeit zu hören.

Hilde K. war die lyrischere der beiden Schwestern, die in die Wiener Operngeschichte eingingen. Die Sopranistin ist u. a. als Marie in der »Verkauften Braut«, als Desdemona und Marschallin sowie als Elisabeth in »Tannhäuser« den Opernfreunden in Erinnerung. Ab 1936 war sie häufiger Gast bei den Salzburger Festspielen und war wie ihre Schwester ein Weltstar. Sie übernahm auch Filmrollen.

**König, Franz,** * 3. August 1905 in Warth bei Rabenstein an der Pielach (NÖ), Kardinal.

Der Bauernsohn besuchte das Melker Stiftsgymnasium und studierte dann an der päpstlichen Universität Gregoriana Theologie und Philosophie. Beide Studien schloß er mit dem Doktorat ab. 1933 zum Priester geweiht, war er zunächst als Kaplan in NÖ tätig. 1938 übernahm er die Jugendseelsorge in der Diözese St. Pölten, wobei er mehrfach mit der Gestapo in Konflikt geriet. Nach 1945 wurde er Privatdozent für Religionswissenschaften in Wien, 1949 Univ.-Prof. für Moraltheologie in Salzburg. 1951 wurde er zum Bischofkoadjutor in St. Pölten, 1956 zum Erzbischof von Wien ernannt. 1958 erfolgte seine Erhebung zum Kardinal.

K. war maßgeblich an den Verhandlungen des II. Vaticanums beteiligt und nahm an allen Bischofssynoden teil. 1965–1980 leitete er das Vatikanische Sekretariat für die Nichtglaubenden. Ganz intensiv bemühte er sich um Kontakte zur Ostkirche. Der von ihm gegründeten Stiftung »Pro Oriente« sind epochemachende Erfolge auf ökumenischer Basis zu danken. K.s großartiger Gesprächsfähigkeit ist in Ö. der Dialog mit den Sozialisten zuzuschreiben, der das innenpolitische Klima im Lande wesentlich entlastete. Der polyglotte Kirchenfürst – K. spricht 12 Sprachen – hat immer wieder zu grundlegenden Fragen der Zeit Stellung genommen, so 1983 im »Friedensappell der österr. Bischöfe«, er hat sich aber auch immer als ein Meister kirchlicher Geheimdiplomatie erwiesen, etwa bei der Übersiedlung des ungarischen Kardinals József Mindszenty nach Ö. 1985 trat K. aus Altersgründen von seinem Amt zurück. Seitdem ist er ein gesuchter Gesprächspartner für viele an der Kirche Interessierte.

*Werke:* »Christus und die Religionen der Erde« (3 Bde., 1951), »Ganz in Gottes Hand« (1957), »Zarathustras Jenseitsvorstellungen und das Alte Testament« (1964), »Der Aufbruch zum Geist« (1972), »Glaube ist Freiheit« (1981), »Der Weg der Kirche« (1986).

*Lit.:* R. Barta, Kardinal F. K. (1965); F. Loidl, Geschichte des Erzbistums Wien (1983); A. Fenzl (Hg.), Kardinal K. (1985).

**Konradi, Inge,** * 27. Juli 1925 in Wien, Kammerschauspielerin.

Carl Zuckmayer hat die begnadete Schauspielerin ein »säkuläres Ereignis« genannt, Ernst → Haeusserman sprach von einer »Burgtheater-Vollblutschauspielerin«. Theodor → Czokor bezeichnete sie als »geniale Volksschauspielerin«. K. tanzte vom 10. bis zum 14. Lebensjahr im Staatsopernballett. Die Reinhardt-Seminaristin spielte zunächst am Volkstheater, dann am Theater in der Josefstadt. Seit 1951 ist sie Mitglied des Burgtheaters. Die ungeheure Spannweite ihrer Schauspielkunst reicht von der Klassik über das Volksstück bis zur Moderne. Tragische wie komische Figuren gestaltet sie mit unvergleichlich persönlicher Farbe, Überzeugtheit und Eindringlichkeit. Eine ihrer liebsten Rollen: die Christine in »Liebelei«. Doch unvergeßlich bleibt das Traumpaar Inge K. und Josef → Meinrad in Nestroy- und Raimund-Stücken.

K. war auch bei den Salzburger Festspielen sowie in Film und Fernsehen tätig. Seit 1988 unterrichtet sie am Reinhardt-Seminar, 1992 wurde sie Ehrenmitglied des Burgtheaters.

**Kont, Paul,** * 19. August 1920 in Wien, Komponist.

K. studierte am Konservatorium und an der Musikakademie bei Josef → Krips und H. Swarowsky Dirigieren und bei Josef → Lechthaler Komposition. Sein Schaffen knüpft bei der französischen Musik der ersten Hälfte des 20. Jh.s und beim seriellen Denken an. Es umfaßt Lieder (nach Gedichten von Eichendorff, → Weinheber u. a.), Orchesterwerke, Ballette, Film- und Bühnenmusik, die Opern »Lysistrate« (1961), »Traumleben« (1963) und »Libussa« (1969) sowie das Melodram »Der Sturm« (1968).

Der Komponist, der über den Weg der melodischen Linie zu einer neuen Tonart gefunden hat, schrieb auch zahlreiche Kompositionen für Funk und Fernsehen, z. B. die Kammertanzspiele »Die traurigen Jäger« und »Amores pastorales« sowie das Mysterienspiel »Inzwischen«.

**Koplenig, Johann,** * 15. Mai 1891 in Jadersdorf bei St. Lorenzen (K), † 13. Dezember 1968 in Wien, Politiker.

Der Sohn eines Kleinhäuslers war ursprünglich Schuhmacher. 1909 trat er der Sozialdemokratischen Partei bei und wurde auch gewerkschaftlich aktiv. Während des 1. Weltkriegs geriet er 1915 in russische Kriegsgefangenschaft, wo er die Ideen der Bolschewiki kennenlernte, 1918 trat er in Rußland ihrer Partei bei. Nach Hause zurückgekehrt, schloß er sich den österr. Kommunisten an. 1922 wurde er Landessekretär der steirischen KP, zwei Jahre später bereits Mitglied des Zentralkomitees und Generalsekretär der KPÖ. 1933 in die Illegalität gedrängt, emigrierte er 1934 in die ČSR, dann nach Frankreich und 1939 in die Sowjetunion, wo er während des 2. Weltkriegs zu den Bewohnern des legendären Hotel Lux zählte. Der überaus moskautreue Parteiführer kehrte im April 1945 nach Ö. zurück, er war kurzfristig Staatssekretär und 1945–1959 Nationalratsabgeordneter. Bis 1965 blieb er Parteivorsitzender.

*Werke:* »Reden und Aufsätze 1924–1950« (1951).

*Lit.:* R. Mayenburg, Hotel Lux (1978).

**Korab, Karl,** * 26. April 1937 in Falkenstein (NÖ), Maler und Zeichner.

Der stille und zurückgezogene Künstler ist ein bedeutender Vertreter der österr. Gegenwartskunst. Dem Sohn eines Oberförsters war es als Knabe verboten, zu malen und zu zeichnen. Dennoch erhielt er bei Sergius → Pauser an der Wiener Akademie der bildenden Künste seine Ausbildung. Die Meister der niederländischen Malerei, Reisen nach Italien und Begegnungen mit Ernst → Fuchs und Anton → Lehmden beeinflußten sein Schaffen, doch läßt sich K. keiner Kunstrichtung zuordnen. Die Gegenstände auf seinen Bildern sind auf geheimnisvolle Weise miteinander verflochten und harren der Entschlüsselung durch den Beobachter. Die exakt gemalten Dörfer und Landschaften seiner Waldviertler Heimat drücken das Wesen dieser Region und seiner Menschen aus. K. machte auch früh schon als Zeichner auf sich aufmerksam. Er verfertigte außerdem Radierungen und Lithographien und hat im Siebdruck eine besondere Meisterschaft entfaltet.

*Lit.:* K. Sotriffer, K. K. Bilder und Zeichnungen (1983).

**Koref, Ernst,** * 11. März 1891 in Linz, † 15. November 1988 in Linz, Lehrer und Politiker.

Der Sohn aus einer kinderreichen Eisenbahnerfamilie studierte nach der Matura in Wien Philosophie (Promotion: 1914). Seine Lehramtsprüfung für Deutsch und Englisch konnte er erst 1919 ablegen, da er im 1. Weltkrieg eingerückt war. 1919–1924 war er als Mittelschullehrer tätig, dann als Konzeptsbeamter beim oberösterr. Landesschulrat. Gleichzeitig unterrichtete er auch an der Linzer Arbeitermittelschule. 1934 wurde er zwangspensioniert. Bis 1945 mußte er sich als Privatlehrer durchbringen. Nach dem 2. Weltkrieg wurde er reaktiviert und ging 1957 als Landesschulinspektor in Pension.

Seine politische Karriere verlief glanzvoller. Der Sozialdemokrat war 1927–1934 Mitglied des Linzer Gemeinderates, im Februar 1934 geschäftsführender Parteiobmann in OÖ. K. wurde kurzfristig inhaftiert, jedoch nicht unter Anklage gestellt. 1944 wurde er verhaftet, kam aber wieder frei. Bereits 1930–1934 und dann wieder 1945–1958 war er Abgeordneter zum Nationalrat, 1945–1962 (zunächst von den Amerikanern eingesetzter) Bürgermeister von Linz. Als solcher widmete er seine ganze Kraft dem Wiederaufbau der Stadt. Mit Landeshauptmann Heinrich → Gleißner schuf er über die Parteigrenzen hinweg – seinem Motto entsprechend, daß »politische Orthodoxie . . . ein Übel« sei – ein Klima der Zusammenarbeit im Lande.

*Werke:* »Gezeiten meines Lebens« (1980).

**Koren, Hanns,** * 20. November 1906 in Köflach (St), † 27. Dezember 1985 in Graz, Volkskundler und Politiker.

Der Forscher, Volksbildner und ÖVP-Politiker setzte in der Steiermark nach 1945 wesentliche kulturpolitische Akzente, so initiierte er u. a. den »steirischen herbst«. Er studierte Volkskunde und Germanistik (Promotion: 1931) und baute das Institut für Volkskunde in Salzburg und 1936 gemeinsam mit Viktor → Geramb in Graz auf. Nach seiner Rückkehr aus dem 2. Weltkrieg habilitierte er sich, 1951 wurde er a. o. Prof., 1955–1977 war er Ordinarius und Vorstand des Instituts für Volkskunde an der Universität Graz. Im Zuge seiner politischen Karriere wirkte er ab 1970 als Kulturreferent und Landesrat, als Landeshauptmannstellvertreter und 1970–1983 als Landtagspräsident.

K. veröffentlichte eine Reihe volkskundlicher Bücher und war Herausgeber und Redakteur verschiedener Zeitschriften, so der »Österreichischen Zeitschrift für Volkskunde« (1953–1985).

*Werke:* »Volksbrauch im Kirchenjahr« (1934), »Volkskunde in der Gegenwart« (1952), »Reden« (1966, 1976).

**Koren, Stephan,** * 14. November 1919 in Wiener Neustadt (NÖ), † 26. Jänner 1988 in Wien, Bankfachmann und Politiker.

Sein Studium der Wirtschaftswissenschaften unterbrach der 2. Weltkrieg, aus dem der Jagdflieger schwer verwundet zurückkehrte. Erst 1945 konnte er sein Diplom machen und begann, am österr. Institut für Wirtschaftsforschung mitzuarbeiten. Kanzler Josef → Klaus holte ihn 1967 als Staatssekretär ins Bundeskanzleramt, 1968 wurde K. Finanzminister. Mit seinem »Koren-Plan«, der u. a. auch eine 10prozentige Besteuerung der Politikerbezüge vorsah, ergriff er wirtschaftspolitische Maßnahmen gegen das Budgetdefizit. 1970–1978 ÖVP-Klubobmann im Parlament, wurde er 1978 Präsident der Oesterr. Nationalbank. Als Vater der österr. Hartwährungspolitik genoß der Fachmann im In- und Ausland höchstes Ansehen. Als Ordinarius an der Wirtschaftsuniversität gab er seit 1968 sein enormes Wissen weiter.

**Korinek, Franz,** * 2. Mai 1907 in Schlößlhof (ČSFR), † 2. Juni 1985 in Wien, Politiker.

Der Jurist (Promotion: 1931) war in der Kärntner Handelskammer tätig, bis ihn 1938 die Nationalsozialisten vom Dienst enthoben. 1947 kehrte er auf Initiative Julius → Raabs wieder zurück und nahm maßgeblichen Anteil am Aufbau der Handelskammerorganisation. Als Generalsekretär der Bundeswirtschaftskammer 1950–1966 setzte er sich für den Ausbau der Auslandsorganisation der Kammer ein. 1963/64 war er im Kabinett → Gorbach II Finanzminister. K. war ein erklärter Befürworter der Sozialpartnerschaft. Nach seinem Ausscheiden aus der Kammer wirkte er als Vizepräsident des Hauptverbands der Sozialversicherung, danach bis zur Pensionierung in der Privatwirtschaft.

**Kornauth, Egon,** * 14. Mai 1891 in Olomouc/Olmütz (Mähren), † 28. Oktober 1959 in Wien, Komponist.

K. studierte an der Wiener Musikakademie bei Robert Fuchs und Franz Schreker sowie Franz → Schmidt und Guido → Adler. Er begann seine Tätigkeit als Korrepetitor an der Wiener Hofoper. 1940–1945 war er Prof. an der Musikakademie in Wien und ab 1945 am Mozarteum in Salzburg. Seine Musik, in der kontrapunktische Techniken überwiegen, ist der deutschen Spätromantik verpflichtet. Er schrieb Kammermusik und Lieder, die früher häufig aufgeführt wurden, so: Romantische Suite, op. 40; Klavierquartett, op. 18; Horn- und Streichquintett, op. 40 b.

**Körner, Theodor,** * 24. April 1873 in Uj Szönyi bei Komárom/Komorn (Ungarn), † 4. Jänner 1957 in Wien, Staatsmann.

K. war 1951–1957 der erste, direkt vom Volk gewählte Bundespräsident. Der Sohn einer Offiziersfamilie brachte es in der k. u. k. Armee bis zum Oberst und Generalstabschef der 1. Isonzo-Armee. Nach dem Ende der Monarchie stellte der Berufsoffizier seine Kenntnisse und Erfahrung der jungen Republik zur Verfügung. Er wurde Leiter der Präsidialabteilung für Heerwesen und war maßgeblich am Aufbau des neuen

*Theodor Körner*

republikanischen Heeres beteiligt. Vom christlich-sozialen Heeresminister Carl → Vaugoin als General in den Ruhestand versetzt, trat er 1924 der Sozialdemokratischen Partei bei. Diese entsandte ihn in den Bundesrat und in die Zentralleitung des Republikanischen Schutzbunds. Als sein weitblickendes militärisches Konzept für diese Wehrorganisation im Falle eines Konflikts mit der Staatsgewalt (Guerillataktik!) verworfen wurde, legte K., der »rote General«, seine Funktion zurück. 1934 sowie 1944 war er in Haft. Im April 1945 übernahm K. das Amt des Wiener Bürgermeisters und erwarb sich bis 1951 große Verdienste um den Wiederaufbau der Stadt. Seine Korrektheit, Geradlinigkeit und Volksnähe machten ihn ungeheuer populär. 1951 wurde er im zweiten Wahlgang als Kandidat der SPÖ zum Bundespräsidenten gewählt. In seine Amtszeit, die er – auch weiterhin ein Mann des Volkes – bis zu seinem Tode ausfüllte, fiel der Abschluß des österr. Staatsvertrags.

*Lit.:* E. C. Kollmann, T. K. (1973); I. Duczynska, Der demokratische Bolschewik (1975).

**Korngold, Erich Wolfgang,** * 29. Mai 1897 in Brno/Brünn (Mähren), † 29. November 1957 in Hollywood (USA), Komponist.

Der Sohn des einflußreichen Wiener Musikkritikers Julius K. kam 1901 nach Wien. Er zeigte früh sein musikalisches Talent. Ein Schüler von Robert Fuchs und Alexander Zemlinsky, erregte er bereits als 11jähriger mit seiner Klaviersonate in d-Moll Aufmerksamkeit. Zwei Jahre später gelangte seine Pantomime »Der Schneemann« an der Wiener Hofoper zur Aufführung. 1916 wurden in München seine beiden Einakter »Der Ring des Polykrates« und »Violanta« gespielt, Stücke, die den sicheren Instinkt für Wirkung, den melodischen Einfallsreichtum und die große musikdramatische Begabung des jungen Komponisten bezeugen. 1920 erzielte seine spätromantische Oper »Die tote Stadt« mit Maria → Jeritza einen Welterfolg. Seine Oper »Das Wunder der Heliane«, 1927 in Wien mit Jan Kiepura in der Hauptrolle uraufgeführt, war

*Fritz Kortner*

so populär, daß bald darauf eine Zigarettensorte mit dem Namen »Heliane« auf den Markt kam. K. war ab 1927 Prof. an der Musikakademie und Dirigent der Staatsoper. Ab 1929 arbeitete der klangschöpferische Musiker mit Max → Reinhardt zusammen, für den er u. a. Operetten von Strauß und Offenbach bearbeitete. Er war der Initiator einer Johann-Strauß-Renaissance in Wien. 1934 emigrierte K. in die USA, wo er ein äußerst erfolgreicher Filmkomponist in Hollywood wurde. K. schuf auch Instrumentalkonzerte, Kammermusik, Lieder und Klavierwerke.

*Lit.:* L. Korngold, E. W. K. (1967).

**Kortner, Fritz, (eigtl. Fritz Nathan Kuhn),** * 12. Mai 1892 in Wien, † 22. Juli 1970 in München, Schauspieler und Regisseur.

K. erhielt seine Schauspielausbildung in Wien. 1919 ging er an das Staatstheater Berlin, wo er mit kurzen Unterbrechungen bis 1933 blieb. Danach wirkte er wieder in Wien. 1938 floh er über England in die USA. 1949 kehrte er nach Europa zurück.

K. war ein hervorragender Schauspieler, von dessen geballter Darstellungskraft eine phänomenale Wirkung ausging. In Wien feierte er als Richard III. und als Othello am Volkstheater und am Raimundtheater Triumphe. Am Theater in der Josefstadt gab er den Wurm in »Kabale und Liebe« (Regie: Max → Reinhardt). Beim Film arbeitete K. als Darsteller (»Dreifuß«, 1930, »Danton«, 1931) und als Regisseur (»Der brave Sünder«, 1931, mit Heinz Rühmann). Nach dem 2. Weltkrieg überwog die Arbeit als Regisseur für Theater, Film und Fernsehen. Mit seinen realistischen, auf innere Wahrheit abzielenden Inszenierungen prägte K. den Aufführungsstil des deutschen Theaters. Seine Erinnerungen erschienen 1959 unter dem Titel »Aller Tage Abend«.

*Lit.:* K. Völker (Hg.), F. K. als Schauspieler und Regisseur (1987).

**Koschatzky, Walter,** * 17. Autugst 1921 in Graz, Kunsthistoriker.

Der Sohn einer Beamten- und Offiziersfamilie studierte in Graz Kunstgeschichte, Geschichte und Philosophie. Sein Studium verdiente er sich als Jazzpianist. Nach seiner Promotion 1952 war er an der Neuen Galerie des Landesmuseums Joanneum in Graz tätig, 1956 avancierte er zum Direktor der Galerie. 1961 ging er nach Wien und übernahm als Nachfolger von Otto → Benesch die Leitung der Graphischen Sammlung Albertina (bis 1986). Mit einem äußerst geringen Ankaufsbudget gelang es ihm, die Sammlung zeitgenössischer Druckgraphik zu erweitern. Steigende Besucherzahlen, v. a. aber seine großartige Ausstellungstätigkeit – in K.s Ära wurden mehr als 200 Ausstellungen gestaltet – verhalfen ihm zu internationalem Ansehen.

*Werke:* »Die Dürerzeichnungen der Albertina« (gemeinsam mit A. Strobl, 1971), »Egon Schiele« (gemeinsam mit E. Mitsch, 1971), »Rudolf von Alt« (1975), »Herzog Albert von Sachsen-Teschen« (gemeinsam mit S. Krasa, 1982).

**Kotzina, Vinzenz,** * 30. März 1908 in Neunkirchen (NÖ), † 12. April 1988 in Gutau (OÖ), Kammerfunktionär und Politiker.

Der Sohn eines Schneidermeisters studierte Jus in Wien und Fribourg (Schweiz). 1935 übernahm er das Sekretariat der Landesgruppe NÖ des Gewerbebundes und wurde dann Geschäftsführer, bis ihn 1938 die Nationalsozialisten seiner Funktion enthoben. In der Folge war er als Geschäftsführer bei Innungen des Bauwesens tätig. Aus dem Krieg zurückgekehrt, baute er als Kammeramtsdirektor ab 1945 die neue oberösterr. Kammerorganisation auf. Er kümmerte sich um den Neubau eines Kammergebäudes und errichtete ein Wirtschaftsförderungsinstitut. K. gehörte auch zu den Gründungsmitgliedern des oberösterr. Wirtschaftsbundes der ÖVP. 1962–1974 war er Nationalratsmitglied. 1963 trat er als Staatssekretär für Handel und Wiederaufbau ins Kabinett ein, 1966 übernahm er das eben errichtete Bundesministerium für Bauten und Technik. Als Minister ist ihm die Erstellung eines gesamtösterr. Autobahnen- und Straßenkonzepts zu danken. Als Befürworter der Errichtung des Main-Rhein-Donau-Kanals trat er auch für den koordinierten Donauausbau ein. Er initiierte die Linzer Zollfreizone und erarbeitete das Bundesstraßengesetz. Nach seinem Ausscheiden aus dem Kabinett 1970 war er noch drei Jahre als Kammeramtsdirektor in OÖ tätig.

**Kraft, Victor,** * 4. Juli 1880 in Wien, † 3. Jänner 1975 in Purkersdorf bei Wien, Philosoph und Wissenschaftstheoretiker.

K. maturierte mit Auszeichnung und studierte an der Wiener Universität Geschichte und Geographie (Promotion: 1903). Er war lange Jahre Bibliothekar an der Wiener Universitätsbibliothek. Seit 1925 a. o. Prof., stand er dem »Wiener Kreis« nahe. Sein besonderes Interesse galt der erkenntnistheoretisch fundierten Ethik und Wertlehre, Fragen, die er in seinen Vorlesungen zwingend und schlicht zum Vortrag brachte. 1938–1945 außer Dienst gestellt, wurde K. 1950 zum Ordinarius ernannt. 1952 trat er in den Ruhestand.

*Werke:* »Wertbegriff und Erkenntnisbegriff« (1912), »Die Grundlagen einer wissenschaftlichen Wertlehre« (1937, 1951), »Mathematik, Logik und Erfahrung«

(1947), »Der Wiener Kreis« (1950, 1968), »Erkenntnislehre« (1960), »Die Grundlagen der Erkenntnis und der Moral« (1968).

**Krahl, Hilde (eigtl. Hildegard Kolačný),** * 10. Jänner 1917 in Brod an der Save (Kroatien), Kammerschauspielerin.

Die Tochter eines Wiener Ingenieurs und einer Kroatin maturierte in Wien. Nach dem Besuch der Musikakademie und einer privaten Schauspielschule begann sie 1935 im Kabarett »Literatur am Naschmarkt«. Danach führte ihr Weg steil nach oben: von der Scala über das Theater in der Josefstadt und prominente deutsche Bühnen 1967 in das Wiener Burgtheater. Als Darstellerin zeitloser Mädchen- und Frauenfiguren wurde K. in den 40er Jahren auch zum Topstar des Films. Der große Durchbruch gelang ihr als Dunja in der Puschkinverfilmung »Der Postmeister« (1942). Auf der Bühne wie auf der Leinwand hat die große Schauspielerin wahre Glanzpartien verkörpert. Sie feierte Traumerfolge in Borcherts »Draußen vor der Tür«, Brechts »Mutter Courage«, Anouilhs »Eurydike«, Sartres »Ehrbare Dirne«, → Handkes »Wunschloses Unglück« und in »Savannah Bay« von M. Duras. Sie spielte auch im Film (u. a. »Das Glas Wasser«, 1960) und im Fernsehen (»Die liebe Familie«). K. heiratete 1944 den Regisseur Wolfgang → Liebeneiner.

*Hilde Krahl*

**Krainer, Josef sen.,** * 16. Februar 1903 in St. Lorenzen (St), † 28. November 1971 in Graz, Landwirt und Politiker.

Als Knecht und Waldarbeiter lernte K. die Nöte der Landarbeiter kennen. Schon 1924 wurde er Obmann der Angestellten- und Arbeiterorganisation der Land- und Forstwirtschaft. 1927 übernahm er als hauptberuflicher Sekretär die Geschäftsführung des Land- und Forstarbeiterverbands, den er in der ganzen Steiermark organisierte. Im November 1934 zog er in den steirischen Landtag ein. 1937 wurde er zum ersten Bürgermeister-Stellvertreter der Stadt Graz gewählt. 1938 kam er kurz in Haft. Während des 2. Weltkriegs arbeitete er in einer Ziegelei, die er später erwarb. Gegen Kriegsende nahm er Kontakt zu den Partisanen in der Südsteiermark auf. 1945 wurde K., der beim Aufbau der steirischen ÖVP mithalf, Landesrat.

1948 zum Landeshauptmann gewählt, wurde er in der Folge bei 7 Wahlen in diesem Amt bestätigt. In seiner Antrittsrede forderte er die Bevölkerung auf, alles Trennende zu überwinden. Er trat nachdrücklich für eine Milderung des NS-Gesetzes und eine Wiederintegration der ehemaligen Nationalsozialisten ein. Ab 1965 war K. auch Mitglied des Bundesrates. Mit dem überaus populären Politiker – 229 Gemeinden machten ihm zum Ehrenbürger – ist der steirische Wiederaufbau nach dem 2. Weltkrieg verbunden. Innerhalb der Bundespartei war er ein Reformer und Gegner der großen Koalition. Der Steirer betonte immer die Eigenständigkeit seiner Landesorganisation gegen den Wiener Zentralismus.

*Lit.:* F. Csoklich, J. K., in: NÖB 22 (1987); H. Koren/M. Mayr/K. Wimmer: J. K. (1981).

**Krainer, Josef jun.,** * 26. August 1930 in Graz, Politiker.

Der älteste Sohn des steirischen Landeshauptmanns studierte Jus in Graz, dazwischen war er als Austauschstudent in Georgia (USA). Er promovierte 1956 und ging für ein Jahr an die John Hopkins University in Bologna. Nach einer kurzen Tätigkeit als Universitätsassistent bei Prof. Anton Tautscher in Graz begann er seine politische Laufbahn bei der Katholischen Aktion. 1966 wurde K. stellvertretender Direktor und 1969 Direktor des steirischen Bauernbundes, 1970 Nationalratsmandatar, 1972 Landesparteiobmann der ÖVP, 1980 als Nachfolger Friedrich → Niederls Landeshauptmann. Gesprächsfähig und begabt wie sein Vater, hat er die steirische ÖVP mehr nach links geöffnet. Seine hervorragenden Kontakte nach Slowenien und Kroatien machten ihn während des Jugoslawienkonflikts zu einem wichtigen Vermittler.

**Krainer, Lore,** * 4. November 1930 in Graz, Kabarettistin und Chansonsängerin.

K. studierte am Grazer Konservatorium Klavier, in der Absicht, Pianistin zu werden. Später arbeitete sie als Korrepetitorin und führte dann in Graz den »Girardi-Keller«, ein Spezialitätenrestaurant, in dem sie jeden Abend selbstkomponierte und -getextete Chansons zum besten gab. 1972 schickte sie einige ihrer Kompositionen an den ORF, und Gerhard → Bronner engagierte sie für einen mehrwöchigen Auftritt in seiner Cabaret-Bar »Fledermaus«. Seither ist die temperamentvolle Kabarettistin hauptberuflich Künstlerin. Sie hat mehrere LPs aufgenommen und in zahlreichen Radio- und Fernsehsendungen mitgewirkt, u. a. im »Seniorenclub«. Die wöchentliche Radiokabarettsendung »Guglhupf« und ihre wortwitzigen Chansons hatten die blonde Steirerin populär gemacht.

**Kralik, Richard,** * 1. Oktober 1852 in Lenora/ Eleonorenheim (Böhmen), † 5. Februar 1934 in Wien, Kulturphilosoph, Schriftsteller und Publizist.

Der Sohn eines Glashüttenbesitzers studierte Jus in Wien, Philosophie in Bonn und Geschichte in Berlin. Er war zeit seines Lebens als Schriftsteller und katholischer Publizist tätig. 1905 gründete er den »Gral-Bund«, eine Schriftstellervereinigung, die sich der kulturellen Erneuerung im Sinne der katholischen Romantik verschrieb. Als Lyriker und Dramatiker hatte K. weniger Erfolg, doch seine kulturhistorischen Arbeiten erlebten hohe Auflagen. Als Christlichsozialer mit großdeutscher Grundhaltung wurde er nach 1918 das Sprachrohr einer unzufriedenen Nachkriegsgeneration. Er gehörte zu jenen katholischen Kreisen, die einen ideologischen Weg für den Nationalsozialismus ebneten.

*Werke:* »Das deutsche Götter- und Heldenbuch« (6 Bde., 1900–1904), »Kulturstudien« (4 Bde., 1903–1907), »Wien. Geschichte der Kaiserstadt und ihrer Kultur« (1912), »Österr. Geschichte« (1913), »Allgemeine Weltgeschichte der neueren Zeit« (6 Bde., 1914–1923), »Tage und Werke« (1922).

**Kralik, Willy,** * 24. September 1929 in Wien, Rundfunkmoderator.

Der Sohn eines Beamten maturierte an einem humanistischen Gymnasium und studierte einige Semester Germanistik und Theaterwissenschaft an der Universität Wien. Dann absolvierte er eine Sprechtechnikausbildung beim österr. Rundfunk. Bereits 1951 moderierte er seine erste Unterhaltungssendung. Er war der erste Discjockey der Nachkriegszeit und 6 Jahre lang Gastgeber der »Teenagerparty« im TV. 1967 wurde er Leiter der Unterhaltungsabteilung des ORF-Landesstudios NÖ. Seit 1968 spielt er den Herrn Sekretär in der TV-Sendereihe »Seniorenclub«. Seit 1976 betreut er die Radiosendung »Turnier auf der Schallaburg«. K. ist ein Rundfunk- und TV-Profi. Nobel, liebenswürdig und seriös, stellt er die Verkörperung bester österr. Radiokultur dar.

**Kramer, Theodor,** * 1. Jänner 1897 in Niederhollabrunn (NÖ), † 3. April 1958 in Wien, Lyriker.

K. war der Sohn eines jüdischen Gemeindearztes. Er besuchte die Realschule in Wien und wurde im 1. Weltkrieg schwer verwundet. Nach Abbruch eines Philosophie- und Jusstudiums arbeitete er u. a. als Buchhändler und Verlagsvertreter. Dann widmete er sich der Dichtkunst. 1939 mußte er emigrieren und fand – nach seiner Internierung – 1943 eine Anstellung als Bibliothekar am Technical College in Guilford (Surrey). 1957 kehrte er aus England zurück und starb im Jahr darauf in Wien.

K.s erster Gedichtband »Die Gaunerzinke« erschien 1928. Die formal traditionsgebundenen, bildkräftigen Verse beschreiben das Leben und das Leid des Landproletariats, der von der Gesellschaft Ausgestoßenen. Der Dichter lieh jenen Menschen seine Stimme, »die ohne Stimme sind«. K. war ein großer Lyriker, dessen umfangreiches Werk bis heute weitgehend unbekannt geblieben ist. Seine »Gesammelten Gedichte« wurden von E. Chvojka herausgegeben (3 Bde., 1984–1987).

*Lit.:* K. Kaiser, T. K. 1897–1958 (1983).

**Kranewitter, Franz,** * 17. Dezember 1860 in Nassereith (T), † 4. Jänner 1938 in Nassereith, Dramatiker.

K. ging in Bozen, Hall und Innsbruck zur Schule. Ein Germanistikstudium gab er auf, um als freier Schriftsteller zu leben. Er trat zunächst mit Gedichten (»Lyrische Fresken«, 1888) an die Öffentlichkeit. 1894 erschien seine erste Bauerntragödie, »Um Haus und Hof«, die wegen der naturalistischen Art der Darstellung helle Empörung auslöste. Nicht besser erging es den Dramen »Michael Gaißmayr« (1899) und »Andre Hofer« (1902). Unter dem Druck von Zensurmaßnahmen wandte sich der liberal gesinnte, antiklerikale Dramatiker schließlich Stoffen zu, die keinen unmittelbaren Bezug zur Gegenwart zuließen (»Wieland der Schmied«, 1905, »Thassilo und Luitberga«, 1930). Sein bedeutendstes Werk, das überregionale Beachtung fand, ist der Einaktzyklus »Die sieben Todsünden«, an dem er 1910–1925 arbeitete. K. stand der literarischen Gruppe »Jung-Tirol« nahe.

*Lit.:* J. Holzner, F. K. (1860–1938). Provinzliteratur zwischen Kulturkampf und Nationalsozialismus (1985).

**Krankl, Johann (Hans),** * 14. Februar 1953 in Wien, Fußballer.

Der Sohn eines Straßenbahners begann seine Laufbahn beim KSK Straßenbahn. Schon 1968 kam er zu seinem Lieblingsverein, dem SK Rapid. 1973 spielte K. zum erstenmal in der österr. Nationalmannschaft, in der er es insgesamt auf 69 Berufungen gebracht hat (34 Tore). Seine beiden wichtigsten Tore schoß der emotionelle, geradlinige »Goleador« bei der Fußball-WM 1978, als Ö. die BRD sensationell mit 3:2 besiegte. Er spielte eine Zeitlang auch bei FC Barcelona, beim Wiener Sportclub und bei Austria Salzburg. 1989–1992 wirkte er als Trainer bei SK Rapid. K.s enorme Popularität hat sich auch kommerziell ausgewirkt. Seine Schallplatte »I bin heut' ganz allan« war ein Bombenhit, sein Buch »Das Spiel« (1991) stand auf der österr. Bestsellerliste.

**Kranzlmayr, Otto,** * 17. November 1911 in Linz, † 4. Mai 1972 in Ried im Innkreis (OÖ), Richter und Politiker.

Schon während seines Jusstudiums in Wien und Innsbruck (Promotion: 1938) war K. in der oberösterr. Landesführung der Vaterländischen Front und als Sekretär Alfred → Maletas in der Linzer Arbeiterkammer tätig. 1938 wurde er kurz verhaftet und mußte dann einrücken. 1945 wirkte er vorübergehend an der Staatsanwaltschaft Linz, dann ging er ans Kreisgericht Ried als Staatsanwalt. In Ried wurde er auch zum ÖVP-Bezirksobmann gewählt. 1953–1971 übte er ein Nationalratsmandat aus. Als überzeugter Anhänger einer Europapolitik war er Mitglied des Europarates und der österr. Delegation bei den Kongressen der Interparlamentarischen Union. 1961–1963 wirkte er im Kabinett → Gorbach als Staatssekretär für Inneres. 1966–1972 war er Aufsichtsratsvorsitzender des ORF.

**Kranzmayer, Eberhard,** * 15. Mai 1897 in Klagenfurt (K), † 13. September 1975 in Wien, Sprachwissenschaftler, Mundartforscher und Dialektgeograph.

Der Sohn einer alteingesessenen Kupferschmiedfamilie bekundete schon als Gymnasiast großes Interesse für die Mundartforschung. Er studierte in Wien und Innsbruck Germanistik, Romanistik und Slawistik. Nach seiner Promotion 1926 erhielt er eine Anstellung bei der Wörterbuchkanzlei der Österr. Akademie der Wissenschaften in Wien, ab 1964 war er deren Leiter. 1933 konnte er sich habilitieren, 1942 erhielt er den Lehrstuhl für Mundartkunde und Grenzlandforschung an der Universität Graz. 1942–1947 war der emsige Forscher Leiter der Bayerischen Wörterbuchkanzlei, 1961 wurde er in Wien Ordinarius für »Ältere deutsche Sprache und Literatur«. K., zu seiner Zeit einer der anerkanntesten Sprachwissenschaftler des deutschen Sprachraums, hat auch auf seinem zweiten Spezialgebiet, der Ortsnamenkunde, Bedeutendes geleistet.

*Werke:* »Die wichtigsten Kärntner Ortsnamen I (Das Zollfeld)« (1944), »Die steirische Reimchronik und ihre Sprache« (1950), »Ortsnamenbuch I–II« (1956/57), »Wörterbuch der bairischen Mundarten in Ö.« (1963).

**Krauland, Peter,** * 6. August 1903 in Kraubath bei Leoben (St), † 8. September 1985 in Wien, Politiker.

Der Kaufmannssohn war nach dem Besuch der Handelsakademie in Graz Handelsangestellter im väterlichen Betrieb. Danach studierte er Jus in Wien (Promotion: 1932). 1934 wurde er Sekretär bei der steirischen Arbeiterkammer und Finanzreferent der Landesregierung, dem es gelang, die Finanzen des Landes zu sanieren. 1938 wurde er seiner Ämter enthoben und mußte für einige Monate ins Gefängnis. 1941 wurde er zur Wehrmacht eingezogen. Im Juli 1945 wurde er Generalsekretär der Sektion Geld- und Kreditwesen der Wiener Handelskammer, im selben Jahr ÖVP-Mandatar im Nationalrat und 1945–1949 Bundesminister für Vermögenssicherung und Wirtschaftsplanung. 1950 tauchte erstmals der Verdacht des Amtsmißbrauchs und der unsauberen Parteienfinanzierung auf. K. wurde aus der ÖVP ausgeschlossen und blieb als »wilder« Abgeordneter im Parlament, wo er Anschluß an den VdU suchte. Im November 1951 verhaftet, wurde er nach einem Prozeß 1952 wieder freigelassen. Das Verfahren wurde 1954 wiederaufgenommen, endete jedoch auch diesmal aus Mangel an Beweisen mit einem Freispruch. 1958 erwarb K. das Bankhaus Nicolai und gründete die Allgemeine Wirtschaftsbank, die 1974 in Konkurs ging; 1977 erfolgte eine Strafanzeige wegen fahrlässiger Krida, doch war K. krankheitshalber nicht vernehmungsfähig. 1979 wurde das Konkursverfahren über die Bank abgeschlossen.

**Kraus, Herbert,** * 18. November 1911 in Zagreb/Agram (Kroatien), Volkswirtschaftler und Journalist.

Nach dem Studium der Volkswirtschaft (Promotion: 1934) war K. als Journalist tätig. Er arbeitete als Redakteur beim »Neuen Wiener Journal« und als Korrespondent des »Südost Echos« in Berlin und Moskau. 1945 gründete er in Salzburg das »Österr. Forschungsinstitut für Wirtschaft und Politik« und die Zeitschrift »Berichte und Informationen«, beide mit der Unterstützung der amerikanischen Besatzungsmacht. K. war Mitbegründer (1949) und Obmann des VdU (Verband der Unabhängigen), den er 1952 mit Viktor → Reimann in die FPÖ überführte. 1949–1953 bekleidete er ein Nationalratsmandat. Als die FPÖ eher nationale denn liberale Standpunkte in den Vordergrund rückte, schied K. 1956 aus und ging in die Privatwirtschaft. Er gehört auch zu den Gründern des »Liberalen Klubs«.

*Werke:* »Rußland« (1914), »Volk, Kultur und Wirtschaft« (1942), »Untragbare Objektivität« (1988), »Großeuropa. Eine Konföderation vom Atlantik bis Wladiwostok« (1990).

**Kraus, Josef,** * 23. Februar 1890 in Kronberg bei Wolkersdorf (NÖ), † 11. Juli 1971 in Kronberg, Bauer und Politiker.

Der Bauernsohn absolvierte die landwirtschaftliche Bundeslehranstalt in Mistelbach. Ab 1906 war er in der Milchgenossenschaft von Kronberg als Geschäftsführer tätig. Nach Kriegsdienst im 1. Weltkrieg arbeitete er in der väterlichen Landwirtschaft. 1924 wurde er zum Bürgermeister seiner Heimatgemeinde gewählt, 1927–1930 war der Christlichsoziale Abgeordneter im niederösterr. Landtag, 1930–1934 im Nationalrat. Schon 1927 hatte er sich der Heimwehr angeschlossen. Im Ständestaat war er Mitglied des Staatsrates und des Bundestages. 1938 ging er aller Ämter verlustig und arbeitete wieder als Bauer auf seinem Hof. Während des Krieges hielt er Kontakt zu Josef → Reither und Leopold → Figl. 1945 wurde er Unterstaatssekretär für Volksernährung und noch im selben Jahr, nach den Wahlen vom November 1945, Landwirtschaftsminister (bis 1952). 1947–1960 fungierte er als Präsident des österr. Bauernbundes. 1966 zog er sich aus sämtlichen Funktionen zurück.

**Kraus, Karl,** * 28. April 1874 in Jičín/Gitschin (Böhmen), † 12. Juni 1936 in Wien, Sprach- und Kulturkritiker, Schriftsteller.

Der Sohn eines jüdischen Papierfabrikanten kam 1877 mit seiner Familie nach Wien. Er maturierte am Franz-Joseph-Gymnasium, studierte auf Wunsch seines Vaters Jus, wechselte dann aber zu Germanistik und Philosophie über. Während des Studiums arbeitete er für verschiedene Zeitungen.

K. zählte zum legendären Literatenkreis des Café Griensteidl, nach dessen Abbruch er sein berühmtes Pamphlet »Die demolirte Literatur« schrieb, und des Café Central. 1899 gründete er die Zeitschrift »Die Fackel«, die bis zu seinem Tod in zwangloser Folge erschien und ihm als Tribüne für seine ätzend scharfe Kritik am politischen und kulturellen Geschehen der Zeit diente. K. führte einen unerbittlichen Kampf gegen geistige und wirtschaftliche Korruption und gegen die »Verlotterung der Sprache«, in der sich nach seiner Meinung der Kulturverfall manifestierte. Dabei schreckte er auch vor gehässigen Angriffen nicht zurück, doch wohnte seiner kompromißlosen Kulturkritik ein hohes Maß an sprachlichem wie moralischem Ethos inne. Der streitbare Polemiker entfaltete auch eine rege Vortragstätigkeit. In rund 700 Lesungen bot er in vollbesetzten Sälen nicht nur eigene Texte dar, sondern auch die Werke Nestroys, auf die er wieder aufmerksam machte, Offenbachs und Shakespeares. Der ungemütliche »Fackel-Kraus« war zur Institution geworden.

*Karl Kraus*

Weltanschaulich wie politisch machte K. einige Kehrtwendungen. Er trat 1899 aus der jüdischen Kultusgemeinde aus, konvertierte 1911 zum Katholizismus, dem er 1923 jedoch wieder den Rücken kehrte. Er war ein Parteigänger von Erzherzog Franz Ferdinand und im 1. Weltkrieg glühender Pazifist; sein Monumentalwerk »Die letzten Tage der Menschheit« (1919) ist eine flammende Anklage gegen Krieg und Kriegsbegeisterung. In den 20er Jahren stand er der Sozialdemokratie nahe, später befürwortete er den Ständestaat. Doch vor Hitler mußte auch K., der Wortgewaltige, kapitulieren; sein Satz »Zu Hitler fällt mir nichts ein«, ist berühmt geworden. Den Essay »Die dritte Walpurgisnacht«, in dem er sich mit dem Nationalsozialismus auseinandersetzte, zog er vor der Drucklegung zurück (er wurde erst 1952 publiziert). Die weitere historische Entwicklung ist dem herausragenden Denkerpublizisten und Schriftsteller erspart geblieben.

*Weitere Werke:* »Die chinesische Mauer« (Essays, 1910), »Wolkenkuckucksheim« (Drama, 1923), »Traumtheater« (Drama, 1924), »Literatur und Lüge« (Essays, 1929), »Worte in Versen« (Gedichte, 9 Bde., 1916–1930).

*Lit.:* O. Kerry, K. K. Eine Bibliographie (1970); P. Schick, K. K. (1965); H. Weigel, K. K. (1968, 1986).

**Kraus, Wolfgang,** * 13. Jänner 1924 in Wien, Kulturpublizist.

K. studierte in Wien Germanistik, Publizistik und Musikwissenschaft. 1949–1956 war er Lektor, dann Pressechef und Vertriebsleiter beim Zsolnay-Verlag. 1961 gründete er die »Österr. Gesellschaft für Literatur«, deren Leitung er übernahm. 1975–1981 leitete er die kulturelle Kontaktstelle des Außenministeriums, seither lebt er als freier Schriftsteller. Bekannt wurde er mit langjährigen TV-Sendereihen wie »Welt des Buches« oder »Jour fixe«. In Wort und Schrift nimmt der Publizist zum Kulturleben und zu gesellschaftlichen Fragen Stellung. Seine verdienstvolle Förderung des zeitgenössischen österr. Literaturschaffens und die Anbahnung von kulturellen Ost-West-Kontakten haben weit über die Grenzen unseres Landes hinaus Anerkennung gefunden.

*Werke:* »Der fünfte Stand« (1966, 1990), »Kultur und Macht« (1975), »Die Wiederkehr des Einzelnen« (1980), »Nihilismus heute« (1983), »Die Spuren des Paradieses« (1985), »Neuer Kontinent Fernsehen« (1989).

**Krauss, Clemens,** * 31. März 1893 in Wien, † 16. Mai 1954 in Mexico City, Dirigent.

Der Sohn der Hofoperntänzerin und späteren Sängerin Klementine K. wurde 1902 Hofsängerknabe. Er studierte am Wiener Konservatorium Klavier, Komposition und Chorleitung. Seine große musikalische Laufbahn begann er als Chordirektor in Brünn. Über Riga, Nürnberg, Stettin und Graz kam er 1922 als Dirigent an die Wiener Staatsoper, deren Direktor er auch 1929–1934 war. 1923 leitete er das Wiener Tonkünstlerorchester. 1924 rief er die zum Welterfolg gewordenen Neujahrskonzerte der Wiener Philharmoniker ins Leben. 1934–1936 Direktor der Berliner Oper, 1937–1944 Opernintendant in München und 1939–1942 Leiter der Salzburger Festspiele, wurde er 1945 mit Berufsverbot belegt. Ab 1947 dirigierte er wieder regelmäßig an der Staatsoper, bei den Philharmonikern und in Sazburg.

K. gilt als einer der bedeutendsten Operndirigenten des 20. Jh.s. Er war ein »Kavalier mit dem Taktstock« und ein großer Musikpädagoge, der es verstand, die Talente der Musiker zu entfalten und durch seinen subtilen Klangsinn ein Orchester mit vielen Zungen zum Erklingen zu bringen. Eng befreundet mit Richard → Strauss, dirigierte er die Uraufführungen einiger Strauss-Opern, so »Arabella« (Dresden, 1933) und »Capriccio« (München, 1942); zu letzterer schrieb K. unter der Mitarbeit des Komponisten das Textbuch. K. starb auf einer Konzerttournee durch Mittelamerika.

*Lit.:* J. Gregor, C. K. (1953).

**Krauß, Werner,** * 23. Juni 1884 in Gestungshausen bei Coburg (Deutschland), † 20. Oktober 1959 in Wien, Kammerschauspieler.

K. war einer der größten deutschsprachigen Schauspieler unserer Zeit. Von phänomenaler Ausdruckskraft und vollendeter Sprechkultur, beeindruckte der geniale Charakterdarsteller an der »Burg« in Glanzrollen wie Mephisto, Falstaff, King Lear, Othello, Wilhelm Tell oder Wilhelm Voigt in Zuckmayers »Der Hauptmann von Köpenick«. Nach Lehr- und Wanderjahren spielte K. ab 1912 am Künstlertheater München, von wo ihn Max → Reinhardt 1913 nach Berlin holte. Das Deutsche Theater Berlin, das Berliner Staatliche Schauspielhaus und schließlich das Wiener Burgtheater (Debüt 1928, Mitglied 1933–1944 und ab 1948) waren die bedeutendsten Stätten seines Wirkens. K. wirkte auch beim Film. Mit dem Stummfilm »Das Cabinet des Dr. Caligari« errang er in der Hauptrolle bereits 1920 internationale Anerkennung. Mit dem Tonfilm »Jud Süß« (1940) stellte er sich allerdings in den Dienst der NS-Propaganda.

K. war seit 1954 Träger des Iffland-Ringes, den er testamentarisch an Josef → Meinrad weitergab. 1958 veröffentlichte er unter dem Titel »Das Schauspiel meines Lebens« seine Memoiren.

*Lit.:* W. Goetz, W. K. (1954).

*Bruno Kreisky*

**Kreisky, Bruno,** * 22. Jänner 1911 in Wien, † 29. Juli 1990 in Wien, Diplomat und Politiker.

Der Sohn einer großbürgerlichen, aus Böhmen stammenden Familie schloß sich 1927 der Sozialdemokratischen Arbeiterjugend an. Noch während seines Studiums (Jus und Nationalökonomie) leitete er das Bildungsreferat. Nach dem Februar 1934 Vorsitzender der illegalen »Revolutionären Sozialistischen Jugend«, wurde er 1935 verhaftet und im Jänner 1936 im großen Sozialistenprozeß, wo er eine leidenschaftliche Verteidigungsrede hielt, zu 22 Monaten Gefängnis verurteilt. Im Mai 1936 enthaftet, wurde er von der Universität relegiert. Im März 1938 legte er seine letzte Prüfung ab. Von den Nationalsozialisten neuerlich verhaftet, konnte er im August 1938 freikommen, mußte allerdings Ö. sofort verlassen. K. emigrierte nach Schweden, wo er als Journalist tätig war. Nach Kriegsende beteiligte er sich an Hilfsaktionen für ein unabhängiges Ö. und wurde nach kurzer Heimkehr der österr. Vertretung in Stockholm als Legationssekretär zugeteilt. 1951 wurde er Berater des damaligen Bundespräsidenten Theodor → Körner. Ab 1953 Staatssekretär im Außenministerium, nahm er an den Staatsvertragsverhandlungen in Moskau teil. 1959 setzte er durch, daß das Außenministerium wieder ein selbständiges Ressort wurde und blieb bis 1966, dem Wahlsieg von Josef → Klaus, Außenminister. 1967 wurde er Vorsitzender der SPÖ, 1970 – nach einem überzeugenden Wahlsieg – Bundeskanzler. Zunächst Chef einer Minderheitsregierung, führte er 1971 die SPÖ zur absoluten Mehrheit, 1975 gewann er erneut die Wahlen und baute die Mehrheit aus. Einen ersten Rückschlag mußte er hinnehmen, als 1978 die Österreicher mehrheitlich gegen das Kernkraftwerk Zwentendorf stimmten, dessen Errichtung K. befürwortet hatte. 1983 verlor die SPÖ die Mehrheit. K., der wie kein anderer vor ihm mit Hilfe der Medien regiert hatte, zog sich aus der aktiven Innenpolitik zurück. 1987 legte er aus Protest gegen die Überlassung des Außenministeriums an die ÖVP auch den Ehrenvorsitz der SPÖ nieder. Die Ära K. hat in der österr. Politik ein Klima geschaffen, das von Weltoffenheit und Toleranz getragen war. K. war es gelungen, die liberalen Wähler der ÖVP zu gewinnen. Als erklärter Agnostiker fand er eine gute Gesprächsbasis mit der katholischen Kirche. Seine Außenpolitik, v. a. seine mit Willy Brandt und Olof Palme abgestimmte internationale Friedenspolitik, brachte Ö. internationales Renommee ein. 1989 erhielt K. den »Martin-Luther-King-Friedenspreis« zuerkannt.

Der meisterhafte Medienpolitiker hatte aber bei seinen Personalentscheidungen nicht immer eine gute Hand, weder seine »Kronprinzen« Hannes → Androsch und Leopold → Gratz noch der designierte Nachfolger Fred → Sinowatz wurden den Erwartungen gerecht. Dem Sektor Sozialpolitik wandte er nur geringe Aufmerksamkeit zu, so blieben Fragen der Strukturreform zugunsten der Erhaltung der Vollbeschäftigung um jeden Preis ungelöst.

*Werke:* »Die Herausforderung« (1963), »Aspekte des demokratischen Sozialismus« (1974), »Reden«, (2 Bde., 1981), »Politik braucht Visionen« (1982), »Zwischen den Zeiten« (1986), »Im Strom der Politik« (1988).

*Lit.:* J. Kunz (Hg.), Die Ära K. Stimmen zu einem Phänomen (1975); E. Bielka/P. Jankowitsch/H. Thalberg, Die Ära K. (1983); I. Etzersdorfer/O. Rathkolb, Der junge K. (1986).

**Kreisler, Georg,** * 18. Juli 1922 in Wien, Komponist, Autor und Kabarettist.

Der Sohn eines Rechtsanwalts lernte als Gymnasiast Klavier und Geige und studierte am Wiener Konservatorium Musiktheorie. 1938 mußte er emigrieren und gelangte mit Hilfe seines Vetters Walter → Reisch nach Hollywood, wo er u. a. für Charlie Chaplin Filmmusik schrieb und – seit 1940 in US-Militärdienst – als Truppenbetreuer in Shows und Revueprogrammen auftrat. Seinen ersten Auftritt als Chansonnier gab er in einer New Yorker Bar. 1955 kehrte er als amerikanischer Staatsbürger nach Wien zurück. Mit Gerhard → Bronner leitete er 1956–1958 das »Intime Theater«, wo sie gemeinsam mit Carl → Merz, Helmut → Qualtinger, Peter → Wehle und Louise → Martini so legendäre Kabarettprogramme wie »Blattl vor'm Mund« schufen. Populär wurde K. mit seinen grotesk-makabren Liedern, z. B. »Zwei alte Tanten«, »Tauben vergiften«, »Das Triangel«. 1958 ging K. mit seiner damaligen Frau und Partnerin Topsy → Küppers nach München, 1975 zog er nach Berlin. K. ist auch Autor und Bearbeiter zahlreicher musikalischer Bühnenstücke und Fernsehspiele.

*Werke:* »Ist Wien überflüssig?« (Satiren, 1987), »Die alten, die bösen Lieder« (Autobiographie, 1989), »Ein Prophet ohne Zukunft« (Roman, 1990).

**Krejci, Herbert,** * 13. September 1922 in Wien, Journalist.

Der Sohn eines Oberprokuristen mußte nach der Matura zum Arbeitsdienst, rückte zur Wehrmacht ein und kehrte 1946 aus der Kriegsgefangenschaft zurück. Er begann zunächst als Redakteur beim US-Nachrichtendienst und ging dann als außenpolitischer Redakteur zum »Kurier«. 1956 wechselte er in die Presseabteilung der österr. Industriellenvereinigung. In dieser Institution stieg er zum leitenden Sekretär, zum stellvertretenden Generalsekretär und 1980 zum Generalsekretär auf. Er übernahm auch einen Lehrauftrag an der Wirtschaftsuniversität. 1992 schied K. altersbedingt aus der Industriellenvereinigung, blieb jedoch in der Pension nicht untätig. Er ist ein lebhafter Befürworter der effektiven Landesverteidigung und wirkt als Präsident der »Initiative Miliz«. Wegen seines Mutes, Standpunkt zu beziehen, war er als Präsidentschaftskandidat im Gespräch. Historisch versiert, ohne sich auf wirtschaftliche Themen zu fixieren, schuf er im Forum Schwarzenberg ein hochkarätiges Diskussionsforum, das unter internationaler Beteiligung zu aktuellen Fragen Stellung bezieht.

**Krenek, Ernst,** * 23. August 1900 in Wien, † 22. Dezember 1991 in Palm Springs (Kalifornien, USA), Komponist, Librettist und Essayist.

Der Sohn eines k. u. k. Beamten absolvierte das Gymnasium in Wien-Währing, nahm Privatunterricht in Kontrapunkt und Harmonielehre und wurde bereits mit 17 Jahren in die Wiener Musikakademie aufgenommen, wo Franz Schreker sein Lehrer war. Er begann in Wien Philosophie zu studieren, entschied sich aber dann 1920 für eine Laufbahn als Musiker. In Zürich, Wiesbaden, Berlin und Kassel sammelte er Theaterpraxis. 1927 fand in Leipzig die umjubelte Uraufführung jener »Jazz«-Oper statt, die den 27jährigen über Nacht berühmt machte: »Jonny spielt auf«. In der Wiener Staatsoper erntete das Werk 1928 antisemitische Krawalle, aber auch ungewöhnlich großen Zuspruch. Der Komponist lebte 1928–1937 wieder in Wien. Er schloß sich dem Kreis um Arnold → Schönberg an und schrieb in Zwölftontechnik die Oper »Karl V.« (1934), ein Auftragswerk der Staatsoper, die jedoch wegen massiver Proteste des Vorstands der Philharmoniker aus künstlerischen und ideologischen Gründen nicht zur Aufführung gelangte; das progressive Werk hatte erst 1984, 50 Jahre nach seinem Entstehen, in Wien Premiere.

1938 emigrierte K., ein Schwiegersohn Gustav Mahlers, in die USA, wo er als Dirigent tätig war und an verschiedenen Universitäten lehrte. Ab 1966 lebte er als freier Komponist und Schriftsteller in Palm Springs (Kalifornien), stattete aber Ö. regelmäßig Besuche ab. Vielfach preisgekrönt, erlebte er die Wieder- und Uraufführung seiner Werke, z. B. 1983 die Premiere seines Cellokonzerts bei den Salzburger Festspielen. K. hat alle Stilrichtungen im 20. Jh. mitgemacht. Sein Schaffen umfaßt Opern, z. B. »Der Sprung über den Schatten« (1924), »Der Diktator« (1928), »Pallas Athene weint« (1955), »Kehraus um St. Stefan« (1990 in Wien uraufgeführt), Orchester- und Instrumentalkompositionen, Chorwerke, Lieder, u. a. »Reisebuch aus den österr. Alpen«, und Ballettmusik. 1991 wurden seine sämtlichen Klaviersonaten auf CD versammelt. Außerdem schrieb K. musiktheoretische Werke (»Über neue Musik«, 1937, »Zwölfton-Kontrapunkt-Studien«, 1952), Essays (»Essays über Musik«, 1958), Libretti und Lyrik.

*Lit.:* O. Kolleritsch (Hg.), E. K. (1982); J. Steward, E. K. Eine kritische Biographie (1990).

**Krenn, Fritz,** * 11. Dezember 1897 in Wien, † 17. Juli 1964 in Wien, Kammersänger.

K. studierte zunächst Pädagogik, nahm aber dann ein Gesangsstudium an der Musikakademie auf. Er debütierte 1918 an der Wiener Volksoper. 1920–1955 war er, mit zwei Unterbrechungen (1924–1927 Wiesbaden, 1927–1938 Berlin), Mitglied der Wiener Staatsoper. Als Gast sang der Baßbariton an zahlreichen europäischen Bühnen, in Südamerika und an der New Yorker »Met«. Seine Glanzrolle war der Ochs von Lerchenau im »Rosenkavalier«, in der er unzählige Male auftrat und der er auch eine typisch österr. Note zu geben verstand. Zuletzt wirkte der Künstler, der mit der Sängerin Luise Kornfeld verheiratet war, als Gesangspädagoge.

**Krenn, Kurt,** * 28. Juni 1936 in Rannariedl/Mühlviertel (OÖ), Bischof.

Der Sohn einer Lehrerfamilie besuchte das Gymnasium in Schlierbach und absolvierte das Linzer Priesterseminar. Er ging nach Rom, wo er an der Gregoriana Philosophie und Theologie und an der Lateranuniversität Kirchenrecht studierte. 1962 fand seine Priesterweihe in Rom statt, im Anschluß daran widmete er sich weiteren Studien in Tübingen und München. 1967 wurde K. Assistent bei Prof. Wilhelm Keilbach in München. 1970 erhielt er einen Ruf als Prof. für Philosophie an die katholisch-theologische Hochschule in Linz. 1975 übernahm er ein Ordinariat für Systematische Theologie an der Universität Regensburg. K. ist Herausgeber der Zeitschrift »Archiv für Religionspsychologie« und Mitherausgeber von »Forum für katholische Theologie«. 1987 wurde er zum Bischof geweiht und als Bischofsvikar für Wissenschaft, Kunst und Kultur in Wien bestellt. 1991 wurde der Erzkonservative als Bischof der Diözese St. Pölten inthronisiert. Sowohl seine Ernennung zum Bischof als auch seine Berufung nach St. Pölten stießen auf heftige Kritik und führten zu einer innerkirchlichen Polarisierung. Sogar sein Vorgänger in St. Pölten zeigte sich über die Umstände von K.s Ernennung bestürzt. K., dem ein Naheverhältnis zu der Organisation »Opus Dei« nachgesagt wird, lehnt es strikt ab, daß Frauen in der Kirche eine Rolle spielen und nennt solche Bestrebungen »krankhaften Feminismus«.

**Kretschmayr, Heinrich,** * 15. Juli 1870 in Bruck an der Leitha (NÖ), † 21. Juli 1939 in Wien, Historiker und Archivar.

Der Sohn eines Notars studierte in Wien Geschichte (Promotion: 1892). 1896 trat er in den staatlichen Archivdienst, 1904 wurde er Direktor, 1923 Chef der Obersten Archivleitung im Bundeskanzleramt. Ihm gelang es, durch seine erfolgreiche Durchsetzung des Herkunftsprinzips bei den Verhandlungen mit den Nachfolgestaaten des Habsburgerreiches über die Aufteilung des Archivgutes, den Großteil der Wiener Zentralarchive zu erhalten.

K. war seit 1925 o. Univ.-Prof. für Geschichte. Als Historiker lehrte K. auch an den beiden Kunsthochschulen in Wien. Er war auch in der Erwachsenenbildung aktiv.

*Werke:* »Geschichte von Venedig« (3 Bde., 1905–1934), »Maria Theresia« (1925), »Die Geschichte der österr. Zentralverwaltung« (Abt. 1, gemeinsam mit T. Fellner, 1907, und Abt. 2, gemeinsam mit J. Kallbrunner u. a., 1925–1938), »Geschichte von Ö.« (1936), »Die Türken von Wien« (1938).

**Kretzenbacher, Leopold,** * 13. November 1912 in Leibnitz (St), Volkskundler.

Der aus bäuerlichem Milieu stammende Gelehrte hat der Volkskunde im Raum Steiermark und Kärnten wesentliche Impulse verliehen. Er studierte an der Grazer Universität Germanistik, Indogermanistik und klassische Philologie (Promotion: 1936) und wandte sich dann der Balkanologie zu. K. war im steiermärkischen Landesdienst tätig. Er wirkte als Kustos am steir. Volkskundemuseum in Graz. 1955 wurde er zum a. o. Prof. für Volkskunde an der Grazer Universität ernannt. 1961 nahm er eine Berufung nach Kiel an. 1968 wurde er Mitglied der Bayerischen, 1971 der Österr. Akademie der Wissenschaften.

*Werke:* »Lebendiges Volksschauspiel in Steiermark« (1951), »Heimat im Volksbarock« (1961), »Kettenkirchen in Bayern und Ö.« (1973).

**Kreutz, Rudolf Jeremias (eigtl. Rudolf Krisch),** * 21. Februar 1876 in Roždalovice (Böhmen), † 3. September 1949 in Grundlsee (St), Schriftsteller.

Der Berufsoffizier geriet im 1. Weltkrieg in russische Gefangenschaft, konnte aber aus Sibirien fliehen. Durch das Kriegserlebnis zum überzeugten Antimilitaristen geworden, engagierte er sich in der Friedensbewegung.

Sein schriftstellerisches Werk ist kulturkritisch und verbindet Satire mit treffender Gesellschaftskritik.

*Werke:* »Aus dem Affenkasten der Welt« (1914), »Der vereitelte Weltuntergang« (1919), »Die große Phrase« (1919), »Menschen im Schutt« (1923), »Aus Gottes wunderlichem Garten« (1947), »Ich war ein Österreicher« (1959).

**Kreutzberg, Harald,** * 11. Dezember 1902 in Liberec/Reichenberg (Böhmen), † 25. April 1968 in Muri bei Bern (Schweiz), Solotänzer und Choreograph.

Zunächst absolvierte K. eine Ausbildung als Zeichner, dann nahm er Tanzunterricht bei Mary Wigman. Ab 1930 trat er als freier Solotänzer auf, dessen Darbietungen sehr oft pantomimischen Charakter hatten. Er wurde v. a. von Opernbühnen engagiert, auch Max → Reinhardt hat den Künstler oft in seinen Produktionen beschäftigt. K. leitete ein Tanzinstitut in Bern. Außerdem entwarf er seine Kostüme selbst. Nach dem 2. Weltkrieg lebte er in Seefeld (T).

*Lit.:* E. Pirchan, H. K., sein Leben und seine Tänze (1950).

**Kreuzer, Franz,** * 18. Jänner 1929 in Wien, Journalist und Politiker.

K. begann 1947 als Reporter bei der »Arbeiter-Zeitung«, wo er bis zum Chefredakteur aufstieg. 1967 wechselte er zum ORF als Chefredakteur des Aktuellen Dienstes. 1974 wurde er Intendant des 2. Fernsehprogramms, 1984 Informationsintendant. In seine Ära beim ORF fiel die Schaffung neuer Sendungen, wie »Österreichbild«, »Club 2« und »Sport am Montag«. Bekannt wurde K. auch durch seine Gespräche mit bedeutenden Forschern und Wissenschaftlern. 1985–1987 war er Gesundheits- und Umweltminister, wobei er 1986 wegen verspäteter Warnung vor der Katastrophe in Tschernobyl ins Kreuzfeuer der Kritik geriet. K. kehrte wieder zum ORF zurück. Der bekannte Journalist betreut dort die Sendungen »Seitenblicke« und »Disputationes«.

*Werke:* »Ein Leben für Ö. Franz Jonas« (1969), »Ich bin, also denke ich« (1981), »Im Anfang war der Sinn« (1982), »Grenzen der Sprache – Grenzen der Welt« (1982), »Offene Gesellschaft – offenes Universum« (1982), »Evolution und Menschenbild« (1982).

**Krips, Josef,** * 8. April 1902 in Wien, † 13. Oktober 1974 in Genf, Dirigent.

K. studierte an der Wiener Musikakademie und war u. a. Schüler von Felix → Weingartner. Er begann seine musikalische Laufbahn als Korrepetitor und Chorleiter an der Wiener Volksoper. Schon mit 22 Jahren wurde er Opernchef in Aussig und zwei Jahre später Generalmusikdirektor in Karlsruhe. 1933 aus Deutschland vertrieben, wirkte er bis 1938 an der Wiener Staatsoper, dann erhielt er von den Nationalsozialisten Berufsverbot. K. blieb dennoch in Wien und brachte sich als Büroangestellter fort. 1945 leitete er das erste Konzert der Wiener Philharmoniker. Er dirigierte auch wieder an der Staatsoper (1945–1950), er profilierte sich als Mozart-Interpret und erwarb sich große Verdienste um das Entstehen des legendären Wiener Mozart-Ensembles. Die Operndirektion hat es ihm nicht gelohnt. K. blieb unterbeschäftigt, und so ging der namhafte Dirigent nach London. Er war 1950–1954 Chefdirigent des London Symphony Orchestra, bis 1963 war er in Buffalo und bis 1970 in San Francisco tätig. Als Gast wirkte er an vielen Opernhäusern und bei den Bayreuther Festspielen. Ab 1964 stand er auch in Wien wieder am Dirigentenpult. 1970–1973 war K. Chefdirigent der Wiener Symphoniker.

*Josef Krips*

**Kronberger, Petra,** * 21. Februar 1969 in St. Johann im Pongau (S), Skirennläuferin.

Die Sportlerin ohne Starallüren hat sich durch harte, konsequente Trainingsarbeit und durch ihre mentale Stärke zur Weltspitze emporgearbeitet. Sie gewann in den Saisonen 1989/90, 1990/91 und 1991/92 den Gesamtweltcup. In der Wintersaison 1990/91 schrieb sie Sportgeschichte: Als erste Skirennläuferin der Welt siegte sie in allen 4 Disziplinen (Slalom, Riesenslalom, Super-G und Abfahrt) im Weltcup. 1992 errang sie 2 olympische Goldmedaillen: eine in der Kombination und eine im Slalom, das erste Slalomgold einer Österreicherin bei Olympischen Spielen.

**Kronfeld, Robert,** * 5. Mai 1904 in Wien, † 12. Februar 1948 (verunglückt) in Lasham (GB), Segelflieger.

K. ist ein Pionier des Segelfluges. Mit den selbstgebauten Flugzeugen »Wien« und »Austria« erzielte er Weltrekorde. 1928 gelang K. der erste Hochgebirgssegelflug bei –30° C über die Rax, 1931 überquerte er als erster in beiden Richtungen den Ärmelkanal. Sein Flugzeug »Austria«, das eine Spannweite von 30 Metern hatte, ging 1932 zu Bruch. Mit dem Nachfolger »Austria II« baute er einen doppelsitzigen Segelflieger. Er erfand auch die K.sche Autowinde für Flugschleppversuche. K. lebte ab 1938 in England.

**Kronsteiner, Hermann,** * 25. März 1914 in Losenstein (OÖ),

**Kronsteiner, Josef,** * 15. Februar 1910 in Losenstein, † Mai 1988, beide Kirchenmusiker und Komponisten.

Beide Brüder waren hoch musikalisch, und beide wurden katholische Priester. Nach dem Besuch der Musikakademie in Wien absolvierte Hermann K. auch die päpstliche Musikakademie in Rom. Er unterrichtete hierauf am bischöflichen Seminar Petrinum in Linz und war 1960–1965 Prof. für Kirchenmusik an der Wiener Musikakademie. Josef K. lehrte am Bruckner-Konservatorium in Linz. Das musikalische Schaffen beider Brüder galt in erster Linie der Kirchenmusik, sie schrieben Messen, Motetten und Kirchenlieder.

**Krupp, Arthur,** * 31. Mai 1856 in Wien, † 21. April 1938 in Berndorf (NÖ), Großindustrieller.

Nach Studien am Züricher Polytechnikum und den Technischen Universitäten von Berlin und Wien übernahm K. 1879 die väterliche Berndorfer Metallwarenfabrik, die in erster Linie Bestecke erzeugte. Er baute den Betrieb aus, gründete Werke in Traisen und Lilienfeld und weitete die Produktionspalette u. a. auf Messingpatronenhülsen aus. Er erfand eine Methode des Metallgusses, die für Jahre führend blieb. K., der bis 1918 Mitglied des österr. Herrenhauses war, widmete sich auch der Produktion chemischer Apparate; 1905 führte das Berndorfer Werk als erster Industriebetrieb Ö.s elektrische Beleuchtung ein, wofür das K. ein eigenes E-Werk errichtete. 1906 baute er das bedeutendste Großwalzwerk der Monarchie. Der Betrieb in Berndorf florierte, er stellte täglich 40 000 Bestecke her. Die Umstellung auf Kriegsproduktion 1914 erfolgte mühelos, schwierig dagegen war nach dem 1. Weltkrieg der Übergang auf die Friedenswirtschaft, u. a. durch den Wegfall von Absatzgebieten. Erst in den 30er Jahren erholte sich das Werk wieder.

Der Industrielle setzte sich auch für die Gemeinde Berndorf ein, noch heute erinnert die Schule, deren Klassenzimmer er in unterschiedlichen historischen Baustilen einrichten ließ, an seine Bemühungen.

**Kubin, Alfred,** * 10. April 1877 in Litoměřice/Leitmeritz (Böhmen), † 20. August 1959 in Zwickledt (OÖ), Graphiker, Maler und Schriftsteller.

K. hatte eine schwere Kindheit und Jugend. Nach einer Fotografenlehre in Klagenfurt studierte er ab 1898 in Salzburg und München an privaten Schulen und an der Akademie. 1902 stellte er in Berlin erstmals aus und rief mit seinen phantastisch-dämonischen Werken beim Publikum Entsetzen hervor. 1909 erschien sein symbolistischer Roman »Die andere Seite«, der als Schlüsselwerk der surrealistischen Literatur

*Alfred Kubin*

gilt. K., der sich bereits 1906 auf das Landschlößchen Zwickledt (OÖ) zurückgezogen hatte, widmete sich in der Folge vorwiegend seinem zeichnerischen Schaffen, in dem sich mit expressionistischer Aussagekraft Skurriles und Gespenstisches, Groteskes und Visionäres zu einer unvergleichlichen, künstlerischen Handschrift verbinden. In diesem eigenwilligen Stil illustrierte er auch viele Werke der Weltliteratur, v. a. solche mit phantastischen und hintergründigen Themen (E. A. Poe, E. T. A. Hofmann, F. Dostojewskij, A. Strindberg). Seine wichtigsten Ausdrucksmittel waren die Lithographie und die Federzeichnung. Er hat noch zu Lebzeiten große internationale Beachtung gefunden.

*Weitere Schriften:* »Vom Schreibtisch eines Zeichners« (1939), »Phantasien im Böhmerwald« (1951), »Dämonen und Nachtgesichte« (1931, 1959).

*Lit.:* H. Bisanz, A. K. – Zeichner, Schriftsteller und Philosoph (1977); A. Hoberg (Hg.), A. K. 1877–1959 (1990).

**Kubitschek, Wilhelm,** * 28. Juni 1858 in Bratislava/Preßburg (Slowakei), † 2. Oktober 1936 in Wien, Archäologe und Numismatiker.

K. war einer der bedeutendsten österr. Altertumswissenschaftler seiner Zeit. Er wirkte 1881–1896 als Gymnasiallehrer, ab 1888 auch als Privatdozent für alte Geschichte in Wien. 1896 zum a. o. Prof. in Graz ernannt, nahm er 1897 in Wien seine Tätigkeit als Kustos am kaiserlichen Münzkabinett auf und lehrte an der Wiener Universität. Ab 1910 war er Direktor der k. k. Münz- und Medaillensammlung des Hofmuseums. 1916 übernahm er ein Ordinariat für römische Altertumskunde, 1918 erhielt er auch die römische Geschichte zugewiesen. 1929 wurde er emeritiert.

Die Arbeit des Gelehrten erstreckte sich auf alle Gebiete der klassischen Philologie, der alten Geschichte und Archäologie. Er war der Begründer der wissenschaftlichen Vindobona-Forschung. Er bestimmte den Hohen Markt als Zentrum des Römerlagers Vindobona und erwarb sich Verdienste um die Erforschung Carnuntums. K. begründete das »Jahrbuch für Altertumskunde« und die »Numismatische Zeitschrift«, die er auch redaktionell betreute.

*Werke:* »Führer durch Carnuntum« (1923), »Römerfunde von Eisenstadt« (1926).

**Kuffner, Moriz,** * 30. Jänner 1854 in Wien, † 5. März 1939 in Zürich, Großindustrieller.

K. übernahm die vom Vater und dessen Brüdern gegründete Ottakringer Brauerei, außerdem gehörten Zuckerfabriken zu seinem Firmenimperium. Der Industrielle finanzierte 1884–1886 die Erbauung einer Sternwarte in Ottakring, die noch heute seinen Namen trägt. Dieses einzige private Observatorium Ö.s stattete er mit vorzüglichen Geräten und einer guten Bibliothek aus; junge Wissenschaftler fanden ideale Forschungsbedingungen, auch die Drucklegung ihrer Arbeiten wurde bezahlt. Außerdem war K. ein bedeutender Alpinist, der zahlreiche Gipfel der Schweizer und österr. Alpen erstieg, er veröffentlichte in den Schriften des Alpenvereins zahlreiche Aufsätze über seine Bergabenteuer. K. war auch Mitglied und Mäzen der Gesellschaft der Musikfreunde. 1938 wurde er von den Nationalsozialisten aus Ö. vertrieben.

**Kuh, Anton,** * 12. Juli 1891 in Wien, † 18. Jänner 1941 in New York, Journalist und Literat.

K. war in der Zwischenkriegszeit einer der originellsten Köpfe der Wiener Kaffeehaus-Literatur. Anfangs als Journalist tätig, wurde er v. a. durch seine brillanten Stegreifreden bekannt. E. → Friedell nannte ihn einen »Sprechsteller«, A. → Polgar einen »Weltrekordler im Einmeterlauf«. Der schlagfertige Bohemien mit dem Monokel als Markenzeichen führte einen erbitterten Kampf gegen den »Fackel«-Herausgeber Karl → Kraus, der 1925 in der berühmt-berüchtigten Stegreifrede »Der Affe Zarathustra« im Wiener Konzerthaus gipfelte und zu einem öffentlichen Skandal führte. Danach lebte K. in Berlin, wo er u. a. für »Die Weltbühne« schrieb. 1933 kehrte er nach Wien zurück. 1938 konnte er nach

Brünn entkommen und gelangte über viele Umwege in die USA, wo er einem Herzinfarkt erlag. Er veröffentlichte zu Lebzeiten einige Essaybände, z. B. »Von Goethe abwärts« (1921), »Der unsterbliche Österreicher« (1931) sowie »Physiognomik« (Aphorismen, 1931).

*Lit.:* U. Lehner (Hg.), A. K., Zeitgeist im Literatur-Café (1983).

**Kuhn, Richard,** * 3. Dezember 1900 in Wien, † 31. Juli 1967 in Heidelberg (Deutschland), Chemiker.

K. entstammte einer gutbürgerlichen Familie. Er studierte Chemie in Wien und dann in München, wo er 1922 summa cum laude promovierte. Er habilitierte sich mit 24 Jahren. 1926 wurde er zum Ordinarius der Technischen Hochschule in Zürich ernannt, ab 1928 wirkte er als Univ.-Prof. in Heidelberg, wo er 1937 Direktor am Kaiser-Wilhelm-Institut wurde (heute Max-Planck-Institut).

Der Wegbereiter der modernen Biochemie und der medizinischen Grundlagenforschung hinterließ ein riesiges wissenschaftliches Werk, das rund 700 Publikationen umfaßt. Für seine Forschungen über Vitamine (er beschäftigte sich v. a. mit der B-Gruppe und isolierte B2 und B6) und Carotinoide erhielt er 1938 den Nobelpreis, den er jedoch im NS-Regime nicht annehmen durfte (erst 1948 konnte er ihn in Empfang nehmen). Der geniale Naturwissenschaftler leistete auch eine genaue Beschreibung der Wirkungsweise von Sulfonamiden, arbeitete über Polyene und Enzyme und war ein sehr fähiger Wissenschaftsorganisator, der bei seinen Forschungen immer wieder die Grenzen der verschiedenen Wissensgebiete überschritt.

*Lit.:* Ch. Selchow, R. K. (1900–1967). In: Festschrift zum 100jährigen Bestehen des Döblinger Gymnasiums (1985).

**Kulka, Heinrich,** * 29. März 1900 in Littau (Mähren), † 6. Mai 1971 in Auckland (Neuseeland), Architekt.

Nach dem Studium der Architektur in Wien betrieb K. ein gemeinsames Büro mit Adolf → Loos. Mit Loos gestaltete er auch das Verkaufsgeschäft der Firma Knize in Paris 1927. Bei der Errichtung der Werkbundsiedlung war K. mit einem Haus beteiligt. 1938 erhielt er Berufsverbot und emigrierte über die Tschechoslowakei und Großbritannien nach Neuseeland, wo er sich als selbständiger Architekt niederließ. In Fachzeitschriften veröffentlichte er zahlreiche Beiträge über Adolf Loos.

*Werke:* »Adolf Loos. Das Werk des Architekten« (gemeinsam mit F. Glück und L. A. Münz, 1931).

**Kummer, Karl,** * 1. Jänner 1904 in Wien, † 15. August 1967 in Warschau, Sozialpolitiker.

Der Jurist war 1934–1938 und ab 1945 als Arbeitsrechtspezialist in der Wiener Arbeiterkammer tätig. 1945 wurde er Bundesreferent für Sozialpolitik des ÖAAB. 1953 gründete er das Institut für Sozialpolitik und Sozialreform, dem er als Leiter vorstand. Ab 1956 war der Anhänger einer christlichen Sozialreform auch Abgeordneter zum österr. Nationalrat. Er fungierte auch als Obmann des Vereins »Akademikerhilfe«.

*Werke:* »Das Land ohne Sonntag. Sowjetrußland vom Auto aus« (1932), »Das Arbeitsrecht im neuen Ö.« (1946), »Automation und Freizeit« (1957), »Lehrbuch des österr. Arbeitsrechtes« (1961).

**Kumpf, Gottfried,** * 29. November 1930 in Annaberg am Dachstein (S), Maler, Zeichner und Bühnenbildner.

Der Sohn eines Landarztes absolvierte das Medizinstudium, entschloß sich dann aber, seinen künstlerischen Neigungen nachzugehen. Nach schwierigen Jahren in Wien ließ sich K. 1956 in Breitenbrunn am Neusiedler See nieder. Er wurde zum »Maler des Burgenlandes«. Der feinsinnige Künstler schuf ein »naiv« wirkendes Œuvre, das Ölbilder, Lithographien, Aquarelle, Radierungen, Buchillustrationen, Plakat- und Bühnenbildentwürfe umfaßt. Bei näherem Hinsehen zeigt sich seine Malerei als hintergründig, beseelt, in Linienführung und Flächengestaltung als durchaus elastisch und naturalistisch. In jedem der Bilder kommt als Signum der sogen. »Asoziale«, das »Kumpf-Manderl«, vor – ein markantes Symbol, das keineswegs abwertend gemeint ist. K. ist weit über die österr. Kunstszene hinaus bekannt, seine Arbeiten werden weltweit geschätzt.

**Küng, Klaus,** * 1941 in Bregenz, Bischof von Feldkirch.

Nach Abschluß seines Medizinstudiums in Innsbruck 1964 war K. als Spitalsarzt in Wien tätig. 1962 hatte er sich der fundamentalistischen Organisation »Opus Dei« angeschlossen, und bald leitete er das Studentenheim in Breitenbrunn. 1969 nahm K. das Theologiestudium in Rom auf. 1970 wurde er in Spanien zum Priester geweiht, seit 1976 war er als Regionalvikar Leiter des »Opus Dei« in Ö. 1989 setzte ihn Papst Johannes Paul II. zum Bischof von Feldkirch ein, obwohl sich sein Amtsvorgänger, Bischof → Wechner, persönlich gegen eine Berufung K.s ausgesprochen hatte.

**Kunschak, Leopold,** * 11. November 1871 in Wien, † 13. März 1953 in Wien, Politiker.

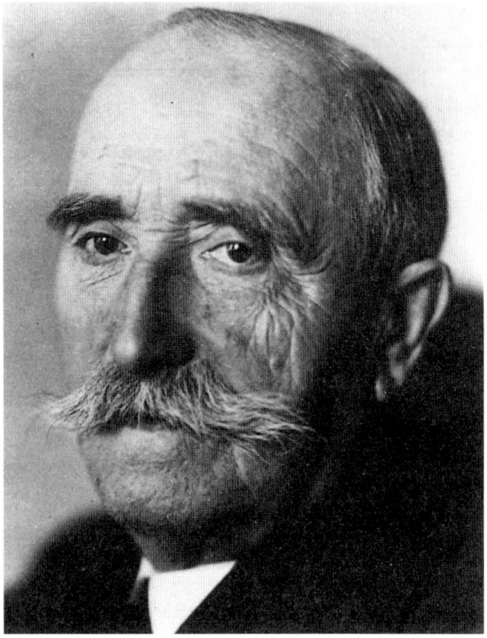

*Leopold Kunschak*

Der bedeutende christlichsoziale Arbeiterführer war der Sohn eines Fuhrwerkers. Er begann zunächst eine Setzerlehre, wechselte aber dann zum Sattlergewerbe. Unter dem Eindruck des Tramway-Streiks in Wien 1889 begann er sich für soziale Fragen zu interessieren. 1892 gründete er den Christlichsozialen Arbeiterverein, dessen Obmann er 1897–1934 war, sowie 1896 die Zeitschrift »Freiheit« und 1900 die »Christlichsoziale Arbeiterzeitung«. Intensiv betrieb er den Zusammenschluß der katholischen Arbeitervereine. 1904 wurde er in den Wiener Gemeinderat und 1907 in den Reichsrat gewählt. Nach Ausrufung der Republik gehörte er dem Gemeinderat und dem Nationalrat bis 1934 an. 1933 schied er aus der christlichsozialen Parteileitung aus, da der Demokrat ein Gegner der Heimwehrbewegung und der autoritären Politik von Kanzler → Dollfuß war. Er warnte noch im Februar 1934 vor einer Radikalisierung des politischen Kurses. Nach 1934 legte er alle Funktionen zurück, versuchte aber über bestehende Gremien der christlichen Arbeiterbewegung zu einem Dialog mit den Sozialisten zu kommen. 1938 und 1944 wurde er von den Nationalsozialisten kurz verhaftet. Während des Krieges hielt er Kontakt zu Gesinnungsgenossen, v. a. zu Lois → Weinberger. K. unterzeichnete mit Karl → Renner im April 1945 die Proklamation, mit der Ö. wieder als demokratischer Staat erstand. Er war Mitbegründer der ÖVP, 1945 Vizebürgermeister von Wien und 1945–1953 Erster Präsident des Nationalrates.

*Werke:* »Ö. 1918–1934« (1935), »Steinchen am Wege« (1937).

*Lit.:* F. Stamprech, L. K. – Porträt eines christlichen Arbeiterführers (1950); G. Blenk, L. K. und seine Zeit (1966); A. Pelinka, Stand oder Klasse? Die christliche Arbeiterbewegung Ö.s 1933 bis 1938 (1972).

**Kunwald, Gottfried,** * 30. September 1869 in Baden bei Wien, † 14. März 1938 (Selbstmord) in Wien, Bankier und Wirtschaftsfachmann.

Der Bankfachmann spielte in der Wirtschafts- und Finanzpolitik der 20er Jahre als »graue Eminenz« von Bundeskanzler → Seipel eine wichtige Rolle. Der Kanzler zog den begabten Experten bei wirtschaftlichen Entscheidungen (Sanierung der Währung, Völkerbundanleihe 1922) zu Rate. K., ein entschiedener Gegner der Sparpolitik V. → Kienböcks, büßte nach dem Tod Seipels seinen Einfluß völlig ein. K. stammte aus einer wohlhabenden jüdischen Familie. Er besuchte in Wien das Schottengymnasium und studierte Jus, zeigte aber bereits als Student großes Interesse für die Finanz- und Wirtschaftswissenschaften. Er war eine Zeitlang Rechtskonsulent verschiedener Banken (z. B. Anglobank) und leitete die private Biedermannbank, die Mitte der 20er Jahre in Konkurs ging.

*Werke:* »Das Leben der Erwartungs- und Kreditwirtschaft« (1934), »Kreditmöglichkeiten«, in: »Die Wirtschaftspolitik« (Dez. 1937).

**Kunz, Erich,** * 20. Mai 1909 in Wien, Kammersänger.

K. erhielt seine Ausbildung an der Wiener Musikakademie, wo u. a. Hans Duhan sein Lehrer war. Er debütierte 1933 als Osmin in Mozarts »Die Entführung aus dem Serail« am Stadttheater in Troppau. Über Plauen und Breslau kam er 1941 an die Wiener Staatsoper, wo er in 45 Jahren unzählige Rollen gesungen hat. Sein Repertoire reichte von seinen Mozart-Glanzrollen (er war »der« Papageno) bis zum Beckmesser, vom Doktor Bartolo bis zum Gefängnisdirektor in »Die Fledermaus«. K. besaß neben seinem weichen, charaktervollen Bariton ein komödiantisches Spieltalent, das ihn zu einem der populärsten Opernsänger der Nachkriegszeit machte. Er gastierte an der Mailänder Scala ebenso wie an der New Yorker »Met«, sang aber auch Wienerlieder (z. B. das »Fiakerlied«) in unnachahmlichem Stil.

**Kunz, Johannes,** * 2. Jänner 1947 in Wien, Journalist und Medienfachmann.

Bereits seit 1968 war K. in der Redaktion des Aktuellen Dienstes im Hörfunk tätig. Als Chef vom Dienst, als »Journal«-Moderator und als Korrespondent des Saarländischen Rundfunks erwarb er sich eine breite Presseerfahrung. 1973 holte ihn Kanzler Bruno → Kreisky als Pressesprecher. 1980–1982 war K. im Verlagswesen tätig, dann kehrte er wieder zum ORF zurück. Er wurde zunächst Leiter der »Wir«-Redaktion, 1984 Leiter der Hauptabteilung Gesellschaft, Jugend und Familie, 1986 Informationsintendant des ORF. Er schrieb auch eine Reihe von Büchern.

*Werke:* »Ich bin der Meinung ...« (1974), »Die Ära Kreisky. Stimmen zu einem Phänomen« (Hg., 1975), »Hoffnungslos, aber nicht ernst« (1976), »Medienrevolution« (1980), »Am Anfang war die Reblaus« (1987), »Erinnerungen. Prominente im Gespräch« (1989).

**Kunze, Michael,** * 14. November 1942 in Wien, Hygieniker.

Der Mediziner (Promotion: 1969, Habilitation: 1976) erhielt 1977 eine a. o. Professur. Sein besonderes Forschungsgebiet ist die Sozial- und Präventivmedizin, ein Fach, das 1909 von L. Teleky an der Wiener Universität begründet und durch K. wiederbelebt wurde. So errichtete er am Institut für Hygiene eine sozialmedizinische Abteilung. 1983 veröffentlichte er ein Lehrbuch für Sozialmedizin, das grundsätzlich eine Beziehung zwischen Krankheit und gesellschaftlicher Situation herstellt. K.s Hauptaugenmerk gilt den Themen Rauchen, Überernährung und Übergewicht als Ursachen zahlloser schwerer Erkrankungen. Auch mit Mikrobiologie hat sich der Wissenschaftler beschäftigt.

**Küppers, Topsy,** * 17. August 1931 in Aachen (Deutschland), Schauspielerin, Sängerin und Theaterleiterin.

Die engagierte Schauspielerin gründete 1976

in Wien die »Freie Bühne Wieden«, eine musikalisch-literarische Kleinkunstbühne. Sie war damit nach 1945 neben Stella → Kadmon die erste Direktrice eines Privattheaters. Mit Courage nimmt sie mit ihrem Programm konsequent gegen Antisemitismus und Faschismus Stellung und hat sich trotz vieler Schwierigkeiten behauptet. Sie gestaltet auch »One-Woman-Shows«, wie »Alle Macht der Fantasie«, »Phantasien auf der Venusgeige«, »Oij, sind wir gescheit«. K. wirkt auch in Fernsehshows und Rundfunksendungen mit, sie bringt Schallplatten mit ihren Chansons heraus und gibt Gastspiele im In- und Ausland. Mit ihren kritischen Kabarettnummern, Texten und Programmen sind die Künstlerin und ihr Theater ein unverzichtbarer Bestandteil der Wiener Kulturszene geworden. K. war mit Georg → Kreisler verheiratet.

**Kurz, Selma,** * 15. November 1874 in Biala (Galizien), † 10. Mai 1933 in Wien, Sängerin.

Die Künstlerin war eine der besten und gefeiertsten Koloratursopranistinnen ihrer Zeit, die schwierigste Passagen mühelos bewältigte und durch ihr feines Stilgefühl das Opernpublikum begeisterte.

K. erhielt ihre Ausbildung in Wien und Paris und debütierte 1895 in Hamburg als Mignon in der gleichnamigen Oper von Charles Thomas. Anschließend wirkte sie in Frankfurt am Main. 1899 holte sie Gustav Mahler an die Wiener Oper, wo sie bis zum Ende ihrer Karriere tätig war. Als Zerbinetta in »Ariadne auf Naxos« und in zahlreichen anderen Rollen feierte sie wahre Triumphe. Bei den Salzburger Festspielen begeisterte sie 1922 als Konstanze in der »Entführung«, ebenso wurde sie an zahlreichen Bühnen der Welt umjubelt. Die Sängerin war mit dem Wiener Gynäkologen Josef → Halban verheiratet.

*Lit.:* H. Goldmann, S. K. Der Werdegang einer Sängerin (1933).

**Kutschera, Rolf,** * 6. Jänner 1916 in Wien, Schauspieler und Regisseur.

K. erhielt seine Ausbildung bei dem legendären Theatermann Rudolf → Beer. 1940–1950 war er am Wiener Volkstheater engagiert, danach wirkte er an verschiedenen deutschen Bühnen, v. a. in Berlin, als Regisseur. Er war auch beim Film und im Fernsehen tätig.

1965 begann unter seiner Direktion im Theater an der Wien die Ära des Musicals: mit der deutschen Version des Broadway-Erfolges »How to Succeed in Business without Really Trying« (»Wie man etwas wird im Leben, ohne sich anzustrengen«). Es folgten unter K.s Ägide bis 1982 rund 30 Produktionen, darunter »Der Mann von La Mancha« mit Josef → Meinrad als Don Quichotte, »Anatevka« mit Yossi Yadin als Tevje, »Hello Dolly« und »Die Gräfin vom Naschmarkt« mit Marika → Rökk, »Gigi« mit Johannes Heesters. Sensationserfolge waren Lloyd Webbers »Evita« und »Jesus Christ Superstar«. Damit ist K. als »Musicalpapst« in die österr. Musikgeschichte eingegangen. Er ist mit Susanne → Almássy verheiratet.

# L

**Lach, Robert,** * 29. Jänner 1874 in Wien, † 11. September 1958 in Salzburg, Musikforscher und Ethnologe.

L. schloß sein Studium an der Prager Universität 1902 ab. 1911 trat er in die Wiener Hofbibliothek ein, deren Musiksammlung er 1913–1920 leitete. 1920 wurde er zum a. o. Prof., 1929 zum Ordinarius für Vergleichende Musikwissenschaft und Ästhetik an der Wiener Universität bestellt. Als Nachfolger von Guido → Adler war er 1927–1939 auch Leiter des Instituts für Musikwissenschaft in Wien. L. sah die Musik als einen Bestandteil der kulturhistorischen und anthropologischen Gesamtentwicklung und war deshalb ein eifriger Förderer der Volksliedforschung.

*Werke:* »Die Vergleichende Musikwissenschaft, ihre Methoden und Probleme« (1924), »Die Bruckner-Akten des Wiener Universitätsarchives« (1926), »Das Ethos in der Musik Schuberts« (1928).

**Lacina, Ferdinand,** * 31. Dezember 1942 in Wien, Politiker.

L. studierte an der Wirtschaftsuniversität und trat 1964 in die Kammer für Arbeiter und Angestellte ein, wo er mit industriepolitischen Aufgaben betraut wurde. Ab 1974 im Beirat für Wirtschafts- und Sozialfragen tätig, übernahm er 1978 die Abteilung für Finanzplanung in der ÖIAG. 1980 holte ihn Bruno → Kreisky als Kabinettschef. 1982 wurde er Staatssekretär für wirtschafts- und entwicklungspolitische Angelegenheiten. 1984 übernahm er das Ressort in Ministerverantwortlichkeit. Zu diesem Zeitpunkt befand sich die Verstaatlichte Industrie in einem denkbar schlechten Zustand, die Betriebe mußten umstrukturiert, das Management ausgetauscht werden. 1986 übernahm L. das Finanzministerium, wo er sich in erster Linie für den Subventionsabbau einsetzt.

**Lampa, Anton,** * 17. Jänner 1868 in Pest (Ungarn), † 27. Jänner 1938 in Wien, Physiker und Volksbildner.

L. studierte an der Hochschule für Bodenkultur und an der Wiener Universität, v. a. bei Ludwig Boltzmann (Promotion: 1893). 1891 begann er seine Tätigkeit als Vortragender des Wiener Volksbildungsvereins. 1897 habilitierte er sich für Physik, 1898/99 lehrte er als Supplent an der Hochschule für Bodenkultur Mathematik und Physik, 1904 wurde er a. o. Prof. der Physik an der Wiener Universität. 1909 ging er als Ordinarius nach Prag, verzichtete jedoch 1919 auf die Lehrkanzel und kehrte nach Wien zurück. L. war einer der bedeutendsten Theoretiker des Wiener Volksbildungswesens. Er war 1901 Mitbegründer des Wiener Volksheimes. 1901–1906 gab er das »Zentralblatt für Volksbildungswesen« heraus. Gemeinsam mit dem Historiker Ludo Moritz Hartmann organisierte er 1906-1909 die volksbildenden Universitätsvorträge. 1919–1922 wirkte er als Referent für Volksbildung im Unterrichtsministerium. 1923–1927 betreute er die naturwissenschaftlichen Fächer an der Wiener Urania, deren Präsident er 1927–1936 war. An wissenschaftlichen Arbeiten veröffentlichte L. international beachtete Beiträge zur experimentellen und theoretischen Physik.

*Werke:* »Naturkräfte und Naturgesetze« (1895), »Über Strahlung« (1902), »Lehrbuch der Physik zum Gebrauche der Studierenden« (1908), »Zentralblatt für Volksbildungswesen« (Hg., 1901–1916).

**Lanc, Erwin,** * 17. Mai 1930 in Wien, Politiker.

Nach Matura und Studien an der Wiener Universität war L. 1949–1955 im Sozialministerium tätig. 1949 trat er der Sozialistischen Jugend bei, wo er bald eine führende Rolle spielte. 1959 wechselte er in eine Großbank. 1960–1966 gehörte er dem Wiener Landtag und Gemeinderat an, 1966 wurde er in den Nationalrat gewählt. 1971 in den Wiener Landesparteivorstand kooptiert, berief ihn Bruno → Kreisky 1973 zum Verkehrsminister. 1977 übernahm er das Innenministerium, 1983/84 eher als Kompromißkandidat das Außenministerium. 1984 kehrte er in leitender Position wieder in die Bank zurück. Seitdem hat der sich eher zum linken Spektrum seiner Partei zählende Politiker öfter zu außenpolitischen Fragen zu Wort gemeldet.

**Landesmann, Hans,** * 1. März 1932 in Wien, Kulturmanager.

1938 mußte L. als Jude aus Ö. fliehen und ging mit der Familie nach Ungarn, seine Mutter starb im Lager. 1946 kehrte er nach Wien zurück, besuchte das Gymnasium und studierte Klavier. Nach der Matura in England studierte er Mathematik, Physik und Chemie an der Sorbonne und beendete seine Studien an der Columbia University. Wieder in Wien, arbeitete er zunächst im Exportbetrieb seiner Familie.

1964 wurde er Direktoriumsmitglied der Wiener Konzerthausgesellschaft, 1974 als Nachfolger Peter Weisers Vizepräsident. 1989 erfolgte seine Berufung in das Direktorium der Salzburger Festspiele, wo er für die finanziellen Belange zuständig ist. Zunächst sollte er ein neues Konzept erarbeiten, doch Herbert von → Karajan lehnte ihn ab. Ein Freund Claudio Abbados, unterstützte er diesen beim Aufbau seines Jugendorchesters.

**Landgrebe, Erich,** * 18. Jänner 1908 in Wien, † 25. Juni 1979 in Salzburg, Schriftsteller, Maler und Graphiker.

Der Kaufmannssohn besuchte nach der Matura die Akademie für Angewandte Kunst in Wien, anschließend hielt er sich in den USA auf. 1933–1936 leitete er in Wien ein Reisebüro, ehe er sich entschloß, als freier Schriftsteller und Maler zu leben. Sein erster Roman »Adam geht durch die Stadt« erschien 1936. Im 2. Weltkrieg war er Kriegsberichterstatter in Rußland und Afrika. Nach 1945 setzte sich L. in meisterhafter Erzähltechnik mit dem Krieg auseinander, verfaßte Malerporträts, Gedichte, Jugendbücher, Reiseberichte sowie Hörspiele und übersetzte aus dem Englischen und Französischen. Seine Aquarelle und figürlichen Graphiken wurden mehrfach ausgestellt und weltweit von Museen angekauft.

*Werke:* »Mit dem Ende beginnt es« (1951), »Die Nächte von Kuklino« (1952), »Ein Maler namens Vincent« (1957), »Das ferne Land des Paul Gauguin« (1959), Gedichte und Bilder (1989).

**Landsteiner, Karl,** * 14. Juni 1868 in Wien, † 26. Juni 1943 in New York, Serologe.

Der Sohn eines Juristen studierte in Wien Medizin (Promotion: 1891) und interessierte sich schon als Student vor allem für medizinische Chemie. Aufgrund von Schwierigkeiten, die bei Bluttransfusionen auftraten, zu intensiven Forschungen angeregt, entdeckte er 1901 die Blutgruppen (A, B, 0), eine medizinische Pioniertat, für die er nach weiteren Spezialforschungen 1930 den Nobelpreis erhielt. In Ö. hatte die Entdeckung keinerlei Anerkennung gefunden. L. blieb auch nach 1901, was er war: Assistent am Institut für Pathologische Anatomie an der Universität Wien. 1911 ernannte man ihn schließlich zum unbesoldeten (!) a. o. Prof. Er arbeitete indes unbeirrt weiter, verfeinerte die Methode der Syphilis-Diagnose und leistete wertvolle Beiträge zur Kinderlähmungsforschung.

Was die Monarchie versäumt hatte, holte die Republik nicht nach. Im Gegenteil, man pensionierte L. im Alter von 52 Jahren (!). Danach verließ der Forscher Ö. und ging über Holland 1922 nach New York, wo er am Rockefeller-Institut für medizinische Forschung eine neue Wirkungsstätte fand. Hier gelang ihm 1940 eine

*Karl Landsteiner*

weitere bahnbrechende Entdeckung: Gemeinsam mit A. Wiener fand er den Rhesus-Faktor. Der große Gelehrte wurde Ehrendoktor zahlreicher Universitäten, eine österr. war allerdings nicht darunter. Sein Heimatland würdigte ihn auf seine Weise: Es setzte ihm nach seinem Tod ein Denkmal.

*Lit.:* P. Speiser, K. L. Entdecker der Blutgruppen (1961).

**Lang, Fritz,** * 5. Dezember 1890 in Wien, † 2. August 1976 in Beverly Hills (USA), Filmregisseur.

L. stammte aus einem gutsituierten Elternhaus und studierte in Wien Architektur und Malerei. Ausgedehnte Reisen führten ihn nach Asien, Nordafrika und Rußland. Im 1. Weltkrieg wurde er verwundet und begann Drehbücher zu schreiben (»Hilde Warren und der Tod«). 1919 debütierte er mit »Halbblut« als Regisseur, zwei Jahre später trug er sich mit dem dekorreichen Streifen »Der müde Tod« in die Annalen der Filmkunst ein. Es folgten expressionistische Monumentalfilme mit gigantomanischer Ausstattung – Stummfilme von filmhistorischer Bedeutung, für die seine Frau, Thea von Harbou, die Drehbücher schrieb: »Dr. Marbuse, der Spieler« (1922), »Die Nibelungen« (1924), »Metropolis« (1927).

Mit dem stilistisch verknappten, künstlerisch stärksten Tonfilm »M – eine Stadt sucht seinen Mörder« (1931) begann L. eine neue Schaffensperiode. Der visionäre, besessene Filmemacher emigrierte 1933, obwohl von den Nationalsozialisten umworben, nach Paris und von dort nach Hollywood, wo er unter veränderten Bedingungen das Meisterwerk »You Only Love Once« (1936), Anti-Nazi-Filme wie »Hangmen also Die« (1942), Psycho- und Melodramen drehte. Nach dem Krieg entstanden in Deutschland Streifen wie »Der Tiger von Eschnapur« (1958) und »Das indische Grabmal« (1958/59), die von der Kritik jedoch kaum gewürdigt wurden.

L. war einer der großen Pioniere des Stumm- wie des Tonfilms, ein schwieriger, sensibler Mensch, dessen Wirklichkeit des Kino und dessen Leben der Film war.

*Lit.:* P. W. Jansen/W. Schütte (Hg.), F. L. (1987); L. Maibohm, F. L. und seine Filme (1990).

**Lang, Lotte,** * 11. Jänner 1900 in Wien, † 13. Februar 1985 in Wien, Bühnen- und Filmschauspielerin.

L. stammte aus österr.-ungarischem Beamtenadel. Sie sollte Lehrerin werden, war aber zunächst Sekretärin bei Univ.-Prof. → Wagner-Jauregg, ehe sie zwei Jahre lang Gesang studierte. Nur dies sowie ihr außerordentliches Talent brachte die Autodidaktin für den Schauspielberuf mit. 1925 debütierte sie am Linzer Landestheater, ging nach Hamburg, Brünn und München, kam 1932 nach Wien an das Deutsche Volkstheater und in den 50er Jahren an das Theater in der Josefstadt, wo sie mehr als 50 Rollen spielte. Noch einen Monat vor ihrem Tod trat sie in → Horváths »Geschichten aus dem Wienerwald« auf. Die originelle Volksschauspielerin war eine großartige Interpretin wienerischer Frauentypen mit einem unbändigen Spieltemperament. Charakterrollen hat man ihr (leider) auf den Bühnen und im Film nur selten anvertraut. Auch eine Aristokratin hat sie in ihrer langen Bühnenlaufbahn nie gespielt – dieses Fach hat sie im Leben verkörpert.

**Lang, Marie,** * 8. März 1858 in Wien, † 14. Oktober 1934 in Altmünster (OÖ), Sozialarbeiterin und Frauenrechtlerin.

Die Tochter eines Zimmermanns und einer Schauspielerin war in erster Ehe mit dem Juwelier Theodor Köchert, in zweiter Ehe mit dem Rechtsanwalt Edmund L. verheiratet. Sie kam durch Rosa → Mayreder zur Frauenbewegung, wo sie bald – dank ihrer hinreißenden Rednergabe – eine führende Stellung einnahm. Mit Mayreder und Auguste Fickert gründete sie 1893 den »Allgemeinen Österreichischen Frauenverein« und 1899 die »Dokumente der Frauen«, ein publizistisches Forum, das sie gemeinsam bis 1903 herausgaben. 1901 initiierte sie die Gründung der Wiener Hilfsorganisation »Settlement«. L., der Mittelpunkt eines freisinnigen Kreises, setzte sich v. a. für den Mutterschutz, für die rechtliche Gleichstellung unehelicher Kinder und für die Aufhebung des Lehrerinnenzölibats ein. Sie war wie Mayreder mit dem Komponisten Hugo Wolf befreundet, den sie förderte.

**Lanz, Adolf Josef (von Liebenfels),** * 19. Juli 1874 in Wien, † 22. April 1954 in Wien.

Der Sohn eines Lehrers trat nach der Matura 1893 als Novize in das Stift Heiligenkreuz (NÖ) ein und wurde zum Priester geweiht. Er verließ jedoch das Stift bald und gründete auf der von ihm erworbenen Burg Werfenstein (NÖ) die Sekte »Orden des Neuen Tempels«, zu dessen Prior er sich aufwarf. 1907 hißte er dort erstmals eine Hakenkreuzfahne. Er nannte sich Dr. Georg L. von Liebenfels oder »Meister Jörg«. In den Ordenssatzungen und in der Schriftenreihe »Ostara, Briefbücherei der Blonden und Mannesrechtler« legte er seine Theorien vom germanischen Herrenmenschen und seinen Judenhaß dar. Viele seiner krausen Ideen flossen in die Vorstellungswelt Adolf Hitlers ein, der während seines Wiener Aufenthalts die »Ostara«-Hefte begierig las. L. stand mit etlichen Persönlichkeiten, u. a. mit → Herzmanovsky-Orlando, in Verbindung. Er schrieb zahlreiche Bücher und verfaßte einen 15bändigen Bibelkommentar. Hitler erteilte ihm 1938 Schreibverbot und ließ ihn unbeachtet.

*Lit.:* W. Daim, Der Mann, der Hitler die Ideen gab, (2. Aufl., 1985).

**Larisch, Rudolf von,** * 1. April 1856 in Verona (Oberitalien), † 24. März 1934 in Wien, Graphiker und Schriftkünstler.

Nach einem Studium der Musikgeschichte (bei Eduard Hanslick) besuchte der Sohn eines Offiziers die Kunstgewerbeschule, wo er sich bereits für Schriftkunst profilierte. Daneben war er als Sekretär der Wiener Singakademie tätig, wo er sich mit Hugo Wolf befreundete. 1902 berief ihn Felician von Myrbach als Dozent für ornamentale Schrift und Heraldik an die Kunstgewerbeschule.

L. schuf die Grundlagen für eine moderne Schriftgestaltung und gilt als Erneuerer der Schriftkunst. Er entwarf Typensätze für verschiedene Zierschriften, aber auch Titelblätter und Exlibris-Entwürfe. 1903 gestaltete er eine besondere Antiqua namens »Plinius« für die Festschrift der Staatsdruckerei. Neben der Kunstgewerbeschule unterrichtete er an der Graphischen Lehr- und Versuchsanstalt, an der nö. Lehrerakademie und an der Akademie der Bildenden Künste. 1905 wurde er zum Prof. ernannt.

*Werke:* »Unterricht in ornamentaler Schrift« (1905), »Über Zierschriften im Dienste der Kunst« (1899), »Beispiele künstlerischer Schrift« (5 Bde., 1900–1926).

*Lit.:* E. Hölscher/O. Hurm, R. v. L. und seine Schule (1938).

**Laske, Oskar,** * 8. Jänner 1874 in Czernowitz (Bukowina), † 30. November 1951 in Wien, Architekt, Maler und Bühnenbildner.

L. studierte 1892–1899 an der Technischen

Hochschule in Wien und war ein Schüler Otto Wagners. Zunächst als Architekt tätig, schuf er Villen und Zinshäuser in Wien und Dresden. Ab 1904 wandte er sich der Malerei und Graphik zu und unternahm zahlreiche Studienreisen durch Europa. 1907–1922 war er Mitglied der Künstlervereinigung »Hagenbund« und 1925–1935 sowie 1945–1950 der Secession. Der Künstler schuf exotische Landschaften und Szenen, so die Radierung »Arche Noah« (1921) oder »Walpurgisnacht« (1919), die ihn in die Nähe Alfred → Kubins rücken. Außerdem malte er weltliche und religiöse Historien von expressivem Charakter und war auch als Bühnenbildner für Max → Reinhardt und für das Burgtheater tätig. Seine Buchillustrationen und Mappenwerke (u. a. »Faust-Impressionen«, 1919) sind begehrte Sammelobjekte.

*Lit.:* F. Novotny, O. L. (1954).

**Lassnig, Maria,** * 8. September 1919 in Kappel am Krappfeld (K), Malerin.

L. ist die wohl wichtigste zeitgenössische Künstlerin Ö.s von internationalem Rang. Zunächst Volksschullehrerin in Klagenfurt, gab sie mit 22 Jahren den Beruf auf und machte sich per Rad auf nach Wien, um an der Meisterklasse Wilhelm Dachauers an der Akademie der Bildenden Künste zu studieren. Ihr Lehrer stufte sie allerdings als »entartete Künstlerin« ein. L. kehrte vorerst nach Klagenfurt zurück, ließ sich aber 1951 neuerlich in Wien nieder und schloß bei A. P. → Gütersloh die Akademie ab. 1961–1968 lebte die eigenwillige, experimentierfreudige Malerin in Paris, anschließend in New York, bis sie 1980 Ö. bei der Biennale in Venedig vertrat. 1980–1989 lehrte sie als Prof. für Malerei und Zeichentrickfilm an der Wiener Hochschule für Angewandte Kunst.

L. hat in ihrer künstlerischen Laufbahn zahlreiche Stadien durchwandert. Nach einer surrealen Phase entstanden um 1950 informelle Bilder und Zeichnungen (Selbstdarstellungen, Body-Awareness-Zeichnungen), denen überwiegend gegenständliche Arbeiten, oft mit Selbstporträts kombiniert, folgten. Zentrales Motiv ihres schonungslosen, aufwühlenden Schaffens ist stets die eigene Person gewesen, ihr Körper und die Zustände und Empfindungen, die ihn bestimmen. Von ihren »Innenarchitekturen« aus schlug sie Brücken zur Außenwelt. Die Künstlerin selbst hat ihr vielgestaltiges Werk einmal in Innen- und Außenweltbilder eingeteilt.

*Maria Lassnig*

*Lit.:* W. Drechsler, (Hg.), M. L. (1985).

**László, Stefan,** * 25. Februar 1913 in Bratislava/Preßburg (Slowakei), Bischof.

Der Sohn eines Landvermessers und Offiziers studierte in Wien und wurde 1936 zum Priester geweiht. Danach war er als Kaplan in Scharndorf tätig, beendete 1937 sein Theologiestudium und begab sich dann nach Rom an die Gregoriana, wo er 1939 das Studium des Kanonischen Rechts abschloß. Im selben Jahr wurde er Sekretär des Apostolischen Administrators des Burgenlands, 1948 Kanzleidirektor, 1954 selbst Administrator. 1960 wurde er erster Bischof der neugeschaffenen Diözese Eisenstadt. Seit 1973 ist er Mitglied der päpstlichen Kongregation für die Evangelisierung der Völker. In der österr. Bischofskonferenz ist L., der alle drei Landessprachen des Burgenlands beherrscht, Referent für elektronische und Printmedien.

**Lauda, Niki (Nikolaus),** * 22. Februar 1949 in Wien, Autorennfahrer, Flugunternehmer.

Der Sohn einer wohlhabenden Familie interessierte sich sehr früh für den Motorsport. Er errang 1968 seinen ersten Sieg in einem Bergrennen. Seit 1970 Profifahrer, verlief seine Rennfahrerkarriere trotz eines schweren Unfalls 1976 beim Grand Prix von Deutschland auf dem Nürburgring äußerst erfolgreich. Mut zum Risiko und harte Trainingsarbeit machten ihn dreimal zum Formel-I-Weltmeister: 1975 und 1977 auf Ferrari, 1984 auf MacLaren. Insgcsamt crrang er 1971–1984 bei 171 Grand-Prix-Starts 25 Siege. 1984 nahm L. Abschied vom Rennsport und widmete sich ganz seiner Fluggesellschaft L.-Air, die er schon 1979 gegründet hatte. 1986 konnte er seine erste Boeing 737 in Betrieb nehmen, 1988 erhielt er die Linienkonzession und begann mit den Langstreckenflügen in den Fernen Osten. 1991 traf sein Unternehmen ein schwerer Schlag, als eine Boeing 767 bei Bangkok abstürzte und sämtliche 223 Insassen ums Leben kamen.

**Lavant, Christine (eigtl. Habernig, geb. Thonhauser),** * 4. Juli 1915 in Groß-Edling bei Wolfsberg (K), † 7. März 1973 in Wolfsberg (K), Lyrikerin und Erzählerin.

Das Kind einer Bergbauernfamilie wuchs in ärmlichen Verhältnissen auf und lebte viele Jahre als Strickerin. Diese Not und ihre Krankheitserfahrung (L. war hör- und sehbehindert) prägten Leben und Werk der einsamen, introvertierten Dichterin, der das Schreiben eine existentielle Notwendigkeit, ein »Ausweg aus sich selbst« war. L.s erster Gedichtband »Die unvollendete Liebe« (1949) war noch stark von Rilke beeinflußt. Erst in den nächsten Bänden (»Die Bettlerschale«, 1956, »Spindel im Mond«, 1959, »Der Pfauenschrei«, 1962), die eine thematische Einheit bilden, fand sie zu ihrer eigenen, unverwechselbaren Formsprache, die sich durch starke, kontrastreiche Ausdruckskraft, expressiven Gestus und eine originelle surreale Bilderwelt auszeichnet. Es ist eine Lyrik, die vom Todesmotiv, dem Schrei einer leidenden, verzweifelten Kreatur nach Liebe und Verständnis, religiöser Inbrunst wie Skepsis, ekstatischen Traumgesichten und magisch-mystischen Visionen geprägt ist. Die Dichterin schrieb auch Erzählungen wie »Das Kind« (1948) oder »Die Rosenhügel« (1956), in denen sie das Milieu, in dem sie aufwuchs, und das Elend ihrer Kindheit darstellt.

*Lit.:* I. Teuffenbach, C. L. (1989).

**Lazarsfeld, Paul Felix,** * 13. Februar 1901 in Wien, † 31. August 1976 in New York, Soziologe.

Nach einem Mathematikstudium (Promotion: 1925) wurde L. Mitglied des Psychologischen Instituts der Wiener Universität. 1932 publizierte er gemeinsam mit Marie Jahoda und Hans Zei-

*Christine Lavant*

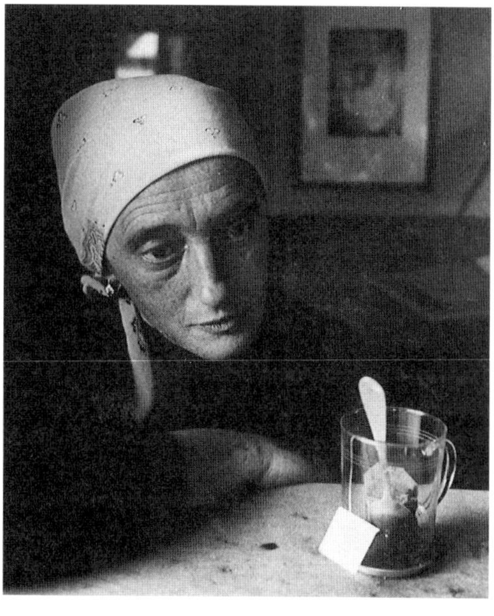

sel die Forschungsarbeit »Die Arbeitslosen von Marienthal. Ein soziographischer Versuch über die Wirkung lang andauernder Arbeitslosigkeit«, die in Ö. eine Pionierarbeit auf dem Gebiet der empirischen Sozialforschung darstellte. 1933 ging er nach Amerika, wo er Direktor des »Institute for Social Radio Research« an der Universität Princeton wurde. 1940–1967 lehrte er an der Columbia University of New York. Der Verfasser wesentlicher Beiträge zur Kommunikations- und Meinungsforschung gehört auch zu den Mitbegründern des Wiener Ford-Instituts (heute: Institut für Höhere Studien).

*Werke:* »Persönlicher Einfluß und Meinungsbildung« (1962), »Am Puls der Gesellschaft. Zur Methodik der empirischen Soziologie« (1968), »Wahlen und Wähler« (1969).

**Lebert, Hans,** * 9. Jänner 1919 in Wien, Erzähler und Opernsänger.

Der Neffe Alban → Bergs studierte Gesang und wurde auch als Maler ausgebildet. Er war zunächst als Wagnersänger tätig, wurde aber 1941 wegen »Wehrkraftzersetzung« angeklagt und war in den letzten Kriegsjahren im österr. Widerstand aktiv. Nach dem 2. Weltkrieg begann der sensible Künstler zu schreiben. Er veröffentlichte 1955 die Erzählung »Das Schiff im Gebirge«, der 1960 der Roman »Die Wolfshaut«, L.s Hauptwerk, folgte. Der Autor setzt sich in diesem antifaschistischen Werk, das bei seinem Erscheinen wohl Erfolg hatte, aber erst 1991 anläßlich einer Neuauflage voll gewürdigt wurde, mit den Verbrechen der NS-Zeit auf der Ebene einer Dorfgemeinschaft auseinander. L. begründete mit diesem Werk die Tradition des negativen Heimatromans.

*Weitere Werke:* »Ausfahrt« (Erzählung, 1952), »Der Feuerkreis« (1971), »Die schmutzige Schwester« (2 Hörspiele, 1972).

**Lechner, Hans,** * 16. Juli 1913 in Graz, Politiker.

Der Sohn eines Bauern studierte in Graz Bodenkultur, danach Jus und Staatswissenschaften (Promotion: 1937). Nach dem Kriegsdienst trat er 1945 als Beamter in den Dienst des Landes Salzburg. 1951–1956 war er im Präsidium der Landesregierung tätig, ab 1956 leitete er die Verkehrs- und Außenhandelsabteilung, 1959 wurde er ÖVP-Landesrat. Der Neuland-Katholik war 1961–1977 Salzburger Landeshauptmann, wobei dem sehr musikalischen Politiker die Salzburger Festspiele besonders am Herzen lagen. 1971 zog er sich aus der Politik zurück und übergab seine Funktion an seinen Nachfolger Wilfried → Haslauer. L. ist u. a. Vorsitzender der Salzburger Sektion der von Kardinal → König ins Leben gerufenen Stiftung »Pro Oriente«.

**Lechthaler, Josef,** * 31. Dezember 1891 in Rattenberg (T), † 21. August 1948 in Wien, Musikpädagoge und Kirchenkomponist.

L. war einer der Pioniere der modernen österr. Kirchen- und Schulmusik. Er erhielt am Benediktinergymnasium in Meran eine gründliche musiktheoretische Ausbildung. Danach begann er, Sprachen und Jus zu studieren, wandte sich dann aber der Musikwissenschaft zu (Promotion: 1919). Der Musiklehrer wurde 1924 an der Wiener Musikakademie Prof. bzw. 1932 Leiter der Abteilung für Kirchenmusik, die er unter Hereinnahme der Schulmusik umfassend umgestaltete. Er war Hauptschriftleiter der Zeitschrift »Musikerziehung«. Auch als Komponist sakraler Vokalmusik (u. a. »Missa Patronus Ecclesiae«, op. 9, »Stabat mater«, op. 15, »Rosa mystica«, op. 61) und von Instrumentalwerken (Orgelpräludien, Bläsersuiten, Kammermusik) ist L. hervorgetreten.

*Lit.:* E. Tittel, J. L. (1966).

**Lederer, Herbert,** * 12. Juni 1926 in Wien, Schauspieler, Regisseur und Autor.

L. studierte Theaterwissenschaft, Germanistik und Psychologie (Promotion: 1948) und debütierte als jugendlicher Komiker am Stadttheater St. Pölten. 1950–1960 war er als Schauspieler, Regisseur und Dramaturg an verschiedenen deutschen und österr. Bühnen tätig. Danach verließ er den institutionalisierten Theaterbetrieb mit dem Entschluß, selbständig und ganz allein Theater zu machen. »Meier Helmbrecht« war das erste Programm seines »Einmanntheaters«, dem mehr als 50 weitere Produktionen folgen sollten. L. spielte zuerst auf Mietbühnen, gründete dann 1966 in Flachau bei Salzburg sein erstes eigenes Theater und 1970 ein zweites in Wien, das »Theater am Schwedenplatz«, in denen er jährlich rund 180 Vorstellungen gibt. L., der mit seinen Programmen auch auf Tournee geht, ist zugleich Direktor, Ausstattungschef und Regisseur aller seiner Produktionen und hat sich beharrlich als Allroundtalent und Wiener Theateroriginal einen Ruf erworben. Über seine Tätigkeit zog er 1985 in seinem Buch »Im Alleingang« Bilanz. 1986 schrieb er über das Wiener Kellertheater: »Damit es nicht verweht«.

**Ledwinka, Erich,** * 16. Juli 1904 in Klosterneuburg, Konstrukteur.

Der Sohn des Autokonstrukteurs Hans L. studierte Maschinenbau und absolvierte seine Praxis bei den Tatra-Werken im mährischen Nesseldorf. Nach dem 2. Weltkrieg trat er bei den Steyr-Daimler-Puch Werken ein. 1950–1976 fungierte er als technischer Konstrukteur und Chefkonstrukteur dieses Unternehmens. L. entwickelte den Motor des Puch 500 und ist der Vater der Vierradtechnik. Die »Haflinger« und »Pinzgauer«, geländegängige Mehrzweckfahrzeuge, finden Anerkennung in der ganzen Welt. L. wirkt auch als Konsulent zahlreicher in- und ausländischer Firmen.

**Lehár, Anton,** * 21. Februar 1867 in Sopron/Ödenburg (Ungarn), † 12. November 1962 in Wien, Berufsoffizier.

Der Sohn eines Regimentskapellmeisters und Bruder des Operettenkomponisten absolvierte die Infanteriekadettenschule. Nach Besuch der Kriegsschule begann der Oberleutnant 1900 seine Tätigkeit im Generalstab. 1907–1910 lehrte er an der Armeeschießschule in Bruck an der Leitha. 1913 wurde er Major und führte bei Kriegsausbruch ein ungarisches Landsturmregiment. Obwohl 1914 schwer verwundet, nahm er 1916 an der Mai-Offensive an der Italienfront teil. Nach dem Krieg schloß er sich in Ungarn den Konservativen, die die Restaurationsversuche des Exkaisers Karl unterstützten, gegen die Räterevolution an; der hochdekorierte General spielte v. a. beim zweiten Versuch Karls, die Königswürde wiederzuerlangen, eine wichtige Rolle. Nach dem Scheitern der »kaiserlichen« Truppen 1921 setzte er sich über die ČSR nach Deutschland ab, wo er Direktor des AKM in Berlin wurde. 1933 von den Nationalsozialisten ausgewiesen, gründete er in Wien einen Musikverlag und konnte hier unbehelligt leben. Nach dem Tod seines Bruders Franz → L. kümmerte er sich um dessen Nachlaß. 1973 erschienen, von Peter Broucek ediert, seine »Erinnerungen«.

**Lehár, Franz,** * 30. April 1870 in Komárom/Komorn (Ungarn), † 24. Oktober 1948 in Bad Ischl (OÖ), Operettenkomponist.

L. war der Sohn eines Militärkapellmeisters, der in vielen Städten der Monarchie tätig war. Der spätere »König der Wiener Operette« kam mit 12 Jahren an das Prager Konservatorium. Danach war er Konzert- und Kapellmeister in Pola, Triest, Budapest und Wien, ehe er sich um 1900 ganz dem kompositorischen Schaffen verschrieb. Mit seiner ersten Operette »Wiener Frauen« (1902) errang er einen Achtungserfolg, doch schon »Die lustige Witwe« (1905) trug ihm Weltruhm ein. Es war der erste Höhepunkt der Silbernen Wiener Operettenära; in den folgenden Jahrzehnten gelang L. mit klangvollen Tanzoperetten ein Erfolg nach dem anderen. Auf »Der Graf von Luxemburg« (1909) folgten – nach Unterbrechung durch den 1. Weltkrieg – »Paganini« (1925), »Der Zarewitsch« (1927) sowie »Friederike« (1928), das der Meister als sein liebstes Werk bezeichnete, und »Das Land des Lächelns« (1929). L. schuf auch symphonische Dichtungen, Intermezzi, Scherzi und Instrumentalwerke, die jedoch beim Publikum weniger gut ankamen. Seine erste Oper »Kukuschka« (später

*Franz Léhar*

als »Tatjana« neu eingerichtet) wurde in Leipzig uraufgeführt, die komische Oper »Giuditta« hatte 1934 an der Wiener Staatsoper Premiere, war aber kein durchschlagender Erfolg. L.s Popularität lag in der leichten, heiteren Musik begründet, zu deren prominentestem österr. Vertreter er in unserem Jh. wurde.

*Lit.:* M. Schönherr, F. L. Bibliographie zu Leben und Werk (1970); O. Schneidereit, F. L., Eine Biografie in Zitaten (1984).

**Leherb, Helmut (eigtl. Leherbauer),** * 14. März 1933 in Wien, Maler, Graphiker und Skulpteur.

Der bekannte Surrealist und Maler ist der Sohn eines Gymnasialdirektors, der 1945 nach der Haft in einem NS-Gefängnis starb. L. brach die Mittelschule ab. 1957 stand er in der österr. Handballnationalmannschaft. Seine künstlerische Laufbahn begann an der Akademie für Angewandte Kunst, die er jedoch nach einer öffentlichen Ausstellung, veranstaltet auf einem Gehsteig, vorzeitig verlassen mußte. Seine zweite Ausstellung fand in seinem Untermietzimmer statt. Mit seinen Freunden von der Wiener Schule des Phantastischen Realismus überwarf sich der Künstler und ging nach Paris. Hier startete er als »Maître L.« seine Karriere und inszenierte sich provokant und publikumswirksam zum surrealen Gesamtkunstwerk. Weiße Mäuse, ausgestopfte Tauben, das typische L.-Blau und Darstellungen seiner Gattin, der Malerin Lotte Profohs, wurden zu Markenzeichen, die ins Schwarze trafen. Seine Werke erzielten Höchstpreise. Unter Kunstkritikern blieb der österr. Surrealist umstritten: Von manchen kaum ernst genommen, attestieren ihm andere großes handwerkliches Können und schätzen »die klassische Meisterschaft, lineare Reinheit, sanfte Linienführung und bildhafte Ausdruckskraft« seines Stils. In seinem Heimatland lange verpönt, wurde dem »Bürgerschreck« 1964 von offizieller Seite verboten, auf der Biennale auszustellen. Erst allmählich stellte sich auch Anerkennung ein. Fremdenverkehrsbelebend entwarf L. u. a. Briefmarken für die österr. Postverwaltung. Beachtung fanden die fünf Tafelbilder aus Keramik, die L. nach alter Technik brannte und die sich in der Wiener Wirtschaftsuniversität befinden.

*Lit.:* M. L. Jole / G. R. Hocke, Die Welt eines Surrealisten (1972).

**Lehmann, Lotte,** * 27. Februar 1888 in Perleberg (Brandenburg), † 26. August 1976 in Santa Barbara (Kalifornien), Kammersängerin.

L. studierte in Berlin und debütierte 1910 an der Hamburger Oper, wo sie als Elsa im »Lohengrin« ihren ersten großen Erfolg feierte. 1914 nach Wien an die Hofoper engagiert, war sie bis 1938 eine der gefeiertsten Künstlerinnen der Wiener Oper und sang u. a. in einigen Uraufführungen die Titelrolle, so »Turandot« (1926), »Arabella« (1933). Die große Sopranistin beeindruckte nicht nur in der Oper, sondern auch im Konzertsaal durch ihre wunderbare Stimme, die Musikalität und frische Natürlichkeit ihres Vortrags. Sie beherrschte ein umfangreiches, breites Repertoire und gab Gastspiele an allen großen Opernhäusern der Welt. 1927–1937 sang sie bei den Salzburger Festspielen die Titelpartie in Beethovens »Fidelio«. 1938 emigrierte sie in die USA. 1945 beendete sie ihre Bühnenlaufbahn, 1951 gab sie ihr letztes Konzert. Die Künstlerin schrieb auch Bücher über ihr Leben und einen Roman.

*Werke:* »Orplid, mein Land« (1936), »Anfang und Ende« (1937), »More Than Singing« (1945), »My Merry Lives« (1948).

*Lit.:* B. W. Wessling, L. L., mehr als eine Sängerin (1969); A. Jefferson, L. L. Eine Biographie (1991).

**Lehmden, Anton,** * 2. Jänner 1929 in Nitra (Slowakei), Maler und Graphiker.

Der Sohn eines Gärtners kam als 16jähriger nach Wien und studierte an der Akademie der Bildenden Künste in der Meisterklasse von A. P. → Gütersloh. Nach einer Lehrtätigkeit in Istanbul übernahm er 1971 an der Ulmer Akademie eine Professur. L. ist einer der Hauptvertreter der Wiener Schule des Phantastischen Realismus. Seine Aquarelle und Ölbilder zeigen vorwiegend Landschaften, in denen sich Katastrophen und (Welt-)Untergänge abspielen. Krater, Erdeinbrüche, berstende und versinkende Landstriche, die L. symbolträchtig gestaltet, lassen den Menschen ohne Zuflucht, heimatlos durchirrt er die Welt als Nomade. L., der zu Beginn seiner Karriere von seinen Kriegserlebnissen ausging, versucht in seinem Werk die Dauer und die Vergänglichkeit des Irdischen, die Zeitlichkeit und Ewigkeit der Natur malerisch zu gestalten. Seine qualitätvollen Radierungen und Graphiken, zumeist in Mappenform herausgebracht und thematisch vorwiegend seinen Reiseeindrücken verpflichtet, ergänzen seine Bilderwelt und runden sie zu einem Œuvre von beeindruckender künstlerischer Gestaltungs- und Aussagekraft ab.

*Anton Lehmden*

*Lit.:* A. Schmeller, A. L. Weltlandschaften (1968); W. Koschatzky, A. L. Die Graphik (1970).

**Leichter, Käthe,** * 20. August 1895 in Wien, † 17. März 1942 im KZ Ravensbrück, Publizistin und Politikerin.

Die Tochter eines Rechtsanwalts studierte Jus und Staatswissenschaften in Heidelberg (Promotion: 1918). Nach Kriegsende war sie im Finanzministerium und im Büro der Sozialisierungskommission bei Otto → Bauer tätig. Sie wandte sich der sozialdemokratischen Bewegung zu und trat v. a. für die Belange der Frauen ein. 1924 übernahm sie das Frauenreferat der Wiener Arbeiterkammer, 1933 leitete sie das Zentralfrauenkomitee der SP. Nach den Februarereignissen 1934 ging sie nach Zürich. 1936 übernahm sie in Wien die Leitung des Politischen Nachrichtendienstes der Revolutionären Sozialisten, zu deren Gründern sie gemeinsam mit ihrem Mann Otto gehörte. 1938 versuchte sie auszureisen, wurde jedoch mit der Verhaftung ihrer Mutter erpreßt und blieb. Sie kam ins Gefängnis und 1939 ins KZ Ravensbrück, wo sie ermordet wurde.

*Werke:* »Handbuch der Frauenarbeit in Ö.« (1930), »So leben wir. Erhebungsmaterial über das Leben der Frau als Arbeiterin und Mutter« (1932).

*Lit.:* Herbert Steiner (Hg.), K. L. Leben und Werk (1973).

**Leinfellner, Heinz,** * 4. Dezember 1911 in Zidani Most/Steinbrück (Slowenien), † 13. Jänner 1974 in Wien, Bildhauer.

L. übersiedelte mit seiner Familie 1916 nach Graz, besuchte hier die Kunstgewerbeschule und studierte 1932–1940 an der Wiener Akademie der Bildenden Künste bei Anton → Hanak. Er war 1947 Mitbegründer des Art Club. 1948–1952 wirkte er als Assistent bei Fritz → Wotruba. 1959 wurde er Prof. und Leiter der Meisterklasse für keramische Plastik an der Akademie für Angewandte Kunst in Wien.

L. schuf Bronzefiguren (u. a. im Speisesaal des Parlaments), Steinplastiken für Anlagen und Bauten der Stadt Wien, Reliefs, Porträts, Marmorintarsien und Keramikarbeiten. Sein Werk wurde im Laufe der Jahrzehnte von vielfältigen Einflüssen bestimmt, so von Hanak, Wotruba, Henry Moore, doch hat er die figurative Gestaltungsform nie aufgegeben. So er sich für den Menschen interessierte, wovon psychologisch einfühlsame Porträts (z. B. J. M. Hauer, 1950) Zeugnis ablegen, setzte er sich undogmatisch mit den verschiedensten Gestaltungsmöglichkeiten auseinander. Das Atelier des aufgeschlossenen Bildhauers war stets Kontaktstelle für menschliche Begegnung und künstlerischen Aufbruch.

*Werke:* »Liegende« (1950), »Menschenbank« (1965), »A. P. Gütersloh in verschiedenen Fassungen« (1971).

*Lit.:* H. L. 1911–1974. Gedächtnisausstellung (Katalog der Hochschule für Angewandte Kunst, Wien 1983).

**Leinsdorf, Erich (eigtl. Landauer),** * 4. Februar 1912 in Wien, Dirigent.

Der Sohn eines Vertreters und begeisterten Amateurmusikers begann im Alter von 8 Jahren Klavierunterricht zu nehmen, studierte bei Paul Pisk Komposition und Theorie und nach der Matura an der Musikakademie, die er zwei Jahre später mit dem Diplom abschloß. Als junger Pianist war er Begleiter des von Anton → Webern geleiteten Arbeiterchors. 1935 arbeitete er in Salzburg als Assistent von Arturo Toscanini und Bruno → Walter. 1938 debütierte er als Dirigent in den USA mit einer Aufführung der »Walküre«. Nach dem Einmarsch der deutschen Truppen in Ö. konnte L. nicht mehr in die Heimat zurückkehren. Er blieb in den Vereinigten Staaten, wirkte bis 1943 an der Metropolitan Opera in New York, danach in Cleveland, Rochester, New York und Boston, dann machte er sich frei von beamteten Verpflichtungen. Seit Ende der 60er Jahre ist er Top-Gastdirigent der internationalen Musikszene. Er gastierte auch mehrere Male in Wien und dirigierte in der Oper z. B. Ernst → Kreneks »Karl V.« sowie die Philharmoniker. Nicht ein Taktstockvirtuose, sondern ein Perfektionist der Partitur, verlangt er von sich selbst, dem Orchester und den Sängern bei der Interpretation musikalischer Meisterwerke größtmöglichen Einsatz und absolute Werkergebenheit.

**Leitgeb, Josef,** * 17. August 1897 in Bischofshofen (S), † 9. April 1952 in Innsbruck, Lyriker und Erzähler.

L. wuchs nach dem frühen Tod der Eltern in Innsbruck auf. Er promovierte 1925 zum Dr. jur., arbeitete jedoch als Volks- und Hauptschullehrer und war ab 1945 Stadtschulinspektor in Innsbruck. Er gehörte zum Kreis um die Zeitschrift »Der Brenner«, in der er seine ersten Gedichte veröffentlichte. Zentrales Motiv seiner Lyrik sind Musik und Natur. Sein Prosawerk ist stark autobiographisch bestimmt. In seinem ersten und bekanntesten Roman »Christian und Brigitte« (1936) schildert er sein Wirken als Dorfschullehrer, in »Das unversehrte Jahr« (1948) seine Kindheit.

*Weitere Werke:* »Musik der Landschaft« (Gedichte, 1935), »Von Blumen, Bäumen und Musik« (Essays, 1947), »Sämtliche Gedichte« (1953).

*Lit.:* J. Wolf, J. L. Leben und Werk (1966).

**Leitich, Ann Tizia (verh. Korningen),** * 25. Jänner 1891 in Wien, † 3. September 1976 in Wien, Schriftstellerin.

L. war zunächst wie ihre Eltern im Lehrberuf tätig. Nach dem 1. Weltkrieg ging sie in die USA. Sie arbeitete als Dienstmädchen und studierte Kultur- und Kunstgeschichte. Ihre Erfahrungen und ihren Einblick in das amerikanische Gesellschaftsleben wertete sie literarisch aus. Sie war Auslandskorrespondentin deutscher und österr. Zeitungen (z. B. der »Neuen Freien Presse«). Anfang der 30er Jahre kehrte sie nach Ö. zurück und publizierte gut recherchierte Bücher über das barocke und biedermeierliche Wien sowie farbig geschriebene historische Biographien, die ein breites Leserecho fanden.

*Werke:* »Wiener Biedermeier« (1940), »Verklungenes Wien« (1942), »Vienna gloriosa« (1948), »Augustissima. Maria Theresia« (1953), »Der Kaiser mit dem Granatapfel« (1955).

**Leitl, Christoph,** * 29. März 1949, Industrieller.

Seit 1977 führt L. in der vierten Generation das traditionsreiche Baustoffunternehmen seiner Familie. 1895 als Ziegelbetrieb gegründet, expandiert es derzeit stark ins Ausland und in den Kunststoffbereich. Der in Schloß Puchenau (OÖ) residierende Unternehmer produziert in 5 Werken alles, was zum Bau eines Hauses gehört, und stieg auf dem Baustoffsektor zur Nr. 2 in Ö. auf. Sein Vater Karl L. hat 1970 ein Modell für die Mitarbeiterbeteiligung an der Firma entwickelt, das damals völlig neu war. Bereits 15 Prozent des Stammwerkes befinden sich im Besitz der Mitarbeiter. L. ist auch politisch tätig. Seit 1990 ist er Landtagsabgeordneter der ÖVP und Landesrat für Wirtschaftsfragen.

**Lemisch, Arthur,** * 4. Februar 1865 in St. Veit/Glan (K), † 29. Oktober 1953 in St. Veit, Gutsbesitzer und Politiker.

Der Rechtsanwalt wurde 1897 in der allgemeinen Wählerklasse für die Deutsche Volkspartei in den Reichsrat gewählt und hatte auch ein Mandat im Kärntner Landtag inne. Während des 1. Weltkriegs war er Mitglied des Ernährungsbeirates, der sich um die Lebensmittelversorgung der Bevölkerung kümmerte. 1918 wurde L., der bei allen Parteien in hohem Ansehen stand, zum Landesverweser bestellt. Als strikter Verteidiger der Kärntner Einheit gegen die Ansprüche des südslawischen Staates spielte er eine wichtige Vermittlerrolle. Nach 1921 saß er als Landesrat in der Landesregierung und im Kärntner Landtag. Der außer in der Slowenenfrage eher konziliante Politiker hatte sich dem neugegründeten Landbund angeschlossen. 1927–1930 war er Landeshauptmann von Kärnten.

**Lendvai, Paul,** * 24. August 1929 in Budapest, Journalist.

Obwohl schon 1952/53 wegen politischer Unzuverlässigkeit inhaftiert, zählte L. zu jenen Journalisten in Ungarn, die offen über die Ereignisse von 1956 berichteten. Danach mußte er flüchten und ging im Jänner 1957 über Warschau und Prag nach Wien. Hier profilierte er sich als Hörfunk- und Fernsehjournalist, wobei sein spezielles Interesse Osteuropa galt. Er war Auslandskorrespondent der »Financial Times«, arbeitete u. a. als Ostkommentator und Leitartikler für »Die Presse« sowie für den ORF. 1982 wurde er Chefredakteur der Ost- und Südeuropa-Redaktion des ORF, 1987 Intendant von Radio Ö. International. Außerdem wirkte er als Ostmitarbeiter bei der »Kleinen Zeitung«, der »Wochenpresse« u. a. Als Mitherausgeber und Chefredakteur hat er wesentlich die Vierteljahreszeitschrift »Europäische Rundschau« mitgestaltet. Vortragsreisen, Gastprofessuren und die Leitung zahlreicher internationaler Veranstaltungen machten ihn zum Experten von Weltruf. Auch seine TV-Interviews mit prominenten Politikern beweisen seine intime Kenntnis der Geschichte und Politik Osteuropas.

*Werke:* »Antisemitismus ohne Juden« (1972), »Die Grenzen des Wandels. Spielarten des Kommunismus im Donauraum« (1977), »Das einsame Albanien« (1985), »Das eigenwillige Ungarn« (1986).

**Leodolter, Ingrid,** * 14. August 1919 in Wien, † 17. November 1986 in Wien, Ärztin und Politikerin.

Die Tochter des Präsidenten des Wiener Stadtschulrats Leopold Zechner entstammte gleichsam »sozialistischem Uradel«. Seit 1946 SPÖ-Mitglied, widmete sie sich nach dem Medizinstudium allerdings ihrer ärztlichen Laufbahn – ihr Spezialgebiet war die interne Medizin – und wurde schließlich ärztlicher Direktor des Sophienspitals. Als Internistin verfaßte sie 50 wissenschaftliche Arbeiten. 1971 holte sie Bruno → Kreisky als Leiterin des neugeschaffenen Gesundheitsressorts ins Kabinett. Die Ministerkarriere der Medizinerin verlief eher glücklos, und oft war sie der Kritik der Medien ausgesetzt. 1979 wurde sie durch Herbert → Salcher ersetzt, als sie im Zusammenhang mit dem AKH-Skandal mit Geschäften der »ARGE Kostenrechnung« belastet schien. Ihr bleibendes Verdienst ist die Einführung des »Mutter-Kind-Passes«, der eine entscheidende Senkung der Säuglingssterblichkeit herbeiführte.

**Leopoldi, Hermann (eigtl. Hersch Kohn),** * 15. August 1888 in Wien, † 28. Juni 1959 in Wien, Komponist und Klavierhumorist.

Der ausgebildete Pianist begann seine Karriere als Alleinunterhalter und Varietékapellmeister. Ab 1916 trat er als Klavierhumorist im Wiener Ronacher, in Nachtlokalen und Bars auf. Seine Wienerlieder und Schlager, die er selbst unnachahmlich interpretierte, fanden großen Anklang und machten ihn in den 20er und 30er Jahren zu einem der erfolgreichsten Vertreter dieses Genres. »In einem kleinen Café in Hernals«, »Schön ist so ein Ringelspiel« oder »Powidltatschkerln« wurden zu Evergreens. 1938 im KZ Dachau und Buchenwald, schrieb er mit Fritz Beda-Löhner das Buchenwaldlied. 1939 konnte er in die USA emigrieren, wo er ein Lokal eröffnete und mit Helly Möslein als Partnerin auftrat. 1947 kehrte er nach Wien zurück, und es gelang ihm, mit zahlreichen neuen Liedern, die er später auch im Fernsehen präsentierte, an seine Vorkriegserfolge anzuknüpfen.

**Lercher, Ludwig,** * 30. Juni 1864 in Hall (T), † 5. August 1937 in Innsbruck, Theologe.

L. studierte Theologie und Philosophie in Salzburg (Promotion: 1891). 1887 wurde er zum Priester geweiht und trat zwei Jahre später in den Jesuitenorden ein. 1896 habilitierte er sich als Dozent für scholastische Philosophie. 1904–1910 wirkte er als Spiritual am theologischen Konvikt in Innsbruck. 1918–1935 lehrte er als Ordinarius für Dogmatik an der theologischen Fakultät in Innsbruck. Seine wissenschaftlichen und aszetischen Werke wurden mehrfach aufgelegt.

*Werke:* »Erhebungen des Geistes zu Gott« (5 Bde., 1908/09), »Das himmlische Vaterhaus« (1910), »Konferenzen über das innerliche Leben« (1915), »Institutiones theologiae dogmaticae« (4 Bde., 1924–1930).

**Lernet-Holenia, Alexander,** * 21. Oktober 1897 in Wien, † 3. Juli 1976 in Wien, Schriftsteller.

L.-H.s Herkunft ist ungesichert. Gerüchten zufolge war er der Sohn eines k. u. k. Marineoffiziers, nach anderen Quellen ein Abkömmling des Hauses Habsburg-Lothringen. Er nahm als Offizier an beiden Weltkriegen teil, betätigte sich ab 1923 als freier Schriftsteller und war 1969–1973 Präsident des österr. PEN-Clubs.

*Alexander Lernet-Holenia*

L.-H. begann – von Rilke beeinflußt – als Lyriker (»Pastorale«, 1921). Sein lyrisches Werk zählt auch zum Besten, das er geschaffen hat. Die Sammelbände »Die goldene Horde« (1935) und »Das Feuer« (1949) enthalten Gedichte von kristallener Klarheit. Er schrieb aber auch brillante, bühnenwirksame Konversationsstücke (»Ollapotrida«, 1926, »Österreichische Komödie«, 1927), die ihn bekannt machten. Sein umfangreiches erzählerisches Werk umfaßt Romane (u. a. »Die Standarte«, 1926, »Ich war Jack Mortimer«, 1933, »Beider Sizilien«, 1942, »Der Graf Luna« (1955), »Das Halsband der Königin«, 1962), Novellen (»Der Baron Bagge«) und Erzählungen. In seiner Ausstrahlung und Weltsicht war L.-H. ein eigenwilliger Altösterreicher. Sein lyrisches Gesamtwerk wurde 1989 von R. Roček herausgegeben.

*Lit.:* F. Müller-Widmer, A. L.-H. (1980).

**Leser, Ludwig,** * 11. August 1890 in Neufeld an der Leitha (B), † 31. Oktober 1946 in Neufeld, Politiker.

L. besuchte das Gymnasium in Ödenburg (Ungarn) und die Handelsschule. Er ging nach Triest und schloß sich dort der Arbeiterbewegung an. 1918 trat er in die Neufelder Jutespinnerei ein, wo er Betriebsratsobmann wurde. Er setzte sich für eine Autonomie Westungarns ein, Bemühungen, die er zur Zeit der Räterepublik verstärkte. 1918 kandidierte er auf einer sozialdemokratischen Liste für das Budapester Parlament, wurde nach dem Ende der Räteregierung verhaftet und floh nach 13 Monaten Gefängnis nach Ö. Hier nahm er sofort den Kampf um den Anschluß Burgenlands an Ö. auf. Er wurde burgenländischer Parteiobmann der Sozialdemokraten und 1922–1934 stellvertretender Landeshauptmann. Als Landeskulturreferent widmete er sich besonders dem Aufbau des Schulwesens. Nach den Feburarereignissen 1934 emigrierte er in die ČSR, wo er als Lektor und Dozent an Arbeiterhochschulen tätig war. Während der NS-Zeit war er 14 Monate inhaftiert; am 5. Mai 1945 wurde er durch die Rote Armee befreit. 1945/46 im Burgenland provisorischer Landeshauptmann, setzte er sich vehement für die Wiedererrichtung des als Verwaltungseinheit aufgelösten Burgenlandes ein. Danach amtierte er bis zu seinem Tod wieder als stellvertretender Landeshauptmann. L. war auch auf geopolitischem Gebiet wissenschaftlich tätig.

*Werke:* »Die burgenländische Schulschande« (1925), »Die politische Gliederung des B.s« in: Volk und Reich 5 (1929), »Die wissenschaftliche Erschließung des B.s« in: 10 Jahre Burgenland (1931).

**Leser, Norbert,** * 31. Mai 1933 in Oberwart (B), Jurist und Sozialphilosoph.

Der Neffe des Landeshauptmanns Ludwig → L. studierte Jus. Er selbst bezeichnet sich als Schüler von Hans → Kelsen, August Maria → Knoll und Ernst Karl → Winter. 1969 habilitierte er sich in Graz für Rechts- und Staatsphilosophie, ab 1971 wirkte er als Ordinarius für Politikwissenschaft in Salzburg, ab 1980 in Wien als Ordinarius für Sozialphilosophie. Der Autor zahlreicher Bücher zur Zeitgeschichte, v. a. zur Geschichte der Sozialdemokratie, ist praktizierender Katholik und überzeugter Sozialdemokrat, hat sich aber nie vollständig vereinnahmen lassen, sondern sein unabhängiges Denken und Urteilen bewahrt. Als brillanter Redner und subtil formulierender Stilist hat er wesentliche Beiträge zur Geistesgeschichte des 20. Jh.s geliefert. Der gesuchte Diskussionsteilnehmer ist Mitglied des PEN-Clubs, Vizepräsident des Internationalen Hans-Kelsen-Instituts und Direktor eines Boltzmann-Instituts. 1992 wurde der bereits vielfach Geehrte mit dem Wildgans-Preis der Industrie ausgezeichnet.

*Werke:* »Zwischen Reformismus und Bolschewismus« (1968), »Jenseits von Marx und Freud« (1980), »Grenzgänger. Österr. Geistesgeschichte in Totenbeschwörungen« (2 Bde., 1981/82), »Das geistige Leben Wiens in der Zwischenkriegszeit« (Hg., 1981), »Genius Austriacus« (1986), »Salz der Gesellschaft. Wesen und Wandel des österr. Sozialismus« (1988).

**Lesky, Albin,** * 7. Juli 1896 in Graz, † 28. Februar 1981 in Innsbruck, Altphilologe.

Nach seinem Studium in Graz beschäftigte sich L. vor allem mit Archäologie und vergleichender Religionswissenschaft. Seine besondere Liebe galt jedoch der griechischen Literatur und der Philologie. 1936–1948 lehrte L. an der Universität Innsbruck, 1949–1966 war er Ordinarius in Wien. 1950 wurde der mehrfach mit einem Ehrendoktorat ausgezeichnete Wissenschaftler Mitglied der Akademie der Wissenschaften, 1963 Vizepräsident der Akademie der Wissenschaften. Als Rektor der Wiener Universität im Studienjahr 1963/64 bereitete er die Fünfhundertjahrfeier der Alma Mater Rudolphina vor; in seiner Festrede aus diesem Anlaß bekannte er sich zur Humboldtschen Universitätsidee und betonte die Einheit von Forschung und Lehre.

*Werke:* »Die griechische Tragödie« (1938), »Thalatta« (1947), »Die tragische Dichtung der Hellenen« (1956), »Geschichte der griechischen Literatur« (1957).

**Lesky, Erna,** * 22. Mai 1911 in Hartberg (St), † 28. November 1986 in Innsbruck, Medizinhistorikerin.

L. studierte in Wien Medizin und Geschichte. 1962 übernahm sie die Leitung des Josephinums, das sie quasi als »Neugründerin« zu einer in Europa anerkannten Forschungsstätte ausbaute. Sie organisierte zahlreiche internationale Tagungen. 1966 erhielt sie ein Ordinariat für Geschichte der Medizin. L., Ehrenmitglied der Akademie der Wissenschaften, publizierte eine große Anzahl wissenschaftlicher Arbeiten. Nach ihrer Emeritierung 1979 übersiedelte sie nach Innsbruck. Sie war mit dem Altphilologen Albin → L. verheiratet.

*Werke:* »Die Zeugungs- und Vererbungslehre der Antike und ihr Nachwirken« (1950), »Österr. Gesundheitswesen im Zeitalter des aufgeklärten Absolutismus« (1959), »Die Wiener medizinische Schule im 19. Jh.« (1965).

**Lhotsky, Alphons,** * 8. Mai 1903 in Wien, † 21. Juni 1968 in Wien, Historiker.

Aus einer Offiziers- und Beamtenfamilie stammend, besuchte L. das Gymnasium in Innsbruck und Wien. In Wien studierte er Geschichte (bei Oswald → Redlich), Geographie und Kunstgeschichte (Promotion: 1925). Gleichzeitig legte er auch die Staatsprüfung am Institut für österr. Geschichtsforschung ab. In den schlechten Nachkriegsjahren konnte L. mit Mühe zunächst eine Anstellung im Unterrichtsministerium bei der Lichtbildstelle in der Sensengasse erhalten, er trat 1938 als Kustos in das Kunsthistorische Museum ein. 1945 habilitierte er sich an der Wiener Universität, 1946 erhielt der Historiker eine a. o. Professur, 1951 das Ordinariat. 1950 wurde er Mitglied der Akademie der Wissenschaften. Sein wissenschaftliches Hauptinteresse galt der Quellenkunde des Spätmittelalters, wobei die Erforschung der Werke des Thomas Ebendorfer einen herausragenden Stellenwert einnahm. L. war ein äußerst anregender Lehrer und ein brillanter Vortragender. Viele Jahre wirkte er als Präsident des Instituts für Ö.-Kunde.

*Werke:* »Festschrift des Kunsthistorischen Museums« (1941–1945), »Geschichte des Insituts für österr. Geschichtsforschung« (1954), »Thomas Ebendorfer. Ein österr. Geschichtsschreiber, Theologe und Diplomat des 15. Jh.s« (1957), »Österr. Historiographie« (1962), »Geschichte Ö.s seit der Mitte des 13. Jh.s (1281–1358)« (1967).

*Lit.:* E. Zöllner, A. L., in: NÖB 21 (1982).

**Lichal, Robert,** * 9. Juli 1932 in Wien, Beamter und Politiker.

1950 trat L. in den nö. Landesdienst, daneben beendete er 1955 sein Jusstudium. Er avancierte sehr schnell und war bereits mit 41 Jahren Hofrat. Politisch wandte er sich der ÖVP zu und war zunächst im ÖAAB und in der Gewerkschaft aktiv. 1968 wurde er Obmann der Zentralpersonalvertretung der nö. Landesbediensteten, 1973 Vorsitzender-Stellvertreter der Gewerkschaft Öffentlicher Dienst. Es gelang ihm, einen hohen Grad an gewerkschaftlicher Organisation unter den Beamten des Landes zu erreichen. 1976–1979 gehörte L. dem Bundesrat an, seit 1979 dem Nationalrat. 1985 wurde er, der sich schon früher für die Anliegen des Bundesheeres eingesetzt hatte, Sicherheitssprecher seiner Partei, 1986 Bundesvorsitzender der Fraktion Christlicher Gewerkschafter im ÖGB. 1987 übernahm der »Revolver-Hofrat«, wie er vom politischen Gegner genannt wurde, das Verteidigungsressort. 1990 schied er aus dem Amt und wurde Zweiter Präsident des Nationalrats.

**Lichtblau, Ernst,** * 24. Juni 1883 in Wien, † 8. Jänner 1963 in Wien, Architekt.

Nach dem Studium an der Akademie der Bildenden Künste bei Otto Wagner gehörte L. zum Kreis um Josef → Hoffmann. Bis zu seiner Emigration 1939 unterrichtete er an der Kunstgewerbeschule. In den USA lehrte er bis 1951 an der Rhode Island School of Design.

Der Architekt errichtete in den 20er Jahren im Auftrag der Gemeinde Wien v. a. Wohnhäuser, wie den Julius-Ofner-Hof (1926) oder den Paul-Speiser-Hof (1929). Als Mitglied des »Werkbundes« war er auch an der Werkbundsiedlung in Hietzing beteiligt, wo er ein Doppelhaus errichtete. Bemerkenswert ist sein Mietshaus in Hietzing (Wattmanngasse 29), das mit seinem dunkelbraunen Majolikaschmuck einen Übergang vom Jugendstil zur Moderne darstellt.

*Ernst Lichtblau*

**Liebeneiner, Wolfgang,** * 6. Oktober 1905 in Liebau (Schlesien), † 28. November 1987 in Wien, Schauspieler, Film- und Theaterregisseur.

L. nahm nach dem Universitätsstudium in Berlin, München und Innsbruck Schauspiel- und Regieunterricht und debütierte 1928 an den Münchner Kammerspielen. 1931–1944 war er als Schauspieler und Regisseur an Berliner Bühnen, u. a. unter Gustav Gründgens, beschäftigt. Bereits Anfang der 30er Jahre wandte er sich zunächst als Schauspieler, dann als Regisseur dem Film zu. Obwohl kein Parteimitglied, stufte ihn das NS-Regime als »politisch zuverlässig« ein und betraute ihn mit wichtigen Kulturfunktionen. 1938 wurde er Leiter der filmkünstlerischen Fakultät der Deutschen Filmakademie, 1942 Produktionschef der Ufa.

Nach dem Krieg übersiedelte L. nach Wien. Er betreute einige Produktionen im Theater in der Josefstadt, arbeitete für den Film und für das Fernsehen. Er war ab 1944 mit der Schauspielerin Hilde → Krahl verheiratet.

*Filme:* »Der Mustergatte« (1937), »Großstadtmelodie« (1943), »Liebe 47« (1949), »Die Trapp-Familie« (1956), »Die Trapp-Familie in Amerika« (1958), »Schwejks Flegeljahre« (1964).

**Liebitzky, Emil,** * 5. Oktober 1892 in Dux (Böhmen), † 12. April 1961 in Wien, Berufsoffizier und Militärdiplomat.

Nach Absolvierung der Technischen Militärakademie in Mödling wurde L. 1913 Leutnant. Im 1. Weltkrieg wurde er als Offizier mehrfach ausgezeichnet und fand in den letzten Kriegsmonaten im Generalstab Verwendung. Nach 1918 blieb er beim Bundesheer und studierte daneben Staatswissenschaften. 1930 wurde er Erster Adjutant von Heeresminister Carl → Vaugoin, 1933–1938 Militärattaché in Rom, wo er mit Mussolini eine äußerst gute Gesprächsbasis fand. Der italienische Diktator gab des öfteren wichtige Mitteilungen betreffend Ö. eher an L. denn an den österr. Botschafter weiter. Nach 1938 schied L. aus dem Dienst. 1955 berief man ihn zum Leiter des Amtes für Landesverteidigung, wo er sich als Organisator des neuen Bundesheeres große Verdienste erwarb.

**Liebscher, Klaus,** * 12. Juli 1939, Bankier.

Nach der Matura studierte L. in Wien Jus und begann 1968 im Wertpapiergeschäft bei der Genossenschaftlichen Zentralbank, wo er sehr schnell Karriere machte. 1974 wurde er Leiter der Wertpapierabteilung, 1977 Direktor, 1982 stellvertretendes Vorstandsmitglied und 1984 Mitglied des Vorstands. 1988 wurde er als Nachfolger von Hellmuth → Klauhs zum Generaldirektor der Raiffeisen Zentralbank AG bestellt. Außerdem wurde er zum Präsidenten der Wiener Börsenkammer gewählt. Der äußerst korrekte Bankier übt keine politischen Funktionen aus, spielt aber als wirtschaftspolitischer Berater eine wichtige Rolle im Hintergrund der ÖVP.

**Liewehr, Fred,** * 17. Juni 1909 in Nový Jičín/Neutitschein (Mähren), Kammerschauspieler.

Nach der Matura an einem Reformgymnasium, die er mit Auszeichnung bestand, studierte L. Germanistik in Wien und Prag und inskribierte im Studienjahr 1930/31 am Reinhardt-Seminar. 1931 wurde er als Eleve an das Theater in der Josefstadt engagiert. 1932 ging er nach Graz, wo er den Niklas in Offenbachs »Hofmanns Erzählungen« sang. 1933 wurde er von Direktor Röbbeling an das Burgtheater geholt und debütierte als Giselher in Hebbels »Nibelungen«. Mehr als 50 Jahre spielte L. an der »Burg«. Ein Ehrenmitglied des Hauses, hat er rund 300 Rollen verkörpert und vom jugendlichen Klassikerhelden bis zum reifen Charakter alle Facetten seiner Schauspielkunst gezeigt. Nach Ernst → Haeusserman, einem seiner vielen Direktoren, war er »unter den vielen Sternen des Burgtheaters die Sonne«.

L. war nicht nur Klassikerheld des Burgtheaters (Romeo, Götz v. Berlichingen, Marquis Posa, Mortimer u. v. a.), sondern auch, seit 1949, Operettenstar der Volksoper. Und mit seinem Petruccio in »Kiss me Kate« (1956) wurde er zu einem der ersten Musicalstars von Wien. Der große Schauspieler, der noch Werner → Krauss und Raoul → Aslan als Kollegen hatte, unterrichtete auch 30 Jahre lang als Prof. am Reinhardt-Seminar. Außerdem war er im Fernsehen und im Film (u. a. als Franz Joseph im »Weißen Rößl«) zu sehen. Er verkörpert großes Wiener Theater.

**Ligeti, György,** * 28. Mai 1923 in Discöszentmárton (Siebenbürgen), Komponist.

L. gehört zu den führenden Komponisten der europäischen Avantgarde. Er studierte in Budapest und unterrichtete 1955 an der Franz Liszt-Akademie Musiktheorie. 1956 verließ er Ungarn und wurde österr. Staatsbürger. Er lebt teilweise in Wien und in Deutschland, wo er seit 1973 an der Musikhochschule Hamburg Prof. ist.

Der Komponist begann in der Nachfolge Bártoks, suchte jedoch bald seinen eigenen Weg. Er ist einer der wenigen Vertreter der musikalischen Avantgarde, dem es gelungen ist, mit Bühnenwerken Fuß zu fassen. Er hatte mit seinen »Klangflächenkompositionen« 1961 seinen ersten Erfolg (»Atmosphères«) und erzielte damit in »Aventures« (1962) und »Nouvelles Aventures« (1962–1965) besonders eindrucksvolle Resultate. Seine Beschäftigung mit neuen Formen des Musiktheaters gipfelte in »Grand Macabre« (1974–1977), einer bizarren Weltuntergangsvision. L. hat seine persönliche musikalische Ausdrucksform auch auf die Vokal- und Instrumentalmusik übertragen (z. B. »Fünfsätziges Klavierkonzert«, 1988). Er ist einer der wichtigsten Vertreter der Neuen Musik, der auch zahlreiche Schriften zu diesem Thema verfaßt hat.

*Lit.:* P. Nordwall: G. L. (1971).

**Lindner, Robert,** * 19. Juni 1910 in Wien, † 6. Juni 1967 in Wien, Kammerschauspieler.

L. war nach seiner Ausbildung zunächst am Deutschen Volkstheater engagiert, trat dann im Theater in der Josefstadt auf und kam 1952 an das Burgtheater, dem er bis zu seinem frühen Tod angehörte. Er war, so Ernst → Haeusserman, ein letzter großer Herr der »Burg«. Im Rollenfach des gepflegten, kultivierten Lebemanns, als → Schnitzlers »Anatol« etwa, als Graf Buhl im »Schwierigen«, als Prinz in Molnàrs »Der Schwan«, blieb er unübertroffen. Aber auch in kleineren Rollen (z. B. als vatikanischer Staatssekretär in Raffalts »Nachfolger« oder als Isolani in Schillers »Wallenstein«) wußte er mit Charme und Können das Publikum zu überzeugen.

**Lindtberg, Leopold (eigtl. L. Lamberger),** * 1. Juni 1902 in Wien, † 18. April 1984 in Sils-Maria (Schweiz), Schauspieler und Regisseur.

L. war einer der profiliertesten Regisseure unserer Zeit, ein Theaterzauberer, mit dessen Namen sich große Bühnenereignisse verbinden. Nach dem Universitätsstudium (Kunstgeschichte und Germanistik) und seiner Ausbildung zum Schauspieler debütierte er 1922 in Berlin. Er wandte sich bald der Regie zu und war schon ab 1933 Regisseur am Züricher Schauspielhaus, das er zu einer der führenden Bühnen im deutschen Sprachraum machte..

Als ständiger Regisseur am Burgtheater hat er das Wiener Kulturleben entscheidend mitgestaltet. Eine vielschichtige und vielseitige Theaterpersönlichkeit, stellte er sich nicht selbstgefällig vor die Dichtung, sondern verstand sich stets als Diener am Werk. An der »Burg« inszenierte L. die »Wallenstein«-Trilogie, Shakespeares Königsdramen, Anouilhs »Becket«, »Die Besessenen« von Camus, »Nathan den Weisen« sowie Stücke von Grillparzer, Raimund und Nestroy. Sein Salzburger Festspiel-»Faust« war ein großes, unvergeßliches Theaterereignis.

L. war 1963/64 Prof. am Reinhardt-Seminar und 1963–1965 Leiter der Filmschule an der Akademie für Musik und Darstellende Kunst in Wien. Er war auch ein großer Filmregisseur (u. a. »Die mißbrauchten Liebesbriefe«, 1940,

*Leopold Lindtberg*

»Die letzte Chance«, 1945, »Die vier im Jeep«, 1951).

**Lingen, Theo (eigtl. Franz Theodor Schmitz),** * 10. Juni 1903 in Hannover, † 10. November 1978 in Wien, Bühnen- und Filmschauspieler, Schriftsteller.

Beim Kinopublikum ungeheuer populär, spielte er in Filmen wie »Kleiner Mann – was nun?« (1933), »Opernball« (1939), »Frau Luna« (1941), »Der Theodor im Fußballtor« (1950), »Pension Schöller« (1960), »Die fromme Helene« (1965) u. v. a. Mehr als 200 Filmrollen hat L. verkörpert, oft mit Hans → Moser als Partner. Seine näselnden Dienerfiguren und sein trockener Humor wurden legendär. Selbst in den kleinsten Nebenrollen kam seine typische Komik zur Entfaltung. Darüber hinaus war L. ein famoser Charakterdarsteller. Er schrieb auch Drehbücher und Lustspiele, etwa »So kann man sich täuschen« oder »Theophanes«, gemeinsam mit Gribitz, das am Burgtheater aufgeführt wurde, und führte Regie.

L. absolvierte das Goethe-Gymnasium in Hannover, wurde in seiner Heimatstadt ausgebildet und debütierte dort 1921. Er wirkte an deutschen Bühnen (Halberstadt, Münster, Recklinghausen, Berlin), ehe er 1948 an das Wiener Burgtheater kam. Dort war er in Stücken von

Shakespeare, Hauptmann, Schiller, Shaw und als Jupiter in Sartres »Fliegen« zu sehen.

*Lit.:* W. Eser, T. L. Komiker aus Versehen (1986).

**Lingens, Peter Michael,** * 8. August 1939 in Wien, Journalist.

L. ist der Sohn von Ella L., die als Ärztin im KZ Ravensbrück tätig war und sich in beispielhafter Form um ihre Mitgefangenen angenommen hat. Er begann seine journalistische Laufbahn bei der »Arbeiter-Zeitung«. In Deutschland sammelte er Erfahrungen auf dem Gebiet der Marktforschung, gleichzeitig schrieb er für den »Ausweg«. Nach Ö. zurückgekehrt, war er im Büro von Simon → Wiesenthal tätig und schrieb für »Kurier« und »Express«. 1970 gründete er das politische Nachrichtenmagazin »Profil«, das nicht selten durch engagierte Berichterstattung in die politischen Geschehnisse eingriff und ein großer Erfolg wurde. L. blieb bis 1991 Herausgeber, dann wechselte er zur »Wochenpresse«.

**Lipp, Wilma,** * 26. April 1925 in Wien, Kammersängerin.

Die behütete Bürgerstochter wurde bereits während ihrer Handelsschulzeit als Stimmphänomen erkannt. Sie erhielt in Wien sowie in Mailand bei Toti dal Monte eine musikalische Ausbildung. Mit 20 Jahren wurde sie Ensemblemitglied der Wiener Staatsoper. Das Koloraturwunder feierte als Königin der Nacht in Mozarts »Zauberflöte« und als Konstanze in »Die Entführung aus dem Serail« bald nicht nur in Wien (wo sie insgesamt 54 Partien sang), sondern weltweit wahre Triumphe. 1955 wechselte die Sopranistin in das lyrische Fach über, in dem sie ebenfalls großartige Partien sang (Eva in den »Meistersingern«, Marzeline in »Fidelio«). Auf dem Höhepunkt ihrer Karriere unternahm sie erfolgreiche Konzerttourneen in die USA und nach Südamerika und war häufiger Gast bei den Sazburger und Bayreuther Festspielen. Ihre reiche Erfahrung gibt sie heute als Gesangspädagogin an den Nachwuchs weiter.

**Lippert, Georg,** * 27. Jänner 1908 in Wien, Architekt.

Nach dem Besuch der Technischen Hochschule in Wien studierte L. bei → Holzmeister an der Akademie der Bildenden Künste. Schon seit den 30er Jahren war er einer der erfolgreichsten österr. Architekten. Er wirkte in Wien und in den Bundesländern sowie im Ausland, z. B. in Bulgarien, der Tschechoslowakei, Deutschland, Schweiz und Italien. L., dessen Bauten sehr zurückhaltend und der Harmonie verpflichtet sind, gehört zu den Vertretern einer gemäßigten Moderne. Er beschäftigte sich auch mit städtebaulichen Konzepten.

*Bauten in Wien:* Staatsatelier für Gustinus Ambrosi (1953), Opernringhof (1955–1959), Bundesländer-Versicherung (1959–1962), Hoffmann-LaRoche-Haus (1960–1962), Semperit-Zentrum (heute Bundeskammer der gewerblichen Wirtschaft, 1961–1965), Diana-Zentrum (1969–1974), Adolf-Schärf-Studentenheim (1971–1973).

**List, Hans,** * 30. April 1896 in Graz, Techniker.

Der Sohn eines Eisenbahnbau-Unternehmers begann seine Berufslaufbahn als Assistent an der Grazer Technischen Hochschule. Anschließend wirkte er als Konstrukteur bei der Grazer Waggonfabrik AG. 1926 folgte er einem Ruf nach China an die Tongji Universität in Woosung. 1932 nach Graz zurückgekehrt, übernahm er einen Lehrstuhl für Thermodynamik und Verbrennungskraftmaschinen. 1941 ging er nach Dresden, später nach Aachen, erst 1946 kam er wieder nach Graz und gründete sein Ingenieurbüro für die Entwicklung von Dieselmotoren, die »Anstalt für Verbrennungsmotoren (AVL)«, die sich zu einem rasch expandierenden Forschungsunternehmen entwickelte. L. erfand eigene Meßtechniken; die entsprechenden Meßgeräte wurden in einer eigenen Firma erzeugt. Neben dem Aufbau eines modernsten Computerzentrums widmet sich die Firma heute v. a. den Belangen des Umweltschutzes. Der große geschäftliche Erfolg war auch von zahlreichen Ehrungen für den bedeutenden Techniker und Erfinder begleitet.

**Lobisser, Suitbert (Leo),** * 23. März 1878 in Tiffen (K), † 1. Oktober 1943 in Klagenfurt, Maler und Holzschneider.

L. ist einer der bedeutendsten Holzschneider Ö.s, dessen Sinn für das Schöne und die Natur von der Mutter geweckt worden war. Nach dem Besuch des Gymnasiums in Klagenfurt studierte er zunächst Theologie und trat 1899 in den Benediktinerorden ein. 1903 im Benediktinerstift St. Paul im Lavanttal zum Priester geweiht, übernahm er dort nach einer vierjährigen Ausbildung an der Wiener Akademie der Bildenden Künste den Zeichenunterricht am Stiftsgymnasium. 1932 trat er mit päpstlicher Dispens aus dem Orden aus.

L. schuf zahlreiche Aquarelle und Fresken (u. a. Wandmalereien für die Kirche des Marianums in Klagenfurt, für das Klagenfurter Landhaus und die Stiftskirche in St. Paul). Seine besondere Leistung liegt aber in der in Holzschnitt ausgeführten Buchillustration, die ihn weit über die Grenzen seines Heimatlandes hinaus bekannt machte. Unter anderem illustrierte er Gedichtbände von Max → Mell und Hans → Kloepfer. 1940 erschien seine Autobiographie »Das L.-Buch«.

**Löbl, Karl,** * 24. Mai 1930 in Wien, Journalist und Medienfachmann.

L. studierte an der Wiener Universität Musik- und Theaterwissenschaften sowie Germanistik und begann seine journalistische Laufbahn als Musikkritiker bei der »Weltpresse«, dem Organ der britischen Besatzungsmacht in Ö. 1954 übernahm er das Kulturressort beim »Bild-Telegraf«, übersiedelte dann zum »Express« und anschließend zum »Kurier«, dessen Chefredakteur er von 1975–1979 war.

Bereits 1968 führte der passionierte Liebhaber klassischer Musik im Hörfunk die Sendereihe »Lieben Sie Klassik?« ein, die er noch heute betreut und die längst zur erfolgreichsten E-Musik-Sendung der ORF-Geschichte geworden ist. Ein visuelles Pendant gleichen Titels erhielt die Sendereihe, als der engagierte Kulturjournalist 1980 zum Fernsehen wechselte. Als Leiter der Hauptabteilung Kultur hat L. beachtliche Akzente gesetzt (Live-Opern- und Konzertübertragungen, Buchsendungen, Kulturstammtisch u. a.) und als Kommentator von kulturellen Ereignissen sein großes Fachwissen und seine Moderatorqualitäten unter Beweis gestellt.

**Loewi, Otto,** * 3. Juni 1873 in Frankfurt am Main, † 25. Dezember 1961 in New York, Pharmakologe.

Nach dem Studium der Medizin in München und Straßburg (Promotion: 1896) war L. wissenschaftlich in Frankfurt, Marburg an der Lahn und in Wien tätig. 1901/02 hielt er sich für Studien in London auf, wo er Henry Dale kennenlernte, mit dem ihn eine lebenslange wissenschaftliche Kooperation und Freundschaft verband. 1906 holte ihn Hans Horst Meyer als a. o. Prof. nach Wien. 1909–1938 lehrte er als Ordinarius in Graz.

L. beschäftigte sich ein Leben lang mit dem Problem, wie Nerven Reize auf Organe übertragen. Mit Versuchen an Froschherzen entdeckte er, daß sowohl Vagus als auch Sympathicus im

*Otto Loewi*

Falle der Reizung chemische Wirkstoffe entwickeln, die entweder eine Verlangsamung oder eine Beschleunigung der Organtätigkeit verursachen. Diese Wirkstoffe werden sehr rasch wieder abgebaut und sind daher kaum chemisch nachweisbar. Es gelang L., Azetylcholin und Adrenalin als die beiden Stoffe zu bestimmen. Darüber berichtete er zum ersten Mal 1924 auf einer Ärztetagung in Innsbruck. 1936 erhielt er den Nobelpreis für Physiologie und Medizin gemeinsam mit Henry Hallett Dale für die Entdeckung der chemischen Übertragung der Nervenimpulse. L. wurde 1938 von den Nationalsozialisten verhaftet und durfte Ö. erst verlassen, nachdem er zugunsten des Deutschen Reiches auf den Nobelpreis verzichtet hatte. Ab 1940 arbeitete er in New York am College of Medicine.

**Lohner, Alfred,** * 24. Juli 1898 in Wien;

**Lohner, Friedrich,** * 12. Jänner 1906 in Wien;

**Lohner, Max,** † 7. Jänner 1975 in Gmunden (OÖ);

**Lohner, Richard,** * 22. August 1894 in Wien, † 4. April 1970 in Kitzbühel (T);

**Lohner, Wilhelm,** * 10. März 1909 in Meran (Südtirol); Industrielle.

Die 5 Brüder leiteten ein in der ersten Hälfte des 19. Jh.s gegründetes Unternehmen für Wagenbau und Flugzeugkonstruktion, das große Erfolge aufzuweisen hatte. Nach dem 1. Weltkrieg verlegte sich die Firma vor allem auf den Karosseriebau. Die Produktpalette reichte von Straßenbahnen über Autobusse zu Spezialwagen, wie Einsatzfahrzeugen der Feuerwehr oder der Exekutive. Bis um 1930 konnte der Betrieb im Export gute Erfolge erzielen. Nach einer Phase des Niedergangs, die teilweise durch den Übergang von Holz- zu Metallkarosserien, aber auch durch die wirtschaftliche Depression verursacht war, ergab sich um 1938 erneut eine gute Auftragslage. 1944 erlitt der Betrieb in Floridsdorf schwere Bombenschäden, 1945 wurde ein Großteil der Maschinen von den Russen demontiert. 1945–1948 stand die Firma unter öffentlicher Verwaltung. Die Auftragslage war schon wegen der dringenden Reparaturarbeiten für die Stadt Wien nicht schlecht. Motorroller und Mopeds trugen in den 50er Jahren wesentlich zum ersprießlichen Neuaufbau bei, bis Ende der 60er Jahre das Geschäft stagnierte und die Erträge zurückgingen, so daß sich die Familie L. nach 150 Jahren österr. Firmengeschichte zum Verkauf des Unternehmens entschloß.

**Lohner, Helmut,** * 24. April 1933 in Wien, Bühnen- und Filmschauspieler.

Der Bühnenstar, der keiner sein will, ist im Grund seines Wesens ein Einzelgänger. Er stammt aus einer Schlosserfamilie in Ottakring und absolvierte eine Lehre im graphischen Gewerbe. Die Matura holte er in Abendkursen nach, nahm privaten Schauspielunterricht und debütierte als Chorist am Theater in Baden bei Wien. Danach wurde er als Operetten-Buffo an das Stadttheater Klagenfurt engagiert und ging 1954 an das Theater in der Josefstadt, wo seine eigentliche Karriere begann. Seine erstrangige Sprechkultur, die Intensität seiner Rollengestaltung und seine hohe Sensibilität ließen die Theaterdirektoren aufhorchen. L. ging nach Deutschland und war dort an mehreren Bühnen tätig (u. a. am Kurfürstendamm in Berlin und am Deutschen Schauspielhaus in Hamburg). Lange Jahre spielte er am Züricher Schauspielhaus. Schließlich wurde er auch Ensemblemitglied des Burgtheaters, ohne dort eine dauernde Heimstätte zu finden.

L.s schauspielerisches Rollenspektrum ist weit gespannt. Es reicht vom Färber in Nestroys »Der Färber und sein Zwillingsbruder« bis zu Goethes »Faust«, vom Henry in → Schnitzlers »Der grüne Kakadu« bis zu Shakespeares »Hamlet«, vom »Zerrissenen« bis zum Bleichenwang in »Was ihr wollt«. V. a. aber ist der sympathische Schauspieler ein grandioser → Horváth-Interpret. Seit 1972 fast regelmäßig bei den Salzburger Festspielen tätig, folgte er K. M. → Brandauer als »Jedermann« nach. Im Film spielte der Star mit dem hohen Berufsethos vorwiegend zweite und dritte Rollen. Hingegen war er in Fernsehspielen in bedeutenden Produktionen und in markanten Partien zu sehen (u. a. »Radetzkymarsch«, »Tarabas«, »Flucht ohne Ende«, »Liliom«.)

**Loos, Adolf,** * 10. Dezember 1870 in Brno/Brünn (Mähren), † 23. August 1933 in Kalksburg bei Wien, Architekt.

L. war ein Pionier der modernen Architektur. Der Sohn eines Steinmetzen löste sich 1879 nach dem frühen Tod seines Vaters vom Elternhaus, wechselte nach einer glücklosen Gymnasialzeit auf die Höhere Gewerbeschule in Brünn und studierte 1890–1893 in Dresden Architektur. 1893–1896 hielt er sich in den USA auf und ließ sich nach seiner Rückkehr in Wien nieder. Von seinem Amerika-Aufenthalt tief geprägt, polemisierte er in der »Neuen Freien Presse« gegen die Wiener Alltagskultur im grundsätzlichen und die vorherrschenden Auffassungen in der Architektur und im Kunstgewerbe im besonderen. Seine Hauptkritik richtete sich gegen das Ornament am Gebrauchsgegenstand (»Ornament und Verbrechen«, 1910). Als erstes Beispiel seiner neuen, stilverändernden Vorstellungen schuf L. 1899 das »Café Museum«, dem nach bescheidenen Aufträgen 1910/11 das »Loos-Haus« am Michaelerplatz folgte. Das schmucklose, sachlich-moderne »Haus ohne Augenbrauen« gegenüber der Hofburg löste im damaligen Wien einen Skandal aus. Der radikale, kosmopolitische Erbauer wurde geschmäht und verunglimpft. Größere Möglichkeiten boten sich ihm 1920–1922 als Leiter des Siedlungsamtes der Gemeinde Wien. Er erbaute einige Siedlungen, konnte sich aber ansonsten mit seinen Entwürfen kaum durchsetzen und ging nach Paris, wo man seinen Ideen größeres Interesse entgegenbrachte. Erst 1928 kehrte er zurück und erbaute noch einige Wohnhäuser, bevor er 1931 an einem schweren Nervenleiden erkrankte. Der große Architekt und unbequeme Kulturphilosoph hat auch polemisch-didaktische Schriften hinterlassen, die bis heute nichts von ihrem Reiz und ihrer Originalität eingebüßt haben (u. a. »Trotzdem«, 1931).

*Adolf Loos*

*Lit.:* B. Gravagnuolo, A. L. (1982), E. Altmann-Loos, Mein Leben mit A. L. (1985); A. Opel (Hg.), Konfrontationen, Schriften von und über A. L. (1988).

**Loose, Emmy,** * 22. Jänner 1914 in Chabařovice/Karbitz bei Aussig (Mähren), † 14. Oktober 1987 in Wien, Kammersängerin.

L. studierte am Prager Konservatorium und debütierte 1939 als Blondchen in »Die Entführung aus dem Serail«. Sie stieß 1941 zum Ensemble der Wiener Staatsoper, dem sie bis zu ihrer Pensionierung angehörte. Die liebenswürdige, verläßliche Sopranistin mit der beweglichen, deklamationssicheren Stimme feierte besonders als Mozart-Sängerin (Papagena, Zerline, Despina) und im leichten italienischen Fach große Erfolge. Sie war häufiger Gast bei zahlreichen Festspielen (Salzburg, Florenz, Glyndebourne) und sang auch an der Mailänder Scala und an anderen bedeutenden Opernhäusern der Welt.

**Lorenz, Adolf,** * 21. April 1854 in Weidenau (Oberschlesien), † 12. Februar 1946 in Altenberg (NÖ), Orthopäde.

L. gilt als Begründer der modernen Orthopädie. Der Sohn armer Handwerksleute maturierte in Klagenfurt und studierte anschließend an der Wiener Universität Medizin (Promotion: 1880). Er habilitierte sich 1884 als Chirurg, wechselte dann aber wegen eines Karbolekzems zur wenig beachteten Orthopädie über. Er bereiste ganz Europa und trug das wenige Wissen, das es über dieses Fachgebiet gab, zusammen. Aus eigener Tasche kaufte er orthopädische Geräte und begann am Wiener Allgemeinen Krankenhaus mit der Einrichtung von Gelenken und der unblutigen Korrektur der angeborenen Hüftgelenksverrenkung, einer Therapie, die ihn weltberühmt machte. 1889 wurde L. a. o. Prof. für Orthopädie, der erste in Ö. Erst 1924 wurde er zum o. Univ.-Prof. ernannt. Zu Wohlstand gelangt, kaufte er in Altenberg (NÖ) einen Bauernhof, den er zu einem Herrensitz ausgestaltete und an seinen zweitältesten Sohn, den Verhaltensforscher Konrad → L. vererbte. 1936 veröffentlichte der »Orthopädiepapst« eine interessante, humorvolle Autobiographie.

*Lit.:* A. Lorenz, Wenn der Vater mit dem Sohne (1952).

**Lorenz, Konrad,** * 7. November 1903 in Wien, † 27. Februar 1989 in Altenberg (NÖ), Tierpsychologe und Verhaltensforscher.

L. gilt als der Begründer der modernen Verhaltensforschung. Der Sohn des Orthopäden Adolf → L. maturierte 1922 in Wien und studierte in New York und Wien Medizin und Zoologie (Promotion: 1928 und 1933). Er war 1928–1935 Assistent am II. Anatomischen Institut der Universität Wien, habilitierte sich 1937 als Dozent für vergleichende Anatomie und Tierpsychologie und wurde 1940 o. Prof. und Leiter des Instituts für Psychologie an der Universität Königsberg. Nach Kriegsdienst und russischer Gefangenschaft (1944–1948) gründete er unter dem Protektorat der Österr. Akademie der Wissenschaften 1949 die Station für vergleichende Verhaltensforschung auf seinem Gut in Altenberg, ab 1951 leitete er das Max-Planck-Institut für Verhaltensphysiologie in Buldern (Westfalen) und ab 1961 als Direktor in Seewiesen (Bayern).

*Konrad Lorenz*

1973 erhielt er gemeinsam mit Karl von → Frisch und dem Holländer Nikolaus Tinbergen in Anerkennung seiner umfassenden wissenschaftlichen Tätigkeit den Nobelpreis für Medizin. Bereits in den Jahren zuvor hatte er zahlreiche Ehrendoktorate erhalten (u. a. Leeds, Basel, Oxford) und war mehrfach ausgezeichnet worden.

L. hat u. a. an Dohlen, Kolkraben und Graugänsen Instinktverhalten und Ausdrucksbewegung, Sexual- und Aggressionsverhalten studiert. In seinen beiden letzten Lebensjahrzehnten erhob er des öfteren seine warnende Stimme gegen die atomare Aufrüstung und trat entschieden für den Schutz der Umwelt ein. Er hat seine Forschungsergebnisse und seine Überzeugungen in zahlreichen Büchern festgehalten.

*Werke:* »Das sogenannte Böse« (1963), »Über tierisches und menschliches Verhalten« (1965), »Die acht Todsünden der zivilisierten Menschheit« (1973), »Der Abbau des Menschlichen« (1983).

*Lit.:* F. M. Wuketits, K. L. Leben und Werk eines großen Naturforschers (1990).

**Lorenz, Max,** * 17. Mai 1902 in Düsseldorf, † 12. Jänner 1975 in Salzburg, Kammersänger.

L. war zunächst Angestellter, ehe er in Berlin Gesang studierte. Er debütierte 1927 als Walther von der Vogelweide an der Dresdner Staatsoper, ging dann nach Berlin (1931–1934) und an die Metropolitan Opera nach New York, wo er als Heldentenor in Wagner-Opern triumphale Erfolge feiern konnte. Seit 1930 sang er auch regelmäßig bei den Bayreuther Festspielen und gastierte an allen großen Opernhäusern der Welt. 1941–1962 war er Mitglied der Wiener Staatsoper und auch hier, v. a. in Wagner-Rollen (Tristan, Tannhäuser, Siegfried), ungewöhnlich erfolgreich.

*Lit.:* W. Herrmann, M. L. (1976).

**Lorenz, Willy,** * 15. Oktober 1914 in Wien, Historiker und Journalist.

Der Altösterreicher, der sich Zeit seines Lebens Böhmen und Mähren verbunden fühlte, studierte in Prag, Wien und Berlin Geschichte. In Wien absolvierte er auch den Kurs am Institut für österr. Geschichtsforschung. Nach dem 2. Weltkrieg holte ihn Friedrich → Funder 1946 zur Katholischen Zeitschrift »Die Furche«, deren Chefredakteur er wurde. Ab 1947 auch im Herold-Verlag tätig, baute er diesen 1954–1975 als Verlagsleiter zu einem der wichtigsten katholischen Verlage aus.

L. publizierte eine Reihe historischer Werke, die sich v. a. mit der Geschichte Böhmens befaßten. Als Vorsitzender des Katholischen Buchhandels hat er sich um die katholische Publizistik in Ö. sehr verdient gemacht. In den 70er Jahren war er neben einer Lehrtätigkeit an der Universität Graz österr. Kulturrat in Prag, wo er in stillem, aber intensivem Wirken die oppositionellen Intellektuellen unterstützte.

*Werke:* »A. E. I. O. U. Allen Ernstes ist Ö. unersetzlich« (1961), »Du bist doch in unserer Mitte. Wege der Kirche in Ö.« (1962), »Monolog über Böhmen« (1964), »Abschied von Böhmen« (1973), »Liebe zu Böhmen« (1988).

**Löschnak, Franz,** * 4. März 1940 in Wien, Jurist und Politiker.

Nach der Matura trat L. 1959 in den Dienst der Gemeinde Wien. Daneben studierte er Jus an der Wiener Universität (Promotion: 1963). Seit 1964 in der Magistratsabteilung für Personalangelegenheiten tätig, wurde er 1971 Leiter dieser Abteilung, 1977 Bereichsleiter für Personalangelegenheiten und Verwaltungsorganisation. Im Juni 1977 erfolgte seine Berufung zum Staatssekretär im Bundeskanzleramt, wo er sich überwiegend mit dienst- und besoldungsrechtlichen Fragen der Dienstnehmer des Bundes, aber auch mit Fragen der Verwaltungsreform beschäftigte. 1981–1983 war er SPÖ-Abgeordneter zum Nationalrat. 1985 zum Bundesminister ernannt, übernahm er 1987–1989 die Agenden für Gesundheit und öffentlichen Dienst im Bundeskanzleramt. Seit Februar 1989 leitet L. das Innenressort. Dabei erfuhr er zunehmend die Kritik der Medien, die weder sein Polizeibefugnisgesetz, dessen Entwurf im Parlament zurückgewiesen wurde, noch seine Handhabung des Asylgesetzes befriedigend fanden.

**Lothar, Ernst (eigtl. E. L. Müller),** * 25. Oktober 1890 in Brno/Brünn (Mähren), † 30. Oktober 1974 in Wien, Theaterkritiker, Regisseur und Schriftsteller.

L. studierte in Wien Germanistik und Jus, war 1917–1924 im Staatsdienst tätig und danach Theater- und Literaturkritiker bei der »Neuen Freien Presse«. 1933–1935 wirkte er erfolgreich als Gastregisseur am Burgtheater, 1935–1938 führte er nach Max → Reinhardt die Direktion des Theaters in der Josefstadt. Er floh vor den Nazis über die Schweiz in die USA. Im New Yorker Exil gründete er das »Austrian Theatre« und lehrte am Colorado College Theaterwissenschaft und Vergleichende Literatur. Nach seiner Rückkehr wirkte er bis 1962 als Regisseur am Burgtheater. Er nahm sich v. a. der Stücke österr. Autoren an (→ Schnitzler, → Hofmannsthal), die er vortrefflich inszenierte. Überhaupt erwarb sich L. große Verdienste um den Wiederaufbau des österr. Theaters nach 1945. Als Schriftsteller wurde er v. a. als Romancier bekannt. Sein großangelegter Roman »Der Engel mit der Posaune«, der am Beispiel einer Familiengeschichte Ö.s Schicksal von Sarajewo bis Hitler beschreibt, fand breiten Zuspruch. L. war mit der Schauspielerin Adrienne → Gessner verheiratet.

*Werke:* »Heldenplatz« (1945), »Das Wunder des Überlebens. Erinnerungen und Ergebnisse« (1961), »Ausgewählte Werke« (6 Bde., 1961–1968), »Macht und Ohnmacht des Theaters« (1968).

**Lötsch, Bernd,** * 13. September 1941 in Wien, Biologe.

Der Sohn eines Dokumentarfilmers studierte Biologie und Chemie in Wien (Promotion: 1970). 1970–1973 als Universitätsassistent tätig, habilitierte er sich 1973 an der Universität Salzburg und lehrte in Wien und Salzburg sowie im Ausland. 1978 wurde der engagierte Umweltschützer zum Leiter des von ihm aufgebauten Instituts für Umweltwissenschaften und Naturschutz der Akademie der Wissenschaften ernannt. L. befaßt sich mit allen Fragen des Umweltschutzes, ein Schwerpunkt liegt auf Stadt- und Gebäudeökologie. Er hat zahlreiche Publikationen veröffentlicht und auch wissenschaftliche Filme zum Thema Umweltschutz gestaltet.

**Löwenfeld-Russ, Hans,** * 29. Oktober 1873 in Wien, † 18. April 1945 in Wien, Jurist und Beamter.

Nach einem Jusstudium in Wien und Prag trat L.-R. 1896 in den Dienst der Finanzlandesdirektion in Prag. 1898 wurde er nach Wien in die industriepolitische Sektion des k. k. Handelsministeriums berufen, wo er eine steile Karriere machte. 1916 zum Ministerialrat ernannt, wechselte er 1917 in das neugegründete Amt für Volksernährung unter Karl → Renner. 1918 nach Ausrufung der Republik wurde der parteilose Beamte als Fachmann mit der Leitung des Staatsamts für Volksernährung betraut, das infolge der angespannten Versorgungslage zu den Schlüsselressorts zählte. In seiner nur kurzen Tätigkeit konnte er dank einer intensiven Verhandlungspolitik mit den Alliierten die Lebensmittellieferungen für die hungernde österr. Bevölkerung sichern. 1920 verließ er das Kabinett, der künftige starke Mann der Christlichsozialen, Ignaz → Seipel, hatte ihm das Vertrauen entzogen. L.-R. konnte nicht mehr im Bundesdienst Fuß fassen und versuchte, in der Privatwirtschaft eine Karriere zu machen, was ihm jedoch wegen der allgemein schlechten Wirtschaftslage nur unzureichend gelang. Renner, mit dem er immer gut zusammengearbeitet hatte, wollte den Wirtschaftsfachmann 1945 in sein erstes Kabinett holen, doch L.-R. war in den letzten Kriegstagen verstorben. Seine Erinnerungen »Im Kampf gegen den Hunger« wurden 1986 von Isabella Ackerl herausgegeben.

**Löwinger, Paul,** * 10. November 1904 in Tulln (NÖ), † 17. Dezember 1988 in Wien, Volksschauspieler und Theaterleiter.

Der populärste Vertreter der Schauspielerfamilie L. stand schon als Kind auf der elterlichen Bühne. Doch erst nach der Matura und einer gediegenen Berufsausbildung trat er ganz in die Fußstapfen des Vaters. 1947 übernahm er das bestehende familieneigene Theater, die »L.-Bühne« in Wien, die auf das volkstümliche Lustspiel spezialisiert war. Neben Paul L., der durch seine Komik einen eigenen Stil kreierte, zählten auch Lisl, Sepp und Sissy L. zu der Truppe, die sich geradezu zur Institution entwickelte. Die Stücke der »L.-Bühne« stammten zumeist von Paul L. selbst und waren den Darstellern auf den Leib geschrieben (u. a. »Wastl unter den Räubern«, »Komm zurück, Barbara«). Sie wurden auch verfilmt bzw. im Fernsehen übertragen und bieten bis heute vielen Menschen leichte, vergnügliche Unterhaltung.

**Löwitsch, Klaus,** * 8. April 1936 in Berlin, Schauspieler.

Der Sohn eines Architekten und einer Tänzerin kam 1945 mit seiner Familie nach Wien, verließ mit 15 Jahren die Schule und studierte Tanz und Schauspiel am Reinhardt-Seminar. Er debütierte als Gruppentänzer und Sänger im Musical »Kiss me Kate« an der Wiener Volksoper. Eine Karriere am Theater in der Josefstadt und am Burgtheater scheiterte an Autoritätskonflikten. L. ging mit Oskar → Werner und Werner → Krauß auf Theatertournee, sprach dem Alkohol zu, spielte in anspruchslosen Filmen. Schließlich machte er seinen Weg in der Wiener Theaterszene. Auf deutschen Bühnen wurde er als Richard III., als Hauptdarsteller in »Change« von Wolfgang → Bauer und in zahlreichen anderen Rollen gefeiert. 1971 stieg er zum Bundesfilmträger und Fassbinder-Star auf. Dem Regietheater und festen Bindungen abhold, eroberte sich der kompromißlose, auf Professionalität bedachte Schauspieler als TV-Serienheld (»Peter Strohm«, »Hafendetektiv«) Bildschirmruhm. Der Wahl-Tiroler, der ein Haus in Pertisau besitzt, ist jedenfalls eine eindrucksvolle, umstrittene Persönlichkeit. Als hemdsärmeliger Macho mit weichem Kern erntete er Zustimmung ebenso wie Ablehnung bei Fernsehkritik und Publikum.

**Ludwig, Christa,** * 16. März 1928 in Berlin, Kammersängerin.

L. stammt aus einer Sängerfamilie. Als Kind wurde sie zunächst von der Mutter, später an der Frankfurter Musikhochschule ausgebildet und debütierte 1946 in der Stadt am Main als Orlowsky in »Die Fledermaus«. Über Darmstadt und Hannover kam die junge Mezzosopranistin 1954 nach Wien. 1955 wurde sie Ensemblemitglied der Staatsoper und sang ein Jahr später erstmals bei den Salzburger Festspielen. Die charmante Sängerin stieg rasch zum Weltstar auf. Mit ihrem sicheren Stilgefühl und ihrer außergewöhnlichen Musikalität verzauberte sie das Opern- und Konzertpublikum, ihr großer Stimmumfang und ihre Gestaltungskraft prädestinierten sie für ein umfangreiches Repertoire, das Mozart und Verdi, Wagner und Berlioz gleichermaßen einschloß wie Strauss und Bizet, Rossini und Alban → Berg. Zu ihren Glanzrollen gehören die Marschallin im »Rosenkavalier«, die

*Christa Ludwig*

Leonore im »Fidelio«, die Färberin in »Die Frau ohne Schatten« und die Brangäne im »Tristan«. Einen besonders großen Erfolg hatte sie 1971 bei der Wiener Uraufführung von G. v. → Einems »Der Besuch der alten Dame«. L. ist Ehrenmitglied der Staatsoper. Bis heute brilliert sie im Liedgesang (Schubert, Brahms, Wolf) und füllt die Konzertsäle mit ihrer großen künstlerischen Kraft und Ausstrahlung. Sie war mit dem Opernsänger Walter → Berry verheiratet.

*Lit.:* P. Lorenz, Ch. L., Walter Berry (1968).

**Ludwig, Eduard,** * 9. Jänner 1883 in Persenbeug (NÖ), † 26. Dezember 1967 in Wien, Journalist, Zeitungswissenschaftler und Politiker.

Nach dem Jusstudium trat L. in das literarische Büro des k. u. k. Ministeriums des Äußeren ein, nach dem 1. Weltkrieg wechselte er in die Presseabteilung der Staatskanzlei. 1920 kehrte er in das Außenministerium zurück und zentralisierte den gesamten Pressedienst der Bundesregierung. Er fungierte 1927 als Experte des Völkerbundes in Pressefragen. 1936 wurde er Leiter der neugeschaffenen Pressekammer. 1938–1942 war L. im KZ.

Nach dem 2. Weltkrieg ÖVP-Abgeordneter zum Nationalrat, profilierte er sich als engagierter Europapolitiker. 1946–1953 gehörte er der Interparlamentarischen Union an, 1956 wurde er als Ö.s Vertreter beim Europarat nominiert. Daneben hatte er 1946–1958 das Ordinariat für Zeitungswissenschaften an der Wiener Universität inne. Ihm ist der Aufbau des Instituts und die eigentliche Institutionalisierung dieser Wissenschaft an der Universität zu danken. L. war auch Gründer und Präsident des Verbandes der geistig Schaffenden.

**Ludwig, Siegfried.** * 14. Februar 1926 in Vlasatice/Wostiz (Mähren), Beamter und Politiker.

Der Bauernsohn aus Südmähren, dessen Familie vertrieben wurde, fand nach dem 2. Weltkrieg seine politische Heimat im ÖAAB der ÖVP. Der Jurist war ab 1954 im nö. Landesdienst. 1964 erhielt er ein Landtagsmandat, seit 1968 war er Landesrat für Finanzen, 1969 wurde er nö. Landeshauptmannstellvertreter, 1975 auch Bürgermeister seiner Heimatgemeinde Perchtoldsdorf und 1981 Landeshauptmann. Der »Macher«, wie ihn manche bezeichnen, erreichte 1986 mit Volksentscheid, daß NÖ in St. Pölten eine eigene Landeshauptstadt erhielt. Er verbuchte große Wahlerfolge – bei den Wahlen 1983 gewann er sensationelle 55 Prozent –, wobei ihm auch Skandale wie die WBO-Affäre nichts anhaben konnten. Im April 1992 trat er als Landesparteiobmann zurück. Im Oktober 1992 resignierte er auch als Landeshauptmann.

**Ludwig, Vinzenz Oskar,** * 18. Juni 1875 in Niederhillersdorf (österr. Schlesien), † 22. Jänner 1959 in Langenzersdorf (NÖ), Augustiner-Chorherr und Historiker.

Nach dem Besuch des Gymnasiums in Olmütz trat L. in den Augustiner-Chorherren-Orden ein, 1899 erfolgte seine Priesterweihe. Zunächst Seelsorger in Wien, studierte L. Geschichte an der Universität (Promotion: 1908). 1913–1929 war er Stiftsbibliothekar, 1918–1938 am Wiener Akademischen Gymnasium Lehrer für Geographie und Geschichte. Danach unterrichtete er an der theologischen Akademie in Klosterneuburg und wurde hier 1929–1938 Stadtpfarrer, daneben verfaßte L. auch Bücher und widmete sich der Volksbildung, außerdem gehörte er dem Wissenschaftlichen Beirat der Urania an. 1938 wurde er aus dem Schuldienst entfernt und betreute bis 1950 als Kirchenrektor die Kirche am Leopoldsberg.

*Werke:* »Eine Biedermeierreise« (1914), »Jahrbuch des Stiftes Klosterneuburg« (Hg., 1908–1920), »Alt-Wiener Biedermeier Musikanten« (1924), »Stadt und Stift Klosterneuburg« (1927), »Klosterneuburg, Kulturgeschichte eines österr. Stiftes« (1951).

**Lugger, Alois,** * 11. Juli 1912 in Brixen (Südtirol), Jurist und Politiker.

Der Jurist trat 1936 in den Verwaltungsdienst Tirols. 1938 wurde er aus politischen Gründen entlassen. Nach dem Krieg wirkte L. an der Universität Innsbruck; 1947–1949 war er ÖVP-Landesrat (und nochmals 1953/54), ab 1949 Abgeordneter zum Landtag, ab 1953 Innsbrucker Stadtrat und ab 1956 Bürgermeister. In seiner Amtszeit, die bis 1983 währte, war Innsbruck zweimal (1964 und 1976) Austragungsort der Olympischen Winterspiele. Der eigenwillige Politiker kandidierte 1974 für die ÖVP bei den Bundespräsidentenwahlen gegen Rudolf → Kirchschläger, dem er mit 48,34 Prozent unterlag.

**Lugmayer, Karl,** * 25. Februar 1892 in Ebensee (OÖ), † 16. April 1972 in Wien, Volksbildner und Politiker.

Der Sohn einer katholischen Beamtenfamilie besuchte das Gymnasium in Linz. Danach studierte er Philosophie, Sprach- und Politikwissenschaften in Wien (Promotion: 1916) und legte die Lehramtsprüfung für Latein und Französisch ab. Er war als Mittelschullehrer tätig, daneben wirkte er als Bildungsreferent in der katholischen Arbeiterjugendbewegung und als Redakteur der Zeitschrift »Jugendwacht«. Gemeinsam mit Josef → Luitpold und Robert → Musil gehörte er dem Beirat für Bildungswesen im Staatsamt für Heereswesen an. 1923 war er Mitverfasser des »Linzer Programms der christlichen Arbeiter Ö.s«. 1933 arbeitete er gemeinsam mit Franz Waschnigg einen Verfassungsentwurf der katholischen Arbeiterbewegung aus. Ab 1934 war er Volksbildungsreferent für Wien, dem auch die ehemals sozialdemokratischen Arbeiterbüchereien unterstellt waren. Innerhalb der Vaterländischen Front gehörte er zur Sozialen Arbeitsgemeinschaft, die einen Ausgleich mit der Arbeiterschaft suchte. 1934–1936 war er Leiter des Arbeitskreises Theater im Kulturreferat der VF. 1938 wurde er aller Ämter enthoben und begann an der Hochschule für Bodenkultur Gartenbau zu studieren. Im Krieg bei den Wiener Radiowerken zwangsdienstverpflichtet, hielt er Kontakt zu Alois → Weinberger und gehörte 1945 zu den Mitbegründern des ÖAAB. Dessen »Wiener Programm« 1946 fußte auf L.s Entwurf. Er war 1945 Unterstaatssekretär für Volksaufklärung, Unterricht und Erziehung. Bis 1958 blieb er als Beamter im Unterrichtsministerium, wo er sich dem Aufbau des Hochschulwesens widmete. 1945–1959 war L. Mitglied des Bundesrates.

*Werke:* »Volkstümliche Volkswirtschaft. Der Gemeinwirtschaft Werden« (1922), »Leos Lösung der Arbeiterfrage« (1923), »Sein und Erscheinung« (1945), »Philosophie der Pension« (1956).

**Lugner, Richard,** * 11. Oktober 1932 in Wien, Bauunternehmer.

Der Bauunternehmer, nicht zuletzt bekannt durch die Klatschspalten der Regenbogenpresse, spezialisierte sich auf Sanierungen und Revitalisierungen. Als Experte auf diesem Gebiet wurde er auch bei der Abstützung des Campanile in Pisa um Rat gebeten. Bei der Organisation seines Betriebes ging er branchenunübliche Wege: Die Arbeiter werden nicht nur in der Saison, sondern ganzjährig beschäftigt, was die Anzahl der Kündigungen niedrig hält und der Stammbelegschaft des Unternehmens bessere Einkommen garantiert. Neben dem Bau von Tiefgaragen, an deren Erträgnissen er auch beteiligt ist, errichtete L. in Wien-Fünfhaus ein erfolgreiches Einkaufszentrum mit großzügigen Ladenschlußzeiten. Zu L.s wichtigsten Bauten gehören das Islamische Zentrum in der Nähe der UNO-City sowie die Revitalisierung des Deutschmeisterpalais für die OPEC, des Gebäudes der Zentralsparkasse am Stephansplatz, der griechisch-orthodoxen Kirche am Fleischmarkt und der Umbau der Stadtsynagoge in der Seitenstettengasse.

**Luitpold, Josef (eigtl. J. L. Stern),** * 16. April 1886 in Wien, † 13. September 1966 in Wien, Arbeiterdichter und Volksbildner.

L. stammte aus einer Arbeiterfamilie. Schon als Gymnasiast hielt er Vorträge vor jungen Arbeitern. Ursprünglich Journalist, stellte er später sein ganzes Leben in den Dienst der sozialdemokratischen Bildungsarbeit. So war er u. a. Direktor der Wiener Arbeiterhochschule. 1934–1938 lebte er in der ČSR, danach in Frankreich und zuletzt in den USA in der Emigration. Nach Kriegsende zurückgekehrt, war er 1948–1954 Rektor der Arbeiterhochschule Weinberg (OÖ) und 1954–1959 Bildungsreferent des ÖGB. Der überzeugte Pazifist schrieb Antikriegsgedichte und veröffentlichte eine Reihe von Lyrikbänden (u. a. »Die Rückkehr des Prometheus«, 1927, »Die neue Stadt«, 1928). Er übersetzte auch afrikanische und amerikanische Lyrik. Sein Gesamtwerk erschien 1954 in 7 Bänden unter dem Titel »Das Sternbild«.

**Luschin-Ebengreuth, Arnold von,** * 26. August 1841 in Lwow/Lemberg (Ukraine), † 6. Dezember 1932 in Graz, Rechtshistoriker und Numismatiker.

Der Sohn eines Laibacher Gerichtspräsidenten trat nach einem Jusstudium in Wien (Promotion: 1866) in das Münz- und Antikenkabinett ein. Seine Ausbildung hatte er als Gast am Institut für österr. Geschichtsforschung vervollkommnet. 1867 übersiedelte er nach Graz, wo er u. a. im Münzkabinett am Joanneum und im Steiermärkischen Landesarchiv tätig war. 1869 habilitierte er sich, 1881–1912 lehrte der Experte für Münz- und Geldgeschichte des Mittelalters als Ordinarius an der Grazer Universität. In späteren Jahren widmete er sich auch intensiv der mittelalterlichen Rechtsgeschichte. L.-E.s Veröffentlichungen wurden zu Standardwerken und erfuhren mehrfache überarbeitete Neuauflagen. L.-E. war auch Mitglied des Herrenhauses auf Lebenszeit. Seine private Münzsammlung vermachte er dem Wiener Münzkabinett.

*Werke:* »Die Entstehungszeit des österr. Landesrechtes« (1872), »Geschichte des älteren Gerichtswesens in Ö. ob und unter der Enns« (1879), »Wiens Münzwesen, Handel und Verkehr« (2 Bde., 1897–1902), »Handbuch der österr. Rechtsgeschichte« (1914 f.), »Allgemeine Münzkunde und Geldgeschichte des Mittelalters und der Neueren Zeit« (1906, bzw. 1918).

**Lütgendorf, Karl,** * 15. Oktober 1914 in Brno/ Brünn (Mähren), † 9. Oktober 1981 in Schwarzau im Gebirge (NÖ), Berufsoffizier.

Der Sohn eines Generals absolvierte nach der Matura die Militärakademie in Wiener Neustadt und wurde 1937 als Leutnant ausgemustert. Nach Kriegsdienst im 2. Weltkrieg trat er 1955 ins neue Bundesheer ein. 1958 übernahm er im Bundesministerium für Landesverteidigung die Abteilung für militärische Ausbildung, die er mit großem Erfolg führte. 1956 Oberstleutnant im Generalstab, avancierte er 1966 zum Brigadier. 1971 berief Bruno → Kreisky den parteilosen Offizier, der sich selbst als »Mordssteher« bezeichnete, zum Verteidigungsminister. Er führte die Heeresreform der sozialistischen Regierung durch, die u. a. in einer Reduzierung der Dienstzeit bestand. 1977 mußte L. wegen Beteiligung an Waffenexporten in das syrische Kriegsgebiet zurücktreten. Er zog sich ins Privatleben zurück und widmete sich der Verwaltung seines Gutsbesitzes. 1981 beging er – vermutlich wegen Überschuldung – Selbstmord. Gerüchte um einen gewaltsamen Tod im Zusammenhang mit Waffengeschäften sind aber nie verstummt.

**Lutterotti, Otto,** * 14. Jänner 1909 in Innsbruck, Kunsthistoriker.

Aus einer alten Tiroler Familie stammend (Herr und Landmann in Tirol), studierte L. in Innsbruck, München und Wien Kunstgeschichte (Promotion: 1934). Zur weiteren Ausbildung war er am Istituto Austriaco in Rom, an der Münchner Pinakothek und in Kopenhagen tätig. 1938 begann er in Innsbruck seine Universitätslaufbahn, konnte sich 1942 für Geschichte der Modernen Kunst habilitieren, wurde aber 1943 aus politischen Gründen entlassen. 1945 erhielt er in Innsbruck das Ordinariat für Kunstgeschichte. Sein wissenschaftliches Hauptinteresse galt neben der Erforschung der Tiroler Kunstschätze der romantischen Malerei.

*Werke:* »J. A. Koch« (1939, 1985), »Große Kunstwerke Tirols« (1951), »Die Wandgemälde von Schloß Runkelstein bei Bozen« (1954), »Das Goldene Dachl zu Innsbruck« (1956), »Der Sterzinger Altar« (1967), »Die Wandgemälde von St. Prokulus in Naturns« (1967).

# M

**Machatschek, Fritz,** * 22. September 1876 in Vyškov/Wischau (Mähren), † 29. September 1957 in München, Geograph.

Nach dem Studium an der Universität Wien spezialisierte sich M. auf die Geomorphologie und die Erforschung der Eiszeit. Er war 1928–1934 Univ.-Prof in Wien, 1935–1946 in München. Anschließend ging er nach Argentinien, wo er bis 1951 lehrte.

*Werke:* »Gletscherkunde« (1902), »Geomorphologie« (1919), »Länderkunde von Mitteleuropa« (1925), »Das Relief der Erde« (2 Bde., 1938–1940).

**Mache, Heinrich,** * 27. April 1876 in Prag, † 1. September 1954 in Wien, Physiker.

Der Sohn eines Landesschulinspektors studierte Physik an der Wiener Universität. Danach wurde er Assistent bei Franz Exner. 1901 habilitierte er sich. Im selben Jahr nahm er an einer Expedition nach Indien teil, wo er sich mit luftelektronischen Messungen beschäftigte. Ab 1906 war er a. o. Prof. in Innsbruck, 1908–1946 o. Prof. an der Wiener Technischen Hochschule; an dieser Hochschule gründete er das Institut für technische Physik. M. entwickelte eine Meßeinheit für Radioaktivität, die insbesondere bei Heilquellen Verwendung fand; die Mache-sche Einheit (ME), die die Radium-Emanation mißt, wurde allerdings inzwischen durch andere Meßsysteme ersetzt.

*Werke:* »Die Physik der Verbrennungserscheinungen« (1918), »Einführung in die Theorien der Wärme« (1921), »Grundlagen der Wärmelehre« (1936), »Ö.s große Physiker und ihre Spitzenleistungen« (1937).

**Machlup, Fritz,** * 15. Dezember 1902 in Wiener Neustadt (NÖ), † 30. Jänner 1983 in New Jersey (USA), Nationalökonom.

Nach seinem Studium (Dr. jur.: 1923) war M. in der Papierindustrie tätig, gleichzeitig gehörte er mit → Morgenstern, → Hayek und → Haberler zum Diskussionskreis um Ludwig von → Mises. In seiner Wiener Zeit publizierte er auch schon wichtige nationalökonomische Arbeiten. 1935 emigrierte er in die USA, wo er an der Princeton University eine Professur erhielt. Später lehrte er an der New York University. Außerdem war er Präsident der American and International Economic Association. Vorschläge, als Präsident der Oesterr. Nationalbank nach Ö. zurückzukehren, lehnte M. mehrmals ab. Seine Forschungsschwerpunkte waren monetäre Probleme sowie inflationäre Prozesse.

*Werke:* »Pläne zur Reform des internationalen Geldwesens« (1962), »Pläne für eine Reform des internationalen Weltwährungssystems« (1964), »The Economics of Sellers Competition« (1966).

**Maculan, Alexander,** * 8. Juli 1941 in Wien, Bauunternehmer.

Als M. 1966 sein Studium an der Technischen Universität beendete, führte er bereits seit 4 Jahren die väterliche Firma. Er wurde Ö.s größter Bauunternehmer, der in seinem Milliardenkonzern etwa 8 000 Menschen beschäftigt. Besonderen Stellenwert in der Expansionspolitik nehmen Firmenerwerbungen in der ehemaligen DDR ein, so u. a. die Dresdner Bauunion Süd mit 1 200 Beschäftigten sowie ein Magdeburger Bauunternehmen. Der Parteilose hat sich zudem an Joint-ventures in den GUS-Staaten, v. a. in der

Ukraine und in Sibirien, gewagt. Sein Managementstil ist von Sportsgeist geprägt. Der begeisterte Golfspieler war immerhin 1960–1973 9mal österr. Amateurmeister.

**Madin, Viktor (eigtl. Madincea),** * 20. Dezember 1876 in Wien, † 19. März 1968 in Wien, Opernsänger.

Zunächst Instruktor an der Wiener Neustädter Militärakademie, wurde M. 1908 an das Wiener Opernhaus verpflichtet, dessen Ensemblemitglied er bis 1944 blieb (als Gast bis 1953). Er war somit in der Geschichte des Hauses eines der längstdienenden Mitglieder und sang in mehr als 7 000 Vorstellungen rund 250 Rollen.

M. war kein Star, er sang meist kleinere Partien, und zwar musikalisch wie darstellerisch perfekt. Seine Glanzrollen waren der Masetto in »Don Giovanni«, Antonio in »Figaros Hochzeit« und Faninal im »Rosenkavalier«. Der unverwüstliche Bariton sprang für andere Kollegen auch in großen Rollen ein. Er nahm fast alljährlich an den Salzburger Festspielen teil und war an der Covent Garten Opera in London als Alberich im »Ring-Zyklus« ein geschätzter Gast.

**Mahler-Werfel, Alma,** * 31. August 1879 in Wien, † 11. Dezember 1964 in New York, Autorin.

Die musikalisch wie literarisch gebildete, exzentrische Frau war die Tochter des Landschaftsmalers Emil Jakob Schindler. Sie heiratete 1902 den Komponisten Gustav Mahler, mit dem sie die letzten schweren Jahre seines Lebens teilte. Nach einer kurzen, leidenschaftlichen Beziehung zu Oskar → Kokoschka ehelichte sie den Architekten Walter Gropius. 1918 ließ sie sich scheiden und ging eine dritte Ehe ein mit dem um elf Jahre jüngeren Schriftsteller Franz → Werfel, auf dessen Leben und dichterisches Schaffen sie maßgeblichen Einfluß nahm. Die Villa auf der Hohen Warte in Wien-Döbling (Steinfeldgasse 12), in der das Ehepaar einige Zeit lebte, war Treffpunkt von Künstlern und Intellektuellen. 1938 emigrierte sie mit ihrem Gatten über Frankreich und Spanien in die USA. M.-W. veröffentlichte Briefe und Erinnerungen an Mahler und die Autobiographie »Mein Leben« (1960).

*Alma Mahler-Werfel*

*Lit.:* F. Giroud, A M. oder Die Kunst, geliebt zu werden (1989).

**Maierhofer, Ferdinand,** * 9. April 1881 in Graz, † 6. Juni 1960 in Wien, Kammerschauspieler.

M. war über 40 Jahre Mitglied des Wiener Burgtheaters. Nach seiner Ausbildung wirkte er an zahlreichen Provinzbühnen (Steyr, Leitmeritz, Teplitz, Laibach, Franzensbad). 1907 wurde er von Josef → Jarno an das Theater in der Josefstadt engagiert und kam dann über das Landestheater in Graz und das Wiener Carltheater 1919 an die »Burg«. Hier erzielte er u. a. in ungezählten Nestroy- und Shakespeare-Rollen (Melchior, Knierim, Holzapfel in »Viel Lärm um nichts«, Zettel im »Sommernachtstraum«

u. v. a.) als Charakterkomiker beachtliche Erfolge. Er wirkte in zahlreichen Stumm- und Tonfilmen mit; auch im Rundfunk war der sprachkultivierte Schauspieler mit dem unverwüstlichen Humor oft zu hören.

**Maikl, Georg,** * 4. April 1872 in Zell am Ziller (T), † 22. August 1951 in Wien, Kammersänger.

Der Sohn eines Tiroler Jodlers sang selbst in einer Jodlergruppe, ehe er zur Ausbildung nach Wien ging. Er debütierte 1899 als Tamino am Mannheimer Nationaltheater. 1904 wurde er von Gustav Mahler an die Wiener Oper geholt, wo er noch ein Jahr vor seinem Tod in einer Partie in Pfitzners »Palestrina« aufgetreten ist. M., der auf dem Höhepunkt seiner Karriere v. a. als lyrischer Tenor brillierte, war als Mozart-Sänger berühmt. Er sang 1906–1910 bei den Salzburger Mozart-Festen den Don Ottavio im »Don Giovanni« und errang ab 1920 auch bei den Salzburger Festspielen, etwa als Ägisth in »Elektra« von Richard → Strauss, große Publikumserfolge.

**Maisel, Karl,** * 3. November 1890 in Wien, † 13. März 1982 in Wien, Gewerkschafter und Politiker.

Der gelernte Maschinenschlosser wandte sich in jungen Jahren der sozialdemokratischen Bewegung und der Gewerkschaftsbewegung zu. Er war 1926–1934 und 1945–1962 Obmann der Gewerkschaft der Metall- und Bergarbeiter sowie 1932–1934 SP-Abgeordneter im Wiener Gemeinderat und Landtag. Während des Ständestaatsregimes war er im Anhaltelager Wöllersdorf inhaftiert, die Nationalsozialisten sperrten ihn ins KZ Buchenwald. 1945 gehörte er zu den Männern der ersten Stunde. Bis 1956 leitete er das Sozialressort. In seiner Ära entstand das ASVG (Allgemeine Sozialversicherungsgesetz). Der »Pionier des Sozialstaates« war u. a. 1945–1959 Parlamentsabgeordneter, 1948–1959 Vizepräsident des ÖGB und 1956–1964 Präsident der Arbeiterkammer.

**Maleta, Alfred,** * 15. Jänner 1906 in Mödling (NÖ), † 17. Juli 1990 in Salzburg, Jurist und Politiker.

Nach dem Jusstudium in Graz (Promotion: 1932) und seinem Gerichts- und Anwaltspraktikum in Linz wurde der Christlichsoziale 1933 Geschäftsführer der Vaterländischen Front von OÖ. 1934 übernahm er die Stellung eines Ersten Sekretärs der oö. Kammer für Arbeiter und Angestellte. Auch in der Sozialen Arbeitsgemeinschaft (SAG), die die Aussöhnung mit der Arbeiterschaft suchte, war M. aktiv. Damals schrieb er sein vielbeachtetes Buch »Der Sozialist im Dollfuß-Ö.«, das sich diesem Versöhnungsgedanken widmete. 1938 wurde er von den Nationalsozialisten verhaftet und in die KZs Dachau und Flossenbürg deportiert. 1941 entlassen, mußte er an der Ostfront und am Balkan einrücken.

Nach Kriegsende Mitbegründer der ÖVP, war M. 1945–1975 Abgeordneter zum Nationalrat, 1951–1960 Generalsekretär der ÖVP, 1960–1971 stellvertretender Bundesparteiobmann und Obmann des ÖAAB. Der begeisterte Parlamentarier und intime Kenner der Geschäftsordnung des Hohen Hauses war 1961/62 Dritter, 1962–1970 Erster und 1970–1975 Zweiter Präsident des Nationalrates. 1955–1966 wählten ihn die christlich-demokratischen Parteien Europas zu ihrem Präsidenten.

M. war ein Anhänger der Großen Koalition und immer ein kompromißfähiger Politiker. Auch innerparteiliche Gegnerschaft, personifiziert in Hermann → Withalm, einem entschiedenen Koalitionsgegner, brachten seine Überzeugungen nie ins Wanken.

M. war Miteigentümer und Herausgeber der »Oberösterr. Nachrichten« und bis zu seinem Tod Präsident der Politischen Akademie der ÖVP. Engagiert widmete er sich dem Blindenverband, für den er ein neues Heim in Hütteldorf erkämpfte. 1971 rief er gemeinsam mit → Kreisky, mit dem ihn höchste gegenseitige Wertschätzung verband, die Wissenschaftliche Kommission zur Erforschung der Geschichte der Republik Ö. ins Leben, die wertvollste Arbeit für die Zeitgeschichtsforschung leistete.

*Werke:* »Gedanken über die Politik« (1946), »Christliche Demokratie in der pluralistischen Gesellschaft« (1962), »Gesammelte Reden und Aufsätze« (1967), »Entscheidung für Morgen. Christliche Demokratie im Herzen Europas« (1968), »Bewältigte Vergangenheit« (1981).

**Malzacher, Hans,** * 14. Oktober 1896 in Traisen (NÖ), † 16. Oktober 1974 in Villach (K), Industriemanager.

Der Sohn eines Werksdirektors studierte an der Montanistischen Hochschule in Leoben und begann 1920 in Traisen als Betriebsassistent. Bereits 1929 war er Direktor-Stellvertreter bei Schoeller-Bleckmann, 1930 Direktor des Ternitzer Werks. Seit 1927 bei den Heimwehren, gehörte er 1932 der nö. Landesführung an. Ab 1936 war er Generaldirektor der Simmering-Graz-Pauker AG, 1938–1941 Generaldirektor der Österr. Alpine Montangesellschaft sowie der Reichswerke Hermann Göring (heute: VOEST). 1942–1945 Generaldirektor der Berghütte Teschen, der I. G. Kattowitz (Schlesien) und (Febr. 45) der Waffen-Union (Škoda) in Brünn sowie Wehrwirtschaftsführer und Mitglied des Reichsrüstungsrates und zuletzt Rüstungsbevollmächtigter Südost (Schlesien, Protektorat Böhmen und Mähren, Ostmark und Norditalien) im Ministerium Speer.

1945 stand M. auf der ersten österr. Kriegsverbrecherliste, dennoch machten ihn die amerikanischen Besatzer zunächst zum Generaldirektor der Hütte Linz und der Stickstoffwerke, bis er im Oktober 1945 schließlich inhaftiert wurde. Nach seiner Freilassung 1947 fungierte er als Berater der CA und Aufsichtsratsvorsitzender der Jenbacher Werke sowie zahlreicher anderer Firmen, darunter auch der VOEST (1961). 1957–1966 unterrichtete er an der Montanistischen Hochschule in Leoben. 1968 veröffentlichte er unter dem Titel »Begegnungen auf meinem Lebensweg« seine Erinnerungen.

**Mander, Matthias (eigtl. Harald Mandl),** * 2. August 1933 in Graz, Schriftsteller, Essayist.

Hauptberuflich als Manager im Rechenwesen eines österr. Industriebetriebs tätig, schrieb M. für Zeitschriften (»Wort in der Zeit«) und Zeitungen (»Die Presse«); 1966 veröffentlichte er den Erzählband »Summa-Bachzelt«, ehe er mit seinem ersten Roman, »Der Kasuar« (1979), nachdrücklich auf sich aufmerksam machte. Das Werk bildet mit »Wüstungen« (1985) und »Der Sog« (1989) eine Roman-Trilogie. Einprägsam, in metaphernreicher, innovativer Sprache und mit großer Sachkompetenz setzt sich darin der Autor aus christlicher Sicht vielschichtig mit den Chancen und Gefahren der modernen Industriegesellschaften auseinander. M. ist davon überzeugt, daß mit Werten wie Nächstenliebe und Opferbereitschaft sowie echter, gelebter Religiosität die Sinn- und Existenzkrise unserer Zeit bewältigt werden kann. Die Literaturkritik stellt den zeitgenössischen Romancier in eine Reihe mit den großen österr. Erzählern Hermann → Broch, Heimito von → Doderer und Robert → Musil, die er selbst als seine großen Vorbilder bezeichnet.

**Mandl, Felix,** * 8. November 1892 in Brno/Brünn (Mähren), † 15. Dezember 1957 in Wien, Chirurg.

M. besuchte in Brünn das Gymnasium und studierte 1910–1919 (mit Unterbrechung durch den 1. Weltkrieg) Medizin an der Wiener Universität. 1932 habilitierte er sich. 1933–1938 war er Vorstand des Canning-Child Hospital und Forschungsinstituts in Wien. Im Exil (1938–1947) stand er der chirurgischen Abteilung der Hadassah Universität in Jerusalem vor. 1947–1957 leitete er in Wien die Chirurgie am Kaiser-Franz-Joseph-Spital, die nach dem Krieg großteils nach seinen Vorstellungen wiederaufgebaut wurde. Im Wiener Landtag bekleidete er ein SPÖ-Mandat. Der international anerkannte Chirurg war auf die Magen-, Darm-, Sympathicus- und Krebschirurgie spezialisiert. Er verfaßte mehr als 300 wissenschaftliche Publikationen.

*Werke:* »Theorie und Praxis der Krebskrankheit« (1932), »Der Kampf gegen die Krebskrankheit« (1950), »Blockade und Chirurgie des Sympathicus« (1953).

**Mandl, Fritz,** * 9. Februar 1900 in Wien, † 8. September 1977 in Wien, Industrieller und Politiker.

Der Sohn eines Generaldirektors rückte nach Absolvierung der Matura im Piaristenkonvent Krems 1918 als Einjährig-Freiwilliger ein. Nach dem 1. Weltkrieg begann er in der Hirtenberger Patronenfabrik zu arbeiten, deren Generaldirektion er später übernahm. In seinem Eigentum befanden sich noch die Lichtenwörther Patronenfabrik sowie die Grünbacher Steinkohlenwerke. 1929 trat er der Heimwehr bei und schloß mit Bundesführer → Starhemberg eine enge Freundschaft. 1933 wurde die Hirtenberger Waffenaffäre aufgedeckt, ein großangelegter Waffenschmuggel von Italien über Ö. nach Ungarn, wobei das Hirtenberger Werk als Umschlagplatz vorgesehen war. Belastungen der Außenpolitik sowie eine schwere Regierungskrise waren die Folge.

1935 wurde M. Landtagsabgeordneter, außerdem übte er verschiedene Funktionen in Standesvertretungen aus. 1938 mußte er seine Betriebe an die Wilhelm-Gustloff-Stiftung zwangsverkaufen. Er wanderte nach Argentinien aus, wo er weiterhin als Industrieller tätig war und Starhemberg, der ebenfalls nach Argentinien gegangen war, unterstützen konnte. 1945 kehrte M. nach Ö. zurück, sein Besitz wurde ihm zurückgestellt.

**Manker, Gustav,** * 29. März 1913 in Wien, † 7. Juli 1988 in Wien, Bühnenbildner, Regisseur und Theaterdirektor.

M. studierte bei Max → Reinhardt Regie und bei Oskar → Strnad Bühnenbild. Über Bielitz kam er 1938 als Bühnenbildner an das Wiener Volkstheater. 1942 wurde er Ausstattungschef. Nach dem Krieg arbeitete er auch am Josefstädter Theater, für die Kammerspiele, für »Die Insel« und die Renaissance-Bühne. In seiner zweiten Karriere, als Regisseur ab 1946 erwarb er sich große Verdienste um die Wiederentdeckung und Wiederbelebung Nestroys und Anzengrubers. Er wurde neben Direktor Leon → Epp der »zweite Mann« des Volkstheaters und nach dem Tod Epps Direktor des Hauses. In seiner Ära (1969–1979) entwickelte er ein Programm, das von Shakespeares »Hamlet« bis zu → Turrinis »Sauschlachten« reichte. Besonders die Uraufführungen im »Konfrontationen«-Zyklus, der unter Epp als »Sonderabonnement« eingeführt wurde und sich anspruchsvoller Werke der österr. Gegenwartsliteratur annahm, waren ihm ein Anliegen. M. förderte auch junge Schauspielertalente (Kitty Speiser, Karlheinz → Hackl, Franz → Morak) und hielt im großen und ganzen das Profil, das Epp dem Volkstheater gegeben hatte.

Sein Sohn Paulus M. (* 25. Jänner 1958 in Wien) wirkt als Schauspieler und (Film-)Regisseur. Er arbeitete u. a. in Frankfurt, in Hamburg, am Salzburger Landestheater, am Residenztheater in München und am Burgtheater.

**Manowarda (von Jana), Josef,** * 3. Juli 1890 in Krakau (Polen), † 23. Dezember 1942 in Berlin, Kammersänger.

*Josef Manowarda*

Aus altösterreichischem Adel stammend, sollte M. Diplomat werden, studierte dann aber in Graz Philosophie und Gesang. Er debütierte 1911 am Grazer Stadttheater, ging 1915–1918 an die Wiener Volksoper und 1918/19 an die Hofoper Wiesbaden. 1919 wurde er an die Wiener Staatsoper verpflichtet. Bis 1935 sang er hier alle großen Baßpartien. 1932–1935 lehrte er auch als Prof. an der Wiener Musikakademie. Ab 1935 wirkte er u. a. an der Berliner Staatsoper. M., der auch ein gefeierter Konzertsänger war, beeindruckte durch die Tonfülle seiner Stimme und die Dynamik seines Vortrags. Sein gewaltiger Stimmumfang reichte bis zum Heldenbariton. Glanzpartien waren der Osmin (Mozart), Gurnemanz (Wagner) und König Philipp (Verdi). Der Bassist trat ab 1922 oft bei den Salzburger Festspielen auf und gastierte auch in Bayreuth.

**Mantler, Karl,** * 16. Februar 1912 in Wien, † 14. Mai 1981 in Wien, Jurist und Bankfachmann.

Der gelernte Jurist war nach seiner Gerichtspraxis ab 1938 in Industriebetrieben tätig. 1946 begann er seine Berufslaufbahn im Bundesministerium für Vermögenssicherung und Wirtschaftsplanung (1947–1949 Staatssekretär). 1947–1959 war er in der Arbeiterbank AG (heute BAWAG) tätig, trat dann in die Zentralsparkasse ein und avancierte 1967 zum stellvertretenden und 1969 zum Generaldirektor. Er war in zahlreichen Aufsichtsräten vertreten; besonders wichtig wurde seine Tätigkeit bei der GESIBA, die für die Errichtung des Wiener Wohnparks Alt-Erlaa verantwortlich zeichnete. 1973 wurde M. als Generalrat in die Oesterr. Nationalbank berufen, 1980 zum Ersten Vizepräsidenten nominiert.

**Marboe, Ernst,** * 26. Jänner 1909 in Wien, † 28. September 1957 in Wien, Beamter und Schriftsteller.

Nach einem Technikstudium war M. ab 1935 im Baureferat der nö. Landesregierung tätig. Der auf kulturellem Sektor vielfach Interessierte leitete ab 1945 die Kulturredaktion im Bundespressedienst, 1953 übernahm er die Leitung der Bundestheaterverwaltung. In diesem Bereich konnte er die Wiedereröffnung von Burgtheater und Oper nach dem Krieg entscheidend mitgestalten. Er gewann Herbert von → Karajan als künstlerischen Leiter für die Staatsoper und wirkte im Direktorium der Salzburger Festspiele mit. 1949 hatte er die Austria Wochenschau gegründet, als deren Geschäftsführer er seither fungierte. Seine zahlreichen Werke und Herausgeberschaften sind von tiefem Patriotismus geprägt, darunter das von ihm gemeinsam mit Rudolf → Brunngraber verfaßte Drehbuch zum Film »1. April 2000« (1952), das in einer mutigen Satire gegen die alliierte Besatzung protestierte.

*Werke:* »Das Ö.-Buch« (1948), »Yes, Oui, O. K., Njet« (1955).

**Marcic, René,** * 13. März 1919 in Wien, † 2. Oktober 1971 bei einem Flugzeugabsturz über Aarsele (Belgien), Rechtsgelehrter und Journalist.

Aufgewachsen bei Dubrovnik, maturierte M. an einem Franziskanerkonvikt und wurde 1942 in Agram »summa cum laude« zum Dr. juris promoviert. 1945 kam er nach Ö. und trat in den Redaktionsstab der »Salzburger Nachrichten« ein, deren Chefredaktion er 1959–1964 innehatte. 1959 habilitierte er sich für Allgemeine Staatslehre an der Wiener Universität, 1963 wurde er in Salzburg Ordinarius für Rechts- und Staatsphilosophie. Die Universität, für deren Gründung er sich mit ganzer Kraft eingesetzt hatte, war ein Jahr zuvor eröffnet worden. Der hervorragende Rechtsgelehrte war dort 1965/66 Dekan, 1966/67 Rektor. Als gläubiger Wissenschaftler strebte M. nach Wahrheit und Gerechtigkeit. Einige Untersuchungen hat er der von ihm diagnostizierten Krise des Gesetzesstaates gewidmet.

*Werke:* »Vom Gesetzesstaat zum Richterstaat – zwischen Sicherheit und Freiheit« (1960), »Die Krisis im Staatsdenken« (1963), »Verfassung und Verfassungsgericht« (1964), »Mensch, Recht und Kosmos« (1964).

**Mardayn, Christl,** * 8. Dezember 1901 in Wien, † 23. Juli 1971 in Wien, Operettensängerin und Schauspielerin.

M. besuchte die Wiener Musikakademie. Nach ihrer Ausbildung wurde sie 1918 an die Volksoper engagiert. Anschließend auch an anderen Bühnen tätig (Carltheater, Raimundtheater, Theater an der Wien), stieg sie zu einer der besten Wiener Operettensoubretten auf. Max → Reinhardt, der auf einer ihrer Deutschland-Tourneen ihre schauspielerischen Qualitäten entdeckte, holte sie an seine Bühnen in Wien und Berlin (1931–1942), wo sie mit großer Natürlichkeit, Charme und Grazie reüssierte. Dem Operettenfach blieb sie als Gast treu. Ihr persönlicher Komödienstil fand auch in zahlreichen Filmen breiten Anklang, z. B. in »Der letzte Walzer« (1953). Die Dame von Welt war außerdem Lehrerin am Konservatorium der Stadt Wien.

**Marek, Bruno,** * 23. Jänner 1900 in Wien, † 29. Jänner 1991 in Wien, Politiker.

Der Sohn eines Gewerbetreibenden arbeitete nach dem Kriegsdienst als kaufmännischer Angestellter. 1924–1934 war er bei der Wiener Messe AG angestellt. Seit 1918 Mitglied und Funktionär der Sozialdemokratischen Partei, wurde er im Februar 1934 entlassen und inhaftiert. 1938 half er zahlreichen Verfolgten und hielt auch während des Krieges Kontakt zu Gesinnungsgenossen. Nach 1945 übernahm er die Leitung der Wiener Messe AG, er wurde Bezirksobmann und Mitglied der Wiener Landesleitung der SPÖ sowie Abgeordneter zum Wiener Gemeinderat (1949–1965 Erster Wiener Landtagspräsident). 1965–1970 war er nach Franz → Jonas Bürgermeister von Wien. Während seiner Amtszeit wurde der Bau der U-Bahn beschlossen, entstand die 4. Donaubrücke, wurde eine neue Wasserleitung aus dem Gebiet der Schneealpe installiert und das Fernheizwerk Spittelau eröffnet. 1971 wurde M., der stets vor Rassismus und Antisemitismus warnte, zum Präsidenten des Dokumentationsarchivs des österr. Widerstands gewählt.

**Margarétha, Eugen,** * 6. Juli 1885 in Perchtoldsdorf bei Wien, † 25. Mai 1963 in Wien, Wirtschaftswissenschaftler und Politiker.

Der Sohn des Begründers des 1. Wiener Konsumvereins studierte Jus und Staatswissenschaften in London, Besançon und Wien (Promotion: 1910). Nach kurzer Gerichtspraxis trat er eine Stelle als Konzipient bei der »Hauptstelle industrieller Arbeitgeberorganisationen« an. Nach Kriegsdienst im 1. Weltkrieg war M. ab 1919 Sekretär, später leitender Sekretär und ab 1933 geschäftsführender Vizepräsident im Wiener Industriellenverband, er widmete sich dort besonders Fragen des Arbeitsrechts und der Lohnpolitik. Gleichzeitig verfaßte er als wissenschaftlicher Mitarbeiter verschiedener Tageszeitungen, wie der »Neuen Freien Presse«, Artikel zu wirtschaftspolitischen Themen. Ab 1934 war er Mitglied des Bundeswirtschaftsrates und des Bundestages. 1938 aus allen Funktionen entlassen, überstand M. den 2. Weltkrieg als Berater verschiedener österr. und ungarischer Firmen. 1945 gehörte er zu den ersten, die zum Wiederaufbau beitrugen. Er wurde zum Leiter der Industriesektion der Kammer für Handel und Gewerbe ernannt und übte 1945–1952 ein ÖVP-Nationalratsmandat aus. 1949–1952 war er Finanzminister, 1952–1960 Präsident der Oesterr. Nationalbank.

**Marginter, Peter,** * 26. Oktober 1934 in Wien, Staatsbeamter und Schriftsteller.

Der Sohn eines Bergbauingenieurs studierte in Wien und Innsbruck Jus und war zunächst beim Verfassungsgericht und in der Wiener Handelskammer beschäftigt. 1971 trat er in den Dienst des Außenministeriums und war als Diplomat 1971–1975 in Ankara und 1975–1978 in London tätig. Sein erster Roman, »Der Baron und die Fische«, der schon 1966 erschienen war, (Neuaufl. 1989) führt in kunstvoll gefügter Vielschichtigkeit im Stil → Herzmanovsky-Orlandos in eine skurril verfremdete k. u. k. Donaumonarchie. In den 70er Jahren begann der erfolgreiche Autor auch märchenhaft-phantastische Jugendbücher zu schreiben (u. a. »Wolkenreiter &

Sohn«, 1977). Außerdem hat sich M. als Übersetzer von Robert Graves, Thomas Hardy u. a. einen Namen gemacht.

*Werke:* »Der tote Onkel« (1967), »Königrufen« (1973, 1988), »Zu den schönsten Aussichten« (1978), »Der Kopfstand der Antipoden« (1985).

**Margreiter, Raimund,** * 16. Mai 1941 in Fügen im Zillertal (T), Chirurg.

1959–1965 studierte M. in Innsbruck Medizin, war anschließend an verschiedenen Salzburger Kliniken tätig und hielt sich zu Studien in den USA, in Großbritannien, Deutschland und der Schweiz auf. 1967 übernahm er eine Assistentenstelle an der Chirurgie in Innsbruck, wo er sich 1981 mit einer Arbeit über die Behandlung des Mammakarzinoms habilitierte. 1985 wurde er a. o. Prof.

M. baute seit den 70er Jahren das Fach Organtransplantation in Innsbruck auf, 1974 führte er die erste Nierentransplantation durch, 1983 folgte die erste Herztransplantation, gleichzeitig gründete er eine onkologische Ambulanz. M., der selbst alle möglichen Transplantationsformen durchgeführt hat, widmet den Großteil seiner Forschungen den Abstoßreaktionen. Außerdem führte er Versuche mit verschiedenen Formen des künstlichen Organersatzes durch. Für seine bedeutenden Forschungen wurde M. vielfach mit wissenschaftlichen Auszeichnungen geehrt, er ist Mitglied zahlreicher internationaler Gesellschaften.

**Marinelli, Wilhelm,** * 26. November 1894 in Wien, † 16. April 1973 in Wien, Zoologe.

M. studierte an der Universität Zoologie, Paläontologie und Paläobiologie. Er promovierte – nach Unterbrechung durch den 1. Weltkrieg – 1923, ging als Stipendiat für zweieinhalb Jahre nach Amerika, vervollständigte seine Ausbildung in Cambridge (England) und kehrte dann nach Wien zurück, wo er sich 1930 habilitierte. 1942 wurde er zum a. o. Prof. ernannt, 1952 zum o. Prof. und Vorstand des I. Zoologischen Instituts, das er bis 1967 leitete. Der bekannte Zoologe erwarb sich als Organisator und Vortragender seit 1919 besondere Verdienste um die Volksbildung. Er gehörte zu den Proponenten des Instituts für Wissenschaft und Kunst. 1960–1969 war er Präsident der Ludwig-Boltzmann-Gesellschaft sowie in zahlreichen anderen wissenschaftlichen Gesellschaften führend tätig.

*Werke:* »Die Abstammung des Menschen« (1948), »Vergleichende Anatomie und Morphologie der Wirbeltiere« (1963).

**Marischka, Ernst,** * 2. Jänner 1893 in Wien, † 12. Mai 1963 in Chur (Schweiz), Operettenlibrettist, Regisseur und Filmproduzent;

**Marischka, Hubert,** * 27. August 1882 in Wien, † 4. Dezember 1959 in Wien, Schauspieler, Sänger, Regisseur, Theaterdirektor, Filmproduzent.

Die beiden Brüder zählen zu den Begründern der österr. Filmtradition und -produktion. Sie

*Hubert Marischka*

haben zudem der Operette entscheidende Impulse verliehen.

Hubert M. sang am Theater an der Wien, in der Zwischenkriegszeit die Wiener Operettenbühne schlechthin, die Titelpartien in zahlreichen Werken von → Lehár, → Fall und → Kálmán. Als Theaterdirektor (1923 Theater an der Wien, 1926 Stadttheater und Raimundtheater) inszenierte er auch viele Erstaufführungen dieser Komponisten. Gemeinsam mit seinem Bruder schrieb er das Libretto für das Singspiel »Sissy« von Fritz Kreisler (1932) und die Operette »Die Straußbuben« (1946). Außerdem produzierte er Unterhaltungsfilme (u. a. »Der Herr Kanzleirat«, 1948, »Küssen ist keine Sünd'«, 1950). 1949 übernahm der Vielbeschäftigte auch die Leitung der Operettenklasse an der Akademie für Musik und darstellende Kunst.

Ernst M. schrieb viele Libretti für Operetten, so für Bruno → Granichstaedtens »Der Orlow« (1924), »Das Schwalbennest« (1926) u. a. Sein Name ist jedoch v. a. mit den populärsten und finanziell erfolgreichsten österr. Filmen der 50er Jahre verknüpft. Seine »Sissy«-Filme waren absolute Kassenschlager und stellten den Höhepunkt im Schaffen des quirligen Regisseurs dar.

**Mark, Hermann Franz,** * 3. Mai 1895 in Wien, † 6. April 1992 in Austin (Texas), Chemiker.

M. studierte in Wien Chemie und Physik (Promotion: 1921). Nach Forschungs- und Lehrtätigkeiten in Deutschland floh der Sohn einer jüdischen Familie 1932 erstmals vor Hitler. In Wien lehrte er 1932–1938 als Prof. an der Universität Chemie. 1938 erneut vertrieben, emigrierte er über die Schweiz nach Kanada und schließlich nach New York, wo er am Politechnic Institute (Brooklyn) unterrichtete und das Polymer-Institut begründete, dem er als Direktor vorstand. Durch die Erfindung der Polymerisation, einer Verbindung von gleichartigen Molekülen zu Polymeren (= kettenartige Riesenmoleküle), schuf M. die Voraussetzungen für die Herstellung von Plastik und Kunstfasern. Als Pionier der Kunststofftechnologie war er nach dem 2. Weltkrieg auch vielfach für österr. Unternehmungen tätig; der Forscher stand zudem bis zuletzt in engem Kontakt zu österr. Universitäten und zur Österr. Akademie der Wissenschaften.

**Mark, Karl,** * 1. August 1900 in Wien, † 21. Jänner 1991 in Wien, Politiker.

Die Ermordung Josef Schuhmeiers durch den Bruder Leopold → Kunschaks im Jahr 1913 wurde für M. das auslösende Moment, sich der sozialdemokratischen Bewegung zuzuwenden. In seinem Döblinger Heimatbezirk übernahm er verschiedene Parteifunktionen, die er bis zu seinem Tod innehatte. Sowohl in der Ständestaat- als auch in der NS-Ära verfolgt und verhaftet, wurde er 1945 als erster politischer Funktionär von den Sowjets als Bürgermeister von Döbling eingesetzt. 1945–1966 bekleidete er ein Mandat im Nationalrat, wo er sich besonders für Unterrichts- und Justizfragen einsetzte. M. war auch Mitglied des Parteivorstands und Europaratsabgeordneter. 1990 erschienen seine Erinnerungen unter dem Titel »75 Jahre Roter Hund«.

**Martini, Louise (eigtl. Marie-Luise Chiba),** * 10. November 1931 in Wien, Schauspielerin und Kabarettistin.

Die Tochter eines Beamten besuchte nach der Matura des Reinhardt-Seminar. Sie arbeitete im Rundfunk (RAVAG, Rot-Weiß-Rot) und beim Theater. So spielte sie im Konzerthauskeller (»Kasimir und Karoline«), in den Kammerspielen, im Volkstheater, im Theater in der Josefstadt und bei den Salzburger Festspielen (»Spiel um Job«, »Donnerstag«), 1956 stieß sie zum Kabarett, wo sie sich u. a. neben Helmut → Qualtinger als jugendlich frische Schauspielerin mit erotischer Stimme (»Angfangt hat's mit Chesterfield«, »Covergirl«) behauptete. Sie wurde auch durch den Rundfunk mit Sendereihen wie »Mittags-Martini« und »Martini-Cocktail« bekannt. Nach der Zeit des Kabaretts gelang M. ihr Comeback im Theater. Sie ging 1962 nach München und erhielt in Deutschland die Rollen, die man ihr daheim vorenthielt. Im Fernsehen und auf der Bühne präsent, band sich die disziplinierte Schauspielerin allerdings nicht an ein Haus, abgesehen von zweieinhalb Jahren an den Münchner Kammerspielen. Fallweise gastiert sie in Wien, etwa mit dem Zweipersonenstück »Casanova auf Schloß Dux« mit J. Heesters oder – in alter Erinnerung – mit Qualtinger-Abenden.

**Marx, Joseph,** * 11. Mai 1882 in Graz, † 3. September 1964 in Graz, Komponist und Musikpädagoge.

Der vielseitige und kluge Komponist ist besonders durch sein Liedschaffen in die österr. Musikgeschichte eingegangen. An Hugo Wolf orientiert, blieb er dabei der tonalen spätromantischen Musiksprache treu. Dies gilt auch für sein übriges Schaffen (Kammermusik, Klavierkonzerte und Symphonien), das keinerlei modischen Strömungen unterlag.

M., der an der Grazer Universität Musikwissenschaft studiert hatte (Promotion: 1909), war ein wichtiger und einflußreicher Musikpädagoge. Er lehrte 1914–1952 an der Wiener Musikakademie als Prof. für Musiktheorie und Komposition. 1922–1925 war er auch Leiter der Akademie, 1924–1927 Leiter der Fachhochschule für Musik (der Akademie angeschlossen) und 1947–1952 Prof. für Musikwissenschaft in Graz. Er war außerdem ein brillanter Musikschriftsteller (u. a. »Betrachtungen eines romantischen Realisten«, 1946, »Weltsprache Musik«, 1964). Als Musikkritiker schrieb er nach 1945 v. a. für die »Wiener Zeitung«.

*Lit.:* E. Werba, J. M. (1964).

**März, Eduard,** * 21. Februar 1908 in Lwow/Lemberg (Galizien), † 9. Juli 1987 in Wien, Wirtschaftswissenschaftler.

Schon als Mittelschüler schloß sich M. der sozialdemokratischen Bewegung an, der er zeitlebens verhaftet blieb. 1933 beendete er sein Studium an der Hochschule für Welthandel und war danach bis 1938 betriebswirtschaftlicher Berater der IBMC in Wien, gleichzeitig studierte er Wirtschaftswissenschaften an der Wiener Universität. Politisch war M. damals für die verbotene KPÖ tätig. 1938 emigrierte er in die Schweiz, von wo er im Auftrag der IBMC nach Holland, Polen und der Türkei ging. 1940 reiste er in die USA. In Harvard beendete er als Schüler Josef → Schumpeters 1947 sein wirtschaftswissenschaftliches Studium. 1943–1946 leistete er freiwilligen Kriegsdienst bei der US-Navy. Danach lehrte er als Prof. für Nationalökonomie an der University of Massachusetts und anschließend in New York. 1953, zur Zeit der McCarthy-Ära, kehrte er nach Wien zurück. Er war am österr. Institut für Wirtschaftsforschung, später in der Wiener Arbeiterkammer tätig, deren wirtschaftswissenschaftliche Abteilung er ab 1957 leitete. Erst 1968 erhielt er in Ö. eine Professur; der noble Wissenschaftler lehrte an der Hochschule für Sozial- und Wirtschaftswissenschaften in Linz, 1971–1973 als Gastprof. in Salzburg. Ab 1973 war er Honorarprof. an der Wiener Universität.

*Werke:* »Ständestaat Ö.« (1938), »100 Jahre Creditanstalt-Bankverein« (1957), »Ö.s Wirtschaft zwischen Ost und West« (1965), »Österr. Industrie- und Bankpolitik in der Zeit Franz Josephs I.« (1968), »Österr. Bankpolitik in der Zeit der großen Wende 1913–1923« (1981).

**Märzendorfer, Ernst,** * 26. Mai 1921 in Oberndorf (S), Dirigent und Komponist.

M. studierte in Graz und war 1940–1953 Kapellmeister am Grazer Opernhaus. Ab 1953 lehrte er am Salzburger Mozarteum, 1958 ging

*Ernst Märzendorfer*

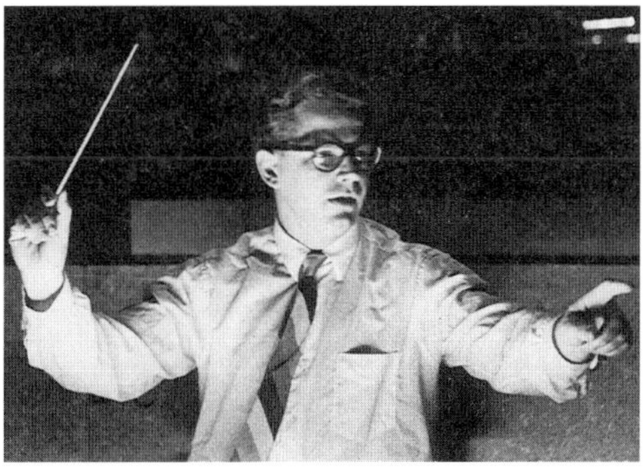

er an die Deutsche Oper in Berlin. Seit 1959 wirkt M. in Wien als Gastdirigent an der Staatsoper und an der Volksoper und ist auch international tätig. Als Komponist schuf er kammermusikalische Werke, Klavierkonzerte und das Ballett »Teufelslegende« (1944).

**Massary, Fritzi (eigtl. Friederike Massaryk),** * 21. März 1882 in Wien, † 30. Jänner 1969 in Los Angeles (USA), Operettensängerin.

Die Sopranistin debütierte bereits 1898 in Wien und avancierte zu einem der gefeiertsten Operetten- und Revuestars. Ihre große Karriere begann 1904 im Berliner Metropol-Theater. Und in Berlin feierte sie später ihre großen Erfolge als »Die Kaiserin« von Leo → Fall, als »Lustige Witwe« von → Lehár und als Adele in der »Fledermaus«. Sie sang auch bei den Salzburger Festspielen, in Wien und Paris. 1918 heiratete sie den Schauspieler Max → Pallenberg, mit dem sie 1933 in die USA emigrierte.

*Lit.:* O. Schneidereit, F. M. (1970).

**Mataja, Heinrich,** * 14. März 1877 in Wien, † 23. Jänner 1937 in Wien, Rechtsanwalt und Politiker.

Der Sohn eines Kaufmanns und Bruder von Viktor → M. studierte Jus in Wien und wurde Rechtsanwalt. 1910 kandidierte der Christlichsoziale für den Wiener Gemeinderat, 1913–1918 bekleidete er ein Reichsratsmandat. 1918–1930 war er Abgeordneter in der Nationalversammlung und im Nationalrat, 1918/19 Staatssekretär des Inneren und 1924–1926 Außenminister; ein Gegner des Anschlusses an Deutschland, förderte er während seiner Amtszeit als Außenminister die französischen Donauföderationspläne. Seine Vorstellungen wurden jedoch vom Koalitionspartner in der Regierung, den Großdeutschen, aber auch von den Nachfolgestaaten des Habsburgerreiches vereitelt. M.s Verwicklung in den Bankenskandal gemeinsam mit Finanzminister Jakob → Ahrer führte schließlich seinen Sturz herbei.

**Mataja, Viktor,** * 20. Juli 1857 in Wien, † 19. Juni 1934 in Wien, Nationalökonom und Politiker.

Der ältere Bruder von Heinrich → M. studierte 1878–1882 Nationalökonomie an der Wiener Universität, wo er sich 1884 für Politische Ökonomie habilitierte. 1890 a. o. Prof., wurde er 1892 in der Nachfolge Eugen Böhm-Bawerks als o. Prof. nach Innsbruck berufen. Ab 1897 lehrte er in Wien. 1892 wurde er zum Vorstand des Handelsstatistischen Amtes, 1914 zum Präsidenten der Statistischen Zentralkommission bestellt. 1908–1917 übte er dreimal das Amt eines Handelsministers in der österr. Reichshälfte aus. 1917/18 leitete er das neugeschaffene Sozialressort. Während des 1. Weltkriegs war er gemeinsam mit seiner Frau in der Kriegsopferfürsorge tätig. 1922 wurde M. emeritiert. Mit seinen wissenschaftlichen Arbeiten gehört er zu den Begründern einer modernen Marktwirtschaft in Ö.

*Werke:* »Großmagazine und Kleinhandel« (1891), »Die Regelung der Valuta in Ö.-Ungarn« (1892), »Die Reklame« (1910).

**Matejka, Viktor,** * 4. Dezember 1901 in Stockerau (NÖ), Kulturpolitiker.

M., der aus bescheidenen Verhältnissen stammt, studierte an der Wiener Universität bei Ludo Moritz Hartmann Geschichte (Promotion: 1925). Danach arbeitete er als Journalist. 1934–1936 war er in der Wiener Arbeiterkammer und im Rahmen der Wiener Volkshochschulen tätig, wobei er sich bemühte, diese Institutionen für die Arbeiterschaft zu erhalten. Als erklärter Gegner des Nationalsozialismus unternahm er verzweifelte Versuche, um bei den Westmächten, v. a. in Großbritannien, Verständnis für die Lage Ö.s zu erreichen. Er wurde 1938 mit dem ersten Transport nach Dachau deportiert und war bis 1944 im KZ inhaftiert, wo er sich mit Friedrich → Funder befreundete. 1945–1949 wirkte er als kommunistischer Stadtrat für Kultur und Volksbildung in Wien, wobei er sich nachdrücklich für die Rückkehr der vertriebenen Österreicher jüdischer Herkunft einsetzte.

*Viktor Matejka*

Er war mit zahlreichen Künstlern befreundet und für seinen Widerspruchsgeist bekannt. In seiner eigenen Partei hielt er große Distanz zu Ernst → Fischer. Seit 1949 Mitherausgeber der KP-Zeitschrift »Tagebuch«, brach er 1966 mit der KPÖ. Im hohen Alter begann der unorthodoxe Denker Bücher zu schreiben.

*Werke:* »Widerstand ist alles« (1983), »Anregung ist alles. Das Buch Nr. 2« (1991).

**Matz, Johanna,** * 5. Oktober 1932 in Wien, Kammerschauspielerin.

Die Tochter eines Privatbeamten erhielt bei Toni Birkmeyer und Grete → Wiesenthal eine solide Ballett- und Tanzausbildung. Sie absolvierte das Reinhardt-Seminar und kam 1950 an das Burgtheater, wo sie als Frankie in »Frankie und die Hochzeit« debütierte. Seit 1954 Ensemblemitglied, brillierte sie in vielen großen Rollen; sie bezauberte u. a. als Käthchen (Kleist), war eine reizende Viola in Shakespeares »Was ihr wollt«, glänzte als Anni in → Schnitzlers »Anatol« und war eine kecke Cleopatra in Shaws »Cäsar und Cleopatra".

1951 begann M. eine Filmkarriere, die sie bis in die 60er Jahre weithin populär machte. In »Der alte Sünder« von Franz → Antel verkörperte sie die süße Tochter eines Modeschöpfers. Ernst → Marischka formte sie zum Typ des schlagfertigen, anmutigen Wiener Mädels (»Zwei in einem Auto«, »Die Försterchristl«, 1952, »Das Dreimäderlhaus«, 1958). Diese Filme machten sie zum Symbol mädchenhaften Zaubers, ein Klischeebild, dem sie nicht mehr entkam. Otto → Preminger holte sie nach Hollywood, doch der Versuch, den Star aus Wien amerikanischen Verhältnissen anzupassen, schlug fehl (u. a. »Die Jungfrau auf dem Dach«, 1953). M. filmte ab etwa 1965 nur noch gelegentlich, wirkte in niveauvollen Fernsehinszenierungen mit und setzte im übrigen ihre Bühnenerfolge fort.

**Mauer, Otto,** 14. Februar 1907 in Brunn am Gebirge (NÖ), † 3. Oktober 1973 in Wien, Priester.

1931 zum Priester geweiht, wirkte M. als Kaplan in verschiedenen Pfarren in Wien und NÖ sowie als Religionslehrer. Gleichzeitig war er Chefredakteur der Zeitschrift »Theologie der Zeit«. 1938 wurde er zum Akademikerseelsorger und Referenten für religiöse Kultur bestellt. 1941–1945 Kaplan in der Kirche St. Augustin in der Wiener Innenstadt, erreichte er durch seine große Rednergabe als Prediger breite Wirkung. 1945 wurde er Sekretär, später geistlicher Assistent des Katholischen Akademikerverbands der Erzdiözese, 1947–1958 wirkte er auch als geistlicher Assistent der Katholischen Aktion. 1954 wurde er zum Domprediger von St. Stephan ernannt. Als Mitbegründer (1946) und Mitherausgeber der Zeitschrift »Wort und Wahrheit« nahm er großen Einfluß auf die studentische Jugend. Schon früh beschäftigte er sich mit Kunst, v. a. mit den Spannungsproblemen zwischen Kirche, Kunst und Religion, und entwickelte sich zu einem bedeutenden Kenner und Sammler moderner Kunst. In der Galerie nächst St. Stephan, die er 1954 gründete und die unter

Otto Mauer

seiner liberalen Leitung stand, wurde er zum Förderer einer ganzen Generation junger Künstler. Dieses Engagement brachte ihn ins Kreuzfeuer mancher Kritik aus kirchlichen Kreisen. M. trat für den generellen Rückzug der Priester aus der Politik ein und lehnte auch den CV ab. Trotzdem war er ein Verfechter einer starken Stellung der katholischen Kirche im öffentlichen Leben. Erst spät konnte er sich mit den neuen Ideen des II. Vatikanums anfreunden.

*Lit.:* O. Schulmeister, O. M., in: NÖB 20.

**Maurer, Andreas,** * 7. September 1919 in Trautmannsdorf (NÖ), Landwirt und Politiker.

Nach dem Besuch der Agrarschule in Bruck an der Leitha und Kriegsdienstleistung schloß sich M. 1946 der ÖVP an. Er übernahm den väterlichen Hof und war1951–1956 Mitglied des Gemeinderates von Trautmannsdorf. 1959 kam er in den nö. Landtag, 1964 in die Landesregierung und amtierte als Präsident des Österr. Bauernbundes. 1966–1981 war M. Landeshauptmann von NÖ. In seiner Ära wurde der Ausbau des Straßennetzes forciert und ein Modernisierungsprozeß des Landes eingeleitet. M. zählte auch zu den Befürwortern des Kernkraftwerks Zwentendorf. Die glücklose Landtagswahl von 1979 leitete seine Amtsübergabe ein.

*Lit.:* H. Ströbitzer, Landeshauptmann A. M. und seine Zeit (1984).

**Mauthe, Jörg,** * 11. Mai 1924 in Wien, † 29. Jänner 1986 in Wien, Journalist, Schriftsteller und Kulturpolitiker.

M. studierte an der Wiener Universität Kunstgeschichte (Promotion: 1947). 1947–1950 war er Redakteur der Wochenschrift »Die Furche« und 1950–1955 Mitarbeiter des Senders »Rot-Weiß-Rot«, wo er die Reihen Radiofamilie »Floriani« und »Watschenmann« initiierte und gestaltete. Danach wirkte er als Programmplaner des österr. Fernsehens in der ersten Ära Gerd → Bachers. Von ihm stammen u. a. die Serien »In eigener Sache« und »Familie Merian«. Ab 1978 ÖVP-Gemeinde- und Stadtrat in Wien, engagierte sich der liberal Gesinnte für Umweltschutz, Altstadtsanierung und Grätzelbelebung.

M. war eine eigenwillige Persönlichkeit, ein unbequemer Denker und unerschöpflicher Ideenlieferant. Er gab das »Wiener Journal« heraus (1980 von ihm gegründet) und schrieb mehrere Bücher, darunter den Roman »Die Vielgeliebte« (1979). Posthum erschien 1986 »Demnächst«, eine Sammlung autobiographischer Notizen aus seinem letzten Lebensjahr.

**Mautner Markhof, Georg,** * 11. Juni 1926 in Wien, Industrieller und Politiker.

M. ging in Deutschland zur Schule und studierte Nationalökonomie und Jus in Zürich und Neuchâtel sowie an der Handelshochschule St. Gallen. Danach wirkte er zunächst als Journalist beim »St. Galler Tagblatt«. 1950 trat er in den Familienkonzern ein und übernahm schließlich die Leitung des Senf- und Bierimperiums. 1984 ging er als erstes Unternehmen an die Börse. Norbert → Steger holte den Fachmann als Berater in die FPÖ, wo er 1990 in den Vorstand gewählt und als Nationalratsabgeordneter freiheitlicher Wirtschaftssprecher wurde. 1992 zog er sich aus allen politischen Funktionen zurück. Der Unternehmer, der sich selbst als »extremen Liberalen« definiert, wollte mit Jörg → Haiders politischem Stil nichts zu tun haben.

**Mautner Markhof, Manfred,** * 17. September 1903 in Wien, † 4. Jänner 1981 in Wien, Großindustrieller.

Der Enkel des Firmengründers Adolf Ignaz M. M. und Onkel von Georg → M. M. leitete jahrzehntelang den Familienkonzern. Gleichzeitig nahm er eine wichtige Stellung im politischen, v. a. aber im kulturellen Leben Wiens ein. Als Obmann der Bundessektion Industrie der Kammer der gewerblichen Wirtschaft und als Vizepräsident der Vereinigung Österr. Industrieller war er einer der einflußreichsten Männer Ö.s; erfolgreich trat er gegen die Verstaatlichung der Zuckerindustrie auf, auch die Einführung des 9. Schuljahrs, die sein Vetter → Piffl-Perčevič zur Kabinettsfrage machte, bekämpfte er. Die große Liebe des wirtschaftlich hochbegabten Mannes galt jedoch den Künsten. Als Präsident der Wiener Konzerthausgesellschaft sowie des Wiener Männergesangsvereins und als Ehrenmitglied der Wiener Philharmoniker spielte M. M. im Kulturleben eine wichtige Rolle. Er war mit Karl → Böhm, den er als Staatsoperndirektor förderte, Richard → Strauss und Gottfried von → Einem eng befreundet, auch die Schriftsteller Heimito von → Doderer, Friedrich → Heer und Fritz → Hochwälder zählten zu seinem Freundeskreis. Als Kunstsammler widmete er sich v. a. Lithographien und Aquarellen. In seiner Jugend ein hervorragender Sportler (v. a. Golf und Polo), wirkte er als Mitglied des Österr. Olympischen Komitees fördernd für den österr. Sport.

*Lit.:* P. Weiser, M. M. M., in: NÖB 21 (1982).

**Mayenburg, Ruth,** * 1. Juli 1907 in Serbitz bei Teplitz-Schönau (Böhmen), Schriftstellerin und Übersetzerin.

Die Tochter eines adeligen Bergwerksdirektors wuchs in einer liberal und humanitär gesinnten Familie auf. Sie absolvierte eine Maturaschule und begann ein Architekturstudium an der Technischen Hochschule in Dresden. 1930 übersiedelte sie nach Wien zu einer Freundin ihrer Mutter. Baronin Netka Latscher-Lauendorf, der Lebensgefährtin von Theodor → Körner. Über die beiden kam M. in einen Kreis junger Sozialisten, wo sie Ernst → Fischer, damals Redakteur der »Arbeiter-Zeitung«, kennenlernte. 1932 heiratete sie ihn. Nach den Februarereignissen 1934, an denen sie aktiv teilnahm, floh sie mit ihrem Mann nach Prag, trat der illegalen KPÖ bei und emigrierte dann in die UdSSR, wo sie drei Jahre als Kundschafterin und Kurier der Roten Armee tätig war. Danach arbeitete sie in der Presseabteilung der Kommunistischen Internationale. Während des 2. Weltkriegs war sie Mitarbeiter der Propaganda-Abteilung der Sowjetarmee. 1945 kehrte sie nach Wien zurück. M. war Generalsekretärin der Österr.-Sowjetischen Gesellschaft und arbeitete als Dramaturgin beim Wien-Film. 1966 brach sie mit ihrer politischen Vergangenheit und trat aus der KPÖ aus. Die kultivierte Marxistin betätigt sich seither als Schriftstellerin und Übersetzerin.

**Mayer, Carl,** * 20. Februar 1894 in Graz, † 1. Juli 1944 in London, Bühnen- und Filmdramaturg.

Zunächst am Theater in Innsbruck als Hilfsspielleiter und Dramaturg tätig, wurde M. ab 1919 einer der bedeutendsten Drehbuchautoren des Stummfilms. Bereits mit seiner ersten Arbeit, »Das Kabinett des Dr. Caligari« (1920), bewies er eine ungewöhnliche literarische Begabung. Seine prägnanten Regieanweisungen, sein psychologisches Herangehen an die Handlung und ihre Personen und seine lyrische Ader trugen wesentlich zur Poesie seiner Stummfilme bei.

1931 emigrierte M. über Frankreich nach England, wo er als Berater vieler junger Regisseure in formaler und technischer Hinsicht (beweglicher Aufnahmeapparat) einen wesentlichen Beitrag zur Entwicklung des Tonfilms leistete.

*Werke:* »Hintertreppe« (1921), »Der letzte Mann« (1924), »Sonnenaufgang« (1927), »Der träumende Mund« (1932).

**Mayer, Hans,** * 7. Februar 1879 in Wien, † 28. Oktober 1955 in Wien, Finanzwissenschaftler.

Nach einem Studium in Wien erhielt M., ein Schüler Friedrich → Wiesers, bereits 1923 den Lehrstuhl für Volkswirtschaftslehre und Finanzwissenschaften. Gegen Othmar → Spanns eindeutige Dominanz in Wien vermochte er sich nicht zu behaupten, obwohl so fähige Leute wie Oskar → Morgenstern oder Alexander Gerschenkorn bei ihm Assistenten waren. Seit Gründung der »Nationalökonomischen Gesellschaft« 1926 ihr Präsident (Ludwig von → Mises war Vizepräsident), schloß M. 1938 alle jüdischen Mitglieder aus. Er war ordentliches Mitglied der Akademie der Wissenschaften und blieb bis zu seiner Emeritierung 1950 o. Prof. für Nationalökonomie. In der Wissenschaftsgeschichte gilt er als ein Hauptvertreter der Wiener Schule der Nationalökonomie.

*Werke:* »Die Wirtschaftstheorie der Gegenwart« (Hg., 1927–1932), »Zeitschrift für Nationalökonomie« (Hg., ab 1929), »100 Jahre österr. Wirtschaftsentwicklung 1848–1948« (1949).

*Lit.:* Neue Beiträge zur Wirtschaftstheorie. Festschrift für H. M. zum 70. Geburtstag (1949).

**Mayer-Gunthof, Franz Josef,** * 18. August 1894 in Moravská Trebová/Mährisch-Trübau, † 2. Februar 1977 in Wien, Industriemanager.

M.-G. besuchte das Theresianum in Wien und studierte in Oxford. Im 1. Weltkrieg geriet er in russische Kriegsgefangenschaft, konnte aber 1918 aus Sibirien flüchten. Danach war er, Familientraditonen folgend, in der Textilindustrie tätig. 1938 wurde er wegen Verdachts des Hochverrats verhaftet, für einige Zeit nach Mauthausen deportiert und gegen Kriegsende nochmals inhaftiert. 1945 trat er der ÖVP bei. Zum öffentlichen Verwalter der Vöslauer Kammgarnfabrik bestellt, schied er 1971 als Generaldirektor aus diesem Betrieb. Als Mitbegründer (1945) und Präsident der Vereinigung Österr. Industrieller (1960–1974) zählte er zu den Verfechtern der Sozialpartnerschaft. M. war auch Vizepräsident des Österr. Wirtschaftsbundes sowie der Wiener Börsenkammer und gehörte dem Aufsichtsrat einer Reihe von Industrieunternehmungen an. Nach seiner Pensionierung widmete er sich dem Geschichtsstudium an der Universität Wien.

*Lit.:* M. Dubrovic, F. J. M. G., in: NÖB 20.

**Mayer-Rieckh, Michael,** * 1935 in Graz, Industrieller.

Nach dem Besuch des Lycée Français in Wien studierte M.-R. Jus in Graz und absolvierte einen Praxisaufenthalt in England. Daneben war M.-R. bereits im Leder- und Schuhkonzern seiner Familie tätig, ab 1953 durchlief er darin in verantwortlicher Stellung verschiedene Unternehmensbereiche. 1970 wurde er Vorstandsmitglied, 1986 Vorstandsvorsitzender. Das Unternehmen, das mit rund 2 600 Mitarbeitern Milliarden-Umsätze erzielt, hat ein bemerkenswertes Werbekonzept, das von Aktivisten der Veranstaltungsreihe »steirischer herbst« gestaltet wird. M.-R. ist auch Vizepräsident des World Wildlife Fund, Kurator des Grazer Museums Joanneum und fördert besonders Nachwuchskünstler.

**Mayr, Hans,** * 27. Juni 1928 in Wien, Elektrotechniker und Politiker.

Der Sohn eines Monteurs bei den Wiener Gaswerken erlernte den Beruf eines Elektrotechnikers. Schon früh war er bei der Sozialistischen Jugend engagiert. 1949 begann er seine Berufslaufbahn bei der Pensionsversicherungsanstalt der Angestellten. 1963 wurde er für die SPÖ in den Wiener Gemeinderat und Landtag gewählt, 1973 holte ihn Bürgermeister Leopold → Gratz als Stadtrat für Finanzen in die Wiener Landesregierung. Inzwischen auch Vizebürgermeister und Vorsitzender der Wiener SPÖ, ist M. einer der einflußreichsten Wiener Politiker. Als Finanzstadtrat, der über ein Budget von etwa 90 Milliarden Schilling verfügt, trifft er die grundlegenden Entscheidungen in dieser Stadt. M., dem der Ruf eines »Machers« vorauseilt, hat sich in all den Jahren seiner Tätigkeit als pragmatischer Politiker mit hoher Konsensbereitschaft erwiesen. Seine Investitionsbereitschaft und seine Risikofreude – er gehört zu den Befürwortern der von der Wiener Bevölkerung abgelehnten EXPO – machen ihn zu einem wichtigen Partner der Wiener Wirtschaft.

**Mayr, Michael,** * 10. April 1864 in Adlwang (OÖ), † 21. Mai 1922 in Waldneukirchen (OÖ), Historiker, Archivar und Politiker.

Der Sohn eines Gutsbesitzers studierte Geschichte und Geographie in Wien (Promotion: 1890). 1892 trat er in den Archivdienst ein, zunächst in Wien (Finanzministerium), dann in Innsbruck (Statthalterei), wo er 1897–1920 das Tiroler Landesarchiv leitete. 1895 habilitierte er sich für österr. und allgemeine Geschichte. Er begründete die Zeitschrift »Forschung und Mitteilungen zur Geschichte Tirols und Vorarlbergs« und versuchte vergeblich eine generelle Neuordnung des Archivwesens. 1900 wurde er zum a. o. Prof. in Innsbruck ernannt. Sein wissenschaftliches Œuvre widmet sich v. a. der Landesgeschichte.

In Tirol, das ihm zur zweiten Heimat wurde, schloß sich M. der Christlichsozialen Partei an, 1907–1911 war er Mandatar im Reichsrat, ab 1908 im Tiroler Landtag. 1919 gehörte er der Nationalversammlung an, wo er in der Debatte um die österr. Verfassung eine große Rolle spielte, 1920–1922 war er Mitglied des Nationalrates. Er vertrat v. a. föderalistische Tendenzen der Tiroler Abgeordneten. Im Oktober 1919 holte ihn → Renner als Staatssekretär für die Koordinierung der Verfassungsarbeiten ins Kabinett, eine Aufgabe, die er sehr geschickt und diplomatisch löste. Nach dem Zusammenbruch der Koalition wurde 1920 eine Proporzregierung unter seiner Führung gebildet, die in den Wahlen 1920 bestätigt wurde. Gleichzeitig leitete M. das Außenministerium. In seiner Ära wurde Ö. in den Völkerbund aufgenommen, aber weder die Burgenlandfrage noch die Beschaffung von Krediten konnten geklärt werden. 1921 trat M. wegen der Anschlußabstimmungen in Tirol und Salzburg zurück, blieb aber Abgeordneter.

*Werke:* »Wolfgang Lazius als Geschichtsschreiber Ö.s« (1894), »Erinnerungen an Andreas Hofer« (1899), »Das Jagdbuch Kaiser Maximilians I. (1901), »Der italienische Irredentismus. Seine Entstehung und Entwicklung vornehmlich in Tirol« (1916).

**Mayr, Richard,** * 18. November 1877 in Henndorf (S), † 1. Dezember 1935 in Wien, Kammersänger.

M. war der dominierende Bassist der Vor- und Zwischenkriegszeit an der Wiener Oper und bei den Salzburger Festspielen. Der Sohn eines Bierbrauers studierte zunächst Medizin, dann auch Gesang und debütierte 1902 als Hagen in der »Götterdämmerung« in Bayreuth. Hier entdeckte ihn Gustav Mahler und engagierte ihn noch im selben Jahr an die Wiener Hofoper. Bis 1935 sang M. in Wien rund 100 Partien. Er besaß eine weiche und charaktervolle Stimme und eine charismatische Ausstrahlung. Seine Paraderolle blieb seit der Wiener Erstaufführung 1911 der Ochs auf Lerchenau in »Der Rosenkavalier«. Ebenso berühmt waren sein Sarastro, König Marke, Gurnemanz und Pogner sowie sein Barak, den er bei der Wiener Uraufführung von Richard → Strauss' »Die Frau ohne Schatten« (1918) kreierte. M. sang auch u. a. an der Metropolitan Opera in New York und in London. Eine der größten Persönlichkeiten der Oper, war er auch als Konzertsänger sehr geschätzt.

**Mayreder, Rosa,** * 30. November 1858 in Wien, † 19. Jänner 1938 in Wien, Schriftstellerin und Frauenrechtlerin.

Die mit einem Baumeister verh. Schriftstellerin war zunächst als Malerin tätig, wandte sich jedoch später intensiv der Frauenfrage zu. 1893–

*Rosa Mayreder*

1903 war sie Vizepräsidentin des »Allgemeinen Österr. Frauenvereins«. Mit Auguste Fickert und Marie → Lang gab sie ab 1899 die »Dokumente der Frauen« heraus. Darin veröffentlichte sie Essays zum Frauenproblem und schrieb auch eine Reihe z. T. grundlegender Bücher zu dieser Frage. Sie war Vorsitzende der Internationalen Frauenliga für Frieden und Freiheit. In ihrem gastlichen Salon verkehrte u. a. der Komponist Hugo Wolf, den sie förderte und für dessen Oper »Der Corregidor« sie das Libretto verfaßte.

*Werke:* »Aus meiner Jugend« (1896), »Zur Kritik der Weiblichkeit« (2 Bde., 1905), »Die Frau und der Internationalismus« (1921), »Geschlecht und Kultur« (1923), »Mensch und Menschlichkeit« (1928), »Der letzte Gott« (1933).

**Mayröcker, Friederike,** * 20. Dezember 1924 in Wien, Schriftstellerin.

Von Beruf Englischlehrerin an einer Hauptschule (ab 1946), kam M. in den 50er Jahren mit der »Wiener Gruppe« in Verbindung. 1969 entschloß sie sich, als freie Schriftstellerin zu leben. Sie ist eng mit dem Dichter Ernst → Jandl befreundet. Von ihren Hörspielen hat sie einige mit ihm gemeinsam erarbeitet und gestaltet, so »Fünf Mann Menschen« (1958) und »Spaltungen« (1970). M. zählt zur literarischen Avantgarde. Ihre Lyrik, die sie ab 1945 in Zeitschriften (u. a. »Neue Wege«) veröffentlichte, spannt sich vom elegischen Erlebnisgedicht über das surrealistische Sprachexperiment und die Collage bis hin zu poetischer Prosa. Ihr erster Prosatext, »Larifari«, erschien 1956. Inzwischen ist das Œuvre der Dichterin auf über 40 Publikationen angewachsen. M. widersetzt sich in ihren Arbeiten gängigen Erwartungen: es gibt keinen traditionellen Handlungsablauf oder Erzählzusammenhang, keine herkömmliche Gliederung und Interpunktion, doch faszinieren die Texte durch ihre Sprachmagie, die Kunst ihrer Wortschöpfungen und den intellektuellen Anspruch. 1991 stellte M. in der Wiener Galerie Gerold Zeichnungen aus, skurrile Bildgeschichten von

*Friederike Mayröcker*

scharfem Witz und erotischer Pointierungskunst.

*Werke:* »Tod durch Musen« (Gedichte, 1966), »Mein Herz mein Zimmer mein Name« (1988), »Gesammelte Prosa 1949–1975« (1989), »Das besessene Alter. Gesammelte Gedichte 1939–1992« (1992).

**Medelsky, Charlotte,** * 20. Mai 1880 in Wien, † 4. Dezember 1960 in Wien, Hofschauspielerin.

Sie war eine der ganz großen Schauspielerinnen des Burgtheaters. Schon mit 16 Jahren spielte sie dort ihre erste Rolle, mit 19 wurde sie zur Hofschauspielerin, 1924 zum Ehrenmitglied des Hauses ernannt. M. spielte unzählige Rollen der großen Weltliteratur. Sie war die Eboli in »Don Carlos«, die Frau Millerin in »Kabale und Liebe« und *das* Gretchen, von dem Max → Reinhardt noch in seinem amerikanischen Exil sprach. Die elementare Schauspielkunst dieser großen, starken Persönlichkeit überzeugte auch im modernen Drama, v. a. in den Stücken Hauptmanns, und sie verkörperte meisterhaft in Schnitzler-Stücken den Urtyp des süßen Wiener Mädels. 1947 wurde sie Prof. am Reinhardt-Seminar. Ihre Tochter Liselotte M. (* 17. September 1907) war ebenfalls Burgschauspielerin.

**Meinl, Julius III.,** * 14. Februar 1903 in Wien, † 10. September 1991 in Wien, Unternehmer.

M. trat 1921 in das Familienunternehmen ein, das sein Großvater 1862 als Kaffeerösterei gegründet hatte. 1933 übernahm er dessen Leitung. 1938 emigrierte der überzeugte NS-Gegner nach England. 1948 kehrte er als britischer Staatsbürger nach Ö. zurück und widmete sich dem Wiederaufbau der traditionsreichen Firma, die in der Zwischenkriegszeit der größte Lebensmittelkonzern Mittel- und Osteuropas gewesen war. Das patriarchalisch geführte Unternehmen, einst Pionier des Massenfilialsystems und des gezielten Werbeeinsatzes, hat heute u. a. wieder Zweigstellen in den ehemaligen Ostblockländern. Weniger erfolgreich war der Einstieg in Billigketten, die nach kurzer Zeit wieder abgestoßen werden mußten. M., ein begeisterter Tennisspieler und Jäger, übergab 1987 das Unternehmen an seinen Sohn Julius IV.

**Meinrad Josef (eigtl. Moučka),** * 21. April 1913 in Wien, Kammerschauspieler.

Der Sohn eines Straßenbahners besuchte das Priesterseminar, war dann im Büro einer Lackfabrik beschäftigt, ehe er sich entschloß, Schauspieler zu werden. Er trat ab 1934 in Wiener Kleinkunstbühnen auf (»ABC«, »Wiener Werkel«). Nach dem 2. Weltkrieg spielte er kurze Zeit an der Bühne »Die Insel« und am Volkstheater. 1947 kam er an das Burgtheater und feierte als Charakterdarsteller in komischen und ernsten Rollen, im klassischen Drama wie in Volksstücken (v. a. in Nestroy- und Raimund-Rollen) große Erfolge. M. ist einer der ganz großen Schauspielerpersönlichkeiten unserer Zeit, die durch ihre Sprachvirtuosität und durch eine sehr persönliche Mischung aus Schüchternheit, Schalkhaftigkeit und großartiger Charakterisierungskunst jeder Rolle Überzeugungskraft zu geben vermag. Er war auch beim Fernsehen und beim Film tätig und machte als »Mann von La Mancha« und als Higgins in »My Fair Lady« Musical-Karriere. Dem bescheidenen, hervorragenden Schauspieler wurde 1959 von Werner → Krauss der Iffland-Ring hinterlassen, eine Auszeichnung, die jeweils dem »größten deutschen Schauspieler« weitervererbt wird.

**Meisel, Heribert,** * 15. Oktober 1920 in Baden bei Wien, † 31. Oktober 1966 in Wien, Sportjournalist.

Von seiner Ausbildung her Diplomkaufmann, war M. der fachkundigste, kultivierteste und humorvollste österr. Sportreporter nach 1945. Seine Fußballreportagen stellten sprachlich wie inhaltlich ein wahres Vergnügen dar. M. war sozusagen immer am Ball. Er berichtete über die sportlichen Ereignisse im Radio so anschaulich und lebendig, daß die Zuhörer sie tatsächlich miterleben konnten. Der Aufschrei »Tor-Toor-Tooor« war sein unverkennbares Markenzeichen. Er gestaltete auch hervorragende Fernsehdokumentationen und den TV-»Sport-Stammtisch«, eine Sendung, die von seinem Einfallsreichtum und seinem Niveau getragen war.

M. begann nach dem 2. Weltkrieg beim Sender »Rot-Weiß-Rot« in OÖ., wurde dann nach Wien geholt und war Leiter der Sportabteilung im ORF. Der temperamentvolle Journalist war auch lange Sportchef des »Kurier«.

**Meisel, Kurt,** * 18. August 1912 in Wien, Bühnen- und Filmschauspieler, Regisseur.

Der Sohn eines Arbeiters begann nach der Matura ein Jusstudium, das er jedoch abbrach, um an der Schauspielschule des Wiener Volkstheaters Unterricht zu nehmen. Nach seinem Debüt am Volkstheater trat er in den folgenden Jahrzehnten an zahlreichen Bühnen auf, u. a. in Berlin am Stadttheater, Schillertheater und Theater am Kurfürstendamm, an den Münchner Kammerspielen, in Wien am Theater in der Josefstadt und am Burgtheater, wo er in Stücken von Billinger bis Shakespeare, von Nestroy bis Sartre, von Grillparzer bis Brecht in unzähligen Rollen brillierte. 1966–1970 war M. Oberspielleiter am Burgtheater, schied aber im Unfrieden aus. 1972–1983 erzielte er als Intendant des Bayerischen Staatsschauspiels München große Erfolge. Sein Filmdebüt gab der eigenwillige Künstler 1935 in dem Lustspiel »Der Ehestreik« und lenkte als kleiner Vorstadtgauner und hemmungsloser Triebmensch in »Die goldene Stadt« (1942) erstmals die Aufmerksamkeit eines großen Publikums auf sich. Es folgten »Ein toller Tag« (1945) und sein stärkster Film: »Wozzeck« (1947). Mit Filmen wie »Der Mann auf dem Pferd« (1957) oder »Kriegsgericht« (1959) erwies sich der Regisseur als feinfühliger Seelen- und Milieuschilderer, fand jedoch bei der deutschen Filmindustrie nicht die gebührende Beachtung.

**Meisl, Hugo,** * 16. November 1881 in Malešor/Maleschan (Böhmen), † 17. Februar 1937 in Wien, Sportjournalist und -funktionär.

Von Beruf Bankbeamter und einst selbst Fußballer und internationaler Schiedsrichter, war M. 1910–1937 Verbandskapitän (später Generalsekretär) des Österr. Fußballbunds und Obmann des Schiedsrichter-Kollegiums. 1931 nominierte er unter dem Druck der Sportjournalisten ein Nationalteam, das als »Wunderteam« in die österr. Sportgeschichte eingehen sollte. Er war auch der Schöpfer des Mitropa-Cups, des bedeutendsten europäischen Fußballwettbewerbs der Zwischenkriegszeit. M., der auch journalistisch tätig war, hatte 1911 den Amateur-Sportverein (später: Wiener Austria) mitbegründet.

**Meissner-Blau, Freda,** * 11. März 1927 in Dresden (Deutschland), Angestellte und Politikerin.

Die Tochter österr. Eltern ging 1945 nach England, wo sie als Lernschwester in einem Spital arbeitete. 1953 heiratete sie einen französischen Chemiker, mit dem sie sich 5 Jahre in Belgisch-Kongo (heute: Zaire) aufhielt. Bis 1962 war sie bei der UNESCO tätig. 1962–1968 wirkte sie als Generalsekretärin des Instituts für

*Freda Meissner-Blau*

Höhere Studien in Wien. 1970 heiratete sie den ehemaligen Chefredakteur der »Arbeiter-Zeitung« Paul Blau. 1972 wurde sie Referentin für Arbeiterbildung bei der ÖMV. Mitte der 70er Jahre engagierte sie sich zunehmend für Fragen des Natur- und Umweltschutzes und in der Friedensbewegung. Die entschiedene Kernkraftgegnerin stand 1984/85 auch an der Spitze der Bewegung gegen den Bau eines Donaukraftwerks in der Hainburger Au. 1986 kandidierte sie für die Grün-Alternativen bei der Bundespräsidentenwahl und erreichte 5,5 Prozent der abgegebenen Stimmen. Bei den folgenden Nationalratswahlen gewann sie mit der »Grünen alternativen Liste Freda Meissner-Blau« auf Anhieb 8 Mandate. Zwei Jahre später schied sie, der parteiinternen Querelen müde, aus dem Nationalrat.

**Meister, Ernst,** * 23. Februar 1926 in Wien, † 27. Juni 1986 in Wien, Kammerschauspieler.

Der Schauspieler mit der »schönsten Stimme Ö.s« begann nach der Rückkehr aus der Kriegsgefangenschaft seine Ausbildung am Reinhardt-Seminar in Linz. Danach war er an einigen Wiener Kleinbühnen tätig (Renaissance-Theater, Theater der Courage, Konzerthauskeller). 1952 wurde er von Leon → Epp an das Volkstheater engagiert, und ein Jahr später profilierte er sich dort in der Rolle des Hugo in Sartres »Die schmutzigen Hände«. Von da an war er aus dem Haus nicht mehr wegzudenken. In den folgenden 25 Jahren hat er in mehr als 100 tragenden Rollen (u. a. in Stücken von Gorki und Tschechow, als Liliom, in klassischen und modernen Rollen) mit seiner Schauspielkunst und seiner außergewöhnlichen Sprechkultur fasziniert. Das Fernsehpublikum kannte ihn aus der populären Sendereihe »Die liebe Familie«. Man liebte und schätzte seine Lesungen und Sprechrollen im Radio. M. war ohne Zweifel zu seiner Zeit der profilierteste Sprecher des österr. Theaters.

**Mell, Max,** * 10. November 1882 in Maribor/Marburg (Slowenien), † 13. Dezember 1971 in Wien, Lyriker, Erzähler und Dramatiker.

M. wuchs in Wien auf und studierte hier Germanistik und Kunstgeschichte (Promotion: 1905). Nach Teilnahme am 1. Weltkrieg widmete er sich dem Schreiben. Sein umfangreiches Werk umfaßt Lyrik (»Das bekränzte Jahr«, 1911), Prosawerke (u. a. »Das Donauweibchen«, 1938), Mysterienspiele (»Das Apostelspiel«, 1922, »Das Nachfolge-Christi-Spiel«, 1927) und Dramen mit historisch-mystischem Hintergrund (»Die Sieben gegen Theben«, 1931, »Der Nibelungen Not«, 2 Teile, 1944 und 1951, und »Jeanne d'Arc«, 1956).

Charakteristisch für sein Werk sind die enge Bindung an seine Heimat, die christlich-humanistische Weltsicht und die Einfachheit seiner Sprache. Seine »Gesammelten Werke« erschienen 1962 in 4 Bänden.

*Lit.:* M. Dietrich/H. Kindermann, Begegnung mit M. M. (1982).

**Memelauer, Michael,** * 23. September 1874 in Schaching bei Hohenbeg (NÖ), † 30. September 1961 in St. Pölten (NÖ), Bischof.

Der Sohn eines Landwirts besuchte das Gymnasium in Seitenstetten. Anschließend absolvierte er ein Theologiestudium an der Diözesanlehranstalt in St. Pölten. 1897 wurde er zum Priester geweiht, wirkte in verschiedenen nö. Pfarren als Kaplan und wurde schließlich 1904 zum Domkurat in St. Pölten bestellt. 1925 erfolgte seine Ernennung zum Prälaten, 1927 die Weihe zum Bischof der Diözese St. Pölten. Als einer der am längsten dienenden Kirchenfürsten – er übte sein Amt 34 Jahre aus – mußte M. in schwersten Zeiten seine Diözese führen. Er war auch Jugendreferent der Bischofskonferenz. Zuletzt stand ihm Franz → Zak (später sein Nachfolger) als Koadjutor zur Seite.

**Mendt, Marianne (eigtl. Krupicka),** * 29. September 1945 in Wien, Schlagersängerin und Schauspielerin.

Die begabte Tochter eines Maschinenbauers erhielt schon als Kind Klavierunterricht. Sie beteiligte sich an musikalischen Nachwuchswettbewerben und trat bei den berühmten »Spitzbuben« in Wien-Nußdorf auf. Kurze Zeit arbeitete sie als Büroangestellte und entschloß sich dann, Sängerin zu werden. Nach dem Abschluß ihrer Ausbildung sammelte sie in ganz Europa Erfahrungen als Jazzsängerin. Fast über Nacht bekannt wurde sie mit → Bronners »Glock'n, die 24 Stunden läut'«. Danach war sie als Jazz- und Dialektsängerin sehr gefragt. M. hat auch als Schauspielerin Erfolge zu verzeichnen (am Theater in der Josefstadt, am Raimundtheater und zeitweilig auch in Berlin). Sie ist am Reinhardt-Seminar als Lehrerin tätig.

**Menghin, Oswald,** * 19. April 1888 in Meran (Südtirol), † 29. November 1973 in Chivilcoy (Argentinien), Urgeschichtsforscher.

Der Sohn eines an Heimatkunde sehr interessierten Lehrers, der zu den Vertrauten des Thronfolgers Erzherzog Franz Ferdinand gehört hatte, studierte in Wien. 1911 legte er die Staatsprüfung am Institut für österr. Geschichtsforschung ab. 1910–1918 erhielt er eine Anstellung am Archiv und an der Bibliothek des Landes NÖ. 1913 habilitierte er sich für Urgeschichte, 1918 wurde er a. o. Prof., 1922 o. Prof. in Wien. Von deutschnationaler Gesinnung, die sich auch in seiner Lehrtätigkeit niederschlug, gehörte er der illegalen NSDAP an. 1936 war er Mitglied des »Siebzehnerausschusses«, eines Gremiums, das die Nationalsozialisten ins politische Leben des Ständestaats integrieren sollte. M. zählte zu den akademischen Wegbereitern von NS-Gedankengut in Ö. Er gehörte 1938 dem Kabinett → Seyss-Inquart als Unterrichtsminister an. 1948 wanderte er nach Argentinien aus, wo er weiterhin lehrte. Sein wissenschaftliches Œuvre, v. a. sein Kulturkreis-System, ist überholt.

*Werke:* »Wiener prähistorische Zeitschrift« (Hg., ab 1914), »Urgeschichte NÖ.s« (1921), »Weltgeschichte der Steinzeit« (1931), »Geist und Blut. Grundsätzliches um Rasse, Sprache, Kultur und Volkstum« (1933).

**Merkatz, Karl,** * 17. November 1930 in Wiener Neustadt (NÖ), Schauspieler.

Als der sprücheklopfende TV-Serienheld Mundl aus »Ein echter Wiener geht nicht unter« (1974–1977) erlangte er ungeahnte Popularität. M. hat diesen Urwiener so perfekt verkörpert, daß es lange dauerte, bis er dieses Image abstreifen konnte. Der vielseitige Schauspieler blieb TV-Serienprofi (u. a. »Tatort«, »Waldheimat«, »Sommersee«, »Im Schatten der Gipfel«), ist aber auch am Theater, im Film (»Der Bockerer«) und auf der Operettenbühne (»Walzertraum« bei den Seefestspielen Mörbisch, 1982) immer wieder erfolgreich.

M. wurde Tischler, ehe er Schauspielunterricht nahm. Ab 1957 spielte er an zahlreichen deutschen Bühnen (Heilbronn, Städtische Bühnen Nürnberg, Köln, Schauspielhaus Hamburg, Münchner Kammerspiele), am Salzburger Landestheater und am Volkstheater in Wien.

**Merkel, Inge,** * 1. Oktober 1922 in Wien, Erzählerin.

M., die spät zu literarischem Ruhm gelangte, studierte Germanistik und Latein. Sie war einige Jahre wissenschaftliche Hilfskraft am Seminar für klassische Philologie der Universität Wien und anschließend im Schuldienst tätig. 1982 legte sie ihren ersten Roman, »Das andere Gesicht«, vor, das von der Literaturkritik begeistert aufgenommen wurde. Es folgten der Novellenband »Zypressen« (1983), der Roman »Die letzte Posaune« (1985) sowie »Eine ganz ungewöhnliche Ehe. Odysseus und Penelope« (1987) und »Das große Spektakel« (1990). Es sind sehr komplexe, anspruchsvolle Bücher, die von menschlichen Unzulänglichkeiten erzählen und mit grandioser Sprachgewandtheit Geschichte aus ironischer Perspektive von den Menschen her und nicht als bloße Abfolge von Ereignissen betrachten.

**Merkl, Adolf Julius,** * 23. März 1890 in Wien, † 22. August 1970 in Wien, Jurist.

Der Sohn eines Militärforstverwalters studierte Jus in Wien und begann nach seiner Gerichtspraxis (1913–1915) beim Magistrat zu arbeiten. 1917 wechselte er ins Handelsressort,

1921 in die soziale Verwaltung und dann ins Bundeskanzleramt. Als einer der ersten Schüler Hans → Kelsens übte er schon 1915 Kritik am kaiserlichen Notverordnungsrecht, 1916 publizierte er seine grundlegende Arbeit über den Stufenbau der Rechtsordnung. Als Beamter wirkte er an der Kodifizierung der österr. Bundesverfassung mit. Mit Kelsen gehörte er zu den Begründern der Wiener Schule der »Reinen Rechtslehre«. 1920–1965 lehrte er an der Wiener Universität, stets ein Mahner vor den Auswüchsen des Parteienstaates. Seine Kritik richtete sich sowohl gegen die Verfassungsnovelle 1929 als auch 1933/34 gegen die »legitimen Diktaturen«. Auch die Verfassung vom Mai 1934 stieß auf seine Kritik. Nach dem 2. Weltkrieg gehörte er zu den Verfechtern der Rechtswidrigkeit des Anschlusses.

*Werke:* »Die Verfassung der Republik Deutsch-Ö.« (1919), »Demokratie und Verwaltung« (1923), »Die Lehre von der Rechtskraft« (1923), »Allgemeines Verwaltungsrecht« (1927).

*Lit.:* H. Schambeck, Leben und Wirken von A. J. M. (1990).

**Merz, Carl (eigtl. Czell),** * 30. Jänner 1906 in Brąsov/Kronstadt (Siebenbürgen), † 31. Oktober 1979 (Selbstmord) in Kirchberg (NÖ), Schriftsteller und Kabarettist.

Er war Partner von Karl → Farkas und Helmut → Qualtinger und Co-Autor von »Der Herr Karl« (1961). In den 30er Jahren war er ein Pionier der Wiener Kleinkunstszene. M. kam 1924 nach Wien. Zunächst als Schauspieler und Conférencier tätig, begann er zu schreiben und verfaßte mit sarkastischem Humor Sketches und Kabarett-Texte. Nach 1945 war er zeitweise Direktor des »Lieben Augustin«, schrieb mit Gerhard → Bronner, Qualtinger u. a. bekannte Kabarettprogramme (u. a. Travnicek-Dialoge) und verfaßte Drehbücher für Rundfunk und Fernsehen.

*Werke:* »Eisrevue« (1959), »Alles gerettet« (1963), »Jenseits von Gut und Krankenkasse« (1967), »Der Opernnarr« (1973).

**Messensee, Jürgen,** * 29. August 1936 in Wien, Maler und Zeichner.

M. studierte 1955–1960 an der Akademie der bildenden Künste in Wien und stellte ab 1960 mehrfach aus. Aber erst 1987 hatte er in der Wiener Secession seine erste große Einzelausstellung, der 1990 eine Ausstellung seiner Zeichnungen in der Albertina folgte.

M. ist ein Einzelgänger, ein genauer Beobachter der Wirklichkeit, der bei seiner Bildgestaltung nichts dem Zufall überläßt. Freilich fixiert er seine Gegenstände und Themen ganz auf seine persönliche Art. Er setzt Zeichen, löst Formen in Metaphern auf und findet ein neues Vokabular, Realität mitzuteilen. Im Zentrum seiner Thematik steht die menschliche Figur im allgemeinen und die Frau im besonderen: Sitzende, Tänzerinnen, Frauen am Strand und immer wieder Akte sind in seinen Bildern und Zeichnungen zu finden. Jahrelang beschäftigte er sich mit seinem Vorbild, dem spanischen Maler Velazquez, dessen Infantinnen er in einem Zyklus mit ungezähmter Mallust in eine neue Bildrealität übertragen hat.

*Lit.:* J. M. Zeichnungen (Katalog Albertina, 1990).

**Messner, Johannes,** * 16. Februar 1891 in Schwaz (T), † 12. Februar 1984 in Wien, Ethiker und Sozialwissenschaftler.

Der Sohn eines Bergmanns und einer Tabakfabrikarbeiterin studierte zunächst Theologie, u. a. bei Fürsterzbischof → Waitz, der ihn mit den sozialwissenschaftlichen Arbeiten F. M. Schindlers vertraut machte. 1914 wurde M. in Brixen zum Priester geweiht, 1914–1920 wirkte er als Kooperator in Nordtirol. Aemilian → Schoepfer, christlichsozialer Abgeordneter und Präsident der Verlagsanstalt Tyrolia, riet M., Jus zu studieren. Er erwarb das Jusdoktorat 1922 in Innsbruck und promovierte 1924 in Nationalökonomie in München, wo er bei dem Soziologen Max Weber Vorlesungen hörte. M. wollte sein Wissen auf möglichst breiter Basis erweitern. 1925 übernahm er die Chefredaktion der Wiener Wochenschrift »Das Neue Reich«, die er bis

1933 als Sprachrohr der Gegner der Sozialromantik nutzte. 1936–1938 gab er die »Monatsschrift für Kultur und Politik« heraus. 1929 habilitierte er sich an der Salzburger Universität mit der Schrift »Sozialökonomie und Sozialethik«, ab 1930 lehrte er in Wien als Privatdozent, 1936–1938 und 1949–1962 als o. Prof. 1938 emigrierte er in die Schweiz, später nach England, von wo er 1949 nach Ö. zurückkehrte.

Sein gesamtes wissenschaftliches Werk galt der Sozialkritik von Kapitalismus und Sozialismus, die er durch den Christlichen Sozialrealismus überwinden wollte. Den österr. Ständestaat der 30er Jahre unterzog er einer klaren Kritik.

*Werke:* »Die soziale Frage der Gegenwart« (1934), »Die berufsständische Ordnung« (1936), »Das Naturrecht« (1950), »Kulturethik« (1954), »Das Unternehmerbild in der katholischen Soziallehre« (1968).

*Lit.:* W. Schmitz, J. M., in: NÖB 2 (1987); A. Klose/H. Schambeck/R. Weiler (Hg.), Das neue Naturrecht, Gedächtnisschrift für J. M. (1987).

**Meyer, Robert,** * 21. Oktober 1953 in Bad Reichenhall (Bayern), Schauspieler.

Der Sohn eines Postmeisters wuchs in Trostberg am Chiemsee auf und absolvierte nach der Hauptschule eine kaufmännische Lehre. 1971 bezog er in Salzburg die Hochschule für Musik und darstellende Kunst (Mozarteum) und spielte bereits während des Studiums kleinere Rollen am Salzburger Landestheater. 1974 holte Direktor → Klingenberg den talentierten jungen Schauspieler an das Wiener Burgtheater, dem er bis heute angehört. M. debütierte als Schweizerkas in Brechts »Mutter Courage« und schaffte in »Der Hofmeister« von J. M. R. Lenz in der Titelrolle seinen großen Durchbruch. Weitere Erfolge des humorvollen Charakterdarstellers waren sein Chlestakow in Gogols »Der Revisor« und seine Nestroy-Rollen. Sensationell war seine Darbietung im Einpersonenstück »Gust« von Achternbusch. Auch in Film und Fernsehen war der Burgmime öfters zu sehen (im TV etwa in »Derrick«, in einigen Folgen von »Der Alte« und in »Der Leihopa«).

**Migsch, Alfred,** * 5. November 1901 in Wien, † 18. Oktober 1975 in Wien, Jurist und Politiker.

Seit seiner Jugend gehörte M., der in Wien Jus studierte, der sozialdemokratischen Bewegung an. Er wurde sowohl im Ständestaat als auch im Dritten Reich politisch verfolgt. Ein Mitglied der österr. Widerstandsbewegung, verbrachte er 1944/45 im KZ Mauthausen. 1945–1966 gehörte er dem Nationalrat an, 1947–1949 leitete er als Bundesminister das Ressort für Energiewirtschaft. 1954–1965 war M., der dem rechten Flügel seiner Partei zugerechnet wurde, Personalstadtrat in Wien.

*Werke:* »Ein Volk kämpft um sein Leben« (1949), »Anschlag auf Ö.« (1959), »Parlament ohne Opposition« (1963), »Adolf Schärf in seiner Zeit« (1965).

**Mikl, Josef,** * 8. August 1929 in Wien, Maler und Graphiker.

M. erhielt seine Ausbildung an der Graphischen Lehr- und Versuchsanstalt Wien und 1949–1956 an der Akademie der bildenden Künste bei Josef → Dobrowsky. Er war Mitglied des Art Club und zählte zu jenen Malern, die sich 1954 um Monsignore Otto → Mauer in der »Galerie nächst St. Stephan« zusammenfanden. 1969 wurde er Prof. an der Akademie der bildenden Künste, drei Jahre später übernahm er die Meisterklasse für Naturstudien.

M. ist einer der Hauptvertreter der abstrakten Malerei und Graphik in Ö. Er setzte sich zunächst mit dem Kubismus auseinander, schuf Akte von gebändigter Lockerheit und baute Anfang der 50er Jahre in seinen Bildern aus dynamischen Konstruktionen organische Architekturen, die im Widerspiel von hellem Blau und dunklem Gelborange räumliche Tiefe gewinnen. Mitte der 50er Jahre fand er zu seiner souveränen gestischen Handschrift und entwickelte sich zu einem spontanen informellen Maler und Zeichner, in dessen Arbeit das vorgegebene Motiv jedoch erkennbar blieb. M. stellte bereits 1953/54 auf der Biennale São Paulo und 1954 in

Venedig aus und ist heute ein Künstler von internationalem Renommee.

*Lit.:* J M., Monographie mit Texten von W. Hofmann (1979).

**Miklas, Wilhelm,** * 15. Oktober 1872 in Krems (NÖ), † 20. März 1956 in Wien, Politiker.

Der Sohn eines Postbeamten besuchte das Stiftsgymnasium Seitenstetten und studierte in Wien Geschichte und Geographie (Promotion: 1895). Er wurde Mittelschulprof. und bereits 1905 Direktor des Gymnasiums in Horn (NÖ). Auch politisch machte der Christlichsoziale rasch Karriere. Ab 1907 war er Abgeordneter (bis 1918 zum Reichsrat, bis 1928 zum Nationalrat), 1918/19 Mitglied des Staatsrates, 1919/20 Unterstaatssekretär für Kultus, 1923–1928 Erster Präsident des Nationalrates.

1918 trat M. für die Beibehaltung der Monarchie ein. Am 11. November stimmte er als einziger Abgeordneter gegen das Gesetz über die Errichtung der Republik. 1928 wurde er von der Bundesversammlung zum Bundespräsidenten gewählt und behielt das Amt (Wiederwahl 1931) bis zum Untergang Ö.s, 1938. In der Staatskrise der Jahre 1933/34 hat M. versagt. Er schöpfte die verfassungsrechtlichen Möglichkeiten, die ihm zur Verfügung standen, nicht aus und ermöglichte dadurch der Regierung → Dollfuß, einen autoritären Kurs zu steuern. Dem austrofaschistischen Ständestaat stand er mit zunehmender Ablehnung gegenüber. Im März 1938 bewies der Bundespräsident Standfestigkeit und Charakter und verkörperte in seiner Person den letzten Widerstand gegen Hitler. Er weigerte sich, das »Anschlußgesetz« zu unterzeichnen, und trat zurück.

*Wilhelm Miklas*

*Lit.:* H. V. Lang, Bundespräsident M. und das autoritäre Regime 1933–1938 (Diss. Wien, 1972); F. Weissensteiner (Hg.), Die österr. Bundespräsidenten, 1982.

**Millesi, Hanno,** * 24. März 1927 in Villach (K), plastischer Chirurg.

Nach einem Medizinstudium in Innsbruck (Promotion: 1951) absolvierte M. seine Fachausbildung an der Klinik → Schönbauer und entschied sich früh für die plastische Chirurgie als Spezialgebiet. Zu Studienzwecken reiste er nach Schweden. 1962 wurde er Leiter der Abteilung für plastische Chirurgie in Wien, 1972 a. o. Prof. M. veröffentlichte mehr als 200 Publikationen, von denen sich zahlreiche auch mit Mikrochirurgie beschäftigten. Für seine herausragenden wissenschaftlichen Verdienste wurde er vielfach ausgezeichnet.

**Miltner, Franz,** * 28. Oktober 1901 in Wien, † 23. Juli 1959 in Wien, Archäologe.

Der Sohn eines Ministerialbeamten absolvierte die Reifeprüfung mit Auszeichnung und studierte in Wien klassische Philologie und Altertumswissenschaft. Er promovierte 1925, legte ein Jahr später die Lehramtsprüfung für Latein und Griechisch ab, entschied sich aber für die wissenschaftliche Laufbahn. Ab 1940 o. Univ.-Prof. in Innsbruck, wurde er allerdings 1947 in den dauernden Ruhestand versetzt.

M.s wissenschaftliche Tätigkeit hat weltweite Anerkennung gefunden. Er war bereits ab 1923 an den Grabungen in Carnuntum (NÖ) beteiligt, leitete 1926–1932 und wieder ab 1954 als Nachfolger Prof. Josef Keils die Ausgrabungen in Ephesos (Freilegung einer byzantinischen Badeanlage und eines spätantiken Frauenbades) und war u. a. auch an den Grabungen in Aguntum (Osttirol) 1950–1956 beteiligt.

*Werke:* »Das zweite Amphitheater in Carnuntum« (5. Aufl., 1949), »Ephesos, Stadt der Artemis und des Johannes« (1958).

**Minich, Peter,** * 29. Jänner 1927 in St. Pölten, Kammersänger.

Der Sohn von Wirtsleuten besuchte die Schauspielschule und das Horak-Konservatorium. Er war zunächst an Wiener Kleinbühnen (Konzerthauskeller, Studio der Hochschulen) und als Eleve am Burgtheater beschäftigt. Als jugendlicher Held und Liebhaber kam er an das St. Pöltner Stadttheater, wo er den Marquis Posa, den Dunois in der »Jungfrau von Orleans« und andere Rollen spielte. Nach Engagements in St. Gallen und Graz wurde er 1956 an die Wiener Volksoper verpflichtet. Seine erste Rolle war der Petrucchio in »Kiss me Kate«, mit der er riesigen Erfolg hatte und die er seither unzählige Male gesungen hat. Zahlreiche Liebhaberrollen der Operette und des Musicals folgten. Der Tenor sang sich rasch in die Herzen des Publikums. Auch als er später das Fach wechselte (Professor Higgins in »My Fair Lady«, Oberst Ollendorf im »Bettelstudent«), blieb er ein unwiderstehlicher Charmeur. 1987 ging er in Pension, erfreut aber als Gast an den verschiedensten Bühnen, in Fernsehshows und Soireen weiterhin seine zahlreiche Fangemeinde.

**Minkowitsch, Roland,** * 13. Jänner 1920 in Spittal an der Drau (K), † 22. Jänner 1986 in Wien, Landwirt und Politiker.

Der Sohn eines Bahnbeamten studierte in München Jus, wo er 1940 das Referendarsexamen ablegte. Nach Kriegsdienst übernahm er 1946 den Hof eines Onkels in Mannersdorf an der March und baute eine Qualitätsweinwirtschaft auf. Ebenfalls 1946 trat er der ÖVP bei und begann damit seine politische Laufbahn. 1963 übernahm er ein Nationalratsmandat, 1968–1970 war er Staatssekretär im Innenministerium, ab 1970, als der Strukturwandel in der Agrarwirtschaft einsetzte, Präsident des Österr. Bauernbundes (bis 1980) und stellvertretender Obmann der ÖVP. Als Zweiter Nationalratspräsident (1975–1986) war er für seine strenge Handhabung der Geschäftsordnung bekannt.

**Mises, Ludwig,** * 29. September 1881 in Lwow/Lemberg (Galizien), † 10. Oktober 1973 in New York, Nationalökonom.

Nach seinem Studium in Wien trat M. in die Kammer für Handel, Gewerbe und Industrie ein, wo er als Referent der Finanzpolitischen Abteilung 29 Jahre lang tätig war. Ab 1918 war er Univ.-Prof. in Wien. Außerdem leitete er ein Privatseminar, wo u. a. → Morgenstern, → Machlup und → Haberler verkehrten. 1926 gründete er das Institut für Konjunkturforschung. 1938 emigrierte er zunächst in die Schweiz, dann über Mexiko 1940 in die USA, wo er Mitglied des Nationalen Büros für Wirtschaftsforschung in New York wurde. Einer der bedeutendsten Vertreter der Wiener Schule der Nationalökonomie, war M. ein unerbittlicher Kritiker jeglicher Planwirtschaft.

*Werke:* »Theorie des Geldes und der Umlaufsmittel« (1912), »Nation, Staat und Wirtschaft« (1919), »Die Gemeinwirtschaft. Untersuchungen über den Sozialismus« (1922), »Liberalismus« (1927), »Grundprobleme der Nationalökonomie« (1933).

**Mises, Richard,** * 19. April 1883 in Lwow/Lemberg (Galizien), † 14. Juli 1953 in Boston (USA), Mathematiker.

Der jüngere Bruder von Ludwig → M. studierte in Wien an der Technischen Hochschule. Anschließend erhielt er an der Technischen

Hochschule Brünn, wo er Viktor → Kaplan kennenlernte, eine Assistentenstelle. Im 1. Weltkrieg wirkte er als Konstrukteur eines Großflugzeugs. Obwohl sich seine akademische Laufbahn nur im Ausland (Professuren in Straßburg, Dresden, Berlin, Istanbul und Harvard) abspielte, blieb er immer der österr. Wissenschaftsszene verbunden, v. a. dem »Wiener Kreis« um Moritz → Schlick. Er war mit Adolf → Loos und Karl → Kraus befreundet und unterhielt in den 20er Jahren auch enge Kontakte zu Rainer Maria Rilke. M., der alle Bereiche der Mathematik souverän beherrschte, hat auf dem Gebiet der Wahrscheinlichkeitsrechnungen herausragende wissenschaftliche Leistungen erbracht.

*Werke:* »Zur konstruktiven Infinitesimalgeometrie der ebenen Kurven« (1905), »Zur Theorie der Wasserräder (1909), »Über einige Grundfragen der Hydrodynamik« (1954).

**Missong, Alfred,** * 9. März 1902 in Höchst bei Frankfurt (Deutschland), † 7. Juni 1965 in Mistelbach (NÖ), Publizist und Journalist.

Nach Matura und Studium in Wien begann M., ein Mitglied des CV, 1924 bei der katholischen Zeitschrift »Das Neue Reich« als Journalist. 1925–1938 arbeitete er bei der Zeitschrift »Schönere Zukunft«, die zum wichtigen theoretischen Diskussionsorgan des politischen Katholizismus wurde. M. wirkte auch bei der »Reichspost« und bei der Zeitschrift »Der christliche Ständestaat« mit. Er gehörte zu den Mitbegründern und Mitarbeitern einer Reihe von katholischen Vereinigungen, wie »Ö.-Akademie«, »Österr. Aktion« oder »Paulus-Werk«. 1938 kurz in politischer Haft, emigrierte er danach in die Schweiz und später nach Jugoslawien, von wo er 1941 wieder »per Schub« nach Wien kam. Hier schloß er sich der Widerstandsbewegung an. 1945 wurde er als Mitbegründer der ÖVP Chefredakteur der theoretischen Zeitschrift »Österr. Monatshefte«. Ab 1950 wirkte er als Presseattaché in Bonn, Rom und Bern.

*Werke:* »Heiliges Wien« (1933), »Die österr. Nation« (1946), »Proletariat und Materialismus« (1948), »Die Weltverpflichtung des Christen« (1948).

**Mitscha-Märheim, Herbert,** * 7. Februar 1900 in Wien, † 8. Dezember 1976 in Wien, Archäologe und Urgeschichtler.

Der Sohn eines Diplomaten studierte in Wien an der Universität und an der Hochschule für Bodenkultur. Seine wissenschaftliche Laufbahn begann er als Assistent bei den nö. Landessammlungen, wobei er sich auf die Zeit der Völkerwanderung bis etwa 1000 n. Chr. spezialisierte. M.-M. lehrte auch an der Wiener Universität. Von großer Bedeutung sind seine genealogischen Forschungen zur Geschichte der Babenberger. Mehr als 160 Publikationen entstammen seiner Feder. Neben seiner wissenschaftlichen Tätigkeit bewirtschaftete M.-M. den Gutsbesitz der Familie.

*Werke:* »Der Oberleiserberg« (1927), »Die frühmittelalterlichen Gräberfunde von Mistelbach« (1941), »Der Awarenfriedhof von Leithaprodersdorf« (1957), »Dunkler Jahrhunderte goldene Spuren« (1963), »Archäologisches und Historisches zur Slawensiedlung in Ö.« (1966).

**Mitterer, Erika (verh. Petrowsky),** * 30. März 1906 in Wien, Lyrikerin und Erzählerin.

Die Tochter eines Architekten besuchte das Lyzeum und stand 1924–1926 mit Rainer Maria Rilke in Briefverkehr (»Briefwechsel in Gedichten«, 1950). Ihr erster Gedichtband, »Dank des Lebens« (1930), läßt den Einfluß Rilkes erkennen, später veröffentlichte die Dichterin, die zur konservativ-restaurativen Richtung der österr. Literatur zählt, sinnbildhafte Natur- und Gedankenlyrik (»Gesang der Wandernden«, 1935) und zum Teil freirhythmische religiöse Lyrik (»Entsühnung des Kain«, 1974). In ihrer Prosa bevorzugte sie einen traditionellen Erzählstil und klassisch-mythologische, historische und soziale Themen (»Die Seherin«, 1942, »Wir sind allein«, 1945). Ihr wichtigstes Werk ist der Roman »Der Fürst der Welt« (1940, 1988).

*Weitere Werke:* »Charlotte Corday« (Drama, 1932), »Weihnacht der Einsamen« (Erzählungen und Gedichte, 1968).

**Mitterer, Felix,** * 6. Februar 1948 in Achenkirch (T), Dramatiker und Erzähler.

Der uneheliche Sohn eines Kleinbauern wurde von einem Landarbeiterehepaar adoptiert. Er absolvierte 8 Klassen Volksschule und drei Klassen Mittelschule, danach arbeitete er beim Zoll. Seit 1977 lebt er als freier Schriftsteller in Innsbruck. M. veröffentlichte zunächst Texte im Rundfunk, in Zeitungen und Anthologien. 1979 trat er mit dem Theaterstück »Kein Platz für Idioten« hervor, in dem er das Leben eines behinderten Buben in einem Dorf schildert. Sein Stück »Stigma. Eine Passion« (1983), das die Zusammenhänge zwischen verdrängter Sexualität und religiöser Hysterie im 19. Jh. am Schicksal einer Dienstmagd aufzeigt, sorgte für einen Skandal. »Sibirien«, ein Einpersonenstück über das Sterben eines alten Mannes in einem Pflegeheim, wurde mit Fritz → Muliar am Wiener Akademietheater mit großem Erfolg aufgeführt. Weniger erfolgreich war M.s moderne »Jedermann«-Version am Theater in der Josefstadt. Seine dreiteilige »Piefke-Saga« im Fernsehen über Probleme des Massentourismus ist hingegen preisgekrönt. In seinen Stücken, die formal wie inhaltlich in der Tradition des Volksstückes stehen, behandelt M. Herrschaftsverhältnisse und Außenseiterschicksale. Er gehört neben Wolfgang → Bauer und Peter → Turrini zu den erfolgreichsten österr. Dramatikern.

*Weitere Werke:* »An den Rand des Dorfes« (Erzählung, 1981), »Der Narr von Wien. Aus dem Leben des Dichters Peter Altenberg« (Drehbuch, 1982), »Die Kinder des Teufels« (Drama, 1989), »Das Spiel vom Berg« (Drama, 1992).

*Felix Mitterer*

**Mitterer, Otto,** * 22. Oktober 1911 in Wien, Großhändler und Politiker.

Mit 19 Jahren trat M. in den väterlichen Uhrengroßhandel ein, dessen Leitung er später übernahm. Er engagierte sich nach dem 2. Weltkrieg in Standesorganisationen, wie der Wiener Kammer für Handel und Gewerbe, sowie in wirtschaftlichen Gremien der ÖVP. 1952/53 und 1956–1976 war er ÖVP-Abgeordneter zum Nationalrat, 1954–1956 Mitglied des Bundesrates, ab 1956 Obmann der Sektion Handel in der Wiener Handelskammer, 1970–1975 Präsident der Wiener Handelskammer. Der »Greißlerpapst« – er erhielt den Beinamen für seinen Einsatz für die mittelständische Wirtschaft – amtierte 1968–1970 im Kabinett → Klaus als Handelsminister. Als Fachmann für Wirtschaftspolitik und Außenhandelsfragen gehörte M. zu den Vorkämpfern für eine Reform der Umsatzsteuer. Er war stets ein Befürworter der Sozialpartnerschaft.

**Mock, Alois,** * 10. Juni 1934 in Euratsfeld (NÖ), Diplomat und Politiker.

Nach dem Besuch des Stiftsgymnasiums Seitenstetten studierte M. Jus in Wien (Promotion: 1957). 1958 trat er in das Bundesministerium für Unterricht ein, wo er sich mit hochschulpolitischen Fragen beschäftigte. 1957/58 und 1960/61 absolvierte er Auslandsstudien in Bologna und Brüssel. Ab 1961 war er im Bundeskanzleramt als Referent für EWG- und EFTA-Fragen tätig. 1962–1964 war er bei der österr. Vertretung bei der OECD in Paris. 1966 wurde er Kabinettschef bei Kanzler → Klaus, 1969/70 Unterrichtsminister, 1970 Abgeordneter zum Nationalrat, 1971 Bundesobmann des ÖAAB und 1978 geschäftsführender Klubobmann der ÖVP. 1979–1989 führte M. seine Partei als Bundesparteiobmann. Bereits seit 1979 ist M. Präsident der Europäischen Demokratischen Union (EDU), 1983–1987 war er auch Präsident der Internationalen Demokratischen Union (IDU). Seit 1987 Bundesminister für Auswärtige Angelegenheiten (1987–1989 auch Vizekanzler), hat sich M. besonders um die Integration Ö.s in die westeuropäische Wirtschaftseinheit und um die Anerkennung der neu entstandenen Staaten nach dem Zusammenbruch Jugoslawiens verdient gemacht.

*Werke:* »Öffentlicher Dienst – Träger des Wohlfahrtsstaates« (mit W. Ettmayer, 1980), »Durchbruch in die Moderne« (1981), »Politik für die Zukunft« (1984).

**Moissi, Alexander,** * 2. April 1879 in Triest, † 22. März 1935 in Wien, Schauspieler.

Der Sohn eines albanischen Kaufmanns und einer Italienerin kam als 18jähriger nach Wien, um Musik zu studieren und Schauspielunterricht zu nehmen. Er errang als Oswald in Ibsens »Die Gespenster« 1906 seinen ersten großen Erfolg. M. galt in der Zwischenkriegszeit als einer der größten deutschsprachigen Schauspieler. Berühmt für seine besonders klangvolle, weiche Stimme und seine verblüffende Verwandlungsfähigkeit, hat der Charakterdarsteller als Hamlet, Othello, Clavigo, Franz Moor, Ödipus, Danton und als Narr in Shakespeares »Was ihr wollt« die Zuschauer fasziniert. Der hervorragende Menschengestalter war 1920 der erste Jedermann bei den Salzburger Festspielen. Mit seiner Verkörperung des Hamlet und als erschütternder Jedermann ist M. dann auch in die Theatergeschichte eingegangen.

**Molden, Ernst,** * 30. Mai 1886 in Wien, † 11. August 1953 in Wien, Publizist, Historiker und Diplomat.

M. studierte zunächst Jus in Wien und Berlin (Promotion: 1911) und außerdem Geschichte. Er lehrte bis 1914 als Privatdozent an der Eötvös-Lorand-Universität in Budapest, wurde 1916 eingezogen, 1917 beurlaubt und als Vertreter des Telegraphen-Correspondenzbureaus nach Kopenhagen an die österr.-ungarische Gesandtschaft entsandt. 1918 ging er als Presseattaché nach Den Haag. Ab 1921 Redakteur der »Neuen Freien Presse«, wurde er 1924 stellvertretender Chefredakteur. 1930–1938 war er vielfach als Vortragender bei der RAVAG tätig. Der Liberale und NS-Gegner ging 1938 als Archivar zur Wiener Wirtschaftszeitung »Süd-Ost-Echo« und dann zum »Europakabel« nach Amsterdam. 1946 gründete er unter alliierter Aufsicht die Tageszeitung »Presse« (ab 1949: »Die Presse«), deren Herausgeber und Chefredakteur er bis zu seinem Tod blieb. M. war mit der Schriftstellerin Paula → Preradović verheiratet, aus dieser Ehe stammen die Söhne Fritz → M. und Otto → M.

*Werke:* »Die Orientpolitik des Fürsten Metternich« (1913), »Fallmerayers Schriften und Tagebücher« (1913), »Radetzky« (1915), »Zur Geschichte des österr.-russischen Gegensatzes« (1916), »Ein österr. Kanzler: Metternich« (1917), »Das Wort hat Ö.« (1953).

*Lit.:* A. Wandruszka, E. M., in: NÖB 18.

**Molden, Fritz,** * 8. April 1924 in Wien, Journalist und Verleger.

Während des NS-Regimes aktiv im österr. Widerstand tätig, wandte er sich später wie sein Vater Ernst → M. dem Journalismus zu. 1953–1961 wirkte er als Herausgeber und Eigentümer der Tageszeitung »Die Presse«. Er gründete 1958 den »Express« und errichtete das »Pressehaus« in Wien-Heiligenstadt. 1961 verkaufte er die »Presse« und gründete 1964 den Verlag Fritz Molden, den er in kürzester Zeit zu einem der erfolgreichsten österr. Buchverlage ausbaute. 1964–1982 erschienen mehr als 1 000 Titel, darunter so fulminante Erfolge wie Hildegard Knefs »Der geschenkte Gaul«, aber auch solche Flops wie die Memoiren der Stalintochter Swetlana. Als der Verlag in Konkurs ging, schrieb M. einen nüchternen Bericht über seine Verlegerkarriere. Seitdem als Journalist tätig, ist er auch Präsident des Auslandsösterreicherwerks.

*Werke:* »Fepolinski und Waschlapski auf dem berstenden Stern« (1976), »Besetzer, Toren, Biedermänner« (1980), »Der Konkurs« (1984), »Die Österreicher oder Die Macht der Geschichte« (1986), »Die Feuer in der Nacht« (1988).

**Molden, Otto,** * 13. März 1918 in Wien, Kulturpolitiker.

Gemeinsam mit seinem Bruder Fritz → M. war er im Widerstand gegen den Nationalsozialismus tätig und wie dieser in politischer Haft. Zusammen gründeten sie 1945 in Tirol das »Europäische Forum Alpbach« und das »Österr. College« als europaweites Diskussionsforum. 1960 gründete M. die »Europäische Föderalistische Partei« (EFP), die aber in Ö. nur geringen Erfolg hatte.

*Werke:* »Der Ruf des Gewissens – der österr. Freiheitskampf« (1958), »Der andere Zauberberg – das Phänomen Alpbach« (1981), »Das Erbe Europas – Erbe und Auftrag« (1985).

**Moldovan, Kurt,** * 22. Juni 1918 in Wien, † 16. September 1977 in Wien, Zeichner, Graphiker und Maler.

M. studierte 1938–1940 an der Kunstgewerbeschule in Wien Gebrauchsgraphik, wurde dann zur deutschen Wehrmacht eingezogen und setzte 1945 sein Studium an der Akademie der Bildenden Künste bei Prof. Sergius → Pauser fort. Er war einer der Mitbegründer des Art Club. Mit seinen Arbeiten schon früh erfolgreich, stellte er 1950 auf der Biennale in Venedig aus, zahlreiche weitere Ausstellungen folgten.

M. hielt die Wirklichkeit in seinen Tuschpinsel- und Rohrfederzeichnungen mit lockerem, verspieltem Strich und virtuoser Leichtigkeit fest. Er bannte seine Reiseeindrücke mit Fabulierlust, hinter der sich nicht selten schwarzer Humor verbirgt, auf unzählige Blätter und schuf graphische Zyklen von großer Eindringlichkeit (u. a. »Krieg«, 1951, »Tierkreis«, 1956, »Antike Szenen«, 1962, »Venezianischer Karneval«). Daneben schuf er eine Vielzahl von Aquarellen, in denen sich das Lichterlebnis südlicher Landschaften spiegelt, verfließende Veduten, denen zuweilen etwas Melancholisches anhaftet. Der Künstler war auch als Buchillustrator und als Bühnenbildner tätig.

*Kurt Moldovan*

*Lit.:* O. Breicha (Hg.), K M. Kreuz und quer. Beutezüge eines Zeichners (1980).

**Molisch, Hans,** * 6. Dezember 1856 in Brno/Brünn (Mähren), † 8. Dezember 1937 in Wien, Botaniker und Pflanzenphysiologe.

M. war Mitbegründer der Mikrochemie der Pflanzenkörper. Er wuchs in der Gärtnerei seines Vaters auf, in einer Umgebung, die für seinen Lebensweg bestimmend wurde. Ab 1875 studierte er in Wien Naturwissenschaften (Promotion: 1879). 1889 wurde er a. o. Prof. für Botanik und technische Mikroskopie an der Technischen Hochschule in Graz, 1894–1909 o. Prof. an der Deutschen Universität in Prag. 1897/98 unternahm er eine botanische Forschungsreise um die Welt. 1909–1928 wirkte er als Vorstand des pflanzenphysiologischen Instituts der Universität Wien. Als Gast lehrte er 1922–1925 in Japan und 1928/29 in Indien. M. war einer der bedeutendsten und international angesehensten

Pflanzenphysiologen seiner Zeit. Führend in der mikroskopisch-experimentellen Botanik, veröffentlichte er mehrere bahnbrechende Werke.

*Werke:* »Anatomie der Pflanze« (6. Aufl., 1954), »Pflanzenchemie und Pflanzenverwandtschaft« (1933), »Über den Einfluß einer Pflanze auf eine andere (Allelopathie)« (1937).

**Molny-Pluch, Erika (geb. Smolnig),** * 28. Juni 1932 in Klagenfurt, † 26. August 1990 in Wien, Erzählerin und Dramatikerin.

M. kam 18jährig nach Wien und studierte Wirtschaftswissenschaft. Sie trat zuerst mit Fernsehdrehbüchern (u. a. der Dramatisierung von → Doderers »Strudelhofstiege«) an die Öffentlichkeit, schrieb Texte für das Kabarett (»Münchner Lach- und Schießgesellschaft«, »Der Würfel«) und arbeitete als Kolumnistin für Zeitschriften (»profil«, »Ikarus«). 1984 veröffentlichte sie ihren ersten Roman, »Bruchstücke«, in dem sie das von Krieg und Armut geprägte Leben einer alten, vereinsamten Frau beschreibt. In »Die Frau des Malers« (1988) schildert sie in mitreißend impulsiver Sprache die Irrtümer einer Künstlerin, die ihre gesamte Existenz in den Dienst der Karriere ihres Partners stellt, sich selbst völlig verleugnet und ihr eigenes Ich zerstört. Zusammen mit ihrem Mann, dem Schriftsteller Thomas Pluch (1935–1992), schrieb sie den Erzählband »Der liebe Gott des Waldviertels« (1986). Zwei Theaterstücke, »Der Turm« und »perpetuum mobile«, wurden auf Kleinbühnen aufgeführt. Aus dem Nachlaß der Autorin erschien der Erzählband »Das Fest des Hahns« und der Gedichtband »Schau Frau« (1991).

**Moog, Heinz,** * 28. Juni 1908 in Frankfurt am Main, † 9. Mai 1989 in Wien, Kammerschauspieler.

M. nahm nach der Matura privaten Schauspielunterricht und debütierte 1927 am Frankfurter Künstlertheater. Er spielte an deutschen Bühnen (Kassel, Plauen, Weimar, Bochum, Berlin), ehe er 1943 ans Wiener Burgtheater kam. Zweimal verließ der schwierige Schauspieler im Streit das Haus (1969 und 1978), um doch wiederzukehren und schließlich Ehrenmitglied des Burgtheaters zu werden.

M. war eine der markantesten Erscheinungen des Wiener Theaters. Der Charakterdarsteller verkörperte an der »Burg« mit großem Einsatz und überzeugender Darstellungskunst zahllose klassische wie moderne Rollen. Seine Spannweite reichte vom Mephisto bis zum Chinesen in Claudels »Der seidene Schuh« und zum Sly in »Der Widerspenstigen Zähmung«. Er war u. a. ab 1948 bei den Salzburger Festspielen tätig und spielte in rund 50 Kinofilmen (u. a. in Peter → Patzaks »Strawanzer«). M. wirkte häufig auch in Fernsehproduktionen mit.

**Morak, Franz,** * 25. Mai 1946 in Graz, Schauspieler.

M. wuchs bei der Großmutter auf. Er begann nach der Matura Germanistik und Philosophie zu studieren, ging dann jedoch an die Hochschule für Musik und Kunst in Graz und absolvierte eine Sprech- und Atemtechnikausbildung am Reinhardt-Seminar. Danach erhielt er ein Engagement am Volkstheater, wo er u. a. in → Turrinis »Rozznjogd« spielte. Schließlich gelang ihm nach einem Zwischenspiel in Düsseldorf 1976 der Sprung an die »Burg«. Paula → Wessely war seine erste Partnerin, doch bekam er ansonsten nur kleine Rollen. Daneben trat er als Rock-Musiker auf. Er komponierte und arrangierte an die 1 000 Lieder. Heute spielt er ein breites Rollenrepertoire. Für seinen Kasimir Dachl in Nestroys »Heimliches Geld, heimliche Liebe« erhielt er die Kainz-Medaille. 1991 gab er den »König Ottokar«. Seine erste Regiearbeit, Felix → Mitterers »Sibirien« mit Fritz → Muliar am Akademietheater, war ein großer Erfolg. Zuvor las er auf Platte »Die dritte Walpurgisnacht« von Karl → Kraus.

**Moralt, Rudolf,** * 26. Februar 1902 in München, † 16. Dezember 1958 in Wien, Kapellmeister und Dirigent.

M. studierte in München und war zunächst an kleinen und mittleren Bühnen Korrepetitor und Theaterdirigent. 1937 übernahm er die Grazer Operndirektion. 1940 wurde er Dirigent der Wiener Staatsoper. Von Mozart bis Wagner beherrschte er ein breites Repertoire und brachte, ohne sich in Szene zu setzen, einen Opernabend souverän über die Bühne. Sein musikalisches Können und Einfühlungsvermögen wurden zweifellos unterschätzt. Der bescheidene Musiker war ein Mittler zwischen dem Werk des Komponisten und dem Publikum, ein Vermittler von Klangkunst im besten Wortsinn.

**Moravec, Fritz,** * 27. April 1922 in Wien, alpiner Pädagoge, Expeditionsbergsteiger und Publizist.

1962 gründete der Berufsschullehrer M. die »Naturfreunde«-Hochgebirgsschule Glockner-Kaprun, die er 30 Jahre lang leitete. Sein alpinpädagogisches Fachgebiet war die Ausbildung von Kindern in sogen. »Kinderseilschaften«.

M. hat sich durch seine großen außeralpinen Unternehmungen einen Namen gemacht. Seine Expeditionen führten ihn in die Anden, zu den Schnee- und Eisbergen Ostafrikas, auf die Eismeerinsel Spitzbergen und immer wieder in den Himalaja. Seinen größten Erfolg hatte M. 1956, als ihn die Erstersteigung des Karakorum-Achttausenders Gasherbrum II gelang. Das Land seiner Sehnsucht aber blieb Tibet, das er seit 1980 mehr als 20mal bereist hat. Viele europäische Fernsehanstalten haben seine Expeditionsberichte und Bergfilme ausgestrahlt. Darüber hinaus hat er seine Erlebnisse in spannenden Beiträgen und Büchern beschrieben.

*Werke:* »Weiße Berge – Schwarze Menschen« (1958), »Dhaulagiri – Berg ohne Gnade« (1960), »Gefahren und Gefährten – Abenteuer auf Spitzbergen« (1961).

**Morgenstern, Oskar,** * 24. Jänner 1902 in Wien, † 26. Juli 1977 in New York, Nationalökonom.

M., der 1925 in Wien zum Doktor der Sozialwissenschaften promovierte, wurde hier 1935 a. o. Prof. 1931 trat er die Nachfolge → Hayeks am Österr. Institut für Konjunkturforschung an. Um Verfolgungen durch die Nationalsozialisten zu entgehen, kehrte er 1938 von einer Vortragsreise in die USA nicht mehr nach Ö. zurück. Zunächst Prof. in Princeton, wurde er 1955–1970 Direktor des Economic Research Program. 1960 kam er nach Wien zurück und gründete das Institut für Höhere Studien, dessen Leiter er bis 1970 blieb. Da er in Ö. keine Professur erhielt, nahm er 1970 ein Angebot der New York University an und lehrte dort bis 1976. Als Berater des Weißen Hauses hatte M. großen politischen Einfluß in den USA. Seine Spieltheorie wurde erstmals zur Lösung des Koreakonflikts herangezogen. In der Ära Kennedy war er Berater für militärisch-strategische Entscheidungen. Als Nationalökonom blieb M. in der österr. Schule verwurzelt. In seiner wissenschaftlichen Arbeit war er immer an Kooperation interessiert, er leistete originelle Pionierarbeit, wie seine Beiträge zur Risikoanalyse, die die Wahrscheinlichkeit als Unsicherheitsfaktor berücksichtigen.

*Werke:* »Die Grenzen der Wirtschaftspolitik« (1934), »Strategie – heute« (1962), »Spieltheorie und Wirtschaftswissenschaften« (1963), »Über die Genauigkeit wirtschaftlicher Beobachtungen« (1965).

**Moritz, Herbert,** * 30. März 1927 in Salzburg, Journalist und Politiker.

Der Sohn eines Oberkellners mußte nach dem Mittelschulbesuch 1944 einrücken und geriet in Gefangenschaft. 1945 begann der Sozialdemokrat seine Karriere als Journalist beim SPÖ-Organ »Demokratisches Volksblatt«. 1946–1950 studierte er Geschichte, Germanistik und Psychologie in Innsbruck und Wien (Promotion: 1950). Wieder zum »Volksblatt« zurückgekehrt, übernahm er 1956 die Vertretung des beurlaubten Chefredakteurs Josef → Kaut. 1969 kam der Salzburger in den Landtag und wurde Landesrat für Kultur, wobei er sich gegen die sogen. »Hochkulturen« aussprach und im Gegensatz zu Herbert von → Karajan, aber auch zu Festspielpräsident Josef → Kaut geriet. 1977–1984 fungierte er als stellvertretender Landeshauptmann. 1984 holte ihn Kanzler → Sinowatz als Nachfolger von Helmut → Zilk ins Unterrichtsressort, das er bis 1987 als Bundesminister leitete.

**Moser, Albert,** * 16. Juli 1920 in Graz, Musikmanager.

Nach dem Studium der Geschichte und Germanistik sowie Kriegsdienst war M. als Radiosprecher tätig. Bald wurde er stellvertretender Programmleiter und gründete ein kleines Orchester. 1947 übernahm er die Leitung der Grazer Festspiele, wo → Karajan auf ihn aufmerksam wurde. Ernst → Marboe, der Leiter der Bundestheaterverwaltung, holte ihn nach Wien, wo er zunächst das administrative Büro der Staatsoper managte. Als → Karajan die Staatsoper verließ, übernahm M. 1963 die Direktion der Volksoper. 1973–1988 leitete er als Generalsekretär in Nachfolge von → Gamsjäger die Gesellschaft der Musikfreunde. Auf besonderen Wunsch Karajans, mit dem ihn lebenslange Freundschaft verband, übernahm M. 1983 das Präsidium der Salzburger Festspiele, das er bis 1991 führte, mit dem Ziel, nicht gänzlich neue Schwerpunkte zu setzen, sondern das »barocke Gesamtkunstwerk Salzburg« liebevoll zu erhalten und zu pflegen. Trotzdem brachte er auch die Moderne nach Salzburg, Werke von Werner Henze, Oliver Messiens, Friedrich → Cerha und Krzysztof Penderecki gelangten zur Aufführung.

**Moser, Hans (eigtl. Jean Julier),** * 6. August 1880 in Wien, † 19. Juni 1964 in Wien, Kammerschauspieler.

M. zählt zu den populärsten österr. Schauspielern. Mit seiner unverwechselbaren Komik ist er durch zahlreiche Filmrollen bekannt geworden (u. a. »Der Hofrat Geiger«, 1947, »Der Herr Kanzleirat«, 1948, »Hallo Dienstmann«, 1952). Das typische Nuscheln und die rudernde Gestik seiner raunzenden, grantelnden Charaktere wurden seine Markenzeichen.

M. wuchs in bürgerlichen Verhältnissen auf und sollte wie sein Vater akademischer Maler werden. Er besuchte die Handelsschule und war

*Hans Moser*

kurze Zeit Büroangestellter, nahm jedoch insgeheim Schauspielunterricht. Er begann auf Wanderbühnen, spielte im Kabarett und im Varieté. Seinen Durchbruch am Theater (Theater an der Wien, Reinhardt-Bühnen) erzielte er in den 20er Jahren. Seit 1921 auch beim Film tätig, wurde er in den 30er Jahren zum Star.

M. war kein bloßer Spaßmacher, er war ein Vollblutkomiker in der Nachfolge A. Girardis, ein großer Menschendarsteller, der auch in ernsten Rollen überzeugte (Polizeikonzipient in Molnárs »Liliom«, 1930 im Theater an der Wien, das Hohe Alter in »Der Bauer als Millionär«, 1961 bei den Salzburger Festspielen). Mit Mutterwitz und Wärme stellte er seine Wiener Typen dar und war ein urwüchsiger Interpret des Wienerliedes (»Die Reblaus«). M. war auch Mitglied des Burgtheaters und spielte u. a. den Weiring in → Schnitzlers »Liebelei«.

*Lit.:* G. Markus, H. M. (2. Aufl., 1980).

**Moser, Josef,** * 14. Februar 1866 in Salzburg, † 13. November 1931 in Salzburg, Pädagoge.

Nach Absolvierung der Lehrerbildungsanstalt in Salzburg war M. als Lehrer in NÖ tätig. Er legte die Bürgerschulprüfung ab und war 1902–1919 als Direktor der neuen Bürgerschule in Kaisermühlen tätig. Der Pädagoge, der sich besonders durch Lehrwanderungen und Schülerreisen sowie seine Fürsorge für arme Schüler großes Ansehen erwarb, war Mitbegründer des katholischen Lehrerbundes für Ö., dessen Bundesobmann er 1898 wurde. Neben der Gründung weiterer katholischer Lehrerorganisationen in mehreren Ländern setzte er sich nachdrücklich für eine katholische Universität in Salzburg ein. 1918 gründete er das Canisiuswerk zur Heranbildung von Priestern, dem er in den folgenden Jahren seine ganze Kraft widmete. 1930 initiierte er den Bau der Herz-Jesu-Kirche in Wien-Hernals.

*Annemarie Moser-Pröll*

**Moser-Pröll, Annemarie,** * 27. März 1953 in Kleinarl (S), Skirennläuferin.

Die erfolgreichste Skirennläuferin aller Zeiten wuchs auf einem Bergbauernhof auf und stand schon als Kind auf den Skiern. Das Naturtalent gewann 1971 ihren ersten Gesamtweltcup und wiederholte diesen Sieg in den folgenden Jahren noch 5mal (1972–1975, 1979). Insgesamt errang »La Pröll«, wie die Franzosen das österr. Sportphänomen ehrfurchtsvoll nannten, 63 Weltcup-Einzelsiege, davon 36 in der Abfahrt, und holte sich 1980 als krönenden Abschluß ihrer Karriere in Lake Placid (USA) olympisches Gold in der Damenabfahrt. M.-P. führt heute mit ihrem Mann in Kleinarl ein gutbesuchtes Hotelrestaurant.

**Muhr, Rudolfine,** * 5. September 1900 in Wien, † 27. Oktober 1984 in Wien, Gewerkschafterin und Politikerin.

M., die aus einer Proletarierfamilie stammte, mußte nach der Pflichtschule zum Lebensunterhalt ihrer Geschwister beitragen. Sie schloß sich der Gewerkschafts- und Arbeiterbewegung an und vertrat als Betriebsrat energisch die Interessen ihrer Kollegen. Nach dem Betätigungsverbot für die Sozialdemokratie, 1934, schloß sie sich den illegalen Revolutionären Sozialisten an und organisierte Hilfe für die Familien der Inhaftierten. Auch während des Nationalsozialismus hielt sie Kontakte zu Gesinnungsgenossen. Nach Kriegsende 1945 begann sie die Hietzinger Bezirksorganisation aufzubauen und war in der Bundespartei im Frauenzentralsekretariat tätig. 1945 wurde sie in den Wiener Gemeinderat gewählt, dann in den Bundesrat entsandt, dem sie bis 1969 – auch als Vorsitzende – angehörte. Sie trat engagiert für die Gleichberechtigung der Frauen ein.

**Muhri, Franz,** * 21. Oktober 1924 in Steyeregg (St), Politiker.

Der Sohn eines Bergarbeiters war zunächst Arbeiter bei der Graz-Köflacher Eisenbahn, dann, nach Abendkursen, Angestellter. Ein Mitglied des illegalen Kommunistischen Jugendverbands und der Widerstandsbewegung, desertierte er 1943 von der deutschen Wehrmacht. Nach dem Krieg arbeitete er für die KPÖ und wurde 1954 Kandidat für das Zentralkomitee, 1961 ZK-Mitglied, 1965 Nachfolger von Johann → Koplenig und, in seiner Funktion bis 1989, einer der längstdienenden Parteivorsitzenden. Unter seiner Führung trat die KPÖ zunächst für den »Prager Frühling« und gegen die sowjetische Invasion 1968 ein, um 1971 auf Moskauer

Kurs einzuschwenken und danach jede Kritik in den eigenen Reihen zu unterdrücken. Die österr. KP öffnete sich als eine der letzten den neuen Strömungen Ende der 80er Jahre.

**Muliar, Fritz,** * 12. Dezember 1919 in Wien, Kammerschauspieler, Regisseur und Buchautor.

M. ist eine der bekanntesten und vielseitigsten Persönlichkeiten der Wiener und österr. Kulturszene nach 1945. Engagiert, streitbar und geradlinig geht er keiner Kontroverse aus dem Weg, ob als Schauspieler, Regisseur, Autor oder Vortragender, und hält auch mit seinen politischen Ansichten nicht hinterm Berg.

Den Stiefsohn eines jüdischen Juweliers zog es früh zum Theater. Seine Ausbildung erhielt er am Konservatorium der Stadt Wien. 1937 debütierte er im Wiener Kabarett »Der liebe Augustin«, spielte dann in Innsbruck und im Wiener »Simpl«. 1940 zur deutschen Wehrmacht eingezogen, wurde er wegen seiner Kontakte zur französischen Widerstandsbewegung zu 5jähriger Haft verurteilt. Nach dem Krieg spielte er in Graz (»Der Igel«, Steirisches Landestheater), bis er als Operettenbuffo ans Wiener Raimundtheater engagiert wurde. Von dort kam er an das Volkstheater und 1964 an das Theater in der Josefstadt. 1974–1987 spielte er am Burgtheater. An allen drei genannten Bühnen hat M. zahlreichen Nestroy-Figuren den Stempel seiner Persönlichkeit aufgedrückt (Knieriem, Krautkopf etc.). Seine Glanzrolle war aber zweifellos der brave Soldat »Schwejk«.

M. wirkte in mehr als 50 Filmen und in TV-Serien mit. Er hat zahlreiche Bücher verfaßt (u. a. »Liebesbriefe an Ö.«, 1986, »Von A–Z. Unaussprechliches ausgesprochen«, hgg. von Dolf Lindner, 1989) und mit Gespür für den jüdischen Witz die LP »Jiddische Hitparade« herausgebracht. In Felix → Mitterers Einpersonenstück »Sibirien« hat er zuletzt wieder seine grandiose Schauspielkunst unter Beweis gestellt.

**Müller-Preis, Ellen,** * 6. Mai 1912 in Berlin, Fechterin.

M.-P. war ein sportliches Wunderkind und durchlief eine außergewöhnliche Karriere. Mit 12 Jahren wurde sie österr. Meisterin im Damenflorett. Sie nahm insgesamt an fünf Olympischen Spielen teil (1932 Gold in Los Angeles, Bronze 1936 in Berlin und 1948 in London). Die ehemalige Mittelschullehrerin (Leibesübungen, Deutsch) errang außerdem 4 Weltmeistertitel (1932, 1947, 1949, 1950). 1959 trug sie bei der Weltmeisterschaft entscheidend zum 3. Rang des österr. Teams im Mannschaftsfechten bei. Sie hat somit im Sportfechten die meisten Erfolge für Ö. heimgebracht. Die Sportlerin war später Fechtlehrerin am Reinhardt-Seminar.

**Müllner, Josef,** * 1. August 1879 in Baden bei Wien, † 25. Februar 1968 in Wien, Bildhauer.

Nach Absolvierung der Mittelschule studierte M. Bildhauerei an der Akademie der bildenden Künste bei Edmund → Hellmer und Kaspar Zumbusch. 1903 entstand sein erstes Werk, die »Heilige Familie« für das Herz-Jesu-Kloster in Wien-Döbling. 1910 wurde er a. o. Prof., 1912–1939 o. Prof. an der Akademie der bildenden Künste, 1927/28 auch Rektor. Wien verdankt M. eine Reihe bedeutender Denkmäler, darunter das bereits 1913 entworfene, aber erst 1926 fertiggestellte Lueger-Denkmal, »Der Sieger« vor dem Theseustempel im Volksgarten (1921), das mittlerweile umstrittene Heldendenkmal in der Aula der Wiener Universität (1922) und die Bronzegruppe »Scherzo« im Arenbergpark.

**Müllner, Viktor,** * 10. Juli 1902 in Wien, † 12. Juli 1988 in Wien, Lehrer und Politiker.

Der Lehrer und Funktionär der Vaterländischen Front wurde 1938 verhaftet; im KZ lernte er Franz → Olah kennen, mit dem er über Parteigrenzen hinweg ein Leben lang befreundet blieb. Nach 1945 beteiligte sich der ÖVP-Politiker mit großer Energie am Wiederaufbau des schwer zerstörten NÖ. Er wurde öffentlicher Verwalter, später Geschäftsführer und Generaldirektor der landeseigenen Elektrizitätsgesellschaft »Newag«. 1955 gründete er als Landesfinanzreferent die »Niogas«, wodurch die reichen Gasvorkommen in Landesbesitz blieben, und wurde Präsident des Aufsichtsrats. Auf M.s Initiative geht die Erbauung der »Gartenstadt Süd« zurück, die international als städtebauliches Experiment galt. Auch Landesobmann des ÖAAB, legte er auf einer Bank Landesgelder an, deren zusätzliche Erträge seiner Partei zugute kamen. Derartige Machinationen brachten den mächtigen Politiker (er war auch Landeshauptmann-Stellvertreter und stellvertretender Landesparteiobmann der ÖVP) schließlich zu Fall, 1966 wurde er verhaftet und 1968 in einem Sensationsprozeß zu 4 Jahren Kerker verurteilt, mußte aber als Schwerkranker seine Strafe nicht absitzen. Seine Partei trennte sich von ihm. Er starb völlig mittellos.

**Muschik, Johann,** * 20. August 1911 in Wien, † 2. Oktober 1979 in Wien, Journalist und Kunstkritiker.

M. erhielt eine kaufmännische Ausbildung, vervollkommnete seine Bildung in Volkshochschulkursen und an der Universität und war zunächst als kaufmännischer Angestellter und später als Radiotelegraphist beim österr. Rundfunk beschäftigt. Nach 1945 begann er seine Laufbahn als Publizist bei der kulturpolitischen Zeitschrift »Plan«. Daneben war er als Kunstkritiker für in- und ausländische Zeitschriften tätig (»Der Abend«, »Neues Österreich«, »Wiener Kurier«). Er prägte 1956 den Begriff »Wiener Schule des Phantastischen Realismus«. Außerdem schrieb er Essays über literarische, philosophische und historische Themen sowie eine Reihe Bücher (»Österreichische Plastik seit 1946«, »Alfred Hrdlicka – drei Zyklen«).

**Musger, August,** * 10. Februar 1868 in Eisenerz (St), † 30. Oktober 1929 in Graz, Techniker und Geistlicher.

Der Sohn eines Lehrers studierte nach der Matura in Graz Theologie und wurde 1890 zum katholischen Priester geweiht. Neben seiner Tätigkeit als Kaplan studierte M. Mathematik und Physik in Graz. 1893 kam er hier als Präfekt an das Bischöfl. Knabenseminar, wo er bis zu seinem Tod Zeichnen, Mathematik und Physik unterrichtete (Lehramtsprüfung: 1898). Seine Befähigung auf dem Gebiet der Darstellenden Geometrie kam M. bei seinen späteren Forschungen besonders zugute. M. beschäftigte sich mit der Kinematographie, wobei er zunächst eine verbesserte Vorführtechnik (Beseitigung des Flimmerns) suchte. Er ist der Erfinder der Zeitlupe. Sein erstes Patent, das auf dem von ihm entwikkelten Grundprinzip des Spiegelausgleichs beruhte, meldete er 1904 an; seinen ersten »Serienapparat mit Spiegelrad« führte er 1907 in Graz vor. Infolge Unerfahrenheit verfielen seine Patente (ein zweites erhielt er 1921) bzw. wurden von anderen verwendet; M.s grundlegender Beitrag zur »Zeitlupe« blieb dabei unerwähnt. Das Modell seines zweiten »Kinematographen« befindet sich in Wien im Technischen Museum.

**Musil, Robert,** * 6. November 1880 in Klagenfurt, † 15. April 1942 in Genf, Schriftsteller.

*Robert Musil*

M. ist einer der bedeutendsten Schriftsteller des 20. Jh.s. Sein Werk, das dem Roman neue Dimensionen erschloß, zählt zur Weltliteratur. Der Sohn eines Prof.s an der Technischen Hochschule in Brünn besuchte die Militärrealschule in Eisenstadt und Mährisch-Weißkirchen und die Technische Militärakademie in Wien, studierte dann aber Maschinenbau in Brünn (Ingenieur: 1901) sowie Philosophie und Experimentelle Psychologie in Berlin; dort promovierte er 1908 mit einer Dissertation über Ernst Mach. 1911–1914 arbeitete er an der Technischen Hochschule in Wien als Bibliothekar. Im 1. Weltkrieg war er Offizier in der k. u. k Armee, 1919–1923 Fachbeirat im Staatsamt für das Heereswesen. Danach lebte er als freier Schriftsteller in Wien bzw. 1931–1933 in Berlin. 1938 emigrierte M., dessen Bücher unter dem NS-Regime verboten waren, in die Schweiz; er lebte ab 1939 in Genf, wo er unbekannt und im Elend starb.

Schon 1906 hatte er mit großem Erfolg seinen ersten Roman veröffentlicht: »Die Verwirrungen des Zöglings Törleß«. 1921 folgte das Schauspiel »Die Schwärmer« (1929 uraufgeführt), 1924 veröffentlichte er den Novellenband »Drei Frauen«, der einen Höhepunkt österr. Erzählkunst markiert. Er schrieb pointierte Theaterkritiken, herausragende Essays und berühmt gewordene literarische Skizzen. Durch seine Erfolge ermutigt (er hatte drei Preise erhalten), begann er sich auf sein Lebenswerk zu konzentrieren: »Der Mann ohne Eigenschaften«, dessen Faustskizze bis auf das Jahr 1905 zurückgeht und ihm posthum Weltruhm eintragen sollte. Der Roman blieb ein Torso: 1930 erschien der erste Band, 1933 folgte Band 2, Teil 1, 1943 gab M.s Witwe den unvollendeten Nachlaß heraus. Das Werk behandelt den Zerfall der k. u. k. Monarchie (von M. Kakanien genannt) und den Niedergang einer ganzen Epoche – ein dichterisches Kolossalgemälde der Zeit vor 1914, mit genialer Erzählkunst und wissenschaftlich-analytischer Meisterschaft gestaltet. Thomas Mann nannte es »ein dichterisches Unternehmen, dessen Außerordentlichkeit, dessen einschneidende Bedeutung für die Entwicklung, Erhöhung, Vergeistigung des deutschen Romanes außer Zweifel steht«.

*Lit.:* A. Frisé, Plädoyer für R. M. (1987); K. Corino, R. M. Leben und Werk (1988).

**Mussil, Arthur,** * 30. September 1911 in Mödling (NÖ), Jurist und Wirtschaftspolitiker.

Nach einem Jusstudium in Wien und Absolvierung der Gerichtspraxis trat M. 1936 in die Dienste des nö. Landesgewerbeverbands. 1938 übernahm er das sozialpolitische Referat. 1946 wurde er Geschäftsführer der Gewerbesektion der Bundeskammer der gewerblichen Wirtschaft, 1952 Kammeramtsdirektor. M. stand der ÖVP nahe, die ihn 1964 in den Bundesrat entsandte. 1966–1979 hatte er ein Nationalratsmandat inne. Im Hohen Haus galt er als ausgezeichneter Redner und profunder Kenner wirtschaftspolitischer Belange. 1966 bis zu seiner Pensionierung 1979 war der enge Berater Rudolf → Sallingers Generalsekretär der Bundeswirtschaftskammer. Den Ausgleich zur politischen Tätigkeit fand er im Sammeln von Biedermeierkunst.

**Musulin, Janko (von),** * 12. August 1916 in Wien, † 6. März 1978 in Wien, Journalist und Schriftsteller.

M. maturierte am Akademischen Gymnasium in Wien und studierte Landwirtschaft an der Hochschule für Bodenkultur. Dann wandte er sich dem Journalismus zu. Während des 2. Weltkriegs war er in der österr. Widerstandsbewegung tätig. Nach 1945 setzte er sich publizistisch für die europäische Integration ein. Er schrieb u. a. für die »Salzburger Nachrichten«, die deutsche Wochenzeitung »Die Zeit«, die Wiener Zeitschrift »Die Furche« und die Tageszeitung »Die Presse«. Ab 1958 arbeitete er für den Frankfurter Fischer Verlag, dessen Geschäftsführer er bis 1964 zeitweilig war, und machte sich um die Gesamtausgaben von Kafka und → Freud verdient. 1965 wechselte er zum Molden Verlag in Wien.

*Werke:* »Degen und Wege. Schicksal und Gesetz europäischer Politik« (1954), »Proklamationen der Freiheit« (1959), »Die kranke Weltmacht« (1969).

# N

**Nabl, Franz,** * 16. Juli 1883 in Lautschin (Böhmen), † 19. Jänner 1974 in Graz, Erzähler und Dramatiker.

Der Sohn eines Land- und Forstwirts wuchs in Wien auf und studierte Jus, Philosophie und Germanistik. Er zog zunächst nach Baden bei Wien, dann nach Graz, wo er 1924–1927 als Redakteur und ab 1934 als freier Schriftsteller tätig war. Sein umfangreiches Œuvre umfaßt Novellen, Romane und Schauspiele. Im erzählerischen Werk (Hauptwerk ist der zweibändige Roman »Ödhof«, 1911) zeichnet er die Menschen des nö. Voralpengebiets, wo sein Vater 1888 ein Landgut erworben hatte. Ein blendender Naturschilderer mit Neigung zum Einfachen und Kleinen, gestaltete N. in realistischer Manier Menschenschicksale, deren seelische Abgründe er meisterhaft ausleuchtete. Sein Lebenswerk wird vom F.-N.-Institut für Literaturforschung der Universität Graz (1990 gegründet) aufgearbeitet.

*Weitere Werke:* »Schichtwechsel« (Schauspiel, 1929), »Kindernovelle« (Erzählungen, 1932), »Ein Mann von gestern« (Roman, 1935), »Die Ortliebschen Frauen« (Roman, 1936), »Ausgewählte Werke« (4 Bde., 1965).

**Nadler, Josef,** * 23. Mai 1884 in Neudörfl (Böhmen), † 14. Jänner 1963 in Wien, Literarhistoriker.

N. studierte in Prag und promovierte 1908 mit einer Arbeit über Eichendorffs Lyrik zum Dr. phil. 1912 wurde er Dozent, 1914–1924 war er o. Univ.-Prof. in Freiburg (Schweiz), 1925 in Königsberg und 1931 in Wien. Er galt zu seiner Zeit als einer der angesehensten und einflußreichsten Germanisten des deutschen Sprachraumes. Der sudetendeutsche Literarhistoriker veröffentlichte mehr als 300 Arbeiten. Bekannt wurde er v. a. durch sein Hauptwerk »Literaturgeschichte der deutschen Stämme und Landschaften«, (4 Bde., 1912–1928, 4. Aufl. unter dem Titel »Literaturgeschichte des deutschen Volkes«, 1938–1941), in der er die stammesgeschichtliche und landschaftsbedingte Perspektive in die deutsche Literaturbetrachtung einführte. Dies trug ihm später den Vorwurf nationalsozialistischer Tendenzen ein und führte 1945 zu seiner Entlassung, zumal er in der 4. Aufl. seiner »Literaturgeschichte« rassentheoretische Konzessionen gemacht hatte. Der Kritik, er habe NS-Gedankengut vertreten, hielt er in der Autobiographie »Kleines Nachspiel« (1954) seinen katholischen Standpunkt entgegen.

*Weitere Werke:* »Das österr. Volksstück« (1921), »Franz Grillparzer« (1948), »Josef Weinheber« (1952).

*Lit.:* K. Amann u. a. (Hg.), Ö.s Literatur der 30er Jahre (1985).

**Nebehay, Christian M.,** * 11. Mai 1909 in Leipzig (Deutschland), Kunsthistoriker und Kunsthändler.

Der Sohn eines Kunsthändlers, der nach Wien übersiedelt und im alten Hotel Bristol eine Galerie eröffnet hatte, absolvierte eine Lehre als Buchhändler in Leipzig und Wien. Nach Auslandsstudien trat er 1928 in die Firma seines Vaters ein und übernahm 1935, nach dessen Tod, den väterlichen Anteil am Antiquariat Heck. Während des 2. Weltkriegs arbeitete er als Dolmetsch. 1945 baute er in Salzburg die Galerie Welz auf. 1947 gründete er in Wien eine eigene Firma, wobei er versuchte, die internationalen

Beziehungen des Vaters zu erneuern. Schon in jungen Jahren hatte sich N. in der väterlichen Galerie zu einem Experten für Klimt und Schiele entwickelt. Später konnte er zahlreiche Erwerbungen im Interesse des österr. Kunstlebens tätigen, u. a. vermittelte er den Erwerb der Handschrift der Dritten Symphonie von Anton Bruckner für die Österr. Nationalbibliothek. N., der zum Präsidenten der International League of Antiquarian Booksellers gewählt wurde, gründete in den 60er Jahren die »Gesellschaft der Freunde der Albertina«, die er ebenfalls präsidiert. Er ist Gründer (1949) der Vereinigung der Antiquare Ö.s.

*Werke:* »G. Klimt. Dokumentation« (1969), »Ver sacrum 1898–1903« (1975), »G. Klimt. Sein Leben nach zeitgenössischen Berichten und Quellen« (1979), »E. Schiele 1890–1918. Leben, Briefe, Gedichte« (1979), »G. Klimt, E. Schiele und die Familie Lederer« (1987), »G. Klimt. Das Skizzenbuch aus dem Besitz von Sonja Knips« (1987).

**Nedbal, Oskar,** * 26. März 1874 in Tábor/Tabor (Böhmen), † 24. Dezember 1930 (Selbstmord) in Agram/Zagreb (Kroatien), Komponist und Dirigent.

N. studierte 1885–1892 am Prager Konservatorium, wo Antonin Dvořák sein Kompositionslehrer war. Als Bratschist und Mitbegründer gehörte er dem berühmten Kammerensemble »Böhmisches Streichquartett« an und war 1896 erstmals Dirigent der Böhmischen Philharmonie in Prag. 1906 übersiedelte er nach Wien, wo er die Uraufführung seiner erfolgreichsten Operette, »Polenblut« (1913), erlebte. Neben Operetten schuf er Ballettpantomimen, eine ernste Oper, Lieder, Kammer- und Orchestermusik. Bis 1919 leitete er das Tonkünstlerorchester und war vorübergehend auch Kapellmeister an der Wiener Volksoper. 1923 übernahm er die Direktion des Slowakischen Nationaltheaters in Preßburg.

**Neff, Dorothea,** * 21. Februar 1903 in München, † 27. Juli 1986 in Wien, Schauspielerin.

N. wurde in München ausgebildet und spielte an deutschen Bühnen (Regensburg, Gera, Aachen, München, Köln, Königsberg), zunächst im Fach der jugendlichen Heldin und Liebhaberin, später als Charakterdarstellerin. 1939 kam sie an das Deutsche Volkstheater in Wien, dem sie, ungeachtet einiger Gastspiele an der »Burg«, treu blieb. In Wien erreichte sie den Zenit ihrer großen Schauspielkunst. Als Elisabeth in »Maria Stuart«, als Medea, als Frau Flamm in Hauptmanns »Rose Berndt« oder als Mutter Courage begeisterte sie durch ihre große Kraft der Menschengestaltung und ihre Selbstdisziplin. Sie wirkte auch in zahlreichen Filmen, Hörspielen und Kabarettsendungen mit und war zu Lebzeiten ein vielbewundertes Vorbild für ihre jungen Kolleginnen. Ab 1967 erblindet, stand sie dennoch weiter auf der Bühne.

Erst spät – N. war schon im vorgerückten Alter – erfuhr man, daß sie während der NS-Zeit jahrelang eine jüdische Freundin in ihrer Wohnung versteckt gehalten und ihr dadurch das Leben gerettet hatte.

**Neher, Caspar,** * 11. April 1897 in Augsburg (Bayern), † 30. Juni 1962 in Wien, Bühnenbildner.

Der geniale Bühnenbildner erhielt seine Ausbildung an der Kunstgewerbeschule und der Akademie in München. Sein künstlerischer Weg führte ihn zunächst nach Berlin, wo er u. a. mit Bert Brecht zusammenarbeitete (»Dreigroschenoper«, 1928). Danach wirkte er in Frankfurt, Hamburg und Wien, 1945–1947 in Zürich und anschließend wieder in Wien. Hier erarbeitete er an der Staatsoper gemeinsam mit dem Regisseur O. F. → Schuh den inszenatorischen »Wiener Mozart-Stil«. Ab 1947 war er bei den Salzburger Festspielen, v. a. in der Felsenreitschule, tätig und schuf legendäre Bühnenbilder (u. a. für den »Wozzeck«, für Glucks »Orpheus und Eurydike« und Mozarts »Cosi fan tutte«). N.s Vision war ein antiillusionistisches Theater, eine »Bühne ohne Guckkasten« im architektonisch gegliederten Raum.

**Neisser, Heinrich,** * 19. März 1936 in Wien, Jurist und Politiker.

N. studierte Jus (Promotion: 1960) und absolvierte die Gerichtspraxis. 1961–1966 war er im Präsidium des Verfassungsgerichtshofes tätig, dann holte ihn Kanzler → Klaus in sein Büro. 1968 avancierte er zum Leiter des Ministerratsdienstes, 1969/70 war er Staatssekretär im Bundeskanzleramt. Ab 1974 leitete er die Stabsstelle in der Vereinigung Österr. Industrieller. 1981–1984 war er Bundesgeschäftsführer des Management-Clubs, 1975–1987 ÖVP-Abgeordneter zum Nationalrat, 1987–1989 Kanzleramtsminister für Föderalismus und Verwaltungsreform. Anschließend kehrte er in den Nationalrat zurück; der Verfassungsexperte wurde 1990 zum Klubobmann der ÖVP gewählt.

**Németh, Maria,** * 13. März 1897 in Körmend (Ungarn), † 28. Dezember 1967 in Wien, Kammersängerin.

Nach der Handelsschule in Preßburg erhielt N. ab 1921 ihre Gesangsausbildung in Budapest, Neapel und Wien. 1923 feierte sie ihr Debüt an der Nationaloper in Budapest. Bereits 1924 kam sie an die Wiener Staatsoper, wo sie bis 1945 glänzende Erfolge hatte. Die Sopranistin war eine bedeutende Mozart-Interpretin (Konstanze, Königin der Nacht, Donna Anna), die das Publikum durch die seltene Tonfülle und Schönheit ihrer Stimme und ihre besondere Musikalität beeindruckte. Sie wirkte auch bei den Salzburger Festspielen mit und gastierte an allen Bühnen Europas. Ab 1953 war sie in Wien als Gesangspädagogin tätig.

**Nemschak, Franz,** * 27. Juli 1907 in Graz, † 17. März 1992 in Wien, Wirtschaftsforscher.

N., der aus einer Grazer Arbeiterfamilie stammte, studierte 1927–1931 als Werkstudent – er war gleichzeitig Angestellter in einem Kaufhaus – in Graz (Dr. jur.: 1931). 1933–1937 arbeitete er am volkswirtschaftlichen Seminar bei → Dobretsberger und → Taucher in Graz. Dann wirkte er als Sekretär der Sozialen Arbeitsgemeinschaft Steiermark. 1938 emigrierte er nach Frankreich, kehrte aber 1939 zurück und wurde vorübergehend von der Gestapo verhaftet. Während des Krieges wurde er als frontdienstuntauglich, außerdem als politisch unzuverlässig eingestuft. 1942/43 konnte er am Statistischen Seminar der Wiener Universität arbeiten. 1943–1945 wirkte er am Institut für Wirtschaftsforschung in Wien, dessen Leitung er 1945 übernahm und für das er in der Folge Mitarbeiter wie Stephan → Koren, Hans Seidel und Kurt → Rothschild gewann. Außerdem leitete er das ERP-Büro im Bundeskanzleramt. 1973 übernahm er die Leitung des von ihm gegründeten Wiener Instituts für Internationale Wirtschaftsvergleiche, dessen Vorbild → Hayeks Institut für Konjunkturforschung bildete; Grundgedanke beim Aufbau war die Versachlichung der Wirtschaftspolitik durch Bereitstellung wirtschaftlicher Entscheidungshilfen. Wiederholt wurde N. von der Bundesregierung als Berater, v. a. beim Abschluß von Lohn- und Preisabkommen, herangezogen. Er gehörte schon in den 60er Jahren zu jenen, die Überlegungen für Ö.s Beitritt zur EG anstellten. N., stets ein Mann der klaren Worte, mahnte mehrmals vor der zu geringen Investitionsquote der österr. Wirtschaft.

*Werke:* »Investitionsfinanzierung und Kapitalmacht« (1954), »Liberalisierung und Zollpolitik in Ö.« (1954), »Ö. und die europäische Integration« (1960), »Der private Konsum in der wachsenden Wirtschaft« (1961), »Aspekte der österr. Integrationspolitik« (1961).

**Nenning, Günther,** * 23. Dezember 1921 in Wien, Journalist und Publizist.

Nach Matura in Wien und Dienst in der deutschen Wehrmacht studierte N. in Graz (Dr. phil.: 1949, Dr. rer. pol.: 1959). 1950–1958 war er daneben als Redakteur, dann als Chefredakteur bei der sozialistischen Tageszeitung »Neue Zeit« in Graz tätig. Ab 1958 gab er in Wien mit Friedrich → Torberg die Monatszeitschrift »Forum« heraus, die er 1965 als Eigentümer und Chefredakteur in »Neues Forum« umwandelte – eine kritische Plattform für den

*Günther Nenning*

christlich-marxistischen Dialog und für emanzipatorische Anliegen. Er war auch Mitherausgeber der Zeitschrift »Europäische Perspektiven« und 1960–1985 Präsident der Journalistengewerkschaft. War der unkonventionelle Denker unter → Kreisky zwar als »Wurstl« bezeichnet, aber toleriert worden, blieb es → Sinowatz vorbehalten, ihn 1985 wegen »politischer Aktionen gegen die Partei« aus der SPÖ auszuschließen; im selben Jahr erfolgte auch der Ausschluß aus dem ÖGB. Danach wandte sich N., ein gläubiger Christ und Brückenbauer zwischen Kirche und Sozialdemokratie, der grün-alternativen Bewegung zu, von der er sich allerdings wieder distanzierte. In der Folge war der blendende Beherrscher sprachlicher Spielereien oftmals Diskussionsleiter im TV-Gesprächsforum »Club 2« und schreibt – immer noch für Überraschungen gut – für »profil« ebenso wie für die »Kronen Zeitung«, für die Hamburger »Zeit« und die Züricher »Weltwoche«. Er trat auch zunehmend als Autor historischer Bücher in Erscheinung.

*Werke:* »Anschluß an die Zukunft« (1963), »Richter und Journalisten« (1965), »Neue Sozialdemokratie« (1965), »Die Jugendrevolte« (1970), »Erzherzog Johann« (1982), »Grenzenlos deutsch. Ö.s Heimkehr ins falsche Reich« (1988).

**Nettig, Walter,** * 7. Juni 1935 in Wien, Großkaufmann und Kammerfunktionär.

Zunächst Sängerknabe, absolvierte N. eine kaufmännische Lehre. Danach ging er nach Australien, wo er u. a. im Fotohandel tätig war, und in die USA. 1958 eröffnete er in Traiskirchen ein Fotogeschäft und legte damit den Grundstein zu einer Handelskette mit 25 Wiener Filialen. Von dieser verkaufte er 1990 51 Prozent an seinen stärksten Konkurrenten und verlegte sich mehr auf den Spielwarenvertrieb. Seit 1985 Obmann der Sektion Handel der Wiener Handelskammer, wurde er Chef des Wiener Wirtschaftsbundes – der mächtigsten Organisation der Wiener ÖVP – und 1992 Präsident der Wiener Handelskammer. Er tritt u. a. für die Stärkung der Klein- und Mittelbetriebe ein. Als Befürworter einer Liberalisierung der Ladenschlußzeiten bekämpft er dennoch als Kammerfunktionär die großen Einkaufszentren am Stadtrand. 1987 wurde N. in den Wiener Landtag gewählt, 1989 war er kurzfristig Stadtrat ohne Amtsbereich.

**Neubacher, Hermann,** * 24. Juni 1893 in Wels (OÖ), † 1. Juli 1960 in Wien, Wirtschaftsfachmann.

Der aus einer Lehrerfamilie stammende N. absolvierte das Stiftsgymnasium in Kremsmünster (OÖ) und studierte anschließend an der Hochschule für Bodenkultur in Wien. Nach Kriegsdienst im 1. Weltkrieg beendete er 1920 sein Studium. Er trat in die Holzindustrie ein und brachte es schließlich bis zum Generaldirektor der GESIBA (Gemeinwirtschaftliche Siedlungs- und Baustoffanstalt), die wesentlich am kommunalen Wohnbau in Wien beteiligt war. Daneben war er als Verwaltungsrat in verschiedenen Gesellschaften vertreten. Als Experte gehörte er der Prüfungskommission für die Ursachen des Zusammenbruchs der Creditanstalt an. Künstlerisch vielfach interessiert, hat er auch im

Österr. Werkbund beratend mitgewirkt. Politisch stand N. dem deutschnationalen Lager nahe. Er war Gründungsmitglied des Deutschösterr. Volksbundes, einer Organisation, die den Anschluß an Deutschland vorbereiten sollte. Ab 1933 gehörte er der illegalen österr. NSDAP an. Nach dem NS-Putschversuch im Juli 1934 war er ein Jahr lang in Haft und verlor die meisten seiner wirtschaftlichen Funktionen. Im März 1938 wurde er Bürgermeister und Landeshauptmann von Wien (bis Mai 1939) und SA-Obergruppenführer. Ab 1940 wirkte er als Gesandter in Bukarest und Athen; als »Sonderbeauftragter Südost« war er v. a. mit Wirtschaftsfragen beschäftigt. 1943 wurde er Bevollmächtigter beim Militärbefehlshaber Serbiens in Belgrad. Nach Kriegsende von den Amerikanern verhaftet, sagte er im Nürnberger Prozeß aus, wurde nach Jugoslawien ausgeliefert und dort 1951 zu 20 Jahren Kerker verurteilt, jedoch bereits 1952 als Schwerkranker entlassen. Er gründete als Bauunternehmer in Salzburg eine neue Existenz. 1954–1956 hielt er sich in Addis Abeba auf, wo ihn Kaiser Haile Selassie mit der Planung des Aufbaus der äthiopischen Verwaltung betraute.

*Werke:* »Kampf um Mitteleuropa« (1932), »Sonderauftrag Südost 1940–1945« (1956), »Die Festung der Löwen« (1959).

**Neuberg, Erich,** * 12. August 1928 in Wien, † 10. Jänner 1967 (Selbstmord) in Wien, Bühnen- und TV-Regisseur.

N. war einer der begabtesten und hoffnungsvollsten österr. Regisseure nach 1945. Er begann seine Laufbahn am »Theater am Parkring« und gründete das »Theater der 49« am Naschmarkt. Der sensible, schwermütige Regisseur erwarb sich durch eine Reihe von großartigen Inszenierungen an Wiener Bühnen einen hervorragenden Ruf, darunter Ibsens »Die Stützen der Gesellschaft« (Volkstheater), Nestroys »Eisenbahnheiraten« (Josefstadt), Horváths »Die Unbekannte aus der Seine«, O'Neills »Trauer muß Elektra tragen«, Büchners »Woyzeck« (alle Akademietheater). 1956 übernahm er im ORF die Leitung der Abteilung Fernsehspiel. Er führte u. a. bei der legendären TV-Produktion »Der Herr Karl« (mit H. → Qualtinger, 1961) Regie, kehrte aber immer wieder zum Theater zurück. Nach seinem Tod wurde vom ORF der E.-N.-Preis für Regisseure gestiftet.

**Neuburger, Max,** * 8. Dezember 1868 in Wien, † 15. März 1955 in Wien, Medizinhistoriker.

Der Nestor der österr. Medizingeschichte entstammte einer jüdischen Kaufmannsfamilie. Er absolvierte in Wien das Piaristengymnasium, studierte Medizin (Promotion: 1893) und war zunächst als Sekundararzt am Rudolfspital und dann als Assistent an der Wiener Poliklinik tätig. 1904 erhielt er als Nachfolger Theodor Puschmanns die Leitung der medizingeschichtlichen Lehrkanzel, 1917 wurde er o. Univ.-Prof. Der umfassend gebildete Forscher war von unglaublicher Produktivität. Er schrieb zahlreiche grundlegende Bucher, darunter »Geschichte der Medizin« (2 Bde., 1906–1910) und »Die Wiener medizinische Schule im Vormärz« (1921), gab das 6bändige Sammelwerk »Meister der Heilkunde« heraus (1921–1924) und veröffentlichte mehr als 200 Beiträge in Fachzeitschriften. Seine größte und bleibende Leistung war 1914 die Gründung des Instituts für Geschichte der Medizin, das er 1920 in die Räume der ehemaligen Josefinischen Militärakademie überführte und zu einer Forschungsstätte ausbaute. 1939 mußte der große Medicohistoriker Ö. verlassen und emigrierte nach London, 1948 ging er nach Amerika und kehrte erst 1952 hochbetagt nach Wien zurück.

*Lit.:* E. Berghoff, M. N., Werden und Wirken eines österr. Gelehrten (1948).

**Neumann, Robert,** * 22. Mai 1897 in Wien, † 3. Jänner 1975 in München, Schriftsteller.

Der Sohn eines Bankdirektors studierte Medizin, Chemie und Germanistik und war nach dem 1. Weltkrieg in den verschiedensten Berufen tätig. 1934 verließ er Wien und emigrierte nach England, später lebte er im Tessin und in München. Er war Vizepräsident des internationalen

PEN-Clubs. N. schrieb zunächst Gedichte, dann Novellen (u. a. »Jagd auf Menschen und Gespenster«, 1928), historische Romane (u. a. »Struensee«, 1935), satirische Reportagen, Kurzgeschichten, Theaterbücher und Dokumentarberichte. Er war ein scharfzüngiger Gegner der Diktatur, so wandte er sich in dem Roman »Die Macht« (1932) gegen den Nationalsozialismus. Berühmt machten ihn seine analytisch-kritischen Parodien, die zu einer eigenen Literaturgattung wurden, in der er bis heute keine Nachfolge gefunden hat. Schon der erste Parodienband, »Mit fremden Federn« (1927), war ein großer Erfolg, es folgte »Unter falscher Flagge« (1932) und damit der Durchbruch. N. schrieb auch die Autobiographie »Mein altes Haus in Kent« (1957). Seine gesammelten Werke sind 15bändig 1959–1972 erschienen.

*Lit.:* J. Jensen (Hg.), R. N., Meisterparodien (1988).

**Neumann-Spallert, Gottfried,** * 29. März 1915 in Wien, Bühnenbildner.

N. studierte Architektur an der Technischen Hochschule in Wien und promovierte nach Kriegsende 1945. 1950 erhielt er eine Professur für Bühnenbild an der Hochschule für Musik und darstellende Kunst, außerdem wirkte er als Lektor am Institut für Theaterwissenschaften. Bekannt wurde er, als er 1955 in Wien die Internationale Theaterausstellung gestaltete. Ein weiterer Höhepunkt seiner Karriere war die → Hofmannsthal-Ausstellung in Salzburg 1959. Als Bühnen- und Kostümbildner war N.-S. in Linz, Graz, Bregenz sowie für alle Wiener Theater tätig, allein für die »Josefstadt« stattete er mehr als 100 Inszenierungen aus. Auch für die Salzburger Festspiele und im Ausland (Deutschland, Italien, Schweiz, Japan) schuf N., der nie Exzentriker, sondern werkkonformer Interpret sein wollte, viele bedeutende Ausstattungen.

**Neumayer, Rudolf,** * 18. Mai 1887 in Wien, † 25. August 1977 in Wien, Finanzfachmann und Politiker.

Nach Jusstudium (Promotion: 1911) und Militärdienst trat N. in den Dienst der Wiener Gemeindeverwaltung. Nach dem 1. Weltkrieg war er, obwohl dem deutschnationalen Lager zugerechnet, enger Mitarbeiter der sozialdemokratischen Finanzstadträte → Breitner und → Danneberg. Ab 1924 leitete er die Abteilung für Finanzangelegenheiten. 1934 wurde er in den Länderrat delegiert, 1936 berief ihn Kanzler → Schuschnigg als Finanzminister. Im März 1938 behielt ihn Seyss-Inquart zur Wahrung der Kontinuität in der Regierung. Im Juni 1938 schied N. aus dem Kabinett und wurde Direktor der Wiener Städtischen Versicherung. 1943 Leiter der Hauptstelle für Wirtschaftstreuhandwesen, wurde er 1944 Sonderbeauftragter für Versicherungswesen in der Operationszone Adriatisches Küstenland. 1945 wurde er in Untersuchungshaft genommen, 1946 in einem Hochverratsverfahren, in dem ihm besonders die Unterschrift unter das Anschluß-Gesetz 1938 zum Vorwurf gemacht wurde, zu lebenslänglichem Kerker verurteilt. Dieses Verfahren wurde 1949 nach dem Guido → Schmidt-Prozeß wiederaufgenommen, allerdings nicht revidiert. 1949 wurde N., der seine Verurteilung immer bekämpfte, wegen Haftunfähigkeit entlassen.

**Neumayr, Anton,** * 6. Dezember 1920 in Hallein (S), Internist.

Als der Sohn des Halleiner und späteren Salzburger Bürgermeisters mit 6 Jahren sein erstes Klavierkonzert gab, schien eine glanzvolle Musikerlaufbahn vorgezeichnet. Doch nach seinem Studium am Mozarteum in Salzburg machten geänderte politische Verhältnisse und der Krieg dieser Laufbahn ein Ende. N. studierte Medizin in Berlin und Wien (Promotion: 1944) und begann seine praktische Ausbildung an der Klinik → Fellinger. 1956 konnte er sich für innere Medizin habilitieren, 1964 übernahm er in Wien einen Lehrstuhl an der I. medizinischen Klinik, 1975 wurde er Vorstand der I. medizinischen Abteilung und ärztlicher Leiter der Rudolfstiftung. Der Spezialist für Gastroenterologie und Hepatologie veröffentlichte mehr als 300 wissenschaftliche Arbeiten. Seiner Liebe zur Musik entsprang die Beschäftigung mit der Pathologie berühmter Musiker; er hielt darüber Vorträge und schrieb Bücher. Seit 1983 ist N. auch Präsident des »Vereins der Salzburger« in Wien.

*Werke:* »Musik und Medizin« (3 Bde., 1987, 1989, 1991).

**Neurath, Otto,** * 10. Dezember 1882 in Wien, † 22. Dezember 1945 in Oxford (England), Philosoph, Soziologe und Nationalökonom.

Der Sohn eines Nationalökonomen und Sozialreformers studierte in Wien und Berlin Mathematik, Physik und Geschichte (Promotion: 1906), unterrichtete bis 1914 an einer Wiener Handelsakademie und habilitierte sich 1917 in Heidelberg für politische Ökonomie. 1919 war er als Wirtschaftsplaner in München für die bayerische Räterepublik tätig. Nach deren Zerschlagung kehrte er nach Wien zurück und engagierte sich bei den Sozialdemokraten. Mit dem Siedlungs- und Kleingartenverband organisierte er eine umfassende Selbsthilfe gegen die akute Wohnungsnot. Er wurde Leiter des österr. Siedlungsmuseums, aus dem 1925 sein berühmtes Gesellschafts- und Wirtschaftsmuseum entstand. Er wollte damit ein »Lehrbuch im Großen« schaffen. Um komplizierte soziale und ökonomische Verhältnisse zu veranschaulichen, entwickelte er gemeinsam mit dem Graphiker Gerd Arntz die »Wiener Methode der Bildstatistik«, die sich als internationale Bildersprache »ISOTYPE« (International System of Typographic Picture Education) weltweit durchsetzte. Der vielseitige, gebildete Denker und Forscher gehörte zum neopositivistischen »Wiener Kreis« um Moritz → Schlick, dessen Programmschrift er 1929 gemeinsam mit Hans Hahn und Rudolf Carnap entwarf. 1934 emigrierte N. in die Niederlande und 1941 nach England, wo er nach Kriegsende starb.

*Werke:* »Prinzipielles zur Geschichte der Optik« (1915), »Empirische Soziologie« (1931), »Foundation of the Social Sciences« (1944).

*Lit.:* F. Stadler, Arbeiterbildung in der Zwischenkriegszeit. O. N. – Gerd Arntz (1982).

**Neustädter-Stürmer, Odo,** * 3. November 1885 in Ljubljana/Laibach (Slowenien), † 19. März 1938 (Selbstmord) in Hinterbrühl (NÖ), Beamter und Politiker.

Der Sohn eines Hofrats, der bis 1919 Marchese Gozani hieß und dann den Mädchennamen seiner Mutter annahm, studierte nach Besuch des Theresianums in Wien Jus. Ab 1912 tat er als Beamter bei der Statthalterei in Triest Dienst. Ab 1919 war er in der Zivilverwaltung des Landes OÖ tätig. Schon früh beschäftigte er sich intensiv mit der Idee eines Ständestaats. Um 1930 entfaltete er eine lebhafte propagandistische Tätigkeit für die Heimwehr, 1931 kam er in der Nachfolge → Starhembergs als Abgeordneter des Heimatblocks in den Nationalrat, 1933 wurde er Klubobmann. Als Fachmann für Fragen des Ständewesens, ja als eigentlicher Theoretiker der Heimwehren in den 30er Jahren, war er 1933/34 Staatssekretär für Arbeitsbeschaffung, Arbeitsdienst, Straßenwesen und Fremdenverkehr. 1934/35 wirkte er als Sozialminister, wobei ihm eine entscheidende Rolle beim Aufbau der berufsständischen Ordnung zukam. Beim NS-Putschversuch im Juli 1934 verhandelte er im Namen der Regierung mit den Putschisten im Bundeskanzleramt über deren Kapitulation, leugnete aber im Militärgerichtsprozeß, daß er dabei freies Geleit zugesichert hatte. Er ging 1936 als Gesandter nach Budapest, 1936/37 übernahm er für wenige Monate das Innenressort, um die berufsständische Neuordnung voranzutreiben. 1937 setzte er verschiedene Initiativen zur Annäherung an das deutschnationale Lager (u. a. für den »Deutsch-Sozialen Volksbund«). N., der Ideologe und Hardliner der Heimwehren, beging kurz nach dem Anschluß Selbstmord, wohl aus Angst vor Repressionen wegen seiner Rolle im Putschistenprozeß.

*Werke:* »Der Ständestaat Ö.« (1930), »Was will der Heimatblock?« (1931), »Die berufsständische Gesetzgebung in Ö.« (1936).

**Neuwirth Arnulf,** * 4. Jänner 1912 in Gablitz (NÖ), Maler, Graphiker und Kunsthistoriker.

Der Beamtensohn bezog nach der Matura die Akademie der bildenden Künste in Wien (Diplom: 1937). Reisen in drei Kontinente und das Erlebnis des Krieges beeinflußten seine magisch-realistische Malweise und wirkten auch im späteren Werk nach. N. war Mitbegründer (1946) und Präsident (1950–1972) der Wiener Künstlergruppe »Der Kreis«. 1953 wurde er Prof. an der Modeschule der Stadt Wien in Hetzendorf. Er übersiedelte später nach Radschin im Waldviertel unweit der böhmischen Grenze, woher seine Vorfahren stammten.

N.s umfangreiches Œuvre umfaßt Aquarelle, Zeichnungen, Collagen und Ölbilder. Als Aquarellist hat er mit großer Liebe zum Detail zauberhafte, magisch beseelte Bilder der Waldviertler Region geschaffen. Sein größtes Verdienst liegt aber wohl in der intensiven Auseinandersetzung mit der modernen Collage, die seinem kombinatorischen Denken und seiner Vorliebe für das Dekorative entgegenkommt. Sein in diesem Stil ausgeführtes Hauptwerk ist das Wandbild im Internationalen Studentenheim in Wien-Döbling. Der Künstler war auch als Karikaturist, Schriftsteller und Journalist tätig.

*Lit.:* R. Waissenberger, A. N. Malerei und Collage (1967).

**Nicoletti, Susi,** * 3. September 1918 in München, Kammerschauspielerin.

*Susi Nicoletti*

Ausgebildet zur Tänzerin und Schauspielerin, war N. zunächst als Primaballerina an der Münchner Oper erfolgreich, ehe sie sich dem Schauspiel zuwandte. Seit 1940 gehört sie dem Burgtheaterensemble an. Ihr künstlerischer Bogen ist weit gespannt. Er reicht von Shakespeare (Viola in »Was ihr wollt«, Katharina in »Der Widerspenstigen Zähmung») über Shaw (»Cleopatra«), Kleist (»Käthchen von Heilbronn«), und Grillparzer (Melitta in »Sappho«) bis Nestroy (Rosalie in »Mädl aus der Vorstadt«) und Raimund (Lottchen in »Der Bauer als Millionär«). Die vielseitige Künstlerin war auch am Theater in der Josefstadt tätig. Sehr früh wurde sie für den Film entdeckt. Nach ihrem Erfolg in »Mutterliebe« (1939) spielte sie in mehr als 100, zumeist komödiantischen Filmen, darunter »Hallo Dienstmann« (1951). 1956–1989 unterrichtete N. am Reinhardt-Seminar. Außerdem hielt sie viele Jahre in Salzburg Musicalkurse ab. Sie war ab 1954 mit Ernst → Haeusserman verheiratet.

**Niederl, Friedrich,** * 15. Juli 1920 in Treglwang (St), Jurist und Politiker.

N. stammt aus kleinbäuerlichen Verhältnissen. Er schlug sich zunächst als Hilfsarbeiter durch, machte dann die Matura und erhielt eine Anstellung bei der Bezirkshauptmannschaft Liezen. Nach Kriegsdienst begann er 1948 nebenberuflich in Graz Jus zu studieren (Promotion: 1951). 1960 wurde er zum Bezirkshauptmann von Feldbach (St) bestellt. 1963 begann der Steirer sich in der ÖVP-Landespolitik zu betätigen. Er wirkte 1965–1979 als Landesrat, wurde 1970 stellvertretender Landeshauptmann und war 1971–1980 Landeshauptmann der Steiermark. Im Zusammenhang mit dem Skandal um die Bundesländer-Versicherung (1986) wurden N., Aufsichtsrat der Versicherung, und seine Söhne wegen »Beihilfe zur Untreue« gerichtlich verurteilt.

**Nierlich, Rudi (Rudolf),** * 20. Februar 1966 in St. Wolfgang (OÖ), † 18. Mai 1991 (Autounfall) in St. Wolfgang, Skirennläufer.

Der stille, bescheidene Sportler war gelernter Tischler. Er gewann als 18jähriger die Junioren-Weltmeisterschaft im Riesentorlauf und entwikkelte sich Ende der 80er Jahre zu einem der erfolgreichsten österr. Skirennläufer. N. errang 8 Weltcupsiege, war 1990/91 Dritter im Gesamtweltcup und wurde dreimal Weltmeister: 1989 im Slalom und Riesenslalom, 1991 wieder in seiner Spezialdisziplin, dem Riesenslalom. Einem Olympiasieg als Krönung seiner Laufbahn kam sein früher Tod zuvor.

**Niese, Hansi (Johanna),** * 10. November 1875 in Wien, † 4. April 1934 in Wien, Volksschauspielerin.

Mit 11 Jahren stand die Tochter eines Papierfabrikanten in einem Speisinger Wirtshaus auf der Bühne. Ohne in der Folge Schauspielunterricht erhalten zu haben, debütierte N. 1891 am Stadttheater in Znaim und kam über weitere Provinzbühnen (Czernowitz, Karlsbad) 1893 als Soubrette nach Wien an das neugegründete Raimundtheater. Mit ihrem Temperament und ihrer Urwüchsigkeit avancierte sie bald zum Publikumsliebling und feierte auch in Berlin große Erfolge. Ab 1899 spielte sie am Theater in der Josefstadt, unter der Direktion ihres Gatten Josef → Jarno, gastierte aber auch an anderen Wiener Bühnen. Berühmt für ihren Mutterwitz, ihren breiten, satten Humor und mit einem unfehlbaren komödiantischen Instinkt begnadet, war sie eine der stärksten Persönlichkeiten des Wiener Theaterlebens. Sie trat v. a. in Volksstücken auf (Raimund, Nestroy) sowie in zahlreichen – zumeist für sie geschriebenen – Schwänken, Possen und Operetten. Zu den Partnern der großen Volksschauspielerin zählte u. a. Alexander Girardi. Zuweilen wechselte sie aber auch ins ernste Fach und spielte hervorragend die Hauptrollen u. a. in Hauptmanns »Rose Bernd« oder »Die Ratten« sowie in Stücken von → Schnitzler, Molnár oder Anzengruber. Außerdem brachte ihr v. a. der Tonfilm große Erfolge (u. a. »Die große Liebe«, 1931, »Husarenliebe«, 1932).

**Nimmerrichter, Richard,** * 31. Dezember 1920 in Wien, Journalist.

Seit 1965 schreibt N. als »Staberl« in der »Kronen Zeitung« eine tägliche Kolumne, provokant, umstritten und mit großer Breitenwirkung kommentiert er darin innenpolitische Ereignisse und ihre Exponenten. Und nicht selten handelt er sich mit seinen populistischen Stellungnahmen gerichtliche Klagen ein.

N. stammt aus einer Straßenbahnerfamilie und wollte von Anfang an Journalist werden. Er legte die Matura ab und war Obergefreiter im 2. Weltkrieg. 1946 begann er bei der Nachrichtenagentur »United Press« und kam dann zur »Weltpresse« (später: »Express«), für die er 11 Jahre als Sportjournalist und Feuilletonist (»Für den Sonntag geschrieben«) tätig war. Danach wechselte er zur »Kronen Zeitung«, wo er zum Starkolumnisten aufstieg.

**Nitsch, Hermann,** * 29. August 1938 in Wien, Aktionist, Maler und Komponist.

N. besuchte 1953–1958 in Wien die Graphische Lehr- und Versuchsanstalt. Vom Wiener Aktionismus der 60er Jahr herkommend, gelangte er in Auseinandersetzung mit Dichtung und Philosophie bzw. später mit der tachistischen Malerei zu einer nach strengem Ritual ablaufenden Aktionsmalerei. Seine Aktionen, die sich seit jeher mit Blut, Zerfleischung und Besudelung beschäftigten und die Öffentlichkeit schockierten, mündeten in eine ästhetisch-philosophische Vision: das Orgien-Mysterien-Theater, mit dem er das verdünnte Lebensgefühl der Gegenwart im Sinne des antiken Dionysos-Kults neu aktivieren möchte. Angestrebt wird »die konsequente Sakralisierung der Kunst«. Eksta-

*Hermann Nitsch*

tisch-orgiastische Malakte mit klaffenden Tierleibern, blutende Wunden und Kreuzigungsakte sind Teil eines Kunstbegriffs, der sich als »religionsgleiche Auseinandersetzung mit der Existenz« versteht. N. hat auch graphische Arbeiten von hohem künstlerischen Rang geschaffen und betätigt sich zudem als Bühnenautor und Komponist. N. ist seit 1971 Prof. an der Städelschule in Frankfurt, 1984/85 unterrichtete er an der Hochschule für bildende Kunst in Hamburg.

**Nittel, Heinz,** * 29. Oktober 1930 in Klagenfurt, † 1. Mai 1981 (ermordet) in Wien, Politiker.

N. machte über die sozialistische Jugend- bzw. Studentenorganisation eine steile Karriere in der SPÖ. Als Prototyp eines Kaderpolitikers führte sein Weg vom Landesparteisekretär in Wien über den Gemeinderat in den Nationalrat. 1971 wurde er zum Stadtrat für Verkehr ernannt. Seine große Liebe galt Israel, weshalb er auch gerne die Präsidentschaft der Österr.-Israelischen Gesellschaft übernommen hatte. Am 1. Mai 1981 wurde er unter nicht ganz geklärten Umständen von einem Angehörigen einer palästinensischen Terrorgruppe erschossen. Sein möglicher Mörder wurde beim Attentat auf die Wiener Synagoge verhaftet, es konnte ihm aber nur Mittäterschaft nachgewiesen werden.

**Noorden, Karl von,** * 13. September 1858 in Bonn, † 26. Oktober 1944 in Wien, Internist.

N. studierte in Tübingen, Freiburg und Leipzig Medizin (Promotion: 1881). Seine Ausbildung erhielt er in Kiel, Magdeburg und Gießen, wo er sich 1885 habilitierte. 1887 wurde er nach Berlin berufen, 1894 übernahm er die Direktion der internen Abteilung des Städtischen Krankenhauses in Frankfurt, wo er mit Lampé eine Privatklinik für Zuckerkranke und diätische Kuren gründete. 1906 wurde er als Nachfolger Nothnagels Univ.-Prof. in Wien. 1913 kehrte er wieder an das Lampésche Sanatorium nach Frankfurt zurück. Einer Initiative Julius → Tandlers ist es zu danken, daß N. 1930 die Leitung der Sonderabteilung für Stoffwechselerkrankungen und der Diätküche im Lainzer Krankenhaus übernahm. Der anerkannte Spezialist für Stoffwechselerkrankungen begründete die Diätik als Wissenschaft. Vor der Entdeckung des Insulins zur Behandlung der Diabetes gelangen ihm große Erfolge mit Haferkuren. Bei der Behandlung der Diabetes führte er den Begriff der Weißbroteinheiten ein.

*Werke:* »Alte und neuzeitliche Ernährungsfragen« (1931), »Neuzeitliche Diabetesfragen« (1933), »Entwicklung und Aufgaben der diätetischen Therapie« (1937).

**Nöstlinger, Christine,** * 13. Oktober 1936 in Wien, Kinder- und Jugendbuchautorin.

N. ist die erfolgreichste und produktivste österr. Jugendbuchautorin nach 1945. Die Tochter eines Uhrmachers wuchs im Wiener Arbeitermilieu auf. Sie studierte nach der Matura an der Akademie für angewandte Kunst, arbeitete zunächst als Graphikerin und schrieb Beiträge für Zeitungen und Magazine. 1970 erschien ihr Jugendbuch »Die feuerrote Friederike«, das sogleich einschlug. N., die aktuelle Themen kindgemäß und humorvoll aufbereitet und mit sozialen Anliegen verbindet, hat damit eine neue, engagierte Richtung in der Kinder- und Jugendbuchliteratur begründet. Zahlreiche ihrer Bücher wurden verfilmt bzw. in viele Sprachen übersetzt.

Die Autorin hat auch mehrere ORF-Serien geschrieben (u. a. »Dschi-Dschei-Wischer«, »Sowieso und überhaupt«) und Bücher zum Schmunzeln für Erwachsene verfaßt, z. B. »Mein Tagebuch« (1989), »Manchmal möchte ich ein Single sein« (1990).

*Werke:* »Maikäfer flieg« (1973), »Lollipop« (1977), »Rosalinde hat Gedanken im Kopf« (1981), »Echt Susi« (1989).

**Nowak, Leopold,** * 17. August 1904 in Wien, † 27. Mai 1991 in Wien, Musikwissenschaftler.

N. war Haydn-Spezialist und ein verdienstvoller Bruckner-Forscher. Er studierte in Wien u. a. bei Franz → Schmidt, promovierte 1927, habilitierte sich 1932 und wurde zunächst Dozent, dann Univ.-Prof. in Wien. 1946–1969 war er Direktor der Musiksammlung der Österr. Nationalbibliothek, um deren Ausbau er sich große Verdienste erwarb. Er gab auch die »Denkmäler der Tonkunst« mit heraus und war wissenschaftlicher Leiter der Gesamtausgabe der Werke Anton Bruckners.

*Werke:* »Franz Liszt« (1936), »Joseph Haydn« (1951, 3. Aufl. 1966), »Gegen den Strom. Leben und Werk von E. N. v. Reznicek« (gemeinsam mit F. v. Reznicek, 1960), »Anton Bruckner, Musik und Leben« (1973).

*Lit.:* F. Grasberger (Hg.), Bruckner-Studien. Festschrift zu N.s 60. Geburtstag (1964).

**Nußbaumer, Adolf,** * 21. Dezember 1931 in Wien, † 18. Oktober 1982 in Wien, Wirtschaftswissenschaftler.

Nach dem Besuch des Gymnasiums studierte N. zunächst Jus, dann Staatswissenschaften. Außerdem absolvierte er Studienaufenthalte im Ausland und erwarb das Diplom des Collège d'Europe in Brügge (Belgien). Daran schloß sich ein einjähriger Studienaufenthalt in den USA und ein gesteigertes wissenschaftliches Interesse für Nationalökonomie. Nach einer zweijährigen Tätigkeit als Währungsreferent am Österr. Institut für Wirtschaftswissenschaften konnte sich N. 1961 habilitieren, 1963 wurde er Univ.-Prof. in Graz, 1966 in Wien. Er war Spezialist auf dem Sektor der Agrarpolitik und der Regionalökonomie. Als Vortragender wirkte er auch an der Militärakademie, an der Diplomatischen Akademie und an der Landesverteidigungsakademie und war seit 1968 Direktor der Sommerhochschule in Strobl am Wolfgangsee. Als Vorsitzender des Ausschusses für Budgetpolitik der Paritätischen Kommission trug er wesentlich zum sozialen Frieden im Land bei. 1970–1977 war N. auch Präsident des Verwaltungsrats der Postsparkasse. 1970/71 wurde er zum Dekan der juridischen Fakultät gewählt. Nach einer Gastprofessur in Connecticut (USA) leitete er 1977 die Abteilung für Wirtschaftliche Koordination im Bundeskanzleramt, 1977–1982 wirkte er in gleicher Funktion im Rang eines Staatssekretärs.

# O

**Oberchristl, Florian,** * 4. Mai 1876 in Kefermarkt (OÖ), † 11. September 1951 in Linz, Priester und Kunsthistoriker.

Der Priester, der zuletzt als Domdechant von Linz wirkte, beschäftigte sich v. a. mit der Kunstgeschichte seiner engeren Heimat. O. war auch 1922–1927 als Herausgeber und Redakteur der »Christlichen Kunstblätter« tätig.

*Werke:* »Der gotische Flügelaltar und die Kirche von Kefermarkt« (1904), »Glockenkunde der Diözese Linz« (1941), »Der Linzer Dom« (1948), »Der Kefermarkter Flügelaltar« (1949).

**Oberhammer, Vinzenz,** * 23. November 1901 in Innsbruck, Kunsthistoriker.

O. studierte Archäologie und Kunstgeschichte in Innsbruck und war 1938–1954 Kurator am Museum Ferdinandeum. Bis 1955 wirkte er auch als Ordinarius für Kunstgeschichte an der Innsbrucker Universität, ab 1963 als a. o. Univ.-Prof. in Wien. 1955–1966 Direktor des Kunsthistorischen Museums in Wien, widmete er sich v. a. der Neuordnung der Sammlungen, wobei wichtige Depotfunde gemacht wurden. Auch bedeutsame Neuerwerbungen konnten in seiner Amtszeit getätigt werden.

*Werke:* »Die Bronzestandbilder des Maximilian-Grabmales in der Hofkirche zu Innsbruck« (1935), »Gotik in Tirol« (1950), »Die Gemäldegalerie des Kunsthistorischen Museums in Wien« (2 Bde., 1959/60), »Das goldene Dachl zu Innsbruck« (1970).

**Oberhuber, Oswald,** * 1. Februar 1931 in Meran (Südtirol), Maler, Graphiker und Bildhauer.

O. besuchte 1945–1949 die Kunstgewerbeschule in Innsbruck und studierte anschließend in Stuttgart und bei Fritz → Wotruba in Wien Bildhauerei. Er schloß sich dem Malerkreis um Monsignore Otto → Mauer in der »Galerie nächst St. Stephan« an, deren Leitung er 1973 übernahm. Im selben Jahr erhielt er eine Professur an der Akademie für angewandte Kunst in Wien (Rektor: 1979–1987 und ab 1990).

Ein Vertreter der österr. Avantgarde, tritt O. für einen »ständigen Wandel in der Kunst« ein und hat ein vielgestaltiges Werk geschaffen. Nach anfänglich abstrakter, »informeller« Malerei und Plastik wandte er sich dem Gegenstand zu und schuf »Gestaffelte« oder »Zerlegte Figuren«, Selbstporträts, Trümmer-Collagen, Zahnbilder-Serien, Fotobilder und Environment Art, witzige Tier- und Menschenzeichnungen sowie Bilder mit religiöser Thematik. Der Bogen seines Kolorits spannt sich von behutsamer Zurückhaltung bis zur wilden Emotionsbetontheit. Vielfältig sind auch seine Techniken, die bis zum Gobelin reichen. 1985 veröffentlichte er »Lust auf Worte. Texte aus drei Jahrzehnten.«

*Lit.:* Arbeiten auf Papier 1948–1984 (Katalog Albertina, 1984).

**Oberhummer, Eugen,** * 29. März 1859 in München, † 4. Mai 1944 in Wien, Historiker und Geograph.

O. studierte zunächst Naturwissenschaften und klassische Philologie, später Geographie in München und Berlin (Dr. phil.: 1882). Im Anschluß daran unternahm er weite Reisen im Mittelmeerraum. Sein wissenschaftliches Interesse galt in der Folge v. a. der historischen Geographie. Er leistete auch bedeutende Forschungen zur Kartographie, besonders auf dem Gebiet der Stadtpläne und Alpenkarten, und zur geographischen Namenkunde. 1902 wurde er Ordinarius für historische und politische Geographie in Wien.

*Werke:* »Wolfgang Lazius« (1906), »Die Brixener Globen von 1522« (1926), »Burgenland« (1933), »Ö. und Australien« (1933), »Armenische Geographie« (1936).

**Oberkofler, Joseph Georg,** * 17. April 1889 in St. Johann im Ahrntal (Südtirol), † 12. November 1962 in Innsbruck, Erzähler und Lyriker.

Der Bauernsohn besuchte das bischöfliche Seminar in Brixen, studierte in Innsbruck Philosophie, Medizin und Jus (Dr. jur.: 1920) und war dann in der Verlagsanstalt Tyrolia tätig. Seine literarische Laufbahn begann er als Lyriker. Schon seine ersten Gedichte (»Stimmen aus der Wüste«, 1918) zeigen die tiefe Verwurzelung im Katholizismus. Später schrieb er in markiger Sprache historische Bauernromane (u. a. »Sebastian und Leidlieb«, 1926, »Das Stierhorn«, 1938, »Der Bannwald«, 1939) und Erzählungen (»Drei Herrgottsbuben«, 1934), die eine breite Leserschaft fanden und den Höhepunkt der österr. »Blut-und-Boden«-Literatur der damaligen Zeit darstellen.

*Weitere Werke:* »Nie stirbt das Land« (Gedichte, 1937), »Die Flachsbraut« (Roman, 1942), »Wo die Mutter ging« (Erinnerungen, 1960).

**Oberth, Hermann,** * 25. Juni 1894 in Sibiu/Hermannstadt (Siebenbürgen), † 29. Dezember 1989 in Nürnberg (Deutschland), Raketenforscher und Raumfahrtpionier.

Nach einem Studium in Wien widmete sich O. der Forschung. Seit 1910 arbeitete er über den Rückstoßantrieb und an einer ferngesteuerten Rakete. 1917 entwarf er die erste Großrakete mit einer Nutzlast von 10 Tonnen, als Treibstoff verwendete er Alkohol und Sauerstoff. 1923 beschrieb er in visionär anmutender Form Probleme und Möglichkeiten der Raumfahrt. Raketenversuche unternahm er 1938–1940 an der Wiener Technischen Hochschule. 1941 ging er

*Hermann Oberth*

an die Heeresversuchsanstalt Peenemünde (Deutschland), wo er enger Mitarbeiter Wernher von Brauns wurde. Nach dem Krieg setzte er seine Forschungen in Huntsville (USA) fort.

*Werke:* »Die Rakete zu den Planetenräumen« (1923), »Menschen im Weltraum« (1954), »Stoff und Leben« (1959), »Das Mondauto« (1959).

**Ocwirk, Ernst,** * 7. März 1926 in Wien, † 23. Jänner 1980 in Klein-Pöchlarn (NÖ), Fußballer.

Der Sohn eines jugoslawischen Gießers lernte die Modelltischlerei und erhielt 1945 die österr. Staatsbürgerschaft. Er spielte zunächst in der Schülermannschaft des SC Stadlau und kam dann über den FAC zur Wiener Austria, wo er durch seine Brillanz der Ballbehandlung und seine gekonnten Longpasses bald zur Drehachse der Mannschaft wurde. Der sympathische Ballathlet wurde 63mal in das Nationalteam berufen.

Lange Jahre auch Teamkapitän, war er der letzte große offensive Mittelläufer vor der Umstellung der Taktik auf das WM-System. Nach Beendigung seiner aktiven Laufbahn arbeitete er als Trainer bei Sampdoria in Genua (1962–1965), beim 1. FC Köln (1970/71) und bei Admira-Wacker (1972–1975).

**Oerley, Robert,** * 24. August 1876 in Wien, † 15. November 1945 in Wien, Architekt, Maler und Kunstgewerbler.

Vor dem Besuch der Kunstgewerbeschule erlernte O. zunächst das Tischlerhandwerk. 1898 unternahm er eine ausgedehnte Studienreise nach Italien. Als Architekt ein Autodidakt, errichtete er ab 1904 in Wien Mietshäuser, 1908 entstand das Sanatorium Luithlen (später Auersperg), das in Fachkreisen Aufsehen erregte. Zwei Jahre später entwarf er die »Kleine Bühne« (heute: Kabarett »Simpl«). Nach dem 1. Weltkrieg gehörte er zu jenen Architekten, die wichtige kommunale Wohnbauten in Wien errichteten, so den Hanuschhof (1924/25), den George-Washington-Hof (1927–1930). Außerdem erbaute er Privatvillen und entwarf u. a. die Wohnungseinrichtung für Richard → Strauss (1935). 1907–1939 war er Mitglied der Wiener Secession (1911/12 Präsident). O., der auch als Aquarellmaler und Lithograph wirkte, war außerdem aktives Mitglied des »Werkbundes«. 1938 emigrierte der Künstler und Architekt in die Türkei.

**Oettinger, Karl Norbert Julius,** * 4. März 1906 in Wien, † 8. Mai 1979 in Erlangen (Deutschland), Kunsthistoriker.

Nach einem Studium der Kunstgeschichte in Wien habilitierte sich O. und war bis 1954 in Wien als Ordinarius tätig. 1954 folgte er einem Ruf nach Erlangen. Dem bedeutenden Kunsthistoriker gelang die Entdeckung der Reste der Babenberger Pfalz in Klosterneuburg (NÖ). Er leitete die Ausgrabungen der romanischen Baureste des Stephansdoms in Wien, bei denen wertvolle Erkenntnisse über die Frühgeschichte des Doms gewonnen wurden; ihm gelang auch die Feststellung, daß der bisher als Schalldeckel der Kanzel verwendete gotische Baldachin eigentlich die Taufsteinbekrönung ist.

*Werke:* »Lorenz Luchsperger« (1935), »Hans von Tübingen und seine Schule« (1938), »Das Wienerische in der bildenden Kunst« (1948), »Das Taufwerk von St. Stephan« (1949), »A. Pilgram und die Bildhauer von St. Stephan« (1950), »Die Bildhauer Maximilians am Innsbrucker Kaisergrabmahl« (1966).

**Ohmann, Friedrich,** * 21. Dezember 1858 in Lwow/Lemberg (Galizien), † 6. April 1927 in Wien, Architekt.

Der Sohn einer Beamtenfamilie studierte Architektur, zuerst an der Wiener Technischen Hochschule bei Heinrich Ferstel und dann an der Akademie der bildenden Künste bei Friedrich Schmidt. 1889–1899 lehrte er an der Prager Kunstgewerbeschule. 1899 wurde er mit dem Ausbau der Wiener Hofburg betraut. Besonders bedeutsam ist dabei die Errichtung des Gewächshauses im Burggarten (1902). Gemeinsam mit Josef Hackhofer gestaltete er die Wienflußregulierung, darunter das Portal beim Stadtpark (1903–1907). In dieser Zeit entstand auch die Architektur und Werkanlage für das Kaiserin-Elisabeth-Denkmal im Volksgarten. 1904–1927 leitete er eine Meisterklasse für Architektur an der Akademie der bildenden Künste. O. gilt als Hauptmeister des Jugendstilgartens. Er schuf auch das Museum Carnuntinum in Deutsch-Altenburg (1901), Ö.s einzigen Museumsbau des Jugendstils. Weitere Museumsbauten von O. befinden sich in den Nachfolgestaaten der Monarchie, etwa in Split. O. beherrschte alle Bereiche des Gestaltens vom Produktdesign bis zum Städtebau, sein unverkennbarer Stil entstand durch die Aufnahme barocker Elemente.

**Okopenko, Andreas,** * 15. März 1930 in Košice/Kaschau (Slowakei), Lyriker und Erzähler.

O. kam mit seiner Familie 1939 nach Wien, studierte nach der Matura Chemie und war dann als Angestellter in einem Papierkonzern tätig. Seit 1967 freier Schriftsteller, ist er ein Einzelgänger unter den österr. Autoren. Er trat 1949 in der Literaturzeitschrift »Neue Wege« mit Gedichten an die Öffentlichkeit. Seine freirhythmische Lyrik (»Grüner November«, 1957, »Warum sind die Latrinen so traurig – Spleengesänge«, 1969, »Orte wechselnden Unbehagens«, 1971, »Gesammelte Lyrik«, 1980, »Schwänzellieder«, 1991, »Immer wenn ich heftig regne – Lockergedichte«, 1992) hat überwiegend den Alltag in der Großstadt zum Inhalt. Skurrile Wortfügungen, kühne Assoziationen zeichnen seine in der Form bewußt irritierende Prosa aus (»Lexikon einer sentimentalen Reise zum Exporteurtreffen in Druden«, 1970, »Meteoriten«, 1976). 1984 erschien sein Roman »Kindernazi« (1984).

**Olah, Franz,** * 13. März 1910 in Wien, Gewerkschafter und Politiker.

*Franz Olah*

Der gelernte Klaviermacher stieß 1929 zur Sozialdemokratie und zur Gewerkschaftsbewegung, er begann seine politische Karriere als Vertrauensmann der Partei in Wien-Hernals. Bereits in der Ständestaatzeit in politischer Haft, kam er im April 1938 mit dem ersten Transport nach Dachau, da er zu den Unterhändlern der Gewerkschaften, die mit Kanzler → Schuschnigg ein Agreement finden wollten, gehört hatte. 1945 gelang ihm die Flucht aus dem KZ. In Wien war er wieder in der Gewerkschaftsbewegung tätig, 1948 erlangte er ein Nationalratsmandat, das er bis 1964 als Abgeordneter der SPÖ, dann zwei Jahre als Parteiloser (sogen. »Wilder«) innehatte. 1949–1957 war O. Vorstand der Gewerkschaft der Bau- und Holzarbeiter, 1959–1963 Präsident des ÖGB. Während der Streikbewegung im Oktober 1950 führte O. die Bau- und Holzarbeiter gegen die Streikenden und bekämpfte kompromißlos die kommunistischen Streikorganisatoren. 1959–1961 war O. auch Zweiter Präsident des Nationalrates, 1963/64 Innenminister. Sein Sturz, verbunden mit dem Parteiausschluß 1964, erfolgte nach innerparteilichen Auseinandersetzungen. Zu O.s Gegnern zählten sowohl → Pittermann als auch Christian → Broda und → Benya. Obwohl der ÖGB erklärte, durch die Finanzierung der »Kronen Zeitung«, die z. T. mit Gewerkschaftsgeldern ins Leben gerufen worden war, nicht geschädigt worden zu sein, wurde O. nach einer Anzeige → Klenners 1969 der Prozeß wegen Untreue gemacht; er wurde zu einem Jahr Kerker verurteilt. Die tatsächlichen Besitzverhältnisse der »Kronen Zeitung« konnte das Verfahren nicht entwirren. 1965 hatte O. die Demokratische Fortschrittliche Partei (DFP) gegründet, die anfangs beachtliche Erfolge errang. O. wurde 1969 in den Wiener Landtag und Gemeinderat gewählt, was den damaligen Bürgermeister → Marek nicht hinderte, ihn gewaltsam aus dem Sitzungssaal entfernen zu lassen. Ein gutes Verhältnis hatte er zu Bruno → Kreisky, der ihm die Erhaltung des Außenministeriums im Jahre 1962 dankte, sich immer nachdrücklich für O. einsetzte und ihm schließlich Ende der 80er Jahre wieder die Ministerpension zuerkannte. 1990 wurde der gläubige Katholik, über den Norbert → Leser schrieb: »Er überragte im Scheitern die Erfolgreichen«, mit dem Großen Goldenen Ehrenzeichen der Stadt Wien geehrt.

**Orel, Alfred,** * 3. Juli 1889 in Wien, † 11. April 1967 in Wien, Musikwissenschaftler.

O. war ein Schüler Guido → Adlers. Er promovierte 1919 zum Dr. phil. und habilitierte sich drei Jahre später. 1929–1945 lehrte er an der Wiener Universität, 1918–1940 leitete er die Musiksammlung der Wiener Stadtbibliothek, 1940 gründete er das Institut für Musikforschung der Stadt Wien, das er bis 1945 leitete. Nach dem 2. Weltkrieg wurde er außer Dienst gestellt und widmete sich privaten Studien. In seinen zahlreichen Publikationen beschäftigte er sich v. a. mit Mozart, Brahms und Bruckner. Er war auch Herausgeber einiger Schriftenreihen.

*Werke:* »Unbekannte Frühwerke Anton Bruckners« (1921), »Anton Bruckner« (1925), »Mozarts deutscher Weg« (1941), »Johannes Brahms« (1949), »Musikstadt Wien« (1953), »Mozart gloria mundi« (1956).

*Lit.:* H. Federhofer (Hg.), Festschrift für A. O. (1960).

**Orel, Anton,** * 17. September 1881 in Wien, † 11. Juli 1959 in Wien, Soziologe und Publizist.

O., der in Wien studiert hatte, gründete 1905 den »Bund der Arbeiterjugend Ö.s«. Der Zusammenschluß dieser antikapitalistischen Jugendbewegung mit dem »Verband der christlichen Jugend Ö.s« 1907 führte zu Konflikten mit der Christlichsozialen Partei. O. und seine Anhänger traten aus der Partei aus. 1923 kandidierte er noch einmal für die Wiener Christlichsozialen, wurde aber zwei Jahre später wieder ausgeschlossen. 1931 wurde er wegen seines Antikapitalismus von der Österr. Bischofskonferenz öffentlich getadelt. Während des Krieges wurde er von den Nationalsozialisten 1943/44 inhaftiert. O., der sich der katholischen Sozialreform Karl Vogelsangs verbunden fühlte, hat in zahlreichen Schriften und als Publizist und Redakteur verschiedener Zeitschriften seine Position vertreten.

*Werke:* »Kapitalismus, Bodenreform und christlicher Sozialismus« (1909), »Handbuch der christlichen Gesellschaftslehre« (1920), »Vogelsangs Leben und Lehren« (1922), »Oeconomia perennis« (1930), »Wahre Ständeordnung« (1934).

**Orsolics, Johann,** * 14. Mai 1947 in Wien, Boxer.

Ein gelernter Rauchfangkehrer, war O. 1967–1973 Boxidol der Wiener und Kassenmagnet der Wiener Stadthalle. Bei seinen Europameisterschaftskämpfen jubelten 15 000 Zuschauer ihrem »Hansee« zu. O. war 1967/68 Europameister im Superleichtgewicht und 1969/70 im Weltergewicht. In der Superwelterklasse blieb der unglücklich gemanagte Boxer in den jeweiligen Herausforderungskämpfen gegen Carlo Duran, Jacques Kechichian und José Duran sieglos. Nach dem Ende seiner kurzen Karriere betrieb O. in Wien ein Gasthaus. Schlagzeilen machten nur mehr seine privaten K.-o.-Schläge mit gerichtlichem Nachspiel sowie eine Schallplatte, die er besang.

**Orth, Elisabeth,** * 8. Februar 1936 in Wien, Kammerschauspielerin.

Die älteste Tochter der Schauspieler Attila → Hörbiger und Paula → Wessely war zunächst Cutterin beim Film und Regieassistentin, außerdem absolvierte sie eine Dolmetscherausbildung. Erst danach ging sie ans Reinhardt-Seminar und übernahm nach dessen Absolvierung kleine Rollen in Wien am Volkstheater und im »Theater der Courage«. Um Protektionismus auszuschließen, nahm sie den Namen ihrer Großmutter an und verließ Ö. Sie spielte an deutschen Bühnen, so in Ulm, und 10 Jahre lang am Münchner Residenztheater, dann kehrte sie nach Wien zurück und trat in das Burgtheaterensemble ein. Sie debütierte 1965 als Luise in »Kabale und Liebe« und wurde 1969 unter Vertrag genommen. Aus dem Schatten ihrer berühmten Mutter längst herausgetreten, hat O. in zahlreichen Rollen (u. a. als Iphigenie, Hamlets Mutter, Mutter Courage, Nora, Heilige Johanna, Marie im »Woyzeck«, Proeza in Claudels »Der Seidene Schuh«) das Publikum von ihrer großen Schauspielkunst überzeugt. Auch in Filmen und im TV hat sie mitgewirkt und führt seit langem durch die TV-Kultursendung »Schatzhaus Österreich«. Sie tritt außerdem mit Rezitationsabenden und als Autorin hervor (z. B. »Märchen ihres Lebens.

Meine Eltern Paula Wessely und Attila Hörbiger«, 1975).

**Orthofer, Peter,** * 17. Juni 1940 in Berlin, satirischer Schriftsteller.

Der scharfzüngige Berliner, der in Ö. lebt, ist nicht nur Staatsbürger, sondern auch ein sehr erfolgreicher Parodist dieses Landes geworden. Mit spitzer Feder schreibt er Texte für das Kabarett (»Der Würfel«, Kärntnertortheater), für Rundfunk und Fernsehen, verfaßt Bücher, Essays und Sketches und ist auch mit Schallplatten bekannt geworden. O. ist Hausautor des Kabarettisten Hans Peter Heinzl.

*Werke:* »Mensch, ärgere dich nicht« (Kurzgeschichten, 1971), »Uns bleibt auch nichts erspart – eine respektlose Chronik österr. Geschichte« (1979), »Wer ist Who in Ö.« (1986), »Die Wahrheit über Ö.« (1989), »Lex Minister« (1990), »P. O.s Sexkoffer« (1991).

**Ortner, Laurids,** * 26. Mai 1941 in Linz, Architekt.

O. studierte 1959–1965 Architektur an der Wiener Technischen Universität. 1973 begründete er mit Kollegen die Architektengruppe Haus Rucker & Co. in Wien. Schon seit 1969 betrieb O. ein Büro in Düsseldorf, wo er 1987 auch Prof. wurde. An der Linzer Hochschule für Gestaltung lehrt O. seit 1976. In Linz gründete er das Institut für visuelle Gestaltung. Die Öffentlichkeit wurde zum ersten Mal auf ihn aufmerksam, als er 1980 in Linz mit großem Erfolg das Forum Design gestaltete. O.s erster Großauftrag war die Gestaltung der Firmenzentrale und verschiedener Verkaufsgeschäfte für ein bekanntes Büromöbelhaus. 1978–1980 erbaute er die Filiale der Oberbank Wels-Lichtenegg, 1985 entstand die Kunsthalle in Bonn, zwei Jahre später entwarf er einen Plan für den Stadtteil Brüser Berg in Bonn. In Wien plante er die Neugestaltung des Museumsquartiers Messepalast, nachdem er mit seinem Entwurf den ersten Wettbewerb gewonnen hatte. Außerdem arbeitet er an der Verbauung des Autobusbahnhofs Wien-Mitte.

**Ostermayer, Christine,** * 15. Dezember 1936 in Wien, Schauspielerin.

O. zählt zu den großen Menschendarstellerinnen unserer Zeit, deren schauspielerische Virtuosität das Komische ebenso wie das zutiefst Tragische umfaßt. Aufgewachsen in Wien, stand sie schon als 7jährige auf der Bühne des Wiener Kindertheaters. Nach einer Tanzausbildung bezog die 16jährige das Reinhardt-Seminar, von wo sie nach Essen engagiert wurde. Über die Wuppertaler Bühnen kam sie nach München, doch ist sie häufig auch in Wien und Salzburg zu sehen. Sie stand im Mittelpunkt unvergeßlicher Shakespeare-Inszenierungen (als Viola in »Was ihr wollt«, als Katharina in »Der Widerspenstigen Zähmung«), die »Talisman«-Produktion in Salzburg ist bereits legendär geworden. 1988 gastierte sie im Theater in der Josefstadt in Eugene O'Neills »Fast ein Poet«. Im Bayerischen Staatsschauspiel München, wo O. 1963–1984 tätig war, hat sie die großen klassischen Frauenrollen der Weltliteratur gespielt. Die sensible, wandlungsfähige Künstlerin meistert jedoch auch Tschechow und Strindberg ebenso souverän wie Nestroy (u. a. Christopherl in »Einen Jux will er sich machen«) oder Shaw (Hauptrolle in »Die heilige Johanna«).

**Ostry, Vinzenz Ludwig,** * 19. Juli 1897 in Wien, † 28. November 1977 in Wien, Publizist und Rundfunkkommentator.

Der Jurist war ab 1923 als politischer Redakteur bei der Tageszeitung »Der Wiener Tag« sowie ab 1924 als Chefredakteur der Nachrichtenabteilung der neugegründeten RAVAG tätig. 1938 aus politischen Gründen inhaftiert, verbrachte er 13 Monate im KZ. 1946 übernahm er die Chefredaktion der Austria-Presseagentur, 1951 wurde er Direktor des von der amerikanischen Besatzungsmacht betriebenen Rundfunksenders »Rot-Weiß-Rot«. 1959–1967 leitete er den Presse- und Informationsdienst des Bundespräsidenten. Er war den Radiohörern durch seine außenpolitischen Wochenkommentare bekannt, die Sendereihe »Man steht am Fenster« fand zahlreiche Nachahmungen.

**Ott, Elfriede,** * 11. Juni 1925 in Wien, Schauspielerin, Liedsängerin und Hobbymalerin.

Die quirlige und temperamentvolle Tochter eines Uhrmachermeisters (sie selbst legte im väterlichen Beruf die Gesellenprüfung ab) wurde mit ihrem komödiantischen Talent zum Liebling des Publikums. Sie spielte Nestroy-Rollen, aber auch Shakespeare ebenso wie Gorki. Ausgebildet wurde die vielseitige Künstlerin bei Lotte → Medelsky. 1950 kam sie an das Landestheater in Graz. In Wien spielte sie im »Simpl« und ab 1954 am Theater in der Josefstadt, wo sie in zahlreichen Stücken brillierte (u. a. »Kaktusblüte«, »Die Zeit der Kirschen«). Später reduzierte sie ihre Ensemblemitgliedschaft, um sich weiteren Tätigkeiten zu widmen: sie gastiert im Kabarett, in Operetten, als Sängerin von Wienerliedern, Couplets und Chansons, macht Rezitationstourneen und ist als Regisseurin seit 1982 bei den Nestroy-Sommerspielen auf Burg Liechtenstein (NÖ) tätig. Bei vielen dieser Aktivitäten wurde sie von Hans → Weigel, ihrem langjährigen Lebensgefährten., tatkräftig unterstützt. O. unterrichtet in der Schauspielabteilung des Konservatoriums der Stadt Wien. Sie spielt u. a. in der TV-Serie »Die liebe Familie« und betätigt sich auch als Buchautorin (»Phantasie in Ö-Dur«, 1975) und als Aquarellmalerin.

**Ottillinger, Margarethe,** * 6. Juni 1919 in Wien, Wirtschaftsexpertin.

Nach einem Studium an der Hochschule für Welthandel (Promotion: 1941) wurde O. 1942 Leiterin der statistischen Abteilung Eisen, der Außenstelle Südost der Reichsregierung. Nach dem Krieg trat die hochbegabte Wirtschaftswissenschaftlerin in den Dienst der neugegründeten Bundeskammer der gewerblichen Wirtschaft. 1946 wurde sie Konsulentin für Wirtschaftsfragen beim Minister für Vermögenssicherung und Wirtschaftsplanung, Peter → Krauland. 1947 übernahm sie die Leitung der Planungssektion. 1948 wurde O. unter nicht ganz geklärten Umständen an der Ennsbrücke aus dem Auto ihres Ministers, der dem Vorgehen tatenlos zusah, von sowjetischen Besatzungssoldaten verhaftet und nach Moskau gebracht, wo sie zu 25 Jahren Lagerhaft verurteilt wurde. Nach Abschluß des Staatsvertrags kehrte O., von der Gefangenschaft gezeichnet, nach Ö. zurück. Ein Jahr später wurde sie vom Obersten Sowjet rehabilitiert. In der Folge war sie in führenden Wirtschaftspositionen tätig. O., die in der Lagerhaft zu einer tiefgläubigen Katholikin geworden war, errichtete aus Dankbarkeit für ihre Rückkehr in Wien-Mauer eine Kirche, für deren Gestaltung sie den Bildhauer Fritz → Wotruba gewinnen konnte.

# P–Qu

**Pachinger, Anton Maximilian,** * 22. November 1864 in Linz, † 30. November 1938 in Wien, Volkskundler und Sammler.

P., der aus begüterter Kaufmannsfamilie stammt, studierte 1886–1890 Jus und 1892–1897 Kunstgeschichte (ohne Abschluß). Zeitlebens übte er keinen Brotberuf aus, sondern ging seinen kunsthistorischen Neigungen nach. Der passionierte Sammler trug fast alles Erreichbare zusammen, besondere Bedeutung hat seine Amulettesammlung. Seine kulturgeschichtlichen und volkskundlichen Sammlungen bilden u. a. den Grundstock des heutigen Stadtmuseums Nordico in Linz. P., der mit zahlreichen Künstlern und Schriftstellern befreundet war, gab auch Vorbild ab für literarische Figuren, wie den Rat Großkopf und den Xaver Naskrückl von Fritz → Herzmanovsky-Orlando.

*Werke:* »Die Mutterschaft in der Malerei und Graphik« (1906), »Glaube und Aberglaube im Steinreich« (1912), »Lexikon der Amulette und Talismane« (1926).

**Pächt, Otto,** * 7. September 1902 in Wien, † 17. April 1988 in Wien, Kunsthistoriker.

P. studierte in Wien Kunstgeschichte bei Julius → Schlosser (Promotion: 1925). 1933 habilitierte er sich in Heidelberg, emigrierte aber bereits 1936 nach England, wo er bis 1963 zunächst in London, dann in Oxford lehrte. 1963–1973 hatte er ein Ordinariat in Wien inne. Gemeinsam mit → Sedlmayr gehört er zu den führenden Vertretern der Wiener Schule der Kunstgeschichte. Den Schwerpunkt seiner Forschungen bildeten die niederländische und französische Malerei des 15. Jh.s. In England beschäftigte er sich auch intensiv mit der Buchmalerei und veröffentlichte Katalogbände der illuminierten Handschriften der Bodleian Library. Der Freund Oskar → Kokoschkas und Förderer Robert → Musils war Mitglied der Akademie der Wissenschaften.

*Werke:* »Österr. Tafelmalerei der Gotik« (1929), »Historische Grammatik der bildenden Künste« (1966), »Methodisches zur kunstgeschichtlichen Praxis« (1977), »Buchmalerei des Mittelalters« (1984).

**Pahlen, Kurt,** * 26. Mai 1907 in Wien, Dirigent, Komponist und Musikschriftsteller.

P. studierte an der Wiener Musikakademie bei Felix → Weingartner und Clemens → Krauss sowie an der Universität Wien, wo er 1929 promovierte. Erste Kompositionen entstanden seit 1928. In den 30er Jahren war er Kapellmeister an der Volksoper, Chorleiter und Dirigent von Symphoniekonzerten. 1939 emigrierte er nach Argentinien, wo er Chef der Philharmoniker und Direktor des Teatro Colon in Buenos Aires war. 1973 ließ er sich in der Schweiz nieder und entfaltete vielseitige Aktivitäten: er komponiert (u. a. Kinderopern), hält Vorträge vor dem Publikum der Oster- und Sommerfestspiele in Salzburg, des Opernfests in Savonlinna (Finnland) und des »Carinthischen Sommers«, er leitet Musiktage für Kinder, moderiert musikalische TV-Kinderprogramme (u. a. »Wunderland Musik«) und schrieb Bücher zum Thema Musik, darunter ein Mozart-Buch, ein »Musiklexikon der Welt« (1961), »Große Sänger unserer Zeit« (1971), eine »Liebesbrief-Sammlung berühmter Komponisten« und »Die großen Epochen der abendländischen Musik« (1991). Der Musikexperte ist seit 1978 auch Hg. der Taschenbuchreihe »Opern der Welt«.

**Pahr, Willibald,** * 5. Juni 1930 in Wien, Jurist, Politiker und Diplomat.

Nach dem Jusstudium in Wien (Promotion: 1953) absolvierte P. das Europa-College in Brügge (Belgien). Nach einer Assistentenzeit am Institut für Völkerrecht und internationale Beziehungen trat er in das Bundeskanzleramt/Verfassungsdienst ein, wo er 1968 Abteilungsleiter und 1973 Leiter des Verfassungsdienstes wurde. P. wirkte als Vertreter der Bundesregierung vor internationalen Instanzen, er war 1967 Berichterstatter des UN-Menschenrechtsseminars in Warschau. 1975 erreichte er den Rang eines Sektionschefs. 1976 berief Bruno → Kreisky den Völkerrechtsexperten als Außenminister in die Regierung, als das Südtirolproblem vor die UNO zu kommen schien. 1983 schied P. aus dem Regierungsamt und wurde österr. Botschafter in Bonn. 1986–1989 wählte ihn die Welttourismusorganisation zum Generalsekretär. Seit 1991 ist P. Sonderbeauftragter für das Flüchtlings- und Wanderungswesen.

**Pale, Karl,** * 13. März 1926 in Fiss (T), Banker.

Nach dem Jusstudium in Innsbruck (Promotion: 1950) war er als Konzipient in Reutte (T) tätig, übersiedelte nach Wien und begann hier 1959 eine Rechtsanwaltskarriere. Bei der Bewältigung des Skandals um den Pleitier Johann Haselgruber wurde P. 1959 von der Girozentrale, die dem Unternehmer Riesenkredite gewährt hatte, als Konsulent herangezogen, 1968 übersiedelte er in den Vorstand dieses Bankunternehmens. Der engagierte Verfechter eines freien Unternehmertums sorgte für den Ausbau der Girozentrale und für die Expansion ins Ausland. Stets trat er für eine Stärkung der Wiener Börse ein. 1975–1989 war er Generaldirektor der Girozentrale, 1981–1986 auch Präsident der Börsekammer.

**Pallenberg, Max,** * 18. Dezember 1877 in Wien, † 26. Juni 1934 bei einem Flugzeugabsturz in der ČSR, Schauspieler.

*Max Pallenberg*

P. war nach seiner Ausbildung zunächst bei einer Wandertruppe tätig, spielte dann an Provinzbühnen und wurde 1904 von Josef → Jarno an die Wiener Josefstadt engagiert, wo er sich nach kleinen Rollen zum Charakterkomiker entwickelte. 1908 ging er als erfolgreicher Operettenkomiker an das Theater an der Wien, 1910 an das Deutsche Volkstheater in Wien und 1911 nach München, 1914 holte ihn Max → Reinhardt nach Berlin. Dort erzielte er seinen endgültigen künstlerischen Durchbruch. Mit der Verbindung clownesker Komik und hintergründiger Tragik kreierte er einen eigenen Stil, der ihn berühmt machte. Sein doppelbödiges Spiel war zugleich zum Lachen und zum Fürchten und äußerst ungemütlich – voll bitterem, anklagendem Humor, mit dem er selbst den kleinsten Rollen Kontur und Statur zu geben vermochte. Sein Repertoire reichte vom französischen Lustspiel über den braven Soldaten Schwejk, Liliom oder Rappelkopf bis zum Mephisto (in Reinhardts Salzburger »Faust«-Inszenierung). Internationale Gastspielreisen seit den 20er Jahren brachten P. u. a. wiederholt nach Wien. Er wirkte außerdem in einigen Stummfilmen mit sowie in dem Tonfilm »Der brave Sünder« (Kortner, 1931). P. war ab 1918 mit der Operettendiva Fritzi → Massary verheiratet.

**Palmers, Walter,** * 1903, † 16. September 1983 in Wien, Industrieller.

Als P. mit 16 Jahren in das väterliche Unternehmen eintrat, bestand die Textilgeschäftskette aus 7 Einzelgeschäften. In seinem langen unternehmerischen Leben gelang es P., das Familienunternehmen weit auszubauen. Inzwischen ist die Handelskette auf 80 Filialen angewachsen und konnte sich auch an anderen Firmen beteiligen. Bis zu seinem Tode blieb P., ein »Patriarch im alten, positiven Sinn«, Vorstandsvorsitzender. Der Konzernherr machte Schlagzeilen, als er 1978 entführt und von der Familie ein hohes Lösegeld erpreßt wurde. Dank seiner genauen Beobachtungen trug P. wesentlich zur Identifikation der Täter bei.

**Papst, Georg Wilhelm,** * 27. August 1885 in Roudnice/Raudnitz (Böhmen), † 29. Mai 1967 in Wien, Schauspieler und Filmregisseur.

Der weltbekannte österr. Filmregisseur hat mit seinem neuen, expressionistisch-realistischen Stil die Filmkunst in der 1. Hälfte dieses Jh.s entscheidend beeinflußt. Der Sohn eines Beamten der österr. Staatsbahnen wuchs in Wien auf und begann 1905 nach seiner Ausbildung als Schauspieler in Zürich und St. Gallen. Im 1. Weltkrieg war P., der sich bei Kriegsausbruch in Frankreich befand, 5 Jahre lang in Internierungslagern. 1919 kehrte er nach Wien zurück und widmete sich zunächst der Theaterregie. 1921 gründete er eine Filmgesellschaft und führte ab 1923 selbst Regie. Sein erster großer Erfolg war »Die freudlose Gasse« (mit Greta Garbo, 1925). Es folgten weitere Klassiker des Stummfilms wie »Die Geheimnisse einer Seele« (1926), eine Auseinandersetzung mit → Freuds Psychoanalyse, »Die Büchse der Pandora« (1929) und »Tagebuch einer Verlorenen« (1929). Auch in der Epoche des Tonfilms setzte P. seine Erfolgsserie fort. »Westfront 1918« (1930), ein pazifistisches Werk, war angesichts der faschistischen Zeittendenzen eine mutige künstlerische Tat. Die Verfilmung von Brechts »Dreigroschenoper« (1931) stellte den Höhepunkt seines Schaffens dar. Danach entstanden »Kameradschaft« (1931) und »Don Quichotte« (1933).

1933 emigrierte P. nach Frankreich und war 1934–1936 in Hollywood tätig. 1939 kehrte er nach Europa zurück. Nach 1945 gründete er eine Filmproduktionsgesellschaft in Wien. Arbeiten der Nachkriegszeit waren u. a. »Der Prozeß« (1948), ein Film, der das Thema Antisemitismus aufgriff und bei der Biennale in Venedig ausgezeichnet wurde, sowie »Der letzte Akt« (1955) über die letzten Tage im Führerbunker in Berlin.

**Parsch, Pius,** * 18. Mai 1884 in Olomouc/Olmütz (Mähren), † 11. März 1954 in Klosterneuburg (NÖ), Augustiner-Chorherr.

P. trat 1904 in den Orden der Augustiner-Chorherren in Klosterneuburg ein und wurde 1909 zum Priester geweiht. Zunächst als Seelsorger tätig, übernahm er 1913 die Lehrkanzel für Pastoraltheologie an der stiftseigenen Hochschule. 1914 rückte er freiwillig als Feldgeistlicher ein. 1919 hielt P. seine erste Bibelstunde, 1921 begann er mit Liturgierunden. Ein Jahr später wurde auf seine Veranlassung zum ersten Mal eine Bet-sing-Messe in deutscher Sprache gehalten. P., der damit zum Begründer der volksliturgischen Bewegung wurde, gründete in Klosterneuburg einen Verlag samt Druckerei zur Herausgabe volksliturgischer Texte. Nachdem er 1938 von den Nationalsozialisten aus dem Stift vertrieben worden war, wirkte er 1941–1946 in der Pfarre Wien-Floridsdorf. 1943 wurde seine volksliturgische Idee, auf die sich das II. Vatikanum stützte, offiziell von Papst Pius XII. anerkannt.

**Partl, Alois,** * 13. Jänner 1929 in Afing bei Kematen (T), Agrarpolitiker.

Der Bauernsohn übernahm zunächst den väterlichen Hof, 1950 nahm er sein Studium an der Universität für Bodenkultur in Wien auf. Als Agrarfachmann fand er eine Anstellung bei der Präsidentenkonferenz der Landwirtschaftskammer, er fungierte 6 Jahre als Kammeramtsdirektor in Tirol. Landeshauptmann → Wallnöfer berief ihn 1970 in die Tiroler Landesregierung, wo er das Gemeinderessort und die Agenden der Land- und Forstwirtschaft sowie des Umweltschutzes übernahm. Der Bauernbündler genoß das Vertrauen des Landeshauptmannes, der ihn zunächst zu seinem Stellvertreter bestimmte und schließlich zum Nachfolger designierte. 1987 trat P. das Amt an. Seine Amtsführung ist stark vom Problem des internationalen Transits belastet.

**Paryla, Karl,** * 12. August 1905 in Wien, Schauspieler und Regisseur.

Aufgewachsen in ärmlichen Verhältnissen, absolvierte P. die Schauspielschule und debütierte am Wiener Raimundtheater. 1926 spielte er am Deutschen Volkstheater in Wien und 1927–1933 in Deutschland (Köln, Düsseldorf, Breslau, Darmstadt). 1933–1938 war er in Wien am Theater in der Josefstadt tätig, dann emigrierte er in die Schweiz (Schauspielhaus Zürich). Von 1948 bis zur Schließung 1956 leitete der überzeugte Kommunist in Wien zusammen mit Wolfgang Heinz das Neue Theater in der Scala. Da Bertolt Brecht in Ö. boykottiert wurde, ging P. nach Ost-Berlin und an westdeutsche Bühnen, wo er als Darsteller und Gastregisseur wirkte. In den 80er Jahren inszenierte er Aufführungen des Dario-Fo-Straßentheaters in Wien.

Der kraftvolle, dynamische Vollblutschauspieler hat im Verlauf eines langen Theaterlebens unzählige Rollen verkörpert und sie mit seiner starken, eigenwilligen Persönlichkeit erfüllt. Er hat in den Stücken seines Lieblingsautors Maxim Gorki mitgewirkt und in Brecht-Rollen brilliert, war zudem ein bezwingender Liliom, ein großartiger Marquis Posa, ein hervorragender Tartuffe. Die vielen Nestroy- und Raimund-Rollen lagen dem Wiener und seinem schauspielerischen Gestus besonders. P. ist auch durch Film und Fernsehen sehr bekannt geworden.

*Karl Paryla*

**Pasterk, Ursula,** * 23. Juni 1944 in Oberschlierbach (OÖ), Kulturmanagerin.

Nach einem Philosophiestudium – sie dissertierte über Ernst Bloch – begann P. ihre Laufbahn als freie Mitarbeiterin des ORF und ab 1970 als Journalistin beim Wochenmagazin »profil«. Seit 1979 als Beraterin → Zilks im Kulturamt, übernahm sie 1984 die Intendanz der Wiener Festwochen, einen stets vielkritisierten Posten, den sie jedoch kreativ ausübte, wobei sie eine Internationalisierung des Programms forcierte. 1987 wurde sie Wiener Kulturstadträtin, bekleidete aber gleichzeitig das Amt der Festwochenpräsidentin. Erst 1991 wurde wieder ein Festwochenintendant bestellt. P. sieht sich zunehmender Kritik wegen der Qualität der Festivals ausgesetzt, man wirft ihr zu geringe Beachtung der alternativen Kultur vor.

**Pastor, Ludwig,** * 31. Jänner 1854 in Aachen (Deutschland), † 30. September 1928 in Innsbruck, Historiker und Diplomat.

Der Sohn eines Kaufmanns studierte Geschichte in Löwen, Bonn und Frankfurt sowie in Wien und Graz. 1887 wurde er Univ.-Prof. in Innsbruck, 1901 Direktor des österr. historischen Instituts in Rom. Nach dem 1. Weltkrieg übernahm er in Rom die Funktion eines österr. Geschäftsträgers, 1921 wurde er zum Gesandten Ö.s beim Heiligen Stuhl bestellt.

Der anerkannte Forscher der Geschichte der Päpste war der erste Historiker, der nach Öffnung der Vatikanischen Archive 1883 aufgrund von Quellenmaterial über die Päpste forschen konnte. 1950 erschienen seine »Tagebücher, Briefe, Erinnerungen«, die ein wichtiges Quellenwerk zu den österr.-italienischen Beziehungen darstellen.

*Werke:* »Die kirchlichen Reunionsbestrebungen während der Regierung Karls V.« (1879), »August Reichensperger« (2 Bde., 1899), »Geschichte der Päpste seit dem Ausgang des Mittelalters« (22 Bde., 1886–1933).

**Paterno, August,** * 31. Juli 1935 in Dornbirn (V), Priester und Journalist.

P. studierte Philosophie und Theologie an den Universitäten von Innsbruck und Salamanca. Nach seiner Priesterweihe 1966 war er als Kaplan in Bregenz tätig. Außerdem unterrichtete er Religion an der Handelsakademie und war geistlicher Assistent der katholischen Fernsehkommission. Als Kolumnist für die Zeitungen »Kurier« und »Neue Vorarlberger Tageszeitung« erreichte P. hohe Popularität, ebenso als Konsulent beim ORF durch die Gestaltung der Sendereihen »Fragen des Christen« im Fernsehen und »Einfach zum Nachdenken« im Runfunks (Ö 3).

*Werke:* »Kaplan A. P. antwortet auf Fragen des Christen« (1980), »Der fragende Mensch« (1981), »Herzensergießungen eines menschenliebenden Vorstadtkaplans« (1989), »Herbstsonne« (1991).

**Patzak, Julius,** * 9. April 1898 in Wien, † 26. Jänner 1974 in Rottach-Egern am Tegernsee (Bayern), Kammersänger.

Der große Opern- und Konzertsänger wollte ursprünglich Dirigent werden und studierte bei Franz → Schmidt und E. Mandyczewski in Wien. Danach war er als Kirchenmusiker tätig und bildete seine Stimme autodidaktisch aus. 1923 debütierte er in Reichenberg als Rhadames in »Aida«, sang 1927/28 in Brünn und 1928–1945 an der Münchner Staatsoper. 1946 kam der lyrische Tenor an die Wiener Staatsoper, wo er zum gefeierten Mozart-Interpreten aufstieg. Er glänzte aber auch als Florestan im »Fidelio«, als Lohengrin und in der Titelpartie in Pfitzners »Palestrina«. Seine wandlungsfähige Stimme, sein Ausdrucksreichtum, sein hohes gesangstechnisches Können und seine Kunst der exakten Wortgestaltung erzielten auch im Lied (von Schubert über Mahler bis zum Wienerlied) und im Oratorium (als Evangelist in Bachs Passionen) eine besonders eindringliche Wirkung.

Einer der führenden Tenöre seiner Zeit, unternahm er Gastspiele und umjubelte Konzertreisen in allen Musikzentren der Welt. Ab 1948 war er Prof. an der Wiener Musikakademie.

**Patzak, Peter,** * 2. Jänner 1945 in Wien, Filmregisseur und Maler.

Der engagierte Filmemacher wuchs in Wien auf. Er war als freier Maler tätig, studierte Psychologie und Kunstgeschichte und sammelte 1968–1970 seine ersten filmischen Erfahrungen als Volontär bei einer New Yorker TV-Station. Nach Experimental-, Werbe- und Industriefilmen debütierte er 1972 mit dem Thriller »Situation«. Nach weiteren Actionfilmen begann seine Zusammenarbeit mit dem Schriftsteller Helmut → Zenker, aus der die äußerst populäre satirische TV-Kriminalserie »Kottan ermittelt« entstand sowie der Kinofilm »Kassbach« (1978), der internationale Anerkennung fand. Darin ebenso wie im Streifen »Den Tüchtigen gehört die Welt« (1981) wurde Wien von einer im heimischen Filmschaffen bisher unbekannten Seite gezeigt. Unter den mehr als 60 Filmen, die der produktivste österr. Filmregisseur der Nachkriegszeit drehte, sind ferner »Jetzt oder nie«, »Gavre Princip – Himmel unter Steinen«, »Lex Minister« und »Rochade«. P. schreibt auch Feuilletons und Kurzgeschichten.

**Pauli, Wolfgang,** * 25. April 1900 in Wien, † 15. Dezember 1958 in Zürich, Physiker.

P. stammte aus einer Gelehrtenfamilie (sein Vater war führend in der Kolloidchemie) und gilt als einer der bedeutendsten theoretischen Physiker des 20. Jh.s. Ihm gelangen nach intensiven Forschungen zwei bahnbrechende Erkenntnisse: Er entdeckte das nach ihm benannte Ausschließungsprinzip »P.-Verbot«) für den Schalenbau der Atome (publiziert 1925), das zur Entdeckung des in der Mikroelektronik so wichtigen Halbleiters führen sollte und wofür er 1945 den Nobelpreis erhielt, und er stellte 1931 die These von der Existenz eines Urteilchens der Natur auf, des sogen. Neutrinos, das später experimentell nachgewiesen werden konnte.

P. beschäftigte sich schon als Schüler am Döblinger Gymnasium mit der Relativitätstheorie Einsteins, als 20jähriger Student schrieb er für die »Enzyklopädie der mathematischen Wissenschaften« eine umfassende, meisterhafte Arbeit darüber. 1929 schuf er zusammen mit Werner Heisenberg die Quantenfeldtheorie.

P. studierte in Wien und München, bereits 1922 wurde er Assistent bei Max Born in Göttingen und dann bei Nils Bohr in Kopenhagen, 1923–1928 lehrte er als Privatdozent und Prof. in Hamburg und 1928–1940 als Prof. an der Technischen Hochschule in Zürich. Die Jahre 1935/36 und 1940–1946 verbrachte er in den USA (Princeton), er nahm die amerikanische Staatsbürgerschaft an.

*Werke:* »Quantentheorie« (1926), »Albert Einstein« (1955).

**Paumgartner, Bernhard,** * 14. November 1887 in Wien, † 27. Juli 1971 in Salzburg, Dirigent, Komponist und Musikforscher.

*Bernhard Paumgartner*

Der Sohn eines Pianisten und einer Sängerin studierte in Wien Jus (Promotion: 1911), dann Musiktheorie und erlernte Dirigieren bei Bruno → Walter. Bereits 1906 war er Assistent Gustav Mahlers in Salzburg. Nach kurzer Leitung des Wiener Tonkünstlerorchesters übernahm er 1917 die Direktion des Mozarteums in Salzburg. P. blieb dieser Stadt und den Salzburger Festspielen zeitlebens verbunden. In der Zwischenkriegszeit komponierte er u. a. auch Bühnenmusik für verschiedene Aufführungen Max → Reinhardts. 1938 wurde er von den Nationalsozialisten entlassen. Er verbrachte die Kriegszeit in Florenz, wo er sich mit Forschungen zur Frühgeschichte der Oper befaßte. 1945–1959 leitete er wieder das Mozarteum und begründete 1951 die Camerata Academica. Seine Interpretationen prägten für Jahrzehnte den Salzburger Mozart-Stil. 1960–1971 war P. als Präsident der Salzburger Festspiele tätig.

*Werke:* »J. S. Bach« (1950), »Erinnerungen« (1969), »F. Schubert« (1979), »Mozart« (1987).

*Lit.:* G. Croll (Hg.), B. P. Künstler und Forscher (1971).

**Pauser, Sergius,** * 28. Dezember 1896 in Wien, † 16. März 1970 in Klosterneuburg (NÖ), Maler und Graphiker.

P. besuchte in Wien die Volksschule, übersiedelte dann mit seinen Eltern nach Waidhofen an der Ybbs und ging nach der Kriegsmatura und dem Kriegsdienst an die Akademie in München. 1927 wurde er in die Wiener Secession aufgenommen und erzielte auf Ausstellungen bald internationale Erfolge. 1943 übernahm er eine Meisterklasse an der Akademie der bildenden Künste in Wien (1947–1966/67 o. Prof.) und wurde zur bestimmenden Persönlichkeit für Generationen von jungen Malern.

P. war ein bedeutender Aquarellist. Er hinterließ ein umfangreiches Werk, das rund 700 Ölbilder, Aquarelle und Zeichnungen umfaßt, darunter Porträts (u. a. Dr. Hans Rizzi, Karl → Seitz), Stilleben und Landschaften. P., der von sehr nobler Erscheinung war, schuf in realistischer Manier Bilder, die im Spannungsfeld von Freiheit und Gebundenheit lagen.

*Lit.:* R. Feuchtmüller, S. P. (1977).

**Pauspertl, Karl (eigtl. P. von Drachenthal),** * 18. Oktober 1897 in Plevlje (Bosnien), † 6. April 1963 in Wien, Komponist und Dirigent.

Der Sohn eines adeligen Berufsoffiziers der k. u. k. Armee studierte bei Franz → Schmidt und Clemens → Krauss an der Wiener Musikakademie. Er begann seine Karriere als Solokorrepetitor an der Wiener Staatsoper, war Erster Kapellmeister am Wiener Burgtheater, Theaterkapellmeister in Troppau und Berlin und 1934–1938 Leiter der berühmten Wiener »Hoch- und Deutschmeisterkapelle«. Er dirigierte auch im Rundfunk. P. war jedoch nicht nur ein tüchtiger Dirigent, er trat auch als geachteter Komponist hervor. Für die Bühne bearbeitete er bekannte Operetten, wie »Die große Unbekannte« (1925) von Franz von Suppé, »Das Spitzentuch der Königin« (1927) und »Prinz Methusalem« (1931) von Johann Strauß. Er schrieb Filmmusik (u. a. »Wiener Mädeln«, »Franz Schubert«) sowie Orchesterwerke, Walzer, Militärmärsche und Suiten (»Über Berg und Tal«).

**Pawlicky, Norbert,** * 4. März 1923 in Wien, † 15. Juli 1990 in Wien, Pianist und Komponist.

Der beliebte Pianist war ein stiller, bescheidener Mensch. Seit dem 6. Lebensjahr spielte er Klavier und beherrschte alle Tasteninstrumente. Neben dem Medizinstudium, das er schließlich abbrach, absolvierte er die Hochschule für Musik (Komposition bei A. → Uhl, Dirigieren bei H. Swarowsky). Danach wurde er Kapellmeister im Ronacher, in den Kammerspielen und im Renaissance-Theater, bis er zum Rundfunk fand, wo er insgesamt mehr als 10 000 Sendungen musikalisch betreute. Populär wurde er als Pianist und Arrangeur von Sendungen wie »Die große Chance«, »Bilanz des Monats« (mit Karl → Farkas) und nach dem Tod von Gustav → Zelibor als Begleiter von Heinz → Conrads. Am Wiener Volkstheater hatte er als Mitarbeiter von Gustav → Manker Anteil an dessen legendären Nestroy-Inszenierungen. P. komponierte Kabarett-, Unterhaltungs- und Tanzmusik sowie Wienerlieder.

**Peche, Dagobert,** * 3. April 1887 in Sankt Michael im Lungau (S), † 16. April 1923 in Mödling (NÖ), Graphiker, Kunstgewerbler und Innenarchitekt.

Der Sohn eines Notars studierte Architektur bei Ferstel an der Technischen Hochschule und absolvierte 1908–1911 als Schüler → Ohmanns die Akademie der bildenden Künste. In England lernte er das Werk Beardsleys kennen, das auf seinen Stil großen Einfluß gewann. Seine erste Ausstellung hatte P. 1913 im Österr. Museum für Kunst und Industrie. 1914 erhielt er von → Hoffmann den Auftrag, die österr. Abteilung bei der Internationalen Kunstausstellung in Rom einzurichten. 1915 trat er in die künstlerische

Leitung der »Wiener Werkstätte« ein und führte 1917–1919 die Züricher Filiale. P. war einer der phantasiereichsten Künstler dieser Epoche, der sich in allen Sparten des Kunstgewerbes bewährte. Seine großartige Vielfalt der Gestaltungsvariationen war eine wichtige Belebung für das kunstgewerbliche Schaffen.

*Lit.:* M. Eisler, D. P. (1925); W. J. Schweiger, Die Wiener Werkstätte (1982).

**Peichl, Gustav,** * 18. März 1928 in Wien, Architekt und Karikaturist.

Der Schüler → Holzmeisters (1949–1953) und Mitarbeiter Roland → Rainers ist einer der meistbeschäftigten Architekten Ö.s. Seine steile Karriere begann mit der Errichtung des Ö.-Pavillons auf der New Yorker Weltausstellung 1964. 1973 wurde er Prof. an der Akademie der bildenden Künste, 1987/88 war er deren Rektor. Er errichtete die Landesstudios des ORF; Bauten in Deutschland, darunter Wohnbauten in Berlin, die Phosphat-Eliminierungsanlage in Tegel, der Erweiterungsbau für das Städelmuseum in Frankfurt, folgten. 1992 wurde seine Bundeskunsthalle in Bonn fertiggestellt, wobei der Architekt gleich mit einer Werkschau geehrt wurde. In Wien gestaltete er das Kunstforum Länderbank an der Freyung und legte den Entwurf für den Bau der Probebühne des Burgtheaters im Arsenal. Der Architekt fühlt sich einer ästhetischen Funktionalität verpflichtet, ohne, wie er stets betont, ein »Postmoderner« zu sein.

*Gustav Peichl*

Unter dem Pseudonym »Ironimus« ist P. seit Jahren als Karikaturist für die Tageszeitung »Die Presse« und als Buchillustrator tätig. Seine Karikaturen erschienen auch in Sammelbänden.

*Werke:* »Bauten, Projekte, Meisterschule« (Katalog, 1981), »Architektur & Technik. Die Bauten des Österr. Rundfunks 1970–1980« (1981), »Die Kunst des O. Wagner« (Hg., 1984), »Architekten sind auch nur Künstler« (1989).

**Peintner, Max,** * 15. Dezember 1937 in Hall (T), Maler und Zeichner.

P. studierte Bauingenieurwesen an der Technischen Hochschule in Wien und erwarb sein Diplom in der Meisterklasse Roland → Rainers. Er veröffentlichte 1964 einen Band über Otto Wagner und legte 1969 seine ersten Zeichnungen vor, die eng mit Architektur in Zusammenhang stehen. Zahlreiche Ausstellungen im In- und Ausland folgten. Nach Architekturstudien und Landschaftsbildern trat P. mit »Selbstbildnissen« an die Öffentlichkeit, in denen er sich mit seiner eigenen Person und dem sie umgebenden Raum beschäftigt. Selbst in diesen »Einsamkeitsbildern«, in denen er nach einem neuen Körperbild sucht, ist noch ein wenig von seiner Liebe zur Architektur zu spüren.

**Pekny, Romuald,** * 1. Juli 1920 in Wien, Kammerschauspieler.

Der große Schauspieler ist ein Spätberufener, erst mit 26 Jahren besuchte er das Reinhardt-Seminar. Er debütierte am Schönbrunner Schloßtheater. 1948–1952 spielte er am Linzer Landestheater, 1952/53 in Basel, 1953–1957 in Köln und ab 1958 in München. Seit 1963 gastiert er häufig am Wiener Burgtheater, als Salieri in

Shaffers »Amadeus« etwa oder als Kaiser Rudolf II. in Grillparzers »Ein Bruderzwist in Habsburg«, eine Rolle, für die er 1981 den Grillparzer-Ring erhielt.

P.s Laufbahn ist eng mit Fritz → Kortner verbunden, der ihn prägte und ihm die großen Shakespeare-Rollen anvertraute (u. a. Othello, Richard III.). Klassische Rollen kommen dem Interesse und der hohen Sprechkultur des geistvollen Künstlers, bei dem jede Geste stimmt, besonders entgegen, aber er hat auch den Werner in Sartres »Die Eingeschlossenen« ebenso überzeugend dargestellt wie den Zwirn in Nestroys »Lumpazivagabundus«, den Polizeipräsidenten in Genets »Der Balkon« oder den Edgar in Strindbergs »Totentanz«. Auch im Film und im Fernsehen hat der humorvolle Schauspieler bereits ungezählte Rollen verkörpert.

**Pelinka, Anton,** * 14. Oktober 1941 in Wien, Politologe.

Nach einem Studium in Wien (Dr. phil.: 1964) war P. zunächst als Lektor, ab 1972 als Dozent an der Universität Salzburg tätig. Nach Lehrtätigkeit in Deutschland übernahm er 1975 den Lehrstuhl für Politikwissenschaften in Innsbruck. Er entwickelte eine rege Vortrags- und Publikationstätigkeit im In- und Ausland, längere Amerikaaufenthalte zeugen von seiner wissenschaftlichen Reputation. P. war auch wiederholt für den ORF als Experte bzw. als Diskussionsleiter im »Club 2« tätig.

*Werke:* »Stand oder Klasse? Die christliche Arbeiterbewegung Ö.s 1933–1938« (1972), »Dynamische Demokratie« (1974), »Politik und moderne Demokratie« (1976), »Modellfall Ö.? Möglichkeiten und Grenzen der Sozialpartnerschaft« (1981), »Parlamentarismus in Ö.« (mit R. Nick, 1984), »Windstille« (1985), »Das große Tabu« (Hg., 1987), »Zur österr. Identität« (1990).

**Pelinka, Peter,** * 1951 in Wien, Journalist.

Der Sohn einer großbürgerlichen Familie war nach dem Studium der Geschichte und Politikwissenschaft (Promotion: 1977) zunächst als Redakteur bei der Sozialistischen Korrespondenz und dann bei der »Arbeiter-Zeitung« (AZ) in Wien tätig. Der jüngere Bruder von Anton → P., politisch geprägt von den Ereignissen des Jahres 1968, erwarb sich als junges Mitglied der Sozialistischen Jugend journalistische Erfahrung bei der Zeitschrift »trotzdem«. In den Krisenjahren der »AZ« avancierte P. zum Chefredakteur des Blattes, vermochte aber nicht, das traditionsreiche Organ der Sozialdemokratie gegen die wirtschaftlichen Bedenken seiner Partei bzw. des späteren Privateigentümers zu halten. P. ist auch als Lehrbeauftragter am Institut für Publizistik der Wiener Universität tätig. Nach der Einstellung der »AZ« versuchte er, eine linksliberale Monatszeitschrift mit dem Namen »Chronist« zu gründen, scheiterte aber an finanziellen Problemen. Seitdem schreibt er als Kolumnist in der Zeitschrift »Falter«. Seit 1992 leitet P. das neugegründete Wochenmagazin »News« als Chefredakteur.

*Werke:* »Erbe und Neubeginn. Die revolutionären Sozialisten in Ö. 1934–1938« (1981), »100 Jahre AZ« (mit M. Scheuch, 1989).

**Pemmer, Hans,** * 22. Juli 1886 in Wien, † 5. Mai 1972 in Wien, Lehrer und Heimatforscher.

Bis 1938 Hauptschullehrer bzw. Hauptschuldirektor in Wien, bekundete P. schon früh großes Interesse für die Wiener Heimatforschung. Er wirkte in der Volksbildung, hielt heimatkundliche Vorträge und veröffentlichte eine Reihe von Arbeiten über Wiener Friedhöfe (u. a. »Der Wiener Zentralfriedhof«, 1924), über Vorstadttheater, Gast- und Vergnügungsstätten; 1935 gab er gemeinsam mit Ninni Lackner den Band »Der Wiener Prater einst und jetzt« heraus. Schon 1933 hatte er in seiner Wohnung ein »Pratermuseum« eingerichtet, das er später der Stadt Wien schenkte (1964 im Planetarium eröffnet). Das größte Verdienst des Heimatforschers war es, nach dem 1. Weltkrieg den St. Marxer Friedhof für die Nachwelt erhalten zu haben. P. war u. a. Ehrenmitglied des Vereins für Geschichte der Stadt Wien und wurde seitens der Gemeindeverwaltung mehrfach ausgezeichnet.

**Pendl, Gerhard,** * 10. 7. 1934 (OÖ), Neurochirurg.

Der auf seinem Fachgebiet weltweit bekannte und anerkannte Arzt absolvierte eine Drogistenlehre und war dann im pharmazeutischen Großhandel als Angestellter und Drogist tätig. Er holte 1957 die Matura nach und studierte anschließend in Wien Medizin (Promotion: 1964).

Zunächst kurz am Allgemeinen Krankenhaus in Linz tätig, wurde P. unter Prof. Herbert → Kraus Assistent an der eben gegründeten Neurochirurgischen Universitätsklinik in Wien. Er vervollkommnete seine Ausbildung an der George Washington University in Washington und war abschließend in Kiel tätig, wo er eine Neurochirurgische Kinderklinik aufbaute. Über die Ostseeklinik Damp und Wien (Erster Oberarzt an der Neurochirurgie) führte ihn seine berufliche Laufbahn schließlich nach Graz, wo er seit 1990 als Vorstand der Neurochirurgischen Universitätsklinik wirkt und erfolgreich auch radiochirurgische Eingriffe mit dem sog. »Gamma-knife« durchführt.

**Perkonig, Josef Friedrich,** * 3. August 1890 in Ferlach (K), † 8. Februar 1959 in Klagenfurt, Schriftsteller.

Der Sohn eines Graveurs war zunächst Volksschullehrer in Kärnten und später Prof. an der Lehrerbildungsanstalt in Klagenfurt. Die beiden Weltkriege, der Kärntner Abwehrkampf, die Kärntner Heimat mit ihrer deutschsprachigen und slowenischen Bevölkerung haben sein Weltbild und sein schriftstellerisches Werk geprägt.

P. war der erste Kärntner Erzähler von Rang, der über die Grenzen seines Landes hinaus bekannt wurde. Er begann als national gesinnter Dichter der Grenze (»Heimat in Not«, 1921), entwickelte sich aber zum Brückenbauer zwischen den Völkern (»Patrioten«, 1950). Sein Roman »Mensch wie du und ich« (1932, 1954), der die Unsinnigkeit des Krieges anprangert, fand von allen seinen Werken wohl den stärksten Widerhall. Das umfangreiche Werk des Schriftstellers umfaßt auch Dramen, Erzählungen, Essays, Gedichte, Hörspiele, Filmdrehbücher und Übersetzungen aus dem Slowenischen. Seine Autobiographie »Im Morgenlicht« erschien 1948 (Neuaufl. 1988).

*Lit.:* J. F. P.-Gesellschaft (Hg.), Ausgewählte Werke (8 Bde., 1965–1970).

**Pernter, Hans,** * 3. Oktober 1887 in Wien, † 25. Juli 1951 in Bad Ischl (OÖ), Beamter und Politiker.

Als Jurist trat P. in den Staatsdienst ein. 1932–1934 leitete er die Kunstsektion im Bundesministerium für Unterricht und Kunst. 1934 wurde der Christlichsoziale Staatssekretär, 1936 Bundesminister für Unterricht und Kunst. Von den Nationalsozialisten 1938 verhaftet, verbrachte er drei Jahre im KZ. Danach schloß er sich der Widerstandsbewegung an. 1945 gehörte er zu den Mitbegründern der ÖVP, 1945–1949 war er Abgeordneter zum Nationalrat. Als Beamter trat er wieder in die Kunstsektion des Unterrichtsressorts ein, deren Leiter er bis zu seiner Pensionierung blieb. P. war auch Vorsitzender des »Verbands der geistig Schaffenden« sowie Initiator der Hilfsaktion »Österr. Kinder ins Ausland« in der Nachkriegszeit.

**Perutz, Leo,** * 2. November 1884 in Prag, † 25. August 1957 in Bad Ischl (OÖ), Schriftsteller.

Der Sohn eines Industriellen wuchs in Prag auf und studierte dort. Als Offizier nahm er am 1. Weltkrieg teil. Schwer verwundet, lebte er danach als freier Schriftsteller in Wien. 1915 veröffentlichte er seinen ersten Roman, »Die dritte Kugel«. 1938 wurde er von den Nationalsozialisten vertrieben. Bis nach dem Ende des 2. Weltkriegs lebte er in Tel Aviv und Jerusalem, wo er Mathematikstudien betrieb und Vorlesungen hielt. Sein Erzählwerk, das – spannend und literarisch auf höchstem Niveau – meist historische und phantastische Stoffe behandelt, war in der Zwischenkriegszeit äußerst erfolgreich. Nach dem 2. Weltkrieg in Vergessenheit geraten, erlebt es seit den 80er Jahren eine Renaissance. P. schrieb Dramen, Novellen und v. a. Romane. Seinen Nachlaß erwarb 1986 die Deutsche Bibliothek in Frankfurt am Main, die Wiederentdeckung von P.s Schaffen ist Prof. H.-H. Müller von der Universität Hamburg zu verdanken.

*Werke:* »Der Meister des jüngsten Tages« (1923), »Wohin rollst du, Äpfelchen« (1928), »St. Petri Schnee« (1933), »Der schwedische Reiter« (1936), »Nachts unter der steinernen Brücke« (1953).

**Perutz, Max Ferdinand,** * 19. Mai 1914 in Wien, Chemiker.

P. entstammt einer altösterr. Fabrikantenfamilie. Er maturierte am Theresianum in Wien und sollte nach einem Jusstudium das väterliche Erbe übernehmen. Er studierte jedoch an der Wiener

*Max Ferdinand Perutz*

Universität ab 1932 Chemie und ging 1936 an das Cavendish-Institut der Universität Cambridge. Nach 1938 wurde England für den Auslandsstudenten zum Exilland. 1940 promovierte er dort, 1943 erhielt er die britische Staatsbürgerschaft. Nach 1945 setzte er seine bereits 1937 begonnene Forschungsarbeit über die Struktur des Hämoglobins fort. Gemeinsam mit John C. Kendrew gründete er eine staatlich unterstützte Forschungsgruppe für Molekularbiologie, deren Leitung er 1947 nach ihrer Institutionalisierung übernahm. Das Institut entwickelte sich bald zu einem weltweit führenden Forschungszentrum. Nach jahrelanger Arbeit gelang es P. und Kendrew, die Struktur einer langen Reihe von Proteinmolekularen mit Hilfe von gebrochenen Röntgenstrahlen zu bestimmen und den räumlichen Aufbau des Hämoglobinmoleküls zu ermitteln. Beide erhielten für ihre großen Leistungen 1962 den Nobelpreis für Chemie. Neben seiner Forschungsarbeit und Gastvorlesungen war P. 1963–1969 Vorsitzender der Europäischen Organisation für Molekularbiologie.

**Peter, Friedrich,** * 13. Juli 1921 in Attnang-Puchheim (OÖ), Lehrer und Politiker.

Der Sohn eines Lokomotivführers absolvierte das Collegium Petrinum in Linz und die Lehrerbildungsanstalt. 1943–1945 war er bei der deutschen Wehrmacht, u. a. beim 10. SS-Infanterieregiment. Nach Kriegsende trat er als Haupt- und Sonderschullehrer in den Schuldienst ein, 1968 wurde er Landesschulinspektor für Sonderschulen.

Der eher liberale denn nationale Politiker gehörte dem VdU an, bei dessen Übergang zur FPÖ er eine entscheidende Rolle spielte. Sein politischer Ziehvater war der nationale Agrarpolitiker → Reinthaller, seinerzeit Minister im Kabinett → Seyss-Inquart und führender Mann im VdU. 1955–1966 hatte P. ein Landtagsmandat in OÖ inne. 1958–1978 war er FPÖ-Bundesparteiobmann. 1970–1985 fungierte er als Klubobmann seiner Parteifraktion im Parlament, wobei er sich als blendender Redner im Hohen Haus profilierte. P. verfolgte zunächst eine Politik der

Zusammenarbeit mit der ÖVP, schwenkte dann aber in der Ära → Kreisky zur SPÖ um. Die Annäherung begann bereits unter → Olah. 1970 unterstützte die FPÖ Kreiskys Minderheitsregierung und wurde mit einer günstigen Wahlrechtsreform belohnt. Unter P.s Führung erzielte die FPÖ allerdings keine großen Wahlerfolge und stagnierte. Als Simon → Wiesenthal 1975 P. aufgrund seiner SS-Vergangenheit der Beteiligung an Massenmorden zieh, schadete dies seiner politischen Karriere. P. wurde zwar von Kreisky verteidigt, zog aber – nach heftiger öffentlicher Kritik – seine Kandidatur zum Dritten Nationalratspräsidenten zurück. 1978 löste ihn → Götz als Parteiobmann ab. Als Parlamentarier zog P. noch die Fäden für die 1983 gebildete Kleine Koalition mit der SPÖ. 1987 schied er aus dem Parlament. 1992 trat er, nach Differenzen mit Jörg → Haider, aus der Partei aus.

**Petermann, Reinhard,** * 21. Jänner 1859 in Bruntál/Freudenthal (Österr.-Schlesien), † 26. Februar 1932 in Wien, Journalist und Lokalhistoriker.

Der Sohn eines Justizbeamten war 45 Jahre lang Versicherungsangestellter. Gleichzeitig veröffentlichte er Feuilletons in der »Neuen Freien Presse«, ab 1888 schrieb er auch für die »Wiener Zeitung« und das »Neue Wiener Tagblatt«. Er beschäftigte sich v. a. mit historischen und geographischen Themen, besonders wichtig wurden seine akribischen Arbeiten zur Geschichte Wiens. Außerdem verfaßte er zahlreiche Stadt- und Reiseführer.

*Werke:* »Wien im Zeitalter Franz Josephs I.« (1908), »Historische Spaziergänge in Wien« (1925), »Wien von Jh. zu Jh.« (1927).

**Petters, Heinz,** * 9. Juli 1932 in Graz, Schauspieler.

P. ist ein Publikumsliebling des Wiener Volkstheaters. Schon als Kind wollte er zur Bühne. Nach Ballett- und Gesangsunterricht (keinen Schauspielunterricht!) übernahm er in Graz Kinderrollen, war Operettenbuffo und sang auch an der Oper. Hugo → Wiener brachte ihn nach Wien an das Raimundtheater, und von dort kam er an das Volkstheater, dessen Ensemble er seit 1964 angehört. Hier hat sich P. in vielen Nestroy-Rollen einen guten Ruf als Volksschauspieler erworben. Er bewies aber auch in anderen Stücken, so in Grillparzers »Weh dem, der lügt«, Anzengrubers »Der G'wissenswurm«, Shakespeares »Richard III.«, seine schauspielerischen Qualitäten. Breite Popularität verdankt P. außerdem dem Fernsehen, wo er u. a. in der Serie »Der Sonne entgegen« brillierte.

**Petznek, Elisabeth Marie (Erzherzogin von Ö.),** * 2. September 1883 im Schloß Laxenburg bei Wien, † 22. März 1963 in Wien.

Die Tochter des Kronprinzen Rudolf rebellierte schon früh gegen das Hofzeremoniell und die geistige Enge des Hoflebens. Als 19jährige heiratete sie den ihr unebenbürtigen Grafen Otto Windisch-Graetz, doch gingen die Ehepartner trotz mehrerer Kinder bald getrennte Wege und wurden nach einem langwierigen Prozeß 1924 geschieden. Elisabeth fand einen neuen Lebensgefährten, den Sozialdemokraten Leopold Petznek, den sie 1948 heiratete. Sie selbst trat ebenfalls der Sozialdemokratischen Partei bei. Ihren gewohnten aristokratischen Lebensstil führte die »rote Erzherzogin« jedoch bis an ihr Lebensende weiter.

*Lit.:* F. Weissensteiner, Die rote Erzherzogin (1982).

**Petzold, Alfons,** * 24. September 1882 in Wien, † 26. Jänner 1923 in Kitzbühel (T), Arbeiterdichter.

P., der einer Arbeiterfamilie entstammte und früh vaterlos war, wuchs in bitterer Not auf. Nach unzulänglicher schulischer Ausbildung brachte er sich mühsam als Hilfsarbeiter durch (Fensterputzer, Heizer, Kohlenträger u. a.) und schloß sich den Sozialdemokraten an. Nach dem Tod seiner Mutter war er zeitweise obdachlos. Seit jeher von schwacher Gesundheit und später

*Alfons Petzold*

lungenkrank, vermochte er jedoch seinen Gedanken und Gefühlen literarischen Ausdruck zu geben. P. schrieb nieder, was er erlebte und was ihn bewegte. Von → Ginzkey entdeckt und gefördert, wurde er mit seiner sensiblen Lyrik und engagierten Prosa zum bedeutendsten österr. Arbeiterdichter. Seine gesammelten Werke erschienen 1948–1953 in 7 Bänden.

*Werke:* »Trotz alledem« (Gedichte, 1910), »Der Dornbusch. Revolutionslyrik« (1919), »Das rauhe Leben« (Autobiographie, 1920), »Der Totschläger« (Prosa, 1921).

**Peymann, Claus,** * 7. Juni 1937 in Bremen, Regisseur und Theaterleiter.

Burgtheaterdirektoren waren oft umstritten, doch kaum ein anderer hat in der Theaterstadt Wien so heftige Emotionen ausgelöst und die Theaterwelt so gespalten.

P. entstammt kleinbürgerlichen Verhältnissen. Ein Studium der Germanistik, Kunstgeschichte und Soziologie brach er ab. Seine Theaterkarriere begann in Hamburg. Danach wurde er Oberspielleiter am Frankfurter »Theater am Turm«, gründete 1971 die »Schaubühne am Halleschen Ufer«, leitete 1974–1979 das Stadttheater Stuttgart und 1980–1986 das Bochumer Schauspielhaus. 1986 übernahm er die Direktion des Wiener Burgtheaters.

P., ein Mann mit rebellischer Vergangenheit, ist ein Besessener des Theaters, ein großartiger, konzessionsloser Regisseur, der das Theater umgestalten, erneuern, lebendig machen will. Er hat klassische Werke blendend inszeniert (Wilhelm Tell, Faust, Clavigo, Tasso, Macbeth, Othello u. a.), aber auch das zeitgenössische Drama gefördert und Stücken → Handkes, → Bernhards und → Turrinis zum Durchbruch verholfen.

Als »Burg«-Chef ist ihm manches geglückt: er hat hervorragende Regisseure nach Wien geholt (Flimm, Stein, Tabori, Zadek) und prachtvolle Aufführungen zustande gebracht (z. B. Shakespeares »Richard III.«, Bernhards »Heldenplatz«). Zu seinen Passiva zählen schwache Inszenierungen wie Shakespeares »Der Sturm«, eine unausgewogene Gestaltung des Gesamtspielplans, zu viele Schließtage und eher mäßige Einspielergebnisse.

**Pfliegler, Michael,** * 26. Jänner 1891 in Guttenbrunn (NÖ), † 11. Oktober 1972 in Wien, Theologe.

Der Sohn einer kinderreichen Maurerfamilie mußte schon mit 8 Jahren Geld verdienen. Er absolvierte das Katholische Knabenseminar Hollabrunn und entschied sich nach der Matura für die Priesterlaufbahn. Er studierte Theologie in Wien, 1915 wurde er zum Priester geweiht. Sein Artikel über das Verhältnis von Priestern zur Sozialdemokratie machte den Geistlichen Karl Rudolf auf ihn aufmerksam, mit dem er später führend im Bund »Neuland« tätig war. 1920 wurde P. Generalsekretär des Katholischen Studentenbundes, 1924 Religionslehrer in Döbling. »Neuland« war 1921 entstanden; der Bund stand der deutschen Jugendbewegung und dem unter der geistigen Führung von Romano Guardini stehenden »Quickborn« nahe und vertrat auch Ideen der volksliturgischen Bewegung. P. wurde einer der Motoren dieser katholischen Jugendbewegung, die mit dem Sozialismus, den er als »große Bewegung der Gegenwart« achtete, einen Ausgleich suchte. P. hielt auch enge Kontakte zu den »Religiösen Sozialisten«. Seine Wohnung in der Pfarre St. Peter am Graben wurde ein Zentrum seelsorgerischer Tätigkeit. 1935 erfolgte seine Habilitation an der Universität Wien für Pastoraltheologie, ab 1938 lehrte er auch Moraltheologie. Nach 1945 trat er wieder öfter durch Vorträge hervor. 1960 holte ihn Papst Johannes XXIII. in die Liturgische Vorbereitungskommission für das II. Vatikanum.

*Werke:* »Die deutsche Jugendbewegung und der jungkatholische Geist« (1923), »Die religiöse Situation« (1948), »Priesterliche Existenz« (1953).

*Lit.:* Franz M. Kapfhammer, M. P., in: NÖB 19.

**Pfrimer, Walter,** * 22. Dezember 1881 in Maribor/Marburg (Slowenien), † 30. Mai 1968 in Judenburg (St), Rechtsanwalt und Politiker.

P. war bereits 1917 an der Gründung des »Deutschen Volksrates für Obersteiermark« beteiligt. 1918 war er Mitbegründer von bewaffneten Ortswehren, aus denen später die Selbstschutzverbände hervorgingen. 1922 fand er in Hanns Rauter einen Gesinnungsgenossen, mit dem er den »Selbstschutzverband Steiermark« leitete; letzterer spielte bei der Niederschlagung des Verkehrsstreiks, mit dem die Arbeiterschaft auf die Vorgänge des 15. Juli 1927 reagierte, eine wichtige Rolle. 1928 wurde P. zum Zweiten Bundesführer der Heimwehren gewählt, trat aber, gemeinsam mit Richard → Steidle, schon 1930 wegen politischer Differenzen mit → Starhemberg (P. war Hauptvertreter des großdeutschen Flügels) zurück. Seit Mai 1931 wieder Stellvertreter Starhembergs, unternahm er am 12. September 1931 einen dilettantischen Putschversuch, um für die Heimwehren die »Macht im Staate« zu erobern. Der Putsch brach zusammen, P. floh nach Marburg (Slowenien), stellte sich aber dann den Gerichten. Noch im Dezember 1931 wurde er unmotiviert freigesprochen. In der Folge leitete er die Kontakte des Steirischen Heimatschutzes mit der NSDAP ein. 1933 trat er der NSDAP bei. 1938 wurde er vom NS-Regime mit einer Entschädigung und einem Reichstagsmandat belohnt. 1945–1947 von den österr. Behörden inhaftiert, übte er danach wieder seinen Beruf als Anwalt aus.

**Philipp, Gunther (eigtl. Placheta),** * 8. Juni 1918 in Maroshévic (Rumänien), Arzt und Schauspieler.

P. ist durch ungezählte Filmlustspiele, Komödien und Grotesken v. a. in den 50er und 60er Jahren populär geworden. Als Sportler hat er sich schon viel früher betätigt: bereits mit 15 Jahren war er österr. Jugendmeister im Brustschwimmen, mit 16 gehörte er der Nationalmannschaft an und errang 1938 im 100-Meter-Brustschwimmen den Europameistertitel. Zu dieser Zeit studierte er Medizin in Wien (Promotion: 1943) und besuchte nebenbei die Hochschule für Musik und darstellende Kunst. Nach dem 2. Weltkrieg wirkte der Vielseitige als Landarzt in Wels (OÖ) und ab 1946 als Stationsarzt an der Wiener Universitätsklinik für Neurologie und Psychiatrie. Daneben gründete er das Kabarett »Die kleinen Vier«, schrieb Kabarett- und Revuetexte, Filmdrehbücher und für den Rundfunk. 1950 gab er den Arztberuf auf. Er arbeitete v. a. für den Film, gastierte an österr., deutschen und Schweizer Boulevardbühnen und ging auf Tourneen. In Streifen wie »Kaiserwalzer« (1953), »Mariandl« (1961), »Die lustige Witwe« (1962), »Laß das – ich haß das« (1983) zog er alle Register seines Könnens, vom anspruchslosen Witzbold bis zum Charakterkomiker. Als Sportler wurde er – nun als Autorennfahrer – dreimal österr. Staatsmeister im Grand Tourisme. Auch betätigt sich P. nach wie vor als Autor; sein Lustspiel »Damenroulette« lief 1991/92 sehr erfolgreich in der »Kleinen Komödie« in Wien.

**Piccaver, Alfred,** * 5. Februar 1884 in Long Sutton (England), † 23. September 1958 in Wien, Kammersänger.

P. war einer der besonderen Lieblinge des Wiener Opernpublikums. Er besaß eine der schönsten Tenorstimmen seiner Zeit und bestach durch seinen Tonumfang ebenso wie durch seinen stilvollen, beseelten Vortrag.

Der glanzvolle Tenor war Engländer spanischer Herkunft. Er studierte Elektrotechnik in den USA, wohin seine Eltern ausgewandert waren, und arbeitete zeitweilig in den Laboratorien T. A. Edisons. Während einer Europareise entdeckte Angelo Neumann seine Stimme und engagierte ihn 1907 an das Deutsche Theater in Prag. 1910 kam P. erstmals nach Wien. 1912–1937 war er Erster Tenor an der Wiener Oper und feierte v. a. als Verdi- und Puccini-Interpret Triumphe. 1939 emigrierte er nach London, wo er als Konzertsänger und später als Pädagoge wirkte. 1955 kehrte er nach Wien zurück. Der Star wurde auf allen seinen Gastspielen, die ihn u. a. nach Salzburg, Berlin, Paris, London und nach Amerika führten, stürmisch umjubelt und gefeiert.

**Pichler, Herbert,** * 25. September 1921 in Wien, Arzt.

Nach Studien in Wien, Innsbruck und Zürich begann P. seine Arztkarriere als Assistent bei → Breitner. 1950–1963 arbeitete er als Hals-Nasen-Ohren-Oberarzt an der 1. Universitätsklinik. Bereits 1950 hatte er eine pharmazeutische Firma gegründet. P. ist der Entdecker der Penicillin-Allergie. Bekannt wurde er aber als »Weltraum-Pichler«, da er 1964–1980 alle Weltraumunternehmungen im Fernsehen kommentierte. Als 1969 die Mondlandung erfolgte, berichtete er 24 Stunden lang über die ersten Schritte eines Menschen auf dem Mond. P. ist heute Vorstand des Instituts für Flugmedizin und Weltraumbiologie und veröffentlichte eine große Anzahl wissenschaftlicher Werke zu diesem Thema.

*Werke:* »Die Mondlandung« (1969).

**Pichler, Walter,** * 1. Oktober 1936 in Deutschofen (Südtirol), Bildhauer, Zeichner und Architekt.

P. absolvierte die Gewerbeschule in Innsbruck und studierte 1955–1959 an der Akademie für angewandte Kunst in Wien. Er stellte erstmals 1963 in der Galerie nächst St. Stephan aus. Der Künstler, der zur österr. Avantgarde zählt, revoltierte mit Hans → Hollein gegen herkömmliche Architekturauffassungen (Ausstellungen »Architektur«, 1962, »Urban Fiction«, 1967). Er stellte Architekturentwürfe vor, schuf plastische Arbeiten aus Holz, Eisen und Kupfer (z. B. »Bewegliche Figur mit Schatten« 1982, »Große Frau«, 1990) und Graphik und zog nach St. Martin an der Raab (B), wo er seit 1972 spezielle Gehäuse für seine Objekte und Figuren errichtet – Häuser für die Kunst, um die Idee der Einheit von Skulptur und Raum zu dokumentieren (»Haus für den Wagen«, 1973, »Glashaus für die Bewegliche Figur«, 1981, u. a.).

P.s vielschichtiges Werk nimmt innerhalb der österr. Kunst eine eigenständige Position ein und zeigt einen archaisch-mythologischen und religiösen Charakter. Formal dichte, spröde, archetypische Zeichnungen beschäftigen sich mit Themen wie Familie, Alter oder Gewalt. Der Künstler vertrat 1982 Ö. auf der Biennale in Venedig. Seine Arbeiten finden v. a. im Ausland (USA, Deutschland) große Beachtung.

*Lit.:* W. P., Skulpturen, Gebäude, Projekte (1983).

**Piffl, Friedrich Gustav,** * 15. Oktober 1864 in Lanškroun/Landskron (Böhmen), † 21. April 1932 in Wien, Erzbischof.

Der Sohn eines Buch- und Papierhändlers trat 1883 in den Augustiner-Chorherren-Orden in Klosterneuburg ein, wo er 1888 zum Priester geweiht wurde. Bis 1892 arbeitete er in Wien in der Arbeiterseelsorge. 1890 gründete er den »Mariazeller Verein«, 1891 die »Zeitung für Stadt und Land«. Ein Jahr später wurde er Prof. für Moraltheologie und Soziologie an der Hauslehranstalt in Klosterneuburg. Als Volkspriester, der sich intensiv mit sozialen Fragen beschäftigte, hielt P. engen Kontakt zu den christlichsozialen Politikern Leopold → Kunschak und Prälat Franz Martin Schindler. 1907–1913 war er Propst des

Stifts Klosterneuburg. Vom Erzherzog Thronfolger Franz Ferdinand lebhaft protegiert, wurde er 1913 zum Wiener Erzbischof und 1914 zum Kardinal ernannt. In der Umbruchzeit 1918 ergriff er für die Republik Partei und verfaßte auch einen dementsprechenden Hirtenbrief. Er gründete das »Wiener Kirchenblatt« und war an der Gründung des »Kleinen Volksblattes« beteiligt. Er wirkte an der Umstrukturierung der »Katholischen Aktion« 1927 mit und behielt bis zu seinem Tod großes Interesse für soziale Fragen.

**Piffl-Perčević, Theodor,** * 17. September 1911 in Meran (Südtirol), Jurist und Politiker.

Aus einer alten Tuchmacherfamilie aus dem Böhmischen stammend, besuchte P. das Kalksburger Jesuitengymnasium, studierte Jus und absolvierte die Gerichtspraxis. Der Christlichsoziale wurde 1938 von den Nationalsozialisten verhaftet, 1939 trat er entschieden gegen die Umsiedlung der Südtiroler auf. Nach Kriegsende war P., ein Spezialist für Rechtsfragen der Landwirtschaft, Funktionär der steirischen Bauernkammer. 1960 wurde er als Kandidat der ÖVP in den Nationalrat gewählt, 1964 erfolgte seine Berufung zum Unterrichtsminister. In seiner Amtsperiode wurde das Allgemeine Hochschulstudiengesetz beschlossen, 30 neue AHS und berufsbildende Schulen entstanden. Als er das 9. bzw. 13. Schuljahr politisch nicht durchsetzen konnte, trat er 1969 von seinem Amt zurück. Der »zeitaufgeschlossene Konservative« wollte lieber als Minister fallen »denn umfallen«. Heute führt der stille, noble Herr, dessen Rücktritt immer wieder als beispielgebend erwähnt wurde, als Vorsitzender die Stiftung »Pro Oriente«, die sich um die Kirchen des Ostens verdient macht.

**Pillhofer, Josef,** * 1. Juni 1921 in Wien, Bildhauer und Graphiker.

P. wuchs in Mürzzuschlag auf. Er begann seine künstlerische Ausbildung in Graz, die er nach Unterbrechung durch den 2. Weltkrieg in Wien bei Fritz → Wotruba und dann in Paris fortsetzte, wo er durch den Kubismus beeinflußt wurde. In Wien gehörte er zum Art Club.

P.s künstlerische Position liegt zwischen dem Festhalten am Studium der Natur und einer disziplinierten geometrischen Abstraktion. Viele seiner Skulpturen sind abstrakt, bei anderen sind die stereometrischen Formelemente so differenziert gestaltet, daß sie Assoziationen zur Erscheinungswelt auslösen. Seine Arbeiten in Holz, Beton, Stein oder Bronze, in deren Gefolge eine Anzahl wesentlicher Zeichnungen entstanden, haben, ob sie nun abstrakt, in menschlichen Maßen und Formen oder der Landschaft zugewandt sind, einen eigenständigen Charakter.

*Werke:* »Schräge Steinformation« (1966), »Liegende Figur« (1970), »Römisches Mädchen« (1980/81).

*Lit.:* J. P., Das Gestalthafte in der Natur. Plastiken und Zeichnungen (Katalog Walter-Buchebner-Gesellschaft 1981).

**Pilz, Peter,** * 22. Jänner 1954 in Kapfenberg (St), Sozialwissenschaftler und Politiker.

P. erlebte seinen politischen Reifungsprozeß in der Schülerbewegung des Jahres 1968. Während des Studiums schloß er sich den sozialistischen Studenten an, aus deren Mitte zahlreiche politische Talente hervorgegangen sind. Nach einem kurzen Zwischenspiel bei der Gruppe Revolutionärer Marxisten (GRM) fand der freiberuflich tätige Sozialwissenschaftler bei den Grünen eine Plattform, wo er seine Anliegen entsprechend formulieren konnte und sich unterstützt wußte. 1986 wurde er in den Nationalrat gewählt. Sowohl im Lucona- als auch im Noricum-Ausschuß des Parlaments spielte er eine Starrolle. Seit 1991 hat P. ein Wiener Gemeinderatsmandat inne.

**Pirchan, Emil,** * 27. Mai 1884 in Brno/Brünn (Mähren), † 20. Dezember 1957 in Wien, Architekt, Maler, Bühnenbildner und Schriftsteller.

Der Sohn eines Historienmalers studierte ab

1908 an der Münchner Kunstschule und an einer privaten Schule für Bühnenbildner. Seine Ausbildung vervollkommnete er in Wien als Schüler Otto Wagners. Bis 1932 war er in Berlin als Bühnenbildner tätig, 1932–1936 war er künstlerischer Direktor des Deutschen Theaters in Prag. 1936 übernahm er die Meisterschule für Bühnentechnik an der Akademie der bildenden Künste in Wien und lieferte eine Reihe von Arbeiten für das Burgtheater. Daneben verfaßte er noch eine Vielzahl von Essays, Biographien und Romanen.

*Werke:* »Faustbrevier« (1918), »Bühnenbrevier« (1938), »Unsterbliches Wien« (1939), »Fanny Elßler« (1940), »Harald Kreutzberg« (1941), »300 Jahre Wiener Operntheater« (1953), »Otto Wagner« (1956).

**Pirquet, Clemens,** * 12. Mai 1874 in Wien-Hirschstetten, † 28. Februar 1929 (Selbstmord) in Wien, Kinderarzt.

Der Sohn eines Reichsratsabgeordneten studierte nach Besuch des Theresianums Theologie in Innsbruck, Philosophie in Löwen und Medizin in Wien und Graz (Dr. med.: 1900). 1908 habilitierte er sich für Kinderheilkunde in Wien. 1909 lehrte er an der John-Hopkins-Universität in Baltimore (USA), 1910 in Breslau, und 1911 wurde er o. Prof. und Vorstand der Universitäts-Kinderklinik in Wien. Hier begründete der Pädiater seinen Weltruf als Kliniker und Forscher. Von ihm stammt die Lehre von den Allergien, und er entdeckte die Serumkrankheit. Von besonderer Bedeutung war seine Entdeckung der Tuberkulin-Hautreaktion (1907); damit konnte diese Wiener Volkskrankheit eindeutig diagnostiziert werden. P. gilt als Bahnbrecher einer modernen Ernährungslehre für Kinder. Nach dem 1. Weltkrieg organisierte er mit amerikanischer Unterstützung Hilfsaktionen in Ö. für die hungernden Kinder. Aufgrund seiner hervorragenden Kenntnisse wurde er vom Völkerbundkomitee für Säuglingsfürsorge nach Genf berufen.

*Clemens Pirquet*

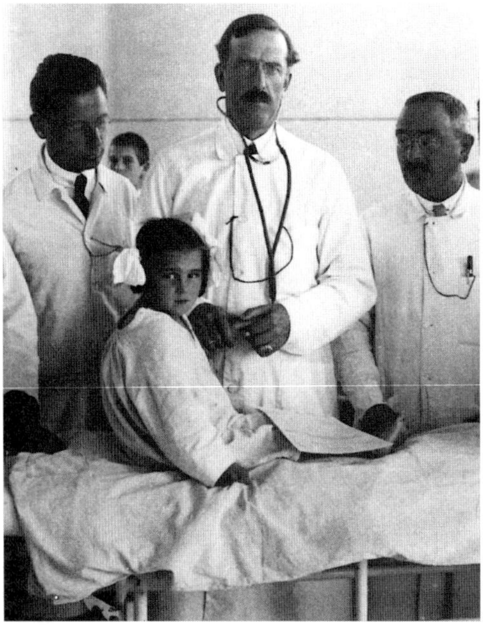

*Werke:* »Die Serumkrankheit« (1905), »Kutane Tuberkulinreaktion« (1908), »Allergie« (1910), »System der Ernährung« (1917–1920).

**Pirquet, Guido (Freiherr von Cesenatico),** * 30. März 1880 im Schloß Hirschstetten (NÖ), † 17. April 1966 in Wien, Raketenfachmann.

Der Sohn des Reichsratsabgeordneten Peter P. studierte 1898–1902 an den Technischen Hochschulen von Wien und Graz Maschinenbau (Dipl.-Ing.: 1902). In der Folge widmete er sich Studien auf den Gebieten der Wärmetechnik und des Landmaschinenbaus. Seine bedeutendsten wissenschaftlichen Leistungen erbrachte er jedoch in der Weltraumforschung. Bereits in den 20er Jahren beschäftigte er sich mit dem Wirkungsgrad und der Thermodynamik des Raketenantriebs, wies bereits auf die Möglichkeiten eines bemannten künstlichen Erdsatelliten hin und berechnete die entsprechenden Umlaufbahnen. Er arbeitete so exakt, daß die UdSSR 1961 nach seinen Plänen eine Venussonde erfolgreich in das Weltall schickte. In einer Artikelserie in der Zeitschrift »Die Rakete« befaßte sich der Privatgelehrte 1928 mit der Konstruktion interplanetarischer Fahrtrouten und befürwortete die

Raumfahrt zu entfernten Planeten von einer Außenstation im Weltall aus. Dem weitblickenden Vorkämpfer der Weltraumfahrt wurden noch zu Lebzeiten zahlreiche Ehrungen und Auszeichnungen zuteil. Die Landung des ersten Menschen auf dem Mond erlebte er nicht mehr.

**Pisa, Karl,** * 26. März 1924 in Wien, Journalist und Politiker.

P. trat 1945 beim ÖVP-Pressedienst ein und war im Wirtschaftsverlag tätig. Ab 1958 in der Bundesparteileitung, übertrug man ihm 1961 das Amt des Bundespressereferenten. 1967/68 wurde er im Österr. Rundfunk Leiter der Hauptabteilung »Politik und Zeitgeschichte«. 1968 holte ihn Kanzler → Klaus für zwei Jahre in die Regierung als Staatssekretär für Information. Der kritische Journalist und Analytiker der österr. politischen Szene ist vielfach auch als Buchautor hervorgetreten.

*Werke:* »Ö., sein Weg nach Europa« (1958), »J. Raab – Verantwortung für Ö.« (1961), »Schopenhauer« (1977), »Ö. – das Land der begrenzten Unmöglichkeiten« (1985).

**Pittermann, Bruno,** * 3. September 1905 in Wien, † 19. September 1983 in Wien, Politiker.

P., der ein Philosophie- sowie Jusstudium abschloß, begann 1929 seine Laufbahn als Arbeiterkammerfunktionär. 1934 wurde der überzeugte Sozialdemokrat inhaftiert, auch während des NS-Regimes wurde er politisch verfolgt und mußte als »U-Boot« den Krieg überdauern. 1945 wurde er Erster Sekretär der Wiener Arbeiterkammer. 1945–1970 gehörte er dem Nationalrat an. 1957–1967 war er Parteivorsitzender. In seine Ära fielen ein großer Wahlsieg (1959), aber auch eine schwere Niederlage (1966) der SPÖ sowie die Versöhnung mit dem politischen Gegner der Zwischenkriegszeit – berühmt wurde sein symbolischer Handschlag mit Alfons → Gorbach – und mit der katholischen Kirche. Unversöhnlich dagegen war P.s Haltung gegenüber Franz → Olah, zu dessen Sturz er wesentlich beitrug. Der Parteichef war bis 1966 auch Vizekanzler und 1959–1966 für die Verstaatlichte Industrie zuständig. Seit 1964 war er Präsident der Sozialistischen Internationale. Der brillante Redner und dialektisch hochbegabte Politiker genoß zuweilen den Ruf eines Volkstribuns. 1975 mußte er sich wegen eines Schlaganfalls völlig aus der Politik zurückziehen.

**Plaschka, Richard,** * 8. Juli 1925 in Bitov/Vöttau (Mähren), Historiker.

P. studierte in Wien Geschichte und spezialisierte sich auf die Geschichte Ost- und Südosteuropas. 1962 habilitierte er sich, 1967 erhielt er ein Ordinariat für osteuropäische Geschichte. P. hat als Forscher und Lehrer der Osteuropaforschung wesentliche Impulse gegeben. Als Leiter des Österr. Ost- und Südosteuropa-Instituts baute er zu den Ländern dieser Region bedeutende wissenschaftliche Kontakte auf und bot Forschern aus Osteuropa immer wieder die Möglichkeit, in Ö. zu arbeiten und zu publizieren. Als Rektor der Wiener Universität (1981–1983) und seit 1982 als Mitglied der Akademie der Wissenschaften bemühte er sich weiter um diese Verbindungen. Nach 1989 trugen seine Bemühungen reiche Früchte. P.s wissenschaftliches Interesse gilt insbesondere der Auflösung des Vielvölkerstaats und den damit verbundenen militärgeschichtlichen und sozialen Fragen sowie Problemen der Nationalitätengeschichte.

*Werke:* »Cattaro – Prag. Revolte und Revolution« (1963), »Die Auflösung des Habsburgerreiches« (1970), »Innere Front. Militärassistenz, Widerstand und Umsturz in der Donaumonarchie 1918« (2 Bde., mit H. Haselsteiner und A. Suppan, 1974), »Matrosen, Offiziere, Rebellen« (1984), »Nationalismus, Staatsgewalt, Widerstand« (1985).

**Plischke, Ernst,** * 26. Juni 1903 in Klosterneuburg (NÖ), † 23. Mai 1992 in Wien, Architekt.

P. absolvierte 1921–1923 die Kunstgewerbeschule bei → Strnad und → Frank und studierte dann weiter bei Peter Behrens an der Akademie der bildenden Künste, wo er das Staatsexamen ablegte. Er arbeitete zunächst bei Frank und ging dann für ein Jahr nach New York. Nach Wien zurückgekehrt, war er als freier Architekt tätig. Sein erster größerer Auftrag war das Arbeitsamt in Wien-Liesing (1931/32), das als ein Meisterwerk der Moderne gilt. Er schuf u. a. auch das Haus Gamerith am Attersee (1933/34) und gestaltete 1930 zwei Häuser für die Werkbundsiedlung in Wien. 1935 wurde ihm der Staatspreis für Architektur verliehen, doch erhielt er keine Bauaufträge mehr. 1939 emigrierte er aus Ö. und ging nach Neuseeland, wo er als Stadtplaner im Staatsdienst und ab 1948 freischaffend wirkte. Neben Kirchen und Bürogebäuden entwarf er ganze Städte. Erst 1963 kehrte er zurück und wurde Prof. an der Akademie der bildenden Künste (1966/67 Rektor), erhielt aber keinen einzigen Bauauftrag. Etliche Planungskonzepte, wie für die Neugestaltung des Wiener Elterleinplatzes, blieben unverwirklicht. P.s Bauten zeichnen sich durch besondere Formstrenge, Funktionalität und unpathetische Klarheit aus.

*Werke:* »Design and Living« (1947), »Vom Menschlichen im neuen Bauen« (1976), »Ein Leben mit Architektur« (1989).

**Plöchl, Willibald,** * 7. Juli 1907 in St. Pölten (NÖ), † 27. Mai 1984 in Wien, Jurist.

P. studierte Jus in Wien und war nebenbei bei Friedrich → Funders »Reichspost« tätig. Nach der Promotion 1931 absolvierte er die Konsularakademie. 1935 habilitierte er sich für Kirchenrecht. Als engagierter Katholik von den Nationalsozialisten verfolgt, emigrierte P. 1939 nach Nijmegen (Niederlande), wo er an der Universität lehrte. 1941 erhielt er eine Anstellung als Visiting professor an der Katholischen Universität Washington. Im amerikanischen Exil bemühte sich P. – gemeinsam mit anderen österr. Emigranten – vergeblich um die Bildung einer österr. Exilregierung bzw. um deren Anerkennung durch die USA. Nach dem Krieg kehrte er nach Ö. zurück und wurde 1948 Ordinarius und Vorstand des Instituts für Kirchenrecht in Wien, zudem Vizepräsident der Wiener Katholischen Akademie, Mitglied der Akademie der Wissenschaften und Komtur des Ritterordens zum Hl. Grabe zu Jerusalem. Er war ein überzeugter Anhänger der Ökumene. Als Experte für orientalisches Kirchenrecht hatte er enge Verbindungen zu Patriarch Athenagoras.

*Werke:* »Geschichte des Kirchenrechtes« (5 Bde., 1953–1968), »St. Barbara zu Wien« (1975), »Die Wiener orthodoxen Griechen« (1983), »Zwischen Tradition und Erneuerung« (1985).

**Pluhar, Erika,** * 28. Februar 1939 in Wien, Schauspielerin, Liedersängerin und Autorin.

Die Tochter eines Staatswissenschaftlers besuchte 1957–1959 das Reinhardt-Seminar und wurde von Ernst → Haeusserman an das Burgtheater geholt, wo sie in einem Stück von Hermann → Bahr debütierte. Es folgten in den nächsten Jahrzehnten zahlreiche große Frauenrollen, die sie mit Intensität, großer Ausstrahlung und Publikumswirksamkeit verkörperte: Fräulein Else, die Lukretia in Grillparzers »Ein Bruderzwist in Habsburg«, Maria Stuart, Ibsens Hedda Gabler, die Ruth in Pinters »Heimkehr«, Hochhuts Judith. Unter der Direktion von Achim → Benning war sie die meistbeschäftigte Schauspielerin der »Burg«, dagegen tritt P. seit der Ära → Peymann selten auf und hat sich anderen Aktivitäten zugewandt. Schon 1969 begann sie, mit ihrer warmen, dunklen Stimme erfolgreich Lieder zu singen, die ihr zweiter Ehemann, André → Heller, für sie schrieb; 1972 erschien die erste LP »E. P. singt«. Später sang die engagierte Künstlerin eigene Texte, begleitet von Antonio V. d'Almeida und Peter Marinoff, mit denen sie auf Tourneen ging. Es folgten weitere LPs und 1992 die CD »Lieder aus 10 Jahren«. 1991 erschien ihr erster Roman, »Als gehörte eins zum anderen«, 1992 brachte sie das Buch »Zwischen die Horizonte geschrieben« heraus. Im selben Jahr präsentierte sie in der TV-Theatersendung »Vorhang auf« Schauspielerkolleginnen. Sie selbst stand 1991/92 wieder auf der Bühne und spielte im Akademietheater in Lars Norens »Nacht, Mutter des Tages«.

**Podgorski, Thaddäus,** * 19. Juli 1935 in Wien, Journalist und Schauspieler.

P. studierte Kunstgeschichte und Germanistik, statierte am Volkstheater und bewarb sich 1953 erfolgreich um den Posten eines Sprechers und Reporters beim Sender »Rot-Weiß-Rot«; 1955 berichtete er von der Unterzeichnung des österr. Staatsvertrags. 1955–1958 war er Reporter beim Österr. Rundfunk und gleichzeitig leitender Redakteur der Nachrichtensendung »Zeit im Bild«. Zweimal wurde er wegen respektloser Berichterstattung entlassen, aber wieder aufgenommen. Ab 1958 arbeitete er ausschließlich beim Fernsehen. 1972 übernahm der aktive Sportler (Boxer, Motocross-Fahrer, Reiter und Skifahrer) die Leitung der Sportredaktion. 1976 kreierte er die Nostalgieserie »Seinerzeit«, danach den »Jolly Joker«. 1986–1990 war er Generalintendant des ORF. Danach wandte sich P., ein begabter Schauspieler und Kabarettist, der Bühne zu.

**Podhajsky, Alois,** * 24. Februar 1898 in Mostar (Bosnien), † 23. Mai 1973 in Wien, Leiter der Spanischen Reitschule.

Der gelernte Dressurreiter gewann 1936 bei den XI. Olympischen Spielen in Berlin die Bronzemedaille für Dressurreiten. 1939 erhielt er im Rang eines Oberst – nach Übernahme der Spanischen Reitschule durch die deutsche Wehrmacht – die Leitung dieser berühmten Institution. In den letzten Kriegstagen brachte P. mit Hilfe des amerikanischen Generals Patton die kostbaren Pferde nach OÖ. und entzog sie so dem Zugriff der sowjetischen Truppen. Die Rückführung der Lipizzaner in die Stallungen der Hofburg wurde 1955 mit einer Festvorstellung begangen. P. war bis zu seiner Pensionierung 1965 für die Reitschule tätig. Er leitete den Wiederaufbau in die Wege, nahm das normale Training wieder auf und begann mit den regelmäßigen Dressurvorführungen. Er schrieb auch einige Bücher zur Geschichte der Reitschule.

*Alois Podhajsky*

*Werke:* »Die Spanische Hofreitschule Wien« (1948), »Ein Leben für die Lipizzaner« (1960), »Triumph der Lipizzaner« (1961), »Meine Lehrmeister – die Pferde« (1967).

**Poell, Alfred,** * 18. März 1900 in Linz, † 30. Jänner 1968 in Wien, Kammersänger.

Der Arztsohn studierte an der Innsbrucker Universität Medizin und wurde Facharzt für Hals- und Kehlkopfkrankheiten. Er nahm dann in Wien Gesangsunterricht und wirkte 1929–1939 am Opernhaus in Düsseldorf. 1940 kam der Bariton an die Wiener Oper, der er bis kurz vor seinem Tod treu blieb.

Der feine, kultivierte Sänger nahm schon zu Lebzeiten in der Chronik des Hauses einen Ehrenplatz ein. Als Don Giovanni, Papageno, als Graf im »Figaro«, als Harlekin in »Ariadne« und als Graf Luna im »Troubadour« hat er dem Wiener Opernpublikum unvergeßliche Stunden bereitet. P. errang auch bei Gastspielen im Ausland und ab 1941 bei den Salzburger Festspielen bedeutende Erfolge und war ein sehr geschätzter Konzert- und Liedsänger.

**Polgar, Alfred,** * 17. Oktober 1873 in Wien, † 24. April 1955 in Zürich, Schriftsteller, Theaterkritiker und Essayist.

*Alfred Polgar*

P. stammte aus einer jüdischen Familie und war der Sohn eines Musikers. Schon früh publizistisch tätig, gilt er als »Meister der kleinen Form«, der durch seine stilistische Brillanz berühmt wurde. Er konnte Theaterkritiken ebenso knapp und pointiert abfassen wie Feuilletons oder Kommentare zur sozialen Lage. Der skeptische Humorist war jedoch weniger Zeitkritiker als distanzierter, präziser Analytiker. Ein Exponent der Wiener Kaffeehaus-Literatur (von ihm stammt die vielzitierte »Theorie des ›Café Central‹«), wurde P. durch die Sammelbände seiner Glossen, Skizzen, Feuilletons und Kritiken bekannt (u. a. »An den Rand geschrieben«, 1926, »Hinterland«, 1929). 1925–1933 lebte er in Berlin, wo er für die »Weltbühne« und das »Tagebuch« arbeitete, dann kehrte er nach Wien zurück. 1938 emigrierte er über Frankreich in die US und wurde amerikanischer Staatsbürger. Ab 1949 lebte er vorwiegend in der Schweiz. P. schrieb u. a. das Theaterstück »Die Defraudanten«, das 1932 in Berlin uraufgeführt wurde, ferner den witzigen Einakter »Talmas Ende« und, mit Egon → Friedell, viele satirische Szenen (u. a. »Goethe im Examen«, 1908, »Soldatenleben im Frieden«, 1910) sowie Erzählungen, Essays und Skizzen.

*Weitere Werke:* »Kleine Zeit« (Essays, 1919), »Handbuch des Kritikers« (1938), »Geschichte ohne Moral« (1943), »Auswahl« (Prosa, 1968), »Sperrsitz« (1980), »Kleine Schriften« (1982).

*Lit.:* U. Weinzierl, A. P. Eine Biographie (1985).

**Pollak, Oscar,** * 7. Oktober 1893 in Wien, † 28. August 1963 in Hinterstoder (OÖ), Journalist.

Aus einer jüdischen Kaufmannsfamilie stammend, fand P. schon im Gymnasium den Weg zur Sozialdemokratie. Nach der Matura begann er seine journalistische Laufbahn als Sportjournalist bei der »Arbeiter-Zeitung«. Sein Jusstudium, das durch den 1. Weltkrieg unterbrochen wurde, beendete er 1919, war aber nie als Jurist tätig. Er wirkte bei der »Arbeiter-Zeitung« auch als Kommunalberichterstatter, bei der theoretischen Zeitschrift »Der Kampf« war er als Redaktionssekretär tätig. Friedrich → Adler holte den talentierten Journalisten in das Generalsekretariat der Sozialistischen Internationale nach London. 1925 zurückgekehrt, übernahm P. in der »Arbeiter-Zeitung« das außenpolitische Ressort; nach dem Tod von Friedrich → Austerlitz wurde er 1931 Chefredakteur. 1934 ging er mit seiner Frau Marianne, die ebenfalls in der Partei tätig war, in die Emigration. Ab 1936 war er für die Internationale in Brüssel, dann in Paris tätig. 1940 verließ das Ehepaar Frankreich und arbeitete gemeinsam mit Karl → Czernetz im »Londoner Büro der österr. Sozialisten in Großbritannien«. Im September 1945 kehrte P. nach Wien zurück und übernahm wieder die Chefredaktion des Parteiorgans. Der brillante Journalist, der auch ein guter Redner war, berichtete in der Besatzungszeit mutig und mit Offenheit. Er war ein Anhänger eines demokratischen Sozialismus, der ein Liebäugeln mit den Kommunisten ausschloß. Nach seiner Pensionierung 1961 widmete P. sich ganz der theoretischen Zeitschrift »Die Zukunft«.

**Pongratz, Peter,** * 22. Mai 1940 in Eisenstadt, Maler, Zeichner und Graphiker.

P. übersiedelte 1944 mit seiner Familie nach Graz, studierte dort an der Kunstgewerbeschule und war dann als Hilfsarbeiter, Schlagzeuger u. a. tätig. 1961–1964 besuchte er die Akademie der bildenden Künste in Wien und Berlin, kehrte nach Graz zurück, um 1966–1970 als Assistent von Max → Weiler an der Kunstakademie wieder in Wien zu leben. P. war 1968 Gründungsmitglied der Gruppe »Wirklichkeiten«, später wurde er Mitglied des Grazer »Forum Stadtpark« und der Wiener Secession. Er ist ein undogmatischer Maler, ein Improvisator, dessen Vorbild der Belgier James Ensor ist. In seinen Landschaften drückt er mit dem Pinsel, dem Bleistift und der Rohrfeder nicht das aus, was ist, sondern seine Vorstellung darüber, wie es sein könnte. P. »schafft eine Welt aus dem Kopf« (O. Breicha), schwer entschlüsselbare Bilder und Zeichnungen von aufregendem gekonntem Strich. Von ihm stammen u. a. auch Illustrationen zu einigen Büchern Peter → Handkes sowie sein eigener Bildroman »Die exterrestrische Biologie«.

**Popp, Lucia,** * 12. November 1939 in Ungeraiden (Slowakei), Kammersängerin.

Die Sopranistin wurde an den Konservatorien in Brünn und Prag ausgebildet und debütierte 1963 als Königin der Nacht an der Wiener Staatsoper. Seither hat sie große Erfolge zu verzeichnen. Vom Koloratursopran wechselte sie später zum lyrischen (Gilda, Olympia, Zerbinetta) und dramatischen Fach (Arabella, Marschallin) und machte internationale Karriere. An allen Opernhäusern Westeuropas und ab 1967 an der New Yorker Metropolitan Opera hat die liebenswerte Künstlerin durch ihre gehaltvolle Stimme und ihre Darstellungskraft das Publikum für sich gewonnen.

**Porsche, Ferdinand,** * 3. September 1875 in Vratislavice/Maffersdorf (Böhmen), † 30. Jänner 1951 in Stuttgart (Deutschland), Autokonstrukteur.

Ohne den »Vater des Volkswagens« und seine zahlreichen Entdeckungen im Motoren- und Karosseriebau ist die Geschichte des Autos nicht denkbar. P. war der Sohn eines Spenglers und zeigte schon als Kind großes Interesse für alles Technische. 1890–1893 besuchte er die Gewerbeschule in Reichenberg, 1898 begann er seine Tätigkeit als Konstrukteur der Kutschen- und Karosseriefabrik Lohner in Wien. Hier entstand 1899/1900 das sensationelle Elektromobil, System Lohner-Porsche. 1906–1923 war er technischer Direktor der Austro-Daimler Motoren AG in Wiener Neustadt, wo er u. a. die ersten Flugmotoren entwarf; im 1. Weltkrieg konstruierte er die erste, schwere Zugmaschine für den österr. 30,5-cm-Mörser; 1921 entwickelte er einen Sportwagen mit einem Hubraum von 1100 ccm, den Typ Sascha, mit dem er 1922 bei einem Autorennen auf Sizilien siegte. 1923 ging P. nach Stuttgart zu Daimler (ab 1926: Daimler-Benz). Er entwickelte dort u. a. die Sportwagenmodelle »S« und »SSK«. Als Chefkonstrukteur bei den Steyr-Werken (1929–1931) entwarf er die Typen »Steyr 30« und »Steyr 100« und entwikkelte das Rohrrahmen-Fahrgestell. 1931 gründete er in Stuttgart sein eigenes Konstruktionsbüro. 1933 stellte er den von ihm konstruierten Volkswagen vor, der nach 1945 seinen Siegeszug um die Welt antreten sollte. 1942 zum »Pionier der Arbeit« ernannt, konstruierte P. während des Krieges Panzer und wurde wegen Mitarbeit in der deutschen Rüstungsindustrie 1945 interniert. Danach plante er, in Kärnten ein eigenes Autowerk aufzubauen, scheiterte aber an den Behörden und ging wieder nach Stuttgart. 1948/49 konstruierte er seinen ersten »Porsche«, eine Marke, die noch heute auf dem internationalen Sportwagenmarkt eine Klasse für sich ist.

*Lit.:* P. Müller, F. P. (1965).

**Portisch, Hugo,** * 19. Februar 1927 in Bratislava/Preßburg (Slowakei), Journalist.

Der populäre TV-Kommentator entstammt einer Journalistenfamilie. Er studierte Publizistik (Promotion: 1951) und arbeitete danach bei der konservativen »Wiener Tageszeitung«. 1953 ging er in die USA und wurde stellvertretender Leiter des Informationsdienstes des österr. Konsulats in New York. 1955 kehrte er nach Wien zurück, wurde stellvertretender Chefredakteur der Tageszeitung »Kurier« und war 1958–1967 (als Nachfolger Hans → Dichands) Chefredakteur. Er initiierte in dieser Zeit das erste Volksbegehren der 2. Republik für einen freien, unabhängigen Rundfunk. Seit 1967/68 ist P. als freier Journalist und als Chefkommentator des ORF tätig. Angebote, in höhere Stellungen aufzusteigen, hat er beharrlich abgelehnt. P., laut → Kreisky »eine singuläre Erscheinung des österr. Journalismus«, ist von äußerster Akribie und Produktivität. Mit seiner typischen Gestik analysiert er im Fernsehen regelmäßig das Weltgeschehen. Er verfaßt Bücher (u. a. »So sah ich die Sowjetunion«, »Kap der letzten Hoffnung«) und gestaltet TV-Dokumentationen, wie »Friede durch Angst« oder »Englands Weg nach Europa«. Gemeinsam mit einem Expertenteam und dem Kameramann Sepp Riff, mit dem er die »Portisch-Riff GmbH« gründete, schuf er die sehr erfolgreichen und preisgekrönten Dokumentarwerke »Österreich II« (1985/86) und »Österreich I« (1989).

*Weitere Werke:* »So sah ich Afrika« (... Südamerika, China, Sibirien, 1962–1967), »Pilzesuchen ein Vergnügen« (1982), »Hört die Signale« (1991).

**Potočnik, Hermann,** * 22. Dezember 1892 in Pula/Pola (Istrien), † 27. August 1929 in Wien, Raketentechniker.

Der Sohn eines Marinestabsarzts wurde Berufsoffizier und kam während des 1. Weltkriegs bei einer Eisenbahn- und Brückenbaueinheit zum Einsatz. 1918–1922 studierte er an der Wiener Technischen Hochschule Maschinenbau und Elektrotechnik (Dipl.-Ing.: 1925). Schon früh befaßte er sich mit Raumfahrt, v. a. mit der Konstruktion von bemannten Raumstationen, für die er erste genaue Berechnungen lieferte. Für die Stationierung plante er ein System, das heute für Satelliten angewandt wird, und befaßte sich schon mit der Gewinnung von Sonnenenergie. P., ein hervorragender Raketentechniker, veröffentlichte 1929 unter dem Pseudonym H. Noordung sein Hauptwerk »Das Problem der Befahrung des Weltraums«.

**Potyka, Hugo,** * 8. Februar 1875 in Wiener Neustadt (NÖ), † 11. November 1942 in Wien, Geodät und Schulmann.

Der Sohn eines Fabrikanten studierte 1902–1907 an der Universität Wien Astronomie und Mathematik, absolvierte einige Semester an der Technischen Hochschule und legte 1910 die Lehramtsprüfung für Mathematik und Physik ab. Ab 1907 wirkte er am Militärgeographischen Institut, wo er sich u. a. mit Geodäsie beschäftigte. Im 1. Weltkrieg war er als Techniker einer Triangulierungsabteilung zugeteilt, 1917 wurde er zum Doktor promoviert. Nach dem Krieg leitete er die astronomisch-geodätische Gruppe im Militärgeographischen Institut und wurde als solcher in das 1920 neu benannte Bundesamt für Eich- und Vermessungswesen übernommen. Als hervorragender Kenner der Materie und Praktiker war er nach dem 1. Weltkrieg als Vermesser Mitglied der österr.-italienischen Grenzregulierungskommission. 1926–1929 lehrte er als Privatdozent Geodäsie an der Wiener Universität, 1929–1939 wirkte er als Direktor einer privaten Mittelschule in Aflenz (St).

**Prachensky, Markus,** * 21. März 1932 in Innsbruck, Maler und Graphiker.

Der Sohn eines Architekten studierte an der Akademie der bildenden Künste in Wien Architektur und Malerei. Er war Gründungsmitglied der Galerie nächst St. Stephan. 1958 veröffentlichte er mit Arnulf → Rainer das Manifest »Architektur mit Händen«, ein Jahr später veranstaltete er die Aktion »Peinture liquide«, bei der er eimerweise glänzendes Rot über eine riesige Leinwand goß. P. ist Ö.s einziger konsequenter informeller Tachist geblieben. Er hielt sich viele Jahre im Ausland auf, darunter 1967–1971 in den USA und in Mexiko. Er schuf Wandbilder

(Verwaltungsgebäude der Austrian Airlines in Wien), Glasfenster und Gobelins und ist auf zahlreichen Ausstellungen präsent.

**Prack, Rudolf,** * 2. August 1905 in Wien, † 3. Dezember 1981 in Wien, Filmschauspieler.

P. war in den 50er Jahren ein großer Publikumsliebling des deutschsprachigen Films. Er fand spät zum Schauspielberuf und begann als 30jähriger seine Ausbildung am Reinhardt-Seminar. Danach spielte er kurze Zeit am Theater in der Josefstadt. Ab 1937 war er vorwiegend beim Film tätig. Von blendender Erscheinung und romantischem Flair, stellte er in fast allen seinen Filmen sympathische, seriöse Charaktere dar, die dem Publikum gefielen. Erst 1976 spielte er in seinem Comeback einen Bösewicht: Im Film »Jesus von Ottakring« stellte er mit beklemmendem Realismus einen Major a. D. dar. Die letzte Rolle des ehemaligen Filmstars, der ansonsten zurückgezogen lebte, war der humorvoll-schrullige Kammerdiener Ferdinand in der TV-Serie »Ringstraßenpalais« (1981).

*Filme:* »Grün ist die Heide«, »Kronprinz Rudolfs letzte Liebe«, »Der weite Weg«, »Schwarzwaldmädel«, »Kaiserwalzer«, »Der Kongreß tanzt«, »Schicksal in Ketten«.

**Prader, Georg,** * 15. Juni 1917 in St. Pölten (NÖ), † 16. März 1985 in Wien, Politiker.

Der St. Pöltner Bürgersohn studierte nach Kriegsdienst und schwerer Verwundung in Wien Jus (Promotion: 1946) und begann als Beamter in der nö. Verwaltung. Politisch wandte er sich der ÖPV zu und verschaffte sich im ÖAAB eine Basis. 1966–1975 war er Landesparteiobmann der ÖVP in NÖ. 1959–1979 hatte er ein Nationalratsmandat inne. 1964–1970 Verteidigungsminister, setzte er den Kauf der Saab-Abfangjäger durch. Die Verkürzung der Wehrdienstzeit auf 6 Monate, wie sie von den Sozialisten nach 1970 eingeführt wurde, lehnte er strikte ab. Zu seinen politischen Ziehsöhnen zählen die Politiker → Mock und → Ludwig.

*Karl Prantl*

**Prantl, Karl,** * 5. November 1923 Pöttsching (B), Bildhauer und Maler.

P. studierte 1946–1952 bei A. P. → Gütersloh an der Akademie der bildenden Künste in Wien. Bereits 1950 schuf er seine ersten bildhauerischen Arbeiten. 1959 begründete er das jährlich stattfindende Bildhauersymposium europäischer Künstler im Steinbruch St. Margarethen (B), eine epochale Idee, die in zahlreichen anderen Ländern Nachahmung gefunden hat.

P. bemüht sich in seinem Werk – Quader und Würfel aus Bronze, Granit und Marmor – um Ebenmaß, um die »Freilegung der im Material schlummernden Idee«. Der Künstler bearbeitet sein Material sehr sparsam in rationalen Formen. Skulpturen wie »Stein zur Ehre Gottes« oder »Anrufungen« verweisen auf eine spirituelle Auseinandersetzung.

**Prawy, Marcel (eigtl. Frydmann Ritter von Prawy),** * 29. Dezember 1911 in Wien, Kulturmanager und Musikschriftsteller.

Der Sohn eines äußerst musikalischen Ministerialbeamten wuchs nach der Scheidung seiner Eltern bei seiner Großmutter auf, die eine exzellente Pianistin war. Der Opernfan studierte zunächst erwartungsgemäß Jus (Promotion: 1936), außerdem aber Musik bei Egon → Wellesz. Nach der Gerichtspraxis und einem dreitägigen Intermezzo in einem Rechtsanwaltsbüro wurde er 1937 Privatsekretär von Startenor Jan Kiepura, den er ins Exil nach Amerika begleitete. 1946 kehrte P. nach Ö. zurück und entfaltete sogleich rege Aktivitäten. Er hielt Vorträge über Opern und Operetten, wurde 1955 Dramaturg an der Wiener Volksoper und initiierte dort 1956 die Aufführung von »Kiss me Kate«, der ersten großen Musicalproduktion im amerikanischen Stil in Europa. »Porgy und Bess« (1965) und »Westside Story« (1968) folgten. 1976 übernahm »Mr. Opera« die Chefdramaturgie an der Wiener Staatsoper. P. ist o. Prof. an der Hochschule für Musik in Wien sowie Gastprof. an mehreren amerikanischen Universitäten. Breite Popularität erlangte er in Ö. durch die Gestaltung des »Opernführers« (ab 1965) und anderer musikalischer Sendereihen im ORF. Mit seinem immensen Wissen und der Gabe, spannend und kultiviert zu erzählen, seinem phänomenalen Gedächtnis und seiner Begeisterung propagiert er publikumswirksam die Liebe zur Musik, von der Oper über die Operette bis hin zum Musical. Er hat auch eine Reihe Bücher geschrieben, darunter »Die Wiener Oper« (1969) sowie Biographien von Johann Strauß und Richard Wagner. 1992 wurde P. Ehrenbürger von Wien.

**Pregl, Fritz,** * 3. September 1869 in Ljubljana/Laibach (Slowenien), † 13. Dezember 1930 in Graz, Chemiker.

P. ist der Begründer der organischen Mikroanalyse. Er stammte aus einer österr. Beamtenfamilie, besuchte in Laibach das deutsche Gymnasium und studierte in Graz Medizin (Promotion: 1893). Von Anfang an interessierte er sich besonders für Chemie. Er schlug die Universitätslaufbahn ein (1899 Lektor in Graz) und machte eine Studienreise durch Deutschland (Tübingen,

*Fritz Pregel*

Leipzig, Berlin). 1905 kehrte er nach Graz zurück und wurde Assistent am medizinisch-chemischen Institut der Universität. 1910 übernahm er als Ordinarius das Institut für medizinische Chemie in Innsbruck und widmete sich ganz seinem Spezialgebiet: der Mikroanalyse organischer Stoffe. 1913 wurde er o. Prof. in Graz, wo er diese Arbeit fortsetzte und das Ergebnis 1917 publizierte. Für seine Forschungen auf dem Gebiet der quantitativen Mikroanalyse organischer Verbindungen erhielt P. 1923 den Nobelpreis für Chemie.

Der Pionier der Mikrochemie schuf mit seinen Methoden die Voraussetzungen für umwälzende Arbeiten auf dem Gebiet des Stoffwechsels, der Ferment-, Vitamin- und Hormonchemie und für Verbesserungen der klinischen Praxis (Blut- und Harnuntersuchungen, Nierenfunktionsprüfungen). Er hat damit entscheidend zum medizinischen Fortschritt beigetragen.

**Preiml, Baldur,** * 8. Juli 1939 in Bruggen im Drautal (K), Skispringer, Pädagoge.

Der Sohn einer Bergbauernfamilie besuchte das Gymnasium in Spittal an der Drau (K) und studierte dann Leibesübungen, Naturgeschichte und Geschichte (Lehramtsprüfung: 1970). Er gehörte dem österr. Skispringerteam an und errang 1968 bei den Olympischen Spielen in Grenoble die Bronzemedaille. 1970–1976 unterrichtete er am Stamser Skigymnasium. Als Trainer der Nationalmannschaft führte er moderne Trainingsmethoden wie die Isometrie ein und legte damit die Basis für die Spitzenerfolge der österr. Skispringer. 1987–1991 war P. als Ministerialrat Leiter der Sportabteilung des Bundesministeriums für Unterricht, Kunst und Sport.

**Preminger, Otto,** * 5. Dezember 1906 in Wien, † 23. April 1986 in New York, Filmregisseur.

Der große Regisseur, der später in Hollywood Karriere machte, hatte in Aussig, Prag und Zürich Bühnenerfahrung erworben. Schon in jungen Jahren war das Theater seine große Leidenschaft. Als 17jähriger spielte er unter Max → Reinhardt im Theater der Josefstadt seine erste kleine Rolle, mit 19 Jahren war er Regisseur. Noch während seines Jusstudiums (Promotion: 1928) gründete er ein eigenes Ensemble, »Die Komödie«. Später bewährte er sich als Direktor des Wiener Schauspielhauses und des Theaters in der Josefstadt (1933–1935), bis ihn Josef M. Schenck nach Hollywood holte. Hier kam er mit Geschäftssinn, Tüchtigkeit und Unbeirrbarkeit zu Ruhm und Ansehen im internationalen Filmgeschäft. 1951 machte sich P. selbständig und produzierte bedeutende Filme wie »Fluß ohne Wiederkehr« (1954), »Der Mann mit dem goldenen Arm« (1955), »Bonjour Tristesse« (1957), »Porgy und Bess« (1959), »Anatomie eines Mordes« (1959), wobei er selbst Regie führte und mit Stars wie Henry Fonda, Gary Cooper, Marilyn Monroe, Frank Sinatra u. v. a. arbeitete. Der Sohn eines Wiener Magistratsbeamten ist damit in die US-Filmgeschichte eingegangen.

**Preradović, Paula von,** * 12. Oktober 1887 in Wien, † 25. Mai 1951 in Wien, Lyrikerin und Erzählerin.

Die Tochter eines Marineoffiziers wuchs in Istrien und Dalmatien auf, kehrte 1914 nach Wien zurück und wandte sich dem Schriftstellerberuf zu. 1944/45 war sie unter dem NS-Regime in politischer Haft. Von ihr stammt der Text »Land der Berge, Land am Strome« der neuen österr. Hymne (1947). Sie schrieb Gedichte und Prosawerke, die von strengem Katholizismus, von ihrer Liebe zum Süden und zu ihren kroatischen Vorfahren geprägt sind. Die Dichterin war mit Ernst → Molden verheiratet.

*Werke:* »Südlicher Sommer« (Lyrik, 1929), »Dalmatinische Sonette« (Lyrik, 1933), »Pave und Pero« (Roman, 1940), »Gott und das Herz« (Lyrik, 1953).

**Přibram, Alfred Francis,** * 1. September 1859 in London, † 7. Mai 1942 in Richmond/London, Historiker.

Der Kaufmannssohn studierte 1878–1883 an der Wiener Universität Geschichte (Promotion: 1882), wobei seine Lehrer Lorenz und Sickel auf ihn den größten Einfluß ausübten. 1883 beendete er den Kurs am Institut für österr. Geschichtsforschung. 1887 habilitierte er sich in Wien, wurde 1900 zum o. Prof. ernannt, 1913 erhielt er einen Lehrstuhl. Nach dem 1. Weltkrieg wurde er in die Akademie der Wissenschaften aufgenommen. P. war eng mit Sigmund → Freud, Minister Josef → Redlich und dem Historiker L. M. Hartmann befreundet. 1939 mußte er wegen seiner jüdischen Herkunft nach England emigrieren. Das Hauptgewicht seiner Forschungen lag auf der Aufarbeitung und Edition von bedeutenden Akten zur österr. Geschichte.

*Werke:* »Ö. und Brandenburg« (2 Bde., 1884/85), »Franz Paul Freiherr von Lisola« (1894), »Österr. Staatsverträge. England« (2 Bde., 1907–1913), »Die politischen Geheimverträge Ö.-Ungarns« (1920).

**Probst, Otto,** * 29. Dezember 1911 in Wien, † 22. Dezember 1978 in Wien, Politiker.

Der gelernte Lithograph fand bereits als Jugendlicher zu den Sozialdemokraten, 1934–1945 war er an illegalen politischen Aktivitäten beteiligt. Von den Nationalsozialisten wegen Hochverrats angeklagt, verbrachte er 1939–1943 im KZ Buchenwald. 1945–1970 war er Abgeordneter zum Nationalrat, ab 1946 Zentralsekretär der SPÖ, außerdem Obmann der SPÖ Favoriten, der stärksten Bezirksorganisation in Wien (»Kaiser von Favoriten«). Als Leiter des Verfassungsausschusses im Parlament beschäftigte er sich mit den Grundrechten, nach 1955 galt sein Interesse auch dem Bundesheer. 1963–1966 war er Verkehrsminister. Die Affäre um die Benennung eines Bodenseeschiffes mit dem Namen »Karl Renner«, die ihm 1966 in Fussach eine schwere Niederlage durch die Vorarlberger brachte, beendete seine Ministerkarriere. 1970 wurde er zum Dritten Präsidenten des Nationalrats gewählt, 1970–1974 war er Vorsitzender der Wiener SPÖ.

**Prohaska, Herbert,** * 8. August 1955 in Wien, Fußballspieler.

»Schneckerl«, wie er genannt wird, war der österr. Superfußballer der 70er und 80er Jahre. Der blendende Techniker und beherzte Kämpfer spielte ab 1972 bei der Wiener Austria, wohin er von Ostbahn XI gewechselt war. Ab 1974 war er auch in der österr. Nationalmannschaft der Spielmacher, der »Kopf« des Teams. Er organisierte das Spiel vom Mittelfeld aus und zog souverän die Fäden. Besonders in der Halle agierte er mit unglaublicher Übersicht und verhalf seiner Mannschaft als ungekrönter Hallenkönig zu unzähligen Siegen.

1980–1982 spielte der Ballkünstler bei Inter Mailand, 1983 bei AS Roma, 83mal stand er in der österr. Nationalmannschaft. Der gelernte Kfz-Mechaniker betreute von 1989–1992 als Sportchef seinen Stammverein. Er hat als Spieler 7 Meistertitel gewonnen (6 mit der Austria, einen mit AS Roma) und war als Trainer mit der Austria zweimal österr. Meister, zweimal Cup- und Supercupsieger.

**Prokop, Liese,** * 27. März 1941 in Tulln (NÖ), Leichtathletin und Politikerin.

*Liese Prokop*

Die Tochter eines Bezirkshauptmanns studierte Leibesübungen und Biologie und begann früh mit dem Leistungssport. Zäh, ehrgeizig und leistungsstark wurde sie 1967 akademische Weltmeisterin im Fünfkampf, errang 1968 bei den Olympischen Sommerspielen in Mexiko im Damen-Fünfkampf die Silbermedaille, wurde 1969 Fünfkampf-Europameisterin und stellte im selben Jahr mit 5 352 Punkten einen Weltrekord in dieser Disziplin auf. Nach Beendigung ihrer sportlichen Laufbahn startete sie eine politische Karriere. Als ÖVP-Landesrätin in NÖ ist sie für Sport-, Jugend-, Familien-, Senioren- und Behindertenbelange zuständig.

P. ist mit dem Trainer Gunnar P. verheiratet, der seine Gattin, Schwägerin Maria Sykora und andere Leichtathleten betreute. Dann übernahm er das Management der Frauenhandballmannschaft Hypo-Südstadt, die 1989, 1990 und 1992 die Europameisterschaft gewann.

**Prokop, Ludwig,** * 6. August 1920 in St. Pölten (NÖ), Sportmediziner.

Der Sohn einer Arztfamilie maturierte 1938 mit Auszeichnung in St. Pölten. Schon als Gymnasiast ein Leistungssportler, wurde er österr. Meister im modernen Fünfkampf und im Fechten. Er studierte in Breslau Medizin und promovierte 1944. Nach dem 2. Weltkrieg baute er in Wien eine sportärztliche Untersuchungsstelle auf. Ab 1948 war er österr. Olympiasportarzt, 1969 begründete er das Institut für Sportmedizin, 1974 erhielt er eine Professur für Sportphysiologie an der Wiener Universität (1976 Dekan). Als der Gebrauch von Anabolika und anderen Dopingmitteln im Leistungssport zunahm, trat P. entschieden dagegen auf. Unter dem Motto »Der Sport sollte dazu beitragen, gesünder zu sterben und nicht kränker zu leben«, wurde er zum international bekannten und gefürchteten medizinischen Dopingjäger.

**Proksch, Anton,** * 21. April 1897 in Wien, † 29. April 1975 in Wien, Politiker.

Der gelernte Zeitungsmetteur war schon seit frühester Jugend in der Gewerkschaftsbewegung aktiv. 1924–1934 war er Jugendsekretär der Freien Gewerkschaften. 1935 wurde der (damals illegale) Sozialist gemeinsam mit Bruno → Kreisky, Franz → Jonas u. a. wegen Hochverrats angeklagt und zu 13 Monaten Haft verurteilt. Nach seiner Haftentlassung konnte er wieder als Schriftsetzer arbeiten. 1944 wurde er, der schon im 1. Weltkrieg gedient hatte, nochmals zum Militär eingezogen. Nach dem 2. Weltkrieg wurde er Generalsekretär des ÖGB und Abgeordneter zum Nationalrat. 1956–1966 war er Sozialminister. In seiner Amtszeit wurde die Pensionsversicherung für Selbständige geschaffen und die Pensionsdynamik eingeführt.

*Werke:* »Aktuelle Gewerkschaftsfragen« (1950), »Handbuch des ÖGB« (1952), »Probleme der österr. Sozialpolitik« (1964).

**Pröll, Erwin,** * 24. Dezember 1946 in Radlbrunn bei Ziersdorf (NÖ), Agrarökonom und Politiker.

Der Sohn eines Weinbauern studierte an der Hochschule für Bodenkultur Agrarökonomie. Schon während des Studiums war er bei der Jungen ÖVP tätig. Sixtus Lanner holte ihn 1972 als wirtschaftspolitischen Referenten in die Bauernbundzentrale. 1980 wurde er Agrarlandesrat in NÖ, 1981 zum Finanzlandesrat und stellvertretenden Landeshauptmann bestellt. Der populäre Politiker hat sich immer für »grüne« Anliegen engagiert. Als für Umwelt zuständiger Landesrat widmete er sich intensiv der Ortsbildpflege und der Dorferneuerung in NÖ und konnte in vielen Bereichen ein Umdenken der Bevölkerung einleiten. P., dessen Vorbilder Leopold → Figl und Eduard → Hartmann sind, übernahm im Oktober 1992 die Funktion des Landeshauptmannes. In seine Amtsperiode fällt möglicherweise die Übersiedlung der Landesregierung in die neue Landeshauptstadt St. Pölten 1996.

**Prutscher, Otto,** * 7. April 1880 in Wien, † 15. Februar 1949 in Wien, Architekt und Kunstgewerbler.

P. studierte bei Franz Matsch und Josef → Hoffmann an der Kunstgewerbeschule, ab 1909 lehrte er hier selbst als Prof. Er war ein Mitarbeiter der »Wiener Werkstätte«. Als Architekt schuf er u. a. einige Wiener Gemeindebauten, so 1928 den »Heine-Hof« und 1929 den »Eifler-Hof«; er entwarf auch Geschäftseinrichtungen, wie das noch immer bestehende Verkaufslokal der Firma Piccini (1934) am Naschmarkt, und Kaffeehauseinrichtungen. Sein bedeutendes Schaffen als Kunstgewerbler umfaßt zahlreiche Entwürfe, darunter für Möbel, Textilien, Schmuck sowie für Bucheinbände, eine kunstgewerbliche Disziplin, die zur Zeit des Jugendstils und des Art deco eine Blüte erlebte. Der Künstler der Wiener Moderne erhielt 1947 den Staatspreis für Architektur.

**Przibram, Hans Leo,** * 7. Juli 1874 in Wien-Lainz, † 20. Mai 1944 in KZ Terezin/Theresienstadt (Böhmen), Zoologe.

P., der aus einer Prager Fabrikantenfamilie stammte, begann sein Biologie- und Zoologiestudium in Wien, als man daranging, die Lehren von Darwin experimentell zu überprüfen. Er studierte auch in Leipzig und Straßburg. 1904 habilitierte er sich für Biologie mit besonderer Berücksichtigung der experimentellen Morphologie. 1913 erhielt er ein unbesoldetes Extraordinariat, das 1921 in ein besoldetes umgewandelt wurde. Ein Ordinariat wurde ihm in Ö. nie angeboten. Nach Auslandsstudien zur Meeresfauna, denen er in Triest, Neapel und in der Bretagne nachging, gründete er 1913 mit dem Botaniker Leopold von Portheim und Dr. Wilhelm Figdor im Wiener Prater das »Vivarium«, eine biologische Forschungseinrichtung, die er vorbildlich einrichtete und – ab 1914 im Eigentum der Akademie der Wissenschaften – führte. P. interessierte sich v. a. für Fragen der Regeneration und Transplantation, für Wachstumsstudien und den Chemismus des tierischen Farbkleides. Für seine Versuche konstruierte er eigene Klimakammern mit gleichbleibender Temperatur. Einer seiner Assistenten war der begabte Biologe Paul → Kammerer, dessen Forschungen von P. unterstützt wurden. In den 30er Jahren geriet das Labor im Prater in finanzielle Schwierigkeiten. 1938 wurde P., der Jude war, seines Amtes enthoben. Ein Jahr später emigrierte er nach Amsterdam, von wo er 1943 in das KZ Theresienstadt verschleppt wurde. P.s Institut wurde in den letzten Kriegstagen 1945 völlig zerstört. Sein Werk fand nur im Ausland reiche Anerkennung.

*Werke:* »Experimental-Zoologie« (7 Bde., 1907–1930), »Die anorganischen Grenzgebiete der Biologie« (1926).

**Purtscher, Martin,** * 12. November 1928 in Thüringen im Großen Walsertal (V), Manager und Politiker.

P., der als politischer Quereinsteiger Karriere machte, kommt aus der Kernwählerschichte der ÖVP, dem Bauerntum. Als 16jähriger mußte er zum Stellungsbau einrücken, dann absolvierte er Handelsschule und Handelsakademie sowie als Werkstudent ein Jusstudium. Als Manager brachte er es bis zum Geschäftsführer eines großen Süßwarenkonzerns. Ab 1964 im Vorarlberger Landtag, wurde er 1974 Landtagspräsident. Seit 1987 ist er Landeshauptmann. Obwohl immer wieder als Parteiobmann oder als Minister im Gespräch, zeigt P. keinerlei Interesse an einem Wechsel in die Bundespolitik. Der Manager und Politiker mit großer Kunstbegeisterung gründete anläßlich seines 60. Geburtstags einen »Fonds zur Förderung junger Talente«.

**Putz, Gustav,** * 27. Juli 1900 in Linz, † 2. Februar 1979 in Linz, Journalist.

Der Sohn eines Beamten der Tabakregie in Linz mußte nach der Matura 1920 das Studium abbrechen, um Geld zu verdienen. Er trat in die Redaktion des »Linzer Volksblatts«, der Tageszeitung des Katholischen Preßvereins, ein. Nach Anfängen als Lokalreporter übernahm er 1925 die innenpolitische Redaktion. Nebenbei schrieb er noch für das »Linzer Wochenblatt«, eine Regionalzeitung des Mühlviertels. Der Parteilose, der nur durch seine journalistische Funktion Mitglied des Landesparteivorstandes der oö. Christlichsozialen war, spielte in der politischen Szene des Landes eine große Rolle. 1925–1938 schrieb er etwa 3 000 Leitartikel für seine Zeitung, wobei er heftig gegen die Nationalsozialisten Position bezog. Nach 1938 hatte er Berufsverbot und wurde zweimal kurz verhaftet. Im Herbst 1945 war er bei der Neugründung des »Linzer Volksblatts« wieder dabei. Ab 1949 gestaltete er die Beilage »Die Brücke«, die zu einem Sprachrohr der vertriebenen Sudetendeutschen wurde. Nach 1950 schied er aus der Zeitung aus und übernahm die Chefredaktion der »Oberösterr. Nachrichten«, wo er sich für eine versöhnliche Haltung gegenüber den ehemaligen Nationalsozialisten einsetzte. Ab 1955 baute P. als freier Journalist in Linz die Landesredaktion der »Salzburger Nachrichten« auf. Neben einem Jusstudium in Wien schrieb er auch für die »Sudetenpost«.

**Putz, Hans,** * 17. November 1920 in Wien, † 1. Februar 1990 in Hamburg, Schauspieler.

P., ein hervorragender Nestroy-Darsteller, nahm in Wien Schauspiel- und Gesangsunterricht und ging dann nach Zürich, wo er u. a. mit Karl → Paryla und A. Bassermann arbeitete. 1945 kehrte er nach Wien zurück, wurde Mitglied des Volkstheaters und entfaltete dort v. a. in den legendären Nestroy-Inszenierungen Gustav → Mankers seine Schauspielkunst. P. war für Nestroy-Rollen wie geschaffen: offen und freundlich, konnte seine Biederkeit plötzlich in dämonische Bösartigkeit umschlagen. Mit Nestroys »Höllenangst« sowie »Irma la Douce« gastierte er in der Josefstadt. Er war zudem ein umwerfender, unvergeßlicher Liliom.

Mitte der 60er Jahre ging P. an das Bayerische Staatsschauspiel in München, später nach Berlin und Hamburg, zunächst als Gast, dann, als Boy → Gobert 1969 das Thalia-Theater in Hamburg übernahm, im fixen Engagement. Tourneen führten ihn durch Deutschland. In Bregenz inszenierte er »Einer flog über das Kuckucksnest«. Er wirkte auch bei den Salzburger Festspielen, im Film und im Fernsehen.

**Qualtinger, Helmut,** * 8. Oktober 1928 in Wien, † 29. September 1986 in Wien, Schauspieler, Kabarettist und satirischer Schriftsteller.

Der umhegte Sohn eines Mittelschulprof. sollte die akademische Laufbahn einschlagen und begann nach der Matura ein Medizinstudium. 1946 gründete er mit Michael → Kehlmann das »Studio der Hochschulen«, wo er sein erstes Kabarettprogramm so erfolgreich gestaltete, daß Qu. dieses Genre zu seiner Profession machte. 1946/47 trat er mit Carl → Merz im »Lieben Augustin« auf. Zu dem Duo gesellten sich zunächst Kehlmann und Gerhard → Bronner, dann Peter → Wehle und Georg → Kreisler. Die Gruppe, die in den 50er Jahren das Wiener Kabarett wieder aufleben ließ, gestaltete in der Liliengasse und später im Neuen Theater am Kärntnertor so legendäre Programme wie »Brettl vor'm Kopf«, »Glasl vor'm Aug« oder »Hackl vor'm Kreuz«, und »Quasi« gab auf seine unnachahmliche Weise Couplets wie »Der Papa wird's schon richten«, »Der g'schupfte Ferdl«, »Der Wilde auf seiner Maschin« und, mit Bronner, die »Travnicek«-Dialoge zum besten. Die Sketches und Satiren wurden später auch in Buchform ein großer Erfolg.

1960 zog sich Qu. vom Kabarett zurück und wandte sich dem Schauspiel und dem Schreiben zu. Schon 1949 hatte er sein erstes Theaterstück, »Jugend ohne Schranken«, verfaßt, das bei der Grazer Premiere einen Skandal auslöste und abgesetzt wurde. Auch sein größter Erfolg, »Der Herr Karl« (verfaßt mit Carl Merz), als TV-Produktion 1961 ausgestrahlt, rief zunächst in Ö. einen Sturm der Entrüstung hervor. Diese Lebensbeichte eines gewissenlosen und opportunistischen Wiener Kleinbürgers, von Qu. selbst unübertrefflich interpretiert, ist jedoch weltbekannt geworden. Immer wieder wurde Qu. seither mit dem »Herrn Karl« identifiziert, doch sein Schaffen war überaus vielfältig. Er spielte u. a. am Wiener Volkstheater Horváth, Wedekind, Dostojewski, Kleist, Raimund und seinen geliebten Nestroy. Er übernahm Film- und Fernsehrollen, war Autor und Koautor für Bühne, Film, TV und Rundfunk und erregte mit großartigen Lesungen aus Karl → Kraus' »Die letzten Tage der Menschheit«

*Helmut Qualtinger*

oder Adolf Hitlers »Mein Kampf« Aufsehen. Er schrieb bissige Bücher und gab zahlreiche Schallplatten heraus. Qu. lebte ab 1970 in Hamburg. Ein großer, unbequemer Künstler, zählt er zu den bekanntesten und eigenwilligsten Persönlichkeiten der österr. Nachkriegskultur.

*Werke:* »Alles gerettet« (1963), »An der lauen Donau« (1965), »Die rot-weiß-rote Rasse« (1979), »Drei Viertel ohne Takt« (1980), »Heimat bist du großer Zwerge« (1984).

*Lit.:* M. Horwitz, H. Qu. (1987); M. Kehlmann u. a. Der Qualtinger (1987).

# R

**Raab, Julius,** * 29. November 1891 in St. Pölten (NÖ), † 8. Jänner 1964 in Wien, Baumeister und Politiker.

Der Sohn eines Baumeisters besuchte das Stiftsgymnasium Seitenstetten (NÖ), danach studierte er Hochbau an der Technischen Hochschule in Wien. Im 1. Weltkrieg eingerückt, begegnete er an der Isonzofront dem Oberst im Generalstab → Körner, der großen Eindruck auf ihn machte. Nach dem Krieg setzte er das Studium zunächst fort, trat aber dann in die väterliche Firma ein. Daneben wurde er politisch aktiv und zog 1927 für die Christlichsozialen in den Nationalrat ein. Ignaz → Seipel delegierte den jungen Abgeordneten in die Heimwehrbewegung, um über die dortigen Vorgänge informiert zu sein. In der Heimwehr stieg R. rasch zum nö. Landesführer auf. 1930 leistete er den »Korneuburger Eid«, mit dem die Heimwehren dem Parlamentarismus den Kampf ansagten, distanzierte sich jedoch bald davon und trat als Landesleiter zurück. Er konzentrierte sich nunmehr auf den Aufbau der neuen Handelskammer. Im Februar 1938 ernannte ihn → Schuschnigg für wenige Wochen zum Handelsminister. Von den Nationalsozialisten in NÖ mit Berufsverbot belegt, kam R. in Wien in einer Baufirma unter, wo er später auch Leopold → Figl unterbrachte. 1945 gründete er den Wirtschaftsbund. Als Präsident der Bundeskammer der gewerblichen Wirtschaft (ab 1947) trug er in der Folge gemeinsam mit Johann → Böhm wesentlich zur Etablierung der Sozialpartnerschaft bei. Außerdem war er nö. Landesparteiobmann der ÖVP. Figl wollte ihn in die Regierung holen, da dies jedoch am Einspruch der Sowjets scheiterte, wurde R. Klubobmann im Parlament. 1953 schließlich löste er Figl als Bundeskanzler ab und stellte wirtschaftspolitisch mit Finanzminister → Kamitz entscheidende Weichen für die Prosperität des Landes. Den ins Stocken geratenen Staatsvertragsverhandlungen gab er neuen Schwung, indem er den Gedanken einer militärischen Neutralität Ö.s ins Spiel brachte. Nach der Rückkehr von einem Moskaubesuch am 14. April 1955 konnte er den Durchbruch bei den Verhandlungen bekanntgeben, der Vertrag wurde einen Monat später von allen 4 Alliierten in Wien unterzeichnet.

Nach seinem Rücktritt als Bundeskanzler 1961 übernahm R. erneut die Präsidentschaft der Bundeskammer der gewerblichen Wirtschaft, zog jedoch weiterhin alle politischen Fäden. 1963 fand sich der schon schwerkranke Politiker bereit, für seine Partei als Bundespräsidentschaftskandidat gegen Adolf → Schärf in den Wahlkampf zu ziehen. Er unterlag erwartungsgemäß.

**Raab, Riki,** * 15. Jänner 1899 in Wien, Ballettänzerin.

1914 an die Hofoper engagiert, war R. 1920–1932 Solotänzerin. Eine ihrer Glanzrollen war die »Puppenfee«, in der sie mehr als 200mal auftrat. Aus Krankheitsgründen nahm sie 1933 ihren Bühnenabschied und unterrichtete die nächsten 20 Jahre am Wiener Lutwak-Konservatorium bzw. an der Musikakademie. Später widmete sich sich der Erforschung der Geschichte des Wiener Opernballetts, wobei sie alle Aufführungen der vorangegangenen 300 Jahre zu rekonstruieren versuchte. Daraus entstand ihr Lebenswerk »300 Jahre Opernballett in Wien«, die Zeit 1631–1987 umfassend. Besonders widmete sie sich der Wiener Tänzerin des Vormärz, Fanny Elßler, über die sie zahlreiche Vorträge hielt und Publikationen veröffentlichte. R.

nimmt noch immer regen Anteil am Tanzgeschehen, wenn sie auch freimütig zugibt, eher dem klassischen Ballett denn dem Modern Dance verpflichtet zu sein. 1972 stiftete sie den Fanny-Elßler-Ring für eine besonders »wienerische« Ballerina, der nur einmal – an Edeltraut Brexner – vergeben wurde und seither im Theatermuseum in Wien aufbewahrt wird.

**Rabl-Stadler, Helga,** * 2. Juni 1948 in Salzburg, Journalistin und Politikerin.

Nach der Matura am wirtschaftskundlichen Gymnasium studierte R. Jus (Promotion: 1970). Sie begann in Wien als Journalistin, zunächst bei der Zeitung »Die Presse«, dann bei der »Wochenpresse«; 1974–1978 war sie innenpolitische Kolumnistin beim »Kurier«. 1983 übernahm sie einen Anteil an einem renommierten Salzburger Modehaus. Aus dieser Zeit resultiert auch ihr politisches Engagement, wobei sie von Rudolf → Sallinger darin nachdrücklich bestärkt wurde. Sie kandidierte auf einem »Kampfmandat« der Salzburger ÖVP für den Nationalrat und wurde in der Handelskammer aktiv. 1985 wurde die energische Politikerin Vizepräsidentin der Salzburger Handelskammer, 1988 die erste Präsidentin. Als in der ÖVP die Debatte über Ämterkumulierung einsetzte, legte sie ihr Nationalratsmandat zurück. Die hochqualifizierte und mit großem Führungstalent begabte Politikerin ist mit dem Journalisten Peter Rabl verheiratet.

**Rahner, Karl,** * 5. März 1904 in Freiburg im Breisgau (Deutschland), † 31. März 1984 in Innsbruck, Theologe.

Der jüngere Bruder des deutschen Kirchenhistorikers Hugo Rahner trat 1922 in den Jesuitenorden ein. Bis zu seiner Entlassung durch die Nationalsozialisten lehrte er an der Innsbrucker Universität. 1949–1964 hatte er wieder einen Lehrstuhl für Dogmatik in Innsbruck inne, danach wurde er in München Univ.-Prof. für Religionsphilosophie. 1967–1971 lehrte er in Münster, anschließend erneut in München. R. setzte sich v. a. mit der Existenzphilosophie Martin Heideggers auseinander und versuchte eine Versöhnung zwischen Glauben und menschlicher Erfahrung. Von konservativen Kreisen wurde er bezichtigt, den Glauben zu unterminieren. Gleichwohl gehörte er beim II. Vatikanum zu den einflußreichsten Beratern des Papstes.

*Werke:* »Geist in Welt« (1939), »Visionen und Prophezeiungen« (1952), »Zur Theologie des Todes« (1958), »Zur Theologie der Zukunft« (1971), »Herausforderung des Christen« (1975), »Grundkurs des Glaubens« (1976), »Schriften zur Theologie« (1954–1978).

**Rainer, Arnulf,** * 8. Dezember 1929 in Baden bei Wien, Maler.

R. besuchte die Staatsgewerbeschule in Villach und studierte kurze Zeit an der Akademie der bildenden Künste und an der Akademie für angewandte Kunst in Wien. Der Autodidakt stand zunächst unter dem Einfluß des Surrealismus.

*Arnulf Rainer*

Von diesem sagte er sich 1951 anläßlich einer Publikumsbeschimpfung bei der ersten Ausstellung der »Hundgruppe«, die er gemeinsam mit Ernst → Fuchs gegründet hatte, entschlossen los, um sich der abstrakten Malerei zu verschreiben. Er zählte in den 50er Jahren zur Künstlergruppe um die Galerie nächst St. Stephan. Sein Schaffensweg, von Selbstzweifel und inneren Konflikten geprägt, führte zu einer Phase der »Bildüberfüllung« mit mikroskopisch kleinen Lebewesen. Es folgten die »Blindmalerei« (Malerei mit geschlossenen Augen oder im Dunkeln und schließlich die »Übermalungen«, fast vollkommen schwarze Flächen, die alles Lebendige wie ein Leichentuch verhüllen, es auslöschen. In den 60er Jahren, als sich der Künstler mit der Welt der Geisteskranken auseinandersetzte und mit Drogen experimentierte, entstanden seine Bilder, Zeichnungen und Fotos von Grimassen, oft ins Unerträgliche gesteigert und übermalt. Der Künstler, der internationale Anerkennung gefunden hat, ist seit 1981 o. Prof. an der Akademie der bildenden Künste in Wien.

*Lit.:* O. Breicha (Hg.), »Hirndrang« (1980); A. R. (in: Katalog Nationalgalerie Berlin, 1981).

**Rainer, Roland,** * 1. Mai 1910 in Klagenfurt, Architekt.

Der Sohn eines Malers studierte in Wien an der Technischen Hochschule Architektur, wobei er sich früh für Städtebau zu interessieren begann. Anschließend arbeitete er an der Deutschen Akademie für Städtebau und beteiligte sich 1936 an einem Wettbewerb in Wien. Im 2. Weltkrieg eingerückt, publizierte er nach dem Krieg zwei Bücher zum Thema Städtebau, die sich in einer Phase des Wiederaufbaus mit allen entscheidenden Fragen auseinandersetzten. Er übernahm zahlreiche Bauaufträge. Es entstanden Bürogebäude, Schulen, Kirchen und Fabriksgebäude sowie das ORF-Fernsehzentrum am Küniglberg, außerdem ein Hotel und zahlreiche Wohn- und Siedlungsbauten. In seinen Werken strebte er eine Verbindung von Funktionalität mit einer neuen Ästhetik an; die übliche Formensprache lehnte er ab. Zudem erhielten Außen- wie Innenraum gleichermaßen Bedeutung, der Garten wurde zu einem wichtigen Element. Seine Vorstellungen über Wohnen konnte R. z. T. mit der Gartenstadt Puchenau bei Linz (1969), die internationale Anerkennung fand, realisieren.

Nach dem Bau der Wiener Stadthalle (1958) wurde er Stadtplaner von Wien. 1961 beschloß der Gemeinderat einstimmig sein »Planungskonzept Wien«, als die entsprechende Realisierung jedoch ausblieb, legte er 1963 seine Funktion nieder. Die akademische Laufbahn begann R. an der Technischen Universität in Hannover (1953) und in Graz (1955). 1956–1980 leitete R. die Meisterklasse für Architektur an der Akademie der bildenden Künste in Wien. 1962 erhielt er den Großen Österr. Staatspreis für Architektur und wurde Mitglied des Kunstsenats.

*Werke:* »Die Behausungsfrage« (1947), »Städtebauliche Prosa – Praktische Grundlagen für den Aufbau der Städte« (1948), »Die gegliederte und aufgelockerte Stadt« (mit J. Göderitz und H. Hoffmann, 1957), »Anonymes Bauen im Nordburgenland« (1961), »Die Welt als Garten – China« (mit W. Posch, 1976).

**Rambausek, Else,** * 2. Dezember 1907 in Wien, Volksschauspielerin.

Die Tochter eines Finanzbeamten absolvierte das Hietzinger Lyzeum. Nach ihrer Ausbildung an der Akademie für Musik und darstellende Kunst debütierte sie als Gretchen in Goethes »Faust« mit Alexander → Moissi am Schauspielhaus in Zürich. Über Gera und Hamburg kam sie zurück nach Wien, wo die zierliche, aber resche Schauspielerin mit dem schalkhaften, deftigen Humor an verschiedenen Bühnen tätig war. Sie trat v. a. in Volksstücken und Operetten auf und spielte in mehr als 30 Filmen, darunter »Saison in Salzburg«, »Der Kongreß amüsiert sich« (mit Curd → Jürgens), »Der Feldherrnhügel« und »Das Dreimäderlhaus«.

**Ramek, Rudolf,** * 12. April 1881 in Teschen (Österr.-Schlesien), † 24. Juli 1941 in Wien, Rechtsanwalt und Politiker.

Schon während seines Jusstudiums (Promotion: 1907) trat R. der Christlichsozialen Partei bei. Nach dem 1. Weltkrieg ließ er sich als Rechtsanwalt in Salzburg nieder. 1919 wurde er in die Konstituierende Nationalversammlung gewählt. Er war einer jener 5 Delegierten, die an den Verfassungsberatungen in Weimar teilnahmen. 1919/20 war er Staatssekretär für Justiz, ab 1921 Innenminister und – nach Ignaz → Seipel – 1924–1926 Bundeskanzler. Angesichts der anhaltenden Differenzen mit den Bundesländern wegen der Sparpolitik der Regierung gelang ihm ein Finanzausgleich Bund – Länder. Die verfassungsmäßige Kompetenzverteilung zwischen Bund und Ländern fiel allerdings zugunsten des Bundes aus. In R.s Amtszeit fiel auch die Beschlußfassung über das Allgemeine Verwaltungsgesetz (AVG), eine juristische Großtat der Ersten Republik, und die Aufhebung der Finanzkontrolle durch den Völkerbund. Belastungen entstanden durch die Kabinettsmitglieder → Ahrer, der in Bankenskandale verwickelt war, und → Mataja, dessen außenpolitisches Geschick zu wünschen übrig ließ. Nach seinem Rücktritt wegen eines Gehaltskonflikts mit den Bundesbediensteten blieb R. Abgeordneter zum Nationalrat (1920–1934). Im März 1933 war er Zweiter Präsident (seit 1930), der mit → Renner und Straffner sein Amt niederlegte. R., ein entschiedener Gegner der Nationalsozialisten und der Heimwehren, wurde 1930 zum Präsidenten der Internationalen Stiftung Mozarteum gewählt, um die er sich Verdienste erwarb.

*Lit.:* J. Ackerl, R. R., in: Die österr. Bundeskanzler, hgg. v. F. Weissensteiner / E. Weinzierl (1983).

**Rank, Otto,** * 22. April 1881 in Wien, † 31. Oktober 1939 in New York, Psychoanalytiker und Schriftsteller.

Der Beamtensohn studierte 1908–1912 in Wien Germanistik und Philosophie. Ein früher Mitarbeiter → Freuds, war er Sekretär der Wiener Psychoanalytischen Gesellschaft und ab 1912 Mitherausgeber der psychoanalytischen Zeitschrift »Imago«, in der er zahlreiche Artikel veröffentlichte. 1926 brach er mit Freud und ging nach Paris. R. stimmte nicht mit Freuds zentraler Bewertung der Sexualität überein, sondern hielt den Willen für die treibende Kraft des Menschen. 1936 ließ er sich in New York nieder, wo er als Psychotherapeut arbeitete. Er begründete die »Casework«-Schule, die sich mehr auf die aktuellen Probleme des Klienten konzentriert.

*Werke:* »Das Inzestmotiv in Dichtung und Sage« (1912), »Die Don-Juan-Gestalt« (1924), »Das Trauma der Geburt« (1924), »Seelenglaube und Psychologie« (1930), »Technik der Psychoanalyse« (3 Bde., 1926–1936).

**Ransmayr, Christoph,** * 20. März 1954 in Wels (OÖ), Schriftsteller.

Der Sohn eines Volksschullehrers wuchs in einem Dorf bei Gmunden am Traunsee auf. Er studierte in Wien Philosophie und Ethnologie. 1978–1982 war er Kulturredakteur und Mitar-

*Christoph Ransmayr*

beiter verschiedener Zeitschriften (»Geo«, »Transatlantik«, »Merian«). Seit 1982 ist er freier Schriftsteller.

R. schrieb einfühlsame Reportagen (z. B. über die Staumauer Kaprun) und wurde 1984 mit seinem ersten Roman, »Die Schrecken des Eises und der Finsternis«, bekannt, in dem er detailgenau und sprachgewaltig die k. u. k. Nordpolexpedition 1872–1874 beschreibt. Mit dem Roman »Die letzte Welt« (1988), in dem der Autor bilderreich, geheimnisvoll und raffiniert verschlüsselt die Suche des Protagonisten Cotta nach dem Dichter Ovid und dessen verschollenen »Metamorphosen« beschreibt und dabei doppelbödig vor den Gefahren der modernen Welt warnt, gelang ihm der Durchbruch zum schriftstellerischen Ruhm.

**Rapf, Kurt,** * 15. Februar 1922 in Wien, Dirigent, Komponist und Organist.

Der vielseitige Musiker mit dem ausgeprägten Organisationstalent erhielt seine Ausbildung an der Musikakademie in Wien. 1945 gründete er das »Collegium Musicum Wien«, das er – mit erfolgreichen Auftritten in Euroapa und Übersee – bis 1956 leitete. 1945–1948 freischaffender Musiker, wurde er danach für ein Jahr an das Opernhaus Zürich engagiert, wo er u. a. Assistent von Hans Knappertsbusch war. 1949–1953 lehrte er als Prof. an der Wiener Musikakademie. Daneben gab er Orgelabende und erwarb sich bald den Ruf eines international bedeutenden Organisten. 1953–1960 war er Musikdirektor der Stadt Innsbruck. Danach unternahm er zahlreiche Gastspielreisen als begleitender Pianist und Organist nach Japan, Mexiko und in die USA. Er wirkte bei Festspielen mit (Wien, Salzburg, Bregenz), nahm als Organist, Cembalist und Dirigent Schallplatten auf und war für Rundfunk und Fernsehen tätig. 1970–1987 leitete er das Musikreferat der Stadt Wien. Daneben baute er seine internationale Konzertkarriere weiter aus und präsidierte den Österr. Komponistenbund. R.s großes editorisches Verdienst ist die Herausgabe des gesamten Orgelwerks von Franz → Schmidt. Sein kompositorisches Schaffen, das auch die Zwölftontechnik einschließt, umfaßt Werke für Orchester, Chor, Kammermusik, Orgel und Klavier, ein Violinkonzert, Cellostücke, Lieder und »8 Miniaturen«.

**Rapp, Peter,** * 14. Februar 1944 in Wien, TV-Entertainer.

Von der Mutter, einer Naschmarktstandlerin, hat er nach eigenen Angaben die Schlagfertigkeit, nur hat sie ihm bei den Sängerknaben und in der Schule noch wenig genützt. Das wurde anders, als er sich nach einem Aufenthalt in England als Conférencier versuchte. Auch als er, nach einem Zwischenspiel als Lokalreporter, beim Rundfunk (Ö 3) und beim Fernsehen arbeitete, kam ihm die Redegewandtheit zugute. R. moderierte das TV-Jugendmagazin »Spotlight«, präsentierte 14mal die Städte-Quizsendung »Jahrmarkt«, 1980/81 dreimal die »Juke Box« und war Quizmaster in »Zehn oder weniger«. Danach schlug er sich u. a. als Ansager in Bierzelten durch, ehe er sich als Komoderator (mit Caroline Reiber) in »Tele-As«, mit dem Städte-Quiz »Wer A sagt. . .« und mit der populären Sendereihe »Hoppala« sowie als Live-Versteigerer für die Hilfsaktion »Licht ins Dunkel« im Fernsehen schließlich etablierte und zu einem der meistbeschäftigten ORF-Entertainer wurde.

**Ratz, Erwin,** * 22. Dezember 1898 in Graz, † 12. Dezember 1973 in Wien, Musiktheoretiker.

R. war ein eifriger Förderer der Zwölftonmusik und kompromißloser Anhänger → Schönbergs, → Bergs und → Weberns. Er studierte 1918–1922 an der Universität Wien bei Guido → Adler Musikwissenschaft und nahm bei → Schönberg musiktheoretischen Unterricht. Nach kurzer Tätigkeit als Sekretär des staatlichen Bauhauses in Weimar war er freier Mitarbeiter verschiedener Wiener Musikverlage, ehe er 1945 an der Wiener Musikakademie die Professur für Formenlehre erhielt. Der gründliche Forscher veröffentlichte zahlreiche Aufsätze in

Fachzeitschriften. 1951 erschienen seine Bücher »Einführung in die muskalische Formenlehre« und »Erlebnis und Erkenntnis des musikalischen Kunstwerks«. Er publizierte u. a. auch eine Neuausgabe der Klaviersonaten Franz Schuberts. Lange Jahre war er Vorsitzender der Internationalen Gesellschaft für Neue Musik. Als Präsident der Internationalen Gustav-Mahler-Gesellschaft und Herausgeber der Gesamtausgabe der Werke Mahlers erwarb er sich große Verdienste um die Gustav-Mahler-Forschung.

**Ratzenböck, Josef,** * 15. April 1929 in Neukirchen am Walde (OÖ), Jurist und Politiker.

Der Sohn eines Gastwirts studierte Jus in Wien (Promotion: 1952) und begann seine Berufslaufbahn als Angestellter der oö. ÖVP-Landesparteileitung. Als enger Mitarbeiter von Landeshauptmann Erwin → Wenzl wurde er 1969 zum Landesparteisekretär bestellt. Bereits 1956 hatte er in OÖ den Rentner- und Pensionistenbund – eine Vorläuferorganisation des heutigen Seniorenbundes – gegründet, der zur Hausmacht für den sonst keinem der Parteibünde angehörenden Politiker wurde. R. hat für seine Partei zahlreiche Wahlkämpfe erfolgreich geschlagen, sein Konzept einer offensiven Wahlwerbung, verbunden mit dichter Wählerinformation und Wählerservice, erwies sich dabei als sehr erfolgreich. Seit 1973 Landesrat für Finanzen, wurde R. 1977 zum Landesparteiobmann und Landeshauptmann gewählt. Er betreute außerdem noch die Bereiche Schule und Bildung. Der mächtige Landespolitiker, der entschieden die Länderrechte gegen Wien vertritt, ist in seiner Partei äußerst einflußreich. Mehrfach als Bundesparteiobmann bzw. als Minister im Gespräch, hat er jedoch stets abgelehnt; auch für das Amt des Bundespräsidenten wollte er nicht kandidieren.

**Raymond, Fred (eigtl. Friedrich Vesely),** * 20. April 1900 in Wien, † 10. Jänner 1954 in Überlingen (Baden-Württemberg), Operetten- und Schlagerkomponist.

Von Beruf Bankbeamter, wurde R. 1924 Kabarettist und lebte später in Berlin. Das musikalische Schaffen des Autodidakten war von Anfang an erfolgreich begleitet. Seine Revue-Operette »Maske in Blau« (1937) wurde auf zahlreichen Bühnen im In- und Ausland aufgeführt. R. komponierte neben Operetten auch Revuen, Singspiele, Filmmusik und v. a. populäre Schlager, darunter »Ich hab' mein Herz in Heidelberg verloren« und »In einer kleinen Konditorei«, die um die Welt gingen und noch heute bekannt sind.

**Redlich, Josef,** * 18. Juni 1869 in Hodonín/Göding (Mähren), † 12. November 1936 in Wien, Jurist und Politiker.

R. studierte Jus und Geschichte an den Universitäten Wien, Leipzig und Tübingen. Als Verwaltungsjurist und Rechtshistoriker erhielt er in Wien 1907 eine a. o. Professur. 1909–1918 lehrte er als o. Prof. für Staatsrecht und Verwaltungslehre an der Technischen Hochschule Wien. Ab 1926 hielt er Vorlesungen an der Harvard University in Cambridge (USA). Politisch gehörte R., der seit 1907 ein Reichsratsmandat innehatte, zum Fabier-Kreis, einer reformerischen Bewegung, die sich für Sozialismus, aber gegen Marxismus aussprach. Ursprünglich deutschnational eingestellt, wurde R. nach dem 1. Weltkrieg überzeugter Pazifist. Zweimal wurde er zu Regierungsämtern berufen: 1918 wie 1931 übte er jeweils zu kurz, um etwas bewirken zu können, das Amt des Finanzministers aus. Seine Begegnungen und Gespräche mit Zeitgenossen hielt der scharfsinnige Beobachter in Tagebüchern fest, die der Historiker → Fellner 1953/54 unter dem Titel »Schicksalsjahre Ö.s 1908–1919« sorgfältig edierte.

*Werke:* »Englische Lokalverwaltung« (1901), »Das österr. Staats- und Reichsproblem« (2 Bde., 1920–1926), »Ö.s Regierung und Verwaltung im Weltkriege« (1925), »Kaiser Franz Joseph von Ö.« (1928).

**Redlich, Oswald,** * 17. September 1858 in Innsbruck, † 20. Jänner 1944 in Wien, Historiker.

*Oswald Redlich*

Der Sohn eines akademischen Malers und Besitzers einer lithographischen Druckanstalt studierte in Innsbruck und Wien Geschichte und Geographie (Promotion: 1881). 1879–1881 absolvierte er den Kurs am Institut für österr. Geschichtsforschung. Zunächst im Statthaltereiarchiv Innsbruck tätig, habilitierte er sich für historische Hilfswissenschaften. 1892 übersiedelte er nach Wien an das Institut für Geschichtsforschung, 1897 erhielt er ein Ordinariat für Geschichte des Mittelalters und der Hilfswissenschaften. 1904–1920 war er auch Redakteur der »Mitteilungen des Instituts für österr. Geschichtsforschung (MIÖG)«. 1911/12 wurde er Rektor der Wiener Universität, 1915 Vizepräsident und 1919 Präsident der Akademie der Wissenschaften. Als Befürworter des Archivrates zum Schutz des behördlichen Aktengutes wurde er 1918–1924 zum Archivbevollmächtigten der Republik Ö. ernannt, die die Verhandlungen über das gemeinsame Aktengut mit den Nachfolgestaaten des Habsburgerreiches zu führen hatte. U. a. seiner Hartnäckigkeit ist die Durchsetzung des Provenienzprinzips zu danken, nach dem die Akten bei jener Stelle, die sie geschaffen hat, zu bleiben haben. R. war maßgeblich an der Ausarbeitung des Denkmalschutzgesetzes (1923), der Verordnung zum Schutz von Schriftdenkmälern (1931) und der Errichtung des Archivamtes beteiligt. 1938 wurde er von den Nationalsozialisten aller seiner Funktionen enthoben.

*Werke:* »Das Werden einer Großmacht. Ö. 1700–1740« (1938), »Weltmacht des Barock« (1961), »Die Privaturkunden des Mittelalters« ($^{2}$1969).

**Rehor, Grete,** * 30. Juni 1910 in Wien, † 28. Jänner 1987 in Wien, Gewerkschafterin und Politikerin.

Die Tochter eines Beamten war zunächst Textilarbeiterin. Schon 1927 fand sie den Weg zu den christlichen Gewerkschaften, wo sie als Sekretärin tätig wurde. Sie setzte sich seit jeher für die berufliche Besserstellung und soziale Gleichstellung der Frauen ein. 1938 mußte sie ihre Tätigkeiten einstellen. Ihr Mann, der christlichsoziale Stadtrat Karl Rehor, fiel in Stalingrad. Nach dem 2. Weltkrieg nahm die zähe Kämpferin ihre Gewerkschaftsarbeit wieder auf. 1949–1970 war sie ÖVP-Mandatarin im Nationalrat. Als erste Frau wurde sie zur stellvertretenden Gewerkschaftsvorsitzenden gewählt. 1966 trat sie, ebenfalls als erste Frau, in ein österr. Kabinett ein: sie übernahm in der Regierung → Klaus das Sozialressort. Während ihrer Ministerzeit (bis 1970) wurden so wesentliche Initiativen wie das Arbeitsmarktförderungsgesetz, das Arbeitszeitgesetz sowie Pensionsverbesserungen gesetzt.

**Rehrl, Franz,** * 4. Dezember 1890 in Salzburg, † 23. Jänner 1947 in Salzburg, Politiker.

Nach einem Jusstudium in Wien (Promotion: 1915) trat der Sohn eines Stiftszimmermeisters in den Staatsdienst ein, wo er im Zuge einer steilen Karriere in den Präsidialdienst aufstieg. 1919 gehörte der Christlichsoziale der Salzburger Provisorischen Landesversammlung an. Im selben

Jahr wurde er Landeshauptmannstellvertreter, 1922 Landeshauptmann und damit Ö.s jüngster Landeschef. Der kämpferische Föderalist erwarb sich große Verdienste um das Land. Sein Ziel, Wohlstand durch Innovation zu erreichen, verfolgte er unter Ausnutzung der Reserven des Landes, wie der Wasserkraft, der Naturschönheiten und der kulturellen Reichtümer. R. war ein besonderer Förderer der Salzburger Festspiele, deren Bedeutung für den Fremdenverkehr er klar erkannte. Und er setzte sich für den Ausbau touristisch verwertbarer Straßen, wie der Glockner-Hochalpenstraße oder der Gaisbergstraße, ein. 1938 wurde er verhaftet und ein Verfahren gegen ihn eröffnet, doch konnte ihm keinerlei Unregelmäßigkeit nachgewiesen werden, er wurde 1941 freigesprochen. Danach lebte er schwerkrank und mittellos in Karlsbad. Anläßlich des Attentats vom 20. Juli 1944 wurde er neuerlich inhaftiert (KZ Ravensbrück, Gefängnis Moabit). Von den gesundheitlichen Schäden, die er dabei davontrug, konnte er sich nicht mehr erholen.

**Reich, Wilhelm,** * 24. März 1897 in Dobrzcynica (Galizien), † 3. November 1957 in Lewisburg (USA), Psychoanalytiker.

R. besuchte das Gymnasium in Czernowitz (Bukowina) und studierte in Wien Medizin (Promotion: 1922). Ein Schüler Sigmund → Freuds, arbeitete er an der Psychoanalytischen Klinik und setzte sich in eigenen Sexualberatungsstellen für Aufklärung und Enttabuisierung der Sexualität ein. Schon früh beschäftigten ihn biogenetische Probleme, die Verbindung von Psychoanalyse mit Körperarbeit. Er wurde damit zu einem Begründer der psychologischen Körpertherapien. Seit 1920 Mitglied der Psychoanalytischen Vereinigung, geriet er zunehmend mit Freud in Konflikt und brach mit der Wiener psychoanalytischen Schule. Sozial und politisch engagiert, trat er 1928 der KPÖ bei. 1930 ging er nach Berlin, wo seine sexualpolitischen Theorien (1931 gründete er den Verlag Sexpol) und seine Auffassungen über Marxismus und Psychoanalyse auf den Widerstand der Kommunistischen Partei stießen. R. wurde sowohl aus der KP als auch der Internationalen Psychoanalytischen Vereinigung ausgeschlossen. 1933 emigrierte er über Skandinavien in die USA und lehrte in New York an der New School für Social Research. Ab 1940 versuchte er, seine Theorien über Lebensenergie mit dem sogen. Orgon-Akkumulator zu beweisen, einem Gerät, das u. a. der Krebsheilung dienen sollte. Eine Kampagne, die sich gegen seine Aktivitäten und Anschauungen richtete, führte zur gerichtlichen Vernichtung von R.s Schriften. 1956 wurde R. wegen »Mißachtung des Gerichtes« zu einer Haftstrafe verurteilt und starb im Gefängnis. R. übte mit seinen Theorien großen Einfluß auf die autoritätsfreie Erziehung (Summerhill School) und die antiautoritäre Bewegung der 60er Jahre aus.

*Lit.:* D. Boadella, W. R. (1981).

**Reichert, Karl,** * 20. August 1883 in Wien, † 20. Dezember 1953 in Wien, Optiker.

Der Sohn des Begründers der »Optisch-mechanischen Werkstätte« Carl R. übernahm zunächst mit seinem Bruder Otto den Betrieb, der in Wien-Hernals mittlerweile 400 Leute beschäftigte. Er führte die Erfindungen seines Vaters – vorwiegend Mikroskope zur Untersuchung verschiedener Werkstoffe – fort und konnte dabei bahnbrechende Weiterentwicklungen leisten. Ihm ist die Dunkelfeld-Mikroskopie sowie die Konstruktion eines Fluoreszenzmikroskops zu danken. Es gelang ihm auch eine Verbesserung der Metallmikroskopie.

**Reichhold, Ludwig,** * 8. Dezember 1911 in Altaussee (St), Journalist und Schriftsteller.

1934–1938 redigierte R., der aus der christlichen Arbeiterbewegung Leopold → Kunschaks kam, als Chefredakteur die »Christlichsoziale Arbeiter-Zeitung«, die das Ständestaatsregime ziemlich offen kritisierte und eine Rückkehr zum Parlamentarismus forderte. Während des Krieges hatte er lebhafte Kontakte zur Widerstandsbewegung. Ab 1947 war er Redakteur beim »Kleinen Volksblatt«, 1963–1974 Redaktionsleiter der theoretischen Zeitschrift der ÖVP »Österr. Monatshefte«. R. ist auch als Autor von zeitgeschichtlichen Büchern hervorgetreten, wobei er sich v. a. um die Erforschung der christlichen Arbeiterbewegung bemühte.

*Werke:* »Europäische Arbeiterbewegung« (2 Bde., 1953), »Opposition gegen den autoritären Staat« (1964), »Arbeiterbewegung jenseits des totalen Staates« (1965), »20 Jahre Zweite Republik« (Hg., 1965), »Kampf um Ö.« (1984), »Geschichte der christlichen Gewerkschaften Ö.s« (1987).

**Reidinger, Karl,** * 7. Juni 1922 in Wiener Neustadt (NÖ), Polizeipräsident.

Nach einem Jusstudium in Graz (Promotion: 1948) begann R. in der staatspolizeilichen Abteilung der Polizeidirektion Wien zu arbeiten, deren Vorstand er 1961 wurde. 1971 trat er die Nachfolge → Holaubeks als Wiener Polizeipräsident an. In seine Amtszeit fielen der Überfall auf die OPEC-Zentrale, die → Palmers-Entführung, die Ermordung von Stadtrat → Nittel und der Anschlag auf die Synagoge in der Seitenstettengasse. R., der statt brutaler Polizeieinsätze mildere Methoden und den »Wiener Weg« bevorzugte, etwa Diskussion mit Demonstranten, führte auch einen Bankenüberwachungsdienst und einen kriminalpolizeilichen Beratungsdienst ein. Ein von ihm initiiertes inoffizielles Kontaktsystem zwischen den europäischen Polizeichefs hat sich vielfach bewährt.

**Reimann, Viktor,** * 25. Jänner 1915 in Wien, Journalist und Historiker.

Der gelernte Historiker schloß sich während des Krieges der Widerstandsgruppe um den Augustiner-Chorherrn Carl Roman → Scholz an und wurde, als die gesamte Gruppe durch einen Agent provocateur verraten wurde, verhaftet. In einem Volksgerichtsprozeß wurde er, da nicht alle seine Kontakte ans Licht kamen, zu 10 Jahren Haft verurteilt. Nach dem Krieg gehörte er gleich nach der Gründung zum Redaktionsstab der »Salzburger Nachrichten«, wo er als Kolumnist tätig war und gemeinsam mit Gustav A. Caneval die Blattlinie bestimmte. Als Gründungsmitglied des VdU (Verbands der Unabhängigen) hatte er 1949–1956 ein Nationalratsmandat inne. Danach war er als Journalist und politischer Schriftsteller tätig. Seine Kolumnen für die »Kronen Zeitung« blieben nicht unumstritten.

*Werke:* »Wenn die Nacht weicht ...« (1946), »Die Adelsrepublik der Künstler« (1963), »Innitzer« (1967), »Zu groß für Ö. Seipel und Bauer im Kampf um die Erste Republik« (1968), »Dr. Joseph Goebbels« (1971), »Die Dritte Kraft in Ö.« (1980).

**Reincke, Heinz,** * 28. Mai 1925 in Kiel (Deutschland), Kammerschauspieler.

R. arbeitete nach seiner Schauspielausbildung an Provinzbühnen. Mit 17 Jahren begann er am Kurtheater Landsberg an der Warthe, spielte 1948/49 am Renaissancetheater Schleswig, danach in Bonn, Berlin und Stuttgart (1950–1955) sowie am Deutschen Schauspielhaus in Hamburg, wo er dem berühmten Männerensemble von Gustav Gründgens angehörte.

1967 debütierte der Komödiant aus Norddeutschland, der inzwischen österr. Staatsbürger ist, am Wiener Burgtheater als Robespierre in Büchners »Dantons Tod«. In fast zwei Jahrzehnten spielte er hier zahlreiche Rollen, vom »Armen alten Fritz« bis zum »Cyrano«. 1985 nahm er mit der Titelrolle in Carl Zuckmayers »Hauptmann von Köpenick« als Ensemblemitglied Abschied von der »Burg« und ging in Pension. Doch im »Ruhestand« ist er nicht, u. a. unternimmt er seither Tourneen, z. B. mit Pinters »Hausmeister«, und ist in TV-Serien und im Film tätig.

**Reinhardt, Max (eigtl. Goldmann),** * 9. September 1873 in Baden bei Wien, † 31. Oktober 1943 in New York, Schauspieler, Theaterleiter und Regisseur.

Der Sohn eines Kaufmanns war zunächst Banklehrling. Er nahm Schauspielunterricht und stand 1890 in Wien erstmals auf der Bühne. 1894–1902 wirkte er am Berliner »Deutschen Theater«, das er später übernahm. Daneben gründete er, ebenfalls in Berlin, das literarische Kabarett »Schall und Rauch«, baute es 1902 zum »Kleinen Theater« um und erzielte hier im Jahr darauf einen überwältigenden Regieerfolg mit Maxim Gorkis »Nachtasyl«. Danach wurde er zusätzlich Leiter des »Neuen Theaters« (bis 1906). Mit Hilfe von Sponsoren übernahm R. mit seinem Bruder Edmund als kaufmännischem Direktor bald weitere Häuser. Zu den »R.-Bühnen« gehörte ab 1924 auch das von R. restaurierte Wiener »Theater in der Josefstadt«. Für den Nachwuchs gründete R. 1929 in Wien eine eigene Schauspielschule, das bald weltbekannte »Reinhardt-Seminar«, mit Sitz im Schloß Schönbrunn (seit 1940 im Palais Cumberland), in dem er seine Vorstellungen von einem neuen Theater zu vermitteln suchte.

R. ist der bedeutendste Regisseur und Direktor in der Geschichte des österr. Theaters. Er war Mitbegründer (1920) und Leiter der Salzburger Festspiele; 1920–1937 inszenierte er dort Hugo von → Hofmannsthals »Jedermann«. Legendär ist auch seine »Faust«-Inszenierung mit Paula → Wessely als Gretchen, Ewald → Balser als Faust und Werner → Krauß als Mephisto. Mit untrüglichem Instinkt für große Dicht- und Schauspielkunst, für Bühnenarchitektur, Farben und Licht, schuf er bis ins Detail ausgefeilte, festliche, phantasievolle Inszenierungen mit eindrucksvollen Massenszenen. Für seine effektvollen Bühnenausstattungen engagierte er bedeutende Künstler wie Edvard Munch, Max Slevogt oder Alfred → Roller. Er setzte bühnentechnische Neuerungen ein, darunter die Drehbühne. Und er verstand es, Dramatiker- und Schauspieltalente zu entdecken und zu fördern. Mit seinem Stil ist R. zum Begründer des modernen europäischen Regietheaters geworden.

1933, nach dem Machtantritt Hitlers, mußte R. Deutschland verlassen, wenige Jahre später auch Ö. Er emigrierte mit seiner Gattin, der Wiener Schauspielerin Helene → Thimig, über London nach New York. Das Stück »Jedermann« wurde 1938 verboten, die Aufführungen auf dem Salzburger Domplatz ersatzlos gestrichen.

*Lit.:* L. M. Fiedler, M. R. in Selbstzeugnissen und Bilddokumenten (1975); E. Fuhrich/G. Prossnitz (Hg.), M. R. (1987).

**Reining, Maria,** * 7. August 1903 in Wien, † 11. März 1991 in Deggendorf (Bayern), Kammersängerin.

Zunächst Bankangestellte, begann die 26jährige mit dem Gesangsstudium. 1931 debütierte R. als Elevin an der Wiener Staatsoper. Um ihr Fach zu erweitern, ging sie 1933 nach Darmstadt, 1934 an das Bayerische Nationaltheater in München und kehrte 1937 nach Wien zurück, wo sie als lyrisch-dramatische Sopranistin an der Oper große Erfolge erzielte. Die vortreffliche Mozart-Sängerin zählte zu den Stützen des Staatsopernensembles. Ihr Ausdrucksreichtum, ihr Stilgefühl und die leuchtend reine Stimmführung wurden auch bei den Salzburger Festspielen, an der Mailänder Scala und anderen großen Opernhäusern überschwenglich gefeiert. Ihre Glanzpartien waren u. a. die Eva in den »Meistersingern«, Arabella und v. a. die Marschallin im »Rosenkavalier«. Ihre letzte Vorstellung in Wien gab sie 1956 als Elisabeth in »Don Carlos«. Danach unterrichtete sie bis 1972 am Salzburger Mozarteum, ehe sie sich in das Kurstift Mozart in Bayern von der Öffentlichkeit zurückzog.

**Reininghaus, Peter,** * 27. Oktober 1896 in Steinfeld bei Graz, † 21. Jänner 1973 in Graz, Industrieller.

R. ist der Sohn einer Grazer Bierdynastie, dessen Mutter in zweiter Ehe mit Feldmarschall Conrad von Hötzendorf verheiratet war. Nach Absolvierung des Theresianums und freiwilligem Kriegsdienst studierte er an der Universität Graz Chemie, Physik und Philosophie (Dr. phil.: 1920). Anschließend wurde er Prokurist im Familienunternehmen, das infolge der Nachkriegssituation in einer schweren Krise steckte. In den 30er Jahren gelang R. ein entscheidender Erfolg, indem er ein namhaftes Aktienpaket einer zweiten steirischen Brauerei erwarb und damit den Grundstein zur »Steirischen Brauindustrie« legte, die sich nach 1945 äußerst gut entwickelte. 1938 wurde R. verhaftet und des Landes verwiesen. Er emigrierte zunächst nach Belgien und landete schließlich in Triest und Abbazia. Die Brauerei war inzwischen mit einer dritten Grazer Firma zwangsfusioniert worden. 1944 mußte R. »untertauchen«. In Triest gründete er 1945 ein »österr. Komitee«. Im Herbst 1945 kehrte er nach Ö. zurück und machte sich an den Wiederaufbau des Unternehmens. 1953 konnte die Firma ihr 100jähriges Bestehen feiern. R., ein guter Pianist und Musikliebhaber, gehörte zu jenen Industriellen, die intensiven Anteil am kulturellen Leben nehmen. Schon sehr früh befürwortete er außerdem eine Teilnahme Ö.s an der europäischen Integration.

**Reinthaller, Anton,** * 14. April 1895 in Mettmach (OÖ), † 6. März 1958 in Mettmach, Agrarfachmann und Politiker.

Der Sohn eines Großbauern rückte nach der Matura in den 1. Weltkrieg ein und geriet 1916 in russische Kriegsgefangenschaft, wo er die russische Revolution miterlebte und ein entschiedener Gegner des Kommunismus wurde. 1918 schlug er sich quer durch das Land nach Hause durch. Er begann ein Studium der Forsttechnik an der Hochschule für Bodenkultur in Wien (Dipl.-Ing.: 1922) und arbeitete bei der Lawinenverbauung in Lilienfeld und dann im Attergau. Zunächst noch Deutschnationaler, schloß er sich schon Ende der 20er Jahre den Nationalsozialisten an. Landesinspekteur Habicht enthob ihn zwar aller Funktionen, R. blieb aber mit Alfred Proksch, dem österr. Gegner von Habicht, eng verbunden. 1933 blieb er trotz gegenteiliger Weisungen aus München im Lande und führte als Sprecher gemäßigter nationaler Kreise nach 1934 alle Verhandlungen mit der Regierung, um zu einer Befriedung zu gelangen (»Aktion R.«).

Im März 1938 wurde er Landwirtschaftsminister, 1940 Unterstaatssekretär in Berlin und 1942 Reichsbauernführer von »Niederdonau«. 1950 wurde er zu drei Jahren Haft verurteilt. 1956 übernahm er das Amt des FPÖ-Bundesparteiobmanns.

**Reisch, Max,** * 2. Oktober 1912 in Kufstein (T), † 18. Jänner 1985 in Kufstein, Verkehrsgeograph und Reiseschriftsteller.

Der Tiroler Forschungsreisende war ein Pionier der motorisierten Entdeckungsfahrten. Mit 19 Jahren machte er seine erste Expedition in die Sahara. 1932 wurde er schlagartig bekannt, als er gemeinsam mit Herbert → Tichy auf einem Puch-Motorrad (250 ccm) den legendären Landweg nach Indien fuhr. 1935/36 unternahm er im Auftrag der Automobilindustrie auf den Spuren der Seidenstraße in einem Steyr 100 seine berühmt gewordene Transasienexpedition von Palästina nach Schanghai (China). Auch seine weiteren Reisen nach Asien, nach Saudi-Arabien, Persien und Afghanistan verband er stets mit der Erforschung historischer Routen und Verkehrswege (Alexander der Große, Marco Polo, Sven Hedin). Über seine abenteuerlichen Fahrten berichtete er in Lichtbildervorträgen sowie in zahlreichen Büchern, die informative zeitgeschichtliche Dokumente sind.

*Werke:* »Zwei Mann und 32 PS« (1936), »Transasien« (1939), »Im Auto nach Kuwait« (1953), »Im Auto um die Erde« (1961), »Die Straße des Glaubens – auf den Spuren der Kreuzritter« (1965), »Karawanenstraßen Asiens« (1974).

**Reisch, Richard,** * 7. April 1866 in Wien, † 14. Dezember 1938 in Wien, Nationalökonom.

Nach dem Studium in Wien und Innsbruck (Dr. jur.: 1889) trat R. in den Dienst der Finanzprokuratur in Innsbruck. Von dort wurde er 1891 ins Finanzministerium berufen, wo er bis 1910 zum Sektionschef avancierte. 1918 berief man ihn in die Direktion der Allgemeinen österr. Bodencreditanstalt. 1919/20 war er als Staatssekretär im Staatsamt für Finanzen tätig. Danach erneut in der Bodencreditanstalt, übernahm er 1922 das Präsidium der Oesterr. Nationalbank in einer äußerst schwierigen Situation. Er forderte zunächst die Einstellung der Lebensmittelzuschüsse, die das Budget extrem belasteten; mit einer Aufhebung des Mieterschutzes konnte er nicht durchdringen. Er hatte die Sanierung des Staatshaushalts, die Umstellung auf Schillingwährung mit 1. Jänner 1925 und die Einführung der Goldbilanzen zu bewältigen.

Bereits seit 1906 lehrte R. als Privatdozent an der Wiener Universität Finanzrecht, 1928 wurde er o. Prof. Er war intensiv um den Ausbau des betriebswirtschaftlich fundierten Rechnungswesens bemüht und publizierte u. a. in der »Zeitschrift für Nationalökonomie« hierzu zahlreiche wissenschaftliche Arbeiten.

**Reisch, Walter,** * 3. Mai 1903 in Wien, † 28. März 1983 in Los Angeles (USA), Drehbuchautor und Regisseur.

R. war ein Pionier des österr. Films. Er begann als Szenarist im Stummfilm (u. a. »Oberst Redl«, 1925). Danach schrieb er Drehbücher zu vielen Konfektionsstreifen, konnte aber erst im Tonfilm seine Qualitäten als einfallsreicher Lustspielautor und Verfasser pointenreicher Dialoge voll zur Geltung bringen. Er verfaßte Drehbücher für Karl → Hartl, z. B. »Der Prinz von Arkadien«, »Die Gräfin von Monte Christo« (beide 1932), und war Mitarbeiter von Willi → Forst bei »Leise flehen meine Lieder« (1933) und »Maskerade« (1934). Hier wie in seiner eigenen Regiearbeit (»Episode«, 1935, »Silhouetten«, 1936) legte er Wert auf milieukritische Akzente.

1938 mußte R. emigrieren und ging nach Hollywood, wo er seine Arbeit fortsetzte. Für das Drehbuch zum Film »Untergang der Titanic« erhielt er den »Oscar«. Als Regisseur konnte er sich künstlerisch in Amerika nicht durchsetzen, war aber in maßgeblichen Positionen der amerikanischen Filmindustrie tätig. Zu seinem Regieschaffen der Nachkriegszeit zählt der Film »Der Cornet« (1955) nach R. M. Rilkes »Die Weise von Liebe und Tod des Cornets Christoph Rilke«.

**Reischek, Andreas,** * 11. August 1892 in Klosterneuburg (NÖ), † 13. August 1965 in Wien, Volks- und Völkerkundler, Rundfunkpionier und Schriftsteller.

R. wuchs in Kefermarkt (OÖ) auf, woher sein Vater, ein bedeutender Naturforscher und Forschungsreisender, stammte. Er besuchte in Linz und Wien das Gymnasium und begann ein Medizinstudium an der Universität Wien, das er jedoch wegen des 1. Weltkriegs nicht abschloß. Nach 1918 machte er es sich zunächst zur Aufgabe, das Lebenswerk seines Vaters (er erforschte v. a. die Kultur der Maoris) bekannt zu machen und gab dessen noch unveröffentlichte Bücher heraus (u. a. »Sterbende Welt – Zwölf Jahre Forschungsleben auf Neuseeland«, 1924). Daneben wandte er sich volkskundlichen Themen zu, schrieb Beiträge darüber und hielt Lichtbildervorträge. 1923 übernahm er die Kulturfilmabteilung der Wiener Urania, zudem gründete er die Zeitschrift »Der neue Pflug«, in der u. a. Josef → Weinhebers Roman »Der Nachwuchs« abgedruckt wurde.

1924 trat er in den Dienst der RAVAG, wo er zahlreiche volkskundliche Sendungen sowie Reportagen über Großereignisse gestaltete und zum Pionier des Hörberichts (Hörbildes) wurde. Im Mai 1945 gründete er den »Freiheitssender Ausseer Land«, der den Grundstock der Sendergruppe »Rot-Weiß-Rot« bildete. 1947 wurde R. Programmdirektor von Studio Linz und später Generalintendant von »Rot-Weiß-Rot«. Sein Name ist mit der Geschichte des Österr. Rundfunk untrennbar verbunden.

**Reither, Josef,** * 26. Juni 1880 in Langenrohr bei Tulln (NÖ), † 30. April 1950 in Tulln, Bauer und Politiker.

Der Bauernsohn war zunächst im Familienbetrieb tätig. Gleichzeitig wurde in seiner Gemeinde aktiv: 1907 gründete er eine Raiffeisenkasse, 1912–1924 war er Bürgermeister. 1921 wurde er als Christlichsozialer in den nö. Landtag gewählt. In der nö. Landwirtschaftskammer avancierte er 1925 zum Präsidenten, gehörte aber auch verschiedenen landwirtschaftlichen Genossenschaften in führenden Positionen an. Ab 1925 war er Landeshauptmannstellvertreter, ab 1931 Landeshauptmann von NÖ. Dieses Amt unterbrach er während seiner einjährigen Amtsperiode als Landwirtschaftsminister (1934/35). Im Ständestaat war er auch Mitglied des Bundestages und des Länderrates. Als politischer Gegner des Nationalsozialismus wurde er nach dem Einmarsch der deutschen Truppen 1938 verhaftet und mit dem ersten Transport nach Dachau gebracht. 1941 freigelassen, kam er nach dem Attentat vom 20. Juli 1944 neuerlich in Haft. Im Juli 1945 kehrte er aus Deutschland nach Ö. zurück und war bis 1949 erneut Landeshauptmann von NÖ. Er war einer der mächtigen »Landesfürsten« innerhalb der Christlichsozialen bzw. ÖVP, seine Stimme hatte großes Gewicht.

**Relin, Veit,** * 24. September 1926 in Linz, Schauspieler, Theaterleiter und Regisseur.

R. wuchs in Linz auf und erhielt nach dem Realgymnasium eine Ausbildung an der Wiener Kunstakademie (Lehrer: Herbert → Boeckl) zum Maler und am Reinhardt-Seminar zum Schauspieler. Er debütierte 1945 in Innsbruck.

*Veit Relin*

Danach spielte er 1947/48 und 1959–1961 am Wiener Burgtheater, 1949/50 in Chur (Schweiz), 1950–1952 an der »Scala« in Wien, 1952/53 am Salzburger Landestheater, 1953–1955 am Staatstheater Kassel u. a. m. Seit Mitte der 50er Jahre trat er auch als Maler hervor. Erfolge als avantgardistischer Theaterleiter erzielte R. 1960–1967 am »Ateliertheater am Naschmarkt« in Wien. Mit seinen Vorstellungen von »lebendiger Kunst« weckte er immer wieder das Interesse der Öffentlichkeit. Er inszenierte einige Uraufführungen, darunter das Hitler-Spektakel »Wotans Baby« von Berndt Grashoff. 1985 präsentierte er in einem Einmannunternehmen die deutsche Erstaufführung von Albees »Der Mann, der drei Arme hatte«. Gemeinsam mit seiner Frau Maria → Schell war er in zahlreichen Film- und Fernsehproduktionen zu sehen (u. a. »Die Pfarrhauskomödie«, »Der Zerrissene«). R. ist derzeit Intendant eines kleinen Theaters im fränkischen Sommerhausen.

**Rendl, Georg,** * 1. Februar 1903 in Zell am See (S), † 10. Jänner 1972 in St. Georgen bei Oberndorf (S), Arbeiterdichter und Dramatiker.

R.s Werk ist stark von der Liebe zu seiner Salzburger Heimat und seiner Biographie geprägt. Er war der Sohn eines Imkers und beschäftigte sich selbst mit der Bienenzucht. Als Schriftsteller wurde er mit seinem Erstling »Der Bienenroman« (1931) bekannt. Auch seine Erfahrungen als Berg- und Ziegelarbeiter sowie als Glasbläser fanden literarischen Ausdruck (»Vor den Fenstern«, 1932, »Die Glasbläser«, Romantrilogie, 1935–1937). Schießlich widmete er sich ganz dem Schreiben und schilderte schlicht und ungekünstelt das Leben der einfachen Menschen in Salzburg (»Ein fröhlicher Mensch«, 1939, »Haus in Gottes Hand«, 1951).

Er trat u. a. auch mit Dramen und Mysterienspielen hervor.

*Werke:* »Passion« (1933), »Elisabeth, Kaiserin von Ö.« (1937), »Kain und Abel« (1945), »Christkönigsspiel« (1946), »Franziskus, Leben und Legende« (1951), »Der heilige Pfarrer« (1954).

**Renner, Karl,** * 14. Dezember 1870 in Dolní Dunajovice/Untertannowitz (Mähren), † 31. Dezember 1950 in Wien, Staatsmann.

R., ein Staatsmann von europäischem Format, war der Baumeister der Ersten und der Zweiten Republik. Der Sohn eines Kleinbauern finanzierte durch Gelegenheitsarbeiten und als Privatlehrer sein Gymnasialstudium in Nikolsburg. In Wien studierte er Jus (Promotion: 1898) und schloß sich der sozialdemokratischen Bewegung an. Ab 1895 arbeitete er in der Reichsratsbibliothek. Als Beamter mußte er seine Bücher zunächst unter Pseudonymen veröffentlichen (Synopticus, Rudolf Springer). Er beschäftigte sich v. a. mit der Nationalitätenfrage in Österreich-Ungarn (u. a. »Staat und Nation«, 1899, »Der Kampf der österr. Nationen um den Staat«, 1902). Ab 1907 Reichsratsabgeordneter, trat R. für eine föderalistische Neuordnung der Monarchie ein (»Ö.s Erneuerung, 1916/17).

Nach dem Zusammenbruch des Habsburgerreiches war er 1918/19 als Leiter der Staatskanzlei und 1919/20 als Staatskanzler österr. Regierungschef. 1919/20 war er zugleich Staatssekretär für Äußeres und Leiter der österr. Friedensdelegation in St-Germain. R., ein Vertreter des rechten, gemäßigten Parteiflügels, setzte sich für die Beibehaltung der Regierungskoalition mit den Christlichsozialen ein. Als er sich damit in seiner Partei nicht durchsetzen konnte, zog er sich vorübergehend aus der Politik zurück, widmete sich der Genossenschaftsbewegung und gründete 1923 die Arbeiterbank, die er auch leitete. 1919–1934 war er Mitglied des Nationalrates, 1930–1933 dessen Erster Präsident. 1934 wurde er vom Dollfuß-Regime vorübergehend inhaftiert. Er sprach sich 1938 für den Anschluß an das Großdeutsche Reich aus. Die Kriegsjahre verbrachte er in Gloggnitz, mit Studien und schriftstellerischen Arbeiten beschäftigt. 1945 stellte R. seine reiche politische und administrative Erfahrung an vorderster Front in den Dienst des neuen Staates. Er war Mitbegründer der SPÖ und 1945 Staatskanzler der »Provisorischen Staatsregierung«. Am 20. Dezember 1945 wurde er von der Bundesversammlung einstimmig zum Bundespräsidenten gewählt und hatte dieses Amt bis zu seinem Tod inne.

*Werke:* »An der Wende zweier Zeiten. Lebenserinnerungen« (1946), »Vom liberalen zum sozialen Staat« (1948), »Lyrisch-soziale Dichtungen« (1950).

*Lit.:* J. Hannak, K. R. und seine Zeit (1956); H. Schroth, K. R. Eine Bibliographie (1970); S. Nasko, K. R. in Dokumenten und Erinnerungen (1982).

**Rennert, Günther,** * 1. April 1911 in Essen (Deutschland), Theater- und Opernregisseur.

Nach dem Studium von Rechtswissenschaft, Musik und Kunstgeschichte begann R. seine Theaterkarriere in Wuppertal. Es folgten Regiearbeiten in Mainz, Stuttgart, Königsberg und Berlin. 1945 wurde er zum Intendanten des Hamburger Opernhauses bestellt. Nach 1955 war er als Gastregisseur an den bedeutendsten Theatern und Opernbühnen engagiert. 1959–1967 wirkte er als künstlerischer Leiter der Glyndebourne Opera. R. hat in Wien und Salzburg mit stilprägenden Inszenierungen Theatergeschichte gemacht. An der Staatsoper realisierte er mit Herbert von → Karajan Monteverdis »L'incoronazione di Poppea«, am Burgtheater schuf er die großartigen Aufführungen von Molières »Tartuffe« und von Giraudoux' »Die Irre von Chaillot«. Der Regisseur mit dem großen choreographischen Einfühlungsvermögen trat auch als Übersetzer von Operntexten hervor.

**Resch, Josef,** * 28. September 1880 in Wien, † 6. April 1939 in Wien, Versicherungsexperte und Politiker.

Nach Beendigung der Bürgerschule absolvierte R. zunächst eine Glaserlehre im väterlichen Betrieb, anschließend legte er in Hollabrunn die Matura ab und studierte in Wien Jus (Promotion: 1907). Außerdem besuchte er Kurse für Versicherungstechnik und Unfallverhütung. Als Beamter der Arbeiter-Unfallversicherungsanstalt brachte er es bis zum Direktor. Nach dem 1. Weltkrieg nominierten ihn die Christlichsozialen als Unterstaatssekretär im

Staatsamt für soziale Fürsorge, danach leitete er bis 1933 mehrmals als Minister das Sozialressort. 1919–1923 hatte er ein Nationalratsmandat inne. Im Mai 1933 trat er zurück; er war der einzige Christlichsoziale, der die Demontage des Rechtsstaats durch die Ausschaltung des Verfassungsgerichtshofes nicht mittragen wollte.

Seit 1931 war R. Privatdozent für Sozialpolitik und soziale Verwaltung an der Technischen Hochschule Wien, 1937 wurde er zum o. Prof. ernannt. Ab 1932 lehrte er auch an der Hochschule für Welthandel. 1936 übernahm er erneut das Sozialressort, wobei er eng mit Hans → Rott zusammenarbeitete. Im März 1938 wurde er aus allen seinen Ämtern entfernt und verhaftet; er starb im Gefängnis.

**Resetarits, Lukas,** * 14. Oktober 1947 in Stinatz (B), Schauspieler, Kabarettist und Liedermacher.

R. ist der Spitzenreiter unter den kritischen österr. Kabarettisten. Er entstammt der kroatischen Minderheit im Burgenland und studierte in Wien Psychologie und Philosophie. Danach war er in verschiedenen Berufen tätig (Flughafenarbeiter, Bauhilfsarbeiter) und sang in Rock-Bands. 1975 stieß er zur Kabarettgruppe »Keif« (Wolfgang Teuschl und Erwin → Steinhauer) und verfaßte mehrere Programme. 1977 trat er mit seinem ersten Soloprogramm, »Rechts, Mitte, Links«, auf, dem in den darauffolgenden Jahren zahlreiche weitere folgten, darunter »A Krise muaß her« (1978), »Haben schon gewählt« (1979), »Nur kane Wellen« (1981), »I oder I« (1985) und »Rekapituliere« (1987). Besonders populär wurde er als Kommissar Kottan in der satirischen TV-Serie »Kottan ermittelt«. Er spielte u. a. auch in der »Alpensaga« (Pevny/ → Turrini).

*Lukas Resetarits*

**Réthy, Esther,** * 22. Oktober 1912 in Budapest, Kammersängerin.

R. war in den 50er Jahren die Operettendiva der Wiener Volksoper. Sie erhielt ihre musikalische Ausbildung in Budapest und Wien und debütierte 1934 in Budapest als Micaela in »Carmen«. 1937–1949 war sie Mitglied der Wiener Staatsoper. Auf dem Höhepunkt ihrer Opernkarriere, 1937–1939, sang die Sopranistin die Susanna in »Figaros Hochzeit« und die Sophie im »Rosenkavalier« auch in Salzburg. Sie wurde daraufhin an die New Yorker Metropolitan Opera verpflichtet, konnte jedoch ihr Engagement wegen der Kriegsereignisse nicht antreten. 1949 wechselte sie mit großem Erfolg an die Wiener Volksoper. 1972 nahm sie von der Bühne Abschied und lehrte bis 1985 als Ordinaria an der Wiener Hochschule für Musik und darstellende Kunst.

**Rett, Andreas,** * 2. Februar 1924 in Fürth (Bayern), Kinderarzt und Sozialpädiater.

R. begann in Innsbruck Medizin zu studieren, wurde aber zur Marine eingezogen und konnte erst nach dem 2. Weltkrieg sein Studium vollenden (Promotion: 1949). Seine Fachausbildung erhielt er am Preyer'schen Kinderspital in Wien sowie in Zürich. 1952 erschien seine erste Publikation über Epilepsie, 1956 wurde er jüngster

Primararzt am Lainzer Krankenhaus, wo er eine Ambulanz für nervenkranke Kinder einrichtete; 1963 folgte eine geschützte Werkstätte für nervenkranke Jugendliche. 1967 habilitierte er sich mit der Beschreibung des R.-Syndroms, einer Hirnstoffwechselerkrankung, die nur bei Mädchen auftritt. R. schuf wesentliche Einrichtungen (z. B. Wohngemeinschaften) zur Behandlung geistig Behinderter und setzte sich unermüdlich für mehr Sensibilität und Toleranz der Gesellschaft in diesem Bereich ein. Besonders seine Musiktherapie fand weltweit Anerkennung. Strikte wandte er sich gegen die Ansicht, daß Behinderte ein volles Recht auf Sexualität hätten; man könne sie nicht mit Verantwortungen belasten und sie in ein völlig normales Leben integrieren. Sie brauchen dagegen mehr Zuwendung. Im Ausland wurden seine Arbeiten mit den höchsten Forschungspreisen ausgezeichnet. 1983 fand in Wien eine internationale Konferenz über das R.-Syndrom statt.

**Reumann, Jakob,** * 31. Dezember 1853 in Wien, † 29. Juli 1925 in Klagenfurt, Politiker.

Der Sohn einer Arbeiterin erlernte zunächst das Bildhauer-, dann das Drechslergewerbe. 1871 legte er seine Gesellenprüfung ab. R. gründete die erste Gewerkschaft der Drechsler. Von den Arbeitgebern auf die »schwarze Liste« gesetzt, wanderte er nach München aus, von wo ihn aber Victor Adler wegen seines großen politischen Talents zurückholte. 1889 wurde er erster Sekretär der eben geeinten Sozialdemokratischen Partei. 1900 zog er in den Wiener Gemeinderat ein, 1907–1918 hatte er ein Reichsratsmandat inne. 1918 wurde er zunächst Vizebürgermeister und 1919 als erster Sozialdemokrat Bürgermeister von Wien. Seine Amtszeit war von den Folgen des Krieges geprägt: Hungersnot, Arbeitslosigkeit, soziales Elend, wofür er richtungweisende kommunale Maßnahmen schuf. Unter seine Ägide fand auch die Trennung Wiens von NÖ. statt; Wien wurde ein eigenes Bundesland. 1923 wurde die Einführung der Wohnbausteuer beschlossen, die ein großzügiges Wohnbauprogramm der Gemeinde Wien ermöglichte.

**Reyer, Walter,** * 4. September 1922 in Hall (T), Kammerschauspieler.

R. begann seine Karriere 1940 an der Tiroler »Exl-Bühne«, ging dann 1952 an das Landestheater in Innsbruck, spielte 1952–1955 in Graz und kam 1955 nach Wien an das Theater in der Josefstadt. 1956 debütierte er am Burgtheater als König Alfons in Grillparzers »Jüdin von Toledo«. Der Tiroler Charmeur mit der hohen Sprechkultur spielte in der Folge sämtliche Traumrollen vom jugendlichen Helden bis zum Charakterfach (Max Piccolomini, Karl Moor, Antonius, Helmer in »Nora«). Jahrelang war er in Salzburg als »Guter Gesell« und »Jedermann« am Domplatz zu sehen, im Landestheater als Ferdinand in Goethes »Egmont« oder als Hofreiter in Schnitzlers »Das weite Land«. Als strahlender Frauenliebling war er auch im Film erfolgreich (»Sissi«-Filme, »Der Arzt von Stalingrad«, »Romanze in Venedig«). An die »Burg«, wo es eine Zeitlang für ihn keine Rollen gab, kehrte er 1991 als Ottokar von Horneck in Grillparzers »König Ottokars Glück und Ende« zurück.

*Walter Reyer*

**Rezzori, Gregor (eigtl. von Rezzori d'Arezzo),** * 13. Mai 1914 in Czernowitz (Bukowina), Schriftsteller.

R. ist ein Altösterreicher im besten Sinn des Wortes, nobel, weltoffen und urban. Über seinen Werdegang sagt er, daß er »Studien betrieb« (er studierte an der montanistischen Hochschule in Leoben und an der Wiener Universität) und sich »mit wechselndem Erfolg« in vielerlei Berufen versuchte. Im Beruf des Schriftstellers, nach R. ein mentaler Zustand, war er jedenfalls mit dauerhaftem Erfolg tätig. R. ist einer der brillantesten Stilisten der deutschsprachigen Nachkriegsliteratur, ein kluger und humorvoller Feuilletonist der guten alten Schule, ein treffsicherer Formulierer, ein weiser Erzähler und geistvoller Fabulierer. In seinen Romanen, Erzählungen und Anekdoten setzt er sich immer wieder mit der Welt der k. u. k. Monarchie auseinander, so in seinen »Maghrebinischen Geschichten« (1953), die ungezählte Auflagen erlebt haben und in viele Sprachen übersetzt wurden. R., der in der Toscana lebt, ist auch erfolgreicher Funk-, Film- und Zeitschriftenautor.

*Weitere Werke:* »Oedipus siegt bei Stalingrad« (1954), »Der Tod meines Bruders Abel« (1976), »Memoiren eines Antisemiten« (1979), »Blumen im Schnee« (1989).

**Rhomberg, Günter,** * 10. Juni 1938 in Bregenz, Manager.

Der Geschäftsleiter eines traditionsreichen Vorarlberger Wäschekonzerns ist der Sohn einer Bregenzer Baumeisterfamilie. Nach Beendigung seines Studiums (Dipl.-Ing.) trat er in das Familienunternehmen seiner Frau ein, an dem noch immer 16 Nachkommen des Firmengründers beteiligt sind. Es gelang R., den Textilkonzern von seinem konservativen Image zu lösen und durch moderne Werbestrategien bedeutende Exportsteigerungen zu erzielen. Seit 1981 ist er auch Direktor der Bregenzer Festspiele, die seither bedeutende Zuwachsraten aufweisen und an internationalem Ansehen gewonnen haben. Vor allem die Forcierung der Operninszenierungen auf der Seebühne mit allen ihren technischen Möglichkeiten sowie die Verpflichtung von anerkannten Regisseuren wie Jerôme Savary haben zum Erfolg beigetragen. Seit 1990 ist R. Präsident des Fachverbands der Textilindustriellen.

**Richard, Ludwig,** * 6. August 1915, Verkehrsunternehmer.

Der Sohn einer Gastgewerbe- und Hoteliersfamilie studierte neben einer Berufstätigkeit an der Hochschule für Welthandel (Dkfm. und 1943 Dr. rer. oec.). 1945 begann er mit Pferdefuhrwerken ein Transportunternehmen, stieg jedoch bald vom Lasten- auf den Personenverkehr um. 1946 eröffnete er eine erste Buslinie zwischen Wien, Oberwart und Jennersdorf. Im Laufe der Jahre baute er im Burgenland und in Wien ein dichtes Verkehrsnetz auf. Er bot besonders Pendlern und auf der Gastarbeiterroute nach Belgrad seine Dienste an. Das Unternehmen wuchs auf 600 Autobusse und sowie Reisebüros, Hotels und Reiseveranstalter an. Der »Autobuskaiser« erwies sich somit als Pionier der Verkehrswirtschaft und bewies, daß ein Privater den öffentlichen Verkehr lukrativ ergänzen kann.

**Richter, Elise,** * 2. März 1865 in Wien, † 21. Juni 1943 im KZ Theresienstadt, Romanistin und Sprachforscherin.

Die Arzttochter erhielt in einer Zeit, da Mädchen noch keine Mittelschulausbildung erhalten konnten, ausschließlich Privatunterricht. Sie war die erste Frau, die die Externistenmatura ablegte (1897), ihr Romanistikstudium in Wien mit einem Doktorat abschloß (1901) und sich in Ö. habilitierte (1906). 1922 wurde sie a. o. Prof., ein Ordinariat erhielt sie nicht. 1928 übernahm sie die Leitung des Phonetischen Instituts der Wiener Universität. Ihre Forschungsschwerpunkte lagen in der Semantik, der Syntax und der Wortbildungslehre. Als Wegbereiterin des Frauenstudiums war sie 1922–1930 Vorsitzende des Verbands der akademischen Frauen Ö.s. 1938 wurde sie als Jüdin entlassen und schließlich ins KZ Theresienstadt verschleppt.

*Werke:* »Fremdwortkunde« (1919), »Lautbildungskunde« (1922), »Chronologische Phonetik des Französischen bis zum Ende des 8. Jh.s« (1934), »Sprachwissenschaft in der Schule« (1937).

**Riedel, Claus Josef,** * 19. Februar 1925 in Polaun (Böhmen), Industrieller.

Nach Schulbesuch in Dresden und Kriegsdienst geriet R. in Kriegsgefangenschaft. 1947–1950 studierte er in Innsbruck Chemie. 1952 nahm er eine Anstellung als technischer Direktor in einer italienischen Glashütte an. 1957 gründete er eine eigene Tiroler Glashütte, die heute zu den renommiertesten Betrieben auf diesem Sektor zählt. R., der zahlreiche nationale und internationale Preise für die beispielgebende Gestaltung von Glas erhielt, ist auch Präsident des Instituts für Formgebung.

**Riedl, Franz Hieronymus,** * 2. April 1906 in Wien, Journalist und Volkstumsforscher.

R., ein Kenner der Minoritätenprobleme des Alpen- und Donauraums, entstammt der »Neuland«-Jugendbewegung. Schon in den 30er Jahren befaßte er sich intensiv mit Volkstumsfragen Südosteuropas. 1933–1944 wirkte er als Korrespondent in Budapest. Nach dem Krieg wurde ihm Südtirol zur zweiten Heimat, 1946–1971 wirkte er in Bozen als Kulturredakteur der Zeitschrift »Dolomiten«. R. ist auch Mitbegründer des Südtiroler Kulturinstituts in Bozen und Mitherausgeber der Zeitschrift »Europa Ethnica«, die sich auf Minderheitenfragen spezialisierte. Er verfaßte eine große Anzahl wissenschaftlicher Aufsätze zum Problem Südtirol und zu anderen Minoritätenfragen. Der Südtiroler Heimat widmete R. auch zahlreiche Publikationen.

*Werke:* »Das Buch vom Gardasee« (1954), »Historische Gaststätten in Tirol« (1974), »Bozen und Umgebung« (1979).

**Riedl, Richard,** * 8. Dezember 1865 in Wien, † 9. März 1944 in Wien, Wirtschaftspolitiker.

Der Sohn eines Beamten der Tabakregie studierte 1884–1889 Jus und arbeitete ab 1890 in der nö. Handels- und Gewerbekammer, deren Erster Sekretär er 1907 wurde. Als Mitbegründer der handelspolitischen Zentralstelle erwarb er sich große Verdienste um die Gewerbestatistik. R. führte die erste moderne Betriebszählung in Ö. durch. 1909 wurde er als Sektionschef der Sektion Handelspolitik in das Handelsministerium berufen. Er spielte eine wichtige Rolle bei den Verhandlungen über den Ausgleich zwischen der ungarischen und der österr. Reichshälfte. Als Regierungsvertreter war er federführend beim Abschluß von Handelsverträgen. Im 1. Weltkrieg wurde er zum Generalkommissar für Kriegs- und Übergangswirtschaft bestellt. 1918/19 war er Unterstaatssekretär für Kriegs- und Übergangswirtschaft sowie Staatskommissär für Sozialisierung. 1921–1925 vertrat er Ö. als Gesandter in Berlin, danach war er österr. Vertreter in der Internationalen Handelskammer, trat aber 1934 von dieser Funktion zurück. R. setzte sich für eine mitteleuropäische Zollunion ein, an der zumindest Ö., Ungarn und Deutschland beteiligt sein sollten. 1938 fungierte er kurz als kommissarischer Leiter der Wiener Handelskammer, dann wurde er in den Beirat der Reichswirtschaftskammer berufen.

**Riedl, Rupert,** * 22. Februar 1925 in Wien, Zoologe und Meeresbiologe.

Der Sohn eines Bildhauers studierte nach dem Kriegsdienst zunächst auf väterlichen Wunsch an der Akademie der bildenden Künste, wandte sich dann jedoch der Medizin zu und kam über diese zur Zoologie. Er habilitierte sich 1960 an der Universität Wien, wurde 1965 a. o. Prof. für Biologie, folgte 1967 einem Ruf an die University of North Carolina in den USA (bis 1971) und wurde 1971 Vorstand des 1. Zoologischen Instituts in Wien, das er in kurzer Zeit ausbaute. Er richtete die Abteilungen für Meeresbiologie, Ultrastrukturforschung und Theoretische Biologie ein. Letzterer steht er heute noch vor. Der international anerkannte Wissenschaftler leitete schon 1948/49 als Student die »Unterwasserexpedition

Austria« in Sizilien, die erste österr. Nachkriegsexpedition, mit der er die Grundlage für die moderne Unterwasserforschung gelegt hat. R. widmete sich dann der Evolutionstheorie und in der Folge der evolutionären Erkenntnistheorie. 1990 gründete er das Konrad-Lorenz-Institut für Evolutions- und Kognitionsforschung in Altenberg. Er ist ein engagierter Kämpfer für die Erhaltung der natürlichen Umwelt, ist mit zahlreichen ökologischen und evolutionstheoretischen Arbeiten hervorgetreten und mit populären Büchern und TV-Dokumentationen bekannt geworden.

*Werke:* »Biologie der Meereshöhlen« (1966), »Die Ordnung des Lebendigen (1975), »Die Biologie der Erkenntnis (1980), »Die Fauna und Flora des Mittelmeeres« (1983), »Die Spaltung des Weltbildes« (1985), »Der Wiederaufbau der Menschlichen« (1988), »Die Gärten des Poseidon« (1989).

**Rieger, Sebastian (auch: Reimmichl),** * 28. Mai 1867 in St. Veit im Defreggen (T), † 2. Dezember 1953 in Heiligenkreuz bei Hall (T), Erzähler.

Der Sohn eines Bauern aus dem Defreggental studierte Theologie und wurde 1891 zum Priester geweiht. Er veröffentlichte unter dem Titel »Was der Reimmichl erzählt« im »Tiroler Volksboten«, dessen Redaktion er 1898 übernahm, seine Erzählungen und Romane. Ab 1925 erschienen diese im »Volkskalender«, der bis heute in Nord- und Südtirol erscheint. Der Erfolg des sehr populären Schriftstellers war in seiner Erzählgabe, seinem Einfallsreichtum, seiner Darstellungskraft und seinem Humor begründet.

*Werke:* »Aus den Tiroler Bergen« (1898), »Die Glokken vom Hochwald« (1917), »Der Judas von Haldernach« (1929), »Ein verlorener Sohn« (1953).

*Lit.:* H. Brugger, Der Pfarrer von Tirol. Reimmichl und seine Geschichten (1972).

**Riegler, Josef,** * 1. November 1938 in Judenburg (St), Agrarfachmann und Politiker.

R. absolvierte die landwirtschaftliche Fachschule Grottenhof und 1956–1960 die Höhere Bundeslehranstalt für alpenländische Landwirtschaft in Raumberg. Daran schloß sich ein Studium an der Wiener Hochschule für Bodenkultur (Dipl.-Ing.: 1965). 1965–1971 wirkte er als Landwirtschaftslehrer an verschiedenen Schulen, ab 1971 als Direktor der Landwirtschaftlichen Fachschule in Stainz (St). 1972 wurde er Direktor des Steirischen, 1980 des Österr. Bauernbundes. Ab 1976 war er Agrarsprecher der ÖVP im Nationalrat, 1983–1987 Landesrat in der Steiermark für die Ressorts Landwirtschaft, Umwelt und Wohnbau. 1987 wurde er Land- und Forstwirtschaftsminister, 1989 Bundesminister für Föderalismus und Verwaltungsreform sowie Vizekanzler, wenig später auch Bundesparteiobmann der ÖVP (bis 1991).

**Rindt, Jochen,** * 18. April 1942 in Mainz (Deutschland), † 7. September 1970 in Monza (Italien), Autorennfahrer.

Der erfolgreiche und beliebte Rennfahrer hat dem Motorsport in Ö. erstmals breite und anhaltende Popularität verschafft. R. kam als Kind zu den Großeltern nach Graz und startete 20jährig mit einer österr. Lizenz seine internationale Kar-

*Jochen Rindt*

riere. 1964 bestritt er sein erstes Formel-I-Rennen, 1965 gewann er das 24-Stunden-Rennen von Le Mans, 1969 gelang ihm beim 48. Start in den USA endlich der erste Formel-I-Sieg. 1970, auf dem Höhepunkt seiner kurzen Laufbahn, lag er in der WM-Wertung mit 45 Punkten klar in Führung, als er bei einer Trainingsfahrt in Monza mit seinem Lotus tödlich verunglückte. Er wurde posthum als erster deutschsprachiger Fahrer zum Formel-I-Weltmeister erklärt.

**Ringel, Erwin,** * 27. April 1921 in Temesvár (Rumänien), Neurologe und Psychiater.

Der Sohn eines österr. Mittelschullehrers kam 1922 nach Wien, wo er das Gymnasium besuchte und Medizin studierte (Promotion: 1946). Wegen aktiver Zugehörigkeit zur Katholischen Jugend wurde er in der NS-Zeit mehrmals von der Gestapo inhaftiert. Noch während seiner Ausbildung zum Facharzt für Psychiatrie und Neurologie baute R. das erste Selbstmordverhütungszentrum der Welt auf. 1973 wurde er a. o. Prof., 1981 o. Prof. für Medizinische Psychologie an der Universität Wien. Ein Psychoanalytiker nach der Schule Alfred → Adlers, schuf und leitete er zudem die erste psychosomatische Station in Ö. R. ist durch zahlreiche öffentliche Auftritte und Kommentare bekannt, in denen er auf die Bedeutung der Neurosenbildung im Kindesalter durch eine falsche, repressive Erziehung hinweist. Besonders seit seinem Buch »Die österr. Seele« (1984), das ein Bestseller wurde, gilt er als »Seelenarzt der Nation«. Als leidenschaftlicher Musik- und Theaterliebhaber ist R. von der Bedeutung der Kunst als lebensgestaltenden Prinzips überzeugt, zu dem er von der Psychiatrie her eine Brücke schlagen möchte. R. verficht seine Thesen und Anschauungen mit großem Engagement, nimmt zu den verschiedensten gesellschaftlichen Problemen Stellung und tritt mutig gegen alle undemokratischen Tendenzen auf.

*Weitere Werke:* »Neue Untersuchungen zum Selbstmordproblem« (1961), »Selbstschädigung durch Neurose« (1973), »Die Kärntner Seele« (1988), »Medizinische Psychologie« (1990), »Unbewußt – höchste Lust. Die Oper als Spiegelbild des Lebens« (1990).

*Lit.:* U. Kropiunigg (Hg.), E. R. Die wichtigsten Schriften (1991).

**Rintelen, Anton,** * 15. November 1876 in Graz, † 28. Jänner 1946 in Graz, Jurist und Politiker.

Nach einem Jusstudium in Graz und Wien (Promotion: 1898) widmete R. sich zunächst der wissenschaftlichen Forschung. 1902 habilitierte er sich für zivilgerichtliches Verfahren, 1906 erhielt er in Graz einen Lehrstuhl für Zivilprozeßrechte. Zuvor an der Deutschen Universität Prag, war er als Dekan (1908/09) in die Nationalitätenauseinandersetzungen (Wahrmundaffäre) verwickelt. Im 1. Weltkrieg leistete er freiwillig beim Militärgericht Dienst. Nach dem Krieg wurde er als steirischer Christlichsozialer von der Landesversammlung zum stellvertretenden Landeshauptmann bestellt. 1919–1933 war er Landeshauptmann, nur jeweils unterbrochen durch seine Amtszeiten als Unterrichtsminister. R., ein äußerst ehrgeiziger und skrupelloser Machtpolitiker, setzte alles daran, um Kanzler zu werden. Versuche, über die Heimwehren zu reüssieren, scheiterten spätestens 1931 mit dem Putschversuch von → Pfrimer. 1933 eliminierte Kanzler → Dollfuß ihn aus dem Kabinett und übertrug ihm den Gesandtenposten in Rom. Von da an konspirierte R. mit den Nationalsozialisten, die ihn im Zuge ihres Putsches vom 25. Juli 1934 in Wien zum Kanzler ausriefen. Das Scheitern des Putsches veranlaßte R. zu einem Selbstmordversuch. 1935 wurde er wegen Hochverrates vor Gericht gestellt und zu lebenslänglicher Haft verurteilt, jedoch 1938 von den Nationalsozialisten aus der Haft entlassen; er spielte aber keine entscheidende Rolle mehr. 1941 erschienen seine Memoiren »Erinnerungen an Ö.s Weg«.

**Rismondo, Piero,** * 15. Februar 1905 in Triest, † 9. Februar 1989 in Klagenfurt, Theaterkritiker und Kulturpublizist.

Der aus einer Triestiner Familie stammende Journalist gehörte vor dem 2. Weltkrieg zu jener legendären Runde von Literaten, die einander im

Wiener Café Herrenhof trafen. Eigentlich drei Kulturkreisen angehörend, schrieb R. Essays, Feuilletons und Kulturkritiken und war v. a. als Übersetzer aus dem Italienischen tätig; Autoren wie Goldoni, Pirandello und Moravia verdanken ihm kongeniale deutsche Übertragungen. Den Schriftsteller Italo Svevo hat R. überhaupt erst durch seine Übersetzungen ins Deutsche bekannt gemacht. Der »Grandseigneur des Journalismus« hinterließ auch ein dramatisches Œuvre. Nach 1945 schrieb er vornehmlich für die Zeitung »Die Presse«. Seine Kritiken waren treffend, doch nie verletzend. 1979 erhielt er den Österr. Staatspreis für Kulturpublizistik.

*Werke:* »Einfälle und Ausfälle« (1978), »Leopold Rudolf« (1982).

**Ritschel, Karl Heinz,** * 20. Jänner 1930 in Oberaltstadt (Riesengebirge), Journalist und politischer Schriftsteller.

Neben dem Studium von Jus, Geschichte und Kunstgeschichte (Dr. phil.) war R. seit 1948 als freier Journalist tätig. 1954 arbeitete er als Reporter für den »Bild-Telegraf«, ein Jahr später wechselte er als Herausgeber zur »Kleinen Zeitung« nach Graz. Seit 1965 ist R. Chefredakteur der unabhängigen »Salzburger Nachrichten«. Für seine journalistischen Leistungen erhielt er zahlreiche Preise. Neben vielen Büchern schuf er auch die »Dokumentationen unserer Zeit« – Interviews mit Zeitgenossen, die auf Schallplatte aufgezeichnet wurden.

*Werke:* »Diplomatie um Südtirol« (1966), »Venedig« (1969), »China« (1974), »Julius Raab« (1975), »Bruno Buchwieser« (1977), »Steirische Wege« (1978), »Ö. ist frei. Der Weg zum Staatsvertrag« (1980), »Von Salzburg und Salzburgern« (1984).

**Roda Roda, Alexander (eigtl. Sandór Friedrich Rosenfeld),** * 13. April 1872 in Drnowitz (Mähren), † 20. August 1945 in New York, Satiriker.

Der Sohn eines Gutsverwalters besuchte das Gymnasium in Ungarisch-Hradisch, ein Jusstudium in Wien brach er ab und trat 1892 in die k. u. k. Armee ein. 1900 suspendiert, quittierte er 1901 den Militärdienst und ging auf Reisen. Ab 1902 war er als Schriftsteller und Journalist tätig (er schrieb u. a. für »Die Muskete«, »Simplicissimus« und die »Neue Freie Presse«). In Wien, Berlin und München trat er in Kabaretts und Varietés auf und machte sich – mit seiner berühmten roten Weste als Markenzeichen – mit seinen humorvollen Geschichten bald einen Namen. Schließlich wurde ihm 1907 die Offizierscharge aberkannt. Seine Komödie »Der Feldherrnhügel«, 1909 auf der »Neuen Freien Bühne« in Wien uraufgeführt, mußte wegen »Beleidigung von Militärpersonen« abgesetzt werden.

*Roda Roda*

Im 1. Weltkrieg als vielgelästerter Kriegsberichterstatter der »Neuen Freien Presse« tätig, lebte der große Humorist nach 1918 in Bulgarien, dann in München und unternahm zahlreiche Vortragsreisen. Beliebt waren (und sind) v. a. seine zahllosen Anekdoten aus dem alten Ö. Er schrieb Humoresken, Lustspiele, Satiren, Romane und Erzählungen aus dem Milieu der k. u. k. Armee, die zum Teil verfilmt wurden. Er verfaßte auch das Libretto zur Operette »Majestät Mimi« von Bruno → Granichstaedten. Nach Ö. kehrte R. erst kurz vor seiner Emigration in die Schweiz zurück (1938). Von dort floh er in die USA, wo er an Leukämie starb. Seine Urne wurde 1948 auf dem Wiener Zentralfriedhof beigesetzt. Der Grabstein stammt von Fritz → Wotruba.

*Werke:* »Roda Roda erzählt« (1926), »Die Majorische« (1933), »Schenk ein, Roda« (1935), »Die Panduren« (1945).

*Lit.:* R. Hackermüller, R. R. Einen Handkuß der Gnädigsten (1986).

**Rohracher, Andreas,** * 31. Mai 1892 in Lienz (Osttirol), † 6. August 1976 in Altötting (Bayern), Fürsterzbischof.

R., dessen Vater Buchhändler sowie Bürgermeister von Lienz und Reichsratsmitglied war, wurde 1915 in Tanzenberg zum Priester geweiht. Er studierte Theologie in Innsbruck. Daran schloß sich in Wien ein Studium des weltlichen, in Rom des kanonischen Rechts. 1931 wurde er in Salzburg Domherr, 1932 Regens des Priesterseminars, 1933 Weihbischof von Gurk. Als Kapitelvikar in Kärnten (1939–1943) hatte er mehrere Zusammenstöße mit NS-Machthabern. Gegen die Ermordung behinderter Kinder protestierte er persönlich in Berlin. 1943 wurde er vom Domkapitel von Salzburg einstimmig zum Fürsterzbischof gewählt und von Papst Pius XII., mit dem ihn ein sehr gutes Verhältnis verband, bestätigt. Er konnte allerdings nicht im Erzbischöflichen Palais residieren, da dieses von den Nationalsozialisten okkupiert war. Nach und nach gelang es R., die Kontakte zwischen Kirche und NSDAP zu verbessern. Nach Kriegsende fand er mit den amerikanischen Besatzern eine Gesprächsbasis. Die Nachkriegszeit war vorwiegend von der Aufgabe des Wiederaufbaus des Salzburger Doms geprägt (bis 1959). Erfolgreich konnte er sich gegen eine Änderung der Diözesangrenze – die Diözese Salzburg reicht im Westen bis einschließlich zum Zillertal – gegen die Tiroler durchsetzen. R., der als letzter Fürsterzbischof den Titel »Primas Germaniae« trug, bemühte sich ernstlich um die durch das II. Vatikanum erarbeiteten Neuerungen. Bedeutsam wurde sein Schritt zur Versöhnung mit der evangelischen Kirche, als er namens der Salzburger Erzbischöfe persönlich Abbitte leistete für die Vertreibung der Salzburger Protestanten. 1969 zog er sich mit 75 Jahren von den Amtsgeschäften zurück.

**Rohracher, Hubert,** * 24. April 1903 in Lienz (Osttirol), Psychologe.

Der Cousin von Andreas → R. studierte in Wien Psychologie und Philosophie. Noch während des Studiums wurde er durch die Veröffentlichung der Studie »Persönlichkeit und Schicksal« (1926) bekannt. R., der sich der naturwissenschaftlichen Richtung der Psychologie verschrieb, hatte 1947–1973 in Wien ein Ordinariat für Psychologie inne. Sein Schwerpunkt lag in der Erforschung des Zusammenhangs zwischen den elektrochemischen Gehirnvorgängen und rein psychischen Prozessen. R. war Gründer und Präsident des Österr. Forschungsrates.

*Werke:* »Einführung in die Psychologie« (1946), »Kleine Charakterkunde« ($^{5}$1948), »Die Arbeitsweise des Gehirns und die psychischen Vorgänge« ($^{3}$1953), »Experimentelle und statistische Beiträge zur psychologischen Unfallforschung« (1956).

**Rohrmoser, Alois,** * 1933 in Großarl (S), Unternehmer.

Der Bergbauernbub erlernte das Wagnerhandwerk, verbrachte Praxisjahre in Vorarlberg und der Schweiz und erwarb nach der Meisterprüfung 1955 eine Wagnerei in Wagrain, in der er nebst anderen auch Skier produzierte. 1957 ließ er die Skimarke »Atomic« gesetzlich schützen, schon ein Jahr später stellte er ausschließlich Skier her – erfolgreich, wie sich bald zeigte. 1966 stellte er auf industrielle Produktion um, 1971 wurde ein zweites Fertigungswerk gegründet. R., der auch Vizebürgermeister in Wagrain ist, gebietet heute über einen Milliarden-Konzern, der mehr als 1400 Mitarbeiter beschäftigt. Der Komplettanbieter erzeugt und vertreibt Skier, Schuhe und Stöcke. 1989 wählte ihn ein österr. Wirtschaftsmagazin zum »Mann des Jahres«.

**Rohs, Martha,** * 2. Juni 1909 in Saarbrücken (Deutschland), † 27. Juli 1963 in Wien, Kammersängerin.

Die Altistin debütierte 1932 am Stadttheater Aachen und kam 1934 an die Staatsoper in Dresden. 1937–1949 gehörte sie der Wiener Staatsoper an. Von Wien aus führten sie glanzvolle Gastspiele an die Mailänder Scala, nach Paris, Brüssel, Rom und andere große Opernhäuser. R., die auch im Konzertsaal große Erfolge feierte, bestach durch den dunklen Timbre ihrer ausdrucksstarken Stimme. Glanzrollen waren der Oktavian im »Rosenkavalier« und der Cherubino in »Figaros Hochzeit«, die sie auch bei den Salzburger Festspielen sang. 1949 beendete sie aus gesundheitlichen Gründen ihre Bühnenkarriere. Sie war mit dem Schauspieler Fred → Liewehr verheiratet.

**Rökk, Marika,** * 3. November 1913 in Kairo (Ägypten), Tänzerin, Film- und Bühnenstar.

Schier alterslos und sehr temperamentvoll spielte und tanzte R. mit unglaublicher Kondition noch 75jährig in dem Film »Schloß Königswald«. Das Tanzen war ihr Leben. Mit 11 Jahren trat sie im Pariser »Moulin Rouge« auf, mit 12 am Broadway. 1934 kam die charmante Ungarin nach Berlin und stieg rasch zum Star des deutschen Musikfilms auf. Zwar hatte sie vorerst noch in Operettenfilmen wie »Bettelstudent« (1936) oder »Gasparone« (1937) den Ruhm z. B. mit Zarah Leander zu teilen, aber schon in »Kora Terry« (1940) dominierte sie in einer Doppelrolle und mit ihren hervorragenden Tanzkünsten, die ihre Qualitäten als Sängerin bei weitem übertrafen. 1944 wurde die steile Karriere des Revuestars durch die Geburt einer Tochter (Gabriele Jacoby) beendet. In den 50er und 60er Jahren startete die R. in Wien ein Bühnen-Comeback, mit »Maske in Blau« im Raimundtheater sowie »Hello Dolly« und »Die Gräfin vom Naschmarkt« im Theater an der Wien, einer Rolle, die ihr direkt auf den Leib geschrieben schien. Sie brillierte aber auch in »Die Czardasfürstin«, »Gräfin Mariza« und »Ball im Savoy«. 1988 erschienen ihre Erinnerungen »Herz mit Paprika«.

**Roller, Alfred,** * 2. Oktober 1864 in Brno/Brünn (Mähren), † 21. Juni 1935 in Wien, Bühnenbildner, Maler und Graphiker.

Der Sohn eines Malers studierte Architektur und Malerei an der Akademie der bildenden Künste in Wien. Er war Mitbegründer (1897) und Präsident (1902) der Wiener Secession und redigierte zwei Jahre lang deren Zeitschrift »Ver sacrum«. Ab 1899 wirkte er als Prof., ab 1909 als Direktor der Kunstgewerbeschule in Wien. Gro-

*Alfred Roller*

ße Bedeutung erlangte er als Bühnenbildner, indem er die gesamte Ausstattungskunst auf eine moderne Grundlage stellte.

R. wurde 1903 von Direktor Gustav Mahler an die Hofoper geholt, und schon sein erstes Bühnenbild für die Neuinszenierung von »Tristan und Isolde« war epochemachendes Ereignis. In der Folge Ausstattungschef, reformierte R. in kongenialer Zusammenarbeit mit Mahler die szenische Kunst im Sinne der Idee des Gesamtkunstwerks (Zusammenwirken von Raum, Farbe und Licht mit Musik, Wort und Gestik). 1909 verließ er mit Mahler die Hofoper und wirkte u. a. am Burgtheater. 1918 kehrte er in der Ära Franz → Schalk/Richard → Strauss an die Oper zurück und schuf für sämtliche Wiener Strauss-Erstaufführungen die Ausstattungen. Der Künstler arbeitete auch eng mit Max → Reinhardt zusammen. Er gehörte dem Kunstrat der Salzburger Festspiele an und war ab 1929 Lehrer am Wiener Reinhardt-Seminar.

*Lit.:* E. u. W. Greisenegger/O. Pausch (Hg.), A. R. und seine Zeit (Katalog, 1991).

**Rosar, Annie,** * 17. Mai 1888 in Wien, † 5. August 1963 in Wien, Volks- und Filmschauspielerin.

R., die aus einfachen Verhältnissen stammt, absolvierte die Akademie für darstellende Kunst in Wien und Mailand und debütierte 1910 am Lustspieltheater in Wien. Danach spielte sie an Münchner Bühnen. 1918–1924 war sie am Wiener Burgtheater als Tragödin engagiert (Medea, Judith, Lady Macbeth), 1925–1938 am Theater in der Josefstadt, wo sie in Anzengruber-Stücken und modernen Konversationsstücken auftrat. Von Max → Reinhardt ermutigt, wechselte sie in das komische Fach und entwickelte sich zur Volksschauspielerin. 1939–1942 war sie am Volkstheater tätig. Nach 1945 übernahm sie auf der Bühne nur noch Gastrollen, dafür spielte sie in insgesamt rund 130 Filmen die ganze Breite ihrer Komödiantik aus und wurde in volkstümlichen Frauenrollen zum Publikumsliebling. Daneben gab sie eindrucksvolle Rezitationsabende, so las sie u. a. aus den »Persern« von Aischylos und den »Troerinnen« von Euripides.

**Rösch, Otto,** * 24. März 1917 in Wien, Politiker.

Zunächst NSDAP- und SA-Mitglied, schloß er sich nach Krieg und Kriegsgefangenschaft der SPÖ an. R., der in Graz Jus und Philosophie studiert hatte, erhielt 1951 ein Bundesratsmandat, 1953–1959 war er Mandatar im steirischen Landtag. Danach gehörte er als Staatssekretär im Verteidigungsministerium allen Koalitionskabinetten an. Während der ÖVP-Alleinregierung (1966–1970) war er in NÖ Landesrat für Soziales. 1970 berief ihn → Kreisky als Innenminister ins Kabinett, 1977 mußte R. Verteidigungsminister → Lütgendorf in seinem Amt ablösen. In seine Amtszeit als Innenminister fiel der Anschlag auf die OPEC-Zentrale; R. selbst wurde wegen seines Handschlags mit dem Terroristen Carlos von den Medien heftig kritisiert. Als Verteidigungsminister vollzog er jene Verkürzung der Wehrdienstzeit, die er seinerzeit unter dem Namen »R.-Plan« vorgeschlagen hatte. Der äußerst medienscheue Politiker übernahm nach seinem Ausscheiden aus der Regierung 1983 die Leitung des SPÖ-nahen Pensionistenverbands, dem er bis 1991 als Präsident vorstand.

**Rosé, Arnold,** * 24. Oktober 1863 in Iaşi/Jessy (Rumänien), † 25. August 1946 in London, Violinvirtuose.

Der Sohn eines Beamten und einer Pianistin erhielt bereits mit 7 Jahren Geigenunterricht. Zwei Brüder wurden ebenfalls Musiker (Geiger und Cellist), ein dritter Musikalienhändler. R. absolvierte ein Studium am Wiener Konservatorium, anschließend unternahm er Konzertreisen in Europa. 1881–1938 war er Konzertmeister des Wiener Opernorchesters und der Wiener Philharmoniker. 1882 gründete er mit seinem Bruder Edward das R.-Quartett, das mit seinen Aufführungen klassischer und zeitgenössischer Werke – er hob Kompositionen Mahlers und → Schönbergs aus der Taufe – Weltrum genoß.

R., der mit der Schwester Gustav Mahlers, Justine, verheiratet war, mußte 1938 wegen seiner jüdischen Herkunft Wien verlassen.

**Rosei, Peter,** * 17. Juni 1946 in Wien, Schriftsteller.

R. studierte Jus an der Wiener Universität (Promotion: 1968), war 1969–1971 persönlicher Sekretär von Ernst → Fuchs und leitete ein Jahr lang einen kleinen Wiener Schulbuchverlag. Seit 1972 lebt er als freier Schriftsteller. Seine ersten Prosabände (»Landstriche, 1972, »Bei schwebendem Verfahren«, 1973, »Wege«, 1974) haben die Verlorenheit des einzelnen in einer Welt von Herrschaftsstrukturen zum Thema. In »Wo war Edgar Allen« (1977), »Das schnelle Glück« (1980) stehen gesellschaftliche Außenseiter im Mittelpunkt, deren Innenwelt mit der alltäglichen Außenwelt nicht zu Rande kommt. Es folgten »Die Milchstraße. 7 Bücher« (1981) sowie ein metaphernreiches, sechsbändiges Panorama unserer Welt, das der Autor wie einen »epischen Flügelaltar« betrachtet wissen will (»Komödie«, »Mann & Frau«, »15 000 Seelen«, »Die Wolken«, »Der Aufstand«, »Unser Landschaftsbericht«, 1984–1988).

*Weitere Werke:* »Der Mann, der sterben wollte samt einer Geschichte von früher« (Erzählung, 1990), »Tage des Königs« (Drama, 1991).

**Rosenmayr, Leopold,** * 3. Februar 1925 in Wien, Soziologe.

R. studierte in Wien, Paris und Harvard Soziologie. 1952/53 wirkte er als Gastdozent an der Fordham University. Zwei Jahre später habilitierte er sich in Wien, 1963 wurde er Univ.-Prof. für Soziologie. R. ist Mitglied der Akademie der Wissenschaften. Seine Forschungen dekken ein breites Spektrum moderner soziologischer Themen ab, darunter Probleme der Jugend, des Älterwerdens und des Wertewandels in der Gesellschaft.

*Werke:* »Wohnen in Wien« (1956), »Die Entwicklung der amerikanischen Soziologie« (1960), »Umwelt und Familie bejahrter Menschen« (1967), »Aufstand der Jugend« (1971), »Politische Beteiligung und Wertewandel« (1980), »Die späte Freiheit« (1983), »Älterwerden als Erlebnis« (1988).

**Rossa, Ludwig,** * 7. August 1888 in Klein-Riedenthal (NÖ), † 24. Jänner 1952 in Wien, Polizeibeamter und Lokalhistoriker.

R., ein Beamter der Wiener Sicherheitswache, beschäftigte sich als Streifenpolizist eingehend mit der Wiener Topographie. Der Autodidakt veröffentlichte 1929 erstmals ein »Straßenlexikon von Wien«, in dem er die Herkunft der Wiener Straßennamen – seien sie topographischer Natur oder nach bedeutenden Bürgern der Stadt bezeichnet – erläutert. Dieses unentbehrliche Handbuch wurde 1964 in veränderter Form unter dem Titel »Lexikon der Wiener Straßennamen« von Friedrich Javorsky neuaufgelegt.

**Rössel-Majdan, Hilde,** * 30. Jänner 1921 in Moosbierbaum bei Tulln (NÖ), Kammersängerin.

Die Tochter des Bassisten Karl R.-M. studierte an der Wiener Musikakademie und begann 1946 ihre Karriere als Konzert- und Oratoriensängerin. 1950 debütierte sie an der Wiener Staatsoper und feierte in der Folge großartige Erfolge (u. a. als Meg Page in Verdis »Falstaff«). Auf zahlreichen Gastspielen in den europäischen Metropolen und bei den Festspielen in Salzburg, Edinburgh und Aix-en-Provence festigte die Altistin ihren hervorragenden Ruf auch international. Nach kurzer Lehrtätigkeit in Graz wurde sie 1972 a. o. Prof., 1976 o. Prof. für Gesang an der Wiener Musikhochschule.

**Rosvaenge, Helge Anton,** * 29. August 1897 in Kopenhagen, † 16. Juni 1972 in München, Kammersänger.

R. studierte in Kopenhagen Chemie, nahm Gesangsunterricht und debütierte 1921 in Neustrelitz (Mecklenburg). Über Altenburg (Thüringen), Basel und Köln kam er 1929 nach Berlin, wo er in der Nachfolge Richard → Taubers seine Weltkarriere als einer der größten Tenöre seiner Zeit begann.

R. beherrschte ein umfangreiches Repertoire, das von Mozart über Verdi, Wagner und Puccini bis zur Operette (Prinz Sou Chong in »Das Land des Lächelns«) reichte. Seine volle, warme Stimme, seine hohe musikalische Intelligenz, sein ungewöhnlicher Ausdrucksreichtum und sein Stilgefühl machten ihn auch an der Wiener Staatsoper, der er von 1930 mit Unterbrechungen bis 1957 angehörte, zu einem der markantesten und populärsten Mitglieder des Ensembles. R. sang auch an der Volksoper und wiederholt bei den Festspielen in Salzburg und Bayreuth sowie an fast allen großen Opernhäusern.

*Lit.:* F. Tassié, H. R. (1975).

**Roth, Gerhard,** * 24. Juni 1942 in Graz, Schriftsteller.

R. studierte einige Semester lang Medizin, wurde jedoch noch vor Abschluß Programmierer und dann Organisationsleiter im Rechenzentrum von Graz. 1972–1982 unternahm er mehrere Reisen in die USA, die in seinem Schaffen Niederschlag fanden (»Der große Horizont«, 1974, »Ein neuer Morgen«, 1976). R., der seit 1978 freischaffend tätig ist, gehört zu den bedeutendsten österr. Schriftstellern des ausgehenden 20. Jh.s. Er ist ein großartiger Erzähler und scharfer Beobachter, der ein breites Spektrum narrativer Darstellungsformen beherrscht. Hauptcharakteristikum seiner Prosa ist die detaillierte, auf intensiven Recherchen beruhende Schilderung. Thematisch beschäftigt er sich mit der Identitätsproblematik des Individuums und dessen gestörtem Verhältnis zur Umwelt. Der von der Literaturkritik beinahe einmütig geschätzte Erzähler fand bereits mit seinem ersten Roman, »die autobiografie des albert einstein« (1972), außerordentliche Beachtung. Seine bisher wichtigste Arbeit ist der Romanzyklus »Das Archiv des Schweigens«, der aus den Bänden »Im tiefen Österreich« (1990), »Der Stille Ozean« (1980), »Landläufiger Tod«, (1984), »Am Abgrund« (1986), »Der Untersuchungsrichter« (1988), »Die Geschichte der Dunkelheit« (1991) und »Eine Reise in das Innere von Wien« (1991) besteht.

**Roth, Joseph,** * 2. September 1894 in Brody (Galizien), † 27. Mai 1939 in Paris, Schriftsteller.

Der Sohn eines Holzhändlers studierte in Lemberg und Wien Germanistik. Er diente 1916–1918 als Offizier in der k. u. k. Armee und lebte danach als Journalist in Wien bzw. Berlin. Seine geschliffenen Feuilletons, seine Rezensionen und Reportagen waren äußerst erfolgreich. Ab 1925 viel auf Reisen, wurde R. auch ein begehrter Auslandskorrespondent. Das Romanschaffen des präzisen Beobachters und hervorragenden Stilisten begann 1923 mit »Das Spinnennetz« (zuerst in Fortsetzungen in der »Arbeiter-Zeitung« erschienen), einem reportagenhaften Zeitroman, dem u. a. »Hotel Savoy« (1924), »Flucht ohne Ende« (1927), »Zipper und sein Vater« (1928), »Rechts und links« (1929) folgten. In beeindruk-

*Joseph Roth*

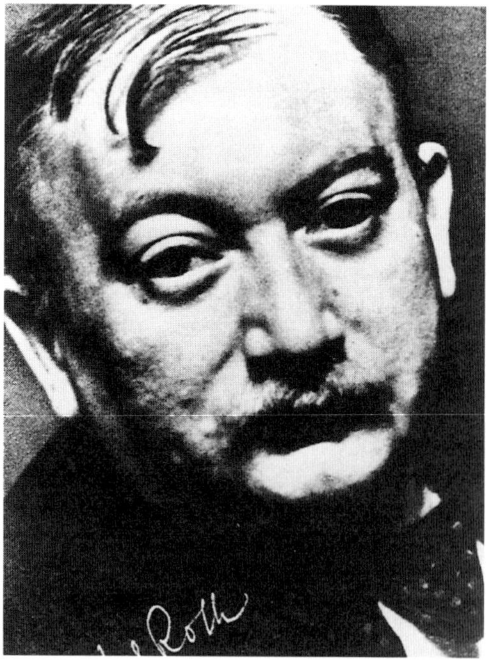

kend einfacher und klarer Sprache beschäftigte er sich besonders mit der untergehenden Welt des Ostjudentums. »Hiob« (1930), sein wohl vollkommenstes Werk, wurde der erste durchschlagende Erfolg. In »Radetzkymarsch« (1932) wandte er sich seinem zweiten großen Thema zu, dem Untergang der Monarchie, und sicherte sich mit diesem Werk endgültig einen Platz in der Weltliteratur. Ein weiteres Hauptwerk über das alte Ö., »Die Kapuzinergruft« (1938), entstand bereits im Pariser Exil, wohin er sich 1933 geflüchtet hatte. R. hatte sich inzwischen vom ursprünglich sozialistisch Gesinnten zum konservativen Katholiken und Monarchisten gewandelt. Verzweifelt über die politische Entwicklung und seine eigene hoffnungslose Lage starb der Emigrant nach jahrelangem Alkoholismus. Seine Schriften gerieten zunächst in Vergessenheit. Erst in den 60er Jahren wurde sein literarisches Werk wiederentdeckt und R.s Bedeutung und Rang als großer österr. Erzähler neben → Musil und → Doderer erkannt und gewürdigt.

*Lit.:* D. Bronsen, J. R., eine Biographie (1975); W. Müller-Fink, J. R. (1989), F. Hackert/K. Westermann (Hg.), J. R., Werke, 6 Bde. (1989–1991).

**Rothschild, Kurt,** * 21. Oktober 1914 in Wien, Nationalökonom.

R. studierte in Wien, wurde aber 1938 wegen seiner jüdischen Herkunft aus Ö. vertrieben. Während des Krieges war er an der Universität Glasgow tätig. Danach kehrte er zurück und wirkte in Wien maßgeblich beim Aufbau des Instituts für Wirtschaftsforschung mit. Nach seiner Habilitation wurde er 1966 als Gründungsprof. an die neugeschaffene Linzer Johannes-Kepler-Universität berufen, 1971/72 war der Ordinarius für Volkswirtschaftslehre Rektor. R., der wesentlich von der angelsächsischen Wissenschaftstradition beeinflußt ist, beschäftigte sich v. a. mit Arbeitsmarkt- und Lohntheorie sowie mit Außenhandelstheorie und veröffentlichte ein Lehrbuch der Ungleichgewichtstheorie. Er wurde auch zur Mitarbeit bei den Untersuchungen des Club of Rome herangezogen.

**Rothschild, Louis Nathaniel,** * 5. März 1882 in Wien, † 15. Jänner 1955 auf Jamaika, Bankier.

Seit 1911 stand er an der Spitze des Wiener Bankhauses der Familie R., das er unbeschädigt durch die Wirrnisse der Zeit nach dem 1. Weltkrieg zu führen wußte. R., 1914 zum Mitglied des Herrenhauses auf Lebenszeit ernannt, war auch Präsident des Verwaltungsrates der CA und Generalrat der Oesterr. Nationalbank. Als die Allgemeine österr. Bodencreditansalt 1929 ins Wanken geriet, nötigte ihn Kanzler → Schober, die Anstalt zu übernehmen. Diese Bankenfusion führte zur Zeit der Depression – trotz Unterstützung durch das französische Haus R. – in weiterer Folge zum Crash der Creditanstalt. Der Bankier, dessen Privatvermögen auf 2 Milliarden Schilling geschätzt wurde und dessen Besitz neben Bankanteilen auch zahlreiche Industriebetriebe umfaßte, blieb 1938 trotz der Gefahr in Wien. Er wurde verhaftet und sein gesamter Wiener Besitz, einschließlich seiner Kunstschätze, enteignet. Damit konnte er sich seine Ausreise erkaufen. In sein Palais in der Prinz-Eugen-Straße zog u. a. das »Amt Eichmann« ein; es wurde 1945 bei einem Bombenangriff zerstört. R. wurde auf eigenen Wunsch in Wien beigesetzt.

*Lit.:* F. Morton, Die Rothschilds (1992).

**Rott, Adolf,** * 14. Dezember 1905 in Barmen (heute: Wuppertal, Deutschland), † 24. Juli 1982 in Wien, Regisseur und Theaterdirektor.

R.s Laufbahn begann nach Absolvierung eines Studiums (Dr. phil.: 1929) im Verband der deutschen Volksbildungsvereine als Spielleiter und Dramaturg. Weiters war er in Cottbus, Bautzen, Berlin, Hamburg und Danzig engagiert, bevor er 1937 als Regisseur ans Wiener Burgtheater berufen wurde. Seitdem war R. an der »Burg« tätig, daneben gab er Gastinszenierungen an deutschen Bühnen. 1954–1958 war er Direktor des Hauses. In seine Direktionsära, in der er wichtige Akzente setzte, fiel die Wiedereröffnung des Burgtheaters 1955. Nach 1958 wirkte er nur mehr als Gastregisseur am Haus. Nach 1945 auch Oberspielleiter der Wiener Staatsoper, setzte er sich zunehmend mit den Eigengesetzlichkeiten musikalischer Aufführungen auseinander. Im Rahmen der Bregenzer Festspiele pflegte er besonders die klassische Operette.

**Rott, Hans,** * 27. August 1886 in Sängerberg bei Marienbad (Böhmen), † 30. Dezember 1962 in Wien, Gewerkschafter und Politiker.

Nach Beendigung seiner Studien trat R. in den Postdienst ein. 1919 gründete er die Gewerkschaft der christlichen Post- und Telegraphenangestellten. Der enge Mitarbeiter Leopold → Kunschaks wurde 1925 in die Zentralkommission der christlichen Gewerkschaften berufen. 1929–1934 war er als Christlichsozialer Mitglied des Bundesrates, nach 1934 gehörte er dem Bundeswirtschaftsrat an. Auch in dem von Kunschak dominierten Wehrverband »Freiheitsbund« nahm er eine führende Stellung ein. 1936 berief ihn → Schuschnigg als Sozialminister in sein Kabinett, im Februar 1938 gehörte er als Vertrauensmann der katholischen Arbeiterbewegung dem Kabinett als Minister ohne Portefeuille an. Gemeinsam mit Adolf Watzek versuchte er eine Integration der Sozialisten in den Ständestaat. 1938 wurde er von den Nationalsozialisten seines Amtes enthoben und in Haft genommen. 1939 emigrierte er nach Frankreich, wo er Vorsitzender der »Ligue Autrichienne« wurde. Nach Kriegsbeginn flüchtete er nach Kanada. Hier gründete er 1940 das »Free Austrian Movement«, übersiedelte 1941 nach New York und bemühte sich vergeblich um eine österr. Exilregierung und deren Anerkennung durch die USA. 1944 gründete er in den USA die »Christian-Socialist Party of Austria«. Nach dem Krieg war er am österr. Generalkonsulat in New York tätig, 1960 kehrte er nach Ö. zurück.

**Rübelt, Lothar,** * 8. April 1901 in Wien, † 4. August 1990 in Reifnitz (K), Fotograf.

R., ein Pionier der Kleinbildkamera, erregte 1936 mit seinen Bildern von den Olympischen Spielen in Berlin zum ersten Mal Aufsehen. Er führte die Bewegung als gestalterisches Element in die Fotografie ein. R., ein vielseitiger Sportler – er unternahm z. B. legendäre Touren mit seinem Motorrad –, verstand es, die wesentlichen Augenblicke einer Spitzenleistung einzuschätzen und festzuhalten. 1960 wurde ihm bei den Olympischen Spielen in Rom vom IOC eine Goldmedaille für seine Fotos überreicht; das Fotografieren war untersagt gewesen, und R. hatte alle seine Aufnahmen vom Zuschauerraum aus geschossen.

Mehr als Nebenprodukte seiner Arbeit entstanden in der Zeit der Ersten Republik zahlreiche bedeutende Fotos, die geradezu als Genredarstellungen der sozialen Wirklichkeit dieser Zeit gelten können. R., der bis ins hohe Alter aktiv blieb und Bücher zusammenstellte, hinterließ seinen fotografischen Nachlaß der Forschung.

*Werke:* »Ö. zwischen den Kriegen« (mit G. Jagschitz, 1979), »Sport. Die wichtigste Nebensache der Welt« (1980), »Momente zur Fotografie« (1986).

**Rubin, Marcel,** * 7. Juli 1905 in Wien, Komponist und Musikkritiker.

Der Doyen der österr. Komponisten der Zwischen- und Nachkriegszeit studierte in Wien bei Franz → Schmidt und in Paris bei Darius Milhaud. Er war 1931–1938 Sekretär der Konzerte »Musik der Gegenwart«. 1938 ging er aus politischen Gründen in die Emigration nach Mexiko, wo er als Korrepetitor und Dirigent tätig war. 1947 kehrte er nach Wien zurück und arbeitete mehr als 20 Jahre lang als Musikkritiker bei der Tageszeitung »Volksstimme«.

Als Komponist zeigt R. bei voller Beherrschung des Handwerklichen in seinen kammermusikalischen Werken eine Vorliebe für differenzierte Rhythmik und klangliche Phantasie. In seinen Symphonien ist der melodische Einfall ein durchaus prägendes Formelement.

*Werke:* Symphonien, Kammermusik, Streichquartette, Lieder, »Kleider machen Leute« (Oper, 1973), »O ihr Menschen: ein Heiligenstädter Psalm« (Oratorium, 1977).

*Lit.:* H. Krones, M. R. (1975).

**Rudolf, Leopold,** * 3. Mai 1911 in Wien, † 4. Juni 1978 in Wien, Schauspieler.

R. wurde am Reinhardt-Seminar ausgebildet und debütierte in Salzburg. Danach spielte er an deutschen Bühnen, bis ihn Rudolf → Steinboeck als Charakterdarsteller an das Theater in der Josefstadt engagierte. Der feinnervige Schauspieler, der bereits bei seiner Premiere im Tschechow-Einakter »Ein Heiratsantrag« aufhorchen ließ, gehörte dem Haus als einer der profiliertesten Ensemblemitglieder bis zu seinem Tode an. Er brillierte besonders in Schnitzler- und Ibsen-Stücken, deren sensible, gebrochene Figuren er mit unnachahmlichem Einfühlungsvermögen auf die Bühne stellte. Er glänzte aber auch in Raimund- und Nestroy-Rollen (u. a. als Herr von Lips im »Zerrissenen«), in Stücken von Hofmannsthal (z. B. als Hans Carl Bühl in »Der Schwierige«), von Strindberg und Pirandello. R. wirkte auch beim Film mit.

*Lit.:* P. Rismondo, L. R. (1982).

**Rühm, Gerhard,** * 12. Februar 1930 in Wien, Schriftsteller.

R. studierte in Wien Klavier und Komposition und in Beirut orientalische Musik. Nach ausgedehnten Reisen nach Wien zurückgekehrt, gehörte er 1954–1964 der »Wiener Gruppe« an, als deren Chronist er 1967 unter dem gleichnamigen Titel die experimentellen Texte dieser Autorenvereinigung publizierte. Er lebt heute in Köln und lehrt an der Kunsthochschule in Hamburg. Neben seinen Lautgedichten, in denen er die Sprache auf ihren akustischen Kern reduzierte, und visuellen Texten veröffentlichte er Prosa und Hörspiele. Heute zeichnet er »Schriftbilder«, die in Buchform erscheinen und auch ausgestellt werden. Er ist ein ausgezeichneter Interpret seiner eigenen Werke.

*Werke:* »konstellationen« (1961), »farbengedicht« (1965), »daheim« (1967), »rühm's schablone für zeitungsleser« (1968), »gesammelte gedichte und visuelle texte«, (1970), »ophelia und die wörter, gesammelte Theaterstücke« (1972), »wahnsinn – litaneien« (1973), »Albertus Magnus Angelus« (1989), »Geschlechterdings« (1990).

*Gerhard Rühm*

**Rusch, Paulus,** * 4. Oktober 1903 in München, † 31. März 1986 in Zams (T), Bischof.

Nach einer Berufsausbildung als Bankbeamter und dem Philosophiestudium (Promotion: 1930) stieß R. als Spätberufener zum Priesterberuf. Er wurde 1933 in Innsbruck geweiht und beendete ein Jahr später das Theologiestudium. In der Folge war er in der Seelsorge tätig. 1938 wurde er zum Titularbischof und Apostolischen Administrator von Innsbruck-Feldkirch ernannt. Erst mit der Neueinteilung der Tiroler Diözesangrenzen 1964 wurde R. erster Diözesanbischof der Diözese Innsbruck-Feldkirch. 1980 trat er aus Altersgründen von seinem Amt zurück und weihte 1981 seinen Nachfolger → Stecher zum Bischof. Der in Glaubensfragen als konservativ geltende R. engagierte sich besonders für die soziale Frage und war für zahlreiche Initiativen auf diesem Sektor verantwortlich; er prägte den Ausspruch: »Wohnbau ist Dombau«. R. gehörte zu den Gründern der Katholischen Sozialakademie und der Aktion »Bruder in Not«.

*Werke:* »Wachstum im Geiste« (1949), »Junger Arbeiter, wohin?« (1953), »Waage der Zeit« (1982).

**Rydl, Kurt,** * 8. Oktober 1947 in Wien, Kammersänger.

Aus einer musikalischen Familie stammend, studierte R. nach der Matura in Wien und Moskau Gesang und nebenbei auch Zoologie. Er debütierte 1972 in Linz, ging dann nach Stuttgart und sang bereits 1975 erstmals in Bayreuth. 1977 wurde er von Direktor Egon → Seefehlner an die Wiener Staatsoper engagiert, die zu seiner künstlerischen Heimat wurde. Der gesuchte Baß, der sich rasch ein breites Repertoire erarbeitet hat – es ist auf rund 100 Rollen angewachsen –, steht dem Haus 50 bis 60 Abende im Jahr zur Verfügung, daneben ist er an allen bedeutenden Opernbühnen der Welt tätig. Seine Paradepartien sind u. a. Attila, Gurnemanz, Rocco, Osmin, König Marke und der Ochs auf Lerchenau. Bekannt als »Einspringer ohne Probe«, singt er außerdem an der Volksoper. Der stimmlich souveräne Erzkomödiant gab hier auf Wunsch von Direktor Eberhard → Waechter 1988 mit dem Kaspar im »Freischütz« seine Antrittsvorstellung.

**Rysanek, Leonie,** *14. 11. 1926 in Wien, Kammersängerin

R. stammt aus einer armen, kinderreichen Familie, in der viel gesungen und musiziert wurde. Sie verdiente sich zunächst als Verkäuferin, Fabriksarbeiterin und Briefträgerin ihren Unterhalt, bis eine pensionierte Professorin des Wiener Konservatoriums, bei der sie vorsang, ihre Stimme entdeckte. R. erhielt ein Stipendium, studierte bei Alfred → Jerger und debütierte 1949 in Innsbruck als Agathe im »Freischütz«. Von dort kam sie über Saarbrücken 1952 an die Münchner und 1954 schließlich an die Wiener Staatsoper.

Bereits 1951 hatte die Sopranistin bei den Bayreuther Festspielen als Sieglinde einen Riesenerfolg gefeiert und damit den Grundstein zu einer Traumkarriere gelegt. Mit ihrer farben- und nuancenreichen Stimme und intensiven Dramatik sang sie ab 1953 als Gast in allen großen Opernhäusern der Welt und erzielte 1959 an der Metropolitan Opera in New York in Verdis »Macbeth« einen der größten Erfolge ihres Lebens. Mit einem Schlag weltberühmt, hat die Diva seither in den USA neben Liederabenden und Galakonzerten alle wichtigen Verdi-Rollen, ihr gesamtes Wagner- und Strauss-Repertoire und zahlreiche andere Partien gesungen. Zu den Glanzrollen in ihrem 65-Partien-Repertoire gehören die Senta im »Fliegenden Holländer« und die Kaiserin in »Die Frau ohne Schatten«. Ab 1986 zog sich R. mehr und mehr von der Bühne zurück, aber als Ortrud im »Lohengrin« und als Küsterin in Janáčeks »Jenufa« reißt die große Tragödin das Publikum noch immer zu Jubelstürmen hin.

*Leonie Rysanek*

Ihre Schwester, die Sängerin Lotte R. (* 18. März 1928 in Wien), hat, u. a. als Verdi- und Puccini-Interpretin, ebenfalls eine große Karriere gemacht.

*Werke:* P. Dusek, P. Schmid, L. R. 40 Jahre Operngeschichte (1990).

# S

**Sacher, Anna,** * 2. Jänner 1859 in Wien, † 25. Februar 1930 in Wien, Hotelbesitzerin.

Anna Fuchs, die aus einer Fleischhauerfamilie stammte, heiratete 1880 den Hotelier Eduard S. Nach dem Tod ihres Mannes führte sie allein das inzwischen berühmt gewordene Hotel hinter der Staatsoper. Das Haus, ein Treffpunkt der Hocharistokratie, der Politiker und Künstler, wurde von ihr mit Diskretion und Strenge geleitet. Ihre gastronomischen Leistungen sowie ihre Marotten – durch die Vorliebe für Zigarren und Schoßhündchen – waren in Wien ein beliebtes Gesprächsthema. Legendär wurde ihr berühmtes Tischtuch, auf dem sie die Unterschriften prominenter Gäste sammelte und eigenhändig ausstickte.

**Saiko, George,** * 5. Februar 1892 in Ervěnice/Seestadtl (Böhmen), † 23. Dezember 1962 in Rekawinkl (NÖ), Schriftsteller und Privatgelehrter.

S. ist einer der großen, jedoch kaum bekannten und gewürdigten Schriftsteller der Zeit nach 1945. Lediglich einige Freunde, darunter F. Theodor Czokor, Hermann → Broch und Heimito von → Doderer, haben seine Bedeutung erkannt und seine sprachliche Sensibilität und Präzision gewürdigt.

S. kam 1910 mit seiner Familie aus Böhmen nach Mödling. Er studierte in Wien Philosophie, Archäologie und Kunstgeschichte, danach war er als Privatgelehrter tätig. 1938 erhielt er Schreibverbot. Ab 1939 wurde er in die Graphische Sammlung Albertina in Wien dienstverpflichtet und 1945 zum provisorischen Leiter bestellt. Erst 1948 legte er seinen ersten Roman, »Auf dem Floß«, vor. Sein zweiter Roman, »Der Mann im Schilf«, erschien 1956. Mit beiden Werken blieb S. ein Romancier für literarische Feinschmecker. Von James Joyce beeinflußt, beschreibt er – psychologisch-analytisch – den Zerfall der aristokratischen und bürgerlichen Schichten im Ö. der Zwischenkriegszeit. Der Autor verfaßte auch Erzählungen (u. a. »Der Opferblock«, 1962) und Essays.

**Sailer, Toni (Anton),** * 17. November 1935 in Kitzbühel (T), Skirennläufer und Hotelier.

S. ist einer der erfolgreichsten österr. Alpinsportler. Der gelernte Installateur schaffte es, trotz einer schweren Trainingsverletzung 1952 zum Weltklasseläufer aufzusteigen, und feierte bei den Olympischen Winterspielen in Cortina d'Ampezzo 1956 Triumphe: Der Tiroler gewann alle Bewerbe und errang 3mal Olympia- und 4mal WM-Gold. 1958 gewann er bei der WM in Badgastein noch zwei Goldmedaillen (Abfahrt und Riesentorlauf) und einmal Silber (Slalom). Damit galt er als der beste Skiläufer der Welt. Seine ungeheure Popularität nützte der »goldene Toni« für eine Karriere beim Film (z. B. »Der schwarze Blitz«, 1958) und als Schlagersänger. 1959 zog er sich vom aktiven Rennsport zurück, 1972–1976 trainierte er die österr. Skinationalmannschaft. Er lebt heute in Kitzbühel, wo er eine Pension besitzt und u. a. bei den alljährlichen Weltcupveranstaltungen seine Erfahrung zur Verfügung stellt.

**Sakrausky, Oskar,** * 24. März 1914 in Scharten bei Wels (OÖ), ev. Bischof.

Der Pfarrerssohn wirkte nach Theologiestudium und Kriegsdienstleistung sowie Kriegsgefangenschaft als Pfarrer in der Steiermark und in Kärnten. Bereits seit 1962 Mitglied der Evangelischen Synode, wurde er 1968 zum Nachfolger von Bischof May gewählt. S. war auch Vorsitzender des Evangelischen Oberkirchenrates A. B. und H. B. 1983 resignierte er aus Altersgründen. Er verfaßte verschiedene Schriften über die Geschichte des Protestantismus in Ö.

**Salcher, Herbert,** * 3. November 1929 in Innsbruck, Jurist und Politiker.

Als Werkstudent studierte S. in Innsbruck Jus (Promotion: 1955). 1950 trat er in die Tiroler Gebietskrankenkasse ein, wo er bis 1962 zum stellvertretenden Direktor avancierte. Seit 1946 Mitglied der Sozialistischen Jugend, wurde er schließlich Landesobmann dieser Organisation. 1960 kam er in den Innsbrucker Gemeinderat. 1969 wurde er Landesparteiobmann der SPÖ. 1970–1979 war er Landeshauptmannstellvertreter und Referent für das Gesundheits- und Sozialwesen. Als praktizierender Katholik ist S. Vorsitzender der Arbeitsgemeinschaft für Christentum und Sozialismus. 1979–1981 leitete er das Bundesministerium für Gesundheit und Umweltschutz, 1981 übernahm er das Finanzministerium. In letzterer Funktion geriet er mit Kanzler → Sinowatz in Konflikt, der S.s Steuerreformpläne nicht guthieß; auch sein Vorgehen in der Steuersache → Androsch stieß auf Widerspruch. Diese Differenzen führten schließlich zu seinem Rücktritt. Danach betrieb er eine private Klinik in Tirol.

**Saliger, Rudolf,** * 1. Februar 1873 in Spachendorf (Österr.-Schlesien), † 31. Jänner 1958 in Wien, Techniker.

S. studierte an der Technischen Hochschule in Wien und absolvierte dann erste Praxisjahre im Brückenbaubureau der Südbahngesellschaft. Daran schlossen sich Studien in Deutschland, Belgien und Frankreich, wo er den Betonbau untersuchte. 1907 wurde er an die Technische Hochschule in Braunschweig berufen, weitere Lehrtätigkeiten in Prag und Dresden folgten. 1910 erhielt er einen Ruf an die Wiener Technische Hochschule (1924/25 auch Rektor). Der Pionier des Eisenbetonbaus, der 1927–1934 als Bauberater der Gemeinde Wien fungierte, lehrte bis 1953 als Prof. an der Technischen Hochschule in Wien. Auf seine Initiative hin wurde an den österr. Hochschulen Lehrkanzeln für Eisenbetonbau eingerichtet. Außerdem verfaßte S. zahlreiche Werke zur Statik.

*Werke:* »Der Eisenbetonbau« (1906), »Die neue Theorie des Stahlbetons« (1947), »Fortschritte im Stahlbetonbau« (1950), »Bericht und Bekenntnis« (1953).

**Sallinger, Rudolf,** * 3. September 1916 in Lassee (NÖ), † 7. März 1992 in Wien, Steinmetzmeister und Politiker.

Der Sohn eines Tischlermeisters wurde zunächst Maurer und besuchte dann als Werkstudent die Technische Lehranstalt. Als geprüfter Baumeister und Steinmetz gründete er 1943 einen eigenen Betrieb in Wien-Margareten. Von Anbeginn an engagierte er sich in den verschiedenen Berufsgremien, 1950 wurde er Innungsmeister seines Gewerbes und Obmann in der Kammer der gewerblichen Wirtschaft.

S. war ein Verfechter der Sozialpartnerschaft und der Stabilitätspolitik. Er war 1964–1990 Präsident der Bundeskammer der gewerblichen Wirtschaft und Obmann des Wirtschaftsbundes der ÖVP. 1966–1990 hatte er ein ÖVP-Nationalratsmandat inne. Er trug wesentlich zur Formulierung des 1978 entstandenen Grundsatzprogramms der Handelskammern bei, das eine Stärkung der österr. Wirtschaft durch Forcierung des Außenhandels vorsah. Zu diesem Zweck wurde v. a. die Außenhandelsorganisation der Bundeskammer beträchtlich ausgeweitet. Der »Mister Mittelstand«, wie einer seiner Spitznamen lautete, hatte weltweit beste Kontakte zu Wirtschaftstreibenden, wobei er ein bemerkenswertes Talent für wirksame PR-Aktionen entwickelte, wie das Geschenk eines Lipizzaners an den damaligen US-Präsidenten Ronald Reagan. Bei Verhandlungen mit den Sozialpartnern bewies er großes Fingerspitzengefühl, seine Zusammenarbeit mit Anton → Benya, dem Präsidenten des ÖGB, war legendär. Der mächtige Wirtschaftsfunktionär hat in seiner Partei viele Personalentscheidungen beeinflußt und Talente gefördert, so Erhard → Busek, Wolfgang → Schüssel, Helga → Rabl-Stadler oder Ingrid Tichy-Schreder.

**Salmhofer, Franz,** * 22. Jänner 1900 in Wien, † 22. September 1975 in Wien, Operndirektor und Komponist.

S. studierte in Wien bei Franz → Schmidt und Franz Schreker Klarinette, Komposition und Musikwissenschaft. Ab 1929 war er als Kapellmeister am Burgtheater tätig. Nach dem 2. Weltkrieg übernahm er die Direktion der Wiener Staatsoper (bis 1955). Damals im Theater an der Wien untergebracht, erlebte das Haus in der Ära S. trotz der schweren Nachkriegsjahre eines der reichsten Kapitel seiner Geschichte. Der starke Ensemblegeist, das breite Repertoire und die hervorragenden Aufführungen waren nicht zuletzt das Verdienst des klugen und umsichtigen Direktors. Das gute Arbeitsklima übertrug S. auch auf die Wiener Volksoper, die er 1955–1963 leitete. Diese bedeutenden organisatorischen Leistungen überragten zunächst sein kompositorisches Schaffen. S. schuf indes ein reichhaltiges Œuvre, das Symphonien, Kammermusik, Lieder, Ballette (u. a. »Das Weihnachtsmärchen«, 1931), Opern (u. a. »Iwan Tarassenko«, 1938, 1948), die Musik zu rund 300 Bühnenstücken und Filmmusik umfaßt. Sein liebenswürdigstes Werk sind die Vertonungen von K. H. → Waggerls »Heiterem Herbarium«, mit denen der feinsinnige Tondichter im österr. Liedschaffen neue Akzente gesetzt hat.

**Salten, Felix (eigtl. Siegmund Salzmann),** * 6. September 1869 in Budapest, † 8. Oktober 1945 in Zürich, Schriftsteller und Kritiker.

S. wuchs in Wien auf, absolvierte hier sein Studium und war bereits mit 18 Jahren journalistisch tätig. Er war u. a. Burgtheaterkritiker der

*Felix Salten*

»Wiener Allgemeinen Zeitung«, Feuilletonredakteur der Wiener »Zeit« und leitete viele Jahre hindurch den Kulturteil der »Neuen Freien Presse«. Daneben arbeitete er auch für Berliner Blätter. 1938 emigrierte er in die USA, nach seiner Rückkehr lebte er in Zürich. S. gehörte mit → Schnitzler, → Bahr u. v. a. zum Literatenkreis »Jung Wien«. 1901 gründete er mit dem literarischen Varieté »Jung Wiener Theater zum lieben Augustin« eines der ersten Wiener Kabaretts (S. war übrigens ein Onkel von Karl → Farkas). Als Schriftsteller wurde S. seinerzeit viel gelesen. Er schrieb Gesellschafts- und historische Romane, Essays, Novellen, Tiergeschichten und naturalistische Dramen sowie Filmdrehbücher. Die »Gesammelten Werke« (6 Bde.) erschienen 1928–1932. Sein Werk ist heute großteils vergessen, ausgenommen das Kinderbuch »Bambi« (1923), das mit Walt Disneys gleichnamiger Zeichentrickverfilmung (1942) Weltruhm erlangte. Daß S. auch der Autor des Erotikbestsellers »Josefine Mutzenbacher« ist, wie seit dem anonymen Erscheinen des Buches 1906 hartnäckig kolportiert wird, ist nicht erwiesen.

**Sandauer, Heinz,** * 9. Jänner 1911 in Wien, † 5. August 1979 in Wien, Pianist und Komponist.

S. studierte in Wien und begann seine musikalische Karriere als Arrangeur für Emmerich → Kálmán und Robert → Stolz. Schon in den 20er Jahren beim Rundfunk (RAVAG) tätig, wurde er später Dirigent des »Wiener Rundfunkorchesters«. S. wurde v. a. mit seiner Unterhaltungsmusik bekannt, darunter Wienerlieder und Schlager wie »So ein Regenwurm hat's gut«; er schuf auch konzertante Musik (z. B. Konzert in C-Dur für Trommel und Orchester), Klaviersoli, Ballettmusik und die Musik zu rund 30 Filmen (u. a. »Feldherrnhügel«). Er unterrichtete an der Wiener Musikakademie.

**Sandrock, Adele,** * 19. August 1864 in Rotterdam (Niederlande), † 30. August 1937 in Berlin, Schauspielerin.

Der Tonfilm hat sie als herrschsüchtige böse Schwiegermutter und als Komikerin von genialer Eigenart mit tiefer, dunkler, bedrohlicher Stimme verewigt: Sie wirkte insgesamt in 164 Filmen mit, z. B. in »Der Kongreß tanzt« (1931) und »Der Favorit der Kaiserin« (1936). Als Bühnenschauspielerin beeindruckte sie durch ihre dämonische Leidenschaftlichkeit, mit der sie ihren klassischen Frauengestalten (Maria Stuart u. v. a.) Format und Farbe gab. Am Wiener Burgtheater war S. ab 1895 als Tragödin engagiert, schied aber schon 1898 in Unfrieden und ging u. a. nach Berlin. Davor hatte sie am Deutschen Volkstheater in Wien gespielt, wohin sie später immer wieder zurückkehrte. S., die mit Arthur → Schnitzler und Alexander → Roda Roda liiert war, führte ein verschwenderisches Leben. Sie liebte Wien und wurde hier ihrem Wunsch gemäß auf dem Matzleinsdorfer Friedhof begraben. Die Memoiren der Schauspielerin erschienen 1940 postum unter dem Titel »Mein Leben«.

**Sassmann, Hanns,** * 30. Juni 1924 in Wien, Verleger und Publizist.

Als S. 1944 schwer verletzt aus dem Rußlandfeldzug zurückkehrte, schloß er sich illegalen Aktivitäten in der Katholischen Jugend an. Nach dem Krieg studierte er Germanistik, Geschichte und Kunstgeschichte (Promotion: 1949); er trat dem CV bei und war in der Katholischen Jugendführung tätig. Nach Studienabschluß trat er in ein steirisches Druck- und Verlagshaus ein, wo er es bis 1968 zum Generaldirektor brachte. S. ist Herausgeber der katholischen Wochenzeitung »Die Furche« und in führenden Funktionen katholischer Journalistenvereinigungen tätig, so 1980–1986 als Präsident der Katholischen Weltunion der Presse.

**Sauberer, Franz,** * 20. Juli 1899 in Wien, † 24. Oktober 1959 in Wien, Meteorologe und Klimatologe.

Der Werkstudent erhielt schon vor Beendigung seines Studiums in Wien eine Anstellung als wissenschaftliche Hilfskraft an der Zentralanstalt für Meteorologie und Geodynamik. 1945 wurde er mit der provisorischen Leitung dieser Anstalt, an der er eine bioklimatische Abteilung aufbaute, betraut. 1950 gründete er am Institut für Wissenschaft und Kunst eine bioklimatische Arbeitsgemeinschaft für Großstadtprobleme. Er verfaßte mehr als 90 Publikationen zur Umweltforschung.

*Werke:* »Wetter, Klima und Leben« (1948), »Grundzüge der Wetterkunde« (1948), »Pflanze und Strahlung« (mit O. Härtel, 1959).

**Schachermeyr, Fritz,** * 10. Jänner 1895 in Linz, † 26. Dezember 1987 in Eisenstadt, Althistoriker.

S. studierte in Wien, Graz, Berlin und Innsbruck, wobei sein Studium durch den 1. Weltkrieg unterbrochen wurde (Dr. phil.: 1920). 1920 hielt er sich im Orient auf. 1921–1931 lehrte er an einem Mädchengymnasium in Innsbruck. Immer wieder unternahm er längere Reisen nach Griechenland. 1929 habilitierte er sich und wirkte zunächst in Jena und Heidelberg, ab 1941 in Graz. 1952–1965 war S. Univ.-Prof. für griechische Geschichte, Altertumskunde und Epigraphik in Wien. Er gehörte zu jener Generation von Universitätslehrern, die die gesamte Wissenschaft von der Antike noch in allen Sparten beherrschten. Er war sowohl Historiker als auch Archäologe. In seinen Forschungen – er schrieb etwa 30 Bücher und zahllose Aufsätze – beschäftigte er sich in erster Linie mit dem 3. und 2. vorchristlichen Jahrtausend. Besonders kulturmorphologische Auffassungen fanden immer wieder in Büchern und Vorlesungen ihren Niederschlag. S., ein ausübender Musiker, befaßte sich auch intensiv mit dem Werk des Komponisten Hugo Wolf, er regte die Gründung der Internationalen Hugo-Wolf-Gesellschaft an und fungierte auch als Mitherausgeber einer kritischen Gesamtausgabe von Wolfs Werk.

*Werke:* »Hethiter und Achäer« (1935), »Alexander der Große« (1949), »Poseidon« (1950), »Die ältesten Kulturen Griechenlands« (1955), »Die minoische Kultur des alten Kreta« (1964), »Ein Leben zwischen Wissenschaft und Kunst« (1984).

**Schäfer, Karl,** * 17. Mai 1909 in Wien, † 23. April 1976 in Wien, Eiskunstläufer.

Der ungekrönte König des österr. Eiskunstlaufs blieb als großartiger Stilist durch Generationen weltweit Idol und Vorbild im Eislaufsport. Er war 1929–1936 8mal Europameister, 7mal Weltmeister sowie 2mal Olympiasieger (1932 in Lake Placid, 1936 in Garmisch-Partenkirchen). Ein vielseitiges sportliches Talent, spielte er auch Tennis, betrieb Leichtathletik und stellte mehrere österr. Rekorde im 200-Meter-Brustschwimmen auf. Nach dem Ende seiner Amateurlaufbahn wurde er Trainer und in den USA Revueläufer mit seiner Partnerin Sonja Henie. In Wien gründete er die »S. Eisrevue«, aus der 1945 die »Wiener Eisrevue« hervorging.

**Schafranek, Franz,** * 6. Februar 1930 in Nové Hrady/Gratzen (Böhmen), † 4. Juni 1991 in Wien, Schauspieler und Theaterdirektor.

S. kam 1945 nach Ö. Er begann ein Studium an der Hochschule für Welthandel in Wien, bezog aber dann das Reinhardt-Seminar in Berlin. Er war zunächst an westdeutschen und Wiener Bühnen beschäftigt. Dann ging er nach Schweden und schloß an der Stockholmer Universität ein Studium der Theaterwissenschaften ab. Als Regieassistent hatte er Kontakt mit Ingmar Bergman. 1955/56 wirkte er am Theater am Schiffbauerdamm in Ostberlin, wo er mit Bert Brecht zusammenarbeitete. 1959 kam er nach Wien zurück, war Regieassistent am Burgtheater und arbeitete 1961–1965 als Dramaturg im jungen österr. Fernsehen. Daneben gründete er 1963 gemeinsam mit seiner Frau, der amerikanischen Schauspielerin Ruth Brinkmann, das »Vienna's English Theatre«. Man spielte zunächst nur in der Sommersaison, bis 1974 mit einer fixen Heimstätte in Wien-Josefstadt ein ganzjähriger Spielbetrieb möglich wurde. Seither entwickelte sich das Haus unter der tatkräftigen Leitung seines Direktors stetig zu einer Bühne mit internationaler Reputation, an der namhafte englischsprachige Dramatiker wie Tennessee Williams (»The Red Devil Battery Sign«) oder William Saroyan (»Play Things«) uraufgeführt werden und Weltstars gastieren (Dawn Adams, Joan Fontaine, Maria Perschy u. a.).

*Karl Schäfer*

**Schalk, Franz,** * 27. Mai 1863 in Wien, † 3. September 1931 in Edlach (NÖ), Dirigent und Operndirektor.

Ö.s erster Generalmusikdirektor erhielt seine musikalische Ausbildung im kaiserlichen Wien. Er studierte bei Josef Hellmesberger (Violine), J. Epstein (Klavier) und Anton Bruckner (Musiktheorie). Nach Provinzengagements begann er seine Dirigentenkarriere 1890 in Graz, ging 1895 nach Prag, dann nach London und New York und kam 1900 als Erster Kapellmeister an die Hofoper in Wien, wo er insgesamt drei Jahrzehnte lang wirkte. 1918–1929 Direktor des Hauses (1919–1924 gemeinsam mit Richard → Strauss), bescherte er der Wiener Oper eine Blütezeit. Unter den zahlreichen Uraufführungen jener Ära sind Strauss' »Die Frau ohne Schatten«, Puccinis »Turandot«, Pfitzners »Palestrina« und → Křeneks »Jonny spielt auf«. S. rief die Gastspielreisen des Opernensembles ins Leben. Auch sonst erwarb er sich bedeutende Verdienste um das Wiener Musikleben. So leitete der große Dirigent 1904–1921 die Konzerte der Gesellschaft der Musikfreunde, er trug zur Erneuerung der Pflege der Werke Bachs bei und bemühte sich um Verbreitung und tieferes Verständnis des symphonischen Werkes von Anton Bruckner. S. war auch Dirigent der Wiener Hofburgkapelle und trug wesentlich zur Gründung der Salzburger Festspiele bei. 1909–1919 lehrte er an der Wiener Musikakademie.

**Schambeck, Herbert,** * 12. Juli 1934 in Baden bei Wien, Jurist und Politiker.

Der Sohn eines Fabriksdirektors wollte zunächst Lehrer werden, studierte dann aber Jus (Promotion: 1958), absolvierte sein Rechtspraktikum und begann 1959 bei Adolf → Merkl als Assistent zu arbeiten. 1964 habilitierte er sich, ein Jahr später wurde er juristischer Referent der Bundeskammer der gewerblichen Wirtschaft. 1966 übernahm er eine a. o. Professur in Innsbruck, 1967 ging er als Ordinarius für öffentliches Recht, Rechtsphilosophie und politische Wissenschaften an die eben gegründete Universität Linz, wo er auch Leiter des Instituts für Arbeitsmarktpolitik wurde. Politisch war S. seit 1961 in der Bundesleitung des ÖAAB tätig und wirkte als Sekretär am Institut für Sozialpolitik und Sozialreform (»Kummer-Institut«). 1969 zog der engagierte Kämpfer für den Föderalismus in den Bundesrat ein, wo er mehrmals den Vorsitz bzw. die Stellvertretung innehatte. Er ist Autor zahlreicher Bücher und hielt Vorträge im In- und Ausland. Der vielfach ausgezeichnete Wissenschaftler gehörte mehrfach der Delegation des Heiligen Stuhls bei internationalen Konferenzen an. Er ist auch Vorsitzender des Kuratoriums des Leopold-Kunschak-Preises.

*Werke:* »Der Begriff der ›Natur der Sache‹« (1964), »Kirche – Staat – Gesellschaft« (1967), »Grundrechte und Sozialordnung« (1969), »Vom Sinnwandel des Rechtsstaates« (1970), »Pius XII. und der Weg der Kirche« (1979), »Das System des österr. Parlamentarismus« (1982), »Ethik und Staat« (1986).

**Scharang, Michael,** * 3. Februar 1941 in Kapfenberg (St), Schriftsteller.

Der Sohn eines Metallarbeiters studierte in Wien Philosophie, Theaterwissenschaft und Kunstgeschichte und lebt seit seiner Promotion 1965 als freier Schriftsteller. Schon während seiner Studienzeit veröffentlichte er erste literarische und essayistische Texte. Nach einer anfänglich sprachexperimentellen Phase entstanden realistische gesellschaftskritische Arbeiten, in denen die soziale Benachteiligung und die Sprachlosigkeit der Unterschicht thematisiert werden. Der politisch engagierte Autor schreibt Erzählungen (»Verfahren eines Verfahrens«, 1969), Romane (»Charly Traktor«, 1973), Hörspiele (»Bericht vom Arbeitsamt«, 1972), Drehbücher für Film und Fernsehen (»Die Kameraden des Koloman Wallisch«, 1983).

*Weitere Werke:* »Der Beruf des Vaters« (Hörspiel, 1975), »Der Sohn eines Landarbeiters« (Roman, 1976), »Der Lebemann« (Roman, 1979), »Das Wunder Ö.« (Essays, 1989), »Auf nach Amerika« (Roman, 1992).

**Schärf, Adolf,** * 20. April 1890 in Mikulov/Nikolsburg (Mähren), † 28. Februar 1965 in Wien, Jurist und Staatsmann.

S. entstammte einer südmährischen Arbeiterfamilie, die 1899 nach Wien übersiedelte. Er besuchte das Hernalser Gymnasium, betätigte sich bei den sozialistischen Mittelschülern und studierte nach der Matura Jus (Promotion: 1914). Im 1. Weltkrieg war er als Offizier im Fronteinsatz. 1918–1934 war der kundige Jurist Sekretär der sozialdemokratischen Parlamentspräsidenten → Seitz, → Eldersch und → Renner, er gehörte bis 1934 dem SP-Bundesvorstand an und war 1933/34 Mitglied des Bundesrates. 1934 war er in politischer Haft, ebenso 1938 und 1944. Während des 2. Weltkriegs betrieb er eine Rechtsanwaltskanzlei und hielt Kontakt zu Gesinnungsfreunden. S. gehört zu den Mitbegründern der Zweiten Republik. Er initiierte die Gründung der SPÖ, war 1945–1957 deren Vorsitzender sowie Abgeordneter zum Nationalrat; als Vizekanzler in mehreren Kabinetten der Großen Koalition tätig, ist es sein bleibendes Verdienst, die österr. Arbeiterschaft in diesen Jahren in den Staat integriert zu haben. 1955 nahm der nüchterne, besonnene Politiker an den erfolgreichen Moskauer Verhandlungen über den Abschluß des Staatsvertrags teil. 1957 wurde er Bundespräsident und führte dieses Amt mit großer Korrektheit und staatsmännischem Geschick (Wiederwahl 1963) bis zu seinem Tod.

*Werke:* »Zwischen Demokratie und Volksdemokratie« (1950), »Erinnerungen aus meinem Leben« (1963), »Der Teil und das Ganze« (Reden und Schriften, hgg. von J. → Hannak, 1965).

*Lit.:* K. R. Stadler, A. S. (1982).

**Scharf, Erwin,** * 29. August 1914 in Třeboň/Wittingau (Böhmen), Journalist und Politiker.

S. war als Kind bei den »Kinderfreunden« und den »Roten Falken«. 1934–1938 leistete der Romanistikstudent politisch illegal Arbeit bei den »Revolutionären Sozialisten«. 1938 wurde er von den Nationalsozialisten verhaftet und zu zwei Jahren Gefängnis verurteilt, die er in Graz-Karlau absaß. 1944 schloß er sich den Partisanen in Südkärnten an, wo er mit den Kommunisten Honner und Fürnberg in Kontakt kam. 1945 kehrte er nach Wien zurück, wurde einer der Zentralsekretäre der SPÖ und Nationalratsabgeordneter. Da er für einen Zusammenschluß von SPÖ und KPÖ eintrat, wurde er 1948 aus der SPÖ ausgeschlossen. Er gründete ein Jahr später die »Partei der Linkssozialisten«, die auf einer gemeinsamen Liste mit den Kommunisten kandidierte. Bereits 1949–1953 KP-Abgeordneter im Parlament, gliederte er 1956 seine Partei in die KPÖ ein. Als Mitglied des Zentralkomitees und des Politbüros der KPÖ leitete er bis 1965 als Chefredakteur die »Volksstimme«, das Organ der KPÖ. Daß er ein Exponent des orthodoxen, moskautreuen Flügels in der KPÖ war, stellte er u. a. 1968 anläßlich des Einmarsches der Warschauer-Pakt-Staaten in die ČSSR unter Beweis.

**Schasching, Johannes,** * 10. März 1917 in St. Roman (OÖ), Jesuit und Sozialwissenschaftler.

Der Sohn eines Maurers trat nach der Matura 1937 in den Jesuitenorden ein. Er studierte in Wien, Innsbruck, München, New York, Chicago und Löwen Philosophie, Soziologie und Theologie. Ab 1952 lehrte er an der Innsbrucker Universität Sozialethik und Soziallehre. 1961–1966 wirkte er als Provinzial des Jesuitenordens, ab 1967 unterrichtete er an der Gregoriana in Rom. Sein politisches Weltbild war durch die Jahre der Weltwirtschaftskrise und der politischen Polarisierung im Ö. der Zwischenkriegszeit nachdrücklich geprägt worden. Als Fachmann für katholische Soziallehre gehörte der enge Mitarbeiter des Jesuitengenerals Arupe auch zu den wichtigen Beratern des Papstes bei der Verfassung der Enzykliken »Laborem exercens« und »Sollicitudo rei socialis«. Ihm kam auch eine wichtige Beraterfunktion bei der Abfassung des Sozialhirtenbriefs der österr. Bischöfe 1991 zu. S. hat immer vor faschistischen Entwicklungen gewarnt und betont, daß Demokratie der bessere Weg zur Lösung der weltweit anstehenden Probleme sei.

**Schatz, Otto Rudolf,** * 18. Jänner 1900 in Wien, † 26. April 1961 in Wien, Maler und Graphiker.

S. studierte bei Oskar → Strnad an der Kunstgewerbeschule und war 1924–1938 Mitglied der Künstlervereinigung »Hagenbund«. Er war einer der wenigen österr. Künstler, die sich in der Zwischenkriegszeit sozialkritisch engagierten. 1944/45 war er im KZ. Sein Werk umfaßt Aquarelle, Städtebilder, Mosaike, Wandgemälde und Sgraffiti (vorwiegend an Bauten der Gemeinde Wien). In figurenreichen Gemälden, v. a. jedoch in zahlreichen düsteren Holzschnittzyklen und in seinen graphischen Arbeiten hat er Elend, Einsamkeit und Kriminalität der Großstadt anklagend kommentiert.

*Lit.:* W. Daim, O. R. S. (1978).

**Schaukal, Richard,** * 27. Mai 1874 in Brno/Brünn (Mähren), † 10. Oktober 1942 in Wien, Lyriker, Erzähler und Essayist.

*Richard Schaukal*

S. studierte in Wien Jus und begann eine Beamtenlaufbahn, zunächst in der mährischen Verwaltung, ab 1903 in Wien, wo er es bis zum Präsidialchef im Arbeitsministerium brachte. 1918 ging er als Sektionschef in den Ruhestand. Der kultivierte altösterr. Beamte wurde 1917 geadelt.

Bereits als 19jähriger veröffentlichte er seinen ersten Gedichtband. Vom französischen Symbolismus beeinflußt, entwickelte sich seine stimmungsvolle, formvollendete Lyrik von traditionsverhaftetem Ästhetizismus zu volksliedhafter Schlichtheit und Innerlichkeit. S. hinterließ auch ein erzählerisches Werk sowie kultur- und literarhistorische Essays.

*Werke:* »Gezeiten der Seele« (Gedichte, 1926), »Herbsthöhe« (Gedichte, 1933), »Karl Kraus« (Monographie, 1933), »Beiträge zu einer Selbstdarstellung« (Essays, 1934).

**Schaumayer, Maria,** * 7. Oktober 1931 in Graz, Nationalökonomin und Politikerin.

Die Tochter einer Grazer Intellektuellenfamilie schloß 1953 ihr Studium an der Hochschule für Welthandel in Wien ab und machte anschließend ein Doktorat in Handelswissenschaften an der Universität Innsbruck. Nach einer kurzen Tätigkeit in der Industrie trat sie 1954 bei der Creditanstalt ein, wo sie im Auslandsgeschäft tätig war. Politisch engagierte sie sich bei der ÖVP und wurde 1964 in den Wiener Gemeinderat und Landtag gewählt. 1965–1969 übernahm sie als Amtsführender Stadtrat die Städtischen Unternehmungen, wie Gaswerke, E-Werke und Verkehrsbetriebe. 1969–1973 war sie Stadtrat für baubehördliche und sonstige technische Angelegenheiten, 1973 schied sie aus der Landesregierung, behielt aber ihr Mandat. Ein Jahr später wurde sie Vorstandsmitglied der österr. Kommunalkredit AG und leitete das gesamte Kreditgeschäft mit Veranlagungen und Finanzierungen. 1982 wechselte sie als Vorstandsmitglied in die verstaatlichte ÖMV AG, wo sie die finanzielle Direktion innehatte. 1990 übernahm sie als erste Frau in Ö. das Präsidium der Oesterr. Nationalbank und stieg damit in eine Topposition auf, die bisher Männern vorbehalten gewesen war.

**Schell, Maria (Margarete),** * 5. Jänner 1926 in Wien, Schauspielerin.

Die Tochter eines Schweizer Schriftstellers und einer Schauspielerin wuchs in Wien auf und nahm, nach einer kaufmännischen Lehre, in Zürich Schauspielunterricht. Danach war sie zunächst an Schweizer Bühnen tätig und hatte in Wien in dem Stück »Dream Girl« von Elmar Rice ihr Debüt. In »Der Engel mit der Posaune« (1948) von Karl → Hartl erzielte sie ihren ersten großen Filmerfolg, den sie mit der englischsprachigen Version international festigen konnte. In den 50er Jahren wurde die zutiefst emotionale Künstlerin zum Topstar des deutschen Films, mit Partnern wie Dieter Borsche und O. W. → Fischer (»Es kommt ein Tag«, 1950, »Solange du da bist«, 1953). In Hollywood stieg sie schließlich in Filmen mit Gary Cooper, Glenn Ford und Yul Brunner zum Weltstar auf und erreichte als Gruschenka in »The Brothers Karamasow« (frei nach Dostojewski) und als grandiose »Gervaise« (nach Emile Zola) Höhepunkte ihrer Filmkarriere. S. drehte mehr als 200 Kino- und Fernsehfilme, darunter auch so rührselige wie »Der träumende Mund« (1952). Später spielte sie in Streifen wie »Change« (1974, nach Wolfgang → Bauer), oder »Schöner Gigolo, armer Gigolo« (1978). Dazwischen trat sie in Theater- und Fernsehproduktionen auf (u. a. »Eine glückliche Familie«). Diese Tätigkeit setzte sie auch nach einer schweren Krise, in der sie einen Selbstmordversuch unternahm, fort. S. war in zweiter Ehe mit dem Schauspieler und Regisseur Veit → Relin verheiratet (1966–1988). Ihre Memoiren erschienen 1985 unter dem Titel »Die Köstlichkeit des Augenblicks – Gedanken und Erinnerungen«.

*Lit.:* H. Spaich, M. S. Ihre Filme – ihr Leben (1986).

**Schell, Maximilian,** * 8. Dezember 1930 in Wien, Schauspieler, Regisseur und Filmproduzent.

Der Bruder von Maria → S. maturierte am Freien Gymnasium Zürich und studierte dann Germanistik, Kunstgeschichte und Philosophie in Zürich, München und Basel. 1952 entschloß er sich zu einer Theaterlaufbahn, die an der Basler Komödie begann und ihn dann nach Essen, Bonn, Lübeck, München und Berlin führte. Bei den Salzburger Festspielen spielte er 1978–1981 die Hauptrolle im »Jedermann«. Erfolgreich in modernen wie in klassischen Rollen (Hamlet, Tasso, Don Carlos u. a.), war er 1959–1963 am Hamburger Schauspielhaus engagiert. Am Londoner Royal Court Theatre trat er in der Uraufführung von John Osbornes Stück »A Patriot for me« auf, das er außerdem ins Deutsche übertrug. Seine Bühnentätigkeit führte S. u. a. auch nach Wien an das Theater in der Josefstadt. Sein Filmdebüt gab er 1955 im Antikriegsstreifen »Kinder, Mütter und ein General«. 1958 begründete er mit »The Young Lions« seine internationale Karriere. Die Mitwirkung im Film »Das Urteil von Nürnberg« (1961) trug ihm einen »Oscar« als bester Schauspieler ein, es folgten »Das Schloß« u. a. Seit 1969 führt S. selbst Regie und ist auch Produzent. Seine größten Erfolge waren »Der Richter und sein Henker« (1978, nach Dürrenmatt) und »Geschichten aus dem Wiener Wald« (1979, nach → Horvàth), die ihn als einfühlsamen Interpreten literarischer Vorlagen und hervorragenden Filmemacher auswiesen.

**Schenk, Erich,** * 5. Mai 1902 in Salzburg, † 11. Oktober 1974 in Wien, Musikwissenschaftler.

S. studierte in Wien und München u. a. bei Guido → Adler und Robert Lach, habilitierte sich 1929 in Rostock und gründete dort 1936 als a. o. Prof. das Musikwissenschaftliche Institut. 1938–1971 war er Univ.-Prof. in Wien (1957/58 Rektor) und baute das Musikwissenschaftliche Institut der Universität zu einer mordernen Forschungsstätte aus. Er reorganisierte das musikwissenschaftliche Publikationswesen in Ö. und spielte im österr. Musikleben der Nachkriegszeit eine führende Rolle. S. präsidierte die Österreichische Gesellschaft für Musikwissenschaft, war u. a. ab 1947 Herausgeber der Reihe »Denkmäler der Tonkunst in Ö.« und veröffentlichte zahlreiche Bücher.

*Werke:* »Beethoven zwischen den Zeiten« (1943), »Kleine Wiener Musikgeschichte« (1947), »W. A. Mozart« (1955).

**Schenk, Otto,** * 12. Juni 1930 in Wien, Kammerschauspieler, Regisseur und Theaterdirektor.

S., einer der Großen des österr. Theaters, ist ein vielseitiger, wandlungsfähiger Künstler und ein international renommierter Bühnen- und Opernregisseur. Als Schauspieler ein Erzkomödiant von wienerischer Ausstrahlung und ein formidabler Menschengestalter, ist er auch ein hervorragender Interpret von Wienerliedern und ein populärer Rezitator.

S. ist der Sohn eines jüdischen Notars. Er begann nach der Matura ein Jusstudium, absolvierte jedoch 1948–1951 das Reinhardt-Seminar und spielte zunächst an Wiener Kellerbühnen, schließlich am Volkstheater, dann am Theater in der Josefstadt. Mühelos schaffte er den Sprung von der Rollendarstellung zur Regiearbeit. Seine ersten Inszenierungen waren Nestroys »Umsonst«, Büchners »Dantons Tod«, Horváths »Geschichten aus dem Wiener Wald« und Shakespeares »Viel Lärm um nichts« am Burgtheater. Seine erste Opernregie war Alban → Bergs »Lulu« (1962) an der Staatsoper. Bald folgten Regietriumphe an zahlreichen großen Sprech- und Opernbühnen der Welt, darunter die »Met« in New York und die Salzburger Festspiele (»Fidelio«, »Tannhäuser«, Nestroy- und Schnitzler-Stücke). 1988/89 übernahm S. die Direktion des Theaters in der Josefstadt.

**Schenker, Heinrich,** * 19. Juni 1867 in Podhajce (Galizien), † 13. Jänner 1935 in Wien, Musiktheoretiker.

S. absolvierte ein Studium am Konservatorium bei Anton Bruckner und ein Jusstudium in Wien (Promotion: 1890). Er wurde Klavierlehrer – zu seinen Schülern zählte Anthony van Hoboken –, widmete sich aber auch musiktheoretischen Forschungen. S. versuchte die »Urlinie« eines musikalischen Werkes zu ergründen und führte in seiner »Schichtenlehre« jede Komposition auf den »Ursatz« zurück.

*Werke:* »Neue musikalische Theorien und Phantasien« (3 Teile, 1906–1934), »Beethovens neunte Symphonie« (1912), »Beethovens fünfte Symphonie« (1923), »Das Meisterwerk in der Musik« (3 Bde., 1925–1930).

**Scheu, Gustav,** * 7. Oktober 1875 in Wien, † 3. März 1935 in Wien, Rechtsanwalt und Stadtplaner.

Sein Vater, Josef S., war Musiker und ein Mitbegründer der Sozialdemokratischen Partei. S. selbst wurde Rechtsanwalt. Er war ein leidenschaftlicher Befürworter der Gartenstadtidee, der die englischen und deutschen Proponenten dieser Siedlungsbewegung persönlich gut kannte. 1917/18 war er einer der Initiatoren des Mieterschutzes. Befreundet mit dem Architekten Adolf → Loos, ließ er sich von diesem in der Larochegasse in Wien-Hietzing das berühmte Terrassenhaus errichten. 1919/20 war S. Mitglied des Stadtrates und beriet Bürgermeister → Reumann in Wohnbaufragen. 1920 nahm er seine Tätigkeit als Rechtsanwalt wieder auf. Bis 1923 war er noch von wesentlichem Einfluß auf den Wiener Wohnbau und blieb auch in den folgenden Jahren juristischer Berater von Siedlungsgenossenschaften. Sein Wohnbaukonzept sah vor, daß sich die Kommunen auf die städtebaulichen Aufgaben und die Schaffung der Infrastruktur beschränken sollten, der Hausbau sollte in den Händen von Siedlungsgenossenschaften liegen. Während seiner Amtszeit als Stadtrat hatte er den Stadtplaner Max Ermers mit der Ausarbeitung eines Entwicklungskonzepts für Wien beauftragt, das eine Ausweitung der Stadt nach Süden in das verkehrsmäßig erschlossene Wiener Becken vorsah.

**Schier, Wilhelm,** * 12. August 1880 in Reşiţa (Banat), † 1. Dezember 1956 in Melk (NÖ), Benediktinermönch und Historiker.

S., der früh in den Orden eingetreten war, absolvierte ein Geschichtsstudium in Wien. 1905 wurde er zum Priester geweiht. Der Historiker verfaßte zahlreiche wissenschaftliche Arbeiten über die engere Umgebung von Melk sowie historische Lehrbücher. Daneben unterrichtete er am Melker Stiftsgymnasium, wo er zum Direktor avancierte.

*Werke:* »Das Benediktinerstift Melk« (1928), »Stift und Stadt Melk« (1928), »Atlas zur allgemeinen und österr. Geschichte« (1935).

**Schiffmann, Konrad,** * 25. August 1871 in Grieskirchen (OÖ), † 12. März 1941 in Linz, kath. Geistlicher und Landeshistoriker.

Nach seiner Priesterweihe 1896 unterrichtete S. bis 1936 als Gymnasiallehrer in Linz. Außerdem war er Direktor der Studienbibliothek des Petrinums. 1903–1910 gab er das »Archiv für Geschichte der Diözese Linz« heraus. S. sind grundlegende Werke zur Landesgeschichte zu danken, er hat v. a. in der historischen Ortsnamenforschung Bedeutendes geleistet.

*Werke:* »Die oö. Ortsnamen« (2 Bde., 1907/08, »Die mittelalterlichen Stiftsurbare des Landes Ö. ob der Enns« (4 Bde., 1912–1925), »Das Land ob der Enns« (1922), »Historisches Ortsnamen-Lexikon des Landes OÖ« (2 Bde., Ergänzungsbd., 1935–1942).

**Schifter, Günther,** * 23. Dezember 1923 in Wien, Regisseur, Radio- und Fernsehpräsentator, Schallplattenfachmann.

Der charmante Plauderer mit dem »Howdy«-Gruß und dem typischen Lachen hatte schon als Kind ein Faible für Platten. Heute besitzt der Swing- und Jazzfan die größte Sammlung alter Schallplatten (Schellacks) in Ö. (25 000 Stück). Seit mehr als 40 Jahren präsentiert er sie in Rundfunk und Fernsehen, erstmals 1949 in der Sendergruppe »Rot-Weiß-Rot«: »Der alte Plattenmann« war damit der Vorläufer von »Western Saloon«, »Music Hall« und »Schellacks, Schellacks . . .«. Inzwischen hat S. weit über 1 000 Sendungen im Radio moderiert und sie auch für das Fernsehen adaptiert.

S. war neben Fred Zillner der erste Discjockey des österr. Rundfunks. Er las auch die Nachrichten und führte Regie (ab 1953 beim ORF-Kurzwellendienst). Im Fernsehen betreute er als Regisseur u. a. Sendungen wie den legendären »Sport-Stammtisch« (mit Heribert → Meisel), »Horizonte«, Jazzsendungen und Otto Koenigs »Rendezvous mit Tier und Mensch«.

**Schipper, Emil,** * 19. August 1882 in Wien, † 20. Juli 1957 in Wien, Opernsänger.

S. studierte in Wien Rechtswissenschaft und ließ sich danach in Mailand zum Sänger ausbilden. 1904 debütierte der Bariton am Deutschen Theater in Prag als Telramund in Wagners »Lohengrin«, sang 1911 am Stadttheater Linz, 1912–1915 an der Wiener Volksoper, 1916–1922 in München und 1922–1940 an der Wiener Staatsoper.

Der geschätzte Wagner-Sänger war 1924–

*Emil Schipper*

1930 ständiger Gast an der Londoner Covent Garden Opera, feierte an allen großen Bühnen Europas und Nordamerikas glänzende Erfolge und unternahm vielumjubelte Tourneen durch Südamerika. Bei den Salzburger Festspielen begeisterte er sowohl als Kurwenal im »Tristan« wie als Agamemnon in Glucks »Iphigenie in Aulis«.

**Schiske, Karl,** * 12. Februar 1916 in Györ/Raab (Ungarn), † 16. Juni 1969 in Wien, Komponist.

S. studierte an der Wiener Musikakademie. 1942 promovierte er an der Universität Wien mit einer Dissertation über Anton Bruckner. Der Weg des Zwölftonmusikers führte vom Neoklassizismus zur seriellen Musik, doch blieben ein klares Formdenken und eine ausgeprägte Kontrapunktik für sein Schaffen bestimmend. Von seinem Werk, das Symphonien, Klavier- und Orgelwerke, Violinkonzerte, Messen, Kammermusik, Chorwerke und Lieder umfaßt, ist heute lediglich das Oratorium »Vom Tode« (1948) im Wiener Konzertprogramm zu finden. Große Verdienste erwarb sich S. als Kompositionslehrer an der Wiener Musikakademie. Der Pädagoge verstand es vortrefflich, neben konventionellen Techniken auch zeitgenössische Musik in seinen Unterricht einzubeziehen. Aus seiner liberalen Schule ist eine Reihe von bedeutenden Komponisten hervorgegangen.

*Lit.:* K. Roschitz, K. S. (1970).

**Schlegel, Josef,** * 29. Dezember 1869 in Krásná Lípa/Schönlinde (Böhmen), † 27. April 1955 in Linz, Politiker.

Der Sohn eines Lehrers und Bürgerschuldirektors besuchte das Gymnasium in Leitmeritz und studierte in Wien Jus (Promotion: 1893). Während des Studiums trat er der CV-Verbindung »Norica« bei. Nach Absolvierung des Einjährig-Freiwilligen-Jahres schlug er die Richterlaufbahn ein und bekleidete verschiedene Posten bei Bezirks- und Landesgerichten. Aus dem 1. Weltkrieg kehrte er als Hauptmann-Auditor zurück. Um 1900 war er auch politisch aktiv geworden, gefördert von Landeshauptmann Ebenhoch. 1901–1918 hatte S. ein Reichsratsmandat der Katholischen Volkspartei, die nach 1918 mit den Christlichsozialen vereinigt wurde, inne. Zu dieser Zeit kämpfte er als Mitglied der katholischen Fraktion entschieden für das allgemeine und gleiche Wahlrecht. Anliegen waren auch eine weitere Regulierung der Donau, ein forcierter Ausbau des Rhein-Main-Donau-Kanals sowie eine gesetzliche Alters-, Invaliditäts- und Arbeitslosenversicherung. 1909 gründete S. den Schutzverein »Ostmark«, der den Verkauf von Bauernhöfen an Tschechen verhindern sollte. 1903–1934 hatte er ein Mandat im oö. Landtag inne, 1919 wurde er Mitglied der Landesregierung und Landeshauptmannstellvertreter. Die Christlichsozialen bestellten ihn zum Sprecher in Verfassungs- und Grundsatzfragen sowie in Problemen des Finanzausgleichs. 1919–1934 war er auch Finanzreferent des Landes. S. versuchte den Wiederaufbau nach dem Krieg mit Hilfe von Auslandsanleihen voranzutreiben. 1927–1934 war er Landeshauptmann von OÖ. Unter seiner Führung zählten die oö. Christlichsozialen zum demokratischen Flügel der Partei. S. lehnte alle Wehrverbände und faschistischen Tendenzen ab. Heftig angegriffen von den Heimwehren, wurde er von → Dollfuß nach den Februarunruhen 1934 eher rüde von seiner Funktion abgelöst. S. trat erst wieder nach 1945 in Erscheinung, als Kanzler → Figl ihn bereden konnte, das Amt des Präsidenten des Rechnungshofes zu übernehmen. 1947 wurde er mit hoher Mehrheit im Parlament bestätigt und übte hochbetagt diese Funktion bis 1953 aus.

**Schleinzer, Karl,** * 8. Jänner 1924 in St. Gertraud im Lavanttal (K), † 19. Juli 1975 (Autounfall) in Bruck an der Mur (St), Landwirt und Politiker.

Nach Absolvierung einer einjährigen Landwirtschaftsschule praktizierte S. am väterlichen Hof und in Osttirol. Danach studierte er an der Hochschule für Bodenkultur in Wien. Nach Kriegsdienst im 2. Weltkrieg engagierte er sich ab 1945 politisch für die ÖVP. 1956 erhielt er einen Sitz im Kärntner Landtag. 1959 wurde er Landesparteiobmann der ÖVP in Kärnten, 1960 Landesrat für Land- und Forstwirtschaft. 1961–1964 war er Verteidigungsminister, 1964–1970 Landwirtschaftsminister. 1971 wählte ihn die ÖVP mit hoher Zustimmung zu ihrem Bundesparteiobmann.

**Schlesinger, Therese,** * 6. Juni 1863 in Wien, † 5. Juni 1940 in Blois (Frankreich), Schriftstellerin und Politikerin.

Die Tochter eines Papierfabrikanten absolvierte nur die Bürgerschule, ein Studium blieb ihr als Frau verwehrt. So mußte sie sich allein weiterbilden. Früh verheiratet und verwitwet, begann sie sich für öffentliche Fragen zu interessieren. Sie trat dem »Allgemeinen österr. Frauenverein« bei, wo sie sich v. a. für das Frauenstudium und Frauenwahlrecht einsetzte. Auf einer Enquete über die Lage der Wiener Arbeiterinnen lernte sie 1896 Victor Adler kennen, der tiefen Eindruck auf sie machte. Bald darauf wurde sie in der Sozialdemokratischen Partei aktiv. Sie sprach in Frauenversammlungen, schrieb in der Presse und rückte in den Parteivorstand auf. Während des 1. Weltkriegs gehörte sie zur linken Gruppe um Friedrich → Adler. 1919–1923 hatte sie ein Nationaratsmandat inne, bis 1930 vertrat sie die Rechte der Frauen im Bundesrat. S. hatte wesentlichen Anteil am 1926 beschlossenen »Linzer Programm« der Sozialdemokraten. 1938 mußte sie vor den Nationalsozialisten ins Exil fliehen.

**Schlick, Moritz,** * 14. April 1882 in Berlin, † 22. Juni 1936 (ermordet) in Wien, Philosoph.

S., ein Vertreter der modernen Erkenntnistheorie und der Naturphilosophie positivistischer Richtung, war Begründer und Haupt des sogen. »Wiener Kreises«, dem u. a. Otto → Neurath, Rudolf Carnap und Hans Hahn angehörten. Er hat der Philosophie in Ö. und weit

*Moritz Schlick*

über die Grenzen des Landes hinaus entscheidende Impulse verliehen. Der Naturwissenschaftler, der in Berlin Mathematik und Physik studiert hatte, beschäftigte sich vorwiegend mit philosophischen und erkenntnistheoretischen Problemen. Strenge Empirie und Logik bildeten die Grundpfeiler seines Hauptwerkes »Allgemeine Erkenntnislehre« (1918). 1922 wurde er als Prof. an die Wiener Universität berufen und begründete hier den Neopositivismus, eine philosophische Richtung, die sich der strengen, objektiven Wissenschaftlichkeit der Philosophie verschrieb und besonderes Augenmerk auf sprachkritische und logische Probleme richtete. Damit ist von Wien eine der bedeutendsten philosophischen Strömungen des 20. Jh.s ausgegangen, die jedoch im Ausland mehr Anerkennung fand als daheim. Dem metaphysischen Argument, daß es absolute Werte gäbe, antwortete S. in dem Buch »Fragen der Ethik« (1930), in dem er sich auf das Gefühl und individuelles Erleben berief. Doch zunehmend wurde der liberale »Wiener Kreis« v. a. von der konservativen und deutschnationalen Presse als irreligiös und internationalistisch angefeindet. 1936 wurde S. in der Universität von einem Studenten erschossen.

Der Mörder wurde 1938 vom NS-Regime enthaftet.

*Lit.:* B. McGuiness (Hg.), Zurück zu S. (1985).

**Schlosser, Julius,** * 23. September 1866 in Wien, † 1. Dezember 1938 in Wien, Kunsthistoriker.

Nach seinem Studium habilitierte sich S. an der Wiener Universität, wo er 1922–1936 als Ordinarius für Kunstgeschichte lehrte. Zuvor hatte er 1901–1922 als Direktor das Kunsthistorische Museum geleitet. S., der als Universitätslehrer geradezu eine Schule bildete, erwarb sich besondere Verdienste um die Quellenkunde der Kunstgeschichte. Unter dem Pseudonym O. Hammer veröffentlichte er auch belletristische Werke.

*Werke:* »Werke der Kleinplastik in der Skulptursammlung des Allerhöchsten Kaiserhauses« (2 Bde., 1910), »Materialien zur Quellenkunde der Kunstgeschichte« (10 Hefte, 1914–1920), »Die Kunst des Mittelalters« (1923), »Künstlerprobleme der Frührenaissance« (5 Bde., 1929–1934), »Die Wiener Schule der Kunstgeschichte« (1934).

**Schmedes, Erik,** * 27. August 1866 in Gjentofte (Dänemark), † 21. März 1931 in Wien, Kammersänger.

Der beim Wiener Publikum äußerst beliebte Opernsänger hatte seine Ausbildung in Berlin und Wien erhalten. Seine Karriere begann 1891 zunächst als Bariton am Stadttheater in Nürnberg. Bernhard Pollini, der Direktor der Hamburger Oper, entdeckte seine Tenorstimme, und nach erneutem Studium kam S. 1894 als Heldentenor nach Dresden. 1898 wurde er an die Wiener Hofopfer berufen, wo er bis zu seinem Bühnenabschied 1924 blieb. Danach wirkte er als Gesangspädagoge in Wien. S., der an allen großen Opernhäusern der Welt sowie in Bayreuth gastierte, war ein gefeierter Wagner-Sänger. Legendäre Glanzrollen waren sein Parsifal und der Siegfried im »Ring-Zyklus«.

**Schmeller, Alfred,** * 11. März 1920 in Erlangen (Deutschland), † 19. September 1990 während einer Reise nach Jugoslawien, Kunsthistoriker und Kritiker.

S. hat sich um die Förderung der modernen Kunst in Ö. bedeutende Verdienste erworben. Er studierte in Berlin und ab 1943 in Wien Kunstgeschichte (Promotion: 1946), beschäftigte sich mit Archäologie und Ethnologie und arbeitete ab 1950 im Bundesdenkmalamt. Er war 1951–1953 Sekretär des Art Club, 1954–1956 Redakteur der Zeitschrift »Magnum«, 1954–1964 Kunstkritiker des »Kurier« und 1960–1969 Landeskonservator für Wien und das Burgenland. 1969–1978 leitete er verdienstvoll und mit großem Engagement das Museum des 20. Jh.s in Wien, dem er mit zahlreichen Ausstellungen Publizität verschaffte (»Der Mensch im Weltall«, 1970, »Andy Warhol«, 1976, »Neue Sachlichkeit und Realismus«, 1977). Er war mit der Malerin Martha Neuwirth verheiratet.

*Werke:* »Surrealismus« (1956), »Das Burgenland« (1965), »A. Lehmden. Weltlandschafter« (1968), »K. Moldovan, Zirkus« (1971).

**Schmid, Aglaja,** * 9. August 1926 in Scheibbs (NÖ), Kammerschauspielerin.

Die Absolventin des Reinhardt-Seminars erhielt 1945 ein Engagement ans Theater in der Josefstadt, danach war sie an deutschen Bühnen beschäftigt (u. a. Schiller- und Schloßparktheater in Berlin). Sie wirkte auch in zahlreichen Filmen mit (»Der Prozeß«, »Franz Schubert«). 1956 debütierte sie als Isabelle in Giraudoux' »Intermezzo« am Wiener Burgtheater und bezauberte zunächst das Publikum mit zahlreichen Mädchenfiguren. Später beeindruckte sie im Charakterfach, in damenhaften Rollen wie die Helene Altenwyl in → Hofmannsthals »Der Schwierige«. Auch in modernen Stücken waren ihre Charakterstudien von faszinierendem Zuschnitt und feiner Nuancierung, z. B. als Fräulein Dr. von Zahnd in Dürrenmatts »Die Physiker«. Die exzellente Schauspielerin, die mit dem Regisseur

Rudolf → Steinboeck verheiratet ist, schied 1989 aus dem Ensemble des Burgtheaters aus.

**Schmid, Heinrich,** * 24. Juni 1885 in Waidhofen an der Ybbs (NÖ), † 2. Mai 1949 in Wien, Architekt.

S. studierte Architektur bei Otto Wagner an der Akademie der bildenden Künste. Danach baute er mit Hermann Aichinger ein Architekturbüro auf. Das erste bedeutende Bauwerk dieses Teams war das 1922 errichtete Österr. Verkehrsbüro am Karlsplatz in Wien. Im Auftrag der Stadt Wien entstanden die Gemeindebauten »Matteottihof« und »Am Fuchsenfeld«. Außerdem entwarf er das Stadthaus »Bärenmühle« (1937) und gemeinsam mit Clemens → Holzmeister 1936–1938 das RAVAG-Gebäude in der Wiener Argentinierstraße.

**Schmid, Walter,** * 18. Jänner 1875 in Kranj/Krainburg (Slowenien), † 24. März 1951 in Graz, Archäologe.

Nach seinem Studium in Graz wurde S. Univ.-Prof. für Archäologie an der Universität Graz. Gleichzeitig war er Landesarchäologe der Steiermark, der u. a. die römischen Ausgrabungen in Flavia Solva und Noreia leitete. Es gelang ihm bei diesen Ausgrabungen auch in hohem Maße, die Bevölkerung für die Bedeutung dieser Schätze der Vergangenheit zu sensibilisieren. S. verfaßte auch Werke zur keltischen Geschichte seiner steirischen Heimat.

*Werke:* »Norisches Eisen« (1932), »Der Kultwagen von Strettweg« (1934), »Der Schild von Steier« (1945).

**Schmidinger, Dolores,** * 21. September 1946 in Wien, Schauspielerin.

Die Erzkomödiantin aus Wien-Ottakring, dem Fernsehpublikum als Hausmeisterin in der Serie »Ein echter Wiener geht nicht unter« im Gedächtnis, ist die Tochter eines Staatsopernsängers. Zunächst Kosmetikerin, ließ sie sich in der Schauspielschule Krauss ausbilden und kam mit 17 Jahren zur Bühne. Sie war am Volkstheater in unterschiedlichsten Rollen sehr erfolgreich (u. a. in → Turrinis »Rozznjogd«, Nestroys »Der Talisman«) und erhielt 1975/76 den Karl-Skraup-Preis. Sie wirkte auch beim Kabarett (bei Gerhard → Bronner). Schließlich wurde sie an das Theater in der Josefstadt verpflichtet, obleich Salonstücke nicht ganz ihrem Naturell entsprechen; 1990 war sie hier u. a. in »Othello darf nicht platzen« und »Die Kaktusblüte« zu sehen. Die Wiener Volksschauspielerin, temperamentvoll, schlagfertig und aufmüpfig, mit unbändigem Drang zur Selbstdarstellung und zu produktiver Kreativität, hat viel für Bühnen- und Kabarettsoli übrig. Nach ihrem erfolgreichen Programm »Gurken haben keine Tränen« gestaltete sie im K. u. K. Theater am Naschmarkt eine »One-Woman-Show« mit dem Titel »Immer bin's i«. Es folgte »Mit der Waffe(l)n einer Frau« (auch im TV). S. war Kolumnistin der »Arbeiter-Zeitung« und hat auch schriftstellerische Ambitionen.

**Schmidinger, Heinrich,** * 11. Juli 1916 in Loibersdorf (OÖ), † 2. Juni 1992 in Salzburg, Historiker und Diplomat.

Der Sohn einer bäuerlichen Familie absolvierte das Gymnasium bei den Kapuzinern in Linz, am Petrinum und am Akademischen Gymnasium. Eine Priesterlaufbahn schien vorgezeichnet. 1935 trat er in das Stift Kremsmünster (OÖ) ein, studierte Philosophie und Theologie in Salzburg und Geschichte in Wien. Der 2. Weltkrieg ließ ihn jedoch seine Lebenspläne ändern. S. begann ein Studium der Kunstgeschichte und der historischen Hilfswissenschaften mit Blickrichtung auf eine wissenschaftliche Laufbahn. Er verließ den Orden und verehelichte sich 1946. 1950 wurde er Assistent am Institut für österr. Geschichtsforschung, mit dem Schwerpunkt Kirchengeschichte, insbesondere Papstgeschichte. Seine Erforschung der Papsturkunden prädestinierte ihn für die Leitung des österr. Kulturinstituts in Rom, einer Institution, an der die Geschichtswissenschaften auf eine lange Tradition zurückblicken können. 1957 übernahm S. an der Universität Fribourg (Schweiz) den Lehrstuhl für Geschichte des Mittelalters. 1968 kehrte er an die Spitze des österr. Instituts in Rom zurück, gleichzeitig wurde er Univ.-Prof. für Geschichte des Mittelalters in Salzburg. 1981 schied S., der auch Familiar des Deutschen Ordens war, aus dem diplomatischen Dienst aus und widmete sich 1986 ausschließlich seiner Salzburger Lehrtätigkeit.

*Werke:* »Die weltliche Herrschaft des Patriarchen von Aquileja bis zum Ende der Staufer« (1948), »Patriarch und Landesherr« (1954), »Roma docta? Rom als geistiges Zentrum im Mittelalter« (1973).

**Schmidinger, Walter,** * 28. April 1933 in Linz, Staatsschauspieler.

Der Sohn einer theaterbegeisterten Trafikantin, der zunächst als Verkäufer und Schaufensterdekorateur arbeitete, erhielt seine Schauspielausbildung am Wiener Reinhardt-Seminar. Er debütierte am Theater in der Josefstadt, ging aber bald nach Deutschland, wo er zum vielseitigen Bühnenstar aufstieg. Düsseldorf, Bonn, die Münchner Kammerspiele, das Bayerische Schauspielhaus München, die Staatlichen Schauspielbühnen Berlin gehörten ab 1954 zu seinen Stationen. Seine wichtigsten klassischen Rollen wurden König Lear, Hamlet, Richard II., Tartuffe, Nathan, Shylock. Zudem brillierte er als Weinberl in Nestroys »Jux«, als Kari Bühl in → Hofmannsthals »Der Schwierige« und als Titelheld im »Unbestechlichen«. In Ö. wurden Gastrollen wie in Schnitzlers »Der einsame Weg«, als Teufel im Salzburger »Jedermann«, als Bolinbroke in Scribes »Das Glas Wasser« (Josefstadt) zum Theatererlebnis.

**Schmidseder, Ludwig,** * 24. August 1904 in Passau (Bayern), † 21. Juni 1971 in München, Operetten- und Schlagerkomponist.

Zunächst Bankbeamter, studierte S. später am Münchner Konservatorium und war 1931–1935 Barpianist in Berlin. Nach dem Erfolg seiner ersten Operette, »Viola« (1935), lebte er als freischaffender Komponist, davon viele Jahre in Gmunden (OÖ). Neben zahlreichen Operetten (»Linzer Torte«, 1939, »Walzerkönigin«, 1948, »Wachauer Mädel«, 1951) schuf der vielseitige Musiker Filmmusik sowie mehr als 500 Schlager, darunter Hits wie »Ich hab' mich so an dich gewöhnt« (1934) und »Ich hab' die schönen Maderl net erfunden« (1938).

**Schmidt, Franz,** * 22. Dezember 1874 in Bratislava/Preßburg (Slowakei), † 11. Februar 1939 in Perchtoldsdorf bei Wien, Komponist.

S. stammte aus einer teils österr., teils ungarischen Familie. Er kam 1880 nach Wien und studierte hier 1890–1896 bei Ferdinand Hellmesberger und kurze Zeit auch bei Anton Bruckner.

*Franz Schmidt*

1896–1911 war er Cellist des Hofopernorchesters, unterrichtete viele Jahre als Cello-, Klavier- und Kompositionslehrer am Wiener Konservatorium (später: Musikakademie) und war dort 1925–1927 Direktor, 1927–1931 Rektor. Als Komponist knüpfte S. an Brahms und Bruckner an, entwickelte aber eine durchaus eigenständige, persönlich gefärbte Tonsprache unter Verwendung vieler slawischer und ungarischer Elemente. Sein Gesamtwerk umfaßt die spätromantische Oper »Notre Dame« (1914), deren Vorspiel zum 3. Akt noch heute konzertant aufgeführt wird, die Oper »Fredigundis« (1922), Symphonien und Kammermusik sowie Werke für Orgel und Klavier. Weltweite Bekanntheit erlangte sein Oratorium »Das Buch mit sieben Siegeln«, nach den apokalyptischen Visionen des Johannes (1935–1937). Dieses Werk schließt den Bogen der Oratorientradition, der mit Haydns »Schöpfung« seinen Ausgang nahm.

*Lit.:* N. Tschulik, F. S. (1972).

**Schmidt, Guido,** * 25. Jänner 1901 in Bludenz (V), † 5. Dezember 1957 in Wien, Beamter und Politiker.

Der Sohn einer angesehenen Vorarlberger Kaufmannsfamilie absolvierte das Feldkircher Jesuitengymnasium »Stella Matutina«. Anschließend studierte er Jus in Wien und Berlin. Nach Abschluß des Studiums trat er in den Staatsdienst ein und begann eine Diplomatenlaufbahn. Er wurde der österr. Gesandtschaft in Paris zugeteilt, 1928 aber nach Wien in die Kabinettskanzlei des Bundespräsidenten einberufen. Dank seiner hervorragenden Fähigkeiten erreichte der Christlichsoziale schnell den Rang eines Kabinettsvizedirektors. 1936 berief ihn Kanzler Kurt → Schuschnigg, der ihn aus der Schulzeit kannte, in sein Kabinett als Staatssekretär für Auswärtige Angelegenheiten. Im Februar 1938 wurde er in den Rang eines Ministers erhoben. Ein Angebot → Seyss-Inquarts, in dessen NS-Kabinett einzutreten, lehnte er ab. 1939 wurde er von den Nationalsozialisten als Beamter in den dauernden Ruhestand versetzt. Danach arbeitete er bei den Hermann-Göring-Werken in Linz (heute: VOEST), wo er den Bereich Schiffahrt übernahm. Wegen der Beschuldigung, in geheimem Einverständnis mit den Nationalsozialisten an der Herbeiführung des Anschlusses mitgewirkt zu haben, wurde er 1945 von den österr. Behörden gesucht. Er stellte sich den französischen Besatzern, wurde im Dezember 1945 inhaftiert und in einem Volksgerichtsprozeß, bei dem es nur Freispruch oder Todesstrafe gab, 1947 des Hochverrats angeklagt, jedoch freigesprochen. Das Protokoll dieses Prozesses wurde samt den dabei erörterten Dokumenten noch im selben Jahr veröffentlicht.

**Schmidt, Heide,** * 27. November 1948 in Kempten im Allgäu (Bayern), Juristin und Politikerin.

Die Tochter sudetendeutscher Flüchtlinge wuchs in Wien auf. Sie studierte Jus (Promotion: 1971) und Wirtschaftswissenschaften (Magisterium: 1976) und trat dem Ring Freiheitlicher Studenten bei. 1972–1977 war sie im Unterrichtsministerium in der Legistik tätig. 1977–1988 arbeitete sie als Assistentin der Volksanwälte → Zeillinger und Josseck. Seit 1973 ist sie Mitglied der FPÖ, wo sie über die Wiener Bezirksebene Karriere machte. 1987 übernahm sie ein Bundesratsmandat. 1988 holte sie Jörg → Haider als Generalsekretärin in das höchste Parteigremium. 1990 kam sie in den Nationalrat und wurde dort sofort Dritte Präsidentin. 1992 stellten sie die Freiheitlichen als ihre Kandidatin für die Bundespräsidentenwahl auf. Das Verhältnis zu ihrem Parteiobmann war nicht immer spannungsfrei. Sie selbst will eher als liberal denn national gelten.

**Schmidt, Leopold,** * 15. März 1912 in Wien, † 12. Dezember 1981 in Wien, Volkskundler und Musikforscher.

S. studierte in Wien (Promotion: 1935), habilitierte sich 1946 mit der Schrift »Wiener Volkskunde« und wurde 1952 Univ.-Prof. 1960 übernahm er die Direktion des Österr. Museums für

Volkskunde in Wien, an dem er schon zuvor gewirkt hatte. Der bekannte Forscher gab ab 1952 das »Jahrbuch des Österr. Volksliedwerkes« heraus und hat zahlreiche Bücher und Aufsätze publiziert.

*Werke:* »Das Volkslied im alten Wien« (1947), »Geschichte der österr. Volkskunde« (1951), »Das Österr. Museum für Volkskunde« (1960), »Historische Volkslieder aus Ö.« (1971), »Volksmusik« (1974).

**Schmidt, Rudolf,** * 24. Jänner 1894 in Wien, † 19. April 1955 in Wien, Gewerke und Unternehmer.

Nach Absolvierung der Montanistischen Hochschule in Leoben (St) war S. im Familienunternehmen tätig, ein Stahlwerk, das durch Kriegsproduktionen im 1. Weltkrieg sehr gewachsen war, jedoch in der Rezessionsphase der 30er Jahre in Schwierigkeiten geriet. S., der sich mit der Weiterentwicklung von Stahlbeton beschäftigte, erfand 1936 den TOR-Stahl, einen durch Torsion kaltverfestigten Bewehrungsstahl für Betonbauten. Dieser Betonformstahl setzte sich weltweit durch. Die Erfindung kam auch bei der Beseitigung der Kriegsschäden nach dem 2. Weltkrieg und beim Wiederaufbau zum Einsatz.

**Schmidt, Wilhelm,** * 16. Februar 1868 in Hörde (Westfalen), † 10. Februar 1954 in Fribourg (Schweiz), Geistlicher, Ethnologe und Religionswissenschaftler.

S. trat dem Orden der Styler Missionare bei, wo er 1892 die Priesterweihe empfing. Er studierte in Berlin und Wien Philosophie und Theologie und beschäftigte sich mit Sprachwissenschaften. 1896 kam er als Prof. an das Missionshaus St. Gabriel, wo man sich nicht nur der Missionierung, sondern auch ethnologischen Forschungen widmet. Er gründete die internationale Zeitschrift »Anthropos«, die bis 1938 bestand. Als Ordinarius an der Wiener Universität (1925–1938) entwickelte S. eine »Wiener Schule der Ethnologie«, aus der bekannte Ethnologen wie Gusinde und Schebesta hervorgingen. 1927 wurde S. Direktor des päpstlichen Missions- und Völkerkundemuseums in Rom. 1938 emigrierte er nach Fribourg (Schweiz).

*Werke:* »Die moderne Ethnologie« (1906), »Der Ursprung der Gottesidee« (11 Bde., 1912 ff.), »Völker und Kulturen« (1924), »Handbuch der vergleichenden Religionsgeschichte« (1930), »Rassen und Völker« (3 Bde., 1946–1949).

**Schmied, Wieland,** * 5. Februar 1929 in Frankfurt am Main, Journalist, Schriftsteller und Kunstkritiker.

S. kam schon als Kind nach Wien. Er studierte hier Jus und Kunstgeschichte (Dr. juris: 1954) und war dann als Journalist (Redakteur der Monatsschrift »Morgen«, Kunstkritiker der »Furche«) tätig. Er schrieb Essays, Prosa und preisgekrönte Lyrik (»Landkarte des Windes«, 1957, »Der Wein von den Gräbern«, 1959). 1960 wurde er Lektor des Insel-Verlags. 1963 Direktor der Kestner-Gesellschaft in Hannover und 1974 Hauptkustos der Neuen Nationalgalerie in Berlin. Seit 1986 ist er Prof. für Kunstgeschichte an der Akademie der bildenden Künste in München. Der exzellente Kenner der österr. Kunstszene verhalf der Wiener Schule des phantastischen Realismus zum Durchbruch.

*Werke:* »Von den Chinesen zu den Kindern. Notizen zur Malerei« (1957), »Der Zeichner Alfred Kubin« (1967), »Malerei des phantastischen Realismus. Die Wiener Schule« (1972), »Brauer. Monographie und Werkkatalog« (1972), »F. Wotruba. Zeichnungen 1925–1972« (1973), »Das Haus Hundertwasser« (1985), »Berührungen. Von Romako bis Kokoschka« (1991).

**Schmieger, Willi,** * 24. April 1887 in Wien, † 10. Oktober 1950 in Wien, Sportreporter.

S. war der populärste Sportreporter der Zwischenkriegszeit. Er selbst spielte 1901–1919 in der österr. Fußballnationalmannschaft und war internationaler Schiedsrichter. S. studierte er in Wien Latein und Griechisch und lehrte diese beiden Fächer an einem Wiener Gymnasium. Daneben wurde er ein Pionier der Sportübertragungen im Rundfunk. Seine spannenden, humorvollen und schlagfertigen Reportagen zeichneten sich durch ein hohes Maß an Sprachkultur aus. Legendär geworden ist sein Schrei aus der Zeit des »Wunderteams«: »Schall zu Vogl, Vogl zu Schall – Tooor!« Zuletzt war S. Sportredakteur der »Kleinen Kriegszeitung«.

**Schmitz, Richard,** * 14. Dezember 1885 in Mohelnice/Müglitz (Mähren), † 27. April 1954 in Wien, Jurist und Politiker.

Nach dem Studium von Jus und Nationalökonomie in Wien und Innsbruck war S. journalistisch und politisch tätig. Als Direktor der Zentralstelle des Volksbundes der Katholiken Ö.s verfaßte er zahlreiche Broschüren und Schriften, v. a. befaßte er sich mit Handels- und Gemeindepolitik. 1918–1923 hatte er ein Wiener Gemeinderatsmandat inne, 1920–1934 ein Nationalratsmandat. Als erklärter Anhänger → Seipels und Befürworter seiner Politik war S. mehrfach Kabinettsmitglied, als Sozialminister 1922–1924, 1930 und 1933–1934, als Unterrichtsminister 1926–1929. Er hatte wesentlichen Anteil an der Formulierung des Christlichsozialen Programms 1932. In der Broschüre »Die berufsständische Ordnung in Ö.« äußerte er sich 1933 zum Ständestaatsgedanken. Am 12. Februar 1934 wurde er zum Bundeskommissär für Wien ernannt, im April erfolgte seine formelle Bestellung zum Wiener Bürgermeister. In dieser Funktion bemühte er sich um eine Aussöhnung mit der sozialdemokratischen Arbeiterschaft, u. a. in der Absicht, damit die Abwehrfront gegen den Nationalsozialismus zu stärken; das kommunale Wohnbauprogramm wurde gestoppt und statt dessen der Straßen- und Brückenbau forciert. Besonders spektakulär war der Baubeginn der Höhenstraße auf den Kahlenberg und Leopoldsberg. 1938 wurde S. verhaftet und verbrachte 7 Jahre im KZ. Nach dem Krieg war er Generaldirektor des Herold-Verlags, politisch trat er nicht mehr in Erscheinung.

*Richard Schmitz*

**Schmitz, Wolfgang,** * 28. Mai 1923 in Wien, Finanzexperte und Politiker.

S. ist der Sohn des Direktors der Pensionsversicherungsanstalt der Angestellten Hans S. und Neffe des Bürgermeisters Richard → S. Er studierte Jus in Wien, Fribourg und Washington (Promotion: 1948) und trat als Beamter in die Wirtschaftspolitische Abteilung der Bundeskammer der gewerblichen Wirtschaft ein. Von dort wurde er als Nachfolger von Josef → Klaus 1964–1968 als Finanzminister ins Kabinett geholt. Er wurde von der ÖVP, seiner eigenen Partei, in eine zykluswidrige Steuerreform getrieben, dann aber fallengelassen. 1968–1973 stand S. an der Spitze der Oesterr. Nationalbank, danach kehrte er wieder in die Bundeskammer zurück. Er lehrte auch als Gastprof. an der Universität Innsbruck. Als Verfasser zahlreicher Publikationen und Mitherausgeber der katholischen Wochenzeitung »Die Furche« trat er für die soziale Marktwirtschaft ein. Ein engagierter Familien- und Sozialpolitiker, arbeitete er für eine Kirche, die im Geiste des II. Vatikanums wirkt.

*Werke:* »International Investment, Growth and Crisis« (1975), »Die antizyklische Konjunkturpolitik« (1976).

**Schmögner, Walter,** * 11. Juni 1943 in Wien, Maler, Graphiker und Schriftsteller.

Der Sohn des Malers Theobald S. besuchte 1958–1962 die Graphische Lehr- und Versuchsanstalt in Wien. 1961 hatte der Künstler seine erste Einzelausstellung (mit Federzeichnungen), der europaweit weitere folgten. Daneben veröffentlichte er zahlreiche Bücher, darunter beliebte Kinderbücher wie »Das Drachenbuch«, sowie Kunstbücher. Sein künstlerisches Werk ist thematisch wie gestalterisch vielfältig. Von der Schwarzzeichnung ausgehend hat S. auf dem Weg zum großformatigen Acrylbild fast jede Technik angewandt. Er ist ein Experimentator, der sich mit Vorliebe mit Verwesungsprozessen, Umweltzerstörung und Insektenforschung (sein Lieblingsbuch ist J. H. Fabres »Souvenirs Entomologiques«), sowie mit Träumen vom Fliegen und von der Schwerelosigkeit (Zeichnungen, Traumbilder) beschäftigt. Viele seiner Bilder kreisen um die zentralen Themen Liebe und Tod.

**Schmutzer, Ferdinand,** * 21. Mai 1870 in Wien, † 26. Oktober 1928 in Wien, Maler und Graphiker.

S. stammte aus einer Künstlerdynastie, die zahlreiche Maler, Graphiker und Bildhauer hervorgebracht hat. Nach seiner Ausbildung wurde er 1901 Mitglied der Wiener Secession (1914–1917 Präsident). Ab 1908 lehrte er an der Akademie der bildenden Künste, 1922–1924 war er auch Rektor. S. schuf großformatige Radierungen und Porträts in Vernis-mou-Technik von Persönlichkeiten wie Arthur → Schnitzler, Arnold → Rosé oder Sigmund → Freud. Außerdem malte er zahlreiche Landschaftsbilder, v. a. in Italien und in den Niederlanden. In Wien ließ er sich von dem Architekten Robert → Oerley ein Haus für seine Kunstsammlung errichten.

**Schnabl, Karl,** * 8. März 1954 in Achomitz (K), Skispringer.

S. war der erste österr. Olympiasieger im Skispringen: Er gewann bei den XII. Olympischen Winterspielen in Innsbruck 1976 im Spezialspringen von der Großschanze am Berg Isel vor seinem favorisierten Landsmann Toni → Innauer; auf der Normalschanze erreichte er in Seefeld die Bronzemedaille.

Der Sohn eines slowenischen Bauern begann als 10jähriger mit dem Sprungtraining. 1972 kam er in den ÖSV-Kader und wurde 1975 Weltranglisten-Erster. Neben seiner Karriere als Skispringer absolvierte er das Stamser Schigymnasium und studierte danach Medizin (Promotion: 1984). Er ist als Sportmediziner tätig.

**Schneider, Hannes,** * 24. Juni 1890 in Stuben am Arlberg (V), † 24. April 1955 in North Conway (USA), Skipionier.

Der Sohn eines Bergbauern und k. u. k. Wegeinräumers erhielt mit 13 Jahren ein Paar Skier geschenkt. Er war einer der ersten und hoffnungsvollsten Schüler des legendären Skiclubs Arlberg (SCA) in St. Anton und ab 1903 Dauersieger der Arlbergrennen des SCA. 1907 wurde er Skilehrer in St. Anton, 1922 gründete er eine eigene Skischule, die erste der Welt, wo planmäßiger, pädagogischer Skiunterricht erteilt und auf breiter Basis betrieben wurde. Mit seinen Erfolgen trug S. dazu bei, daß aus dem Arlberg-Gebiet ein internationales Skizentrum wurde. 1928 gründete S., inzwischen nicht mehr Ski-, sondern auch Filmstar, gemeinsam mit dem Briten Sir Arnold Lunn das Arlberg-Kandahar-Rennen (heute auf neuer Strecke in den Weltcup einbezogen). 1939 mußte der verdienstvolle Skipionier Ö. verlassen. Der lautstarke NS-Regimegegner entging knapp seiner Verhaftung und floh in die USA, wo er in North Conway ein Skizentrum schuf. Dem weltweit gesuchten Skilehrexperten wurde nicht nur in Japan ein Denkmal errichtet, sondern – postum – auch daheim in St. Anton, wohin er nach 1945 nur mehr besuchsweise zurückgekehrt war.

*Lit.:* H. Thöni, J. (»H.«) S. (1991).

**Schneider, Romy (eigtl. Rosemarie Albach),** * 23. September 1938 in Wien, † 29. Mai 1982 in Paris, Filmschauspielerin.

Die Tochter der Schauspieler Magda Schneider und Wolf → Albach-Retty spielte (ohne Schauspielausbildung) mit 15 Jahren ihre erste Filmrolle in dem Streifen »Wenn der weiße Flieder wieder blüht«. Mit 17 sollte sie am Burgtheater eine Hauptrolle erhalten, doch hielten sie ihre Eltern davon ab; statt dessen startete sie als Kaiserin »Sissi« in drei Filmen (1955–1957) eine Erfolgsserie, die ihr erste Berühmtheit verschaffte. 1959 ging sie nach Paris, wo ihr der Sprung ins internationale Filmgeschäft gelang. Sie drehte mit Regiegrößen wie Visconti, → Preminger, Losey, Chabrol und Orson Welles und feierte auch Triumphe auf französischen Bühnen. Unter ihren rund 60 Filmen sind »Boccaccio« (1970), »Das Mädchen und der Kommissar« (1972), »César und Rosalie« (1973), »Le trio infernal« (1975), »Der gekaufte Tod« (1979) hervorzuheben. In Frankreich zum Topstar avanciert, verlief ihr Privatleben eher unglücklich. Ihr Lebensgefährte Alain Delon verließ sie, zwei Ehen zerbrachen, und 1981 verlor sie ihren Sohn. Skandalberichte über S. füllten die Boulevardpresse. 1982 wurde S. tot in ihrer Wohnung aufgefunden. Doch die Beliebtheit ihrer Filme hält ungebrochen an, und der Star steht im Begriff, zur Legende zu werden.

*Romy Schneider*

*Lit.:* R. Seydel (Hg.), Ich. Romy. Tagebuch eines Lebens (1989); M. Jürgs, Der Fall R. S. Eine Biographie (1991).

**Schneiderhan, Wolfgang,** * 28. Mai 1915 in Wien, Kammermusiker.

Nach Fritz Kreisler ist S. der international wohl bekannteste österr. Violinvirtuose unserer Zeit. Als Schüler des berühmten Ottokar Ševčik in Wien ausgebildet, gab er bereits als 11jähriger europaweit Konzerte. 1933 wurde er (der jüngste) Konzertmeister der Wiener Symphoniker, 1937–1949 der Wiener Philharmoniker. Daneben erlangte er mit seinem »S.-Quartett« (1937–1951) Weltruhm. 1937–1956 lehrte er am Mozarteum in Salzburg, 1939–1950 an der Wiener Musikakademie. Seit 1950 begann er, seine vielen Verpflichtungen allmählich einzuschränken. Er konzentrierte sich auf solistische Aufgaben, übernahm eine Meisterklasse in Luzern und beschränkte seine kammermusikalische Arbeit auf ein Trio, das er mit Edwin Fischer und Enrico Mainardi bildete (1949–1955). Ab 1965 war er Erster Dirigent der Wiener und der Berliner

Philharmoniker. 1975 nahm er seine Lehrtätigkeit an der Wiener Musikakademie wieder auf. Der Künstler war mit der Sopranistin Irmgard → Seefried verheiratet.

*Lit.:* F. Fassbind, W. S. zum 60. Geburtstag (1975).

**Schneider-Siemssen, Günther,** * 7. Juni 1926 in Augsburg (Deutschland), Bühnenbildner.

Nach seinem Bühnenbildstudium 1943–1946 an der Akademie und Studien der Theaterwissenschaften in München wirkte S. 1951–1954 am Salzburger Landestheater und 1954–1961 als Ausstattungsleiter am Staatstheater Bremen. 1962 holte ihn Herbert von → Karajan nach Wien, wo er an der Staatsoper, am Burgtheater und an der Volksoper tätig war. Bis 1986 arbeitete er für die Bundestheater in Wien. Außerdem war er seit 1961 Bühnenbildner des Salzburger Marionettentheaters, wenige Jahre später auch der Salzburger Festspiele und der Salzburger Osterfestspiele. 1969–1983 wirkte er an der Metropolitan Opera in New York. Gastverpflichtungen führten ihn an alle großen Bühnen der Welt. Seit 1969 hat er einen Lehrauftrag an der Hochschule für darstellende Kunst in Wien. S. leistete wesentliche theoretische Beiträge zur Weiterentwicklung der Lichtgestaltung beim Bühnenbild und zum Einsatz der Holographie. Jeden Sommer leitet er ein Bühnenbildseminar bei der Salzburger Sommerakademie. Durch seine Inszenierungen hat er die Ära Karajan in Salzburg mitgeprägt, seine naturalistischen Bühnenbilder zeichnen sich durch hohe Meisterschaft, Genauigkeit und Praktikabilität aus.

**Schneidmadl, Heinrich,** * 20. Februar 1886 in Gutenstein (NÖ), † 31. Oktober 1965 in Wien, Journalist und Politiker.

Schon seit 1904 war S. bei den Sozialdemokraten und in der Gewerkschaftsbewegung aktiv. 1919 wurde er in die Konstituierende Nationalversammlung, 1920 in den Nationalrat gewählt. 1927–1934 gehörte er auch der nö. Landesregierung an. Er war ein typischer Vertreter jener nö. Linie der SDAP, die immer kompromißbereit für Verhandlungen mit dem Regierungslager eintrat. 1933/34 wollte er als Chefunterhändler mit den Christlichsozialen ein Agreement erreichen. Aber weder beim politischen Gegner noch in der eigenen Partei fanden S. und seine Freunde Gehör. 1934 wurde er verhaftet und verbrachte kurze Zeit im Anhaltelager Wöllersdorf. Er trat in der Folge kaum politisch in Erscheinung. 1938 blieb er zunächst unbehelligt, erst 1944 wurde er von den Nationalsozialisten verhaftet. 1945 gehörte er als Unterstaatssekretär für öffentliche Bauten der ersten Regierung → Renner an, war Chefredakteur der »Arbeiter-Zeitung« und 1946–1949 Mitglied der nö. Landesregierung. Zuletzt amtierte er als Vizepräsident der nö. Landesenergiegesellschaft NEWAG.

**Schneller, Karl,** * 19. April 1878 in Wien, † 24. April 1942 in Wien, Offizier und Schriftsteller.

Der gelernte Offizier war im 1. Weltkrieg Generalstabschef des XIV. Korps. Seine Rolle bei den Waffenstillstandsverhandlungen mit Italien im November 1918 in Villa Giusti war von großer Bedeutung. Als Experte nahm er auch an den Verhandlungen über den österr. Friedensvertrag nach St-Germain teil. In der Folge leitete er zwei wichtige Sektionen im Heeresministerium. Da er dem sozialdemokratischen Lager zugerechnet wurde, schickte man den fähigen Offizier 1926 als Sektionschef im Rang eines Generals in Pension. Er trat danach als Schriftsteller, zumeist mit lyrischen Werken, hervor.

**Schnerich, Alfred,** * 22. Oktober 1859 in Tarvis (Italien), † 29. April 1944 in Wien, Kunsthistoriker und Musikwissenschaftler.

S. studierte zunächst Theologie, wandte sich aber dann der Kunstgeschichte und Musikwissenschaft zu. 1889–1923 war er Referent für Kunst und Musik an der Wiener Universitätsbibliothek. Seine Forschungen beschäftigten sich v. a. mit Kirchenmusik und dem Werk Joseph Haydns.

*Werke:* »Die Fragen der Reform der kath. Kirchenmusik« (1901), »Wiens Kirchen und Kapellen in kunst- und kulturgeschichtlicher Darstellung« (1921), »J. Haydn« (1921), »Geschichte der Musik in NÖ« (1923), »Die kirchliche Tonkunst« (1925).

**Schneyder, Werner,** * 25. Jänner 1937 in Graz, Schriftsteller, Schauspieler und Kabarettist.

S. wuchs in Klagenfurt auf, studierte in Wien Publizistik und Kunstgeschichte und arbeitete daneben für Zeitungen und als Werbetexter. Nach Abschluß des Studiums 1959 war er 1962–1965 Theaterdramaturg in Salzburg und Linz. Seit 1965 freischaffend tätig, ist er ein vielseitiger Autor und Entertainer. Sein dramatisches Erstlingswerk »Till bevor er hing« wurde 1963 am Landestheater Salzburg uraufgeführt. Es erschienen zahlreiche satirische Bücher, wie »Gelächter aus dem Aus« (1980), »Schlafen Sie gut, Herr Tucholsky« (1983), »Das Gefährliche an der Kunst« (1991). S. schrieb auch Essays und Feuilletons für österr. und deutsche Zeitungen, Hörspiele sowie Texte fürs TV. Im deutschen Fernsehen, wo er heute ständiger Gast ist, betreute er zunächst eine eigene Musiksendung, war Sportmoderator und später Regisseur von Spielen, Serien, Shows und Kabaretts. Seine erfolgreiche Laufbahn als Kabarettist begann 1974 bei der Münchner Lach- und Schießgesellschaft. Seit 1981 tritt er mit Soloprogrammen auf, in denen er die Scheinheiligkeit des Politik- und Kulturbetriebes aufdeckt (u. a. »Solo mit Trio«, 1981, »Zwischentöne«, 1982, »Satz für Satz«, 1984, »Absage und Momente«, 1990).

**Schnitzler, Arthur,** * 15. Mai 1862 in Wien, † 21. Oktober 1931 in Wien, Arzt und Schriftsteller.

S. entstammte einer angesehenen Arztfamilie. Er studierte ebenfalls Medizin (Promotion:

*Arthur Schnitzler*

1885) und arbeitete danach als Assistenzarzt, ehe er den ungeliebten Beruf aufgab und freier Schriftsteller wurde. S., ein Zeitgenosse und späterer Freund Sigmund → Freuds, seziert in seinen Theaterstücken, Novellen und den beiden Romanen literarisch meisterhaft die Wiener Gesellschaft des Fin de siècle. Mit psychologischer Hellsicht und skeptischer Ironie analysiert er unbarmherzig deren inneren Widersprüche, ihren seelischen Zustand, den Zerfall ihrer Wertvorstellungen und ihre Scheinmoral. Entsprechend stand der Autor häufig wie kein anderer im Brennpunkt von Polemik und Verleumdung, Skandalen und Prozessen. Die Novelle »Leutnant Gustl« (1900), in der S. den »inneren Monolog« eines James Joyce vorwegnahm, hatte die Aberkennung seiner Offizierscharge zur Folge. Der »Reigen«, das künstlerisch und sprachlich perfekteste seiner Stücke, wurde nach Erscheinen in Buchform (1903) verboten; die Erstaufführungen in Wien und Berlin lösten Tumulte und antisemitische Hetzkampagnen gegen den jüdischen Autor aus. Dennoch war S. bis zum

1. Weltkrieg einer der meistgespielten Dramatiker. Zu seinen bekanntesten Bühnenwerken zählen ferner »Anatol« (1893), »Liebelei« (1895, als Filmdrehbuch: 1912), »Das weite Land« (1911), »Professor Bernhardi« (1912). Von den Novellen sind u. a. »Fräulein Else« (1924) und »Traumnovelle« (1925) zu nennen. Die Edition der umfangreichen Tagebücher aus mehr als 50 Jahren (10 Bde.) wurde 1981 in Angriff genommen.

*Lit.:* R. Wagner, A. S. Eine Biographie (1981); M. L. Perlmann, A. S. (1987).

**Schnitzler, Heinrich,** * 9. August 1902 in Hinterbrühl (NÖ), † 12. Juli 1982 in Wien, Schauspieler und Regisseur.

Der einzige Sohn des Schriftstellers Arthur → S. studierte in Wien Kunstgeschichte und Germanistik, nahm bei F. → Herterich auch Schauspielunterricht und debütierte 1921 in Wien. 1923–1932 war er in Berlin, anschließend am Deutschen Volkstheater in Wien, wo er auch als Regisseur und Dramaturg arbeitete. 1938 emigrierte er in die USA. Er lehrte an den Universitäten in Seattle, Berkeley (Kalifornien) und Vancouver Schauspielkunst, Regie und Theatergeschichte und wirkte an verschiedenen Bühnen als Regisseur. Nach seiner Rückkehr setzte er 1957 in Wien seine Regietätigkeit am Theater in der Josefstadt sowie europaweit als Gastregisseur fort. Ab 1959 war er Vizedirektor des Theaters in der Josefstadt. Während seiner 15jährigen Tätigkeit in dieser Funktion schuf er an die 60 Inszenierungen, darunter interessante Neuinszenierungen wie Gorkis »Nachtasyl« und »Der einsame Weg«, ein Stück seines Vaters. Besonders widmete er sich der Verwaltung des väterlichen Nachlasses. So betreute er eine Neuausgabe von dessen »Gesammelten Werken« (4 Bde.) und edierte den Briefwechsel seines Vaters mit Hugo von → Hofmannsthal und R. M. Rilke.

**Schober, Johannes,** * 14. November 1874 in Perg (OÖ), † 19. August 1932 in Baden bei Wien, Beamter und Politiker.

Der Sohn eines Vertragsbediensteten der Bezirkshauptmannschaft Perg absolvierte nach der Matura ein Jusstudium in Wien, danach trat er 1898 als Konzeptspraktikant bei der Wiener Polizeidirektion ein, 1900–1908 war er am Bezirkskommissariat Innere Stadt tätig. 1909 wurde er in das Polizeipräsidium berufen, 1913 übernahm er die Leitung der Staatspolizei. Im November 1918 wurde er Wiener Polizeipräsident, diese Funktion übte er – trotz Übernahme anderer Ämter – bis zu seinem Tod aus. Er war ein international anerkannter Experte, auf seine Initiative ging die Gründung der Interpol 1923 zurück.

In den krisenhaften Anfangsjahren der Republik erwies er sich als Mann der Ordnung. 1921 wurde der Parteilose Chef eines Beamtenkabinetts geholt. Neben der Aufhebung gewisser Pfandrechte gelang ihm der Abschluß eines günstigen Kredit- und Handelsvertrags mit der ČSR. Deswegen von den Großdeutschen abgelehnt, mußte er 1922 zurücktreten. Schwerster Kritik war er als Polizeipräsident nach den Ereignissen des 15. Juli 1927 ausgesetzt, doch stieg auch gleichzeitig sein innenpolitisches Prestige. 1929 wurde S. wieder in einer prekären politischen Situation mit der Kanzlerschaft betraut; v. a. die Verfassungsfrage war zu lösen. In einem Kompromiß mit den Sozialdemokraten und gegen die Stimmen der Heimwehren setzte er die Novelle 1929 durch. Im Jänner 1930 konnte er noch auf der Haager Konferenz die Aufhebung des Generalpfandrechts der Siegerstaaten erreichen, wenig später mit Italien einen wichtigen Vertrag schließen. Durch die leidige Strafella-Affäre im September 1930 gestürzt, wurde er bald darauf im Kabinett → Ender Vizekanzler und Außenminister. Sein außenpolitischer Coup, mit dem Deutschen Reich eine Zollunion zu schließen und die Siegermächte vor vollendete Tatsachen zu stellen, scheiterte an internationalen Protesten. Beim Ausbruch der Krise um die defizitäre Creditanstalt führten Großdeutsche und Christlichsoziale gemeinsam seinen Sturz herbei. S. zog sich verbittert in die Polizeidirektion zurück. Trotzdem hat der empfindliche Josephiner durch seine pragmatische Politik beachtliche Erfolge erreicht.

*Lit.:* F. Brandl, Kaiser, Politiker und Menschen (1936); J. Hannak, J. S. – Der Mittelweg in die Katastrophe (1966). R. Hubert, S. »Arbeitermörder« und »Hort der Republik« (1990).

**Schoeller, Philipp,** * 23. August 1921, Industrieller und Bankier.

Der Sohn einer Industriellen- und Bankiersdynastie war neben seiner Tätigkeit in den Familienbetrieben auch in den Körperschaften der Industrie aktiv. 1970–1990 fungierte er als Obmann der Sektion Industrie der Bundeskammer der gewerblichen Wirtschaft. In der Industriellenvereinigung hatte er 1967–1972 und ab 1980 die Vizepräsidentschaft inne. Sein besonderes Interesse galt der Exportwirtschaft, als Präsident der Internationalen Handelskammer wirkte er jahrelang erfolgreich in diesem Sinne. Als Leiter zahlreicher Wirtschaftsmissionen nach Fernost, Südamerika und in die arabischen Staaten hatte der Diplomvolkswirt wesentlichen Anteil am Ausbau der österr. Exportwirtschaft. Als Fachmann mit einer klaren gesellschafts- und ordnungspolitischen Linie hat er immer wieder zu industriepolitischen und sozialpolitischen Fragen Stellung genommen.

**Schoepfer, Aemilian,** * 29. April 1858 in Brixen (Südtirol), † 24. März 1936 in Innsbruck, kath. Theologe und Politiker.

Der Sohn eines Bezirkskommissärs studierte an der fürsterzbischöflichen Diözesan-Lehranstalt in Brixen und anschließend an der Wiener Universität Theologie (Promotion: 1882). Er wurde 1880 zum Priester geweiht, 1883–1885 wirkte er als Hofkaplan in Brixen, wo er 1886 zum Prof. für Theologie an der hauseigenen Lehranstalt ernannt wurde. 1890 gründete er den »Katholischen Preßverein« Tirols, zwei Jahre später die Tageszeitung »Tiroler Volksbote« und 1907 die katholische Verlagsanstalt »Tyrolia«, deren Präsident er wurde. 1895–1918 gehörte er dem Tiroler Landtag an. Als Gründungsmitglied des »Christlichsozialen Vereins für Tirol« wurde er 1897 in den Reichsrat gewählt und blieb bis 1927 in der Volksvertretung der Republik. Nach dem Tod von Landeshauptmann Kathrein leitete er 1916 interimistisch den Landesausschuß. Als Chefredakteur der katholischen Zeitschrift »Das Neue Reich« nahm er immer wieder grundsätzlich zu Problemen aller Art aus katholischer Sicht Stellung. Sein eigentliches theologisches Forschungsgebiet war die Bibelkunde.

*Werke:* »Geschichte des Alten Testaments« (1893), »Bibel und Wissenschaft« (1896), »Verschuldungsfreiheit oder Schuldenfreiheit« (1904), »Th. von Aquin als Bahnbrecher der Wissenschaft« (1925).

**Schöffler, Paul,** * 15. September 1897 in Dresden (Deutschland), † 21. November 1977 in Amersham (Großbritannien), Kammersänger.

S. studierte in Dresden Klavier, Violine und Gesang, beendete seine Ausbildung in Mailand und wurde 1925 an die Dresdner Oper verpflichtet. Ab 1937 wirkte er in Wien, das zu seiner künstlerischen Heimat wurde. Trotz zahlreicher internationaler Gastspielverpflichtungen kehrte er immer wieder in die Stadt an der Donau zurück, als Holländer, Don Giovanni, Jago und Boris Godunow, vor allem aber als Hans Sachs umjubelt, eine Partie, mit der kein anderer Sänger derart identifiziert wurde wie er. S. sang auch moderne Partien, wie etwa die Titelpartie in Gottfried von → Einems »Dantons Tod«. Das Repertoire des Baßbaritons war umfangreich und vielgestaltig, seine stimmlichen und darstellerischen Qualitäten erlaubten ihm eine außerordentliche Universalität. Er wirkte auch bei den Salzburger und Bayreuther Festspielen mit. Erst mit 65 Jahren nahm er Abschied von der Bühne.

**Schoiswohl, Josef,** * 3. Jänner 1901 in Guntramsdorf (NÖ), † 26. Februar 1991 in Wien, Bischof.

Der Sohn einer Arbeiterfamilie wurde 1924 zum Priester geweiht, anschließend war er Präfekt des erzbischöflichen Seminars in Hollabrunn. Als Kurat bei St. Stephan leitete er die Erzbischöfliche Finanzkammer. Im Oktober 1938 erlebte er den Sturm der Hitlerjugend auf das Erzbischöfliche Palais in Wien mit. Den Krieg verbrachte er als Pfarrer in Wien-Mauer. 1949 wurde er zum Leiter der Apostolischen Administratur Eisenstadt bestellt. Zwei Jahre später zum Bischof geweiht, übernahm er 1954 die Diözese Graz-Seckau. 1968 resignierte er aus Altersgründen und kehrte als Seelsorger in seine Heimatgemeinde Guntramsdorf zurück. S., dessen bischöfliches Motto »non recuso laborem« (ich weise die Mühe nicht zurück« lautete, war einer der profiliertesten Teilnehmer des II. Vatikanums. Der allgemein beliebte Bischof setzte sich nachdrücklich für den Dialog zwischen Kirche und Gesellschaft ein, wobei er in seiner Diözese das Laienelement sehr förderte. Er befürwortete die Priesterweihe von »bewährten« verheirateten Männern und akzeptierte Ministrantinnen. Er galt als »unaufdringlicher Reformer«, als »Weichensteller für Offenheit und Toleranz«.

**Schollum, Robert,** * 22. August 1913 in Wien, † 30. September 1987 in Wien, Komponist und Dirigent.

Der vielseitige Komponist, der sowohl klassische wie zeitgenössische Ausdrucksmittel in sein Schaffen einbezog, war immer bemüht, Brücken zum Publikum zu schlagen. Er schuf Opern, Symphonien, kammermusikalische und Vokalwerke, darunter die 1983 uraufgeführte »Markus-Passion«, Klavier- und Orgelwerke und Bühnenmusik. Außerdem war er musikschriftstellerisch und stilkritisch tätig (u. a. »Egon Wellesz«, 1964, »Die Wiener Schule. Schönberg, Berg, Webern«, 1969, »Das österr. Lied des 20. Jh.s«, 1977). S. studierte in Wien Klavier, Orgel und Komposition bei Josef → Marx. Ab 1945 wirkte er in Linz als Domorganist und Städtischer Musikdirektor, 1955 begründete er die Musikalische Jugend OÖ.s. Ab 1959 war er Prof. an der Wiener Musikhochschule und Leiter der Gesellschaft für Musikforschung. 1965–1969 leitete er den Österr. Komponistenbund.

**Scholten, Rudolf,** * 3. November 1955 in Wien, Jurist und Politiker.

Der Jurist und Volkswirt (Dr. iur.: 1978) war schon 1976 in den Dienst der Österr. Kontrollbank getreten, wo er bis 1983 im Sekretariat des Vorstands mit internationaler Finanzierung befaßt war. Nach einem Studienjahr bei New Yorker Banken arbeitete S. bis 1986 als wirtschaftspolitischer Sekretär des damaligen Finanzministers Franz → Vranitzky. 1986–1988 war er im Kabinett des Bundeskanzlers als wirtschafts- und kulturpolitischer Berater tätig. 1988–1990 war er Generalsekretär des Österr. Bundestheaterverbands, wo er Einsparungen und nötige Strukturreformen durchführte. 1990 erfolgte seine Ernennung zum Bundesminister für Unterricht und Kunst. Seine Amtsführung im Schulbereich stößt auf zunehmende Kritik.

**Scholz, Karl Roman,** * 16. Jänner 1912 in Mährisch-Schönberg, † 10. Mai 1944 (hingerichtet) in Wien, Augustiner-Chorherr und Widerstandskämpfer.

S. trat 1930 in das Augustiner-Chorherren-Stift Klosterneuburg ein und wurde 1939 Prof. für Theologie und christliche Philosophie an der hauseigenen Lehranstalt. Er schrieb auch Gedichte, die noch vor 1938 veröffentlicht wurden. Ursprünglich dem nationalen Gedanken nicht feindlich gesonnen, sammelte er nach dem sogen. Anschluß eine Gruppe junger Leute um sich, um Widerstand gegen den Nationalsozialismus zu leisten. Sie nannten sich »Österr. Freiheitsbewegung« und nahmen bald mit ähnlich gesinnten, konservativeren Widerstandsgruppen Kontakt auf. Durch einen Agent provocateur wurde die Gruppe 1940 aufgedeckt, alle Mitglieder kamen in Gestapohaft. S., der im Gefängnis noch einen Roman mit autobiographischen Elementen schrieb, wurde nach 4 Jahren Gefängnis 1944 mit 20 anderen Widerstandskämpfern in Wien enthauptet.

*Werke:* »Feine, ferne Dinge« (1935), »Spiel des Schicksals« (1936), »Goneril« (1947).

**Schönauer, Marianne,** * 31. Mai 1920 in Wien, Schauspielerin.

Die Tochter eines Cellisten im RAVAG-Orchester besuchte das Reinhardt-Seminar, nahm Gesangsunterricht und trat 1937 ihr erstes Engagement in Mährisch-Ostrau an. Einer bereits fixierten Verpflichtung an das Volkstheater in Wien durfte sie wegen ihrer jüdischen Herkunft 1938 nicht mehr nachkommen. Sie wurde mit Spielverbot belegt und arbeitete danach in einer Fabrik. Erst 1945 trat sie dann erstmals am Volkstheater auf, und zwar im Stück »Haben« des ungarischen Autors Julius Hay. In Ibsens »Baumeister Solness« spielte sie später neben dem großen Alfred Bassermann die weibliche Hauptrolle. S. war auch an anderen Wiener Bühnen (u. a. 1951–1954 am Theater in der Josefstadt) in zahlreichen Rollen beschäftigt. 1987 nahm sie Abschied vom Theater. Sie unterrichtet seither Rhetorik und Schauspiel an einer Volkshochschule, hält Lesungen und wirkt in Fernsehserien mit (u. a. »Wie gut, daß es Maria gibt«). Die »kühle Schönheit« hat seit 1946 rund 40 Filme gedreht, darunter »Die Welt dreht sich verkehrt« mit Hans Moser. Auch O. W. → Fischer, Ewald → Balser, Hans → Holt und Johannes Heesters waren unter ihren Partnern.

**Schönbauer, Ernst,** * 29. Dezember 1886 in Wien, † 3. Mai 1966 in Eichberg (NÖ), Jurist und Politiker.

S. studierte Philosophie in Prag (Dr. phil.: 1911) und Jus in Wien (Dr. iur.: 1915), betrieb medizinische Studien in Berlin und absolvierte einige Semester an der Hochschule für Bodenkultur in Wien. Der vielseitig gebildete Jurist wurde 1919 Privatdozent und 1924 a. o. Univ.-Prof. in Wien. 1929–1948 lehrte er hier als Ordinarius für römisches und bürgerliches Recht sowie für antike Rechtsgeschichte. Schon früh begann er sich auch politisch zu engagieren, wobei er sich dem nationalen Lager zuwandte. Als Experte wurde er für die österr. Delegation zu den Friedensverhandlungen nach dem 1. Weltkrieg in St-Germain hinzugezogen. Später trat er dem 1923 gegründeten »Landbund« bei, dessen juristischer Fachmann bzw. Mitglied der Reichsparteiführung er wurde. 1923–1930 hatte er auch ein Nationalratsmandat inne. 1930 zog er sich völlig aus der Politik zurück und widmete sich ausschließlich der akademischen Lehre.

**Schönbauer, Leopold,** * 13. November 1888 in Thaya (NÖ), † 11. September 1963 in Wien, Chirurg.

Der Sohn einer Arztfamilie studierte Medizin an der Deutschen Universität in Prag (Promotion: 1914). Im 1. Weltkrieg diente er als Truppenoffizier in Rußland. Nach einer Verwundung wurde er der Klinik → Eiselsberg zugeteilt, wo er seine weitere Ausbildung erhielt. 1924 habilitierte er sich in Wien, anschließend unternahm er eine Studienreise nach Amerika und zu Sauerbruch nach München. In diese Zeit fallen wesentliche neurochirurgische Forschungen. Nach seiner Ernennung zum Primarius in Wien-Lainz 1930 übernahm er ein Jahr später die Leitung des Strahlentherapeutischen Instituts. 1939 wurde er an die I. Chirurgische Universitätsklinik berufen, wo er im Laufe des 2. Weltkriegs ein Sonderlazarett für neurochirurgische Fälle einrichtete. Nach dem 2. Weltkrieg übernahm er die Direktion des Wiener Allgemeinen Krankenhauses. Dank seines Organisationstalents meisterte er die immensen Wiederaufbauprobleme, auch ging es darum, wissenschaftlichen Anschluß an den Forschungsstand des Auslands zu finden. Die plastische Chirurgie mußte als Fach aufgebaut werden. Besonders wichtig war für S. die Krebsforschung und -therapie. Der vielseitige Forscher hat mehr als 300 Publikationen veröffentlicht sowie ein Buch über bedeutende Ärzte (»Das medizinische Wien«, 1944). Er bemühte sich auch um das von ihm gegründete moderne Schwesternheim im Rudolfinerhaus. Ab 1948 war er Hg. der »Beiträge des Instituts für Geschichte der Medizin«. 1959–1962 war S. ÖVP-Abgeordneter zum Nationalrat. Zahlreiche Anekdoten, die über ihn als Arzt und Persönlichkeit kolportiert wurden, haben S. in der Öffentlichkeit populär gemacht.

**Schönberg, Arnold,** * 13. September 1874 in Wien, † 13. Juli 1951 in Los Angeles (USA), Komponist.

S., der als Schöpfer der Zwölftontechnik die Musik des 20. Jh.s entscheidend geprägt hat, entstammte einer armen jüdischen Familie. Nach dem Tod des Vaters mußte er die Realschule verlassen, arbeitete zunächst einige Jahre als Bankangestellter, ab etwa 1895 widmete er sich nur noch der Musik. Er war als Chorleiter tätig und 1901–1903 Dirigent im Kabarett »Überbrettl« von Ernst von Wolzogen in Berlin. Nach erfolgreicher Lehrtätigkeit und Tourneen gründete er nach seinem Kriegsdienst Ende 1918 den »Verein für musikalische Privataufführungen« zur Förderung zeitgenössischer Komponisten, um einen neuen Proben- und Aufführungsstil zu verwirklichen. 1926 übernahm S. die Leitung einer Klasse für Komposition an der Musikakademie in Berlin. 1933 emigrierte er in die USA, wo er als Prof. für Musik an der University of California tätig war.

Als Komponist Autodidakt, schrieb er zunächst tonale Werke im Stil der Spätromantik (»Gurrelieder«). Um 1908 wandte er sich einer expressionistischen freien Atonalität zu (Bühnenstücke: »Erwartung«, »Die glückliche Hand«, »Pierrot lunaire«). In seiner letzten Schaffensperiode, ab 1921, entwickelte er die Technik der »Komposition mit zwölf nur aufeinander bezogenen Tönen«, mit der er das traditionelle Dur-Moll-Schema völlig verließ. S. hat mit seiner »Zwölftonmusik«, darunter die Opern »Von Heute auf Morgen« (1928), »Moses und Aron« (1930–1932, unvollendet), die Streichquartette Nr. 3 und Nr. 4 sowie das Klavierkonzert op. 42, die abendländische Musik revolutioniert. Der bahnbrechende Komponist gilt heute als ein Klassiker der Moderne. Er hat auch musiktheoretische Schriften verfaßt, u. a. »Harmonielehre« (1911), »Grundlagen der musikalischen Komposition« (1948). Außerdem schuf er 1906–1911 mehr als 60 Gemälde und etwa 250 Zeichnungen und Aquarelle: Porträts, Karikaturen und Landschaften, die 1991 im Wiener Museum des 20. Jh.s zum erstenmal gezeigt wurden.

*Arnold Schönberg*

*Lit.:* W. Reich, A. S. oder die konservative Revolution (1968); N. Nono-Schoenberg (Hg.), A. S. Lebensgeschichte in Begegnungen (1991); T. Zaunschirm (Hg.), A. S. Das bildnerische Werk (1991).

**Schönburg-Hartenstein, Aloys,** * 21. November 1858 in Karlsruhe (Baden), † 20. September 1944 in Hartenstein (Sachsen), Offizier und Politiker.

S., der aus einer hochadeligen, reichsunmittelbaren Familie stammte, absolvierte die königlich-sächsische Kadettenschule in Dresden. 1878 machte er mit dem österr. Dragonerregiment Nr. 14 die Okkupation Bosniens und der Herzegowina mit. Nach dem Besuch der Kriegsschule in Wien wurde er als Militärattaché nach Berlin entsandt. 1897 in die Reserve versetzt, widmete er sich der Verwaltung der Familiengüter in Ö. Er wurde Herrenhausmitglied und Obmann der »Mittelpartei«, die das allgemeine Wahlrecht bekämpfte. Im 1. Weltkrieg kämpfte er an der Südfront und wurde mit dem Militär-Maria-Theresien-Orden ausgezeichnet. Im Jänner 1918 war S. (inzwischen General) gar als Führer einer Militärdiktatur im Gespräch. Er widmete sich dem Aufbau von Kameradschaftsverbänden und war an der Organisation der Heimwehren beteiligt. 1933 berief ihn Kanzler → Dollfuß als Staatssekretär für das Heerwesen. Im Februar 1934 stand das im Einsatz befindliche Bundesheer unter seinem Kommando. Im Juni 1934 schied er aus dem Ressort, da er mit → Fey und → Starhemberg in Konflikt geraten war. Danach trat er nur mehr als Befürworter der Aufhebung der »Habsburger-Gesetze« in Erscheinung. Am Rande war er auch in die Affäre um die Versicherungsgesellschaft »Phönix« verwickelt.

**Schönherr, Dietmar (eigtl. Dietmar Edler von Schönleiten),** * 17. Mai 1926 in Innsbruck, Schauspieler, Regisseur, Talk- und Quizmaster.

Der Sohn eines Berufsoffiziers maturierte in Potsdam. In Berlin und Innsbruck nahm er Schauspielunterricht und gab 1943 in dem Film »Junge Adler« sein Filmdebüt. Nach Kriegsdienst und Gefangenschaft arbeitete er 1945 bei einem Tiroler Bauern; ein Architekturstudium ab 1946 in Innsbruck blieb ohne Abschluß. Statt dessen arbeitete S. als Rundfunksprecher, Reporter und Regisseur bei Radio Innsbruck und ging schließlich als Hörfunkdramaturg zum Westdeutschen Rundfunk nach Köln, wo er zahlreiche Sendungen moderierte. Bekannt wurde er durch seine Tätigkeit im TV als Conférencier und Talkmaster, als Gestalter von Serien wie »Apropos Film« oder »Du und ich« sowie der Quiz-Reihen »Wünsch Dir was« und »4 + 4 = Wir«, in denen auch seine Frau, die dänische Schauspielerin und Sängerin Vivi Bach, mitwirkte. S. war zudem als Synchronsprecher sowie als Schlagersänger tätig. Im Film spielte er zunächst unbekümmerte Naturburschen (»Wintermelodie«) und jugendliche Liebhaber (»Bonjour Kathrin«), wechselte aber dann zum Charakterfach über (»Schachnovelle«, »Raffl«). Unter seiner Regie entstand der Antikriegsfilm »Kain« (1970). Anfang der 80er Jahre engagierte sich S. in der Friedensbewegung.

**Schönherr, Karl,** * 24. Februar 1867 in Axams (T), † 15. März 1943 in Wien, Arzt und Dramatiker.

Der früh verwaiste Sohn eines Lehrers studierte in Innsbruck und Wien Medizin und war bis 1905 in Wien als Arzt tätig. Danach lebte er als freier Schriftsteller. Er schrieb humorvolle, volkstümliche Lyrik und Erzählungen, wandte sich aber dann dem Drama zu. Für sein Stück »Erde« (1907) erhielt er den Bauernfeld-Preis, mit »Der Weibsteufel« (1915) gelang ihm der Durchbruch. Es folgten u. a. »Frau Suitner« (1916), »Kindertragödie« (1919), »Herr Doktor, haben Sie zu essen?« (1930) und »Passionsspiel« (1933). Die naturalistischen, heimatverbundenen Dramen in Tiroler Volksstück-Tradition sind meisterhaft konstruiert; die Handlung ist auf das Wesentliche reduziert, die Gestalten sind wortkarg und herb. Die Stücke wurden in mehrere Sprachen übersetzt und nach dem 2. Weltkrieg z. T. verfilmt.

*Lit.:* K. Paulin, K. S. (1950).

**Schönherr, Max,** * 23. November 1903 in Maribor/Marburg (Slowenien), † 13. Dezember 1984 in Baden bei Wien, Dirigent und Komponist.

Der Musiker studierte in Graz und begann seine Laufbahn als Kapellmeister am Grazer Opernhaus. 1929 kam er nach Wien, wo er an mehreren Bühnen beschäftigt war. Ab 1931 leitete er das Große Wiener Rundfunkorchester, eine Tätigkeit, die ihm zur Lebensaufgabe wurde und in deren Verlauf er zahllose Sendungen bestritt. Er machte auch unzählige Plattenaufnahmen, v. a. mit klassischer Wiener Unterhaltungsmusik, spielte aber auch Opern und Symphonien ein. Nach seiner Pensionierung promovierte S. 1973 an der Wiener Universität mit einer Dissertation über C. M. Ziehrer und widmete sich musikwissenschaftlicher Arbeit. Er war ein profunder Kenner des Werkes von Johann Strauß Vater, gab das Werkverzeichnis von Johann Strauß Sohn heraus und veröffentlichte das Buch »Das Jh. des Walzers«. Als Komponist schuf S. Kammermusik, Orchesterwerke, Klavierstücke, Lieder und eine Oper. Bekannt wurde er mit dem Ballett »Hotel Sacher« (1957), das in Wien in der Staatsoper wie in der Volksoper mit großem Erfolg aufgeführt wurde.

**Schönthal, Otto,** * 10. August 1878 in Wien, † 31. Dezember 1961 in Wien, Architekt.

S. studierte bei Otto Wagner an der Akademie der bildenden Künste. 1923–1925 war er Präsident der Wiener Künstlergenossenschaft, 1930–1932 Präsident der Zentralvereinigung der Architekten. Bereits 1912 errichtete er die noch heute bestehende Tribünenanlage des Trabrennvereins im Prater. 1926 erbaute er gemeinsam mit Emil Hoppe die Friedensbrücke. Im Auftrag der Gemeinde Wien entstand die Wohnhausanlage in Sandleiten in Ottakring. 1938–1945 mußte er im Exil leben, er wandte sich zunächst in die Schweiz und dann nach Jugoslawien.

**Schönwald, Rudolf,** * 30. Juni 1928 in Hamburg, Zeichner, Illustrator und Maler.

S. wuchs in Salzburg auf und studierte in Wien an der Akademie der bildenden Künste bei Josef → Dobrowsky. Der sehr eigenständige Künstler hat sich v. a. als Zeichner und Graphiker profiliert. Mit seinem »Goks«, einer von ihm geschaffenen Kunstfigur, entstanden ironisch-reflektierende Comic strips. Er schuf Illustrationen zu Werken von Voltaire, Defoe, Rabelais und einen Graphikzyklus zu Alfred Jarrys grotesksatirischem Bühnenstück »König Ubu«, in dem er die Untaten Ubus in wilden Bildgeschichten schildert. Es folgten Illustrationen zu King-Kong, dann realistische Zeichnungen. S. ist Mitglied der Wiener Secession.

*Lit.:* R. S. Zeichnungen und Druckgraphik (Katalog Landesgalerie im Schloß Esterházy, 1976).

**Schönwiese, Ernst,** * 6. Jänner 1905 in Wien, † 4. April 1991 in Wien, Lyriker, Hörspielautor und Essayist.

S. studierte Jus, Philosophie und Germanistik in Wien und arbeitete zunächst als Redakteur und Volkshochschuldozent. 1945 übernahm er die Leitung der literarischen Abteilung des Senders »Rot-Weiß-Rot« in Salzburg, 1954–1970 war er Leiter der Rundfunkabteilung für Literatur und Hörspiel in Wien. In diesem Amt erwarb er sich große Verdienste um die Förderung junger dichterischer Talente. Er gab mehrere literarische Zeitschriften (u. a. »Das Silberboot«, 1935/36 und 1946–1952) und Anthologien (»Österr. Lyrik nach 1945«, 1960) heraus und war 1972–1978 Präsident des österr. PEN-Clubs. Das Werk des feinsinnigen, gebildeten Schriftstellers, das in Form und Sprache der klassischen Tradition verpflichtet ist, umfaßt zahlreiche Gedichtbände (u. a. »Ausfahrt und Wiederkehr«, 1947, »Requiem in Versen«, 1953) und Hörspiele (»Eduard und das Mädchen«, 1945, »Fiorenza«, 1948). S. war auch ein einfühlsamer Übersetzer indischer, japanischer und chinesischer Lyrik.

**Schranz, Karl,** * 18. November 1938 in St. Anton am Arlberg (T), Skirennläufer und Hotelier.

S. stand schon als Kind auf den Skiern. Er wurde mit 17 Jahren Mitglied der österr. Nationalmannschaft und erreichte durch Disziplin und hartes Training den Rang eines Siegläufers. Der tollkühne Abfahrer gewann 13 Weltcup-Einzelrennen, zweimal den Gesamtweltcup (1969, 1970) und drei Weltmeistertitel. 1968 wurde bei den Olympischen Spielen in Grenoble sein Siegeslauf unter fragwürdigen Umständen annulliert, 1972 schloß das Internationale Olympische Komitee den damals erfolgreichsten Skiläufer der Welt wegen angeblichen Verstoßes gegen den Amateurstatus von der Teilnahme an der Olympiade in Sapporo aus. Diese Entscheidung rief in Ö. eine Medienkampagne bislang ungekannten Ausmaßes hervor, deren Folgen an Massenhysterie grenzten. Dem frühzeitig heim-

Karl Schranz

kehrenden Sportler bereiteten unüberschaubare Menschenmengen einen triumphalen Empfang, der sich zu teils grotesken, teils gespenstischen Auswüchsen verstieg. S. lebt heute als Hotelier in seinem Heimatort St. Anton.

**Schreiber, Hermann,** * 4. Mai 1920 in Wiener Neustadt (NÖ), Schriftsteller.

Der Sohn eines Buchhändlers studierte nach der Matura Germanistik, Philosophie und Geschichte (Promotion: 1944). Er arbeitete 1945–1947 als Verlagsleiter, dann als Redakteur und ab 1949 als Chefredakteur im französischen Informationsdienst. Wegen seiner Kritik an der französischen Indochinapolitik in seinem Roman »Sturz in der Nacht« (1951) entlassen, entschloß er sich zur freiberuflichen Schriftstellertätigkeit. Sein äußerst umfangreiches Werk umfaßt Romane, Novellen, Reise- und Jugendbücher, kulturhistorische Werke und Hörspiele. Er gilt als Meister des kultivierten historischen Romans und des Sachbuchs. S. ist auch als Übersetzer tätig. Auch sein jüngerer Bruder, Georg S., trat als Schriftsteller hervor; er verfaßte zahlreiche Jugendbücher (u. a. »Die X. Legion«, 1957) und Sachbücher mit geschichtlicher Thematik.

*Werke:* »Kaiserwalzer« (1976), »König Attila« (1983), »Auf Römerstraßen durch Europa« (1985), »Marie Antoinette, die unglückliche Königin« (1988).

**Schreiner, Liselotte,** * 19. Juni 1909 in Prag, † 15. Februar 1991 in Wien, Kammerschauspielerin.

S. erhielt ihre Ausbildung in Weimar und begann ihre Karriere am Stadttheater Hamburg und an der Berliner Volksbühne. Am Wiener Burgtheater debütierte sie 1937 und blieb bis zu ihrer Pensionierung 1973 Ensemblemitglied. Die Trägerin des Grillparzer-Ringes war eine hervorragende Tragödin und große klassische Charakterdarstellerin (z. B. als Elisabeth in »Maria Stuart«), überzeugte jedoch ebenso in modernen Dramen.

**Schreyvogl, Friedrich,** * 17. Juli 1899 in Wien-Mauer, † 11. Jänner 1976 in Wien, Lyriker, Dramatiker und Erzähler.

Der Jurist und Staatswissenschaftler war zunächst im Verlagswesen tätig. Ab 1927 war er Prof. für Literatur an der Hochschule für Musik und darstellende Kunst in Wien. 1935–1938 arbeitete er als Konsulent der Bundestheaterverwaltung, 1953/54 war er Chefdramaturg am Theater in der Josefstadt, 1954–1959 Vizedirektor und ab 1959 Chefdramaturg des Burgtheaters. Zugleich einer der meistgespielten »Burg«-Autoren, blieb S. stets bescheiden im Hintergrund. Sein umfangreiches schriftstellerisches Werk umfaßt Lyrik, Prosa, Dramen und Essays. Außerdem arbeitete S. als Übersetzer, verfaßte Drehbücher und Operntexte und gab die »Gesammelten Werke« Grillparzers (1957) und Raimunds (1960) heraus. Sein lyrisches Hauptwerk, der Gedichtzyklus »Die geheime Gewalt«

(1928), ist ein Hymnus auf das schöpferische Wort. Sein erfolgreichstes Stück ist die in der Zeit Marc Aurels spielende Komödie »Die kluge Wienerin« (1941). Als sein episches Hauptwerk bezeichnete er selbst den Wallenstein-Roman »Der Friedländer« (1943).

*Weitere Werke:* »Johann Orth« (Drama, 1928; Titel ab 1933: »Die Habsburgerlegende«), »Eine Schicksalssymphonie« (Roman, 1941), »Der Kaiser von Peru« (Drama, 1959).

*Lit.:* V. Suchy, F. S., ein österr. Dichter (1958).

**Schrödinger, Erwin,** * 12. August 1887 in Wien, † 4. Jänner 1961 in Wien, Mathematiker und Physiker.

*Erwin Schrödinger*

S. studierte 1906–1910 in Wien Mathematik und Physik. Er dissertierte »Über eine Leitung der Elektrizität auf der Oberfläche von Isolatoren an feuchter Luft«. Danach arbeitete er als Universitätsassistent. 1914 habilitierte er sich mit einer Arbeit über Kinetik der Dielektrika. Im 1. Weltkrieg war er als Artillerieoffizier an der Südfront eingesetzt. 1919 erhielt er einen Ruf nach Jena, 1920/21 lehrte er an der Technischen Hochschule Stuttgart, danach in Breslau und 6 Jahre in Zürich. Hier entstand aus der Zusammenarbeit mit dem Mathematiker Hermann Weyl die Lehre von der Wellenmechanik, die dem Physiker 1933, gemeinsam mit Paul Dirac, den Nobelpreis »für die Entdeckung neuer produktiver Formen der Atomtheorie« einbrachte. Wegen seiner bedeutenden wissenschaftlichen Leistungen war er schon 1927 als Nachfolger von Max Planck an die Universität Berlin berufen worden. Nach der Machtergreifung der Nationalsozialisten, als die von S. mitbegründete moderne Physik dort als »undeutsch« abgelehnt wurde, ging er nach Oxford, 1936 nach Graz. Nach dem Einmarsch der Deutschen in Ö. 1938 fristlos entlassen, emigrierte er überstürzt nach Italien und schließlich nach Dublin, wo er ein »Institut für Fortgeschrittene Studien« gründete. Er widmete sich nun vermehrt der Biophysik. S. vermutete, daß die Verschlüsselung der Erbinformation in der Struktur der Gene zu finden wäre. Erst 1950/51 kam er erstmals wieder nach Ö., und zwar für eine Gastprofessur in Innsbruck. 1956 übernahm er die für ihn persönlich geschaffene 2. Lehrkanzel für Theoretische Physik an der Wiener Universität. Er nahm auch regelmäßig an den Hochschulwochen in Alpbach teil. 1958 wurde er emeritiert. S., ein polyglotter Lehrer, der seine Vorlesungen ebenso in Englisch, Französisch und Spanisch hielt, war universell gebildet und beschäftigte sich intensiv mit Philosophie sowie mit Übersetzungen; er schrieb auch Gedichte.

**Schuba, Trixi (Beatrix),** * 15. April 1951 in Wien, Eiskunstläuferin.

Die Tochter einer Unternehmerin absolvierte die kaufmännische Fortbildungsschule in Wien. Schon als 4jährige begann sie mit dem Eiskunstlauf. 1967–1972 wurde sie en suite 6mal österr.

Staatsmeisterin, 1971 und 1972 gewann sie die Europa- und die Weltmeisterschaft, 1971 die WM mit der besten Pflichtnote, die je vergeben wurde. 1972 holte sie sich in Sapporo (Japan) die olympische Goldmedaille. Nach dem Abschluß ihrer erfolgreichen Karriere war die Eiskunstläuferin bei »Holiday on Ice« Revuestar. Später wurde sie Versicherungsangestellte.

**Schuh, Oscar Fritz,** * 15. April 1904 in München, † 22. Oktober 1984 in Großgmain (S), Regisseur und Theaterdirektor.

S., der lange in Ö. lebte und arbeitete, hat der Musik- und Theaterkultur des Landes entscheidende Impulse verliehen. Gemeinsam mit dem Bühnenbildner Caspar → Neher und den Dirigenten Josef → Krips und Karl → Böhm schuf er den legendären »Wiener Mozart-Stil«, der mit seiner Einfachheit der äußeren Mittel und der Konzentration auf die handelnden Figuren bis in die 60er Jahre die Opernaufführungen prägte. Für die Salzburger Festspiele entwickelte der große Regisseur, dessen Arbeit eine geglückte Kombination von Spielfreude und Intelligenz kennzeichnete, eine eigene »Salzburger Dramaturgie«, in die er auch zeitgenössisches Schaffen einbezog. Seine Inszenierungen (u. a. »Così fan tutte«, Strindbergs »Traumspiel«, »Wozzeck«) gingen in die Bühnengeschichte ein. Nach seiner Tätigkeit für die Festspiele leitete er alljährlich das »Salzburger Straßentheater« und das »Fest in Hellbrunn«. Der Theatermann hatte seine Karriere am Bayerischen Landestheater begonnen. Über Oldenburg, Osnabrück, Darmstadt, Gera, Prag und Hamburg kam er 1940 nach Wien. 1953–1958 leitete er das Theater am Kurfürstendamm in Berlin, 1959–1962 die Kölner Bühnen, 1963–1968 das Deutsche Schauspielhaus in Hamburg in der Nachfolge von Gustav Gründgens.

**Schullern, Heinrich,** * 17. April 1865 in Innsbruck, † 16. Dezember 1955 in Innsbruck, Arzt und Schriftsteller.

Nach Abschluß seines Medizinstudiums in Innsbruck, Graz und München ließ sich S. als praktischer Arzt in Innsbruck nieder. 1894 gab er seine Praxis auf und trat in die k. u. k. Armee ein. Er wirkte als Chefarzt der Militärakademie, im 1. Weltkrieg war er zuletzt Generalarzt. 1918 ging er in Pension. Danach lebte er als freier Schriftsteller in Innsbruck, in seinen Romanen beschäftigte er sich mit der Geschichte Tirols.

*Werke:* »Im Vormärz der Liebe« (1900), »Jungösterreich« (1910), »Berggenossen« (1914), »Kleinod Tirol« (1927), »Boccaccio auf Schloß Tirol« (1932), »Erinnerungen eines Feldarztes aus dem Weltkrieg« (1934), »Der Herzog mit der leeren Tasche« (1947).

**Schüller, Richard,** * 28. Mai 1870 in Brno/Brünn (Mähren), † 14. Mai 1972 in Georgetown (USA), Wirtschaftsfachmann.

Der Sohn einer Textilindustriellenfamilie studierte Jus in Wien (Promotion: 1892). Der Schüler Carl Mengers, der im Seminar auch Otto → Bauer kennen- und schätzen lernte, war schon während seines Studiums als Journalist tätig, wobei sein Interesse v. a. der Nationalökonomie galt. 1899 habilitierte er sich für Nationalökonomie an der Wiener Universität, 1906 wurde er a. o. Prof., eine o. Professur wurde ihm wohl wegen seiner jüdischen Herkunft versagt. Nach Studienaufenthalten in Paris und London arbeitete er 1897 im nö. Gewerbeverein. 1898 kam er ins Handelsministerium, wo er in einer großartigen Karriere bis 1917 zum Sektionschef avancierte. Als Experte für Handelspolitik holte ihn Otto Bauer 1918 ins Staatsamt des Äußeren. S. vertrat Ö. während der Ersten Republik bei allen wichtigen internationalen Konferenzen, in Brest-Litowsk (1918), in St-Germain (1919) und bei Völkerbundtagungen in Genf. Obwohl mit führenden Sozialdemokraten befreundet (er selbst hat sich nie parteipolitisch deklariert), genoß S. auch das Vertrauen der christlichsozialen Regierungschefs. Im Juli 1938 mußte er Ö. fluchtartig verlassen. Er wandte sich zunächst nach Italien, wo ihn Mussolini als alten Freund willkommen hieß, ging nach London und dann in die USA, wo er an den Versuchen der österr. Emigration, eine Exilregierung zu bilden, Anteil nahm. Er wurde auch von der US-Politik als Berater für europäische Fragen herangezogen. 1940–1952 lehrte er an der New School for Social Research. 1945 wollte ihn → Renner als österr. Gesandten in den USA ernennen, doch S. lehnte – auch wegen seines hohen Alters – ab.

*Werke:* »Die klassische Nationalökonomie und ihre Gegner« (1895), »Die Wirtschaftspolitik der Historischen Schule« (1899), »Schutzzoll und Freihandel« (1905).

**Schulmeister, Otto,** * 1. April 1916 in Wien, Journalist.

Der Sohn eines Regierungsrats studierte in der Zwischenkriegszeit Staatswissenschaften und Nationalökonomie und arbeitete dann bei »Südost-Echo« und »Europa-Kabel«. Während des 2. Weltkriegs leistete er Kriegsdienste, u. a. am Balkan, und geriet in britische Kriegsgefangenschaft. Nach seiner Heimkehr 1946 begann er als außenpolitischer Redakteur bei der Zeitung »Die Presse«, der er bis zur Pensionierung die Treue hielt; 1961–1976 war er Chefredakteur, 1976–1989 Herausgeber. In den 60er Jahren wollte ihn Bundeskanzler → Klaus zum Unterrichtsminister machen, doch lehnte er ab. S. war auch als Chefredakteur der Zeitschrift »Wort und Wahrheit«, gemeinsam mit Otto → Mauer, tätig. Außerdem wirkte er als Mitarbeiter der »Wochenpresse« und als Herausgeber der Bücher »Spectrum Austriae« (1957) und »Imago Austriae« (1963). Besonders populär wurde der Grandseigneur des Journalismus durch die Fernsehsendung »Diskussion der Chefredakteure«. Provokant und kompromißlos vertrat er seine Standpunkte auch als Kommentator in seiner Zeitung.

*Werke:* »Die Zukunft Ö.s« (1967), »Die Welt, die wir verlassen« (1970), »Die erschöpfte Revolution« (1978), »Der zweite Anschluß« (1979).

**Schumacher, Josef,** * 14. November 1894 in Wien, † 11. Juni 1971 in Innsbruck, Agrarfachmann und Politiker.

Der Sohn des Senatspräsidenten und christlichsozialen Abgeordneten Franz S. besuchte das Gymnasium in Wien und Triest und studierte in Innsbruck, wo er sich der Studentenverbindung »Austria« anschloß. 1914–1918 leistete er Kriegsdienst, anschließend beendete er sein Jusstudium in Wien (Promotion: 1920). Er trat als Konzeptspraktikant in den Dienst der Tiroler Landesregierung und avancierte über die Landesagrarbehörde und die Bezirkshauptmannschaft Kufstein zum Bezirkshauptmann von Landeck. 1934 wurde er Mitglied der Landesregierung, 1935 Landeshauptmann von Tirol. Die »Vaterländische Front« allerdings hatte sich gegen den parteilosen Beamten ausgesprochen. S. war auch Mitglied des Länderrates. 1938 wurde er von den Nationalsozialisten abgesetzt und kurz inhaftiert. 1944 neuerlich verhaftet, wurde er 1945 zum Volkssturm eingezogen und schließlich von italienischen Partisanen gefangengenommen. 1947 trat er wieder in den Dienst des Landes, 1958/59 war er Landesamtsdirektor.

**Schumpeter, Joseph Alois,** * 8. Februar 1883 in Třešt/Triesch (Mähren), † 8. Jänner 1950 in Taconic (USA), Nationalökonom und Wirtschaftstheoretiker.

S. war einer der bedeutendsten Wirtschaftswissenschaftler des 20. Jh.s. Der Sohn eines Tuchfabrikanten studierte nach dem Besuch des Theresianums Rechtswissenschaften und Volkswirtschaftslehre in Wien (Dr. iur.: 1906). Nach Erscheinen seiner Arbeit »Das Wesen und der Hauptinhalt der theoretischen Nationalökonomie« (1908) wurde der von Eugen Böhm-Bawerk geförderte junge Wissenschaftler 1909 an die Universität Czernowitz berufen. 1911–1921 war er in Graz Univ.-Prof. 1919 wirkte er – wenig erfolgreich – als Finanzminister, danach übernahm er die Leitung der Biedermann-Bank; als diese 1924 in Konkurs ging, verlor S. sein gesamtes Vermögen. So nahm er gerne 1925 eine

*Joseph Schumpeter*

Professur in Bonn an. Ab 1932 war er bis zu seinem Tod Prof. in Harvard. 1937 wurde er erster Präsident der »Econometric Society«, 1948–1950 stand er an der Spitze der »American Economic Association«. Ausgehend von der Grenznutzenschule entwickelte S. eine Theorie der wirtschaftlichen Dynamik, die aus den Komponenten Innovation, der Person des »Entrepreneurs« und der Position der Banken besteht. Er zweifelte an der Überlebensfähigkeit des Kapitalismus, da dieser eine kritische Geisteshaltung erzeuge, die ihn zugleich in Frage stelle. S. hat allerdings die Steuerungsmöglichkeiten des kapitalistischen Systems unterschätzt.

*Lit.:* E. Schneider, J. A. S. – Leben und Werk eines großen Sozialökonomen (1970).

**Schumy, Vinzenz,** * 28. Juli 1878 in Saak bei Arnoldstein (K), † 13. Dezember 1962 in Wien, Agrarfachmann und Politiker.

S. absolvierte ein Fach- und Hochschulstudium für Agrarwirtschaft und begann als Assistent an der Ackerbauschule in Klagenfurt zu unterrichten. 1904–1911 leitete er die Landwirtschaftliche Schule in Völkermarkt, bis Ende des 1. Weltkriegs war er als Landestierzuchtinspektor tätig. Nach dem Krieg beteiligte er sich am Kärntner Abwehrkampf und leitete den Heimatdienst. Als Experte für die Kärntner Frage war er auch Mitglied der österr. Delegation bei den Verhandlungen in St-Germain. 1919–1923 war er Präsident der Kärntner Landwirtschaftskammer. Bereits nach dem 1. Weltkrieg betätigte er sich auch politisch und war bis 1938 Landtagsmandatar der »Agrarpartei«. Der »Landbund für Ö.«, eine agrarische Standespartei, delegierte ihn 1929 als Innenminister ins Kabinett (bis 1933). Während der NS-Zeit blieb S. unbehelligt. 1945 trat er der ÖVP bei und fungierte kurz als Staatssekretär für Vermögenssicherung und Wirtschaftsplanung. 1945–1949 hatte er auch ein Nationalratsmandat inne. 1948 wurde er zum Vizepräsidenten des Verbands der Europäischen Landwirtschaft gewählt, außerdem war er Generalanwalt des Raiffeisenverbands.

*Werke:* »Das ländliche Siedlungsproblem« (1947), »Genossenschaftswesen und Privatwirtschaft« (1949), »Kampf um Kärntens Einheit und Freiheit« (1950).

**Schuppich, Walter,** 22. März 1921 in Wien, Rechtsanwalt.

S., der eigentlich Musiker werden wollte und auch einige Semester Psychologie und Medizin absolvierte, studierte in Wien Jus (Promotion: 1943). 1949 eröffnete er in Wien eine Anwaltskanzlei und hatte bald eine prominente Klientel. Er wurde auch in der Standesvertretung der Anwälte aktiv. Seit 1969 Kammerpräsident, trat S. für ein strenges Disziplinarrecht des Standes ein und wandte sich gegen jeden Versuch, es zu lokkern. Seit 1979 ist er auch Präsident des Rechtsanwaltskammertages. Daneben hat S. in den letzten 20 Jahren die Rechtspolitik maßgeblich mitgestaltet, seine Mitarbeit beim Strafrecht, bei der Strafprozeßordnung und beim Familienrecht ist bedeutend. Er ist rechtsfreundlicher Vertreter einiger prominenter Politiker.

**Schürff, Hans,** * 12. Mai 1875 in Mödling (NÖ), † 27. März 1939 in Wien, Wirtschaftsfachmann und Politiker.

S., dessen Vater ein Transportgeschäft und eine Landwirtschaft bei Mödling besaß, absolvierte die Handelsakademie und studierte Jus in Wien. Danach trat er in die väterliche Speditionsfirma ein und betätigte sich auch politisch. 1911 wurde er als Vertreter der Deutschnationalen im Wahlkreis Baden in den Reichsrat gewählt. Nach Kriegsdienst im 1. Weltkrieg wurde er führendes Mitglied der 1920 gegründeten Großdeutschen Volkspartei und schließlich Parteiobmann. 1923–1929 war er Handelsminister, 1930–1932 Justizminister. Bis 1930 hatte er auch ein Nationalratsmandat inne, außerdem war er Bürgermeister von Mödling. Als → Dollfuß 1932 versuchte, die Großdeutschen für eine Unterstützung seines Kabinetts zu gewinnen, bot er S. den Berliner Gesandtenposten an, den dieser jedoch namens seiner Partei wegen Geringfügigkeit ablehnte.

*Kurt Schuschnigg*

**Schuschnigg, Kurt,** * 14. Dezember 1897 in Riva (Italien), † 18. November 1977 in Mutters (T), Jurist und Politiker.

Der Sohn einer altösterr. Offiziersfamilie besuchte das Jesuitengymnasium »Stella Matutina« in Feldkirch. Nach Kriegsdienst und Gefangenschaft studierte er ab 1919 Jus in Innsbruck. Danach eröffnete er eine Rechtsanwaltskanzlei und wurde in der Christlichsozialen Partei aktiv. 1927 zog er als Ö.s jüngster Abgeordneter in den Nationalrat ein (bis 1934). 1930 gründete er gemeinsam mit einem Lehrer in Innsbruck die »Ostmärkischen Sturmscharen«, einen christlichen Wehrverband. 1932 wurde er Justizminister, 1933 auch Unterrichtsminister. Im Februar 1934 war er der verantwortliche Justizminister, der sich weigerte, dem Bundespräsidenten Begnadigungsgesuche für zum Tode verurteilte Februar-Kämpfer vorzulegen. Im selben Jahr wurde er Bundeskanzler. Er erklärte, den Kurs seines Vorgängers → Dollfuß fortsetzen zu wollen, allerdings gelang es ihm nicht, die Ständestaatsverfassung völlig in die Tat umzusetzen, auch sein Verhältnis zu dem italienischen Diktator Mussolini entwickelte sich nicht zum Besten. S. geriet immer mehr unter den Druck der Nationalsozialisten, was schließlich zum Abschluß des sogen. Juliabkommens von 1936 mit dem Dritten Reich führte. Innenpolitisch gelang es ihm, den Einfluß der Heimwehren zurückzudrängen und die Führung der »Vaterländischen Front« an sich zu ziehen. Durch die Einführung der allgemeinen Wehrpflicht konnte er auch die Wehrverbände ausschalten. Doch seine unversöhnliche Haltung gegenüber der Sozialdemokratie, seine offenkundige Unterstützung der Legitimisten und seine Idee von der Schaffung eines »Heiligen Römischen Reiches, das alle Deutschen umfaßte«, isolierten ihn in Westeuropa und schwächten seine Position gegenüber Hitler-Deutschland. Die Unterredung mit Hitler am 12. Februar 1938 in Berchtesgaden, die von diesem geforderte Heranziehung nationaler Politiker wie → Seyss-Inquart sowie die überstürzt angekündigte Volksbefragung für den 13. März

1938 über Ö.s Unabhängigkeit konnten aus der hoffnungslosen Situation nicht herausführen. Am 11. März 1938 trat S. unter dem Druck deutscher Drohungen zurück, wurde von der Gestapo verhaftet. Zunächst plante das neue Regime einen Schauprozeß, doch wurde er dann in verschiedene KZs eingeliefert. 1945 wurde er von den Amerikanern aus einem Lager in Südtirol befreit. 1948 ging er von Italien in die USA, wo er an der Universität von St. Louis Staatsrecht lehrte. 1967 kehrte er nach Ö. zurück.

*Werke:* »Dreimal Ö.« (1937), »Ein Requiem in Rot-Weiß-Rot« (1946), »Im Kampf gegen Hitler« (1969).

*Lit.:* F. Weissensteiner/E. Weinzierl, Die österr. Bundeskanzler (1983); A. Hopfgartner, K. v. S. Ein Staatsmann im Kampf gegen Hitler (1988).

**Schüssel, Wolfgang,** * 7. Juni 1945 in Wien, Jurist und Politiker.

Nach der Matura am Wiener Schottengymnasium studierte S. an der Universität Wien Rechtswissenschaften (Promotion: 1968). Danach wurde er Klubsekretär der ÖVP im Parlament, 1975 Generalsekretär des Wirtschaftsbundes. Ab 1979 im Nationalrat, profilierte er sich als Wirtschaftsfachmann. 1987 wurde er stellvertretender Klubobmann und stellvertretender Obmann im Finanzausschuß, 1989 Bundesminister für wirtschaftliche Angelegenheiten. S. ist Herausgeber einer Reihe von Büchern zu Demokratie- und Wirtschaftsfragen.

**Schuster, Helmut,** * 25. April 1932 in Wien, Manager.

Nach dem Studium an der Wirtschaftsuniversität in Wien (Dkfm., Promotion: 1955) absolvierte der Beamtensohn Praxisjahre bei verschiedenen Firmen. 1957 trat er bei IBM Austria ein, 1974/75 leitete er IBM Europe in der ehem. Sowjetunion. 1977 wurde er stellvertretender Generaldirektor. Danach übernahm er 1978 eine führende Position bei der Hirtenberger Patronenfabrik. 1981 erwarb er gemeinsam mit seinem Bruder eine Wiener Großbäckerei, die er zum heimischen Branchenführer machte und zur modernsten Bäckerei Europas ausbaute. Der Betrieb notiert an der Börse. Dies gelang durch eine entscheidende Verbreiterung der Produktpalette, wobei moderne Ernährungsgewohnheiten ins Kalkül gezogen wurden.

**Schütte-Lihotzky, Grete,** * 23. Jänner 1897 in Wien, Architektin.

Die Tochter eines österr. Staatsbeamten studierte als einzige Frau an der Wiener Kunstgewerbeschule bei Oskar → Strnad und Heinrich Tessenow. 1917 wurde ihr Entwurf für eine Küche mit dem Max-Mauthner-Preis ausgezeichnet, 1919 gewann sie den Lobmeyr-Preis. S. begann für Adolf → Loos zu arbeiten, wobei sie sich für die Siedlerbewegung und den sozialen Wohnbau interessierte. Sie wirkte in Wien bei der Gestaltung des Winarsky-Hofes mit. 1926 berief sie der Frankfurter Baustadtrat Ernst May nach Frankfurt, wo sie mit dem Entwurf der »Frankfurter Küche« international Aufmerksamkeit erregte. Ihr Entwurf, der allen funktionellen Ansprüchen optimal entsprach, entstand nach Studien der Abläufe von Haushaltsarbeit. Auf einer Grundfläche von 6,5 Quadratmetern wurde, nach dem damaligen Stand der Technik, alles Nötige billig und praktisch untergebracht. Mit dem gesamten Frankfurter Team folgten S. und ihr Mann May in die Sowjetunion, wo S. Kindergärten und Siedlungsbauten errichtete und sich an stadtplanerischen Unternehmungen beteiligte. 1938 erhielt sie eine Berufung an die Bauakademie nach Istanbul. 1940 ging sie, inzwischen KPÖ-Mitglied, mit einem politischen Auftrag nach Wien. Sie wurde verhaftet und verbrachte 4 Jahre im Gefängnis. Nach dem 2. Weltkrieg baute sie nur zwei Kindergartenpavillons, ansonsten hatte sie in der Ära des kalten Krieges praktisch Berufsverbot.

*Werke:* »Wie kann man durch richtigen Wohnbau der Frau Arbeit sparen?« (1925), »Erinnerungen aus dem Widerstand 1938–1945« (1985).

**Schutting, Julian (vormals Jutta),** * 25. Oktober 1937 in Amstetten (NÖ), Schriftsteller.

Als Tochter eines Tierarzts geboren, spezialisierte sich S. an der Wiener Graphischen Lehr- und Versuchsanstalt auf Fotografie, holte 1959 die Reifeprüfung nach und unterrichtete nach dem Studium (Lehramtsprüfung: 1965) Geschichte und Deutsch. Ab 1973 Mitglied der Grazer Autorengemeinschaft, trat S. 1973 mit dem Lyrikband »In der Sprache der Inseln« und der Erzählung »Baum in O« hervor – Texte, die sich, wie auch die folgenden, über das tradierte Verständnis von Sprache und Erzähltechnik hinwegsetzen und daher nicht leicht zugänglich sind. Inhaltlich greifen die Texte immer wieder Mißstände der Freizeitgesellschaft auf, die mit Sprachwitz und Ironie beschrieben werden. S., die 1989 eine Geschlechtsumwandlung vornahm, zählt zu den bedeutenden Persönlichkeiten der österr. Gegenwartsliteratur.

*Weitere Werke:* »Tauchübungen« (Prosa, 1974), »Stekkenpferde« (1977), »Am Morgen vor der Reise« (Roman, 1978), »Liebesgedichte« (1982), »Zuhörerbehelligungen. Vorlesungen zur Poetik« (1990), »Wasserfarben« (Prosa, 1991).

**Schütz, Franz,** * 15. April 1892 in Wien, † 19. Mai 1962 in Wien, Organist.

Nach einem Musikstudium in Wien wurde S. nach dem 1. Weltkrieg Prof. an der Musikakademie, 1938–1945 war er ihr Präsident. Der große Orgelvirtuose besaß ein reiches Repertoire, das von der alten Musik bis zur Moderne reichte. Nach dem 2. Weltkrieg war er Präsident der Gesellschaft der Musikfreunde.

**Schwaiger, Brigitte,** * 6. April 1949 in Freistadt (OÖ), Schriftstellerin.

Die Arzttochter, die in Wien und Madrid eine Zeitlang Psychologie, Germanistik und Romanistik studierte, war 1968–1972 mit einem spanischen Offizier verheiratet. Dann kehrte sie aus Spanien zurück, besuchte 1972/73 die Pädagogische Akademie in Linz, war als Verlagslektorin und Übersetzerin tätig und entschloß sich 1976, als freie Schriftstellerin zu leben. Ihr erster Roman, »Wie kommt das Salz ins Meer« (1977), in dem sie in einer ironisch gebrochenen, aber klaren Sprache das Scheitern einer Ehe beschreibt, wurde ein Bestseller. An diesen durchschlagenden Erfolg konnten ihre weiteren Werke, darunter Auseinandersetzungen mit ihrer Kindheit, mit ihrem Vater und mit dem Antisemitismus, allerdings nicht mehr heranreichen.

*Weitere Werke:* »Mein spanisches Dorf« (1978), »Malstunde« (mit Arnulf → Rainer, 1980), »Lange Abwesenheit« (1980), »Der Himmel ist süß« (1984), »Mit einem möcht' ich leben« (Lyrik, 1987), »Liebesversuche« (Erzählungen, 1989), »Schönes Licht« (1990), »Tränen beleben den Staub« (1991).

**Schwanzer, Karl,** * 21. Mai 1918 in Wien, † 20. August 1975 (Selbstmord) in Wien, Architekt.

S. studierte an der Technischen Hochschule in Wien (Dipl.-Ing.: 1940, Dr. techn.: 1941). 1947–1951 wirkte er als Assistent an der Akademie für angewandte Kunst, 1959 wurde er Prof. an der Technischen Hochschule und Vorstand des Instituts für Gebäudelehre und Entwerfen. S. übernahm auch zahlreiche Gastprofessuren, so in Dortmund, Budapest, Darmstadt und Riad (Saudi-Arabien). Seinen ersten großen Erfolg erzielte er mit dem Entwurf des Ö.-Pavillons für die Brüsseler Weltausstellung 1958. Nur geringfügig verändert, wurde dieser Bau 1962 als Museum des 20. Jahrhunderts in Wien eröffnet. S. schuf in Wien Großbauten, wie das Philips-Haus (1966), aber auch Heime und Sakralbauten. Internationale Anerkennung fand auch die von S. geplante BMW-Zentrale und das zugehörige Museum in München. Außerdem sind von S. einige bemerkenswerte Entwürfe erhalten, wie der nicht ausgeführte Vorschlag zur Gestaltung des Wiener Albertinaplatzes.

*Weitere Bauten:* Wirtschaftsförderungsinstitut Wien (1963), Christkönigskirche Pötzleinsdorf (1964), Ö.-

Pavillon Weltausstellung Montreal (1967), Wirtschaftsförderungsinstitut St. Pölten (1972), Pfarrzentrum Leopoldau (1972), österr. Botschaft in Brasilia (1974), Pensionistenheim Augarten (1975), Evangelisches Gemeindezentrum Per-Albin-Hansson-Siedlung (1977), Technisches Zentrum CA (1978).

**Schwartz, Anton Maria,** * 28. Februar 1852 in Baden bei Wien, † 15. Jänner 1929 in Wien, Arbeiterpriester und Ordensgründer.

Nach Empfang der Priesterweihe 1877 widmete S. seine gesamte seelsorgerische Tätigkeit den Arbeitern. 1882 gründete er den katholischen Lehrlingsverein »Fünfhaus«, 1886 das Lehrlingsinstitut »Calasantinum«, aus dem 1889 der Orden »Kongregation vom hl. Joseph Calasanz« entstand. Dieser Orden erhielt 1926 die Approbation durch die päpstlichen Institutionen. Zur Betreuung der Lehrlinge und der christlichen Jungarbeiter gründete S. 1888 die Zeitschrift »Das christliche Handwerk«, die nach dem Tod des Ordensgründers unter dem Titel »Kalasanz-Blätter« erschien.

**Schwarzenberg, Karl,** * 10. Dezember 1937 in Prag, Hotelier und Forstwirt.

Der Sohn des Archivars Karl S. und der Antoinette, geb. Fürstenberg, studierte Forstwirtschaft in Wien sowie Jus in München und Graz. 1962 übernahm er die Verwaltung des im Familienbesitz befindlichen Schloßhotels in Wien, das er in ein Luxushotel umwandelte. 1975 nahm er sich auch der Verwaltung des Familienguts in Murau (St) an. Eine wesentliche Rolle spielte er bei der Veränderung der Verhältnisse in Osteuropa durch seine Präsidentschaft in der österr. Sektion der Helsinki-Föderation. Mit dem Schriftsteller Vaclav Havel befreundet, unternahm er alles, um den Exponenten der Chartabewegungen in Osteuropa im Westen Gehör zu verschaffen. 1990 berief Havel S. als Kanzler in seine Staatskanzlei. S.s Familie war einst der größte Grundbesitzer auf dem Gebiet der heutigen ČSFR.

**Schwarzkopf, Elisabeth,** * 9. Dezember 1915 in Jarocin/Jarotschin (Polen), Opern- und Konzertsängerin.

Nach Gymnasial- und Musikhochschulabschluß debütierte S. 1938 an der Berliner Städtischen Oper. Eine Schülerin von Maria Ivogün, stieg die Sopranistin rasch zum Weltstar auf. Sie gilt als eine der größten Sängerinnen unserer Zeit. Ihre makellos reine Stimme, ihre erlesene Musikalität, ihre absolute Intonationssicherheit, ihre beseelte Rollengestaltung und ihr kultiviertes Stilgefühl machten sie auf der Bühne wie als Liedsängerin im Konzertsaal (Mozart, Schubert, Wolf) zu einer Persönlichkeit von unnachahmlicher Strahlkraft. Als Marschallin, Susanne, Gräfin Almaviva, Leonore, Donna Elvira und in zahlreichen anderen Partien ging S. in die Operngeschichte ein. Frühe Station ihrer glänzenden Laufbahn war die Wiener Staatsoper, wo sie 1942 bei ihrer Antrittsvorstellung als Zerbinetta in »Ariadne auf Naxos« einen sensationellen Erfolg feierte. In Wien und Salzburg hat die Primadonna immer wieder gastiert und damit

*Elisabeth Schwarzkopf*

das Kulturleben des Landes befruchtet. Ab 1953 lebte S. in London. 1972 nahm sie ihren Abschied von der Bühne und zog später in die Schweiz. 1983 wurde sie Ehrenmitglied der Wiener Staatsoper. Sie ist, u. a. an der Salzburger Sommerakademie, als Gesangspädagogin tätig.

*Lit.:* S. Segalini, E. S. (1983).

**Schwarzwald, Genia,** * 4. Juli 1872 in Polupanowka (Galizien), † 7. August 1940 in Zürich, Pädagogin.

Nach dem Schulbesuch in Czernowitz wandte sie sich 1895 nach Zürich, um dort Philosophie und Literatur zu studieren, weil das in Ö. für eine Frau damals nicht möglich war. Nach ihrer Promotion 1900 ließ sie sich in Wien nieder, heiratete im selben Jahr Hermann Schwarzwald, später Sektionschef im Finanzministerium, und begann zu unterrichten. Bereits 1901 übernahm S. (geb. Nußbaum) von Eleonore Jeiteles deren Mädchenlyzeum. Die Schule, die 1906 das Öffentlichkeitsrecht erhielt, wurde eine einmalige Bildungseinrichtung für Mädchen, in der Spitzenkräfte wie Oskar → Kokoschka, Arnold → Schönberg und Egon → Wellesz unterrichteten. Adolf → Loos, mit dem S. befreundet war, richtete nicht nur ihre private Wohnung, sondern auch die Schule ein, die sogar einen Dachgarten hatte, auf dem bei Schönwetter der Turnunterricht abgehalten wurde. Während des 1. Weltkriegs schuf S. zahlreiche soziale Institutionen, wie Gemeinschaftsküchen und Erholungsheime auf dem Land für Großstadtkinder. Die hervorragende Pädagogin, die von ihren Schülerinnen liebevoll »Fraudoktor« genannt wurde, trat auch als Schriftstellerin hervor. Das Haus des kinderlosen Ehepaars war ein Treffpunkt von Intellektuellen. 1938 kehrte S. von einer Vortragsreise nach Dänemark nicht mehr nach Ö. zurück, sie mußte emigrieren und ging in die Schweiz.

**Schweiger, Heinrich,** * 23. Juli 1931 in Wien, Kammerschauspieler.

Nach dem Besuch des Reinhardt-Seminars begann S. 1948 seine Laufbahn am Theater in der Josefstadt, bevor er 1949 ans Burgtheater engagiert wurde. Er debütierte dort im »Hauptmann von Köpenick« in einer stummen Rolle, was ihm prompt den Spitznamen »der große Schweiger« eintrug. Aus dem »großen Schweiger« ist bald ein großer Charakterdarsteller geworden, der Rollen wie Othello, Danton, Don Carlos, Götz von Berlichingen, Richard III., Heinrich II. (in Anouilhs »Becket«), aber auch Brechts »Puntila« und Nestroy-Rollen spielte. In der Volksoper gab er im Musical »My Fair Lady« den Doolittle. Immer wieder hielt sich S. auch in Deutschland auf (München, Düsseldorf, Hamburg), wo er außerdem erfolgreich Regie führte (z. B. »Schwejk« am Hamburger Thalia-Theater, Nestroys »Mädl aus der Vorstadt« in Düsseldorf). Bekannt wurde er auch durch Film und Fernsehen (»Das Ringstraßenpalais«, »Seniorenclub«). 1992 kehrte S. an die Josefstadt zurück; in der Außenstelle »Rabenhof« spielte er in »Der Tod und das Mädchen«.

**Schwertsik, Kurt,** * 25. Juni 1935 in Wien, Komponist.

S., im »Brotberuf« jahrzehntelang Hornist beim Nö. Tonkünstlerorchester und bei den Wiener Symphonikern, ist Absolvent der Wiener Musikakademie (Lehrer: Josef → Marx und Karl → Schiske). Zu Studienzwecken reiste er nach Köln, Rom und London. 1958 gründete er in Wien mit Friedrich → Cerha das Ensemble für neue Musik »die reihe«. 1962 begann er mit seiner kompositorischen Arbeit. Sein umfangreiches Werk umfaßt das Schauspiel mit Musik »Der lange Weg zur großen Mauer«, Lieder nach Texten von H. C. → Artmann, Orchesterwerke (u. a. »Für Audifax und Abachum«, »Draculas Haus- und Hofmusik«) sowie das 1977 entstandene Violinkonzert »Romanzen im Schwarztintenton & der geblümten Paradiesweis«. 1983 entstand die Oper »Fanferlieschen«. Seine Musik bezeichnet der eigenwillige Komponist als »hinterhältig gutmütige Sprache, die Wichtiges gern leichthin behandelt und im Skur-

*Kurt Schwertsik*

rilen gern Bedeutung sucht«. S. ist seit 1989 o. Prof. für Komposition an der Wiener Musikhochschule.

*Lit.:* G. R. Koch, K. S. (1990).

**Sebestyén, György,** * 30. Oktober 1930 in Budapest, † 6. Juni 1990 in Wien, Journalist und Schriftsteller.

Der Student der Ethnologie und Philosophie, der bereits erste literarische Erfolge aufzuweisen hatte, gehörte in Budapest zu den Mitbegründern des revolutionären Petöfi-Kreises. Als Anhänger Imre Nagys mußte er 1956 Ungarn fluchtartig verlassen und wandte sich nach Wien, da er als Kind jüdischer Eltern die deutsche Sprache beherrschte. Es gelang ihm, als Journalist und Schriftsteller Fuß zu fassen. Er veröffentlichte Romane und Erzählungen, die er alle deutsch schrieb, verfaßte Drehbücher für Fernsehspiele und übersetzte aus dem Ungarischen. Als Herausgeber der Kulturzeitschrift »Pannonia« und als Chefredakteur der Zeitschrift »Morgen« trug er wesentlich zum kulturellen Wiederaufbau des Donauraums bei. Der engagierte Humanist wurde zur Kontaktperson für zahlreiche Kulturschaffende der damaligen Ostblockländer. Ursprünglich weit links stehend, nahm der Katholik in der Folge gemäßigtere Positionen ein, wofür zahlreiche Artikel, die er für die katholische Wochenschrift »Die Furche« schrieb, Zeugnis ablegen. Wenige Monate vor seinem Tod wurde er mit dem Wildgans-Preis ausgezeichnet. In Klagenfurt gelangte im Mai 1990 das Tanzspiel »Das Idol« zur Uraufführung, das auf einem Libretto von S. beruht.

*Werke:* »Die Türen schließen sich« (1957), »Der Mann im Sattel« (1961), »Thennberg oder Versuch einer Heimkehr« (1969), »Der Faun im Park« (1972), »Albino« (1984), »Die Werke der Einsamkeit (1986), »Spectrum Austriae« (Hg., 1990).

**Sedlmayr, Hans,** * 18. Jänner 1896 in Hornstein (B), † 9. Juli 1984 in Salzburg, Kunsthistoriker.

S., der als Offizier im 1. Weltkrieg im Orient diente, studierte zunächst Architektur an der Technischen Hochschule in Wien, wechselte aber zu Kunstgeschichte, wobei in der Folge Julius → Schlosser großen Eindruck auf ihn machte. 1933 habilitierte er sich an der Technischen Hochschule, 1934 wurde er Dozent, 1936–1945 Prof. und Vorstand des Instituts für Kunstgeschichte der Wiener Universität. 1951 erhielt er einen Ruf an die Münchner Universität, 1964–1969 lehrte er als Honorarprof. in Salzburg. S., der ein großartiger Vortragender war, publizierte eine Reihe von kritischen Untersuchungen zur modernen Kunst. Mit seinem Werk »Verlust der Mitte« (1948) löste er eine lebhafte Debatte über moderne Kunst aus. In Salzburg setzte er sich erfolgreich für Denkmal- und Landschaftsschutz ein, die Formulierung des »Altstadterhaltungsgesetzes« wurde wesentlich von ihm beeinflußt.

*Weitere Werke* »J. B. Fischer von Erlach« (1925), »Österr. Barockarchitektur« (1930), »Die Architektur

Borrominis« (1930), »Michelangelo« (1940), »Die Entstehung der Kathedrale« (1950), »Die Revolution der modernen Kunst« (1955), »Epochen und Werke« (2 Bde., 1959/60).

**Seeböck, Herwig,** * 7. Dezember 1939 in Wien, Schauspieler und Schriftsteller.

S. gehörte 1970–1973 dem Ensemble des Wiener Volkstheaters an und spielte am Burgtheater (»Die schlimmste Erfahrung meines Lebens«), ehe er aus dem konventionellen Kulturbetrieb ausstieg. Seither widmet sich der kraftmeierische Theaterrebell vielseitigen Aktivitäten, darunter Regiearbeiten, Lehrtätigkeit am Reinhardt-Seminar, TV-Kabarett, Malerei und der Veranstaltung von Sommerspielen. Gemeinsam mit seiner Frau, der Schauspielerin Erika Mottl, gastiert er als »S.-Ensemble«, z. B. mit dem Karl-Valentin-Programm »Riesenblödsinn« oder dem Zweipersonenstück »Rita« von Willy Russel. Als zeitkritischer Dramatiker verfaßte S. mehr als ein Dutzend Stücke, etwa »Häfenelegie« (1966), »Haushalt oder Die Sandhasen« (1966), »Der Selbstmord« (1970).

**Seefehlner, Egon,** * 3. Juni 1912 in Wien, Operndirektor.

S. hat nach 1945 das Musikleben im deutschsprachigen Raum entscheidend mitgeprägt. S. studierte nach dem Theresianum in Wien auf väterlichen Wunsch Jus (Promotion: 1937). Danach arbeitete er als Sachbearbeiter bei der AEG in Berlin. 1945 wurde er der erste Kulturreferent der ÖVP sowie Chefredakteuer der Kulturzeitschrift »Der Turm«, 1946 Generalsekretär der Wiener Konzerthausgesellschaft (bis 1961). Daneben wirkte er 1954–1961 als Vizedirektor der Wiener Staatsoper. Dann ging er an die Deutsche Oper nach Westberlin (ab 1961 stellvertretender Generalintendant, 1972–1976 Generalintendant). 1976 erfüllte sich sein größter Wunsch: S. wurde Direktor der Wiener Staatsoper. Bis 1982 führte er das Haus mit künstlerischem Gespür und diplomatischem Geschick, und es gelang ihm das seltene Bravourstück, bis zum vertraglich vereinbarten Termin im Amt zu bleiben, um danach vielfach geehrt in Pension zu gehen. Nach der vorzeitigen Vertragsauflösung seines Nachfolgers Lorin Maazel stellte er sich 1984–1986 noch einmal interimistisch zur Verfügung, und wieder schaffte er das Unwahrscheinliche: er schied in Frieden mit der Bürokratie, dem Ensemble und dem Publikum aus dem Amt. S., dessen Arbeit der Staatsoper große künstlerische Qualität verliehen hat, erhielt 1992 für seine Verdienste um den Ruf der Musikstadt Wien die »Bürgerurkunde« verliehen. 1983 veröffentlichte er den Band »Musik meines Lebens«.

**Seefried, Irmgard,** * 9. Oktober 1919 in Köngetried (Bayern), † 24. November 1988 in Wien, Kammersängerin.

Die Tochter eines Volksschullehrers stand bereits als 8jährige in der Märchenoper »Hänsel

*Irmgard Seefried*

und Gretel« auf der Bühne. Nach dem Gymnasium besuchte sie das Musikkonservatorium in Augsburg und debütierte 1940/41 als Priesterin in Verdis »Aida« an der Aachener Oper. 1943 wurde sie an die Wiener Staatsoper engagiert, die ihre künstlerische Heimat wurde. Ab 1946 wirkte sie regelmäßig bei den Salzburger Festspielen mit. S. besaß eine ausdrucksreiche, klangschöne, technisch souverän geführte Stimme und war eine außerordentlich disziplinierte Künstlerin, die ihre ganze Liebe und Kraft in eine Rolle legte. Musik war für sie eine heilige Kunst. Mit Recht hieß es von ihr, sie könne wohl mit halber Stimme, nie aber mit halber Seele singen. Die Sopranistin war eine gefeierte Mozart- und Richard-Strauss-Sängerin (Susanne, Pamina, Zerline, Octavian u. a.), sang aber auch die Maria in Alban → Bergs »Wozzeck« oder die Marzelline in »Fidelio« und Partien in neueren Opern. Als bedeutende Liedinterpretin, die durch eindrucksvolle Behandlung des Sprachlichen in der Musik bestach, wurde sie selbst in den fernsten Musiksälen der Welt, in Indien, Australien, Südafrika und Japan, gefeiert. S., die später als erfolgreiche Gesangspädagogin lehrte, war mit dem Geiger Wolfgang → Schneiderhan verheiratet.

*Lit.:* F. Fassbind, Wolfgang Schneiderhan – I. S. (1960).

**Seidel, Hans,** * 14. Oktober 1922 in Wien, Nationalökonom.

1944 schloß S. das Studium der Nationalökonomie an der Hochschule für Wirtschaftswissenschaften ab. 1946 wurde er an das Institut für Wirtschaftsforschung berufen, dessen Leiter er 1984 wurde. Seit 1965 lehrte er als Honorarprof. in Graz, 1969 übernahm er in Wien eine Professur. 1981–1983 war er Staatssekretär im Finanzministerium, wo er Vorschläge zur Budgetsanierung ausarbeitete und den Minister bei zahlreichen internationalen Konferenzen vertrat. Er entwarf die sogen. »S.-Formel«, wonach die Staatsverschuldung maximal 2,5 Prozent des Bruttoinlandsprodukts ausmachen sollte.

**Seidler, Alma (eigtl. S.-Eidlitz),** * 8. Juni 1899 in Leoben (St), † 8. Dezember 1977 in Wien, Kammerschauspielerin.

Die Tochter des kaiserlichen Ministerpräsidenten Ernst S. von Feuchtenegg kam mit 19 Jahren ans Burgtheater; sie begann als Hedwig in Ibsens »Wildente« ihre Karriere, in deren Verlauf sie zu einer der bedeutendsten Schauspielerinnen ihrer Zeit wurde. Die durch und durch österr. Schauspielerin, in deren Wesen sich Zartheit mit robustem Witz, Pessimismus mit Ironie, Schlichtheit und Schelmerei mit Würde und Ernst paarten, brachte die ganze Breite ihrer Vielschichtigkeit in ihre Kunst ein. Ihr Repertoire umfaßte klassische und moderne Rollen und schloß das Komische ebenso ein wie das Tragische. Mit schier unbegrenztem Ausdrucksreichtum und großer Verwandlungsfähigkeit formte die feinsinnige, gebildete Schauspielerin ihre großen Frauenrollen auf unnachahmliche Weise und begeisterte durch Jahrzehnte das Burgtheaterpublikum.

**Seipel, Ignaz,** * 19. Juli 1876 in Wien, † 2. August 1932 in Pernitz (NÖ), Priester und Politiker.

Der Sohn eines ehemaligen Fiakers und Portiers studierte nach der Matura Theologie. Nach seiner Priesterweihe 1899 arbeitete er in der Seelsorge. 1903 promovierte er. Unter dem Einfluß seines Lehrers, des Moraltheologen und Sozialreformers Franz Martin Schindler, entschied er sich für die wissenschaftliche Laufbahn. 1908 habilitierte er sich, 1909 wurde er Prof. in Salzburg, 1917 Nachfolger von Prof. Schindler in Wien. 1921 wurde er Prälat.

Sehr früh politisch interessiert, beschäftigte er sich bereits im 1. Weltkrieg mit Überlegungen zu einer Verfassungsreform. Im Oktober 1918 wurde er zum letzten kaiserlichen Sozialminister ernannt. S., der sich für die Republik entschieden hatte, nahm wesentlichen Einfluß auf die Formulierung der Verzichtserklärung Kaiser Karls. Schon im November 1918 veröffentlichte er in der »Reichspost« eine Artikelserie, in der er eindeutig für die Republik Stellung bezog. 1919 kandidierte er für die Christlichsozialen, 1920 wurde er Klubobmann im Parlament, 1921 Obmann der Christlichsozialen Partei; auf ihn geht die Einigung der beiden Parteilager, Monarchisten und Republikaner, zurück. 1922 zum Kanzler bestellt, gelang es ihm, für das vor dem Staatsbankrott stehende Land eine internationale Anleihe zu erhalten. Sein konservativer innenpolitischer Kurs führte zur Verschärfung der politischen und sozialen Spannungen. In dieser Atmosphäre wurde er 1924 durch ein Attentat schwer verletzt. 1926 übernahm er wieder die Regierungsgeschäfte. Die Ereignisse um den Justizpalastbrand im Juli 1927, die er als Rebellion betrachtete, ließen ihn zum »Arbeitermörder« werden, was zu einer Austrittswelle aus der katholischen Kirche führte. Der »Prälat ohne Gnade« legte daher sein Kanzleramt 1929 nieder, zog aber weiterhin alle Fäden innerhalb der Christlichsozialen Partei. 1930 übernahm er für kurze Zeit das Außenministerium. Sein Kalkül, sich der Heimwehr zur Neutralisierung der politischen Linken zu bedienen, schadete dem Staat. Zuletzt forcierte er die berufsständische Ordnung. Als sich die Polarisierung der politischen Kräfte zuspitzte, machte er 1931 ein Koalitionsangebot an die Sozialdemokraten, das jedoch abgelehnt wurde. Der kühle Intellektuelle, der seelsorgerisches Mitfühlen seinen Mitmenschen kaum zu vermitteln vermochte, erfuhr eine berührende Würdigung durch seinen Gegenspieler Otto → Bauer, der nach seinem Tod eine Gedenkrede im Parlament hielt.

*Werke:* »Nation und Staat« (1916), »Soziale Frage und soziale Arbeit« (1917), »Der Kampf um die österr. Verfassung« (1930).

*Lit.:* K. von Klemperer, I. S. Staatsmann einer Krisenzeit (1976); F. Rennhofer, I. S. Mensch und Staatsmann (1978).

**Seisenbacher, Peter,** * 25. März 1960 in Wien, Judosportler.

Der gelernte Goldschmied aus Wien-Favoriten begann früh mit dem Judosport. Durch gute Betreuung (George Kerr) und hartes Training erreichte er schließlich Europa- und Weltspitze. 1980 errang er WM-Silber und wurde zweimal, 1984 in Los Angeles und 1988 in Seoul, Olympiasieger. 1985 wurde er Weltmeister, 1986 Europameister in seiner Gewichtsklasse (bis 86 Kilogramm). Seit seinem Ausscheiden aus dem aktiven Sport ist S. in der österr. Sporthilfe tätig und betreut das Judo-Nationalteam.

**Seitz, Karl,** * 4. September 1869 in Wien, † 3. Februar 1950 in Wien, Lehrer und Politiker.

S., der in einem Waisenhaus aufwuchs, erhielt einen Freiplatz im Lehrerseminar in St. Pölten. Schon als junger Volksschullehrer, der unter den Repressionen der Unterrichtsverwaltung zu leiden hatte, stand S. der sozialdemokratischen Bewegung nahe. 1889 versuchte er eine Lehrerorganisation zu gründen. Seit 1897 als Lehrer tätig, wurde er aus politischen Gründen fristlos entlassen. S., ein hervorragender Redner, zog 1901 in

*Karl Seitz*

den Reichsrat, 1902 in den nö. Landtag ein. In beiden Vertretungskörpern trat er vehement für eine Aufhebung des bürgerlichen Bildungsmonopols ein. Bereits 1915 engagierte er sich für eine konsequente Friedenspolitik. 1918 wurde er einer der drei Präsidenten der Provisorischen Nationalversammlung sowie Obmann der Sozialdemokratischen Arbeiterpartei. 1919 übernahm er als Erster Präsident der Konstituierenden Nationalversammlung die Funktion des Staatsoberhaupts. 1920–1934 hatte er ein Nationalratsmandat inne. Nach dem Tod von → Reumann wurde er 1923 zum Wiener Bürgermeister gewählt. In seiner Ära hatte das »Rote Wien« als kommunalpolitisches Experimentierfeld Weltgeltung. 1934 wurde er abgesetzt und vorübergehend inhaftiert. 1944 neuerlich verhaftet und ins KZ gebracht, kehrte er 1945 schwerkrank nach Ö. zurück. Er wurde Ehrenvorsitzender der SPÖ und wirkte noch bis 1950 als Abgeordneter zum Nationalrat.

*Werke:* »Volksschule oder Pfaffenschule?« (1902), »Arbeiter oder Soldaten?« (1917), »Die Schmach von Genf und die Republik« (1922).

*Lit.:* F. Weissensteiner (Hg.), Die österr. Bundespräsidenten (1982).

**Sekanina, Karl,** * 27. Oktober 1926 in Wien, Werkzeugmacher und Politiker.

Nach Abschluß der Lehre 1943 rückte S. zur deutschen Wehrmacht ein. Nach dem Krieg arbeitete er als Werkzeugmacher, wurde bald Betriebsratsobmann und Aktivist des ÖGB. 1962 avancierte er zum Zentralsekretär der Metallarbeitergewerkschaft. 1963 wurde er in den Bundesrat entsandt, 1964 erhielt er ein Nationalratsmandat. 1965–1974 war er Obmann der Wiener Gebietskrankenkasse, anschließend Vizepräsident des Hauptverbands der Sozialversicherungen und 1977–1985 Vorsitzender der Gewerkschaft Metall, Bergbau und Energie. Der mächtige Funktionär amtierte ab 1979 auch als Vizepräsident des ÖGB. Im Österr. Fußballbund war er als Präsident tätig. 1979 zum Bautenminister berufen, mußte er sich 1985 wegen verschiedener Unzukömmlichkeiten aus allen Ämtern zurückziehen.

**Sekyra, Hugo Michael,** * 1941 in Mannersdorf am Leithagebirge (NÖ), Manager.

Der Arztsohn studierte Jus und begann als Sekretär im Management der Ranshofner Aluminiumwerke. Nach Positionen in anderen verstaatlichten Betrieben wurde der hochkarätige Manager, dem profunde betriebswirtschaftliche Kenntnisse nachgesagt werden, schließlich 1986 an die Spitze der ÖIAG berufen. Seine Aufgabe: die völlig darniederliegende Nationalindustrie durch Umstrukturierungen unter Schonung der Arbeitsplätze aus den roten Zahlen zu holen. Skandale, wie das Auffliegen der Noricum-Waffenaffäre, waren nicht gerade hilfreich. 1992 schien die Sanierung so weit gediehen, daß ein Weg an die Börse in greifbare Nähe rückte. Doch Verluste bei der ÖMV und der AMAG lassen diese Perspektive ins Wanken geraten.

**Serafin, Harald,** * 24. Dezember 1933 in Kowno (Litauen), Sänger.

Der Sohn einer italienisch-österr. Familie wuchs in Bamberg (Deutschland) auf. Auf Wunsch seiner Eltern studierte er an der Freien Universität Berlin Medizin, sang daneben in einem Bach-Chor und wechselte schließlich an die Hochschule für Musik in Berlin bzw. zum Gesangslehrer Willy Domgraf-Faßbaender nach München. Er machte rasch Karriere. Über St. Gallen, Hamburg, Berlin und Zürich kam er nach Wien an das Theater an der Wien und schließlich an die Volksoper, die zu seiner künstlerischen Heimat wurde. Hier hat der Bonvivant mit dem k. u. k. Charme seine größten Erfolge gefeiert, v. a. in seinen Paraderollen als Eisenstein in der »Fledermaus« und als Danilo in »Die lustige Witwe«. Mit dem Volksopernensemble unternahm er erfolgreiche Tourneen durch Europa, nach Japan und in die USA. Breite Popularität errang er durch seine Auftritte in unzähligen Fernsehshows. 1990/91 mußte S. seine Karriere nach einer Stimmbandoperation unterbrechen.

**Servi, Helly,** * 29. September 1923, † 13. Oktober 1990 in Wien, Schauspielerin.

Die Tochter eines Gymnasiallehrers stand schon als Kind neben der großen Hansi → Niese auf der Bühne. Sie studierte am Reinhardt-Seminar und wurde 1938/39 an das Theater in der Josefstadt engagiert. An der Seite berühmter Partner spielte sie zunächst Nebenrollen, verfolgte aber konsequent ihren Weg und entwickelte sich bald zu einer Volks- und Charakterschauspielerin, die im Josefstadtensemble fest verankert und vielseitig einzusetzen war. Von der frechen Zofe über die resolute Dame bis zu spitzbübischen wie auch tragischen Rollen reichte ihr breites Ausdrucksniveau, das groteske Komik ebenso einschloß wie ergreifende, verhaltene Töne. Der Publikumsliebling der »Josefstadt« wurde auch durch die »Radiofamilie« populär. Ihren letzten Auftritt hatte S. in Curt Goetz' »Dr. med. Hiob Prätorius« in den Wiener Kammerspielen.

**Sever, Albert,** * 24. November 1867 in Zagreb/Agram (Kroatien), † 12. Februar 1942 in Wien, Fleischhauergehilfe und Politiker.

Der früh verwaiste Sohn eines Staatsbeamten erlernte das Fleischhauerhandwerk und arbeitete in einer Fabrik. Schon seit frühester Jugend war er in der Arbeiterbewegung aktiv. Als Krankenkassenbeamter wurde er 1908 in den nö. Landtag gewählt, 1911 kam der Sozialdemokrat in den Reichsrat. 1916 war er nur kurz eingerückt. In den letzten Kriegstagen entsandte ihn seine Partei als Vertrauensmann nach Pola, um einen Streik zu schlichten. Er kam gerade zur Übergabe der Flotte an den SHS-Staat (Staat der Serben, Kroaten und Slowenen) zurecht und sorgte für den Rücktransport von Offizieren und Mannschaften in die Heimat. Der überaus beliebte Politiker wirkte 1919–1921 als Landeshauptmann in NÖ. In dieser Zeit erließ er eine Verordnung für die Dispens von Ehen, d. h., Geschiedene konnten wieder heiraten. Da Verfassungsgerichtshof und Oberster Gerichtshof sich in dieser Frage nicht einigen konnten, blieben diese »S.-Ehen« bestehen. Damit hat S. zum persönlichen Lebensglück Tausender beigetragen. 1920–1934 hatte er ein Nationalratsmandat inne. Als besonders vertrauenswürdiger Politiker wurde er 1921 dazu ausersehen, Kaiser Karl nach seinem zweiten Restaurationsversuch in die Schweiz zurückzubegleiten. 1934 verlor S. seine Frau bei den Februarunruhen. 1956 erschien seine Autobiographie unter dem Titel »Ein Mann aus dem Volk«.

**Sexl, Roman,** * 19. Oktober 1939 in Wien, † 10. Juli 1986 in Wien, Physiker.

Der brillante Physikstudent, der bereits vor Abschluß des Studiums am Institut für Theoretische Physik angestellt war, schloß 1961 sein Studium mit dem Doktorat ab. Nach einem Forschungsaufenthalt am Princeton Institute for Advanced Studies wurde er 1971 o. Prof. für Allgemeine Relativitätstheorie und Kosmologie sowie für Didaktik der Physik. Der äußerst produktive Physiker veröffentlichte etwa 100 wissenschaftliche Arbeiten und schrieb 20 Bücher, darunter auch Lehrbücher für Schulen. 1971–1975 leitete er das Institut für Weltraumforschung der Akademie der Wissenschaften.

*Werke:* »Relativitätstheorie« (1972), »Gravitation und Kosmologie« (1975), »Relativität, Gruppen, Teilchen« (1977).

**Seyss-Inquart, Arthur,** * 22. Juli 1892 in Stannern bei Iglau (Mähren), † 16. Oktober 1946 (hingerichtet) in Nürnberg (Deutschland), Rechtsanwalt und Politiker.

Der Sohn eines Gymnasialdirektors studierte während seines Kriegsdiensts im 1. Weltkrieg Jus (Promotion: 1917). 1921 ließ er sich als Rechtsanwalt in Wien nieder. Ein Mitglied nationaler

Organisationen, spielte er sowohl in der Deutschen Gemeinschaft wie im Deutschen Klub eine führende Rolle. Der als gemäßigt geltende Katholik stand ab etwa 1934 in engsten Kontakt mit der in Ö. illegalen NSDAP. Nach dem Juliabkommen mit Deutschland, 1936, wurde er 1937 in den Staatsrat nominiert, mit dem Auftrag, zur Befriedung zwischen Regierung und Nationalsozialisten beizutragen. Inzwischen hatte er sich auch bei den NS-Machthabern im Deutschen Reich eine Vertrauensstellung erworben. Seine Politik der langsamen Schritte und der Gewaltfreiheit wurde akzeptiert. Auf Verlangen Hitlers ernannte ihn → Schuschnigg im Februar 1938 zum Innenminister. Nach dem Rücktritt Schuschniggs war S.-I. für zwei Tage Bundeskanzler, ab 15. März 1938 Reichsstatthalter für die Ostmark. Nach einer kurzen Amtsperiode in Polen ging er als Reichskommissär in die besetzten Niederlande, wo er sich als willfähriger Vollzugsgehilfe erwies. Im Nürnberger Prozeß wurde er deshalb zum Tode verurteilt.

*Lit.:* H. J. Neumann, A. S.-I. (1970); W. Rosar, Deutsche Gemeinschaft. S.-I. und der Anschluß (1971).

*Rudolf Sieghart*

**Sieghart, Rudolf,** * 13. März 1866 in Opava/Troppau (Mähren), † 14. August 1934 in Luzern (Schweiz), Beamter und Bankier.

Nach einem Jusstudium in Wien (Promotion: 1892) habilitierte sich S. für politische Ökonomie an der Wiener Universität. Ministerpräsident Ernst von Koerber wurde auf den begabten Parlamentsjournalisten aufmerksam und förderte ihn nachdrücklich. S. wurde unentbehrlicher Berater Koerbers und kam nach kurzer Tätigkeit bei der Finanzprokuratur ins Ministerratspräsidium, wo er rasch bis zum Sektionschef und Vorstand der Präsidialkanzlei aufrückte. 1910 schied er aus dem Staatsdienst aus, da ihm, inzwischen Mitglied des Herrenhauses, der Posten eines Gouverneurs der Allgemeinen österr. Bodencreditanstalt angeboten wurde. Er vermochte das Unternehmen, dessen Industriekonzern er beträchtlich erweiterte, unbeschadet über die Zeiten der Inflation hinwegzusteuern. Zum Ende seines Lebens mußte er allerdings den Zusammenbruch seiner Bank miterleben. 1932 veröffentlichte er Erinnerungen unter dem Titel »Die letzten Jahrzehnte einer Großmacht«.

**Siegl, Otto,** * 6. Oktober 1896 in Graz, † 9. November 1978 in Wien, Komponist.

S. studierte in Graz u. a. bei Egon → Kornauth. 1922–1926 wirkte er als Kapellmeister am Grazer Opernhaus. Danach ging er nach Deutschland, wo er ab 1933 als Prof. für Theorie und Komposition an der Musikhochschule in Köln wirkte, ab 1934 leitete er auch den Gürzenich-Chor. 1948–1967 war er Prof. für Kompositionslehre an der Musikakademie in Wien. Als Komponist schuf S. zunächst atonale Werke, wandte sich aber Ende der 20er Jahre einer gemäßigten Tonalität zu. Er hinterließ ein umfangreiches Werk, das Symphonien, Streichquintette,

Messen, Kantaten und Oratorien (u. a. »Stein des Lebens« für Soli, gemischten Chor, Orgel und Orchester, 1959) sowie Klavier- und Orgelwerke umfaßt.

*Lit.:* W. Suppan, O. S. (1966).

**Silberbauer, Fritz,** * 4. April 1883 in Leibnitz (St), † 31. Dezember 1974 in Graz, Maler und Graphiker.

Nach einem Studium an der Grazer Landeskunstschule wurde S. Schüler von Ferdinand → Schmutzer an der Wiener Akademie der bildenden Künste. 1923 gründete er nach Wiener Vorbild gemeinsam mit → Thöny und → Wikkenburg die Grazer Secession. 1928–1953 leitete er die Grazer Landeskunstschule und unterrichtete als Prof. für Freskomalerei. Schwerpunkte seines künstlerischen Schaffens lagen in der Freskomalerei, der Herstellung von Mosaiken und Gobelins sowie in der Glasmalerei. Als sein Hauptwerk gilt der Kreuzweg der Jubiläumskreuzkirche (1933) in Authal bei Graz.

**Sima, Hans,** * 4. Juni 1918 in Saifnitz (K), Lebensmittelkaufmann und Politiker.

Nach Absolvierung seiner Lehre war S. arbeitslos. Er engagierte sich bei den illegalen »Revolutionären Sozialisten« und kam 1935 in politische Haft. Während des 2. Weltkriegs eingerückt, schloß er sich 1945 der SPÖ an. 1956 wurde er zum Landesfinanzreferenten bestellt und übte damit in Kärnten große Macht aus. 1965 erfolgte seine Wahl zum Landeshauptmann. S. setzte sich v. a. für die Verbesserung der Verkehrsverhältnisse ein, es gelang ihm, die Erbauung der Tauernautobahn durchzusetzen. Als im Herbst 1972 der Ortstafelkonflikt in Kärnten losbrach und bei einer Kundgebung Kanzler → Kreisky beschimpft und mit faulen Eiern beworfen wurde, begann sein Stern zu sinken. Nach seiner Wahlniederlage 1973 obsiegten seine innerparteilichen Gegner, Leopold → Wagner löste ihn als Landeshauptmann ab. Innerhalb der SPÖ wurde S. zu einer »Unperson«, die man völlig ausgrenzte.

**Simmel, Johannes Mario,** * 7. April 1924 in Wien, Journalist und Schriftsteller.

Der erfolgreichste deutschsprachige Bestsellerautor der Gegenwart wuchs in Wien und Großbritannien auf. Sein Vater wurde von den Nationalsozialisten ermordet. S. absolvierte in Wien die Höhere Bundes-Lehr- und Versuchsanstalt, studierte Chemie und arbeitete als Bauingenieur, Dolmetscher und Journalist (Kulturredakteur für »Welt am Abend«, Reporter für »Quick«). Sein erstes Werk, die Erzählung »Begegnung im Nebel«, erschien 1947 in Wien. Er schrieb Dramen, Drehbücher und ab 1948 Romane. Seinen ersten großen Erfolg als Romancier erzielte er 1960 mit »Es muß nicht immer Kaviar sein«. 1963 entschloß er sich, als freier Schriftsteller zu leben. Er veröffentlichte in der Folge exakt recherchierte Zeitromane, deren Themen von den Verbrechen der Nationalsozialisten sowie dem Erstarken der Neonazis über Drogenhandel und dem Drama geistig behinderter Kinder bis zur Gen-Manipulation und zur Umweltzerstörung reichen. Die zahlreichen Werke des engagierten Autors erzielten Millionenauflagen, wurden in 78 Sprachen übersetzt und vielfach verfilmt, von der Literaturkritik allerdings lange Zeit übergangen bzw. als »Trivialliteratur« abqualifiziert, doch setzte allmählich eine Neubewertung ein. In Ö. wurde S. 1992 mit dem »Ehrenkreuz für Wissenschaft und Kunst I. Klasse« geehrt.

*Werke:* »Der Schulfreund« (Drama, 1964); Romane: »Alle Menschen werden Brüder« (1967), »Und Jimmy ging zum Regenbogen« (1970), »Bitte laßt die Blumen leben« (1983), »Doch mit den Clowns kamen die Tränen« (1987), »Im Frühling singt zum letzten Mal die Lerche« (1990).

*Lit.:* M. Schmiedt-Shomaker (Hg.), Zum Beispiel: S. (1983).

**Sindelar, Matthias,** * 10. Februar 1903 in Kozlau (Mähren), † 26. Jänner 1939 in Wien, Fußballer.

*Matthias Sindelar*

Der »Papierene«, wie ihn seine Freunde nannten, ist wohl der populärste österr. Fußballer aller Zeiten. Er wuchs in Wien-Favoriten auf, wo er als Kind auf der Straße barfuß dem ersten Ball nachjagte. Seine erste Vereinsmannschaft war der BSC Hertha. Von dort wechselte S. zum Wiener Amateursportverein über (heute: Austria), wo er sein überragendes Talent voll zur Entfaltung brachte und zum legendären Musterbeispiel eines Mittelstürmers der alten »Wiener Fußballschule« wurde. Ballverliebt und trickreich tänzelte S. durch die gegnerischen Abwehrreihen. Das Idol der Massen erreichte den Höhepunkt seiner Karriere im österr. »Wunderteam«, jenem Nationalteam, das unter der Führung von Hugo → Meisl 1931–1934 in 18 Länderspielen gegen renommierte Gegner nur zwei Niederlagen hinnehmen mußte und zweimal unentschieden spielte. Mit 27 Treffern war S. wesentlich an dieser legendären Siegesserie beteiligt.

1939 schied der Stürmerstar unter ungeklärten Umständen aus dem Leben.

**Sinowatz, Fred,** 5. Februar 1929 in Neufeld an der Leitha (B), Historiker und Politiker.

Der Sohn eines Maschinenschlossers begann 1948 in Wien ein Geschichts- und Germanistikstudium, gleichzeitig trat er der SPÖ bei. Nach seiner Promotion 1953 arbeitete er im Burgenländischen Landesarchiv an der Edition der burgenländischen Urkunden. 1957 wurde er in den Gemeinderat von Neufeld (B), 1961 in den burgenländischen Landtag gewählt. 1962 wurde er SPÖ-Landesparteisekretär, 1966 Kulturlandesrat in der burgenländischen Landesregierung, 1971 holte Bruno → Kreisky den verläßlichen Parteimann als Unterrichtsminister in die Regierung. In seiner Amtszeit entstand das Schulunterrichtsgesetz (SCHUG), das eine Verrechtlichung des Schulalltags brachte, auch wurde die politische Bildung in den Schulen forciert. S. trat für die integrierte Gesamtschule ein. 1981 wurde er stellvertretender Parteivorsitzender und Vizekanzler, 1983 – nach dem Rücktritt → Kreiskys – Parteivorsitzender und Bundeskanzler. Da die Basis für eine Alleinregierung zu schmal war, ging er mit der FPÖ (Parteiobmann: Norbert → Steger) eine Kleine Koalition ein. 1986 trat S. nach der Niederlage des SP-Präsidentschaftskandidaten Kurt → Steyrer als Kanzler zurück. Angeblicher Äußerungen über die »braune Vergangenheit« des Bundespräsidenten → Waldheim beschuldigt, wurde S. 1990 wegen falscher Zeugenaussage verurteilt. Bereits 1986 hatte er sich aus allen politischen Funktionen zurückgezogen.

**Sitte, Siegfried,** * 29. April 1876 in Salzburg, † 16. April 1945 in Unken (S), Architekt und Stadtplaner.

Der Sohn des Architekten Camillo Sitte, der in Wien die Mechitaristenkirche erbaute, war vorwiegend als Stadtplaner und Bodenreformer publizistisch und planerisch tätig. Er propagierte eine Bodenreform und eine Bodenwertsteuer und war wesentlich an der Ausarbeitung neuer Bauordnungen und der Verrechtlichung von Baugesetzen beteiligt. Er schuf zahlreiche Bebauungspläne, u. a. den Plan für Zell am See 1925.

*Werke:* »Hauszinssteuer oder Bodenwertsteuer?«

(1921), »Wirtschaftsbild und praktische Bodenreform« (1924), »Mieterschutz« (1925), »Städtebau und Bauordnung« (1926).

**Skalnik, Kurt,** * 20. Februar 1925 in Wien, Beamter und Journalist.

Nach der Matura 1943 mußte S. einrücken. Schon zuvor war der Mittelschüler im politischen Widerstand tätig. 1945 begann er zu studieren. Als Studentenvertreter war er Fachgruppenleiter der Geisteswissenschaften. Als stellvertretender Vorsitzender des Zentralausschusses hatte er wesentlichen Anteil am Aufbau der Hochschülerschaft. Journalistisch war S. bei der »Akademischen Rundschau« tätig. Als Herausgeber betreute er die Zeitschrift »Morgen«. Nach seiner Promotion 1948 trat er in die Redaktion der katholischen Wochenzeitung »Die Furche« ein (1957–1967 Chefredakteur). 1969 wurde er als Pressebetreuer in die Präsidentschaftskanzlei berufen, wo er 1983 zum Sektionschef avancierte. 1974 wurde S. zum Präsidenten des Journalistenklubs »Concordia« gewählt. Er veröffentlichte auch Bücher und gab die Fortsetzungsbände der Neuen Österr. Biographie heraus. 1990 trat er in den Ruhestand.

*Werke:* »Dr. K. Lueger« (1954), »Ö.: Die Zweite Republik« (mit E. Weinzierl, 1972), »Die Erste Republik« (mit E. Weinzierl, 1983).

**Skoda, Albin,** * 29. September 1909 in Wien, † 22. September 1961 in Wien, Kammerschauspieler.

S. spielte bereits als Kind zu Kaisers Zeiten am Burgtheater. Danach absolvierte er die Matura und zahlreiche Engagements an deutschen Bühnen (Aussig, Hamburg, Königsberg, München, Berlin). Ab 1946 (wieder) am Burgtheater, entwickelte er sich zu einer der markantesten Persönlichkeiten dieses Hauses. Er spielte zahllose Rollen der klassischen und modernen Weltliteratur mit leidenschaftlicher innerer Anteilnahme (Orest, Franz Moor, Richard II., Mephisto,

*Albin Skoda*

Fiesco, Marc Anton, Cyrano von Bergerac). Ein exzellenter Sprecher, zog er durch seine Gestaltungskraft und das unverwechselbare Timbre seiner Stimme das Publikum in seinen Bann. S. war auch bei Film und Rundfunk tätig.

**Skraup, Karl,** * 31. Juli 1898 in Wien-Atzgersdorf, † 2. Oktober 1958 in München, Schauspieler.

S. studierte Jus in Wien, wandte sich jedoch vor Abschluß der Bühne zu, wo er zunächst Inspizient war, so 1924 unter Rudolf → Beer bei Pirandellos »Sechs Personen suchen einen Autor«. 1935 ans Volkstheater engagiert, schaffte er auf Anhieb den Wechsel zum Schauspieler. Nach anfänglich kleinen Rollen stieg S. schließlich zum großen Komödianten des Hauses und führenden Ensemblemitglied auf. Seine Schauspielkunst, der stets etwas Dämonisches und Querköpfiges anhaftete, schloß drastische Komik (Frosch, Menelaos) ebenso ein wie die melancholischen Narren Shakespeares oder den bäuerlich-urwüchsigen Dusterer in Anzengrubers »G'wissenswurm«. Die ureigenste Domäne des Wiener Volksschauspielers waren naturgemäß Nestroy- und Raimund-Rollen, aber er gestaltete ebenso überzeugend und glaubhaft Charakterrollen wie den Tischler Engstrand in Ibsens »Gespenstern«. S. war auch in zahlreichen Filmen erfolgreich. Das Volkstheater verleiht seit 1967/68 ihm zu Ehren alljährlich einen Preis für die beste Schauspiel-, Regie- und Ausstattungsleistung sowie für die beste Neben- bzw. Nachwuchsrolle.

**Slama, Franz,** * 19. Juni 1885 in Brno/Brünn (Mähren), † 21. August 1938 in Wien, Rechtsanwalt und Politiker.

Der Sohn des Stadtbaumeisters in Karlsbad studierte nach der Matura, die er in Brixen ablegte, in Graz und Innsbruck (Dr. iur.: 1909). Er wurde Rechtsanwalt, rückte während des 1. Weltkriegs ein und eröffnete anschließend eine Kanzlei in Wels (OÖ). Schon früh bei der Großdeutschen Volkspartei aktiv, wurde er 1924 in den Welser Gemeinderat, 1925 in den oö. Landtag gewählt. Ab 1927 war er Obmann-Stellvertreter in der Reichsparteileitung. 1928 übernahm er als Nachfolger → Dinghofers das Justizressort, das er bis 1930 führte. In seine Amtszeit fiel die große Amnestie anläßlich des 10jährigen Bestehens der Republik. Neben Beschlußfassung des Antiterrorgesetzes und des Mietengesetzes kümmerte er sich besonders um die Rechtsangleichung an das Deutsche Reich. In der oö. Heimwehrbewegung spielte er nur eine untergeordnete Rolle, während er 1933–1938 führend im Deutschen Turnerbund tätig war.

**Slavik, Felix,** * 3. Mai 1912 in Wien, † 16. Oktober 1980 in Wien, Politiker.

Der SP-Jugendfunktionär war 1935/36 sowie 1939–1943 (er verlor im KZ ein Auge) in politischer Haft. 1945 wirkte er in der Provisorischen Wiener Stadtregierung als Stadtrat für Wohnungswesen. 1946 entsandte ihn die SPÖ in den Bundesrat, 1949 wurde er in den Nationalrat gewählt. 1957 übernahm er in der Wiener Stadtregierung das mächtige Finanzressort, 1959 auch das Vizebürgermeisteramt. Nach Bruno → Marek wurde er 1970 Wiener Bürgermeister. In seiner Amtsperiode fielen verkehrspolitische Maßnahmen wie die Bevorzugung des Individualverkehrs und die Aufschiebung des U-Bahn-Baus, die sich als falsche Entscheidungen erwiesen. 1973 beendete eine Volksbefragung über die Verbauung des Sternwarteparks seine Karriere. Er zog sich aus der Politik zurück und wirkte nur mehr als Präsident des Sozialistischen Pensionistenverbands.

**Slezak, Leo,** * 18. August 1873 in Šumperk/Mährisch-Schönberg, † 1. Juni 1946 in Rottach-Egern am Tegernsee (Bayern), Kammersänger und Filmkomiker.

Der berühmte Tenor war der Sohn eines Mühlenbesitzers. Wegen seiner übermütigen Streiche mußte er die Realschule verlassen, erlernte Gärtnerei und Schlosserei und war Vertreter einer Powidlfirma sowie nebenbei Statist am Brünner Stadttheater, wo der Heldentenor Adolf Robinson sein Gesangstalent entdeckte. Nach seiner musikalischen Ausbildung debütierte S. 1896 als Lohengrin in Brünn, sang 1898/99 in Berlin, danach in Breslau und wurde 1901 von Gustav Mahler an die Wiener Oper verpflichtet, der er (mit Unterbrechungen) bis 1934 angehörte. Der hünenhafte Heldentenor mit der biegsamen und unglaublich wandlungsfähigen Stimme eroberte als Tannhäuser und als Stolzing, als Othello, in Gounods »Faust« und in der »Königin von Saba« bald das Wiener Publikum. Mit Gastspielen und Konzertreisen – S. war auch ein hervorragender Liedsänger – erlangte er weltweite Bekanntheit, so feierte er 1909–1912 glänzende Erfolge an der New Yorker »Met«. 1934 beendete er seine Karriere als Sänger und ging zum Film. Mit seinem tschechischen Akzent und seinem urwüchsigen Humor erlangte er in zahlreichen musikalischen Komödien (u. a. »Die lustigen Weiber«, 1936, »Gasparone«, 1937, »Rosen in Tirol«, 1940) ungeheure Popularität. Seine Erinnerungen, die voll Witz und köstlicher Anekdoten sind, legte er in einigen Bänden nieder (u. a. »Meine sämtlichen Werke«, 1922, »Mein Lebensmärchen«, posthum, 1948).

*Lit.:* W. Slezak, Wann geht der nächste Schwan? (1964).

**Smekal, Adolf Gustav,** * 12. September 1895 in Wien, † 7. März 1959 in Graz, Physiker.

Nach dem Physikstudium in Wien habilitierte sich S. und übernahm 1927 ein Ordinariat für Physik an der Wiener Universität. 1949 nahm er einen Ruf an die Grazer Universität an. Bereits 1923 hatte er den S.-Raman-Effekt entdeckt. Das Schwergewicht seiner Forschungen lag bei der Röntgenspektroskopie, der Kristallphysik und der Quantentheorie.

*Werke:* »Allgemeine Grundlagen der Quantenstatistik und Quantentheorie« (1926), »Über Grenzflächenphysik« (1950).

**Sobotka, Kurt,** * 9. März 1930 in Wien, Schauspieler und Regisseur.

S. nahm nach der Handelsschule Schauspielunterricht und debütierte 1948 am Stadttheater Steyr. Danach war er an österr. und deutschen Theatern beschäftigt: an Wiener Kellerbühnen, am Theater in der Josefstadt (Ensemblemitglied ab 1981), am Hamburger Thalia-Theater, am Schauspielhaus Zürich. Als Kabarettist wirkte er am Kärntnertortheater neben Helmut → Qualtinger und Gerhard → Bronner und 1974–1981 im Wiener »Simpl«. Populär wurde der Komiker durch die ORF-Serien »Zeitventil«, »Die große Glocke«, »Erinnern Sie sich noch?« und die »Simpl-Revuen«. Insgesamt wirkte S. in mehr als 400 TV-Produktionen mit. Sein Bühnenrepertoire reicht vom Titus in Nestroys »Der Talisman« über den Bleichenwang in Shakespeares »Was ihr wollt« bis zum Schüler in Goethes »Faust«. Zuletzt führte S. an verschiedenen Spielstätten auch Regie.

**Sochor, Hilde,** * 5. Februar 1924 in Wien, Schauspielerin.

Schon als Schülerin ein Theaterfan, studierte S. zunächst Theaterwissenschaft und Germanistik (Dr. phil). Nach 1945 spielte sie im »Urfaust« im »Studio der Hochschulen«. Sie nahm Schauspielunterricht bei Leopold → Rudolf und Wolfgang Heinz sowie Sprechunterricht bei Kestranek. Zunächst an die Kammerspiele engagiert, kam sie 1949 an das Wiener Volkstheater, dem sie nun schon mehr als 40 Jahre die Treue hält. Nach kleineren Rollen entwickelte sie sich bald zur geschätzten Darstellerin volkstümlich-handfester Frauencharaktere in Nestroy-, Raimund- und Anzengruber-Stücken, für die sie als geradlinige Wienerin mit schnippischem Humor prädestiniert ist. Sie überzeugte aber auch als Grusche im »Kaukasischen Kreidekreis«, als Frau John in »Die Ratten« und als Mutter in »Weiningers Nacht«, einem Stück, bei dem ihr Sohn, Paulus Manker, Regie führte. S. war mit dem Theatermann Gustav → Manker verheiratet.

**Sokol, Erich,** * 31. März 1933 in Wien, Graphiker und Karikaturist.

Der Sohn eines Feinmechanikers und der Direktrice eines Modehauses bildete sein zeichnerisches Talent schon während der Mittelschulzeit bei Matejka-Felden an der Akademie weiter, bereits damals konnte er mit seinen Zeichnungen Geld verdienen. Nach einem Welthandelsstudium erhielt er 1957–1960 ein Stipendium für das Institute of Design in Chicago. Dort lernte er Hugh Hefner, den Herausgeber des Magazins »Playboy«, kennen, für den er in der Folge als ständiger Zeichner arbeitete. Nach seiner Rückkehr aus der USA zeichnete S. zunächst für die »Arbeiter-Zeitung«, 1967 wurde er Art-director des ORF, für den er ein völlig neues Gestaltungskonzept schuf. 1975 wechselte er als Cartoonist zur »Kronen Zeitung«, außerdem gestaltete er immer wieder Porträt-Covers für die Zeitschrift »Die Bühne«. S. ist ein glänzender, penibler Zeichner mit subtilem psychologischem Einfühlungsvermögen, dem entlarvende Häme fern ist.

**Solar, Lola,** * 13. Mai 1904 in Brunn am Gebirge (NÖ), † 20. Mai 1989 in Mödling (NÖ), Lehrerin und Politikerin.

Die künstlerisch begabte Tochter eines Magistratsbeamten absolvierte 1915–1918 eine Zeichenausbildung bei akademischen Malern, danach die Keramikklasse der Kunstgewerbeschule und schließlich die Lehrerbildungsanstalt. 1926–1930 unterrichtete sie ohne Entgelt an einer Privatschule als Zeichenlehrerin. Nach der Hauptschulprüfung für Naturgeschichte, Geographie und Zeichnen fand sie als Lehrerin eine Anstellung in NÖ. Schon als Schülerin hatte sie sich aktiv in der katholischen Jugendbewegung engagiert und war, beeinflußt von der Mutter, auch politisch tätig geworden. Sie wirkte 1933 bei der Organisation des Katholikentages mit. Auch in der »Vaterländischen Front« fand sie ein reges Betätigungsfeld, weswegen sie im NS-Regime 1938 ihre Stelle verlor. Sie wurde aber nach Kriegsbeginn wieder in den Dienst gestellt. Nach Kriegsende war sie in Mödling bei der ÖVP aktiv. Sie übernahm die Landesleitung der Frauenbewegung, wo sie von Julius → Raab als blendende Rednerin entdeckt wurde. 1949 kandidierte sie für den Nationalrat, 1950 wurde sie Bundesleiterin der Frauenbewegung. Auf ihre Initiative fand 1953 in Salzburg ein erster »Kongreß christlich-demokratischer Frauen Europas« statt, die Keimzelle der EFU (Europäische Frauenunion), deren erste Präsidentin sie 1955 wurde. 1978 wurde nach diesem Beispiel die EDU (Europäische Christdemokratische Union) gegründet. Bis 1970 hatte S. ein Nationalratsmandat inne, wobei sie sich besonders auf Schulreform, ein zeitgemäßes Familienrecht, Frauenfragen und schon früh auf Umweltschutz konzentrierte. 1969 gründete sie gemeinsam mit Hertha → Firnberg den »Österr. Frauenring«, eine die Parteigrenzen überschreitende Frauenorganisation.

**Sölch, Johann,** * 16. Oktober 1883 in Wien, † 10. September 1951 in Kitzbühel (T), Geograph.

Nach einem Philosophiestudium in Wien folgte der habilitierte Geograph zunächst einem Ruf an die Universität Innsbruck, wo er 1920–1928 lehrte. In dieser Zeit entstand eine Reihe von Arbeiten zur Geographie des Landes Tirol. 1928–1935 wirkte S. als Ordinarius an der Universität Heidelberg, ab 1935 unterrichtete er an der Wiener Universität. S. erforschte v. a. die durch die Eiszeit bedingte Geomorphologie der Alpen, in Innsbruck baute er ein Seminar für Alpengeographie auf.

*Werke:* »Die Formung der Landoberfläche« (1914), »Geographischer Führer durch Nordtirol« (1924), »Die Auffassung der natürlichen Grenze« (1924), »Die Landformung der Steiermark« (1928), »Die Ostalpen und Ö.« (1930), »Die Semmeringlandschaft« (1948), »Die Landschaften der Britischen Inseln« (2 Bde., 1952).

**Soronics, Franz,** * 28. Juli 1920 in Eisenstadt, Beamter und Politiker.

Der Arbeitersohn trat nach Kriegsdienst als Beamter bei der burgenländischen Landesregierung ein. Politisch engagierte er sich in der ÖVP, v. a. im ÖAAB. 1950 wurde er Stadtrat in Eisenstadt, 1954 Landesobmann des ÖAAB im Burgenland. 1956–1959 entsandte ihn seine Landespartei in den Bundesrat, anschließend hatte er bis 1971 ein Nationalratsmandat inne. In der Zeit der Großen Koalition war er 1963–1966 Staatssekretär im Innenministerium, während der ÖVP-Alleinregierung 1966–1968 Sozialminister, dann bis 1970 Innenminister. Danach wandte er sich wieder der Landespolitik zu und wurde 1972 zum stellvertretenden Landeshauptmann, 1978 zum Zweiten Landtagspräsidenten gewählt. Danach zog er sich völlig aus der Politik zurück.

**Sowinetz, Kurt,** * 26. Februar 1928 in Wien, † 28. Jänner 1991 in Wien, Kammerschauspieler und Moritatensänger.

Das vielseitige Schauspieleroriginal war der Sohn eines Hausmeisters in Wien-Ottakring. S. besuchte die Theaterschule »Otto« und wurde mit 16 Jahren nach Fürth (Bayern) engagiert. Wieder in Wien, spielte er zunächst an Kellerbühnen, 1955 kam er ans Volkstheater, danach an die »Josefstadt« und schließlich 1975 ans Burgtheater. S. war ein facettenreicher Künstler – ein nachdenklicher, philosophischer Clown, ein hervorragender Kabarettist, ein Musiker und ein Hobby-Handwerker. Seine schauspielerische Bandbreite reichte vom Volksstück über die Klassiker bis zur Moderne. Seine Schauspielkunst war hintergründig, voll Witz, Charme und aufbrausender Melancholie und doch stets aus einem Guß. S. feilte an seinen Rollen, liebevoll bis in das kleinste Detail, ob als Clown, Wiener Original oder verschlagener Spießer. Eine seiner Glanzrollen war Peter Altenberg im Fernsehen. Unverwechselbar, überempfindlich und grantig-wienerisch waren auch seine Moritaten (»Alle Menschen san ma z'wider«). S. war auch ein leidenschaftlicher Maler.

*Werke:* »Man müßt' mit an Vogerl Bruderschaft trinken ...« (1991).

**Soyfer, Jura,** * 8. Dezember 1912 in Charkow (Rußland), † 16. Februar 1939 im KZ Buchenwald, Lyriker und Dramatiker.

Der Sohn russischer Aristokraten kam 1921 mit seiner Familie nach Wien und besuchte hier das Gymnasium. Bereits als Schüler engagierte er sich für die Sozialdemokratie und schrieb sozialkritische Gedichte und Reportagen für die »Arbeiter-Zeitung«. Nach der Matura studierte er Germanistik und Geschichte. 1934 trat er der illegalen Kommunistischen Partei bei. Sein politisches Engagement und sein Kampf gegen soziale Ungerechtigkeit prägten auch das Werk des Satirikers – Sketches, Lieder und Gedichte sowie Stücke in der Tradition des Wiener Volkstheaters (u. a. »Weltuntergang«, 1936, »Astoria«, 1937, »Vineta«, 1937), die er – scharf und witzig pointiert – für Wiener Kleinkunstbühnen wie »Literatur am Naschmarkt« und »ABC« schrieb. Ein unvollendeter Roman, »So starb eine Partei«, schildert die Entwicklung der Ereignisse 1934. Eine Würdigung des Autors und seines Schaffens hat erst spät, etwa in den 80er Jahren, eingesetzt.

*Lit.:* H. Jarka (Hg.), J. S. Das Gesamtwerk (1980); J. S. Gesellschaft (Hg.), Die Welt des J. S. (1991).

**Spalt, Johannes,** * 29. September 1920 in Gmunden (OÖ), Architekt.

Ein Schüler von Clemens → Holzmeister, steht S. in seiner Baugesinnung eher Otto Wagner, Le Corbusier und Alvar Aalto nahe. Er gehörte während des 2. Weltkriegs dem Ingenieurstab der Messerschmitt-Werke an. Nach seinem Diplom 1952 arbeitete er als Assistent bei Konrad Wachsmann. Gemeinsam mit → Holzbauer, Kurrent und Leitner gründete er die »Arbeitsgruppe 4«. Ab 1973 leitete er eine Meisterklasse an der Akademie für angewandte Kunst, 1975–1979 war er Rektor. S.s Interessenspektrum ist breit gestreut, er entwarf sowohl Möbel als auch Häuser, beschäftigte sich mit Städtebau und mit Architekturgeschichte. Er brachte auch den Gedanken eines Architekturmuseums in die Diskussion. Der Loosianer baute vorwiegend in privatem Auftrag. Seine Bauphilosophie ist von Bescheidenheit geprägt, sein Stil ist leicht, nobel und transparent. Bemerkenswert bei allen seinen Bauten sind die weit ausladenden Dachkonstruktionen. Gemeinsam mit Holzbauer und Kurrent errichtete er die Pfarrkirche in Parsch, 1979 entstand die Salvatorkirche in Wien-Favoriten.

**Spann, Othmar,** * 1. Oktober 1878 in Wien-Altmannsdorf, † 8. Juli 1950 in Neustift (B), Nationalökonom und Geschichtsphilosoph.

S. studierte Staatswissenschaften in Wien, Zürich und Tübingen. Nach seiner Promotion

*Othmar Spann*

1903 arbeitete er bei der »Zentrale für private Fürsorge« in Frankfurt am Main. 1907 habilitierte er sich an der Technischen Hochschule in Brünn, 1909 erhielt er dort einen Lehrstuhl. Nach Kriegsdienst im 1. Weltkrieg lehrte er 1919–1938 an der Universität Wien Gesellschaftslehre und Nationalökonomie. Mit seiner ersten Veröffentlichung, »Der wahre Staat: Vorlesungen über Abbruch und Neubau der Gesellschaft«, erregte er 1921 allgemein Aufsehen. Als Gegner des Marxismus vertrat er eine universalistisch-idealistische Gesellschaftslehre, die den einzelnen nur als Glied des Ganzen sah. Seine antiliberale und antidemokratische Haltung fand unter den Studenten der Nachkriegsgeneration, die vom Kriegserlebnis nachhaltig geprägt waren, zahlreiche Anhänger, und im Seminar des hervorragenden Vortragenden und Lehrers scharten sich die Studenten. Die berufständischen und föderalistischen Ideen, die von diesem Zirkel ausgingen, wurden zur Grundlage des politischen Programms der Heimwehren und auch des Ständestaats. S. distanzierte sich allerdings später von dieser Umsetzung, die ihm als ein zu verwässertes Ergebnis seiner Ideen erschien. Von den Nationalsozialisten wurde er 1938 verhaftet und mit Lehrverbot belegt. 1931–1938 wirkte er als Herausgeber von »Ständisches Leben« und »Zeitschrift für Volkswirtschaft«. Eine kritische Gesamtausgabe seiner Werke brachte sein Schüler Walter → Heinrich 1963–1980 heraus.

*Weitere Werke* »Die Haupttheorien der Volkswirtschaftslehre« (1910), »System der Gesellschaftslehre« (1914), »Irrungen des Marxismus« (1928), »Hauptpunkte der universalistischen Staatsauffassung« (1929), »Geschichtsphilosophie« (1932).

*Lit.:* H. Schneller, Der Beitrag O. S.s zum Konservativismus in der Weimarer Republik (1971); K.-J. Siegfried, Universalismus und Faschismus (1974).

**Spannocchi, Emil,** * 1. September 1916 in Salzburg, † 30. August 1992 in Wr. Neustadt, Berufsoffizier.

Der Sohn eines alten sienesischen Adelsgeschlechts diente ab 1934 im Bundesheer der 1. Republik als Berufsoffizier. In den 2. Weltkrieg rückte er zur Panzerwaffe ein und avancierte bis zum Major im Generalstab. Nach dem Krieg war er als Rittmeister der B-Gendarmerie aktiv am Wiederaufbau des österr. Bundesheers beteiligt. Als Kommandant der Landesverteidigungsakademie hat er wesentlich zur Ausbildung der jungen Offiziere beigetragen. 1973 zum General der Panzertruppe ernannt, wirkte er bis 1981 als Armeekommandant. Als Taktiker genießt S. internationalen Ruf. Sein Raumverteidigungskonzept, das unter dem Motto »Verteidigung ohne Selbstzerstörung« steht, bildete die Grundlage der Heeresreform der späten 70er Jahre.

**Späth, Ernst,** * 14. Mai 1886 in Bärn (Mähren), † 30. September 1946 in Zürich, Chemiker.

1906–1910 studierte S. in Wien, 1917 habilitierte er sich für Chemie. 1924 erhielt der Gelehrte, der sich mit der Erforschung der Alkaloide befaßte, einen Lehrstuhl an der Wiener

Universität. S. gelang es, den molekularen Aufbau von 120 Pflanzenstoffen zu beschreiben. Er war jahrelang Redakteur der »Monatshefte für Chemie«. 1938–1945 wirkte er als Generalsekretär der Akademie der Wissenschaften, 1945/46 wurde er zum Präsidenten gewählt. 1927 veröffentlichte er eine »Geschichte der Chemie in Ö.«.

**Sperber, Manès,** * 12. Dezember 1905 in Zablotow (Galizien), † 5. Februar 1984 in Paris, Schriftsteller und Essayist.

S. stammte aus einer jüdischen Familie, die ihn erzieherisch stark prägte. 1916 kam er nach Wien und wurde hier Schüler und Mitarbeiter von Alfred → Adler, dem er eine Monographie widmete (»A. Adler, der Mensch und seine Lehre«, 1926). 1927–1933 lehrte er in Berlin Individualpsychologie und war politisch in der KP aktiv. 1933 ging er nach kurzer Schutzhaft über Jugoslawien ins Exil nach Paris, wo er bis zu seinem Tod lebte. 1937 brach er mit dem Kommunismus. Als Schriftsteller setzte er sich in seinen Romanen und Essays kritisch, geistreich und voll Ironie mit jeglichem Totalitarismus, mit massenpsychologischen Phänomenen und der Stellung des Intellektuellen in der Gesellschaft des 20. Jh.s auseinander. Sein bedeutendstes Werk ist die Romantrilogie »Wie eine Träne im Ozean« (1961), ein epochales Zeitporträt der Jahre 1931–1945. Seine Autobiographie »All das Vergangene« (3 Bde., 1974–1977) schließt an diese Zeit an. Unter seinen scharfsinnig-analytischen Essays sind »Die Achillesferse« (1957), »Zur täglichen Weltgeschichte« (1967) und »Churban oder die unfaßbare Gewißheit« (1979).

*Lit.:* W. Kraus (Hg.), Schreiben in dieser Zeit. Für M. S. (1976).

**Spiel, Hilde,** * 19. Oktober 1911 in Wien, † 30. November 1990 in Wien, Schriftstellerin, Kulturkritikerin, Essayistin und Übersetzerin.

S. studierte in Wien Psychologie (bei Karl → Bühler) und Philosophie (bei Moritz → Schlick). Politisch engagierte sie sich in der Linken. 1933 veröffentlichte sie ihren ersten Roman, »Kati auf der Brücke«. 1936 emigrierte sie nach Großbritannien, wo sie als Schriftstellerin und Journalistin tätig war. Nach Kriegsende war sie als Korrespondentin des »New Statesman« vorübergehend in Wien, 1963 kehrte sie endgültig zurück. Sie war in zweiter Ehe mit Hans → Flesch-Brunningen verheiratet.

*Hilde Spiel*

Die kultivierte, weltoffene »femme de lettres«, die als ihre literarischen Vorbilder Karl → Kraus und Virginia Woolfe bezeichnete, schrieb zahlreiche Bücher in deutscher und englischer Sprache. Als Hauptwerk der großen Stilistin gilt die glänzende Biographie über Fanny von Arnstein – zugleich ein wichtiger historischer Beitrag zur weiblichen wie zur jüdischen Emanzipationsgeschichte. Als Kulturkritikerin angesehener deutsch- und englischsprachiger Zeitungen setzte sie in ihrer mehr als 20jährigen Tätigkeit literarische und moralische Maßstäbe. Mit ihren Betrachtungen über englische Kultur und Literatur, ihren Landschafts- und Stadtbeschreibungen und ihren literarischen Porträts erwies sie sich als hervorragende Essayistin (u. a. »Städte und Menschen«, 1972, »In meinem Garten schlendernd«, 1981). Ihre Lebenserinnerungen (»Die hellen und die finsteren Zeiten«, 1989, »Welche Welt ist meine Welt«, 1990) haben großen Leserzuspruch gefunden. S. wurde mit zahlreichen Preisen ausgezeichnet.

*Weitere Werke:* »Verliebt in Döbling« (Roman, 1966), »Rückkehr nach Wien« (ein Tagebuch, 1968), »Anna und Anna« (Theaterstück, 1980), »Glanz und Untergang. Wien 1866–1938« (1987), »Dämonie der Gemütlichkeit« (Kritische Essays, 1991 posthum).

**Spiel, Walter,** * 28. Dezember 1920 in Wien, Kinderpsychiater und Neurologe.

S. studierte in Wien Medizin (Promotion: 1946) und arbeitete ab 1953 als Assistenzarzt und dann als Oberarzt und Leiter der Kinderabteilung an der Klinik Hans → Hoff. 1960 habilitierte er sich für Neurologie und Psychiatrie, 1975 wurde er o. Prof. für Neuropsychiatrie des Kindes- und Jugendalters in Wien. Neben zahlreichen wissenschaftlichen Aufsätzen hat S. wichtige kinderpsychologische Bücher publiziert. Er gilt als eine führende Persönlichkeit auf dem Gebiet der Kinder- und Jugendpsychologie.

*Werke:* »Die endogenen Psychosen des Kindes- und Jugendalters« (1961), »Die Phasen der kindlichen Entwicklung« (1974), »Die Therapie in der Kinder- und Jugendpsychiatrie« (1976).

**Spitzmüller, Alexander,** * 12. Juni 1862 in Wien, † 5. September 1953 in Velden (K), Bankfachmann und Politiker.

Der Sohn eines Regierungsrats studierte in Wien Jus und war anschließend 17 Jahre im Finanzministerium tätig, wo er ein enger Mitarbeiter von Böhm-Bawerk war. 1903–1910 wirkte er als Finanzlandesdirektor von Wien, anschließend als Generaldirektor der Creditanstalt. Der Vertrauensmann des Erzherzog-Thronfolgers Franz Ferdinand hatte wesentlichen Anteil bei der Vermittlung der Dollaranleihe 1912. Als Kenner des österr.-ungarischen Ausgleichs wurde er 1915 Handelsminister, 1916/17 und 1918 übernahm er das Finanzressort. Nach 1918 übte er zahlreiche wirtschaftliche Funktionen aus, sein Ratschlag in finanz- und wirtschaftspolitischen Angelegenheiten hatte noch immer großes Gewicht. 1928 wurde er Präsident der Rettungsgesellschaft. 1931/32 holte man den international angesehenen Bankfachmann noch einmal als Direktor in die Creditanstalt.

*Werke:* »Geschichte der österr.-ungarischen Währungsreform« (1902), »Das österr. Steuersystem«, ». . . und hat auch Ursach, es zu lieben« (1955).

**Spitzy, Hans,** * 21. Dezember 1872 in St. Leonhard (St), † 22. Juli 1956 in Wien, Orthopäde.

S., der Sohn eines Kaufmanns, studierte in Graz (Dr. med.: 1896) und habilitierte sich 1905 nach seiner Fachausbildung in Würzburg, Berlin und München. 1906–1913 lehrte er in Graz. 1913 wurde er auf einen Lehrstuhl nach Wien berufen. Der bedeutende Orthopäde unterrichtete auch am Turninstitut der Wiener Universität. 1923 wurde S., der bahnbrechende Forschungen zur körperlichen Erziehung des Kleinkindes leistete, zum Direktor des Orthopädischen Spitals ernannt. Er setzte sich sehr für die Umgestaltung des Schulturnens ein und forderte eine tägliche Turnstunde.

*Werke:* »Die körperliche Erziehung des Kindes« (1914), »Unsere Kriegsinvaliden« (1915), »Die körperliche Entwicklung des Kindes« (1925).

**Spitzy, Karl Hermann,** * 10. November 1915 in Wien, Internist und Chemotherapeut.

Der Sohn von Hans → S. studierte in Wien (Dr. med.: 1939), zuvor hatte er 1934 eine Werkmeisterprüfung für Maschinenbau und Elektrotechnik abgelegt. 1940 wurde er als Arzt zur deutschen Wehrmacht eingezogen. 1945 kam er an die Erste Medizinische Klinik nach Wien, wo er sich 1962 habilitierte. 1967 erhielt er auch einen Lehrauftrag für Chemotherapie.

1973–1985 wirkte er als o. Univ.-Prof. in Wien. S. verfaßte mehr als 250 wissenschaftliche Arbeiten und wirkte als Herausgeber der Zeitschrift »Arzneimittelpraxis«. Von großer Bedeutung wurde seine wissenschaftliche Beratung bei der Produktion medizinischer Filme und der Gestaltung von Fernsehserien, die sich mit medizinischen Fragen beschäftigten.

**Srbik, Heinrich,** * 10. November 1878 in Wien, † 16. Februar 1951 in Ehrwald (T), Historiker.

Nach einem Geschichtsstudium in Wien (Promotion: 1902) habilitierte er sich 1907 für österr. Geschichte an der Wiener Universität. 1912–1922 war S. Univ.-Prof. in Graz, 1922–1945 in Wien. 1938–1945 hatte er auch die Präsidentschaft der Akademie der Wissenschaften inne. 1929/30 war er kurz Unterrichtsminister, wobei er versuchte, im Sinne eines deutschnationalen Studentenrechts zu wirken. S. gilt als Hauptvertreter einer »gesamtdeutschen Geschichtsauffassung«, der auf die studierende Jugend der Zwischenkriegszeit großen Einfluß ausübte. Als der Anschluß 1938 vollzogen wurde, stand er dieser Entwicklung eher reserviert gegenüber, trotzdem war er Mitglied des deutschen Reichstages in Berlin.

*Werke:* »Metternich, der Staatsmann und Mensch« (2 Bde., 1925), »Das österr. Kaisertum und das Ende des Hl. Römischen Reiches« (1927), »Quellen zur deutschen Politik Ö.s 1859–1866« (5 Bde., 1934–1938), »Deutsche Einheit« (4 Bde., 1935–1942), »Geist und Geschichte vom deutschen Humanismus bis zur Gegenwart« (2 Bde., 1950/51).

*Lit.:* S. Kaehler, S. als Geschichtsschreiber der deutschen Einheit (1951); H. Frühwald, Großdeutsch und gesamtdeutsch bei H. v. S. (1965).

**Stadler, Krista,** * 15. August 1942 in Wien, Schauspielerin.

Die Allrounderin, die sich allen Herausforderungen stellt, ist eine eigenwillige, selbstbewußte, leidenschaftliche Schauspielerin. S. spielte in TV-Serien (u. a. »Edgar, Hüter der Moral«, »Ringstraßenpalais«) und im Musical (»Chicago«). Für ihre Darstellung der verhärmten Hausfrau »Lena Rais« erhielt sie den Bundesfilmpreis.

S. debütierte nach ihrer Ausbildung in Wien am »Ateliertheater am Naschmarkt« unter Veit → Relin. 1964–1967 spielte sie an der Komödie Basel, 1968 am Deutschen Theater, 1968/69 an der Kleinen Komödie in München und kehrte nach einer künstlerischen Pause nach Wien zurück, wo sie am Theater an der Wien, am Theater am Kärntnertor, am Theater in der Josefstadt und ab 1978 am Volkstheater engagiert war. Sie gastiert auch bei Festspielen (Krems, Salzburg) und in Deutschland. Ihre Vorliebe gehört österr. Stücken (Nestroy, → Horváth, → Schnitzler) und modernen Autoren (Botho Strauß, Kempinsky, Saunders, T. Williams).

**Stadler, Karl,** * 8. Oktober 1913 in Wien, † 7. Juli 1987 in Linz, Historiker und Volksbildner.

S., der 1934–1938 bei den illegalen »Revolutionären Sozialisten« tätig war, mußte 1938 nach Großbritannien emigrieren, wo er an den Universitäten Bristol, London und Birmingham Geschichte studierte. 1946–1968 lehrte er als Dozent an der Universität Nottingham. Außerdem befaßte er sich intensiv mit der Erwachsenenbildung. 1964 holte ihn Bruno → Kreisky nach Ö. zurück, wo er am Wiener Institut für Entwicklungsfragen arbeitete. 1968 wurde er an das neugegründete Institut für Zeitgeschichte der Linzer Universität berufen, wo er auch das Ludwig-Boltzmann-Institut für Geschichte der Arbeiterbewegung leitete. Als erster Rektor des Renner-Instituts legte er ab 1973 den Grundstein für eine moderne Parteiakademie der SPÖ. 1970–1984 war S. Präsident des Verbands österr. Volkshochschulen.

*Werke:* »Adult Education and European Co-operation« (1960), »Die NS-Justiz in Ö. und ihre Opfer« (mit M. Szécsi, 1962), »Ö. 1938–1945 im Spiegel der NS-Akten« (1966), »Hypothek auf die Zukunft« (1968), »Opfer verlorener Zeiten« (1974), »R. Bernaschek« (mit I. Kykal, 1976), »A. Schärf« (1982).

**Stamprech, Franz,** * 30. Mai 1906 in Wien, † 4. Mai 1983 in Eisenstadt (B), Journalist und Schriftsteller.

Nach Gymnasium und Philosophiestudium in Wien war S. seit 1929 als Redakteur beim »Kleinen Volksblatt« tätig. 1947 wurde er stellvertretender Chefredakteur des Blattes. 1955 wechselte er als Chefredakteur zur traditionsreichen »Wiener Zeitung«, wo er bis zu seiner Pensionierung 1971 blieb. Der profilierte Journalist, der Vorstandsmitglied des Presseclubs »Concordia« war, schrieb auch eine Reihe von Büchern, vorwiegend historischen Inhalts.

*Werke:* »Das Tierhotel« (1946), »H. Kudlich« (1947), »L. Kunschak« (1953), »I. F. Castelli« (1958), »Die älteste Tageszeitung der Welt« (1974), »175 Jahre österr. Staatsdruckerei« (1979).

**Stankovski, Ernst,** * 16. Juni 1928 in Wien, Schauspieler, Entertainer und Schriftsteller.

Der Sohn eines Friseurs aus Wien-Hernals erlernte zunächst den väterlichen Beruf. Ab 1945 nahm er Gesangs- und Tanzunterricht und besuchte das Reinhardt-Seminar. Seine Laufbahn führte den Schauspieler an die Wiener »Josefstadt« (1946–1965), dann nach Berlin (Piscator), München (Kortner) und Hamburg (Zadek). Dazwischen lagen Düsseldorf, Frankfurt am Main und Hannover sowie Gastspiele am Theater an der Wien und am Wiener Volkstheater. S. spielte mit Helene → Thimig und Ernst → Deutsch in Tolstois »Und das Licht leuchtet in der Finsternis«, er war → Schnitzlers »Anatol«, → Hofmannsthals »Unbestechlicher«, Brutus in Shakespeares »Caesar« und Herr von Lips in Nestroys »Der Zerrissene«. Er war Musicalstar (»Der Mann von La Mancha«, »Chicago«), Kabarettsolist und Quizmeister im ZDF (»Erkennen Sie die Melodie?«). Als Liedermacher brachte er LPs heraus (»Songs für Mündige«, »Wie wirst Du aussehen, wenn Du tot bist«) und schrieb Bücher wie »Das große Testament des François Villon« und übersetzte Molière (1981). Außerdem ist er Steptänzer, Pianist und Wienerliedkomponist.

**Starhemberg, Ernst Rüdiger,** * 10. Mai 1899 in Eferding (OÖ), † 15. März 1956 in Schruns (V), Heimwehrführer und Politiker.

Der Offizierssohn stammte aus altem Adel – sein Urahn verteidigte 1683 Wien gegen die anstürmenden Osmanen; seine Mutter war Mandatarin der Christlichsozialen Partei und enge Vertraute → Seipels. S. meldete sich 1917 freiwillig zum Kriegsdienst. 1918 baute er in OÖ eine Schutztruppe gegen Plünderer auf. Ab 1921 sollte er in Innsbruck Nationalökonomie studieren, doch widmete er sich eher martialischen Neigungen. Er schloß sich dem »Freikorps Oberland« an und nahm an den Kämpfen in Oberschlesien teil, ebenso am Münchner Novemberputsch Hitlers 1923. Anschließend diente er als Soldat in der deutschen »Schwarzen Reichswehr«. 1926 kehrte er nach Ö. zurück. Er übernahm das väterliche Erbe und trat in OÖ der Heimwehr bei, ab 1929 war er Landesführer, 1930–1936 (mit kurzer Unterbrechung 1931) Bundesführer der Heimwehren. 1931 mußte er sein Mandat niederlegen, um seine privaten finanziellen Verhältnisse zu regeln, da er Unsummen seines Vermögens in die Heimwehren investiert hatte. 1930 wurde er als Mandatar der Partei »Heimatblock« in den Nationalrat gewählt, schied jedoch kurz darauf wieder aus, nachdem er sich äußerst abfällig über das Parlament geäußert hatte. Kurz war auch 1930 seine Amtszeit als Innenminister, die kaum Spuren hinterließ. Er verfügte über gute persönliche Beziehungen zum faschistischen Ausland. Ein enges Verhältnis verband ihn mit Kanzler → Dollfuß, der ihn zum stellvertretenden Führer der »Vaterländischen Front« machte. Nach der Ermordung von Dollfuß machte er sich Hoffnungen auf die Kanzlerschaft, wurde aber von → Miklas nicht ernannt. Als Vizekanzler im Kabinett → Schuschnigg wehrte er sich anfangs gegen eine Agrémenterteilung an den neuen deutschen Gesandten Franz von Papen. 1936 gelang es Schuschnigg, S. aus dem Kabinett zu eliminieren. Wenige Monate später lieferte S., der ein brillanter, aber unüberlegter Redner war, Schuschnigg den Vorwand für die Beseitigung der Heimwehren. In der Folge hatte S. keine wesentlichen politischen

Funktionen mehr. 1937 begab er sich in die Schweiz, von wo er nach dem 13. März 1938 nicht mehr nach Ö. zurückkehrte. 1940 trat er in die französische Armee ein. Nach der Kapitulation Frankreichs ging er über Großbritannien nach Südamerika, wo er mit Hilfe Fritz → Mandls eine neue Existenz aufbaute. 1955 kam er anläßlich der Verhandlungen um die Rückgabe seines Vermögens nach Ö. zurück. 1971 erschienen seine »Memoiren«.

*Lit.:* J. Hannah, Der Fürst, der sein Land verkaufte (1949); W. Wiltschegg, Die Heimwehr (1985).

**Staribacher, Josef,** * 25. März 1921 in Wien, Jurist und Politiker.

Wegen seines politischen Engagements für die illegalen »Revolutionären Sozialisten« wurde S. während des Ständestaatsregimes von einer Technischen Mittelschule verwiesen. So absolvierte er eine Lehre als Stein- und Offsetdrucker. 1938 wurde er von den Nationalsozialisten verhaftet, 1939/40 verbrachte er im KZ Buchenwald. Nach Kriegsende trat er in die Arbeiterkammer ein, legte die Abendmatura ab und studierte Volkswirtschaft und Staatswissenschaften. Als Sekretär der Wiener Arbeiterkammer zog er 1961 als SPÖ-Abgeordneter in den Nationalrat ein. 1970–1983 war S. Handelsminister der Ära → Kreisky. Der äußerst beliebte Politiker schuf ein gutes Gesprächsklima mit allen Sozialpartnern. Als Ressortchef engagierte sich der Verfechter der Sozialpartnerschaft sehr für den Fremdenverkehr, für die Klein- und Mittelbetriebe und eine moderne Konsumentenpolitik. Seine Energiepolitik dagegen geriet immer mehr ins Kreuzfeuer der Kritik, er hatte sich für die Inbetriebnahme des Kernkraftwerks Zwentendorf und für den Bau des Hainburger Kraftwerks ausgesprochen. Nach seinem Ausscheiden aus dem Kabinett wurde S. Vorsitzender des Aufsichtsrats der ÖIAG.

**Starmühlner, Ferdinand,** * 19. Juli 1927 in Wien, Zoologe.

Der Wiener Zoologe und Botaniker (Promotion: 1949) schlug die Universitätslaufbahn ein und konnte sich 1964 habilitieren. 1974 wurde er am Institut für Zoologie a. o. Prof. für Malakologie (Weichtierkunde), 1979 Vorstand des Instituts für Zoologie der Universität Wien. Breite Popularität erlangte der Naturwissenschaftler durch seine unermüdliche Informationsarbeit und seine Expeditionen zur Erforschung der tropischen Wasserfauna. Seine zahlreichen Forschungsreisen führten ihn u. a. 1949/50 in den Iran und nach Afghanistan, 1955 nach Island, 1965 nach Neukaledonien, 1974 zu den Seychellen und 1978 zu den Kleinen Antillen. Die Ergebnisse hat er in über 100 wissenschaftlichen und über 300 populärwissenschaftlichen Publikationen, in Filmen und mehr als 2 000 Vorträgen in Rundfunk, Fernsehen und insbesondere im Rahmen der Volksbildung (S. ist seit 1973 Vizepräsident des Verbandes der Wiener Volkshochschulen sowie des Wiener Volksbildungswerkes) bekannt gemacht. Nach S., der auch zahlreiche neue Tierarten entdeckt hat, ist eine Süßwasserkrabbe benannt.

**Staudacher, Hans,** * 14. Jänner 1923 in St. Urban/Ossiacher See (K), Maler und Graphiker.

*Hans Staudacher*

S., einer der führenden österr. Maler nach 1945, begann als Autodidakt und tief geprägt vom Kriegserlebnis. Frühen expressionistischen Federzeichnungen, gegenständlichen Akten und Tierbildern folgte seine Entwicklung zur Aktionsmalerei und hin zu einer Position »zwischen Expression und konstruktiver Verdichtung«. S. ist ein engagierter, sensibler Künstler, der seine Gedanken und Empfindungen impulsiv und spontan in Malerei und Graphik umsetzt, er kritzelt, reißt auf, verdeckt, verschlüsselt, schreibt dem Geflecht aus Linien und Flächen Textfragmente und Wörter ein und läßt daraus eine wilde, dann wieder beruhigte, neuerdings auch zarte Ganzheit entstehen. Aus dem Erlebnis heraus entwickelt, nehmen diese Bilder Stellung zum Weltgeschehen und fordern Reaktionen heraus. Seit 1952 Mitglied der Wiener Secession, hat S. weltweit ausgestellt. 1991 gab er einen Überblick über sein 40jähriges Schaffen.

*Lit.:* P. Baum, H. S. (1974).

**Staud, Johann,** * 22. Mai 1882 in Rohozna Poliska (Böhmen), † 2. Oktober 1939 im KZ Flossenbürg, Gewerkschafter.

Das uneheliche Kind einer Bauernmagd wuchs in NÖ auf und erlernte das Schuhmacherhandwerk. Bereits damals wurde S. Mitglied des Katholischen Gesellenvereins. Bis 1908 ging er auf die Walz und sammelte in Deutschland bei christlichen Gewerkschaftsorganisationen Erfahrungen. Wieder in Ö., wurde er enger Mitarbeiter von Leopold → Kunschak. 1909 gründete er den Verband der Lederarbeiter, dessen Obmann er bis 1934 blieb. Im 1. Weltkrieg wurde er schwer verwundet, danach widmete er sich ausschließlich dem Wiederaufbau der christlichen Gewerkschaftsbewegung. 1927 wurde er Sekretär der Zentralkommission der Christlichen Gewerkschaften. S. war auch Mitglied der Wiener Parteileitung der Christlichsozialen Partei und der Kammer für Arbeiter und Angestellte. 1934 wurde er Vorsitzender der Einheitsgewerkschaft des Ständestaats, er war auch Mitglied des Bundeswirtschaftsrates. Der Errichtung des Ständestaats brachten die christlichen Gewerkschafter nicht viel Sympathie entgegen, fügten sich aber.

S. gehörte zu jenen, die immer wieder vor den Nationalsozialisten warnten und zur Zusammenarbeit mit der sozialdemokratischen Arbeiterschaft rieten. Am 12. März 1938 sofort verhaftet, wurde er zuerst nach Dachau und dann nach Flossenbürg gebracht, wo er einem Herzversagen erlag.

**Stecher, Reinhold,** * 22. Dezember 1921 in Innsbruck, kath. Bischof.

S., aus einer Vintschgauer Bergbauernfamilie stammend, ist der Sohn eines Landesschulinspektors. Nach der Matura leistete er Arbeitsdienst. Wegen einer Protestwallfahrt wurde er 1941 kurz von der Gestapo inhaftiert und mußte dann einrücken, wobei er sich eine schwere Verwundung zuzog. Er studierte in Innsbruck Theologie (Promotion: 1951), 1947 wurde er zum Priester geweiht. Danach wirkte er als Präfekt am Knabenseminar am Kollegium Paulinum und als Religionsprof. an der Innsbrucker Pädagogischen Akademie. 1981 wurde er zum Bischof der Diözese Innsbruck-Feldkirch geweiht. S., Gegner eines innerkirchlichen Fundamentalismus, profilierte sich durch die Abschaffung des »Anderl-von-Rinn«-Kults, der eine antisemitische Ritualmordlegende verbreitete, und durch ein Verbreitungsverbot für das Handbuch des umstrittenen »Engelwerks«. Er tritt dafür ein, daß die Kirche Irrtümer der Vergangenheit zugeben muß. Auch gegen das Abschieben von Flüchtlingen hat der Volksbischof und unbequeme Mahner nachdrücklich seine Stimme erhoben.

**Steger, Norbert,** * 6. März 1944 in Wien, Jurist und Politiker.

S., der in seiner Schulzeit als Wiener Sängerknabe ausgedehnte Konzertreisen unternahm, begann nach der Matura ein Jusstudium und setzte seine Sängerausbildung an der Wiener Musikhochschule fort. 1965 wurde er Vorsitzender des Rings Freiheitlicher Studenten und Mandatar im Zentralausschuß der österr. Hochschülerschaft. Noch vor seiner Promotion 1970 gründete er mit FPÖ-Mitgliedern den Attersee-Kreis, eine politisch-wissenschaftliche Arbeitsgruppe. 1973 kam er in die Wiener Landesparteileitung, 1974 in die Bundesparteileitung der FPÖ. Seit 1975 Rechtsanwalt, wurde er 1977 Landesparteiobmann von Wien, 1980 Bundesobmann. Bereits ab 1979 hatte er ein Nationalratsmandat inne. 1983 wurde er Vizekanzler und Bundesminister für Handel, Gewerbe und Industrie im Kabinett → Sinowatz. 1986 löste ihn nach einer Kampfabstimmung Jörg → Haider als Parteichef ab, worauf Kanzler → Vranitzky das Koalitionsabkommen mit der FPÖ aufkündigte. Seitdem wirkt S. wieder als Anwalt.

**Steidle, Richard,** * 20. September 1881 in Untermais bei Meran (Südtirol), † 30. August 1940 im KZ Buchenwald, Rechtsanwalt und Politiker.

Der Sohn württembergischer Einwanderer studierte Jus in Innsbruck. Wegen Untauglichkeit für den Militärdienst wurde er im 1. Weltkrieg Militär-Gerichtsakzessist und eröffnete nach dem Krieg eine Rechtsanwaltskanzlei. 1919–1934 vertrat er die Christlichsozialen im Tiroler Landtag. 1918–1921 sowie 1933/34 war er Mitglied der Tiroler Landesregierung. 1922–1931 gehörte er dem Bundesrat an. Infolge anhaltender Meinungsverschiedenheiten wurde er 1931 aus der Bundesratsfraktion der Christlichsozialen ausgeschlossen, was einen einmaligen Vorgang darstellte.
S. gründete 1920 die Tiroler Heimwehr. Bis 1934 blieb er unumstrittener Landesführer. 1930 verlas er bei einer Großkundgebung in Korneuburg den Eidestext, der das faschistische Programm der Heimwehren enthielt. 1933 unternahmen die österr. Nationalsozialisten auf ihn ein Attentat, wobei er eine schwere Armverletzung davontrug. Kurz zum Sicherheitsdirektor in Tirol ernannt, übernahm er 1933 das Amt des Bundeskommissärs für Propaganda. Im Juli 1934 wurde er zum Generalkonsul in Triest ernannt. Der christlichsoziale Bundesratsmandatar befürwortete einen Anschluß an Deutschland und war ein entschiedener Gegner der politischen Linken. Er war einer der ersten innerhalb der Selbstschutzverbände, die Kontakte zu ähnlichen Gesinnungsgemeinschaften im Ausland suchten. Ein brillanter Redner, hatte er mit seinem Antiparlamentarismus großen Einfluß auf die Masse der Heimwehrleute. 1938 wurde er von den Nationalsozialisten, die er als Sicherheitsdirektor verfolgt hatte, verhaftet und ging im KZ Buchenwald zugrunde.

**Steinböck, Johann,** * 12. Juni 1894 in Frauenhofen (NÖ), † 14. Jänner 1962 in Wien, Landwirt und Politiker.

Der christlichsoziale Politiker, der sich hauptsächlich mit agrarischen Fragen befaßte, wurde 1932 in den nö. Landtag gewählt, dem er bis zum Ende Ö.s 1938 angehörte. 1934–1938 war er auch Mitglied der Landesregierung. Nach 1945 trat er der ÖVP bei, die den beliebten Agrarfachmann wieder als Landtagsabgeordneten aufstellte. 1945–1949 war er Landesrat, 1949–1962 nö. Landeshauptmann, der die schwere Nachkriegszeit zu bewältigen hatte.

**Steinboeck, Rudolf,** * 7. August 1908 in Baden bei Wien, Schauspieler, Regisseur und Theaterdirektor.

S. spielte nach Abschluß seiner Ausbildung zunächst in der altösterr. Provinz, dann in Wien an den Kellerbühnen der Zwischenkriegszeit und 1938–1945 am Theater in der Josefstadt; 1945–1953 führte er als Direktor das Haus durch die schweren Nachkriegsjahre. Ab 1957 war er einer der bedeutendsten und meistbeschäftigten Regisseure des Burgtheaters. In der Ära → Haeusserman (1959–1968) inszenierte er nicht weniger als 29 Stücke von den Klassikern bis zur Moderne. S. galt als subtiler Schnitzler-Regisseur. Jeglicher Selbstinszenierung abhold, war seine Arbeit von echter schöpferischer Zusammenarbeit mit den Schauspielern sowie Achtung vor dem Werk des Dichters geprägt, für das er jeweils eine angemessene, unverwechselbare Atmosphäre schuf. S. arbeitete auch für Funk und Fernsehen. Er war mit Aglaja → Schmid verheiratet.

**Steinbrecher, Alexander,** * 16. Juni 1910 in Brno/Brünn (Mähren), † 6. April 1982 in Wien, Komponist und Kapellmeister.

S. studierte in Brünn und Prag. 1929 ließ er sich in Wien nieder und komponierte hier zahlreiche Singspiele (u. a. »Die Gigerln von Wien«, 1939, »Brillanten aus Wien«, 1943, »Meine Nichte Susanne«, 1943), Operetten, Filmmusik und Ballette sowie Bühnenmusik für das Burgtheater, wo er als Erster Kapellmeister tätig war. Außerdem schrieb er Lieder für Kabarettprogramme, deren Texte er grundsätzlich selbst verfaßte. Manche seiner Melodien sind äußerst populär geworden, z. B. »Unter einem Regenschirm am Abend«, »Ich kenn' ein kleines Wegerl im Helenental« und »Zwischen Simmering und Favoriten«.

**Steiner, Ludwig,** * 14. April 1922 in Innsbruck, Diplomat und Politiker.

Der Sohn eines Innsbrucker Bäckermeisters schloß sich als Soldat dem Widerstandskampf an. Nach dem Krieg studierte er Volkswirtschaft (Promotion: 1948) und trat in den diplomatischen Dienst ein. Er wurde Sekretär des Außenministers → Gruber. 1952 leitete er die Außenstelle des Bundeskanzleramts für Südtirol. 1953–1958 war er Sekretär des Kanzlers Julius → Raab und ist damit einer der letzten Zeitzeugen der Staatsvertragsverhandlungen. 1961–1964 war er als Staatssekretär neben Minister → Kreisky im Außenministerium tätig. Dann übernahm er Botschafterposten in Sofia und Athen, bevor er 1972 zum Leiter der politischen Sektion und Stellvertretenden Generalsekretär im Bundesministerium für Auswärtige Angelegenheiten ernannt wurde. 1979 übernahm er ein Nationalratsmandat der ÖVP. Als Leiter der parlamentarischen Untersuchungsausschüsse in den Fällen Lucona und Noricum erwarb er sich die Hochachtung aller im Parlament vertretenen Parteien. 1990 schied er aus dem Parlament aus. 1991 war er als Stellvertreter Bernhard Görgs vorgesehen, der zum Parteiobmann kandidierte, jedoch die Wahl verlor. 1992 war S. als Kandidat für das Amt des Bundespräsidenten im Gespräch. Er präsidiert in der Nachfolge Alfred → Maletas seit 1989 die Politische Akademie der ÖVP.

**Steinhauer, Erwin,** * 19. September 1951 in Wien, Schauspieler und Kabarettist.

S. studierte nach der Matura an der Wiener Universität Geschichte und Germanistik, reichte aber seine Dissertation nicht ein und begann eine Kabarettisten- und Schauspielerlaufbahn. Er war Mitbegründer des Kabarettensembles »Keif« (1974), schrieb Texte und Lieder und entwikkelte sich zu einem der bekanntesten österr. Kabarettisten, dem Otto → Schenk »großes, geniales Talent« bescheinigt. Neben Engagements am Wiener »Simpl« (1977/78), in Düsseldorf (1979), am Wiener »Theater der Courage« (1980) und ab 1982 am Burgtheater, dem er 6 Jahre angehörte und an dem er 1986 als »Herr Karl« beeindruckte, trat er auch in TV-Shows auf und gab 1982 sein erstes kabarettistisches Soloprogramm, »Entlassen«, in der »Kulisse«. Es folgten weitere Programme in Eigenregie, wie »Café Plem-Plem« (1984) oder »Ganz im Ernst« (1986).

**Stemberger, Julia,** * 29. Jänner 1965 in Wien, Schauspielerin.

Die Tochter eines Virologen sollte eigentlich Musikerin werden (ihr Stiefvater Kurt → Schwertsik ist Komponist, die Mutter Sängerin). Sie studierte an der Musikakademie, entschloß sich aber dann, Schauspielerin zu werden und begann eine äußerst erfolgreiche Karriere. Nach der Hauptrolle in W. Bannerts Film »Herzklopfen« holte sie Michael Schottenberg ans »Schauspielhaus«, u. a. für das Musical »Elvis« und »Peer Gynt«, und bald war S. ein begehrter Jungstar. Sie spielte unter J. Flimm in Salzburg die Jugend in »Der Bauer als Millionär« (1988), ein Jahr später die Thekla in »Mädl aus der Vorstadt«. Stephan Bruckmeyer engagierte sie als Birgit in Wolfgang → Bauers »Magic Afternoon« ans Burgtheater. Peter Zadek übertrug ihr die Rolle der Jessica in Shakespeares »Der Kaufmann von Venedig«. Auf Anhieb begeisterte sie den »Burg«-Chef Claus → Peymann. Die Schauspielerin, die sich für Greenpeace und Amnesty International engagiert, stand in Hamburg in »Leonce und Lena« auf der Bühne, bei den Salzburger Festspielen 1991 verkörperte sie die Komteß Helen in → Hofmannsthals »Der Schwierige«. In der TV-Produktion »Strauss-Dynasty« spielte sie die Hutmacherin Emmy Trampusch, um nur einige Stationen ihrer Blitzkarriere zu nennen.

**Stepan, Karl Maria,** * 24. Juni 1894 in Wien, † 11. September 1972 in Graz, Verleger und Politiker.

Der Sohn eines Graveurs studierte Jus in Wien, wo er sich der CV-Verbindung »Norica« anschloß. 1914 rückte er freiwillig ein und geriet 1915 in russische Kriegsgefangenschaft. Erst 1923 konnte er sein Jusstudium in Graz beenden, wo er später in einer Anwaltskanzlei tätig war. Politisch wandte er sich der Christlichsozialen Partei zu. 1928 wurde er Direktor des Katholischen Preßvereins Styria, 1929 Generaldirektor. 1932 trat er aus der Christlichsozialen Partei aus, blieb aber in engem Kontakt mit seiner Gesinnungsgemeinschaft. Im Februar 1934 machte ihn → Dollfuß zum Bundesleiter der »Vaterländischen Front«. Mit Jahresende wurde er Landeshauptmann der Steiermark. Am 3. März 1938 trat er von dieser Funktion zurück, als sein Vorschlag, das Militär gegen die demonstrierenden Nationalsozialisten einzusetzen, in der Landesregierung nicht angenommen wurde. Nach der Machtübernahme Hitlers in Ö. wurde er daher sofort verhaftet und nach Dachau gebracht. 1940 entlassen, arbeitete er als Magazineur. 1944 kam er neuerlich ins KZ. 1945 nach Graz zurückgekehrt, wurde er zunächst öffentlicher Verwalter, 1946 wieder Generaldirektor des Verlags; als geradezu militanter Österreicher nahm er mit seiner Programmgestaltung eine wichtige Position im kulturellen Leben des Landes ein. 1968 ging er in Pension.

**Stern, Michael,** * 11. Dezember 1897 in Wiener Neustadt (NÖ), † 2. Dezember 1989 in Wien, Rechtsanwalt.

Nach der Matura rückte S. als Freiwilliger im 1. Weltkrieg ein und nahm an den letzten Isonzoschlachten an der Südfront teil. Danach studierte er Jus (Promotion: 1921) und war im Bankwesen tätig, dann als Konzipient und Rechtsanwalt in Wiener Neustadt. Den 2. Weltkrieg verbrachte S., der jüdischer Herkunft war, als »Konsulent für Nichtarier«. 1945 eröffnete er in Wien eine Rechtsanwaltskanzlei und stieg zum führenden Strafverteidiger der Zweiten Republik auf, zum Doyen seines Fachs. Der extreme Frühaufsteher lebte für seinen Beruf. In seiner Kanzlei, die zuweilen mehr als 40 Mitarbeiter beschäftigte, bildete er zahlreiche junge Leute aus, die heute zu den Stars ihres Fachs gehören.

*Michael Stern*

**Steyrer, Kurt,** * 3. Juni 1920 in Linz, Arzt und Politiker.

Nach der Matura zum Arbeits- und Militärdienst einberufen, begann S. während des Krieges in Wien und Prag Medizin zu studieren (Promotion: 1945). Nach Spitalspraxis erfolgte seine Ausbildung zum Dermatologen im Wiener Rudolfspital. Neben seiner Praxis arbeitete er als Ambulanzarzt der Wiener Gebietskrankenkasse (1951–1958) und als Betriebsarzt (1952–1981). Seit 1945 war er auch Funktionär der Wiener Ärztekammer. Entsprechend der Familientradition – der Großvater Josef Gruber war Landeshauptmannstellvertreter in OÖ und 1930–1934 Bürgermeister von Linz – trat S. 1946 der SPÖ bei und wurde Obmann der Sozialistischen Ärztevereinigung. 1975 übernahm er ein Nationalratsmandat. 1981 wurde er Minister für Gesundheit und Umweltschutz. Ende 1985 trat er zurück, da ihn seine Partei als Präsidentschaftskandidaten aufgestellt hatte. Er unterlag gegen Kurt → Waldheim im 2. Wahlgang mit nur 46,1 Prozent der Wählerstimmen. 1986 übernahm S. ein Gemeinderatsmandat in Wien, 1988 zog er sich völlig aus der Politik zurück.

**Stich-Randall, Teresa,** * 24. Dezember 1927 in West Hartford (USA), Kammersängerin.

Die weltweit gefeierte Sopranistin deutscher Herkunft studierte am Hartford Conservatory und an der Columbia-Universität. Sie debütierte in den USA als Konzertsängerin und ging 1951 nach Europa, wo sie bei den Festspielen im Giardino Boboli in Florenz Aufsehen erregte, als sie in Webers »Oberon« das Meermädchen sang und dabei durch ein großes Bassin schwamm. 1952 wurde sie an die Wiener Staatsoper engagiert und feierte in vielen Partien, v. a. als Mozart- und Strauss-Interpretin, große Erfolge. Auch auf Gastspielen in Mailand, Lissabon, Chicago, Turin u. a. m. sowie bei Festspielen (Salzburg, Aix-en-Provence) beeindruckten ihr hohes Stilgefühl und die Ausgewogenheit ihres Vortrags das Publikum. S.-R. ist auch als Konzertsängerin sehr geschätzt.

**Stickler, Alfons Maria,** * 23. August 1910 in Neunkirchen (NÖ), Kardinal, Bibliothekar und Archivar.

1927 trat S. dem Orden der Salesianer Don Boscos bei und studierte Philosophie und Theologie in Wien, Benediktbeuren, Turin und Rom. 1937 wurde er zum Priester geweiht. Nach seiner Ausbildung wurde er Prof. für Kirchenrecht und Kirchengeschichte an der Ordensuniversität in Rom, 1955 Direktor des »Institutum Historicum iuris canonici«, 1958–1966 Rektor der Päpstlichen Universität. Von dort wurde er an die Vatikanische Bibliothek und das Archiv berufen, Institutionen von herausragendem kulturhistorischem Wert, die er 1971–1988 leitete. 1983 wurde er zum Erzbischof geweiht, 1985 folgte der Kardinalspurpur. Bibliothek und Archiv danken ihm eine großartige wissenschaftliche Erneuerungsphase, die nicht zuletzt auch zahlreichen österr. Forschern zugute kam. 1986 erhielt die Bibliothek reliefgeschmückte Bronzetore als Geschenk der österr. Wirtschaft, deren künstlerisches Konzept S. gestaltete. Er veranlaßte auch, daß Faksimileausgaben zahlreicher wertvoller Codices der Vaticana in vielen Sprachen erscheinen konnten. Nach seiner Pensionierung widmete er sich wieder eigenen Forschungen, v. a. auf dem Gebiet des kanonischen Rechts.

**Stockinger, Friedrich,** * 22. September 1894 in Wien, † 20. August 1968 in Toronto (Kanada), Politiker.

S. studierte an der Technischen Hochschule in Wien und legte die erste Staatsprüfung ab. Mit Kriegsausbruch rückte er freiwillig ein. Nach dem 1. Weltkrieg besuchte er eine Handelsakademie und trat in den Lebensmittelgroßhandel seines Schwiegervaters ein. Er betätigte sich in zahlreichen Gremien seines Berufsstandes und fungierte als Sachverständiger und Schätzmeister. Er war auch Präsident des Verbands der Lebensmittelgroßhändler und führendes Mitglied des Gewerbebundes. Politisch stand S., den mit → Dollfuß eine enge Freundschaft verband, der

Christlichsozialen Partei nahe. 1933 wurde S., der wie Kanzler Dollfuß nie dem Parlament angehörte, Handelsminister. 1938 emigrierte er nach Kanada, wo der ehemalige Minister während des Krieges als nicht offizieller Vertreter österr. Interessen akzeptiert war. Ab 1955 war er österr. Handelsdelegierter.

**Stoessl, Otto,** * 2. Mai 1875 in Wien, † 15. September 1936 in Wien, Schriftsteller.

Der Arztsohn und promovierte Jurist, der im Staatsdienst ein eher karges Leben fristete, ist ein Vergessener der österr. Literatur. S. widmete sich früh seinen literarischen Neigungen. Er war Mitarbeiter der »Fackel« von Karl → Kraus und schrieb in gemäßigt realistischem Stil stimmungsvolle Erzählungen (u. a. »Negerkönigs Tochter«, 1910, »Egon und Danitza«, 1911), formstrenge Lyrik, zeitkritische Romane (»Das Haus Erath«, 1920), Dramen und Märchenlustspiele, eine verschlüsselte Biographie Joseph M. → Hauers unter dem Titel »Sonnenmelodie« (1923) sowie Essays über österr. Dichter. Ab 1919 war er ständiger Burgtheaterkritiker der »Wiener Zeitung«. Von der Gesamtausgabe seiner Werke, die an die 12 Bände umfassen sollte, kamen nur 4 zustande (1933–1938).

*Weitere Werke:* »Menschendämmerung« (Novellensammlung, 1929), »Antike Motive« (Gedichte, 1928).

**Stolper, Gustav,** * 25. Juli 1888 in Wien, † 8. Dezember 1947 in New York, Nationalökonom.

Der angesehene Wirtschaftsfachmann und Publizist studierte in Wien bei Eugen Philippovich Volkswirtschaft und Nationalökonomie. Er begann seine journalistische Laufbahn beim »Österr. Volkswirt«, dessen Mitherausgeber er 1911 wurde. Ende 1918 gründete er die »Bürgerlich-Demokratische Partei«, war in der Mitteleuropa-Bewegung führend tätig (»Das Mitteleuropa-Problem«, 1918) und spielte in den ersten Nachkriegsjahren als Wirtschaftsfachmann eine einflußreiche Rolle (»Deutsch-Ö. Neue Beiträge über seine wirtschaftlichen Verhältnisse«, 1921). Der liberale Nationalökonom war einer der schärfsten Kritiker I. → Seipels und der Genfer Sanierung und entwarf eigene Sanierungspläne für die österr. Volkswirtschaft. In den 20er Jahren ging S. nach Deutschland, war 1925/26 Chefredakteur des »Berliner Börsen-Couriers« und wurde 1930 in den deutschen Reichstag gewählt. 1933 emigrierte er in die USA, wo er mit Veröffentlichungen über die deutsche Wirtschaft hervortrat (»German Realities«, 1945).

*Lit.:* T. Stolper, Ein Leben in Brennpunkten unserer Zeit. G. S. 1888–1947 (1960).

**Stolz, Otto,** * 31. März 1881 in Innsbruck, † 4. November 1957 in Innsbruck, Historiker.

S. studierte an der Innsbrucker Universität Geschichte und trat nach Abschluß seiner Studien in den Dienst des Tiroler Landesarchivs. 1932 wurde er zum Leiter des Archivs bestellt, gleichzeitig lehrte er an der Universität. Er verfaßte vorwiegend Arbeiten zur Landesgeschichte; eine große Geschichte des Landes Tirol blieb unvollendet, 1955 erschien nur ein Band. S. verfaßte auch den Abschnitt »Tirol« im historischen Atlas der österr. Alpenländer.

*Werke:* »Ausbreitung des Deutschtums in Südtirol« (4 Bde., 1927–1934), »Die Schwaighöfe in Tirol« (1930), »Politisch-historische Landesbeschreibung von Südtirol« (1937–1939), »Rechtsgeschichte des Bauernstandes und der Landwirtschaft in Tirol und Vorarlberg« (1949), »Geschichte der Stadt Innsbruck« (1959).

**Stolz, Robert,** * 25. August 1880 in Graz, † 27. Juni 1975 in Berlin, Operettenkomponist und Dirigent.

Der weltbekannte Komponist und erfolgreiche Vertreter der Wiener Unterhaltungsmusik war der Sohn eines Musikpädagogen und einer Konzertpianistin. Er erhielt in Wien und Berlin eine gediegene musikalische Ausbildung (Staatsprüfung in Wien: 1896). Danach war er als Ka-

*Robert Stolz*

pellmeister und Dirigent tätig (Graz, Salzburg, Marburg, Berlin, Brünn) und unternahm Gastspielreisen nach Rußland. 1905 wurde er an das Theater an der Wien engagiert, wo er 7 Jahre lang als Kapellmeister die bekanntesten Wiener Operetten dirigierte. Zu dieser Zeit hatte er schon zu komponieren begonnen, 1910 gelang ihm mit der Operette »Das Glücksmädel« der Durchbruch, seine ersten berühmten Chansons entstanden (»Servus Du«, »Im Prater blühen wieder die Bäume«) und traten ihren Siegeszug um die Welt an. 1913 komponierte er seine erste Filmmusik für »Der Millionenonkel«, nach einem Drehbuch von E. → Marischka, 1919 schuf er mit »Salome« den ersten europäischen Foxtrott. 1924 ging er nach Berlin, er war als Dirigent tätig und schrieb Filmmusik (z. B. »Zwei Herzen im Dreivierteltakt«, 1930), Operetten und Melodien wie »Adieu, mein kleiner Gardeoffizier«. 1938 emigrierte der letzte Große der Wiener Operette aus politischen Gründen nach Paris, erreichte 1940 die USA und etablierte sich erfolgreich; er erhielt zwei »Oscars«, für »Frühjahrsparade« (1941) und »It happened tomorrow« (1943).

»Wohin ist das alles, wohin«, war nach seiner Rückkehr 1946 beim Anblick Wiens seine erste wehmütige Schöpfung. Unermüdlich arbeitete er weiter. Jahr für Jahr zeichnete er verantwortlich für die musikalischen Arrangements der »Wiener Eisrevue«, er war Dirigent der Wiener Festwochen und gastierte zudem in aller Welt. Sein gewaltiges Lebenswerk umfaßt etwa 2 000 Lieder, Konzertwalzer und Märsche, rund 65 Operetten, Singspiele und Musicals, die Musik für über 100 Filme, Ballette und die Oper »Die Rosen der Madonna«.

*Lit.:* O. Herbrich, R. S. König der Melodie (1975).

**Stoß, Franz,** * 28. Mai 1909 in Wien, Schauspieler, Regisseur und Theaterdirektor.

Der Sohn eines Kinodirektors maturierte am Wiener Schottengymnasium, studierte anschließend Jus und absolvierte daneben die Akademie für Musik und darstellende Kunst. Er begann seine Laufbahn 1929/30 am Volkstheater, trat dann an Provinzbühnen auf und führte bereits in Graz und Teplitz-Schönau Regie, ehe er Theaterleiter wurde, u. a. in Troppau und Berlin. Als Kritiker des NS-Regimes seines Postens enthoben, tauchte er unter und lebte bis Ende des 2. Weltkriegs als »U-Boot« in Jugoslawien. 1945 übernahm er in Wien die Leitung des Bürgertheaters, daneben 1949/50 auch des Stadttheaters. 1953 übersiedelte der »fröhliche Pessimist« (Eigendefinition) in die Direktion des Theaters in der Josefstadt, die er bis 1977 innehatte (1953–1958 und 1972–1977 gemeinsam mit Ernst → Haeusserman). S. hat das traditionsreiche Haus mit geschickter Hand durch viele Fährnisse gesteuert. Als Schauspieler verkörperte er v. a. komische Rollen. Er trat auch häufig in Film und Fernsehen auf; besonders populär machte ihn die TV-Serie »Die liebe Familie«.

**Stourzh, Gerald,** * 15. Mai 1929 in Wien, Historiker.

Der Sohn eines Beamten und Schriftstellers studierte nach dem 2. Weltkrieg in Wien, Clermont-Ferrand und Birmingham Geschichte. Nach seiner Promotion 1951 ging er zu Studienzwecken nach Chicago zu Hans J. Morgenthau. 1955 gewann er den Preis des Institute of Early American History and Culture von Williamsburg für das beste Buch des Jahres zu diesem Thema. 1958 kehrte er nach Ö. zurück und wurde erster Generalsekretär der Gesellschaft für Außenpolitik. 1962 legte er die Diplomatenprüfung ab und habilitierte sich an der Wiener Universität. 1964 folgte er einem Ruf an die Freie Universität Berlin, 1968 kehrte er als Ordinarius für Geschichte der Neuzeit nach Wien zurück. Der »christliche Liberale« (Eigendefinition) widmete seine Forschungen v. a. dem Nationalitätenproblem der Donaumonarchie und der Geschichte des österr. Staatsvertrags.

*Werke:* »Benjamin Franklin and American Foreign Policy« (1954), »Geschichte des Staatsvertrags 1945–1955« (1980), »Die Gleichberechtigung der Nationalitäten in der Verfassung und Verwaltung Ö.s (1848–1918)« (1985), »Wege zur Grundrechtsdemokratie« (1989), »Vom Reich zur Republik« (1990).

**Stowasser, Otto Heinrich,** * 21. Oktober 1887 in Wien, † 19. Februar 1934 in Wien, Historiker.

Der Sohn des bekannten Altphilologen Joseph Maria S. studierte in Wien Geschichte, absolvierte den Kurs am Institut für österr. Geschichtsforschung und trat als Archivar in das Haus-, Hof- und Staatsarchiv ein. 1923 wurde er Direktor des Archivs der Stadt Wien. Er habilitierte sich für historische Hilfswissenschaften und Geschichte des Mittelalters an der Wiener Universität. Neben der Publikation zahlreicher Aufsätze aus seinem Fachgebiet begründete er die Schriftenreihe »Studien aus dem Archiv der Stadt Wien«.

**Stradal, Otto,** * 12. März 1911 in Wien, Journalist und Schriftsteller.

S. studierte an der Universität Wien, gleichzeitig war er ab 1931 als Reporter und Berichterstatter für die Niederlande und Skandinavien tätig. Ab 1933 arbeitete er als freier Schriftsteller und schrieb Abenteuergeschichten. Reisen durch Europa und Nordafrika boten die Anregungen hierzu. Nach dem 2. Weltkrieg war er Mitarbeiter des Rundfunks und gab bis 1950 die Zeitung »Weltpresse« heraus. 1950–1954 fungierte er als Herausgeber der Tageszeitung »Wiener Kurier«, bei dem Nachfolgeblatt »Neuer Kurier« blieb er bis 1956, als er zum Leiter der Presseabteilung der österr. Fremdenverkehrswerbung ernannt wurde. In späteren Jahren verfaßte er hauptsächlich Werke zur Kulturgeschichte und Topographie Ö.s bzw. Wiens.

*Werke:* »Zwischen Walfischfängern und Kalifen« (1950), »Der Weg zum letzten Pharao« (1954), »Es steht manch Schloß in Ö.« (1957), »Wunderbare Wiener Hofburg« (1964), »3x Maria Theresia« (1980), »Der andere Radetzky« (1981), »Der andere Prinz Eugen« (1982).

**Stransky, Erwin,** * 3. Juli 1877 in Wien, † 26. Jänner 1962 in Wien, Neurologe und Psychiater.

Der Sohn eines Fabrikanten studierte nach der Matura in Wien Medizin (Promotion: 1900) und betrieb umfassende Studien bei Obersteiner und Frankl-Hochwart. Schließlich wurde er Assistent bei → Wagner-Jauregg. 1908 habilitierte er sich mit einer Arbeit über Dementia praecox, 1915 wurde er a. o. Prof. Bereits seit 1903 gehörte er der Gesellschaft der Ärzte an und beteiligte sich aktiv an deren Arbeiten. Er veröffentlichte in erster Linie Arbeiten zum manisch-depressiven Irresein, zur Psychologie und Psychopathologie des Weibes und zum Neuritisproblem. Er gilt als der Mitbegründer der Lehre von der Schizophrenie. Außerdem veröffentlichte er auch literarische Arbeiten. S. leitete die neurologische Klinik am Rosenhügel.

**Stransky, Ferdinand,** * 16. September 1904 in Viehofen bei St. Pölten (NÖ), † 30. Dezember 1981 in Wien, Maler und Graphiker.

S. stammte aus dem Arbeitermilieu; mit 5 Jahren verwaist, wuchs er bei seiner Großmutter auf. Mit 15 Jahren kam er nach Wien. Er studierte kurze Zeit an der Kunstakademie, erlernte den Beruf eines Restaurators und bildete sich dann autodidaktisch weiter. Der »peintre amateur« stellte erst in den 30er Jahren aus und blieb auch nach 1945 eher im Hintergrund. Auch die Anerkennung durch die Kunstkritik kam spät. S. schuf Pastelle und Ölbilder, die zuweilen eine gewisse Sprödigkeit zeigen, aber voll spannungsgeladener Kraft sind (Landschaften, Porträts, Stilleben, Städtebilder, Interieurs und Menschengruppen). Der Künstler steht in der österr. Maltradition eines A. → Kolig und H. → Boeckl.

*Lit.:* S. (Mit Textbeiträgen von O. Breicha, K. Sotriffer und H. Sterk, 1979).

**Strasser, Peter,** * 3. Juli 1917 in Jena (Sachsen), † 6. Juni 1962 in Wien, Politiker.

Der Sohn eines Journalisten war seit 1929 in der sozialistischen Jugendbewegung tätig. Er erlernte den Beruf eines Technikers, war aber auch als Publizist tätig. 1938 mußte er vor den Nationalsozialisten nach Frankreich emigrieren, 1942 fiel er ihnen in Frankreich in die Hände, konnte jedoch fliehen. 1945 wurde er in den Parteivorstand der SPÖ gewählt, 1946–1954 war er Obmann der Sozialistischen Jugend und Präsident der Jugendinternationale. Von 1949 bis zu seinem Tod hatte er ein Abgeordnetenmandat inne. Er beschäftigte sich v. a. mit Fragen der Außenpolitik, wobei ihm die Völkerverständigung besonders am Herzen lag. Als Verfechter eines Vereinten Europas war er seit 1950 Mitglied des Europarates, wo er den Vorsitz in der Sozialkommission innehatte.

*Werke:* »Gefährliche Kraft« (1961), »Sozialistische Initiative« (1963).

**Straus, Oscar,** * 6. März 1870 in Wien, † 11. Jänner 1954 in Bad Ischl (OÖ), Kapellmeister und Operettenkomponist.

S. erhielt seine musikalische Ausbildung in Wien bei Hermann Grädener und in Berlin bei Max Bruch. Er begann seine Laufbahn als Theaterkapellmeister in Preßburg, Brünn, Teplitz, Mainz, Hamburg und Berlin. Als Komponist schuf er eine Ouvertüre zu Grillparzers »Der Traum ein Leben«, Streichersonaten, Kammermusik, symphonische Werke und Opern. Zur »leichten Muse« fand er, als er in Berlin Hans von Wolzogens Kabarett »Überbrettl« musikalisch betreute. Mit der Operette »Ein Walzertraum« (1907) gelang ihm der größte Erfolg seines Lebens. Es folgte 1908 »Der tapfere Soldat« (nach Shaws »Helden«) u. v. a. 1927 nach Wien zurückgekehrt, emigrierte S. 1938 nach Paris und von dort in die USA, wo er erfolgreich Filmmusik schrieb. 1948 kehrte er nach Ö. zurück (bevorzugter Wohnsitz: Bad Ischl), schuf noch drei Operetten sowie u. a. die Musik zum Max Ophüls-Film »La Ronde« nach → Schnitzlers »Der Reigen«. An seine Vorkriegserfolge konnte er jedoch nicht mehr anschließen.

*Lit.:* F. Mailler, Weltbürger der Musik. Eine O.-S.-Biographie (1985).

**Strauss, Richard,** * 11. Juni 1864 in München, † 8. September 1949 in Garmisch (Bayern), Komponist und Dirigent.

Der große Komponist war mit dem österr. Kulturleben aufs engste verbunden. Er war bereits 1907/08 Gastdirigent der Wiener Philharmoniker. 1909 gelangte seine »Elektra«, 1911 »Der Rosenkavalier« an der Hofoper zur Aufführung. Beide Libretti schrieb Hugo v. → Hofmannsthal, ebenso wie für »Die Frau ohne Schatten«, die 1919 unter Franz → Schalk in Wien uraufgeführt wurde. Mit Schalk gemeinsam leitete S. 1919–1924 die Wiener Staatsoper, und auch nach seinem Rücktritt als Kodirektor war er hier immer wieder künstlerisch tätig. In Wien und Salzburg (S. war Mitbegründer der Festspiele) dirigierte er Konzerte der Wiener Philharmoniker. Hofmannsthal schuf weiterhin Libretti für S., so »Die ägyptische Helena« (1928) und »Arabella« (1933). Nach dessen Tod

*Richard Strauss*

wurden Stefan → Zweig (»Die schweigsame Frau«, 1935), der Theaterwissenschaftler Joseph → Gregor (»Friedenstag«, 1938, »Daphne«, 1938) und Clemens → Krauss (»Capriccio«, 1942) seine Textdichter. Der Komponist wurde 1924 zum Ehrenbürger von Wien ernannt. Sein Wiener Wohnsitz blieb bis in die Kriegsjahre ein Zentrum des Musiklebens der Stadt.

*Lit.:* R. Tenschert, R. S. und Wien (1949); F. Grasberger, R. S. und Salzburg (1964); K. Wilhelm, R. S. persönlich (1984).

**Strauss, Siegmund,** * 4. Jänner 1875 in Znojmo/Znaim (Mähren), † 1942 in den USA, Ingenieur und Physiker.

S. studierte an der Wiener Technischen Hochschule und unternahm 1913 eine Studienreise nach den USA. Während des 1. Weltkriegs kommandierte er die Flieger-Radio-Versuchsabteilung. Der Mitarbeiter des Technikers Robert Lieben gilt als Wegbereiter der Radiotechnik in Ö. Bereits 1912 erfand er das Rückkoppelungsprinzip. Er entdeckte auch den Widerstandsverstärker und einen Megapion genannten Röntgendosiszähler.

**Streeruwitz, Ernst,** * 23. September 1874 in Stříbro/Mies (Böhmen), † 19. Oktober 1952 in Wien, Wirtschaftsfachmann und Politiker.

Der Sohn eines böhmischen Landtagsabgeordneten und einer tschechischen Bürgerlichen absolvierte die Maria-Theresianische Militärakademie, wo er 1895 als Leutnant ausgemustert wurde. Die Kriegsschule brach er aus Krankheitsgründen ab, studierte Maschinenbau an der Technischen Hochschule und Jus an der Universität in Wien. 1902 übernahm er als Betriebsleiter eine Kattundruckerei in Böhmen. 1914 meldete er sich als Kriegsfreiwilliger; im Kriegsministerium wurde ihm die Sorge für die Kriegsgefangenen übertragen. Nach 1918 leitete er die Neunkirchner Druckfabriks AG, außerdem nahm er vermehrt zu industriepolitischen Fragen publizistisch Stellung. 1923–1934 hatte er ein Nationalratsmandat der Christlichsozialen Partei inne. Obwohl er als Sprecher des Hauptverbands der Industrie galt, versuchte er doch, einen eigenständigen Kurs zu wahren, was zu Konflikten mit Präsident Urban führte. 1930–1935 war er auch Präsident der Wiener Handelskammer. S. unterstützte zunächst die Heimwehren, wandte sich jedoch bei zunehmender Radikalisierung dieser paramilitärischen Verbände wieder ab. Als → Seipel zu Ostern 1929 überraschend zurücktrat, nominierte die Christlichsoziale Partei S. als Kompromißkandidaten für das Kanzleramt. Sein vehementer Gegner war der steirische Landeshauptmann Anton → Rintelen, der selbst nach diesem Amt strebte. Gemeinsam mit den Heimwehren brachte er S. noch im selben Jahr zu Fall, obwohl dieser durchaus Erfolge, z. B. beim Mietengesetz, aufzuweisen hatte. S. war ein Befürworter des Ständestaats und später auch des Anschlusses an das Deutsche Reich. 1939 beendete er noch ein Studium der Staatswissenschaften.

*Werke:* »Ordnung und Aufbau der Weltwirtschaft« (1931), »Wie es war« (1935), »Springflut über Ö.« (1937), »Die Friedenssicherung und ihre Methoden« (1937).

*Lit.:* H. Dallamaßl, Seipels Rücktritt und die Regierung S. (1964); W. Baril, E. v. S. (1965); I. Ackerl, E. v. S., in: Die österr. Bundeskanzler (1983).

**Streicher, Rudolf,** * 19. Jänner 1939 in Wallsee an der Donau (NÖ), Politiker.

Nach dem Schulbesuch absolvierte S. eine Lehre bei der VOEST als Werkzeugmacher sowie als technischer Zeichner. Daran schloß sich ein Studium an der Technischen Bundes-Lehr- und Versuchsanstalt und an der Montanuniversität in Leoben. 1970 trat er in die verstaatlichte Industrie (ÖIAG) ein, wo er als Abteilungsleiter für Forschung und Entwicklung zuständig war. 1974 wechselte er zur Ranshofen-Berndorf AG (1980 Generaldirektor der nunmehrigen Austria Metall AG). Anfang 1986 übernahm er die Generaldirektion der Steyr-Daimler-Puch AG. Im Juni 1986 wurde er Minister für öffentliche Wirtschaft und Verkehr, wobei seine Tätigkeit breite Anerkennung fand. Insbesondere seine Bemühungen um die Lösung des Transitproblems sind hervorzuheben. 1991 nominierte ihn die SPÖ als Kandidaten für die Bundespräsidentenwahl 1992. Er unterlag im zweiten Wahlgang dem ÖVP-Kandidaten Thomas → Klestil.

**Streich, Rita,** * 18. Dezember 1920 in Barnaul (Sibirien), † 20. März 1987 in Wien, Kammersängerin.

Die Tochter einer Russin und eines deutschen Kriegsgefangenen wurde von großen Lehrern (Maria Ivogün, Erna Berger, Willi Domgraf-Fassbaender) ausgebildet. Sie debütierte am Stadttheater in Aussig und kam über Berlin 1953 an die Wiener Staatsoper, wo sie rasch zum Publikumsliebling wurde. Die Koloratursopranistin, die auch als Liedsängerin große Erfolge hatte, brillierte in Wien und an anderen bedeutenden Opernhäusern der Welt als Königin der Nacht, als Gilda, Rosina, Zerbinetta, Sophie, Susanna und Zerline. Nach dem Ende ihrer Karriere war die liebenswerte Sängerin als Gesangspädagogin tätig und hielt in Wien und an der Salzburger Sommerakademie regelmäßig Kurse ab.

**Stricker, Toni,** * 4. April 1930 in Wien, Komponist und Geiger.

Der »pannonische« Geiger wuchs in einer musikalischen Familie mit alten Wiener Tänzen und kroatischen Liedern auf. Er erhielt mit 6 Jahren den ersten Violinunterricht. Als 16jähriger brach er das Gymnasium ab, um nach einer umfassenden Ausbildung am Konservatorium Musiker zu werden. Er unternahm 1953 mit dem Ensemble V. Auer Tourneen durch die Schweiz und Ö., machte erste Rundfunk- und Schallplattenaufnahmen und spielte dann in den Orchestern von C. de Groof, Erwin Halletz und Johannes Fehring. Bis 1974 war er Konzertmeister am Theater an der Wien. 1977 ließ sich der sensible Geiger im burgenländischen Sauerbrunn nieder. Er schrieb »Pannonische Tänze«, Musik zu Filmen (u. a. »Geschichten aus dem Wienerwald«) und TV-Produktionen (z. B. »Ringstraßenpalais«), Tanzmusik und Wienerlieder und brachte zahlreiche Langspielplatten heraus (u. a. »Bekenntnisse«). Seine folkloristisch beeinflußte »pannonische« Musik wurde weithin populär.

**Strnad, Oskar,** * 26. Oktober 1879 in Wien, † 3. September 1935 in Bad Aussee (St), Architekt, Designer und Bühnenbildner.

S., dessen Eltern aus Böhmen stammten, zeigte schon in früher Jugend ein ausgeprägtes Zeichentalent. Er absolvierte ein Architekturstudium an der Technischen Hochschule, das er mit dem Doktorat abschloß. Daran schlossen sich Praxisjahre in den Ateliers von → Ohmann sowie bei den Theaterarchitekten Fellner und Hellmer. S. vertrat Ansichten wie Adolf → Loos; Bauten der Antike und die Werke Palladios hat-

*Oskar Strnad*

ten für ihn Vorbildcharakter. Gemeinsam mit → Frank und → Wlach entwarf er Häuser, Möbel und Innenarchitekturen. Ab 1909 unterrichtete er Formenlehre an der Kunstgewerbeschule in Wien, 1914 übernahm er auch die Architekturklasse. Ab 1919 begann er, Bühnenbilder zu entwerfen, wobei die Zusammenarbeit mit Max → Reinhardt von besonderer Bedeutung war. Seine erste Bühnenarbeit war eine Inszenierung der »Antigone« 1918 für das Wiener Volkstheater. Gemeinsam mit Bruno → Walter erarbeitete er Operninszenierungen; er schuf auch die Innenarchitektur für Filme wie »Maskerade« und »Episode«.

*Bauten:* Mietshaus Stuckgasse, Wien-Neubau (mit Wlach, 1912), Haus Wassermann, Wien-Döbling (1914), Haus Raach, Gloggnitz (1916/17), Teil des Winarsky-Hofs, Wien (1924), Doppelhaus Werkbundsiedlung, Wien (1932), Volkswohnhaus, Wien-Fünfhaus (1932).

**Strotzka, Hans,** * 18. September 1917 in Wien, Psychiater und Neurologe.

S. studierte in Wien Medizin (Promotion: 1940) und habilitierte sich 1961. 1946–1950 arbeitete er an der Nervenheilanstalt Rosenhügel. Er leitete das psychotherapeutische Ambulatorium der Wiener Gebietskrankenkasse. Ab 1969 war S., der Gründer des Dachverbands der Psychotherapeuten, Lehranalytiker der Wiener Psychoanalytischen Vereinigung. Der Forscher von Weltrang, der mehr als 300 wissenschaftliche Arbeiten publizierte, erhielt 1971 ein Ordinariat an der Universität Wien. Er engagierte sich sehr aktiv in der Sozialpsychiatrie und begründete einen öffentlichen Dialog zwischen den »Freudianern« und den »Adlerianern«.

*Werke:* »Einführung in die Sozialpsychiatrie« (1965), »Gesundheit für Millionen« (1972), »Psychotherapie und Tiefenpsychologie« (1982), »Fairness, Verantwortung, Fantasie« (1983), »Ein psychoanalytischer Essay« (1985).

**Strunz, Franz,** * 15. November 1875 in Cheb/Eger (Böhmen), † 28. März 1953 in Wien, Naturwissenschaftler und Wissenschaftshistoriker.

Nach einem Philosophiestudium in Wien (Promotion: 1900) war S. zunächst an der Kaiser-Wilhelms-Bibliothek in Berlin tätig. 1904–1906 lehrte er an der Universität Brünn, 1906–1945 unterrichtete er an der Technischen Hochschule in Wien Geschichte der Naturwissenschaften. Gleichzeitig war er seit 1910 Vorstandsmitglied und Direktor der Wiener Urania. Der eifrige Volksbildner unternahm auch zahlreiche Vortragsreisen nach Deutschland, in die Schweiz und nach Italien.

*Werke:* »Die Chemie im klassischen Altertum« (1905), »Über die Vorgeschichte und die Anfänge der Chemie« (1906), »Geschichte der Naturwissenschaften im Mittelalter« (1910), »Goethe als Naturforscher« (1917), »Paracelsus« (1924).

**Strzygowski, Josef,** * 7. März 1862 Biala (Galizien), † 2. Jänner 1941 Wien, Kunsthistoriker.

*Josef Strzygowski*

Nach dem Studium in Wien, Berlin und München und seiner Habilitation lehrte der Kunsthistoriker 1892–1909 an der Universität Graz, 1909–1933 in Wien. Der Univ.-Prof. begründete das erste Kunsthistorische Institut in Wien. S., der als hervorragender Universitätslehrer geradezu eine Schule begründete, institutionalisierte 1933 auch die Gesellschaft für vergleichende Kunstforschung. Er vertrat die These, daß die indogermanische und die asiatische Kunst die Grundlage für die abendländische Kultur bilden.

*Werke:* »Byzantinische Denkmäler« (3 Bde., 1891–1903), »Kleinasien, ein Neuland der Kunstgeschichte« (1903), »Die Baukunst der Armenier in Europa« (2 Bde., 1918), »Krisis der Geisteswissenschaften« (1923), »Der Norden in der bildenden Kunst Westeuropas« (1926), »Europas Machtkunst im Rahmen des Erdkreises« (1941).

**Stumpf, Franz,** * 30. März 1876 in Zablati/Sablad (Böhmen), † 28. Februar 1935 in Innsbruck, Lehrer und Politiker.

Der Sohn eines Militärarztes absolvierte das fürsterzbischöfliche Knabenseminar in Salzburg und das Franziskanergymnasium in Solbad Hall. Anschließend studierte er Mathematik und Physik an der Universität Innsbruck (Promotion: 1899), wo er auch die Lehramtsprüfung ablegte. Als Gymnasiallehrer in Mödling studierte er noch Elektrotechnik an der Technischen Hochschule in Wien. Ab 1905 unterrichtete er an der Lehrerakademie in der Hegelgasse in Wien.

Der Christlichsoziale zog 1907 in den Reichsrat ein. Ein enges Verhältnis verband ihn mit Friedrich → Funder. 1908 wurde er auch in den Tiroler Landtag gewählt. 1918/19 gehörte er der Nationalversammlung an. 1920 war er stellvertretender Landeshauptmann, 1921–1935 Landeshauptmann von Tirol. 1931–1934 hatte er einen Sitz im Bundesrat. Zu den Heimwehren stand S. in gutem Verhältnis; er gehörte zu den Förderern von Waldemar Pabst, dem Stabschef der Tiroler Heimwehr.

**Sturminger, Walter,** * 10. Jänner 1899 in Wien, † 14. November 1973 in Wien, Jurist und Historiker.

Nach Militärdienst im 1. Weltkrieg studierte S. Jus in Wien. 1929 trat er in den Dienst der Bundespolizeidirektion. Nach dem 2. Weltkrieg wechselte er ins Unterrichtsressort, wo er 1964 als Sektionschef der Hochschulsektion in Pension ging. Als Historiker Autodidakt, beschäftigte er sich intensiv mit den beiden Türkenbelagerungen Wiens, unermüdlich sammelte er die gesamte Literatur, Quellen und sämtliche bildlichen Darstellungen zu diesem Thema. 1955 veröffentlichte er das unersetzliche Standardwerk »Bibliographie und Ikonographie der Türkenbelagerungen Wiens 1529 und 1683«, 1968 erschien »Die Türken vor Wien in Augenzeugenberichten«.

**Sucher, Arnold,** * 10. März 1898 in Klagenfurt, † 30. April 1983 in Wien, Jurist und Politiker.

Nach kurzem Kriegsdienst im 1. Weltkrieg und Teilnahme an den Kärntner Grenzkämpfen

1918/19 studierte S. in Graz Jus (Promotion: 1921). Nach Tätigkeit an verschiedenen Bezirksgerichten war er Richter am Landesgericht Klagenfurt. Politisch den Christlichsozialen nahestehend, wurde er 1933 Landesleiter der »Vaterländischen Front« in Kärnten, 1934 Kärntner Landesstatthalter, 1936 Landeshauptmann von Kärnten. 1938 wurde er entlassen und kurz inhaftiert. Den 2. Weltkrieg überdauerte der Jurist als Konzipient in einer Rechtsanwaltskanzlei in Wien. Ab 1945 war er am Wiener Landesgericht tätig, 1947 wechselte er ins Justizministerium, wo er eine wichtige Rolle beim Wiederaufbau des österr. Justizwesens spielte. 1963–1966 war er Vizepräsident, ab 1966 Präsident des Oberlandesgerichts. S. war auch Präsident des Verbandes der geistig Schaffenden.

**Swarovski, Daniel,** * 22. Februar 1914 in Wattens (T), † 23. Juni 1992 in Wattens, Industrieller.

Der Enkel des Firmengründers S. trat 1935 in das Familienunternehmen ein. 1946 übernahm er mit seinem Bruder Manfred die Unternehmensleitung. Seiner Initiative ist eine wesentliche Expandierung zu danken. Das Unternehmen erweiterte seine Produktpalette, die heute von optischen Geräten über Glassteine und Schleifmittel bis zu Kristallglas reicht. S. leitete die Internationalisierung des Konzerns ein, der 13 Betriebe in Ö. und weltweit 70 Unternehmen umfaßt. Er schuf auch beispielgebende Sozialleistungen für die Betriebsangehörigen. Die Wohnsiedlung für Mitarbeiter hat Modellcharakter. Ein aktives Mitglied der Vereinigung Österr. Industrieller, war er Vizepräsident der Tiroler Landesgruppe und Mitglied der Tiroler Handelskammer.

**Swarowsky, Hans,** * 16. September 1899 in Budapest, † 10. September 1975 in Salzburg, Dirigent und Musikpädagoge.

S. studierte in Wien bei Richard → Strauss, → Schönberg und → Webern. Stationen seiner Laufbahn waren: Hamburg (Kapellmeister, 1932), Berliner Staatsoper (1934–1937), Zürich (Dirigent, 1937–1940), Salzburger Festspiele (Dramaturg, 1940–1944), Leiter der Krakauer Philharmonie (1944/45), Chefdirigent der Wiener Symphoniker (1945–1947), Operndirektor in Graz (1947–1950), Glasgow (1957–1959). Ab 1959 war S. Dirigent an der Wiener Staatsoper, sein besonderes Interesse galt Richard Strauss und Gustav → Mahler.

Von nachhaltigem Einfluß war sein musikpädagogisches Wirken. Als Prof. an der Wiener Musikakademie (1946–1969) hat er als einer der profiliertesten Dirigentenerzieher zahlreiche Schüler ausgebildet. Aus der »S.-Schule« sind weltberühmte Dirigenten hervorgegangen, darunter Claudio Abbado, Zubin Mehta, Miltiades Caridis und Giuseppe Sinopoli. S. war auch Übersetzer zahlreicher Operntexte.

**Swoboda, Erich,** * 30. August 1896 in Wien, † 22. November 1964 in Graz, Archäologe.

Nach einem Studium der Alten Geschichte und der Archäologie in Wien war S. 1951–1964 Univ.-Prof. in Graz. Sein wissenschaftliches Interesse galt v. a. der römischen Vergangenheit Ö.s. Er leitete eine Reihe bedeutender Ausgrabungen, wie in Aguntum (Lienz), Lauriacum (Enns) und in Petronell-Carnuntum. Zu letzterer Ausgrabungsstätte gab er »Römische Forschungen in NÖ (Carnuntum-Jahrbuch)« heraus.

*Werke:* »Octavian und Illyricum« (1932), »Führer durch Aguntum« (1935), »Forschungen am obermoesischen Limes« (1939), »Carnuntum« (1949).

**Swoboda, Hannes,** * 10. November 1946 in Deutsch-Altenburg (NÖ), Jurist und Kommunalpolitiker.

S., der aus einer Arztfamilie stammt, studierte Rechts- und Wirtschaftswissenschaften. Seit 1968 war der undogmatische Linke im Verband Sozialistischer Studenten aktiv. 1972 trat er in die Kammer für Arbeiter und Angestellte ein, wo er 1976 Leiter der Kommunalpolitischen Abteilung wurde. Bruno → Kreisky zog ihn zur Formulierung des Parteiprogramms von 1978 heran. 1983 kam er in den Wiener Gemeinderat und Landtag, 1986 wurde er dort Klubobmann seiner Partei. Seit 1988 Planungsstadtrat, profilierte er sich mit Stellungnahmen gegen den Autofetischismus und durch eine liberale Haltung in der Ausländerfrage. Er wurde mehrfach als ein möglicher Kandidat für das Wiener Bürgermeisteramt genannt.

**Sylvester, Hans,** * 10. November 1897 in Nikkelsdorf (B), † 16. oder 19. Jänner 1939 im KZ Dachau, Agrarfachmann und Politiker.

Der Sohn eines Kleinbauern und Handschuhmachers besuchte das Gymnasium in Magyarovár und in Györ. Nach Kriegsdienst (1916–1918) studierte er an der Hochschule für Bodenkultur in Wien. Ab 1923 arbeitete er als Gutsverwalter, 1924 wurde er Notariatsbeamter. 1926 trat er in die Landwirtschaftskammer in Mattersburg ein. 1929 avancierte er zum Kammeramtsdirektor. 1927 wurde der Christlichsoziale in den burgenländischen Landtag gewählt, 1930/31 hatte er ein Nationalratsmandat inne. 1931–1934 war er Mitglied der Landesregierung. 1934 wurde er zum Landeshauptmann bestellt. Ab 1933 war er auch Landesleiter der »Vaterländischen Front«, ab 1934 Mitglied des Länderrates und des Bundestages. Im Februar 1938 führte er noch Verhandlungen mit den Sozialdemokraten. 1938 wurde er verhaftet und in das KZ Dachau deportiert.

**Szabo, Herma,** * 22. Februar 1902 in Wien, Eiskunstläuferin.

Die beste österr. Eiskunstläuferin der Zwischenkriegszeit stammte aus der bekannten Eisläuferfamilie Engelmann. Bereits mit zwei Jahren stand sie auf Schlittschuhen und trainierte später bis zu 8 Stunden täglich. Der Lohn für diesen hohen Einsatz waren 1922–1926 7 WM-Titel und 1924 das erste olympische Gold für Ö. im Dameneiskunstlauf in Chamonix. Mit ihrem Partner Ludwig Wrede gewann sie 1925 und 1927 auch die Weltmeisterschaften im Kunstpaarlauf. Die zierliche Wienerin war die erste Läuferin der Welt, die in einem kurzen Rock startete, was damals großes Aufsehen erregte. Nach einem Preisrichterskandal bei den Weltmeisterschaften in Oslo 1927 zog sich die gefeierte Sportlerin vom Eiskunstlauf zurück.

**Szabo, Wilhelm,** * 30. August 1901 in Wien, † 14. Juni 1986 in Wien, Lehrer und Lyriker.

S., ein Findelkind, wuchs in ärmlichen Verhältnissen bei Zieheltern im Waldviertel auf, besuchte das Lehrerseminar in St. Pölten und war danach Dorfschullehrer im Waldviertel, dann Verlagslektor in München (1939–1945) und zuletzt Hauptschuldirektor in Weitra. Seinen Lebensabend verbrachte er in Wien.

S., der hauptsächlich Lyriker war und schon in jungen Jahren zu dichten begann, schrieb schlichte, heimatverbundene Gedichte, die seine soziale Erfahrung und die herbe Schönheit des Waldviertels reflektieren. An Nachdichtungen veröffentlichte er unter dem Titel »Der große Schelm« (1960) Lieder Neidharts von Reuenthal. Er wurde mit zahlreichen Preisen ausgezeichnet.

*Werke:* »Das fremde Dorf« (1933), »Herz in der Kelter« (1954), »Schnee der vergangenen Winter« (1966).

**Szokoll, Carl,** * 15. Oktober 1915 in Wien, Berufsoffizier und Filmproduzent.

S., der 1944 als Hauptmann im Wehrkreiskommando XVII (Wien) Dienst tat, gehörte zum militärischen Widerstand gegen das Dritte Reich. Er war in Wien der direkte Kontaktmann von Stauffenberg, der die Offiziersverschwörung des 20. Juli 1944 leitete. Die Männer des Widerstands konnten ihre Aktion in Wien zunächst erfolgreich abwickeln. Doch das Attentat auf Hitler mißlang. S. gelang es, unentdeckt zu bleiben, und er arbeitete weiterhin im Widerstand. Im April 1945 nahm er, inzwischen zum Major avanciert, über Ferdinand Käs erfolgreich

Kontakt mit den anrückenden sowjetischen Truppen auf, um Kämpfe im Wiener Stadtgebiet zu vermeiden. Seine Erinnerungen veröffentlichte er 1985 unter dem Titel »Der gebrochene Eid«.

*Lit.:* L. Jedlicka, Der 20. Juli 1944 in Wien (1965), R. Luza, Der Widerstand in Ö. 1938–1945 (1983).

**Szyszkowitz, Gerald,** * 22. Juli 1938 in Graz, Romancier, Dramatiker und Hörspielautor.

S. studierte 1956–1960 in Wien Germanistik und Theaterwissenschaft (Dr. phil.). Er führte ab 1962 in der BRD an verschiedenen Bühnen Regie, 1968 wechselte er nach Graz. 1972 wurde er Chefdramaturg des Fernsehens im ORF, 1973–1987 und wieder ab 1990 leitete er die Abteilung Fernsehspiel und Unterhaltung.

Als Autor ist S. als Romancier und Dramatiker, u. a. mit Themen zur unbewältigten Vergangenheit Ö.s, hervorgetreten (»Puntigam oder die Kunst des Vergessens«, 1988 Roman, 1991 Drama). Er hat sich auch als Übersetzer (u. a. Genet, V. Hugo, Dickens) und als Herausgeber der Werke österr. Autoren (Wolfgang → Bauer, Felix → Mitterer, Michael → Scharang) Verdienste erworben.

*Werke:* »Der Thaya« (Roman, 1981), »Auf der anderen Seite« (1990), »Am Irrsee« (Drama, 1991), »Grillparzer oder die drei Schwestern« (Hörspiel, 1991).

# T

**Tandler, Julius,** * 16. Februar 1869 in Jihlava/Iglau (Mähren), † 25. August 1936 in Moskau, Anatom und Kommunalpolitiker.

Der Sohn einer verarmten Kaufmannsfamilie studierte in Wien Medizin (Promotion: 1895) und arbeitete als Assistent bei dem berühmten Anatomen Emil Zuckerkandl. 1899 habilitierte er sich, 1910 erhielt er einen Lehrstuhl für Anatomie an der Wiener Universität, 1914–1917 war er Dekan der medizinischen Fakultät. 1919 wurde der Sozialdemokrat Unterstaatssekretär für Volksgesundheit, im selben Jahr Mitglied des Wiener Gemeinderates. Ab 1920 war er Stadtrat für Gesundheits- und Fürsorgepolitik. Seine Leistungen auf diesem Gebiet haben zu dem legendären Ruf der Wiener Kommunalverwaltung in der Zwischenkriegszeit mit beigetragen. T. kämpfte gegen Säuglingssterblichkeit und Tuberkulose, er ließ Kindergärten bauen, Mütterberatungsstellen und Schulzahnkliniken einrichten. 1925 wurde die Kinderübernahmsstelle fertiggestellt. Auf seine Initiative geht auch das Säuglingswäschepaket, das jede Wiener Mutter erhält, zurück. In seine durchgreifenden Reformen bezog er auch das gesamte Spitalswesen mit ein.

Nach den Februarereignissen 1934 wurde er aus allen Ämtern entlassen. Er hielt sich zuletzt im Ausland auf, in den USA, in China und in der Sowjetunion, wo er starb.

*Werke:* »Anatomie des Herzens« (1913), »Die biologischen Grundlagen der sekundären Geschlechtscharaktere« (1913), »Topographische Anatomie dringlicher Operationen« (1916), »Lehrbuch der systematischen Anatomie« (4 Bde., 1918–1924), »Anatomie für Zahnärzte« (1928), »Das Wohlfahrtsamt der Stadt Wien« (1931).

*Lit.:* K. Sablik, J. T. (1983).

**Tauber, Richard,** * 16. Mai 1891 in Linz, † 8. Jänner 1948 in London, Sänger.

T. war in den 20er und 30er Jahren der berühmteste Tenor der Welt. Der Sohn eines Schauspielerpaares wurde unehelich geboren und erst 1913 von seinem leiblichen Vater adoptiert. Nach Abbruch des Gymnasiums wurde er in Frankfurt und Freiburg ausgebildet. Er debütierte 1913 als Tamino in Chemnitz, kam noch im selben Jahr nach Dresden und sang ab 1919 auch in Berlin, später an der Wiener Staatsoper, wo er mit seiner weichen, nuancenreichen Stimme, seiner musikalischen Intelligenz und beseelten Gesangstechnik insbesondere in Mozart-Rollen, aber auch in anderen Partien (»Tiefland«, »Evangelimann«, »Madame Butterfly«) das Publikum zu Beifallsstürmen hinriß. Berühmt war seine Atemtechnik – sein Atem schien endlos.

Nach seiner Bekanntschaft mit Franz → Lehár, aus der eine langjährige Künstlerfreundschaft entstand, sang T. die Hauptrollen in nahezu allen Operetten des Komponisten und wurde zum Operettenstar par excellence. Als Prinz Sou Chong, seiner Glanzpartie aus »Das Land des Lächelns«, ist er fast 800mal aufgetreten. Als »deutscher Caruso« wurde T. in aller Welt umjubelt. Ab 1925 sang er in Wien, 1938 emigrierte er nach London, wurde Mitglied der Covent Garden Opera und unternahm Welttourneen. T. war auch im Film sehr erfolgreich, schrieb eigene Kompositionen (Operetten, Filmmusik, Lieder) und dirigierte. 1947 trat der große Mozart-Interpret, bereits vom Tode gezeichnet, bei einem Gastspiel der Wiener Staatsoper in London als Ottavio in »Don Giovanni« zum letzten Mal auf.

*Lit.:* W. Korb, R. T. (1966); O. Schneidereit, R. T. (1976).

**Taucher, Franz,** * 23. November 1909 in Eggenberg bei Graz (St), † 7. Jänner 1990 in Wien, Journalist und Schriftsteller.

Der Sohn eines Arbeiters bildete sich größtenteils als Autodidakt weiter, studierte aber auch Volkskunde bei Viktor → Geramb. 1935 trat er als Museumsassistent in den steirischen Landesdienst ein. Neben journalistischen Arbeiten veröffentlichte er Lyrik sowie Romane, die zumeist im Arbeitermilieu angesiedelt sind. 1940–1944 wirkte er in der Literaturredaktion der »Frankfurter Zeitung«. Nach dem Krieg kehrte er nach Wien zurück und gründete die »Wiener Bühne«, deren Chefredakteur er jahrelang war. Der überzeugte Sozialdemokrat gestaltete zahlreiche Sendungen für den Hörfunk, er war auch Mitglied der Programmdirektion.

*Werke:* »Welt aus der Zeit« (1947), »Von Tag zu Tag« (1949), »Aller Tage Anfang« (1953), »Schattenreise« (1973), »Frankfurter Jahre« (1977), »Damals in Wien« (1981).

**Taucher, Wilhelm,** * 26. Mai 1892 in Fürstenfeld (St), † 18. April 1962 in Graz, Finanzwissenschaftler und Politiker.

Der Sohn eines Bankbeamten studierte Jus in Graz. Erst nach Kriegsdienst im 1. Weltkrieg konnte er sein Studium beenden (Promotion: 1918). Nach dem Gerichtsjahr trat er bei der steirischen Handelskammer ein, wo ihn Alfred → Gürtler sehr förderte. 1923 habilitierte er sich an der Universität Graz für Finanzwissenschaften und Volkswirtschaftspolitik, 1929 wurde er a. o. Univ.-Prof. Bei der Sanierung der Credit-Anstalt zog man ihn als Experten zu Rate. 1934–1938 war er neben seinem Lehramt Kammeramtsdirektor der Handelskammer für Steiermark und Konsulent der Landesregierung. 1936 wurde er Bundesminister für Handel und Verkehr. Im März 1938 wurde er aller seiner Ämter enthoben und mußte einrücken. 1945 kehrte er zurück und übernahm in Graz einen Lehrstuhl für Volkswirtschaftslehre. Zum Präsidenten der steirischen Handelskammer gewählt, war er 1949–1953 Beauftragter des Bundeskanzleramtes für die Verteilung der ERP-Gelder. Ab 1954 gab der international geachtete Finanzwissenschaftler die Zeitschrift »Austria« heraus.

*Werke:* »Gedanken zur Planwirtschaft« (1949), »Beschäftigungspolitik« (1954).

**Taus, Josef,** * 8. Februar 1933 in Wien, Wirtschaftsfachmann und Politiker.

Der Sohn eines Wiener Fleischhauers studierte als Werkstudent Rechts- und Staatswissenschaften (Promotion: 1955). Bereits während seines Studiums arbeitete er als Wirtschaftsredakteur bei der »Wiener Zeitung«. 1956–1958 war er am Österr. Institut für Wirtschaftsforschung tätig, anschließend wechselte er in die Girozentrale und Bank der österr. Sparkassen AG. Daneben engagierte sich T. auch im → Kummer-Institut der ÖVP, die ihn 1966 als Nationalratsabgeordneten aufstellte. Noch im selben Jahr wurde er Staatssekretär im Bundesministerium für Verkehr und verstaatlichte Unternehmungen. 1967–1975 war er Vorsitzer im Aufsichtsrat der verstaatlichten Industrie (ÖIAG). In diesen Jahren profilierte er sich als führender Wirtschaftsexperte seiner Partei, wobei er große Unterstützung durch den steirischen Landeshauptmann → Krainer erfuhr. Nach Karl → Schleinzers Tod wurde T. 1975 zum Bundesparteiobmann der ÖVP gewählt, doch trat er nach einer Reihe von Wahlniederlagen 1979 zurück. Er wurde geschäftsführender Gesellschafter einer GmbH, deren Interessen er erfolgreich vertrat. Als er 1991 mit einem Betrieb, den er schwer verschuldet übernommen hatte, in Schwierigkeiten geriet, legte er sein Abgeordnetenmandat zurück.

**Tauschek, Gustav,** * 29. April 1899 in Wien, † 14. Februar 1945 in Zürich, Erfinder.

T. rückte im 1. Weltkrieg ein und geriet in Gefangenschaft, danach kehrte er nach Wien zurück. Ein Studium konnte er sich als Sohn eines Weißwarenhändlers nicht leisten. Er trat daher als Laufbursche in die Oesterr. Nationalbank ein. Dort erfand er die sogen. Guillochemaschine, die Linienzeichnung auf Wertpapieren erlaubt. Nach Verkauf dieses Patents an die Bank widmete sich T. der automatischen Buchhaltung und erfand eine entsprechende Maschine, doch fand sich kein Produzent dafür, weder in Ö. noch in Deutschland. Der Prototyp fand einen Platz im Wiener Technischen Museum. 1932 produzierte T. die erste schreibende, lesende und rechnende Maschine, einen Vorläufer des Klarschriftlesers, der ein Hilfsgerät für Computer darstellt. Die amerikanische Firma IBM erwarb von T. nicht weniger als 168 Patente auf dem Sektor Lochkartenbuchhaltung und verpflichtete ihn nach Amerika. Insgesamt besaß T. mehr als 200 Patente. Er erfand Verbesserungen für Mähmaschinen, für Rechenmaschinen, für magnetische Speicheranlagen und einen Chiffrierapparat.

*Lit.:* J. W. Nagler, Erfindungen und Ideen aus Ö., in: Technische Rundschau (1959); M. Habacher, Österr. Erfinder (1964).

**Tausig, Otto,** * 13. Februar 1922 in Wien, Schauspieler und Regisseur.

T. mußte 1938 die Schule verlassen und aus Wien emigrieren. Bis 1945 lebte er in England. 1946–1948 absolvierte er das Reinhardt-Seminar in Wien und debütierte als jugendlicher Charakterdarsteller und Komiker am »Neuen Theater in der Scala«, wo er 1948–1956 auch als Spielleiter und Chefdramaturg wirkte (»Professor Unrat«, »Krieg und Frieden«). Danach war er als freischaffender Regisseur an deutschen Bühnen und in Zürich tätig. 1971–1983 gehörte er dem Ensemble des Wiener Burgtheaters an, wo er klassische und moderne Rollen verkörperte (u. a. Kapuziner in Schillers »Wallenstein«, Georg in Handkes »Ritt über den Bodensee«) und auch Regie führte (Nestroys »Der Zerrissene«). T. war eine Zeitlang Prof. am Reinhardt-Seminar und führte in mehr als 60 österr. und deutschen Fernsehproduktionen Regie (»Sketches« von Ephraim Kishon, 10 Folgen).

**Terkal, Karl,** * 17. Oktober 1919, Kammersänger.

T. erlernte das Kunst- und Möbeltischlerhandwerk und arbeitete bis 1939 bzw. nach dem Kriegsdienst bis 1949 in seinem Beruf. Daneben nahm er Gesangsunterricht und debütierte 1950 als Don Ottavio am Grazer Stadttheater. 1952 kam er an die Wiener Staatsoper, deren Ensemble er mehr als 20 Jahre angehörte. T. sang auch bei den Salzburger und Bregenzer Festspielen und feierte als Operettensänger an der Wiener Volksoper große Erfolge. Seine besten Leistungen erzielte der Opernsänger mit der strahlenden Tenorstimme im lyrischen Fach (Puccini, Verdi, Mozart, Richard → Strauss).

**Terzaghi, Karl,** * 2. Oktober 1883 in Prag, † 25. Oktober 1963 in Cambridge (USA), Techniker.

Nach dem Besuch der Militärrealschule studierte der Sohn einer Offiziersfamilie an der Grazer Technischen Hochschule Maschinenbau, besuchte aber auch Vorlesungen über Philosophie, Astronomie und Geologie. Nach Abschluß des Diplomstudiums absolvierte er seinen Militärdienst. Anschließend arbeitete er in Ingenieurbüros, wobei er auch Stellungen im Ausland annahm. Zu dieser Zeit veröffentlichte er Arbeiten über Landformen und Grundwasserbedingungen im Karst. Später beschäftigte er sich mehr mit Betonbau. 1911 promovierte er in Graz und ging nach Amerika, wo er sich v. a. mit Bewässerungsproblemen befaßte. Ab 1916 begann er in Konstantinopel, sich mit der Festigung von Böden zu befassen. Er lehrte am amerikanischen College in Istanbul und hielt auch Gastvorlesungen in Cambridge (Massachusetts), wo er ein Erdbaulaboratorium einrichtete. Zunächst begegnete man seinen Ideen mit Skepsis, 1929 erhielt er aber einen Lehrstuhl an der Technischen Hochschule in Wien. Auch hier entstand ein Erdbaulaboratorium. T.s Vorlesungen und seine Experimente zogen bald Studenten aus aller Welt an, die die Bedeutung seiner Forschungen erkannten. Er wurde ein international gesuchter

Gutachter, hielt Gastvorträge und arbeitete an zahlreichen Projekten, wie Staumauern, Staudämmen, Fundierungen von Großbauwerken und an Brückenkonstruktionen. Ihm ist die Begründung der Bodenmechanik als selbständige Ingenieurwissenschaft zu danken. Von einer Vortragsreise nach Frankreich kehrte er 1938 nicht mehr zurück, sondern emigrierte in die USA, wo er 1939–1956 in Harvard lehrte.

*Werke:* »Erdbaumechanik auf bodenphysikalischer Grundlage« (1925), »Erdbaumechanik und Baupraxis« (1937), »Theoretische Bodenmechanik« (1954).

**Teschner, Richard,** * 22. März 1879 in Karlový Vary/Karlsbad (Böhmen), † 4. Juli 1948 in Wien, Bildhauer, Maler, Graphiker und Kunstgewerbler.

Der Sohn eines Lithographen studierte an der Prager Akademie der bildenden Künste, dann an der Wiener Kunstgewerbeschule. Bis 1909 arbeitete er in Prag. In Wien gehörte er zu den Mitarbeitern der »Wiener Werkstätte«. Schon bald wandte er sich dem Entwerfen von Puppen zu. Er schuf Stabpuppen nach javanischen Vorbildern, wobei jedes einzelne Detail dieser Marionettenfiguren von ihm selbst hergestellt wurde; manche seiner Produktionsgeheimnisse konnten bis heute nicht ganz geklärt werden. Er schrieb auch selbst die Stücke für seine Puppen, die er zuerst in einem »Goldenen Schrein« und später im sogen. »Figurenspiegel« bewegte. Die mit einem komplizierten Mechanismus ausgestatteten Stabpuppen agierten hinter einem Rundspiegel, der durch verschiedene Lichteffekte angestrahlt wurde, was zu meisterhaften, verträumt-poetischen Schöpfungen gedieh. T.s skuril-groteske Puppen erlebten phantastische Geschichten, Märchen, die bald auch Erwachsene begeisterten und bei zahlreichen Auslandsgastspielen umjubelt wurden. Daneben schuf T. auch Bilder und Plastiken, Buchillustrationen und Exlibris-Entwürfe. Seine Puppen, noch immer von unglaublichem Zauber, sind heute im Theatermuseum in Wien zu besichtigen.

*Richard Teschner*

*Lit.:* A. Roessler, R. T. (1947); F. Hadamovsky, R. T. und sein Figurenspiegel (1956); J. Mayerhofer, R. T. (Hg., 1970).

**Thaler, Andreas,** * 20. September 1883 in Oberau (T), † 28. Juni 1939 in Dreizehnlinden (Brasilien), Landwirt und Politiker.

Der Tiroler Landwirt engagierte sich in zahlreichen berufsständischen Institutionen. 1927–1934 hatte der Christlichsoziale ein Nationalratsmandat inne. 1926–1929 und 1930/31 war er Bundesminister für Landwirtschaft. Seine größte Sorge galt den Kleinbauern, insbesondere den Bergbauern. Er sprach sich gegen Billigimporte aus anderen Ländern aus, die die Preise für bäuerliche Produkte, v. a. für Fleisch, drückten. Um verarmten Bergbauern neue Möglichkeiten zu eröffnen, gründete er im brasilianischen Staat Santa Catarina eine Tiroler Kolonie, die noch heute existiert. Die Bauern haben es mangels ausreichender Infrastruktur nicht zu Reichtum, aber doch zu einer gesicherten Existenz gebracht.

**Thausing, Gertrud,** * 29. Dezember 1905 in Wien, Ägyptologin und Afrikanistin.

T. studierte in Wien Ägyptologie. 1951 wurde sie Assistentin am Ägyptologischen Institut, 1945 erhielt sie die Lehrbefugnis. Die international anerkannte Forscherin, die fast jährlich eine Ägyptenreise unternahm, lehrte 1953–1973 als Ordinaria an der Wiener Universität. Sie verfaßte eine Reihe einschlägiger wissenschaftlicher Werke.

*Werke:* »Die ägyptische Ästhetik« (1938), »Der Auferstehungsgedanke in ägyptischen religiösen Texten« (1943), »Vom Sinn der Pyramiden« (1948), »Ethik und Magie« (1957), »Der Tierkult der Ägypter« (1963), »Zum heutigen Standort der Ägyptologie in Ö.« (1963), »Sein und Werden« (1971).

**Theiss, Siegfried,** * 17. November 1882 in Bratislava/Preßburg (Slowakei), † 24. Jänner 1963 in Wien, Architekt.

Der Sohn eines Realschulprof. studierte an der Technischen Hochschule in Wien und an der Akademie der bildenden Künste bei → Ohmann Architektur. Bei den Architekten Mayreder und Ohmann absolvierte er ein Praktikum. 1907 ging er mit Hans Jaksch eine Arbeitsgemeinschaft ein, die ein Leben lang dauerte. Das Architekturbüro wird mittlerweile von der dritten Generation betrieben. T., seit 1910 Mitglied des Künstlerhauses, baute mit seinem Partner zahlreiche Gebäude in Wien, er gestaltete Gemeindebauten und entwarf Spitäler und Bäder. 1919–1931 war er Präsident der Zentralvereinigung der Architekten, 1919–1952 lehrte er als Prof. an der Technischen Hochschule. Der wichtigste Bau des Architektenduos ist Wiens erstes Hochhaus (1., Herrengasse), das 1932 fertiggestellt wurde. 1937 wurde die Reichsbrücke über die Donau fertig (1976 eingestürzt). Weitere Werke sind u. a. die Kuranlage in Bad Schallerbach (OÖ) und die 108 Objekte umfassende Knappensiedlung der Alpine Montan in Hüttenberg (K).

**Theiss, Viktor,** * 11. April 1894 in Bruck an der Mur (St), † 2. Jänner 1967 in Graz, Historiker und Volkskundler.

T. studierte Geschichte an der Grazer Universität und fand einen Posten als Kustos am Landesmuseum Joanneum. In seinen Forschungen beschäftigte er sich v. a. mit der steirischen Volkskunde; mehrere Werke widmete er dem Wirken von Erzherzog Johann.

*Werke:* »Steiermark« (»Deutsche Volkskunst« 1940), »Erzherzog Johann, der steirische Prinz« (1950), »Leben und Wirken Erzherzog Johanns« (1960).

**Thiede, Oskar,** * 13. Februar 1879 in Wien, † 22. November 1961 in Wien, Bildhauer und Medailleur.

Nach einem Studium an der Kunstgewerbeschule und an der Akademie der bildenden Künste bei → Hellmer und Bitterlich wurde T. 1915 Mitglied des Künstlerhauses. 1932 war er Vorstand der Lehrkanzel für Architekturplastik an der Technischen Hochschule Wien. T.s Œuvre umfaßt v. a. Kleinplastiken, Medaillen und Reliefs für Wohnhausbauten. 1928 entstand der Tuchmacher-Brunnen, 1929 der Nestroy-Brunnen. Auch die Pietà der Lueger-Kirche auf dem Wiener Zentralfriedhof stammt von T. Der Künstler entwarf außerdem zahlreiche Sportplaketten.

**Thimig, Hans,** * 23. Juli 1900 in Wien, † 17. Februar 1991 in Wien, Kammerschauspieler und Regisseur.

Der jüngste Sohn Hugo → Thimigs richtete bereits als Gymnasiast auf dem Dachboden des elterlichen Hauses ein »Haustheater« ein. Er debütierte schon 1916 unter einem Pseudonym am Wiener Volkstheater. 1919 holte er als Privatschüler die Matura nach und war dann in Wien am Burgtheater (1918–1924 und 1949 bis zu seiner Pensionierung 1966) sowie am Theater in der Josefstadt (1924–1933, 1935–1943) tätig. 1942–1949 war er freischaffender Bühnenregisseur, Filmregisseur (»Brüderlein fein«, »Gottes Engel sind überall«) und Filmschauspieler. 1959/60 leitete er das Reinhardt-Seminar, im

Rundfunk gestaltete er jahrelang die Sendereihe »Besuch am Montag« und wirkte als Hofrat Floriani in der »Radio-Familie« mit. Auf der Bühne hat der feine und bescheidene Schauspieler in zahlreichen Charakterrollen und im komischen Fach seine großen schauspielerischen Qualitäten bewiesen, als Bleichenwang in Shakespeares »Was ihr wollt«, als Camille Desmoulin in Büchners »Dantons Tod« oder als Schlucker in Nestroys »Zu ebener Erde und erster Stock«.

**Thimig, Helene,** * 5. Juni 1889 in Wien, † 7. November 1974 in Wien, Kammerschauspielerin.

Die einzige Tochter Hugo → Thimigs nahm Schauspielunterricht bei Hedwig → Bleibtreu, debütierte am Herzoglichen Hoftheater in Meiningen, kam 1911 nach Berlin und spielte am Königlichen Schauspielhaus (bis 1917), dann am Deutschen Theater sowie in Wien am Theater in der Josefstadt unter Max → Reinhardt (1933–1937). 1932 heiratete sie Reinhardt, 1937 ging sie mit ihm in die amerikanische Emigration. Ab 1946 war sie in Wien Mitglied des Burgtheaters, ab 1954 auch des Josefstädter Theaters und leitete 1948–1959 das Reinhardt-Seminar.

T. war eine große Schauspielerin und eine faszinierende Künstlerpersönlichkeit, deren Ausstrahlung von tiefer Menschlichkeit und Wärme geprägt war. Zu ihren großen Rollen, die sie mit starker Einfühlungskraft darstellte, zählen u. a. die Stella, die Elisabeth in Schillers »Maria Stuart«, die Amanda in Williams »Glasmenagerie« und die Alte in Ionescos »Die Stühle«. 1973 veröffentlichte sie ihr Buch »Wie Max Reinhardt lebte«.

**Thimig, Hermann,** * 3. Oktober 1890 in Wien, † 7. Juli 1982 in Wien, Kammerschauspieler.

Der älteste Sohn Hugo → Thimigs war nach seiner Ausbildung zunächst am Herzoglichen Hoftheater in Meiningen engagiert und wirkte 1916–1932 unter Max → Reinhardt in Berlin und Wien (Theater in der Josefstadt). Bereits 1919 spielte er in seinem ersten Film (»Die

*Hermann Thimig*

Puppe«), 1925 war er erstmals bei den Salzburger Festspielen beschäftigt. Der Tonfilm »Viktor und Viktoria« (1933) machte ihn zum Star. 1934–1968 gehörte er dem Wiener Burgtheater an. T.s Schauspielkunst war von elementarer, dynamischer Gestaltungskraft. Seine unbestrittene Domäne waren Nestroy- und Raimund-Rollen. Er spielte aber auch Klassiker mit bezwingender Überzeugungskraft. Wie alle Mitglieder der Schauspielerdynastie T. war er eine ausgeprägte, eigenständige Persönlichkeit mit stark ausgebildetem Ensemblegeist. Er war mit Vilma → Degischer verheiratet.

**Thimig, Hugo,** * 16. Juni 1854 in Dresden (Deutschland), † 24. September 1944 in Wien, Schauspieler und Theaterdirektor.

Der Vater der Schauspielerfamilie T. besuchte die Bürgerschule, absolvierte eine »Handels-Lehr-Anstalt« und nahm dann dramatischen Unterricht. Er debütierte in Bautzen und kam über

Breslau 1874 an das k. k. Hofburgtheater in Wien. Er war an der »Burg« bis 1923 (ab 1919 als Gastschauspieler) und wieder ab 1936 tätig. 1912–1917 war er Direktor des Hauses. 1923–1936 trat der vielseitige, vitale Schauspieler hochbetagt im Theater in der Josefstadt auf.

T. war eine starke, bedeutende Theaterpersönlichkeit und verkörperte in seiner langen Bühnenlaufbahn unzählige Rollen im komischen wie im Charakterfach. Legendär wurde sein Schmock aus Gustav Freytags »Journalisten«, sein Narr in Shakespeares »Was ihr wollt«, sein Dorfrichter Adam in Kleists »Der zerbrochene Krug« und sein Truffaldino in Goldonis »Der Diener zweier Herren«.

**Thirring, Hans,** * 23. März 1888 in Wien, † 22. März 1976 in Wien, Physiker.

T., der aus einer Ödenburger Familie stammte, studierte Mathematik und Physik an der Wiener Universität (Promotion: 1911). 1915 habilitierte er sich, 1921 wurde er o. Univ.-Prof. für theoretische Physik. 1938 pensionierten ihn die Nationalsozialisten wegen seiner positiven Bewertung mit der Relativitätstheorie und seiner pazifistischen Gesinnung. 1945 erhielt er seine Lehrkanzel wieder zurück (bis 1958 tätig).

T., dessen erste größere wissenschaftliche Publikation sich mit Einsteins Relativitätstheorie befaßte, war ein klarer Interpret der Probleme, die sich aus dieser Theorie ergaben. 1946 erschien seine »Geschichte der Atombombe«, die als erste eine umfassende Darstellung der Thematik brachte und die Entwicklung allgemein verständlich darstellte. Das Schwergewicht von T.s Wirken liegt in seiner Tätigkeit für die Friedensbewegung. In seinem Werk »Homo sapiens« (2 Bde., 1947–1949) legte er die psychologischen und soziologischen Ursachen des Kriegführens dar und entwickelte am Beispiel des Nationalsozialismus eine Analyse des Kriegswillens. 1957 wurde T. von der SPÖ in den Bundesrat entsandt. Für seine Lebensarbeit für Forschung und Friedensbewegung wurde er vielfach geehrt.

*Hans Thirring*

**Thomas, Oswald,** * 27. Juli 1882 in Bra̦sov/Kronstadt (Siebenbürgen), † 13. Februar 1963 in Wien, Astronom.

Nach Studien in Heidelberg, Jena, Klausenburg und Berlin unterrichtete T. am Deutschen Gymnasium in Kronstadt. 1913 übersiedelte er nach Wien, wo er 1915–1922 die Urania-Sternwarte leitete. 1923 gründete er das Astronomische Büro und das Wiener Planetarium im Prater. Er lehrte an der Wiener Universität als Honorarprof. und unterrichtete außerdem noch am Gymnasium. Er führte zahlreiche Berechnungen von Meteorbahnen durch. Seine »Astronomischen Spaziergänge am Sommerhaidenweg«, die er ab Ende der 20er Jahre veranstaltete, trugen viel zur Popularisierung der Astronomie bei. T. war auch ständiger Mitarbeiter der »Wiener Zeitung«.

*Werke:* »Das Wiener Planetarium« (1927), »Astronomie« (1934), »Wiener Sternabende« (1942), »Atlas der Sternbilder« (mit R. Teschner, 1945), »Fahrt zum Mond« (1947), »Himmel und Weltall« (1951).

**Thöny, Wilhelm,** * 10. Februar 1888 in Graz, † 1. Mai 1949 in New York, Maler und Graphiker.

Das steirische Mehrfachtalent – T. wurde auch zum Pianisten und Sänger ausgebildet – studierte an der Münchner Akademie. Nach seiner Rückkehr wurde er 1923 Mitbegründer der »Grazer Secession«. 1931–1938 lebte er in Frankreich, danach in New York. Sein Gesamtwerk umfaßt Aquarelle, Ölbilder und Zeichnungen sowie Buchillustrationen. In seiner Grazer Zeit schuf der Künstler expressionistische Gemälde (Porträts, Landschaften u. a.) von schwerer, düsterer Farbigkeit. In Frankreich hellte sich seine Palette deutlich auf, die Farben in seinen spätimpressionistischen Bildern sind durchsichtig und schwerelos. Das Alterswerk umfaßt eine Reihe von zartesten Großstadtimpressionen (Paris, New York), Veduten und Zeichnungen von ungewöhnlicher Suggestionskraft.

*Lit.:* W. Schmied, T. Porträt eines Einzelgängers (1976).

**Tichy, Herbert,** * 1. Juni 1912 in Wien, † 26. September 1987 in Wien, Geologe, Bergsteiger, Forschungsreisender und Schriftsteller.

Der ruhelose Globetrotter, der schon als Mittelschüler Bergtouren machte, unternahm 1933 gemeinsam mit Max → Reisch eine abenteuerliche Motorradfahrt, die ihn bis Bombay führte. Er durchquerte dann Afghanistan, verschaffte sich, als indischer Pilger verkleidet, Eingang in das verbotene Tibet und drang bis zum heiligen Berg Kailas vor. In Indien schrieb der Wiener Geologiestudent seine Dissertation (Promotion: 1937). 1941–1948 lebte er, von der Umwelt abgeschnitten, in China, kehrte 1948 nach Ö. zurück und nahm bald darauf seine Reise- und Forschungstätigkeit wieder auf. So durchquerte er 1953 als erster westlicher Reisender Westnepal. Die Erstbesteigung des Achttausendergipfels Cho Oyu im Himalaya 1954 trug ihm weltweites Ansehen ein. Weitere Reisen führten ihn u. a. 1963 von Kapstadt bis Nairobi, 1971/72 nach Indonesien, 1976 mit dem Auto nach Pakistan, Abenteuer, die er in fesselnden Büchern beschrieb, darunter preisgekrönte Jugendbücher wie »Unterwegs« (1962, Jugendbuchpreis der Stadt Wien), »Der weiße Sahib« (1966, Staatspreis für Kinderliteratur).

*Herbert Tichy*

*Weitere Werke:* »Zum heiligsten Berg der Welt« (1937), »China ohne Mauer« (1948), »Cho Oyu – Gnade der Götter« (1955), »Auf fernen Gipfeln – ein Abenteuer auf dem Dach der Welt« (1976).

**Tieber, Herbert,** *12. November 1942 in Graz, † 14. Jänner 1990 in Wien, Volkswirtschaftler und Politiker.

Nach Absolvierung der Handelsakademie arbeitete T. in der Volkswirtschaftlichen Abteilung der Tiroler Handelskammer. Daneben studierte er Wirtschaftswissenschaften (Promotion: 1964) und war im Verband Sozialistischer Studenten wie in der Jungen Generation der SPÖ tätig. Der überzeugte Sozialist arbeitete 1971–1975 im Tiroler Landesparteisekretariat, das er schließlich leitete. 1976/77 war er als Sekretär von Handelsminister → Staribacher, anschließend als Pressesprecher für den Bregenzer Bürgermeister Fritz Mayer und 1979–1983 als Sekretär des Kommunalpolitischen Referats der SPÖ in Wien tätig. Ab 1982 wirkte er als Geschäftsführer der »Arbeitsgemeinschaft der österr. Gemeinwirtschaft«.

1983–1986 hatte er auch ein Nationalratsmandat inne. Das Diskussionsforum der SPÖ »Perspektiven 90/Sozialdemokratie 2000« leitete er 1984–1988. Ein Mann des Apparats, hat er sich dennoch eine hohe Empfindlichkeit gegenüber seiner Gesinnungsgemeinschaft bewahrt. Als Vordenker seiner Partei kämpfte er gegen die Verflachung der politischen Theorie. Er hinterließ grundlegende Texte zur Parteireform, die unter dem Titel »Die Realität der Utopie« von Freunden 1991 ediert wurden.

**Tietze, Hans,** * 1. März 1880 in Prag, † 11. April 1954 in New York, Kunsthistoriker.

Nach Besuch des Schottengymnasiums und Studium in Wien wurde T. 1905 Beamter der Zentralkommission für Kunst und historische Denkmale. 1909 habilitierte er sich für Mittlere und Neuere Kunstgeschichte an der Wiener Universität. 1907–1931 arbeitete er an der Österr. Kunsttopographie mit, für die er 12 Bände verfaßte. Sein Meisterwerk ist zweifellos »Geschichte und Beschreibung des Stephansdoms in Wien« (1931), das noch immer als Standardwerk gilt. Nach dem 1. Weltkrieg legte T. ein umfangreiches Programm zur Neuordnung der staatlichen Museen vor. Die Regierung beauftragte ihn, die Verhandlungen über die Verteidigung des österr. Kunstbesitzes gegen ausländische Ansprüche zu führen, die er höchst erfolgreich für Ö. zu Ende brachte. 1921 gründete er die »Gesellschaft zur Förderung der modernen Kunst«. 1938 mußte er wegen seiner jüdischen Herkunft emigrieren und ging nach Amerika, wo er an der Columbia University lehrte.

*Werke:* »Die Methode der Kunstgeschichte« (1913), »O. Wagner« (1922), »A. Altdorfer« (1923), »Wien. Kultur, Kunst, Geschichte« (1931), »Die Juden Wiens« (1933), »Tintoretto« (1948), »Die großen Nationalgalerien« (1954).

**Tilden, Jane (eigtl. Marianne Tuch),** * 6. November 1910 in Aussig (Böhmen), Schauspielerin.

*Jane Tilden*

Die Tochter eines Musikwissenschaftlers debütierte nach ihrer Schauspielausbildung in Teplitz-Schönau und kam über Prag und Hamburg nach Wien an das Theater in der Josefstadt, wo sie im Fach der jugendlichen Liebhaberin und der »komischen Jungen« durch ihre frische und resolute Art rasch die Herzen der Zuschauer gewann. In der Folge übernahm sie zumeist heitere Rollen. Während des Krieges vorübergehend in der Schweiz tätig, kehrte sie anschließend nach Wien an das Josefstädter Theater zurück. 1957–1978 spielte sie am Burgtheater. Die Künstlerin wirkte in zahlreichen Filmen mit (»Der Blaufuchs«, 1938, »Glück bei Frauen«, 1944, »Ich und meine Frau«, 1953) und war auch in Fernsehproduktionen erfolgreich (»Forellenhof«, 1968, »Die Drombuschs«, 1989). Sie war zuerst mit Erik → Frey, dann mit Alexander → Steinbrecher verheiratet, ehe sie eine dritte Ehe einging. Die Antoinette in → Hofmannsthals »Der Schwierige« und die Trafikantin in → Horváths »Geschichten aus dem Wiener Wald« waren Rollen, die sie oftmals spielte und in denen sie ihre hohe Schauspielkunst am deutlichsten unter Beweis stellte.

**Till, Alfred,** * 18. Februar 1879 in Wien, † 23. Oktober 1959 in Wien, Geologe.

Nach seinem Studium in Wien arbeitete T. bis 1907 als Volontär in der Geologischen Reichsanstalt. 1907–1920 war er als Assistent an der Lehrkanzel für Mineralogie und Petrographie tätig. 1911 konnte er sich habilitieren, 1923 wurde er a. o. Prof., 1934–1949 hatte er einen Lehrstuhl an der Hochschule für Bodenkultur in Wien inne. T. wurde der Organisator der landwirtschaftlichen Bodenaufnahme in Ö. Er leitete auch zahlreiche fachwissenschaftliche Kurse an der Wiener Urania.

*Werke:* »Mineralogisches Praktikum« (1913), »Petrographisches Praktikum« (1914), »Bodensystematik« (1923), »Ortsbodentypen« (1933), »Österr. Bodenkartierung« (1937), »Bodenkundlicher Führer durch Ö.« (1937).

**Till, Walter,** * 22. Februar 1894 in Stockerau (NÖ), † 3. September 1963 in Herzogenburg (NÖ), Papyrologe und Koptologe.

T., der in Wien studiert hatte, leitete 1931–1951 die Papyrussammlung der Österr. Nationalbibliothek. Der international anerkannte Experte für koptische Forschungen lehrte auch 1939–1951 an der Wiener Universität. Dann folgte er einem Ruf an die Universität Manchester (Großbritannien), wo er bis 1959 wirkte.

*Werke:* »Koptische Dialektgrammatik« (1931), »Koptische Heiligen- und Märtyrerlegenden« (2 Bde., 1935/36), »Die Arzneikunde der Kopten« (1951), »Koptische Grammatik« (1955), »Die koptischen Rechtsurkunden der Papyrus-Sammlung der Österr. Nationalbibliothek« (1958).

**Tiller, Nadja,** * 16. März 1929 in Wien, Schauspielerin.

Die Tochter eines Schauspielerehepaares verbrachte ihre Kindheit und frühe Jugend zumeist auf Gastspielreisen mit den Eltern. Sie absolvierte eine Tanz- und Schauspielausbildung an der Akademie für Musik und darstellende Kunst in Wien, 1949–1952 war sie als jugendliche Salondame am Theater in der Josefstadt engagiert. 1949 und 1952 wurde sie zur »Miss Austria« gekürt, danach wandte sie sich dem Film zu. Bis 1975 wirkte sie in mehr als 70 Produktionen mit. Zunächst in unbedeutenden Rollen eingesetzt (»Kleiner Schwindel am Wörther See«), wurde sie durch ihren Mentor, den Regisseur Rolf Thiele, zur »Erfolgsfrau« mit erotischer Ausstrahlung (»Die Barrings«, 1955). Mit Filmen wie »Das Mädchen Rosemarie« (1958), »Affäre Nina B.« (1961) und »Lulu« (1962) avancierte sie schließlich zum internationalen Filmstar. Dann widmete sie sich der Theater- und Fernseharbeit, war an verschiedenen deutschen Bühnen und am Wiener Raimundtheater engagiert und unternahm zahlreiche Tourneen. 1957 und 1968 war sie die Buhlschaft im Salzburger »Jedermann«. Ab 1969 wirkte sie in TV-Serien (»Der Kommissar«, »Tatort«) und in zahlreichen anderen Produktionen (»Mütter und Töchter«, 1985) mit.

**Tobisch (von Labotýn), Lotte,** * 28. März 1926, Schauspielerin.

Die elegante Dame entstammt einer alten österr. Patrizierfamilie. Eine Schülerin von Raoul → Aslan, spielte sie blutjung die Hauptrolle in Nestroys »Das Mädel aus der Vorstadt« am Burgtheater und erhielt einen Vertrag, den sie 1947 aus privaten Gründen löste. Sie wirkte dann am Volkstheater und am Theater in der Josefstadt. In dem Hitler-Film »Der letzte Akt« von G. W. → Pabst war sie die Eva Braun. 1960 kehrte sie ans Burgtheater zurück, um sich 1987 endgültig vom Theater zu trennen. Die »wilde Romantikerin« (Selbstbezeichnung), die sich intensiv mit Geschichte und Literatur befaßt (u. a. Mitarbeit an der TV-Reihe »Die Welt des Buches«), wuchs in eine neue Rolle hinein: 1980 übernahm sie von Christl Schönfeld die Leitung des Opernballs. Jahr für Jahr organisiert T. dieses große gesellschaftliche Ereignis und verwandelt meisterlich und stilgerecht die Wiener Oper für eine Faschingsnacht in den schönsten Ballsaal der Welt.

**Toch, Josef,** * 10. März 1908 in Wien, † 6. November 1983 in Wien, Publizist.

T. stammte aus einer jüdischen Wiener Kaufmannsfamilie. 1929–1932 arbeitete er in einem Kibbuz in Israel. Als er nach Ö. zurückkehrte, wurde er Mitglied der KPÖ und leistete nach dem Parteiverbot illegale politische Arbeit. 1936 emigrierte er nach Paris, wo er in der Deutschen Freiheitsbibliothek angestellt war. Er gab die »Nouvelles d'Autriche« (Neuigkeiten aus Ö.) heraus. Nach seiner Teilnahme am Spanischen Bürgerkrieg (Internationale Brigaden) nach Frankreich zurückgekehrt, wurde er interniert, später kam er in ein englisches Internierungslager. Nach Mitarbeit am »Zeitspiegel« wurde er Redakteur einer Kunstbuchserie in London. 1946 kehrte er nach Wien zurück, wo er für die Zeitung »Der Abend« und die KPÖ-Zeitung »Volksstimme« schrieb. 1957 verließ er die KPÖ und schloß sich der SPÖ an. Sein Interesse für Zeitgeschichte bekundete er durch Mitarbeit am »Tagblatt«-Archiv der Arbeiterkammer und am Institut für Zeitgeschichte. 1972–1976 hielt er sich erneut in Israel auf. Wieder in Wien, wurde er Mitarbeiter der katholischen Wochenschrift »Die Furche«. Er verfaßte eine Reihe von Beiträgen über jüdische Teilnehmer am Spanischen Bürgerkrieg und forschte über den österr. Widerstandskämpfer Robert → Bernardis.

**Tomek, Ernst,** * 19. Oktober 1879 in Wien, † 10. September 1954 in Mödling (NÖ), Kirchenhistoriker.

Nach dem Besuch des Schottengymnasiums studierte T. an der Wiener Universität Theologie (Promotion: 1903). 1903 wurde er zum Priester geweiht und war bis 1906 als Kooperator in der Pfarre Hinterbrühl (NÖ) tätig. 1906–1910 wurde er als Studienpräfekt an das Wiener Priesterseminar berufen. 1910 habilitierte er sich an der Universität Graz für Kirchengeschichte. 1913–1919 lehrte er in Graz, 1919–1950 in Wien (1933/34, zur Zeit des Katholikentags, auch Rektor). Er hinterließ ein reiches wissenschaftliches Œuvre, das auf intensiven Studien im Diözesanarchiv beruht.

*Werke:* »Das kirchliche Leben in Wien 1522–1740« (1914), »Geschichte der Diözese Seckau« (1917), »Spaziergänge durch Alt-Wien« (2 Bde., 1927, 1948), »Kirchengeschichte Ö.s« (3 Bde., 1935, 1949, 1959).

**Tončić-Sorinj, Lujo,** * 12. April 1915 in Wien, Diplomat und Politiker.

Der Sohn eines aus Kroatien stammenden Generalkonsuls besuchte das humanistische Gymnasium in Salzburg. Anschließend studierte er Jus in Wien (Promotion: 1938). Im 2. Weltkrieg diente er als Unteroffizier bei der Luftnachrichtentruppe. 1945 wurde er Leiter der Politischen Abteilung des Österr. Instituts für Wirtschaft und Politik in Salzburg. 1946–1949 wirkte er als Redakteur bei der Zeitschrift »Berichte und Informationen«. Ab 1949 ÖVP-Abgeordneter zum Nationalrat, beschäftigte er sich v. a. mit außenpolitischen Fragen. Er wurde Obmann des außenpolitischen Ausschusses und war einer der ersten Parlamentarier, die sich voll für die Europapolitik einsetzten. Seit 1952 gehörte T. dem Europarat in Straßburg an, dessen Vizepräsident er 1962 und 1963 und dessen Generalsekretär er 1969 war. 1966–1968 berief ihn Bundeskanzler → Klaus als Außenminister in sein Kabinett. In der Folge hat sich T. als Fachpublizist einen internationalen Namen gemacht.

*Werke:* »Blick nach Osten« (1957), »Politische Sonderformen im Südosten« (1959), »Der völkerrechtliche Status Ö.s« (1961), »Erfüllte Träume« (1982), »Albanien« (1988), »Am Abgrund vorbei« (1992).

**Topitsch, Ernst,** * 20. März 1919 in Wien, Philosoph.

Nach Philosophiestudium und Habilitation lehrte T. als a. o. Univ.-Prof. 1956–1961 in Wien, dann folgte er einem Ruf nach Heidelberg. 1969 kehrte er nach Ö. zurück, wo er seitdem Ordinarius an der Grazer Universität ist. T. gehört zum »Wiener Kreis« der Neopositivisten und vertritt eine »antimetaphysische Metaphysik«. Er hat sich auch intensiv mit Sozialphilosophie befaßt.

*Werke:* »Vom Ursprung und Ende der Metaphysik« (1958), »Sozialphilosophie zwischen Ideologie und Wissenschaft« (1961), »Mythos – Philosophie – Politik« (1972), »Gottwerdung und Revolution« (1973), »Erkenntnis und Illusion« (1979), »Stalins Krieg« (1985).

**Torberg, Friedrich (eigtl. F. Ephraim Kantor-Berg),** * 16. September 1908 in Wien, † 10. November 1979 in Wien, Schriftsteller, Kritiker und Essayist.

T. hat das österr. Kulturleben der Nachkriegszeit nachhaltig beeinflußt. Der Sohn eines Fabriksdirektors verbrachte seine Kindheit in Wien, 1921 übersiedelte er mit seiner Familie nach Prag. Ab 1932 lebte er abwechselnd in Prag und Wien. 1938 emigrierte er in die USA, wo er in Hollywood und New York tätig war. 1951 kam er nach Ö. zurück.

T. schrieb zunächst Gedichte, Kurzgeschichten und Zeitungsartikel. Sein erster Roman, »Der Schüler Gerber hat absolviert« (1930), wurde sofort ein durchschlagender Erfolg. Seine Liebe zum Sport (er spielte Fußball und Wasserball) fand im Roman »Die Mannschaft« (1935) ihren Niederschlag. 1972 erschien sein Buch über den jüdischen Minnesänger »Süßkind von Trimberg«. Besonders bekannt sind seine Werke »Die Tante Jolesch« (1975, 1988) und »Die Erben der Tante Jolesch« (1979), anekdotische Erinnerungsbücher an die k. u. k. Monarchie.

T., der sich als deutsch-jüdischer Schriftsteller fühlte, betätigte sich nach seiner Rückkehr aus der Emigration als Kulturkorrespondent für verschiedene Zeitungen. Er leitete 1954–1965 die Zeitschrift »Forum«, bearbeitete den schriftlichen Nachlaß von Fritz → Herzmanovsky-Orlando und übersetzte die satirisch-humoristischen Texte des israelischen Schriftstellers Ephraim Kishon. Sein Briefwechsel und seine nachgelassenen Schriften wurden in mehreren Bänden von David Axmann und Marietta Torberg herausgegeben.

*Friedrich Torberg*

*Lit.:* D. Altmann (Hg.), Und Lächeln ist das Erbteil meines Stammes. Erinnerungen an F. T. (1988); F. Tichy, F. T. Ein Leben aus der Welt von einst (1990).

**Traunfellner, Franz,** * 25. März 1913 in Gerersdorf bei Pögstall (NÖ), † 17. Februar 1986 in Gerersdorf, Maler und Radierer.

T. arbeitete nach dem Besuch der Pflichtschule auf dem kleinen Bauernhof seines Vaters. Schon als Kind begann er zu zeichnen und zu malen und bildete sich autodidaktisch weiter. Er war kurze Zeit Privatschüler von Prof. Kromar von Hohenwolf in Melk (NÖ), nach dem 2. Weltkrieg besuchte er vorübergehend als Gastschüler die Graphische Lehr- und Versuchsanstalt in Wien. 1965 gab er die bäuerliche Wirtschaft auf und lebte als freischaffender Künstler. Er schuf Holzschnitte, Radierungen, Lithographien und Ölbilder, die in einer klar konturierten Formsprache Landschaft und Menschen des Waldviertels festhalten. Die ausdrucksstarken Bilder sind abseits von allen Moden von bezwingender künstlerischer Ehrlichkeit.

*Lit.:* F. Kaindl, F. T. (1982).

**Trebitsch, Siegfried,** * 21. Dezember 1869 in Wien, † 3. Juli 1956 in Zürich, Schriftsteller.

S., der einer wohlhabenden mährischen Familie entstammte, stellte den seltenen Fall eines Schriftstellers dar, der sein Schaffen hinter dem eines anderen, bedeutenderen Kollegen zurückstellt. Denn T. kämpfte ein Leben lang darum, das dramatische Werk Bernard Shaws, das er in das Deutsche übersetzte und 1946–1948 in einer Gesamtausgabe (12 Bde.) herausbrachte, im deutschen Sprachraum durchzusetzen. T. selbst schuf eine Vielzahl von Dramen, darunter »Frau Gittas Sühne«, das am Burgtheater zur Aufführung kam und auch im Ausland seinen Weg machte. Außerdem verfaßte er Romane, wie »Spätes Licht« (1918) und »Die Heimkehr des Diomedes« (1949), veröffentlichte Lyrikbände (»Aus verschütteten Tiefen«, 1947, »Glück und Unglück wird Gesang«, 1953) und seine große Autobiographie »Chronik eines Lebens« (1951).

**Treichl, Heinrich,** * 31. Juli 1913 in Wien, Bankier.

Nach Beendigung des Jusstudiums (Promotion: 1936) trat er als Devisenhändler in die Banque des Pays de l'Europe Centrale in Paris ein. 1937 kam er nach Wien zur Merkur-Bank, der späteren Länderbank. Nach Kriegsdienst und Gefangenschaft betätigte er sich ab 1946 im Verlagswesen. 1956 wurde er Abteilungsleiter der österr. Industrie- und Bergbauverwaltungsgesellschaft. 1958 kam er als stellvertretender Direktor zur Creditanstalt-Bankverein. 1962 zum Vorstandsmitglied bestellt, war er 1970–1981 Generaldirektor dieses Bankinstituts. In der Zeit seiner Leitung rückte die CA in den Kreis der 100 größten Banken der Welt. Der deklarierte Liberale von umfassender Bildung hat sich auch als Mäzen große Verdienste erworben.

**Trenker, Luis,** * 4. Oktober 1892 in St. Ulrich (Südtirol), † 13. April 1990 in Bozen (Südtirol), Bergsteiger, Schriftsteller, Filmschauspieler und -regisseur.

*Luis Trenker*

Der passionierte Bergsteiger mit dem Image des Tiroler Naturburschen – urwüchsig und robust bis ins hohe Alter – wurde als Bergführer eines deutschen Kamerateams 1924 für den Film entdeckt. Doch bevor er seine Weltkarriere startete, verlief sein Leben durchaus in bürgerlichen Bahnen. Nach der Matura in Innsbruck studierte T. bis 1914 Architektur an der Technischen Hochschule in Wien, schloß das Studium 1922 in Graz ab und arbeitete bis 1924 im Architekturbüro von Clemens → Holzmeister in Bozen. Dann wandte er sich dem Film zu und lebte zunächst in Berlin (1928–1940), dann in Rom (1940–1945) und nach dem Krieg abwechselnd in Bozen und München. Seinen Filmen lagen eigene Romane zugrunde, die er zu Drehbüchern umarbeitete. Zudem war er Regisseur, Hauptdarsteller und Produzent. Werke wie »Der Kampf ums Matterhorn« (1926), »Der Berg ruft« (1927), »Berge in Flammen« (1930), »Der Feuerteufel« (1933) mystifizierten Nation, Heimat und Natur und entsprachen mit ihrer Blut-und-Boden-Dramatik, der Verherrlichung des

Deutschtums und dem Heldentod-Mythos dem damaligen Zeitgeist. T. veröffentlichte mehr als 40 Bücher, er drehte auch zahlreiche Dokumentarfilme über Südtirol und schrieb eine Autobiographie unter dem Titel »Alles gutgegangen. Geschichte meines Lebens« (1965, 1981).

**Tressler, Otto (eigtl. Mayer),** * 13. April 1871 in Stuttgart (Deutschland), † 27. April 1965 in Wien, Kammerschauspieler.

T. war zunächst als Buchhandelsgehilfe tätig, ehe er sich dem Schauspielberuf zuwandte. 1896 kam er an das Wiener Burgtheater, dem er über 50 Jahre angehörte. In 383 Rollen stand er insgesamt 6 540mal auf den Brettern der »Burg« und des Akademietheaters. Er begeisterte zunächst im komischen Rollenfach. Im reifen Alter spielte er dann den Shylock, Nathan, Peer Gynt, Ottokar von Hornek, Cyrano u. v. a. T. war neben Raoul → Aslan einer der souveränsten »Schwimmer« (Textvergesser) des Burgtheaters; seine »Hänger« waren berühmt. Der vielseitige Künstler tanzte auch, sang und war bildhauerisch tätig; so nahm er dem berühmten Schauspieler Josef Kainz die Totenmaske ab. 1952 veröffentlichte er unter dem Titel »Vor und hinter den Kulissen« seine Erinnerungen.

*Otto Tressler*

**Trojan, Alexander (eigtl. Takacs),** * 30. März 1914 in Wien, † 19. September 1992 in Wien, Kammerschauspieler.

T. nahm nach dem Gymnasium Schauspielunterricht bei Ernst Arndt, gab in Mährisch-Ostrau sein Debüt und kam nach Engagements in Wien (Kammerspiele, Volkstheater), Brünn und Graz 1938 an das Wiener Burgtheater, wo er bereits als Schüler in kleineren Rollen aufgetreten war. In seiner mehr als 50jährigen Zugehörigkeit zum Ensemble hat T. über 100 Rollen des Charakterfachs verkörpert, von den Klassikern bis zur Moderne – mit unnachahmlicher Haltung, ganz dem Werk und der Dichtung hingegeben. Sein Stawrogin in Camus' »Die Besessenen« markierte wohl den künstlerischen Durchbruch, zu den Höhepunkten gehörten seine Schnitzler-Interpretationen. Der geschätzte Schauspieler gab auch Gastspiele an anderen Bühnen, so 1988 im Zweipersonenstück »Offener Brief« von Brian Clark am Volkstheater mit Elisabeth → Epp als Partnerin. Er war bei den Salzburger Festspielen tätig und wirkte bei Rundfunksendungen mit.

**Tschadek, Otto,** * 31. Oktober 1904 in Trautmannsdorf (NÖ), † 4. Februar 1969 in Wien, Rechtsanwalt und Politiker.

Nach einem Jusstudium in Graz (Promotion: 1931) wurde T. Rechtsanwalt und eröffnete 1941 eine Kanzlei. Bereits seit seiner Jugend war er in der Sozialdemokratischen Partei aktiv. 1934 wurde er kurzfristig verhaftet. Während des Dritten Reichs hatte er Berufsverbot. Zum Militär eingerückt, war er beim Marinegericht in Kiel tätig. 1945 wurde er in Kiel zum Oberbürgermeister gewählt. Erst im Frühjahr 1946 kehrte er nach Ö. zurück. Bis 1960 hatte er ein SPÖ-Nationalratsmandat inne. Der anerkannte

Jurist amtierte 1949–1952 und 1956–1960 als Justizminister, danach war er bis zu seinem Tode stellvertretender Landeshauptmann in NÖ.

*Werke:* »Die Grenzen der Gerechtigkeit« (1951), »Gemeinderecht und Gemeindepolitik« (1956), »Erlebtes und Erkanntes« (1962), »Jahre der Freiheit« (1967).

**Tschermak-Seysenegg, Erich,** * 15. November 1871 in Wien, † 11. Oktober 1962 in Wien, Botaniker und Vererbungsforscher.

Der Sohn eines Mineralogen studierte nach Absolvierung des Stiftsgymnasiums Kremsmünster in Wien und Halle an der Saale, wo er sein Studium beendete (Promotion: 1896). 1900 habilitierte er sich in Wien, 1906 wurde er a. o. Prof., 1909 o. Prof. für Pflanzenzüchtung an der Hochschule für Bodenkultur (bis 1941). Er schuf die Grundlagen für ein eigenes Institut für Pflanzenzüchtung und gründete die Pflanzenzuchtsstation in Groß-Enzersdorf (NÖ). T. ist die Wiederentdeckung der Vererbungslehre

*Erich Tschermak-Seysenegg*

Gregor Mendels zu danken, die er auch auf Vortragsreisen in Amerika propagierte. Der vielfach geehrte und ausgezeichnete Forscher war Mitglied einer Reihe in- und ausländischer Akademien.

*Werke:* »Über künstliche Kreuzung« (1900), »Die Theorie der Kryptomerie und des Kryptobridismus« (1903), »Samenbildung ohne Befruchtung« (1949).

**Tumlirz, Otto,** * 27. Juli 1890 in Rožmberk/Rosenberg (Böhmen), † 7. Jänner 1957 in Graz, Jugendpsychologe.

T. studierte in Wien und habilitierte sich für Psychologie an der Grazer Universität, wo er ab 1930 lehrte. 1931–1936 gab er die »Zeitschrift für Jugendkunde« heraus. Neben wissenschaftlichen Werken schrieb er auch Musikdramen. Sein Werk »Die Rosen der Madonna« wurde 1920 von Robert → Stolz vertont.

*Werke:* »Einführung in die Jugendkunde« (2 Bde., 1920/21), »Pädagogische Psychologie« (1930), »Abriß der Jugend- und Charakterkunde« (1940), »Die Jugendverwahrlosung« (1952).

**Tuppy, Hans,** * 22. Juli 1924 in Wien, Biochemiker und Politiker.

Der Sohn eines hohen österr. Justizfunktionärs, der von den Machthabern des Dritten Reichs ermordet wurde, studierte nach Absolvierung des Schottengymnasiums 1942–1948 in Wien Chemie. Daran schlossen sich Auslandsstudien in Cambridge (England) und Kopenhagen. Seit 1958 ist er Prof. für Biochemie an der medizinischen Fakultät der Wiener Universität. 1960 wurde er als Gastprof. nach Yale (USA) eingeladen. 1974–1982 leitete er als Präsident den Fonds zur Förderung der wissenschaftlichen Forschung. 1983–1985 Rektor der Wiener Universität, wurde er anschließend zum Präsidenten der Akademie der Wissenschaften gewählt. T. entdeckte als Biochemiker die Struktur von Insulin und die Tatsache, daß Erbinformationen außerhalb des Zellkerns auffindbar sind. 1987–1989 war er, der schon in der Ära → Klaus zum »Denker-Vorfeld« der ÖVP gehört hatte, Wissenschaftsminister.

**Turrini, Peter,** * 26. September 1944 in St. Margarethen im Lavanttal (K), Schriftsteller.

T. ist einer der wichtigsten Vertreter der jüngeren österr. Dramatik. Der Sohn eines italienischen Kunsttischlers maturierte 1963 an der Klagenfurter Handelsakademie und war bis 1970 in verschiedenen Berufen tätig (Metallarbeiter, Lagerarbeiter, Werbetexter). Seit 1971 lebt er als freier Schriftsteller. T. setzt sich in seinen sozialkritischen, provokanten Stücken mit den Zwängen und Verlogenheiten der Konsumgesellschaft, mit überholten Moralvorstellungen und kleinbürgerlicher Spießermentalität auseinander. Seine »aggressive Schockdramaturgie« mit grellen Szenen und krassem Vokabular stößt zum Teil auf den Widerstand der Kritik und konservativer Kreise (»Rozznjogd«, 1967, »Sauschlachten«, 1972, »Josef und Maria«, 1980, »Die Minderleister« 1988, »Tod und Teufel«, 1990). Mit seinen Bearbeitungen nach Stücken von Beaumarchais (»Der tollste Tag«, 1972) und Goldoni (»Die Wirtin«, 1973) versuchte er, die Dinge (historisch) ins rechte Lot zu rücken. Gemeinsam mit Wilhelm Pevny verfaßte T. die sechsteilige

*Peter Turrini*

TV-Serie »Alpensaga« (1974–1979), eine kritische Bestandsaufnahme des bäuerlichen Alltags von der Jahrhundertwende bis 1945. Die »Arbeitersaga« (gem. mit Rudi Palla und Dieter Berner) folgte. T. hat auch Romane (»Erlebnisse in der Mundhöhle«, 1972), Lyrik (»Ein paar Schritte zurück«, 1980) und ein zweibändiges Lesebuch (1978, 1983) veröffentlicht, in dem er eine Dokumentation zu seinen Werken bietet.

*Lit.:* W. Schuch/K. Siblewski (Hg.), P. T. Texte, Daten, Bilder (1991).

# U

**Übelhör, Alfons,** * 29. Juni 1905 in Wien, † 12. April 1967 in Wien, Volksbildner.

Nach einem Studium in Wien widmete sich Ü. der Volksbildungsarbeit. 1945–1949 leitete er die wissenschaftliche Abteilung des Österr. Rundfunks (später Programmdirektor). Außerdem war er Vizepräsident der Wiener Urania. 1949 gründete er die Österr. Radio-Hochschule als zusätzliches Instrument der Erwachsenenbildung. 1949–1954 entsandte ihn die ÖVP als Mandatar in den Bundesrat.

**Übleis, Heinrich,** * 3. Februar 1933 in Edt bei Lambach (OÖ), Jurist und Politiker.

Nach der Matura in Wels trat Ü. beim Postamt Scharnstein (OÖ) in den Dienst der Post- und Telegraphenverwaltung. Nach Abschluß der Ausbildung übernahm er die Leitung kleinerer Postämter. 1955 wurde er auf eigenen Wunsch nach Wien versetzt und begann nebenberuflich ein Jusstudium (Promotion: 1959). 1959 wurde er in die Generaldirektion übernommen. Über die Budgetabteilung kam er 1971 in das Büro des Bundesministers für Verkehr als dessen Sekretär. 1974 übernahm er die Leitung der Stabsstelle für Zentrale Planung und Koordination, 1979 erfolgte seine Ernennung zum Generaldirektor für die Post- und Telegraphenverwaltung. 1985–1987 leitete er das Bundesministerium für Bauten und Technik. Danach übernahm der Gemeinwirtschaftsexperte die Generaldirektion der Österr. Bundesbahnen; sein Vertrag läuft bis 1992.

**Uhl, Alfred,** *5. Juni 1909 in Wien, † 8. Juni 1992 in Wien, Komponist.

U. war an der Wiener Musikakademie Schüler von Franz → Schmidt. Seine ersten Erfolge erzielte er mit Filmmusik (Gold bei der Biennale in Venedig, 1936). Im 2. Weltkrieg wurde er schwer verwundet, danach wirkte er als Prof. für Komposition an der Wiener Akademie für Musik und darstellende Kunst (1943–1979) und wurde für Generationen von Musikern zu einer bestimmenden Persönlichkeit. Als Komponist schuf der Traditionalist klangschöne und rhythmisch ansprechende Musik. Bekannt wurde er mit dem Oratorium »Gilgamesch«, das 1957 im Wiener Musikverein uraufgeführt wurde. Auch seine zwei großen Chorwerke und die heitere Kantate »Wer einsam ist, der hat es gut« (nach Gedichten von Busch, Morgenstern und Ringelnatz, 1960) fanden Anklang beim Publikum. Seine vergnüglichen Kammermusiken und andere Werke stehen wiederholt auf dem Programm der großen Wiener Orchester.

*Lit.:* A. Witeschnik, A. U. (1966).

**Uhl, Fritz,** * 2. April 1928 in Wien, Opernsänger.

U. wurde ab 1947 in Wien ausgebildet und debütierte 1950 am Grazer Stadttheater. Er festigte seine Karriere in Deutschland (1954–1956 Oberhausen, ab 1957 München). An der Wiener Staatsoper hat der Heldentenor als Gast das Publikum in zahlreichen Partien begeistert: in Opern von Wagner (als Erik, Parsifal, Stolzing, Siegmund, Loge) und R. → Strauss (als Aegisth, Herodes, Elemar), aber auch von Alban → Berg (als Alwa, Tambourmajor), Schostakowitsch (als Sergej) und Gottfried von → Einem (als Robespierre). U. hat auch bei den Salzburger Festspielen und in Bayreuth mitgewirkt.

**Uhl, Ottokar,** * 2. März 1931 in Wien, Architekt.

1950–1953 studierte U. an der Akademie der bildenden Künste Architektur bei Louis Welzenbacher. In der ersten Phase seiner Bautätigkeit schuf er eine Reihe bemerkenswerter Sakralbauten. Später konzentrierte er sich mehr auf den partizipativen Wohnbau, bei dem die künftigen Mieter am Gestaltungsprozeß teilnehmen. Sein Gemeindewohnbau in der Feßtgasse in Wien (1977–1981) sowie die Anlage »Wohnen mit Kindern« (1984) und das Wohnheim der Gemeinschaft B. R. O. T. in Wien-Hernals sind Beispiele dieser Architektur mit humanitärem Anspruch. Er veröffentlichte auch theoretische Werke zur Architektur.

*Werke:* »Moderne Architektur in Wien« (1966), »Mieterbeteiligung im kommunalen Wohnbau« (mit R. Dirisamer, 1983), »Mitbestimmung im Wohnbau« (1987).

**Uhlirz, Mathilde,** * 24. April 1881 in Wien, † 20. April 1966 in Graz, Historikerin.

Die Tochter des 1914 verstorbenen Historikers Karl U. studierte Geschichte in Wien und Graz. 1939–1951 lehrte sie als Ordinaria an der Grazer Universität. Neben einer großen Anzahl von Forschungen, insbesondere zur Reichsgeschichte des Hochmittelalters, brachte sie auch das noch vom Vater konzipierte und nicht fertiggestellte »Handbuch der Geschichte Ö.s und seiner Nachbarländer Böhmen und Ungarn« (4 Bde., 1927–1944) heraus.

*Werke:* »Das Kloster Bobbio« (1931), »Forschungen und Vorarbeiten zu den Jahrbüchern und Regesten Kaiser Ottos III.« (3 Bde., 1951–1957), »Jahrbücher des deutschen Reiches unter Otto II. und Otto III.« (2 Bde., 1954), »Die Regesten des Kaiserreichs unter Otto III.« (2 Bde., 1956/57).

**Ullmann, Karl,** * 27. September 1860 in Habern (Böhmen), † 1940 in Wien, Dermatologe.

U., der aus einer Arztfamilie stammte, ließ sich nach seinem Studium als Facharzt in Wien nieder. 1897 habilitierte er sich als Privatdozent für Dermatologie an der Wiener Universität. Außerdem war er Honorardozent für kommerzielle Hygiene an der Hochschule für Welthandel; er hat diese Disziplin an der Hochschule erst begründet. Der bedeutende Forscher auf dem Gebiet der Toxikologie und der Syphilis beschäftigte sich auch mit der Hygiene der Berufskrankheiten. Außerdem war U. Mitarbeiter am »Handbuch der Haut- und Geschlechtskrankheiten«, von dem er die Bände 4 und 12 verfaßte.

*Werke:* »Physikalische Therapie der Geschlechtskrankheiten« (1908), »Die Schädigung der Haut« (3 Bde., mit H. Oppenheim und J. Rille, 1915–1927), »Diagnostisch-therapeutisches Vademecum der Geschlechtskrankheiten« (1934).

**Ullrich, Luise,** * 31. Oktober 1911 in Wien, † 21. Jänner 1985 in München, Schauspielerin.

U. erhielt an der Akademie für Musik und darstellende Kunst in Wien ihre Ausbildung. Mit 15 Jahren wurde die talentierte Schauspielerin an das Volkstheater in Wien engagiert und ging dann nach Berlin (Lessingtheater, Volksbühne) und München (Staatstheater), wo sie in vielen Rollen mit ihrer Natürlichkeit und dem typischen Tonfall ihrer Sprache erfolgreich war. Sie brillierte u. a. als Polly in der »Dreigroschenoper«, als Karoline in → Horváths »Kasimir und Karoline«. Ihr Spielwitz und ihre Fotogenität wurden bald auch vom Film entdeckt. In Filmen wie »Der Rebell« (1932), »Liebelei« (1933), »Vorstadtvarieté« (1935) entwickelte sie sich zu einer der überragenden Persönlichkeiten des deutschsprachigen Films, deren Erfolg auch nach dem 2. Weltkrieg anhielt (u. a. »Nachtwache«, 1949, »Ist Mama nicht fabelhaft?«, 1958). U. schrieb auch Bücher, wie »Riccarda« (1955) und »Komm auf die Schaukel, Luise« (1973).

**Ungar, Leopold,** * 8. August 1912 in Wiener Neustadt (NÖ), † 30. April 1992 in Wien, kath. Priester.

*Leopold Ungar*

U. studierte in Wien Jus und war zudem ein eifriger Hörer der Vorlesungen von Karl → Kraus. Nach seiner Promotion trat er in das Priesterseminar ein. Da er jüdischer Herkunft war, mußte er 1938 emigrieren. Er ging zunächst nach Frankreich, wo er 1939 das Theologiestudium abschloß und zum Priester geweiht wurde. Nach der Kapitulation Frankreichs floh er weiter nach England, wo er in einem Internierungslager landete. Später widmete er sich der Seelsorge und Betreuung deutscher Kriegsgefangener. 1947 kehrte er nach Ö. zurück, wurde Kaplan und kurz darauf Sekretär der Caritas. 1950 übernahm er die Leitung der Caritas der Erzdiözese Wien. 1964 wurde er Präsident der Caritas Ö.s. Anläßlich der ungarischen Revolution 1956 haben er und seine Mitarbeiter Großes geleistet. Sein ganzes weiteres Leben galt den Bedürftigen, wo immer sie auch lebten. Der unbequeme Mahner, der manche Menschen durch seine Fragen nach der Verteilung der Güter auf der Erde provozierte, erwies sich als hochqualifizierter Manager des Helfens, der klare Prioritäten zu setzen wußte. Es war sein Ziel, Menschen in ihrer Selbstzufriedenheit aufzustören, sie durch seine progressiven Äußerungen zum Nachdenken zu veranlassen. Unter seiner Leitung wurde die Caritas zu einem »Koloß der Nächstenliebe«.

**Unger, Carl,** * 24. August 1915 in Olbramkostel/Wolframitzkirchen (Mähren), Maler und Graphiker.

U. war ein Wegbereiter der modernen Malerei in Ö. Er studierte 1935–1939 an der Akademie der bildenden Künste in Wien (Lehrer: Herbert → Boeckl) und erhielt in Paris, Rom und Florenz seine weitere Ausbildung. 1947 wurde er Assistent, 1950–1985 war er Prof. an der Hochschule für angewandte Kunst in Wien. Er war Mitglied des Art Club. Der Künstler unternahm europaweite Studienreisen und beschickte zahlreiche Ausstellungen in aller Welt (u. a. Biennalen in São Paulo und Venedig).

Sein Werk war zunächst vom Expressionismus geprägt, dann entwickelte sich U. zum abstrakten Maler. Seine flächenhaften, geometrischen Bilder bleiben generell einem räumlichen Geschehen verhaftet und sind durch einen ausgeprägten Farbsinn gekennzeichnet. Sein reiches technisches Können setzte er für verschiedenste Gestaltungen ein. Er schuf Bilder und Graphiken, Glasfenster, Glasmosaike und Holzintarsienwände. U. gestaltete u. a. die Decke des Neuen Festspielhauses in Salzburg.

*Lit.:* M. Wagner, U. Bilder, Zeichnungen (1982).

**Urbanner, Erich,** * 26. März 1936 in Innsbruck, Komponist.

U. studierte an der Wiener Musikakademie bei Karl → Schiske und Hanns → Jelinek, erhielt durch Hans → Swarowsky Unterricht im Dirigieren und bildete sich bei den Darmstädter Ferienkursen und bei Persönlichkeiten wie Karlheinz Stockhausen und Bruno Maderner weiter. Seit 1969 ist er als Lehrer für Komposition an der Wiener Musikhochschule tätig. In seinem kompositorischen Werk bedient sich U. konsequent der Zwölftonmusik und stand zunächst unter dem Einfluß Hindemiths und Strawinskys. Über eine serielle Periode fand er zu einem freien, ungebundenen Stil von unverkennbarer Eigenart. U. liebt Farben und Klänge und ist ein Anhänger pluralistischer Freiheit, jedoch nicht auf Kosten von geistiger Disziplin und Interpretationswillkür. Er ist einer der bedeutendsten österr. Komponisten der mittleren Generation.

*Werke:* »Der Gluckerich« (Burleske), »Serenade für Streichorchester«, »Symphonie in einem Satz«, Kammermusik und Klavierwerke.

**Uridil, Josef (Pepi),** * 24. Dezember 1895 in Wien, † 20. Mai 1962 in Wien, Fußballer.

U. war in der Zwischenkriegszeit einer der populärsten österr. Fußballspieler. Der Rapid-Stürmer wirbelte auf der Pfarrwiese in Hütteldorf die Gegner durcheinander und begeisterte die Massen durch sein direktes Spiel und seine Schußgewalt. U. war ein echter Volksliebling. Hermann → Leopoldi verewigte den Star ohne Starallüren in dem Schlager »Heute spielt der U.«, ein Stummfilm beschäftigte sich mit seinem Leben, eine Limonadenfirma und eine Bonbonfabrik boten Produkte mit seinem Namen an.

**Ursuleac, Viorica,** * 26. März 1899 in Czernowitz (Bukowina), † 22. Oktober 1985 in Ehrwald (T), Kammersängerin.

Die hervorragende Richard → Strauss-Interpretin, die bei den Uraufführungen von »Arabella«, »Friedenstag« und »Capriccio« mitwirkte, hatte an der Wiener Musikakademie und bei Lilly Lehmann in Berlin studiert. Die Sopranistin begann ihre große Karriere 1922 in Zagreb und kam über Frankfurt am Main und Dresden 1929 an die Wiener Staatsoper, deren Mitglied sie bis 1934 blieb, auch nach dem 2. Weltkrieg trat sie hier häufig auf. 1933–1945 wirkte sie in Berlin und München und war oftmaliger Gast bei den Salzburger Festspielen. Gastspiele in London, Mailand, Rom, Brüssel und in Südamerika machten die großartige Sängerin weltweit bekannt. U. war mit dem Dirigenten Clemens → Krauss verheiratet und lebte nach dessen Tod 1954 in Tirol.

*Lit.:* R. Schlötterer (Hg.), V. U. Singen für R. Strauss (1986).

**Urteil, Andreas,** * 19. Jänner 1933 in Gakovo (ehem. Jugoslawien), † 13. Juni 1963 in Wien, Bildhauer.

U. wurde deutschsprachig erzogen, kam 1945 nach Wien und besuchte hier nach einer Steinmetzlehre die Akademie der bildenden Künste, wo er ein Schüler Fritz → Wotrubas war und später als Dozent wirkte. U.s Thema war – wie das seines berühmten Lehrers – der Mensch, aber der Mensch in Aktion, vorwärtsschreitend, raumgewinnend, höherstrebend. Der geniale Bildhauer fand 1958 mit dem »Imaginären Reiter« zu seiner eigenen, eigenständigen Formsprache. Seine Plastiken in Holz, Stein und Metall haben etwas Balancierendes, expressiv Zerklüftetes, Ekstatisch-Flammendes und Gestikulatives an sich, eine aufbegehrende Leidenschaft. Antlitz, Rumpf und Gliedmaßen verwachsen miteinander zu einem Ganzen, das größer ist als seine Teile (»Lichtbringer«, 1961, »Ikarus«, 1963). Der früh verstorbene Künstler schuf auch Zeichnungen, Aquarelle und Radierungen, die die menschliche Figur zum Gegenstand haben und z. T. als Vorstudien zu seiner Bildhauerarbeit zu werten sind.

*Lit.:* O. Breicha, A. U. (1970).

# V

**Vancsa, Kurt,** * 11. April 1904 in Wien, Literarhistoriker.

Der Sohn des Historikers Max V. studierte in Wien. Nach Abschluß seiner Ausbildung wurde er Bibliothekar und leitete schließlich als Direktor die Bundesstaatliche Studienbibliothek in Linz. In seinen wissenschaftlichen Arbeiten widmete er sich v. a. der Literaturgeschichte des 19. Jh.s; gemeinsam mit Giebisch und Pichler editierte er das »Kleine österr. Literaturlexikon«. Er gab die »Schulakten Adalbert Stifters« (1955) und »Das Nibelungenlied« (1960) heraus.

*Werke:* »Neue österr. Dichtung« (1935), »F. Raimund« (1936), »Grillparzer-Bibliographie« (1937), »L. Anzengruber« (1940), »F. Grillparzer. Bild und Forschung« (1941), »Enrica Handel-Mazzetti« (1951).

**Vaugoin, Carl,** * 8. Juli 1873 in Wien, † 10. Juni 1949 in Krems, Offizier und Politiker.

Der Sohn eines Juweliers und Wiener Stadtrats wollte die Berufsoffizierslaufbahn einschlagen, wurde wegen Untauglichkeit jedoch außer Dienst gestellt und trat in den Dienst der nö. Landesregierung. Im 1. Weltkrieg leitete er, zuletzt im Rang eines Rittmeisters, Train-Werkstätten. Politisch wandte er sich der Christlichsozialen Partei zu. 1912–1920 hatte er im Wiener Gemeinderat ein Mandat inne, 1918–1920 war er auch Wiener Stadtrat, danach bis 1934 Abgeordneter zum Nationalrat. 1921–1933 war er (mit zwei kurzen Unterbrechungen) Heeresminister. Er exekutierte den klaren Auftrag der Christlichsozialen Partei, aus der sozialdemokratisch beeinflußten Volkswehr ein Heer zu formen, das eher den Christlichsozialen zur Verfügung stand. 1930 war er für wenige Monate Kanzler, konnte sich aber nicht profilieren. Im selben Jahr übernahm er die Obmannschaft der Christlichsozialen Partei, wobei er zu jenen gehörte, die die Etablierung des autoritären Kurses unterstützten. Wegen zahlloser Zwiste mit den Heimwehren schied er 1933 als Heeresminister aus dem Kabinett und legte auch die Obmannfunktion nieder. Bis 1936 war er dann Präsident der Verwaltungskommission der Österr. Bundesbahnen. 1938/39 wurde er von den Nationalsozialisten inhaftiert und bis 1943 zu einem Zwangsaufenthalt in Süddeutschland verhalten.

*Lit.:* L. Jedlicka, Ein Heer im Schatten der Parteien (1955); A. Staudinger, Bemühungen C. V.s um die Suprematie der Christlichsozialen Partei in Ö. 1930–1933 (phil. Diss. 1969).

**Veiter, Theodor,** * 22. September 1907 in München, Völkerrechtler.

Der aus einer Kärntner Künstlerfamilie stammende V. absolvierte das Jesuitengymnasium »Stella Matutina« in Feldkirch und studierte anschließend Jus in München und Wien. Daneben betrieb er Sprachstudien, betätigte sich aktiv in der katholischen und deutschen Studentenschaft und arbeitete als Sekretär der Christlichsozialen Bundesratsfraktion. Als Assistent von Prof. Hugelmann war er Mitherausgeber des Werkes »Das Nationalitätenrecht des alten Ö.« (1934). Nach Abschluß seiner Studien entfaltete V. eine vielfältige journalistische Tätigkeit, er wirkte bei der Amtlichen Nachrichtenstelle, als Nachrichtensprecher der RAVAG und als Pressesprecher für Unterrichtsminister → Pernter. Als prononcierter Katholik war er auch in zahlreichen kirchlichen Gremien tätig. Sehr früh interessierte er sich für Fragen des Volksgruppenrechts; 1936 erschien sein aufsehenerregendes Werk »Die slowenische Volksgruppe in Kärnten«. Obwohl dem deutsch-völkischen Katholizismus nahestehend, hatte V. in der NS-Zeit Schreibverbot. Er wich in eine wirtschaftliche Tätigkeit aus und schloß sich auch Widerstandsgruppen an. 1945 begann er in Vorarlberg eine Berufslaufbahn als Rechtsanwalt, gleichzeitig publizierte er auch in zahlreichen Zeitungen und Zeitschriften zu Fragen des Volksgruppenrechts und zu Minderheitenfragen. Als Herausgeber der einschlägigen Zeitschriften »Europa Ethnica« und »AWR-Bulletin« errang er einen internationalen Ruf als Experte für Menschenrechte, Minderheiten und Flüchtlinge. Als Honorarprof. für Staatslehre und Volksgruppenrechte lehrte er an den Universitäten Königstein (Taunus) und Innsbruck. V. ist Autor von zahlreichen wissenschaftlichen Werken und Aufsätzen.

*Weitere Werke:* »Nationale Autonomie« (1938), »Die Italiener in der österr.-ungarischen Monarchie« (1965), »Das Selbstbestimmungsrecht nach sowjetischer und westlicher Lehre« (1967), »Die Rechte der Volksgruppen und Sprachminderheiten in Ö.« (1970), »Nationalitätenkonflikt und Volksgruppenrecht im 20. Jh.« (1984), »Bibliographie zur Südtirolfrage« (2 Bde., 1984, 1991).

**Verdross-Drossberg, Alfred,** * 22. Februar 1890 in Innsbruck, † 27. April 1980 in Innsbruck, Völkerrechtler und Rechtsphilosoph.

Der Offizierssohn begann seine berufliche Laufbahn nach Studium und Militärdienst 1918 im k. u. k. Ministerium des Äußeren. 1924 schied er als stellvertretender Leiter der Völkerrechtsabteilung aus dem Ressort und lehrte als a. o. Prof. an der Wiener Universität. 1925 wurde er o. Prof. 1939 untersagten ihm die Nationalsozialisten die Lehrtätigkeit, was er zu vermehrter wissenschaftlicher Arbeit nutzte. Nach dem 2. Weltkrieg beteiligte er sich intensiv am Wiederaufbau der juridischen Fakultät. 1951–1953 hatte er das Rektorsamt inne, 1961 wurde er emeritiert. V., der ein reiches wissenschaftliches Œuvre hinterließ, gilt als Erneuerer der christlichen Völkerrechtslehre und als Be-

*Alfred Verdross-Drossberg*

gründer einer katholischen rechtsphilosophischen Schule. 1936–1945 und ab 1951 gab er die »Zeitschrift für öffentliches Recht« heraus. Seine wissenschaftliche Arbeit fand internationale Anerkennung. V. war Mitglied der Völkerrechtskommission der Vereinten Nationen, 1958 wurde er zum Richter am Europäischen Gerichtshof gewählt.

*Werke:* »Die Einheit des rechtlichen Weltbildes« (1923), »Die Verfassung der Völkerrechtsgemeinschaft« (1926), »Völkerrecht« (1937), »Grundlinien der antiken Rechts- und Staatsphilosophie« (1946), »Abendländische Rechtsphilosophie« (1958), »Die immerwährende Neutralität der Republik Ö.« (1958), »Die Quellen des universellen Völkerrechts« (1973).

*Lit.:* R. Marčić (Hg.), Internationale Festschrift für A. V.-D. (1971).

**Verosta, Stephan,** * 16. Oktober 1909 in Wien, Diplomat und Völkerrechtler.

Nach seinem Jusstudium begann V. eine Richterlaufbahn, wurde jedoch schon 1932 in die

Völkerrechtsabteilung des Außenministeriums berufen. Bis 1938 unterrichtete er auch an der Konsularakademie. 1938 wurde er aus politischen Gründen außer Dienst gestellt. 1945 beteiligte er sich am Wiederaufbau des auswärtigen Dienstes. 1946 habilitierte er sich an der Wiener Universität. Nach einem Auslandsposten (Budapest) wurde er 1953 zum Leiter der Völkerrechtsabteilung bestellt. In dieser Funktion nahm er wesentlichen Anteil an Formulierungen des Staatsvertrags; er vertrat die These, daß Ö. nur okkupiert, aber nicht annektiert wurde, und er setzte sich daher dafür ein, daß die aus der Moskauer Deklaration von 1943 stammende Mitverantwortungsklausel aus dem Staatsvertragstext gestrichen wurde. 1956–1961 war V. in Warschau, dann folgte er → Verdross auf dessen Lehrstuhl an der Wiener Universität nach. 1977–1981 war er österr. Mitglied der UN-Völkerrechtskommission. Nach seiner Emeritierung widmete er sich den Digesten des Völkerrechts in den Jahren 1859–1918.

*Werke:* »Die internationale Stellung Ö.s 1938–1947« (1947), »Johannes Chrysostomos« (1961), »Die dauernde Neutralität« (1967), »Theorie und Realität von Bündnissen« (1971), »Kollektivaktionen der Mächte des Europäischen Konzerts 1886–1914« (1988).

**Verzetnitsch, Fritz,** * 22. Mai 1945, Gewerkschafter.

Nach dem Schulbesuch absolvierte V. eine Lehre als Installateur und übte 1959–1970 diesen Beruf in einem kleinen Betrieb aus. Seit 1963 war er als Funktionär in der Gewerkschaft Metall, Bergbau und Energie (v. a. in der Jugendbewegung) tätig. 1970 wurde er hauptamtlicher Angestellter des ÖGB. Zunächst im Jugendreferat, wurde er 1973 Jugendsekretär. 1983 stieg er zum leitenden Sekretär auf. Als 1987 die Nachfolge Anton → Benyas geklärt werden mußte, einigte man sich auf V. als Kompromißkandidaten. Seine Wahl signalisierte einen Generationensprung innerhalb des ÖGB. Der besonnene Sachpolitiker, dessen Lieblingsforderung die allgemeine 35-Stunden-Woche ist, steht ganz in der Tradition der Sozialpartnerschaft. Seit 1986 hat er auch ein Mandat der SPÖ im Parlament inne. Lediglich wegen seines Penthouses am Dach eines gewerkschaftseigenen Gebäudes geriet er zuletzt ins Kreuzfeuer der Kritik.

**Vetters, Hermann,** *1. Juli 1915 in Wien, Archäologe.

Der Sohn des Geologen V., der wichtige österr. Rohölvorkommen entdeckt hatte, nahm schon 1935 als Schüler Rudolf → Eggers an Ausgrabungen auf dem Kärntner Ulrichsberg teil. Nach seiner Promotion 1939 arbeitete er – nur unterbrochen durch die Kriegszeit – am Österr. Archäologischen Institut. Nach dem 2. Weltkrieg beteiligte er sich an Ausgrabungen in Carnuntum, am Georgenberg (OÖ) und in Lauriacum. Von besonderer Bedeutung wurde seine Arbeit in Ephesos (Türkei) und am Magdalensberg (K), wo er bald Grabungsleiter wurde. 1969 habilitierte er sich an der Wiener Universität. Noch im selben Jahr erhielt er ein Ordinariat und wurde Direktor des Archäologischen Instituts. Bei zwei Grabungskampagnen am Salzburger Dom (1956–1959 und 1966/67) gelang es ihm, die Fundamente des Doms der Virgilzeit zu entdecken. Unter seiner Leitung erfolgte in Ephesos die Wiederherstellung der Celsus-Bibliothek und die Sicherung der sogen. Hanghäuser.

*Werke:* »Dacia ripensis« (1950), »Das Lageramphitheater von Carnuntum« (1953), »Die Domgrabungen in Salzburg« (1975), »Die Baugeschichte der Hanghäuser« (1977), »Führungen durch die Ausgrabungen auf dem Magdalensberg« (1978).

**Viehböck, Franz,** * 1960 in Wien, Astronaut.

Der promovierte Elektrotechniker und Assistent an der Wiener Technischen Universität meldete sich im März 1988, neben vielen anderen, zur Teilnahme am Austro-Mir-Projekt, einem gemeinsam mit der Sowjetunion gestarteten Raumfahrtprojekt, bei dem ein Österreicher mitfliegen und verschiedene Experimente durchführen sollte. Im Jänner 1989 fiel die Entscheidung: der trainierte Wasserballer durfte sich einem vielfältigen Ausbildungsprogramm, das auch Fallschirmspringen und das Ertragen des schwerelosen Zustandes umfaßte, unterziehen. Nach fast zwei Jahren Rußlandaufenthalt entschied V. die letzte Auswahl für sich und konnte an dem Weltraumflug teilnehmen. Gemeinsam mit seinem Kollegen aus dem Trainingsprogramm, dem Arzt Clemens Lothaller, veröffentlichte er das Buch »Austro Mir 91« (1991), das die Erlebnisse der beiden »Austronauten« schildert.

**Viertel, Berthold,** * 28. Juni 1885 in Wien, † 24. September 1953 in Wien, Schriftsteller, Dramaturg und Regisseur.

V. war in der Zwischen- und Nachkriegszeit eine der bedeutenden Persönlichkeiten der österr. Kulturszene. Der theaterbesessene Schriftsteller, der mit Karl → Kraus und Peter Altenberg bekannt war, veröffentlichte seine ersten Gedichte und Essays 1910/11 in der »Fakkel«. Er war Mitbegründer der »Wiener Volksbühne« (1911), führte Regie in Dresden und Berlin und wirkte 1928–1932 als Filmregisseur in Hollywood, dann in London. In Wien hat er nach dem 2. Weltkrieg u. a. am Burg- und Akademietheater neue Akzente gesetzt. Seine Inszenierungen von T. Williams' »Glasmenagerie« und »Endstation Sehnsucht« waren von absolutem Weltformat. V. machte das Wiener Theaterpublikum auch mit Rattigan, Cocteau, Anouilh und anderen modernen Dramatikern bekannt. Aufgrund seiner eigenen schriftstellerischen Tätigkeit und seiner intimen Kenntnis des Theaters war er wie kaum einer befähigt, das Werk eines Dichters zu vermitteln. V. war auch ein kritischer und kluger Essayist und trat als Übersetzer hervor (Euripides, Arthur Miller, Tennessee Williams).

*Berthold Viertel*

*Werke:* »Die Bahn« (Gedichte, 1921), »Gnadenbrot« (Roman, 1927), »Der Lebenslauf« (Gedichte, 1946).

*Lit.:* K. Kaiser (Hg.), B. V. Studienausgabe in 4 Bänden (Bd. 1: Die Überwindung des Übermenschen. Exilschriften, 1989).

**Vogel, Adolf August,** * 18. August 1897 in München, † 20. Dezember 1969 in Wien, Opernsänger.

V. wurde in München ausgebildet und gab 1923 am Stadttheater Klagenfurt als Daland im »Fliegenden Holländer« sein Debüt. Über Heilbronn, Karlsruhe und Leipzig kam der Bassist 1930 an die Münchener Staatsoper und 1937 an die Staatsoper in Wien, wo er mehr als 20 Jahre tätig war. V. wurde als hervorragender Interpret von Buffo-Rollen geschätzt. Ab 1940 war er neben seiner Tätigkeit als Sänger auch Prof. an der Wiener Musikakademie. Er gab zahlreiche Gastspiele in den Musikzentren der Welt, u. a. in London, Rom, Buenos Aires und in New York, wo er an der Metropolitan Opera als Alberich im »Siegfried« debütierte und 1937–1939 große Erfolge feierte.

**Vranitzky, Franz,** * 4. Oktober 1937 in Wien, Banker und Politiker.

Der Sohn eines Eisengießers studierte nach der Matura an der Wirtschaftsuniversität (Diplom: 1960). Während seiner Studienzeit spielte der hervorragende Basketballer mehrmals im österr. Nationalteam. Danach war V. in der Privatwirtschaft tätig, wechselte aber bald in die volkswirtschaftliche Abteilung der Nationalbank. 1969 promovierte er und trat 1970 ins Finanzministerium ein, das unter der Leitung von Hannes → Androsch stand. 1976 wurde er zum Vorsitzenden-Stellvertreter der Creditanstalt-Bankverein bestellt, 1981 in gleicher Funktion in die Österr. Länderbank geholt, wo er schnell zum Vorstandsvorsitzenden avancierte. 1984–1986 war er Finanzminister im Kabinett → Sinowatz. Nach Sinowatz' Rücktritt wurde er 1986 Bundeskanzler, 1988 auch Parteivorsitzender der SPÖ. Der Technokrat, dem eher das Image eines Bankers denn eines Politikers anhaftete, setzte sich insoferne von der Politik seiner Vorgänger ab, als er einer gesünderen Budgetpolitik gegenüber einer Arbeitsplatzerhaltung um jeden Preis den Vorzug gab.

# W

**Waechter, Eberhard,** * 8. Juli 1929 in Wien, † 29. März 1992 in Wien, Kammersänger und Operndirektor.

W., Ehrenmitglied der Wiener Staatsoper, leitete 1991/92 gemeinsam mit dem Sänger- und Bühnenagenten Joan Holender die Geschicke des Hauses. Daneben war er seit 1987 überaus erfolgreicher Direktor der Volksoper. W. wollte ursprünglich Dirigent werden. Er studierte an der Wiener Musikakademie Klavier und Musiktheorie und ab 1950 Gesang bei E. Radò. 1953 debütierte er an der Wiener Volksoper als Silvio in Leoncavallos »Bajazzo«. Es folgte der Valentin in Gounods »Margarethe«, mit dem er bei Kritik und Publikum sogleich Eindruck machte. 1955 wurde W. Mitglied der Wiener Staatsoper. Eine steile Karriere führte den Bariton an alle berühmten Opernhäuser der Welt und zu den großen Festspielen. Kraft seiner vollen, geschmeidigen Stimme, seiner eleganten Gesangstechnik und seiner großen sängerischen Intelligenz beherrschte W. ein breites Rollenfach, das von Mozart über Verdi und Puccini bis zu Wagner reichte und auch die moderne Oper mit einschloß (Danton in → Einems »Dantons Tod«). Zu seinen Glanzpartien gehörten der Don Giovanni, Graf Almaviva in »Die Hochzeit des Figaro«, Renato in »Der Maskenball«, Graf Luna in »Troubadour«, Scarpia in »Tosca«, Amfortas in »Parsifal« und Wolfram in »Tannhäuser«. Er war auch als Konzert- und Liedsänger erfolgreich und bekundete früh sein Interesse für die Operette und das Musical.

**Wagener, Hilde,** * 26. September 1904 in Hannover (Deutschland), Kammerschauspielerin.

Die Salondame des Burgtheaters kam früh nach Wien, wo sie zunächst mit A. Bassermann an den »Geyer-Bühnen« auftrat. Ab 1924 spielte sie am Burgtheater und eroberte als Puck und als Julia, als Annie in Molnárs »Spiel im Schloß« und Eliza in Shaws »Pygmalion« einen Platz im Ensemble. In den 30er Jahren avancierte sie zum Filmstar (u. a. »Brennendes Geheimnis« mit Willi → Forst, 1933). Im Theater beherrschte sie mit ihren großen Rollen – von Hedda Gabler über Anna Karenina und der Jüdin von Toledo bis zur Mutter Wolffen in Hauptmanns »Biberpelz« – das Repertoire. Während der NS-Zeit mit Berufsverbot belegt, kehrte die leidenschaftliche Schauspielerin nach 1945 zur Bühne zurück. Insgesamt hat sie mehr als 190 Rollen im klassischen Fach und in der Unterhaltungskomödie verkörpert. Ihr ganzes Leben lang war sie auch sozial engagiert. So organisierte sie nach dem 2. Weltkrieg eine Patenaktion für hungernde Wiener Kinder, rief 1949 die Aktion »Künstler helfen Künstlern« ins Leben und initiierte die Errichtung eines Altersheims für Künstler in Baden bei Wien, das ihren Namen trägt.

**Waggerl, Karl Heinrich,** * 10. Dezember 1897 in Badgastein (S), † 4. November 1973 in Wagrain (S), Schriftsteller.

Der Sohn eines Zimmermanns wuchs in ärmlichen Verhältnissen auf. Er besuchte ein Lehrerseminar, war im 1. Weltkrieg Offizier und lebte nach kurzer Unterrichtstätigkeit ab 1920 als freier Schriftsteller in Wagrain. In seinen Erzählungen, Romanen und Gedichten beschreibt W. humoristisch das ihm vertraute Dorf- und Bauernmilieu und die kleinen Freuden des Daseins. Aus seinem umfangreichen Gesamtwerk sind der

Erstlingsroman »Brot« (1930), das »Wagrainer Tagebuch« (1936), die Lyriksammlung »Heiteres Herbarium« (1950) und der besinnliche Erzählband »Und es begab sich ...« (1953) hervorzuheben.

*Weitere Werke:* »Das Jahr des Herrn« (1933), »Fröhliche Armut« (1948), »Die Kunst des Müßiggangs« (1959).

*Lit.:* G. Schinke, K. H. W. (1985).

**Wagner, Leopold,** * 4. 12. 1927 Klagenfurt, Lehrer und Politiker.

W., der während des Dritten Reichs HJ-Führer war, erlernte den Beruf eines Hauptschullehrers. Politisch wurde er in der Kärntner Sozialistischen Partei aktiv. 1965 übernahm er das Amt des Landesparteisekretärs, ein Jahr später erfolgte seine Delegierung in den Bundesrat. 1970 wurde er in die Kärntner Landesregierung nominiert. 1974 erfolgte seine Wahl zum Landeshauptmann, nachdem ihn seine Partei ein Jahr zuvor zum Landesobmann erkoren hatte. W. gelang es, die unter → Sima aufgeheizte Stimmung im Lande wegen der Slowenenfrage wieder zu beruhigen. Er profilierte sich als Anhänger des Regionalismus; auf seine Initiative geht die Gründung der Alpen-Adria-Arbeitsgemeinschaft zurück. Im Oktober 1987 wurde er bei einem Attentat durch zwei Schüsse schwer verletzt. Danach zog er sich völlig aus der Politik zurück.

**Wagner-Jauregg, Julius von,** * 7. März 1857 in Wels (OÖ), † 27. September 1940 in Wien, Psychiater.

Der Sohn eines Finanzbeamten absolvierte sein Medizinstudium in Wien (Promotion: 1880). Er entschied sich schon in jungen Jahren für die Psychiatrie, habilitierte sich und ging 1889 als a. o. Prof. nach Graz. Schon 1893 wurde er o. Univ.-Prof. und Vorstand der I. Psychiatrischen Klinik in Wien, wo er bis zu seiner Emeritierung 1928 wirkte. Hinter diesen Stationen einer brillanten akademischen Karriere verbirgt sich ein arbeitsreiches Leben im Dienste der Wissenschaft und der Menschen. Der große Arzt entwickelte nach intensiven Studien die Malaria-Therapie zur Behandlung der progressiven Paralyse, eine medizinische Leistung, für die er 1927 mit dem Nobelpreis ausgezeichnet wurde. Weitere bedeutende Leistungen waren seine Behandlung von Schilddrüsenerkrankungen durch jodiertes Kochsalz und sein Eintreten für geistig erkrankte Menschen; für deren Einweisung in geschlossene Anstalten schuf er Bestimmungen, die in Ö. sehr früh zum Schutz des Staatsbürgers vor willkürlicher Anhaltung führten. Er erhielt dafür das Ehrendoktorat der Rechtswissenschaften. W.-J. war trotz der vielen Verpflichtungen, die auf ihm lasteten, keineswegs ein weltfremder Gelehrter. Bis ins hohe Alter blieb er ein begeisterter Bergsteiger, im Stemmen hielt er eine Zeitlang den Weltrekord. 1950 veröffentlichte Leopold → Schönbauer seine Lebenserinnerungen.

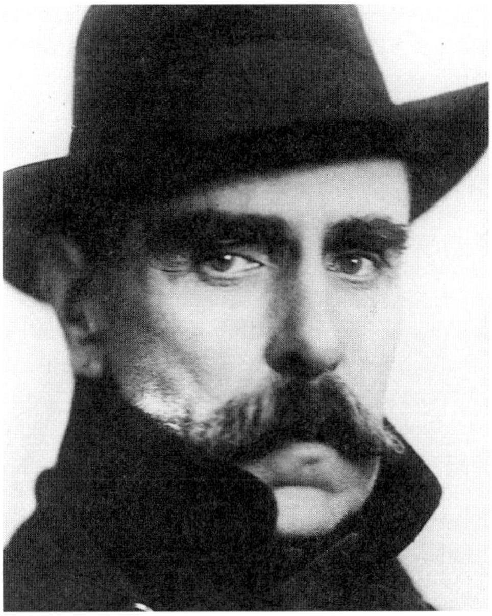

*Julius Wagner-Jauregg*

*Werke:* »Myxödem und Kretinismus« (1912), »Verhütung und Behandlung progressiver Paralyse durch Impfmalaria« (1931).

**Wagner-Rieger, Renate,** * 10. Jänner 1921 in Wien, † 11. Dezember 1980 in Wien, Kunsthistorikerin.

Nach Studium und Habilitation lehrte W.-R. ab 1964 als a. o. Prof. für Kunstgeschichte in Wien. 1971 wurde sie Ordinaria. Ihre Spezialgebiete waren Kunstgeschichte des Mittelalters und der Moderne, wobei sie sich besonders den Wiener Künstlern widmete. Von herausragender Bedeutung ist ihr Engagement für die Erforschung der Geschichte der Wiener Ringstraße; so initiierte sie mit Hilfe der Thyssen-Stiftung ein großangelegtes Forschungsprojekt, das zu einer Neubewertung dieser Epoche der Wiener Baugeschichte beigetragen hat. Außerdem gab sie zu diesem Thema eine Buchreihe heraus, deren Band 1, »Das Kunstwerk im Bild« (1969), sie verfaßte. W.-R. kämpfte auch sehr engagiert für die Erhaltung des Wiener Stadtbilds. Neben zahlreichen wissenschaftlichen Aufsätzen arbeitete sie an Lehrbüchern zur österr. Geschichte mit.

*Werke:* »Die italienische Baukunst zu Beginn der Gotik« (2 Bde., 1956/57), »Das Wiener Bürgerhaus des Barock und des Klassizismus« (1957), »Reclams Kunstführer Ö.s« (2 Bde., 1961/62), »Das Schloß zu Spittal an der Drau in Kärnten« (1962), »Wiens Architektur im 19. Jh.« (1970).

**Wahle, Richard,** * 14. Februar 1857 in Wien, † 21. Oktober 1935 in Wien, Philosoph.

Nach umfangreichen medizinischen, juridischen und philosophischen Studien an der Universität Wien (Dr. phil) widmete sich W. der reinen Philosophie. Bald erhielt er einen Lehrstuhl für Philosophie und Pädagogik an der Universität Czernowitz, wo er bis zu seiner Pensionierung 1917 lehrte. Danach lebte er als Pivatdozent und Privatgelehrter in Wien. Der Anhänger des Positivismus verfaßte eine Reihe philosophischer Arbeiten.

*Werke:* »Gehirn und Bewußtsein« (1884), »Das Ganze der Philosophie und ihr Ende« (1894), »Über den Mechanismus des geistigen Lebens« (1906), »Die Tragikomödie der Weisheit« (1915), »Entstehung der Charaktere« (1928), »Grundlagen einer neuen Psychiatrie« (1931), »Fröhliches Register der paraphilosophischen Wahrheiten« (1934).

**Waitz, Sigismund,** * 29. Mai 1864 in Brixen (Südtirol), † 30. Oktober 1941 in Salzburg, Erzbischof.

1886 zum Priester geweiht, lehrte W. ab 1899 am bischöflichen Priesterseminar in Brixen. 1913 wurde er Weihbischof von Brixen und Generalvikar für Vorarlberg, 1925 Administrator und 1934 Bischof der Apostolischen Administratur Innsbruck-Feldkirch sowie Erzbischof von Salzburg. Innerhalb der Bischofskonferenz war W. für soziale Fragen zuständig. Sein Hirtenbrief »Lehren und Weisungen der österr. Bischöfe über soziale Fragen der Gegenwart« (1925) wurde zum Wegbereiter der päpstlichen Enzyklika »Quadragesimo anno«, die sich grundsätzlich mit sozialen Fragen auseinandersetzt. Als Gegner des Nationalsozialismus fiel es W. nach 1938 zunehmend schwerer, sein Amt zu versehen.

*Werke:* »Christus und die Kranken« (1899), »Brixen 901–1901« (1901), »Hauptfragen der christlichen Gesellschaftswissenschaft« (1910), »Paulus« (6 Bde., 1931–1938), »Der heiligste Dienst« (1933).

**Waldbrunn, Ernst,** * 14. August 1907 in Český Krumlov/Krumau (Böhmen), † 22. Dezember 1977 in Wien, Schauspieler und Kabarettist.

Der Sohn eines höheren Beamten studierte vorerst Jus und trat, ohne jemals eine Schauspielschule absolviert zu haben, zum ersten Mal in Mährisch-Ostrau auf, wo er 1938 den aus Wien geflüchteten Karl → Farkas kennenlernte. Daraus wurde im »Simpl« der Nachkriegszeit eine Künstlergemeinschaft. Die legendären Doppelconférencen der beiden überragenden Kabarettisten fanden auf der Bühne, im Rundfunk und im Fernsehen ungeheuren Anklang. W. entwickelte dabei eine charakteristische, von seinem berühmten Stottern geprägte Komik, mit der er

*Ernst Waldbrunn*

auch in zahlreichen Filmen erfolgreich war. Zudem stellte der große Komiker und Charakterdarsteller am Theater in der Josefstadt und an anderen Wiener Bühnen seine großen schauspielerischen Qualitäten unter Beweis. Er war auch schriftstellerisch tätig.

*Werke:* »Das hat kein Goethe g'schrieben« (1957).

**Waldbrunner, Karl,** * 25. November 1906 in Wien, † 5. Juni 1980 in Wien, Elektrotechniker und Politiker.

Nach dem Studium an der Technischen Hochschule, wo er sich für den Kraftwerksbau spezialisierte, ging W. 1930–1937 als Ingenieur in die Sowjetunion. Danach wurde er leitender Ingenieur in einer großen Stahlfirma in Ö. 1945 kandidierte er als Abgeordneter für die SPÖ und war gleichzeitig Unterstaatssekretär für Handel und Gewerbe. Nach wenigen Monaten wechselte er als Staatssekretär in das Ministerium für Vermögenssicherung und Wirtschaftsplanung. Eine Berufung als österr. Gesandter in Moskau war nur von kurzer Dauer: Einerseits wollte W. sein Regierungsamt behalten, andrerseits sah er seine Bemühungen, die österr. Kriegsgefangenen beschleunigt nach Hause zu bringen, für gescheitert an. 1949–1956 amtierte er als Bundesminister für Verkehr und verstaatlichte Betriebe (von der Presse »Königreich W.« genannt). 1956 übernahm er das Ressort für Verkehr und Elektrizitätswirtschaft, wobei er sich vehement für die Elektrifizierung der Österr. Bundesbahnen einsetzte. 1962–1970 war er Zweiter, 1970/71 Erster Nationalratspräsident. Ab 1972 wirkte er als Vizepräsident der Oesterr. Nationalbank. W., »Gewissen der SPÖ« genannt, war auch Zentralsekretär seiner Partei sowie Obmann des BSA (Bund Sozialistischer Akademiker).

**Walde, Alfons,** * 8. Februar 1891 in Oberndorf (T), † 11. Dezember 1958 in Kitzbühel (T), Maler und Architekt.

Der Sohn eines Volksschullehrers malte bereits in der Realschule in Innsbruck seine ersten Aquarelle und Temperabilder. Während seines Studiums an der Technischen Hochschule in Wien (1910–1914) lernte er das Werk Egon Schieles und Gustav Klimts kennen und erhielt für sein frühes Schaffen richtungweisende Impulse. Nach seinem Kriegseinsatz im 1. Weltkrieg kehrte er nach Tirol zurück. W. malte Porträts, u. a. von seinen Freunden → Petzold und → Ambrosi, doch wurde er besonders durch seine farbschönen, eindrucksvollen Bergbauern- und Landschaftsbilder bekannt, die auf zahlreichen Ausstellungen im In- und Ausland (u. a. 1925 auf der Biennale Romana in Rom) Anerkennung fanden und heute begehrte Sammlerobjekte sind. Außerdem schuf W. 1920–1938 Plakate von internationalem Rang. Als Architekt führte er den Umbau des Schlosses Mittersill (S) durch, erbaute mehrere Landhäuser und projektierte die Tal- und die Bergstation der Hahnenkammbahn in Kitzbühel.

**Waldeck, Heinrich Suso (eigtl. Augustin Popp),** * 3. Oktober 1873 in Wscherau bei Pilsen (Böhmen), † 4. September 1943 in St. Veit im Mühlkreis (OÖ), Priester und Dichter.

Der Sohn eines Oberlehrers war zunächst Bankbeamter in Dresden, dann Redakteur in Wien, ehe er 1895 in das Redemptoristenkloster in Eggenburg (NÖ) eintrat. 1900 wurde er zum Priester geweiht. Er wirkte als Seelsorger in NÖ., der Steiermark und in der Kirche Maria am Gestade in Wien sowie als Religionslehrer. Als Autor verfaßte er zahlreiche Gedichte, Balladen und Lieder sowie einen Roman und ein Märchen. Sein Werk weist neben expressionistischen Zügen einen zutiefst religiösen Mystizismus auf.

*Werke:* »Die Antlitzgedichte« (1927), »Die milde Stunde« (Gedichte, 1933), »Lumpen und Liebende« (Roman, 1930), »Hildemichel« (Märchen, 1933).

**Waldheim, Kurt,** * 21. Dezember 1918 in St. Andrä-Wördern (NÖ), Diplomat und Politiker.

W. war der umstrittenste österr. Bundespräsident seit 1945. Wie die meisten seiner Vorgänger aus bescheidenen Verhältnissen stammend, absolvierte er bis 1939 die Konsularakademie und rückte bei Kriegsbeginn zur deutschen Wehrmacht ein. Er war zunächst in Frankreich im Einsatz, später in Rußland, wo er 1941 verwundet wurde. Danach frontdienstuntauglich, war er 1942/43 als Dolmetsch auf dem Balkan und in Griechenland stationiert. 1944 promovierte er nach mehreren Studienurlauben in Wien zum Dr. juris. Nach Kriegsende begann W. seine diplomatische Laufbahn, die ihn u. a. nach Paris (1948–1951), Kanada (1956–1960) und als Botschafter bei den Vereinten Nationen nach New York führte (1964–1968, 1970/71). 1968–1970 war er Außenminister. 1971 unterlag er als ÖVP-Kandidat in der Bundespräsidentenwahl Franz → Jonas. 1971–1981 wirkte W. als Generalsekretär der UNO. Als er sich 1986 abermals als ÖVP-Kandidat um das Amt des Bundespräsidenten bewarb, geriet er wegen seiner Kriegsvergangenheit (man warf ihm Beteiligung an Kriegsverbrechen und eine NS-Vergangenheit vor) ins Kreuzfeuer der Kritik. Trotzdem besiegte er in einer Stichwahl seinen Gegenkandidaten Kurt → Steyrer und wurde zum Bundespräsidenten angelobt. Eine internationale Historikerkommission konnte ihm keine unmittelbare Beteiligung an Kriegsverbrechen nachweisen, doch blieb W. während seiner gesamten Amtszeit international isoliert. Sein größter Erfolg als Bundespräsident war die Heimholung der österr. Geiseln aus dem Irak während des Golfkonflikts im August 1990.

*Werke:* »Im Glaspalast der Weltpolitik« (1985), »Im Zentrum des Sturms« (1986).

**Waldinger, Ernst,** * 16. Oktober 1896 in Wien, † 1. Februar 1970 in New York, Lyriker.

W. meldete sich nach der Matura freiwillig zum Kriegsdienst, wurde schwer verwundet und studierte danach Germanistik, Geschichte und Kunstgeschichte an der Universität Wien. Nach seiner Promotion arbeitete er in einer Fachbuchhandlung. Er schloß Freundschaft mit Theodor → Kramer und Josef → Weinheber und veröffentlichte 1934 seinen ersten Gedichtband »Die Kuppel«, in dem er formstreng die Natur und die Klassiker besang. Er liebte v. a. Hölderlin, Lenau und Claudius. 1938 emigrierte der Sohn einer orthodoxen jüdischen Familie in die USA. Dem biographischen Bruch folgte auch ein literarischer. Aus dem Klassizisten wurde ein politischer Lyriker (»Die kühlen Bauernstuben«, 1946, »Zwischen Hudson und Donau«, 1958), der sich in seinen weiterhin formstrengen Versen nach der Heimat sehnte. W., der ab 1947 als Prof. in Saratoga Springs lehrte, kam nur mehr besuchsweise nach Ö. zurück.

*Lit.:* K.-M. Gauß (Hg.), E. W., »Noch vor dem jüngsten Tag«. Ausgewählte Gedichte und Essays (1990).

**Walheim, Alfred,** * 5. November 1874 in Sopron/Ödenburg (Ungarn), † 21. Dezember 1945 in Wien, Germanist und Politiker.

Nach einem Germanistikstudium in Wien (Promotion: 1898) lehrte W. 1901–1921 als Gymnasiallehrer in Kremsier und Wien. Ab

1919 war er aktiv im Verein zur Erhaltung des Deutschtums in Ungarn tätig. Zunächst Mitbegründer der Großdeutschen Volkspartei im Burgenland, betrieb er eine Fusion dieser Partei mit dem »Landbund«. Als Landbündler wurde er zweimal, nämlich 1923/24 und 1931–1934, zum Landeshauptmann des Burgenlandes gewählt. 1924/25 hatte er ein Bundesratsmandat inne. Auf ihn geht die Namensprägung für das neue Bundesland Burgenland zurück; der neue Name entstand aus den 4 ungarischen Komitaten Ödenburg, Eisenburg, Preßburg und Wieselburg. W., der »Die Wiener Meerfahrt« 1922 aus dem Mittelhochdeutschen übertrug, war auch als Literat tätig.

**Wallack, Franz Friedrich,** * 24. August 1887 in Wien, † 31. Oktober 1966 in St. Johann im Pongau (S), Techniker und Straßenbauingenieur.

Nach dem Studium an der Wiener Technischen Hochschule etablierte sich W. als Ziviltechniker. Bereits 1924 begann er sich mit der Planung der Großglockner-Hochalpenstraße zu befassen, wobei seine Route auf einer bereits 1889 geplanten Eisenbahntrasse basierte. Die Überquerung der Hochalpen über den Paß beim Hochtor folgte aber auch einer alten Händlerstraße, die bis in vorchristliche Zeit zurückzuverfolgen ist. Einst war dieses Gebiet ja reich an Goldvorkommen. Im Salzburger Landeshauptmann → Rehrl fand W. einen lebhaften Förderer seines Projekts. Als in den 30er Jahren die Arbeitslosigkeit dem Höhepunkt zustrebte, wurde sein Projekt als Mittel zur Arbeitsbeschaffung – 3 200 Menschen fanden dabei Arbeit – realisiert. Die 1930–1935 zwischen Fusch (S) und Heiligenblut (K) erbaute Straße, die eine Höchststeigung von 11 Prozent aufweist, wurde zu einer touristischen Attraktion (1936 kamen bereits 146 000 Besucher) und zu einem Magnet für den Motorsport. Auch die Ö.-Rundfahrt der Radler führt oft über die Glocknerstraße. W. plante außerdem den Bau des Mühldorfer Kraftwerks, die Seilschwebebahn auf die Kanzel und in Obervellach. Er erstellte auch ein Projekt für eine Tauernstraße, 1949 erschien sein Erinnerungswerk »Die Großglockner-Hochalpenstraße«.

**Wallisch, Koloman,** * 28. Februar 1889 in Lugos (Banat), † 19. Februar 1934 (hingerichtet) in Leoben (St), Politiker.

Der Sohn eines Zimmermanns erlernte das Maurerhandwerk und wanderte als Geselle durch Ö. und Deutschland. Als überzeugter Sozialdemokrat arbeitete er in der Bauarbeitergewerkschaft mit. Da er sich als begabter Organisator und Propangandist erwies, wurde er Parteiangestellter in Szegedin. 1910 kam er als Soldat nach Triest, wo er nach seiner Militärzeit als Baupolier blieb. Wieder in der Gewerkschaft aktiv, organisierte er einen Streik, weswegen er mit seiner Frau nach Ungarn zurückkehren mußte. Nach dem 1. Weltkrieg hatte er unter der Regierung Karolyi und dann während des Béla-Kun-Regimes hohe Funktionen inne. 1919 mußte er daher über Jugoslawien nach Ö. fliehen; er ließ sich schließlich in Bruck an der Mur (St) nieder, wo er Parteisekretär der Sozialdemokraten wurde. Als Mitglied des Landtages und Mitorganisator des Republikanischen Schutzbundes in der Steiermark befleißigte er sich einer radikalen Sprache, die ihn zum Hauptgegner des konservativen Lagers werden ließ. Nachdem er gegen den → Pfrimer-Putsch 1931 Maßnahmen unternommen hatte, wurde der inzwischen zum Landesparteisekretär avancierte W. der bestgehaßte Mann des Landes. Als er im Februar 1934 die Aussichtslosigkeit eines Putsches erkannte und fliehen wollte, wurde er als Putschteilnehmer verhaftet und in einem Standgerichtsverfahren erbarmungslos zum Tode verurteilt.

*Lit.:* P. Keri, Soldat der Revolution (1934); P. Wallisch, Ein Held stirbt (1946); K. Soos, K. W. und die ungarische Räterepublik, in: Bewegung und Klasse (1978).

**Wallmann, Margarethe,** * 22. Juni 1904 in Wien, † 2. Mai 1992 in Monaco, Choreographin und Opernregisseurin.

W. war die erste Frau, die sich im internationalen Opernbetrieb als Regisseurin durchsetzte. Bereits als Kind an der Hofoper als Tänzerin tätig, studierte sie klassischen Tanz in Wien und Berlin sowie Ausdruckstanz bei Mary Wigman in Dresden. 1931–1939 arbeitete sie als Choreographin bei den Salzburger Festspielen und emigrierte dann über die USA nach Argentinien, wo das Teatro Colon in Buenos Aires für lange Zeit ihre künstlerische Heimat wurde. Nach dem Krieg begann ihre große internationale Karriere als Opernregisseurin. Sie wirkte an allen bedeutenden Opernhäusern der Welt, an denen sie mit ihren eher konservativen, werkgetreuen Inszenierungen große Erfolge feierte. Sie begleitete den künstlerischen Weg der Maria Callas. In Wien inszenierte W., die von Herbert von → Karajan sehr geschätzt wurde, u. a. »Don Carlos«, »Die Macht des Schicksals«, »Mord in der Kathedrale« und »Turandot«. Ihre »Tosca« wird an der Staatsoper noch heute gespielt.

**Wallner, Leo,** * 4. November 1935 in Amstetten (NÖ), Manager.

Der Sohn eines Holzexporteurs studierte Wirtschaftswissenschaften in Wien (Promotion: 1961). Er war als Student Mitglied des CV und 1957–1960 Vorsitzender der Österr. Hochschülerschaft, wobei sein sozialistisches Pendant Hannes → Androsch war. Nach Auslandspraktika arbeitete W. bis 1966 am Institut für angewandte Sozial- und Wirtschaftsforschung. Gleichzeitig engagierte ihn der spätere Kanzler → Klaus ab 1964 als Wirtschaftsberater. 1967 wurde W. Geschäftsführer der Österr. volkswirtschaftlichen Gesellschaft. 1968 übernahm er als Generaldirektor die noch in den roten Zahlen steckende Casino Austria AG. Er sanierte dieses staatliche Unternehmen durch eine großartige Expansion am heimischen Markt, aber auch durch Export von Know-how und durch Beteiligungen an ausländischen Casinos. Er schloß Verträge mit Reedereien und betreibt höchst erfolgreich Casinos auf Kreuzfahrtschiffen. Der wirtschaftliche Erfolg erlaubt ihm ein breites Sponsoring in den Bereichen Umwelt, Jugend, Kultur und Sport. Seit 1990 ist W. auch Chef des Österr. Olympischen Komitees.

**Wallnöfer, Eduard,** * 11. Dezember 1913 in Schluderns (Südtirol), † 15. März 1989 in Innsbruck, Landwirt und Politiker.

Der Bauernbub, dessen Vater im 1. Weltkrieg fiel, absolvierte die Agrarschule Imst. Selbst immer auch Bauer, arbeitete er als Sekretär der Landwirtschaftskammer, wurde 1949 Tiroler Landtagsabgeordneter und gleichzeitig Mitglied der Landesregierung. 1963 avancierte er zum Landesparteiobmann der ÖVP und zum Tiroler Landeshauptmann; beide Funktionen legte er erst 1987 zurück. Die politische Patriarchenfigur hat sich um den wirtschaftlichen Aufbau Tirols nach dem 2. Weltkrieg größte Verdienste erworben. W. sorgte für neue Verkehrswege, für die Ankurbelung des Fremdenverkehrs und den Ausbau der Kraftwerke. Erst in den letzten Jahren wurden seine Großprojekte zunehmend kritisiert; v. a. sein Eintreten für den Atomstrom stieß auf Gegnerschaft. W., den ein sehr gutes Verhältnis mit Bruno → Kreisky verband – beide waren unbestrittene Führerpersönlichkeiten ihrer Parteien –, kämpfte unermüdlich in gemeinsamer Anstrengung mit Silvius Magnago für die Erfüllung des Südtirolpakets. Das politische Naturtalent W., das von großem Mißtrauen gegen Akademiker beseelt war, hielt nicht viel von Plebisziten und direkter Demokratie. Der Europäischen Gemeinschaft stand der Agrarier eher kritisch gegenüber.

**Walter, Bruno (eigtl. Bruno W. Schlesinger),** * 15. September 1876 in Berlin, † 17. Februar 1962 in Beverly Hills (USA), Dirigent und Komponist.

Dem großen Dirigenten, der in Berlin studierte und in Köln debütierte, haben Wien und die Staatsoper zeitlebens viel bedeutet. W. kam durch Direktor Gustav Mahler 1901 an die Wiener Hofoper. 1911 dirigierte er hier die Uraufführungen von Mahlers 9. Symphonie und des

*Bruno Walter*

»Lieds von der Erde«. 1913 ging er nach München, dann nach Berlin und Leipzig, doch blieb Wien stets ein Zentrum seiner Arbeit. 1936–1938 war er künstlerischer Direktor der Wiener Staatsoper, nachdem er Deutschland 1933 wegen seiner jüdischen Herkunft hatte verlassen müssen. 1938 wurde er auch aus Ö. vertrieben (er ging nach Frankreich, dann in die USA), kehrte aber nach dem Krieg immer wieder zurück. 1948 dirigierte er in Wien die 2. Symphonie Mahlers, 1949 wirkte er bei den Salzburger Festspielen, die er schon in den 20er und 30er Jahren wesentlich mitgestaltet hatte. Seinen letzten Auftritt in der Öffentlichkeit absolvierte der 84jährige 1960 mit den Wiener Philharmonikern.

W. war ein begnadeter Dirigent, der menschliche Größe mit Liebe und Leidenschaft zur Musik zu verbinden wußte. Er betätigte sich auch als Komponist (er schuf zwei Symphonien, Lieder und kammermusikalische Werke) und als Musikschriftsteller.

*Werke:* »G. Mahler« (1936), »Thema und Variationen« (Autobiographie, 1947), »Von der Musik und vom Musizieren« (1957).

*Lit.:* A. Holde, B. W. (1960).

**Wandruszka, Adam,** * 6. August 1914 in Lwow/ Lemberg (Galizien), Journalist und Historiker.

Der Offizierssohn studierte in Wien Geschichte und Kunstgeschichte, wobei v. a. der deutschnationale Historiker → Srbik großen Einfluß auf ihn ausübte. Erfahrungen im 2. Weltkrieg und Kriegsgefangenschaft in Amerika (1943–1945) veranlaßten seine Abkehr von deutschnationalen Ideen. Nach dem Krieg war W. zunächst als Journalist für »Die Furche« und »Die Presse« tätig. 1955 habilitierte er sich in Wien, 1959 wurde er Univ.-Prof. für Mittlere und Neuere Geschichte in Köln. 1969 kehrte er als Nachfolger von → Lhotsky auf den Lehrstuhl für Österr. Geschichte nach Ö. zurück. Er emeritierte 1984.

Großes Verdienst erwarb sich W. durch die Initiierung des Dialogs zwischen österr. und italienischen Historikern. Seine Forschungen umfassen den gesamten Bereich der neuzeitlichen Geschichte; er legte Standardwerke zur Geschichte der Habsburger sowie der Ersten Republik vor. Er war jahrelang auch Herausgeber der »Österr. Hochschulzeitung« und edierte u. a. das große Standardwerk zur Geschichte der Doppelmonarchie nach 1867, das von der Akademie der Wissenschaften herausgegeben wird.

*Werke:* »Nuntiaturberichte aus Deutschland« (1935), »Ö.s politische Struktur« (1954), »Reichspatriotismus und Reichspolitik zur Zeit des Prager Friedens von 1635« (1955), »Das Haus Habsburg« (1956), »Geschichte einer Zeitung« (1958), »Ö. und Italien im 18. Jh.« (1963), »Leopold II.« (1963–1965), »Schicksalsjahr 1866« (1966), »Ö. und Italien« (mit S. Furlani, 1973).

**Weber, Johann,** * 26. April 1927 in St. Veit bei Graz (St), kath. Bischof.

Nach dem Studium in Graz wurde der Sohn eines Gendarmen 1950 zum Priester geweiht. Als Arbeiterpriester war er 1950–1953 in Kapfenberg und dann bis 1956 im steirischen Kohlenrevier in Köflach tätig. Vor seiner Berufung zum Diözesanbischof von Graz-Seckau 1969 war W. in Wien bei der Katholischen Arbeiterjugend tätig. Der glänzend und medienwirksam formulierende Geistliche ist Sprecher der Bischofskonferenz. Als Priester von hoher Dialogbereitschaft wandte er sich gegen Tendenzen, katholische Journalisten zu zensurieren.

**Weber, Ludwig,** * 29. Juli 1899 in Wien, † 9. Dezember 1974 in Wien, Kammersänger.

W., der eigentlich Lehrer hatte werden wollen, war einer der letzten großen Baß-Helden der Wiener Staatsoper. Er absolvierte sein Gesangsstudium in Wien bei Alfred Boruttau, wirkte 1920–1925 an der Wiener Volksoper, dann an deutschen Opernhäusern und kehrte nach Kriegsende nach Wien zurück, wo seine Karriere ihren Höhepunkt erreichte. Er sang ab 1946 an der Staatsoper alle großen Rollen seines Faches, von Boris Godunow bis Baron Ochs, von Mozarts Osmin bis zum Färber Barak in R. → Strauss' »Die Frau ohne Schatten«. W. war auch ein geschätzter Wagner-Interpret. Sein Gurnemanz bei den Bayreuther Festspielen und sein Daland im »Fliegenden Holländer« sind legendär geworden. Er war auch als Oratorien- und Liedsänger sehr geschätzt. Ab 1961 lehrte er als Prof. am Salzburger Mozarteum.

**Webern, Anton von,** * 3. Dezember 1883 in Wien, † 15. September 1945 in Mittersill (S), Komponist.

Der Sohn eines Bergbauingenieurs kam nach seiner Gymnasialzeit in Klagenfurt mit seinen Eltern nach Wien. Er studierte Musikwissenschaft und schloß sich dem Kreis um Arnold → Schönberg an, dessen Schüler er wurde. 1908–1938 übte W. verschiedenste Tätigkeiten aus: Er war Theaterkapellmeister (1908–1913), Leiter des Mödlinger Männergesangsvereins und Dirigent des Wiener Schubertbundes (1921–1926), Leiter der »Arbeiter-Sinfoniekonzerte« (1923–1934), Dirigent und Sachwalter der Neuen Musik bei der RAVAG (ab 1930). Außerdem gab er Privatstunden und Dirigentengastspiele im Ausland.

*Anton Webern*

Sein Werdegang als Komponist begann, ähnlich wie der seines Lehrers und Freundes Schönberg, als Spätromantiker. W. gelangte über die freie Atonalität zu Schönbergs Methode der Zwölftontechnik, der er in höchstmöglicher Verdichtung eine persönliche Tonsprache verlieh. Sein Werk – Lieder, Chor- und Orchesterwerke sowie Kammermusik – fand zu seinen Lebzeiten kaum Beachtung. Heute jedoch gilt W. als einer der bedeutendsten Komponisten unserer Zeit und als Wegbereiter der seriellen und der elektronischen Musik.

*Werke:* Dokumente – Bekenntnisse – Erkenntnisse – Analysen (1955).

*Lit.:* D. Rexroth (Hg.), Das Opus A. W.s (1984).

**Weber-Tyrol, Hans Josef,** * 31. Oktober 1874 in Schwaz (T), † 14. Juli 1957 in Eppan (Südtirol), Maler.

W.-T. besuchte die Kunstgewerbeschule in Innsbruck und beschäftigte sich anschließend in

Wien mit der Theatermalerei. Nach dem Besuch der Kunstakademie in München (1894–1896) wandte er sich der Landschaftsmalerei zu (mit Motiven aus Tirol und Südtirol), wobei Licht und Bewegung die Determinanten seines Schaffens waren. Darüber hinaus umfaßt sein Werk Porträts und Tierbilder sowie Plakate. 1933 gründete er die Tiroler Künstlervereinigung »Der Neue Bund«, die bis 1938 existierte.

**Weber, Wilhelm,** * 3. Juni 1916 in Wien, Nationalökonom und Finanzwissenschaftler.

W. studierte in Wien und lehrte 1963–1986 als Ordinarius an der Wiener Universität. Der Nationalökonom, der aus der Tradition der Österr. Grenznutzenschule kommt, wirkte auch als Direktor des Forschungsinstituts für das Genossenschaftswesen. Der vielfach ausgezeichnete Forscher war auch mehrmals Dekan der sozial- und wirtschaftswissenschaftlichen Fakultät.

*Werke:* »Wirtschaftswissenschaft und Wirtschaftspolitik in Ö.« (1949), »Wirtschaftswissenschaft von heute« (1953), »Theorie und Politik der Beschäftigung« (1954), »Ö.s Energiewirtschaft« (1957), »Ö.s Wirtschaftsstruktur gestern – heute – morgen« (1961), »Die Verstaatlichung in Ö.« (1964).

**Wechner, Bruno,** * 1. Juli 1908 in Götzis (V), kath. Bischof.

W., der 1933 zum Priester geweiht wurde, absolvierte ein philosophisches und ein Kirchenrechtsstudium in Rom. Bereits 1939 zog ihn Bischof → Rusch als engen Mitarbeiter heran. 1955 wurde er Generalvikar und Weihbischof von Vorarlberg, 1968 mit der Erhebung Vorarlbergs zur Diözese erster Diözesanbischof im Lande. Bis zu seiner Resignation 1989 war W. in der Bischofskonferenz Referent für Ehe- und Familienfragen.

**Weck, Peter,** * 12. August 1930 in Wien, Kammerschauspieler, Regisseur und Theaterdirektor.

Zunächst Wiener Sängerknabe, studierte W. an der Musikakademie und absolvierte dann das Reinhardt-Seminar. Sein Bühnendebüt gab er 1953 in Klagenfurt, ging dann nach Berlin (Kurfürstendamm), von wo er an das Wiener Theater in der Josefstadt kam. Hier trat er, zumeist in Erfolgsstücken, an der Nebenbühne »Kammerspiele« auf. Zweimal war er am Burgtheater engagiert, dann arbeitete er in München, Hamburg und Zürich. Zu W.s Paraderollen zählten der Stani in »Der Schwierige« und der Bleichenwang in »Was ihr wollt«.

Sehr populär wurde W. mit Rollen in mehr als 100 Filmen (u. a. »Bruder Martin«, »Der Kardinal«, »Singing Angels«, »Mariandl«, »Sissi«) sowie als Hauptfigur zahlreicher Fernsehserien (»Ich heirate eine Familie«, »Wenn der Vater mit dem Sohne«). 1983 übernahm der sympathische Charmeur, der am liebsten Regie führt, die Direktion des Theaters an der Wien, 1987 auch – in einem Musiktheaterverband – das Raimundtheater und das Ronacher (bis Ende 1992). Unter den Musicals, die der äußerst erfolgreiche Intendant bislang präsentierte, sind Publikumshits wie »Cats«, »A Chorus Line«, »Das Phantom der Oper«, »Les Misérables« und »Freudiana«.

**Wedenig, Ferdinand,** * 10. Mai 1896 in Gurnitz (K), † 11. November 1975 in Klagenfurt, Verlagsdirektor und Politiker.

Der gelernte kaufmännische Angestellte nahm am 1. Weltkrieg und an den anschließenden Abwehrkämpfen in Kärnten teil. Er trat der Sozialdemokratischen Partei bei und wirkte in den 30er Jahren als Bezirkssekretär in Völkermarkt (K). 1934 sowie 1944/45 (KZ Dachau) war er in politischer Haft. 1945 erlangte er ein Nationalratsmandat und übernahm auch einen Sitz in der Kärntner Landesregierung. Innerhalb seiner Partei setzte er sich sehr dafür ein, den minderbelasteten Nationalsozialisten möglichst rasch in der SPÖ ein politisches Betätigungsfeld zu eröffnen. 1947 wurde W. zum Kärntner Landeshauptmann gewählt. Seine Amtszeit bis 1965 fällt mit dem wirtschaftlichen Wiederaufbau des Landes zusammen.

**Wegener, Alfred,** * 1. November 1880 in Berlin, † Ende November 1930 in Grönland, Geophysiker und Polarforscher.

Der evangelische Pfarrerssohn studierte in Heidelberg, Berlin und Innsbruck. Galten seine Interessen zunächst der Meteorologie, so wandte er sich später der Geophysik und der Polarforschung zu. 1908 ging er als Privatdozent nach Marburg, im selben Jahr unternahm er seine erste Grönlandexpedition. Nach einer weiteren Expedition 1911 trug er 1912 bei einem Kongreß in Frankfurt seine Hypothese von der Kontinentaldrift, d. h. dem Auseinanderdriften der Kontinente Afrika und Südamerika, vor. Seine Hypothese stieß auf heftigen Widerspruch in der Gelehrtenwelt, heute ist sie längst durch moderne Forschungsergebnisse bestätigt. 1919 wurde W. Abteilungsleiter bei der Deutschen Seewarte in Hamburg. 1924 folgte er einem Ruf an die Grazer Lehrkanzel für Meteorologie und Geophysik. 1929 und 1930 unternahm er noch weitere zwei Grönlandexpeditionen, die der Messung seismischer Eisdicke und der Sammlung von Klimadaten dienen sollten. Bei der letzten Expedition wurde er von einem verfrühten Wintereinbruch überrascht, seine Leiche wurde erst im nächsten Jahr gefunden. Sein Begleiter, der wahrscheinlich das Expeditionstagebuch an sich genommen hatte, blieb verschollen.

*Werke:* »Die Entstehung der Kontinente und Ozeane« (1915), »Mit Motorboot und Schlitten in Grönland« (1930).

*Lit.:* K. Wegener, Wissenschaftliche Ergebnisse der deutschen Grönlandexpedition (1933–1940); J. Georgi, Im Eis vergraben (1933); M. Schwarzenbach, A. W. und die Drift der Kontinente (1980).

**Wegscheider, Rudolf,** * 18. Oktober 1858 in Nagybecskerek (Banat), † 8. Jänner 1935 in Wien, Chemiker.

Der Sohn eines Oberlandesgerichtsrats studierte in Wien Chemie (Promotion: 1882). Nach Praxisjahren in einer Fabrik in Heilbronn habilitierte er sich 1891. 1902–1931 lehrte er als o. Univ.-Prof. für Chemie in Wien, wo er als Präsident des »Vereins österr. Chemiker« (1904–1929) die Erbauung des Chemischen Instituts initiierte. Er veröffentlichte zahlreiche wissenschaftliche Arbeiten, wobei er sich besonders für die Weiterentwicklung der chemischen Reaktionsfähigkeit interessierte. W., der Mitglied der Wiener, Münchner und Göttinger Akademie der Wissenschaften war, gilt als Wegbereiter der physikalischen Chemie.

**Wehle, Peter,** * 9. Mai 1914 in Wien, † 18. Mai 1986 in Wien, Musiker, Komponist, Textdichter und Kabarettist.

Der leidenschaftliche Wiener war einer der liebenswertesten Kabarettisten und gebildetsten Komiker dieser Stadt. Der Sohn eines Rechtsanwalts besuchte das Schottengymnasium, studierte auf Wunsch des Vaters Jus und später auch Germanistik. In beiden Fächern promovierte er. Seine private musikalische Ausbildung in Klavier und Violine leitete Dr. Richard Ehrmann. Da-

*Peter Wehle*

nach zog W. die Kleinkunst der Wissenschaft vor. Er gründete 1946 gemeinsam mit Gunther → Philipp in Salzburg das Kabarett »Die kleinen Vier« und prägte in den 60er Jahren mit G. → Bronner und H. → Qualtinger den Stil des neuen »Wiener Cabarets«. Mit Bronner bildete er ein Duo, das mit Bühnenauftritten, Fernsehsendungen und der satirischen Hörfunkserie »Der Gugelhupf« populär wurde. W., ein außerordentlich fleißiger und produktiver Künstler, schrieb auch Schlagertexte, so für Peter → Alexander (»Eine Lederhose hat keine Bügelfalten«) und Gus Backus (»Da sprach der alte Häuptling der Indianer«), musikalische Komödien (u. a. »Klimbim« mit Karl → Farkas, 1947), Chansons, Wienerlieder (»Steh auf, liebes Wien«) sowie Bücher, darunter seine Autobiographie »Der lachende Zweite«.

*Werke:* »Die Wiener Gaunersprache« (1977), »Sprechen Sie Wienerisch?« (1980), »Singen Sie Wienerisch?« (1986).

**Weibel, Peter,** * 5. März 1945 in Odessa (Ukraine), Kunsttheoretiker und Medienkünstler.

W. studierte Medizin und Logistik. In den 60er Jahren war er eine zentrale Persönlichkeit der Wiener Avantgarde-Bewegungen. Er beschäftigte sich mit Körpersprache und mit konzeptueller Fotografie, 1969–1972 entwickelte er in einer Reihe von Arbeiten die ausgebildete Formalisierung der Videosprache und dann seine Video-Installationen. Sein zentrales künstlerisches Anliegen ist der Brückenschlag vom Kunstwerk zur gesellschaftlichen Umwelt. W. arbeitet interdisziplinär und intermedial und hat durch seine grenzüberschreitenden Aktivitäten einen wichtigen Beitrag zur Evolution der Gegenwartskunst geleistet. Nach Gastprofessuren in Deutschland, Kanada und den USA wurde er 1981 Prof. an der Hochschule für angewandte Kunst in Wien.

*Werke:* »Kritik der Kunst – Kunst der Kritik« (1973), »Digitale Kunst« (1984), »Grenzkunst« (1985).

**Weidinger, Hermann Josef (eigtl. Heinrich Anton),** * 16. Jänner 1918 in Riegersburg (NÖ), kath. Pfarrer und Heilkräuterspezialist.

Der Waldviertler Bauernsohn ging 1938 als Missionar nach China, wo er das Buchdruckerhandwerk erlernte. Nach einer Malariaerkrankung kehrte er nach Ö. zurück, trat in das Kloster Geras (NÖ) ein und nahm den Namen Hermann Josef an. Als Pfarrer von Hardt (NÖ) übernahm er von seinem Vorgänger auch die Beschäftigung mit Kräutern. Mittlerweile beschäftigt der »Verein der Freunde der Heilkräuter« mehr als 30 Mitarbeiter. Pfarrer W. hält Hunderte von Vorträgen und tritt in TV-Sendungen auf. Außerdem verfaßt er einschlägige Bücher.

*Werke:* »Ich bin eine Ringelblume« (1983), »Köstliche Früchte« (1983), »Heilkräuter« (2 Bde., 1983/84), »Sprich mit deiner Haut« (1986), »Guter Morgentip vom Kräuterpfarrer« (2 Bde., 1988), »Laßt mich vom Leben reden« (1990), »Augenblicke« (1992).

**Weidinger, Josef (Joschi),** * 25. April 1923 in Wien, Boxer.

W. gelang es als einzigem Österreicher, im Boxschwergewicht in die Weltelite aufzusteigen. Nach dem 2. Weltkrieg errang er den dritten Platz in der Weltrangliste und gewann 1950 im Wiener Stadion vor 50 000 Zuschauern nach einem Punktesieg über den Franzosen Olek den Europameistertitel. Kaum ein Jahr später mußte der sympathische, intelligente Sportler den Titel allerdings wieder abgeben.

**Weigel, Hans,** * 29. Mai 1908 in Wien, † 12. August 1991 in Maria Enzersdorf (NÖ), Schriftsteller, Kritiker und Übersetzer.

Der Sohn eines Fabriksdirektors aus Böhmen absolvierte in Wien das Akademische Gymnasium und begann in Hamburg und Berlin ein Jusstudium. 1928 kehrte er jedoch nach Wien zurück und arbeitete im Zsolnay-Verlag. 1931

*Hans Weigel*

ging er für ein Jahr nach Paris, wo er zu schreiben begann. Zurück in Wien, verfaßte er Kabarettnummern für Wiener Kleinkunstbühnen (»Stachelbeere«, »Lieber Augustin«, »Literatur am Naschmarkt«) und schuf Chansontexte, u. a. für R. → Benatzkys musikalisches Lustspiel »Axel an der Himmelstür«. 1938 mußte W. emigrieren und ging in die Schweiz. Er war dort als Verlagslektor tätig und bearbeitete Nestroy- und Goldoni-Stücke für das Theater. Sein großer Roman gegen Diktatur und Totalitarismus, »Der grüne Stern«, entstand 1945.

Nach Kriegsende kehrte W. nach Ö. zurück, betätigte sich publizistisch und machte sich als Förderer junger Autoren, (»Stimmen der Gegenwart«, Anthologien, 1951–1954), und als gefürchteter Theaterkritiker einen Namen. Bekannt wurde er auch als Nestroy-Bearbeiter und Übersetzer des Gesamtwerkes von Molière. Ab 1961 widmete sich der Nonkonformist intensiv seiner eigenen schriftstellerischen Tätigkeit und veröffentlichte zahlreiche Bücher und Essaybände, in denen er sich kritisch mit Ö., dem Wesen der Österreicher und Sprechmoden auseinandersetzte. Auch seinem Nahverhältnis zur Musik gab er literarischen Ausdruck (»Apropos Musik«, 1965, »Das kleine Walzerbuch«, 1965, »Das Buch der Wiener Philharmoniker«, 1967). W. gilt als einer der prominentesten Vertreter der österr. Nachkriegsliteratur.

*Werke:* »O du mein Österreich« (1956), »Flucht vor der Größe« (1960), »Tirol für Anfänger« (1964), »Die Leiden der jungen Wörter« (1974), »Man kann nicht ruhig darüber reden« (1986), »Die 1 000 Todsünden« (1988), »Das Scheuklappensyndrom« (1990).

**Weihs, Oskar,** * 19. April 1911 in Wien, † 7. Februar 1978 in Wien, Techniker und Politiker.

Nach dem Studium der Agrarwirtschaft und Nationalökonomie war W. am Bakteriologischen Institut in Mödling tätig. Im 2. Weltkrieg rückte er als Luftwaffenleutnant ein. 1946 wurde er stellvertretender Kammeramtsdirektor der Grazer Arbeiterkammer. 1959 kandidierte der überzeugte Sozialist für den Nationalrat. 1970–1976 hatte er im Kabinett → Kreisky das Landwirtschaftsressort inne, wobei er sich besonders der Bergbauernfrage annahm.

**Weikl, Bernd,** * 29. Juli 1942 in Wien, Sänger.

In Wien aufgewachsen, zog W. 1952 mit der Familie nach Mainz. Neben einem Studium der Volkswirtschaft nahm er Gesangsunterricht und besuchte ab 1965 die Musikhochschule in Hannover. 1968 feierte er sein Debüt am Opernhaus Hannover als Ottokar im »Freischütz«. 1970–1973 sang er an der Deutschen Oper am Rhein in Düsseldorf-Duisburg, 1972 trat er zum ersten Mal in Bayreuth (als Wolfram im »Tannhäuser«) und bei den Salzburger Oster-Festspielen auf. Seither hat der Starbariton an allen großen Opernhäusern der Welt glanzvolle Gastspiele gegeben, darunter auch an der Wiener Staatsoper (u. a. als Agamemnon in Glucks »Iphigénie en Aulide« und als Amonasro in »Aida«). W. beherrscht ein breites Repertoire, das von den »Meistersingern« über zahlreiche Rollen in französischer, italienischer und russischer Sprache bis zur »Fledermaus« reicht. Seine Lieblings- und Schicksalsrolle ist der Hans Sachs, doch will der große, disziplinierte Sänger nicht einseitig als Wagner-Spezialist gelten.

**Weiler, Max,** * 27. August 1910 in Absam (T), Maler und Graphiker.

Der Sohn eines Richters studierte an der Akademie der bildenden Künste in Wien, an der er 1965–1980 als Prof. wirkte. Der international renommierte Künstler wurzelt in der katholischen »Neuland«-Bewegung und vertrat nach dem 2. Weltkrieg einen religiösen Expressionismus. Von Ludwig → Ficker gefördert, wandte er sich dann einer gegenständlich abstrahierenden Malerei zu und schuf nach einer tachistischen Phase abstrakte Landschaftsbilder, die jedoch einen assoziativen Bezug zur Natur haben. W.s Malerei zeigt den Menschen, falls überhaupt, versteinert-bewegungslos und ohne Antlitz – Abbild einer gestörten Beziehung zum Menschen und zur Menschengestalt, wie W. selbst einmal einbekannt hat. Sein Schaffen gilt nicht der schwungvollen informellen Gestik, sondern der meditativen Weltsuche, einer Wesensschau, die seinem Inneren entspringt. W.s Œuvre ist umfangreich und umfaßt Landschaften, Stilleben, Porträts, Sgraffiti, Mosaike und Glasmalereien. Unter den bedeutenden sakralen Werken sind Fresken in der Theresienkirche auf der Hungerburg oberhalb von Innsbruck und in der Friedenskirche in Linz-Urfahr, die wegen ihrer Neuartigkeit einen Skandal auslösten.

*Max Weiler*

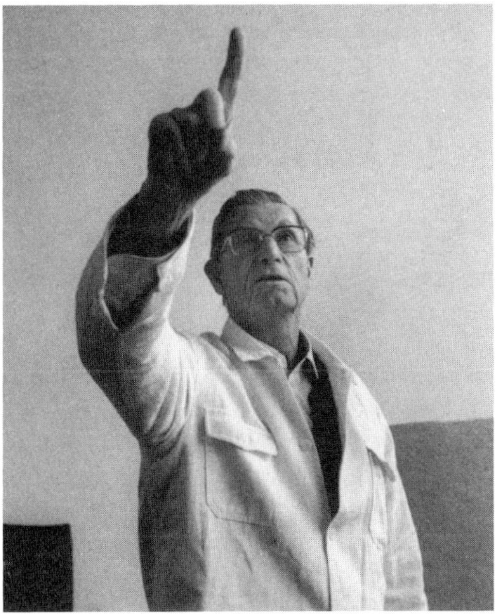

*Lit.:* P. Weiermair (Hg.), Über M. W. (1980).

**Weinbacher, Jakob,** * 20. Dezember 1901 in Wien, † 15. Juni 1985 in Wien, kath. Bischof.

Nach dem Studium der Theologie in Wien wurde W. 1924 zum Priester geweiht. Er studierte Kirchenrecht in Rom und wurde dann Sekretär von Kardinal → Innitzer. Im Oktober 1938 beim Sturm der Hitler-Jugend auf das Erzbischöfliche Palais wurde er durch einen Sturz aus dem Fenster schwer verletzt. Er mußte Wien verlassen und wurde nach Mecklenburg verbannt. 1945 kehrte er nach Wien zurück und wurde sofort Domkapitular von St. Stephan. Bis 1950 leitete er die Caritas. 1950–1952 stand er dem Kardinal als Generalvikar zur Seite, dann wurde er bis 1961 zum Rektor der Anima, dem deutschsprachigen Priesterkolleg, in Rom bestellt. 1961–1969 wirkte er wieder als Generalvikar in Wien, 1962 wurde er auch zum Weihbischof bestellt. Als Präsident der Katholischen Akademie und Großprior des Ordens vom Hl. Grab hatte er bis 1977, bis zu seinem Rückzug von allen Aktivitäten, einen wesentlichen Einfluß auf das kirchliche Leben in Wien.

**Weinberger, Alois (Lois),** * 22. Juni 1902 in Železnà Ruda/Markt Eisenstein (Böhmen), † 17. März 1961 in Wien, Politiker.

Der Sohn einer Tischlerfamilie studierte nach der Matura als Werkstudent Staats- und Wirtschaftswissenschaften in Wien. Er engagierte sich im Katholischen Hochschulring und in der

»Neuland«-Bewegung. 1929 begann er als Sekretär im Zentralverband der christlichen Angestellten zu arbeiten, wo er in engeren Kontakt mit → Kunschak kam. 1934 übernahm er im Rahmen der ständestaatlichen Einheitsgewerkschaft die Obmannstelle der Angestellten in den Geld-, Kredit- und Versicherungsinstituten. Bis 1938 gehörte er auch dem Bundeswirtschaftsrat und dem Führerrat der »Vaterländischen Front« an. 1938 wurde er aus allen Funktionen entfernt. Er fand eine Anstellung in der Ostmark-Versicherungs AG, in der er eine Widerstandszelle aufbaute, die Kontakte zu → Hurdes, → Lugmayer und zu sozialistischen Widerstandsgruppen hielt. 1944 wurde er verhaftet und ins KZ Mauthausen gebracht. Im April 1945 wurde er im Wiener Landesgericht aus dem Gefängnis befreit. W. gehörte zu den Mitbegründern der ÖVP und des ÖAAB. Im ersten Kabinett → Renner war er Unterstaatssekretär für soziale Verwaltung, nach den Wahlen wurde er zum Bundesminister im Bundeskanzleramt ernannt. 1946–1959 war er Stadtrat und Vizebürgermeister in Wien. Seine Erinnerungen erschienen 1948 unter dem Titel »Tatsachen, Begegnungen, Gespräche«.

**Weingartner, Felix Paul (Edler von Münzberg),** * 2. Juni 1863 in Zara (Dalmatien), † 7. Mai 1942 in Winterthur (Schweiz), Dirigent und Komponist.

W. entstammte einer österr. Diplomatenfamilie. Nach Studien in Graz und Leipzig gelang dem jungen Musiker ein früher Erfolg: In Weimar ermöglichte Franz Liszt 1884 die Uraufführung seiner ersten Oper, »Sakuntala«. In der Folge schuf W. weitere Opern (u. a. »Kain und Abel«) sowie Kammer- und Klaviermusik, Chöre und 7 Symphonien, die jedoch heute weitgehend vergessen sind.

Berühmt und unvergessen ist W. als Dirigent. Er begann seine Karriere 1884 als Kapellmeister in Königsberg, wurde 1889 Hofkapellmeister in Mannheim und 1891 in Berlin. 1908 übernahm er nach dem Abgang Gustav Mahlers für drei Jahre die Direktion der Wiener Hofoper. Bis 1927 war er Chef der Wiener Philharmoniker, deren Weltruhm er begründete. Er wirkte 1935/36 noch einmal als Musikdirektor der Wiener Staatsoper, ehe er sich zu dauerndem Aufenthalt und vordringlichem Wirken in der Schweiz niederließ.

*Werke:* »Über das Dirigieren« (1896), »Die Symphonie nach Beethoven« (1898, 1926), »Lebenserinnerungen (2 Bde., 1923–1929).

*Lit.:* W. Jacob, F. von W. (mit Werksverzeichnis, 1933).

**Weingartner, Josef,** * 10. Februar 1885 in Dölsach (T), † 11. Mai 1957 in Meran (Südtirol), Kunsthistoriker und Heimatforscher.

W., der 1907 zum Priester geweiht wurde, studierte in Wien bei Max Dvorak Kunstgeschichte. 1912 wurde er am Denkmalamt in Innsbruck angestellt. 1920 war er kurz Generalkonservator in Wien. Ein Jahr später wurde ihm die Innsbrucker Propstei und Stadtpfarre übertragen. Ab 1947 lehrte er auch an der Innsbrucker Universität Kunstgeschichte. W. hat sich große Verdienste um die Aufarbeitung der Tiroler Kunstdenkmäler erworben.

*Werke:* »Die Kirchen Innsbrucks« (1921), »Bozener Burgen« (1922), »Die Kunstdenkmäler Südtirols« (4 Bde., 1923–1930), »Gilg Sesselschreiber« (1947), »Gotische Wandmalereien in Südtirol« (1948), »Meran und das Burggrafenamt« (1956).

**Weinheber, Josef,** * 9. März 1892 in Wien, † 8. April 1945 (Selbstmord) in Kirchstetten (NÖ), Lyriker.

Der uneheliche Sohn eines Metzgers und Viehhändlers wuchs nach dem frühen Tod des Vaters (1901) in einem Waisenhaus in Mödling auf. Er mußte das Gymnasialstudium frühzeitig abbrechen, bildete sich autodidaktisch weiter und trat 1911 in den Postdienst ein. Ab 1932 lebte er als freier Schriftsteller. Mit seiner Dichtkunst wollte er in einer Zeit zunehmenden

*Josef Weinheber*

Sprachverfalls Hüter und Bewahrer der Sprache sein. Die Spannweite seiner Lyrik reicht formal vom Hymnus über Ode, Sonett und Elegie bis zur volkstümlichen Mundartdichtung, vom Trunken-Erhabenen bis zum Schlichten, Hauchzarten einer Stimmung. Schon seine ersten Gedichtbände, »Der einsame Mensch« (1920) und »Von beiden Ufern« (1923), fanden Beachtung, seinen Durchbruch zu literarischer Anerkennung erzielte er aber erst mit »Adel und Untergang« (1934) und »Späte Krone« (1936), worin der Lyriker seine Form- und Sprachkunst voll zur Entfaltung brachte. Zur selben Zeit erschienen der Dialektband »Wien wörtlich« (1935) und das erbauliche Kalenderbuch »O Mensch, gib acht« (1937). In seinem Roman »Das Waisenhaus« (1924) schrieb sich der Dichter seine triste Jugend von der Seele. W., der sich dem Nationalsozialismus verbunden fühlte und sich erst spät davon distanzierte, war in der NS-Ära ein gefeierter Paradeliterat.

*Lit.:* F. Feldner, J. W. (1965).

**Weinzierl, Erika,** * 6. Juni 1925 in Wien, Historikerin.

W. studierte in Wien Geschichte und Kunstgeschichte (Promotion: 1948) und trat in das Haus-, Hof- und Staatsarchiv ein. 1964 ging sie nach Salzburg, wo sie Leiterin des Instituts für kirchliche Zeitgeschichte und 1969 Ordinaria wurde. 1979 folgte die engagierte Katholikin einem Ruf nach Wien auf den Lehrstuhl für Zeitgeschichte. Als Historikerin beschäftigt sie sich v. a. mit Kirchengeschichte, der Widerstandsbewegung und dem Antisemitismus in Ö. Seit 1973 ist sie Herausgeberin der Zeitschrift »Zeitgeschichte«. Gemeinsam mit → Skalnik gab sie zwei doppelbändige Werke zur Geschichte der Ersten (1983) und der Zweiten Republik (1972) heraus.

*Werke:* »Geschichte des Benediktinerklosters in Millstatt in Kärnten« (1951), »Die österr. Konkordate von 1855 und 1933« (1961), »Zuwenig Gerechte« (1969), »Emanzipation?« (1975), »Die österr. Bundeskanzler« (Hg. mit F. Weissensteiner, 1983).

**Weinzierl, Kurt,** * 15. April 1931 in Innsbruck (T), Schauspieler.

Die künstlerischen Stationen des Tiroler Schauspielers sind vielfältig: St. Pölten (1951–1953), Klagenfurt (bis 1957), Salzburg (1957–1960 sowie 1962–1964), Nürnberg (1960–1962), Braunschweig (1964–1967), Wuppertaler Bühnen (bis 1971), Münchner Kammerspiele (bis 1976) und Ensemblemitglied der Münchner »Lach- und Schießgesellschaft« (bis 1981). Daneben gastierte er am Wiener Josefstädter Theater und an den Städtischen Bühnen in Frankfurt am Main. W., der ursprünglich kaufmännischer Lehrling war, ehe er sich fürs Theater entschied, lebt seit 1981 als freier Schauspieler und ist künstlerischer Leiter der »Tiroler Volksschauspiele« in Hall (T). Der vielseitige Künstler hat zahlreiche komische Rollen verkörpert (u. a. Zettel im »Sommernachtstraum«, Narr in »Was ihr wollt«). Er ging mit »Der Herr Karl – Lebenserinnerungen« auf Tournee, wirkte in zahlreichen Filmen und TV-Serien mit (»Die fünfte

Jahreszeit«, »Kottan ermittelt«) und trat mit einer eigenen Personality-Show auf (»Besondere Merkmale«). Bekannt für sein kabarettistisches Talent, bewies er jedoch oftmals seine Wandlungsfähigkeit, so in der Titelrolle des TV-Films »Der Fall Jägerstätter« und in vielen Theaterstücken.

**Weissenhofer, J. Anselm,** * 19. August 1883 in Ybbsitz (NÖ), † 14. Jänner 1961 in Wien, Kunsthistoriker.

Nach Besuch des Seitenstettner Stiftsgymnasiums trat W. in den Benediktinerorden ein und wurde 1908 zum Priester geweiht. In Wien studierte er Theologie und Kunstgeschichte bei Max Dvorak (Dr. phil.: 1919). 1923 habilitierte er sich für kirchliche Kunst, ein Jahr später wurde er Dozent an der Kunstgewerbeschule. 1924–1930 betreute er als Schriftleiter die Zeitschrift »Kirchenkunst«, gleichzeitig war er als Kustos der Gemäldegalerie des Schottenstifts tätig. Ausgedehnte Studienreisen führten ihn durch ganz Europa. 1933–1938 wirkte er auch als Prediger in der Burgkapelle. 1940 wurde er zum Leiter des Diözesanmuseums bestellt. 1947 übernahm er einen Lehrauftrag an der Akademie der bildenden Künste. W. beschäftigte sich v. a. mit Wiener Stadtansichten und Kunstwerken aus dem Wiener Bereich.

*Werke:* »Die ältesten Ansichten der Stadt Wien« (1923), »Der Stephansdom und die Wiener« (1945), »Wiener Madonnen« (1946), »Liturgie und Kunst« (1948).

**Weixlgärtner, Arpad,** * 6. April 1872 in Wien, † 2. Februar 1961 in Göteborg (Schweden), Kunsthistoriker.

Nach einem Kunstgeschichtestudium in Wien begann W. seine Berufslaufbahn 1901 am Kupferstichkabinett der Hofbibliothek. Ab 1906 wirkte er am Kunsthistorischen Museum, zunächst in der Sammlung für Plastik und Kunstgewerbe, später in der Gemäldegalerie. Er gehörte zu jenen Kunsthistorikern, die nach dem 1. Weltkrieg die österr. Kunstschätze gegen die Ansprüche der Ententestaaten verteidigten. Er war Direktor der Gemäldegalerie (1931–1934) sowie der Schatzkammer (1931–1938), wo er eine Neuaufstellung der Bestände vornahm. Nach dem 2. Weltkrieg leitete er 1945/46 die Wagenburg in Schönbrunn. Ab 1946 lebte er in Schweden. 1901–1933 und 1935–1941 betreute er als Herausgeber die Zeitschrift »Die graphischen Künste«.

*Werke:* »August Pettenkofen« (1916), »Karl Sterrer« (1925), »Führer durch die weltliche Schatzkammer« (1926), »Führer durch die geistliche Schatzkammer« (1929), »Dürer und Grünewald« (1962).

**Welitsch, Ljuba,** * 10. Juli 1913 in Borissowo (Bulgarien), Kammersängerin.

W. erhielt in Sofia und Wien ihre musikalische Ausbildung und debütierte 1936 in Graz. Über Hamburg (1940–1943) und München (1943–1946) kam sie 1946 an die Wiener Staatsoper, als deren Mitglied sie bis zu ihrem Bühnenabschied 1962 mit hervorragendem Erfolg wirkte. Sie war eine der bedeutendsten Sängerinnen im dramatischen Fach, die mit ihrem großartigen schauspielerischen Talent, umwerfenden Temperament und unverwechselbaren sinnlichen Timbre das Opernpublikum zu Beifallsstürmen hinriß. Die Glanzrolle der humorvollen Sopranistin war die Salome, in der sie bis heute unerreicht geblieben ist. Aber auch als Aida und Desdemona, Tosca und Manon Lescaut, Mimi und Musette, als Giulietta in »Hoffmanns Erzählungen«, um nur einige Rollen ihres umfangreichen Repertoires zu nennen, bleibt die große Sängerin, die auch in Mailand und New York gastierte, unvergeßlich.

**Weller, Walter,** * 30. November 1939 in Wien, Geiger und Dirigent.

Der Sohn eines Philharmonikers erhielt bereits mit 6 Jahren Violinunterricht, wurde 17jährig Mitglied des traditionsreichen Wiener Orchesters und einige Jahre später Erster Kapellmeister. 1958 gründete er das »Weller-Quartett«, das binnen kurzer Zeit internationalen Ruf erlangte. 1966 sprang er für den erkrankten Karl → Böhm als Dirigent ein, 1969 verwandelten die Bundestheater den Konzertmeister- in einen Dirigentenvertrag. W. war anschließend Hausdirigent an der Wiener Staats- und Volksoper und 1975–1980 Chefdirigent des nö. Tonkünstlerorchesters. Schon 1971 hatte seine internationale Karriere begonnen. Seither hat der begehrte Dirigent, der in seiner Arbeit die Präzision Toscaninis mit der Phantasie Furtwänglers zu vereinen sucht, in allen großen Opernhäusern der Welt mit zahlreichen Orchestern gearbeitet und bei vielen Aufführungen und Premieren Jubelstürme ausgelöst. W. ist derzeit Chefdirigent des Royal Scottish Orchestra.

**Wellesz, Egon Joseph,** * 21. Oktober 1885 in Wien, † 9. November 1974 in Oxford (England), Musikwissenschaftler und Komponist.

*Egon Joseph Wellesz*

W. zählt zu den großen Persönlichkeiten der österr. Musik des 20. Jh.s, wenn sein Werk auch keinem großen Publikumskreis bekannt ist. W. studierte bei Guido → Adler Musikwissenschaft und bei Arnold → Schönberg Kompositionslehre. 1908 promovierte er an der Wiener Universität (Dr. phil.), wo er ab 1913 als Dozent und 1929–1938 als Prof. lehrte. Seine Forschungstätigkeit konzentrierte sich auf die byzantinische Musik, deren Neumenschrift des 13.–15. Jh.s er ausdeutete und über die er einige wissenschaftliche Abhandlungen schrieb (u. a. »Byzantinische Kirchenmusik«, 1927). Daneben verfaßte er auch zahlreiche andere musikwissenschaftliche Werke (z. B. A. Schönberg, 1921, »Der Beginn des musikalischen Barock und die Anfänge der Oper in Wien«, 1922).

Als Komponist stand W. zunächst dem Schönberg-Kreis nahe, trat aber bald aus dessen Schatten heraus und ging eigene Wege. Einige seiner Bühnenwerke nach klassischen bzw. klassisch-antiken Vorlagen wurden in den 20er Jahren in Deutschland aufgeführt (»Alkestis«, Oper nach Euripides, »Scherz, List und Rache«, Singspiel nach Goethe). Jedoch sein größter Bühnenerfolg, die Oper »Die Bacchantinnen« (nach Euripides, 1930), wurde in Wien aus der Taufe gehoben.

1938 ging W. nach Großbritannien in die Emigration. Er lehrte an der Universität Oxford, die ihm die Ehrendoktorwürde verlieh, ab 1956 an der Universität Edinburgh. Er schuf nach dem 2. Weltkrieg ein reiches instrumentales Werk – 9 Symphonien, Messen, Kammer- und Chormusik –, mit deren Tonsprache er einen unmittelbaren Zugang zum Publikum fand.

*Lit.:* F. Endler (Hg.), E. W. Leben und Werk (1981); O. Kolleritsch (Hg.), E. W. (1986).

**Welte, Adalbert,** * 30. Juni 1902 in Frastanz (V), † 9. Juli 1969 in Bregenz, Schriftsteller.

W., der lange Jahre als Bibliothekar im Vorarlberger Landesarchiv tätig war, schöpfte seine literarische Kraft aus der bäuerlichen und kleingewerblichen Atmosphäre seiner familiären Herkunft und seiner Umgebung. Er schrieb Novellen, Hörspiele (u. a. »Die Beflissenen«) und Romane, die ihn über seine engere Heimat hinaus bekannt machten. Ab 1945 gab er den Vorarlberger Volkskalender heraus, zu dem er selbst immer wieder Kurzprosa, heimatkundliche und gesellschaftliche Themen beisteuerte.

*Werke:* »Das dunkle Erbe« (1933), »Die große Flucht« (1939), »Wer Wind sät...« (1949), »Schatten überm Dorf« (1953).

**Wendl, Ingrid,** * 17. Mai 1940 in Wien, Eiskunstläuferin und Sportkommentatorin.

Die Tochter eines Baumeisters stand mit 6 Jahren erstmals auf dem Eis. Ein großes Bewegungstalent, arbeitete sie sich durch Disziplin und Fleiß zur Weltspitze im Eiskunstlauf empor, wurde 1956 und 1958 Europameisterin und errang 1958 WM-Silber. 1956 gewann sie eine Bronzemedaille bei den Olympischen Spielen in Cortina d'Ampezzo. 8 Jahre lang war sie gefeierter Star bei der »Wiener Eisrevue«.

W. studierte ein Semester Theaterwissenschaft und Kunstgeschichte, arbeitete dann als Ordinationshilfe und in einem Realitätenbüro, ehe sie 1971 als Sprecherin zum ORF geholt wurde. 1988 übersiedelte die charmante TV-Lady in die Sportredaktion, wo sie mit großem Erfolg als Moderatorin und Kommentatorin tätig ist.

**Wenger, Leopold,** * 4. September 1874 in Obervellach (K), † 21. September 1953 in Obervellach, Rechtshistoriker.

Nach einem Jusstudium in Graz und Wien lehrte W. zunächst an der Universität Graz. 1935 wurde er Univ.-Prof. für Rechtsgeschichte in Wien. Er ist auch als Altphilologe und Historiker mit wissenschaftlichen Werken hervorgetreten.

*Werke:* »Römische und antike Rechtsgeschichte« (1905), »Die Stellvertretung im Rechte der Papyri« (1906), »Institutionen des römischen Zivilprozeßrechts« (1925), »Der heutige Stand der römischen Rechtswissenschaft« (1927), »Die Quellen des römischen Rechts« (1953).

**Wengraf, Senta,** * 10. Mai 1927 in Wien, Schauspielerin.

Die Tochter eines Versicherungsdirektors besuchte nach der Matura in Wien die Schauspielschule und debütierte 1946 am Volkstheater. Weitere Theaterstationen der charmanten Schauspielerin waren das Wiener Burgtheater, das Salzburger Landestheater, deutsche Bühnen (Nationaltheater Mannheim, Düsseldorfer Schauspielhaus), das Wiener Theater in der Josefstadt und die Wiener Kammerspiele. Sie verkörperte dort jeweils die Rollen ihres Faches: die kultivierte, gebildete Salondame. 1946 gab sie in dem Streifen »Glaube an mich«, dem ersten österr. Spielfilm nach dem 2. Weltkrieg, ihr Filmdebüt. In der Folge spielte W. in zahlreichen Filmen, mit Partnern wie Marika Rökk (»Das Kind der Donau«, 1949), Josef Meinrad (»Mein Freund Leopold«, 1950), Romy Schneider (»Sissi – die junge Kaiserin«, 1956/57) und O. W. Fischer (»Skandal in Ischl«, 1957). Sie hat auch in vielen Fernsehproduktionen und Hörspielen mitgewirkt.

**Wenzl, Erwin,** * 2. August 1921 in Annaberg (NÖ), Genossenschaftsangestellter und Politiker.

Der Sohn eines Bergwerksverwalters begann in Wien Jus zu studieren. 1941 rückte er ein und konnte erst 1945 sein Studium in Innsbruck fortsetzen (Promotion: 1947). Der Jurist erhielt eine Anstellung beim oö. Raiffeisenverband. 1952 wurde er auf Vorschlag von → Blöchl zum Landesparteisekretär der ÖVP bestellt, wobei er die Organisation der Partei in OÖ. auf eine völlig neue Basis stellte. Besonders der Einsatz statistischer Ergebnisse in der praktischen Parteiarbeit war zukunftsweisend. 1955 wurde W. in den oö. Landtag gewählt und führte 1955–1977 als Landesrat das Baureferat der Regierung; er trug dabei v. a. dem verkehrsmäßigen Strukturwandel (Ausbau des Straßennetzes, Neubau von Donaubrücken, Ortsumfahrungen) voll Rechnung. 1968 wurde er ÖVP-Landesparteiobmann, 1971 oö. Landeshauptmann. Besondere Initiativen entwickelte er auf dem Gebiet des Umweltschutzes; ein Raumordnungsgesetz und die neue Bauordnung des Landes wurden beispielgebend. 1977 erklärte W. aus privaten Gründen seinen Rücktritt; er blieb nur in einigen Aufsichtsräten aktiv.

**Werba, Erik,** * 23. Mai 1918 in Baden bei Wien, † 9. April 1992 in Hinterbrühl (NÖ), Pianist, Musikpädagoge und Komponist.

Der bekannte Pianist und Liedbegleiter war der Sohn eines Kapellmeisters. Er studierte Altphilologie und Musikwissenschaft an der Universität Wien (Promotion: 1940), Musiktheorie und Komposition bei J. → Marx sowie Klavier bei O. Dachs an der Wiener Musikakademie. Ab 1937 war er Musikkritiker für Wiener Zeitungen. Als Musikschriftsteller schrieb er u. a. Biographien (R. → Strauss, J. Marx, H. Wolf) und Essays. Nach seiner Rückkehr aus dem Krieg übernahm er die Leitung der Wiener Mozartgemeinde und war Mitbegründer der Zeitschrift »Musikerziehung«. Ab 1949 lehrte er als Prof. an der Wiener Musikakademie, wo er einen hervorragenden Ruf erlangte; seine Arbeit mit jungen Sängern trug ihm legendären Ruhm ein. 1950 wurde er Redaktionsmitglied der »Österr. Musikzeitschrift«. Um diese Zeit begann seine internationale Karriere als Liedbegleiter berühmter Sänger, darunter Irmgard → Seefried, Christa → Ludwig und Walter → Berry. Als Komponist schrieb W. u. a. Liederzyklen, das Singspiel »Trauben für die Kaiserin« (1954) und Stücke für Violine und Klavier. Er schuf viele Gelegenheitskompositionen für Elfriede → Ott.

**Werfel, Franz,** * 10. September 1890 in Prag, † 26. August 1945 in Beverly Hills (USA), Schriftsteller.

*Franz Werfel*

W., der aus einer jüdischen Kaufmannsfamilie stammte, erhielt eine sorgfältige humanistische Erziehung. Er studierte Jus und Philosophie in Prag sowie Geschichte und Psychologie in Leipzig. 1912–1914 war er Verlagslektor in Leipzig. 1915–1917 nahm er am 1. Weltkrieg teil. Danach in Wien, sympathisierte er 1918/19 mit der »Roten Garde«. Er wurde freier Schriftsteller. 1919 heiratete er Alma → Mahler, mit der er 1938 nach Frankreich und 1940 in die USA emigrierte.

W. begann seine literarische Laufbahn als Lyriker. Sein erster expressionistischer Gedichtband, »Der Weltfreund« (1911), machte ihn sogleich bekannt. Später schrieb er v. a. vielgespielte Dramen sowie Romane, die hohe Auflagen erzielten. Seiner großen Liebe zur Musik entsprang der Roman »Verdi, Roman der Oper« (1924). Sein gesteigertes Interesse am Katholizismus zeigte sich in den Werken »Barbara oder Die Frömmigkeit« (1929), »Der veruntreute Himmel« (1939) und »Das Lied von Bernadette« (1941). In »Die 40 Tage des Musa Dagh« (1933) schildert er die Massenvernichtung der armenischen Christen in der Türkei. In seinen Bühnenstücken verarbeitete er historische und politische Stoffe (»Juarez und Maximilian«, 1924, »Jacobowsky und der Oberst«, 1944). W. schrieb auch Novellen (»Der Tod eines Kleinbürgers«, 1927, »Eine blaßblaue Frauenschrift«, 1941) und Essays (»Zwischen oben und unten«, 1946).

*Lit.:* P. S. Jungk, F. W. Eine Lebensgeschichte (1987).

**Werner, Emmy,** * 13. September 1938 in Wien, Theaterdirektorin.

Nach der Matura nahm die Tochter eines Schriftstellers und einer Tänzerin privaten Schauspielunterricht und trat erstmals 1963 in Stella → Kadmons »Theater der Courage« auf. Ab 1973 wirkte sie an der Seite der schon greisen Kadmon als Dramaturgin, Spielplangestalterin und Produktionsleiterin. Zunehmendes Engagement für Frauentheater führte zur Gründung des Frauenkulturzentrums »Theater Drachengasse«. Mit ihrem Team spielte W. derartige Erfolge ein, daß sie 1988 mit der Leitung des Volkstheaters betraut wurde. Daß damit ein in Gewerkschaftsbesitz befindliches Theater von einer Frau geleitet wurde, stellte eine kulturpolitische Sensation dar. Inzwischen wurde wegen großer Erfolge, sowohl künstlerischer als auch finanzieller Natur, W.s Vertrag bis 1997 verlängert. Die Direktorin stellte den Betrieb auf Repertoiretheater um und engagierte neue junge Schauspieler. Die Gunst des Publikums wurde ihr sowohl für Klassisches wie für Experimentaltheater (u. a. »Weiningers Nacht« von Sobol) zuteil. Wichtige Aufgaben sieht W. in der Realisierung einer Studiobühne und der Erneuerung des Theaters in den Außenbezirken.

**Werner, Oskar (eigtl. O. Josef Bschließmayer),** * 13. November 1922 in Wien, † 23. Oktober 1984 in Marburg (Hessen), Bühnen- und Filmschauspieler.

Der Sohn eines Verkäufers absolvierte die Realschule und eine kurze Schauspielausbildung bei Helmuth Krauß. Schon 1941 kam er ans

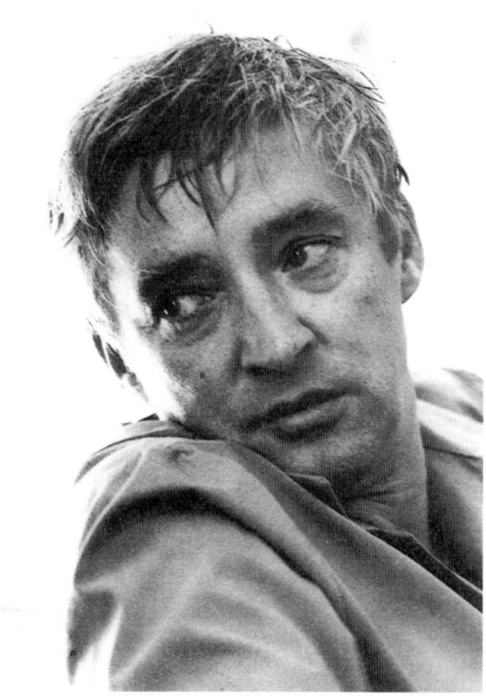

*Oskar Werner*

Burgtheater und begann – jung und ungewöhnlich begabt – eine glanzvolle, einzigartige Laufbahn.

W. war ein ganz großer, sensibler Schauspieler mit einer spezifischen Wortmelodik – ein Idealist, dessen Hingabe an das Theater auf tragische Weise langsam verglühte, als er erkannte, daß seine Bühnenträume in der rauhen Theaterwirklichkeit zum Scheitern verurteilt waren. Der rebellische Nonkonformist gehörte dem Burgtheater 1941–1949, 1951–1955 und 1960/61 als Mitglied an und bescherte dem Publikum viele künstlerische Sternstunden: als Don Carlos, Tasso, Heinrich V., aber auch in modernen Rollen, als Marchbanks in Shaws »Candida« etwa, als Hartmann in Zuckmayers »Des Teufels General«, als Jacques in Claudels »Verkündigung«. Den Hamlet freilich, seine größte schauspielerische Leistung, gab er erstmals an den Städtischen Bühnen in Frankfurt am Main (1955–1963). W. gelang auch eine internationale Filmkarriere (»Der Engel mit der Posaune«, 1948, »Reich mir die Hand, mein Leben«, 1955, »Das Narrenschiff«, 1965, »Fahrenheit 451«, 1966). Dann machte sich der Schwierige, der sich lieber als Unbestechlichen sah, »wenn es schon Hofmannsthal sein muß«, selbständig und gründete ein eigenes Ensemble. Auf Tourneen rezitierte er unnachahmlich und umjubelt seine bevorzugten Dichterfürsten: R. M. Rilke und Josef → Weinheber.

*Lit.:* R. Dachs, O. W. (1986).

**Wessely, Karl,** * 27. Juni 1860 in Wien, † 21. November 1931 in Wien, Linguist.

Nach dem Studium in Wien unterrichtete W. 1883–1904 als Gymnasiallehrer in Wien. Anschließend war er bis 1922 als Kustos an der Hofbibliothek tätig. 1918 habilitierte er sich an der Wiener Universität für Paläographie und Papyruskunde. Der international anerkannte Papyrusforscher hinterließ ein riesiges wissenschaftliches Œuvre, das auch Arbeiten zur klassischen Philologie, zur Orientalistik und zur Rechtsgeschichte enthält. 1901–1924 wirkte das Mitglied der Akademie der Wissenschaften als Herausgeber der Studienreihe »Paläographie und Papyruskunde«. Er edierte auch den »Corpus Papyrorum Raineri«, ein Bestandsverzeichnis der von Erzherzog Rainer begründeten Papyrussammlung der Österr. Nationalbibliothek.

**Wessely, Othmar,** * 31. Oktober 1922 in Linz, Musikforscher.

Der Beamtensohn studierte in Wien Musik (Promotion: 1947) und habilitierte sich 1958 mit einer Arbeit über Arnold von Bruck. Er arbeitete zunächst als Assistent an der Akademie der Wissenschaften, 1948/49 war er im Archiv der Staatsoper, anschließend als Universitätsassistent tätig. 1963 ging er als Univ.-Prof. nach Graz, 1971 nach Wien. Er veröffentlichte eine große Anzahl musikwissenschaftlicher Werke und ist Herausgeber des Gesamtverzeichnisses der Werke von Johann Joseph Fux.

*Werke:* »Musik in OÖ.« (1951), »Die Musikinstrumentensammlung des oö. Landesmuseums« (1952), »Johannes Brassicanus« (1954), »Die großen Darstellungen der Musikgeschichte im Barock und der Aufklärung« (1964).

**Wessely, Paula,** * 20. Jänner 1907 in Wien, Kammerschauspielerin.

W. zählt zu den größten Schauspielerinnen des deutschsprachigen Theaters. Sie erfüllte alle ihre Rollen mit Wärme, von jeder ihrer sorgfältig erarbeiteten Gesten, von der Modulierfähigkeit ihrer Stimme und ihrer mimischen Ausdruckskraft ging ein unwiderstehlicher Zauber aus. Und so bescherte sie ihrem Publikum in zahllosen Rollen auf der Bühne und im Film Sternstunden der Schauspielkunst.

W. entstammt dem Wiener bürgerlichen Handwerks- und Vorstadtmilieu. Der Vater war ein Fan des Deutschen Volkstheaters, die Mutter wollte zum Hofopernballett, eine Tante war am Hofburgtheater engagiert. Mit 15 Jahren wurde

*Paula Wessely*

W. an der Akademie für Musik und darstellende Kunst aufgenommen. Einer ihrer Lehrer war der Direktor des Deutschen Volkstheaters, Rudolf → Beer, der sie 1924 noch während der Studienzeit engagierte. Schon damals erzielte sie erste Erfolge. 1926 ging W. für ein Jahr nach Prag. 1929 holte sie Max → Reinhardt an das Wiener Theater an der Josefstadt. Der große Durchbruch gelang ihr, ebenfalls unter Reinhardt, am Deutschen Theater in Berlin, 1932 mit der Titelrolle in Hauptmanns »Rose Bernd«. 1933 war sie das Gretchen in Reinhardts legendärer »Faust«-Inszenierung bei den Salzburger Festspielen. 1934 drehte sie ihren ersten Film und wurde als Leopoldine Dur, eine unverwechselbare Wienerin, in W. → Forsts »Maskerade« weltberühmt. 1936 debütierte sie in Shaws »Heiliger Johanna« am Burgtheater. 1953 wurde sie Mitglied des Hauses, wo sie 1985 schließlich ihre letzte Rolle als Hoffnung in Raimunds »Der Diamant des Geisterkönigs« gab. In den Jahrzehnten dazwischen spielte sie Shakespeare, Schiller, Schnitzler, Zuckmayer, O'Neill ... und begeisterte das Publikum immer wieder durch ihre große, unvergleichliche Schauspielkunst. W. war ab 1935 mit dem Schauspieler Attila → Hörbiger verheiratet, die drei Töchter, Elisabeth → Orth, Christiane → und Maresa → Hörbiger, ergriffen ebenfalls den Schauspielberuf.

*Lit.:* E. Orth, »Märchen ihres Lebens. Meine Eltern P. W. und Attila Hörbiger« (1975); E. Führich/G. Prossnitz, P. W. – Attila Hörbiger. Ihr Leben – ihr Spiel (1985).

**Weys, Rudolf,** * 30. September 1898 in Graz, † 4. März 1978 in Wien, Journalist, Bühnenautor und Kabarettist.

W., ein absolvierter Jurist, wandte sich zunächst dem Journalismus zu und schrieb pointierte Theaterkritiken. Bald fand er als blendender Satiriker zum literarisch-politischen Kabarett. 1933 gründete er gemeinsam mit F. W. Stein die Kleinkunstbühne »Literatur am Naschmarkt«, für die er einen neuen Typus des Kabaretts, das »Mittelstück«, entwickelte und eigene Beiträge beisteuerte, darunter das Volksstück »Pratermärchen« (1936). Auch am »Wiener Werkel«, der einzigen Kleinkunstbühne Wiens während der NS-Zeit, die mit Mut, Witz und ironischer Schärfe den Nationalsozialismus bekämpfte, arbeitete der liberal gesinnte Demokrat mit. W. schrieb zahlreiche Kabarettexte, Lustspiele, Libretti, Hörspiele und Bücher.

*Werke:* »Ringstraßenmelodie« (Revue, 1942), »Die Straußbuben« (Libretto, 1946), »Cabaret und Kabarett in Wien« (1970).

**Wickenburg, Alfred,** * 26. Juli 1885 in Gleichenberg (St), † 25. Dezember 1978 in Graz, Maler und Graphiker.

W. absolvierte die Mittelschule in Graz und studierte in München, Paris (Académie Julien) und Stuttgart. 1920–1923 lebte er in Rom und Florenz. In Wien gründete er mit Wilhelm → Thöny und anderen Malern die Grazer Secession. 1935 wurde er Prof. an der Landeskunstschule in Graz.

W. war einer der wenigen österr. Maler, die sich in der Zwischenkriegszeit progressiven Einflüssen aus dem Ausland voll öffneten. Er setzte sich eingehend mit dem Kubismus auseinander (»Rinaldo und Armida«, Gemälde, 1923). Später schuf er vorwiegend Bilder mit starkfarbigem, jedoch ausgewogenem Kolorit. Zu seinen bedeutendsten Leistungen zählen Freskenzyklen, so im nö. Knabenseminar Sachsenbrunn (1959) sowie Glasfenster (St.-Michaels-Kapelle des bischöflichen Schlosses Seggau bei Leibnitz, St.-Josephs-Kirche in Greith bei Gußwerk, Barbarakapelle im Dom zu Graz), die die Krönung seines Lebenswerkes darstellen.

*Lit.:* W. Skreiner, A. W. Der Maler und sein Werk (1972).

**Wickenburg, Erik,** * 19. Jänner 1903 auf Gut Kasern bei Salzburg, Schriftsteller.

Der Salzburger und Altösterreicher maturierte 1921 am Wiener Schottengymnasium. Ein Studium der Philologie und Jurisprudenz in München brach er ab. Ab 1928 war er Feuilletonredakteur der »Frankfurter Zeitung«, lange Jahre arbeitete er in Frankfurt am Main. Nach dem 2. Weltkrieg ließ er sich in Wien nieder, wo er seither als freier Schriftsteller lebt. W. ist Romancier, Erzähler, Essayist und Lyriker. Die lange Reihe seiner Veröffentlichungen begann mit dem Roman »Farben zu einer Kinderlandschaft« (1932). Es folgte »Salzburger Gloria« (1938), das seither zahlreiche Auflagen erlebte. Immer wieder nahm sich W. Salzburg und Ö. zum Thema und schrieb darüber informative, heitere Bücher.

*Werke:* »Florian« (Roman, 1940), »Burgtheater und Oper« (1960), »Barock und Kaiserschmarrn« (1961), »Salzburg für Anfänger« (1963), »Begegnung in Salzburg« (1967), »Österr., wie es nicht im Wörterbuch steht« (1969), »Lauschet der Stille. Gedichte und Prosatexte« (1978).

**Wicki, Bernhard,** * 28. Oktober 1919 in St. Pölten (NÖ), Schauspieler, Theater- und Filmregisseur.

W. wuchs in Wien auf. Nach der Matura wurde er bei Gustav Gründgens an der Staatlichen Schauspielschule Berlin und am Reinhardt-Seminar in Wien zum Schauspieler ausgebildet. 1940 debütierte er als Faust in Goethes »Urfaust« am Schönbrunner Schloßtheater. Während des Krieges war er in Bremen, München und bei den Salzburger Festspielen hauptsächlich in klassischen Rollen beschäftigt (Ferdinand in »Kabale und Liebe«, Pylades in »Iphigenie auf Tauris«). Nach 1945 spielte er zunächst in Zürich und Basel, dann startete er eine Karriere beim Film, wo er als jugendlicher Charakterdarsteller in großen dramatischen Rollen aufgrund seines ausgeprägt realistischen Spiels beeindruckte (»Die letzte Brücke«, 1954, »Die Nacht«, 1960). Er stieg auch als Regisseur in den internationalen Großfilm ein und zeigte in »Die Brücke« (1959) mit bis dahin ungewohntem Realismus den Mißbrauch jugendlicher Ideale im Dritten Reich auf. 1961 wurde er nach Hollywood verpflichtet, blieb jedoch eher glücklos (»Der Besuch«, 1963, »Kennwort Morituri«, 1964). Nach Fernsehfilmen und etlichen unvollendet gebliebenen Projekten machte W. dann mit den Streifen »Die Eroberung der Zitadelle« (1975/76), »Eine Liebe in Deutschland« (1983) und »Frühlingssinfonie« (1983) wieder von sich reden.

**Wied, Martina (eigtl. Weisl, geb. Schnabel),** * 10. Dezember 1882 in Wien, † 25. Jänner 1957 in Wien, Schriftstellerin.

W. stammte aus einem wohlhabenden bürgerlichen Haus. Sie studierte an der Wiener Universität Philosophie, Geschichte und Kunstgeschichte, wurde Gymnasiallehrerin und war literarisch tätig. Sie schrieb Essays, arbeitete an der renommierten Literaturzeitschrift »Der Brenner« mit und veröffentlichte 1919 den ersten Gedichtband (»Bewegung«). Ihren Durchbruch erzielte sie erst in den 30er Jahren mit dem Roman »Rauch über Sanct Florian« (1936), der die Stimmung dieser Krisenzeit hervorragend einfängt. 1939 und 1948 lebte W. in Großbritannien, wo sie ihre schriftstellerische Tätigkeit in ihrer Muttersprache fortsetzte. Nach Wien zurückgekehrt, veröffentlichte sie Romane (»Kellingrath«, 1950, »Das Krähennest«, 1951), Novellen, Dramen und Erzählungen. Als erste Frau erhielt sie 1952 den Großen Österreichischen Staatspreis für Literatur.

**Wiegele, Franz,** * 14. Juli 1887 in Nötsch (K), † 17. Februar 1944 (Fliegerangriff) in Nötsch, Maler.

Der Sohn eines Schmieds studierte 1907–1911 an der Akademie der bildenden Künste bei R. Bacher. Seine erste erfolgreiche Ausstellung fand 1911 im Rahmen des »Hagenbundes« statt. Anschließend begab er sich auf eine Studienreise nach Frankreich, Holland und Nordafrika. In Algerien vom 1. Weltkrieg überrascht, wurde er interniert und 1916 wegen einer Tuberkuloseerkrankung in die Schweiz gebracht. Bis 1925 blieb er in Zürich, dann kehrte er nach Nötsch zurück, wo er der von seinem Schwager Anton

→ Kolig gegründeten expressionistischen »Nötscher Malschule« angehörte. W., der 1926 den Österr. Staatspreis erhielt, malte v. a. Frauenbildnisse, Akte und Stilleben. Der Hauptvertreter der Kärntner Malerei verwendete zumeist dunkle, gedämpfte Farben, selten führte das grelle Licht Afrikas zu Aufhellungen.

**Wieland, Guido,** * 18. November 1906 in Wien, Schauspieler.

Der Sohn eines Schauspielers maturierte am Wiener Piaristengymnasium, war eine Zeitlang Bankangestellter und wandte sich dann der Schauspielkunst zu. Er hatte sein erstes Engagement in Troppau. Nach Wanderjahren (Bremen, Nürnberg u. a.) kam er 1929 an das Theater an der Wien und an die Wiener Kammerspiele, wo er in musikalischen Lustspielen auftrat. Er nahm Tanzstunden, wurde Operettenbuffo und ging erneut in die Provinz (Mährisch-Ostrau), ehe er nach Wien zurückkehrte, wo er in den Nachkriegsjahren am Bürgertheater und am Raimundtheater spielte. Ab 1951 wirkte er am Theater in der Josefstadt. W. war oft im Rundfunk beschäftigt, spielte in zahlreichen Filmen und Fernsehproduktionen (»Ringstraßenpalais«) und wurde durch TV-Serien wie »Familie Leitner« und »Die liebe Familie« populär. Der vornehme Schauspieler, ein »Josefstädter« alter und bester Schule, gab allen seinen Rollen ein eigenständiges, subtiles Profil.

**Wiener, Hugo,** * 16. Februar 1904 in Wien, Komponist, Kabarettist, Schriftsteller.

W., ein äußerst bescheidener Mensch und ein Gentleman alter Schule, ist eine musikalisch-literarische Doppelbegabung. Er betätigte sich nach seinem Musikstudium zunächst als Schauspieler an Wiener Bühnen und war dann Hausautor der Kleinkunstbühne »Femina«, für die er zahlreiche Revuen schrieb. 1937–1945 lebte er in Kolumbien im Exil. Nach seiner Rückkehr wurde er Mitarbeiter der Kabarettbühne »Simpl«, wo er Doppelconférencen für das berühmte Duo Karl → Farkas – Ernst → Waldbrunn schrieb. Er komponierte und textete witzige, geistreiche Chansons, die von seiner Frau Cissy Kraner mit unverwechselbarer Stimme zum Vortrag gebracht wurden: »Ich wünsch' mir zum Geburtstag einen Vorderzahn«, »Die verzwickten Verwandtschaftsverhältnisse« und v. a. »Der Nowak läßt mich nicht verkommen« waren lange Zeit Höhepunkte der »Simpl«-Programme und machten das Künstlerehepaar über Funk und Bildschirm sehr populär. Insgesamt schuf W. mehr als 400 Lieder und Chansons, außerdem schrieb er Filmmusik, musikalische Lustspiele und Operettenlibretti. Er veröffentlicht auch pointenreiche Satiren mit feinem Humor.

*Werke:* »Krokodile fliegen nicht« (1974), »Kleine Geschenke erhalten die Feindschaft« (1984), »Diskretion Nebensache« (1989), »Zeitensprünge« (Autobiographie, 1991), »Ein Grund zum Feiern. Meine Frau und ich« (1991).

**Wiener, Oswald,** * 5. Oktober 1935 in Wien, Schriftsteller.

W. studierte 1954–1958 in Wien Jus, Mathematik, Musikwissenschaften und afrikanische Sprachen. Er war als Jazztrompeter tätig, dann arbeitete er bis 1967 als Datenverarbeitungsexperte. Er lebt heute abwechselnd in Kanada und Deutschland.

W., ein Mitglied der »Wiener Gruppe«, unternahm 1954 seine ersten literarischen Versuche. Er schrieb 1969, beeinflußt von Ludwig → Wittgenstein, den experimentellen Roman »die verbesserung von mitteleuropa« und wandte sich dann dem Essay als Vermittlungsform seiner progressiven Ideen zu (»Wir möchten auch vom Arno-Schmidt-Jahr profitieren«, 1979). Seine Verwissenschaftlichung der Sprache und seine sprachtheoretischen Untersuchungen zum Verhältnis Sprache – Denken – Wirklichkeit stellen an die abstrakte Denkfähigkeit des Lesers hohe Ansprüche. 1990 veröffentlichte W. unter dem Pseudonym Evo Präkogler den Roman »Nicht schon wieder . . .!«.

**Wiener, Otto,** * 13. Februar 1911 in Wien, Kammersänger.

W. studierte zunächst Veterinärmedizin und nahm dann bei Hans → Duhan Gesangsunterricht. Er debütierte 1939 als Konzertsänger, mußte aber zur deutschen Wehrmacht einrükken. Seine große Bühnenkarriere begann 1953 an der Grazer Oper mit der Titelpartie in Verdis »Simone Boccanegra«. Über die Deutsche Oper am Rhein in Düsseldorf kam der sympathische Bariton, der seinen Partien überzeugende Kraft und Wärme zu verleihen versteht, 1957 an die Wiener Staatsoper. Er gastierte in der Folge an vielen berühmten Bühnen, so in München, Berlin, Paris, London, Rom, Brüssel und Mailand. 1947 sang er zum ersten Mal bei den Bayreuther Festspielen. Seine Glanzrollen waren Wagner-Partien (Holländer, Hans Sachs, Amfortas, Wotan, Gunter).

**Wiesenthal, Grete,** * 9. Dezember 1885 in Wien, † 22. Juni 1969 in Wien, Tänzerin.

*Grete Wiesenthal*

Nach einer wohlbehüteten Jugend trat W. mit 10 Jahren in das Wiener Opernballett ein. Gustav Mahler wurde ihr früh zum Förderer, ihr großes Vorbild war die amerikanische Ausdruckstänzerin Isadora Duncan. Ihr erstes Programm tanzte W. nach Max → Mells »Die Tänzerin und die Marionette«. Ihr großer Durchbruch begann mit einem Tanzabend in der von Josef → Hoffmann gestalteten »Fledermaus«, wo v. a. Walzer auf dem Programm standen. Danach startete sie mit ihren Partnern Willy → Fränzel und Toni Birkmeyer eine Konzerttour durch Europa und Amerika. Den Kern ihres Programms bildeten Walzer, sie tanzte aber auch »Der Tod und das Mädchen« von Schubert. Die Kritiken ihrer Tanzabende waren überschwenglich bis hymnisch, große Künstler wie Richard → Strauss und → Hofmannsthal verehrten sie. Besonders fruchtbar wurde die Zusammenarbeit mit Max → Reinhardt in Berlin, wo sie den Elfentanz im »Sommernachtstraum« tanzte. In späteren Jahren schuf W. zahlreiche Choreographien, wie Glucks »Iphigenie in Aulis«, Molières »Bürger als Edelmann« und Goldonis »Diener zweier Herren«. 1934–1952 unterrichtete sie an der Hochschule für Musik und darstellende Kunst, wo sie die »Wiener Tanzform«, die sie gemeinsam mit ihrer Schwester Else geschaffen hatte, einer jüngeren Generation weitergab. Sie verfaßte auch zahlreiche Fachartikel. In ihrem letzten Lebensjahrzehnt war sie Mittelpunkt eines Salons, in dem Schriftsteller und Theaterleute verkehrten.

*Lit.:* F. Langer, G. W., in: NÖB 19.

**Wiesenthal, Simon,** * 31. Dezember 1908 in Buczacz (Galizien), Publizist.

Der Sohn eines Reserveoffiziers, der im 1. Weltkrieg fiel, studierte in Prag und Lemberg Architektur. 1941 wurde er von den Deutschen in Lemberg verhaftet, bis zu seiner Befreiung 1945 mußte er 12 KZs durchleben, 89 Mitglieder seiner Familie kamen um. 1947 begann er mit dem Aufbau eines Dokumentationszentrums, das die Greuel des Dritten Reichs festhalten sollte. W. wollte einen Sühnefeldzug in die Wege leiten, nichts sollte vergessen werden. Seinem Spürsinn ist die Entdeckung des NS-Verbrechers Eichmann zu danken, weitere etwa 1 000 NS-Schergen brachte W. vor ihre Richter. Seit 1961 leitet er das von ihm gegründete »Jüdische Dokumentationszentrum« in Wien. W. versuchte auch in einer Reihe literarischer Werke, die Greuel des Holocausts zu verarbeiten. In der österr. Innenpolitik spielte er zuweilen eine entscheidende Rolle, so als er 1975 die SS-Vergangenheit von Friedrich → Peter aufdeckte und damit die politischen Pläne von Bruno → Kreisky durchkreuzte, der ihn deswegen vielfach beleidigte. In der Causa → Waldheim wandte er sich entschieden gegen die unseriösen Behauptungen des Jüdischen Weltkongresses.

*Werke:* »Ich jagte Eichmann« (1961), »Doch die Mörder leben« (1967), »Die Sonnenblume« (1970), »Segel der Hoffnung« (1972), »Max und Helen« (1981), »Krystyna« (1986), »Jeder Tag ein Gedenktag« (1988), »Flucht vor dem Schicksal« (1988), »Recht, nicht Rache« (1989).

**Wieser, Friedrich,** * 10. Juli 1851 in Wien, † 22. Juli 1926 in St. Gilgen (S), Nationalökonom.

Nach dem Studium der Volkswirtschaft in Wien und in Deutschland bei von Stein trat W. als Konzeptsbeamter in den Dienst der nö. Finanzlandesdirektion. 1883 habilitierte er sich als Privatdozent für Nationalökonomie in Wien. 1884 wurde er a. o. Prof., 1889 o. Prof. in Prag. 1903 trat er die Nachfolge Carl Mengers in Wien an. 1917 wurde er für ein Jahr in das k. k. Handelsministerium berufen. Nach dem Ende der Monarchie widmete sich W., der ab 1917 Mitglied des Herrenhauses gewesen war, wieder seiner Lehrtätigkeit. Er gilt als bedeutender Vertreter der Wiener nationalökonomischen Schule.

*Werke:* »Der natürliche Wert« (1889), »Theorie der städtischen Grundrente« (1909), »Theorie der gesellschaftlichen Wirtschaft« (1914), »Ö.s Ende« (1919), »Das Gesetz der Macht« (1926).

**Wiesflecker, Hermann,** * 27. November 1913 in Lienz (Osttirol), Historiker.

W. studierte in Innsbruck, Rom und Wien Geschichte (Promotion: 1936) und unterrichtete 1937–1947 als Gymnasiallehrer. 1939 wurde er zur deutschen Wehrmacht eingezogen und 1943 schwer verwundet. 1947 habilitierte er sich für österr. Geschichte in Wien. 1948–1983 war er Ordinarius an der Grazer Universität. Fast die gesamte Forschungstätigkeit seines Lebens widmete er dem Habsburger-Kaiser Maximilian.

*Werke:* »Die Regesten der Grafen von Görz und Tirol« (2 Bde., 1949, 1952), »Meinhard der Zweite« (1955), »Erzherzog Johann« (1959), »Kaiser Maximilian I.« (5 Bde., 1971–1986).

**Wiesinger, Alois,** * 3. Juni 1885 in Magdalensberg (OÖ), † 3. Jänner 1955 in Schlierbach (OÖ), Missionar und Wissenschaftler.

Der früh verwaiste Sohn eines Taglöhners trat nach der Matura in Kremsmünster (OÖ) als Novize in das Zisterzienserkloster Schlierbach ein. Nach Theologiestudium in Innsbruck (Promotion: 1912) und Priesterweihe (1909) übernahm er 1914 einen Lehrstuhl für Fundamentaltheologie in Heiligenkreuz. Im selben Jahr wurde er nach einer Pilgerfahrt nach Lourdes in einem französischen Trappistenkloster interniert. Nach Intervention Roms konnte er 1915 nach Ö. zurückkehren und seine Lehrtätigkeit aufnehmen. 1917 wurde er mit 32 Jahren Ö.s jüngster Abt. In seiner langen Funktionsperiode (bis 1955) wurde er zu einem Erneuerer des Klosters Schlierbach (OÖ). Das klösterliche Leben erfuhr eine Intensivierung, die Wirtschaftsbetriebe wurden großartig ausgebaut. Neben seiner Glasmalerwerkstatt mit großer künstlerischer Tradition entstand auch die inzwischen berühmte Käserei sowie 1925 ein Gymnasium, das 1934 das Öffentlichkeitsrecht erhielt. Um sich der Verhaftung durch die Nationalsozialisten zu entziehen, ging W. 1939 nach Brasilien, wo er ein Kloster mit Missionsaufgaben gründete. 1946 kehrte er nach Europa zurück. Der Geistliche, der dem sozialen Denken Karl Vogelsangs und v. a. Anton → Orels verpflichtet war, betätigte sich auch als Schriftsteller, wobei er sich besonders parapsychologischen Problemen widmete.

*Werke:* »Zisterzienserabtei Schlierbach« (1937), »Gründungsgeschichte von Jequitibà« (1944), »Okkulte Phänomene im Lichte der Theologie« (1947), »Operismus« (1948).

**Wildbrunn, Helene,** * 8. April 1882 in Wien, † 10. April 1972 in Wien, Kammersängerin.

W. studierte in Wien und debütierte 1907 als Altistin am Stadttheater von Dortmund. 1914–1918 wirkte sie an der Hofoper in Stuttgart, wo sie in das hochdramatische Sopranfach überwechselte. 1919–1925 sang sie an der Berliner Staatsoper, 1925–1932 an der Berliner Städtischen Oper, war aber auch 1919–1932 Ensemblemitglied der Wiener Staatsoper. Ab 1932 trat sie nur noch als Konzertsängerin auf und lehrte bis 1950 als Prof. an der Wiener Musikakademie.

W. war eine gefeierte Wagner-Sängerin (Isolde), die durch ihr Stimmvolumen, ihre dramatische Gestaltungskraft und ihr feines Stilgefühl brillierte. Sie war als Gast an allen großen Opernhäusern der Welt sehr gefragt.

**Wilder, Billy (Samuel),** * 22. Juni 1906 in Lwow/Lemberg (Galizien), Filmregisseur.

Der weltberühmte Filmregisseur wuchs in Wien auf, er arbeitete hier und in Berlin als Journalist, ehe 1929 sein Drehbuch »Menschen am Sonntag« von der UFA verfilmt wurde. 1933 floh W. vor den Nationalsozialisten aus Deutschland und ging über Frankreich in die USA, wo er für »Paramount« Drehbücher schrieb. 1942 erhielt er seine erste Chance als Regisseur. Sein Kriminalfilm »Frau ohne Gewissen« (1943) machte ihn über Nacht berühmt. Den ersten »Oscar« erhielt er 1945 für den Film »The Lost Weekend«. Zum Erfolgsregisseur Hollywoods avanciert, arbeitete W. in der Folge vorwiegend für »20th Century Fox«, zusammen mit Jack Lemmon, der sein bevorzugter Star wurde. So spielte Lemmon auch die Hauptrolle in W.s bestem Film, »The Apartment« (1960). Unter Mißachtung konventioneller Maßstäbe des »guten Geschmacks« bei Themen wie Sexualität und Politik gestaltete W. brillante gesellschaftskritische Filme (»Manche mögen's heiß«, 1958, »Irma la Douce«, 1963, »Extrablatt«, 1974), die z. T. Klassiker der Filmgeschichte wurden. Insgesamt erhielt W. 6mal den »Oscar«. 1977 erschienen seine Memoiren unter dem Titel »B. W. in Hollywood.«

*Lit.:* N. Sinyard/A. Turner, B. W.s Filme (1980).

**Wildgans, Anton,** * 17. April 1881 in Wien, † 3. Mai 1932 in Mödling (NÖ), Dichter und Dramatiker.

Sein Vater war Jurist, seine Mutter, die früh verstarb, entstammte einfachen Verhältnissen. Nach dem Besuch des Piaristengymnasiums studierte W. Jus und war dann am Oberlandesgericht Wien tätig. 1912 quittierte er den ungeliebten Staatsdienst und lebte danach als freier Schriftsteller. 1921–1923 und 1930/31 war er erfolgreicher, aber von einem Teil der Presse angefeindeter Direktor des Wiener Burgtheaters. Am 1. Jänner 1930 verlas er im Rundfunk seine berühmt gewordene »Rede über Ö.«.

W. begann sein literarisches Schaffen als Lyriker. Seine Gedichte, die sein starkes Naturempfinden, seine große Liebe zur Vaterstadt und sein soziales Mitleid widerspiegeln, waren zunächst an Baudelaire, Rilke und → Hofmannsthal orientiert, ehe der Dichter zu seiner eigenen Sprache fand (»Und hättet der Liebe nicht«, 1911, »Die Sonette an Ead«, 1913, »Späte Ernte«, 1937). Als Dramatiker entwickelte er sich vom Naturalismus zum Expressionismus hin, die Stücke haben eine ausgeprägte sozialkritische Tendenz. Zu den Hauptwerken zählen: „In Ewigkeit Amen« (1913), »Armut« (1914), »Dies irae« (1918). W. schrieb auch Prosa (»Musik der Kindheit«, 1928) und das erfolgreiche Epos »Kirbisch oder Der Gendarm, die Schande

*Anton Wildgans*

und das Glück« (1927), das auch verfilmt wurde. Sein Gesamtwerk wurde von seiner Frau, Lilly W., hervorragend betreut.

*Lit.:* L. Wildgans, Der gemeinsame Weg (1960); F. Hadriga, Drama Burgtheaterdirektion. Vom Scheitern des Idealisten A. W. (1989).

**Wildgans, Friedrich,** * 5. Juni 1913 in Wien, † 7. November 1965 in Mödling (NÖ), Komponist und Klarinettist.

Der Sohn des Dichters und Burgtheaterdirektors Anton → W. zeigte schon in frühester Jugend eine beachtliche Begabung für Musik. Er studierte an der Wiener Musikakademie Klarinette und Komposition (Lehrer: Joseph → Marx). 1934 wurde er Lehrer am Mozarteum in Salzburg, 1936 als Klarinettist Mitglied des Wiener Staatsopernorchesters. 1940–1945 von den Nationalsozialisten politisch verfolgt und mehrmals inhaftiert, wirkte er nach dem Krieg als Lehrer an der Wiener Musikhochschule, leitete zeitweilig das Musikreferat der Stadt Wien und wurde 1948 Präsident der Ö.-Sektion der Internationalen Gesellschaft für Neue Musik (IGNM). W. ist Autor zahlreicher musikwissenschaftlicher Beiträge. Als Komponist schuf er symphonische Werke, Kammermusik, Klavierwerke, Film- und Bühnenmusik, die Operette »Der Diktator« (1933) und die Oper »Der Baum der Erkenntnis« (1935). Seine großangelegten »Eucharistischen Hymnen« lösten 1954 bei der Uraufführung im Wiener Konzerthaus wegen ihrer Modernität einen Skandal aus. Sein Schaffen zeichnet sich durch rhythmische Vielgestaltigkeit, klare Melodik und kunstvolle Stimmführung aus. Es war zunächst von Hindemith, Bartók und Strawinsky beeinflußt, doch entwickelte W. bald einen so persönlichen Stil, daß man ihn keiner bestimmten Stilrichtung zuordnen kann.

**Wilhelm, Adolf,** * 10. September 1864 in Děčín/Tetschen (Böhmen), † 10. August 1950 in Wien, Philologe.

W. war ein international anerkannter Epigraphiker. Er studierte in Wien klassische Philologie und leitete ab 1898 das österr. Archäologische Institut in Athen. 1905–1933 lehrte er als Ordinarius für klassische Philologie in Wien.

*Werke:* »Urkunden dramatischer Aufführungen in Athen« (1906), »Beiträge zur griechischen Inschriftenkunde« (1908), »Attische Urkunden« (1911), »Denkmäler aus dem rauhen Kilikien« (mit J. Keil, 1931), »Griechische Grabinschriften aus Kleinasien« (1932), »Griechische Königsbriefe« (1943).

**Wimberger, Gerhard,** * 30. August 1923 in Wien, Komponist und Dirigent.

W. studierte am Salzburger Mozarteum bei Johann Nepomuk David Komposition und bei Clemens → Krauss Dirigieren und begann seine Laufbahn 1947 als Korrepetitor an der Wiener Volksoper. Ab 1948 war er wieder in Salzburg tätig, zunächst als Dirigent am Landestheater, dann am Mozarteum, wo er 1953–1981 eine Dirigentenklasse leitete und seit 1968 Komposition lehrt. Die Salzburger Festspielleitung berief ihn 1971 in das Kuratorium und übertrug ihm die Gestaltung der Mozart-Matineen. Als Komponist schuf W. Orchester- und Kammermusik, Kantaten (u. a. »Heiratspost-Kantate«) und Ballette (»Der Handschuh«, »König für einen Tag«) und entzog sich dabei allen modernen Entwicklungen. Besonders erfolgreich waren seine Opern, so »Schaubudengeschichte« (1954, in Mannheim uraufgeführt), »Dame Kobold« (nach Calderon, 1964, in Frankfurt am Main uraufgeführt).

*Lit.:* H. Goertz, G. W. (1991).

**Wimmer-Wisgrill, Eduard Josef,** * 2. April 1882 (1892?) in Wien, † 25. Dezember 1961 in Wien, Innenarchitekt und Maler.

W.-W. studierte 1901–1907 bei Alfred → Roller und Josef → Hoffmann an der Akademie der bildenden Künste in Wien. Er beschäftigte sich v. a. mit Fragen des Designs, er entwarf Gläser, Lederwaren und Stoffe. 1910–1922 leitete er die Modeabteilung der »Wiener Werkstätte«. 1911 erschien die erste Kollektion, die größtenteils von ihm gestaltet war. In diesen Jahren arbeitete W.-W. auch mit Kolo Moser zusammen. Nach dem 1. Weltkrieg lehrte er bis 1921 (und wieder 1925–1955) an der Akademie der bildenden Künste in der Klasse für Textiles Gestalten. Ein Lehrauftrag führte ihn bis 1925 in die USA, wo er in New York und Chicago unterrichtete.

W. schuf in der Zwischenkriegszeit zahlreiche Inneneinrichtungen. Die große Werkbundausstellung 1930 war auch seinem Werk gewidmet. Ein Jahr nach seinem Tod widmete ihm die Akademie für angewandte Kunst eine Personalausstellung.

**Winkler, Franz,** * 20. März 1890 in Böhmisch-Leipa, † 16. Oktober 1945 in Graz, Agrartechniker und Politiker.

Der gelernte Agraringenieur rückte im 1. Weltkrieg ein und wurde nach dem Krieg im steirischen Bauernbund tätig. Nach der Gründung der agrarisch-ständischen Partei »Landbund für Ö.« nahm er dort bald eine führende Position ein. 1920–1930 war er in der Steiermark Mitglied des Landtages und der Landesregierung. 1930–1934 hatte er ein Nationalratsmandat inne. Als der »Landbund« 1930 eine Koalition mit den Christlichsozialen schloß, trat W. als Innenminister ins Kabinett ein. 1932 wurde er noch Vizekanzler und behielt die Leitung der wirtschaftspolitischen Angelegenheiten. Seit 1932 war er auch Obmann seiner Partei. Nachdem er 1933 die »Nationalständische Front«, eine bäuerliche Massenorganisation nach dem Muster der »Vaterländischen Front«, gegründet hatte, geriet er zunehmend in Gegensatz zu den Heimwehren, zu → Dollfuß und dessen undemokratischen Tendenzen. Als er mit September 1933 das Kabinett verließ, verstummte der letzte Warner gegen diktatorische Bestrebungen. 1934 verließ er Ö. und veröffentlichte ein Jahr später in einem Schweizer Verlag das Werk »Die Diktatur in Ö.«.

**Winkler, Günther,** * 15. Jänner 1929 in Unterhaus bei Baldramsdorf (K), Jurist.

Nach der Matura studierte W. in Innsbruck Jus (Promotion: 1951). Schon seit 1949 war er als wissenschaftliche Hilfskraft am Institut für öffentliches Recht und Politik tätig. 1956 übersiedelte er nach Wien, wo er sich 1959 habilitierte. 1961 wurde er zum Ordinarius für Staats- und Verwaltungsrecht an der Wiener Universität ernannt. Seinem unermüdlichen Einsatz ist die Fertigstellung des Juridicums, des neuen Fakultätsgebäudes in der Helferstorferstraße, zu danken. W. initiierte die Schriftenreihe »Forschung und Recht« als Publikationsorgan für den wissenschaftlichen Nachwuchs.

*Werke:* »Die Freiheit der Wissenschaft und ihrer Lehre« (1974), »Orientierungen im öffentlichen Recht« (1979), »Glanz und Elend der neuen Rechtslehre« (1988), »Theorie und Methode in der Rechtswissenschaft« (1989).

**Winter, Ernst Karl,** * 1. September 1895 in Wien, † 4. Februar 1959 in Wien, Soziologe und Historiker.

Der Sohn einer Wiener Bürgerfamilie rückte nach der Matura als Einjährig-Freiwilliger ein. Die Offizierslaufbahn blieb ihm allerdings verwehrt, da der aktive Katholik sich weigerte, ein Duell auszutragen. Sein Jusstudium konnte er nach dem 1. Weltkrieg abschließen. Während seines Kriegsdienstes lernte er → Dollfuß kennen, mit dem er zeitlebens in Freundschaft verbunden blieb. Als seine Habilitation an der Wiener Universität am deutschnationalen Klima scheiterte, gründete er den Gsur-Verlag, wo er soziologische und politische Schriften publizierte; v. a. die 1933–1936 erschienenen »Wiener poltischen Blätter« sind eine Fundgrube zum Denken W.s. Er war überzeugter Legitimist, der die Republik und auch den »Anschluß« an Deutschland ablehnte. Seine sozialen Vorstellungen waren von Vogelsang und Anton → Orel beeinflußt. Sein konsequentes Eintreten für Demokratie und Rechtsstaat führte zu seiner Forderung nach einer Einbindung der Sozialdemokratie in das politische Leben der 30er Jahre. In offenen Briefen forderte er nach 1933 Präsident → Miklas auf, gegen die Ausschaltung des Parlaments vorzugehen. Noch am 24. Juli 1934 intervenierte er vergeblich bei Kanzler Dollfuß, um das Leben von Josef Gerl, der wegen Sprengstoffbesitzes zum Tode verurteilt worden war, zu retten. W. war der letzte, der mit Dollfuß ein politisches Gespräch führte. 1935 wurde W. von → Schuschnigg zum Vizebürgermeister in Wien ernannt, um den Dialog mit der Linken aufzunehmen, doch schlugen seine Vermittlungsversuche fehl. 1938 gelang ihm mit Mühe mit seiner kinderreichen Familie die Flucht nach Amerika, wo er einen akademischen Tätigkeitsbereich fand. 1955 kehrte er nach Ö. zurück, weil er sich in die damals aktuelle Severinsdiskussion einschalten wollte: Er gehörte zu den Verfechtern der inzwischen als falsch erwiesenen Theorie, daß sich das Grab des hl. Severin in Wien-Heiligenstadt befunden habe. In Wien als Dozent habilitiert, lehrte er an der Universität, da ihm aber eine weitere akademische Karriere versagt blieb, kehrte er nach Amerika zurück.

*Ernst Karl Winter*

*Werke:* »Platon« (1930), »Marco d'Aviano« (1933), »Arbeiterschaft und Staat« (1934), »Monarchie und Arbeiterschaft« (1936), »Christus im 21. Jh.« (1954), »Christentum und Zivilisation« (1956), »Studien zum Severinsproblem« (1959), »I. Seipel als dialektisches Problem« (1966).

**Winter, Horst,** * 24. September 1914 in Beuthen (Oberschlesien), Unterhaltungsmusiker, Sänger und Kapellmeister.

W. studierte an der Berliner Musikhochschule Violine und Klarinette. Bereits 1930 gründete er sein erstes Tanzorchester, mit dem er bald auch Plattenerfolge feierte. Im 2. Weltkrieg eingerückt und in Gefangenschaft geraten, ließ er sich 1946 als »Österreicher« entlassen. Er gründete das »Wiener Tanzorchester« (WTO), das mit seinen Spitzensolisten bald äußerst populär wurde. Als Schlagersänger hatte er mit den Titeln »Ein kleiner Bär mit großen Ohren« und »Es wird ja alles wieder gut« große Erfolge. Das WTO beschäftigte sich bereits 1948 mit dem neuen Jazzstil Bepop und hatte Titel wie »Salt Peanuts« im Repertoire. Ab 1950 in »H. W. Tanzorchester« umbenannt, ging die Band mit dem Saxophonisten Hans Holler als Mitglied noch stärker in Richtung Jazz. Nach dem Tod von Julius → Herrmann übernahm W. 1977 die traditionsreiche Kapelle der Hoch- und Deutschmeister, mit der er alljährlich Tourneen in das Ausland unternimmt. Seine Lebenserinnerungen erschienen unter dem Titel »Dreh dich noch einmal um«.

**Winterstein, Robert,** * 26. Juni 1874 in Gitschin (Böhmen), † 13. April 1940 im KZ Buchenwald, Jurist.

Der Sohn eines Stabsarztes studierte in Wien Jus (Promotion: 1896) und absolvierte sein Rechtspraktikum am Handelsgericht. Ab 1913 war er an der Staatsanwaltschaft tätig. 1919 wurde er zum Ersten Staatsanwalt, 1927 zum Generalanwalt ernannt. 1932 übernahm er die Leitung der Generalprokuratur. 1934–1938 war er Mitglied des Staatsrates und des Bundestages. Nach dem Putsch der österr. Nationalsozialisten im Juli 1934 wurde er von der Bundesregierung beauftragt, dessen Hintergründe zu untersuchen. Es kam zu zahlreichen Einvernahmen von Zeugen, ein abschließender Bericht wurde offenbar jedoch nie erstellt. 1935/36 verwaltete W. das Justizressort. 1938 wurde er verhaftet und nach Buchenwald deportiert, wo er bei einem angeblichen Fluchtversuch erschossen wurde.

**Witeschnik, Alexander,** * 3. März 1909 in Wien, Musikschriftsteller.

Der Sohn einer musikalischen Familie studierte in Wien Germanistik und Musikwissenschaft (Promotion: 1933), nahm daneben prakti schen Musik- und Schauspielunterricht und begann seine Laufbahn als Verlagslektor und Kunstkritiker. Nach dem 2. Weltkrieg wirkte W. als Kulturredakteur u. a. bei der »Neuen Wiener Tageszeitung«. 1948 wurde er Generalsekretär, 1957 Vizepräsident des »Wiener Kulturkreises«, 1965 bis zu seiner Pensionierung war er Pressechef der Wiener Staatsoper. W., der 1958 mit dem Professorentitel ausgezeichnet wurde, schrieb eine große Anzahl grundlegender, interessanter Musiksachbücher.

*Werke:* »Die Dynastie Strauß« (1939, 1958), »Musik aus Wien« (1943, 1958), »300 Jahre Wiener Operntheater« (mit E. Pirchan und O. Fritz, 1953), »Dirigenten« (mit E. Hanak und W. Jakob, 1965), »Wer ist Wotan? Wagner und die Wagnerianer« (1980), »R. Strauss in Geschichten und Anekdoten« (1989).

**Withalm, Hermann,** * 21. April 1912 in Gaweinstal (NÖ), Notar und Politiker.

Der Müllerssohn besuchte das Gymnasium in Melk und Kalksburg, studierte an der Wiener Universität Jus und ließ sich in Wolkersdorf als Notar nieder. Schon in den 30er Jahren war er auf lokaler Ebene in der »Vaterländischen Front« tätig. Nach dem 2. Weltkrieg holte ihn Julius → Raab in die Politik. 1953–1971 hatte W. ein Nationalratsmandat der ÖVP inne. 1956–1959 wirkte er als Staatssekretär im Finanzministerium. 1960 übernahm er für ein Jahrzehnt das Generalsekretariat der ÖVP. Der »Eiserne Hermann« führte die Partei zu spektakulären Erfolgen, bekannte sich aber ebenso zu deren Niederlagen. Bis 1968 auch Klubobmann der Partei, zählte er zu den konsequenten Gegnern der großen Koalition. 1968–1970 war er Vizekanzler. Nach der Wahlniederlage der ÖVP 1971 wurde er für ein Jahr zum Bundesparteiobmann gewählt, 1972–1988 übernahm er als Bundesobmann den ÖVP-Seniorenbund. Der in seinen Grundsätzen konservative Politiker, der sich aber in Verhandlungen als durchaus kompromißfähig erweisen konnte, hat es nur schwer verwunden, daß seine Partei ihn 1974 anläßlich der Bundespräsidentenwahl als Kandidaten gegen Rudolf → Kirchschläger in letzter Minute fallenließ.

*Werke:* »Der kath. Mann in der Politik« (1960), »Wege zu einem modernen Wirtschafts- und Sozialkonzept« (1963), »Ö. 1970 – Herausforderung und Antwort« (mit K. Pisa, 1963), »Aufzeichnungen« (1973), »Antworten« (1974).

**Wittgenstein, Ludwig,** * 26. April 1889 in Wien, † 29. April 1951 in Cambridge (England), Philosoph.

Der Sohn eines Großindustriellen hat nie Philosophie studiert, und doch hat er die Philosophie des 20. Jh.s entscheidend beeinflußt. W. maturierte in Linz und studierte Maschinenbau in Berlin. 1908 ging er nach Cambridge und wurde Schüler von Bertrand Russell, mit dem ihn bald eine Freundschaft verband, die allerdings nicht von Unstimmigkeiten frei war. 1913 zog sich W. nach Norwegen zurück, um an seinem Hauptwerk »Tractatus logico-philosophicus« zu arbeiten, dessen endgültige Fassung er im Sommer 1918 während eines Urlaubs – er hatte sich bei Kriegsausbruch freiwillig zum Heer gemeldet – niederschrieb und 1921 veröffentlichte. Dem berühmten Schlußsatz dieses Werkes folgend, »Wovon man nicht sprechen kann, darüber muß man schweigen«, wurde er 1920 Volksschullehrer in NÖ., nachdem er das gewaltige Erbteil seines Vaters verschenkt hatte. In diesen Jahren philosophischen Schweigens baute er für seine Schwester ein Haus von strenger Formstruktur (Wien 3, Kundmanngasse), das man als »Stein gewordene Logik« bezeichnet hat.

*Ludwig Wittgenstein*

1929 ging er nach Cambridge zurück, wo er zunächst einen Lehrauftrag, dann eine Professur erhielt. 1947 zog er sich neuerlich zurück, um sich in Irland und Norwegen weiteren Sprachstudien zu widmen. Sie sind in seinem zweiten Hauptwerk »Philosophische Untersuchungen« (1955) niedergelegt, das postum erschien.

Für W. war Philosophie in erster Linie Sprachkritik, die Bedeutung des Wortes hielt er durch den Gebrauch bestimmt. Der wohl bedeutendste österr. Philosoph hat im »Tractatus« die traditionellen metaphysischen Aussagen der Philosophie als sinnlose Sätze entlarvt. Sätze der Ethik konnte er nach seinen eigenen Kriterien nicht formulieren. Den Sinn seines eigenen Lebens suchte er bei Kierkegaard und Tolstoj zu finden.

*Lit.:* P. Kampits, L. W. (1985); R. Monk, W. – Das Handwerk des Genies (1992).

**Witzmann, Carl,** * 26. September 1883 in Wien, † 30. August 1952 in Wien, Architekt und Bühnenbildner.

W. studierte an der Kunstgewerbeschule als Schüler von Josef → Hoffmann, mit dem ihn auch eine enge Freundschaft verband. Seinen ersten durchschlagenden Erfolg hatte er mit einer Ausstellung 1904 in Turin. Der vielseitig begabte Künstler, der ab 1918 an der Kunstgewerbeschule unterrichtete, arbeitete in der Wiener Werkstätte mit. Er entwarf v. a. Inneneinrichtungen, wobei er sich auf Kinos und Theater spezialisierte. Im Auftrag von Max → Reinhardt gestaltete er das Theater in der Josefstadt neu, 1929 schuf er die Innengestaltung des Apollokinos. Auch der Umbau des Johann-Strauß-Theaters (später: Scala) und der Volksoper sind seine Arbeiten. Neben der Gestaltung von Ausstellungen und der Neugestaltung der Repräsentationsräume des Wiener Rathauses entwarf er noch eine Reihe von Villen und Kaffeehausausstattungen (Casa Piccola, Fenstergucker, Bastei). Er ging 1949 in Pension.

**Wlach, Oskar,** * 18. April 1881 in Wien, † 1963 in New York, Architekt.

W. studierte 1898–1906 Architektur an der Technischen Hochschule (Promotion: 1906) und an der Akademie der bildenden Künste bei Otto Wagner. Gemeinsam mit Josef → Frank gründete er das Einrichtungsgeschäft »Haus und Garten«. In enger Zusammenarbeit mit Frank erbaute er Bürohäuser und Villen, auch an der Werkbundsiedlung war er mit einem Projekt beteiligt. Außerdem schuf er zahlreiche Inneneinrichtungen. 1930 emigrierte er über die Schweiz in die USA, wo er aber nicht Fuß fassen konnte.

**Wlassak, Rudolf,** * 27. März 1865 in Brno/Brünn (Mähren), † 10. März 1930 in Wien, Physiologe und Nervenarzt.

Nach einem Medizinstudium in Wien widmete W. seine ganze Energie der Abstinentenbewegung, denn Not und Elend in Wien ließen das Problem des Alkoholismus stetig wachsen. W. betätigte sich aktiv in der »Arbeiter-Abstinentenbewegung« und gab ab 1902 die Zeitschrift »Der Abstinent« heraus. 1922 wurde er zum Leiter der neugegründeten Trinkerheilstätte Am Steinhof bestellt. Neben grundlegenden Arbeiten zum Alkoholismus, wie »Grundriß der Alkoholfrage« (1922), veröffentlichte er wissenschaftliche Arbeiten zum Bau des Kleinhirns, über Sinnesphysiologie und über Raumempfindung.

**Wochinz, Herbert,** * 15. November 1925 in Villach (K), Regisseur und Theaterintendant.

Der Absolvent des Reinhardt-Seminars verbrachte seine Lehrjahre in Paris, wo er mit dem Pantomimen Marcel Marceau, mit Ionesco, Cocteau, Genet und Sartre zusammenarbeitete. Nach seiner Rückkehr eröffnete er in Wien 1956 mit Erstaufführungen von Ionesco und Genet das »Theater am Fleischmarkt«. 1962 initiierte er die Sommerspiele in Schloß Porcia in Spittal an der Drau (K), die mit ihrem auf die klassische italienische und französische Komödie ausgerichteten Programm bald großen Publikumszuspruch fanden. 1968 wurde der erfolgreiche Theatermann Intendant des Klagenfurter Stadttheaters, das er mit großem organisatorischen Geschick und künstlerischen Zugeständnissen an das Publikum zu einem »Theater für alle Kärntner« umwandelte. Seine Ära (bis 1991), die u. a. mit beachtenswerten Opernaufführungen ebenso wie mit Operetten und Balletten ein abwechslungsreiches Programm bot, ist in die Kärntner Theatergeschichte eingegangen.

**Wohlgemuth, Else,** * 1. Jänner 1881 in Berlin, † 30. Mai 1972 in Wien, Schauspielerin.

Sie war eine der ganz großen Schauspielerinnen des Wiener Burgtheaters. Sie debütierte hier, nach Engagements an deutschen Bühnen, 1910 als Anna in »Richard III.«. 1913 erhielt sie den Titel »Hofschauspielerin«, 1935 wurde sie Ehrenmitglied des Hauses. Bis zu ihrem von den Nationalsozialisten erzwungenen Exil 1938 und wieder ab 1945 spielte sie alle großen klassischen

*Else Wohlgemuth*

Frauengestalten: Iphigenie, Sappho, Desdemona, Minna von Barnhelm, Leonore in »Fiesco« und Maria Stuart, die Krönung ihrer Schauspielkunst, und verlieh ihnen eine verinnerlichte adelige Würde. »Sie war«, schreibt Ernst → Haeusserman in seinem Burgtheater-Buch, »sozusagen die geborene Königin des klassischen Repertoires.« W. war eine Schauspielerin des Majestätischen, ihre Grazie und das verhaltene Pathos ihrer Stimme paßten voll und ganz zum feierlichen Aufführungsstil, von dem das Burgtheater zu ihrer Zeit geprägt war und den sie mitgestaltete. W. war seit 1918 mit Emmerich Graf Thun-Hohenstein verheiratet.

**Wolf, Gusti,** * 11. April 1912 in Wien, Kammerschauspielerin.

Die Tochter eines Beamten der k. u. k. Südbahngesellschaft sollte nach dem Wunsch des Vaters eine tüchtige Hausfrau werden. Statt dessen wurde sie eine außerordentliche Schauspielerin. Sie nahm heimlich Schauspielunterricht, ging nach Böhmisch-Krumau in ihr erstes Engagement und debütierte 1934 als Herzog von York in Shakespeares »Richard III.« am Burgtheater. Anschließend sammelte sie an den Wiener Kammerspielen, in Mährisch-Ostrau, München und Berlin Theatererfahrung. 1946 kehrte sie an die »Burg« in ein festes Engagement zurück. Zierlich, temperamentvoll und bezaubernd, spielte sie 7 Jahre lang den Puck im »Sommernachtstraum« und im Laufe von Jahrzehnten ungezählte Charakterrollen. 1937 wurde sie für den Film entdeckt (»Austernlily«) und feierte mit Kassenschlagern wie »Jetzt schlägt's 13«, »Orient-Express« und »Mädel ahoi« Erfolge. Später wirkte sie auch beim Fernsehen, wo sie in zahlreichen Serien (»Der alte Richter«, »Rosa und Rosalinde«, »Kottan ermittelt«) brillierte.

**Wolfgruber, Gernot,** * 20. Dezember 1944 in Gmünd (NÖ), Schriftsteller.

W. besuchte die Hauptschule, ging in eine Lehre und war dann in verschiedenen Berufen tätig. 1968 holte er die Matura nach, 1968–1974 studierte er Publizistik und Politologie in Wien, entschloß sich aber dann, als freier Schriftsteller zu leben.

In seinen Romanen schildert er illusionslos das ausweglose Leben im kleinbürgerlich-proletarischen Arbeitermilieu in der Provinz, wobei er eigene Erfahrungen mit einbringt. W. hat, zum Teil gemeinsam mit Helmut → Zenker, auch Hör- und Fernsehspiele verfaßt (»Der Vertreter«, 1976, »High Noon«, 1978).

*Werke:* »Auf freiem Fuß« (1975), »Herrenjahre« (1976), »Verlauf eines Sommers« (1981), »Die Nähe der Sonne« (1985).

**Wölfling, Leopold (Erzherzog Leopold Ferdinand Salvator),** * 2. Dezember 1868 in Salzburg, † 4. Juli 1935 in Berlin.

Erzherzog Leopold Ferdinand Salvator war der älteste Sohn von Großherzog Ferdinand IV. von Toskana. Er wurde zum Marineoffizier ausgebildet, dann aber wegen verschiedener Unzukömmlichkeiten vom Kaiser zur Infanterie versetzt. Wegen einer unstandesgemäßen Liaison kam er in eine geschlossene Anstalt, wonach er nicht wieder in die Armee aufgenommen wurde. 1902 verzichtete er auf Titel und Rechte eines Erzherzogs, nahm den bürgerlichen Namen Leopold Wölfling an und ehelichte seine Angebetete, ließ sich jedoch bald wieder scheiden. Er heiratete anschließend noch zweimal und lebte hauptsächlich in der Schweiz und in Paris von seiner Apanage. Nach 1918 mußte er sich seinen Lebensunterhalt selbst verdienen. Er hielt sich in Wien und in Berlin auf und ging den verschiedensten Beschäftigungen nach (u. a. war er Würstelverkäufer und führte in Wien-Donaustadt eine Gemischtwarenhandlung). Schriftstellerisch nicht unbegabt, verfaßte er Bücher, in denen er verschiedene Mitglieder des Hauses Habsburg einer heftigen Kritik unterzog.

*Werke:* »Habsburger unter sich« (1921), »My Life Story. From Archduke to Grocer« (1930), »Als ich Erzherzog war« (1935, 1988).

*Lit.:* F. Weissensteiner, L. Ferdinand W., in: Reformer, Rebellen und Republikaner (1987).

**Wolfsberger, Walter,** * 19. Juni 1930 in St. Wolfgang (NÖ), Unternehmensleiter.

Der Sohn eines Volksschullehrers studierte nach der Matura Handelswissenschaften (Promotion: 1955). Schon während seines Studiums arbeitete er in der Bundeswirtschaftskammer, die ihn 1958–1960 als Sekretär des Handelsdelegierten nach Toronto delegierte. 1960–1962 wirkte er in Wien als Nahostreferent der Bundeskammer, 1962–1966 war er Handelsattaché in Moskau. 1966 wechselte er zur Siemens AG, wo er 1971 zum Vorstandsmitglied und 1975 zum Generaldirektor und Vorstandsvorsitzenden bestellt wurde. W. setzt in seinem Unternehmen sehr auf Bildungsförderung für die Mitarbeiter. Er tritt gegen modische Technikfeindlichkeit auf und argumentiert, daß es eben der Mensch sei, der die Technik negativ einsetze.

**Wotruba, Fritz,** * 23. April 1907 in Wien, † 28. August 1975 in Wien, Bildhauer und Bühnenbildner.

W. ist der wohl bedeutendste österr. Bildhauer dieses Jh.s. Er absolvierte eine Graveurlehre, studierte dann an der Wiener Kunstgewerbeschule bei Anton → Hanak und entschied sich 1929, als freischaffender Künstler zu leben. Seine erste Ausstellung 1930 stieß bei Kritik und Publikum auf Ablehnung, doch setzte der Künstler seinen Weg mit Konsequenz und Leidenschaft fort. 1938 emigrierte er in die Schweiz. Nach der Rückkehr erhielt er 1945 eine Professur für Bildhauerei an der Wiener Akademie der bildenden Künste. Aus seiner Schule sind Künstler wie → Avramidis, → Bertoni, → Hrdlička und → Leinfellner hervorgegangen, die bis heute das Bild der österr. Plastik bestimmen.

W. fand von gemäßigt naturalistischen Anfängen über eine archaisierende Phase im Verlauf einer längeren Entwicklung zu dem für ihn charakteristischen blockhaften Stil. Im Zentrum sei-

*Fritz Wotruba*

nes Schaffens stand stets die menschliche Figur: monumentale Steinfiguren, die er in immer neuen Abwandlungen gestaltete. Der Künstler setzte sich mit der Kirche »Zur Heiligen Dreifaltigkeit« auf dem Georgenberg in Wien-Mauer, einem sakralen Zyklopenbau, der seinen Formwillen und seine dynamische Gestaltungskraft atmet, ein bleibendes, weithin sichtbares Denkmal. Die Vollendung des großen, umstrittenen Werkes hat er nicht mehr erlebt. W. gestaltete auch faszinierende Bühnenbilder (z. B. den Antike-Dramen-Zyklus für das Wiener Burgtheater) und schuf Aquarelle und Zeichnungen.

*Lit.:* F. Heer, F. W. (1977).

**Wurzbach, Alfred Wolfgang,** * 3. Juni 1879 in Wien, † 10. Februar 1957 in Wien, Romanist und Literaturhistoriker.

Der Sohn eines Kunsthistorikers und Enkel des berühmten Lexikographen studierte nach dem Besuch des Schottengymnasiums in Wien (Promotion: 1902). Nach seiner Habilitation

1909 lehrte er 1922–1949 als Univ.-Prof. für Romanistik in Wien. Er trat v. a. als Übersetzer der Werke Calderons, Cervantes' und Lope de Vegas in Erscheinung. Außerdem edierte er die Werke von Gottfried August Bürger und Johann Gabriel Seidl. Große Bedeutung hatte er auch als Autographensammler; zu seiner Sammlung veröffentlichte er sogar einen Katalog.

*Werke:* »Lope de Vega und seine Komödien« (1899), »Geschichte des französischen Romans« (1913), »Aus den Erinnerungen eines Sammlers« (1933).

# Z

**Zacherl, Michael,** * 1. September 1905 in Wien, † 26. März 1990 in Wien, Chemiker.

Nach seinem Chemiestudium in Wien arbeitete Z. 1930–1938 als Assistent am medizinisch-chemischen Institut der Universität Graz. Er war Mitarbeiter → Pregls. Als engagierter Katholik und Gegner der Nationalsozialisten mußte er 1938 die Universität verlassen und war bis Kriegsende bei IG-Farben tätig. 1946 habilitierte er sich für medizinische Chemie an der Tierärztlichen Hochschule in Wien, wo er 1961–1975 lehrte und mehrfach zum Rektor gewählt wurde. Z. ist ein Pionier der Elementaranalyse. Er beschäftigte sich v. a. mit der organischen Mikroanalyse der medizinischen Chemie und der Gerichtsmedizin. Er war auch Mitherausgeber des »Handbuchs der mikrochemischen Methoden« (1954). Außerdem machte er sich besonders um den Auslandsstudentendienst und um das Forschungskuratorium für Entwicklungshilfe verdient.

**Zadek, Hilde,** * 5. Dezember 1917 in Bydgoszcz/Bromberg (Polen), Kammersängerin.

Die Sopranistin mit der ausdrucksstarken, tiefen Stimme verbrachte ihre Jugend in Wien und Stettin. Sie mußte 1934 Deutschland als Jüdin verlassen und wanderte nach Palästina aus, wo sie zeitweilig als Krankenschwester arbeitete. In Jerusalem und später in Zürich ließ sie sich musikalisch ausbilden und debütierte 1947 an der Wiener Staatsoper als Aida mit sensationellem Erfolg. In den nächsten beiden Jahrzehnten sang die Wahlwienerin zahlreiche Partien und brillierte v. a. im italienischen Fach, in Mozart-Opern (Figaro, Don Giovanni) und als R. → Strauss-Sängerin (Ariadne, Marschallin). Ihren größten Triumph feierte Z., die sich an allen großen Bühnen der Welt in die Herzen des Publikums sang, als Magda Sorel in Menottis »Der Konsul«, eine Bühnenfigur, der sie berührende Züge verlieh. Nach ihrem Abgang von der Opernbühne wirkte die berühmte Sängerin als Prof. an der Wiener Musikakademie.

**Zak, Franz,** * 30. Juni 1917 in Niederedlitz (NÖ), kath. Bischof.

Der Bauernsohn maturierte am Stiftsgymnasium Seitenstetten und rückte im 2. Weltkrieg als Soldat ein. Nach seiner Priesterweihe 1947 war er als Bistumssekretär in St. Pölten tätig. 1954 konnte er seine Studien in Rom beenden. 1956 wurde er zum Bischof-Koadjutor, 1961 zum Bischof von St. Pölten ernannt. Als Wahlspruch wählte er: »Juste, pie, fortiter« (gerecht, fromm und tapfer). Er kümmerte sich besonders um den Wiederaufbau der Diözese und um die Förderung des Priesternachwuchses. In der Bischofskonferenz war er zunächst Jugendbischof, 1969–1985 Militärvikar. 1991 resignierte Z.; die Bestellung seines Nachfolgers → Krenn entsprach nicht seinen Intentionen.

*Werke:* »Dignitäten und Kapitel in den ehemaligen Kollegiatsstiften der Diözese St. Pölten« (1955).

*Lit.:* H. Ströbitzer, F. Z. (1987)

**Zand, Herbert,** * 14. November 1923 in Knoppen bei Bad Aussee (St), † 14. Juli 1970 in Wien, Schriftsteller.

Z. verbrachte seine Kindheit auf dem bäuerlichen Anwesen seines Vaters. Im 2. Weltkrieg wurde er schwer verwundet. Er war Verlagslektor und in der Kulturfilmproduktion tätig, ehe er sich dazu entschloß, als freischaffender Schriftsteller zu leben. Bereits die ersten Bücher des sprachschöpferischen Autors, der sich in seinen Romanen und Gedichten mit dem Kriegserlebnis und gesellschaftskritischen Themen auseinandersetzte, stießen bei der Literaturkritik auf Zustimmung und wurden mit Preisen bedacht (Förderungspreis für Literatur 1952, Trakl-Preis, Rosegger-Preis); v. a. dem Roman »Letzte Ausfahrt« (1953) wurde höchstes literarisches Lob zuteil. Daneben machte sich Z. auch als Übersetzer aus dem Englischen (Henry Miller, Lawrence Durrell) einen Namen. Seine gesammelten Werke wurden von Wolfgang → Kraus herausgegeben (6 Bde., 1971–1973).

*Werke:* »Die Sonnenstadt« (Roman, 1949), »Die Glaskugel« (Lyrik, 1953), »Der Weg nach Hassi el emel« (1956), »Erben des Feuers« (1961).

**Zangerle, Ignaz,** * 20. Jänner 1905 in Reutte (T), † 5. Juli 1987 in Innsbruck, Erwachsenenbildner.

Der engagierte Tiroler Katholik maturierte am Stiftsgymnasium Seitenstetten und studierte anschließend Germanistik und Geschichte in Innsbruck. Hier kam er früh mit Ludwig von → Ficker und – im »Brenner«-Umkreis – mit Ferdinand → Ebner, Theodor Haecker und Georg Trakl in Berührung. Er arbeitete beim Arbeitsamt, im Verlagswesen und schließlich als Leiter des Katholischen Bildungswerkes und als bundesstaatlicher Volksbildungsreferent in Tirol. Die Erwachsenenbildung, in der er Pionierarbeit leistete, insbesondere die österr. und internationalen katholischen Erwachsenenbildungseinrichtungen, war ihm eine Herzensangelegenheit. Der Name des kritischen, für Veränderungen stets offenen Christen ist aus dem Kulturleben der österr. Republik nicht wegzudenken.

**Zawinul, Joe (Josef),** * 7. Juli 1932 in Wien, Jazzmusiker.

Der Jazzmusiker von internationalem Rang studierte in Wien und New York. Er wirkte in zahlreichen Bands, so bei den »Austrian All Stars«, als Pianist mit, in Fatty → Georges Jazzband spielte er die Baßtrompete. 1959 ging er in die USA, wo er Begleiter von Dinah Washington und Joe Williams wurde. Er spielte 10 Jahre lang bei Cannonball Adderley, schloß sich danach Miles Davis an und gründete 1970 seine eigene Band »Weather Report«, mit der er zur Weltspitze vorstieß. Z. tritt auch immer wieder in Ö. auf, so 1986 gemeinsam mit Friedrich → Gulda in Wien, 1992 beim Donaufestival in Krems.

**Zbonek, Edwin,** * 28. März 1928 in Linz, Theater- und Filmregisseur.

Z. studierte Hörfunk- und Theaterregie am Reinhardt-Seminar in Wien. Er inszenierte an verschiedenen Bühnen (Theater in der Josefstadt, Burgtheater, Volkstheater, Tiroler Landestheater, Opernhaus Graz, Seefestspiele Mörbisch u. a.). Gleichzeitig beschäftigte er sich intensiv mit dem Film. Er war in den 50er Jahren ein einflußreicher Filmkritiker im Rundfunk und in der Tageszeitung »Neues Österreich«. Sein Erstling als Spielfilmregisseur, »Am Galgen hängt die Liebe« (1960), wurde ein künstlerischer Erfolg. Nach kommerziellen Auftragsproduktionen scheiterte er mit der deutsch-jugoslawischen Koproduktion »Mensch und Bestie« (1963). Erst 1982 konnte er seinen stärksten Kinofilm, »Gehversuche«, realisieren, in dem er sehr deskriptiv und sensibel das kleinbürgerliche Milieu in der Provinz schildert. Z. war eine Zeitlang künstlerischer Leiter und Hauptspielleiter des »Theaters der Jugend« in Wien. Er inszenierte zahlreiche Fernsehspiele, darunter sämtliche Folgen der populären Serie »Der alte Richter« mit Paul → Hörbiger.

**Zdarsky, Matthias,** * 25. Februar 1856 in Koschichowitz bei Třebič/Trebitsch (Mähren), † 20. Juni 1940 in St. Pölten (NÖ), Lehrer und Skipionier.

Der Sohn einer kinderreichen Müllerfamilie wollte ursprünglich Naturwissenschaftler werden. Statt dessen wurde er Lehrer, Maler und Bildhauer. Nach seiner Ausbildung unternahm er ausgedehnte Studienreisen nach Nordafrika und Italien, die in einer Reihe von Bildern ihren Niederschlag fanden. Berühmt wurde er allerdings nicht als Künstler, sondern als Skipionier. Angeregt durch Versuche mit einer Schneeschuhbindung in Norwegen, entwickelte Z. 1896 die »Lilienfelder Stahlsohlenbindung«, die erstmals Steilabfahrten und Torläufe ermöglichte. Im selben Jahr erschien sein Buch über die von ihm entwickelte »Lilienfelder Skilauf-Technik« (ab der 4. Aufl.: »Alpine [Lilienfelder] Skifahrttechnik«) – das erste Skilehrbuch der Welt. 1898 gründete er in Lilienfeld (NÖ) einen Skiverein. 1905 veranstaltete er dort auf dem Muckenkogel den ersten Riesentorlauf der Skigeschichte. Die von ihm propagierte altnorwegische Einstocktechnik hat sich allerdings nicht durchgesetzt.

*Lit.:* W. Gottfried, M. Z. – Der Mann und sein Werk (1987).

**Zechyr, Othmar (eigtl. Zechner),** * 28. Mai 1938 in Linz, Graphiker und Maler.

Z. wuchs z. T. in Erziehungsanstalten auf. Er lernte zunächst Gärtner, arbeitete dann in einer Goldschmiedewerkstatt und beschäftigte sich mit der Kunst des Gravierens. Nach dem Besuch der Kunstschule Linz studierte er an der Akademie der bildenden Künste in Wien bei Andersen und → Boeckl. Er unternahm zahlreiche Reisen (Kreta, Sizilien, wo er Vulkanstudien machte, Türkei, Marokko). Z. ist ein begabter und eigenständiger Künstler, der in seinen frühen Radierungen technische Organismen (Flugobjekte, Maschinen) thematisierte, die unheimlich und bedrohlich wirken. In einer beinahe altmeisterlichen Technik schuf er »Mega-Türme« und »Astral-Visionen«. Danach entstanden Maschinenstädte, in die Natur und Landschaften (Waldgestrüpp, Felsformationen) eingebunden sind. Die Kunstkritik hat auf die interessanten Arbeiten des Künstlers mehrfach aufmerksam gemacht.

*Lit.:* Z. (Katalog Albertina, 1983).

**Zednik, Heinz,** * 21. Februar 1940 in Wien, Sänger.

Der Sohn eines Großkaufmanns besuchte das Piaristengymnasium, nahm Gesangsunterricht und Klavierstunden und wurde nach der Matura am Wiener Konservatorium ausgebildet. Er debütierte 1964 am Grazer Stadttheater. Schon ein Jahr später wurde er an die Wiener Staatsoper geholt, deren Mitglied er heute noch ist. Als Tenor-Buffo beherrscht der liebenswerte, geschätzte Sänger, der sich auch dem Wienerlied und dem Film widmet, ein umfangreiches Repertoire. Seine Glanzrollen sind der Pedrillo (»Entführung aus dem Serail«), der Monostatos (»Zauberflöte«) und der Wenzel (»Verkaufte Braut«). Bei den Bayreuther Festspielen, an denen er seit 1970 mitwirkt, war der Charaktertenor u. a. als David in den »Meistersingern«, als Steuermann im »Fliegenden Holländer« und als Mime in »Rheingold« zu hören.

**Zehner, Wilhelm,** * 2. September 1883 in Bistritz (Siebenbürgen), † 10. April 1938 (ermordet) in Wien, Berufsoffizier.

Der Offizierssohn absolvierte die Infanteriekadettenschule Kamenitz bei Peterwardein. 1902 trat er in den Dienst der k. u. k. Armee. 1913 erfolgte seine Ernennung zum Militärintendanten. Im 1. Weltkrieg avancierte der mehrfach Ausgezeichnete zum Hauptmann. Im neuen Bundesheer der Republik blieb er Berufsoffizier, wurde 1924 Bataillonskommandant, 1931 Oberst und 1933 Generalmajor und Brigadekommandant. Im Juli 1934 zum Staatssekretär für Landesverteidigung ernannt, bemühte er sich mit aller Kraft um eine Wiederaufrüstung des Bundesheeres. Besonders eine Modernisierung angesichts der offenen Bedrohung durch das Deutsche Reich lag ihm am Herzen. In seine Ära fiel auch die Einführung der allgemeinen Wehrpflicht, der eine Ausschaltung aller Wehrverbände, die sich zur unliebsamen Konkurrenz des Bundesheeres entwickelt hatten, vorausging.

Z. wurde im April 1938 von NS-Schergen ermordet.

**Zeillinger, Gustav,** * 1. Februar 1917 in Wien, Jurist und Politiker.

Nach dem Jusstudium in Wien ließ sich Z. nach dem 2. Weltkrieg als Rechtsanwalt in Salzburg nieder. 1953–1977 hatte er ein FPÖ-Nationalratsmandat inne. Der Parlamentarier, der als scharfzüngiger und schlagfertiger Debattenredner bekannt und geschätzt wurde, war viele Jahre Vorsitzender des Justizausschusses. Als Wehrexperte seiner Partei gehörte er dem Landesverteidigungsrat an. Als Politiker trat er stets für eine Beteiligung der FPÖ an der Regierung ein. 1977 wurde er einer der drei ersten Volksanwälte, jedoch unter Parteiobmann Norbert → Steger 1982 eher unelegant von diesem Amt abberufen. Seitdem ist er Obmann des »Vereins Österr. Steuerzahler«.

**Zelibor, Gustav,** * 10. Jänner 1903 in Wien, † 28. Dezember 1978 in Wien, Pianist und Komponist.

Z. war Sängerknabe in St. Stephan in Wien und trat 1917 in die Musikakademie ein, wo Joseph → Marx und Franz → Schmidt seine Lehrer waren. Seit 1923 wirkte er als Pianist und Kapellmeister an Wiener Bühnen (Theater in der Josefstadt, Kammerspiele, Kleines Theater im Konzerthaus). Als Komponist schrieb er Schlager (»Mach nicht so traurige Augen«, »Mir kommen Tränen«), Tanzmusik, Wienerlieder (»Ich bin in mein Wien so verliebt«), Musik für Hör- und Lustspiele (»Erika«, »Geraldine«) und Operetten. Er war langjähriger Mitarbeiter des Österr. Rundfunks und erlangte als musikalischer Betreuer der Radiosendung »Was gibt es Neues« mit Heinz → Conrads (ab 1957 auch im TV) große Popularität.

**Zeller, Bibiana,** * 25. November 1928 in Wien, Kammerschauspielerin.

Z. nahm nach dem Gymnasium privaten Schauspielunterricht. Sie debütierte am Theater in der Josefstadt und war dann am Berliner Theater am Kurfürstendamm und in Bonn tätig. Über Wiener Kleinkunstbühnen, wo sie durch ihre Originalität auffiel, kam sie 1972 an das Burgtheater. Die wandlungsfähige Künstlerin hat in ihrer Laufbahn zahlreiche Rollen gespielt, die Frieda in Kafkas »Schloß«, die Karoline in Molnárs »Die Fee«, die Salome in Nestroys »Titus Feuerfuchs« ebenso wie die Mutter in Horváths »Don Juan kommt aus dem Krieg« oder Frau Liebig in Bernhards »Heldenplatz«.

Bei Z. paaren sich Lieblichkeit und Skurrilität, Tragik und Komik auf sehr persönliche Weise. Ihre Figuren sind immer rund, gestaltet mit allen Nuancen ihrer Persönlichkeit und ihres Charakters. Als »Frau Kottan« hat sie im Fernsehen bewiesen, daß sie mit ihrer Schauspielkunst auch Zugang zum breiten Publikum findet.

**Zeller-Zellenberg, Wilfried,** * 28. Jänner 1910 in Wien, † 3. April 1989 in Wien, Buchillustrator und Autor.

Das skurril-kauzige Künstleroriginal besuchte in Wien das Gymnasium und die Kunstgewerbeschule. 1943 im 2. Weltkrieg schwer verwundet, wurde er aus dem Militärdienst entlassen, absolvierte einen Kurs an der Hochschule für angewandte Kunst und entschloß sich, als freischaffender Künstler zu leben. Er schuf Zeichnungen und Aquarelle, die auf zahlreichen Ausstellungen das Publikum zum Schmunzeln brachten. Vor allem machte er sich als Buchillustrator einen Namen. Er illustrierte mit seinem feingliedrigen, ironischen Strich und zart hingehauchten Wasserfarben mehr als 400 Bücher, darunter → Weinhebers »Wien wörtlich« und Strnads Dialektgedichte. Z.-Z. war auch als Autor tätig. Er schrieb Essays und Feuilletons und veröffentlichte Bücher wie »Seid lieb zueinander – Ein k. u. k. Kaleidoskop« (1974) und »Seid lieb zu den Disteln« (1976).

**Zelwecker, Franz,** * 8. Jänner 1911 in Wien, Dirigent und Komponist.

Z. begann nach der Matura ein Jusstudium, wandte sich dann aber der Musik zu und studierte bei Joseph → Marx. 1934 begann er seine Karriere beim Österr. Rundfunk. Nach Unterbrechung durch den 2. Weltkrieg setzte er seine Rundfunktätigkeit fort, wechselte sich mit Charly → Gaudriot und Max → Schönherr am Dirigentenpult des Großen und des Kleinen Wiener Rundfunkorchesters ab und spielte mit seiner eigenen Band in noblen Etablissements zum Tanz auf. 1950–1955 und später noch einmal für zwei Jahre war er dazwischen Musikdirektor am abessinischen Kaiserhof. 1976 ging er als musikalischer Leiter von Radio NÖ. in Pension. Z. schuf zwei Operetten (»Wiener Bonbons«, »Walzerkongreß«) sowie zahlreiche Werke der gehobenen Unterhaltungsmusik, Wienerlieder und Chansons für seine Gattin, den ehem. Revuestar Minja Petja.

**Zemanek, Heinz,** * 1. Jänner 1920 in Wien, Computerfachmann.

Z. studierte an der Wiener Technischen Hochschule Nachrichtentechnik (Dipl.-Ing.: 1944, Dr. techn.: 1951). Als Universitätsassistent widmete er sich der Entwicklung des ersten volltransistorierten Computers, der, mit dem poetischen Namen »Mailüfterl« versehen, 1961 fertiggestellt wurde. Z.s hervorragende Forschungen wurden von IBM mit dem Auftrag, ein Firmenlaboratorium aufzubauen, honoriert. Der Prototyp landete mittlerweile im Technischen Museum. Seit 1964 lehrt Z. an der Technischen Universität und hat seitdem mehr als 350 einschlägige wissenschaftliche Arbeiten publiziert. Er schrieb u. a. eine Arbeit über den usbekischen Mathematiker al-Chorezmi, der im 12. Jh. lebte und aus dessen Namen der allen Computerfachleuten vertraute Begriff Algorithmus entstand. Z., Präsident der Österr. Computergesellschaft, entwickelte auch die »Vienna Definition Language«, einen logischen Fachjargon im Umgang mit dem Gerät.

**Zemanek, Karl,** * 18. November 1929 in Wien, Völkerrechtler.

Z. absolvierte Jusstudien in Wien, Oxford und Paris. 1957 habilitierte er sich für Völkerrecht, 1958 erhielt er eine a. o. Professur, 1964 wurde er Ordinarius. Er profilierte sich v. a. mit Forschungen zu aktuellen Problemfeldern, wie dem Vertragsrecht internationaler Organisationen, zu Fragen der Staatensukzession und Staatenverantwortlichkeit. Er ist Mitglied des Ständigen Haager Gerichtshofes, Konsulent des österr. Außenministeriums und eine Autorität in Neutralitätsfragen.

**Zeman, Walter,** * 1. Mai 1927 in Wien, † 8. August 1991 in Wien, Fußballspieler.

Der populärste österr. Tormann nach 1945 begann seine Laufbahn in Wien-Favoriten. Er übersiedelte 1945 vom FC Wien zu Rapid, wo er 15 Jahre zu den Stützen der Kampfmannschaft zählte. »Der Tiger«, wie er wegen seiner Ge-

*Heinz Zemanek*

wandtheit und Reaktionsschnelligkeit im Volksmund hieß, wurde bereits als 18jähriger in das österr. Nationalteam berufen, dem er 41mal angehörte. Er war auch dabei, als Ö. 1954 bei der Fußball-WM in der Schweiz den dritten Platz eroberte, 1953 stand er sogar in der Fußballweltauswahl. Nach Beendigung seiner Karriere 1960 verdiente sich Z. als Gaskassier bei den Wiener Stadtwerken seinen Lebensunterhalt.

**Zenker, Helmut,** * 11. Jänner 1949 in St. Valentin (NÖ), Schriftsteller.

Z. absolvierte die Lehrerausbildung in Wien und war dann als Haupt- und Sonderschullehrer in Wien und Kufstein (T) beschäftigt. Seit 1973 lebt er als freier Schriftsteller.

Z. gründete 1969 gemeinsam mit Peter → Henisch die Literaturzeitschrift »Wespennest«. 1973 legte er mit »Wer hier die Fremden sind« seinen ersten Roman vor, für den ihm bereits ein großes Talent, soziale Zu- und Mißstände zu schildern, bescheinigt wurde. Auch »Kassbach« (1974), sein nächster Roman, wurde von der Kritik gelobt. In der Folge schrieb Z. Gedichte (»Relationen«, 1976), Kinderbücher (»Der Drache Martin«, 1977) und Erzählungen (»Der Gymnasiast«, 1978). Bekannt wurde er durch seine Arbeit für Rundfunk und Fernsehen. Nach Hörspielen und TV-Drehbüchern war Z. mit der parodistisch-satirischen TV-Krimiserie »Kottan ermittelt« besonders erfolgreich, die auch in Buchform erschienen ist.

**Zeppel-Sperl, Robert,** * 19. März 1944 in Leoben (St), Maler.

Z.-S. absolvierte das humanistische Gymnasium in Seckau und studierte anschließend an der Akademie der bildenden Künste in Wien bei Max → Weiler. Bereits 1967 hatte er seine erste Einzelausstellung in der Galerie »Junge Generation« in Innsbruck und wurde ein Jahr später bei der Ausstellung »Wirklichkeiten« in der Wiener Secession »entdeckt«. Der Künstler lebte 1969–1975 überwiegend in Venedig, seither ist er in Wien tätig. Zunächst stark von der Wiener Schule des Phantastischen Realismus beeinflußt, setzte er sich mit dem Surrealismus, mit Antes, Beckmann und Braque und mit Pop-Art auseinander und entwickelte aus diesem Stilgemenge, dem er einen Schuß Naivität und Realismus beigab, seinen persönlichen Stil. Phantasievoll, einfallsreich und spontan erzählte er in seinen farbenfrohen, üppig ornamentierten Arbeiten Geschichten voll Humor. Die übereinandergestapelten Bildertürme quellen von nackten Frauenleibern, Hexen, Ungeheuern und wunderlichen Maschinerien über. Die systematische Unordnung lädt zum Betrachten ein, beschaulich sind die Bilder allerdings nicht.

**Zernatto, Guido,** * 21. Juli 1903 in Treffen (K), † 8. Februar 1943 in New York, Lyriker, Schriftsteller und Politiker.

Der Sohn eines Landwirts und Kaufmanns nahm als Schüler an den Kärntner Abwehrkämpfen teil. Später arbeitete er als Einkäufer einer Holzhandelsgesellschaft und als Wanderlehrer des »Deutschen Schulvereins Südmark«. 1925 gründete er die Kulturzeitschrift »Kärntner Monatshefte«, die jedoch nur ein Jahr Bestand hatte. 1926 übersiedelte er nach Wien, wo er 6 Semester Jus studierte. 1930 gewann er für seinen Lyrikband »Gelobt sei alle Kreatur« den Lyrikpreis des Dresdner Jess-Verlags.

Bereits seit 1928 beim Steir. Heimatschutz in Wien tätig, wurde er Sekretär der Bundesführung und dann des »Heimatblocks«, wobei sich seine Tätigkeit hauptsächlich auf kulturpolitische Fragen beschränkte. Außerdem brachte er dem schon viel diskutierten Ständewesen großes Interesse entgegen. 1934 wurde Z. in den Bundeskulturrat delegiert, 1936 wurde er Staatssekretär für Angelegenheiten des Bundeskanzleramtes und Generalsekretär der »Vaterländischen Front«. In dieser Funktion sollte er v. a. Gespräche mit den verschiedenen nationalen Gruppen anbahnen. Im März 1938 floh er über Preßburg nach Paris, wo sein Erinnerungswerk »Die Wahrheit über Ö.« erschien. 1940 emigrierte er in die USA, 1941 wurde er Assistant Research

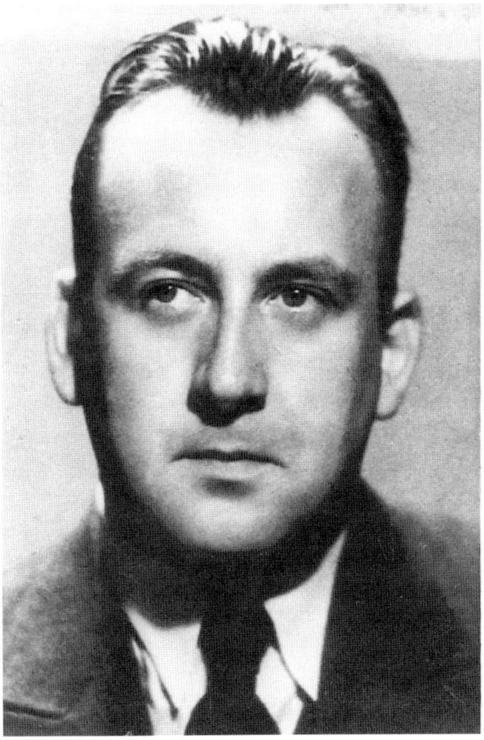

*Guido Zernatto*

Prof. für Politische Wissenschaften an der Fordham-Universität. In seiner Lyrik blieb der katholische Schriftsteller dem bäuerlichen Lebenskreis seiner Kärntner Heimat verhaftet.

*Werke:* »Mein Herz im Spiegel« (Lyrik, 1928), »Die Sonnenuhr« (Lyrik, 1933), »Der Weg über den Berg« (Roman, 1933), »Die sinnlose Stadt« (Roman, 1934), »Der Jahrmarkt« (Lyrik, 1946), »Vom Wesen der Nation« (hgg. von W. In der Maur, 1966).

*Lit.:* I. U. Zimmer, G. Z. (1970); O. Drekonja, Erinnerungen an G. Z. (1981).

**Zeska, Philipp,** * 27. April 1896 in Wien, † 5. August 1977 in Wien, Kammerschauspieler, Regisseur und Schriftsteller.

Der Sohn des Schauspielers Karl Z. debütierte 1914 am Frankfurter Schauspielhaus und kam über das Deutsche Theater in Bukarest (1916/17) nach Wien an das Theater in der Josefstadt und 1920 an das Burgtheater. Hier spielte er in den Jahrzehnten seiner Ensemblezugehörigkeit in rund 300 Stücken insgesamt 320 Rollen, zunächst im Fach des jugendlichen Helden und Liebhabers, später als Charakterdarsteller und Komiker, und überlebte nicht weniger als 14 Direktoren. Als Regisseur inszenierte Z. an der »Burg« sowie an dem von ihm gemeinsam mit K. Eidlitz gegründeten Burgtheaterstudio ungefähr 40 Stücke (Nestroy, Molières »Misanthrop«, »Erde« von Karl → Schönherr). Er war auch Präsident der Gesellschaft der Förderer neuer österr. Dramatik. 1957–1959 hatte er die Direktion des Stadttheaters Klagenfurt inne. Außerdem wirkte er in Filmen mit und schrieb Lustspiele, Dramen sowie Novellen und Gedichte. Sein Lyrikband »Unsterblicher Prater« (1947) wurde besonders bekannt.

**Zilcher, Eva,** * 25. November 1920 in Würzburg (Deutschland), Kammerschauspielerin.

Z. emigrierte 1933 mit der Mutter und dem Stiefvater, der jüdischer Herkunft war, in die Schweiz, kehrte aber nach Deutschland zurück und erhielt in Berlin eine Schauspielausbildung. 1939 debütierte sie in Köln, 1941 erhielt sie ein Engagement an den Städtischen Bühnen in Graz und wurde 1944 von Heinz Hilpert nach Wien geholt. 1945 spielte sie bei der Wiedereröffnung des Volkstheaters die Hero in »Des Meeres und der Liebe Wellen« und war dann an der »Insel«, am Theater in der Josefstadt und in der »Scala« beschäftigt. Gastspiele führten sie nach Zürich, Berlin und Basel. Seit 1960 spielte sie am Burgtheater, wo sie zahlreiche Rollen in Stücken von → Schnitzler (Gabriele in »Anatol«) und Grillparzer (Margarethe von Ö. in »König Ottokar«), Shakespeare (Elisabeth in »Richard III.«) und Schiller (Gräfin Terzky in »Wallensteins Tod«) sowie Dürrenmatt, Brecht und Pirandello verkörpert hat. Z. war die hilfreiche Gefährtin ihrer erblindeten Kollegin Dorothea → Neff.

**Zilk, Helmut,** * 9. Juni 1927 in Wien, Lehrer und Politiker.

Z. wurde zunächst Pflichtschullehrer und studierte dann Psychologie und Germanistik (Promotion: 1954). 1958–1966 unterrichtete er als Prof. für Pädagogik an der Bundeslehrerbildungsanstalt. Seit 1955 arbeitete er auch beim ORF, wo er – von Gerd → Bacher gefördert – eigene Fernsehserien gestaltete. Z. ist Begründer des Schulfernsehens. Ab 1962 genoß er durch die Talkshow »Stadtgespräche« hohe Popularität. 1967–1974 wirkte er ausschließlich beim ORF als Programmdirektor. Mit der Abwahl Bachers verließ auch Z. den ORF und wurde Ombudsmann der »Kronen Zeitung«. 1979 holte ihn sein Freund und damaliger Bürgermeister → Gratz als Stadtrat für Kultur in den Stadtsenat. 1983 übernahm er für ein Jahr das Unterrichtsministerium. Seit 1984 ist er Wiener Bürgermeister. Der praktizierende Katholik und nichtausübende Freimaurer trat 1950 der SPÖ bei. Er profilierte sich durch seine Distanz zur Parteidisziplin, scheute nie offene Worte und setzte oftmals ungewöhnliche politische Zeichen von großer persönlicher Note. So nahm er am Begräbnis der letzten österr. Kaiserin, Zita, teil oder hißte am Rathaus anläßlich der deutschen Wiedervereinigung die Fahnen. Seine eigenwillige Politik erwies sich des öfteren als sehr zukunftsorientiert. Als Bürgermeister wartete er nicht mit großen Visionen auf, setzte aber immer seine ganze Persönlichkeit zur Durchsetzung der von ihm akzeptierten Ideen ein. Z. war 1991/92 als Bundespräsidentschaftskandidat seiner Partei im Gespräch, hat aber abgelehnt und widmete sich kommunalpolitischen Aufgaben.

**Zimmer, Grete (verh. Berger),** * 9. Dezember 1925 in Wien, Schauspielerin.

Z., ein Langzeitensemblemitglied des Theaters in der Josefstadt, wuchs in Wien auf. Sie absolvierte nach der Matura das Reinhardt-Seminar und debütierte 1945 am Theater in der Josefstadt als Kate in J. B. Priestleys »Die Conways und die Zeit«. Neben der »Josefstadt« spielte die prachtvolle, vielseitige Schauspielerin eine Zeitlang am Volkstheater. Sie gab auch Gastspiele bei den

*Grete Zimmer*

Salzburger Festspielen (Buhlschaft, Schuldknechts Weib im »Jedermann«), aber ihr Stammhaus blieb das Theater in der Josefstadt. Hier hat sie Anouilhs Eurydike gespielt, Schillers Eboli, Hauptmanns Elga. Sie war die Olga in Sartres »Die schmutzigen Hände« und die Valerie in Horváths »Geschichten aus dem Wiener Wald«, um nur einige weitere Rollen zu nennen, und sie hat als überzeugende Schauspielerpersönlichkeit den Theateralltag immer weit überragt.

**Zimmermann, Egon,** * 8. Februar 1939 in Lech am Arlberg (T), Skirennläufer.

Z. wurde 1959 in das Skilaufnationalteam aufgenommen und hatte seine beste Zeit 1962–1964. Er errang 1962 bei den Weltmeisterschaften in Chamonix den ersten Platz im Riesenslalom und wurde Dritter in der Abfahrt. 1964 krönte er in Innsbruck seine Laufbahn mit einem Olympiasieg im Abfahrtslauf. Nach einem schweren Autounfall 1965 versuchte er nach seiner Wiedergenesung mit zäher Verbissenheit ein Comeback, das jedoch mißlang.

**Zoder, Raimund,** * 20. August 1882 in Wien, † 26. März 1963 in Wien, Volkskunde- und Volksliedforscher.

Z. stammte aus einer Lehrerfamilie. Er besuchte die Lehrerbildungsanstalt und war 1901–1931 im Schuldienst tätig, zuletzt als Volksschuldirektor. Z. machte es sich zur Lebensaufgabe, alte Volksmusik, Lieder und Tänze zu sammeln, um sie vor dem Vergessenwerden zu bewahren. Der verdienstvolle Volkskundler war nach seiner Pensionierung 1931–1959 ehrenamtlicher Leiter des Volksliedarchivs für Wien und NÖ., 1945–1953 zudem Lehrer in der Schulmusikabteilung der Wiener Musikakademie. Von Bedeutung war auch sein Wirken in der Volksbildung.

Der emsige Sammler hat in einschlägigen Zeitschriften zahlreiche Aufsätze publiziert sowie Bücher und Sammelwerke veröffentlicht. Er schrieb auch unter dem Pseudonym Zeno Drudmair.

*Werke:* »Volkstänze aus Ö.« (1935), »Volkslied, Volkstanz und Volksbrauch in Ö.« (1950), »Spielmusik fürs Landvolk« (45 Hefte, 1947–1950), »Österr. Volksliederbuch« (mit G. Kotek, 3 Bde., 1948–1954).

**Zöllner, Erich,** * 25. Juni 1916 in Wien, Historiker.

Z. studierte Geschichte in Wien. 1953–1986 war er Ordinarius für österr. Geschichte an der Wiener Universität. Generationen von Historikern und Mittelschullehrern verdanken ihm eine äußerst gründliche Ausbildung. Sein engeres Forschungsgebiet ist die Geschichte des Früh- und Hochmittelalters, doch hat sich Z. in seinen zahlreichen wissenschaftlichen Arbeiten mit allen Gebieten der österr. Geschichte auseinandergesetzt. Seine »Geschichte Ö.s von den Anfängen bis zur Gegenwart«, die 1961 erstmals erschien, erlebte zahlreiche Neuauflagen. Z. ist Mitglied der Akademie der Wissenschaften. Er war auch jahrelang Präsident des Instituts für Österreichkunde, dessen Schriftenreihe er als Herausgeber betreute.

*Weitere Werke:* »Die angeblichen Memoiren Metternichs« (1946), »Die politische Stellung der Völker in Frankreich« (1950), »Urkundenbuch zur Geschichte der Babenberger in Ö.« (mit O. Mitis und H. Fichtenau, 2 Bde., 1950, 1955).

**Zuber, Heinz,** * 7. April 1941 in Lörrach (Deutschland), Schauspieler.

Als »Clown Enrico« ist er in der TV-Kindersendereihe »Am dam des« wohl mehr als 1 000mal auf dem Bildschirm erschienen. Seit 25 Jahren ist er der »Kinderonkel« der Nation (seine TV-Arbeit begann 1968 mit der Serie »Das kleine Haus«). Daß er seit 1970 Mitglied des Wiener Burgtheaters ist, wissen nur wenige. Er hatte nach kurzer Tätigkeit bei der Basler Rhein-Binnenschiffahrt und drei »Tingeltangel«-Jahren in Paris das Wiener Reinhardt-Seminar absolviert und sich als Leon in Grillparzers »Weh dem, der lügt« am Volkstheater bei Presse und Publikum bereits einen guten Namen gemacht, bevor er an die »Burg« kam. Hier spielte er zunächst größere, anspruchsvolle Rollen (u. a. in Handkes »Publikumsbeschimpfung«). Doch dann kam eine lange Durststrecke, in der er Bediente und Boten darstellte, wenn man vom Kindertheater absieht, das unter Direktor Achim → Benning zu einem Burgtheater-Hit avancierte. Das Kasperl-Image erwies sich als Hindernis für seriöse Rollen. Erst in den letzten Jahren hat der populäre Schauspieler auch im »ernsten« Fach an Profil gewonnen. George Tabori gab ihm in seinem Stück »Mein Kampf« eine Chance und setzte ihn in Shakespeares »Othello« als Brabantio ein. Der Clown Enrico, sein »alter ego«, aber will er bleiben, denn aus ihm schöpft er von innen her sein kreatives Potential.

**Zuckerkandl-Szeps, Bertha,** * 13. April 1864 in Wien, † 16. Oktober 1945 in Paris, Journalistin und Schriftstellerin.

Sie war die Tochter von Moritz Szeps, einem Vertrauten des Kronprinzen Rudolf und Herausgeber des angesehenen »Neuen Wiener Tagblattes«. In dem noblen, weltoffenen Haus ihres

Vaters verkehrten Prominente der Kunst- und Kulturszene. Nach ihrer Heirat mit dem Anatomen Emil Zuckerkandl führte sie in Wien-Döbling und später in Wien-Innere Stadt ebenfalls einen gastlichen Salon, in dem sich die kultivierte Wiener Gesellschaft traf. Fortschrittlich gesinnt, trat Z. offen und mutig gegen geistiges Banausentum auf. Während des 1. Weltkriegs nutzte sie ihre guten Beziehungen zu Frankreich – ihre Schwester war mit Ministerpräsident Georges Clemenceau verheiratet – zu einer Friedensvermittlung, die jedoch fehlschlug. Nach 1918 stellte sie der republikanischen Regierung ihre guten Dienste zur Verfügung. In der Zwischenkriegszeit schrieb sie für mehrere Zeitungen vielbeachtete Artikel.

1938 floh Z. vor den Nationalsozialisten nach Paris und später nach Algier. Sie schrieb mehrere Bücher, darunter »Ich erlebte 50 Jahre Weltgeschichte« (1939) und »Ö. intim« (1970, postum erschienen).

*Lit.:* L. O. Meysels, In meinem Salon ist Ö. B. Z. und ihre Zeit (1984).

**Zülow, Franz,** * 15. März 1883 in Wien, † 27. Februar 1963 in Wien, Maler, Graphiker und Kunsthandwerker.

Der bescheidene, liebenswerte Künstler besuchte die Graphische Lehr- und Versuchsanstalt, die Akademie der bildenden Künste und die Kunstgewerbeschule in Wien. Er wurde 1908 Mitglied der Gruppe um Gustav Klimt, später der Wiener Secession und erhielt durch beide vielfache Anregungen für seine eigenständige Entwicklung. Er wirkte 1920/21 als Lehrer an der Keramischen Lehrwerkstätte in Gmunden (OÖ), 1949–1953 war er an der Kunstgewerbeschule in Linz tätig.

Z., ein sensibler Mittler zwischen Tradition und Moderne, war in sämtlichen malerischen und graphischen Techniken bewandert. Er bevorzugte in seinem frühen Schaffen die Kombination von Tuschfederzeichnung und Aquarell mit klar gegliedertem ornamentalem Duktus und flächenhafter, detailreicher Kolorierung, schuf

*Franz Zülow*

lithographische Arbeiten, Graphik und kraftvolle, pastose Ölbiler mit expressionistischer Grundhaltung. Seine wichtigste und geschlossenste Leistung sind die bunten, in der Technik des Papierschnittschablonendrucks hergestellten »Monatshefte«, die heute als bibliophile Kostbarkeiten gelten. Der durch Jahrzehnte unterschätzte und vernachlässigte Künstler ist in den letzten Jahren durch große Ausstellungen wieder ins Blickfeld der kunstinteressierten Öffentlichkeit gerückt.

**Zumtobel, Franz Martin,** * 14. März 1947 in Dornbirn, Unternehmer.

Nach Abschluß des Welthandelsstudiums (Promotion: 1971) und Absolvierung der Managerschule von Fontainebleau übernahm er die seit drei Generationen in der Familie betriebene Wachswarenfabrik und eine Kaffeerösterei. Davon ausgehend baute er in der Lebensmittel- und Elektrobranche eine Handelskette auf, die Milliarden umsetzt. Z.s knallharte Unternehmensstrategien brachten ihm zahlreiche Wettbewerbsklagen ein. Sein wirtschaftliches Credo fußt auf den Grundsätzen von weniger Bürokratie und weniger Staat. Um diese Vorstellungen durchsetzen zu können, gründete er 1992 die »Wirtschaftspartei« (WIP).

**Zur Mühlen, Hermynia,** * 12. Dezember 1883 in Wien, † 19. März 1951 in Radletts (England), Schriftstellerin und Übersetzerin.

Die Tochter des Diplomaten Victor Foillot de Crenneville rebellierte bereits früh gegen ihre gräfliche Abkunft. Sie ließ sich zur Volksschullehrerin ausbilden, arbeitete in einer Buchdruckkerei in Frankfurt und heiratete 1907 den baltischen Großgrundbesitzer Victor zur Mühlen, von dem sie sich nach 6 Jahren qualvoller Ehe trennte. 1914–1919 lebte sie wegen einer Lungenerkrankung in Davos (Schweiz), ging dann nach Deutschland und vollzog mit ihrem Beitritt zur KPD den endgültigen Bruch mit ihrer Vergangenheit. Sie veröffentlichte politisch engagierte Romane, Erzählungen (»Schupomann Karl Müller«, 1924, trug ihr einen Hochverratsprozeß ein), Hörspiele, Kurzgeschichten und Feuilletons und übersetzte aus dem Russischen, Englischen und Französischen. 1933–1938 lebte sie in Wien und emigrierte dann mit ihrem zweiten Ehemann Stefan Isidor Klein über Bratislava nach England.

*Weitere Werke:* »Der rote Heiland« (1924), »Fahrt ins Licht« (Autobiographie, 1936), »Unsere Töchter die Nazinen« (1938).

**Zusanek, Harald,** * 14. Jänner 1922 in Wien, Regisseur und Schriftsteller.

Z. besuchte das humanistische Gymnasium, studierte Medizin, Geschichte und Kunstgeschichte in Wien und München und nahm daneben Schauspielunterricht. Infolge einer Kriegsverletzung mußte er auf eine Schauspielerkarriere verzichten und studierte Regie am Reinhardt-Seminar. Anschließend war er Spielleiter des Landestheaters Vorarlberg, das er mitbegründete, dann hatte er verschiedene Funktionen bei Theater, Film und Fernsehen inne. Sein schriftstellerisches Werk umfaßt Gedichte, Hörspiele (u. a. »Die Schauspielerin«, 1953), Erzählungen und Fernsehstücke. Bekannt wurde Z. mit seinen Dramen, in denen er das Fragwürdige und Zwielichtige heutiger Lebensformen aufzeigt.

*Dramen:* »Warum gräbst du, Centurio?« (1949), »Die Straße nach Cavarcere« (1952), »Jean von der Tonne« (1954), »Die dritte Front« (1964).

**Zweig, Stefan,** * 28. November 1881 in Wien, † 23. Februar 1942 (Selbstmord) in Petropolis (Brasilien), Schriftsteller.

Der Sohn einer wohlhabenden, großbürgerlichen Familie absolvierte das Wasa-Gymnasium, studierte in Wien und Berlin Philosophie, Ger-

*Stefan Zweig*

manistik und Romanistik (Promotion: 1904) und unternahm anschließend ausgedehnte Weltreisen. Der Kosmopolit und Pazifist war einer der ganz wenigen österr. Schriftsteller, die den Ausbruch des 1. Weltkriegs nicht begrüßten. Ab 1919 lebte er vorwiegend in Salzburg. 1938 emigrierte Z., der jüdischer Herkunft war, nach England, von wo er 1940 in die USA ging. Seine letzte Lebensstation war Brasilien. Der große Europäer, der die geistigen Grundlagen für eine Welt in Frieden und Freiheit legte, hat ein vielseitiges, umfangreiches Werk hinterlassen. Er verfaßte zunächst im Gefolge des Impressionismus, der Neuromantik und des französischen Symbolismus Lyrik (»Silberne Saiten«, 1901) und Dramen (»Jeremias«, 1917), schrieb Novellen (»Verwirrung der Gefühle«, 1927) und Romane (»Ungeduld des Herzens«, 1938) und erklomm mit seinen sprachlich formvollendeten, psychologisch einfühlsamen historischen Biographien berühmter Persönlichkeiten den Höhepunkt seiner künstlerischen Reife und seiner literarischen Bedeutung. Z. schrieb auch das Libretto zur Oper »Die schweigsame Frau« (1935) von Richard → Strauss und übersetzte das Werk des belgischen Dichters E. Verhaeren.

*Weitere Werke:* »Marie Antoinette« (1932), »Erasmus von Rotterdam« (1934) und »Castellio gegen Calvin« (1936), »Die Welt von Gestern« (1942).

*Lit.:* J. Strelka, S. Z. Freier Geist der Menschlichkeit (1981); D. Prater, S. Z. (1981).

**Zweymüller, Karl,** * 1942 in Baden bei Wien (NÖ), Orthopäde.

Z. studierte in Wien Medizin und spezialisierte sich für Orthopädie. Nach Auslandserfahrungen an der Mayo-Klinik in den USA, in Deutschland und der Schweiz ist er seit 1969 an der Wiener Orthopädischen Universitätsklinik. Z. entwickelte bis 1979 eine aus einer Titanlegierung und einem Keramikteil bestehende künstliche Hüfte, von der bereits mehr als 100 000 Stück produziert und implantiert wurden. Sie erwies sich als besonders dauerhaft und wird vom Gewebe sehr gut angenommen; da sie knochenzementfrei ist, kommt es zu keinen Abstoßungsmechanismen. Z. wurde zu zahlreichen Gastvorlesungen über seine Entwicklung ins Ausland eingeladen.

**Zwilling, Ernst A.,** * 25. September 1904 in Osijek/Esseg (Slawonien), † 30. Oktober 1990 in Baden bei Wien, Afrikaforscher und Reiseschriftsteller.

Nach Absolvierung der Höheren landwirtschaftlichen Lehranstalt in Mödling war der Offizierssohn bis 1927 als landwirtschaftlicher Beamter tätig. 1928 ging er als Plantagenassistent nach Kamerun. 1930–1938 war er als Großwildjäger, Expeditionsleiter und Forscher v. a. in Kamerun, im Kongo und im Tschad unterwegs. Er erforschte den Tschadsee, das Gorilla- und Pygmäenland. 1936 erkrankte er schwer an Malaria. Während des 2. Weltkriegs gehörte er zum Stab Rommels in Nordafrika und wurde dann an die Ostfront versetzt, wo er in russische Kriegsgefangenschaft geriet. 1946 kehrte er nach Ö. zurück und arbeitete als Gutsverwalter. 1950 ging er wieder nach Afrika; als Fotograf und Filmautor dokumentierte er eine teils schon untergegangene Natur. Seine Afrikaerlebnisse legte er in zahlreichen Büchern nieder. Seine reichen Sammlungen übergab er dem Naturhistorischen Museum und dem Völkerkundemuseum.

*Werke:* »Unvergessenes Kamerun« (1940), »Vom Urhahn zum Gorilla« (1949), »Großwildjäger in Afrika« (1954), »Steppentage – Urwaldnächte« (1954), »Tropen, Urwald, Afrika« (1956), »Angola-Safari« (1958), »Tierparadies Ostafrika« (1959).